Communication marketing

Une perspective intégrée

2ᵉ édition

George E. Belch
San Diego State University

Michael A. Belch
San Diego State University

Michael A. Guolla
Université d'Ottawa

Pierre Balloffet
HEC Montréal

François Coderre
Université de Sherbrooke

Chenelière McGraw-Hill

CHENELIÈRE ÉDUCATION

Communication marketing
Une perspective intégrée, 2ᵉ édition

Adaptation de Pierre Balloffet et François Coderre

Traduction et adaptation de : *Advertising & Promotion: An Integrated Marketing Communications Perspective,* First Canadian Edition de George E. Belch, Michael A. Belch et Michael A. Guolla
© 2003 McGraw-Hill Ryerson Limited (ISBN 0-07-089858-8)

© 2008 Les Éditions de la Chenelière inc.

Édition : Sylvain Ménard
Coordination : Jean-Philippe Michaud et Julie-Anne Richard
Traduction : Miville Boudreault et Jean-Robert Saucier
Révision linguistique : Hélène Bard
Correction d'épreuves : Odile Dallaserra
Conception graphique : Josée Bégin
Infographie : Danielle Dugal/D.SIM.AL
Conception de la couverture : Michel Bérard
Impression : Imprimeries Transcontinental

Dans cet ouvrage, le masculin est utilisé comme représentant des deux sexes, sans discrimination à l'égard des hommes et des femmes, et dans le seul but d'alléger le texte.

Plusieurs marques de commerce sont mentionnées dans cet ouvrage. L'Éditeur n'a pas établi de liste de ces marques de commerce et de leur propriétaire, et n'a pas inséré le symbole approprié à chacune d'elles puisqu'elles sont nommées à titre informatif et au profit de leur propriétaire, sans aucune intention de porter atteinte aux droits de propriété relatifs à ces marques.

Catalogage avant publication de Bibliothèque et Archives nationales du Québec et Bibliothèque et Archives Canada

Vedette principale au titre :

 Communication marketing : une perspective intégrée

 2ᵉ éd.

 Traduction de : Advertising & Promotion.
 Comprend des réf. bibliogr. et un index.

 ISBN 978-2-7651-0548-0

 1. Publicité. 2. Communication en marketing. 3. Ventes – Promotion. 4. Marketing. 5. Messages publicitaires. I. Belch, George E. (George Eugene).

HF5823.A38314 2008   659.1   C2008-940758-X

Chenelière McGraw-Hill

CHENELIÈRE ÉDUCATION

7001, boul. Saint-Laurent
Montréal (Québec) Canada H2S 3E3
Téléphone : 514 273-1066
Télécopieur : 450 461-3834 / 1 888 460-3834
info@cheneliere.ca

TOUS DROITS RÉSERVÉS.
Toute reproduction, en tout ou en partie, sous quelque forme et par quelque procédé que ce soit, est interdite sans l'autorisation écrite préalable de l'Éditeur.

ISBN 978-2-7651-0548-0

Dépôt légal : 2ᵉ trimestre 2008
Bibliothèque et Archives nationales du Québec
Bibliothèque et Archives Canada

Imprimé au Canada

2 3 4 5 6   ITG 14 13 12 11 10

Nous reconnaissons l'aide financière du gouvernement du Canada par l'entremise du Programme d'aide au développement de l'industrie de l'édition (PADIÉ) pour nos activités d'édition.

Gouvernement du Québec – Programme de crédit d'impôt pour l'édition de livres – Gestion SODEC.

DANGER
LE PHOTOCOPILLAGE TUE LE LIVRE

AVANT-PROPOS

Le visage changeant des communications marketing

Dans le monde d'aujourd'hui, la publicité et les autres formes de promotion influencent presque tout un chacun. Les organisations du secteur privé et du secteur public savent, les unes comme les autres, qu'il est désormais essentiel de communiquer de façon efficiente et efficace avec leurs clientèles cibles si elles désirent atteindre leurs objectifs. La publicité et les autres formes de messages promotionnels permettent de répondre à des objectifs aussi différents que de vendre des produits et des services, de promouvoir des causes sociales et humanitaires ou des candidats politiques, et de sensibiliser la population à des problèmes de santé ou de société tels que le sida, l'alcoolisme, le tabagisme ou la violence conjugale. De son côté, le consommateur éprouve de plus en plus de mal à esquiver les efforts des spécialistes du marketing, qui s'ingénient sans cesse à trouver des façons inédites de le joindre.

La plupart des personnes s'intéressant aux communications marketing diront qu'il n'existe pas de sphère plus dynamique et plus fascinante dans laquelle évoluer. Elles affirmeront aussi que le vent de changement actuel transformera sans doute à jamais ce domaine. Ces changements s'observent sur plusieurs plans : les spécialistes du marketing exigent un meilleur rendement des investissements consacrés à la promotion de leurs produits ou de leurs services ; dégraissées, les agences de publicité tentent d'exploiter au maximum leur potentiel créatif ; les agences de promotion, de marketing direct et de publicité interactive veulent, quant à elles, accaparer une plus grande part des millions de dollars engloutis dans la promotion de nombreux produits et services ; les consommateurs, eux, sont de moins en moins sensibles aux formes traditionnelles de publicité ; et les nouvelles technologies réinventent la notion même de communication. Nous assistons en fait aujourd'hui aux changements les plus profonds qui ont marqué l'histoire du marketing, de la publicité et de la promotion. Ces transformations sont facilitées (et parfois provoquées) par certaines avancées technologiques, celles-là mêmes qui ont mené à la croissance rapide des communications grâce aux médias interactifs, dont le réseau Internet.

Pendant plusieurs décennies, la stratégie publicitaire d'une marque nationale pouvait simplement s'articuler autour de la création de quelques publicités télévisées, de la parution d'une série d'annonces dans des magazines d'intérêt général et de la diffusion de coupons ou d'objets publicitaires pour la promotion des ventes. Les choses ont bien changé depuis. Nous sommes désormais en présence de supports toujours plus nombreux pour des médias plus diversifiés : imprimés, radio, télévision, affichage, mais aussi Internet, messageries et nombre de nouveaux médias. Tous se concurrencent bien sûr afin de capter l'attention des consommateurs. Les professionnels de la communication marketing doivent, quant à eux, s'intéresser à l'ensemble de ces médias, qu'ils soient traditionnels ou non, et s'efforcer de les arrimer les uns avec les autres dans le cadre d'une campagne cohérente, s'ils veulent réussir à joindre leurs consommateurs avec efficacité.

Qui plus est, les spécialistes du marketing modifient leur manière de communiquer avec les consommateurs, ceux-ci évoluant dans un environnement où les messages publicitaires sont omniprésents. Les téléspectateurs passent d'une chaîne à l'autre pendant les pauses publicitaires, et les campagnes annonçant des marques de façon purement traditionnelle sont souvent vouées à l'échec. Les nouveaux publicitaires redéfinissent l'idée même de publicité et de son lieu de diffusion. Des messages publicitaires sont visibles au cours de certaines manifestations culturelles, on en émaille les émissions de télévision et les films, ou l'on en fait des formes de divertissement à part entière.

Plusieurs facteurs peuvent expliquer cette évolution des communications marketing. Les audiences, de même que les médias et les méthodes permettant de les joindre, s'avèrent de plus en plus fragmentées. Les efforts promotionnels et publicitaires se concentrent de plus en plus sur des régions et des audiences précises. Les détaillants étant plus puissants, les spécialistes du marketing sont contraints d'affecter une plus grande part de leur budget à la promotion des ventes. Les responsables du marketing exigent que les sommes d'argent consacrées à la promotion génèrent des ventes à brève échéance et insistent sur l'imputabilité de leurs agences. Le succès du réseau Internet se poursuit; en effet, le nombre d'internautes et de sites augmente à une vitesse folle partout dans le monde. Nombre d'entreprises sont dans l'obligation de coordonner l'ensemble de leurs communications afin d'acheminer des messages cohérents à leurs clients. Quelques-unes lancent de nouvelles marques sans recourir aux médias publicitaires habituels, ou en y faisant très peu appel. Afin de mieux répondre aux besoins de leurs clients en matière de communications marketing, plusieurs agences de publicité ont acquis ou mis sur pied des agences de promotion, de marketing direct, de publicité interactive ou de relations publiques, ou s'y sont associées. Leurs clients cherchent désormais, sans *a priori*, la forme de communication qui se révélera la plus indiquée pour joindre leurs segments de marché, afin de consolider leur réputation à long terme et d'enregistrer des ventes à court terme.

Ce manuel a pour objectif d'initier les étudiants à un domaine en constante évolution, celui des communications marketing. Si la publicité constitue son point central, on y trouve aussi d'autres facettes de la communication marketing. Les changements évoqués plus tôt contraignent les spécialistes du marketing à aborder la publicité et la promotion selon la perspective des communications marketing intégrées (CMI). Afin de saisir le nouveau rôle de la publicité et de la promotion en marketing, on doit aussi comprendre comment l'entreprise peut mobiliser tous les outils promotionnels en vue d'une meilleure communication avec sa clientèle.

À l'intention des lecteurs : préparez-vous au nouveau monde de la publicité et de la promotion

Plusieurs d'entre vous ont acquis cet ouvrage afin d'en connaître davantage sur le monde fascinant de la publicité et de la promotion; certains souhaitent même travailler dans ce domaine ou dans un domaine connexe. Les changements actuels au sein de l'industrie ont des conséquences importantes pour vous. Une chose est certaine : vous offrirez vos services à un nouveau type d'agences de communication. Si, par ailleurs, vous êtes le client de l'une de ces agences, vous constaterez vite combien leur conception de la publicité et de la promotion a changé.

De nos jours, on s'attend à ce que les spécialistes en marketing aient une bonne connaissance des principales composantes des communications marketing : la publicité, le marketing direct, les médias interactifs, la promotion des ventes, les relations publiques, la vente personnelle, etc. C'est à cette condition qu'ils seront à même d'élaborer des programmes et des stratégies de communication efficaces. On s'attend aussi à ce qu'ils puissent mener une étude afin de mesurer l'impact de l'ensemble de ces activités promotionnelles. Nous tenterons de vous aider à relever ces défis.

Avant de devenir enseignants, nous avons été étudiants. Nous pouvons même affirmer que nous sommes encore étudiants, car nous nous efforçons sans cesse d'apprendre et d'expliquer les rouages de la publicité et de la promotion. Nous partageons plusieurs de vos intérêts et préoccupations, et les choses qui vous stimulent ou vous ennuient ont souvent le même effet sur nous. Nos années d'enseignement nous ont permis de cerner ce qui intéresse les étudiants dans un manuel scolaire. Nous avons tenté, en rédigeant cet ouvrage, de nous rappeler ce que nous inspiraient les livres avec lesquels nous avons travaillé au fil des ans. Nous avons essayé d'y intégrer les éléments qui nous semblaient souhaitables et de ne pas insister sur ceux qui nous paraissaient peu utiles. Nous nous sommes ainsi efforcés de ne pas vous accabler de définitions, bien que nous ayons insisté sur celles qui importent afin que vous compreniez bien la matière.

Étudiants, nous n'étions pas très chauds à l'idée d'approfondir des notions théoriques. Cependant, afin de bien saisir les rouages des CMI, il est nécessaire d'établir une base théorique solide. Mieux vous comprendrez le cours des choses, moins vous éprouverez de difficulté à comprendre pourquoi vos campagnes connaissent ou non le succès.

La question que l'on nous pose le plus souvent est la suivante : « En quoi ces connaissances me serviront-elles dans le cadre de mon travail ? » Nous répondons habituellement à cette question à l'aide des nombreux exemples présentés dans ce manuel. L'un des points forts de cet ouvrage tient justement à l'arrimage de la théorie et de ses applications pratiques. Pour tirer profit de l'expérience de centaines de spécialistes qui ont étudié les stratégies et les fondements de la communication marketing sous tous leurs angles, nous avons fait appel à de nombreuses sources. Chaque chapitre débute avec un exemple de campagne de publicité ou de promotion digne d'intérêt. Chacun des chapitres comporte aussi des encadrés présentant en détail certains enjeux traités dans celui-ci.

L'ouvrage propose de multiples exemples de campagnes de CMI parmi les plus actuelles et les plus réussies, et provenant des quatre coins du monde, y compris du Québec. Les publicités et les nombreux autres types de promotions retenus illustrent une idée, une théorie ou une application pratique particulière. Les exemples qui figurent au début de chaque chapitre, les encadrés ainsi que les publicités et les illustrations qui émaillent le texte stimuleront votre intérêt. Vous y verrez notamment la coïncidence entre votre rôle de consommateur et la cible que vous incarnez aux yeux des publicitaires.

Dans cet ouvrage adapté à la réalité du Québec, nous avons choisi de conserver de nombreux exemples de publicités présentées en anglais par des agences québécoises, canadiennes et américaines. Ce choix reflète la réalité contemporaine de la communication marketing au Québec. Cet ouvrage pose en effet un regard sur le défi de l'industrie de la communication québécoise et des professionnels qui y travaillent, dont l'objectif est aujourd'hui de concevoir ici des campagnes dont le retentissement dépassera nos frontières.

À l'intention des enseignants : un manuel qui rend compte des changements du domaine des communications marketing

Le principal objectif de *Communication marketing : une perspective intégrée* est de vous doter du manuel le plus complet et le plus à jour afin d'enseigner la publicité et la promotion selon la nouvelle perspective des CMI. Nous nous sommes efforcés de nous concentrer sur les nombreux changements qui marquent les communications marketing ainsi que sur leurs répercussions sur les tactiques et les stratégies promotionnelles ou publicitaires.

Un nombre croissant d'entreprises abordent la publicité et la promotion dans une optique de CMI. Pour ce faire, elles doivent coordonner les différents éléments du mix promotionnel afin de communiquer efficacement avec leurs clients. Selon une étude récente, une grande majorité de gestionnaires en marketing estiment que les CMI peuvent accroître l'efficacité de leurs communications marketing. Afin de répondre aux besoins de leur clientèle en matière de CMI et d'assurer leur survie, plusieurs agences de publicité ont dû, de leur côté, acquérir des compétences particulières, notamment dans les domaines du marketing direct, de la promotion des ventes, de la promotion dans Internet et de la commandite.

Ce manuel s'articule autour d'un modèle de planification des CMI et reconnaît explicitement combien il importe de coordonner tous les éléments du mix promotionnel afin d'élaborer un programme de communications efficace. Bien que la communication de masse soit souvent l'élément le plus visible d'un programme de communications marketing, le marketing direct, la promotion des ventes, les relations publiques, les échanges par le biais des médias interactifs et la vente personnelle n'en demeurent pas moins essentiels.

Nous avons intégré la théorie à la planification, à la gestion et à la stratégie. Afin de planifier, de mettre en œuvre et d'évaluer les programmes de CMI de façon appropriée, on doit d'abord s'assurer de comprendre l'ensemble du processus de commercialisation, les éléments fondamentaux du comportement du consommateur ainsi que certaines bases théoriques de la communication. Ce texte puise à même les travaux de recherche les plus récents portant sur la publicité, le comportement du consommateur, les communications, le marketing, la promotion des ventes et d'autres domaines connexes. Par une actualisation de ses connaissances, le lecteur pourra ainsi mieux comprendre le fondement des communications marketing et l'influence qu'elles exercent aujourd'hui sur le processus décisionnel du consommateur ainsi que sur l'élaboration des stratégies promotionnelles.

Bien qu'il s'agisse d'un ouvrage d'introduction, nous nous sommes efforcés d'aborder chaque sujet en profondeur. Le lecteur a en effet besoin d'un manuel qui va au-delà des notions élémentaires. Cet ouvrage est avant tout conçu pour les cours d'introduction à la publicité, aux communications marketing et à la promotion tels qu'on les donne dans les cursus universitaires de premier cycle ou certains programmes spécialisés. Il peut aussi constituer un bon support dans le cadre de cours de communications, de relations publiques ou de journalisme qui s'inscrivent dans une perspective de CMI. En plus de traiter en détail de la communication de masse, certains chapitres de cet ouvrage sont consacrés à la promotion des ventes, au marketing direct, au marketing dans Internet et aux relations publiques, entre autres. L'accent est enfin mis sur l'intégration de la communication de masse et d'autres éléments du mix promotionnel, ainsi que sur la nécessité de comprendre leur fonction au sein d'un programme complet de communications marketing.

Une nouvelle édition enrichie

Cette deuxième édition comporte plusieurs changements.

Nouveaux encadrés Plusieurs encadrés ouvrant les chapitres de la deuxième édition sont nouveaux. Ces mises en situation ont été sélectionnées en raison de leur pertinence au regard des marchés québécois et canadien. On y décrit la façon dont les agences de publicité et les annonceurs utilisent les outils de CMI et on y présente également des données sur les tendances actuelles et les changements qui s'opèrent à travers le Canada.

De nombreux encadrés « Perspective » sont nouveaux. Il s'agit d'exemples de campagnes promotionnelles réalisées par des responsables du marketing. Il y est également question de sujets d'actualité en lien avec la communication marketing. De plus, la deuxième édition comporte une nouvelle catégorie d'encadrés, « Perspective internationale ». Il s'agit d'exemples d'utilisation d'outils de communication marketing par des responsables de marques globales.

Mise à jour des exemples Le domaine de la publicité et de la promotion évolue rapidement. Les données présentées dans les tableaux, les figures et le texte ont été mises à jour lorsque c'était possible. Cet ouvrage comporte également un très grand nombre de nouveaux exemples d'annonces publicitaires.

Remaniement des chapitres Nous avons remanié le chapitre 1 afin de bien distinguer la perspective des communications marketing utilisée dans le présent ouvrage d'une perspective plus élargie des communications marketing. Le contenu du chapitre 5, portant sur les processus de communication, a été allégé.

Ajout d'un glossaire en marge Nous avons modifié la mise en pages de la nouvelle édition pour permettre l'ajout d'un glossaire en marge du texte. Nous espérons que cela facilitera la lecture de l'ouvrage, tout en permettant d'attirer l'attention des lecteurs sur des concepts importants.

La structure du manuel

Ce manuel comprend six parties. La première partie, qui s'intitule « Les principes des communications marketing intégrées », aborde le rôle de la publicité et de la promotion dans le cadre de l'action marketing, et présente le concept des CMI. Le chapitre 1 propose un survol de la publicité et de la promotion, ainsi que de leurs fonctions au sein des stratégies contemporaines de commercialisation. Ce premier chapitre traite aussi du concept des CMI et des facteurs qui ont contribué à sa croissance. Un modèle décrivant les étapes de la planification d'une campagne est également présenté. Le chapitre 2 analyse le rôle de la publicité et de la promotion dans le contexte d'un programme de marketing. Il traite aussi des différents éléments du marketing mix et de leur apport possible à une stratégie publicitaire et promotionnelle. Ce chapitre comprend enfin quelques données sur la segmentation de marché et le positionnement. L'étudiant sera ainsi à même de comprendre comment ces concepts s'intègrent à un programme global de marketing. Le chapitre 3 présente les principaux interlocuteurs du secteur des communications marketing. Il traite notamment du rôle des agences de publicité et des autres firmes offrant des services de communications marketing. Il y est question du mode de sélection, d'évaluation et de rétribution de ces agences, de même que des transformations dont elles sont l'objet. Ce chapitre fait aussi état de l'essor des agences spécialisées, entre autres, dans le domaine du marketing direct, de la promotion des ventes, de la communication interactive et des relations publiques.

La deuxième partie, intitulée « Le consommateur : au cœur des communications marketing intégrées », traite des différents modèles et théories visant à cerner le comportement du consommateur dans le contexte des communications marketing. Le chapitre 4 analyse les étapes du processus décisionnel du consommateur. Il aborde aussi les facteurs psychologiques et environnementaux qui influent sur le comportement du consommateur. Ce chapitre nous donnera l'occasion de montrer en quoi une meilleure compréhension du comportement du consommateur permet aux publicitaires de concevoir des campagnes plus efficaces. Le chapitre 5 présente diverses théories de la communication ainsi que des modèles de réaction du consommateur à des messages publicitaires ou à d'autres formes de communications marketing. Le chapitre 6 souligne l'importance des attentes à l'égard de la promotion et de la publicité. Il aborde aussi les différents types d'objectifs de communication, les caractéristiques de ces objectifs et les problèmes inhérents à leur élaboration.

Le lecteur trouvera, dans les premières sections de ce manuel, une documentation étoffée sur la planification des CMI, le marketing, le comportement du consommateur et les communications. Cette partie servira de fondement aux sections qui traiteront plus précisément de l'élaboration d'un programme de CMI.

La troisième partie, intitulée « La construction du message », décrit comment les entreprises définissent les objectifs de leurs programmes de CMI et comment elles y répondent par des messages efficaces. Le chapitre 7 traite de la planification et de l'élaboration d'une stratégie de création ou d'une campagne publicitaire et analyse le processus de création. Le chapitre 8 porte sur la mise en œuvre d'une stratégie de création et sur les critères d'évaluation d'un travail de création.

La quatrième partie, intitulée « La communication du message », explore les façons de transmettre un message à une clientèle cible. Les chapitres 9 à 12 traitent du plan médias, de la stratégie médias et de leurs grands principes. Le chapitre 9 fournit des explications sur l'élaboration du plan médias et présente plusieurs façons de déterminer et d'allouer des budgets de promotion. Le chapitre 10 porte sur les forces et les faiblesses de la télévision et de la radio, aborde les enjeux relatifs à l'achat de temps d'antenne ainsi que ceux liés aux outils de mesure de l'audience. Le chapitre 11 aborde les mêmes enjeux, au regard de la presse écrite (magazines et journaux). Le chapitre 12 analyse le rôle des médias hors domicile et des médias d'appoint.

La cinquième partie, intitulée « Le renforcement du message », continue d'explorer les CMI en abordant d'autres outils promotionnels. Le chapitre 13 traite des activités de promotion destinées aux consommateurs et aux intermédiaires – dont les détaillants et les grossistes. Le chapitre 14 porte sur le rôle des relations publiques dans les CMI. Le chapitre 15 traite du marketing direct, qui connaît une croissance très rapide, du marketing par bases de données et des moyens que privilégient les entreprises pour communiquer directement avec leur clientèle. Le chapitre 16 décrit en détail les médias interactifs, le marketing dans Internet et les manières de communiquer avec ses clients par Internet. Nous verrons, par exemple, en quoi ce nouveau média (ou métamédia) est propice à la conception d'une variété d'activités commerciales, dont la publicité, la promotion des ventes et la vente de produits et de services.

La sixième partie, intitulée « L'implantation, le contrôle et le suivi du programme de communication », présente trois enjeux relatifs à la réussite d'un programme de CMI. Le chapitre 17 aborde les méthodes servant à évaluer l'efficacité des différents éléments d'un programme de CMI, dont celles du prétest et du post-test des messages et des campagnes publicitaires. Ce manuel se termine, au chapitre 18, par une analyse de la réglementation de la publicité ainsi que de ses enjeux éthiques, déontologiques et socio-économiques.

Les caractéristiques des chapitres

Les caractéristiques suivantes facilitent la compréhension de la matière et ajoutent à l'agrément de la lecture pour chacun des chapitres.

La rubrique « Objectifs d'apprentissage » Présentés au début de chaque chapitre, les objectifs d'apprentissage guident le lecteur en lui permettant de cerner les thèmes principaux de la matière abordée.

Les encadrés Chaque chapitre débute par une mise en situation démontrant l'efficacité des CMI. L'exemple présenté montre de façon concrète et vivante un enjeu lié au contenu du chapitre. Le texte est également ponctué d'encadrés « Perspective », « Perspective internationale » et « Prise de position », dont l'objectif est d'intéresser le lecteur et de lui permettre de faire un lien entre les notions théoriques exposées et les réalités que vivent chaque jour les professionnels des communications marketing.

La rubrique « Résumé » Comme son nom l'indique, la rubrique « Résumé » permet de passer en revue les principaux sujets abordés ; elle s'avère très utile au moment de l'étude.

La rubrique « Mots clés » Les mots clés apparaissent la plupart du temps en **caractères gras** dans l'ensemble du manuel et ils sont repris sous forme de liste à la fin de chaque chapitre. Ils attirent l'attention des lecteurs sur les idées, les définitions ou les concepts importants, et les aident à réviser les notions acquises.

La rubrique « Questions de discussion » Grâce aux questions de discussion présentées à la fin de chaque chapitre, le lecteur est en mesure de tester sa compréhension de la matière abordée et de mettre ses connaissances à l'épreuve. Ces questions peuvent aussi servir d'amorce à une discussion ou à un travail en équipe.

Remerciements

Dans la première édition canadienne-anglaise, Michael Guolla remercie de nombreux collègues, dont : Michael Basil (University of Lethbridge) ; Brad Davis (Wilfrid Laurier University) ; Dwight Dyson (Centennial College) ; Steve Finlay (Conestoga College) ; Stephen Janisse (St. Clair College) ; Mary Louise Huebner (Seneca College) ; Anne Lavack (University of Regina) ; John Milne (York University) ; Judith Nash (SAIT) ; Caroline O'Connell (St. Francis Xavier University) ; Elizabeth O'Neil (University of Guelph) ; Barbara Phillips (University of Saskatchewan) ; Harold Simpkins (Concordia University) ; Harvey Skolnick (Sheridan College) ; Jim Swaffield (University of Alberta) et Elaine Wilson (Fanshawe College). Il remercie également plusieurs personnes du milieu des affaires et de l'industrie des communications marketing ainsi que plusieurs membres du personnel de McGraw-Hill Ryerson, dont : James Buchanan ; Sandra de Ruiter ; Kelly Dickson ; Alison Derry ; Lenore Gray Spence et Michael Ryan.

Ses remerciements vont aussi à Anne Marie Webb-Hughes du British Columbia Institute of Technology pour la révision de certains chapitres ; à Harvey Skolnick du Sheridan College pour l'élaboration d'encadrés ; au doyen, Michael Kelly, de l'École de gestion de l'Université d'Ottawa pour son soutien ; à l'ex-doyen Jean-Louis Malouin pour la confiance qu'il lui a témoignée ; à David Toeg, ex-étudiant, qui a proposé de nombreux exemples ; ainsi qu'à ses enfants, Louise, Daniel et Nicolas, et à sa femme, Teresa, pour leur compréhension et leur aide.

La deuxième édition de *Communication marketing : une perspective intégrée* constitue une mise à jour majeure de l'édition française précédente. La parution de celle-ci a été possible grâce à la contribution de nombreuses personnes que nous souhaitons à notre tour remercier. La présente édition a bénéficié des commentaires et des suggestions de plusieurs de nos collègues de HEC Montréal et de la faculté d'administration de l'Université de Sherbrooke, en particulier d'Anne Guérinel.

Nous aimerions également remercier toutes les entreprises œuvrant dans le domaine du marketing et de la communication qui ont bien voulu nous soumettre des exemples de messages et de campagnes publicitaires, dont la Banque Laurentienne, GM Canada, Desjardins, Plaisirs gastronomiques, Sid Lee, BBDO, bleublancrouge, Marketel, Groupe Cossette Communication et lg2.

Nous réitérons nos remerciements à l'endroit de Pierre Arthur, directeur marketing et recherche à *La Presse*, pour la révision de quatre chapitres de la première édition portant sur les médias, et dont les empreintes sont encore présentes dans cette deuxième édition.

Nous formulons des remerciements tout particuliers à l'endroit de Daniella Coderre Porras pour son aide à la rédaction d'encadrés, et de la Fondation J. Armand Bombardier pour le soutien qu'elle a accordé à son titulaire, ce qui lui a permis de consacrer du temps à la rédaction d'un tel ouvrage.

La publication de cet ouvrage n'aurait pas été possible sans le soutien des membres du personnel des Éditions de la Chenelière. Nous sommes redevables à notre éditeur, Sylvain Ménard, pour avoir géré avec souplesse la production de l'ouvrage, à Julie-Anne Richard et à Jean-Philippe Michaud, pour leur soutien technique et administratif, à Hélène Bard, pour la révision linguistique, à Odile Dallaserra, pour la correction des épreuves, à Josée Bégin et à Danielle Dugal, pour la réalisation de la maquette intérieure et des épreuves, et à Michel Bérard, pour avoir conçu l'image de la couverture.

La rédaction de cette deuxième édition a nécessité beaucoup de temps. Il n'aurait pas été possible de terminer ce projet si nous n'avions pas obtenu, encore une fois, un soutien inconditionnel des membres de nos familles respectives. Pour la compréhension et la patience dont ils ont fait preuve et pour leurs encouragements soutenus, nous leur dédions cet ouvrage.

Pierre Balloffet, HEC Montréal
François Coderre, Université de Sherbrooke

TABLE DES MATIÈRES

PARTIE 1 — Les principes des communications marketing intégrées 1

CHAPITRE 1 — Les communications marketing intégrées 3

Les communications marketing 5
- La publicité 6
- La promotion des ventes 8
- Les relations publiques 10
- Le marketing direct 12
- Le marketing interactif 13
- La vente personnelle 13

Les communications marketing intégrées 14
- L'évolution des CMI 14
- Les facteurs expliquant le succès des CMI 15
- L'importance des CMI 18

La planification des CMI 22
- La révision du plan marketing 24
- L'évaluation des communications marketing 25
- La détermination des objectifs du plan de CMI 27
- La conception d'un programme de CMI 27
- La mise en œuvre et le contrôle du plan de CMI 28

L'optique et la structure du présent manuel 29

CHAPITRE 2 — Les communications marketing intégrées au cœur de l'action marketing 33

L'analyse du marché 36
- Une analyse des possibilités de marché 36
- L'analyse de la concurrence 37

La détermination des marchés cibles 38
- La segmentation du marché 39
- La détermination du marché cible 46
- La stratégie de positionnement 47

L'élaboration du programme de marketing 48
- Les décisions relatives aux produits et aux CMI 49
- Les décisions relatives aux prix et leurs liens avec les CMI 52
- Les décisions relatives au mode de distribution et leurs liens avec les CMI 52
- Les décisions relatives aux CMI et l'action marketing 54

CHAPITRE 3 — L'organisation des communications marketing intégrées 63

Un survol des acteurs des CMI 65

L'organisation des communications marketing au sein de l'entreprise 67
- Le système centralisé 68
- Le système décentralisé 70

La gestion et les agences de publicité 73
- Le choix d'une agence 73

L'agence à service complet	78
D'autres types d'agences et de services	82
La rémunération des agences	**85**
La commission versée par le média	85
D'autres systèmes de rémunération	87
L'évaluation des agences	88
Gagner et perdre des clients	89
Les services spécialisés	**90**
L'agence de promotion des ventes	91
L'agence de relations publiques	91
L'agence de marketing direct	92
L'agence interactive	92
Les services de CMI	**93**
Les pour et les contre des services intégrés	94
Qui est responsable des CMI : l'agence ou le client ?	95

PARTIE 2 — Le consommateur : au cœur des communications marketing intégrées 99

CHAPITRE 4 — Les modèles de comportement du consommateur 101

Un survol du comportement du consommateur	**103**
Le processus de décision d'achat	**104**
La reconnaissance du besoin	104
Les motivations du consommateur	106
Le marketing et la recherche sur les motivations	108
La recherche d'information	110
La perception	110
L'évaluation des options	113
Les attitudes	114
La décision d'achat	117
Le processus d'intégration	118
L'évaluation postérieure à l'achat	119
La satisfaction	119
Les autres configurations du processus de décision d'achat	120
Les théories behavioristes de l'apprentissage	122
Les influences de l'environnement sur le comportement du consommateur	**125**
La culture	126
Les sous-cultures	126
La classe sociale	126
Les groupes de référence	127
Les déterminants situationnels	128

CHAPITRE 5 — Les modèles de processus de communication 131

Un modèle de communication élémentaire	**133**
La source et le codage	134
Le message	135
Le canal	136
Le récepteur et le décodage	137
Le bruit	140

La réponse et la rétroaction 140
Le processus de réponse 141
Les modèles traditionnels de la hiérarchie des effets 141
Quelques autres configurations
de la hiérarchie des effets 144
Le traitement cognitif des communications 149
Les réponses cognitives 149
Le modèle de probabilité d'élaboration 152
**Le processus de réponse et les effets
de la publicité en bref** 155

CHAPITRE 6 **Les objectifs de la démarche
de communication marketing intégrée** **159**

La détermination des objectifs 161
L'utilité des objectifs 161
Les types d'objectifs 162
**Des modèles de communication aux objectifs
de communication** 168
La détermination d'objectifs publicitaires en vue
de l'atteinte de résultats mesurables 168
Les caractéristiques des objectifs 169
Une évaluation du modèle DAGMAR 170
Quelques applications du modèle 171
Une nouvelle démarche de CMI 174
La détermination des objectifs de CMI 176
La clientèle cible 176
Les objectifs en matière de comportement 178
Les objectifs de communication 182
Le besoin lié à une catégorie 183
Les objectifs de communication et
les étapes du processus décisionnel 186

PARTIE 3 **La construction du message** 191

CHAPITRE 7 **Les fondements stratégiques de la création** **193**

La créativité publicitaire 196
L'importance de la créativité publicitaire 196
Qu'est-ce que la créativité publicitaire ? 198
La planification de la stratégie de création 201
Les défis de la création 201
Les créatifs 202
Le processus de création 203
La préparation, l'incubation et l'illumination 204
La vérification et la révision 206
La plate-forme de création 207
Le thème ou l'idée de départ 210
L'axe du message 215
Les caractéristiques de la source 224
La crédibilité de la source 225
Les attraits de la source 228
Le pouvoir de la source 233

CHAPITRE 8 — Les tactiques de création ... **237**

- Les tactiques de création ... 239
- Le mode de réalisation d'une création publicitaire ... 239
- La structure du message ... 244
- L'ordre de présentation ... 244
- Tirer une conclusion ... 245
- Le message univoque et le message non univoque ... 247
- Le texte par opposition au contenu visuel ... 249
- Les éléments de communication graphique ... 250
- Les tactiques de création et la publicité imprimée ... 250
- Les tactiques de création télévisuelles ... 253
- Quelques tactiques utiles à la création ... 257
- Le modèle de planification de Foote, Cone & Belding ... 257
- Le modèle de planification de Rossiter et Percy ... 258
- Le processus d'évaluation ... 263
- L'évaluation du concept ... 263
- Les principes de l'évaluation d'un projet de campagne ... 264

PARTIE 4 — La communication du message ... 269

CHAPITRE 9 — Les décisions relatives aux tactiques et à la stratégie médias ... **271**

- Le plan médias ... 273
- Le plan médias ... 275
- Les objectifs médias ... 277
- Les défis de la stratégie médias ... 277
- Le budget médias ... 278
- Les méthodes théoriques de détermination du budget ... 280
- La budgétisation et les approches basées sur l'expérience du gestionnaire ... 284
- Les décisions relatives à la stratégie médias ... 297
- La couverture du public cible ... 297
- La combinaison des médias ... 299
- La couverture géographique ... 300
- L'élaboration du calendrier de publicité ... 302
- La portée et la fréquence ... 304
- Les décisions relatives aux tactiques médias ... 309
- Le média et le support publicitaires ... 309
- Une analyse des coûts ... 311
- Comment déterminer les coûts relatifs de différents médias ... 311
- Le calendrier d'utilisation des médias ... 314

CHAPITRE 10 — La télévision et la radio ... **319**

- La télévision ... 321
- Les forces de la télévision ... 321
- Les faiblesses de la télévision ... 323
- L'achat de temps publicitaire à la télévision ... 326
- L'achat de publicité réseau, l'achat sélectif et la commandite ... 327
- Les émissions et les tranches horaires ... 330

La publicité et les chaînes spécialisées	331
La mesure de l'audience de la télévision	333
La radio	**340**
Les forces de la radio	341
Les faiblesses de la radio	343
L'achat de temps publicitaire à la radio	**345**
Les grilles horaires	345
Comment mesurer l'audience de la radio	346

CHAPITRE 11 — Les médias imprimés — 351

L'évaluation des magazines	**353**
La classification des magazines	354
Les forces des magazines	356
Les faiblesses des magazines	360
L'achat d'espace publicitaire dans les magazines	**362**
Le tirage et le lectorat des magazines	363
La mesure du lectorat d'un magazine selon le PMB	364
Les tarifs de publicité des magazines	365
L'avenir des magazines	365
L'évaluation des journaux	**367**
Les types de journaux	368
Les types de publicités dans les journaux	369
Les forces des journaux	370
Les faiblesses des journaux	371
L'achat d'espace publicitaire dans un journal	**373**
Le tirage et le lectorat des journaux	373
NADbank	374
ComBase	376
Une étude du lectorat de la presse hebdomadaire québécoise	376
Les tarifs de publicité des journaux	376
L'avenir des journaux	377

CHAPITRE 12 — Les médias hors domicile et les médias d'appoint — 381

La publicité extérieure	**384**
Les diverses formes de publicité extérieure	384
Comment mesurer l'audience des médias hors domicile	385
La publicité dans les moyens de transport	**388**
Les diverses formes d'affichage dans les transports en commun	388
La publicité dans les avions	391
La publicité sur le lieu de vente	**392**
Les diverses formes de publicité sur le lieu de vente	392
La publicité sur les lieux d'affluence	**393**
Les diverses formes de publicité sur les lieux d'affluence	393
La publicité sur les lieux d'affluence et le cinéma	394
La publicité par objet en tant que média	**395**
Les diverses catégories d'objets publicitaires	396
Comment mesurer l'audience de la publicité par objet	398
Les pages jaunes	**399**
Le placement de produit	**400**
Les diverses formes de placement de produit	401
Comment mesurer l'audience du placement de produit	403

PARTIE 5 — Le renforcement du message — 405

CHAPITRE 13 — La promotion des ventes — 407

La planification de la promotion des ventes — 409
Les caractéristiques et les types de promotions des ventes — 409
L'essor de la promotion des ventes — 411
La promotion des ventes et la publicité — 416

Le plan de promotion des ventes — 418
Les objectifs de la promotion des ventes auprès des consommateurs — 418
Les décisions stratégiques relatives à une promotion des ventes auprès des consommateurs — 420
Les tactiques relatives aux promotions des ventes auprès des consommateurs — 424

La promotion des ventes auprès des consommateurs — 425
La distribution d'échantillons — 425
Les coupons donnant droit à une réduction — 428
Les primes — 434
Les concours et les loteries promotionnelles — 436
L'offre de remboursement et la réduction différée — 438
Le format boni — 439
La promotion à prix réduit — 440
Les programmes de fidélisation — 441
Le marketing événementiel — 442

La promotion des ventes auprès des intermédiaires — 443
Les objectifs de la promotion des ventes auprès des intermédiaires — 443
La stratégie de promotion des ventes auprès des intermédiaires — 444

L'intégration de la promotion des ventes aux stratégies de CMI — 451
L'affectation budgétaire — 451
Les thèmes de création — 452
Le support médiatique — 452
Une perspective stratégique — 454

CHAPITRE 14 — Les relations publiques — 459

Les relations publiques — 461
Le rôle traditionnel des relations publiques — 461
Le nouveau rôle des relations publiques — 462
L'information publicitaire et l'incidence des relations publiques — 463
Les atouts des relations publiques — 465
Les faiblesses des relations publiques — 467

Le plan de relations publiques — 467
L'analyse de situation — 468
Déterminer les publics cibles pertinents — 469
Les objectifs de comportement — 472
Les objectifs de communication — 472
La stratégie — 472
Les tactiques — 474

Les options stratégiques de la campagne de relations publiques — 475

	Les possibilités des médias	475
	Les forces des médias	476
	Les possibilités de la publicité institutionnelle	479
	Le plaidoyer publicitaire	484
	La publicité à vocation humanitaire	484
	La commandite d'événements	485
	Le réseau Internet	486
	Les atouts de la publicité institutionnelle et d'entreprise	487
	Les faiblesses de la publicité institutionnelle et d'entreprise	488

CHAPITRE 15 — Le marketing direct — 491

Le marketing direct	494
Définir le marketing direct	494
La croissance du marketing direct	495
Le rôle du marketing direct dans le programme de CMI	497
La planification d'un programme de marketing direct	498
Les objectifs du marketing direct	498
La mise en place d'une base de données	498
La stratégie médias et le marketing direct	502
Une évaluation du marketing direct	513

CHAPITRE 16 — La communication virtuelle et les médias interactifs — 517

Définir Internet	520
Les affaires électroniques	522
Le commerce électronique	522
Le commerce dans Internet	523
Le marketing dans Internet	523
Les communications marketing dans Internet	523
Les acteurs du Web	523
Les objectifs de communication d'un site Web	527
La création et l'entretien d'un site Web	530
Les communications marketing dans Internet et l'approche de CMI	531
La publicité	533
La publicité des cyberentreprises dans d'autres médias	535
La promotion des ventes dans Internet	535
La vente personnelle dans Internet	536
Les relations publiques et Internet	537
Le marketing direct dans Internet	538
Une évaluation du marketing dans Internet	540
Les forces du marketing dans Internet	540
Les faiblesses du marketing dans Internet	541
Les autres médias interactifs	544

PARTIE 6 — L'implantation, le contrôle et le suivi du programme de communication — 549

CHAPITRE 17 — Mesurer l'efficacité des communications marketing intégrées — 551

Mesurer l'efficacité de la publicité : oui ou non ?	553

Les avantages de mesurer l'efficacité de la publicité 554
Les inconvénients de mesurer l'efficacité de la publicité 555
Mesurer l'efficacité de la publicité 556
Que doit-on mesurer ? 556
À quel moment doit-on effectuer des tests ? 559
Où tester ? 561
Les méthodes de mesure de l'efficacité en publicité 562
La création et la vérification du concept 563
L'esquisse, le texte descriptif et le test de marché 565
Le pré-test du produit final 567
Les tests de marché des publicités 574
**Établir un programme pour mesurer
l'efficacité d'une publicité** 583
Les problèmes associés aux méthodes
de recherche actuelles 583
Les éléments essentiels d'un test efficace 585
Mesurer l'efficacité des autres outils de CMI 585
L'efficacité de la promotion des ventes 586
L'efficacité des relations publiques 587
L'efficacité du marketing direct 590
L'efficacité du marketing dans Internet 591

CHAPITRE 18 **La réglementation et les enjeux déontologiques,
sociaux et économiques de la publicité** 597

La réglementation de la publicité au Canada 600
Le CRTC 601
La réglementation sur les produits du tabac 602
La loi québécoise sur la publicité destinée aux enfants 602
Les normes canadiennes de la publicité 603
L'impact déontologique et éthique de la publicité 608
La publicité mensongère ou trompeuse 609
La publicité offensante ou de mauvais goût 610
La publicité destinée aux enfants 613
L'impact de la publicité sur la société 614
La publicité encourage le matérialisme 615
La publicité incite le consommateur à acheter
des produits dont il n'a pas besoin 617
La publicité et les stéréotypes 619
La publicité et les médias 621
Un résumé de l'impact de la publicité sur la société 624
L'impact économique de la publicité 625
Les effets de la publicité sur les choix des consommateurs . . . 625
Les effets de la publicité sur la concurrence 626
Les effets de la publicité sur le coût et le prix des produits . . . 627
Un résumé des effets économiques de la publicité 629

Notes 633
Index 649
Sources des photos 667

PARTIE 1
Les principes des communications marketing intégrées

Chapitre 1	Les communications marketing intégrées	3
Chapitre 2	Les communications marketing intégrées au cœur de l'action marketing	33
Chapitre 3	L'organisation des communications marketing intégrées	63

CHAPITRE 1
Les communications marketing intégrées

OBJECTIFS D'APPRENTISSAGE

- Revoir les divers éléments du mix promotionnel : la publicité, la promotion des ventes, les relations publiques, le marketing direct, le marketing interactif et la vente personnelle.

- Décrire le concept de communications marketing intégrées (CMI), son évolution, les facteurs expliquant son adoption et son importance.

- Examiner la façon de coordonner les éléments de marketing et de promotion afin d'instaurer une communication efficace dans la perspective des CMI.

- Présenter un modèle du processus de planification des CMI et décrire les étapes inhérentes à l'élaboration d'un programme de communications marketing.

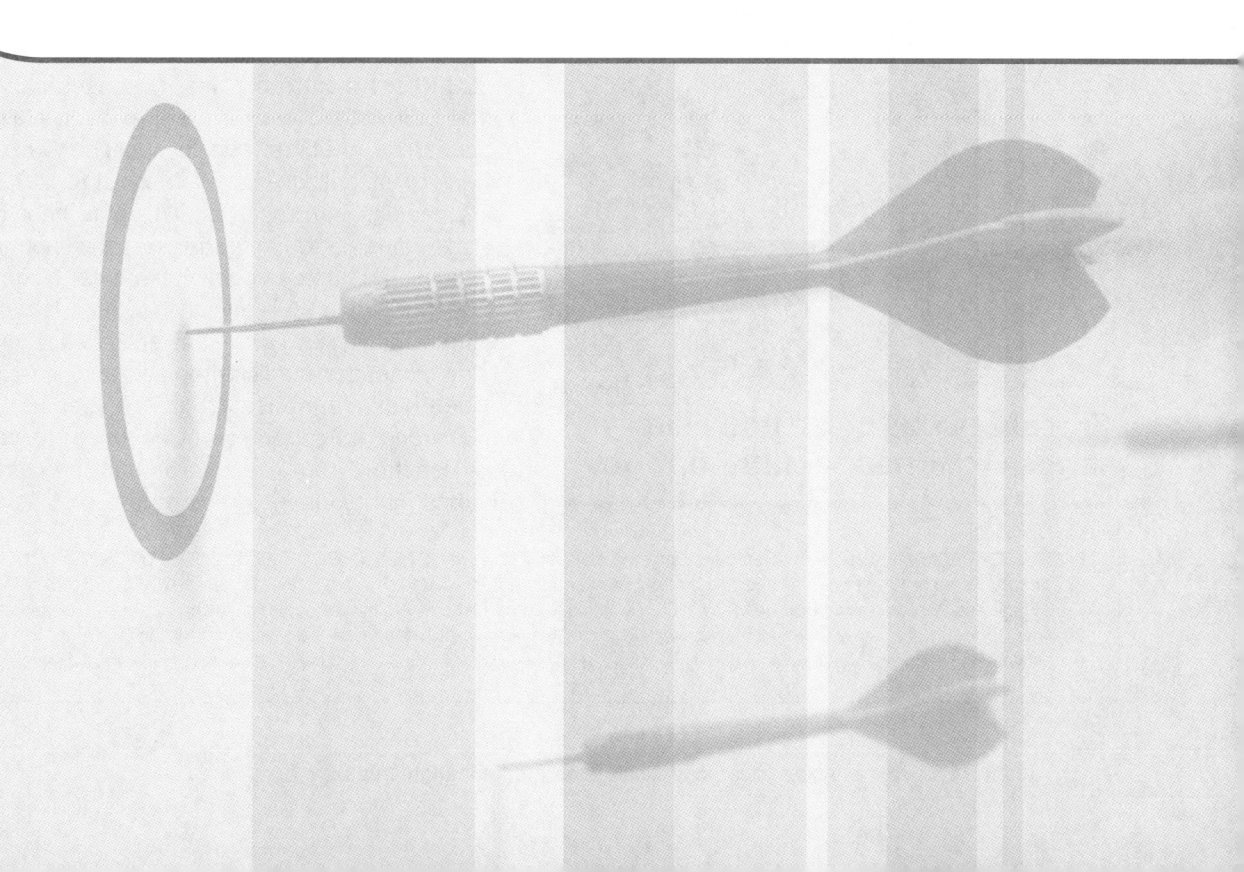

MISE EN SITUATION

Une histoire de castors

Par le passé, Bell s'est à la fois attaquée aux marchés de la téléphonie, de la télévision, d'Internet et des services offerts aux entreprises. Elle a cherché à concevoir des plateformes distinctes en fonction de ses secteurs d'activité et de son public (anglophone ou francophone). De surcroît, le fait de mandater différentes agences (Groupe Cossette Communication, Grip et Rethink) pour la création publicitaire de l'ensemble de ses produits et services consistait alors, selon le vice-président en chef du marketing corporatif Jim Little, en une stratégie marketing *cacophonique*. Or, avec le passage à une nouvelle stratégie publicitaire, Bell a voulu unifier son message grâce à une plateforme unique, et ce, à la grandeur du pays.

Compte tenu de la diversité des produits et services offerts et de l'audience large et variée auquel Bell s'adresse, cette nécessité représentait un défi de taille. C'est à deux castors, Jules et Bertrand, qu'est revenue l'obligation de le relever. D'emblée, le recours à des animaux, que ce soit au Québec ou au Canada anglais, est un gage de popularité. En effet, les campagnes publicitaires de Telus, de Fido ou de Manitoba Telecom, qui compte sur Morty, un bison parlant, l'ont démontré. Toutefois, si le risque était de cantonner ses porte-parole à afficher une expression attachante, on a évité le piège en *humanisant* les deux castors. Ce ne sont plus seulement des animaux mignons, mais des castors qui s'appellent Jules et Bertrand (Frank et Gordon au Canada anglais) et qui ont des comportements humains. En outre, le fait qu'ils constituent un duo a permis à Bell de présenter des publicités dynamiques et comiques, dans lesquelles le message est transmis grâce aux échanges entre les deux volubiles castors.

L'introduction des deux castors s'est effectuée au Québec à la fin de 2005, puis au Canada anglais à l'occasion du Super Bowl de février 2006. C'est d'abord par une série d'annonces que le duo s'est fait connaître aux téléspectateurs. Aujourd'hui, l'utilisation des deux comparses s'est étendue à une gamme d'outils de communication marketing tels que l'affichage extérieur, le marketing direct, la commandite d'événements, la communication interactive et la publicité interne. C'est l'agence Cossette qui a chapeauté le lancement des deux porte-parole, alors que Rethink et Grip occupaient des rôles de deuxième plan. Par ses choix d'outils de communication et de gestion de ses diverses agences publicitaires, Bell s'est assurée d'avoir, dans tout le pays, un concept publicitaire plus homogène.

Après plus d'un an d'existence, il est possible d'affirmer que les résultats obtenus grâce à la nouvelle stratégie publicitaire faisant appel aux deux castors sont concluants. Non seulement le choix d'une plateforme unique a fait diminuer de presque 50 % les coûts de production publicitaire, mais de plus, les études menées à la fin de 2006 ont montré que les messages publicitaires de Bell étaient ceux qui s'étaient le plus démarqués. En effet, tel que le souligne Dave Scholz, vice-président de Léger Marketing, 12,2 % des Canadiens interrogés, soit le plus haut pourcentage dans cette catégorie, se sont spontanément souvenu d'une des publicités de cette compagnie. De plus, dans 96 % des cas, comme le rapporte la firme Ipsos, les gens sont en mesure, en voyant les messages publicitaires des deux castors, d'en identifier l'annonceur. En ce sens, Jules et Bertrand – ainsi que leurs pendants anglophones – constituent un exemple probant de communications marketing intégrées réussies.

Procurez-vous notre nouveau service Internet par fibre optique.

Sources : David Brown, « The Year of Frank and Gordon », *Marketing Magazine,* 20-27 novembre 2006, p. 20 ; Dave Scholz, « The Year of the Beavers : Love'em or Hate'em, Frank and Gordon Got our Attention in 2006 », *Marketing Magazine,* 15 janvier 2007, p. 6 ; Paul-Mark Rendon, « The Frank and Gordon Show : How Bell Built Its First National Brand Platform Around a Couple of Talking Beavers », *Marketing Magazine,* 6 février 2006, p. 27 ; Paul-Mark Rendon, « Working Overtime : Frank and Gordon Are One Year Old. $ 50 Million Worth of Media Later, Can the Beavers Keep Fending off the Competition or Will They Just Chew Away at Bell's Bottom Line ? », *Marketing Magazine,* 12 mars 2007, p. 17.

Comme l'illustre la présentation précédente, les entreprises reconnaissent que le succès de toute organisation repose sur l'élaboration de programmes de communications marketing incorporant une grande variété d'outils de communication. Par exemple, afin d'accroître le nombre de visiteurs dans la province, Tourisme Nouveau-Brunswick a mis sur pied, en 1997, une vaste campagne de promotion au Québec. La campagne présentait le Nouveau-Brunswick comme étant l'endroit, au nord de la Virginie, où les plages d'eau salée sont les plus chaudes. Pour ce faire, on a recouru à plusieurs outils de communication, notamment la publicité (télévision, affichage et magazines), le marketing direct (publipostages) et un partenariat avec l'Association canadienne des automobilistes (CAA). D'une durée de quatre ans, la campagne a remporté un vif succès, le nombre de visiteurs augmentant de 10 à 28 % selon les années[1]. Dix ans plus tard, le Nouveau-Brunswick continue de miser sur l'eau chaude de ses plages. Aujourd'hui, elle décline le concept sur son site Web : tapez *eauchaude.ca* et vous verrez où cela vous conduira. Comme on vient de le voir, la publicité et d'autres formes de promotion jouent un rôle important dans les programmes de communications intégrées de nombreuses entreprises.

Le Nouveau-Brunswick mise depuis 10 ans sur l'eau chaude de ses plages.

Les communications marketing

Le rôle du **marketing** est de faciliter l'échange et le développement de rapports tout en permettant d'analyser les besoins et les désirs du consommateur, de développer un produit ou un service qui satisfait ces besoins, de l'offrir à un certain prix, de le rendre disponible à tel endroit ou au moyen d'un circuit de distribution, et d'élaborer un programme de communication visant à le faire connaître et à en susciter l'intérêt[2,3]. Ces quatre éléments, le produit, le prix, la distribution (*place*) et les communications marketing (*promotion*), constituent le **marketing mix**, souvent appelé *4P du marketing*. La principale tâche du gestionnaire du marketing consiste à combiner ces quatre éléments pour en faire un plan marketing qui facilitera les échanges avec le consommateur.

Le présent manuel porte principalement sur un des éléments du marketing mix : les communications marketing. Les communications marketing assurent la coordination de toutes les activités du vendeur en vue d'établir des circuits d'information et de persuasion qui serviront à vendre des produits et des services ou à promouvoir une idée[4].

Marketing

Procédé de planification et de réalisation de la conception, de la fixation des prix, de la promotion et de la distribution d'idées, de biens et de services afin d'amorcer des échanges répondant aux objectifs d'un individu ou d'une entreprise.

Marketing mix

Ensemble des variables contrôlables sur lesquelles le gestionnaire peut agir pour atteindre les objectifs de ventes auprès du groupe cible, notamment le produit, le prix, la communication marketing et la distribution.

Mix promotionnel

Ensemble des éléments promotionnels auxquels un gestionnaire a recours pour communiquer avec le groupe cible, soit la publicité, le marketing direct, le marketing interactif, la promotion des ventes, les relations publiques et la vente personnelle.

La plupart des communications d'une entreprise avec le marché se font à l'aide de programmes de promotion planifiés et contrôlés avec soin, bien que les autres éléments du marketing mix puissent contribuer à établir une communication implicite avec le marché. Les principaux outils dont le gestionnaire se sert pour atteindre les objectifs de communication de l'entreprise forment ce qu'on appelle communément le **mix promotionnel** ou mix de communication (*voir la figure 1.1*).

Traditionnellement, le mix promotionnel comportait quatre éléments : la publicité, la promotion des ventes, les relations publiques et la vente personnelle. Toutefois, nous considérons ici le marketing direct et le marketing interactif comme d'importants éléments du mix promotionnel qu'emploient les gestionnaires du marketing afin de communiquer avec leurs clientèles cibles.

FIGURE 1.1 Les éléments du mix promotionnel

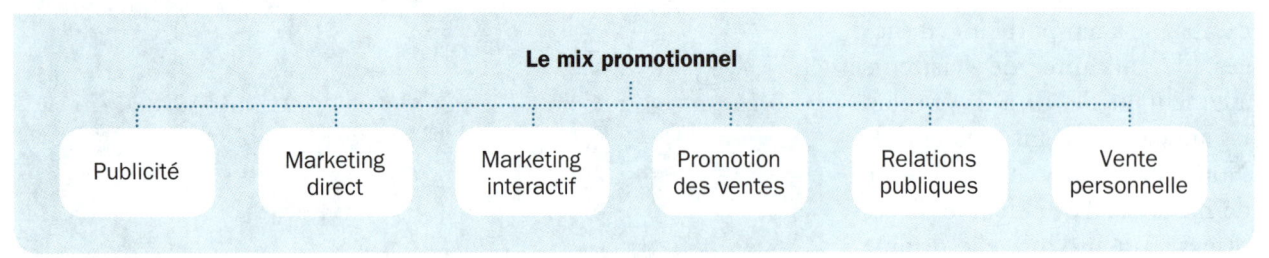

Le mix promotionnel
- Publicité
- Marketing direct
- Marketing interactif
- Promotion des ventes
- Relations publiques
- Vente personnelle

Promotion

Coordination de toutes les activités du vendeur en vue d'établir des circuits d'information et de persuasion qui serviront à vendre des produits et des services ou à promouvoir une idée.

Le terme **promotion** fait souvent référence à l'ensemble des activités de communication de l'entreprise. Plusieurs gestionnaires préfèrent toutefois utiliser l'expression *communications marketing*, étant donné que les éléments du mix sont combinés afin d'atteindre des objectifs de communication précis. En fait, ce n'est que tout récemment que les gestionnaires du marketing ont commencé à privilégier l'expression *communications marketing intégrées* (CMI), reconnaissant ainsi le lien étroit entre les divers outils promotionnels. Dans cet ouvrage, nous utiliserons indifféremment les termes *promotion* et *communications marketing*. Comme nous l'avons vu au début du chapitre, chaque outil du plan de communications marketing joue un rôle qui lui est propre.

La publicité

Publicité

Toute forme de communication impersonnelle contre rétribution au sujet d'une entreprise, d'un produit, d'un service ou d'une idée transmise au nom d'un commanditaire particulier[5].

La **publicité** fait référence à toute forme de communication impersonnelle payée par un annonceur; celui-ci doit en effet assumer le coût de l'espace publicitaire ou du temps d'antenne pour la diffusion de son message, contrairement aux messages d'intérêt public.

La publicité constitue une forme *impersonnelle* de communication, car elle fait appel aux médias de masse tels que la radio, la télévision, les magazines et les journaux, qui peuvent transmettre un message à une large audience, souvent au même moment. Le caractère impersonnel de la publicité fait référence à l'impossibilité pour l'annonceur de connaître sur-le-champ les réactions du récepteur, sauf lorsqu'il s'agit d'une publicité directe. C'est pourquoi, avant la diffusion de son message, l'annonceur doit réfléchir à l'interprétation qu'en fera l'audience et aux réactions qu'il créera.

La publicité est la plus connue et la plus discutée des formes de communications marketing, sans doute en raison de son omniprésence. Comme en témoigne la figure 1.2, selon des estimations des firmes Secor et Léger Marketing, réalisées pour le compte du Publicité Club de Montréal et du Conseil de l'industrie des communications du Québec (CICQ), la publicité représentait près de la moitié des dépenses de communications marketing des entreprises québécoises en 2005.

FIGURE 1.2 **La répartition des investissements en communications au Québec (% en 2005)**

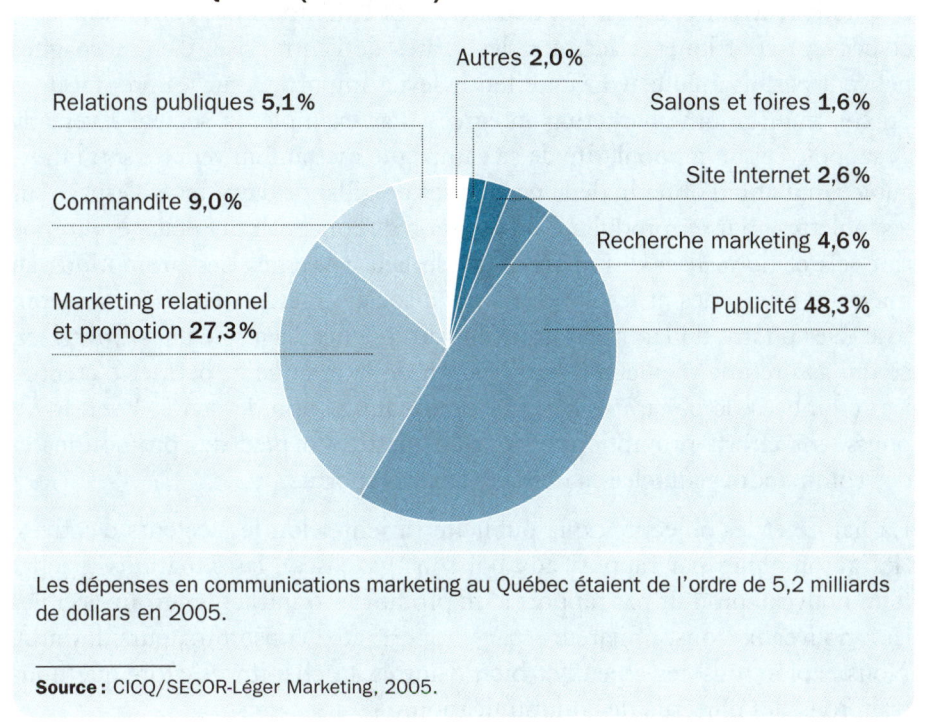

- Autres 2,0 %
- Relations publiques 5,1 %
- Salons et foires 1,6 %
- Site Internet 2,6 %
- Commandite 9,0 %
- Recherche marketing 4,6 %
- Marketing relationnel et promotion 27,3 %
- Publicité 48,3 %

Les dépenses en communications marketing au Québec étaient de l'ordre de 5,2 milliards de dollars en 2005.

Source : CICQ/SECOR-Léger Marketing, 2005.

Plusieurs raisons expliquent la place prépondérante qu'occupe la publicité dans le mix promotionnel de nombreuses entreprises. En premier lieu, la publicité peut se révéler un moyen très rentable pour atteindre un vaste auditoire. Ainsi, le coût de diffusion d'un message publicitaire de 30 secondes variait entre 8 000 $ et 12 000 $ lors de la première cuvée de *Star Académie* qui, dès le soir de la première, joignait plus de 925 000 téléspectateurs, soit un coût d'environ 11 $ par 1 000 ménages. Le succès de l'émission a été tel que, au printemps 2003, l'émission attirait en moyenne au Québec 2,3 millions de téléspectateurs en semaine et 3,0 millions le dimanche soir. Évidemment, les tarifs publicitaires ont été révisés en conséquence[6].

La publicité peut servir à créer une image de marque (*voir la publicité des fromages d'ici*) et un attrait symbolique envers une société ou une marque. C'est d'autant plus important pour l'entreprise lorsque la population a du mal à différencier les produits ou les services sur la base de leurs caractéristiques fonctionnelles. Ainsi, depuis 1980, Absolut table sur une publicité créative pour positionner sa marque de vodka comme un spiritueux haut de gamme, branché et raffiné. La stratégie publicitaire consiste à mettre en relief deux caractéristiques uniques du produit : le nom Absolut et la forme de la bouteille.

Cette campagne générique soulignant les mérites du fromage vise à changer l'image et à hausser les ventes du produit.

Les communications marketing intégrées **CHAPITRE 1** 7

Eveready mise sur la popularité de son infatigable lapin rose pour faire la promotion de ses piles.

Les bons de réduction constituent un outil promotionnel populaire auprès des consommateurs.

Promotion des ventes

Ensemble des activités marketing fournissant une valeur ou un incitatif, et dont le rôle est de stimuler à court terme les ventes auprès de l'équipe des ventes, des distributeurs ou du consommateur final.

La plupart des publicités imprimées liées à cette campagne de longue durée sont conçues expressément en fonction du magazine ou de la région où elles paraissent. Cette campagne, qui remporte un succès presque inégalé dans l'histoire de la publicité, a fait du nom Absolut un synonyme de vodka importée. Alors que la vente des autres spiritueux a fléchi de plus de 40% au cours des 15 dernières années, les ventes de la vodka Absolut ont décuplé, et les diverses marques Absolut se taillent une part de marché combinée de 70%[7].

La publicité a pour autre caractéristique de permettre d'obtenir une réponse favorable des consommateurs lorsqu'il est difficile pour l'entreprise de se démarquer par rapport à d'autres éléments du marketing mix. Les campagnes de publicité ayant la faveur populaire captent l'attention des consommateurs et peuvent contribuer à accroître les ventes de l'entreprise. Ces campagnes peuvent parfois même avoir un effet de levier important sur les programmes de communications marketing intégrées. Par exemple, la société Eveready s'est appuyée sur la popularité de sa campagne mettant en vedette son infatigable lapin afin d'obtenir, de la part de ses détaillants, davantage d'espace sur les tablettes pour ses produits, l'autorisation de concevoir des étalages promotionnels et de réaliser des activités sur le lieu de vente. Les promotions en magasin, les primes et les concours de la société mettent en scène un lapin rose. Des photos du lapin se retrouvent sur les emballages de piles Energizer, ce qui assure une meilleure identification de la marque et permet d'étendre les retombées de la campagne publicitaire aux points de vente. Eveready a poussé ses efforts promotionnels jusqu'à mettre sur pied des promotions et des commandites jumelées à des événements sportifs.

La nature et les objectifs de la publicité varient selon les secteurs d'activité (les automobiles par rapport aux boissons gazeuses), les situations (l'achat d'un nouveau produit par rapport à un produit reconnu) et les groupes cibles (les nouveaux consommateurs par rapport aux consommateurs loyaux). Nous explorerons ces enjeux et bien d'autres au chapitre 6, alors que nous traiterons des objectifs de communication.

Le gestionnaire du marketing annonce un produit ou un service sur le marché de consommation à l'aide de publicités nationales, locales ou encore par l'entremise des détaillants. Le but est de stimuler la demande primaire ou l'intérêt pour une marque particulière. Sur d'autres marchés, le spécialiste du marketing fait appel à la publicité destinée aux entreprises, aux professionnels et aux réseaux de distribution. La figure 1.3 présente les formes de publicité les plus courantes.

La promotion des ventes

En général, la **promotion des ventes** se divise en deux catégories: les activités dirigées vers le consommateur et les activités dirigées vers le réseau de distribution.

La *promotion dirigée vers le consommateur* vise l'utilisateur final d'un produit ou d'un service. Elle repose sur les bons de réduction, la distribution d'échantillons, les primes, les remises en argent, les concours, les loteries publicitaires et les présentoirs de publicité sur le lieu de vente. Ces outils promotionnels incitent le consommateur à effectuer un achat immédiat et peuvent ainsi faire mousser les ventes à court terme. La *promotion dirigée vers le réseau de distribution*, de son côté, cible les intermédiaires tels que les

FIGURE 1.3 Une classification de la publicité

La publicité destinée au marché de consommation

La publicité nationale

Publicité réalisée par les grandes entreprises à l'échelle nationale ou dans la plupart des régions d'un pays. La majorité des annonces publicitaires des entreprises et des marques réputées diffusées à la télévision à heure de grande écoute ou diffusées dans d'autres médias d'importance à l'échelle nationale ou régionale constituent des exemples de publicité nationale. Les annonceurs recourant à ce type de publicité cherchent à renseigner le consommateur sur une entreprise ou une marque, ou à la lui rappeler. Ils insisteront sur ses caractéristiques, ses avantages ou ses usages et tenteront de créer ou de renforcer son image, de sorte que le consommateur sera disposé à l'acquérir.

La publicité locale ou la publicité des détaillants

Publicité des détaillants ou des marchands d'une localité en vue d'inciter le consommateur à faire ses achats dans un commerce particulier, à faire appel à un service local ou à fréquenter un établissement précis. En général, la publicité locale met l'accent sur des motifs liés à la fréquentation d'un établissement. Ce peut être les prix, les heures d'ouverture, le service, l'ambiance, l'image ou l'assortiment de produits. Le détaillant soucieux d'accroître l'achalandage de son commerce et d'augmenter son volume des ventes à court terme recourt souvent à des publicités présentant des promotions pour lesquelles une réponse immédiate est attendue du consommateur.

La publicité générique et la publicité de marque

La publicité générique vise à stimuler la demande primaire, c'est-à-dire la demande d'une catégorie de produits ou d'un secteur industriel. En revanche, la publicité de marque cherche à créer une demande pour les marques d'une entreprise. Presque toutes les publicités vantant divers produits et services visent à promouvoir une marque précise et insistent sur les raisons qui justifieraient l'achat de cette marque.

L'annonceur devrait chercher à stimuler la demande primaire lorsque, par exemple, sa marque domine un marché et qu'elle profitera davantage de la croissance de ce marché. La publicité générique fait souvent partie d'une stratégie de communication marketing visant à faciliter l'acceptation d'un nouveau produit par le marché ; le défi consiste ici autant à vendre l'idée du produit au consommateur qu'à lui vendre une marque particulière. De nombreux regroupements de producteurs des secteurs tels que le lait, le porc, les œufs, l'agneau et le bœuf s'efforcent de stimuler la demande primaire en faveur des produits de leurs adhérents (*voir la publicité des fromages d'ici, à la page 7*).

La publicité destinée à l'industrie et aux professionnels

La publicité destinée aux entreprises

Publicité ciblant les individus faisant ou influençant l'acquisition de produits ou de services industriels pour le compte de leur entreprise. Les produits industriels comprennent des produits entrant dans la composition d'un autre produit (des matières premières ou des composants d'un ensemble), servant à la fabrication d'autres produits (machinerie) ou à la conduite des affaires d'une entreprise (fournitures de bureau, ordinateurs). Les services professionnels tels que les assurances, les agences de voyages et les soins de santé font aussi partie de cette catégorie.

La publicité destinée aux professionnels

Publicité s'adressant à des professionnels tels que les médecins, les avocats, les dentistes, les ingénieurs ou les enseignants afin de les encourager à utiliser les produits d'une entreprise lors de leurs activités professionnelles. Cette forme de publicité peut aussi inciter les professionnels à recommander l'emploi d'un produit particulier auprès de l'utilisateur final.

La publicité destinée aux réseaux de distribution

Publicité ciblant les membres d'un réseau de distribution tels que les grossistes, les distributeurs et les détaillants, et visant à les inciter à stocker, à promouvoir et à revendre les marques d'un fabricant à leurs clients.

grossistes, les distributeurs et les détaillants. Les remises promotionnelles, les offres à prix spéciaux, les concours de vente et les foires commerciales constituent autant d'outils promotionnels incitant les membres du réseau de distribution à stocker et à promouvoir les produits d'une entreprise.

La *promotion* et la *promotion des ventes* sont deux vocables semant souvent la confusion dans les domaines de la publicité et du marketing. Comme nous l'avons indiqué, la promotion est un élément du marketing grâce auquel les entreprises communiquent avec leurs clients; elle fait référence à l'ensemble des éléments du mix promotionnel présentés à la figure 1.1, à la page 6. En revanche, les publicitaires utilisent généralement l'expression *promotion des ventes* pour désigner les incitatifs dirigés vers les consommateurs ou vers les membres du réseau de distribution (détaillants et grossistes) afin d'accroître les ventes. Nous ferons cette distinction. Ainsi, le terme *promotion* désignera les diverses activités de communications marketing de l'entreprise, et l'expression *promotion des ventes* fera référence aux incitatifs utilisés par les organisations.

Les relations publiques

Relations publiques

Fonction de gestion qui, sur la base de l'évaluation des attitudes du public, fait le lien entre les règles et les procédures adoptées par un individu ou une organisation et l'intérêt public; planifie puis exécute un plan d'action et de communication en vue d'obtenir la compréhension et l'appui du public[8].

Les **relations publiques** sont un autre élément important du mix promotionnel. Un service des relations publiques fait appel à une grande variété d'outils pour améliorer l'image de l'entreprise: annonce publicitaire institutionnelle, participation à des activités dans la communauté, commandite d'événements ou activités d'affaires publiques. Ainsi, la publicité institutionnelle de la société Bombardier vise à montrer l'envergure internationale de l'entreprise.

Publicité rédactionnelle

Publicité dans les médias pour un produit, un service ou une organisation que l'entreprise ne paie pas.

La **publicité rédactionnelle** constitue une forme de communication impersonnelle. Elle concerne une entreprise, un produit, un service ou une idée que l'entreprise ne paie pas directement ou dont l'annonceur n'est pas clairement établi. Le message touche l'entreprise, les produits ou les services de l'entreprise, et il est présenté au public sous forme de nouvelle, d'éditorial ou d'article. La publicité rédactionnelle s'adresse au grand public, à l'exemple de la publicité. Dans ce cas, cependant, l'entreprise ne paie pas pour la diffusion du message – elle le ferait s'il s'agissait d'une publicité. L'entreprise ou l'organisme tente d'obtenir une couverture médiatique favorable à propos d'un produit, d'un service, d'une cause ou d'une manifestation afin d'influer sur la notoriété, la connaissance, l'attitude ou le comportement. Pour ce faire, le service des relations publiques peut faire appel à des communiqués et à des conférences de presse, à des articles de fond, à des photographies, à des films et à des vidéocassettes.

On fait souvent appel à la publicité institutionnelle pour renforcer l'image de marque d'une entreprise.

La publicité rédactionnelle, par rapport aux autres formes de promotion, a pour avantage d'être crédible. En général, le consommateur se montre moins sceptique par rapport à une information favorable à propos d'un produit ou d'un service lorsque celle-ci provient d'une source qu'il juge impartiale. Par exemple, la réussite ou l'échec d'un film nouvellement à l'affiche sera souvent déterminé par l'accueil des critiques, que nombre de cinéphiles perçoivent comme des évaluateurs objectifs. La publicité rédactionnelle comporte un autre avantage: ses frais sont peu élevés, car l'entreprise ne paie pas le temps d'antenne ou l'espace publicitaire dans les médias de masse tels que la télévision, la radio ou les journaux. L'entreprise pourra assumer certains frais en concevant quelques articles publicitaires ou en embauchant du personnel pour effectuer cette tâche, mais ces frais se révéleront inférieurs à ceux des autres programmes de promotion.

Traditionnellement, les relations publiques et la publicité rédactionnelle étaient considérées comme des outils d'appoint servant à soutenir le marketing et la promotion. Toutefois, de nombreuses entreprises font désormais des relations publiques un élément de leurs stratégies marketing et promotionnelles. Les firmes de relations publiques soutiennent avec insistance que leurs outils peuvent, dans plusieurs situations, remplir le rôle d'ordinaire attribué à la publicité et au marketing conventionnel[9].

PERSPECTIVE 1.1

Une banque qui ose

La Banque Laurentienne est une institution financière qui a été fondée en 1846. Septième banque en importance au Canada avec un actif de plus de 17 milliards de dollars et troisième en importance au Québec pour l'étendue de son réseau de succursales, l'institution fait face à un défi de taille au début des années 2000. Les indicateurs de rentabilité ne sont pas au rendez-vous, la banque demeure un acteur marginal dans le marché, son actif est très en deçà de ceux de ses concurrents : l'actif de la Banque royale du Canada s'élève à plus de 500 milliards de dollars, celui de la CIBC à plus de 300 milliards de dollars et celui de Desjardins à plus de 130 milliards de dollars. Qui plus est, la banque n'arrive plus à se tailler une place dans l'esprit des consommateurs. Comme le souligne Cristiane Bourbonnais, présidente de Cohésion stratégie, « malgré son histoire, elle est devenue la banque de pas grand-monde ». À l'interne, la situation n'est guère plus reluisante. De l'avis de Sylvain Mantha, vice-président adjoint, marketing et communication, les employés étaient démobilisés et leur attitude était défaitiste.

Devant cette situation, la direction de l'institution a adopté un nouveau plan d'affaires. Elle s'est départie de certains actifs et a recentré ses efforts sur trois créneaux, sur lesquels elle mise pour assurer sa croissance : le Service aux particuliers, les Services financiers aux entreprises et ses filiales Valeurs mobilières Banque Laurentienne et B2B Trust. Son objectif est de devenir la troisième plus importante banque au Québec. Pour ce faire, elle a réinventé la prestation des services en succursales en créant des boutiques de services financiers. Tout est alors mis en œuvre pour créer une ambiance chaleureuse et lever les barrières physiques entre clients et employés : les comptoirs traditionnels font place à des îlots de service. En outre, de nouveaux espaces sont aménagés, entre autres pour amuser les enfants, permettre aux clients de relaxer en prenant un café ou donner la possibilité aux organismes de la région d'afficher leurs événements et leurs activités.

Le plan d'affaires de la banque est accompagné d'une toute nouvelle stratégie publicitaire. Sur le thème « Oser, ça fait grandir », la nouvelle plateforme vise les jeunes familles et met de l'avant la simplicité des services offerts. Afin de véhiculer ce message, on donne la parole à des enfants : « quand on aime une maison, il faut la marier », « comme métier j'aimerais faire propriétaire ». Des messages radio, des panneaux-affiches et une campagne Internet sont créés. Sur le site Web de la banque, une petite fille vous apprend qu'acheter une maison en quatre étapes est un jeu d'enfant. Même si certaines des campagnes ont suscité des critiques, notamment de la part d'associations de locataires ayant trouvé insultant que des enfants posent des questions comme « T'as pas encore de maison ? » ou « T'es encore locataire ? », force est d'admettre que le positionnement de la banque et son message sont clairs.

L'approche que la Banque Laurentienne préconise se démarque de celle des autres institutions financières. En ciblant les jeunes familles, la banque met volontairement de côté certains groupes de clients potentiels ; en développant une nouvelle formule de succursales, elle adopte un aménagement non traditionnel pour le secteur financier. La Banque Laurentienne a osé ! Les prochaines années nous diront si elle a gagné son pari.

Sources : Cristiane Bourbonnais, « Oser, ça fait grandir », *Infopresse,* juillet 2007, p. 38-39 ; communiqués de presse de la Banque Laurentienne.

Le marketing direct

Marketing direct
Stratégie qui permet de s'adresser directement à la clientèle cible afin de susciter une réaction favorable ou une transaction.

Le **marketing direct** est l'un des secteurs d'activité de l'économie canadienne dont l'accélération de la croissance est des plus marquées. Cet outil promotionnel permet de s'adresser directement à la clientèle cible afin de susciter une réaction ou une transaction.

Le télémarketing et les centres d'appels, le publipostage, le catalogue de vente par correspondance et la publicité directe sont tous des outils du marketing direct. Traditionnellement, le marketing direct ne faisait pas partie des communications marketing parce que ses objectifs, ses stratégies et ses tactiques étaient différents. Nous croyons au contraire que le marketing direct constitue un élément important des programmes de communications marketing, car il est intimement lié à de nombreux autres outils de communication.

Le marketing direct se révèle particulièrement utile à l'entreprise dont la distribution des produits aux consommateurs se fait sans intermédiaire, par l'entremise des circuits traditionnels ou de ses propres représentants.

Une publicité de Desjardins qui fait appel au marketing direct.

Chaque année, nombre d'entreprises consacrent de fortes sommes afin de constituer et de mettre à jour des bases de données contenant les adresses ou les numéros de téléphone de leurs clients actuels ou potentiels. Ces entreprises font appel au télémarketing pour joindre directement le consommateur dans le but de lui vendre des produits ou des services ou de déterminer des acheteurs potentiels. Les centres d'appels traitent les demandes ou les plaintes du consommateur. Le gestionnaire du marketing achemine aussi des publipostages sous forme de lettre, d'encart, de brochure, de catalogue ou de vidéocassette. Le but est de fournir au client potentiel de l'information sur les produits ou les services de l'entreprise. Les techniques de marketing direct servent aussi à distribuer des échantillons et d'autres articles promotionnels. Le gestionnaire du marketing fait aussi appel à la **publicité directe** afin de promouvoir un produit ou un service à l'aide d'une annonce, qu'elle soit télévisée ou imprimée, et d'inciter le consommateur à acheter directement du fabricant, comme l'illustre la publicité ci-dessus.

Publicité directe
Publicité s'adressant personnellement au consommateur à l'aide d'un moyen de communication direct tel que le publipostage, le télémarketing, la télévision, la publicité imprimée et le réseau Internet.

Le marketing direct a gagné en popularité au cours des deux dernières décennies, principalement en raison du changement des habitudes de vie et de l'augmentation du nombre de familles ayant deux revenus. Par conséquent, le revenu discrétionnaire de nombreuses familles a connu une hausse spectaculaire, mais celles-ci disposent de moins de temps pour effectuer leurs achats en magasin. De plus, l'accessibilité des cartes de crédit et des numéros de téléphone sans frais, et la fiabilité des services de livraison ont favorisé l'achat de produits au moyen du marketing direct. Ces changements ont eu pour effet de faciliter le magasinage, et ils expliquent la croissance remarquable de cette technique de vente.

Le marketing interactif

Actuellement, on assiste peut-être au changement le plus dynamique et révolutionnaire de l'histoire du marketing. Les changements et la croissance spectaculaire des communications sont attribuables aux avancées technologiques, dont font partie les médias interactifs, en particulier le réseau Internet. Les médias interactifs assurent la transmission de l'information en temps réel, alors que l'utilisateur peut y prendre part et en modifier la forme et le fond. À l'opposé des modes de communications marketing traditionnels tels que la publicité et la promotion des ventes, à sens unique, rappelons-le, ces nouveaux médias permettent à l'utilisateur d'exécuter plusieurs fonctions, comme recevoir et modifier de l'information et des images, formuler des demandes, répondre à des questions et, bien sûr, effectuer des achats. Mis à part Internet, les médias interactifs comprennent les cédéroms, les bornes interactives et la télévision interactive. Toutefois, le média interactif ayant le plus d'impact sur le marketing est sans conteste le réseau Internet, en particulier le World Wide Web (WWW).

Outre le fait de modifier la façon dont l'entreprise conçoit et met en œuvre ses activités et ses stratégies marketing, Internet constitue un outil de communication à part entière. Des milliers de sociétés, des multinationales aux petites entreprises locales, ont misé sur un site Internet afin de promouvoir leurs produits et leurs services, de présenter de l'information à leurs clients actuels et potentiels, de communiquer avec les consommateurs et de les divertir.

En raison de son caractère interactif, Internet constitue un mode de communication très efficace concernant la clientèle. D'ailleurs, reconnaissant les avantages de la communication dans Internet, de nombreuses entreprises ont élaboré des stratégies Web et fait appel à des agences spécialisées afin qu'elles conçoivent leur site Internet. Cependant, les sociétés qui exploitent le réseau Internet avec efficacité intègrent leurs stratégies Web aux autres éléments de leur programme de CMI. Internet peut aussi servir à déployer tous les éléments du mix promotionnel. Outre le fait de diffuser de la publicité sur le Web, le gestionnaire peut offrir des incitatifs à l'achat tels que des bons de réduction, des concours publicitaires et des tirages en ligne, ainsi que mener des activités de marketing direct, de vente personnelle et de relations publiques plus efficaces.

La vente personnelle

La **vente personnelle** repose sur un contact direct entre l'acheteur et le vendeur. Ce contact peut être établi face à face ou par l'entremise d'un mode de télécommunication tel le téléphone. Cette interaction offre une plus grande souplesse au gestionnaire du marketing lorsque celui-ci communique avec l'acheteur. Le vendeur peut, en effet, voir ou entendre la réaction de l'acheteur potentiel et modifier son message en fonction de la situation ou des besoins. Nous ne nous pencherons pas ici sur la vente personnelle, étant donné que plusieurs programmes de formation collégiale et universitaire offrent des cours distincts. Notons qu'il faut s'assurer de la cohérence entre le message du vendeur et celui que véhiculent les autres outils de communications marketing.

Vente personnelle

Forme de communication entre deux individus au cours de laquelle le vendeur s'efforce d'aider l'acheteur potentiel ou de le convaincre d'acquérir un produit ou un service de l'entreprise ou d'agir en fonction d'une idée.

Les communications marketing intégrées

Pendant de nombreuses années, la publicité dans les médias de masse a dominé la fonction promotionnelle de la plupart des entreprises. Ces entreprises comptaient principalement sur les agences de publicité pour guider leurs efforts dans presque tous les domaines des communications marketing. La majorité des gestionnaires avaient beau recourir à des agences de marketing direct et de promotion des ventes, ainsi qu'à des firmes de conception de conditionnement, ces agences étaient considérées, la plupart du temps, comme des services auxiliaires auxquels on faisait parfois appel pour un projet particulier. Les firmes de relations publiques n'étaient pas perçues comme des acteurs essentiels dans le processus de planification des communications marketing, même si elles veillaient à la gestion de la publicité rédactionnelle, de l'image et des affaires d'une société auprès des clientèles concernées.

Nombre de gestionnaires du marketing ont érigé des barrières autour des fonctions du marketing et de la communication. Ils ont géré ces fonctions en s'appuyant sur des budgets, des visions du marché et des objectifs différents. Ces spécialistes n'ont pas compris à quel point il était important de bien coordonner cette vaste gamme d'outils de promotion et de marketing afin de communiquer avec efficacité et de présenter une image cohérente aux clientèles cibles.

L'évolution des CMI

Au cours des années 1980, plusieurs entreprises ont reconnu la nécessité d'une intégration stratégique de leurs outils promotionnels. Elles se sont alors intéressées aux principes des **communications marketing intégrées (CMI)**. Les CMI consistent en la coordination des éléments du mix promotionnel et des autres activités marketing permettant de communiquer avec la clientèle de l'entreprise[10]. Les gestionnaires du marketing adoptant les principes des CMI ont demandé à leurs agences de publicité d'assurer la coordination des divers outils promotionnels plutôt que de compter avant tout sur la publicité média. Plusieurs sociétés ont, dès lors, commencé à faire appel à des spécialistes de la communication autres que les agences de publicité traditionnelles afin d'élaborer et de mettre en place les éléments de leurs plans de communication.

De nombreuses agences ont répondu à l'appel en faveur d'une plus grande synergie des outils promotionnels en acquérant des firmes de relations publiques et des firmes spécialisées dans la promotion des ventes et du marketing direct. Elles se sont ensuite présentées comme des agences de CMI à service complet[13]. Quelques agences ont étendu leurs activités à des secteurs autres que la publicité en vue de contrôler les budgets et les programmes de promotion de leurs clients. Elles ont cependant eu du mal à leur offrir autre chose que de la publicité inventive.

La définition que fait l'American Association of Advertising Agencies (AAAA) des CMI insiste sur l'importance pour l'entreprise d'intégrer toutes les formes de promotion en vue d'obtenir un effet maximal des efforts de communication.

Communications marketing intégrées (CMI)

Concept de planification des communications marketing reconnaissant la valeur ajoutée d'un plan détaillé qui évalue les rôles stratégiques d'une variété de disciplines communicationnelles, par exemple la publicité, le marketing direct, la promotion des ventes et les relations publiques, et qui intègre ces disciplines en vue de la diffusion d'un message clair, cohérent et percutant[11, 12].

Plusieurs entreprises ont fait leur cette philosophie des CMI. Les CMI leur permettent de gérer et de coordonner leurs programmes de communications marketing et leur assurent de transmettre à leur clientèle un message cohérent sur l'entreprise ou ses marques. Les principes des CMI représentent, à leurs yeux, une amélioration par rapport aux méthodes traditionnelles de traitement des divers éléments de communication et de marketing qui étaient presque étanches. Plus le gestionnaire du marketing est en mesure de saisir les subtilités des CMI, plus il est aussi en mesure de comprendre qu'elles offrent davantage que des idées quant à la coordination des éléments des programmes de communication et de marketing. Les CMI permettent à l'entreprise de déterminer les méthodes les plus opportunes et les plus efficaces afin de communiquer et de créer des liens avec les clients, les employés, les fournisseurs, les investisseurs, les groupes d'intérêt et le grand public.

Bien que quelques professeurs d'université et publicitaires aient remis en cause le concept des CMI et suggéré que celui-ci ne pouvait être qu'une folie passagère dont étaient atteints les gestionnaires[14], force est de constater que le concept est déjà bien implanté dans de nombreuses entreprises, ses mérites ayant été largement reconnus[15]. Nous explorerons maintenant quelques facteurs expliquant le succès des CMI.

Les facteurs expliquant le succès des CMI

Le mouvement militant en faveur des CMI a pris son envol au début des années 1990, et il poursuit sur sa lancée en ce nouveau siècle. Petites et grandes entreprises adoptent les principes des CMI. Leur popularité grandit au sein des firmes spécialisées dans la commercialisation des produits et des services de consommation et le marketing interentreprises. Plusieurs événements témoignent de l'omniprésence des CMI au Canada. Ainsi, l'ancienne Association canadienne du marketing direct (ACMD) a modifié son appellation et son mandat en raison de la convergence des facettes des communications marketing et des communications dans la gestion des marques. Elle porte maintenant le nom d'*Association canadienne du marketing*. Notons toutefois que ce changement de philosophie pourrait être long puisqu'un nombre considérable de membres de l'association ont des activités professionnelles touchant principalement le marketing direct. L'Association canadienne des annonceurs (ACA), qui regroupe environ 100 sociétés, affirme qu'elle a toujours défendu les principes des CMI et qu'elle n'a jamais cru en la prédominance du rôle de l'une ou l'autre discipline promotionnelle. L'ACA a cependant peu prêté attention au marketing direct. Cette tendance s'observe également au Québec avec la création, en 2003, du Conseil de l'industrie et des communications du Québec. Celui-ci regroupe l'Association des agences de publicité du Québec (AAPQ), l'Alliance des cabinets de relations publiques du Québec (ACRPQ), l'Association marketing de Montréal et le PCM (AMM-PCM), l'Association du marketing relationnel (AMR), l'Association des producteurs de films et de télévision du Québec (APFTQ), le Conseil des directeurs médias du Québec (CDMQ), la Société des communicateurs de Québec (SOCOM), la Société des designers graphiques du Québec (SDGQ) et la Société québécoise des professionnels en relations publiques (SQPRP). Peu importe ce que réserve l'avenir à ces associations, il est clair qu'elles se sont engagées sur la voie des CMI[16]. Plusieurs facteurs expliquent l'adoption des principes des CMI : la nécessité de planifier de façon efficace et efficiente, l'adoption de nouveaux médias et de nouvelles technologies, et l'adoption de pratiques commerciales novatrices.

La nécessité d'une planification efficace et efficiente

L'adoption des principes des CMI tient notamment à ce que les gestionnaires saisissent bien l'avantage de l'intégration stratégique des fonctions communicationnelles plutôt que d'y recourir de façon individuelle. En coordonnant ses activités de communication, l'entreprise peut éviter les dédoublements, tirer profit de la synergie entre les outils promotionnels et élaborer des programmes de communications marketing plus efficients et plus efficaces. Les partisans des CMI font valoir qu'il s'agit, pour l'entreprise, de l'un des moyens les plus faciles d'optimiser le rendement du capital investi dans le marketing et la promotion[17].

Les nouveaux médias et les nouvelles technologies adoptés par les consommateurs

Le mouvement en faveur des CMI montre aussi que les gestionnaires du marketing s'adaptent bien aux changements, en particulier à l'égard des consommateurs, de la technologie et des médias. D'importants changements ont été observés en ce qui concerne le profil des consommateurs, le plan démographique, le style de vie, les habitudes médias et les comportements d'achat et de magasinage. La câblodistribution et la télévision numérique par satellite, par exemple, ont eu pour effet d'augmenter le nombre de chaînes offertes dans les foyers. Quelques-unes présentent des émissions de téléachat en ondes 24 heures sur 24 ; d'autres diffusent des infopublicités de 30 ou 60 minutes s'apparentant davantage à des émissions de télévision qu'à des annonces publicitaires. Chaque jour, un nombre croissant de consommateurs naviguent dans Internet. Des fournisseurs de service en ligne tels que Sympatico, Vidéotron et AOL Canada offrent la possibilité d'obtenir de l'information, de se divertir, de magasiner et de se procurer en ligne un large éventail de produits et de services. Comme l'illustre la publicité ci-contre, des entreprises comme Air Canada conçoivent des sites Internet leur permettant d'afficher et de vendre leurs produits et leurs services en mode interactif.

Les nouvelles technologies fournissent au gestionnaire d'autres moyens d'atteindre le consommateur, et elles ont aussi une incidence sur les médias plus traditionnels. La télévision, la radio, les magazines et les journaux se sont fragmentés, et ils joignent des audiences moins nombreuses et plus sélectives. Un récent sondage mené aux États-Unis auprès de publicitaires de renom et portant sur les tendances qui façonneront l'industrie au cours de ce siècle établissait la segmentation des audiences des médias sous l'effet des nouvelles technologies comme le plus important changement qui soit survenu[18].

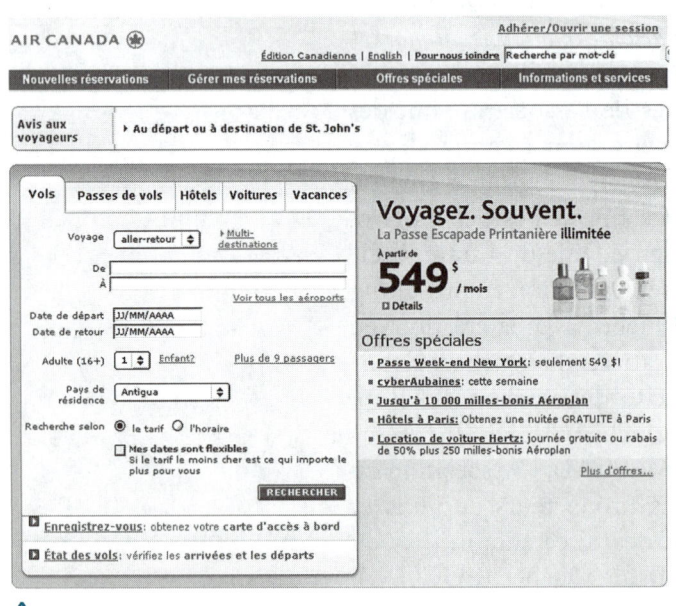

Les voyageurs peuvent acheter leurs billets d'avion et réserver leurs sièges à partir du site Internet d'Air Canada.

Non seulement le gestionnaire fait face à une réduction de la taille de l'auditoire des médias, mais il s'adresse à des consommateurs moins réceptifs à la publicité traditionnelle. Il est à même de constater que la publicité rebute de nombreux consommateurs qui en ont assez d'être assaillis de toute part par les annonces publicitaires. Le gestionnaire doit alors trouver d'autres moyens de communiquer avec les clientèles cibles, par exemple en intégrant des messages à la culture populaire. Le gestionnaire fait souvent appel à des agences de placement de produits pour que ses produits soient intégrés dans le déroulement d'une émission télévisée ou d'un film. Afin de mettre en valeur le nouveau modèle sport Z8 de BMW, MGM/UnitedArtists a fait ajouter quelques plans au film de James Bond intitulé *The World Is not Enough (Le Monde ne suffit pas)*. Le constructeur automobile a profité de l'occasion pour concevoir une campagne promotionnelle monstre et lancer son nouveau modèle[19].

Les pratiques commerciales novatrices

L'engouement pour les CMI fait aussi suite aux modifications de la mise en marché des produits et des services[20].

- *Le transfert des budgets consacrés à la publicité vers d'autres formes de promotion, en particulier la promotion des ventes dirigée vers le consommateur et le réseau de distribution* Plusieurs gestionnaires estiment que la publicité média traditionnelle est devenue trop coûteuse et que son rapport coût-efficacité ne se révèle pas avantageux. De plus, sur plusieurs marchés, l'escalade des prix a incité un plus grand nombre de gestionnaires du marketing à consacrer une part de plus en plus importante de leurs budgets promotionnels aux promotions axées sur les prix plutôt que sur la publicité média.

- *L'abandon des approches publicitaires mettant l'accent sur les médias de masse traditionnels tels que la télévision réseau et les magazines nationaux* Au moment d'élaborer leurs stratégies de communication, de nombreuses entreprises optent pour des outils promotionnels moins coûteux et mieux ciblés, notamment le marketing événementiel, la commandite, la publicité directe, la promotion des ventes et le marketing dans Internet.

- *La balance du pouvoir de négociation qui est passée des fabricants aux détaillants* En raison de la consolidation du secteur du détail, les petits détaillants locaux cèdent la place à des chaînes régionales, nationales ou internationales. Ces grands détaillants se servent de leur influence pour exiger des fabricants des remises et des budgets promotionnels plus importants ; cette pratique détourne souvent les sommes d'argent qui auraient été consacrées à la publicité. De plus, des innovations techniques telles que le lecteur optique permettent aux détaillants d'obtenir des renseignements sur l'efficacité des programmes de promotion des fabricants. Les détaillants doivent alors s'en remettre à des outils promotionnels pour produire des résultats à court terme, telle la promotion des ventes.

- *La croissance rapide du marketing par bases de données* Plusieurs entreprises conçoivent des bases de données regroupant les noms de leurs clients, leurs profils géographique, démographique et psychographique, leurs comportements d'achat, leurs habitudes médias, leurs cotes de crédit ainsi que d'autres caractéristiques. Ces renseignements permettent de cibler les consommateurs selon diverses techniques de marketing direct, par exemple le télémarketing, le publipostage et la publicité directe. Les partisans de cette démarche font valoir que le marketing par bases de données s'avère essentiel au développement et à la pratique de CMI efficaces[21].

- *L'obligation pour les agences de publicité de rendre des comptes et une demande de modification de leur mode de rémunération* Plusieurs entreprises rémunèrent désormais les agences de publicité à l'aide de mesures incitatives en vertu desquelles elles les rétribueront, du moins en partie, selon des mesures objectives telles que le chiffre d'affaires, la part de marché et la rentabilité. Cette obligation de rendre des comptes incite nombre d'agences à recourir à une variété d'outils promotionnels et à envisager des solutions moins coûteuses que la publicité de masse.

- *La croissance rapide du réseau Internet, qui transforme la nature même de la conduite des affaires et la manière dont les entreprises communiquent et négocient avec leurs clients* La révolution Internet est bel et bien en cours, alors que le nombre d'internautes ne cesse de croître. Pour de nombreuses entreprises, Internet est un média interactif qui fait dorénavant partie de leurs stratégies de communication et, dans certains cas, de leurs stratégies d'entreprise.

L'importance des CMI

Nous l'avons vu, les entreprises modifient leurs façons de commercialiser et de promouvoir leurs produits et leurs services. Elles ne peuvent plus s'en remettre à un seul outil de communication. Elles doivent plutôt recourir à des méthodes qui leur permettront de livrer aux clientèles visées des messages de la plus grande efficience. Pour atteindre sa cible, l'entreprise doit d'abord élaborer un programme de CMI reposant sur une combinaison judicieuse d'outils et de techniques de promotion ; elle doit ensuite définir le rôle et le degré d'utilisation de chacun, puis coordonner leur utilisation. Si ces exigences semblent tomber sous le sens, deux raisons impérieuses expliquent pourquoi la plupart des firmes s'appuient désormais fortement sur les CMI.

Le point de vue du consommateur

En tant que gestionnaire, il est important de bien distinguer les concepts utilisés au moment de communiquer avec ses collègues ou avec les représentants d'autres entreprises, en particulier à l'heure des décisions. Par exemple, lorsqu'on projette une promotion des ventes, c'est ainsi qu'on doit la désigner afin que tous les intéressés puissent discuter de ses mérites et affecter les dépenses en promotion au budget correspondant. Choisit-on la promotion des ventes qui convient – par exemple des bons de réduction plutôt qu'une prime ? L'incitatif s'avère-t-il assez attrayant pour que la clientèle cible délaisse un produit au profit du nôtre ? Le consommateur, de son côté, est exposé à de nombreuses marques, dont la promotion repose sur plusieurs outils de communication. En fait, le consommateur fait l'objet d'un si grand nombre de sollicitations qu'il a l'habitude de parler de *publicité* quand il désigne l'un ou l'autre des outils promotionnels. Dans ce contexte, il est impératif de privilégier une planification fondée sur les CMI. Tous les éléments de la campagne promotionnelle doivent être intimement liés de manière que le message soit clair et ne représente pas faussement la marque.

Le succès de la campagne de Bell montre bien l'importance de communiquer un message clair, cohérent et percutant et d'intégrer les activités publicitaires aux autres outils de communication marketing. Comme nous l'avons vu, Bell diffuse de la publicité dans plusieurs médias – télévision, radio, magazines, journaux, panneaux-réclames et Internet. Les bandeaux publicitaires affichés sur différents sites Internet et dans d'autres médias incitent le consommateur à visiter le site de Bell (www.bell.ca), sur lequel il trouvera de l'information à jour sur ses produits et ses services. Bell recourt aussi à des promotions des ventes, à la publicité rédactionnelle et aux relations publiques.

Le cas de Bell illustre bien le changement de fonction de la publicité et des autres formes de promotion qui s'opèrent. À présent, nombre d'entreprises intègrent leurs activités publicitaires à une variété d'autres techniques de vente telles que les sites Internet, le marketing direct, la promotion des ventes, la publicité, les relations publiques et la commandite d'activités spéciales. Ces entreprises ne sont pas sans savoir que ces outils s'avèrent plus efficaces lorsqu'ils sont coordonnés avec les autres éléments du programme marketing.

Plusieurs organismes sans but lucratif (OSBL) font appel à la publicité pour atteindre leurs objectifs commerciaux.

Le marketing relationnel

De nos jours, la majorité des gestionnaires du marketing recherchent plus qu'un échange ou une transaction unique avec leurs clients. Les entreprises privilégiant l'orientation des marchés, ainsi que de nombreux OSBL, s'efforcent d'établir et d'entretenir des *liens* avec leurs clients, d'où l'intérêt croissant pour le **marketing relationnel**.

En général, les efforts consacrés à la création de liens privilégiés avec le client se révèlent plus rentables en matière de rapport coût-efficacité que ceux qui visent à acquérir de nouveaux clients. Les stratégies marketing mises de l'avant pour recruter de nouveaux clients s'avèrent plus coûteuses que celles qui visent à conserver les clients existants. De plus, les clients fidèles tendent à acheter davantage de produits ou à étendre leurs achats aux autres produits de l'entreprise. Les spécialistes du marketing accordent davantage d'attention à la *valeur à long terme* du consommateur, des études révélant qu'une baisse du taux de défection de la clientèle de l'ordre de 5 % peut entraîner une hausse des bénéfices futurs variant entre 30 et 90 %[23]. La publicité de la société informatique SAP, à la page suivante, illustre à quel point il est important pour les entreprises de recourir aux bons outils pour

Marketing relationnel

Consiste à créer, à maintenir et à renforcer des liens personnalisés à long terme avec chaque client et d'autres interlocuteurs, pour un bénéfice mutuel[22].

Les communications marketing intégrées **CHAPITRE 1** 19

créer des liens à long terme avec leurs clients. La planification reposant sur les principes des CMI est d'autant plus impérative lorsque l'entreprise fait appel au marketing relationnel. Les gestionnaires du marketing doivent déterminer les outils du mix promotionnel qui renforceront les liens avec le client. Étant donné que les clients sont étroitement associés à l'entreprise, la cohérence des interventions gagnera en importance.

La société informatique SAP offre des logiciels permettant une meilleure gestion des relations avec la clientèle.

PERSPECTIVE 1.2

Une perspective élargie des CMI

Don Schultz, de la Northwestern University, plaide en faveur d'une optique encore plus large des CMI. Celle-ci tiendrait compte de toutes les sources de contact qu'un client actuel ou potentiel d'un produit ou d'un service pourrait avoir avec une marque ou une entreprise. De l'avis de M. Schultz et d'autres spécialistes, les entreprises doivent aborder les CMI à partir d'un plan d'ensemble qui tient compte de la manière dont elles communiquent avec leurs clients pour toutes leurs activités marketing – et non uniquement sous l'angle de la promotion.

Les auteurs Tom Duncan et Sandra Moriarty affirment que les CMI font partie intégrante de la *nouvelle génération* d'approches marketing auxquelles font appel les entreprises afin de concentrer davantage leurs efforts pour créer, établir et renforcer des liens avec leurs clients et d'autres parties. Les auteurs ont mis au point un modèle de marketing fondé sur la communication. Ils soulignent l'importance de planifier l'ensemble des communications d'une entreprise ou d'une marque puisque celles-ci, collectivement, créent, maintiennent ou affaiblissent la relation de l'entreprise et du consommateur ou de l'interlocuteur et, en fin de compte, confèrent à la marque sa valeur. Les activités touchant l'organisation, le marketing mix et les communications marketing de l'entreprise sont empreintes de communication et ont pour but d'attirer et de fidéliser les clients. C'est pourquoi les messages peuvent, selon les auteurs, provenir de trois sources : l'organisation, le marketing et les communications marketing.

Nombre d'aspects des pratiques et de la philosophie de l'organisation touchent la communication et exercent une influence sur les relations de l'entreprise avec ses clients et les autres interlocuteurs. Songeons à la mission, aux méthodes de recrutement, aux œuvres de bienfaisance soutenues par l'entreprise, à la culture interne et à la façon de répondre aux demandes. La société Nike, par exemple, a été l'objet d'une publicité négative sans précédent. Selon certaines sources, la multinationale américaine aurait embauché de la main-d'œuvre infantile dans ses usines de l'Asie du Sud-Est. Leurs conditions de travail, misérables semble-t-il, ont entaché son image auprès de nombreux jeunes consommateurs. Nike a dû se prêter au jeu des activités de relations publiques pour démentir ces allégations et redorer son image auprès des jeunes consommateurs.

Chaque aspect du marketing mix transmet un message aux consommateurs et aux autres interlocuteurs. Le design, l'apparence, le prix, le service après-vente, le lieu et le moment de la distribution sont autant d'éléments qui permettront au consommateur de tirer ses propres conclusions à propos d'un produit. Ainsi, un prix élevé, la forme, le conditionnement, le nom de la marque ou l'image du magasin où le produit est vendu peuvent être interprétés comme un gage de qualité. Montblanc, par exemple, fait appel à un design classique, à un nom de marque évocateur et à des prix élevés pour positionner ses stylos haut de gamme, de qualité supérieure. Cette image de prestige est renforcée par la stratégie de la société, qui est de vendre ses produits exclusivement dans des boutiques, des bijouteries et des magasins de détail exclusifs.

En ce qui a trait aux communications marketing, Tom Duncan et Sandra Moriarty affirment que, pour créer des perceptions cohérentes chez les clients et les autres interlocuteurs de l'entreprise, chaque message doit être conçu à partir d'une seule plateforme sur les plans de l'exécution et de la stratégie. Pour ce faire, le gestionnaire doit intégrer les divers messages émanant des communications marketing et coordonner les actions des interlocuteurs au cours du processus d'élaboration du plan de promotion – agence de publicité, firme de relations publiques, spécialistes de la promotion des ventes, firme de conception de conditionnement, agence spécialisée en marketing direct et agence de publicité interactive. L'objectif consiste à s'assurer que tous les éléments des communications marketing présentent et positionnent l'entreprise ou la marque d'une manière cohérente, à partir d'une voix, d'un style et d'une image uniques.

Malgré son importance, la présentation d'une perspective élargie des CMI dépasse le cadre du présent ouvrage, qui est davantage centré sur la planification du mix promotionnel.

La planification des CMI

Lorsqu'elle élabore une stratégie de communication, l'entreprise combine les éléments du mix promotionnel en prenant soin d'équilibrer les forces et les faiblesses de chacun afin de mener une campagne efficace. La **gestion de la promotion** permet de mettre au point un programme intégré de communications marketing efficace. Le gestionnaire doit alors réfléchir aux outils promotionnels à privilégier et à la manière de les combiner afin d'atteindre les objectifs de marketing et de communication. La direction de l'entreprise, de son côté, doit répartir son budget de promotion entre les éléments du mix promotionnel.

> **Gestion de la promotion**
> Procédé de coordination entre les éléments du mix promotionnel.

Quel pourcentage du budget devra-t-on allouer à la publicité, à la promotion des ventes, au marketing direct et à la vente personnelle ?

Plusieurs facteurs sont soupesés lors de l'élaboration du mix promotionnel, notamment le type de produit, le marché cible, le processus décisionnel de l'acheteur, la phase du cycle de vie du produit et les circuits de distribution. En général, l'entreprise commercialisant des produits et des services de consommation diffuse de la publicité dans les médias de masse afin d'atteindre les consommateurs. En revanche, l'entreprise évoluant dans le domaine du marketing interentreprises, domaine qui souvent exige de vendre des produits et des services complexes, coûteux et comportant un risque pour l'acheteur, se tourne vers la vente personnelle. Cette entreprise peut toutefois recourir à la publicité pour accomplir certaines activités importantes, par exemple accroître la notoriété de l'entreprise et de ses produits, fournir des arguments à sa force de vente et rassurer les consommateurs sur les achats qu'ils ont effectués.

L'importance accordée aux activités touchant la publicité et la vente personnelle varie en fonction du marché à séduire. Or, il est fréquent que des entreprises du même secteur préconisent un mix promotionnel différent. Par exemple, dans le secteur des produits de beauté, les sociétés Avon et Mary Kay concentrent leurs efforts sur la vente personnelle ; Revlon et Max Factor, de leur côté, privilégient la publicité destinée à la consommatrice. L'entreprise se distingue aussi par l'importance relative qu'elle accorde à la publicité et à la promotion des ventes. Celle qui commercialise des marques de qualité supérieure fait appel à la publicité en vue de convaincre les consommateurs de la supériorité de ses produits, de justifier ses prix plus élevés et de conserver son image de marque. Les marques de qualité inférieure, ou celles qui n'arrivent pas à se démarquer, se concurrencent souvent par leurs prix ou par un rapport qualité-prix avantageux. La promotion des ventes de ces produits sera alors davantage axée sur les membres du réseau de distribution ou les consommateurs.

En général, le programme de communications marketing est élaboré en fonction d'un objectif précis et constitue l'aboutissement d'un processus de planification très détaillé. Tout comme pour les autres fonctions relatives à la bonne marche de l'entreprise, la planification joue un rôle fondamental dans l'élaboration et la mise sur pied d'un **plan promotionnel** efficace. Les responsables de la promotion conçoivent un plan qui leur permet de développer, de mettre en œuvre et de contrôler les activités et les programmes des CMI. Ces personnes décident du

> **Plan promotionnel**
> Plan qui présente la structure de l'élaboration de la mise en place et du contrôle des activités et des programmes de communications commerciales intégrées d'une entreprise.

rôle et de la fonction de chaque élément du mix promotionnel, développent des stratégies pour chacun et mettent le plan en œuvre. La promotion constitue simplement un volet que l'on doit intégrer au programme global de marketing.

Un modèle du processus de planification des CMI est présenté à la figure 1.4. Nous terminerons ce chapitre en présentant un survol des étapes de ce processus.

FIGURE 1.4 Un modèle du processus de planification des CMI

```
Revoir le plan marketing
        ↓
Évaluer la situation des communications marketing
        ↓
Déterminer les objectifs du plan de CMI
        ↓
Concevoir des programmes de CMI
```

Publicité	Marketing direct	Marketing interactif	Promotion des ventes	Relations publiques
Objectifs de la publicité	Objectifs du marketing direct	Objectifs du marketing interactif	Objectifs de la promotion des ventes	Objectifs des relations publiques
Stratégie publicitaire	Stratégie du marketing direct	Stratégie du marketing interactif	Stratégie de la promotion des ventes	Stratégie des relations publiques
Stratégie et tactiques des messages et des médias publicitaires	Stratégie et tactiques des messages et des médias du marketing direct	Stratégie et tactiques des messages et des médias interactifs	Stratégie et tactiques des messages et des médias de la promotion des ventes	Stratégie et tactiques des messages et des médias des relations publiques

Mise en œuvre et contrôle du plan de CMI

Les communications marketing intégrées **CHAPITRE 1** 23

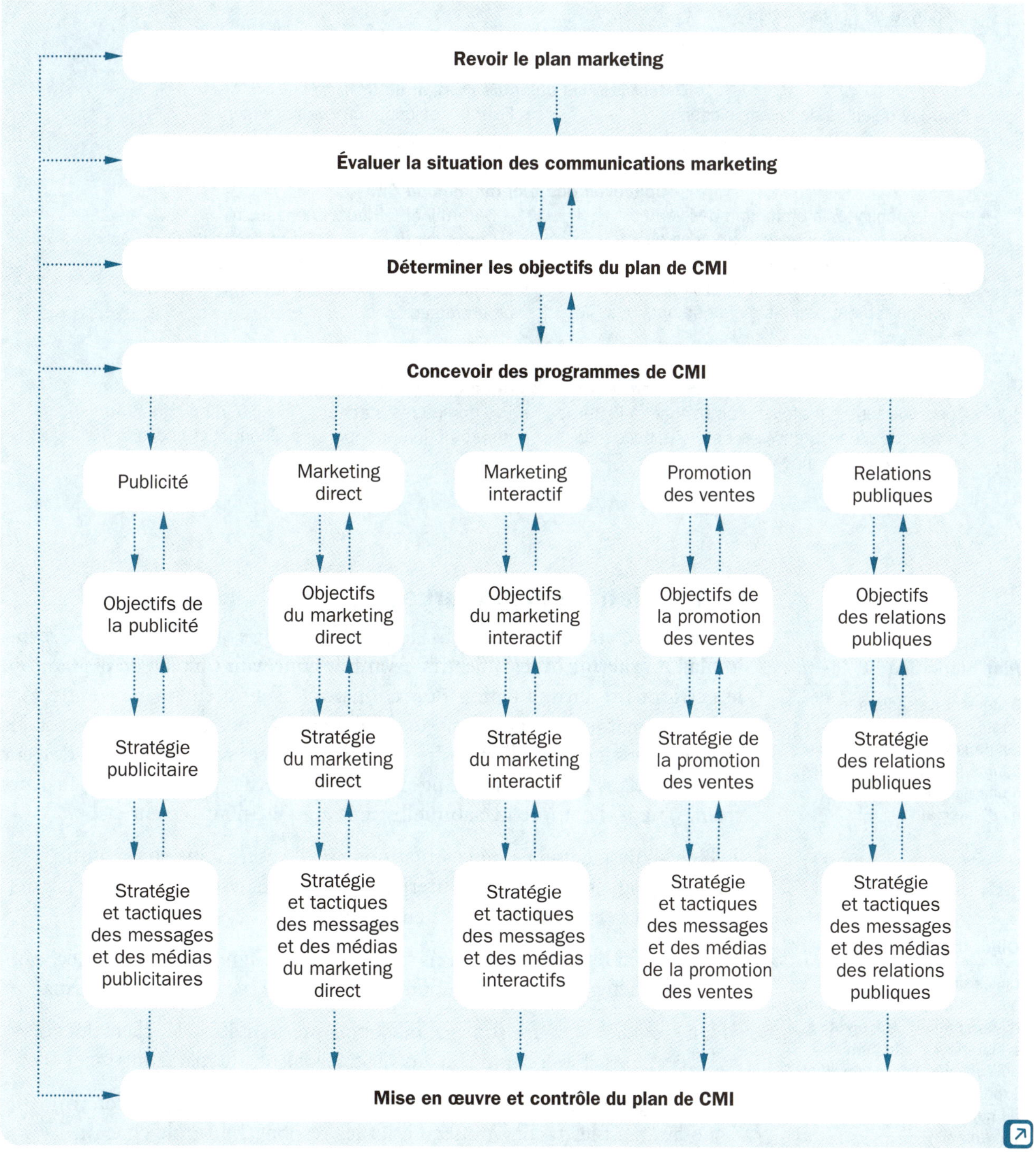

FIGURE 1.4 Un modèle du processus de planification des CMI (*suite*)

Revoir le plan marketing
- Mettre l'accent sur les informations concernant le marché, l'entreprise, le consommateur, la concurrence et l'environnement
- Examiner les objectifs, la stratégie et les programmes marketing
- Comprendre le rôle de la promotion dans le plan marketing

Évaluer les communications marketing
- Analyse interne
  - Forces et faiblesses des produits et des services
  - Programmes de promotion précédents
  - Image de marque
  - Analyse de l'organisation
- Analyse externe
  - Analyse du comportement du consommateur
  - Analyse de la concurrence
  - Analyse de l'environnement

Déterminer les objectifs du plan de CMI
- Fixer les objectifs de communication
- Fixer les objectifs de comportement

Concevoir des programmes de CMI
- Pour la publicité, la promotion des ventes, les relations publiques, le marketing direct et le marketing interactif :
  - Fixer des objectifs de communication et de comportement propres à chaque outil des CMI
  - Déterminer le budget nécessaire
  - Concevoir des stratégies et des tactiques créatives
  - Choisir les stratégies et les tactiques médias
- Examiner les possibilités d'intégration des cinq programmes

Mise en œuvre et contrôle du plan de CMI
- Concevoir tout le matériel promotionnel à l'interne ou à l'aide d'une agence ; acheter l'espace média ou le temps d'antenne
- Évaluer les résultats et l'efficacité du programme de promotion et apporter les correctifs nécessaires

La révision du plan marketing

La première étape du processus de planification des CMI consiste à revoir le **plan marketing** et ses objectifs. Avant de concevoir un plan de promotion, le gestionnaire du marketing doit connaître les antécédents de l'entreprise ou de la marque, sa position sur le marché, la position souhaitée et les moyens envisagés pour l'atteindre. La plupart de ces renseignements doivent se trouver dans le plan marketing. Le plan marketing peut prendre plusieurs formes, mais il comprend habituellement cinq éléments essentiels.

1. Une analyse détaillée de la situation actuelle consistant en un audit marketing, en une analyse interne et en une analyse externe des facteurs relatifs à la concurrence et à l'environnement.

2. Des **objectifs marketing** précis fournissant une ligne directrice, un échéancier des activités marketing et un mécanisme de mesure de la performance.

3. Un programme et une stratégie marketing précisant la ou les clientèles visées, les décisions et les plans quant aux quatre éléments du marketing mix.

4. Un programme de mise en œuvre de la stratégie marketing déterminant notamment les tâches à effectuer et les responsabilités de chacun.

Plan marketing
Document présentant la stratégie marketing globale et les programmes mis au point à l'intention d'une entreprise, d'une gamme de produits ou d'une marque.

Objectif marketing
Cibles précises et mesurables que doit accomplir l'ensemble du programme de marketing, à l'intérieur d'une période déterminée. Ils sont souvent exprimés en termes de ventes, de part de marché ou de rentabilité.

5. Un processus de contrôle et d'évaluation du rendement fournissant une rétroaction, de façon qu'un contrôle adéquat puisse être assuré et que tous les changements nécessaires puissent être apportés à la stratégie ou aux tactiques.

Le plan de promotion de la plupart des entreprises fait partie intégrante de leur stratégie marketing. C'est pourquoi ses responsables doivent connaître le rôle de la publicité et des autres éléments du mix promotionnel du programme de marketing global. Le plan de promotion est élaboré de la même manière que le plan marketing. Souvent, les responsables de la planification de la promotion se concentreront sur les renseignements contenus dans le plan marketing pour élaborer la stratégie promotionnelle de l'entreprise.

L'évaluation des communications marketing

Une fois la révision du plan marketing terminée, l'étape suivante consiste en une analyse de la situation qui porte principalement sur les facteurs qui ont une incidence sur la conception de la stratégie promotionnelle ou sur les éléments qui semblent pertinents. À l'image de l'analyse effectuée pour le plan marketing, l'analyse du programme de promotion comporte un volet interne et un volet externe.

L'analyse interne

L'**analyse interne** porte sur les questions ayant un rapport avec l'offre des produits ou des services et avec l'entreprise en cause. Les renseignements qu'elle permet d'obtenir s'avèrent utiles aux membres de l'équipe de réalisation qui s'efforceront de concevoir un message publicitaire pour la marque.

L'entreprise élaborant un nouveau plan de promotion doit revoir ses programmes de promotion précédents. Elle doit ainsi examiner les objectifs, les budgets, les stratégies et les tactiques de tous les éléments du mix promotionnel afin de déterminer leurs forces et leurs faiblesses. De plus, quand elle s'est appuyée sur une recherche marketing afin d'évaluer ses programmes antérieurs, l'entreprise doit aussi les passer en revue.

En outre, l'analyse interne doit évaluer les forces et les faiblesses de l'image de l'entreprise ou de la marque. L'image de l'entreprise ou de la marque a souvent une incidence importante sur la manière de promouvoir ses produits et ses services.

Les entreprises ou les marques nouvelles, ou celles qui sont perçues d'une façon négative, doivent redorer leur image, et insister sur les avantages et les caractéristiques du produit ou du service. En revanche, l'entreprise réputée ou celle qui projette une bonne image a une longueur d'avance au moment de commercialiser ses produits ou ses services.

L'analyse interne permet d'évaluer les capacités de l'entreprise, son aptitude à élaborer et à mettre sur pied un programme de promotion efficace, et l'organisation du Service de promotion. Cette forme d'analyse peut aussi révéler l'incapacité de l'entreprise à planifier, à mettre en œuvre et à diriger certains volets de ce programme. Dans ce cas, elle serait bien avisée de chercher de l'aide auprès d'une agence de publicité ou d'une firme spécialisée en promotion. Lorsqu'elle fait déjà appel aux services d'une agence de publicité,

Analyse interne

Analyse qui évalue les forces et les faiblesses relatives au produit ou au service, ses avantages ou ses inconvénients, toute particularité ou tout argument de vente en sa faveur, son conditionnement, son prix et sa conception, etc.

l'entreprise doit examiner la qualité de son travail. Elle doit aussi prêter une attention particulière aux résultats des campagnes actuelles et précédentes.

Le tableau 1.1 présente une liste d'éléments à considérer lors de l'analyse des communications marketing. Pour ce qui est de certains éléments internes, il est possible que l'entreprise ne puisse pas compter sur des renseignements disponibles à l'interne; ces renseignements doivent donc être recueillis à l'occasion d'une analyse externe.

L'analyse externe

Analyse externe
Analyse des données de l'environnement externe d'une entreprise, incluant les facteurs politiques, culturels, sociaux, démographiques, légaux, internationaux et environnementaux, afin d'identifier des tendances et leur impact sur l'organisation.

Comme l'illustre le tableau 1.1, l'**analyse externe** porte sur les caractéristiques des clients de l'entreprise, les segments de marché, les stratégies de positionnement, la concurrence et l'environnement marketing. Les caractéristiques des consommateurs, les comportements d'achat, les processus décisionnels et les facteurs influant sur les décisions d'achat occupent une place importante dans l'analyse externe.

L'attention doit aussi se concentrer sur les perceptions, les attitudes, les habitudes de vie et les critères d'achat des consommateurs. Des recherches en marketing se révèlent souvent nécessaires pour répondre à quelques-unes des

---

TABLEAU 1.1 Quelques facteurs à considérer dans une analyse de situation

Les facteurs internes	Les facteurs externes
L'évaluation de l'organisation et de ses capacités promotionnelles • Organisation du Service de la promotion • Capacité de l'entreprise à concevoir et à exécuter des programmes de promotion • Détermination du rôle de l'agence de publicité et des autres firmes spécialisées dans les promotions **L'évaluation des anciens programmes de promotion de l'entreprise** • Objectifs promotionnels • Budgets et dépenses promotionnels • Stratégies et programmes du mix promotionnel • Résultats des programmes de promotion **L'évaluation de l'image de l'entreprise ou de la marque** **L'évaluation des forces et des faiblesses du produit ou du service** • Quels sont ses principaux avantages? • Quelles sont ses principales caractéristiques? • Quelle est sa proposition unique de vente? • Le conditionnement et l'étiquette sont-ils cohérents avec l'image de la marque?	**L'analyse du comportement du consommateur** • Qui se procure notre produit ou service? • Qui décide d'acheter le produit ou le service? • Qui exerce une influence sur la décision d'achat? • Comment la décision d'achat est-elle prise? Qui assume ce rôle? • Qu'achète réellement le consommateur? Pour répondre à quels besoins? • Pourquoi le consommateur se procure-t-il une marque particulière? • Où se rend-il afin de se procurer le produit ou le service? • À quel moment se le procure-t-il? Existe-il des facteurs saisonniers? • Quelles sont les attitudes du consommateur envers notre produit ou service? • Quels facteurs sociaux pourraient influer sur la décision d'achat? • Le style de vie du consommateur influe-t-il sur la décision d'achat? • Des facteurs démographiques influent-ils sur la décision d'achat? **L'analyse de la concurrence** • Qui sont nos concurrents directs et indirects? • Sur quels avantages s'appuient-ils? Sur quel positionnement? • Quelle est notre position par rapport à la concurrence? • Quelle est l'ampleur des budgets promotionnels de nos concurrents? • Sur quelles stratégies promotionnelles s'appuient-ils? **L'analyse de l'environnement marketing** • Existe-t-il des tendances ou des nouveautés qui pourraient avoir une incidence sur notre programme de promotion?

questions précédentes. L'évaluation du marché constitue un élément clé de l'analyse externe. Les facteurs d'attractivité des segments de marché doivent être évalués et les segments, ciblés.

Le volet externe de l'analyse de situation du programme de promotion comporte aussi un examen des concurrents directs et indirects. Quand la concurrence a fait l'objet d'une réflexion lors de l'analyse de situation du plan marketing, l'entreprise doit à ce stade vouer encore plus d'intérêt aux aspects promotionnels. Son attention doit se concentrer sur les forces et les faiblesses, les segments et les cibles, les stratégies de positionnement et les stratégies de promotion de ses principaux concurrents. L'entreprise doit aussi considérer l'importance et la répartition de leurs budgets de promotion, leurs stratégies médias et les messages qu'ils adressent au marché.

La détermination des objectifs du plan de CMI

À l'étape du processus de planification de la promotion, il importe de fixer les **objectifs de communication**. Notons que les objectifs marketing et les objectifs de communication ont des cibles différentes. Faisant souvent référence aux ventes, à la part de marché ou à la rentabilité, les objectifs marketing renvoient à ce qui doit être accompli par l'ensemble du programme marketing.

> **Objectif de communication**
>
> Cible précise et mesurable que doit atteindre l'entreprise au moyen de son programme de communication. Il est souvent exprimé en fonction de la nature du message, par exemple, notoriété, attitude, intention d'achat.

Les objectifs de communication, de leur côté, renvoient à ce que l'entreprise tente d'accomplir au moyen de son programme de promotion. Ils sont souvent énoncés en fonction de la nature du message à communiquer ou des effets communicationnels recherchés. Le responsable de la planification de la promotion doit réfléchir au processus dans lequel s'engagera le consommateur lorsqu'il sera exposé aux communications marketing. Accroître la notoriété d'un produit ou faire connaître ses caractéristiques ou ses avantages, créer une image, induire des attitudes favorables, des préférences ou des intentions d'achat sont autant d'objectifs de communication. Les objectifs de communication doivent guider l'ensemble de la stratégie de communications marketing et servir d'objectifs aux éléments du mix promotionnel. En parallèle, l'entreprise pourra aussi se fixer des objectifs de communication qui tiennent compte du comportement d'achat et de rachat.

Au moment de déterminer les objectifs, l'entreprise prête attention au budget promotionnel. Deux questions se posent alors : quel sera le coût du programme de promotion ? Comment sera-t-il réparti ? Dans le meilleur des mondes, l'entreprise devrait déterminer les sommes à consacrer à la promotion en fonction des objectifs de communication à atteindre. En réalité, le budget promotionnel est souvent déterminé de manière plus simple, par exemple selon les liquidités ou le pourcentage des ventes de l'entreprise ou de la marque. À cette étape, le budget est dans la plupart des cas provisoire. Il ne sera peut-être pas définitif tant que les stratégies du mix promotionnel ne seront pas mises au point.

La conception d'un programme de CMI

La conception d'un programme de CMI est souvent l'étape la plus complexe et exigeante du processus de planification des CMI. Nous l'avons vu, chaque élément du mix promotionnel comporte ses avantages et ses limites. À cette étape du processus de planification, des décisions doivent être prises quant au rôle et à l'importance de chaque élément, ainsi qu'à la coordination de chacun. Comme l'illustre la figure 1.4, aux pages 23 et 24, chaque élément du mix promotionnel poursuit des objectifs qui lui sont propres, selon un budget et une stratégie. Des décisions doivent être prises pour la mise en œuvre des programmes de promotion. Enfin, l'évaluation de la performance des programmes permet d'apporter les modifications qui s'imposent.

Le programme de publicité, par exemple, comporte un ensemble d'objectifs propres qui, d'ordinaire, vise à communiquer un message à une clientèle cible ou à susciter son intérêt. Une fois le budget déterminé, le directeur de la publicité a une idée des sommes à consacrer à la conception de la campagne publicitaire, à l'achat de l'espace média ou au temps d'antenne qui sert à la diffusion du message publicitaire.

La conception du message et la stratégie médias constituent deux volets importants du programme de publicité. La conception du message, souvent désignée sous le nom de *stratégie de création*, consiste à déterminer le contenu du message que l'annonceur souhaite diffuser auprès de la clientèle cible et l'approche créative qu'il entend utiliser. Ce processus, de même que l'annonce qui en résulte, est pour nombre d'étudiants l'aspect le plus intéressant de la promotion. La *stratégie médias* repose sur la détermination des circuits de communication qui serviront à la diffusion du message publicitaire auprès de la clientèle cible. Des décisions devront être prises quant au choix des médias (journaux, magazines, radio, télévision, panneaux-réclames) et des supports (un magazine ou une émission télévisée en particulier). Cette tâche suppose une évaluation méticuleuse des avantages, des limites, des coûts et de la capacité de chaque média de transmettre le message avec efficacité à la clientèle cible.

Une fois le message et la stratégie déterminés, l'entreprise doit s'attaquer à leur mise en œuvre. Les grandes entreprises font appel à des agences de publicité afin qu'elles planifient et conçoivent leurs messages, qu'elles évaluent les médias et qu'elles retiennent ceux qui diffuseront les annonces. La plupart des agences travaillent en étroite collaboration avec leurs clients, à l'étape de la conception des annonces et de la sélection des médias. Après tout, c'est l'annonceur qui approuve le travail de création et le plan média, et qui en assume les coûts.

Un processus semblable est utilisé pour les autres éléments du programme de CMI, pour lesquels on doit fixer des objectifs, concevoir une stratégie globale, arrêter des stratégies relatives aux médias et au message et prendre des mesures pour assurer leur mise en place. Lorsque l'agence de publicité a l'habitude de remplir quelques-unes des autres fonctions relatives aux CMI, l'entreprise peut retenir les services d'autres firmes spécialisées en communications marketing telles que les agences de promotion des ventes, de marketing direct, de marketing interactif, de même que les firmes de relations publiques.

La mise en œuvre et le contrôle du plan de CMI

Il est important de déterminer dans quelle mesure le programme de promotion répond aux objectifs de communication et contribue à la réalisation des objectifs de l'entreprise. Le responsable de la planification de la promotion est soucieux de connaître l'efficacité de son programme et les raisons de son succès ou de son insuccès. Par exemple, des problèmes peuvent tenir à la nature du message ou à un plan média n'atteignant pas le marché cible avec efficacité. Le gestionnaire du marketing doit connaître les raisons des résultats obtenus afin de prendre les mesures correctives qui s'imposent.

La dernière étape du processus vise à fournir au gestionnaire du marketing une rétroaction continue quant à l'efficacité du programme de promotion, qui pourra ensuite servir au processus de planification. Comme l'illustre la figure 1.4, aux pages 23 et 24, l'information concernant l'efficacité du programme de promotion sert à planifier d'autres programmes du même type et à développer d'autres stratégies.

L'optique et la structure du présent manuel

Les cours de communications marketing, de stratégie promotionnelle et de publicité ont souvent présenté les éléments du mix promotionnel comme autant de fonctions distinctes. Or, plusieurs personnes du milieu de la publicité, de la promotion des ventes, du marketing direct et des relations publiques tendent à aborder les problèmes de communications marketing sous l'angle de leur spécialité. Le publicitaire croit que la publicité média lui permet d'atteindre ses objectifs de communications marketing avec plus d'efficacité ; le spécialiste de la promotion des ventes fait valoir qu'un programme d'incitatifs suscite une réponse immédiate des consommateurs ; le relationniste propose de résoudre un problème à l'aide d'une campagne de relations publiques. Nul ne s'en étonne étant donné que la formation de chacun lui fait voir les problèmes de communications marketing selon la perspective de son domaine de spécialisation.

De nos jours, cependant, les spécialistes du marketing, de la publicité et d'autres domaines connexes doivent connaître et savoir utiliser une diversité d'outils de communications marketing, et non seulement ceux pour lesquels ils sont spécialisés. Les agences de publicité offrent désormais des services en dehors de leur sphère de prédilection. Plusieurs proposent en effet des services de promotion des ventes, de relations publiques, de marketing direct, de commandite ou d'autres types de communications marketing.

La personne au service de l'annonceur ou du client, comme le chef de marque, le directeur de produit ou le directeur de la promotion, conçoit des programmes marketing reposant sur plusieurs modes de communications marketing.

Le but du présent manuel est de vous faire comprendre le domaine de la publicité et les autres éléments du mix promotionnel, et de vous amener à les associer afin que vous puissiez élaborer un programme de CMI. Le manuel comprend six parties destinées à améliorer votre compréhension des divers enjeux.

La première partie, intitulée « Les principes des communications marketing intégrées », regroupe les chapitres 1, 2 et 3. Elle vise à vous familiariser avec les principes des CMI et à mettre en relief leur apport au marketing. Le premier chapitre fournit une brève description des CMI. Le chapitre 2 traite du rôle des outils de CMI dans le domaine du marketing, de la segmentation des marchés et du positionnement des produits et des services, et examine leur apport dans la conception d'un programme de CMI. Le chapitre 3, de son côté, présente les principaux interlocuteurs du secteur des communications marketing.

La planification, l'élaboration et la mise en œuvre d'un programme de CMI efficace nécessitent une bonne compréhension du comportement du consommateur et du processus de communication. Nous abordons les théories sur le comportement du consommateur et nous présentons divers modèles de communication aux chapitres 4 et 5, respectivement. Le chapitre 6 explore davantage les modèles de communication présentés au chapitre précédent et explique la façon de déterminer des objectifs de communication en vue d'atteindre les effets escomptés. Ces trois chapitres constituent la deuxième partie du manuel, intitulée «Le consommateur : au cœur des communications marketing intégrées». Cette section a pour but de vous offrir un cadre conceptuel qui servira à la prise de décisions lors de l'élaboration du plan de CMI.

Le message que nous tentons de transmettre se trouve au cœur des communications marketing. La troisième partie, intitulée «La construction du message», fait état de décisions que doit prendre l'entreprise pour formuler un message convaincant. Les aspects sans doute les plus intéressants des CMI font l'objet des chapitres 7 et 8, qui abordent les décisions relatives à la stratégie et aux tactiques de création permettant d'obtenir des annonces dynamiques et stimulantes.

La quatrième partie, intitulée «La communication du message», traite des décisions relevant de la stratégie et des tactiques médias. Alors que le chapitre 9 présente les grands principes de la planification média, les chapitres 10, 11 et 12 traitent de la sélection des médias traditionnels, c'est-à-dire la télévision, la radio, les magazines, les journaux, les médias hors domicile et de soutien.

Les troisième et quatrième parties du manuel sont réunies pour cerner le volet publicitaire du programme de CMI.

Nous porterons ensuite notre attention sur les autres volets du mix promotionnel, soit la promotion des ventes, les relations publiques, le marketing direct et le marketing interactif, dans la cinquième partie, intitulée «Le renforcement du message». Un chapitre est consacré à chaque outil et, comme nous l'avons fait dans les chapitres portant sur la publicité, nous discuterons de la contribution de chaque outil à l'atteinte des objectifs de communication.

La sixième et dernière partie, intitulée «L'implantation, le contrôle et le suivi du programme de communication», montre comment les entreprises mettent en place les CMI. Nous nous concentrerons d'emblée sur l'efficacité d'une publicité et sur d'autres formes de promotion. Enfin, nous nous pencherons sur les facteurs réglementaires, sociaux et économiques qui ont une incidence sur le programme de publicité et de promotion de l'entreprise.

RÉSUMÉ

La publicité et les autres formes de promotion font partie intégrante de la démarche marketing de la plupart des entreprises. Les éléments du marketing mix comprennent le produit ou le service, le prix, la distribution et la promotion.

La promotion remplit la fonction de communication du marketing. Elle s'appuie, pour ce faire, sur un mix promotionnel comprenant la publicité, la vente personnelle, les relations publiques, la promotion des ventes, le marketing direct et le marketing interactif. La place de chacun dans le programme global de marketing dépend des avantages et des inconvénients qu'il comporte. Au moment de concevoir son programme de communications marketing, le gestionnaire du marketing doit décider des outils à privilégier et de leur intégration afin d'atteindre les objectifs de communication et de marketing de l'entreprise.

La publicité dans les médias de masse a longtemps dominé la fonction promotionnelle dans les entreprises.

Toutefois, un nombre croissant d'entreprises reconnaissent l'importance des CMI et de la coordination des éléments de promotion et de marketing pour élaborer des programmes de communications plus efficients et plus efficaces. Plusieurs facteurs expliquent le succès des CMI auprès des gestionnaires, des publicitaires et des autres spécialistes de la promotion. La croissance rapide des CMI peut entre autres s'expliquer par les changements de comportement des consommateurs, les avancées technologiques et les transformations dans le secteur des médias. Le mouvement favorable aux CMI est aussi attribuable aux nouvelles pratiques de gestion concernant la mise en marché des produits et des services. Parmi les principaux changements, soulignons la réduction des budgets consacrés à la publicité au profit de ceux qui sont alloués à la promotion des ventes, le développement et la croissance rapide du marketing par bases de données et la fragmentation des médias.

La gestion d'une promotion repose sur la coordination des éléments du mix promotionnel en vue de concevoir un programme de CMI efficace. Le modèle du processus de planification des CMI de la figure 1.4, aux pages 23 et 24, comporte plusieurs étapes : revoir le plan marketing, évaluer la situation des communications marketing, déterminer les objectifs du plan de CMI, élaborer des programmes de CMI et, enfin, mettre en œuvre et contrôler le plan de CMI.

MOTS CLÉS

- analyse externe
- analyse interne
- communications marketing intégrées (CMI)
- gestion de la promotion
- marketing
- marketing direct
- marketing mix
- marketing relationnel
- média interactif
- mix promotionnel
- objectif de communication
- objectif marketing
- plan marketing
- plan promotionnel
- promotion
- promotion des ventes
- publicité
- publicité directe
- publicité rédactionnelle
- relations publiques
- vente personnelle

QUESTIONS DE DISCUSSION

1 Examinez chaque outil de communication marketing – publicité, promotion des ventes, relations publiques, marketing direct, marketing interactif et vente personnelle – qui servirait à commercialiser une nouvelle voiture susceptible d'intéresser les nouveaux diplômés. Expliquez pourquoi chaque outil se révélerait efficace ou inefficace pour accroître la notoriété et les ventes du produit.

2 Pour chacune des marques suivantes, indiquez l'outil de communication le plus important et précisez-en la raison : Black Label, Bell Mobilité, Nortel et le gouvernement du Canada.

3 Du point de vue du consommateur, quelles marques canadiennes autres que celles que nous avons vues dans le présent chapitre ont obtenu un grand succès au cours de la dernière année grâce à un plan de CMI ?

4 De nos jours, plusieurs promotions des ventes ressemblent à des publicités. Pourquoi ?

5 La figure 1.3, à la page 9, présente une classification de la publicité destinée à la consommation et aux entreprises. Choisissez une catégorie de publicité destinée à la consommation et une catégorie de publicité interentreprises. Trouvez une annonce qui est un exemple de chacune. Discutez des objectifs qui sous-tendent les campagnes de chaque entreprise.

6 Discutez du rôle du marketing direct en tant qu'outil des CMI en prêtant attention aux diverses formes de marketing direct.

7 Analysez le rôle du réseau Internet dans un programme de CMI. Indiquez en quoi Internet peut servir aux éléments du mix promotionnel.

CHAPITRE 2
Les communications marketing intégrées au cœur de l'action marketing

OBJECTIFS D'APPRENTISSAGE

- Comprendre le rôle des CMI dans le cadre de la définition du programme marketing.

- Voir en quoi les décisions liées au marketing mix ont une incidence sur la stratégie promotionnelle et publicitaire.

- Saisir l'importance de la détermination des marchés cibles pour la réussite d'un programme de CMI.

- Reconnaître la fonction et l'utilité de la segmentation du marché pour un programme de CMI.

- Comprendre les principes et les règles liés au positionnement des produits, des services et des marques.

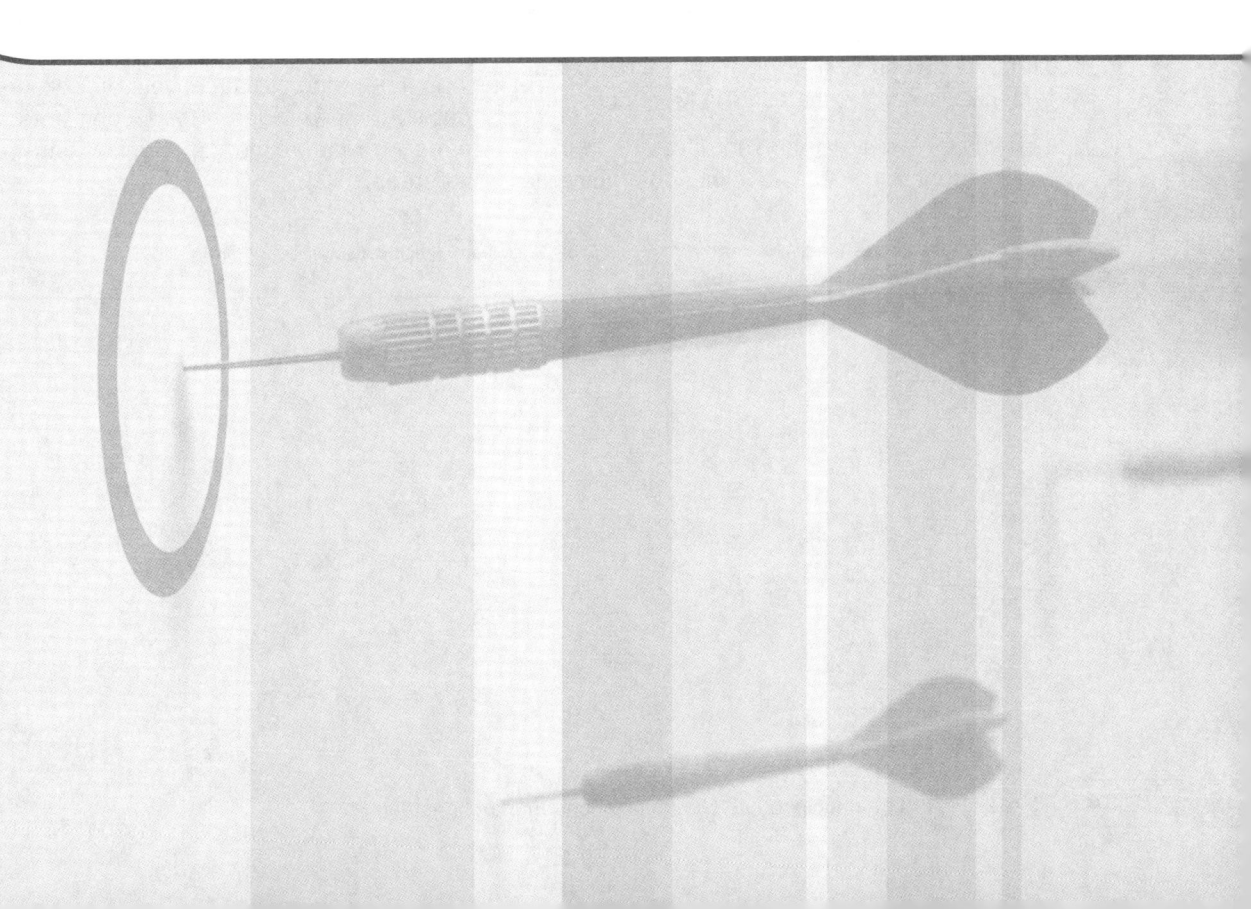

> **MISE EN SITUATION**

Prendre la première position en redéfinissant sa catégorie

Depuis son lancement en octobre 2001, la société Apple a usé de multiples moyens de communication afin de promouvoir ses produits de type iPod. Films publicitaires télévisés, affiches, annonces imprimées dans les journaux et les magazines figurent au nombre de ces moyens. Beaucoup d'artistes différents ont en outre contribué à ces campagnes, depuis Eminem jusqu'à Paul McCartney. Des séries spéciales ont également été lancées, estampillées U2 ou Harry Potter. Là aussi, la diversité est de mise.

L'ensemble de ces efforts trouve toutefois son unité dans une même proposition, une même position adoptée, celle du plaisir et de la liberté. Sur le plan plus technique, chacun de ces efforts a également en commun un même style graphique, à la fois distinct et cohérent, d'une réalisation à l'autre, peu importe où l'on se trouve dans le monde, à Los Angeles, à Sydney, à Londres ou à Montréal.

Les annonces les plus représentatives de la campagne mettent en scène la silhouette noire de personnages dansant sur des fonds de couleurs vives, avec une ambiance sonore si le support choisi le permet. Les seuls éléments blancs sont le nom et les symboles de la marque, ainsi que le produit lui-même, tenu en main par les personnages, lesquels ont les écouteurs aux oreilles.

Bien sûr, malgré la force de ces réalisations visuelles, et parfois sonores, tous ces efforts n'auraient pu porter leurs fruits sans les qualités intrinsèques du produit lui-même. Un produit qui, sous bien des aspects, a réinventé la catégorie des baladeurs numériques. En l'absence de ces qualités et d'éléments d'innovation de produit, une campagne de communications intégrées ne serait pas ainsi parvenue à atteindre ses objectifs. C'est la résonance ou la synergie ainsi que la pertinence entre un produit innovateur et une campagne qui mettent en valeur les éléments concrets et différenciateurs de ce produit et qui expliquent en grande partie un succès commercial aussi phénoménal. À cela il convient bien sûr d'ajouter une certaine vision qui pourrait ouvrir la voie à la mise en place d'une véritable économie de la musique numérique, grâce au iTunes Music Store, en particulier.

On estime qu'en octobre 2007 plus de 110 millions de produits iPod auront été vendus dans le monde. Avec l'introduction en septembre 2007 du iPod Touch, on est en droit de se demander où s'arrêtera ce succès. Une chose est certaine, toutefois : celui-ci devra se nourrir à la fois d'une vision de marché affirmée, d'innovations de produit distinctives et pertinentes, le tout soutenu par des efforts cohérents et volontaires en matière de communications marketing intégrées.

Source : Wikipedia, « iPod », [en ligne], <http://fr.wikipedia.org/wiki/IPod> (page consultée le 28 janvier 2008).

L'exemple précédent présente en filigrane plusieurs stratégies ou logiques marketing que nous explorerons dans le présent chapitre. Il s'agit de l'analyse et du ciblage des clientèles, ainsi que de l'élaboration d'un programme de communications marketing. Nous nous concentrerons aussi sur le rôle de la promotion dans les stratégies marketing et nous montrerons en quoi l'arrimage des décisions promotionnelles et des autres éléments du marketing mix s'avère indispensable. Nous insisterons aussi sur la cohérence des éléments du marketing mix. Seule cette cohérence permet d'élaborer un programme de CMI efficace. Le modèle de la figure 2.1 nous fait comprendre en quoi la publicité et la promotion s'intègrent aux programmes et aux stratégies marketing.

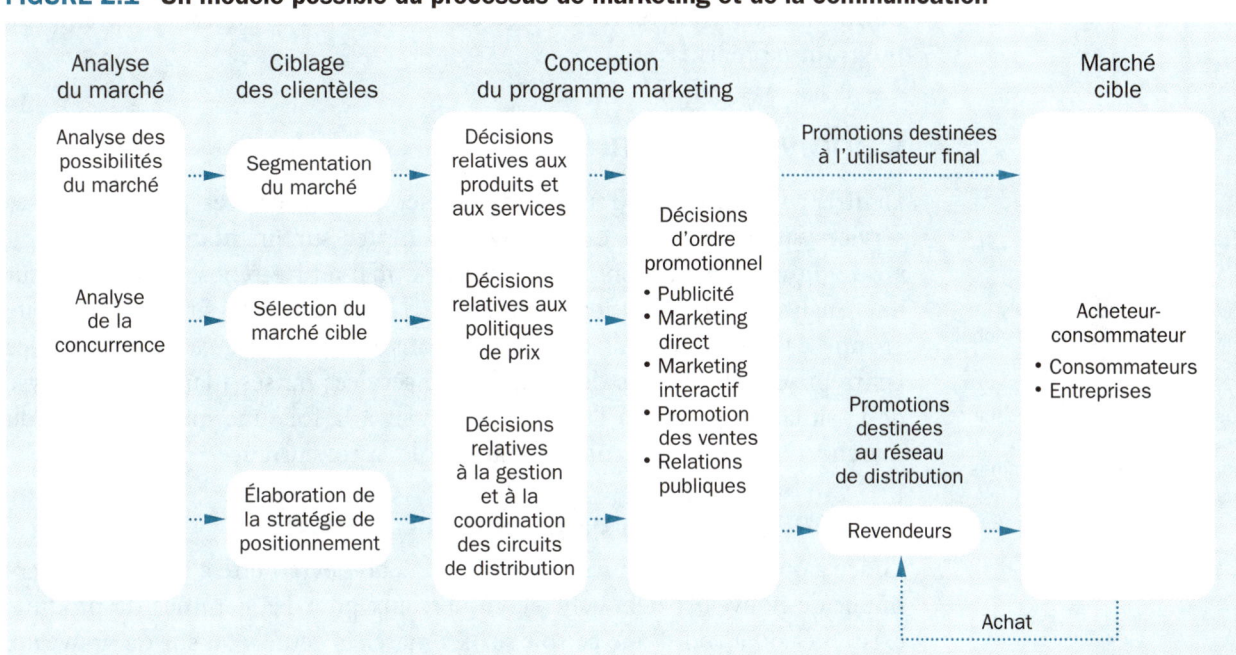

FIGURE 2.1 Un modèle possible du processus de marketing et de la communication

Ce modèle se compose de quatre éléments principaux : l'analyse du marché, le ciblage, l'élaboration du programme marketing (ce qui comprend le mix de communication) et la mise en œuvre de la stratégie. Comme le montre la figure 2.1, la démarche marketing repose avant tout sur une compréhension approfondie du marché et sur l'élaboration d'une stratégie marketing qui permet de concevoir une offre en réponse aux attentes du marché cible. Notons que le programme de promotion peut avoir pour cibles le consommateur final, le réseau de distribution et, en général, l'ensemble des intermédiaires. Ce programme peut viser, par exemple, à convaincre le réseau et les intermédiaires qu'il existe une demande favorable pour les produits et les services en cause, afin qu'ils consentent à les promouvoir auprès du consommateur final. La communication, sur différents plans, constitue ici un volet important du programme marketing, dans le but de consolider et de stimuler la demande auprès du consommateur final ou des membres du réseau de distribution.

Comme nous l'avons vu au chapitre 1, l'intégration de tous les éléments du marketing mix – le prix, le produit, la distribution et la communication – est nécessaire à la mise sur pied de stratégies de communication cohérentes et percutantes. L'élaboration du plan marketing constitue le point de départ de la mise en œuvre de telles stratégies.

Tel que l'indique la figure 2.1, à la page 35, la conception d'un programme marketing se fonde avant tout sur une analyse détaillée du marché. Cette analyse repose sur une recherche commerciale approfondie qui alimente l'élaboration de stratégies, en regard de la conception, de la fixation du prix, de la distribution et de la promotion. Une fois l'analyse détaillée du marché terminée et les objectifs commerciaux clairement énoncés, chaque élément du marketing mix doit être mis à contribution pour la réussite d'un programme de CMI. Pour atteindre les objectifs marketing définis et obtenir une synergie optimale, les éléments du programme de promotion doivent bien sûr être combinés avec les autres éléments du programme marketing.

L'analyse du marché

L'entreprise qui cherche à commercialiser avec succès ses produits ou ses services sur un marché doit pouvoir compter sur un **plan de marketing stratégique**. Nous l'avons vu, la stratégie marketing repose avant tout sur une analyse de la situation de marché. L'analyse de la situation consiste en une évaluation détaillée des conditions du marché auxquelles fait face l'entreprise, ses gammes de produits, de services ou ses marques. L'analyse de la situation permet à l'entreprise d'avoir à la fois une meilleure idée du marché, des débouchés commerciaux et de la concurrence.

Une analyse des possibilités de marché

Grâce à une analyse minutieuse du marché, on devrait être à même de déterminer de nouveaux débouchés commerciaux pour les gammes de produits existantes ou à venir, que ce soit sur les marchés actuels ou sur de nouveaux marchés. Ces débouchés devraient correspondre à des secteurs dans lesquels l'entreprise estime que les besoins de la clientèle ne sont satisfaits qu'en partie et où elle croit être en mesure d'affronter la concurrence.

D'ordinaire, l'entreprise établit les débouchés d'un marché en y relevant les tendances et en y analysant le comportement des divers segments. Il est en effet rare qu'un marché corresponde à un groupe homogène de consommateurs ; il est plutôt constitué de plusieurs groupes hétérogènes ou segments. De nos jours, nombre d'entreprises ont ainsi su adapter leurs stratégies marketing afin de mieux répondre aux attentes et aux besoins de segments de marché toujours plus exigeants[1].

Le secteur des ordinateurs personnels en constitue un exemple probant. On y compte en effet de nombreux segments, soit ceux correspondant à des besoins familiaux, liés à l'éducation, à la science ou au monde des affaires. Chaque segment est à son tour susceptible d'être fractionné. Par exemple, le marché des affaires se compose de petites et de grandes entreprises ; le marché de l'éducation couvre, quant à lui, tous les niveaux de scolarité, du primaire à l'université. La société qui commercialise ses produits dans le

---

Plan de marketing stratégique

Plan qui, en règle générale, évolue selon la stratégie globale de l'entreprise ; permet à l'entreprise de répartir ses ressources le plus efficacement possible et de définir ses politiques et ses programmes marketing.

secteur des ordinateurs personnels se doit ainsi, d'abord, de décider du segment qu'elle veut cibler en priorité. La décision dépend en partie du type de concurrence auquel la marque fait face. Par exemple, après être parvenue à s'implanter solidement sur le marché de l'éducation, Apple cible dorénavant le secteur des affaires, dans lequel IBM et Dell constituent deux concurrents de taille. En retour, IBM a vu sa part de marché s'accroître dans le secteur de l'éducation.

L'analyse de la concurrence

L'une des missions importantes de l'équipe qui élabore les plans et les stratégies marketing est d'analyser la concurrence directe d'autres marques ou la concurrence, plus indirecte il est vrai, des produits de substitution. Le cas échéant, l'équipe étudie aussi les produits de l'entreprise qui se concurrencent ; on parle alors de *cannibalisation*. Lay's en sait quelque chose : les gains en termes de part de marché de ses nouvelles croustilles cuites au four à faible teneur en gras se sont surtout faits au détriment de sa principale marque de croustilles ! En outre, au même moment, de nouveaux consommateurs se laissaient gagner par des marques concurrentes. Et, comme si ce n'était pas assez, Lay's a aussi dû faire face à une concurrence renforcée de certains types de grignotines, tels que les bretzels et les craquelins. D'aucuns ajouteront enfin que certains autres produits à faible teneur en gras représentent également un choix du consommateur et qu'ils concurrencent donc les produits Lay's de manière moins directe – les fruits, par exemple.

Cet exemple montre qu'il est essentiel pour les gestionnaires de reconnaître qu'ils se livrent une concurrence élargie afin d'accaparer une part du revenu discrétionnaire du consommateur, un revenu marginalement toujours décroissant. C'est pourquoi il est si important pour eux de comprendre les critères à partir desquels les clients éventuels dépensent leur argent.

La chute spectaculaire des ventes de motocyclettes aux États-Unis à la fin des années 1980 et au début des années 1990 constitue un exemple de l'importance d'une compréhension large de son marché. Si cette baisse reflétait en fait de nouvelles tendances démographiques associées au vieillissement de la population, on pouvait aussi attribuer ce ralentissement des ventes au grand nombre de véhicules et de produits récréatifs offerts au consommateur : motomarine, équipement de conditionnement physique, bain à remous, cinéma maison et téléviseur à écran plat. Les spécialistes du marketing de Honda et de Harley-Davidson ont dû convaincre les acheteurs potentiels que l'expérience vécue sur le siège d'une motocyclette valait bien celle des autres produits récréatifs. Grâce à des stratégies marketing et de communication gagnantes, ce secteur est parvenu à renverser la tendance, ses ventes augmentant de 25 % vers la fin des années 1990[2].

Lors de l'élaboration de sa stratégie marketing, l'entreprise s'efforce de déterminer un **avantage concurrentiel**. Cette situation de supériorité relative de l'entreprise peut être obtenue, entre autres, par des produits de qualité vendus à prix supérieur, un meilleur service à la clientèle, des prix plus avantageux attribuables à des frais de production inférieurs, le contrôle de certains circuits de distribution ou les caractéristiques uniques

Avantage concurrentiel

Élément particulier conférant au produit une qualité ou une valeur supérieure aux produits concurrents.

La publicité de Normaderm met l'accent sur les soins de la peau et sur le bien-être associé à une peau d'apparence saine.

McDonald's propose une variété de produits sur différents marchés internationaux.

du produit ou du service. Dans tous les cas, la communication de cet avantage concurrentiel est déterminante, car c'est d'elle que dépend en grande partie le bon positionnement du produit sur les marchés. La campagne publicitaire de Normaderm insiste ainsi à la fois sur les imperfections cutanées et sur les bienfaits d'une peau saine. Normaderm, qui est une marque de Vichy, elle-même une marque de L'Oréal, mise sur la différenciation de produits qui, aux yeux de nombreuses consommatrices, peuvent sembler à première vue tous semblables et aussi efficaces. Au-delà de la valorisation des propriétés distinctives du produit, une image de marque forte et positive permet aussi à l'entreprise d'obtenir un avantage concurrentiel. C'est, par exemple, le cas pour Colgate (dentifrice), Campbell (soupes), Puma (chaussures de sport), Apple (ordinateurs) ou Subway (restauration rapide).

Sur ce plan, nombre d'annonceurs ont récemment été l'objet de critiques en raison de leur vision à court terme. On reproche à ces annonceurs de consacrer moins d'argent à la mise au point de leurs marques, en favorisant plutôt les promotions auprès de leurs distributeurs[3]. Les partisans des formes de communication plus traditionnelles, dont les agences de publicité, ont mis en garde ces annonceurs contre le risque associé à la non-protection du capital lié aux marques et aux franchises. Certains ont répondu à cette mise en garde par un accroissement de leurs investissements publicitaires, reconnaissant *de facto* la valeur de l'avantage concurrentiel de ces marques.

Par ailleurs, l'entreprise doit aussi se préoccuper des mutations constantes de son environnement concurrentiel. Les programmes marketing de la concurrence peuvent, en effet, avoir d'importantes répercussions sur la définition de sa stratégie marketing. Il s'agit pour elle de surveiller étroitement et sans relâche ses concurrents et de prévoir leurs réactions à plus ou moins long terme. Les concurrents sont en effet susceptibles de baisser les prix de leurs produits, d'augmenter leur budget promotionnel, de commercialiser de nouvelles marques ou de passer à l'attaque en diffusant une publicité comparative, particulièrement dynamique. Le combat de titans opposant Coca-Cola et Pepsi constitue un exemple de rivalité qui n'est pas à la veille de s'essouffler.

La détermination des marchés cibles

Après avoir évalué les débouchés que représentent divers segments de marché et analysé la concurrence, l'entreprise est à même de cibler un ou plusieurs segments de marché sur lesquels elle concentrera sa stratégie marketing et ses efforts de vente. Elle établit par la suite ses objectifs quant au chiffre d'affaires, à la part de marché et à la rentabilité attendue, selon le créneau qu'elle souhaite occuper. Le processus de détermination des marchés cibles, présenté à la figure 2.2, comporte trois volets principaux : la segmentation du marché, la détermination du marché cible et la définition de la stratégie de positionnement du produit ou du service sur ce marché cible. La détermination du marché cible correspond à une base fondamentale de la stratégie d'affaires de l'entreprise et est intimement liée au déploiement ultérieur de sa stratégie publicitaire et promotionnelle. Une partie des objectifs de communication en dérivent, les stratégies de communication mises de l'avant servant à atteindre ces objectifs. Les objectifs commerciaux et les stratégies promotionnelles et de communication sont autant d'éléments qui varient donc grandement selon la façon d'aborder le marché.

FIGURE 2.2 Le processus de détermination du marché cible

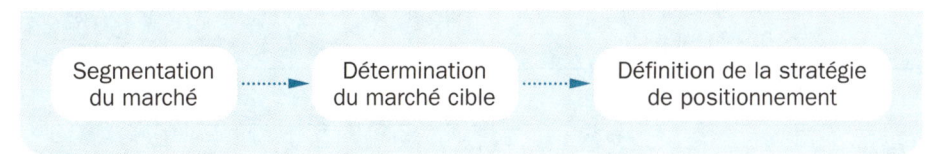

Segmentation du marché ⟶ Détermination du marché cible ⟶ Définition de la stratégie de positionnement

La segmentation du marché

Au moment de cibler un marché, le gestionnaire cerne les besoins d'un groupe de consommateurs ou segments, choisit un ou plusieurs segments à servir et conçoit par la suite des programmes de marketing adaptés à chacun d'eux. Cette pratique est de plus en plus nécessaire, en raison notamment des transformations rapides du marché, ainsi que de la diversification des besoins, des attitudes et des habitudes des consommateurs. Cette nécessité s'explique aussi par l'intensification de la pression de la concurrence. Un nombre accru de gestionnaires se sont ainsi familiarisés avec les différentes méthodes de segmentation. Cette évolution a été facilitée par l'accessibilité plus aisée à des sources de données fiables. Le succès de cette pratique repose en effet avant tout sur une bonne connaissance des besoins du consommateur. Plus le gestionnaire du marketing est en mesure de répondre à ces besoins, et plus les programmes de communication mis en place auront la chance de persuader le consommateur potentiel que les produits ou les services offerts sont véritablement en mesure de répondre à ses attentes.

Les fondements de la segmentation

Comme le montre le tableau 2.1, aux pages 40 et 41, il existe plusieurs méthodes de segmentation. Ces méthodes peuvent être utilisées seules ou en combinaison l'une avec l'autre. Considérons une stratégie de segmentation pour le marché du ski. Le style de vie du consommateur actif, aimant s'amuser et adepte du plein air est certes important. Il existe toutefois d'autres facteurs qui permettent de décrire ce marché plus en détail : le groupe d'âge de ce consommateur (le ski alpin est beaucoup moins populaire auprès des personnes de plus de 30 ans), son revenu (dévaler les pentes d'un centre de ski coûte très cher de nos jours) et son état matrimonial (le fait ou non d'être accompagné). Intéressons-nous à présent aux fondements de la segmentation et explorons quelques stratégies de communication qui en découlent.

TABLEAU 2.1 Quelques fondements de la segmentation de marché

Principales dimensions	Variables de segmentation	Typologie caractéristique
A) Variables de segmentation et typologie des marchés de grande consommation		
Caractéristiques des consommateurs		
Géographiques	Région	Ouest ; Est
	Étendue des zones métropolitaines d'étude	Moins de 5 000 habitants ; entre 5 000 et 19 999 ; entre 20 000 et 49 999 ; entre 50 000 et 99 999 ; entre 100 000 et 249 999 ; entre 250 000 et 499 999 ; entre 500 000 et 999 999 ; un million et plus
	Densité	Urbaine ; de banlieue ; rurale
Démographiques	Âge	Nouveau-né, moins de 6 ans ; de 6 à 11 ans ; de 12 à 17 ans ; de 18 à 24 ans ; de 25 à 34 ans ; de 35 à 49 ans ; de 50 à 64 ans ; 65 ans et plus
	Sexe	Masculin ; féminin
	Taille de la famille	1 ou 2 membres ; 3 ou 4 ; 5 ou plus
	Étape du cycle de vie de la famille	Jeune célibataire ; jeunes mariés, sans enfant ; jeunes mariés dont le benjamin a moins de 6 ans ; jeunes mariés dont le benjamin a 6 ans ou plus ; mariés plus âgés avec enfants ; mariés plus âgés sans enfant de moins de 18 ans ; célibataire plus âgé ; autres personnes mariées plus âgées sans enfant de moins de 18 ans
	Âge des enfants	Sans enfant de moins de 18 ans ; benjamin âgé de 6 à 17 ans ; benjamin de moins de 6 ans
	Enfants de moins de 18 ans	Aucun ; un, plus d'un
	Revenu	Moins de 14 999 $; entre 15 000 $ et 24 999 $; entre 25 000 $ et 34 999 $; entre 35 000 $ et 49 999 $; entre 50 000 $ et 64 999 $; 65 000 $ et plus
	Niveau de scolarité	Niveau primaire ou moins ; quelques années d'études secondaires ; diplôme d'études secondaires (DES) ; quelques années d'études collégiales ou universitaires ; diplôme d'études collégiales (DEC) ou universitaires
	Communauté culturelle	
	Propriété	Propriétaire ; locataire
Psychographiques	Personnalité	Grégaire ; compulsif ; extroverti ; agressif ; ambitieux
	Style de vie	Activités ; intérêts ; valeurs ; opinions et convictions
Situations d'achat		
Bénéfices recherchés	Caractéristiques du produit	Situation particulière ; habituelle
	Besoins	Qualité ; service ; économie

40 | **PARTIE 1** Les principes des communications marketing intégrées

Principales dimensions	Variables de segmentation	Typologie caractéristique
Usage	Taux d'utilisation	Faible utilisateur ; utilisateur modéré ; grand utilisateur
	Caractérisation de l'utilisateur	Non-utilisateur ; ancien utilisateur ; utilisateur éventuel ; nouvel utilisateur ; utilisateur fréquent
Notoriété et intentions	Volonté d'achat	Non informé ; au courant ; informé ; intéressé ; a l'intention d'acheter
	Familiarité avec la marque	Simple connaissance ; préférence ; reconnaissance ; non-reconnaissance ; rejet
Condition d'achat	Type d'activité d'achat	Demande un minimum d'efforts ; achat comparatif ; exige un effort particulier
	Type de magasin	Dépanneur ; grande surface ; magasin spécialisé

B) Variables de segmentation et typologie des marchés industriels

Caractéristiques de l'organisation

Géographiques	Région	Ouest ; Est
	Emplacement	Inclus dans la zone d'étude ; hors zone
Démographiques	Code de la classification type des industries (CTI)	Code à deux chiffres ; code à trois chiffres, code à quatre chiffres
	Nombre d'employés	De 1 à 19 ; de 20 à 99 ; de 100 à 249 ; 250 et plus
	Nombre d'employés de production	De 1 à 19 ; de 20 à 99 ; de 100 à 249 ; 250 et plus
	Chiffre d'affaires annuel	Moins de 1 million de dollars ; entre 1 et 10 millions de dollars ; entre 10 et 100 millions de dollars ; plus de 100 millions de dollars
	Nombre d'établissements	Entre 1 et 19 ; 20 et plus

Situations d'achat

Nature du bien	Type	Produit ou service
	Lieu d'utilisation	Installation ; composant du produit final ; matière première
	Application	Usage de bureau ; usage limité dans la production ; fort usage dans la production
Contexte d'achat	Lieu d'achat	Centralisé ; décentralisé
	Type de client	Acheteur individuel ; groupe
	Type d'achat	Nouvel achat ; rachat modifié ; simple rachat

La segmentation démographique et la segmentation géographique

Segmentation géographique

Type de segmentation consistant à découper le marché en différentes unités territoriales ; ces unités peuvent comprendre des pays, des provinces, des villes ou des quartiers.

Segmentation démographique

Type de segmentation consistant à découper le marché à l'aide de critères démographiques tels que l'âge, le sexe, la taille de la famille, le niveau de scolarité, les revenus et la classe sociale.

Parmi les types de segmentation de marché, outre la **segmentation géographique**, la **segmentation démographique** demeure une forme très répandue. La segmentation du marché du désodorisant Secret ou du rasoir Lady Schick, par exemple, a été réalisée essentiellement sur la base du sexe. De nombreux autres facteurs sont toutefois sous-jacents à la constitution de groupes de consommateurs aux besoins homogènes. En règle générale, un gestionnaire astucieux fait ainsi appel à une combinaison de critères de segmentation.

Par une campagne audacieuse, Sloche a décidé de séduire les jeunes, quitte à déplaire aux moins jeunes.

La segmentation psychographique

Segmentation psychographique

Type de segmentation consistant à découper le marché selon la personnalité ou le style de vie des consommateurs.

Si tous ne s'entendent pas sur l'utilité du critère de la personnalité, la pertinence de la considération du style de vie fait en revanche l'objet d'un certain consensus. En fait, plusieurs jugent qu'il constitue l'un des meilleurs critères sur lequel il est possible d'asseoir une bonne **segmentation psychographique**.

En règle générale, la détermination des styles de vie passe par une analyse des activités, des intérêts et des opinions des consommateurs. Les styles de vie sont par la suite mis en corrélation avec les caractéristiques particulières du produit, de la marque ou du support publicitaire considéré. Pour de nombreux produits ou services, les styles de vie constituent, par exemple, le meilleur critère afin de distinguer les consommateurs des non-consommateurs. Ils rendent assez bien compte de nombre de différences de consommation dans les domaines de l'alimentation, des vêtements ou de l'automobile[4].

La segmentation psychographique a gagné en popularité grâce à la venue de méthodes de mesure bien conçues, telles que la méthode VALS. Même si les spécialistes du marketing segmentaient déjà les marchés selon les styles de vie bien avant l'avènement de cette méthode, et qu'il existe quelques solutions de rechange, par exemple PRIZM, la méthode VALS (aujourd'hui VALS2), élaborée au Stanford Research Institute (SRI),

PERSPECTIVE 2.1

L'Oréal Paris – Couleur Experte ou les secrets d'une campagne de communications intégrées réussie

Au Canada, le lancement de la marque L'Oréal Paris – Couleur Experte, qui a eu lieu en 2003, devait d'emblée répondre à trois objectifs : 1) raviver tout d'abord une catégorie de produits devenue terne, faute d'innovation ; 2) améliorer ensuite la rentabilité de cette catégorie par l'introduction d'une marque dont le prix était nettement plus élevé ; 3) répondre à la demande grandissante des consommatrices pour une coloration à domicile multitons de qualité professionnelle.

Le lancement de la marque L'Oréal Paris – Couleur Experte a eu lieu en même temps dans plusieurs pays, dont les États-Unis. C'est toutefois au Canada que l'on a enregistré les résultats les plus remarquables. La clé de ce succès tient en un seul mot : *intégration*. On ne compte plus les efforts de communication déployés : campagne d'information auprès de la presse spécialisée et des experts du domaine, valorisation des produits en magasin étudiée et soignée, diffusion d'une infopublicité de 30 minutes, campagne sur le Web et opérations de promotion dans des centres commerciaux de Toronto, de Montréal et de Vancouver.

Une campagne de prélancement
La très large couverture médiatique, obtenue rapidement, a eu pour effet de renforcer l'intérêt à l'égard d'un produit encore inconnu de la part de leaders d'opinion exerçant une influence considérable sur les consommateurs.

Destination : les magasins et les centres commerciaux
L'Oréal Paris a d'abord tablé sur des présentoirs de grande qualité pour faire connaître Couleur Experte. Différents réseaux de distribution se sont chargés de la visibilité de cette nouvelle coloration à domicile. En raison du positionnement particulier de la marque, le fabricant de cosmétiques n'a fait appel à aucune offre promotionnelle. Il a, de fait, distribué sa marque uniquement dans des chaînes susceptibles de mettre en valeur la collection entière.

Des équipes de promotion sont allées à la rencontre des consommateurs dans de nombreux centres commerciaux partout au pays. L'Oréal estime ainsi avoir joint près de 250 000 personnes et avoir distribué environ 70 000 brochures d'information.

Une campagne publicitaire grand public
Un ensemble de médias bien ciblés a permis de couvrir la campagne publicitaire grand public de la nouvelle coloration multitons : télévision, magazines et panneaux-réclames, notamment à Toronto, où des affiches extérieures exceptionnellement bien situées ont annoncé la marque cinq mois durant. L'Oréal a aussi fait diffuser des infopublicités de 30 minutes et choisi un nouveau porte-parole masculin.

Et le Web ?
L'Oréal a aussi misé sur un site Web pour faire connaître les avantages de sa nouvelle marque. Un outil interactif permettait aux internautes de voir les résultats de colorations possibles. Afin d'attirer les consommateurs vers ce site, L'Oréal a organisé un concours d'une durée de six semaines et a diffusé diverses annonces en ligne. Le concours *Soirée de filles* était invitant, chaque consommatrice devant y faire participer trois amies. Le marketing viral a contribué largement au succès de la campagne publicitaire, permettant de recueillir de précieux renseignements sur des clientes potentielles. Ainsi, on a dénombré plus de 250 000 visites dans le site, dont 190 000 visiteurs uniques. Le concours à lui seul a attiré 72 000 participantes.

Le lancement de L'Oréal Paris – Couleur Experte n'aurait pu obtenir un tel succès sans la mise en place d'un plan de communications marketing cohérent et parfaitement intégré. Chapeau aux partenaires de L'Oréal Paris qui, par leurs efforts et dans un court délai de cinq mois, ont réussi à faire de ce lancement un des plus spectaculaires au pays !

demeure un choix fort prisé. VALS2 permet de diviser la population américaine en huit segments fondés sur certains styles de vie. Les segments correspondent à des attitudes, à des comportements et à des processus décisionnels très différents[5]. Les chercheurs de Stanford sont d'avis que, lorsqu'on incorpore à la méthode certaines variables de situation et d'autres variables personnelles (niveau de scolarité et de revenus, santé, confiance en soi et esprit d'innovation), la méthode VALS2 constitue un excellent indice prévisionnel des comportements de consommation. Plusieurs sociétés, notamment Chrysler-Mercedes et Eastman Kodak, ont eu recours à cette approche et en ont bénéficié.

La segmentation selon les réactions comportementales ou segmentation comportementale

Ce type de segmentation consiste à diviser les consommateurs en groupes distincts, à l'aide de variables clés telles que le niveau d'utilisation, la fidélité à la marque ou le niveau de réponse à l'effort de commercialisation. L'établissement d'un segment de marché peut alors, à titre d'exemple, reposer sur la fréquence d'utilisation d'un produit ou d'une marque, la fidélité relative à celle-ci, ainsi que sur des critères démographiques ou psychographiques complémentaires.

Le plus souvent, la détermination d'un profil précis sur le plan démographique ou psychographique des consommateurs permet de mettre au point des stratégies de communication mieux conçues et davantage adaptées aux besoins du marché.

En ce qui concerne le degré d'utilisation du produit ou du service, il est à noter que celui-ci varie en général beaucoup selon les consommateurs. La majeure partie des achats de nombreux produits, par exemple des billets de spectacle, des voyages d'aventure, les mélanges à gâteau, les aliments pour animaux, les colas ou le whisky, sont effectués par un groupe restreint de consommateurs. D'autres exemples vous viennent sans doute à l'esprit. Les responsables dans le domaine du marketing industriel invoquent souvent, quant à eux, la **règle des 80-20**. Lorsqu'il est possible de repérer ce 20 % d'acheteurs, leur ciblage permet bien sûr une meilleure répartition des efforts de mise en marché.

La segmentation par avantages ou bénéfices

En général, un consommateur achète un produit afin de répondre à un besoin ou à un désir. La **segmentation par avantages** est ainsi largement répandue.

Prenons le cas de l'achat d'une montre-bracelet. Alors que certaines personnes achètent une montre en fonction de sa précision, de son étanchéité ou de son allure branchée, tous des avantages précis, d'autres peuvent s'avérer sensibles à un ensemble de caractéristiques ou d'attributs très différents. Souvent, on offre ainsi une montre en cadeau à Noël, à l'occasion d'un anniversaire de naissance ou de la remise des diplômes. Elle prend alors une signification symbolique toute particulière. Les publicités faisant voir des montres comme des cadeaux enviables peuvent mettre en relief de nombreux critères – le prestige, par exemple. Ici, il est à noter, en outre, que les avantages qu'en tire l'acheteur sont bien différents de ceux de l'utilisateur. La prochaine fois que vous verrez une annonce imprimée ou télévisée soulignant les mérites d'une montre, soyez attentif aux éléments mis en

---

Règle des 80-20

Règle selon laquelle 80 % du volume des ventes est attribuable à 20 % d'acheteurs.

Segmentation par avantages

Technique de fractionnement d'un marché axée sur les avantages que les consommateurs attendent d'un produit.

valeur. Vous constaterez qu'ils sont multiples et souvent liés aux avantages recherchés par le consommateur.

Le marché des dentifrices constitue une autre illustration de segmentation par avantages ou bénéfices. Certains consommateurs désirent un dentifrice au fluorure (Crest ou Colgate); d'autres préfèrent un dentifrice qui rafraîchit l'haleine (Close-Up ou Aquafresh). Plus récemment, d'autres bénéfices ont fait l'objet d'une attention particulière : les dentifrices combattant le tartre (Crest), ceux combattant la plaque dentaire (Viadent) ou ayant un fort pouvoir blanchissant (Rembrandt) en sont des exemples.

Le dentifrice Colgate Total met ici en relief les bénéfices multiples de son produit.

En résumé

La segmentation des marchés est une activité continue. Elle prend racine dans la compréhension des attentes et des désirs des consommateurs, placés dans un environnement concurrentiel particulier. C'est lors de l'analyse de situation que le spécialiste du marketing tente d'intégrer toutes les données qu'il est susceptible d'obtenir sur un marché. Quels sont les besoins insatisfaits ? Quels sont les avantages recherchés ? Quelles caractéristiques distinguent les groupes recherchant tels produits ou tels services ? Après avoir délimité le ou les segments à viser, le spécialiste du marketing gagne souvent à recueillir une foule de renseignements additionnels afin de mieux comprendre les besoins de ce ou ces groupes.

Ainsi, une fois qu'un segment précis est défini selon les avantages que recherchent les consommateurs, le gestionnaire du marketing peut prendre un soin tout particulier à préciser les caractéristiques du style de vie de ce groupe et certaines données démographiques. Son objectif est toujours le même : parvenir à caractériser et à comprendre les besoins du groupe. Il complète souvent son analyse à l'aide de critères de segmentation fondés sur les comportements. Lors de l'achat de bottes de ski, par exemple, le consommateur est à la recherche d'avantages précis (souplesse ou rigidité de la botte) selon le type de ski qu'il pratique. Tous les renseignements devraient alors être réunis pour esquisser un profil complet du skieur et lui proposer le produit le plus adapté possible. Plus le gestionnaire du marketing segmente le marché, plus sa compréhension se révèle précise et nuancée. Toutefois, plus le marché est divisé en groupes restreints et homogènes, et plus le ciblage et la mise en œuvre des stratégies marketing s'avèrent ardus. Il y a donc une limite au nombre de segments qu'il est utile de distinguer.

Lors de la planification de ses activités de communication, le responsable du marketing doit ainsi évaluer si le segment visé est assez important pour justifier le déploiement d'une stratégie adaptée. D'autres questions se posent parfois. Par exemple, est-il vraiment possible d'atteindre efficacement ce segment par le biais d'un programme de communications ?

Vous verrez au chapitre 9 qu'il n'existe parfois aucun média permettant de joindre le groupe ciblé, ou bien qu'il s'avère impossible de concevoir des programmes distinctifs afin de l'atteindre. L'entreprise ne dispose peut-être pas non plus des ressources nécessaires à l'élaboration de campagnes publicitaires adaptées ; sa force de vente est peut-être insuffisante pour couvrir tous les segments, etc. Plusieurs sociétés proposent désormais des services de recherche afin d'aider le gestionnaire à définir ses marchés et à concevoir des stratégies qui lui permettront de les atteindre. Les méthodes VALS et PRIZM, dont il a été question précédemment, correspondent à de tels services ; d'autres méthodes encore privilégient des données démographiques, socioéconomiques et géographiques afin de regrouper les foyers de consommateurs en micro-segments. Il revient à l'utilisateur de la méthode de déterminer si ces micro-unités répondent bien aux critères d'une segmentation utile. L'entreprise présente à l'échelle nationale ou internationale n'a pas nécessairement intérêt à définir d'aussi petits segments. La démarche pourrait s'avérer en revanche fort utile à l'annonceur implanté dans une ville ou une zone géographique limitée.

Lorsqu'il a terminé son analyse de segmentation, le gestionnaire passe à une seconde étape, celle de la détermination du marché cible (*voir la figure 2.2, à la page 39*).

La détermination du marché cible

L'analyse de segmentation permet de déterminer les principaux débouchés de marché. La deuxième phase de la segmentation de marché comporte deux étapes : la détermination d'une approche plus ou moins différenciée du marché, tout d'abord, puis l'identification des segments présentant le plus grand potentiel si une approche différenciée est retenue.

Il est possible d'aborder un marché de trois façons différentes. Notons d'abord le **marketing indifférencié**. Pendant plusieurs années, Coca-Cola n'offrait qu'une seule version de son produit. Une telle stratégie normalisée permet certes à l'entreprise de réaliser des économies. Elle la prive toutefois de la possibilité de proposer différentes versions d'un produit à des marchés dont les attentes et les perceptions se révèlent différentes.

Ensuite, on trouve le **marketing différencié**. En tablant sur la différenciation, l'entreprise est à même de concevoir des produits ou des publicités plus adaptés aux différents segments. Du coup, elle a de meilleures chances de satisfaire les besoins et les désirs des divers groupes de consommateurs.

Enfin, on parle aussi de **marketing concentré**. Volkswagen a misé sur cette stratégie dans les années 1950, alors qu'il était le seul grand constructeur d'automobiles dans le segment des voitures économiques aux États-Unis. Si, de nos jours, ce constructeur allemand fait appel à une stratégie différenciée, d'autres sociétés misent à leur tour, avec plus ou moins de réussite, sur une approche concentrée – le développement commercial du Hummer en constitue un exemple.

Lorsque l'entreprise est parvenue à définir un ou des segments de marché bien définis, la deuxième étape consiste à déterminer le ou les segments les plus attrayants. Elle doit alors évaluer le potentiel de vente de chacun des segments, ses possibilités de croissance, la concurrence présente ou à venir, ainsi que sa propre compétitivité. Nombreuses sont les entreprises qui, après cette analyse, ont introduit des produits ou des services sur de nouveaux marchés, pour constater par la suite que leurs ressources ou leurs compétences ne leur permettaient pas d'être à la hauteur des entreprises concurrentes. Royal Crown Cola, par exemple, est parvenue à plusieurs reprises à trouver de

---

Marketing indifférencié

Stratégie commerciale faisant fi des différences entre les segments et offrant un seul produit ou service à l'ensemble du marché.

Marketing différencié

Stratégie commerciale fondée sur la distinction de plusieurs segments et sur des stratégies différentes pour chacun.

Marketing concentré

Stratégie consistant pour l'entreprise à s'adresser à un nombre limité de segments, parfois un seul, en vue d'acquérir une grande part de marché.

nouveaux débouchés. Toutefois, en raison de ses ressources limitées, elle n'a jamais réussi à se hisser au diapason de ses deux principaux concurrents, Coca-Cola et Pepsi. Rappelons que Royal Crown a été la première à commercialiser un cola diète et un cola sans caféine. Elle n'a toutefois pas su s'imposer comme chef de file sur aucun de ces marchés. Lorsqu'elle parvient à cibler les segments convoités et qu'elle estime être en mesure d'y livrer une concurrence pertinente, l'entreprise passe à la dernière étape du processus de segmentation (*voir la figure 2.2, à la page 39*), c'est-à-dire la définition de sa stratégie de positionnement.

La stratégie de positionnement

En général, l'entreprise explicite dans le cadre de son plan marketing un énoncé de positionnement afin d'établir clairement la stratégie retenue. Cet énoncé sert de principe directeur dans chacune des sphères traditionnelles de décision sur lesquelles repose le programme marketing.

Lorsqu'elle élabore une **stratégie de positionnement sur un marché**, une entreprise peut proposer différentes combinaisons des caractéristiques du produit, ainsi que diverses échelles de prix, selon les points de vente. Elle peut aussi opter pour un produit unique, soutenu par un vaste réseau de distribution et par une publicité de masse. Les possibilités sont multiples, et elle se doit en fait d'en analyser le plus grand nombre afin de faire le choix le plus éclairé possible. À cette étape, les études de marché dont elle dispose, son expérience et son flair s'avèrent déterminants. Il s'agit, en définitive, de concocter un ensemble d'avantages attrayants pour les marchés ciblés et de déterminer le programme marketing qui les servira le mieux.

Stratégie de positionnement sur un marché

Stratégie de marketing liée au segment de marché que l'entreprise désire explorer ; cette stratégie est associée à l'ensemble des éléments du marketing mix de manière à satisfaire les besoins du segment.

La réaction du marché au positionnement et aux efforts qui l'accompagnent constitue le véritable moment de vérité. Cette réaction, reflétant la perception du marché, peut confirmer la vision de l'entreprise ou l'infirmer. Ce qui importe, ici, ce sont moins les choix stratégiques de l'entreprise que la perception des consommateurs concernant ces choix. En Amérique du Nord, par exemple, Ford a fait appel pendant plusieurs années au slogan *Quality is Job 1* afin de souligner les efforts qu'elle déployait pour améliorer la qualité de ses véhicules. Dans plusieurs de ses campagnes promotionnelles, Ford a insisté sur la *qualité supérieure* comme un élément de positionnement distinctif afin de contrer les véhicules japonais qui occupaient une part toujours plus importante du marché nord-américain. Toutefois, plusieurs années ont été nécessaires avant qu'une majorité de consommateurs acceptent le fait que Ford pouvait aussi fabriquer des véhicules de qualité. Cette réaction lente révélait l'écart entre la stratégie de positionnement de Ford et la perception du marché.

Afin de mieux comprendre l'importance de cette problématique, considérons à présent l'exemple de l'industrie canadienne du transport aérien. Air Canada n'est plus aujourd'hui la seule compagnie aérienne à offrir des vols dans l'ensemble du pays. Or, ses campagnes publicitaires ont toujours cherché à valoriser un positionnement misant sur une vaste couverture nationale, en particulier en réaction à l'éclosion de petites lignes aériennes concurrentes. La société WestJet, jusqu'alors un petit transporteur régional offrant des vols à rabais, a par exemple acquis depuis de nouveaux avions qui lui permettent de couvrir l'ensemble du territoire national[6]. La publicité d'Air

Canada doit donc désormais permettre au transporteur de valoriser ses offres, en ne misant plus uniquement sur cet argument, mais aussi sur des prix compétitifs, la facilité de correspondance ou le confort de vol.

Nous analyserons maintenant cette situation, sur un plan non plus exclusivement national, mais aussi international, à l'aide d'un schéma de positionnement simple (*voir la figure 2.3*). Ce schéma est construit autour de deux axes, l'un reflétant la stratégie de prix (des prix abordables aux prix élevés), l'autre correspondant à la couverture des destinations (des services presque complets à des services beaucoup plus limités). Sur un plan international, WestJet et Air Canada se situent traditionnellement dans des positions différentes quant à cette dernière dimension. Il semble que chacune ait ciblé des marchés différents et qu'elle déploie un programme marketing en conséquence, avec un objectif commun, celui de la réussite. Si ces stratégies de positionnement peuvent toutefois sembler appropriées pour l'une et l'autre, seul le temps démontrera si les consommateurs considèrent eux aussi ces positionnements distinctifs comme cohérents et crédibles.

FIGURE 2.3 Une illustration hypothétique d'une stratégie de positionnement sur un marché

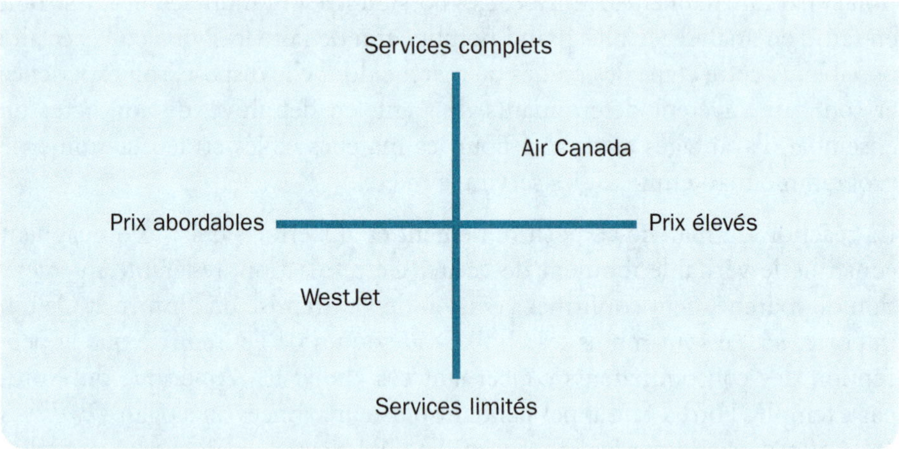

L'élaboration du programme de marketing

Le ciblage des marchés impose de déterminer les besoins à satisfaire et les consommateurs à privilégier. La prochaine étape consiste à combiner les éléments du marketing mix afin de concevoir un programme marketing cohérent et efficace. Chaque élément du marketing mix comporte plusieurs dimensions constituant autant de domaines pour lesquels des décisions stratégiques doivent être prises. Dans la même veine, chaque élément doit être conforme au programme de CMI ou le renforcer, et vice versa. Nous verrons à présent en quoi les décisions relatives aux produits, aux prix ou aux circuits de distribution ont aussi une incidence sur le programme de communication. Nous verrons également à quel point, s'il est bien mis en œuvre, le mix promotionnel est susceptible de renforcer à son tour la stratégie marketing. Nous examinerons enfin comment la publicité permet de positionner clairement une marque et joue, en définitive, un rôle important dans la consolidation de la position commerciale de celle-ci.

Les décisions relatives aux produits et aux CMI

Au fil du temps, une organisation commerciale perdure, dans la mesure où elle est à même de proposer une offre revêtant une certaine valeur aux yeux du consommateur. Cette offre peut prendre la forme d'un **produit** physique (par exemple, une boisson gazeuse, un jean ou un véhicule), d'un service (par exemple, des prêts bancaires, des voyages ou des conseils juridiques), d'une cause (par exemple, le respect de l'environnement, l'aide aux pays en voie de développement ou aux personnes âgées en perte d'autonomie), et même d'un individu (par exemple, une personnalité politique dans la perspective d'une élection).

Produit
Toute chose pouvant être commercialisée et qui, lorsqu'on l'emploie ou qu'on y fait appel, procure une satisfaction.

Un produit n'est pas qu'un objet physique; c'est un ensemble d'avantages ou de valeurs qui satisfait les besoins du consommateur. Ces besoins peuvent être strictement d'ordre fonctionnel, donc liés à la valeur d'usage du produit, mais ils peuvent aussi être d'ordre symbolique ou affectif. Il est alors question de **symbolisme du produit**[7]. Par exemple, la publicité de Normaderm, à la page 38, met l'accent sur les soins de la peau et sur les bienfaits d'une peau saine, c'est-à-dire sur les qualités intrinsèques du produit. De manière sous-jacente, le produit procure aussi un avantage psychosocial – une peau saine est un gage de belle apparence et contribue à « se sentir bien dans sa peau ». Pour plusieurs produits, le symbolisme social ou psychosocial importe davantage que la fonction utilitaire[8]. Souvent, on achète plus des vêtements de couturiers, tels que Versace, Gucci ou Hugo Boss, en raison de l'image qu'ils projettent que de leurs qualités objectives (celles du tissu ou de la coupe, par exemple). La publicité tient ici un rôle fondamental dans l'élaboration et le maintien de l'image de ces marques sur un plan symbolique.

Symbolisme du produit
Élément désignant ce que le produit ou la marque représente dans l'esprit du consommateur et ce qu'il éprouve lorsqu'il l'achète et qu'il l'utilise.

Le consommateur regarde donc au-delà de la réalité objective et tangible du produit et de ses composants. La qualité, la marque, le conditionnement, le fabricant, le pays d'origine, voilà autant d'éléments déterminants quant à la perception du consommateur[9]. Afin qu'un programme de communication puisse atteindre ses objectifs, la promotion de la marque doit ainsi être définie de manière à présenter le produit comme étant bien davantage que la simple somme de ses caractéristiques ou attributs. Le produit lui-même, c'est-à-dire ses couleurs, les matières qui le composent, son design, etc., tente de communiquer quelque chose. Songez aux publicités de Nike, dans lesquelles les avantages et les caractéristiques des produits ne sont à peu près jamais soulignés; pourtant, l'information sur la marque y est communiquée avec efficacité. Comme le montre bien ce dernier exemple, il est bien sûr aussi nécessaire de s'assurer que les caractéristiques du produit vont de pair avec les promesses véhiculées dans la campagne de communication ou de promotion de ce produit. Il ne peut y avoir de hiatus sur ce plan.

Une annonce qui en dit long sur la marque.

Le choix du nom de la marque

Le choix d'un nom de marque se révèle souvent d'une importance capitale, car il permet de communiquer en partie les caractéristiques de celle-ci et lui confère, dans bien des cas, une signification particulière. Les spécialistes de la marque recherchent d'emblée un nom de marque qui soit en mesure de refléter l'idée maîtresse qui a présidé à l'élaboration du produit et qui permette de le positionner de façon distinctive dans l'esprit du consommateur. Des noms de marque tels que Safeguard (traitement anti-tache), M. Net (produit de nettoyage), Easy-Off (nettoyeur pour le four) ou Le choix du Président (produits alimentaires) communiquent sans équivoque les avantages de ces produits dans l'esprit du consommateur.

Capital de marque
Valeur pouvant être considérée comme un actif de l'entreprise ; se compose de la valeur ajoutée ou de la cote d'estime découlant d'une image favorable, d'impressions nées de la différenciation ou de la profondeur de l'attachement du consommateur à l'égard de la marque.

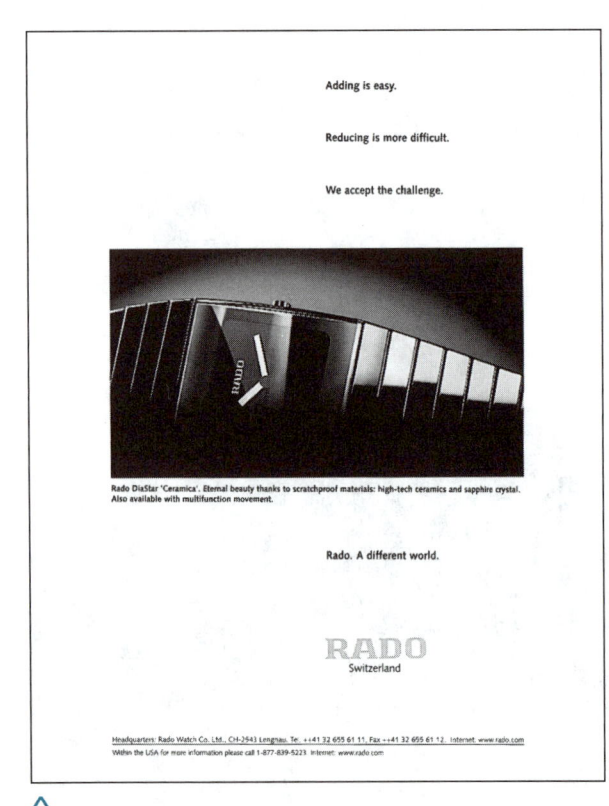

L'un des objectifs de la communication marketing est de contribuer à créer, à valoriser et à conserver le **capital de marque**. Sauf exception, un fort capital de marque est associé positivement avec un volume de ventes supérieur. Il correspond donc à un avantage concurrentiel du fabricant et a, notamment, une incidence sur le niveau de prix que le consommateur juge équitable. Rado, par exemple, fabrique des montres de qualité supérieure. Le capital de marque de ses produits s'avère également élevé grâce, notamment, à ses campagnes publicitaires. C'est pourquoi Rado peut imposer des prix plus élevés à sa clientèle, en comparaison de marques de qualité identique, mais qui ne bénéficient pas d'un tel avantage de capital.

Rado dispose d'un capital de marque élevé, notamment grâce à ses campagnes publicitaires.

Le conditionnement

Le conditionnement ou l'emballage est une autre facette de la stratégie de communication du produit qui a gagné en importance au cours des dernières années. Traditionnellement, le conditionnement offrait certains avantages d'ordre pratique, liés surtout à la protection et aux contraintes d'entreposage du produit. Son rôle et sa fonction ont cependant considérablement évolué depuis qu'un nombre croissant de lieux de vente tablent dorénavant sur le libre-service et que le nombre de décisions d'achat prises par les consommateurs dans ces points de vente ne cesse de croître. Ainsi, selon une étude récente, 67% des achats effectués dans un supermarché ne sont pas planifiés. En règle générale, le conditionnement constitue le premier et le dernier contact entre le produit et le consommateur sur le lieu de vente ; c'est pourquoi l'impression créée par celui-ci joue un rôle si prépondérant. Un supermarché type propose plus de 20 000 produits. Dans ce contexte, le conditionnement doit être en mesure à la fois de capter l'attention, mais aussi de transmettre de l'information pertinente sur le mode d'utilisation ou la composition du produit, tout en répondant, il va de soi, aux exigences de la loi. Il peut aussi servir de support à la promotion d'un concours, d'un tirage ou de toute autre offre spéciale.

Nombre d'entreprises font appel au conditionnement afin de communiquer avec le consommateur et créer chez lui une image de marque forte et positive.

Duracell communique ici à l'aide d'un conditionnement mettant en valeur son avantage distinctif, la longue durée de ses piles.

Le conditionnement contribue à renforcer l'image du produit, voire à en garantir l'exclusivité.

Le conditionnement des piles Duracell, présenté ici à titre d'exemple, met en relief des caractéristiques allant au-delà du produit lui-même. Les éléments de communication graphique tels que la taille, la forme, la couleur et les caractères rehaussent l'attrait de ce produit de commodité. Ils peuvent s'avérer aussi importants qu'une publicité traditionnelle pour déterminer ce qui, en définitive, va quitter les tablettes pour se retrouver dans le chariot du client.

En résumé, comme nous l'avons d'ores et déjà précisé, le conditionnement a aussi une fonction d'ordre pratique. En guise d'exemple, le conditionnement Sécur-enfants des flacons de Tylenol a pour but d'empêcher les enfants de consommer indûment les comprimés qu'ils contiennent. D'un autre côté, le conditionnement peut aussi être pensé afin de communiquer un message lié au positionnement de la marque. Pensons ici à la vodka Polar Ice, qui tente d'être plus présente sur le marché nord-américain à l'aide d'une stratégie de repositionnement qui s'étend jusqu'au design du produit. Des études ont démontré que l'épaule affaissée de la bouteille nuisait à la perception du caractère dynamique de la marque. On a donc remplacé la bouteille originale par une bouteille de forme ovoïde, dont l'épaule est soulignée par un angle vif. Un vinyle noir recouvre la partie arrière de la bouteille, alors que sur la partie frontale est apposé un autocollant permettant au consommateur de visualiser le liquide, ce qui crée ainsi un effet de perspective susceptible de retenir l'attention[10].

Le conditionnement peut aussi ajouter aux avantages du produit, y compris en matière de sécurité.

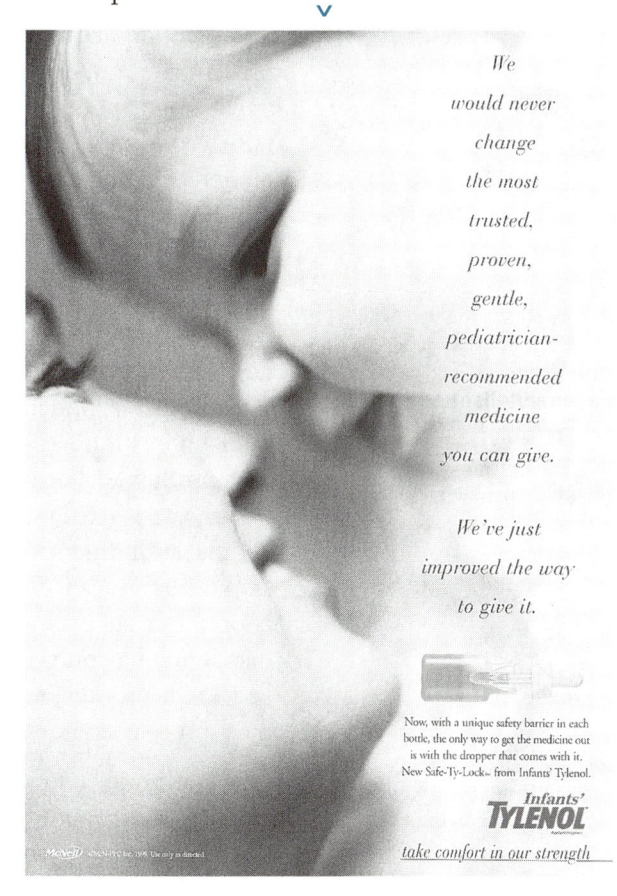

Les décisions relatives aux prix et leurs liens avec les CMI

Le *prix* est la somme versée en échange d'un produit ou de la prestation d'un service. Si le prix d'un article est exprimé en dollars, le coût réel du produit pour le consommateur comprend aussi le temps, la réflexion et l'ensemble des efforts nécessaires à l'acquisition de ce produit[11]. En règle générale, les gestionnaires en marketing s'attardent avec un soin jaloux à établir une politique de prix qui soit cohérente avec l'ensemble de la stratégie commerciale de l'entreprise. Ils demeurent en outre particulièrement attentifs aux réactions des consommateurs, des distributeurs ou des concurrents sur ce plan. Une entreprise doit considérer un grand nombre de facteurs au moment de déterminer le prix qu'elle peut obtenir en échange d'un produit ou de la prestation d'un service. Parmi ceux-ci, on trouve notamment les coûts de fabrication et de distribution, la pression de la concurrence, ainsi que la perception relative de qualité par le consommateur. En ce qui concerne les CMI, la stratégie adoptée doit être cohérente avec ces décisions en matière de prix. Réciproquement, le prix communique aussi certains renseignements sur le produit ou le service. Lorsque l'arrimage avec la stratégie de publicité et de promotion est bien réalisé, ces deux éléments se renforcent et peuvent contribuer puissamment à garantir un positionnement de marché bien compris.

Le rapport entre le prix, la qualité du produit et la publicité sur celui-ci a fait l'objet d'une attention toute particulière. Dans le cadre du projet Profit Impact of Marketing Strategies (PIMS), une étude a été réalisée auprès de 227 entreprises[12]. Les auteurs de cette étude ont conclu que les stratégies de prix et de publicité vont de pair, c'est-à-dire que les articles vendus à fort prix nécessitent, en règle générale, des investissements publicitaires élevés, et inversement pour les articles à bon marché. Ces conclusions cadrent tout à fait avec le principe qui sous-tend la définition de stratégies de CMI : la recherche d'une grande cohérence entre les différents éléments du marketing mix et de communication afin de garantir le succès de l'entreprise.

Les décisions relatives au mode de distribution et leurs liens avec les CMI

Circuit de commercialisation

Réseau d'organisations interdépendantes chargées de mettre un produit ou un service à la portée du consommateur.

Revendeur

Intermédiaire du circuit de commercialisation tel qu'un grossiste, un distributeur, un courtier ou un détaillant.

Les décisions relatives au mode de distribution, ou **circuit de commercialisation**, correspondent également à des décisions de première importance pour un gestionnaire en marketing[13]. L'entreprise peut disposer d'un excellent produit et l'offrir à un prix avantageux, mais celui-ci n'aura de réelle valeur aux yeux du consommateur que s'il est offert là où le cherchent les clients, au moment où ils le souhaitent et selon le service attendu. Les décisions relatives au circuit de commercialisation ont en particulier trait au choix, à la supervision et à la motivation des intermédiaires – grossistes, distributeurs, courtiers et détaillants. Ces décisions ont pour but de faciliter l'accès au produit ou au service. Les intermédiaires, ou **revendeurs**, jouent ainsi un rôle essentiel dans la réussite du programme marketing.

Comme pour la stratégie de prix, la stratégie de distribution devrait aussi prendre en compte les objectifs de communication de la marque, puisque ses répercussions sont grandes sur le déploiement d'un programme de CMI. Stewart, Frazier et Martin parlent ainsi de la nécessité d'une gestion intégrée du circuit de distribution qui «[…] reflète le flou des frontières entre la communication et la distribution[14]». Pour peu qu'il soit cohérent avec les décisions relatives au produit et au prix de celui-ci, le lieu de distribution du produit envoie un message précieux au consommateur. Un produit identique, vendu chez Holt Renfrew ou chez Wal-Mart, bénéficie-t-il des mêmes associations d'image, en termes de prestige, par exemple? D'autres éléments de distribution sont bien sûr susceptibles de contribuer au travail de communication ou de promotion, par exemple les présentoirs et, de façon générale, la sélectivité relative de la distribution, ainsi que l'ensemble des efforts de marchandisage.

Une gestion des circuits de distribution, si elle est bien intégrée au programme marketing, ne peut que renforcer l'impact du plan de communication. Dans bien des cas, ce n'est en fait qu'à cette condition que la cohérence du message transmis au consommateur s'avère possible.

Lors de la planification du programme de CMI, plusieurs décisions doivent ainsi être prises en fonction de la distribution. Un fabricant peut, par exemple, mettre sur pied une campagne de communication dans le seul but de motiver les membres du circuit ou de les convaincre de stocker et de promouvoir ses produits. On dit alors que l'entreprise déploie une **stratégie de pression**. Ces actions peuvent mobiliser de nombreux éléments du mix communicationnel. Les représentants de l'entreprise communiquent alors avec les revendeurs pour présenter leur produit, discuter des stratégies de l'entreprise en vue de consolider la demande des consommateurs et expliquer la nature des actions destinées au réseau – réductions de lancement, remises promotionnelles ou **publicité destinée au réseau**. Lorsqu'elle fait appel à de la publicité de type traditionnel pour convaincre grossistes et détaillants d'acheter ses produits (afin qu'ils les proposent par la suite aux consommateurs), une organisation mise d'ordinaire sur des annonces insérées dans les publications spécialisées propres au secteur d'activité.

Pour qu'une stratégie de pression soit un succès, il s'agit de convaincre le détaillant qu'il sera à même d'engranger des bénéfices substantiels en faisant valoir le produit du fabricant. Si ce n'est pas le cas, les interlocuteurs du circuit ne seront que peu disposés à collaborer avec les fabricants. Lorsque cette situation se présente, l'entreprise peut alors opter pour une **stratégie d'aspiration**. Devant la demande des consommateurs, le détaillant n'a alors d'autre choix que de commander le produit aux grossistes (s'il fait appel à eux) qui, à leur tour, le commanderont auprès du fabricant. La stimulation de la demande des consommateurs active en fait la circulation du produit dans l'ensemble du circuit de distribution.

La décision d'employer une stratégie de pression ou une stratégie d'aspiration dépend notamment des relations de l'entreprise avec son réseau, du budget de promotion disponible et des caractéristiques de la demande. Une société ayant de bonnes relations avec les membres de son circuit de distribution préfère, en règle générale, opter pour une stratégie de pression et exploiter ainsi pleinement les possibilités de collaboration avec ses interlocuteurs afin de les inciter à stocker et à promouvoir ses produits. Par ailleurs, une entreprise dont le budget de communication

Stratégie de pression

Stratégie visant à convaincre les distributeurs et les détaillants de vendre un produit dans le circuit de distribution et à pousser à leur tour le consommateur à acheter le produit par des actions promotionnelles.

Publicité destinée au réseau

Publicité destinée aux grossistes et aux détaillants.

Stratégie d'aspiration

Stratégie consistant à investir dans la publicité et la promotion des ventes destinées au consommateur final; son but est de susciter une demande chez le consommateur afin qu'il réclame le produit auprès du détaillant.

s'avère restreint ne dispose peut-être pas des sommes nécessaires afin de soutenir l'effort publicitaire et promotionnel qu'exige la mise en œuvre d'une stratégie d'aspiration. Dans ce cas, elle considère sans doute comme plus avantageux de consolider la distribution et la demande en collaborant étroitement avec ses revendeurs. Une stratégie d'aspiration peut, en revanche, être particulièrement indiquée lorsque la demande d'un produit semble favorable en raison des caractéristiques exceptionnelles de celui-ci, de sa supériorité relative par rapport aux marques concurrentes ou d'un certain engouement des consommateurs. Notons enfin que ces deux stratégies ne s'excluent bien sûr pas. Dans les faits, nombre d'entreprises misent souvent sur une combinaison de ces deux stratégies pour assurer le succès de la commercialisation de leur produit.

Les décisions relatives aux CMI et l'action marketing

Les sections précédentes nous ont permis de traiter successivement des liens entre trois variables du marketing mix, la publicité et les CMI. Nous nous pencherons maintenant sur le rôle du mix de communication lui-même au sein de la stratégie marketing. Correspondant à l'un des quatre éléments qui composent le marketing mix, la communication vise avant tout à soutenir ou à renforcer la stratégie de positionnement de l'entreprise sur les marchés.

De par sa nature, l'activité publicitaire ou promotionnelle est très visible, tant et si bien que l'on pourrait croire qu'elle détermine en grande partie la stratégie de positionnement. Si cela est parfois vrai, il n'en demeure pas moins que la plupart des campagnes publicitaires s'articulent plutôt autour d'un message ponctuel. Celui-ci permet au consommateur de situer le produit en comparaison avec d'autres marques au sein d'une même catégorie ou d'un même marché. De plus, la majorité des annonces et des outils de communication ou de promotion se révèlent efficaces dans la mesure où ils s'adressent à des audiences précises. Une banque, par exemple, peut expédier une publicité directe à l'un de ses clients pour lui rappeler le renouvellement de son emprunt hypothécaire. Pour ce faire, l'institution financière met sans doute l'accent sur la facilité de ce renouvellement et l'excellence de son service après-vente. Au même moment, elle peut aussi miser sur une annonce télévisée soulignant ses taux d'intérêt attrayants, dans le but d'attirer les clients des banques concurrentes. Comme il s'agit de deux audiences cibles différentes, dont les points de référence ne sont pas les mêmes, l'entreprise est confrontée à la difficulté de se positionner correctement, et de manière cohérente, dans les deux contextes de communication. Cela ne peut se faire sans l'établissement d'une stratégie claire et intégrée.

La pertinence relative d'un positionnement par le biais de communications commerciales plutôt que par une stratégie d'ensemble fera l'objet de la prochaine section. Nous ferons alors la distinction entre la stratégie de positionnement d'une marque et une stratégie de positionnement globale sur le marché. Nous insisterons également sur quelques éléments utiles à l'élaboration de stratégies de positionnement de la marque. Enfin, nous présenterons une structure permettant de mettre en relation les nombreux rouages inhérents à ce type de prise de décision.

La stratégie de positionnement de la marque

Nombre de publicitaires estiment que la décision relative au **positionnement**[15] est la plus importante afin d'ancrer solidement une marque dans un marché. David Aaker et John Myers notent que ce n'est que depuis peu que le mot *positionnement* renvoie à l'image de marque[16]. Jack Trout et Al Ries, pour leur part, réaffirment que cette image doit se démarquer de celle des concurrents : « De nos jours, l'image de vos concurrents importe autant que la vôtre, parfois davantage[17]. » La **stratégie de positionnement de la marque**, telle que nous l'entendons ici, fait référence à l'image d'un produit ou d'un service par rapport à une marque concurrente dans un espace concurrentiel donné. Cet espace est organisé selon différentes catégories de produits dont les frontières sont de plus en plus mouvantes. Le positionnement d'une marque doit être établi sans ambiguïté si l'entreprise aspire à concevoir une stratégie ou un axe de communication réellement efficace. Par exemple, les deux institutions financières dont il a été question au premier chapitre ont tout intérêt à privilégier une stratégie de positionnement de la marque correctement définie en fonction de la clientèle cible et des services bancaires concurrents.

À présent, songez aux réactions que vous éprouvez après avoir vu une publicité télévisée ou toute autre forme de communication. Que pensez-vous de la marque annoncée ? Vos sentiments sont-ils positifs ou négatifs ? Quels avantages ou caractéristiques propres à cette marque vous viennent spontanément à l'esprit ? Toutes ces questions, les consommateurs se les posent également ; que ce soit de manière explicite ou non, elles contribuent en définitive à établir le positionnement de la marque. Il est ici à noter qu'une distinction doit être faite entre l'image que l'entreprise désire projeter ou façonner et l'image réelle de ses marques. Le positionnement n'existe que dans l'esprit du consommateur.

Reprenons notre exemple des lignes aériennes. Au moment d'élaborer sa stratégie de positionnement sur le marché des billets à prix réduit, WestJet sait qu'elle doit insister sur différents avantages pour attirer l'attention de clients potentiels. Sa stratégie peut être de s'adresser aux gens qui ne prennent que rarement l'avion ou même à ceux qui n'utilisent jamais ce moyen de transport. D'un autre côté, WestJet pourrait aussi chercher à convaincre la clientèle voyageant en classe économique (les vols de nuit vers l'est, par exemple) de se procurer à présent des billets sur ses lignes et de voyager ainsi à une heure plus convenable. Dans les deux cas, l'entreprise doit adopter une stratégie de positionnement claire de sa marque afin de joindre une clientèle cible.

Revenons à notre exemple, cette fois-ci du point de vue de la concurrence, Air Canada s'intéressant elle aussi au marché des billets à prix réduit. WestJet et Air Canada se trouvent désormais en concurrence sur un marché où le prix fait souvent loi. Dans ce contexte, WestJet désire inciter ses clients à demeurer avec elle et à convaincre les clients d'Air Canada qu'elle constitue toujours le choix par excellence pour ce qui est du marché des billets en classe économique.

Un diagramme hypothétique de positionnement de la marque, c'est-à-dire un schéma représentant les perceptions des consommateurs, est présenté à

Positionnement

L'art et la science d'associer un produit ou un service à un ou plusieurs segments du marché, de manière à le distinguer de la concurrence.

Stratégie de positionnement de la marque

Stratégie faisant référence à l'image d'un produit ou d'un service par rapport à une marque concurrente dans un espace concurrentiel donné.

la figure 2.4. Ce schéma est organisé selon deux axes de concurrence: la fréquence des vols et le nombre de destinations desservies. Quel positionnement occupe l'une et l'autre compagnie selon ces axes? Cela dépend sans doute du segment de marché considéré. Il est aussi possible que ces compagnies se concurrencent sur d'autres caractéristiques ou attributs importants (*voir la figure 2.5*) tels que la fiabilité (ponctualité des départs et retards attribuables aux bris mécaniques) et l'accessibilité (facilité d'enregistrement des bagages et de l'achat des billets, etc.).

FIGURE 2.4 Une première illustration du positionnement de la marque en fonction de ses caractéristiques ou avantages possibles

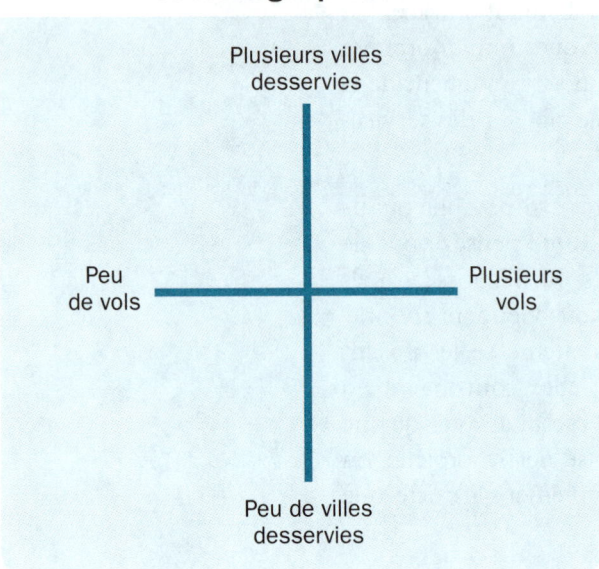

FIGURE 2.5 Une seconde illustration du positionnement de la marque en fonction de ses caractéristiques ou avantages possibles

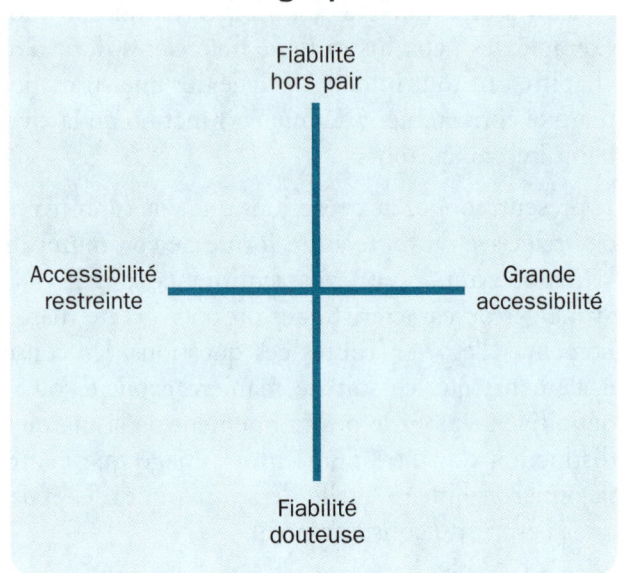

Au chapitre 5, nous verrons comment une marque peut parvenir à se positionner adéquatement dans l'esprit du consommateur.

En outre, nous aborderons la problématique de la mise en œuvre de la stratégie de positionnement dans les chapitres où il sera question des décisions inhérentes à l'élaboration du plan de CMI. Pour l'instant, nous nous contenterons de discuter brièvement des stratégies et des options possibles quant au positionnement d'une marque.

Les stratégies de positionnement de la marque

En général, la définition d'une stratégie de positionnement impose une considération des caractéristiques ou des particularités des consommateurs, ainsi que des concurrents actuels ou potentiels. L'entreprise tente alors d'associer les avantages de son produit aux besoins de sa clientèle cible, en le mettant en relation avec les produits concurrents. David Aaker et J. Gary Shansby énumèrent six stratégies de positionnement de la marque, selon les caractéristiques du produit, le rapport qualité-prix, le mode d'utilisation, la classe du produit, le profil des utilisateurs et les particularités de la concurrence[18].

Le positionnement selon les caractéristiques et les avantages du produit
Dans ce cas, le positionnement de la marque repose sur les caractéristiques et les avantages intrinsèques du produit ou du service offert, souvent en lien avec les propositions de la concurrence. Cerner les **attributs importants** est ici une tâche essentielle pour le gestionnaire. Par exemple, quand Apple a commercialisé ses premiers ordinateurs, elle a beaucoup insisté sur la convivialité de ses appareils. Il s'agissait d'une stratégie efficace, étant donné la complexité des ordinateurs à cette époque.

> **Attribut important**
> Attribut d'un produit à partir duquel le consommateur fondera sa décision d'achat.

Le positionnement selon le rapport qualité-prix du produit Un positionnement de marque reposant sur son rapport qualité-prix est une pratique assez répandue. Une fois ce choix fait, dans certains cas, on met sur pied des campagnes publicitaires qui véhiculent l'image d'une marque de qualité supérieure, dont le prix, s'il n'est pas sans importance, sera jugé équitable, compte tenu des bénéfices associés à cette marque. Il s'agit là, par exemple, d'une pratique assez courante pour des marques de première qualité dans le segment haut de gamme.

Un positionnement misant sur le rapport qualité-prix peut aussi insister sur la qualité de l'offre, moyennant un prix bas ou concurrentiel. On joue alors sur la valeur relative du produit ou du service.

Le positionnement du produit associé à divers usages ou à certaines applications Une autre façon de véhiculer une image ou un positionnement de marque consiste à associer plus particulièrement un produit à divers usages ou applications précises. Black & Decker a, par exemple, introduit sur le marché une torche électrique appelée SnakeLight. Cette lampe, que l'on peut enrouler pour la maintenir en place, constitue une solution novatrice pour toute personne qui effectue des réparations. Une publicité télévisée a permis de mettre en valeur les différents emplois possibles de la torche, tandis qu'un conditionnement imaginatif et des étalages en magasin présentaient les mille et un usages potentiels du produit.

Alors qu'elle sert souvent à percer un marché en misant sur un usage ou une application en particulier, cette stratégie peut ainsi servir à valoriser une certaine polyvalence du produit. Au fil du temps, on a par exemple prêté de nombreuses vertus au bicarbonate de soude Arm & Hammer. Qui aurait pu dire qu'un seul et même produit se retrouverait dans certaines recettes de cuisine, qu'il soulagerait les brûlures d'estomac et qu'il chasserait les odeurs emprisonnées dans les moquettes et les réfrigérateurs ?

Le positionnement du produit associé à l'utilisateur Le positionnement du produit en fonction d'un utilisateur ou d'un groupe d'utilisateurs particulier constitue une autre approche. Plusieurs des campagnes publicitaires de Valvoline mettent ainsi l'accent sur un groupe précis : celui des mécaniciens du dimanche.

Le positionnement du produit en fonction de la concurrence La concurrence peut peser autant dans l'élaboration de la stratégie de positionnement que les produits ou les services de l'entreprise eux-mêmes. Comme l'observent les auteurs Trout et Ries, ignorer ses concurrents est toujours fort risqué[19]. Au-delà de cette évidence, si faire allusion à des concurrents dans une publicité est encore, aux yeux de plusieurs, un péché capital, de nos jours, une stratégie de positionnement efficace peut aussi être délibérément axée sur une comparaison (implicite ou explicite) avec ceux-ci. Le meilleur exemple de cette stratégie est sans doute celui de l'entreprise de location automobile Avis, qui s'est positionnée contre le chef de file Hertz à l'aide du slogan suivant : « Nous sommes deuxième. C'est pourquoi nous déployons davantage d'efforts. » De façon générale, choisir de positionner une marque en fonction de la concurrence ne peut toutefois se faire sans avoir recours à des stratégies complémentaires afin d'assurer une certaine différenciation de la marque.

Le repositionnement du produit La publicité de Normaderm, à la page 38, a été conçue dans un contexte de **stratégie de repositionnement**. Le repositionnement se révèle souvent nécessaire lorsque les ventes accusent une baisse ou stagnent, ou encore lorsque l'entreprise désire exploiter de nouveaux marchés. Le repositionnement d'une marque ou d'un produit est souvent difficile à réussir puisqu'il doit contrer certaines perceptions ou attitudes bien ancrées. De nombreuses tentatives en ce sens se sont soldées par un échec.

Stratégie de repositionnement

Stratégie consistant à modifier en tout ou en partie la position du produit ou de la marque sur un marché donné.

À titre d'exemple, à l'automne 2003, les lecteurs de *La Presse* ont découvert leur quotidien sous un nouveau jour. Même s'il ne s'agit que d'un repositionnement marginal, ce changement important a été annoncé aux lecteurs et aux annonceurs grâce à une campagne publicitaire d'envergure. L'annonce ci-contre n'est qu'un exemple parmi d'autres de la mise en œuvre de cette stratégie par le groupe Cossette Communication Marketing.

Le positionnement selon la classe de produits
Un produit est fréquemment concurrencé par des produits autres que ceux de sa classe ou de sa catégorie. Les compagnies aériennes, par exemple, se concurrencent entre elles, mais elles savent aussi que les trains et les autocars constituent d'autres modes de transport collectifs possibles. Misant sur les économies de coûts, le plaisir et d'autres avantages, Amtrak s'est ainsi présentée comme une solution de rechange à l'avion. Plusieurs marques de margarine se positionnent par rapport au beurre plutôt que les unes par rapport aux autres, et cela indépendamment de leur couleur.

2003 : *La Presse* fait peau neuve.

Les étapes de la stratégie de positionnement de la marque

Après avoir exploré les stratégies de positionnement possibles, pour une situation de marché donnée, l'équipe responsable de la définition du positionnement doit déterminer laquelle convient le mieux à la marque. Cette élaboration de la stratégie de positionnement comprend six étapes[20].

1. *Déterminer les concurrents* Il s'agit de déterminer les concurrents actuels et potentiels en considérant notamment la diversité des usages du produit et des situations possibles de consommation.

2. *Évaluer les perceptions du consommateur à l'égard des concurrents* Lorsque la concurrence a été identifiée, on doit déterminer la perception qu'en ont les consommateurs. Quelles caractéristiques sont importantes aux yeux des consommateurs lorsqu'ils évaluent un produit ou une marque ? Pour de nombreux produits ou marques, les consommateurs considèrent un grand nombre de caractéristiques ou d'avantages. La plupart s'avèrent toutefois peu importants, c'est-à-dire peu décisifs dans le cadre de leur décision d'achat.

3. *Déterminer le positionnement des concurrents* Après avoir défini les caractéristiques pertinentes de la marque et leur importance relative aux yeux des consommateurs, on doit déterminer le positionnement de chaque concurrent (ainsi que le sien) par rapport à chacune de ces caractéristiques. Cette démarche permet aussi d'avoir une bonne idée du positionnement des concurrents les uns par rapport aux autres. Des études de marché sont, en règle générale, nécessaires pour mener à bien cette évaluation.

4. *Analyser les préférences des consommateurs* Nos propos sur la segmentation nous ont permis de relever divers facteurs de distinction entre les groupes de consommateurs, en termes, notamment, de style de vie, de mobiles d'achat et de certaines différences démographiques. Chaque segment formé sur la base de ces différences correspond en général à des motivations d'achat différentes. On peut entre autres déterminer ces différences en considérant la marque ou le produit idéal, c'est-à-dire la marque ou le produit que le consommateur préférerait, sans compromis, à tous les autres.

5. *Élaborer une stratégie de positionnement de la marque* Les étapes précédentes devraient permettre au gestionnaire de déterminer le positionnement de son produit sur le marché. Cette décision ne va cependant pas toujours de soi. Dans ce contexte, les études de marketing sont loin d'être une panacée et le gestionnaire est alors souvent amené à exercer son jugement relativement à quelques questions :

    - *La segmentation est-elle pertinente ?* Avant de positionner la marque ou le produit, on doit segmenter le marché. À cette étape, il est encore temps de s'interroger sur le bien-fondé de la démarche.

    - *Les ressources disponibles sont-elles suffisantes pour communiquer la stratégie de positionnement de la marque avec efficacité ?* Le positionnement d'une marque est synonyme d'investissements importants. Une seule campagne publicitaire ne suffit sans doute pas pour atteindre cet objectif. Le gestionnaire engagé dans une telle démarche doit déployer une somme considérable d'efforts qui touche tous les aspects du marketing, y compris celui de la définition de l'expérience du consommateur. Devant ce défi, trop souvent l'entreprise abandonne son positionnement longtemps avant d'avoir établi solidement sa stratégie. Un positionnement réussi est susceptible, par ailleurs, d'attirer l'attention de la concurrence et il peut s'avérer coûteux de devoir parer à l'introduction de produits d'imitation en renforçant le caractère distinctif des siens. Après avoir considéré les atouts de la concurrence, le gestionnaire en marketing doit se demander si le positionnement souhaité peut être maintenu à moyen ou à long terme.

- *La stratégie de positionnement de la marque atteint-elle les résultats escomptés ?* Lorsque les efforts déployés ne suffisent pas, il est peut-être temps d'envisager une autre stratégie de positionnement. Le gestionnaire doit prendre garde de ne pas sous-estimer l'ampleur de cette tâche. On doit garder à l'esprit que le moindre changement est susceptible de semer la confusion dans l'esprit des consommateurs et d'affaiblir d'autant le positionnement de la marque.

6. *Surveiller le positionnement de la marque ou du produit* Lorsque le positionnement de la marque est bien établi, il s'avère enfin nécessaire de surveiller celui-ci de près. En général, l'entreprise réalise des études de façon continue, qui permettent de suivre l'évolution de l'image du produit ou de la marque. Il s'agit alors de noter tout changement dans les perceptions du consommateur, tout dérapage devant être repéré et réglé aussi vite que possible. Ces études permettent aussi d'évaluer les marques concurrentes.

RÉSUMÉ

La promotion joue un rôle prépondérant dans la commercialisation des produits, des services et des idées. La figure 2.1, à la page 35, présente un modèle permettant de mieux comprendre la façon dont les promotions s'intègrent au programme marketing. Ce modèle comprend l'analyse du marché, le ciblage des clientèles et une définition de programmes de marketing adaptés.

L'analyse de situation sert de guide à l'élaboration de la stratégie marketing. Le gestionnaire du marketing doit ensuite concevoir un programme de communication cohérent avec cette stratégie. Dans ce cadre, l'une des décisions importantes concerne le ciblage des clientèles et l'élaboration de stratégies de positionnement différenciées afin de joindre le ou les segments ciblés.

Une fois le ciblage fait, le gestionnaire est amené à prendre des décisions quant aux produits, aux prix, aux modes de distribution, ainsi qu'aux modes de communication et autres formes de promotion. Toutes ces décisions se doivent d'être coordonnées afin d'assurer une pleine intégration des communications marketing. C'est là une condition nécessaire au bon déploiement de la stratégie de positionnement. Les décisions relatives aux produits, aux prix et aux modes de distribution devraient toutes contribuer à consolider l'image globale du produit ou de la marque. Les décisions relatives à la publicité et à la promotion ont, à leur tour, à être intégrées aux autres décisions relevant du marketing mix afin de garantir l'atteinte des objectifs stratégiques initialement définis.

MOTS CLÉS

- attribut important
- avantage concurrentiel
- capital de marque
- ciblage des clientèles
- circuit de commercialisation
- forme de promotion
- marketing concentré
- marketing différencié
- marketing indifférencié
- mode de communication
- mode de distribution
- plan de marketing stratégique
- positionnement
- produit
- publicité destinée au réseau
- règle des 80-20
- revendeur
- segmentation démographique
- segmentation géographique
- segmentation par avantages
- segmentation psychographique
- segmentation selon les marchés
- segmentation sur la base des comportements
- stratégie d'aspiration
- stratégie de positionnement de la marque
- stratégie de positionnement sur un marché
- stratégie de pression
- stratégie de repositionnement
- symbolisme du produit

QUESTIONS DE DISCUSSION

1 Certains spécialistes en analyse du marché prétendent que les données démographiques ne peuvent servir de point de départ à la segmentation des marchés, mais qu'elles permettent plutôt de décrire un segment donné. Donnez quelques exemples montrant la validité de ces deux positions.

2 Il est souvent difficile pour une nouvelle entreprise d'établir une image de marque solide. Citez les moyens qu'elle devrait privilégier afin d'atteindre cet objectif.

3 Plusieurs formes de segmentation ont été présentées dans ce chapitre. Donnez des exemples d'entreprises ou de marques vous permettant d'illustrer chacune de ces formes.

4 Discutez du concept de l'avantage concurrentiel. Choisissez trois marques ou produits et discutez des avantages concurrentiels propres à chacun.

5 À l'aide d'un exemple, démontrez en quoi la stratégie de positionnement de la marque doit, pour obtenir du succès, être soutenue par la mobilisation et la coordination de tous les éléments du marketing mix.

6 Qu'entend-on par *stratégie de positionnement de la marque*? Discutez des diverses démarches possibles et donnez des exemples de société ou de marque faisant appel à chacune d'elles.

7 Quels facteurs inciteraient un gestionnaire du marketing à déployer une stratégie de repositionnement? Trouvez un produit ou un service qui, récemment, a dû être repositionné, puis analysez la stratégie déployée à l'occasion de ce repositionnement.

CHAPITRE 3
L'organisation des communications marketing intégrées

OBJECTIFS D'APPRENTISSAGE

- Comprendre l'organisation de la publicité et des autres éléments des communications marketing intégrées (CMI).

- Examiner les méthodes de sélection, de rémunération et d'évaluation des agences de publicité.

- Expliquer le rôle et les fonctions des agences spécialisées en communications marketing.

- Examiner les perspectives quant à l'utilisation de services intégrés et les responsabilités des annonceurs et des agences.

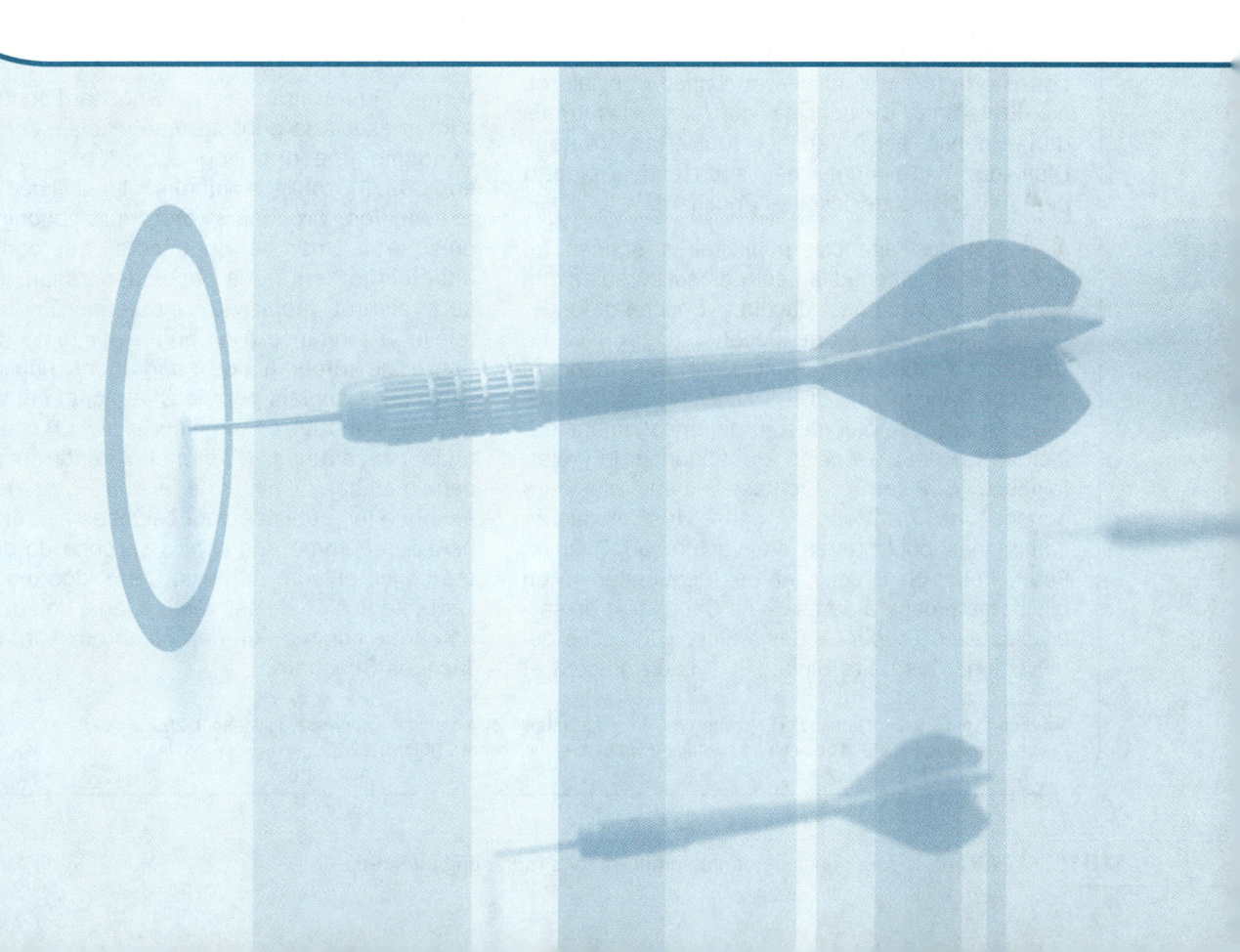

MISE EN SITUATION

Hommage à Jacques Bouchard

Le décès de Jacques Bouchard, en 2006, a été une perte importante pour le milieu publicitaire québécois. En effet, Jacques Bouchard, qu'on a souvent qualifié de « père de la publicité québécoise », a fait figure de précurseur sur bien des plans. Traducteur chez Vickers & Benson, il se fait montrer la porte pour avoir substitué un extrait de Baudelaire à un extrait de Shakespeare dans l'adaptation de la publicité anglophone à la publicité francophone. Il devient par la suite rédacteur publicitaire chez Steinberg puis, ultérieurement, directeur de la publicité chez Labatt. Parallèlement à son activité chez Labatt, il cofonde, en 1959, le Publicité-Club de Montréal, alors le premier regroupement de publicitaires francophones en Amérique du Nord.

L'un de ses accomplissements notoires – déjà latent dans sa façon d'agir chez Vickers & Benson – est de réussir à convaincre les annonceurs, au moyen de sa théorie des *lits jumeaux*, qu'il est à leur avantage de s'adresser différemment aux francophones et aux anglophones. En d'autres termes, des concepts devaient être précisément créés pour le Québec et non simplement être, comme c'était alors le cas, des adaptations ou des traductions de la formule utilisée au Canada anglais ou aux États-Unis. Ce principe, qui relève désormais de l'évidence, est à l'époque tout à fait novateur. D'ailleurs, cette même idée sous-tend la plupart des réalisations de Jacques Bouchard.

Alors que les agences publicitaires situées au Québec sont essentiellement des succursales des agences anglophones, Jacques Bouchard fonde, en compagnie de Pierre Pelletier (créatif) et de Jean-Paul Champagne (spécialiste des médias), l'agence francophone BCP. Malgré des débuts difficiles, marqués par des problèmes financiers incitant les deux associés à abandonner le projet, l'agence BCP attire progressivement plusieurs annonceurs. L'entreprise réalise les premières campagnes publicitaires d'envergure au Québec. Parmi celles-ci, il convient de mentionner « Mon bikini, ma brosse à dents » – Air Canada, « Pop-sac-à-vie-sau-sec-fi-copin » – Desjardins, « Qu'est-ce qui fait chanter les p'tits Simard ? » – Laura Secord et « Il fait beau dans le métro » – STCUM. En 1971, BCP se hisse même au quinzième rang des agences canadiennes avec 10,9 millions de dollars en facturation. En 1984, Jacques Bouchard quitte l'agence BCP et fait d'Yves Gougoux son successeur. Les deux hommes contribueront, trois ans plus tard, à la création du Mondial de la publicité francophone.

En outre, Jacques Bouchard publie, en 1978, *Les 36 cordes sensibles des Québécois*. Dans cet ouvrage, l'auteur relève 36 caractéristiques qui rendent compte de la spécificité culturelle des Québécois. Il donne des outils pour mieux comprendre l'auditoire québécois et mieux s'y adresser. La portée de ce livre, abondamment discuté et faisant figure de référence dans les milieux publicitaire et universitaire, excède la sphère de la publicité, comme en témoignent les chiffres de vente.

Peu après la parution de son ouvrage, Bouchard s'oriente vers la publicité sociétale. Il s'intéresse alors à une publicité qui s'adresse davantage au citoyen qu'au consommateur et crée, en ce sens, le Centre international de publicité sociétale. L'énergie investie afin de faire connaître la publicité sociétale fait en sorte qu'il reçoit le titre de Personnalité mondiale de l'année, communication et publicité, en 1989. La même année, Jacques Bouchard se retire du domaine publicitaire et s'établit en France avec sa femme, Caroline Maranda-Bouchard. Ensemble, ils achètent et restaurent un château de la région de la Loire.

Même à la retraite, Jacques Bouchard continue de s'intéresser à la publicité québécoise, comme en témoigne une entrevue accordée à *Infopresse* en 2003. Il y souligne notamment le défi que devront relever les prochains créateurs publicitaires, puisque le marché québécois, qui constituait autrefois le tiers de la population canadienne, en sera bientôt réduit au cinquième. En outre, il relève la tendance à ce qu'il avait tenté de combattre : le retour à des adaptations publicitaires du Canada anglais pour le Québec, et ce, souvent pour des motifs économiques. À cet égard, il a toujours continué d'affirmer l'importance pour deux marchés distincts de faire *lit à part*, de veiller à ce que les publicités québécoises ne soient pas pensées comme des *copies carbone* de ce qui a été conçu ailleurs au pays. Cette idée maîtresse, véritable assise de ses réalisations, doit donc être entendue comme l'un des nombreux héritages de Jacques Bouchard.

Sources : Emmanuelle Garnaud, « Entrevue de 2003 : La bataille du nombre », *Infopresse*, juillet-août 2006, p. 23-24 ; Marie-Claude Ducas, « Jacques Bouchard : La pub en héritage », *Infopresse*, juillet-août 2006, p. 13-22.

En règle générale, la préparation et la mise en œuvre d'un programme de CMI sont longues et complexes, et requièrent un grand nombre de personnes. Nous, les consommateurs, tendons à oublier les individus et les entreprises derrière ces publicités astucieuses qui captent notre attention ou qui organisent ces concours ou ces loteries promotionnelles que nous espérons tous gagner. Toutefois, pour les personnes qui participent aux activités marketing, il importe de comprendre la nature de cette industrie, ainsi que la structure et les fonctions des entreprises qui en sont membres. L'industrie de la publicité et de la promotion évolue à mesure que les spécialistes du marketing découvrent de meilleurs moyens de communiquer avec leurs clients. Cette évolution a un impact sur la façon dont ils organisent les communications marketing, sur les relations entre les agences de publicité et sur les autres spécialistes de la communication.

Dans le présent chapitre, nous examinerons les rôles et les responsabilités des différents intervenants indispensables aux CMI, ainsi que leurs interrelations. Nous examinerons aussi la structure interne de la publicité et de la promotion. La plupart des campagnes de publicité sont planifiées et exécutées par des agences de publicité externes. Plusieurs grandes agences offrent des services connexes aux CMI, notamment les relations publiques, la promotion des ventes et le marketing direct. Par conséquent, nous accorderons une attention particulière au rôle de l'agence de publicité et à l'ensemble des relations entre l'entreprise et son agence.

Les autres acteurs des communications marketing, dont les agences de marketing direct, les agences de promotion des ventes, les agences interactives et les agences de relations publiques, jouent un rôle accru à mesure que les entreprises adoptent une approche intégrée pour leurs communications marketing. En outre, nous scruterons le rôle de ces agences spécialisées dans les communications marketing. Enfin, nous nous demanderons s'il est préférable, pour le gestionnaire du marketing, de recourir aux services intégrés d'une seule grande agence ou de faire appel à plusieurs spécialistes de la communication.

Un survol des acteurs des CMI

Avant d'examiner l'industrie des CMI, nous effectuerons un survol du système dans son ensemble et cernerons quelques joueurs clés. Comme l'illustre la figure 3.1, à la page suivante, les acteurs des CMI se divisent en cinq groupes principaux où chacun a un rôle précis à jouer: les annonceurs ou les clients, les agences de publicité, les médias, les services spécialisés en communications et les services connexes. Ce chapitre examinera plus particulièrement les quatre premiers groupes.

Les annonceurs ou **clients** constituent les acteurs clés des CMI. Ils assument aussi d'importantes responsabilités dans l'élaboration des programmes marketing, et c'est sur eux que reposeront les décisions finales quant aux programmes de publicité et de promotion mis de l'avant. L'organisation peut se charger elle-même du gros de ces efforts, soit par l'entremise de son propre service de publicité, soit par la mise sur pied d'une agence maison.

Client

Organisation qui a des produits, des services ou des causes à promouvoir et qui dispose des sommes nécessaires pour prendre en charge les frais découlant des communications marketing.

FIGURE 3.1 Les acteurs des CMI

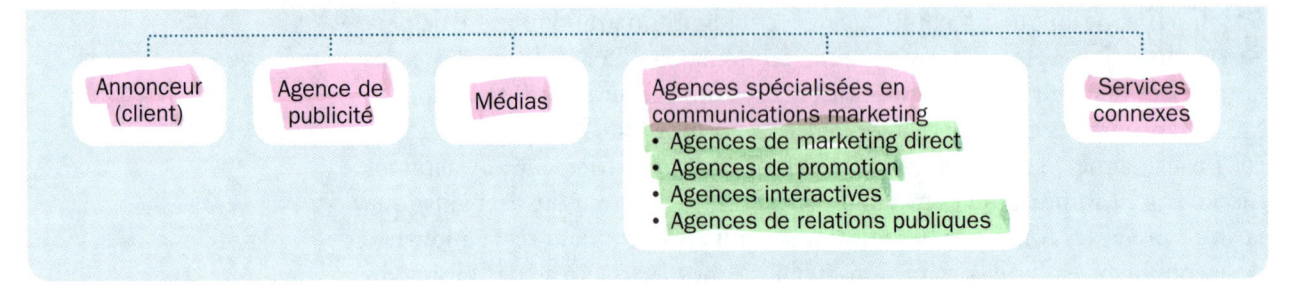

- Annonceur (client)
- Agence de publicité
- Médias
- Agences spécialisées en communications marketing
  - Agences de marketing direct
  - Agences de promotion
  - Agences interactives
  - Agences de relations publiques
- Services connexes

Agence de publicité

Entreprise spécialisée dans la création, la production et le placement de messages publicitaires et qui peut offrir d'autres services pour faciliter le déroulement des activités de marketing et de promotion.

Média

Catégorie de supports publicitaires comprenant les médias de diffusion (télévision et radio), les imprimés (journaux et magazines), la publicité directe, la publicité extérieure et autres médias d'appoint permettant de joindre un public cible.

Un grand nombre d'annonceurs recourent aux services d'une **agence de publicité**. Lorsqu'ils commercialisent plusieurs produits, les annonceurs retiennent souvent les services de plusieurs agences. Procter & Gamble, par exemple, fait appel, au Canada, à The Media Company de Toronto pour l'achat média de ses publicités télé et radio en anglais, à Starcom MediaVest Group pour la conseiller en placement médias et pour s'occuper de ses publicités imprimées et à BCP en ce qui concerne les publicités radio et l'achat média en télévision au Québec. De plus en plus, les agences de publicité font équipe avec les annonceurs et assument une responsabilité accrue dans l'élaboration des programmes de marketing et de promotion.

Les **médias** constituent un autre joueur clé des communications marketing. La plupart ont pour rôle principal d'informer ou de divertir leurs abonnés, leurs téléspectateurs ou leurs lecteurs. Toutefois, pour le responsable de la planification des communications marketing, le média a pour objectif d'offrir un environnement au message que souhaite diffuser l'entreprise. Le média doit proposer un contenu éditorial ou une programmation qui attirera les consommateurs, afin qu'annonceurs et agences lui achètent du temps d'antenne ou un espace publicitaire. La publicité ci-dessous montre une annonce publiée dans *Infopresse*, un magazine spécialisé en publicité. Elle positionne NEWAD comme une firme offrant des véhicules publicitaires

PARTIE 1 Les principes des communications marketing intégrées

qui permettent de joindre une clientèle composée de jeunes, âgés de 18 à 34 ans, une clientèle importante pour de nombreux annonceurs. Les médias remplissent diverses autres fonctions qui aident les annonceurs à mieux comprendre leur marché et leur clientèle. Leur objectif premier demeure toutefois d'offrir une courroie de transmission efficace à toute entreprise qui désire atteindre son marché cible.

Arrivent ensuite les agences proposant des **services spécialisés en communications marketing**. Elles comprennent les agences de marketing direct, les agences de promotion des ventes, les agences interactives et les agences de relations publiques. L'agence de marketing direct met au point et exécute des programmes de marketing direct. L'agence de promotion des ventes prépare des programmes promotionnels tels que des concours et des loteries promotionnelles, des offres de primes et des offres d'échantillons. L'agence interactive crée des sites Internet en vue d'aider le gestionnaire du marketing à mieux utiliser les médias interactifs dans lesquels l'entreprise investit des sommes de plus en plus colossales. Enfin, l'agence de relations publiques a pour rôle de produire et de gérer la publicité rédactionnelle de l'entreprise, de ses produits et de ses services. Elle veille aussi aux relations et aux communications de l'entreprise auprès de ses divers publics.

> **Service spécialisé en communications marketing**
> Entreprise offrant des services dans ses domaines d'expertise.

Le dernier groupe présenté à la figure 3.1 se compose des **services connexes**. Ces individus et ces entreprises offrent des services spécialisés que les autres groupes utilisent dans la planification et la mise en œuvre de la publicité et des autres fonctions promotionnelles. Dans ce groupe, on trouve les firmes de recherche en marketing, les entreprises spécialisées dans la conception d'emballage ou l'organisation d'événements, et les maisons de production vidéo.

> **Service connexe**
> Service de soutien auquel font appel les annonceurs, les agences, les médias et les agences spécialisées en communications marketing.

L'organisation des communications marketing au sein de l'entreprise

La quasi-totalité des entreprises font appel à une forme de communications marketing. Toutefois, la somme d'efforts déployés dépend de la taille de l'entreprise, du nombre de produits à commercialiser, du rôle de la publicité et de la promotion dans le marketing mix, du budget de publicité et de promotion et, enfin, de la structure organisationnelle du marketing. Plusieurs employés participent au processus décisionnel en matière de communications marketing. Le personnel du service de marketing est toutefois le groupe qui entretient le plus de liens directs avec la publicité. Il participe souvent au processus décisionnel, par exemple en donnant son avis au sujet du plan d'une campagne, du choix d'une agence et de l'évaluation des programmes proposés.

Quant à la haute direction, elle s'intéresse d'ordinaire à l'image de l'entreprise que véhicule la campagne publicitaire. Elle peut aussi participer aux décisions ayant trait à la publicité, bien que celles-ci ne relèvent pas de ses responsabilités quotidiennes.

De nombreuses personnes, autant à l'intérieur qu'à l'extérieur de l'entreprise, participent à la publicité et à la promotion. La responsabilité directe de la gestion du programme doit cependant relever d'une seule et même personne au sein de l'entreprise. Un grand nombre d'entreprises possèdent donc un service de la publicité. Celui-ci est dirigé par un chef de la publicité ou des communications relevant du directeur du marketing. Beaucoup de grandes entreprises ont recours à un système de marketing décentralisé (gestion par marque).

Le système centralisé

Dans de nombreuses organisations, les activités marketing sont divisées selon différentes relations fonctionnelles. Comme l'illustre la figure 3.2, la publicité y côtoie les autres activités marketing telles que les ventes, la recherche en marketing, la stratégie et la planification des produits. Le directeur de la publicité est responsable de toutes les activités promotionnelles, à l'exception des ventes. Dans la plupart des **systèmes centralisés**, c'est lui qui supervise la totalité des activités de promotion.

Les responsabilités précises du directeur de la publicité varient selon la taille de l'entreprise et l'importance accordée aux programmes promotionnels. Voici quelques tâches dévolues au directeur et à son personnel.

La planification et la gestion du budget

Le Service de la publicité est responsable de l'élaboration du plan de publicité et de promotion que la direction devra approuver. Le service doit aussi recommander un programme de promotion basé sur l'ensemble du plan marketing et sur ses objectifs, ainsi que le budget de ce plan. Les plans officiels sont soumis une fois par année ou chaque fois qu'un programme est modifié de façon appréciable, par exemple lors du lancement d'une campagne publicitaire. Le Service de la publicité prépare le budget promotionnel, mais la décision finale, quant à l'affectation des fonds, est d'ordinaire réservée à la haute direction.

L'administration et la mise en œuvre des activités

Le directeur veille à l'organisation du Service de la publicité et supervise les activités de ce service. Il supervise aussi la mise en œuvre du plan par le biais de ses subalternes ou par l'agence de publicité. Ce travail demande la collaboration des services qui s'occupent entre autres de la production, des médias, de la direction artistique, de la rédaction des annonces et de la promotion des ventes. Lorsque l'entreprise sollicite les services d'une agence extérieure, le Service de la publicité se trouve alors déchargé de la plupart

Système centralisé
Système organisationnel à l'intérieur duquel le directeur de la publicité supervise la totalité des activités de promotion ; cela comprend la gestion du budget, la coordination, la création et la production de la publicité, la planification du plan média, ainsi que le contrôle et la gestion des programmes de promotion des ventes de tous les produits et services de l'entreprise.

FIGURE 3.2 Le Service de la publicité dans un système centralisé

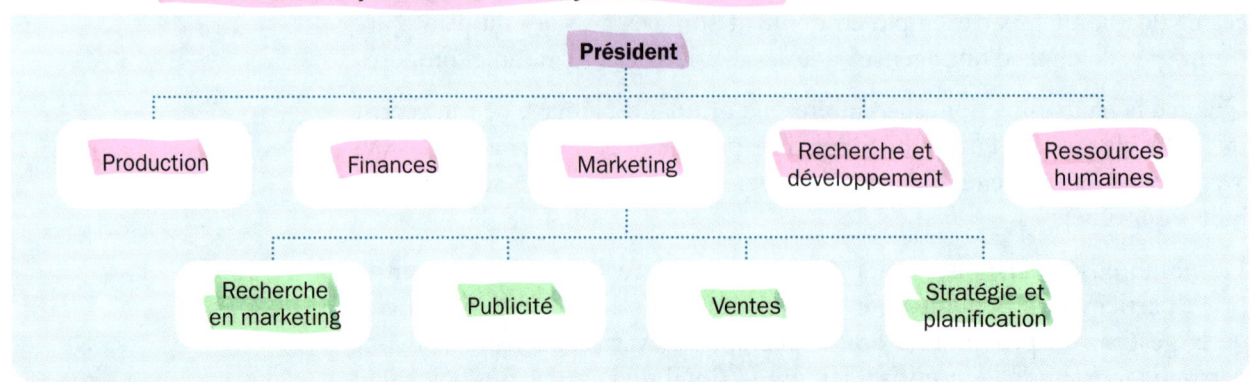

Président
- Production
- Finances
- Marketing
  - Recherche en marketing
  - Publicité
  - Ventes
  - Stratégie et planification
- Recherche et développement
- Ressources humaines

des responsabilités liées à la mise en œuvre; il devra toutefois évaluer et approuver les plans de l'agence.

La coordination des activités du Service de la publicité avec celles des autres services

Le directeur coordonne les activités du Service de la publicité avec celles des autres services, en particulier ceux qui participent aux autres fonctions du marketing.

Le Service de la publicité, par exemple, doit collaborer avec le Service de la recherche en marketing ou le Service des ventes. De concert, ils déterminent les caractéristiques du produit les plus importantes aux yeux des clients et qui doivent être mises en évidence dans les communications de l'entreprise. Le Service de la recherche en marketing peut aussi dresser le profil des utilisateurs et des non-utilisateurs pour le Service de médias, avant que celui-ci choisisse un diffuseur ou un média imprimé. Le Service de la publicité est aussi responsable de la préparation du matériel qu'utiliseront les représentants du Service des ventes auprès des clients. Le matériel comprend les outils de promotion des ventes, le matériel publicitaire et les présentoirs destinés aux points de vente.

La coordination avec les agences et les services externes

Bon nombre d'entreprises disposant d'un service de la publicité font néanmoins appel à diverses ressources à l'externe. Une entreprise peut concevoir à l'interne un plan de publicité, par exemple, tout en utilisant un service d'achat de médias pour le placement de ses annonces publicitaires. Elle peut aussi embaucher une agence de services connexes pour créer des brochures, du matériel destiné aux points de vente, etc. Le Service de la publicité sert alors d'agent de liaison entre l'entreprise et les fournisseurs de services à l'externe et détermine ceux dont les services seront retenus. Une fois le choix des services externes arrêté, le chef du Service de la publicité travaille de concert avec les autres responsables du marketing pour coordonner le travail et évaluer les résultats obtenus.

L'entreprise privilégie un système organisationnel centralisé lorsqu'elle ne possède aucune filiale, aucune gamme de produits ou de services ou qu'elle n'a pas à promouvoir plusieurs marques. Nombre d'entreprises préfèrent un service de publicité centralisé, car l'élaboration et la coordination du programme de publicité à partir d'un point central facilitent la communication des programmes de promotion et permettent à la haute direction de participer au processus décisionnel. Ce service peut aussi améliorer l'efficacité d'une opération publicitaire, puisque le nombre de personnes participant au processus de prise de décision est plus restreint. Le processus s'en trouve facilité à mesure que ces personnes acquièrent de l'expérience dans ce genre de prise de décision.

Un système centralisé s'avère cependant imparfait. En premier lieu, le Service de la publicité peut ne pas saisir toutes les nuances de la stratégie marketing d'une marque. Il peut aussi mettre du temps à réagir aux besoins et aux problèmes propres à un produit ou à une marque. Lorsque l'entreprise grossit ou qu'elle développe ou acquiert de nouveaux produits, de nouvelles marques ou même de nouvelles filiales, le système centralisé peut rapidement devenir impossible à gérer.

Système décentralisé

Système organisationnel dans lequel chaque filiale, chaque gamme de produits et chaque domaine d'activité dispose de son propre service de production, de recherche et développement, de vente et de marketing.

Le système décentralisé

Un système centralisé sied mal à la grande entreprise possédant plusieurs filiales et différents produits, car celle-ci éprouve beaucoup de mal à gérer l'ensemble de ses publicités et de ses promotions, et les autres fonctions. C'est pourquoi, en général, elle fait appel à un **système décentralisé**. Nombre d'entreprises ayant adopté un système décentralisé, par exemple Procter & Gamble, Gillette Co. et Nestlé, confient chaque produit ou marque à un chef de marque ou gestionnaire de produit. Cette personne est responsable de la planification, du budget, des ventes et du niveau de bénéfices de la marque. Le chef de marque, qui peut compter sur un ou plusieurs adjoints, est aussi chargé de la planification, de la mise en œuvre et du contrôle du programme marketing[1].

En vertu de ce système, les responsabilités et les fonctions associées à la publicité et aux promotions sont confiées au chef de marque, qui travaille en étroite collaboration avec l'agence de publicité et les autres spécialistes des communications marketing, affectés à l'élaboration du plan de promotion[2]. Dans une entreprise multiproduits, chaque marque peut disposer de sa propre agence de publicité. L'entreprise peut aussi concurrencer les produits de la compétition et les autres marques de l'entreprise. Cheer et Tide, par exemple, deux produits fabriqués par Procter & Gamble, se disputent une part du marché des détergents à lessive.

Comme l'illustre la figure 3.3, le Service de la publicité compte parmi les services de marketing et offre un soutien au chef de marque. Les différents services de marketing ont pour rôle d'assister le chef de marque dans la planification et la coordination des programmes de CMI. Dans certaines entreprises, la promotion des ventes fait partie intégrante des services de marketing.

Un grand nombre de produits fabriqués par Procter & Gamble se concurrencent.

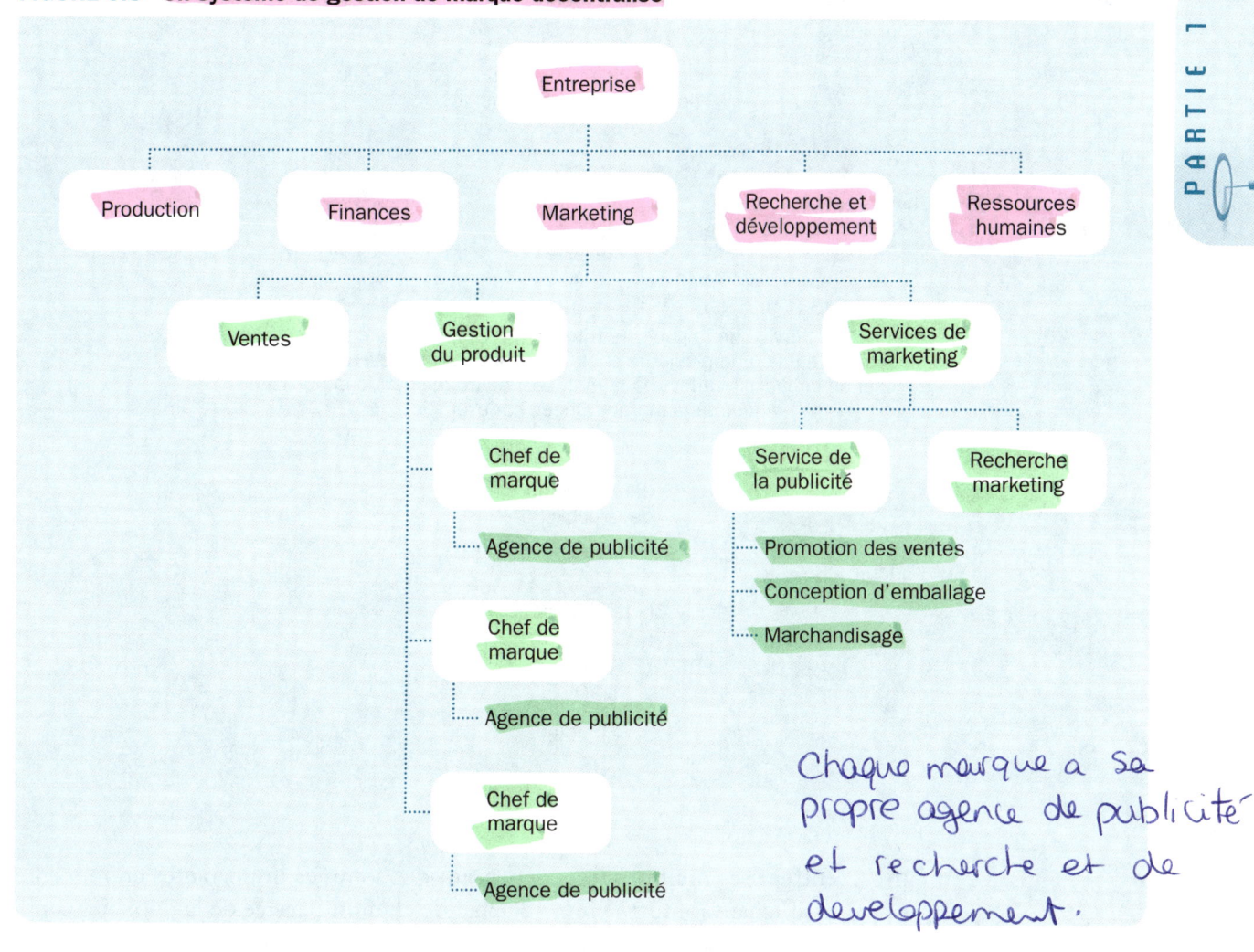

FIGURE 3.3 Un système de gestion de marque décentralisé

```
                              Entreprise
        ┌─────────┬──────────────┼──────────────┬──────────────┐
    Production  Finances     Marketing    Recherche et    Ressources
                                          développement    humaines
                        ┌─────────┼─────────────────┐
                      Ventes   Gestion          Services de
                              du produit         marketing
                                 │            ┌──────┴──────┐
                              Chef de      Service de    Recherche
                              marque       la publicité  marketing
                                 │            │
                              Agence de     ├─ Promotion des ventes
                              publicité     ├─ Conception d'emballage
                                            └─ Marchandisage
                              Chef de
                              marque
                                 │
                              Agence de
                              publicité

                              Chef de
                              marque
                                 │
                              Agence de
                              publicité
```

Chaque marque a sa propre agence de publicité et recherche et de développement.

Le chef de marque et les responsables de la promotion des ventes peuvent préparer de concert des budgets, et élaborer des stratégies et différentes tactiques de mise en œuvre pour les promotions destinées aux distributeurs et aux consommateurs.

Certaines entreprises peuvent disposer d'un niveau de gestion supplémentaire au-dessus des chefs de marque. Ce niveau coordonne les efforts de tous les chefs de marque s'occupant des groupes de produits connexes. La structure organisationnelle de Procter & Gamble, présentée à la figure 3.4, à la page suivante, constitue un exemple de ce type de gestion, ordinairement appelé **système de gestion par catégorie**. Le gestionnaire de catégorie supervise la gestion d'une catégorie de produits. Il s'intéresse principalement au rôle stratégique des différentes marques afin d'assurer une certaine rentabilité et d'acquérir une part de marché[3].

Le chef du Service de la publicité est appelé à examiner et à évaluer les éléments du programme, ainsi qu'à conseiller et à consulter les chefs de marque. Cette personne dispose de l'autorité nécessaire pour renverser les décisions du chef de marque touchant la publicité. Dans certaines

Système de gestion par catégorie

Système organisationnel pouvant comprendre plusieurs gestionnaires de produits, plusieurs chefs de marque et plusieurs chefs du Service de la publicité.

FIGURE 3.4 Une filiale de Procter & Gamble faisant appel à un système de gestion par catégorie

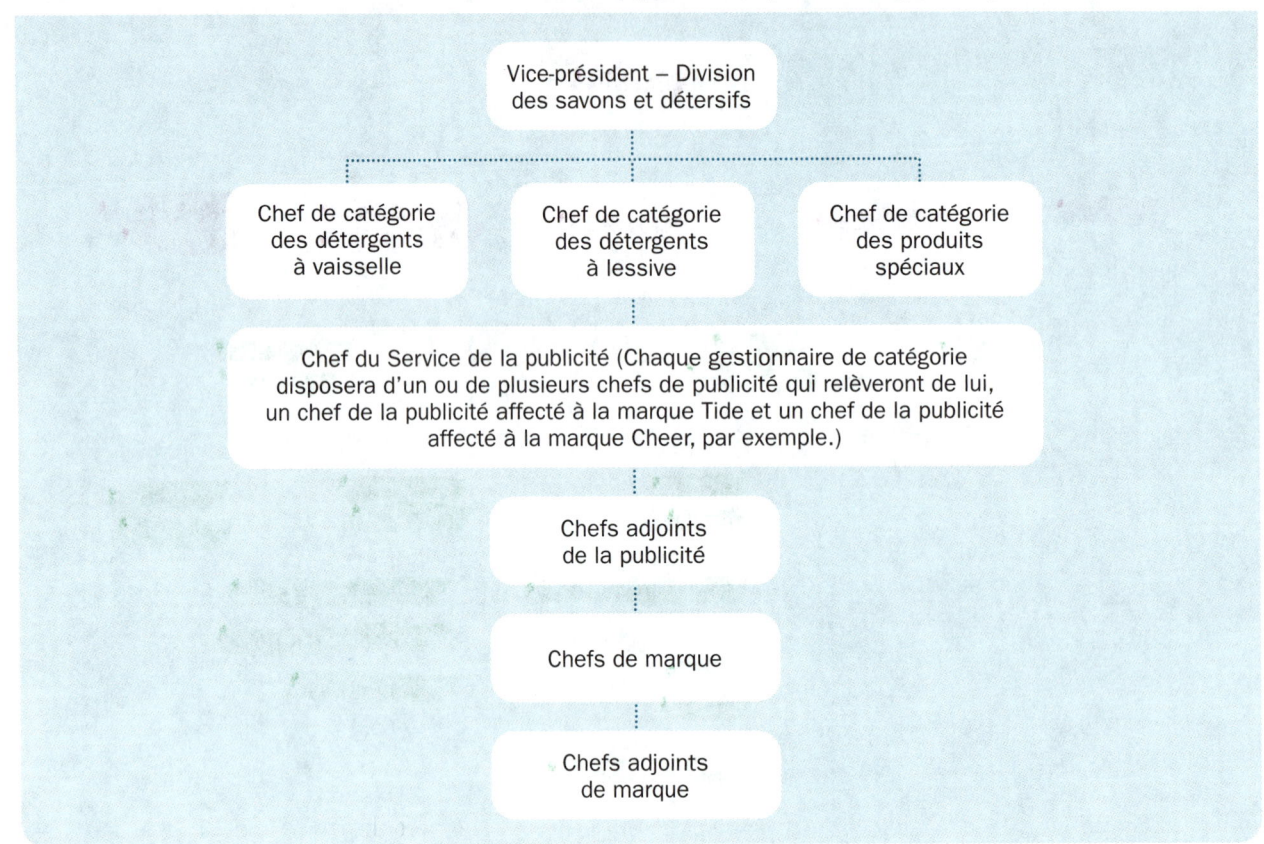

```
                    Vice-président – Division
                    des savons et détersifs
                              |
        ┌─────────────────────┼─────────────────────┐
   Chef de catégorie     Chef de catégorie     Chef de catégorie
   des détergents        des détergents        des produits
   à vaisselle           à lessive             spéciaux
                              |
          Chef du Service de la publicité (Chaque gestionnaire de catégorie
          disposera d'un ou de plusieurs chefs de publicité qui relèveront de lui,
          un chef de la publicité affecté à la marque Tide et un chef de la publicité
          affecté à la marque Cheer, par exemple.)
                              |
                       Chefs adjoints
                       de la publicité
                              |
                       Chefs de marque
                              |
                       Chefs adjoints
                       de marque
```

entreprises multiproduits dépensant des sommes importantes en publicité et affichant un fort volume d'achat, le chef du Service de la publicité coordonne le travail de différentes agences afin d'obtenir des réductions de la part des médias.

Dans un système décentralisé, chaque marque est prise en charge par un gestionnaire qui lui accorde toute son attention. Ce système a pour avantage d'accélérer le temps de réaction lorsque des problèmes surviennent ou que de nouvelles occasions d'affaires se présentent. Le chef de marque permet aussi une plus grande souplesse. Les changements apportés au programme de publicité et de promotion sont d'autant facilités par sa présence – le programme créatif ou le calendrier de promotion des ventes et d'insertion des messages publicitaires, par exemple[4].

L'approche décentralisée comporte aussi certaines lacunes. Le chef de marque manque souvent de formation et d'expérience. Ainsi, la stratégie de promotion d'une marque peut être préparée par un chef de marque connaissant peu les subtilités de la publicité et de la promotion des ventes et ignorant comment en tirer le maximum. Le chef de marque peut aussi accorder trop d'attention à la planification à court terme et aux tâches administratives, négligeant la mise sur pied de programmes à plus long terme.

Les chefs de marque se concurrencent en vue d'attirer l'attention de la direction et d'obtenir des budgets et d'autres ressources. Ce problème peut engendrer des rivalités inutiles et entraîner une mauvaise répartition des ressources. La force de persuasion du chef de marque constitue un facteur plus déterminant dans la répartition des budgets que le potentiel de rentabilité à long terme des marques.

Ces différents problèmes ont pesé lourd lorsque Procter & Gamble a décidé d'adopter un système de gestion par catégorie.

On a critiqué le système de gestion de marque en raison de son incapacité à donner aux chefs de marque l'autorité nécessaire sur les fonctions liées à la mise en œuvre et au contrôle des plans qu'ils ont élaborés[5]. Certaines entreprises ont éliminé ce problème en accordant aux chefs de la publicité et de la promotion des ventes et à leur équipe de spécialistes un rôle particulier et des responsabilités accrues. Ces spécialistes conseillent les chefs de marque. Le chef de la publicité ou de la promotion des ventes, le chef de marque et le directeur du marketing participent au processus décisionnel en publicité et en marketing.

La gestion et les agences de publicité

Le choix d'une agence

Indépendamment de la structure organisationnelle centralisée ou décentralisée de l'annonceur, l'entreprise doit déterminer si elle mettra sur pied sa propre agence maison ou si elle retiendra les services d'une agence externe. Nous décrirons maintenant brièvement les avantages et les inconvénients de chaque option.

Certaines entreprises, dans le but de réduire leurs coûts et de maintenir un contrôle accru sur les activités de l'agence, mettent sur pied leur propre service de publicité interne : l'**agence maison**. Si certaines agences maison ne sont guère plus que des services de publicité déguisés, d'autres possèdent une identité distincte et gèrent des budgets importants de publicité. Parmi les grands annonceurs faisant appel à une agence maison, on trouve Calvin Klein, Avon, Revlon et Benetton. Un grand nombre d'entreprises utilisent exclusivement une agence maison; d'autres combinent les efforts de leur agence maison avec ceux d'une agence externe. Par exemple, en 2003, Benetton a fait appel à Fabrica, son centre de

Agence maison

Agence de publicité créée et exploitée par un annonceur qui en est le propriétaire.

<
C'est l'agence maison de Benetton qui a conçu cette publicité pour lutter contre la faim dans le monde.

L'organisation des communications marketing intégrées **CHAPITRE 3** 73 recherche sur la communication, créé en 1994, pour mettre sur pied, en collaboration avec le Programme alimentaire mondial, une campagne contre la faim dans le monde. En revanche, Benetton a retenu les services de l'agence McCann Erickson pour sa dernière campagne, qui dénonce les violences conjugales. (Les rôles précis dévolus aux agences maison se préciseront davantage lorsque nous examinerons les fonctions des agences externes.)

La réduction des coûts de publicité et de promotion constitue l'un des principaux motifs justifiant les services d'une agence maison. C'est d'ailleurs l'une des principales raisons qui a motivé Labatt, en 2002, à mettre sur pied sa propre agence maison, GRIP. L'entreprise, qui dépense des sommes importantes en publicité, verse aux agences externes des commissions substantielles. Au sein d'une structure interne, ces commissions vont à l'agence maison. Celle-ci peut aussi effectuer certaines tâches connexes à un coût moindre que les agences externes. Elle peut veiller, par exemple, à la préparation du matériel destiné au personnel de vente, à la conception d'emballage et aux relations publiques.

Selon une étude de Louise Ripley, professeure à l'Université York, les services relevant de la création et de la production sont les plus susceptibles d'être réalisés à l'externe; le marchandisage et la promotion des ventes sont les tâches les plus susceptibles d'être effectuées à l'interne[6].

Les économies de temps et d'argent, les mauvaises expériences vécues auprès d'agences externes, de même qu'une connaissance et une compréhension accrues du marché acquises jour après jour sont autant de raisons justifiant les services d'une agence maison, que ce soit pour un produit ou un service. Mais il y a plus : l'entreprise est alors en mesure d'exercer un contrôle plus serré sur les activités et de coordonner les promotions du programme marketing avec plus de facilité. Enfin, certaines entreprises font appel à une agence maison tout simplement parce qu'elles estiment obtenir de meilleurs résultats[7].

Les détracteurs de l'agence maison affirment que ce type d'agence n'offre pas à l'annonceur l'expérience et l'objectivité de l'agence externe ni la même gamme de services. À leurs yeux, l'agence externe compte davantage de spécialistes et attire davantage de personnes talentueuses sur le plan de la création. Elle offrirait ainsi à ses clients des points de vue plus diversifiés sur les problèmes de publicité et une plus grande souplesse. Le personnel de l'agence maison travaillant uniquement à la même gamme de produits aurait une vision plus limitée ou pourrait recourir sans cesse aux mêmes recettes ; de son côté, l'agence externe ferait appel à des ressources aux expériences et aux idées variées pour travailler à un projet. Enfin, elle offrirait une souplesse accrue parce que l'entreprise insatisfaite de ses services la remplacerait par une autre. À l'opposé, les changements au sein d'une agence maison seraient plus lents et désorganiseraient l'entreprise.

Les économies que permet une agence maison doivent donc être évaluées à la lumière de ces considérations. Pour beaucoup d'entreprises, une publicité de grande qualité constitue l'ingrédient clé de la réussite de leur plan marketing.

L'agence de publicité

On fait appel aux agences externes principalement parce qu'elles offrent à leur clientèle les services d'employés hautement qualifiés, spécialisés dans un domaine particulier. En général, le personnel de l'agence comprend des artistes, des écrivains, des analystes de médias, des recherchistes et autres spécialistes dont les compétences, les connaissances et l'expérience contribuent à la commercialisation des produits et des services. De nombreuses agences se spécialisent dans un secteur donné et utilisent leur connaissance de l'industrie pour assister leurs clients.

L'agence externe propose aussi un point de vue objectif du marché et des entreprises concurrentes qui n'est pas sujet aux règles internes de l'entreprise, aux préjugés ni à aucune autre limite. Elle puise à même sa vaste expérience, acquise en travaillant à un ensemble de problèmes de marketing pour divers clients. L'agence de publicité dont le client se spécialise dans l'industrie du voyage, par exemple, peut avoir à son service des employés qui ont déjà travaillé pour des transporteurs aériens, des armateurs de paquebots de croisière, des agences de voyages, des hôtels et d'autres entreprises de l'industrie touristique. Elle peut posséder une expertise dans ce secteur ou avoir déjà travaillé pour une entreprise concurrente. Elle peut donc faire profiter son client d'une connaissance approfondie de l'industrie et, dans certains cas, de la concurrence.

Le secteur des agences de communications marketing canadien est caractérisé, comme bien d'autres, par une combinaison de firmes domestiques et d'organisations internationales, particulièrement américaines. Plusieurs de ces dernières réalisent des revenus importants en territoire canadien. Or, depuis 2002, de nouvelles règles comptables sont entrées en vigueur aux États-Unis à la suite des scandales financiers qui ont fait la manchette (notamment le cas d'Enron). Depuis la mise en place de cette nouvelle réglementation, plusieurs agences de communication américaines ne fournissent plus de chiffres officiels sur leurs revenus et étendent cette restriction à leurs affiliés partout dans le monde. Depuis ces événements, il est plus difficile de se faire une idée précise des revenus des agences de communications marketing et donc de dresser un portrait de la taille et de l'étendue du secteur. Des données de 2001 montrent toutefois que le secteur est très concentré. Les 50 premières agences de communications marketing au Canada généraient des revenus avoisinant 1,4 milliard de dollars, soit respectivement 683 millions de dollars de la 1re à la 10e, 351 millions de la 11e à la 20e, 160 millions de la 21e à la 30e, 105 millions de la 31e à la 40e et 65 millions de la 41e à la 50e. Les 10 premières agences accaparaient 50 % des revenus totaux des 50 premières agences et les 20 premières touchaient des revenus de plus de 1 milliard de dollars.

Le tableau 3.1, à la page suivante, présente le classement des 20 principales firmes de communication au Canada. Devant l'impossibilité d'obtenir les données sur les revenus bruts de plusieurs agences, le classement est effectué selon le nombre d'employés. Lorsque cela est possible, les données relatives aux revenus bruts de l'agence sont précisées. Comme on peut le constater, Groupe Cossette Communication est la plus importante agence de communications marketing au pays.

TABLEAU 3.1 Les 20 premières agences de communications marketing au Canada (selon le nombre d'employés au Canada)

Rang	Agence	Nombre d'employés	Revenus bruts en 2005 (en dollars)
1	Groupe Cossette Communication	1 466	143 403 000
2	MacLaren	700	ND*
3	Nurun	595	33 200 000
4	Carlson Marketing Group Canada	504	48 011 875
5	Publicis Canada	455	ND
6	Maritz Canada	400	51 881 762
7	BBDO Canada	379	ND
8	MDC Partners	344	61 635 000
9	DDB Group Canada	292	ND
10	MBS / The Media Company	230	ND
11	Leo Burnett Company	190	ND
12	Taxi	160	ND
13	Young & Rubican Group of Companies	158	ND
14	Foote Cone & Belding Canada	154	ND
15	Marketel	150	24 644 007
16	Redwood Custom Communications	150	17 826 687
17	OMD Canada	147	ND
18	Cundari	145	ND
19	Fuel Advertising	140	ND
20	Diesel	130	ND

* ND : non disponible
Source : *Marketing Magazine*, 19 juin 2006.

Les tableaux 3.2 à 3.6 présentent le classement des principales firmes de communication au Québec selon les services offerts. À l'instar de la situation qui prévaut au Canada, le secteur des communications marketing est très concentré. Quelques entreprises accaparent une portion majeure du marché québécois. Ainsi, compte tenu de l'importance du Groupe Cossette Communication, il n'est pas surprenant de constater que les divisions du groupe arrivent au premier rang dans plusieurs des classements.

TABLEAU 3.2 Les 10 premières agences de publicité au Québec selon le nombre d'employés au Québec

Rang	Agence	Nombre d'employés	Revenus bruts en 2005 ou en 2006 (en dollars)
1	Groupe Cossette Communication	565	69 700 000
2	Marketel	149	23 100 000
3	Sid Lee	134	13 500 000
4	LG2	103	9 400 000
5	Bos	102	15 600 000
6	Tonik	99	8 200 000
7	BBDO Montréal	88	ND*
8	Saint-Jacques Vallée Young & Rubicam	82	ND
9	Palm Arnold Communication	76	ND
10	Allard Johnson Communications	73	ND

* ND : non disponible
Source : *Guide annuel des entreprises de services en communication du Québec*, Montréal, Éditions Infopresse, 2007, p. 10.

TABLEAU 3.3 Le classement des principales agences de marketing direct selon le nombre d'employés, pour le Québec

Rang	Agence	Nombre d'employés	Revenus bruts en 2005 ou en 2006 (en dollars)
1	Blitz Direct Data & Promotion	88	12 000 000
2	Carlson Marketing	60	ND*
3	OSL Communications	40	ND
4	Draft FCB	35	ND
5	LXB Communication Marketing	27	3 000 000

* ND : non disponible

Source : *Guide annuel des entreprises de services en communication du Québec*, Montréal, Éditions Infopresse, 2007, p. 25.

TABLEAU 3.4 Le classement des principales agences de planification et d'achat média selon le nombre d'employés, pour le Québec

Rang	Agence	Nombre d'employés	Revenus bruts en 2005 ou en 2006 (en dollars)
1	Cossette Média	72	ND*
2	Carat	72	ND
3	Média Expert	50	ND
4	Touché PHD	35	ND
5	Saint-Jacques Vallée The Mediaedge	21	ND

* ND : non disponible

Source : *Guide annuel des entreprises de services en communication du Québec*, Montréal, Éditions Infopresse, 2007, p. 27.

TABLEAU 3.5 Le classement des principales agences de relations publiques selon le nombre d'employés, pour le Québec

Rang	Agence	Nombre d'employés	Revenus bruts en 2005 ou en 2006 (en dollars)
1	Cabinet de relations publiques National	95	14 700 000
2	Optimum – Relations Publiques	40	6 900 000
3	HKDP Communications et affaires publiques	30	4 300 000
4	Axiome Cabinet d'experts-conseils en communication	19	2 200 000
5	Cohn & Wolfe	15	1 900 000

Source : *Guide annuel des entreprises de services en communication du Québec*, Montréal, Éditions Infopresse, 2007, p. 20.

TABLEAU 3.6 Les principales agences de promotion selon le nombre d'employés, pour le Québec

Rang	Agence	Nombre d'employés	Revenus bruts en 2006 (en dollars)
1	Blitz Direct Data & Promotion	88	12 000 000
2	Carlson Marketing	60	ND*
3	OSL Communications	40	ND
4	Draft FCB	35	ND
5	Le Clan	32	3 100 000

* ND : non disponible

Source : *Guide annuel des entreprises de services en communication du Québec*, Montréal, Éditions Infopresse, 2007, p. 23.

Superagence

Grande agence externe offrant des services de CMI à l'échelle mondiale.

Sur le plan international, l'industrie publicitaire a subi des transformations majeures, alors que de grandes agences ont fusionné ou acquis d'autres agences et entreprises de soutien. Certains annonceurs, déçus par les **superagences**, se sont cependant tournés vers des agences plus petites, plus souples et plus réceptives[8]. L'industrie publicitaire est à nouveau entrée dans une période de consolidation avec l'acquisition d'agences de taille moyenne par de grands groupes tels qu'Omnicom Group, WPP Group et Interpublic Group of Cos. Nombre d'agences de taille moyenne, dont les clients souhaitaient traiter avec une agence dotée de capacités de communication d'envergure internationale ont fusionné avec des agences plus grandes ou conclu des alliances avec elles. Une telle association avec de grandes agences leur donnait accès à un réseau mondial d'agences[9]. Cette récente vague de fusions et d'acquisitions a permis à de grandes agences d'acquérir des entreprises spécialisées en communication interactive, en marketing direct et en promotion des ventes, et d'offrir une gamme encore plus étendue de services de CMI[10]. Le tableau 3.7 fait le point sur les 10 premières agences internationales selon le total des revenus et indique les villes où se situent celles-ci. L'écart de revenus dans le cas de l'agence canadienne s'explique par les méthodes de mesure différentes des deux sources.

TABLEAU 3.7 Les 10 premières agences à l'échelle internationale

Rang 2005	Rang 2004	Agence	Siège social	Revenus bruts mondiaux (en millions de dollars américains) 2005	Variation (en pourcentage)
1	3	Omnicom Group	New York	10 481,1	7,5
2	4	WPP Group	Londres	10 032,2	4,0
3	5	Interpublic Group of Companies	New York	6 274,3	−1,8
4	6	Publicis Groupe	Paris	5 107,2	6,9
5	7	Dentsu	Tokyo	2 887,8	−1,8
6	8	Havas	Suresnes, France	1 808,0	−3,1
7	9	Aegis Group	Londres	1 577,6	14,9
8	11	Hakuhodo DY Holdings	Tokyo	1 364,0	−0,6
9		Asatsu-DK	Tokyo	444,8	−6,0
10		MDC Partners	Toronto/New York	443,5	40,0
L'agence canadienne faisant partie des 25 premières agences						
25		Groupe Cossette Communication	Québec	164,1	

Source : R. Craig Endicott et Kenneth Wylie, « Agency Report », *Advertising Age*, vol. 77, n° 18, 1er mai 2006. Reproduit avec autorisation.

L'agence à service complet

La taille des agences de publicité varie d'une micro-entreprise comptant un ou deux employés à une grande agence qui emploie plus de 1 000 personnes. C'est pourquoi les services offerts et le type de mandat diffèrent selon la taille de l'agence.

Pour mieux comprendre cette diversité, nous nous intéresserons uniquement aux agences les plus grandes et les plus complexes. Nombre d'entreprises font appel au concept de l'**agence à service complet**. L'agence à service complet compte divers services capables de répondre à tous les besoins publicitaires de la clientèle, comme l'illustre la figure 3.5. Dans certains cas, la planification stratégique, la promotion des ventes, le marketing direct, les médias interactifs, la conception d'emballage, les relations publiques et la publicité rédactionnelle font aussi partie de la gamme de services offerts.

Le Service des comptes clients

Le Service des comptes clients ou de gestion des comptes assure la liaison entre l'agence et ses clients. Selon l'importance du client et de son budget de publicité, un ou plusieurs **chargés de compte** servent d'agents de liaison[11]. Ils coordonnent les efforts de l'agence en matière de planification, de création et de production des annonces publicitaires. De plus, ils présentent les propositions et les idées de l'agence aux clients en vue d'obtenir leur approbation.

Centre de liaison entre l'agence et le client, le chargé de compte doit connaître en profondeur l'entreprise cliente et être capable de partager cette connaissance avec les spécialistes de l'agence affectés à son compte. Idéalement, le chargé de compte possède une solide expérience en marketing et des connaissances pointues de l'ensemble du processus publicitaire.

> **Agence à service complet**
>
> Agence de publicité répondant à tous les besoins publicitaires du client : marketing, communications, promotion, planification, création et production de campagnes publicitaires, recherche et sélection de médias.

> **Chargé de compte**
>
> Employé chargé de la liaison entre l'agence de publicité et le client ; a pour responsabilité d'informer le personnel de l'agence des besoins du client en matière de marketing et de promotions.

FIGURE 3.5 L'organigramme d'une agence à service complet

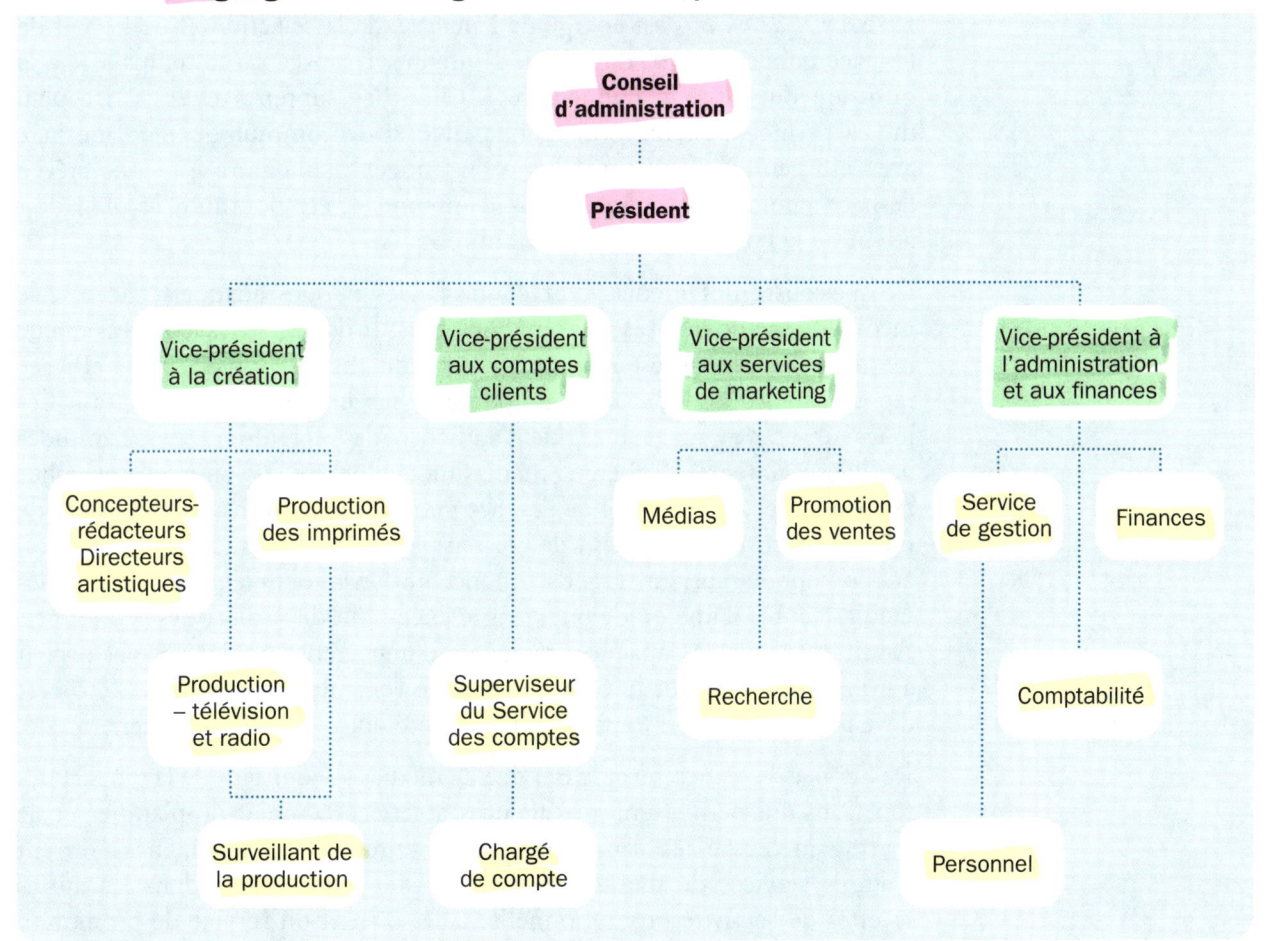

```
                    Conseil
                d'administration
                      │
                  Président
        ┌─────────┬──────┴──────┬─────────┐
  Vice-président  Vice-président Vice-président  Vice-président à
  à la création   aux comptes    aux services    l'administration
                  clients        de marketing    et aux finances

Concepteurs-   Production                Promotion   Service
rédacteurs     des imprimés    Médias    des ventes  de gestion   Finances
Directeurs
artistiques

Production                     Recherche            Comptabilité
– télévision   Superviseur
et radio       du Service
               des comptes

Surveillant    Chargé                              Personnel
de la          de compte
production
```

L'organisation des communications marketing intégrées **CHAPITRE 3**

Les services de marketing

Les 20 dernières années ont été marquées par une utilisation accrue des services de marketing, dont celui de la recherche. Les agences savent que, pour communiquer efficacement avec les consommateurs, elles doivent bien comprendre leurs publics cibles.

Nous l'avons expliqué au chapitre 1, le processus de planification des CMI commence par une analyse poussée de la situation, basée sur la recherche et l'information disponible au sujet d'un public cible.

La plupart des agences à service complet possèdent un service de recherche dont la fonction est de recueillir, d'analyser et d'interpréter l'information qui servira à la création des campagnes publicitaires. La recherche peut s'effectuer par l'entremise de sources primaires, c'est-à-dire une recherche conçue, réalisée et interprétée par le *Service de recherche* ou à l'aide de sources secondaires, c'est-à-dire une recherche basée sur des sources d'information déjà publiées. Le Service de recherche achète parfois des études réalisées par des agences spécialisées ou des consultants. Le personnel de ce service interprète ensuite ces rapports et relaie l'information aux autres employés de l'agence affectés à ce compte client.

Le Service de recherche peut aussi concevoir et mener des recherches pour vérifier l'efficacité d'un projet de campagne publicitaire. Les prétests, par exemple, servent souvent à déterminer comment l'audience interprétera le message mis au point par des spécialistes de la création.

Le *Service de médias* est chargé de l'analyse, de la sélection et de l'achat de l'espace publicitaire ou du temps d'antenne. L'espace ou le temps sert à la diffusion du message publicitaire à l'aide des supports retenus. Le plan média permet d'atteindre un public cible et de communiquer un message avec efficacité. La majeure partie du budget publicitaire est consacrée à l'espace publicitaire ou au temps d'antenne. C'est pourquoi le plan doit atteindre le bon public, tout en étant rentable.

Le spécialiste des médias doit connaître les publics auxquels s'adresse le média, de même que ses tarifs publicitaires. Il doit aussi savoir dans quelle mesure ce public représente le public cible du client. Un plan média efficace repose sur des données démographiques, sur une analyse du lectorat des journaux et des magazines, de l'audience de la radio et des habitudes des téléspectateurs. L'acheteur-médias met en œuvre le plan média en achetant du temps d'antenne et de l'espace publicitaire. Notons que le Service de médias constitue un élément de plus en plus important au sein des agences, au moment où plusieurs grands annonceurs consolident leurs achats dans les médias auprès d'une ou de quelques agences afin de réaliser des économies. Au fil du temps, la capacité stratégique d'une agence à négocier des prix et à utiliser efficacement le vaste éventail de véhicules médiatiques offerts est devenue une fonction tout aussi importante que la création publicitaire.

Le Service de recherche et le Service de médias s'acquittent de la plupart des fonctions qui permettent aux agences à service complet de planifier et de mettre en œuvre les campagnes publicitaires. Certaines agences offrent d'autres services de marketing pour assister leurs clients dans les autres facettes de l'activité promotionnelle. Elles offrent un service de promotion des ventes, ou service de marchandisage, spécialisé dans la création de concours, de programmes de primes, de promotions, de matériel destiné aux points de vente ou à la vente. D'autres agences comptent aussi sur des spécialistes du marketing direct et des concepteurs d'emballage, et sur un service de relations publiques. En outre, un très grand nombre d'agences ont mis en place des services de médias interactifs, destinés à la conception et à la création de sites Internet. La popularité grandissante des CMI a incité plusieurs agences à service complet à étendre leurs champs d'action et à offrir ce type de services.

Le Service de création publicitaire

Le *Service de création publicitaire* est responsable de la création et de la réalisation des publicités. En tant que spécialiste, le **concepteur-rédacteur** participe à l'élaboration du slogan ou du thème de l'annonce et prépare une première esquisse de la publicité imprimée ou de l'annonce télévisée.

Concepteur-rédacteur
Rédacteur qui conçoit des idées d'annonces et rédige des titres, des sous-titres et des textes descriptifs (la teneur du message).

Nous l'avons précisé, le concepteur-rédacteur est chargé du contenu du message. Le *Service artistique*, de son côté, est responsable de la visualisation de l'annonce. Pour la publicité imprimée, le directeur artistique et le concepteur graphique préparent des maquettes. La maquette consiste en une esquisse de l'annonce qui servira de modèle à l'étape de la réalisation finale. Du côté des annonces télévisées, l'esquisse a la forme d'un scénarimage. Le scénarimage consiste en une suite d'images fixes illustrant les scènes d'un projet d'annonce.

Les membres du Service de création publicitaire travaillent en équipe. En général, le concepteur-rédacteur et l'artiste relèvent du directeur artistique de l'agence. Les rôles du directeur sont d'établir la philosophie créative du service, de superviser les annonces produites par l'agence et, à l'occasion, de participer activement à la création publicitaire pour les clients les plus importants.

On confie la publicité au *Service de la production* une fois que le texte, la maquette, les illustrations et les éléments techniques ont été approuvés. Les agences conçoivent rarement le produit fini ; elles font plutôt appel aux services de quelques imprimeurs, graveurs, photographes, typographes et autres fournisseurs. Dans le cas d'une production audiovisuelle, le scénarimage doit être transformé en annonce publicitaire. Le Service de la production est chargé de la distribution des rôles, des décors et de la maison de production. En outre, ce service peut embaucher un réalisateur qui traduit le concept créatif sous forme d'annonce. Concepteurs-rédacteurs, directeurs artistiques, chargés de compte, membres affectés à la recherche ou à la planification, et représentants du client peuvent aussi participer aux décisions de production lorsque d'importantes sommes sont en jeu.

La création d'une publicité exige souvent la participation de nombreuses personnes, et plusieurs mois de préparation. Dans les grandes agences, la coordination du processus de création et du processus de production peut s'avérer problématique. Le *Service d'ordonnancement du travail* de l'agence de publicité contrôle toutes les étapes de la production et veille à ce que les délais de soumission aux médias soient respectés. Le Service d'ordonnancement du travail peut posséder ses propres bureaux, être intégré à la gestion des comptes ou partager son espace avec le Service de création publicitaire.

La gestion et les finances

Comme toute autre entreprise, l'agence de publicité doit être gérée et s'acquitter des tâches liées à l'exploitation et à l'administration telles que la comptabilité, les finances et les ressources humaines. Elle doit aussi chercher de nouveaux clients. Les grandes agences embauchent du personnel pour l'administration, la gestion et le travail de bureau. Près de 65 % des revenus d'une agence sont consacrés aux salaires et aux autres avantages sociaux. L'agence doit donc gérer sa main-d'œuvre avec soin et obtenir d'elle une productivité maximale.

La structure

Les agences de publicité à service complet doivent disposer d'une structure organisationnelle qui répond à leurs propres besoins et à ceux de leurs clients. La plupart des moyennes et grandes agences fonctionnent selon une **organisation par fonction** ou par groupe. Comme l'illustre la figure 3.5, à la page 79, chaque fonction de l'organisation par fonction est confiée à un service distinct. Ce service est à la disposition de tous les clients de l'agence et mis à contribution sur demande pour accomplir les tâches qui lui sont dévolues. Le Service de la création publicitaire s'occupe ainsi des maquettes, de la rédaction des textes et de la production; le Service du marketing est responsable de la recherche; le Service de médias, du choix des médias et de l'achat d'espace et de temps d'antenne; enfin, le Service des comptes clients se charge des relations avec la clientèle. Certaines agences optent pour l'organisation par fonction, car elle permet aux employés affectés à plusieurs comptes clients d'acquérir des connaissances spécialisées.

Organisation par fonction
Forme d'organisation d'une agence de publicité où chaque fonction est confiée à un service distinct.

Work Alone

Organisation par groupe
Forme d'organisation d'une agence de publicité comprenant des membres de chaque service affectés à des comptes clients particuliers.

Team Work

Beaucoup de grandes agences font appel à l'**organisation par groupe**. Chaque groupe est dirigé par un chargé de compte ou un superviseur et possède un ou plusieurs représentants du Service de médias, dont les planificateurs médias et les acheteurs-médias; une équipe de création comprenant des concepteurs-rédacteurs, des directeurs artistiques, des artistes et du personnel du Service de la production; et un ou plusieurs chargés de compte. Le groupe peut aussi comporter des représentants d'autres services tels que ceux de la recherche marketing, du marketing direct ou de la promotion des ventes. La taille et la composition de chaque groupe varient selon la facturation du client ou l'importance de son compte. Pour les comptes très importants, des membres du groupe peuvent être affectés à un seul client; dans certaines agences, ils peuvent servir plusieurs clients plus petits. Nombre d'agences préfèrent l'organisation par groupe, car elle permet aux employés de connaître en détail l'entreprise du client et assure une continuité dans le traitement réservé à chaque compte client.

D'autres types d'agences et de services

Les agences de publicité n'offrent pas toutes un service complet. Plusieurs, de plus petite taille, demandent à leurs employés de s'acquitter de différentes tâches. Les chargés de compte, par exemple, doivent assurer leurs propres recherches, le placement médias et la coordination de la production des publicités du Service de la création publicitaire. Un grand nombre d'annonceurs, dont certaines grandes entreprises, paient uniquement certains services précis. Au cours des dernières décennies, différentes solutions de rechange aux agences à service complet sont apparues, y compris l'agence de création et l'agence de placement médias.

PERSPECTIVE 3.1

Pour une rémunération de la créativité

Depuis quelques années, des changements sont observés quant à la manière de rémunérer les agences de publicité. Auparavant, leur rétribution était basée sur les coûts engagés et les heures investies. C'était, en quelque sorte, une façon de récompenser les efforts déployés par une agence. Or, on constate maintenant une nouvelle tendance qui consiste à payer une agence en fonction de sa performance et à se soucier davantage des droits à la propriété intellectuelle de ses créatifs.

Dans le cas d'un salaire basé sur les résultats, la majeure partie des sommes sont, généralement, employées à rembourser les frais engagés alors qu'une somme additionnelle est accordée lorsque certains objectifs sont atteints. Ceux-ci peuvent concerner les retombées de la campagne sur les ventes, la notoriété et l'image de la marque et la satisfaction de l'annonceur, à l'égard des services de l'agence. Il est à noter, toutefois, que ce type de rémunération est essentiellement à la portée des plus riches annonceurs, puisqu'ils ont les moyens de mesurer les impacts d'une campagne publicitaire. En fait, chez les annonceurs qui ont opté pour cette méthode de rétribution, 68 % sont d'avis que le fait d'ajouter des incitatifs financiers améliore les performances d'une agence, puisque les gains réalisés, tout comme les résultats insatisfaisants pour l'annonceur, se répercutent sur l'agence. En effet, celle-ci, en tant que *partenaire*, a avantage à ce que l'annonceur réalise de bons profits.

Il peut aussi arriver, notamment aux États-Unis et au Royaume-Uni, qu'une agence et un annonceur s'entendent pour fixer la rémunération de l'agence sur la base de la valeur du concept développé par l'agence, ainsi que sur la durée d'utilisation qu'en fera l'annonceur. Celui-ci devra alors payer des frais additionnels s'il souhaite utiliser le concept au-delà de la durée prévue à l'entente. Ainsi, l'argument premier de ce mode de rémunération n'est pas le temps investi dans l'élaboration d'une campagne, mais plutôt la valeur de celle-ci pour l'annonceur.

Au Royaume-Uni, le droit à la propriété intellectuelle d'une agence devient de plus en plus important et sujet à être rémunéré. En effet, l'Institute of Practitioners in Advertising, un regroupement d'agences qui évolue dans les domaines de la publicité, des médias et du marketing, tente de faire reconnaître les droits intellectuels des agences. Ce regroupement fait en sorte que les annonceurs versent un montant à une agence publicitaire, tant et aussi longtemps que ses concepts sont utilisés, et ce, même si l'annonceur se tourne vers une nouvelle agence. Cette façon de procéder ne fait toutefois pas l'unanimité puisque, traditionnellement, un concept vendu à un annonceur appartenait totalement à ce dernier.

Bien que ces modèles de rémunération ne soient pas partout adoptés, le souci de verser aux agences une compensation plus équitable, tributaire des résultats obtenus ou de la propriété intellectuelle de ses créatifs, demeure une préoccupation étendue et susceptible d'engendrer de nouvelles ententes de rétribution.

Source : Rob Gerlsbeck, « Creative Compensation : Marketers and Agencies Are Exploring Bold New Methods of Payment that Reward Effective Marketing », *Marketing Magazine*, 17 avril 2006, p. 25-28.

L'agence de création

L'**agence de création** a pour rôle de répondre aux désirs de certains clients souhaitant faire appel uniquement au talent créatif d'un fournisseur externe et s'acquitter des autres fonctions à l'interne. En général, ces clients estiment qu'un effort additionnel de création est nécessaire ou que leurs propres employés ne possèdent pas les compétences requises. Certains annonceurs à la recherche d'idées originales d'annonces publicitaires ignorent même les agences et font appel aux spécialistes de l'industrie cinématographique[12]. Il y a quelques années, par exemple, Coca-Cola a participé à un projet conjoint avec Disney et trois anciens employés de l'agence Creative Artists Agency (CAA), une agence de spectacle qui a pignon sur rue à Hollywood. Ce projet visait à mettre sur pied l'agence maison Edge Creative.

Agence de création

Agence offrant exclusivement des services de création publicitaire.

C'est la nouvelle agence maison de Labatt qui a conçu cette publicité pour Carlsberg.

L'agence Edge Creative a produit plusieurs campagnes pour le produit phare de Coca-Cola, notamment la populaire annonce mettant en vedette un ours polaire. Plus près de nous, en 2001, insatisfaite du modèle traditionnel d'agence et désirant avoir des campagnes plus créatives, Labatt a rompu sa relation d'affaires avec l'agence Ammirati Puris, qui durait depuis huit ans. Elle a donc décidé de mettre sur pied sa propre agence de création. Elle a recruté plusieurs personnalités de la publicité au Canada anglais et, en 2002, l'agence GRIP a vu le jour. L'agence voulait créer une publicité de calibre mondial à moindres frais. Elle s'est alors vu confier la publicité pour les marques Blue et Blue Light, de même que Labatt Classic, Kokanee et Carlsberg.

Lorsqu'elle se montre trop occupée ou désire éviter d'ajouter des employés à temps plein à sa liste de paie, l'agence à service complet confie souvent des mandats en sous-traitance à une agence de création. En général, l'agence de création est fondée par des employés des services de création publicitaire d'une agence à service complet. Ces spécialistes quittent leur employeur et apportent dans leurs bagages les clients souhaitant continuer à profiter de leurs talents. Par exemple, Jean-François Bernier, jeune publicitaire, créateur de la campagne télé de Familiprix, jadis au service de l'agence BOS, a mis sur pied sa propre agence. La nouvelle agence, Alfred, a été mandatée pour concevoir et réaliser la campagne du désormais célèbre regroupement de pharmaciens propriétaires. L'agence de création, d'ordinaire, est rétribuée sous forme d'honoraires.

La création de messages destinés à des marchés ethniques cibles constitue un autre secteur où les agences canadiennes travaillent en collaboration avec des agences de création spécialisées. Il est très onéreux et difficile pour les grandes agences d'atteindre différentes communautés ethniques à l'intérieur d'une même campagne. C'est pourquoi elles recourent à des spécialistes du domaine. Devant la croissance phénoménale de la population d'origine chinoise à Toronto et à Vancouver, des entreprises comme Ford ont privilégié des messages taillés sur mesure et des médias ethniques pour influer sur les attitudes de cette audience cible. La raison se trouve dans l'héritage de cette population, dont les valeurs diffèrent de celles des autres consommateurs. Ford était incapable d'établir un positionnement de marque pour ce public cible sans l'aide de personnes familiarisées avec cette communauté. Pour tirer le maximum de ce type d'opération, l'annonceur doit cependant faire un compromis : réinvestir dans la création de messages les économies réalisées à l'aide de publications ou d'émissions dont les tarifs publicitaires sont inférieurs[13].

Agence de placement médias
Agence indépendante spécialisée dans l'achat de médias, particulièrement en temps d'antenne à la radio et à la télévision.

L'agence de placement médias

La prolifération des médias a eu pour effet de complexifier l'achat de médias publicitaires. L'**agence de placement médias** a donc trouvé un créneau en se spécialisant dans l'analyse et l'achat de temps d'antenne et d'espace publicitaire. En règle générale, l'agence et le client conçoivent les stratégies médias, alors que leur mise en œuvre est confiée à une agence de placement médias. Certaines agences de placement médias contribuent à la planification de la stratégie média de l'annonceur. Le volume d'achats de ces agences est si imposant qu'elles profitent d'importantes réductions, ce qui permet aux petites agences de publicité ou aux clients de réaliser des économies. L'agence de placement médias reçoit des honoraires ou une commission pour ses services.

Les agences de placement médias ont connu une forte croissance au cours des dernières années, de nombreux clients étant à la recherche d'une solution de rechange aux agences à service complet. Plusieurs annonceurs ont isolé l'achat de médias des autres services publicitaires afin d'exercer un meilleur contrôle sur leurs budgets publicitaires. Nike, le gouvernement du Canada et Rona se trouvent parmi les annonceurs qui ont retiré cette tâche aux agences à service complet pour la confier à des agences de placement médias.

La rémunération des agences

Nous l'avons vu, le type et le nombre de services varient selon l'agence. C'est pourquoi les agences disposent de divers modes de rémunération pour leurs services. En général, elles sont rémunérées sous forme de commissions ou d'honoraires ou selon le pourcentage de marge bénéficiaire brute.

La commission versée par le média

Le mode de rémunération traditionnel des agences de publicité est le **système de commission**. Il s'agit d'un mode de calcul simple, comme le montre l'exemple suivant.

Supposons qu'une agence conçoit une annonce pleine page et réserve la couverture arrière d'un magazine au coût de 100 000 $ pour l'insertion de cette annonce. L'agence passe sa commande et remet l'annonce au magazine. Après la publication de l'annonce, le magazine facture l'agence pour 100 000 $ moins une commission de 15 % (15 000 $). Le média offre aussi une réduction de 2 % pour tout versement anticipé que l'agence remettra au client. L'agence facturera donc au client la somme de 100 000 $ moins la réduction de 2 % sur le montant net, soit un total de 98 300 $ comme l'illustre le tableau 3.8. La commission de 15 000 $ constitue la rémunération de l'agence pour ses services.

> **Système de commission**
>
> Mode de rémunération des agences de publicité selon lequel l'agence reçoit une commission, en général de 15 %, du média pour tout achat de temps ou d'espace publicitaire.

TABLEAU 3.8 Un système de commission

Facture de l'agence de placement médias		Facture de l'agence de publicité	
Coût de l'espace magazine	100 000 $	Coût de l'espace magazine	100 000 $
Moins : Commission de 15 %	−15 000 $	Moins : Réduction de 2 %	−1 700 $
Coût de l'espace publicitaire	85 000 $	L'annonceur verse à l'agence	98 300 $
Moins : Réduction de 2 %	−1 700 $		
L'agence verse au média	83 300 $	Commission de l'agence	15 000 $

L'organisation des communications marketing intégrées **CHAPITRE 3**

Le système de commission a soulevé une vive controverse pendant plusieurs années. Le principal problème consistait à déterminer si une commission de 15 % constituait une compensation équitable pour les services rendus. Supposons que deux agences consacrent la même somme d'efforts à la création et à la production d'une annonce publicitaire. Dans le premier cas, le client dépense 200 000 $ pour la diffusion de la publicité, ce qui génère une commission de 30 000 $; dans le second cas, le client débourse 2 millions de dollars, d'où une commission de 300 000 $. Aux yeux des détracteurs du système, les commissions incitent les agences à recommander à leurs clients des médias aux tarifs publicitaires élevés, dans le simple but d'augmenter leurs commissions.

Une autre critique formulée à l'égard du système de commission est que la rémunération de l'agence est liée aux coûts du média. En période de hausse des coûts, la récompense de l'agence pour ses efforts est, du point de vue du client, disproportionnée. On a aussi pointé du doigt le système des commissions parce qu'il encourage les agences à faire fi d'un système de coûts de revient justifiant les dépenses affectées à un compte particulier. D'autres encore prétendent que ce système incite les agences à ignorer les médias sans commission tels que le publipostage, la promotion des ventes ou les services publicitaires spécialisés, à moins que le client n'en formule la demande.

Au dire de certains, le système de commission est plus facile à gérer et il favorise la concurrence entre les agences sur des facteurs non liés au prix, comme la qualité de l'annonce publicitaire. De plus, les services d'une agence sont proportionnels à l'importance de la commission, car l'agence consacre davantage de temps et d'efforts aux comptes clients lui procurant des revenus élevés. Les partisans de ce mode de rémunération estiment aussi qu'il est plus souple qu'il n'y paraît à première vue, car les agences offrent souvent des services gratuits à leurs clients importants, justifiant cette politique par les imposantes commissions qu'elles touchent déjà.

Le système des commissions a été, pendant des années, au centre des discussions entre annonceurs et agences. Ses opposants prétendent qu'il encourage les agences à faire les mauvais choix, par exemple recommander une campagne publicitaire dans les médias de masse, alors que d'autres moyens de communication tels que le marketing direct ou les relations publiques auraient pu s'avérer beaucoup plus efficaces[14]. À leur avis, le système de commission est dépassé et doit être revu de fond en comble. C'est d'ailleurs ce qui semble se produire. En effet, une étude récente de l'Association canadienne des annonceurs (ACA) indique que la traditionnelle commission de 15 % est de plus en plus rare[15] et que moins de 30 % des annonceurs privilégient une commission de 15 %. En revanche, la majorité des annonceurs canadiens affirment recourir à un mode de rémunération aux honoraires.

Alors que la commission de 15 % semble en perte de vitesse, plusieurs annonceurs favorisent encore une forme ou l'autre de commission pour rémunérer leur agence. Nombre d'annonceurs font en effet appel à un système de **commissions négociées**. Cette forme de commission se traduit par un pourcentage réduit, un taux de commission variable ou une commission

Commission négociée

Méthode de rémunération des agences de publicité selon laquelle la commission est l'objet d'une négociation entre le client et l'agence ; tient lieu de la traditionnelle commission de 15 %.

assortie d'une marge bénéficiaire minimale et maximale. La commission négociée tient compte des besoins des clients, du temps et des efforts de l'agence ; elle permet d'éviter certains problèmes inhérents au système traditionnel du 15 %[16]. Certaines agences de premier plan reçoivent maintenant en moyenne une commission des médias se situant entre 8 et 10 %, comparativement à la traditionnelle commission de 15 %. De plus, la part des commissions dans le total des revenus des agences diminue à mesure que leurs clients intègrent d'autres formes de promotion dans leurs programmes de CMI, ce qui réduit le recours à la publicité dans les médias de masse. Le pourcentage des revenus d'une agence provenant des commissions diminue, tandis qu'un pourcentage plus grand de ces revenus provient d'autres méthodes de rémunération telles que les honoraires et les mesures incitatives liées au rendement.

D'autres systèmes de rémunération

Le système de commission étant considéré par plusieurs comme inéquitable pour toutes les parties en cause, bon nombre d'agences ont conclu des ententes de rémunération basées sur des honoraires ou sur un système du coût plus marge à déterminer. Certains utilisent une rémunération à laquelle se greffent des mesures incitatives liées au rendement ; d'autres facturent des frais sous forme de pourcentage de marge bénéficiaire brute.

Les honoraires

On compte deux systèmes d'honoraires : la **facturation à honoraires fixes** et la **combinaison honoraires-commission**. Dans le premier scénario, l'agence exige un tarif mensuel fixe de base pour tous ses services et crédite le client pour chaque commission reçue d'un média. Dans le second scénario, les honoraires varient en fonction des services rendus. Toute commission versée par un média à une agence est alors déduite des honoraires. Lorsque la commission s'avère inférieure aux honoraires prévus au contrat, le client doit combler la différence. Quand l'agence concentre le gros de ses efforts dans un média qui ne verse aucune commission, les honoraires peuvent s'ajouter aux commissions reçues.

Dans les deux cas, l'agence devra évaluer avec soin le coût des services rendus pour une période donnée ou la durée du projet, ainsi que la marge bénéficiaire souhaitée. Pour éviter les désaccords, l'entente liant les deux parties devra préciser les services à rendre au client.

Le système du coût plus marge

Le **système du coût plus marge** exige de l'agence qu'elle consigne de façon détaillée les frais découlant du travail effectué pour le client. Les frais directs (heures travaillées et menues dépenses), auxquels s'ajoutent une allocation pour les frais généraux et une marge bénéficiaire brute, déterminent le montant que l'agence facturera au client.

Les honoraires et le système du coût plus marge sont souvent combinés à un système de commission. Les honoraires peuvent s'avérer plus avantageux, à la fois pour le client et l'agence, selon la taille du client, le budget de publicité, les médias utilisés et les services exigés. Nombre de clients préfèrent les honoraires ou le système du coût plus marge, car ils obtiennent

---

Facturation à honoraires fixes

Mode de rémunération selon lequel l'agence et le client s'entendent sur le travail à accomplir et sur la somme à verser en retour.

Combinaison honoraires-commission

Mode de rémunération en vertu duquel une agence de publicité établit une somme mensuelle fixe en guise d'honoraires pour ses services et déduit de cette somme les commissions reçues des médias.

Système du coût plus marge

Mode de rémunération d'une agence de publicité selon lequel l'agence reçoit des honoraires mensuels pour le travail effectué, en plus d'un ratio de marge bénéficiaire prédéterminé.

une ventilation détaillée des dépenses publicitaires et promotionnelles. La gestion de ces systèmes se révèle parfois complexe pour l'agence, exigeant une comptabilisation précise des frais qui sont souvent difficiles à estimer au moment de préparer une soumission. Les agences se montrent aussi hésitantes à divulguer leurs frais internes à leurs clients.

La méthode de rémunération au rendement

De nos jours, un grand nombre de clients obligent leur agence à rendre des comptes. C'est pourquoi ils font appel à une **méthode de rémunération au rendement**. Dans tous les cas, le principe reste le même : la rémunération versée à l'agence varie selon l'atteinte d'objectifs de rendement prédéterminés. Ces objectifs se traduisent souvent par des mesures objectives telles que les ventes ou les parts de marché et par des mesures subjectives comme l'évaluation de la qualité du travail créatif de l'agence. Les entreprises privilégiant un mode de rémunération au rendement tiennent compte des commissions versées par les médias, des honoraires, des bonis et d'une combinaison de ces divers éléments pour déterminer la rémunération de leur agence. Certains clients adoptent une échelle progressive selon laquelle la rémunération de base de l'agence se révèle inférieure à la traditionnelle commission de 15 %. Ils peuvent toutefois la bonifier avec des commissions ou des primes supplémentaires selon les objectifs de vente ou de rendement atteints.

Le pourcentage de marge bénéficiaire brute

Le pourcentage de marge bénéficiaire brute constitue une autre méthode de rémunération des agences de publicité. Il s'agit d'un pourcentage lié aux services que l'agence achète à des fournisseurs externes. Parmi ces services, on trouve notamment les études de marché, les illustrations, l'impression et les photographies. En général, la marge bénéficiaire brute se situe entre 17,65 % et 20 % et s'ajoute au total de la facture du client. Étant donné que les fournisseurs n'offrent aucune commission à l'agence, ce pourcentage couvre les frais d'administration, tout en assurant à l'agence un bénéfice raisonnable. (L'ajout au coût initial d'une marge bénéficiaire représentant 17,65 % des coûts équivaut à une commission de 15 %. Par exemple, pour des frais de recherche de 100 000 $, la marge bénéficiaire sera de 17 650 $, soit 100 000 $ × 17,65 %. La marge bénéficiaire de 17 650 $ représente environ 15 % de 117 650 $.)

Aucune méthode de rémunération ne fait l'unanimité. De nombreuses entreprises optent pour une autre méthode, dès qu'elles délaissent les médias traditionnels pour se tourner vers un vaste éventail d'outils de communications marketing.

L'évaluation des agences

Compte tenu des sommes importantes consacrées à la publicité et à la promotion, les clients exigent de plus en plus une reddition de comptes par rapport aux dépenses. Des évaluations régulières de la performance d'une agence s'avèrent donc nécessaires. En général, l'évaluation comporte deux volets : le premier est de nature financière et opérationnelle et le second, de nature qualitative. La **vérification des états financiers** met l'accent sur la gestion de l'agence. De son côté, l'**audit de la qualité** consiste en un examen des efforts consentis par l'agence dans la planification, l'élaboration et la mise en œuvre de la campagne publicitaire et permet d'évaluer les résultats obtenus.

Méthode de rémunération au rendement

Forme de rémunération d'une agence de publicité variant selon l'atteinte d'objectifs de performance prédéterminés, par exemple les ventes ou les parts de marché.

Vérification des états financiers

Vérification axée sur la gestion de l'agence permettant de scruter les coûts et les dépenses, le nombre d'heures facturées au client et les paiements versés aux médias et aux autres fournisseurs externes.

Audit de la qualité

Examen des efforts consentis par une agence dans la planification, l'élaboration et la mise en œuvre de la campagne publicitaire permettant d'évaluer les résultats obtenus.

L'évaluation d'une agence est souvent subjective et officieuse, en particulier lorsque la petite entreprise consacre peu de ressources à la promotion ou ne considère pas la publicité comme l'élément central de sa performance sur le plan du marketing. Par contre, quelques entreprises ont mis au point des systèmes d'évaluation. Ces sociétés accordent beaucoup d'importance à la publicité et y consacrent des budgets considérables. Compte tenu de l'augmentation des dépenses en publicité, les gestionnaires d'entreprise veulent s'assurer qu'ils en ont pour leur argent.

Dans le cadre de son mandat, l'Institut des communications et de la publicité (ICA) a élaboré un guide sur la relation agence-client. Le guide propose des conseils et des lignes directrices sur la relation agence-client. Il présente plusieurs grilles d'évaluation du travail de l'agence dans différents domaines tels que le service à la clientèle, la création, la planification stratégique, la production, la planification média, l'achat média, le suivi budgétaire, la gestion de l'agence, le marketing direct, le marketing interactif et les relations publiques. Le guide est accessible à l'adresse Internet suivante : www.ica-ad.com.

Le système utilisé par Whirlpool, qui commercialise une variété de produits de consommation, constitue un exemple probant de système officiel d'évaluation d'agences. Une fois par année, les équipes responsables des marques de Whirlpool rencontrent les agences de publicité engagées par l'entreprise afin d'évaluer leurs résultats. Chaque directeur de marque évalue d'abord le rendement de l'agence. L'entreprise rassemble et examine ces rapports avec l'agence à l'occasion de la rencontre annuelle. Le processus d'évaluation de Whirlpool couvre six points liés au rendement de l'agence. Enfin, l'entreprise et l'agence élaborent un plan d'action pour corriger les lacunes.

Gagner et perdre des clients

Grâce au processus d'évaluation décrit précédemment, l'agence et le client disposent de précieux renseignements qui leur permettent de déterminer si le client ou l'agence devrait procéder à des changements importants pour obtenir de meilleurs résultats et rendre la relation d'affaires plus productive. Plusieurs agences ont une clientèle établie de longue date ; toutefois, ce genre de relations à long terme se révèle de plus en plus rare. Par exemple, après une relation de plus de 20 ans avec l'agence de publicité PALM, Ultramar a décidé, en 2006, de confier à lg2 l'élaboration de ses campagnes promotionnelles. Diverses raisons poussent les clients à changer d'agence. Voici les principales :

- *Des résultats ou des services médiocres* Le client est mécontent de la qualité de la publicité ou des services de l'agence.

- *Une mauvaise communication* Le client et le personnel de l'agence ont du mal à établir ou à maintenir un minimum de communication qui leur permettrait d'établir une relation de travail fructueuse.

- *Les attentes irréalistes du client* Les attentes du client excèdent la rémunération prévue et ont pour effet de réduire l'intérêt de l'agence.

- *Une incompatibilité de caractères* Le manque d'affinités entre les employés de l'agence et ceux du client les empêche de travailler avec efficacité.

La société lg2 signe la dernière campagne promotionnelle d'Ultramar.

- *Des changements de personnel* Tout changement de personnel au sein de l'agence ou chez le client peut constituer une source de problèmes. De nouveaux gestionnaires sont susceptibles de traiter avec une agence avec laquelle ils ont déjà des liens. L'employé quittant une agence pour un concurrent ou pour fonder sa propre agence amène parfois des clients avec lui.

- *Une croissance trop rapide du client ou de l'agence* Le client peut devenir trop imposant pour son agence ou conclure qu'il a besoin d'une agence plus prestigieuse. Lorsque l'agence croît trop rapidement, le client peut alors représenter un pourcentage négligeable de son chiffre d'affaires et susciter peu d'intérêt pour elle.

- *Les conflits d'intérêts* Un conflit d'intérêts est susceptible de survenir quand il y a fusion de deux agences ou lorsqu'un client fait l'objet d'une acquisition ou d'une fusion.

- *Les changements dans la stratégie marketing ou la stratégie d'entreprise du client* Un client peut changer sa stratégie marketing ou sa stratégie d'entreprise et juger qu'un changement d'agence s'impose dans le contexte.

- *Une baisse des ventes* Lorsque les ventes du produit ou du service du client sont stagnantes ou en baisse, la publicité peut être perçue comme une des causes du problème. Le client peut alors solliciter une autre agence en vue de se voir proposer de nouvelles stratégies de création.

- *Des méthodes de rémunération conflictuelles* La méthode et le niveau de rémunération constituent trop souvent une source de conflits entre le client et l'agence de publicité. Plus les entreprises adoptent des modes de rémunération au rendement, plus les désaccords se multiplient.

- *Un changement de politique* Un changement de politique peut survenir lorsqu'une partie réévalue l'importance de la relation d'affaires, que l'agence accueille un nouveau client plus important ou qu'une partie est l'objet d'une fusion ou d'une acquisition.

Lorsqu'elle reconnaît ces signaux, l'agence peut adapter ses programmes et ses règles afin de satisfaire le client. Certaines situations décrites précédemment s'avèrent cependant inévitables ; d'autres sont indépendantes de la volonté de l'agence. Pour espérer conserver un compte client, l'agence doit régler les problèmes qui sont de son ressort.

L'agence peut aussi conclure qu'une rupture serait souhaitable. Les conflits personnels, les changements dans la philosophie de gestion et la rémunération au rendement insuffisante sont des raisons motivant cette décision. L'agence peut alors décider de mettre fin à la relation d'affaires conflictuelle.

Les services spécialisés

Beaucoup d'entreprises confient la conception et la mise en œuvre de leurs campagnes promotionnelles à une agence de publicité. Plusieurs autres types d'organisations offrent cependant des services spécialisés complémentaires aux services d'une agence. Les agences de marketing direct, de promotion des ventes et de relations publiques s'avèrent fort utiles au gestionnaire chargé de la mise au point et de la mise en œuvre des programmes de CMI. Examinons maintenant les fonctions de ces agences.

L'agence de promotion des ventes

La conception et la gestion de programmes de promotion des ventes tels que des concours, des loteries promotionnelles, des remboursements, des réductions, des primes et des programmes d'échantillons se révèlent très complexes. La plupart des entreprises retiennent les services d'une **agence de promotion des ventes** pour la création et la gestion de ces programmes. Certaines grandes agences de publicité ont mis sur pied leur propre service de promotion des ventes ou ont acquis une agence de promotion des ventes. La plupart de ces agences restent toutefois des entreprises indépendantes. La planification, la conception et la mise en œuvre d'une variété de programmes de promotion des ventes demeurent leurs spécialités. En d'autres termes, ces agences sont avant tout spécialisées dans les techniques de stimulation de la vente.

L'agence de promotion des ventes travaillera souvent de concert avec l'agence de publicité ou l'agence de marketing direct du client. Ensemble, elles veilleront à la bonne marche des programmes de publicité et de marketing direct. Les grandes agences de promotion des ventes se spécialisent dans la planification de la promotion, la création, la recherche, la coordination de promotions conjointes, la conception et la production de primes, la production de catalogues, et la gestion de concours et de loteries promotionnelles. Afin d'accroître la capacité de leurs services intégrés de marketing, plusieurs offrent des services de marketing direct et de télémarketing par bases de données.

En règle générale, l'agence de promotion des ventes est rémunérée sur la base d'honoraires.

> **Agence de promotion des ventes**
> Agence spécialisée dans les techniques de stimulation de la vente.

L'agence de relations publiques

Bon nombre de grandes entreprises font appel à la fois à une agence de publicité et à une **agence de relations publiques**. L'agence de relations publiques analyse les relations entre le client et les différents publics. Elle détermine également l'impact des politiques et des actions du client sur ces publics et met au point des stratégies et des programmes de relations publiques. Enfin, l'agence met en œuvre et évalue l'efficacité de ces programmes à l'aide d'outils propres aux relations publiques.

Les activités de l'agence de relations publiques comprennent la planification de la stratégie et du programme de relations publiques, la production de publicité rédactionnelle, les opérations de lobbying et de relations publiques, la participation à des activités et à des événements communautaires, la préparation de communiqués de presse et d'autres outils de communication, la recherche, la promotion et la gestion d'événements spéciaux, et la gestion de crises. Dès qu'elle adopte une approche de CMI pour sa planification promotionnelle, l'entreprise coordonne ses activités de relations publiques avec la publicité et les autres éléments promotionnels. Nombre d'entreprises intègrent les relations publiques et la publicité rédactionnelle dans leur marketing mix afin de renforcer la crédibilité de leurs messages et de réduire les coûts liés aux médias[17].

> **Agence de relations publiques**
> Agence spécialisée dans la conception et la mise en œuvre de programmes conçus pour la gestion de la publicité rédactionnelle de l'organisation ; veille aussi à l'image de son client, à ses relations avec la clientèle et avec divers autres groupes dont les employés, les fournisseurs, les actionnaires, les gouvernements, les syndicats, les comités de citoyens et le grand public.

L'agence de marketing direct

Le marketing direct constitue l'un des secteurs des CMI qui évolue le plus. Ce sont des techniques de vente telles que le télémarketing, le publipostage direct et les autres formes de publicité directe. Elles ont toutes le seul et même objectif : communiquer avec le consommateur. La croissance de cette industrie aidant, nombre d'agences de marketing direct offrent dorénavant aux entreprises des services spécialisés, à la fois pour le marché de consommation et le marché interentreprises.

Le champ d'action de l'**agence de marketing direct** est assez varié. Si le publipostage direct constitue l'outil de prédilection de ces agences, beaucoup d'entre elles ont développé leurs services pour inclure des activités comme la production d'infopublicités et la gestion de bases de données. Les agences de marketing direct se spécialisent de plus en plus dans la conception et la gestion de bases de données. Un grand nombre d'entreprises font appel au marketing par bases de données pour trouver de nouveaux clients, créer des liens avec eux et fidéliser la clientèle établie[18].

L'agence de marketing direct type compte trois services principaux : la gestion des comptes clients, la création et les médias. Certaines agences possèdent aussi un service assurant la création et la gestion des bases de données de leurs clients. Les chargés de compte travaillent avec leur clientèle pour planifier des programmes de marketing direct et préciser leur rôle au sein des CMI. Le service de la création comprend des concepteurs-rédacteurs publicitaires, des artistes et des réalisateurs. Il conçoit des messages de marketing direct, dont la diffusion relèvera du service de médias.

Tout comme l'agence de publicité, l'agence de marketing direct doit susciter de nouvelles occasions d'affaires. Les clients analysent les résultats obtenus, souvent à l'aide d'un programme d'évaluation formel. La plupart des agences de marketing direct reçoivent des honoraires, bien que certains grands annonceurs préfèrent les commissions.

L'agence interactive

L'**agence interactive** constitue un nouveau type d'agence spécialisée de communications marketing. Elle est issue de la croissance rapide d'Internet et des autres formes de médias interactifs, et nombre de gestionnaires y font maintenant appel. Cette forme d'agence se spécialise dans la création et l'utilisation stratégiques de divers outils de marketing interactif tels que les sites Internet, les bandeaux publicitaires, les cédéroms et les bornes interactives[19]. Plusieurs agences de publicité traditionnelles se sont enrichies de nouvelles compétences en matière de communication interactive : qu'il s'agisse de l'embauche de quelques spécialistes ou la mise sur pied d'un service interactif complet (Fjord Marketing interactif + Technologie, du Groupe Cossette Communication et BCP Solutions Web, par exemple).

Alors que beaucoup d'agences possèdent des compétences en communication interactive ou s'apprêtent à en acquérir, certains gestionnaires font appel à des agences interactives plus spécialisées pour créer des sites Internet et des médias interactifs. Selon ces gestionnaires, ces entreprises comptent une plus grande expérience dans la conception, le développe-

---

Agence de marketing direct
Agence offrant une variété de services dont la gestion de bases de données, le publipostage direct, la recherche, le service de médias, et des services de création et de production.

Agence interactive
Agence spécialisée dans la création et l'utilisation stratégiques de divers outils de marketing interactif tels que les sites Web, les bandeaux publicitaires, les cédéroms et les bornes interactives.

L'agence Taxi a conçu le site Web de la Mini pour le compte de BMW, renforçant ainsi la stratégie d'image de marque du fabricant.

ment, la gestion et l'exploitation de sites Internet. Les agences interactives vont de la petite entreprise spécialisée dans la conception et la création de sites Internet aux agences interactives à service complet qui possèdent tous les éléments requis pour élaborer une campagne efficace de marketing interactif. Elles offrent aussi des services de consultation stratégique quant à l'utilisation d'Internet et au positionnement en ligne, et de l'assistance technique. Enfin, elles veillent à l'intégration des systèmes et à l'implantation d'une infrastructure de commerce électronique.

Internet s'impose de plus en plus comme un outil de marketing. C'est pourquoi un nombre croissant d'entreprises recourent aux services d'agences interactives pour les aider à mettre sur pied des programmes efficaces de marketing interactif. Le nombre d'agences interactives ne se comptera bientôt plus, et leur rôle dans la préparation et la mise en application d'initiatives et de stratégies Internet continuera de s'élargir.

Les services de CMI

Nous l'avons vu : nombre d'entreprises spécialisées sont susceptibles d'assister le gestionnaire du marketing dans la planification, l'élaboration et la mise en œuvre d'un programme de CMI. L'entreprise devra toutefois déterminer si elle fera appel à une agence différente pour chaque fonction de communications marketing ou si elle confiera le tout à une seule grande agence de publicité offrant tous les services.

Le cas du Groupe Cossette Communication est un exemple éloquent d'une agence offrant tous les services. En 1962, Claude Cossette fonde à Québec un petit studio d'arts graphiques qui deviendra, sept ans plus tard, une agence de publicité. Au cours des années 1970, l'agence ouvre un bureau à Montréal et commence à élargir son offre de services en créant une division de marketing direct. Au cours des 20 années suivantes, l'agence ouvre des bureaux à travers le Canada. Elle opte pour les principes des communications marketing intégrées en créant un grand nombre de nouvelles divisions. Actuellement, le Groupe Cossette Communication offre une gamme complète de services spécialisés en communications marketing : publicité, planification et achats-média, promotion des ventes, marketing direct et par bases de données, solutions interactives, relations publiques et marketing d'alliances, gestion de la marque et design graphique, marketing ethnique, marketing urbain pour les jeunes, marketing sportif, création de contenu associé à une marque et placement de produit, planification stratégique et recherche, et marketing interentreprises. L'agence poursuit à l'heure actuelle une stratégie d'expansion à l'échelle internationale.

Les pour et les contre des services intégrés

Aux yeux de plusieurs, le concept de marketing intégré n'a rien de nouveau, en particulier pour les petites entreprises et les agences qui, depuis plusieurs années, coordonnent une variété d'outils promotionnels. Quant aux agences de plus grande taille, elles tentent depuis 20 ans de convaincre leurs clients de leur confier l'ensemble de leurs besoins en promotion. Pourtant, dans le passé, on a géré les divers services comme des centres de profit distincts. Chacun cherchait alors à faire mousser sa spécialité et à atteindre ses propres objectifs plutôt que d'élaborer des programmes de marketing intégré dignes de ce nom. De leur côté, les spécialistes de la création de plusieurs agences refusaient de collaborer à la promotion des ventes ou au marketing direct, préférant se concentrer sur la création d'annonces publicitaires pour les magazines et la télévision, plutôt que sur la conception de coupons ou d'articles de marketing direct.

Les partisans des agences de services marketing intégrés, quant à eux, prétendent que les problèmes du passé ont été résolus. À leur avis, le personnel des agences et de leurs filiales collaborent davantage afin de communiquer un message cohérent à la clientèle du client. À leurs yeux, contrôler l'ensemble du processus promotionnel permet de créer une plus grande synergie entre chaque élément du programme de communications marketing. En outre, il est plus pratique pour le client de coordonner tous ses efforts marketing, c'est-à-dire la publicité média, le publipostage direct, les événements spéciaux, la promotion des ventes et les relations publiques, à l'aide d'une seule agence. L'agence capable d'offrir des services de marketing intégré crée une image unique pour un produit ou un service. Elle s'adresse à chacun, du grossiste au client, au moyen d'une seule et même voix.

Or, certaines entreprises hésitent à confier la totalité de leur programme de CMI à une seule agence. De l'avis de ses détracteurs, les fournisseurs sont trop intimement liés aux querelles politiques sur les budgets ; leur communication est inappropriée sur les plans de la qualité et de la quantité, et ils ne créent aucune synergie. Ces adversaires prétendent aussi que les efforts des agences pour accaparer tous les aspects du programme promotionnel ne sont rien de plus que des tentatives pour récupérer les tâches ordinairement dévolues à des fournisseurs indépendants. Enfin, ils soulignent que la synergie et les économies d'échelle sont des concepts séduisants sur le plan théorique, mais difficiles à réaliser sur le plan pratique, sans compter que les rivalités et les conflits entre les filiales d'une agence représentent depuis toujours un obstacle majeur[20].

Plusieurs entreprises font appel à une variété d'agences pour combler leurs besoins en communication, choisissant le spécialiste le plus approprié pour chaque tâche promotionnelle – publicité, promotion des ventes ou relations publiques. Nombre de gestionnaires endossent les propos d'un vice-président de Reebok: « Pourquoi me limiter à une seule ressource lorsque je peux puiser à même un immense bassin d'idées nouvelles[21] ? »

Qui est responsable des CMI : l'agence ou le client ?

Selon quelques sondages récents, annonceurs et gestionnaires d'agence estiment que le marketing intégré constitue un élément clé dans la réussite de leur organisation et jugent que son rôle est appelé à s'élargir[22]. Toutefois, les gestionnaires d'entreprise et les gestionnaires d'agence affichent des opinions diamétralement opposées quant au responsable du processus des CMI. Bon nombre d'annonceurs préfèrent créer et coordonner leur propre campagne de CMI; la plupart des gestionnaires d'agence, de leur côté, estiment que ces tâches sont de leur ressort.

Les gestionnaires d'agence estiment que leur entreprise est apte à s'occuper des divers éléments propres à une campagne publicitaire, au contraire des gestionnaires du marketing des grandes entreprises. De l'avis des responsables du marketing, le plus grand obstacle à la mise en œuvre d'un programme de CMI demeure le manque de personnel possédant la vision et l'expertise nécessaires à sa bonne marche. Selon eux, les agences ne disposent pas des compétences requises en marketing par bases de données, en recherche marketing et en technologie de l'information. Les luttes internes, l'ego des publicitaires et la peur des agences de publicité de voir leurs budgets réduits constituent aussi des obstacles majeurs à la mise sur pied de campagnes de marketing intégré efficaces[23].

De nombreuses agences de publicité consacrent davantage de ressources à offrir une gamme complète de services. Leurs compétences en publicité interactive et en multimédia, en gestion de bases de données, en marketing direct, en relations publiques et en promotion des ventes sont de notoriété publique. Par contre, plusieurs responsables du marketing souhaitent garder la mainmise sur la stratégie de leur campagne de CMI. Ils recourent aux services de plusieurs fournisseurs parce qu'ils recherchent des compétences pointues, davantage de qualité et de créativité, un contrôle accru et un meilleur rapport coût-efficacité.

La plupart des gestionnaires du marketing reconnaissent que le rôle des agences de publicité ne se limite plus à la publicité et qu'elles continueront à développer leurs compétences en CMI. Il existe un marché pour les agences dont les services vont au-delà de la publicité. Ces agences devront toutefois acquérir de véritables compétences en matière de CMI. Elles devront aussi mettre sur pied des structures organisationnelles qui permettront aux individus possédant une expertise dans une variété de domaines liés aux communications de travailler ensemble à l'interne et à l'externe. Chose certaine, dès que les entreprises délaisseront la publicité dans les médias pour affecter leurs budgets de promotion aux autres outils de CMI, les agences exploreront de nouvelles avenues pour conserver leur clientèle.

RÉSUMÉ

L'élaboration, la mise en œuvre et la gestion du programme de publicité et de promotion mobilisent beaucoup de ressources internes et externes. Parmi les participants au processus de CMI, on trouve l'annonceur et le client, les agences de publicité, les médias, les agences spécialisées en communications marketing et les fournisseurs de services connexes.

L'entreprise fait appel à deux systèmes pour structurer ses activités de publicité et de promotion à l'interne. Le système centralisé facilite les communications, requiert moins de ressources humaines, favorise une continuité des postes et une participation accrue de la haute direction. Par contre, ce système ne permet pas aux gestionnaires de bien saisir les nuances de la stratégie marketing. Les temps de réaction y sont plus longs et la gestion des différentes gammes de produits pose certaines difficultés.

Le système décentralisé a pour avantages de concentrer l'attention des gestionnaires sur la marque, de régler les problèmes plus rapidement et d'offrir une plus grande souplesse. L'inefficacité du processus de décision, les conflits internes, une mauvaise répartition des budgets et un manque d'autorité pourraient toutefois reléguer ces avantages au second plan. L'entreprise devra déterminer si elle retiendra les services d'une agence de publicité ou si elle fera appel à des ressources internes pour la création de ses annonces publicitaires et l'achat d'espaces médias. L'agence maison permet de réaliser des économies, d'exercer un meilleur contrôle et d'accroître la coordination des activités. Elle présente toutefois des lacunes sur les plans de l'expérience, de l'objectivité et de la souplesse.

Plusieurs entreprises font appel à des agences de publicité pour l'élaboration et la mise en œuvre de leurs programmes. Ces agences se présentent sous diverses formes; on compte notamment l'agence à service complet, l'agence de création et l'agence de placement médias. La première offre une gamme complète de services : création, compte client, marketing, finances et administration; les deux autres se spécialisent respectivement dans la création et l'achat d'espaces médias. En ce qui a trait à la rémunération, les agences reçoivent des commissions, des honoraires ou un pourcentage assorti d'une marge bénéficiaire brute. Depuis peu, la reddition de comptes exigée de la part des agences prend de plus en plus d'espace. L'évaluation des agences repose sur des critères financiers et qualitatifs. Certains clients privilégient la rémunération au rendement où les gains de l'agence seront fonction des ventes ou des parts de marché obtenues.

Non seulement le responsable du marketing fera appel à des agences de publicité, mais il retiendra les services d'autres spécialistes des communications marketing : agences de marketing direct, agences de promotion des ventes, agences de relations publiques et agences interactives. Le gestionnaire devra déterminer s'il recourra à une agence différente pour chaque fonction de communications marketing ou s'il confiera le tout à une seule grande agence offrant tous les services.

Des études récentes révèlent que la plupart des responsables du marketing jugent qu'il leur revient, et non aux agences, d'établir la stratégie d'une campagne de CMI et de la coordonner. Le manque de vision élargie et de compétences spécialisées dans les domaines non liés à la publicité empêchera les agences de participer davantage aux CMI.

MOTS CLÉS

- agence à service complet
- agence de création
- agence de marketing direct
- agence de placement médias
- agence de promotion des ventes
- agence de publicité
- agence de relations publiques
- agence interactive
- agence maison
- audit de la qualité
- chargé de compte
- chef de marque
- client
- combinaison honoraires-commission
- commission négociée
- concepteur-rédacteur
- directeur de la publicité
- facturation à honoraires fixes
- média
- méthode de rémunération au rendement
- organisation par fonction
- organisation par groupe
- pourcentage de marge bénéficiaire brute
- service connexe
- service spécialisé en communications marketing
- superagence
- système centralisé
- système décentralisé
- système de commission
- système de gestion par catégorie
- système du coût plus marge
- vérification des états financiers

QUESTIONS DE DISCUSSION

1. Qui participe aux CMI ? Décrivez brièvement leurs rôles et leurs responsabilités.

2. Quel rôle le chef de la publicité joue-t-il dans une structure organisationnelle centralisée ? Pourquoi sa présence s'avère-t-elle nécessaire lorsqu'une entreprise retient les services d'une agence externe ?

3. Qu'est-ce qu'un chef de produit ou chef de marque ? En quoi contribue-t-il au programme de CMI ?

4. Présentez le pour et le contre d'une agence maison. Pourquoi une entreprise passerait-elle d'une agence maison à une agence externe ?

5. Quelles tâches l'agence à service complet accomplit-elle ? Certaines fonctions sont-elles plus importantes que d'autres ?

6. Décrivez les modes de rémunération d'une agence de publicité. Quels facteurs détermineront le type de rémunération entre l'entreprise et l'agence ?

7. Nombre d'entreprises passent du système de commission à un mode de rémunération au rendement. Expliquez les raisons d'un tel changement. Pourquoi une agence de publicité hésiterait-elle à accepter une rémunération au rendement ?

8. Pourquoi un gestionnaire du marketing opterait-il pour une autre agence de publicité ? Trouvez une entreprise qui a récemment changé d'agence et analysez les raisons de sa décision.

9. Qu'est-ce qu'une agence interactive ? Pourquoi un gestionnaire du marketing ferait-il appel à une agence interactive au lieu d'une agence à service complet, pour la création d'un site Internet, par exemple ?

10. Expliquez pourquoi une entreprise regrouperait ses activités de CMI au sein d'une même agence au lieu de les confier à différentes agences spécialisées dans des domaines connexes aux CMI.

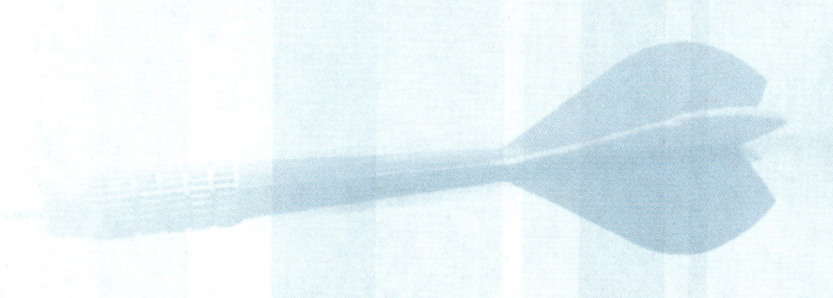

PARTIE 2
Le consommateur : au cœur des communications marketing intégrées

Chapitre 4 Les modèles de comportement du consommateur — 101

Chapitre 5 Les modèles de processus de communication — 131

Chapitre 6 Les objectifs de la démarche de communication marketing intégrée — 159

CHAPITRE 4
Les modèles de comportement du consommateur

OBJECTIFS D'APPRENTISSAGE

- Comprendre le rôle du comportement du consommateur dans le développement et la mise en œuvre des programmes de communications marketing.

- Analyser le processus de décision d'achat et voir en quoi il varie selon le type d'achats.

- Comprendre les processus psychologiques et leur influence sur le processus de décision d'achat et les communications marketing.

- Reconnaître l'importance des facteurs extérieurs tels que la culture, la classe sociale, les influences du groupe et les déterminants situationnels sur le comportement du consommateur.

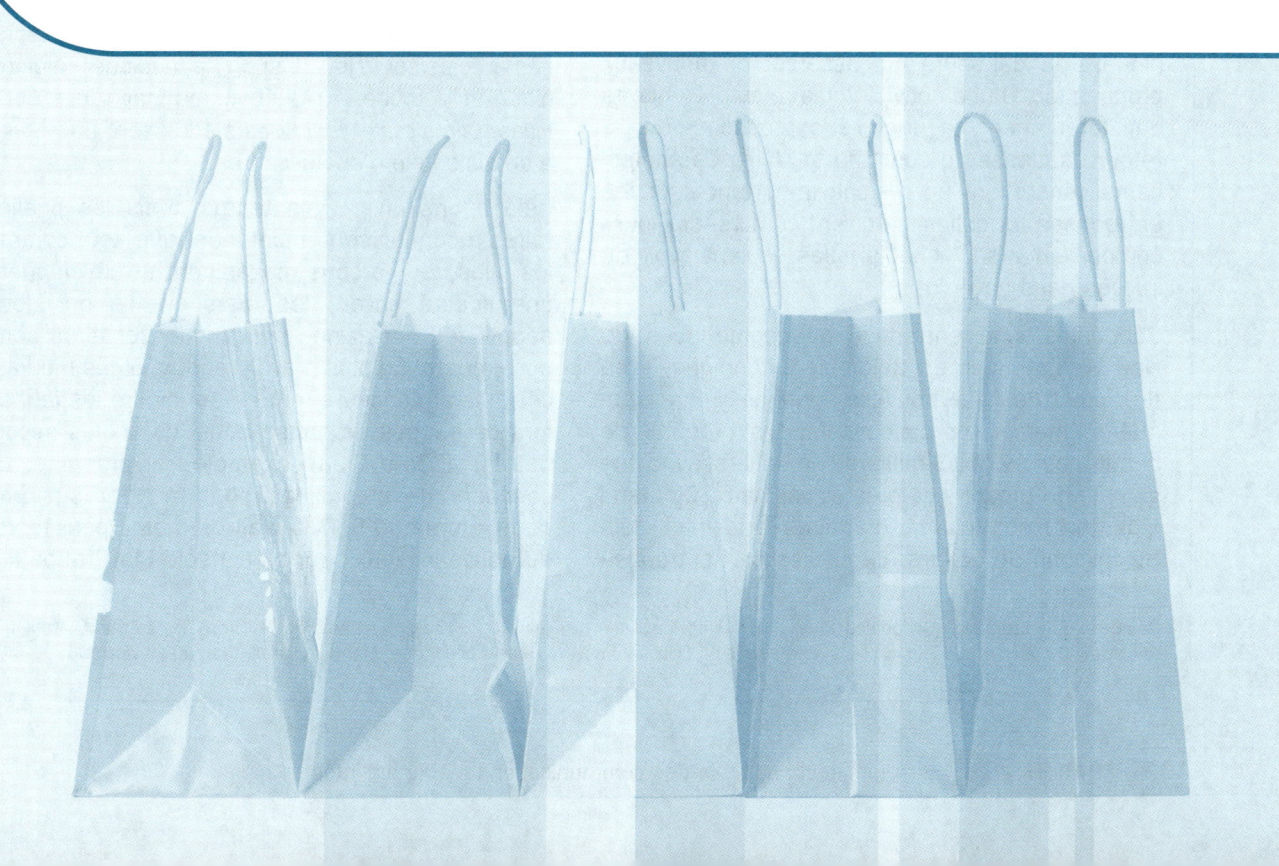

PARTIE 2

MISE EN SITUATION

Le marché des ados en pleine croissance

Qu'ont en commun les cosmétiques Caboodles, le magazine *Fuel* et les soirées de danse dans les écoles secondaires ? Ils s'inscrivent, chacun à leur façon, dans une nouvelle tendance qui tient compte de l'accroissement du pouvoir d'achat des adolescents et de leur autonomie en matière de décisions d'achat. Qu'il s'agisse de jeunes filles qui utilisent les dernières marques de cosmétiques pour exprimer leur personnalité, de jeunes garçons qui s'informent sur des jeux électroniques, de danseurs qui essaient de nouveaux produits lors d'une activité scolaire ou d'étudiants qui déterminent ce dont ils ont besoin pour le retour en classe, le constat est clair : les adolescents constituent un marché important pour les entreprises, et celles-ci doivent comprendre leurs comportements d'achat si elles veulent avoir du succès dans l'avenir.

Caboodles, une entreprise de cosmétiques de New Westminster, en Colombie-Britannique, a su tirer profit de cette nouvelle situation. Elle a attaqué le marché nord-américain des produits de beauté, estimé à 13 milliards de dollars, avec une gamme de produits colorés et originaux. Cinq ans plus tard, son chiffre d'affaires atteignait déjà 52 millions de dollars. Le succès de l'entreprise s'explique par la reconnaissance de l'importance du marché des jeunes filles et une bonne compréhension des habitudes d'achat de ces dernières. Il y a environ 30 millions de jeunes filles âgées de 14 à 19 ans en Amérique du Nord, et chacune dispose d'un revenu discrétionnaire moyen supérieur à 100 $ par semaine. Les jeunes filles vont au centre commercial sur une base hebdomadaire, et dépensent en moyenne 60 $ à chaque occasion d'achat. Les trois quarts des jeunes filles utilisent du rouge à lèvres et une proportion aussi importante d'entre elles demeurent fidèles aux marques qu'elles achètent. La compagnie Caboodles a misé sur ce créneau en proposant aux jeunes filles des produits leur permettant d'exprimer leur personnalité, plutôt que d'améliorer leur beauté. En fait, Caboodles refuse de diffuser des messages si ceux-ci peuvent être associés à d'autres marques de cosmétiques telles que Revlon, L'Oréal ou CoverGirl.

Joindre les adolescents par un autre média que la télévision n'est pas aisé. Aujourd'hui, toutefois, en raison du pouvoir d'achat accru des adolescents, plusieurs magazines s'adressant à cette clientèle ont fait leur apparition. *What* est publié 6 fois par année et est distribué gratuitement dans plus de 1 300 écoles secondaires avec une couverture atteignant les 250 000 exemplaires par parution. Ce magazine, qui s'adresse aux jeunes garçons et aux jeunes filles, présente des articles pour adolescents portant sur la musique, le divertissement et le sport. Dans la même veine, le magazine *Fuel* propose aux jeunes garçons des articles sur le jeu, le sport, la musique, l'électronique et la mode. Au Québec, les magazines *Cool*, *Filles : Clin d'œil* et *Full Filles* s'adressent davantage à une clientèle d'adolescentes.

Cela a pris un certain temps, mais les publicitaires reconnaissent maintenant que, tout comme les filles, les garçons magasinent et développent une fidélité envers les marques. Ils ont donc adopté les magazines pour influencer leurs comportements. En plus d'avoir recours à ces médias, certains annonceurs tentent de joindre les jeunes lors de soirées de danse dans les écoles secondaires. L'Oréal, par exemple, a organisé un concours de maquillage pour montrer ses produits, alors que Sony faisait de même pour tester de nouveaux jeux pour sa console PlayStation II.

Sources : Eve Lazarus, « Caboodles Rule », *Marketing Magazine*, 20 janvier 2003, p. 9 ; Kathleen Martin, « Boys Read », *Marketing Magazine*, 20 janvier 2003, p. 11 ; Lauren Sherman, « Dancing into the Hearts of Teens », *Marketing Magazine*, 20 janvier 2003, p. 10.

Les exemples précédents montrent que la conception de programmes de communications marketing efficaces débute par la compréhension des déterminants du comportement du consommateur. Le responsable chargé d'élaborer les programmes de CMI doit bien connaître les motifs d'achat, les attitudes et les habitudes du consommateur, afin de formuler des stratégies de promotion efficaces. Comme vous le verrez, ce ne sont là que quelques-uns des nombreux facteurs influant sur le comportement des consommateurs.

Nous n'explorons pas en profondeur le comportement du consommateur dans ce manuel. Il faut néanmoins bien comprendre le processus de décision d'achat du consommateur, connaître les facteurs qui l'influencent et savoir tirer profit de ces renseignements lors de l'élaboration des programmes et des stratégies de promotion.

Un survol du comportement du consommateur

Les gestionnaires du marketing s'interrogent tous sur la façon d'influencer le consommateur en faveur du produit ou du service qu'ils offrent. Pour American Express, cela signifie inciter le consommateur à porter un plus grand nombre d'achats à son compte AmEx. Pour le constructeur BMW, cela veut dire inciter le consommateur à acheter ou à louer l'un de ses véhicules; pour des firmes de marketing interentreprises telles que Canon ou Ricoh, cela veut dire inciter les acheteurs organisationnels à se procurer davantage de photocopieuses ou de télécopieurs. Bien que l'objectif ultime du gestionnaire soit d'exercer une influence sur le **comportement du consommateur** au moment de l'achat, le gestionnaire sait que l'achat même n'est qu'un élément d'un processus beaucoup plus large.

Pour de nombreux produits et services, la décision d'achat est l'aboutissement d'un processus long et détaillé fondé sur une recherche poussée d'informations, des comparaisons et des évaluations entre différentes marques, ainsi que sur d'autres activités. En revanche, d'autres décisions d'achat se révèlent plus fortuites et peuvent découler du simple fait qu'un produit est proposé à meilleur prix que d'autres. Songez aux achats impulsifs que vous effectuez lorsque vous vous trouvez dans un magasin.

Le gestionnaire influencera le consommateur au moment de ses achats s'il sait interpréter son comportement. Il doit donc connaître les besoins précis que le consommateur tente de satisfaire et comment ceux-ci se traduisent en critères d'achat. Le gestionnaire doit aussi savoir comment le consommateur recueille de l'information sur différents produits et services et comment il utilise cette information pour choisir entre des marques concurrentes. En outre, ce spécialiste du marketing doit comprendre les rouages de la décision d'achat. À quel endroit le consommateur préfère-t-il acheter un produit ? De quelle façon les stimuli promotionnels sur le lieu de vente l'influencent-ils ? Enfin, le gestionnaire doit saisir en quoi le processus de décision d'achat et les motifs d'achat varient selon les catégories de consommateurs. La personnalité ou le style de vie d'un consommateur peut, par exemple, influer sur ses décisions d'achat[1].

Comportement du consommateur

Processus et activités auxquels se livre le consommateur lorsqu'il recherche, choisit, acquiert, utilise et évalue un produit ou un service afin de satisfaire ses besoins ou ses désirs ou encore de s'en départir.

Le modèle conceptuel de la figure 4.1 sert de structure à l'analyse du processus de décision d'achat du consommateur. Nous y étudierons chaque étape et nous verrons comment les communications marketing peuvent influer sur la prise de décision. Nous examinerons aussi l'influence de divers concepts de psychologie tels que la motivation, la perception, les attitudes, les processus d'intégration et la satisfaction. Le modèle de processus de décision d'achat en cinq étapes présenté à la figure 4.1 considère le consommateur comme un agent de résolution de problèmes et de traitement de l'information. À l'aide de plusieurs processus mentaux, cet agent évalue différents produits et services et détermine ceux qui répondent à ses besoins ou à ses motifs d'achat. Ce modèle est une forme d'apprentissage cognitif.

FIGURE 4.1 Un modèle du processus de décision d'achat

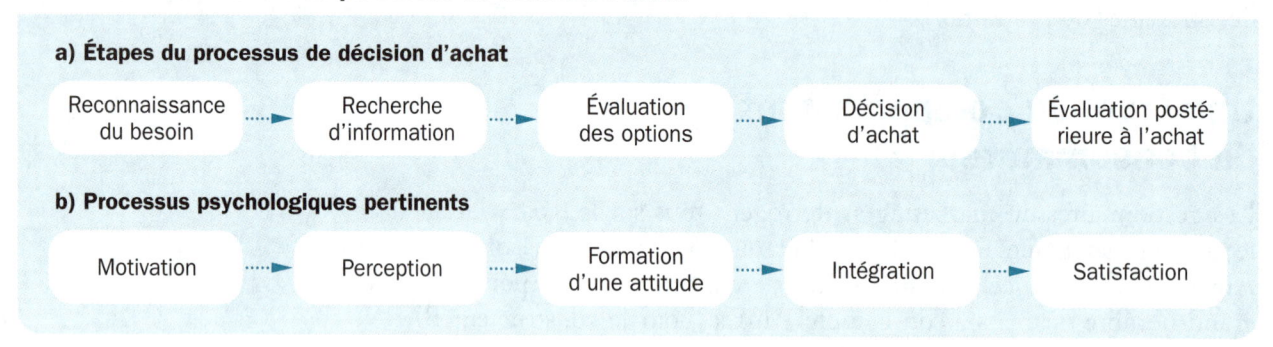

a) Étapes du processus de décision d'achat

Reconnaissance du besoin → Recherche d'information → Évaluation des options → Décision d'achat → Évaluation postérieure à l'achat

b) Processus psychologiques pertinents

Motivation → Perception → Formation d'une attitude → Intégration → Satisfaction

L'apprentissage du consommateur fait référence au « processus par lequel l'individu acquiert les connaissances et l'expérience relatives à l'achat et à la consommation qui lui serviront par la suite dans ce genre de situation[2] ». D'autres modèles de ce type existent. Le modèle d'apprentissage cognitif du consommateur demeure toutefois le plus accepté et le plus utilisé par les gestionnaires. Nous examinerons quelques variantes du processus de décision d'achat et nous verrons en quoi certains facteurs environnementaux peuvent influer sur celui-ci.

Le processus de décision d'achat

Comme l'illustre la figure 4.1, le consommateur doit franchir plusieurs étapes avant d'acheter un produit ou un service. Le modèle montre que la décision d'achat implique quelques processus psychologiques : la motivation, la perception, la formation d'une attitude, l'intégration et la satisfaction. Nous examinerons chaque étape du modèle du processus de décision d'achat et les divers sous-processus de chacune. Nous verrons aussi comment le planificateur de la promotion peut exercer une influence sur ce processus.

La reconnaissance du besoin

Comme on peut le voir à la figure 4.1, la reconnaissance du besoin marque la première étape du processus de décision d'achat. Elle survient lorsque le consommateur cerne un besoin et qu'il décide de le satisfaire.

La reconnaissance d'un besoin naît d'un écart entre l'état idéal et l'état actuel du consommateur. Deux situations peuvent amener la reconnaissance d'un besoin. Ainsi, quand la situation qui a cours est neutre, le consommateur peut se fixer comme objectif d'atteindre une situation positive. Il en va ainsi lorsque le consommateur adopte un comportement de lutte contre l'ennui (par exemple, lorsqu'il décide d'aller voir un film au cinéma). Quand la situation qui a cours est négative, le consommateur peut alors se fixer comme objectif d'atteindre une situation neutre. C'est le cas notamment lorsque le consommateur adopte un comportement en vue de réduire une tension (par exemple, lorsqu'il décide d'acheter des comprimés d'aspirine pour enrayer son mal de tête).

Les sources de la reconnaissance du besoin

Nombre de causes sont à l'origine de la reconnaissance du besoin. Ces causes peuvent être très simples ou fort complexes. Elles peuvent aussi être le résultat de changements de l'état actuel ou de l'état désiré du consommateur ou être liées à des facteurs internes et externes.

La rupture de stock Le consommateur reconnaît un besoin lorsqu'il doit faire de nouveau provision du produit qu'il emploie. La décision d'achat est alors simple à prendre et se traduit souvent par le choix d'une marque familière ou d'une marque envers laquelle le consommateur est loyal.

L'insatisfaction Tout produit, service ou situation est susceptible de provoquer une insatisfaction chez le consommateur. Un consommateur, par exemple, peut être d'avis que ses bottes de ski sont démodées ou inconfortables. Une publicité pourrait alors l'inciter à effectuer un quelconque achat pour combler son besoin.

Les nouveaux besoins et désirs Des changements dans la vie du consommateur se traduisent souvent par de nouveaux besoins et désirs. Ainsi, un changement sur le plan financier, de l'emploi ou du mode de vie peut susciter de nouveaux besoins. Comme nous le verrons, lorsqu'on obtient son diplôme universitaire et qu'on intègre le marché du travail, on doit en général refaire sa garde-robe (adieu t-shirts et blue-jeans, bonjour complets et cravates!).

Les achats de produits ne visent pas nécessairement tous à combler un besoin essentiel. En effet, le consommateur recherche parfois des produits ou des services non essentiels, mais qu'il désire néanmoins. De nombreux produits proposés aux consommateurs satisfont leurs désirs plutôt que leurs besoins essentiels[3].

L'achat engendrant l'achat d'autres produits L'achat d'un produit peut aussi être motivé par la reconnaissance d'un besoin pour un autre produit. L'achat d'un appareil photo, par exemple, pourrait mener à l'achat de lentilles ou d'un sac. L'achat d'un ordinateur familial pourrait entraîner l'achat de logiciels, d'une caméra Web ou d'une imprimante.

La reconnaissance d'un besoin stimulée par le marketing Le gestionnaire du marketing peut aussi stimuler la reconnaissance d'un besoin en persuadant le consommateur de ne pas se satisfaire de sa situation ou de son état. Les publicités qui vantent les bienfaits d'un rince-bouche, d'un déodorant ou d'un talc pour les pieds sont souvent conçues pour insécuriser le

> **Désir**
> Besoin perçu, façonné par la connaissance, la culture et la personnalité de l'individu.

Publicité du marketing inter-entreprises illustrant le fait que les publicitaires peuvent stimuler un besoin en suscitant de l'incertitude auprès d'un groupe cible.

consommateur et l'inciter à consommer ces produits. Dans la même foulée, les spécialistes du marketing font et défont les modes. Le consommateur croit ainsi que sa garde-robe est démodée et se procure de nouveaux vêtements.

Certains gestionnaires du marketing cherchent aussi à tirer profit de la tendance qu'ont les consommateurs à *rechercher la nouveauté*. C'est ainsi qu'ils les incitent à essayer de nouveaux produits ou de nouvelles marques, bien qu'ils soient satisfaits de ceux qu'ils emploient habituellement. Ces spécialistes procèdent au lancement de marques sur des marchés souvent saturés. Ils font appel à des techniques de publicité et de promotion des ventes telles que la distribution d'échantillons gratuits, les prix de lancement et les bons de réduction. Leur but ? Inciter les consommateurs à troquer leurs marques de produits habituelles contre de nouvelles.

Les nouveaux produits Le lancement de produits novateurs peut, lui aussi, mener à la reconnaissance d'un besoin. Grâce à une publicité très créative, TELUS a présenté son nouveau téléphone cellulaire muni d'un appareil photo intégré. Les tentatives du gestionnaire du marketing, en vue de créer des besoins chez le consommateur, ne sont cependant pas toutes fructueuses. En effet, le consommateur ne voit pas toujours l'utilité du produit que l'on tente de lui vendre. La principale raison pour laquelle de nombreux consommateurs hésitaient à acquérir un ordinateur familial tenait à ce qu'ils voyaient mal en quoi il aurait satisfait leurs besoins. Les fabricants d'ordinateurs ont réussi à faire reconnaître ce besoin en faisant valoir qu'un ordinateur peut contribuer au succès scolaire d'un enfant.

Ce téléphone cellulaire est muni d'un appareil photo intégré.

Les motivations du consommateur

Le processus de décision d'achat dépend en grande partie des motivations d'achat du consommateur et de sa perception de la situation d'achat. Un consommateur, par exemple, peut considérer l'achat d'une montre en fonction de la fiabilité et du prix du modèle. Un autre consommateur envisage plutôt cet achat comme un gage de prestige et se concentre sur le design et l'image de différentes marques. Afin de mieux saisir les raisons qui sous-tendent les achats du consommateur, le spécialiste du marketing consacre beaucoup de temps à étudier ses motivations, c'est-à-dire les facteurs qui incitent le consommateur à agir de telle façon.

La hiérarchie des besoins

Popularisée il y a plusieurs années par le psychologue Abraham Maslow[4], la théorie de la motivation a souvent permis de comprendre les motivations du consommateur. La hiérarchie des besoins de Maslow pose comme principe que les besoins sont catégorisés selon leur importance et un ordre hiérarchique comptant cinq paliers. Comme l'illustre la figure 4.2, cette hiérarchie prend appui sur les *besoins physiologiques* (premier palier des besoins primaires essentiels à la vie, par exemple le gîte, les aliments et l'eau, les vêtements et les rapports sexuels); les *besoins de sécurité* (recherche d'un milieu exempt de toute forme de danger); les *besoins d'appartenance* (établir des rapports satisfaisants avec autrui, éprouver de l'amour, de l'affection, et un sentiment d'appartenance

FIGURE 4.2 La hiérarchie des besoins de Maslow

Accomplissement de soi (développement et épanouissement de soi)

Besoins d'estime (estime de soi, reconnaissance et prestige)

Besoins d'appartenance (sentiment d'appartenance et amour)

Besoins de sécurité (sécurité et protection)

Besoins physiologiques (aliments et eau)

et d'acceptation); les *besoins d'estime* (éprouver un sentiment d'accomplissement, mériter la reconnaissance et le respect d'autrui, et le prestige qui en découle); les *besoins d'accomplissement de soi* (se développer et s'épanouir).

Selon la nomenclature de Maslow, les besoins physiologiques et les besoins de sécurité doivent être satisfaits avant tout autre besoin.

Lorsque ces besoins élémentaires sont satisfaits, l'individu s'efforce de combler les besoins occupant un échelon supérieur de la hiérarchie tels que l'estime de soi. En réalité, il est peu probable que les gens gravissent la hiérarchie des besoins comme ils le feraient devant un escalier. Les besoins primaires constituent une source de motivation continue quand il s'agit de comportement d'achat. Cependant, comme les besoins physiologiques élémentaires sont satisfaits dans la plupart des pays industrialisés, le spécialiste du marketing cherche la plupart du temps à vendre des produits qui répondent à ces besoins en stimulant les besoins supérieurs du consommateur. Tide, par exemple, commercialise sa marque de détergent en misant sur l'amour d'un père pour son enfant (les besoins d'appartenance) et en soulignant la pureté et la douceur de son produit.

La hiérarchie des besoins de Maslow est sans doute imparfaite. Elle offre toutefois un cadre d'analyse, qui peut servir au spécialiste du marketing qui cherche à déterminer les besoins que ses produits et ses services sont censés satisfaire. Ce gestionnaire peut ensuite orchestrer des campagnes publicitaires en vue de montrer comment telle marque répond à tels besoins. Il peut aussi reconnaître que les segments de marché ont des besoins appartenant à des échelons différents. Un jeune célibataire, par exemple, tentera de satisfaire ses besoins d'appartenance ou d'estime de soi à l'achat d'une voiture; une famille avec enfants accordera davantage d'importance aux besoins de sécurité.

Cette annonce de Tide met l'accent sur les besoins affectifs (amour et appartenance).

Le marketing et la recherche sur les motivations

Les auteurs des recherches sur les motivations font appel à plusieurs techniques qualitatives afin de mieux saisir les causes sous-jacentes du comportement du consommateur. On trouve parmi ces techniques l'entrevue en profondeur, la technique projective, le test d'association et le groupe de discussion, dans lequel les consommateurs sont invités à former des associations d'idées se rapportant à des marques ou à des produits précis (*voir la figure 4.3*). Comme on peut s'y attendre, ces associations nous permettent de comprendre les motivations d'achat du consommateur. Voici quelques exemples :

- Les consommateurs préfèrent les grosses voitures, croyant que ces modèles les protègent dans la « jungle urbaine » où ils conduisent chaque jour[5] (*voir la publicité ci-contre*).
- Un homme s'achète un cabriolet pour suppléer à une maîtresse.
- Les femmes aiment faire cuire des gâteaux, car elles ont ainsi le sentiment de donner naissance à un enfant.
- Les femmes portent un parfum pour « attirer les hommes » et « glorifier leur existence ».
- Les hommes préfèrent les saucisses de Francfort davantage que les femmes, car ces dernières éprouvent de la culpabilité lorsqu'elles les font cuire (les saucisses, pas les hommes !). Elles y voient de la paresse.
- Lorsqu'ils prennent une douche, les gens croient que leurs fautes s'écoulent dans le tuyau d'évacuation avec l'eau savonneuse[6].

Un exemple d'annonce s'appuyant sur des sentiments profondément ancrés chez les consommateurs.

Recherche sur les motivations

Analyse systématique des motivations sur lesquelles sont fondées les décisions d'achat des consommateurs.

Comme l'illustrent ces exemples, la **recherche sur les motivations** a permis de dégager des conclusions très intéressantes, bien que controversées, comme elles ont fait naître un sentiment de scepticisme chez de nombreux gestionnaires du marketing. Les grandes entreprises et les agences de publicité commandent souvent des études sur les motivations pour la commercialisation de leurs produits. Toutefois, comme toute étude sur les motivations ne repose en général que sur quelques participants, certains pensent qu'elle met en lumière les idiosyncrasies de quelques-uns et que ses conclusions ne valent pas pour l'ensemble de la population. Il est néanmoins difficile d'ignorer les études lorsqu'on s'intéresse au comportement du consommateur. Elles peuvent nous éclairer sur des aspects du comportement du consommateur pouvant être utilisés dans la conception de messages publicitaires où l'on fait appel aux sentiments, aux espoirs, aux aspirations et aux peurs profondément ancrés chez l'acheteur. Ce type de message s'avère souvent plus efficace que ceux qui s'adressent à la raison. Voici quelques exemples illustrant notre propos[7] :

- La société Chrysler a distribué des ciseaux à un groupe de consommateurs et leur a demandé de s'asseoir sur le plancher, comme des enfants,

FIGURE 4.3 Quelques méthodes de recherche en marketing servant à sonder l'esprit du consommateur

Entrevue en profondeur
Entretien au cours duquel l'intervieweur demande au consommateur de s'exprimer librement dans le cadre d'une discussion non structurée, à l'aide de questions précises visant à éclairer ses motifs, ses idées ou ses opinions.

Technique projective
Technique visant à mieux comprendre les valeurs, les motifs, les attitudes et les besoins du consommateur, que celui-ci a du mal à exprimer ou à déterminer, en lui demandant de projeter ces états intérieurs sur un objet extérieur.

Test d'association
Technique en vertu de laquelle on présente un stimulus à un individu, qui doit alors dire la première chose qui lui vient à l'esprit; ce stimulus peut être un mot, un dessin, une publicité, etc.

Groupe de discussion
Rencontre réunissant quelques personnes ayant des acquis ou des sphères d'intérêts similaires afin de discuter d'un produit, d'une idée ou d'un enjeu particulier.

et de découper dans un magazine les mots qui, selon eux, décrivaient une automobile[8].

- L'agence de publicité McCann-Erickson a demandé à des femmes de dessiner des blattes et de décrire les sentiments qu'elles leur inspiraient. Les spécialistes de l'agence ont conclu de cette expérience que bien des femmes associaient les blattes aux hommes qui les ont abandonnées. C'est pourquoi les femmes préféraient les tuer avec des insecticides qui leur permettaient de voir mourir ces insectes.

- Après avoir effectué des enquêtes psychologiques, l'agence de publicité Saatchi & Saatchi a conclu que Ronald McDonald crée une atmosphère plus rassurante que Burger King (que l'on percevait comme plus agressif et distant).

- L'agence de publicité Foote, Cone & Belding a remis à des consommateurs une série de photos de visages et leur a demandé de les associer aux types de personnes qui utiliseraient tels produits.

Si elle fait l'objet de critiques répétées, la recherche sur les motivations a aussi contribué au développement du marketing. Son caractère qualitatif est très apprécié au moment d'établir les motifs d'achat du consommateur. Les groupes de discussion et les entretiens en profondeur s'avèrent fort utiles afin de mieux cerner les sentiments du consommateur. Les techniques projectives sont souvent le seul moyen de contourner les stéréotypes ou les réponses dictées par la rectitude sociale. Sans compter que la recherche sur les motivations demeure le précurseur de la segmentation psychographique (*voir le chapitre 2*).

La recherche d'information

La recherche d'information constitue la deuxième étape du processus de décision d'achat. Lorsqu'il perçoit un besoin que peut satisfaire l'achat d'un produit ou d'un service, le consommateur s'engage alors dans une recherche d'information nécessaire pour fonder sa décision d'achat. Dans un premier temps, il effectue une **recherche interne** qui consiste à récupérer de l'information déjà emmagasinée[9]. Pour de nombreux achats routiniers ou répétitifs, l'information acquise et mémorisée (par exemple la performance d'une marque) suffit pour comparer les différents produits ou services offerts, et fixer un choix.

Lorsque la recherche interne ne permet pas de récupérer une quantité suffisante de renseignements, le consommateur cherchera alors d'autres renseignements à l'aide d'une **recherche externe**. La recherche externe comprend :

- des *sources personnelles* telles que les amis, la parenté ou les collègues ;
- des *sources commerciales* telles que la publicité, le personnel de vente, les étalages de publicité sur le lieu de vente (PLV) et Internet ;
- des *sources publiques* telles que les magazines, les journaux et les émissions télévisées ;
- une *expérience personnelle*, par exemple à la suite de la manipulation, de l'observation ou de l'essai d'un produit.

Plusieurs facteurs déterminent le nombre et le type de sources d'information auxquelles le consommateur a recours, notamment son expérience, sa disponibilité, l'importance de la décision d'achat, l'effort à déployer pour acquérir l'information et le degré de risque perçu par rapport à l'achat. Ainsi, le choix du film que l'on regarde un vendredi soir peut reposer sur une conversation avec des amis ou la consultation de la grille horaire des cinémas d'un quotidien. Un achat plus complexe comme celui d'une voiture repose quant à lui sur plusieurs sources d'information. Ainsi, une lecture du *Guide de l'auto* et du magazine *Protégez-Vous*, des discussions avec des membres de sa famille ou des amis et un essai routier de différents modèles se révéleront ici sans doute fort utiles. À cette étape de la décision d'achat, l'aspect informationnel de la publicité importe au plus haut point.

La perception

Au moment d'élaborer sa stratégie de communication, le gestionnaire du marketing doit savoir comment s'y prend le consommateur pour acquérir et utiliser l'information provenant de sources externes. Ce spécialiste s'intéresse particulièrement à la manière dont le consommateur : 1) perçoit l'information externe ; 2) prête attention à diverses sources d'information ; 3) interprète l'information ; 4) mémorise l'information. Ces quatre processus renvoient à la **perception**[10]. La perception est un processus individuel reposant sur des facteurs internes tels que les convictions, les expériences, les besoins, les humeurs et les attentes de l'individu. Les mécanismes de la perception sont aussi influencés par les caractéristiques d'un stimulus telles que sa taille, sa couleur et son intensité, et le contexte dans lequel on le voit ou on l'entend.

Recherche interne

Démarche consistant à récupérer l'information emmagasinée en mémoire et qui se rapporte à des expériences antérieures, ou encore à des connaissances liées à différentes options d'achat.

Recherche externe

Démarche consistant à acquérir de l'information auprès de sources externes telles que la publicité, les amis, les collègues et autres sources d'information publiques.

Perception

Processus selon lequel l'individu perçoit l'information, y prête attention, l'interprète et la mémorise pour se former une image cohérente du monde.

L'individu s'expose chaque jour à un grand nombre de messages complexes ; c'est pourquoi le cerveau fait appel à la perception sélective. En fait, on peut voir la perception comme un processus de filtration au cours duquel les facteurs internes et externes influent sur l'information reçue, sur son traitement et sur son interprétation. Comme l'illustre la figure 4.4, la **perception sélective** est sollicitée au cours des quatre étapes du processus de perception du consommateur.

Perception sélective

Processus cognitif biaisé, lié à la façon dont les attentes influent sur la perception.

FIGURE 4.4 La perception sélective

Exposition sélective → Attention sélective → Compréhension sélective → Mémorisation sélective

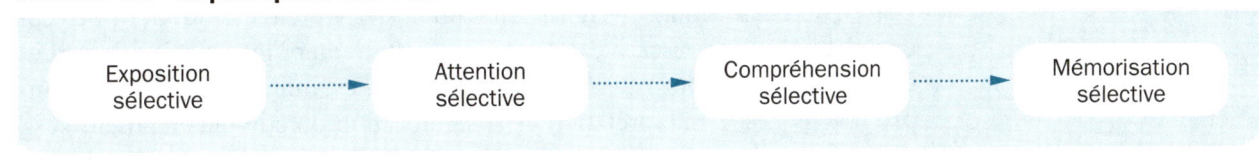

La sensation

Lors de la première phase du processus de perception, l'individu crée une représentation d'un stimulus à partir des **sensations** éprouvées. Une bonne compréhension des réactions physiologiques du consommateur devant les stimuli commerciaux est nécessaire à l'élaboration d'actions marketing efficaces. Les éléments visuels d'une publicité ou d'un conditionnement, par exemple, doivent être conçus de telle manière que le consommateur perçoive leur existence. Voilà pourquoi tant de publicités télévisées débutent par un bruit ou un effet spécial.

Sensation

Réaction immédiate des sens (goût, odorat, vue, toucher et ouïe) à un stimulus ; ce stimulus peut être une publicité, un conditionnement, un nom de marque ou un présentoir de publicité sur le lieu de vente.

Les publicitaires tentent parfois d'accroître le contenu sensoriel de leurs messages publicitaires afin d'attirer davantage l'attention. Ceux qui commercialisent les eaux de Cologne et les parfums, par exemple, utilisent des éléments visuels accrocheurs et des bandes parfumées afin de stimuler plusieurs sens et de retenir l'attention des lecteurs de magazines. Quelques publicitaires ont même intégré à leurs publicités imprimées des microcircuits grâce auxquels une chanson ou un message se fait entendre. L'individu peut choisir ou négliger d'être exposé à une information ; c'est ce que l'on appelle l'**exposition sélective**. Un téléspectateur peut décider de changer de chaîne ou de s'absenter pendant les pauses publicitaires, par exemple.

Exposition sélective

Processus par lequel un consommateur choisit ou néglige d'être exposé à une information.

La sélection de l'information

La perception ne se limite pas aux seules données sensorielles. Le niveau d'attention accordé à un stimulus et l'interprétation de celui-ci dépendent de plusieurs facteurs, dont les facteurs psychologiques tels que la personnalité, les besoins, les motifs, les attentes et le degré d'expérience du consommateur. En général, chacun de nous s'intéresse davantage aux éléments de son environnement qui cadrent avec ses besoins et élimine les stimuli non pertinents. Songez à l'attention que vous prêtez aux publicités qui vantent les mérites des ordinateurs, des pneus ou des disques lorsque vous projetez d'acheter l'un de ces produits. C'est pourquoi le consommateur s'attarde à certaines choses et en ignore d'autres : c'est ce que nous appelons l'**attention sélective**. Une étude traitant du sujet estime que le consommateur moyen est chaque jour exposé à près de 1 500 publicités, alors qu'il n'en perçoit que 76[11]. D'autres estimations font état de 3 000 expositions chaque jour. Les annonceurs doivent donc redoubler

Attention sélective

Processus par lequel le consommateur prête attention à certaines choses et en ignore d'autres.

Les modèles de comportement du consommateur **CHAPITRE 4** 111

d'efforts pour que le public remarque leurs messages. Pour ce faire, ils s'appuient souvent sur le caractère créateur de leurs annonces pour attirer l'attention du consommateur. Quelques annonceurs font en sorte que leurs publicités se démarquent en présentant leurs produits en couleurs sur un arrière-plan en noir et blanc. Cette tactique a servi à publiciser de nombreux produits, dont le parfum Shalimar de Guerlain, les chaussures Hush Puppies et Pepto-Bismol[12].

L'interprétation de l'information

Lorsqu'un consommateur choisit un stimulus et y prête attention, sa perception s'affaire à organiser, à catégoriser et à interpréter l'information recueillie. Cette étape est propre à chaque individu, car elle est influencée par des facteurs psychologiques. L'interprétation et la signification du stimulus reposent aussi en partie sur la nature de ce stimulus. Ainsi, de nombreuses publicités sont objectives, et leur message est clair et direct. D'autres publicités sont ambiguës, et leur signification tient à l'interprétation de chaque consommateur.

Bien que le consommateur puisse remarquer le message d'un publicitaire, rien ne garantit qu'il l'interprète correctement. Le consommateur peut en effet interpréter l'information en fonction de ses propres attitudes, convictions, motifs et expériences; on parle alors de **compréhension sélective**. En réalité, le consommateur interprète souvent l'information de façon à soutenir sa propre position. Une publicité qui déprécie la marque préférée d'un consommateur, par exemple, sera perçue comme partiale ou mensongère, et ne sera pas acceptée.

Compréhension sélective
Interprétation que se fait le consommateur de l'information qui lui est communiquée en fonction de ses attitudes, de ses convictions, de ses motifs et de ses expériences.

La mémorisation de l'information

La dernière étape du processus de perception concerne l'entreposage de l'information dans la mémoire à court ou à long terme. Le consommateur peut se rappeler certains éléments du message publicitaire pour s'assurer de ne pas l'oublier, ce qui facilite la récupération des données à l'étape de la recherche d'information. Les publicitaires veulent s'assurer que l'information concernant la promotion de leurs produits et de leurs services soit entreposée dans la **mémoire sélective** du consommateur, pour qu'il y ait accès au moment de l'achat. Les **méthodes mnémotechniques** peuvent s'avérer fort utiles à cette étape. Nombre d'annonceurs privilégient ainsi des numéros de téléphone qui épellent une dénomination sociale et que l'on peut facilement retenir. Le lapin rose figure sur les emballages de piles Eveready pour rappeler la publicité originale au consommateur, lorsque celui-ci se trouve dans un lieu de vente.

Mémoire sélective
Tendance du consommateur à ne retenir qu'une partie de l'information qu'il voit, entend ou lit, bien qu'il lui ait prêté attention et qu'il l'ait comprise.

Méthode mnémotechnique
Méthode facilitant l'acquisition et la restitution des souvenirs à partir de symboles, d'agencement de rimes, d'associations et d'images.

La perception subliminale

La perception sélective permet au consommateur de filtrer les messages publicitaires encombrants ou hors de propos. C'est pourquoi les publicitaires recourent à diverses tactiques pour que le consommateur remarque leurs messages. On a accusé certains annonceurs de miser sur une tactique fort controversée pour atteindre le subconscient du consommateur: la **perception subliminale**. La plupart des psychologues croient qu'il est possible de percevoir une chose sans l'avoir vue de façon consciente. La population voit d'un mauvais œil que les publicitaires puissent recourir à des moyens subliminaux pour persuader le consommateur d'acheter tel ou tel produit ou

Perception subliminale
Possibilité pour l'individu de percevoir un stimulus dont l'intensité est au-dessous du seuil de la conscience.

PARTIE 2 Le consommateur: au cœur des communications marketing intégrées service. Les spécialistes du marketing peuvent influer sur le comportement des consommateurs en s'adressant à leur subconscient, un enjeu moral aux nombreuses ramifications. Nous ne conseillons à aucun gestionnaire de faire appel à des moyens subliminaux en guise de stratégie de création.

L'évaluation des options

Après avoir recueilli une quantité suffisante de renseignements, le consommateur passe à l'étape de l'évaluation des options qui s'offrent à lui. Il compare alors les divers produits, marques ou services susceptibles de résoudre un problème de consommation et de répondre aux besoins ou aux motifs à l'origine du processus de décision d'achat. L'*ensemble évoqué* regroupe les marques que le consommateur prend réellement en considération lors de la situation d'achat.

L'ensemble évoqué

En général, l'ensemble évoqué est un sous-ensemble de toutes les marques connues du consommateur. Ce dernier ramène alors à un nombre raisonnable les différentes marques à évaluer. La taille exacte de l'ensemble évoqué varie selon le consommateur. Elle tient à des facteurs tels que l'importance de l'achat, et le temps et l'énergie que le consommateur souhaite consacrer à la comparaison de certaines marques.

La plupart des stratégies de promotion visent à accroître la probabilité qu'une marque donnée se trouve dans l'ensemble évoqué du consommateur au moment de l'achat. Pour ce faire, le spécialiste du marketing recourt à différents outils de communication. Ainsi, les marques populaires qui disposent d'imposants budgets de communication misent sur la **publicité de rappel**. L'entreprise lançant une nouvelle marque ou dont la part de marché s'avère négligeable table aussi sur la publicité. Par cette stratégie, l'entreprise souhaite accroître la notoriété de sa marque pour que cette dernière se trouve dans l'ensemble évoqué du consommateur. Les entreprises peuvent aussi avoir intérêt à promouvoir leurs marques sur les lieux de vente. La PLV (publicité sur le lieu de vente) et les techniques promotionnelles telles que la distribution d'échantillons en magasin, les présentoirs en bout d'allée et les affichettes de gondole annonçant des prix réduits incitent le consommateur à envisager l'achat de marques qui, au départ, ne figuraient pas dans son ensemble évoqué.

Publicité de rappel
Publicité dont l'objectif principal est de maintenir la notoriété de la marque au niveau actuel.

Les critères d'évaluation et les conséquences

L'ensemble évoqué étant complet, le consommateur évalue alors les marques qui en font partie à l'aide de **critères d'évaluation** qu'il juge importants. Ces critères sont soit objectifs, soit subjectifs. Lors de l'achat d'un véhicule, par exemple, le consommateur fait appel à des attributs objectifs tels que le prix d'achat, la garantie et l'économie de carburant, et à des attributs subjectifs tels que l'image de la marque et le modèle de véhicule.

Critère d'évaluation
Dimension ou caractéristique d'un produit ou d'un service servant à comparer plusieurs marques.

En général, plusieurs considèrent les critères d'évaluation comme les attributs d'un produit ou d'un service. C'est pourquoi de nombreux gestionnaires voient les produits ou les services comme un panier d'attributs. Par contre, selon les auteurs J. Paul Peter et Jerry Olson, les consommateurs perçoivent plutôt les produits et les services en fonction de leurs conséquences.

Conséquence fonctionnelle
Résultat concret, palpable et direct de l'utilisation d'un produit ou d'un service.

Conséquence psychosociale
Résultat abstrait impalpable, subjectif et personnel.

Ces deux spécialistes définissent les conséquences comme des événements ou des résultats précis découlant de l'acquisition ou de la consommation d'un produit ou d'un service[13]. Ils distinguent deux types de conséquences. Les **conséquences fonctionnelles** sont les résultats concrets, palpables et directs de l'utilisation d'un produit ou d'un service. La saveur d'une boisson gazeuse ou d'une croustille, la vitesse d'accélération d'une automobile et la netteté de la transmission d'une télécopie constituent autant d'exemples de conséquences fonctionnelles. Les **conséquences psychosociales** sont les résultats abstraits impalpables, subjectifs et personnels, par exemple le sentiment qu'éprouve le consommateur au moment de consommer un produit particulier et l'impression qu'il crée auprès de ses proches quand il achète ou utilise un produit donné.

Il est important de distinguer les attributs des conséquences, car l'importance et la signification que le consommateur accorde à un attribut sont souvent déterminées par les conséquences qu'il y associe. Les publicitaires doivent donc s'assurer que le consommateur comprend bien le lien entre un attribut et une conséquence. Par exemple, afin de convaincre les consommateurs de l'importance de consommer la margarine Becel, l'entreprise a diffusé un message dans lequel on voyait un contenant de margarine avec, en arrière-plan, un couple de personnes âgées jouant au golf. Avec cette publicité, l'entreprise cherchait à renforcer le lien entre les attributs de son produit et les conséquences sur la santé des consommateurs.

C'est souvent à partir des attributs d'un produit ou d'un service et les conséquences qui y sont rattachées que le consommateur adopte certaines attitudes, fonde ses intentions d'achat et choisit une marque plutôt qu'une autre. Deux sous-processus entrent en jeu à l'étape de l'évaluation des marques : celui par lequel les attitudes du consommateur sont adoptées, renforcées et modifiées, et les règles de décision ou les stratégies d'intégration auxquelles il fait appel pour comparer les marques et arrêter ses décisions d'achat. Nous étudierons de plus près chacun de ces sous-processus dans la prochaine section.

Les attitudes

De tous les concepts liés au comportement du consommateur, l'attitude est celui qui fait l'objet du plus grand nombre d'études. Selon la définition de Gordon Allport, « [...] les attitudes sont des prédispositions acquises par rapport à un objet[14] ». D'autres penseurs perçoivent les attitudes comme une construction mentale (un construit) représentant les sentiments d'un individu par rapport à un objet ou à l'évaluation qu'il en fait[15]. Le consommateur entretient des attitudes par rapport à une variété d'objets qui importent au gestionnaire du marketing, notamment des individus (des célébrités telles que Céline Dion et Claude Meunier), des marques (le pain Gadoua et la bière Labatt Bleue), des entreprises (Bombardier et Jean Coutu), des catégories de produit (le bœuf, le porc et l'agneau), des magasins de détail (La Baie et Sears) et de la publicité (les annonces de Familiprix et de Bell).

Aux yeux du spécialiste du marketing, les attitudes revêtent une importance toute particulière, puisqu'elles expliquent en partie le comportement d'achat[16]. Ainsi, les attitudes se veulent un résumé de l'évaluation du consommateur à l'égard d'un objet, d'une marque ou d'une entreprise, et représentent des tendances comportementales et des sentiments positifs ou négatifs. Les publicitaires recourent, à juste titre, à la publicité et à la promotion des ventes afin de susciter des attitudes favorables envers de nouveaux produits, services ou marques, de renforcer une attitude favorable ou de modifier des attitudes défavorables. Nombre de spécialistes du marketing étudient et mesurent les attitudes à l'aide de modèles d'attitude multiattributs.

Les modèles multiattributs

Les spécialistes du marketing font appel, depuis plusieurs décennies, aux **modèles d'attitude multiattributs** afin d'étudier les attitudes du consommateur[17]. Selon ces modèles, un objet peut être décomposé en un nombre d'attributs à partir desquels le consommateur adoptera certaines attitudes. Toujours d'après ces modèles, le consommateur conçoit des croyances à l'égard de la performance d'une marque et de chaque attribut et accorde à chacun de ces attributs différents degrés d'importance. On détermine l'attitude vis-à-vis d'une marque en combinant les croyances du consommateur à l'égard de la performance de la marque pour chaque attribut avec l'importance qu'il accorde à ces mêmes attributs. On peut exprimer l'attitude du consommateur au moyen de l'équation suivante :

$$A_m = \sum_{i=1}^{n} B_i \times E_i$$

où

A_m = attitude envers la marque m
B_i = croyance selon laquelle la marque m possède l'attribut i
E_i = importance accordée à l'attribut i
n = nombre d'attributs considérés dans le processus d'achat

Un consommateur peut ainsi entretenir des croyances (B_i) à l'égard des attributs de certaines marques de dentifrice. Il peut percevoir qu'une marque contient du fluor, donc qu'elle combat la carie, qu'elle a bon goût et qu'elle combat le tartre. Le consommateur ne percevra peut-être pas ces attributs chez une autre marque. Il croira toutefois qu'elle possède d'autres attributs souhaitables, par exemple qu'elle rafraîchit l'haleine et blanchit les dents.

Afin de prévoir l'attitude du consommateur envers ces marques, on devra connaître l'importance qu'il accorde à chaque attribut (E_i). Les parents qui achètent du dentifrice pour leurs enfants, par exemple, préféreront une marque efficace pour prévenir la carie, préférence qui entraînera une attitude plus favorable par rapport à la première marque. Adolescents et jeunes adultes adopteront une marque qui rafraîchit l'haleine et qui blanchit les dents ; ils opteront donc pour la seconde marque.

Les consommateurs entretiennent un grand nombre de croyances à l'égard de plusieurs marques, peu importe la catégorie de produits ou de services. Ces croyances n'entrent pas nécessairement toutes en jeu au moment d'adopter une attitude vis-à-vis d'une marque donnée. Les croyances liées à des conséquences ou à des attributs précis, effectivement prises en compte au moment d'adopter une attitude, sont dites **croyances déterminantes**. Le spécialiste du marketing doit déterminer ces croyances et savoir à quel point leur importance varie selon les segments du marché, avec le temps et en fonction des situations d'achat.

Modèle d'attitude multiattributs

Modèle qui postule que l'attitude d'un individu par rapport à un objet est déterminée par ses croyances à l'égard de la performance de l'objet pour chaque attribut et de l'importance des attributs.

Croyance déterminante

Croyance liée à des conséquences ou à des attributs précis effectivement prise en compte au moment d'adopter une attitude.

Les stratégies liées au changement d'attitude

Les modèles d'attitude multiattributs aident le spécialiste du marketing à cerner et à diagnostiquer les bases sur lesquelles reposent les attitudes du consommateur. Le responsable du marketing doit bien connaître les croyances qui sous-tendent les évaluations du consommateur envers une marque et l'importance des attributs ou des conséquences. Cette connaissance lui permettra d'élaborer des stratégies de communication visant à créer, à modifier ou à renforcer les attitudes vis-à-vis d'une marque donnée. Le modèle d'attitude multiattribut suggère plusieurs façons d'influer sur l'attitude du consommateur. En voici quelques-unes :

- Accroître ou modifier l'intensité des croyances envers une marque par rapport à un attribut important.
- Modifier les perceptions du consommateur par rapport à l'importance ou à la valeur d'un attribut.
- Ajouter un attribut au processus de formation des attitudes.
- Modifier les croyances envers une marque concurrente par rapport à un attribut important.

Les publicitaires font souvent appel à la première stratégie. Ils déterminent une conséquence ou un attribut important et rappellent au consommateur la position avantageuse de leur marque envers cet attribut. Lorsque le consommateur ne se fait pas à l'idée qu'une marque possède un attribut important ou que sa croyance est mitigée, les stratégies publicitaires visent à modifier cette croyance. On peut accroître la perception de la performance d'une marque par rapport à un attribut important, même lorsque la croyance est déjà bien ancrée. La campagne du mouvement Desjardins (*C'est plus qu'une banque, c'est Desjardins*) offre un bon exemple de stratégie visant à développer et à renforcer une croyance au moyen de la publicité.

Le spécialiste du marketing tente souvent d'exercer une influence sur les attitudes du consommateur en modifiant l'importance relative d'un attribut particulier. Cette deuxième stratégie sous-entend que l'on doit inciter le consommateur à accorder davantage d'importance à cet attribut lorsqu'il adopte une attitude envers la marque. Par là, le spécialiste du marketing souhaite accroître l'importance de l'attribut de la marque. La troisième stratégie consiste à ajouter ou à mettre en relief un attribut dont disposera le consommateur au moment d'évaluer la marque. Pour y parvenir, le gestionnaire du marketing améliore le produit ou insiste sur d'autres avantages ou conséquences liés à l'utilisation du produit. Crest s'est associée à Scope afin d'ajouter une caractéristique importante à la célèbre marque de dentifrice, dans l'espoir d'exercer une influence sur les attitudes du consommateur.

Enfin, la dernière stratégie consiste à modifier les croyances du consommateur envers les attributs des catégories de produits ou des marques concurrentes. Cette stratégie s'est

> Le dentifrice Crest mise dorénavant sur un nouvel attribut dont le consommateur tiendra compte.

répandue avec la prolifération de la publicité comparative. Cette forme de publicité permet de comparer les attributs respectifs de produits concurrents pour mettre en relief la supériorité du produit annoncé.

La décision d'achat

Au cours du processus d'achat, le consommateur doit cesser de recueillir de l'information pour évaluer les marques de son ensemble évoqué et prendre une *décision d'achat*. Cette étape pourra se conclure par une **intention d'achat**. En général, l'intention d'achat se fonde sur l'arrimage entre les motifs d'achat, les attributs ou les caractéristiques du produit qui auront retenu l'attention du consommateur. Elle est le fruit de plusieurs sous-processus vus dans ce chapitre, dont la motivation, la perception et l'attitude.

Intention d'achat
Prédisposition à acheter une marque ou un produit particulier.

PERSPECTIVE 4.1

Cachez cette feuille d'érable que je ne saurais voir

La feuille d'érable est souvent utilisée dans les publicités, au Canada anglais, mais dès que ces logos, annonces publicitaires ou slogans sont utilisés au Québec, tout ce qui fait référence au Canada en est retiré.

Lors de l'implantation des restaurants Pizza Pizza au Québec, la compagnie a préféré supprimer la feuille d'érable de son logo. Bell a adopté un comportement similaire dans sa première publicité qui visait à faire connaître ses deux nouveaux porte-parole, les castors Jules et Bertrand. Ailleurs au pays, ces castors, Frank et Gordon, précisent qu'ils doivent être retenus en tant que représentants parce qu'ils sont *canadiens*. Dans la version québécoise, Jules et Bertrand mentionnent plutôt qu'ils sont des animaux *typiquement d'ici*. De la même manière, l'emballage des cigarettes Macdonald Spéciale est différent selon que le produit est vendu au Québec ou dans le reste du pays. En effet, au Canada anglais, sur le paquet rouge figure une feuille d'érable blanche accompagnée de l'expression *Canadian Blend*; au Québec, ce même emballage présente plutôt une fleur de lys blanche sur fond bleu et l'expression *Faites au Québec*. Pour Pizza Pizza, Bell et JTI-Macdonald, le fait d'omettre la feuille d'érable, de la recouvrir par la fleur de lys ou d'éviter des expressions trop canadiennes sont des façons de s'adapter au marché québécois, d'assurer un meilleur enracinement dans le milieu et d'éviter une mauvaise réception chez une portion de l'audience.

Selon Danny Kucharsky du *Marketing Magazine*, les précautions que prennent les responsables du marketing afin d'épurer leurs publicités de la feuille d'érable ou des expressions canadiennes sont vaines, voire ridicules. À son avis, il importe plutôt de dissocier le nationalisme du marketing. Reprenant l'exemple de Jules et Bertrand, celui-ci affirme que, même si ceux-ci avaient déclaré, sans détour, leur allégeance canadienne, les consommateurs québécois ne se seraient pas pour autant tournés vers les compagnies – pas plus nationalistes – que sont Rogers et Telus. D'ailleurs, le fait que Canadian Tire et que Postes Canada se trouvent parmi les compagnies les plus admirées des Québécois donne à penser que le drapeau canadien et le mot *Canada* peuvent être utilisés sans faire ombrage à l'entreprise. La question demeure donc entière : Faut-il intégrer le marché québécois avec ou sans la feuille d'érable?

Sources : Danny Kucharsky, « What Maple Leaf ? Canadian Marketers Are Proud to Show off Our National Symbol – Until They Enter Quebec », *Marketing Magazine*, 25 juin 2007 ; Danny Kucharsky, « Not Part of Canada, You Say ? », *Marketing Magazine*, décembre 2005.

Il ne faut pas confondre la décision d'achat et l'achat en soi. Dès que le consommateur décide de la marque qu'il veut acheter, il doit se la procurer. Entre-temps, il devra décider du moment et de l'endroit de l'achat, et du prix qu'il est prêt à consentir. Il s'écoulera souvent du temps entre l'intention ou la décision, et l'achat à proprement parler, en particulier lorsque l'achat est complexe – achat d'un véhicule, d'un ordinateur personnel ou d'un bien durable.

En ce qui concerne les biens non durables – on songe ici aux biens de première nécessité tels que les produits de grande consommation – le délai entre la décision et l'achat peut être bref. Avant de quitter la maison, le consommateur peut dresser une liste de ses achats. La liste peut comprendre certains produits pour lesquels le consommateur a créé une **fidélité à la marque**. Pour le spécialiste du marketing, il est important de susciter et de conserver la fidélité à la marque. Pour que le consommateur renonce à changer de marque de produit, le gestionnaire du marketing table sur la publicité de rappel – pour que la marque s'imprègne bien dans l'esprit du consommateur –, place les produits bien en vue sur les linéaires en magasin et orchestre des promotions périodiques. La fidélisation de la clientèle n'est pas une mince affaire. La concurrence fait appel à différentes techniques pour inciter le consommateur à essayer d'autres marques, entre autres par le lancement de nouveaux produits et la distribution d'échantillons gratuits. Le responsable du marketing doit lutter continuellement pour conserver sa clientèle et remplacer les clients qui se laissent tenter par d'autres marques.

En ce qui concerne l'achat des produits courants, tels que le lait, le pain et les œufs, la décision d'achat est souvent prise sur le lieu de vente. Le spécialiste du marketing doit donc s'assurer de la notoriété de la marque pour espérer que le consommateur la reconnaisse et l'achète sur-le-champ. Le conditionnement, les linéaires, le matériel de PLV et les outils promotionnels tels que les bons sur les emballages et les primes joueront donc un très grand rôle dans les décisions d'achat sur le lieu de vente.

Le processus d'intégration

Le **processus d'intégration** des renseignements concernant les caractéristiques de différentes marques constitue un important volet de la décision d'achat[18]. L'analyse des processus d'intégration porte sur les types de *règles de décision* ou de stratégies que le consommateur utilise pour effectuer un choix au moment de l'achat.

Les choix du consommateur reposent souvent sur des règles de décision ou des stratégies d'intégration exigeant un examen et une comparaison des attributs de marques différentes. Ce processus suppose une évaluation rigoureuse des attributs de chacune. Lorsque le consommateur fonde son choix sur des règles de décision aussi formelles, le responsable du marketing doit connaître les attributs faisant l'objet de cette évaluation, de manière à fournir les renseignements qu'exige le consommateur.

Le consommateur fonde parfois ses décisions d'achat en s'appuyant sur des règles de décision simplifiées, dites **heuristiques**. Selon Peter et Olson, les heuristiques sont faciles d'emploi et s'adaptent à plusieurs situations d'achat[19]. Lors de l'achat de produits familiers qu'il achète fréquemment, par exemple, le consommateur peut arrêter sa décision d'achat à partir d'une heuristique

---

Fidélité à la marque
Préférence pour une marque qui se traduit par des achats répétés.

Processus d'intégration
Manière dont la connaissance, les significations et les croyances reliées à un produit sont combinées pour évaluer deux choix ou plus.

Heuristique
Règle de décision élémentaire ou simplifiée à partir de laquelle le consommateur arrête une décision d'achat, par exemple acheter la marque la moins chère.

fondée sur le prix (acheter la marque la moins chère) ou sur une heuristique fondée sur la promotion (choisir la marque pour laquelle il payera moins cher grâce à un bon de réduction, un rabais ou une offre spéciale).

Le consommateur peut aussi prendre une décision à l'aide d'une **heuristique fondée sur l'affect**[20]. Selon cette règle de décision, le choix du consommateur repose sur des impressions générales ou sur une évaluation sommaire des possibilités qui s'offrent à lui. Cette règle stipule que le consommateur se forme des impressions affectives des marques qu'il mémorise et qu'il se rappellera au moment de l'achat. Combien de fois êtes-vous entré dans un magasin pour y effectuer des achats en vous fiant à vos impressions générales des marques plutôt qu'en comparant leurs attributs ?

> **Heuristique fondée sur l'affect**
> Règle de décision où le choix du consommateur repose sur des impressions générales ou sur une évaluation sommaire des choix qui s'offrent à lui.

Le gestionnaire du marketing qui commercialise des marques familières et populaires peut tabler sur une règle de décision fondée sur l'affect en mettant en relief les impressions ou les sentiments que font naître leurs produits. Les chefs de file, dont les produits profitent d'images de marque fortes, font souvent appel à des publicités présentant la marque comme la meilleure. La campagne publicitaire de Coke, coiffée du slogan « Quand c'est O.K., c'est Coke », et celle de Jeep, intitulée « Le seul et unique », sont autant d'exemples de cette stratégie.

L'évaluation postérieure à l'achat

Le processus de décision d'achat ne se conclut pas au moment de l'achat. Après la consommation, le consommateur évalue la performance du produit ou du service acheté. L'évaluation postérieure à l'achat trouve son importance dans les réactions suivant l'utilisation d'un produit ou d'un service qui influent sur la probabilité de rachat. Une bonne performance du produit a pour effet d'augmenter les possibilités de la marque de figurer dans l'ensemble évoqué du consommateur, ce qui accroît la probabilité d'un rachat. Une mauvaise performance incite le consommateur à adopter une attitude défavorable envers une marque donnée, ce qui diminue la probabilité du rachat. Dans certains cas, le consommateur peut même exclure cette marque de son ensemble évoqué.

Le consommateur participe à différentes activités au cours de son évaluation postérieure à l'achat. Il cherche à se faire rassurer ou à obtenir des opinions qui confirment le bien-fondé de sa décision d'achat. Il peut remettre en question son attitude ou ses opinions à l'égard des marques qu'il a écartées. Dans certains cas, le consommateur peut dénier ou déformer toute information qui ne cadre pas avec son choix ou encore obtenir de l'information militant en faveur de son choix. La publicité constitue alors une importante source d'information pouvant confirmer le choix du consommateur, car celui-ci tend à être plus attentif à la publicité de la marque qu'il a choisie[21]. C'est pourquoi l'entreprise a avantage à diffuser des publicités qui renforcent la décision d'achat du consommateur.

La satisfaction

La **satisfaction** est le sentiment le plus important de l'évaluation postérieure à l'achat[22]. L'idée de satisfaction sous-entend que l'un des objectifs du consommateur a été atteint (par exemple un besoin comblé) et que la satisfaction est jugée selon une norme. Ainsi, le consommateur établit une comparaison entre la consommation et quelque autre référent.

> **Satisfaction**
> Jugement du consommateur par rapport au degré de plaisir que lui procure la consommation d'un produit ou d'un service.

Les modèles de comportement du consommateur **CHAPITRE 4** 119

Le consommateur est susceptible d'établir plusieurs comparaisons. Il peut comparer le niveau de performance d'un produit avec ses attentes avant l'achat. Le consommateur éprouve une satisfaction quand ses attentes ont été comblées ou dépassées.

Son insatisfaction grandit lorsque la performance du produit ou du service se révèle inférieure à ses attentes. Le consommateur peut aussi comparer la performance d'un produit avec quelque norme de qualité absolue pour décider de son degré de satisfaction ou d'insatisfaction.

Dissonance cognitive
État de tension psychologique ou de doute qui envahit le consommateur après un achat difficile.

La **dissonance cognitive** constitue une autre facette de la satisfaction. Cette forme de dissonance se manifeste plutôt lors de décisions importantes et lorsque le consommateur doit trancher entre des options similaires, en particulier quand le choix écarté compte des caractéristiques exclusives ou désirables, que le choix du consommateur ne comporte pas.

Le gestionnaire du marketing doit tenir compte de l'importance de l'évaluation postérieure à l'achat. Non seulement le consommateur insatisfait est-il peu susceptible de racheter le produit commercialisé, mais il peut aussi tenir des propos négatifs visant à convaincre ses proches de ne pas l'acheter. Le meilleur moyen de s'assurer des évaluations favorables après l'achat consiste à fournir un produit ou un service de qualité répondant aux attentes du consommateur. Le gestionnaire du marketing doit veiller à ce que la publicité et les autres formes de promotion ne suscitent aucune attente déraisonnable à laquelle le produit ne peut répondre.

Les publicitaires se sont rendu compte que la communication postérieure à l'achat a aussi son importance. Quelques entreprises envoient ainsi des lettres et des dépliants afin de rassurer les acheteurs et de démontrer le bien-fondé de leur décision. Nombre de sociétés ont mis en place des numéros sans frais à l'intention des consommateurs qui désirent se renseigner ou se plaindre à propos d'un produit. Nombre de responsables du marketing ont aussi libéralisé les politiques de retour et de remboursement, et prolongé les garanties pour assurer la satisfaction de la clientèle. Certains ont pris appui sur l'insatisfaction postérieure à l'achat afin de s'attirer une nouvelle clientèle.

Les autres configurations du processus de décision d'achat

Dans les pages précédentes, nous avons décrit un modèle de processus de décision d'achat. Le consommateur, toutefois, ne franchit pas toujours les cinq étapes du processus standard selon l'ordre présenté. Il peut, dans certains cas, accorder peu d'importance à l'une d'elles, voire en escamoter plusieurs. Ce scénario se produit quand le consommateur a quelque expérience de l'achat d'un produit ou d'un service ou que sa décision revêt peu d'importance sur les plans personnel, social ou économique. L'élaboration des programmes et des stratégies de promotion efficaces repose avant tout sur une bonne compréhension du processus de résolution de problèmes sur lequel se fondent les clients cibles pour arrêter leurs décisions d'achat[23].

Plusieurs décisions d'achat découlent des habitudes ou des modes de sélection routiniers de l'individu. En ce qui a trait au nombre de produits bon

PERSPECTIVE INTERNATIONALE 4.1

Beckham, pour vendre le soccer aux Américains

Lorsque le milieu de terrain du Real Madrid, David Beckham, a décidé de déménager aux États-Unis et de jouer pour le Galaxy de Los Angeles, le salaire annuel de 32 millions de dollars qu'il devait toucher pendant 5 ans constituait plus qu'un simple investissement dans les talents athlétiques d'un joueur de soccer. C'est que Beckham est non seulement un athlète qui se démarque dans son sport, mais aussi une personnalité publique populaire et courtisée par les médias de tous genres ; Beckham est, en lui-même, une marque reconnue et prisée, dont le mandat est désormais de vendre le soccer aux Américains.

Sa décision de s'installer aux États-Unis avec sa femme, Victoria Adams, ancienne vedette des Spice Girls, a fait l'objet d'une couverture médiatique fort importante. Cette attention s'est transportée sur les terrains de soccer puisque, depuis l'arrivée de cet ancien capitaine de la sélection anglaise, les ventes de billets pour les matchs du Galaxy et celles de produits dérivés de l'équipe n'ont fait qu'augmenter (une hausse de 700 % selon le commissaire de la Ligue, Don Garber). On ne s'étonne d'ailleurs pas que le produit le plus vendu soit le chandail officiel de Beckham. Or, les retombées de l'acquisition de cette super-vedette ne se limitent pas uniquement aux profits qu'amasse son équipe. Les ventes de produits dérivés de la Major League Soccer ont aussi subi une augmentation de 300 % et, en attirant un joueur de ce calibre parmi ses rangs, la MLS devient une ligue de soccer plus crédible et fait davantage parler d'elle. C'est sur ce changement de perception, bien que nuancé par certains, qui y voient uniquement un coup de publicité, que mise la MLS afin d'accroître sa visibilité et de faire en sorte que le soccer lutte avec le baseball, le football et la NASCAR pour obtenir l'intérêt du public américain. Dotée de motifs similaires, la compagnie Adidas, dont Beckham est le porte-parole, compte profiter du fait que la vedette se soit établie aux États-Unis pour rivaliser contre Nike sur le marché américain. En bref, l'association avec la *marque Beckham* se révèle bénéfique pour plusieurs ; tant le Galaxy, la MLS qu'Adidas amassent ainsi – ou prévoient ainsi amasser – des profits grâce à la présence de la vedette aux États-Unis.

Sources : Jeromy Lloyd, « Brand it like Beckham », *Marketing Magazine,* 27 août 2007, p. 16-17 ; AP, « Soccer – Beckham a brillé au moment où la fébrilité de son arrivée s'estompait », *Le Devoir,* 21 août 2007, [en ligne], <www.ledevoir.com/2007/08/21/154054.html#> (page consultée le 16 janvier 2008).

---

marché achetés souvent, le processus de décision d'achat consiste à cerner le besoin, à mener une recherche d'information interne rapide et à effectuer l'achat. Le consommateur investit peu d'efforts, voire aucun, dans la recherche d'information externe ou dans l'évaluation des choix qui s'offrent à lui.

Le spécialiste du marketing commercialisant des produits d'achat routinier doit faire en sorte que ses marques figurent dans l'ensemble évoqué du consommateur et ne rien faire qui aurait pour effet de les exclure de ce même ensemble. Les marques établies accaparant d'importantes parts du marché sont susceptibles de se trouver dans l'ensemble évoqué du consommateur. Le gestionnaire de ces marques souhaite que le consommateur s'en tienne à un choix routinier et qu'il continue de les acheter. Pour ce faire, il doit s'assurer que la marque conserve un niveau élevé de notoriété, notamment en recourant à la publicité de rappel, à des promotions périodiques et en occupant une position prédominante sur les linéaires des commerces de détail.

Le gestionnaire d'une nouvelle marque ou d'un produit détenant une part de marché négligeable relève un défi différent. Il doit trouver un moyen de perturber le processus de décision d'achat routinier du consommateur pour l'amener à évaluer différentes possibilités d'achat. La publicité de masse, afin d'inciter le consommateur à changer de marque ou à en essayer une nouvelle, la distribution d'échantillons gratuits, une offre spéciale de lancement, des bons de réduction et autres outils semblables devraient bien servir le spécialiste du marketing en ce sens.

Le consommateur peu expérimenté dans l'achat d'un produit ou d'un service particulier complique davantage le processus de décision d'achat. L'effet est le même lorsqu'il connaît peu les marques du commerce ou qu'il ignore les critères à employer pour arrêter son choix. Ce consommateur doit sans doute trouver des attributs et des critères qui vont lui permettre de prendre une décision éclairée. Son évaluation de la performance des produits qui l'intéressent repose sur chacun des critères. À propos des produits ou des services permettant de résoudre certains problèmes de consommation, le responsable du marketing doit fournir de l'information en vue d'éclairer le choix du consommateur.

La publicité fournissant des renseignements détaillés sur une marque est tout aussi importante, tout comme la publicité justifiant la pertinence de l'achat d'un produit particulier. Le fabricant pourrait aussi fournir de l'information au consommateur sur le lieu de vente, que ce soit par le biais de présentoirs ou de dépliants. Chaque réseau de distribution devrait disposer d'un effectif de vente compétent, en mesure d'expliquer les caractéristiques, les avantages et la supériorité du produit ou du service.

Les théories behavioristes de l'apprentissage

Bien que le modèle d'apprentissage étudié jusqu'à présent soit largement répandu, il serait négligent de notre part de ne pas en aborder un autre, tout aussi important. Les théories behavioristes de l'apprentissage confèrent une large place aux stimuli de l'environnement externe sur le comportement, mais elles atténuent l'importance des processus psychologiques internes. L'approche behavioriste ou *approche stimulus-réponse* (S-R) suggère que l'apprentissage résulte des associations que fait une personne entre un stimulus externe et la réaction (ou réponse) que ce même stimulus provoque. Nous nous intéresserons aux principes élémentaires de deux théories behavioristes, soit le conditionnement classique et le conditionnement opérant.

Le conditionnement classique

Le **conditionnement classique** laisse présupposer que l'apprentissage constitue un *processus associatif* reposant sur la relation entre un stimulus non conditionné (une chanson de Céline Dion) et la réaction qu'il engendre (une réaction émotionnelle agréable). L'apprentissage survient lorsqu'un **stimulus conditionné** (une marque de parfum quelconque) engendre la même réaction qu'un stimulus non conditionné (soit une réaction conditionnée) du simple fait que les deux stimuli coexistent (la publicité de la marque de parfum utilise comme trame de fond la chanson de Céline Dion). Deux conditions s'avèrent nécessaires pour que l'apprentissage découle d'un pro-

Conditionnement classique

Forme de conditionnement laissant présupposer que l'apprentissage constitue un processus associatif reposant sur la relation entre un stimulus non conditionné et la réaction qu'il engendre.

Stimulus conditionné

Stimulus engendrant la même réaction qu'un stimulus non conditionné (soit une réaction conditionnée) du simple fait que les deux stimuli coexistent.

cessus associatif. La première est la contiguïté, qui signifie que le stimulus non conditionné et le stimulus conditionné doivent coexister dans un espace et un temps rapprochés ; la seconde consiste en la *répétition* ou la fréquence de l'association. Plus les stimuli conditionnés et non conditionnés sont associés à répétition, plus leur association gagne en force.

Les principes du conditionnement classique sont largement utilisés en marketing. C'est ainsi que, par l'entremise d'un processus d'association, les publicitaires tentent de conditionner les acheteurs pour qu'ils aient des images et des impressions favorables de différentes marques. Ils s'efforcent d'associer leurs produits et leurs services aux perceptions, aux images et aux émotions pour faire naître des réactions positives chez le consommateur.

Nombreux sont les produits faisant l'objet d'une publicité où la marque est accompagnée d'un stimulus non conditionné qui suscite des sentiments agréables, par exemple l'humour ou une chanson populaire. Lorsqu'elle est accompagnée d'un stimulus non conditionné, la marque devient elle-même un stimulus conditionné qui, à son tour, fait naître le même sentiment agréable.

La publicité ci-contre de l'assouplisseur Bounce illustre cette stratégie. Voyez comment on y associe la fraîcheur du produit à la douceur des fleurs d'un verger. Le positionnement du fabricant repose sur cette association.

Des études confirment qu'il est possible d'associer un produit ou un service à un état affectif agréable, grâce aux principes du conditionnement classique.

Gerald Gorn a analysé l'influence du fond sonore musical des publicités sur le choix d'un produit. Il a conclu que le consommateur est davantage susceptible d'opter pour un produit lorsque le fond sonore musical lui plaît que lorsqu'il lui déplaît[24]. Les émotions que suscite une publicité peuvent donc être associées au produit annoncé grâce au conditionnement classique. Kellaris et ses collaborateurs ont aussi démontré que la musique qui concorde avec le message améliore à la fois le rappel et la reconnaissance du produit[25].

On associe la fraîcheur de l'assouplisseur Bounce à la douceur des fleurs d'un verger.

Le conditionnement opérant

Le conditionnement classique présente l'individu comme un participant de type passif dans le processus d'apprentissage, car il ne réagit qu'aux stimuli de l'environnement externe. En revanche, le **conditionnement opérant**, parfois appelé conditionnement instrumental, voit l'individu comme un participant actif dans le processus d'apprentissage, car il agit sur son environnement. Ici, le comportement est conditionné par l'apprentissage de l'individu en ce qu'il posera des actes dont les conséquences seront positives et évitera ceux qui auront des conséquences négatives.

Concept clé de la théorie du conditionnement opérant, le **renforcement** se présente sous forme de récompense ou de conséquence favorable associée à un acte particulier. Un comportement renforcé fortifie le lien entre un

Conditionnement opérant

Forme de conditionnement où l'individu est perçu comme un participant actif dans le processus d'apprentissage.

Renforcement

Récompense ou conséquence favorable associée à un acte particulier.

Les modèles de comportement du consommateur **CHAPITRE 4** 123

Réponse
Ensemble des réactions du récepteur après qu'il a vu, entendu ou lu le message.

stimulus et une **réponse**. En ce sens, quand un consommateur achète un produit en réaction à une publicité et que l'achat s'avère positif, il y a de fortes chances qu'il rachète ce produit.

On peut appliquer les principes du conditionnement opérant au marketing. Ainsi, en plus de s'efforcer d'offrir des produits et des services qui répondent aux besoins du consommateur, les entreprises récompensent le consommateur afin d'accroître la possibilité d'achats répétés. Les récompenses peuvent prendre la forme de primes à l'intérieur de l'emballage, de cartes de fidélité ou de programmes de points (par exemple, le programme AIR MILES). Le renforcement peut aussi être implicite. En effet, plusieurs publicités mettent en relief les avantages ou les gratifications que tirerait le consommateur de l'emploi d'un produit ou d'un service particulier. En ce sens, une annonce de dentifrice pourrait montrer une personne utilisant la marque en question et dont les dents deviennent de plus en plus blanches. On fait aussi appel au renforcement pour inciter le consommateur à employer une marque ou un produit précis et lui éviter certaines conséquences désagréables. Les annonces de piles Energizer, par exemple, montrent souvent les conséquences négatives de leur non-utilisation (les appareils cessent de fonctionner).

Programme de renforcement
Programme se traduisant par différents schèmes d'apprentissage et de comportement.

Les **programmes de renforcement** et le façonnage se révèlent fort utiles pour le spécialiste du marketing élaborant une stratégie promotionnelle. Nombre de programmes de renforcement se traduisent par différents schèmes d'apprentissage et de comportement. Le *programme de renforcement continu*, où chaque réponse est récompensée, facilite l'apprentissage. Par contre, le comportement est susceptible d'arrêter lorsqu'on met un terme au programme de renforcement. Le spécialiste du marketing doit donc assurer un renforcement continu; autrement, il y a gros à parier que le consommateur optera pour une autre marque. Cette situation se produit fréquemment pour certaines catégories de produits, comme les jus de fruits, où il y a toujours une marque en promotion.

L'apprentissage se fait plus lentement lorsque le *programme de renforcement est partiel ou intermittent* et que seules quelques réponses du consommateur sont récompensées. Le comportement qui en résulte, par contre, dure plus longtemps. Les programmes promotionnels font appel à des programmes de renforcement partiels. L'entreprise peut offrir une forme de récompense au consommateur pour qu'il achète son produit, mais elle ne souhaite pas la lui offrir en tout temps, car il s'agirait alors d'un renforcement continu et cela pourrait créer une dépendance chez le consommateur. En outre, le consommateur cesserait d'acheter la marque dès que la récompense lui serait retirée. Une étude traitant des répercussions du renforcement sur les usagers du transport en commun révélait que les bons de réduction remis en guise de récompense se sont avérés aussi efficaces dans le cadre d'un programme de renforcement partiel que continu[26]. Le coût de la distribution des bons de réduction était, par contre, de beaucoup inférieur à l'occasion d'un programme de renforcement partiel.

Façonnage
Renforcement d'actes successifs qui entraînent la réponse ou le comportement souhaité.

Dans le cadre d'un programme de renforcement, l'entreprise peut également avoir recours au **façonnage** afin d'exercer une influence sur l'apprentissage et le comportement du consommateur. Selon Rothschild et Gaidis, le façonnage est un processus indispensable à la modification des comportements complexes[27]. Les comportements à la fois nouveaux et complexes sont rarement adoptés au hasard dans la nature. Comme le comportement ne peut être renforcé que s'il s'est déjà produit, il peut être nécessaire de renforcer d'abord des comportements simples, de façon à renforcer ensuite graduellement le comportement complexe souhaité. Par exemple, afin d'accroître le nombre de ses abonnés, un journal pourrait offrir à des abonnés potentiels un exemplaire gratuit du journal pendant deux semaines. Cette première promotion pourrait être suivie d'une offre d'abonnement de trois mois à prix réduit. Au terme de cette deuxième promotion, le client pourrait être invité à souscrire un abonnement de six mois au prix régulier.

Dans un contexte de promotion des ventes, le façonnage se révèle fort utile à l'offre de lancement d'un nouveau produit. Des échantillons et des bons de réduction sont distribués afin d'inciter le consommateur à essayer et à acheter le produit. Le gestionnaire du marketing doit par contre être prudent s'il recourt au façonnage. Lorsque l'entreprise met un terme aux récompenses trop hâtivement, le consommateur risque de ne pas adopter le comportement recherché. D'un autre côté, une surutilisation des récompenses peut amener le consommateur à rechercher la récompense plutôt que les caractéristiques du produit ou du service.

Les influences de l'environnement sur le comportement du consommateur

Les décisions d'achat ne se prennent pas de façon isolée. En effet, plusieurs facteurs externes exercent une influence sur la prise de décision, comme l'illustre la figure 4.5. Nous les examinerons en détail dans les prochaines sections.

FIGURE 4.5 Les influences externes sur le comportement du consommateur

- Culture
- Sous-culture
- Classe sociale
- Groupes de référence
- Déterminants situationnels

Processus de décision d'achat

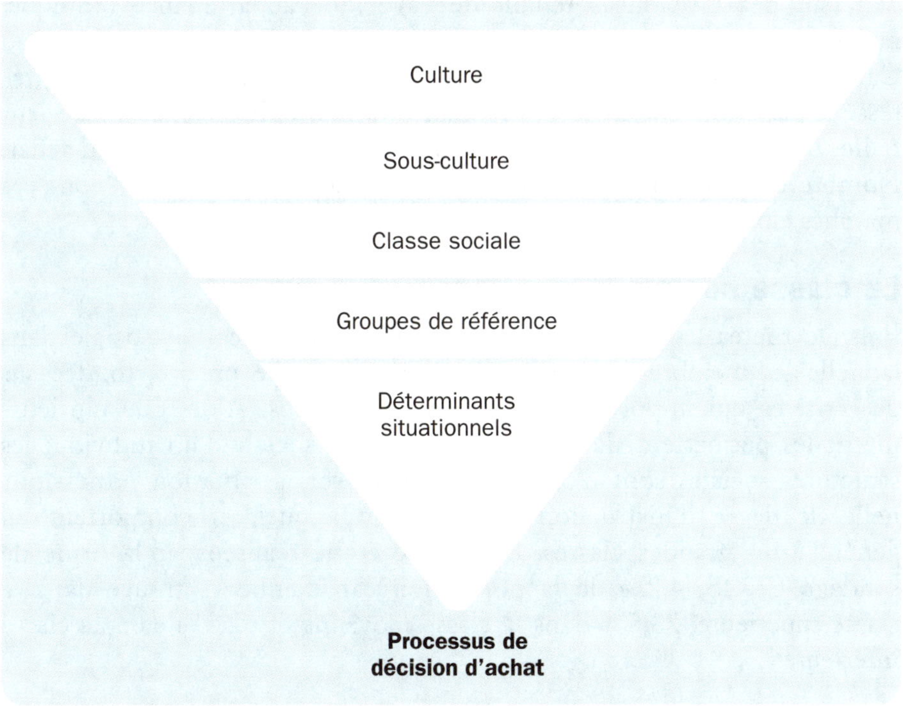

La culture

Culture
Ensemble complexe de significations, de valeurs, de normes et de coutumes acquises que partagent les membres d'une société.

Parmi les facteurs externes influant sur le comportement du consommateur, la **culture** est le plus vaste et le plus abstrait. Les valeurs et les normes culturelles orientent toutes les facettes de la vie des membres d'une société, dont leur comportement de consommation. L'étude des répercussions de la culture sur le comportement du consommateur joue un rôle de plus en plus déterminant, au moment où un nombre croissant d'entreprises internationalisent leurs activités. Chaque pays possède des traditions, des coutumes et des valeurs culturelles que le gestionnaire du marketing doit connaître avant de concevoir ses programmes de commercialisation.

Le gestionnaire du marketing doit aussi être à l'affût des changements qui s'opèrent dans une culture donnée et être sensible aux enjeux de ces changements, pour être en mesure d'ajuster ses stratégies. La culture canadienne est en constante mutation, et ces changements ont des répercussions directes sur les communications marketing. C'est pourquoi le responsable de la recherche en marketing doit surveiller de près ces changements et déterminer leurs effets sur les manières de commercialiser les produits et les services.

Le spécialiste du marketing est sensible au fait que la culture influence le consommateur, mais il a du mal à s'adapter aux variantes culturelles des différents marchés. Les subtilités propres à chaque culture s'avèrent souvent difficiles à saisir et à évaluer. Pour se faciliter la tâche, le gestionnaire du marketing doit connaître le contexte culturel dans lequel s'inscrivent les décisions d'achat du consommateur et adapter ses programmes de publicité et de promotion en conséquence.

Les sous-cultures

Sous-culture
Groupe ou segment plus restreint d'une culture dont les convictions, les valeurs, les normes et les habitudes d'achat sont différentes de celles du courant dominant.

On trouve souvent, au cœur d'une culture, des **sous-cultures** qui se fondent sur des différences tenant de l'âge, de l'appartenance ethnique, raciale, religieuse ou géographique. Plusieurs sous-cultures coexistent au Canada. Les sous-cultures fondées sur l'origine raciale ou ethnique intéressent particulièrement le gestionnaire du marketing en raison de leur taille, de leur croissance, de leur pouvoir et de leurs habitudes d'achat. Nombre de programmes marketing sont conçus expressément pour ces marchés cibles.

La classe sociale

Classe sociale
Division relativement homogène d'une société dont les membres ont une certaine conformité d'intérêts, d'habitudes de vie, de valeurs, de normes, de sphères d'intérêts et de comportements similaires.

Presque toutes les sociétés reposent sur une stratification sociale dans laquelle les membres sont affectés à une catégorie précise, fondée sur des critères qui importent à ces mêmes membres. Alors que plusieurs méthodes permettent de déterminer la **classe sociale** d'un individu, les structures sociales sont d'ordinaire fondées sur la situation professionnelle, le degré d'instruction et le revenu annuel, et comportent en général trois grandes classes. Selon une étude réalisée par la firme de sondage EKOS, 4,2 % de la population canadienne se trouve dans la classe supérieure, 23,5 % dans la classe moyenne et 62,3 % dans la classe inférieure[28].

La classe sociale revêt une certaine importance aux yeux du spécialiste du marketing, car les membres de chaque strate partagent des valeurs, des habitudes et des comportements d'achat similaires. Les classes sociales forment une base naturelle utile à la segmentation des marchés. Les consommateurs appartenant à ces classes se distinguent par la fréquence d'utilisation des produits ou des services, leurs loisirs, leurs comportements d'achat et leurs habitudes médias. Le spécialiste du marketing réagit à ces traits distinctifs en optant pour un positionnement particulier à chacun.

> **Groupe de référence**
>
> Groupe dont les valeurs et les idées présumées servent à asseoir le jugement, les opinions et les actes d'un individu.

Les groupes de référence

Songez à la dernière soirée entre amis à laquelle vous avez été convié. Alors que vous étiez en train de vous habiller pour l'occasion, vous vous interrogiez (ou vous interrogiez une autre personne) sur la tenue des autres invités. Votre choix a peut-être été influencé par les personnes que vous vous attendiez à rencontrer. Cet exemple fort simple illustre l'un des effets qu'un groupe pourrait exercer sur votre comportement.

Un groupe comprend « deux individus ou plus qui partagent un ensemble de normes, de valeurs ou de croyances et qui entretiennent un rapport défini de façon implicite ou explicite, de sorte que leur comportement est interdépendant[29] ». Les groupes constituent l'un des principaux facteurs influant sur l'apprentissage et la socialisation. Plusieurs décisions d'achat sont prises lorsque l'individu se trouve à l'intérieur d'un groupe.

Lorsque le groupe est absent, le consommateur se tourne vers les **groupes de référence** pour guider certains de ses comportements[30]. Revenons à l'exemple de la soirée entre amis. Vos amis, même s'ils n'étaient pas avec vous, vous ont imposé le code vestimentaire auquel vous vous êtes reporté pour choisir vos vêtements. De même, vos condisciples, les membres de votre famille, vos collègues de travail, et même un groupe auquel vous souhaiteriez appartenir, vous serviront de référents. Vos habitudes de consommation se conformeront aux attentes des groupes comptant le plus à vos yeux. L'annonce d'Ardène ci-contre, parue dans la revue *Filles*, constitue un bon exemple de cette forme d'influence.

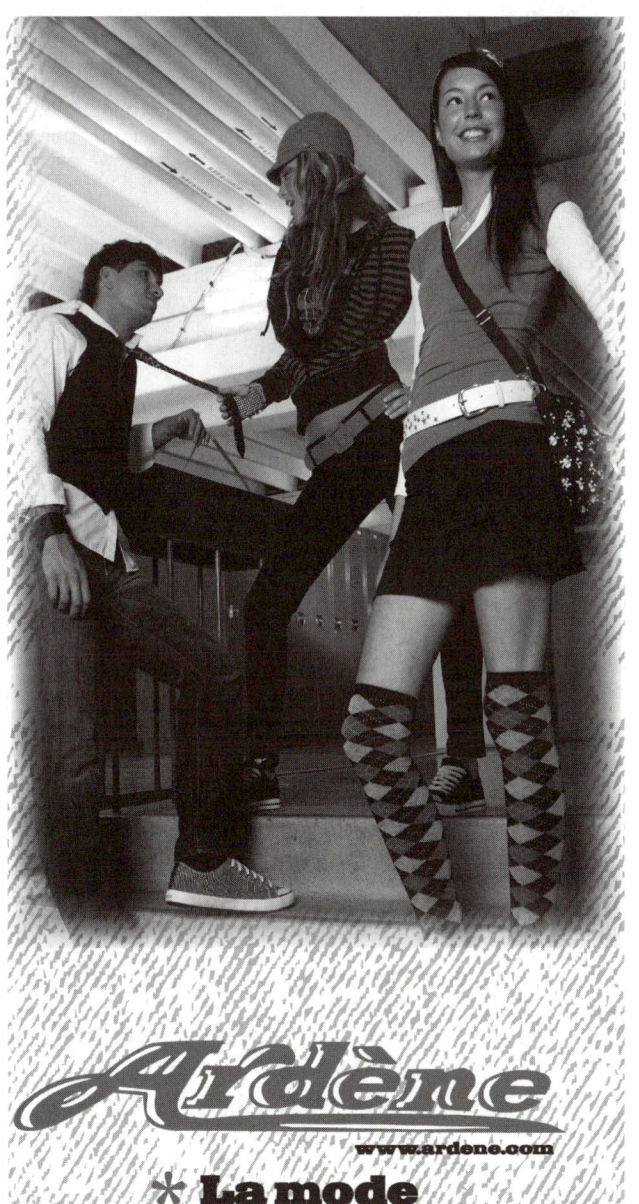

Cette publicité constitue un bon exemple de message s'appuyant sur l'influence du groupe de référence.

Dans certains contextes, le groupe ne se limite pas au simple rôle de référent. Les membres d'une famille, par exemple, peuvent tenir le rôle d'un référent les uns par rapport aux autres, mais ils peuvent aussi prendre part au processus de décision d'achat. C'est donc dire qu'ils agissent collectivement comme une seule unité d'achat. Comme le montre le tableau 4.1, les membres d'une famille peuvent tenir plusieurs rôles dans le processus de décision d'achat[31]. C'est pourquoi le spécialiste du marketing doit tenir compte de chacun.

TABLEAU 4.1 Le rôle des membres d'une famille dans le processus de décision d'achat

L'initiateur de l'achat d'un produit	Première personne suggérant d'acheter un nouveau produit ou service – la mère éprouvant le besoin d'un véhicule neuf.
L'informateur	Personne recueillant l'information qui alimente le processus de décision d'achat – l'adolescent amateur de voitures cherchant l'information dans les magazines spécialisés ou interrogeant les concessionnaires d'automobiles.
L'influenceur	Personne déterminant les critères de sélection – le rôle d'influenceur peut être tenu par la mère seule ou par celle-ci, accompagnée d'autres membres de la famille.
Le décideur	Personne à qui il incombe de prendre la décision – le rôle peut être tenu par la mère seule ou par celle-ci, accompagnée d'un autre membre de la famille.
L'acheteur	Personne effectuant l'achat – le rôle de l'acheteur pourrait être ici tenu concurremment par le mari et la femme, et les deux pourraient apposer leur signature sur le contrat d'achat.
Le consommateur	Utilisateur réel du produit – dans le cas d'une voiture familiale, tous les membres de la famille joueraient le rôle du consommateur ; dans le cas d'une voiture particulière privée, le rôle du consommateur serait tenu par la mère seule.

Les déterminants situationnels

Déterminant situationnel

Influence provenant d'une situation particulière dans laquelle le consommateur doit employer un produit ou une marque.

Trois types de **déterminants situationnels** exercent une influence sur le processus de décision d'achat : le contexte d'utilisation, le contexte de l'achat et le contexte de communication.

Le *contexte* dans lequel le consommateur projette d'utiliser le produit ou la marque a une influence directe sur les perceptions, les préférences et le comportement d'achat de ce dernier[32]. L'*utilisation* fait référence à la situation dans laquelle le produit est employé. On aborde différemment l'achat d'un produit pour usage privé, par exemple, de celui qui est consommé en public. En ce sens, le processus de décision d'achat d'une bouteille de vin est plus complexe à l'occasion d'une importante soirée à laquelle vous avez été convié par votre patron qu'à l'occasion d'un simple repas à la maison. Le contexte de l'*achat* implique plus directement l'environnement dans lequel se trouve le consommateur au moment de l'achat. Les contraintes de temps, l'emplacement du magasin et d'autres facteurs exercent une influence sur le processus de décision d'achat. Le contexte de *communication* fait référence à la manière dont le consommateur est exposé à une publicité (dans l'auto en écoutant la radio, avec des amis, etc.). Ce facteur n'est peut-être pas le plus pertinent pour l'élaboration d'une stratégie promotionnelle, car le degré d'influence sur le consommateur varie selon la situation. Le consommateur, par exemple, prête davantage attention à une publicité lorsqu'il est seul chez lui, plutôt qu'avec des amis ou au travail, bref dans tout endroit susceptible de le distraire. Si le publicitaire peut isoler un moment où l'auditeur est enclin à être attentif, il gagnera sans doute toute son attention.

En somme, le succès ou l'échec du message repose en grande partie sur les déterminants situationnels. Les chances de succès auprès des clientèles cibles dépendent, jusqu'à un certain point, de l'évaluation des influences situationnelles.

RÉSUMÉ

Le présent chapitre vous a permis d'explorer quelques facettes du comportement du consommateur et d'examiner sa pertinence quant à la stratégie promotionnelle. Le comportement du consommateur est le processus et les activités auxquels se livre le consommateur lorsqu'il recherche, choisit, acquiert, utilise, évalue et délaisse un produit ou un service afin de satisfaire ses besoins et ses désirs. Le processus de décision d'achat comporte cinq volets : la reconnaissance du besoin, la recherche d'information, l'évaluation des options, la décision d'achat et l'évaluation postérieure à l'achat. La motivation, la perception, la formation d'attitudes, les processus d'intégration et la satisfaction sont autant de processus psychologiques qui exercent une influence sur le processus de décision d'achat.

Le modèle de processus de décision d'achat présenté dans ce chapitre appréhende l'apprentissage dans une optique cognitive.

Nous nous sommes aussi intéressés à d'autres modèles d'apprentissage, ainsi qu'à leurs incidences sur la publicité et la promotion. En outre, nous avons présenté les théories behavioristes de l'apprentissage, notamment le conditionnement classique et le conditionnement opérant.

Enfin, nous nous sommes penchés sur les facteurs externes qui influent sur le processus de décision d'achat. Nous avons abordé la culture, la sous-culture, la classe sociale, les groupes de référence et les déterminants situationnels, de même que leurs répercussions sur l'élaboration de stratégies et de programmes promotionnels.

MOTS CLÉS

- attention sélective
- classe sociale
- comportement du consommateur
- compréhension sélective
- conditionnement classique
- conditionnement opérant
- conséquence fonctionnelle
- conséquence psychosociale
- critère d'évaluation
- croyance déterminante
- culture
- désir
- déterminant situationnel
- dissonance cognitive

- exposition sélective
- façonnage
- fidélité à la marque
- groupe de référence
- heuristique
- heuristique fondée sur l'affect
- hiérarchie des besoins
- intention d'achat
- mémoire sélective
- méthode mnémotechnique
- modèle d'attitude multiattribut
- motivation
- perception
- perception sélective
- perception subliminale

- processus d'intégration
- programme de renforcement
- publicité de rappel
- recherche externe
- recherche interne
- recherche sur les motivations
- reconnaissance du besoin
- renforcement
- réponse
- satisfaction
- sensation
- sous-culture
- stimulus conditionné

QUESTIONS DE DISCUSSION

1 Comment le consommateur peut-il amorcer chaque processus de perception sélective décrit dans ce chapitre ? Justifiez votre réponse à l'aide de quelques exemples.

2 Comment le gestionnaire du marketing peut-il modifier les attitudes des consommateurs envers un produit ou un service ? Répondez à la question à l'aide du modèle d'attitude multiattribut proposé dans ce chapitre.

3 En quoi les différences culturelles peuvent-elles influer sur la perception du consommateur lorsqu'il est exposé à des publicités ? Répondez à la question à l'aide de quelques exemples.

4 Nous l'avons vu, les membres d'une même famille peuvent exercer une influence sur le processus de décision d'achat. Comment peuvent-ils tenir les rôles décrits dans le tableau 4.1, à la page 128 ? En quoi ces rôles peuvent-ils changer selon l'achat du produit ?

5 Comment la perception sélective influence-t-elle le téléspectateur exposé à une publicité ?

6 En quoi la perception subliminale consiste-t-elle ? Comment le spécialiste du marketing tente-t-il d'exploiter ce concept lorsqu'il commercialise des produits et des services ?

7 Discutez des trois configurations du processus de décision d'achat. Quelle est l'importance des communications marketing pour chacune ?

CHAPITRE 5
Les modèles de processus de communication

OBJECTIFS D'APPRENTISSAGE

- Comprendre les éléments de base du processus de communication et la fonction des communications dans une stratégie marketing.

- Étudier divers modèles de processus de communication.

- Analyser les processus de réponse des récepteurs des communications marketing, notamment les modèles de la hiérarchie des effets, et leurs incidences sur la stratégie et la planification de la promotion.

- Étudier la nature du traitement cognitif du consommateur au regard des communications marketing.

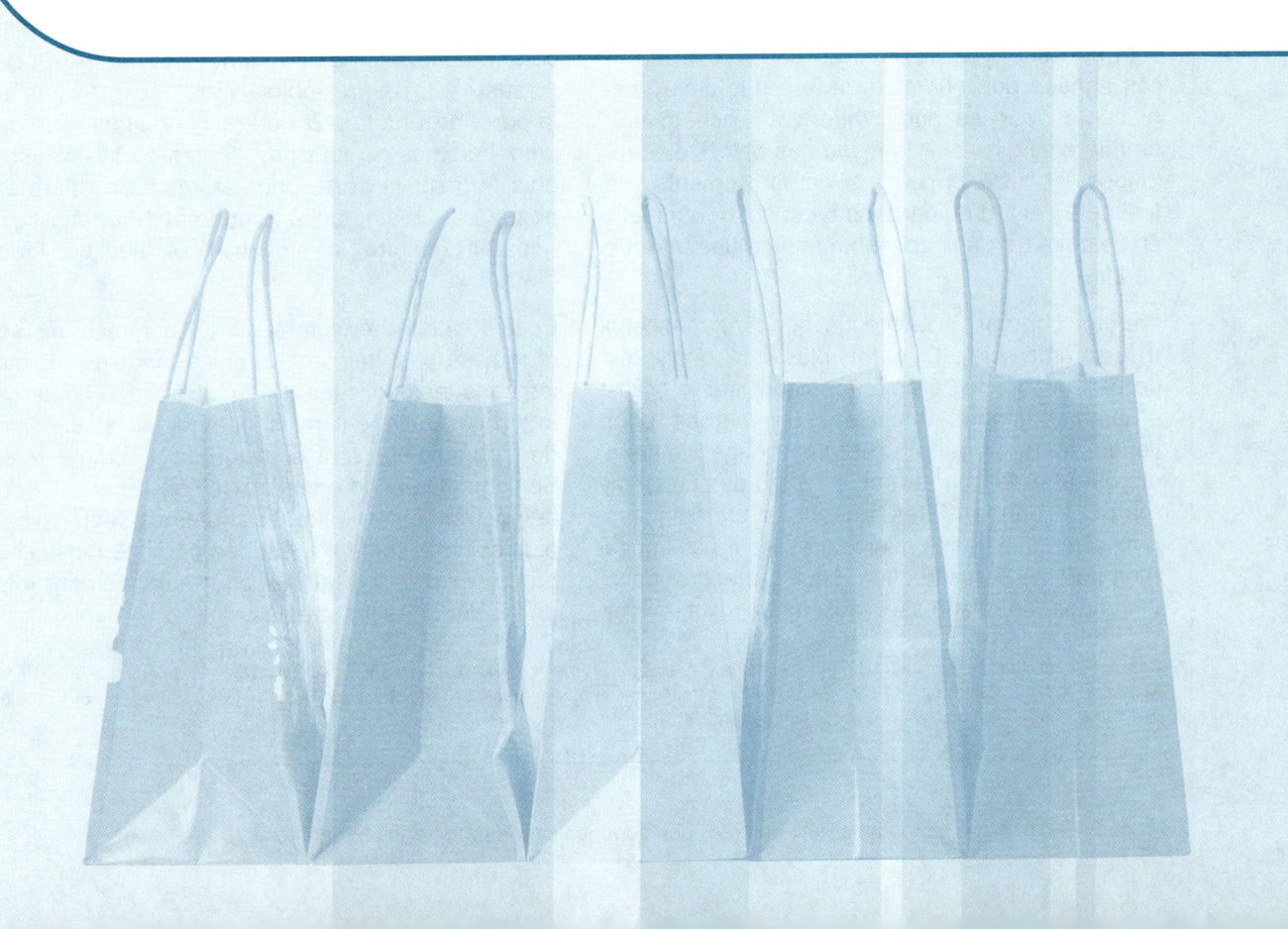

MISE EN SITUATION

La publicité au masculin

L'image de l'homme dans la publicité n'a peut-être pas fait couler autant d'encre que celle de la femme dans les médias, mais cette situation tend à se modifier depuis les dernières années. Alors que la tendance était à s'élever contre le recours à la femme-objet pour vendre des produits, les critiques portent désormais tout autant sur la représentation des hommes dans la publicité.

Les consommateurs masculins les plus visés sont souvent âgés de 17 à 25 ans. C'est durant ces années que l'homme devient une cible intéressante pour les publicitaires : il s'achète une première voiture, suit la mode des objets électroniques et développe des comportements de fidélité à l'égard de certains produits, notamment en ce qui a trait à la consommation d'une marque de bière.

Premier constat, il existe un pendant masculin à la femme-objet. En effet, plusieurs publicités de parfums et de vêtements misent sur le corps d'hommes jeunes, musclés et imberbes pour vendre leurs produits. C'est une image similaire qui est utilisée pour attirer le regard des consommatrices pendant des annonces ciblant plus précisément la gent féminine. Le recours à l'image d'un homme de belle allure peut s'effectuer dans l'intention de s'adresser aux métrosexuels. Par l'entremise de cette représentation, ces hommes urbains, qui dépensent temps et argent pour soigner leur apparence, peuvent s'identifier à leur idéal.

L'homme dans la publicité n'est toutefois pas uniquement réduit à son corps. De fait, il arrive qu'il soit plutôt représenté comme un être viril, qui aime les belles femmes et se plaît à se retrouver avec ses amis pour boire une bière. À cette virilité se superposent parfois d'autres clichés associés au *mâle* : il est idiot et il pue. Les publicités qui montrent des hommes qui, lorsqu'ils sont malades, se comportent en bébés (NyQuil) ou qui perdent leur bière aux mains d'un singe (Bud Light) témoignent de la stupidité du genre masculin. La publicité de la chaîne espagnole de FOX Sports, dans laquelle un homme laisse la porte de la salle de bains ouverte pour suivre un match de soccer, mais empeste par le fait même toute la maison, démontre pour sa part un autre travers qui peut être associé à l'homme.

Certains publicitaires ont pris le parti de jouer avec ces stéréotypes. C'est le cas notamment d'une annonce de Molson Export où deux hommes discutent d'une femme et se font livrer une pizza. La livreuse – la femme-objet type – se présente à la porte et tend la pizza de façon suggestive. Les deux hommes ne font pas de cas de la livreuse, puis ferment la porte pour se retrouver, bière et pizza à la main, devant un match de hockey. Apparaît ensuite le slogan : « Le hockey. Rien d'autre. »

Or, à l'instar des femmes, les hommes ne se retrouvent pas vraiment dans les modèles véhiculés dans les publicités. En fait, 60 % des hommes interrogés affirment ne s'identifier ni au modèle de l'homme-objet ni à celui de l'homme viril. Seulement 18 % d'entre eux s'associent au type démontrant de la virilité. Les hommes se décrivent plus souvent comme ayant des priorités familiales ou carriéristes, ce qui est pourtant rarement mis de l'avant dans les médias.

Sources : Paul Brent, « The Family Guy : From Doofus to Deadbeat, There Are Very Few Realistic Dads Portrayed in Advertising », *Marketing Magazine*, 1er mai 2006, p. 17-19 ; Selda Prey, « L'image de l'homme dans la publicité », [en ligne], <www.selda-prey.com/article-12689562.html> (page consultée le 28 septembre 2007).

Les éléments du programme de communications marketing intégrées (CMI) ont tous pour fonction de communiquer quelque chose. Les CMI englobent les communications que l'entreprise achemine à ses clients – actuels ou potentiels – et aux publics cibles. Publicité, nom de marque, logo, site Internet, communiqué de presse, conditionnement et promotion servent tous à la même fin: la communication. Quiconque participe à la planification et à la mise en œuvre d'un programme de CMI doit donc bien saisir les tenants et les aboutissants du processus de communication. Comme le suggère le texte d'ouverture, le gestionnaire du marketing communiquera avec ses publics cibles en tenant compte de l'image qu'il projette de ceux-ci. La conception du programme de communications marketing est une affaire beaucoup plus complexe que le simple choix d'une caractéristique ou d'un attribut dont on vante les mérites. De quelle façon les consommateurs perçoivent-ils et interprètent-ils le message? Répondent-ils favorablement au produit, au service ou à l'entreprise? Le spécialiste du marketing doit, dans la mesure du possible, prévoir toutes les réponses à ces questions, avant même que le processus de communication soit enclenché.

Le présent chapitre sera pour vous l'occasion de passer en revue les principes de base de la communication et d'examiner les actions et les réactions du consommateur lorsqu'il s'expose à de la publicité et à des messages promotionnels. Nous voulons ainsi démontrer combien la compréhension du processus de communication, au moment de la planification, de la mise en œuvre et de l'évaluation d'un programme de communications marketing, s'avère capitale.

Un modèle de communication élémentaire

Pour certains, la **communication** consiste à partager ou à échanger des connaissances, des idées ou toute autre forme d'information; pour les autres, elle est un processus visant à établir le caractère unique ou universel de la pensée circulant entre un émetteur et un récepteur[1]. La communication a lieu uniquement lorsque les deux parties partagent un champ d'expérience commun et que l'information circule entre au moins deux personnes ou deux groupes. À la lecture du présent chapitre, vous constaterez qu'il s'avère parfois difficile de déterminer un champ d'expérience commun, car de nombreuses tentatives de communication restent infructueuses.

Le processus de communication se révèle souvent très complexe. Sa réussite tient à des facteurs tels que la nature du message, l'interprétation de l'audience et l'environnement dans lequel il est reçu. La perception que le récepteur a de la source et du canal de transmission peut aussi influer sur sa capacité à communiquer un message, sans compter de nombreux autres facteurs. L'interprétation et la signification des mots, des images et des sons varient selon l'audience et la personne. Le spécialiste du marketing doit comprendre les significations de ces mots et de ces symboles. Il doit aussi déterminer en quoi le produit ou le message exerce une influence sur le consommateur. C'est là un défi de taille pour l'entreprise commercialisant ses produits à l'étranger.

Communication

Partage ou échange de connaissances, d'idées ou de toute autre forme d'information; processus visant à établir le caractère unique ou universel de la pensée circulant entre un émetteur et un récepteur.

Au fil des ans, on a proposé un modèle du processus de communication, comme l'illustre la figure 5.1[2]. Deux des éléments représentent les principaux participants au processus de communication : l'émetteur et le récepteur. Deux autres éléments représentent les principaux outils de communication, le message et le canal de communication. Les quatre autres sont les principaux processus et fonctions de la communication, soit le codage, le décodage, la réponse et la rétroaction. Le dernier élément, le bruit, renvoie aux facteurs externes au système susceptibles d'entraver le processus et de gêner la communication.

La source et le codage

Source
Terme désignant la personne chargée de communiquer directement ou indirectement le message commercial.

L'émetteur, ou **source**, d'une communication souhaite partager de l'information avec une autre personne ou un autre groupe. La source peut être un individu, par exemple un vendeur ou un porte-parole tel qu'une vedette apparaissant dans les publicités d'une marque ou une entité impersonnelle, soit la marque ou l'entreprise même. Les perceptions du récepteur au regard de la source auront une incidence sur la manière dont la communication sera reçue. Le présentateur ou le porte-parole doit être compétent et digne de confiance aux yeux du récepteur pour que celui-ci puisse s'identifier à lui ou établir un rapport quelconque avec lui. (Nous verrons au chapitre 7 en quoi ces caractéristiques influent sur les réponses du récepteur.)

Codage
Processus servant à présenter sous forme symbolique des pensées, des idées ou de l'information.

Le processus de communication s'enclenche dès que la source choisit des mots, des symboles et des images qui serviront à la conception et à la transmission de son message. C'est le **codage**. Ici, le but de l'émetteur consiste à coder le message pour qu'il puisse être compris du récepteur. Les mots, les signes et les symboles doivent donc être connus du public cible. Parmi les symboles universellement reconnus, on trouve le cercle rouge orné d'un trait

FIGURE 5.1 Un modèle de processus de communication

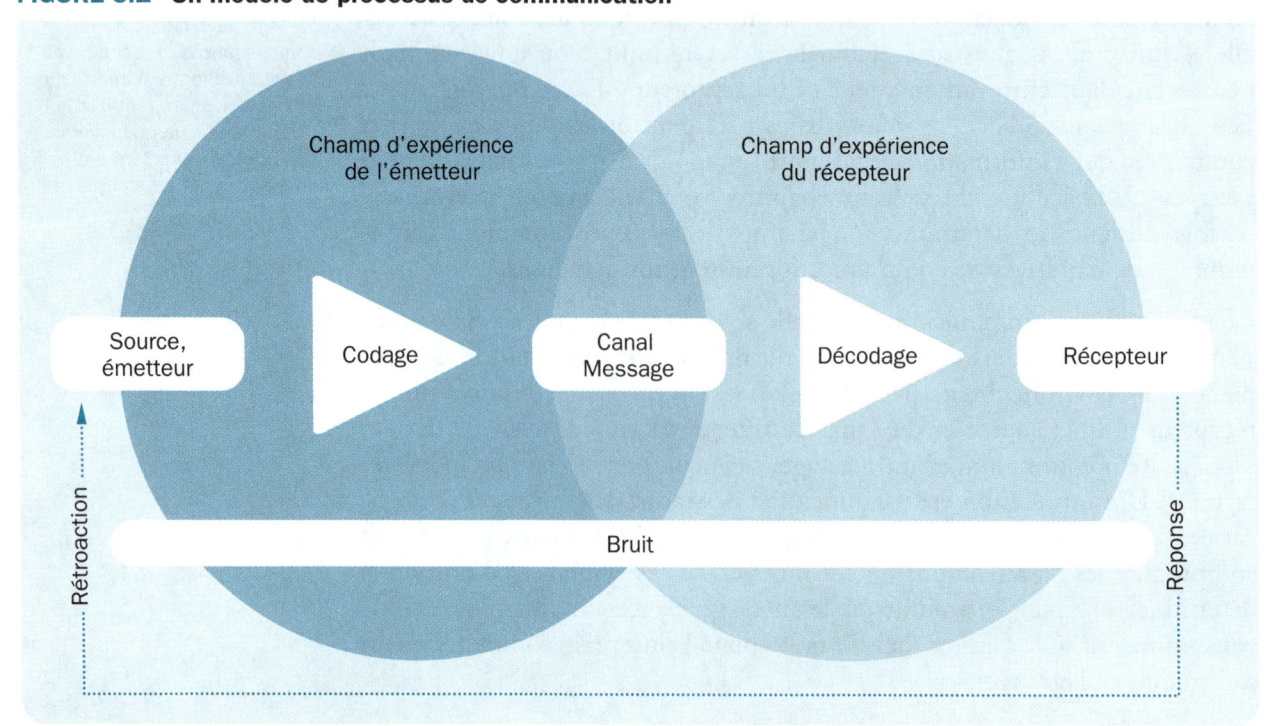

oblique, qui indique une interdiction. Nombre d'entreprises possèdent aussi des symboles facilement identifiables, reconnus partout dans le monde : les arches dorées des restaurants McDonald's, le *swoosh* de Nike, qui reprend la forme de l'aile, une des caractéristiques des représentations de la déesse de la victoire chez les Grecs, les trois bandes d'Adidas et le logo de Coca-Cola.

Le message

Le codage aboutira à l'élaboration d'un **message** contenant l'information ou la signification que la source cherche à transmettre. Le message sera verbal ou non verbal, oral ou écrit, ou encore symbolique. On présente le message sous une forme transmissible convenant au canal de communication employé. En publicité, il s'agit simplement d'écrire quelques mots ou un texte qui font une publicité radiophonique ou de produire un message publicitaire coûteux en vue de sa diffusion télévisée. Dans bien des cas, ce ne sont pas tant les mots ou le message qui déterminent l'efficacité de la communication, mais plutôt l'impression que la publicité suscite.

Afin de mieux comprendre la signification des symboles que véhicule une communication, le chercheur en marketing et le chercheur en publicité se sont tournés vers la **sémiotique**[3]. La sémiotique tient un rôle important dans les communications marketing, car produits et marques trouvent un sens selon l'angle sous lequel on les annonce et la manière dont le consommateur les emploie afin d'exprimer son identité sociale.

Le gestionnaire du marketing peut faire appel à des sémioticiens ou à des spécialistes de domaines connexes tels que l'anthropologie culturelle afin de mieux comprendre les significations conscientes et inconscientes que les signes et les symboles non verbaux présents dans ses publicités transmettent aux consommateurs. TBWA/Chiat/Day, agence de publicité de Levi Strauss & Co., par exemple, a retenu les services d'un anthropologue culturel afin de mieux saisir le sens de la mode et de l'habillement chez les jeunes consommateurs. Les chercheurs de l'agence ont abordé des jeunes branchés dans les rues de l'East Village de New York. Ce secteur de la mégapole américaine serait très représentatif du mode de vie des jeunes d'aujourd'hui. On a remis aux candidats sélectionnés un carton rouge et un marqueur blanc. On leur a demandé d'y inscrire une chose en laquelle ils croyaient, une vérité qui les concernait, eux, ou le monde en général. Cette démarche a permis à l'agence de connaître davantage le marché des adolescents. Elle a aussi fourni l'idée maîtresse d'une campagne publicitaire mettant en vedette des adolescents tenant un carton rouge sur lequel seraient inscrites leurs philosophies respectives[4]. L'exemple, à la page suivante, illustre la réflexion derrière les éléments d'une publicité de cette campagne, selon l'explication de Sean Dee, directeur de la marque Levi's.

Certains gestionnaires et publicitaires se montrent sceptiques devant la valeur de la sémiotique. Les spécialistes des sciences sociales accorderaient-ils trop d'importance aux messages publicitaires ? Feraient-ils preuve d'une forme d'intellectualisme trop poussée lorsqu'ils les interprètent ? La signification d'un message publicitaire, ou d'une autre forme de communication marketing, cependant, ne réside pas tant dans ce message que du

Message

Dans le processus de communication, information qu'une source envoie à un récepteur.

Sémiotique

Consiste en l'étude des signes et de leur nature. Elle permet de comprendre comment notre réalité – les mots, les gestes, les mythes, les signes, les symboles, les produits, les services, les théories – acquiert un sens.

Une impression de plaisir se dégage de cette publicité.

côté de la personne qui l'interprète. De plus, le consommateur agit à partir des significations qu'il attribue aux stimuli commerciaux. Par conséquent, le spécialiste du marketing doit tenir compte des significations qu'attache le consommateur à divers mots et signes. Comment les récepteurs interprètent-ils les différentes facettes d'un programme de marketing, par exemple les messages publicitaires, le conditionnement, les noms de marque, les communications non verbales du personnel de vente (les gestes, l'habillement)[5]? La sémiotique se révèle utile à cette analyse.

LE MANNEQUIN : une étudiante en propédeutique médicale à la New York University
« Nous voulions présenter des gens qui ne sont pas définis par leur occupation, mais par ce qu'ils sont. Nous avons choisi cette fille parce qu'elle est la cliente type de Levi's. Elle est jeune. Elle défend son point de vue. Elle est séduisante à sa façon. Elle n'en fait pas trop. Elle a assurément quelque chose en sa faveur. »

LES VÊTEMENTS : un pantalon Levi's à grandes poches, son propre t-shirt, un sweat-shirt à glissière, des bottes de combat et des accessoires
« Il importait que sa tenue soit à son goût. Nous ne voulons pas concevoir un uniforme Levi's ; cette idée ne s'ancrerait pas dans la réalité. Nous n'avons pas fait appel à un styliste ni à un coiffeur pour ajouter au réalisme de l'image. »

LE DÉCOR : le quartier East Village de Manhattan
« Nous avons choisi New York, car cette ville reflète la vie des jeunes d'aujourd'hui à la perfection. Nous nous sommes rendus dans les quartiers les plus authentiques de la ville. Les gens en arrière-plan ajoutent du mouvement à la photo. À l'évidence, ce n'est pas une photo orchestrée dans un studio. »

L'ÉNONCÉ : « La musique est mon âme sœur » (*Music is my female soul*)
« Les gens ont du mal à le croire, mais le langage est strictement une affaire de jeunes. Nous ne les avons pas orientés… Ici, la référence à la musique nous a plu, car nous cherchons à promouvoir la musique originale ; selon nous, la musique est la voix de la jeune génération. »

LA SIGNATURE : « Ce qui est vrai » (*what's true*)
« Le défi de quiconque tente de s'adresser aux jeunes gens de nos jours consiste à ne rien leur dicter. La signature est à la fois un énoncé et une question. Ce que nous affirmons est-il vrai ou est-ce une déclaration ? La formule est accrocheuse, car elle est à la fois provocante et ambiguë. »

^
Une analyse sémiotique permet de décrire les éléments de cette publicité de Levi's.

Canal
Voie qu'emprunte la communication depuis sa source, c'est-à-dire l'émetteur, pour parvenir au récepteur.

Le canal

On compte deux types de **canaux** de communication, personnels et impersonnels. Les *canaux de communication personnels* se composent des contacts interpersonnels (face à face) avec les individus ou les publics cibles. Les représentants sont des canaux de communication personnels lorsqu'ils présentent une argumentation de vente à un acheteur ou client éventuel. Les canaux de communication sociaux que sont les amis, les voisins, les associés, les collègues ou les membres de la famille constituent aussi des canaux personnels. Ils sont responsables de la *communication de bouche à oreille*, une importante source d'information pour le consommateur[6].

Média de masse
Canal de communication servant à véhiculer un message sans contact interpersonnel entre l'émetteur et le récepteur.

D'ordinaire, on désigne les canaux impersonnels sous l'appellation de **média de masse**, ou communications de masse, étant donné que le message est acheminé à plusieurs individus à la fois. Ainsi, une publicité télévisée à une heure de grande écoute peut être vue dans des millions de foyers au cours d'une soirée. Les canaux de communication impersonnels sont de deux types :

les médias imprimés et les médias électroniques. Les médias imprimés regroupent les journaux, les magazines, le publipostage et les panneaux-affiches; les médias électroniques, la radio, la télévision et Internet.

Le récepteur et le décodage

En général, les **récepteurs** sont membres du marché cible ou font partie de l'audience qui lit, entend ou voit le message. Comme l'illustre la figure 5.2, le public cible peut être constitué d'individus, de groupes, de marchés de créneau, de segments de marché ou du grand public. Le spécialiste du marketing s'adresse différemment à chacun.

Récepteur

Personne avec qui l'émetteur partage des idées ou de l'information.

FIGURE 5.2 Les niveaux d'agrégation de l'audience

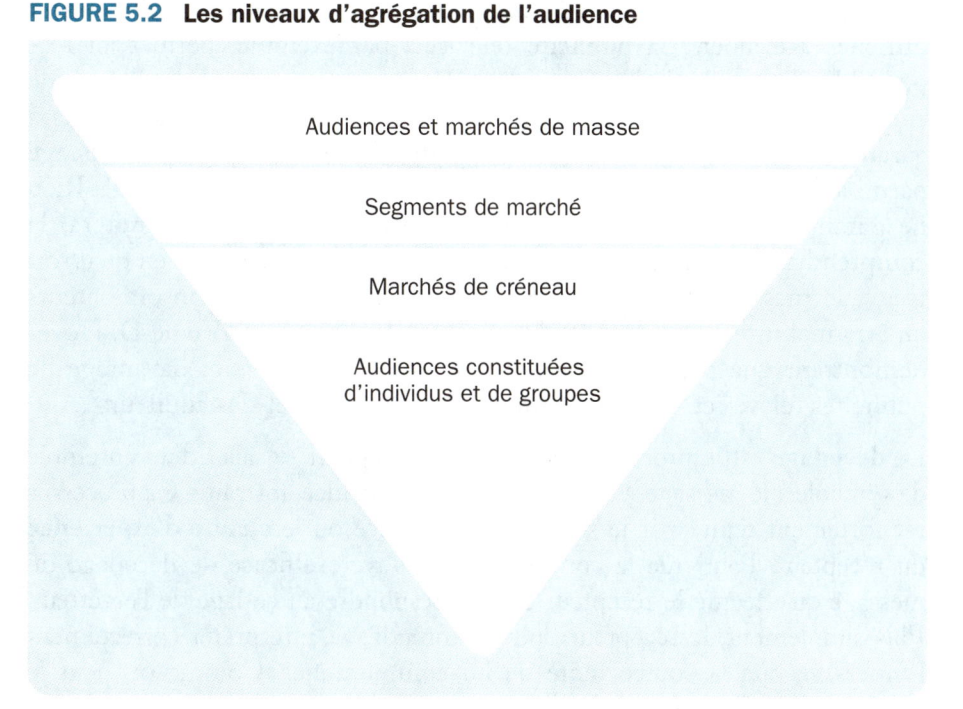

- Audiences et marchés de masse
- Segments de marché
- Marchés de créneau
- Audiences constituées d'individus et de groupes

Le marché cible peut être constitué d'*individus* aux besoins précis et pour qui la communication doit être personnalisée. Cela exige souvent une communication directe pour laquelle on fait généralement appel à la vente personnelle. D'autres formes de communication, dont la publicité, servent à attirer l'attention de l'audience sur l'entreprise. Le message est toutefois transmis en détail par un représentant pouvant répondre aux besoins précis d'un consommateur. Pensons à l'assurance-vie, aux services financiers et aux agences immobilières.

Le *groupe* forme un deuxième niveau d'agrégation de l'audience. Le spécialiste du marketing doit souvent communiquer avec un groupe de gens qui arrêtent ou influencent les décisions d'achat. Le gestionnaire du marketing, par exemple, dirige un message vers les parents, qui sont les décideurs, et un autre vers les enfants, qui sont les influenceurs.

Le gestionnaire du marketing s'intéresse aux consommateurs qui éprouvent des besoins et des désirs similaires. Ces consommateurs constituent ainsi un type de segment de marché qu'il joint à l'aide d'une même stratégie de communication élémentaire. Les groupes de consommateurs restreints, définis avec précision, forment des *marchés de créneau*. En général, on les joint par le biais de la vente personnelle ou par des médias très ciblés tels que le publipostage. Le prochain niveau d'agrégation de l'audience est constitué des *segments de marché*, soit des catégories plus vastes de consommateurs aux besoins semblables et que l'on peut joindre au moyen de messages similaires et de plusieurs médias.

Le responsable du marketing de la plupart des produits de consommation tente d'attirer l'attention d'un nombre élevé de clients réels ou potentiels (le *marché de masse*) par le biais des communications de masse telles que la publicité. La communication de masse fait circuler l'information à sens unique depuis le responsable du marketing jusqu'au consommateur. En règle générale, les réponses de l'audience au message sont indirectes et difficiles à évaluer. La publicité télévisée, par exemple, permet au responsable du marketing de transmettre un message à des millions de consommateurs au même moment. Ce média, toutefois, ne suffit pas à garantir l'efficacité d'une communication. Il peut s'agir d'un message parmi les centaines auxquelles le consommateur est exposé ce jour-là. Rien ne garantit que l'information attirera son attention, qu'il la traitera, la comprendra ou la mémorisera pour la récupérer par la suite. Bien qu'il soit traité, le message publicitaire peut ne pas intéresser les consommateurs ou être mal interprété. Les études de Jacob Jacoby et de Wayne D. Hoyer démontrent que près de 20 % des publicités imprimées et davantage de publicités télévisées sont mal comprises des lecteurs et des auditeurs[7].

Décodage
Processus par lequel le récepteur se saisit d'un ensemble de symboles, le message, et le transforme en une idée abstraite.

Champ d'expérience
Renvoie à la somme des expériences, des perceptions, des attitudes et des valeurs que le récepteur d'une communication porte en lui et qui participent à la communication.

Le **décodage** est le processus par lequel le récepteur se saisit d'un ensemble de symboles, le message, et le transforme en une idée abstraite. Ce processus est fortement teinté par le schème de référence ou le **champ d'expérience** du récepteur. Pour que la communication s'avère efficace, le décodage du message qu'effectue le récepteur doit correspondre au codage de l'émetteur. Plus simplement, le récepteur doit comprendre et interpréter correctement le message que la source tente de lui communiquer. Comme on peut le constater à la figure 5.1, à la page 134, la source et le récepteur possèdent chacun leur champ d'expérience (le cercle qui les entoure) à partir duquel ils participent à la communication.

La communication a de meilleures chances d'être efficace lorsque les deux parties partagent un *champ d'expérience commun* (représenté par la zone de chevauchement des deux cercles). Plus l'émetteur sait de choses au sujet des récepteurs, mieux il peut cerner leurs besoins, comprendre ce qu'ils ressentent et communiquer avec eux. Les annonceurs dépensent chaque année des millions de dollars afin de bien saisir les schèmes de référence des audiences qui reçoivent leurs messages. Ils consacrent aussi beaucoup de temps et d'argent à prétester leurs messages afin de s'assurer que les consommateurs les comprennent et les décodent comme ils l'entendent.

L'idée d'un langage commun entre l'émetteur et le récepteur peut paraître évidente. Elle soulève toutefois souvent de grandes difficultés lors du processus de communication publicitaire. Dans de nombreux cas, les champs d'expérience du gestionnaire du marketing et du publicitaire sont tout autres que ceux des consommateurs formant les marchés de masse avec lesquels ils doivent communiquer. La majorité des professionnels de la promotion et de la publicité sont des universitaires travaillant ou habitant dans de grandes agglomérations urbaines telles que Montréal et Toronto. Cela étant, ils s'efforcent de concevoir des publicités qui devront joindre efficacement des millions de consommateurs qui n'ont jamais suivi de cours à l'université, qui exercent un métier de col bleu, et qui vivent en milieu rural ou dans une petite ville. L'âge est un autre facteur pouvant entraîner des problèmes au moment d'établir un langage commun entre l'émetteur et le récepteur.

PERSPECTIVE 5.1

Conjuguer francophones et non-francophones

Traditionnellement, le Mouvement des caisses Desjardins ciblait une clientèle avant tout francophone et québécoise. Toutefois, alors que le marché francophone a cessé de se développer et que la croissance démographique la plus importante, tributaire de l'immigration, s'effectuait dans la région de Montréal, l'entreprise a dû s'ouvrir à d'autres marchés. Ainsi, en vertu de cette diversité socioculturelle émergente, Desjardins a cherché à accroître sa présence auprès des communautés anglophone et allophone du Québec.

C'est dans cette optique qu'a été conçue la dernière campagne publicitaire. Campées dans le décor urbain du centre-ville de Montréal et du Vieux-Montréal, des annonces présentent le nom Desjardins, juxtaposé au logo de la compagnie, et successivement remplacé par différents noms de famille. Des noms tels que Nguyen, Martel, O'Connor, Truong et Tremblay insistent non seulement sur le fait que chaque membre est, en vertu du caractère coopératif du groupe financier, propriétaire de l'entreprise, mais témoignent également de la volonté de Desjardins d'inclure des gens de différentes origines. Afin de joindre, en plus de sa clientèle habituelle, les communautés anglophone et allophone, ses publicités sont diffusées sur les réseaux francophones et anglophones du Québec. La plateforme créée comporte en outre des panneaux d'affichage et des publicités imprimées, introduites dans les revues qui touchent plus spécialement différentes communautés ethniques.

Tel que le remarque Micheline Paradis, vice-présidente Communications et Affaires publiques chez Desjardins, plusieurs communautés culturelles (italienne, chinoise, grecque, portugaise et ukrainienne) possèdent déjà leur propre Caisse populaire. Dans l'intention de soutenir cette campagne publicitaire, Desjardins s'est également assuré que les gens issus de différents groupes ethniques se sentent bien accueillis lorsqu'ils traitent avec leur succursale. Ainsi, l'entreprise a tenu à augmenter la représentation des différentes communautés culturelles au sein de son organisation (employés et dirigeants) et à améliorer les services offerts dans les deux langues officielles. En somme, pour conjuguer clientèles francophone et non francophone, le groupe financier a déployé une campagne publicitaire misant sur l'intégration de la diversité culturelle, tout en la confortant par le biais de changements ayant trait au service à la clientèle.

Sources : Danny Kucharsky, « Speaking Anglo : Quebec's Desjardins Invests in the Province's English-language and Ethnic Markets », *Marketing Magazine*, décembre 2006, p. 11-13 ; Desjardins, *Bilan de responsabilité sociale 2006*, [en ligne], <www.desjardins.com/fr/a_propos/publications/bilans_sociaux/bcomp06.pdf> (page consultée le 3 janvier 2008).

Le bruit

Bruit
Facteur externe pouvant déformer ou brouiller la réception d'un message.

On parle de **bruit** pour désigner une déformation ou une interférence imprévue. Les erreurs ou les problèmes susceptibles de survenir à l'étape du codage du message, la distorsion d'un signal radio ou télé, et les distractions au point de réception sont autant d'exemples de bruit. L'encombrement publicitaire constitue peut-être la plus grande distraction, car le récepteur est alors exposé à plusieurs messages concurrents.

Un bruit peut aussi survenir lorsque les champs d'expérience de l'émetteur et du récepteur ne se chevauchent pas. L'absence de langage commun peut ainsi se traduire par un codage erroné du message, c'est-à-dire le recours à un signe, à un symbole ou à des mots qui ne sont pas familiers au récepteur ou qui ont une autre signification pour lui. Plus grand est le langage commun entre l'émetteur et le récepteur, moins ce type de bruit risque de brouiller les pistes.

Nombre d'agences de publicité québécoises essaient de convaincre les annonceurs étrangers de l'importance de leur confier la réalisation de leurs campagnes diffusées au Québec. Pourquoi? Parce que les créateurs québécois connaissent mieux la population québécoise que quiconque et qu'ils partagent un champ d'expérience commun beaucoup plus grand avec celle-ci que les annonceurs étrangers.

La réponse et la rétroaction

Réponse
Ensemble des réactions du récepteur après qu'il a vu, entendu ou lu le message.

Rétroaction
Élément de la réponse du récepteur qui est communiqué à l'émetteur.

La **réponse** du récepteur peut être une action inobservable, telle que la mémorisation de l'information, et une action immédiate, telle que la composition d'un numéro de téléphone afin de commander un produit annoncé à la télé. Le spécialiste du marketing s'intéresse de près à la **rétroaction**, laquelle revêt plusieurs formes, boucle la communication et permet à l'émetteur de savoir si son message a été décodé et reçu dans le sens voulu.

Le publicitaire n'est pas en relation directe avec le consommateur; c'est pourquoi il recourt à d'autres moyens afin de déterminer comment les messages ont été reçus. Alors que la rétroaction absolue se manifeste par le biais des ventes, il est souvent difficile d'établir un lien direct entre la publicité et le comportement de l'acheteur. Aussi le spécialiste du marketing fait-il appel à d'autres méthodes afin d'obtenir une rétroaction, dont les enquêtes auprès des consommateurs, la visite des magasins, le taux d'utilisation des coupons et les cartes-réponses. La rétroaction fondée sur la recherche analyse le profil des lecteurs, le taux de rappel des publicités, la compréhension des messages, les changements d'attitude et les autres formes de réponse. Fort de cette information, le publicitaire peut déterminer les raisons de la réussite ou de l'échec d'un processus de communication et procéder aux correctifs qui s'imposent.

La communication est réussie lorsque le gestionnaire du marketing choisit une source opportune, qu'il élabore un message codé comme il se doit et qu'il retient ensuite les canaux ou les médias qui permettent de mieux joindre le public cible, et que le message est décodé et transmis de façon efficace. Comme ces décisions doivent tenir compte de la réponse du public cible au message promotionnel, nous nous intéresserons dans le reste de ce chapitre à la façon dont le consommateur réagit à la publicité et aux autres formes de communication marketing.

Le processus de réponse

La compréhension du *processus de réponse* auquel se soumet le récepteur avant d'adopter un comportement précis (par exemple l'achat d'un produit) constitue peut-être le plus important volet de la conception de programmes de communication efficaces. Il serait tout aussi important de voir à quel point les efforts promotionnels du gestionnaire du marketing peuvent exercer une influence sur les réponses du consommateur. Dans plusieurs cas, le seul objectif du gestionnaire du marketing est de faire mousser la notoriété d'une entreprise ou d'une marque dans le but de susciter l'intérêt pour un produit. En d'autres situations, le gestionnaire désire véhiculer des renseignements détaillés afin de modifier les connaissances et les attitudes du consommateur par rapport à une marque et, en dernier lieu, modifier son comportement.

Les modèles traditionnels de la hiérarchie des effets

On a produit plusieurs modèles afin de décrire les étapes du processus de décision du consommateur entre le moment où il ne sait rien d'une société, d'une marque ou d'un produit, et celui où il fait l'achat de ce dernier. La figure 5.3 représente quatre modèles de la hiérarchie des effets parmi les plus connus. Bien que ces modèles puissent paraître similaires, on les a élaborés pour différentes raisons.

On a conçu le **modèle AIDA** afin de représenter les étapes qu'un vendeur doit faire franchir au consommateur lors d'une vente personnelle[8]. Selon ce modèle, l'acheteur doit passer par plusieurs étapes successives, soit l'**a**ttention, l'**i**ntérêt, le **d**ésir et l'**a**ction. En premier lieu, le vendeur doit capter l'attention du consommateur, puis susciter son intérêt pour le produit ou le service. Un vif intérêt devrait faire naître le désir de posséder ou d'utiliser le produit. L'étape de l'action consiste à faire en sorte que le consommateur s'engage à acheter le produit et à conclure la transaction. Il s'agit, pour le gestionnaire du marketing,

Modèle AIDA

Modèle représentant les étapes successives que franchit l'acheteur lors d'une vente personnelle, soit l'attention, l'intérêt, le désir, l'action.

FIGURE 5.3 Des modèles de la hiérarchie des effets

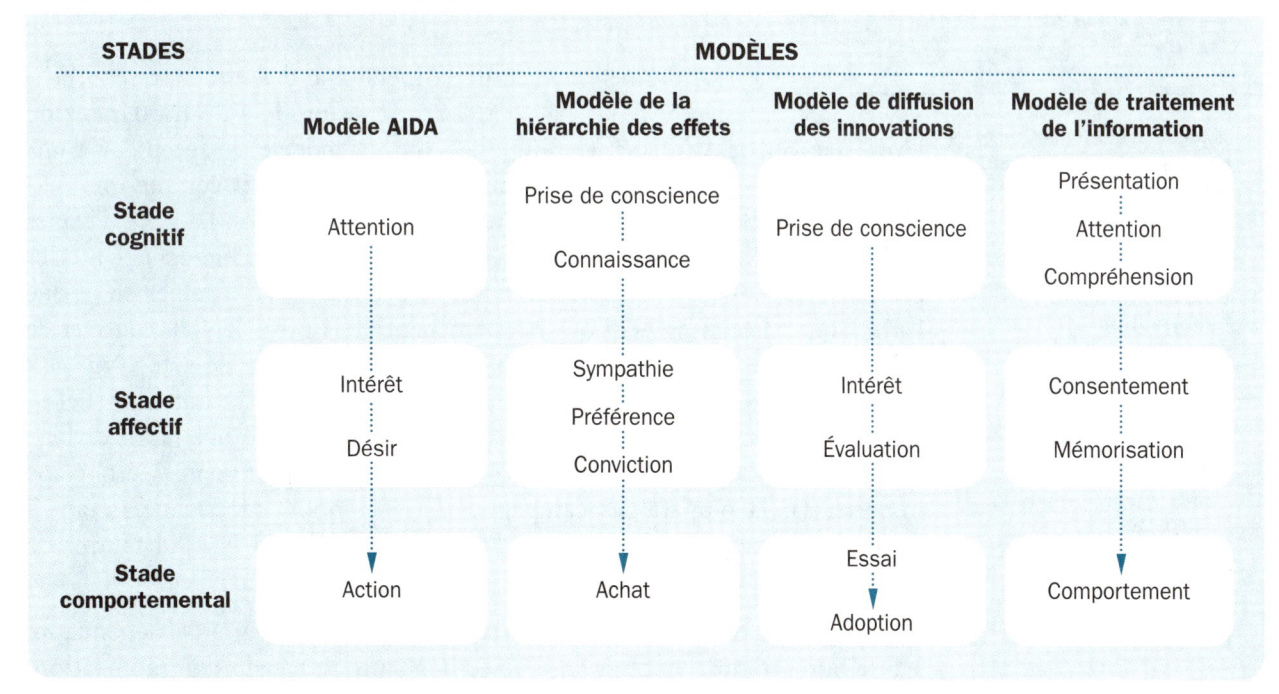

STADES	MODÈLES			
	Modèle AIDA	Modèle de la hiérarchie des effets	Modèle de diffusion des innovations	Modèle de traitement de l'information
Stade cognitif	Attention	Prise de conscience Connaissance	Prise de conscience	Présentation Attention Compréhension
Stade affectif	Intérêt Désir	Sympathie Préférence Conviction	Intérêt Évaluation	Consentement Mémorisation
Stade comportemental	Action	Achat	Essai Adoption	Comportement

Modèle de la hiérarchie des effets

Modèle permettant de décomposer les effets de la publicité ; il considère que le consommateur franchit une suite d'étapes selon un ordre séquentiel, depuis la prise de conscience de l'existence d'un produit jusqu'à son achat.

Modèle de diffusion des innovations

Modèle décrivant les étapes que franchit le consommateur lorsqu'il adopte un nouveau produit ou service.

▲ La distribution d'échantillons et les démonstrations favorisent l'essai de nouveaux produits tels que l'accès à Internet.

Modèle de traitement de l'information

Modèle en vertu duquel le récepteur d'une communication persuasive, par exemple une publicité, agit comme une machine à traiter de l'information ou à résoudre des problèmes.

de l'étape la plus importante du processus de vente ; elle peut toutefois s'avérer la plus difficile. Les représentants reçoivent une formation propre à la conclusion des ventes afin de pouvoir boucler le processus de vente.

Le plus connu des modèles de la hiérarchie des effets est peut-être celui qu'ont mis au point Robert Lavidge et Gary Steiner comme un paradigme servant à établir et à mesurer les objectifs publicitaires[9]. Leur **modèle de la hiérarchie des effets** décompose les effets de la publicité ; il considère que le consommateur franchit une suite d'étapes selon un ordre séquentiel, depuis la prise de conscience de l'existence d'un produit jusqu'à son achat. Selon la prémisse de ce modèle, les effets de la publicité se font sentir au fil du temps. Une communication publicitaire n'entraîne pas nécessairement une réaction comportementale immédiate ou un achat ; plutôt, une suite de répercussions peut s'enclencher, le consommateur gravissant la hiérarchie une étape à la fois. Comme nous le verrons au chapitre 6, le modèle de la hiérarchie des effets est devenu, pour de nombreuses entreprises, le fondement sur lequel elles déterminent leurs objectifs publicitaires et évaluent les effets de leurs publicités.

Le **modèle de diffusion des innovations** est issu de travaux d'Everett Rogers[10]. Ce modèle décrit les étapes que le consommateur franchit lorsqu'il adopte un nouveau produit ou service, à l'exemple des autres modèles. Les étapes précédant l'adoption sont la prise de conscience, l'intérêt, l'évaluation et l'essai. L'entreprise introduisant de nouveaux produits a pour défi de susciter une prise de conscience et de l'intérêt chez le consommateur pour que celui-ci évalue le produit sous un jour favorable par la suite. Le meilleur moyen d'évaluer un produit est de l'essayer afin de juger de son rendement. Un tel essai se fait souvent à l'aide d'une démonstration ou d'une distribution d'échantillons ou encore en permettant au consommateur d'employer le produit moyennant un engagement minimal. Après l'essai, le consommateur adoptera ou écartera le produit.

Le dernier modèle de la hiérarchie des effets présenté à la figure 5.3, à la page 141, est le **modèle de traitement de l'information** de William McGuire[11]. Selon ce modèle, le récepteur d'une communication persuasive, par exemple une publicité, agit comme une machine à traiter de l'information ou à résoudre des problèmes. La suite d'étapes qu'il franchit avant d'être persuadé ressemble à une hiérarchie des effets. Ces étapes s'apparentent à la séquence proposée par Lavidge et Steiner en ce que l'attention et la compréhension se rapprochent de la prise de conscience et de la connaissance, alors que le consentement est synonyme de sympathie. Le modèle de McGuire comporte une étape que n'ont pas les autres modèles : la mémorisation ou la possibilité qu'a le récepteur de retenir une partie de l'information comprise qu'il considère comme valable ou pertinente. Cette étape importe, car la plupart des campagnes de promotion ne visent pas tant à inciter le consommateur à passer à l'action sur-le-champ qu'à lui fournir de l'information qui lui sera utile lorsqu'il arrêtera sa décision d'achat.

Chaque étape du modèle de McGuire constitue une variable dépendante à atteindre et qui peut servir d'objectif au processus de communication.

PARTIE 2 Le consommateur : au cœur des communications marketing intégrées

Comme l'illustre la figure 5.4, on peut évaluer chaque étape. La rétroaction obtenue permet au publicitaire de mesurer l'efficacité des stratégies cherchant à inciter le consommateur à l'achat. Le modèle de traitement de l'information peut servir de cadre de référence au moment de planifier une campagne de promotion et d'en évaluer les retombées.

FIGURE 5.4 Des méthodes en vue d'obtenir une rétroaction selon les étapes de la hiérarchie des effets

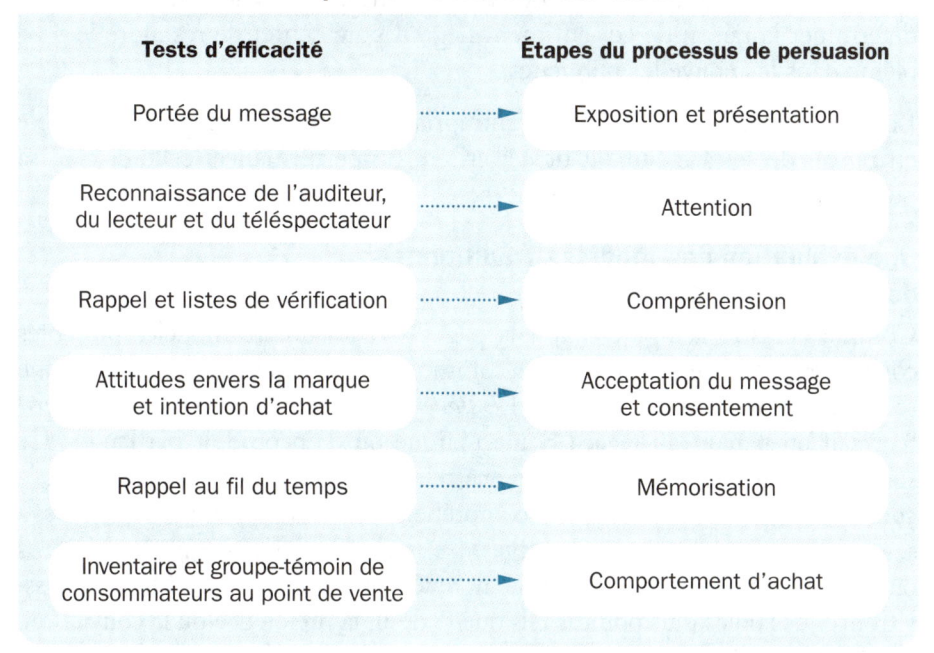

Tests d'efficacité	Étapes du processus de persuasion
Portée du message	Exposition et présentation
Reconnaissance de l'auditeur, du lecteur et du téléspectateur	Attention
Rappel et listes de vérification	Compréhension
Attitudes envers la marque et intention d'achat	Acceptation du message et consentement
Rappel au fil du temps	Mémorisation
Inventaire et groupe-témoin de consommateurs au point de vente	Comportement d'achat

La publicité de produits novateurs tels que le téléviseur à cristaux liquides de Sharp doit faire connaître les caractéristiques et les avantages du produit.

Les enjeux entourant les modèles traditionnels de la hiérarchie des effets

Sur plusieurs plans, les modèles de la hiérarchie des effets s'avèrent fort utiles à la planification de la promotion. En premier lieu, ils permettent de décrire en détail la suite d'étapes que doit franchir l'acheteur potentiel, de l'ignorance du produit ou du service à l'empressement à se le procurer.

En second lieu, l'acheteur potentiel peut se trouver à différentes étapes de la hiérarchie, de sorte que le publicitaire fait face à différents problèmes de communication. La société lançant un produit novateur tel que le téléviseur à cristaux liquides de Sharp, par exemple, doit déployer beaucoup d'efforts afin de faire connaître son produit, son mode d'emploi et ses avantages. Le gestionnaire de marques réputées auxquelles sont fidélisés les consommateurs peut simplement recourir à une publicité d'appoint ou de rappel afin de renforcer les perceptions positives et de maintenir le taux de notoriété de ses marques.

Les modèles de la hiérarchie des effets se révèlent aussi utiles comme mesures intermédiaires de l'efficacité d'une communication. Le gestionnaire du marketing doit savoir à quelle étape de la hiérarchie se trouvent les membres du groupe cible. La recherche, par exemple, peut indiquer qu'un segment cible connaît peu la marque annoncée, alors qu'un autre connaît la marque et ses attributs, mais éprouve peu de sympathie à son endroit.

En ce qui concerne le premier segment du marché, la tâche de communication consiste à accroître le taux de notoriété de la marque, pour ainsi augmenter le nombre de publicités ou déployer un programme d'échantillonnage du produit. En ce qui touche le second segment, dans lequel la notoriété est élevée, mais la sympathie ou la préférence, faible, le publicitaire doit déterminer la raison de ce sentiment négatif pour tenter de résoudre le problème dans les nouvelles publicités.

Lorsque la recherche révèle que l'entreprise jouit d'une perception favorable en raison de tel attribut ou de tel critère de performance, celle-ci crée sa publicité autour de cet avantage.

Une évaluation des modèles traditionnels de la hiérarchie des effets

Comme l'illustre la figure 5.3, à la page 141, les quatre modèles présentés considèrent le processus de réponse comme un mouvement s'effectuant en une séquence comportant trois stades. Le *stade cognitif* représente ce que le récepteur sait ou perçoit au regard d'une marque ou d'un produit particulier. Ce stade comprend la prise de conscience relative à l'existence du produit, et la connaissance, l'information ou la compréhension par rapport à ses attributs, à ses caractéristiques ou à ses avantages. Le *stade affectif* renvoie aux sentiments ou à l'affect du récepteur envers une marque (s'il l'aime ou non). On peut aussi y trouver des pôles plus pointus tels que le désir, la préférence ou la conviction. Le *stade conatif* ou *comportemental* renvoie à l'action du consommateur par rapport à la marque, c'est-à-dire l'essai, l'achat, l'adoption ou le rejet.

Les quatre modèles reposent sur un même ordonnancement des trois stades. Le développement cognitif précède les réactions affectives, lesquelles précèdent le comportement. On peut supposer que le consommateur prend conscience de l'existence d'un produit, se renseigne à son sujet, nourrit des sentiments à son égard, forme un désir ou une préférence et l'acquiert par la suite. Alors que le processus se déroule souvent selon cette suite logique, la séquence des effets des communications marketing n'obéit pas toujours à ce principe.

Les deux dernières décennies ont été marquées par un très grand nombre de recherches en marketing, en psychologie sociale et en communication. Ces travaux remettaient en cause la séquence traditionnelle cognitive → affective → comportementale des effets des communications marketing. On a ainsi imaginé plusieurs autres configurations de la hiérarchie des effets.

Quelques autres configurations de la hiérarchie des effets

Michael Ray a proposé un modèle de traitement de l'information établissant trois différentes séquences des trois stades de la hiérarchie des effets selon la différenciation perçue du produit et le degré d'implication envers le produit[12]. Ces trois séquences, comme l'illustre la figure 5.5, correspondent aux modèles de l'apprentissage standard, de dissonance-attribution et de la faible implication.

FIGURE 5.5 Le modèle de traitement de l'information et les trois séquences de la hiérarchie des effets

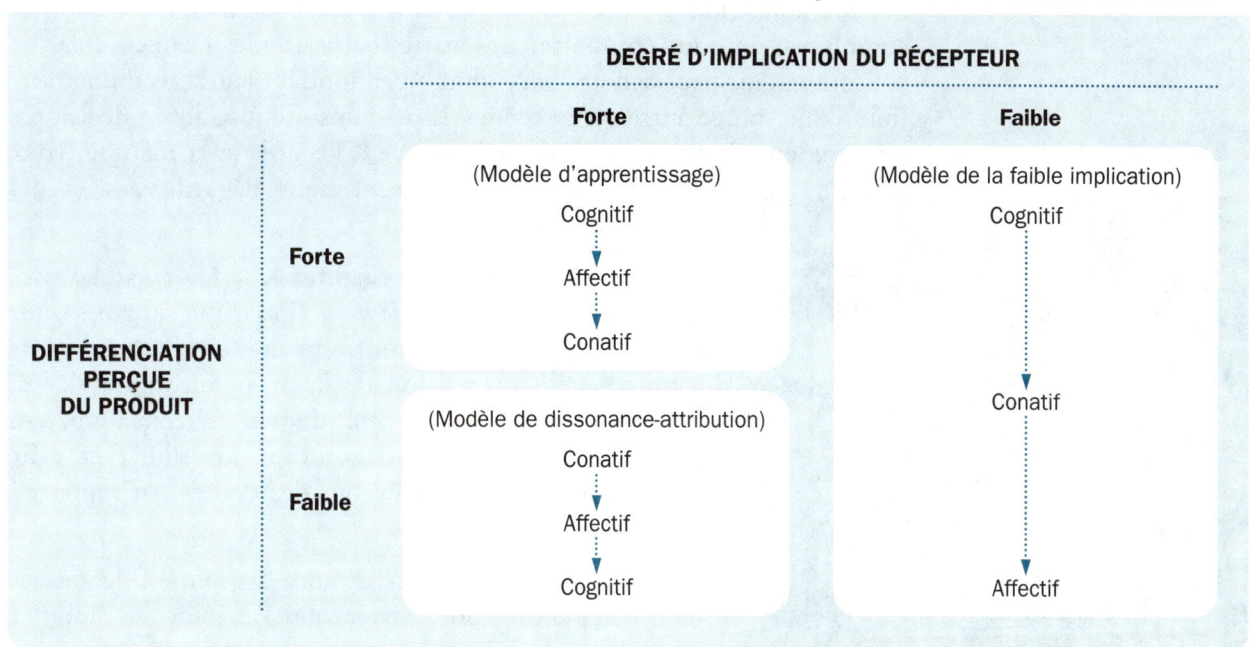

DEGRÉ D'IMPLICATION DU RÉCEPTEUR

	Forte	Faible
DIFFÉRENCIATION PERÇUE DU PRODUIT — Forte	(Modèle d'apprentissage) Cognitif → Affectif → Conatif	(Modèle de la faible implication) Cognitif → Conatif → Affectif
DIFFÉRENCIATION PERÇUE DU PRODUIT — Faible	(Modèle de dissonance-attribution) Conatif → Affectif → Cognitif	

Le modèle d'apprentissage standard

Lors de plusieurs situations d'achat, le consommateur s'engage dans un processus de réponse selon la séquence propre aux modèles de communication traditionnels. Ray évoque un **modèle d'apprentissage standard** reposant sur la séquence apprendre → ressentir → faire.

L'information et les connaissances *acquises* sur les diverses marques constituent le fondement du développement de l'affect, ou *sentiments*, qui à son tour détermine comment le consommateur *agira* (par exemple s'il fera l'essai ou l'achat du produit). Dans cette hiérarchie, le consommateur est un participant actif du processus de communication, car il recueille de l'information en s'intéressant au message.

De l'avis de Ray, le consommateur privilégie un modèle d'apprentissage standard lorsqu'il participe activement au processus d'achat et que les marques concurrentes sont véritablement différenciées. Les décisions d'achat à forte implication, comme celles qui touchent les produits ou les services industriels, et les biens de consommation durables tels que des ordinateurs personnels, des imprimantes, des appareils photo, des électroménagers et des véhicules, sont susceptibles d'être fondées sur la hiérarchie du modèle d'apprentissage standard. Les publicités de ce genre de produits et de services sont d'ordinaire très détaillées. Les renseignements qu'elles contiennent serviront à l'évaluation des marques et à la décision d'achat du consommateur.

La hiérarchie de dissonance-attribution

Ray propose une deuxième hiérarchie des effets en vertu de laquelle le consommateur agit d'abord, pour ensuite acquérir des attitudes ou des sentiments en rapport avec ce comportement, pour enfin apprendre ou traiter l'information qui soutient l'attitude et le comportement. Ce **modèle de dissonance-attribution** repose sur la séquence faire → ressentir →

Modèle d'apprentissage standard
Modèle de la hiérarchie des effets reposant sur la séquence apprendre → ressentir → faire.

Modèle de dissonance-attribution
Modèle de la hiérarchie des effets en vertu duquel le consommateur agit d'abord, pour ensuite acquérir des attitudes ou des sentiments en rapport avec ce comportement, pour enfin apprendre ou traiter l'information qui soutient l'attitude et le comportement.

apprendre. Il se révèle particulièrement pertinent lorsque le consommateur doit choisir entre deux options aux qualités similaires, quoique complexes, pouvant comporter des attributs dissimulés ou inconnus. Le consommateur peut acheter le produit en se fondant sur la recommandation d'une source autre qu'un média. Il peut ensuite justifier sa décision à ses yeux en adoptant une attitude positive à l'égard de la marque, voire en faisant naître en lui des sentiments négatifs vis-à-vis des options qu'il a rejetées.

Comme nous l'avons vu au chapitre 4, cette démarche atténue toute *dissonance postérieure à l'achat* ou l'angoisse que pourrait éprouver le consommateur doutant du bien-fondé de son achat. L'atténuation de la dissonance s'appuie sur l'*apprentissage sélectif* en vertu duquel le consommateur recherche l'information qui conforte son choix et évite toute information qui soulèverait des doutes par rapport à sa décision.

Au regard du modèle de dissonance-attribution, le spécialiste du marketing doit savoir que l'attitude est adoptée *après* l'achat, dans certains contextes, comme ce que l'on apprend des médias de masse. Ray prétend qu'en pareille situation la raison d'être des médias de masse n'est pas de promouvoir le comportement relatif au choix initial ou au changement d'attitude, mais d'atténuer la dissonance postérieure à l'achat. Ces médias tentent de réconforter le consommateur relativement à sa décision d'achat ou de lui fournir de l'information afin de renforcer sa décision. La publicité du Dodge Ram ci-contre, par exemple, tente de renforcer la décision d'achat d'un tel véhicule, récipiendaire, comme elle le rappelle, du prix de la revue *Motor Trend* du meilleur camion de sa catégorie en 2003.

À l'image du modèle d'apprentissage standard, le modèle de dissonance-attribution est susceptible d'intervenir lorsque le consommateur se trouve dans une situation d'achat de forte implication; ce modèle s'avère particulièrement pertinent dans les situations postérieures à l'achat. Un consommateur, par exemple, peut se procurer un camion sur les conseils d'un ami, adopter par la suite une attitude favorable envers le fabricant, puis prêter une attention particulière à ses publicités afin d'atténuer la dissonance.

Certains spécialistes du marketing montrent peu d'enthousiasme pour le modèle dissonance-attribution, rejetant l'idée que les médias de masse n'ont aucune incidence sur la décision initiale du consommateur. Le modèle ne prétend pas que les médias de masse n'ont aucune incidence, mais bien que leur principale répercussion se produit après l'achat. La publicité et la promotion ne doivent pas se limiter à favoriser le choix d'une marque; elles doivent aussi renforcer ce choix et perpétuer le comportement d'achat.

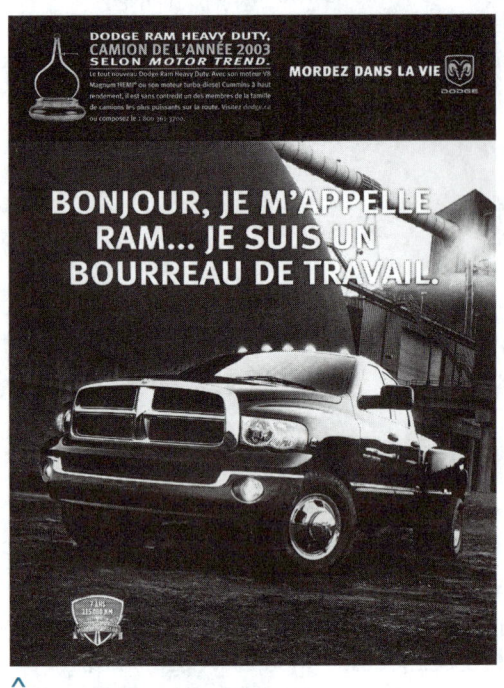

Cette publicité permet de réduire la dissonance postérieure à l'achat.

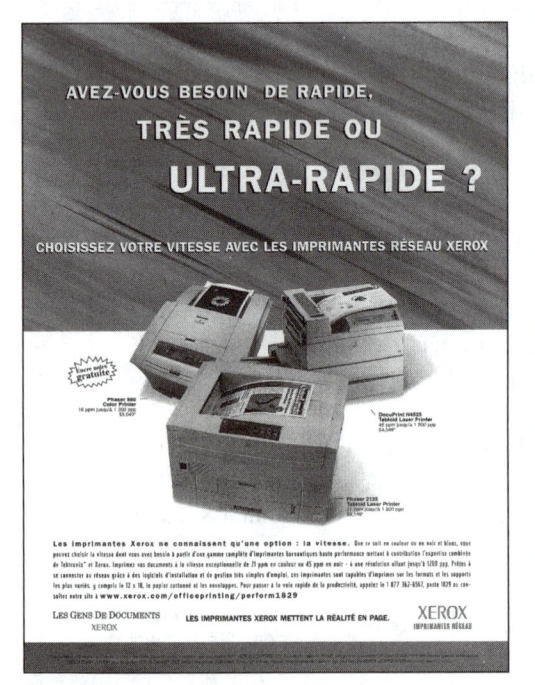

Les publicités de produits à forte implication regorgent de renseignements dont le consommateur se servira pour évaluer les marques.

La hiérarchie de la faible implication

La **hiérarchie de la faible implication** demeure sans doute la plus intrigante des trois hiérarchies des effets que propose Michael Ray. Le récepteur du message passe ici de la connaissance au comportement, puis au changement d'attitude. La séquence apprendre → faire → ressentir caractériserait les situations où le consommateur est peu concerné par le processus d'achat. Ray avance que cette hiérarchie intervient lorsque le degré d'implication est réduit par rapport à la décision d'achat, qu'il existe des différences minimes entre les différentes marques et que les médias de masse diffusent un grand nombre de publicités, en particulier la radio et la télévision.

> **Hiérarchie de la faible implication**
>
> Hiérarchie des réponses selon laquelle le récepteur d'un message passe de la connaissance au comportement, puis au changement d'attitude.

La séquence de la hiérarchie de la faible implication se fonde en grande partie sur la théorie de Herbert Krugman sur les effets de la publicité télévisée[13]. Krugman cherchait à savoir pourquoi la publicité télévisée exerce une immense influence sur la notoriété d'une marque et le taux de rappel, alors qu'elle a peu d'incidence sur les attitudes du consommateur envers un produit. Le chercheur avait pour hypothèse que la télévision constitue fondamentalement un média à faible implication et que les défenses perceptives du téléspectateur sont affaiblies, voire absentes, pendant les pauses publicitaires. Dans une situation à faible implication, le consommateur ne compare pas le message avec les convictions, les expériences ou les besoins acquis. La publicité se traduit par de subtiles modifications à la structure de connaissances du consommateur, en particulier par suite d'expositions répétées. Cette modification des connaissances ne donne pas lieu à un changement d'attitude, mais s'apparente à l'acquisition d'une nouvelle connaissance de la marque annoncée, par exemple le nom de la marque, le thème de la publicité ou le slogan. Selon Krugman, lorsque le consommateur se trouve en situation d'achat, cette information suffit à déclencher l'achat. Le consommateur adopte ensuite une attitude envers la marque, résultat de son expérience avec celle-ci. Dans une situation à implication réduite, la séquence de réponses se présente comme suit :

Exposition au message à faible implication →

Modification de la structure cognitive → Achat →

Expérience positive ou négative → Adoption d'une attitude

Dans le modèle de la faible implication, le consommateur fait un apprentissage passif et participe à une collecte d'information aléatoire plutôt qu'à une recherche active. Le publicitaire doit savoir que le consommateur passif et désintéressé s'attarde davantage aux éléments autres que le message, par exemple la musique, les personnages, les symboles, les slogans ou les ritournelles. Le publicitaire peut tabler alors sur une ritournelle accrocheuse que le consommateur mémorise sans aucun traitement cognitif actif et dont la pertinence se révèle lorsqu'il se trouve en situation d'achat.

Le publicitaire de produits à faible implication tend à faire appel à des annonces exposant les propriétés attribuées à un produit. Une étude de Scott Hawkins et de Stephen Hoch révèle que, en situation à faible implication, les affirmations simples auraient plus de chances d'être mémorisées dans l'esprit du consommateur[14]. De l'avis des deux chercheurs, le responsable

Pendant plusieurs années, Cottonelle a vanté la douceur de son papier hygiénique.

de produits à faible implication aurait intérêt à tabler sur une stratégie répétitive plutôt que sur la diffusion de messages longs et détaillés destinés à de vastes audiences. La marque Cottonelle, par exemple, a exploité un seul et même thème depuis presque toujours : la douceur de son papier hygiénique.

Les produits de consommation les plus courants font souvent appel à la publicité de faible implication. La chaîne de restaurants Tim Hortons, par exemple, mise sur un slogan accrocheur : « Du Tim comme je l'aime. » Ce positionnement a pour objectif de faire naître une association dans l'esprit du consommateur sans vraiment tenter de formuler ou de modifier une attitude. L'utilisation de personnages animés sert aussi fort bien les produits à faible implication. Le petit bonhomme Pillsbury, Tony le Tigre et M. Net serviront à la création d'images visuelles qui amèneront le consommateur à reconnaître et à mémoriser certaines publicités.

Comme l'illustrent les propos précédents, les chercheurs intéressés à la publicité et au comportement du consommateur ont examiné en profondeur le concept du degré d'implication[15]. Le degré d'implication est une variable pouvant expliquer comment le consommateur traite l'information publicitaire et en quoi cette information peut avoir une incidence sur le destinataire du message. Comment définir et mesurer le degré d'implication ? Là est toute la question. Le responsable de la publicité doit pouvoir déterminer le degré d'implication des consommateurs ciblés par rapport à ses produits.

Judith Zaichkowsky s'est penchée sur quelques problèmes que posent la conceptualisation et la mesure du degré d'implication. Elle a noté que, bien qu'il n'existe aucune définition précise du degré d'implication, l'idée de la *pertinence personnelle* y est sous-jacente[16]. Zaichkowsky a conçu un modèle d'implication comportant trois antécédents ou variables qui, selon elle, précèdent l'implication (*voir la figure 5.6*). Le premier touche les traits psychologiques (système de valeurs, expériences personnelles et besoins). Le deuxième concerne les caractéristiques du stimulus ou les différences dans le choix du média (télévision, radio ou imprimé), le contenu de la communication ou le type de catégorie de produits. Enfin, le troisième antécédent touche les facteurs propres à la situation, par exemple le fait qu'une personne désire ou non acheter un produit précis.

Ces antécédents peuvent jouer de plusieurs manières sur le degré d'implication du consommateur, notamment envers la publicité, les produits annoncés et la décision d'achat. Cette théorie illustre aussi qu'une variété de comportements peuvent découler de l'implication envers la publicité, le produit ou la décision d'achat.

FIGURE 5.6 Le concept du degré d'implication

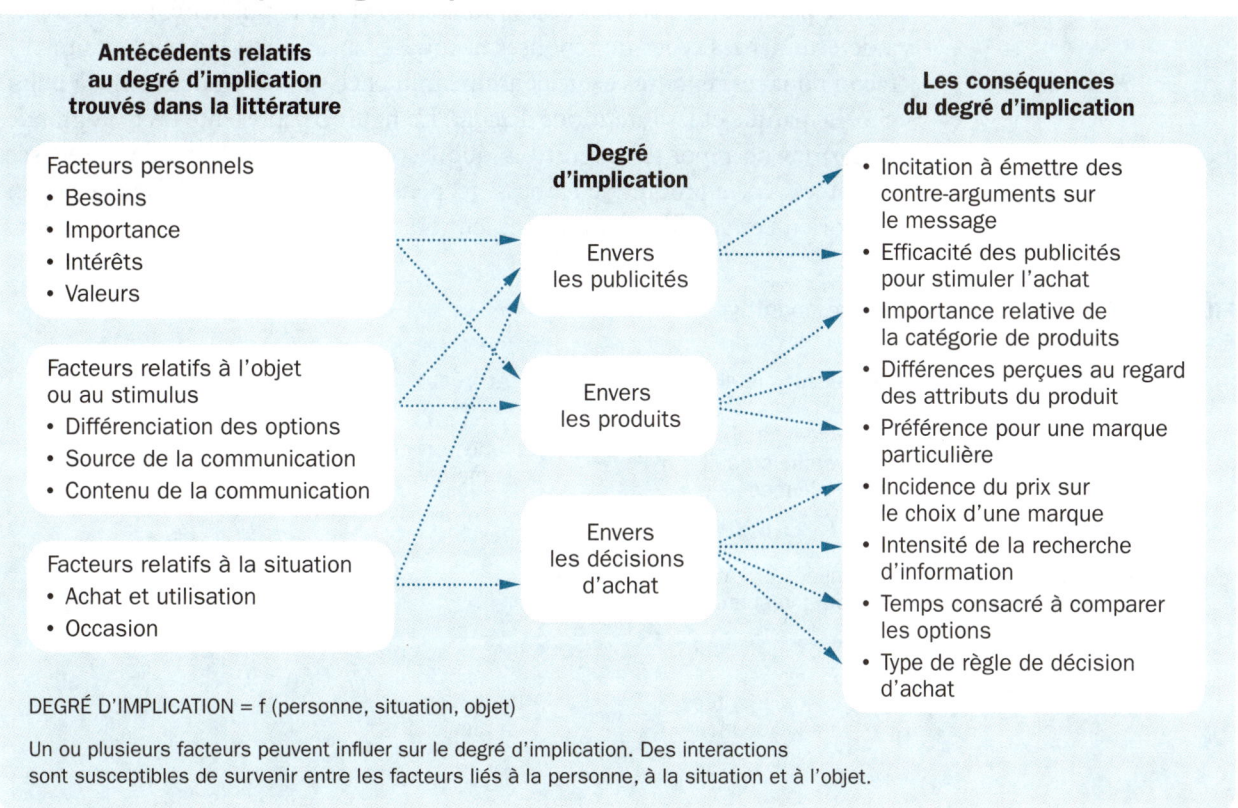

Antécédents relatifs au degré d'implication trouvés dans la littérature

Facteurs personnels
- Besoins
- Importance
- Intérêts
- Valeurs

Facteurs relatifs à l'objet ou au stimulus
- Différenciation des options
- Source de la communication
- Contenu de la communication

Facteurs relatifs à la situation
- Achat et utilisation
- Occasion

Degré d'implication
- Envers les publicités
- Envers les produits
- Envers les décisions d'achat

Les conséquences du degré d'implication
- Incitation à émettre des contre-arguments sur le message
- Efficacité des publicités pour stimuler l'achat
- Importance relative de la catégorie de produits
- Différences perçues au regard des attributs du produit
- Préférence pour une marque particulière
- Incidence du prix sur le choix d'une marque
- Intensité de la recherche d'information
- Temps consacré à comparer les options
- Type de règle de décision d'achat

DEGRÉ D'IMPLICATION = f (personne, situation, objet)

Un ou plusieurs facteurs peuvent influer sur le degré d'implication. Des interactions sont susceptibles de survenir entre les facteurs liés à la personne, à la situation et à l'objet.

Le traitement cognitif des communications

Longtemps, les modèles de la hiérarchie des effets ont constitué l'angle principal sous lequel on étudiait les réponses des récepteurs des communications marketing. L'attention portait vers l'établissement des relations entre des variables précises et contrôlables (telles que les facteurs liés à la source et au message) et les variables propres aux effets de la publicité (telles que l'attention, la compréhension, les attitudes et les intentions d'achat). Cette démarche a suscité des critiques pour plusieurs raisons, notamment son côté *boîte noire,* car elle ne parvient pas à expliquer ce qui provoque ces réponses[17]. Pour pallier cette lacune, les chercheurs ont tenté de comprendre la nature des réponses cognitives aux messages persuasifs. On a établi plusieurs approches afin d'étudier la nature du traitement cognitif que fait le consommateur des messages publicitaires.

Les réponses cognitives

Parmi les méthodes les plus répandues servant à étudier le traitement cognitif que fait le consommateur des messages publicitaires, on trouve l'évaluation de ses **réponses cognitives**, c'est-à-dire les pensées formulées par le consommateur lorsqu'il lit, regarde ou entend une communication[18]. En général, on examine ces pensées en demandant au consommateur de noter ou d'exprimer verbalement ses réactions à un message. L'hypothèse de départ veut que ces pensées reflètent les réponses ou processus cognitifs du récepteur et qu'elles contribuent à déterminer son acceptation ou son rejet du message.

Réponse cognitive

Pensée formulée par le consommateur d'un message lorsqu'il lit, regarde ou entend une communication.

L'approche suivant les réponses cognitives a largement servi à la recherche menée par les universitaires et les professionnels de la publicité. Elle cherchait à déterminer les types de réponses évoquées par un message publicitaire et la façon dont ces réponses exerçaient une influence sur l'attitude envers la publicité, la marque et les intentions d'achat. La figure 5.7 présente les trois grandes catégories de réponses cognitives que les chercheurs ont établies – pensées orientées vers le produit ou le message, pensées orientées vers la source et pensées orientées vers l'exécution – et leur effet sur les attitudes et les intentions.

FIGURE 5.7 Un modèle de réponse cognitive

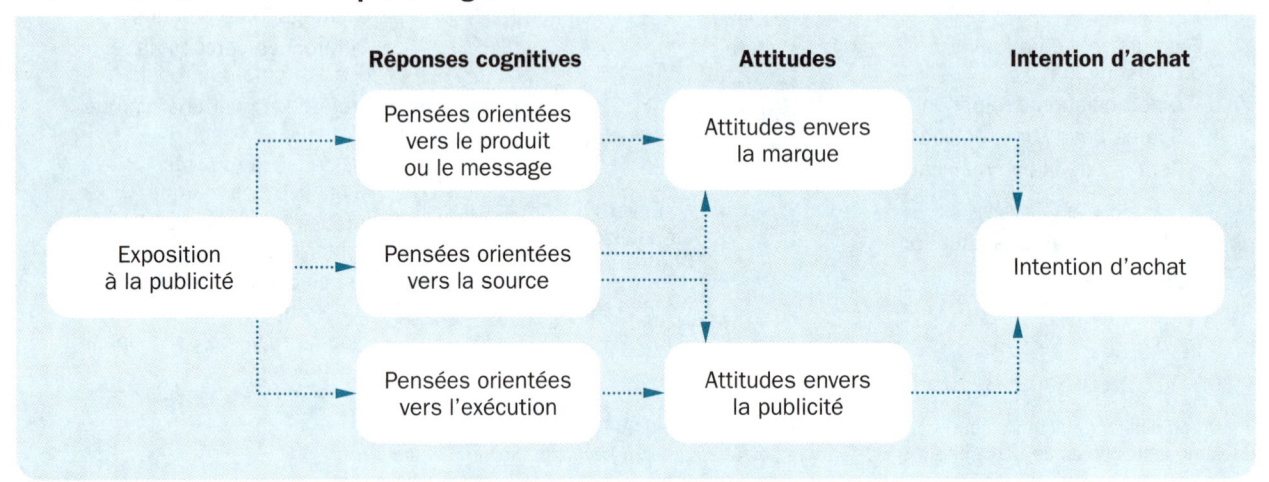

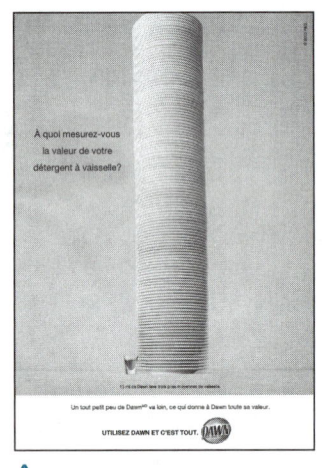

```
                    Réponses cognitives        Attitudes         Intention d'achat

                    Pensées orientées
                    vers le produit  ──────►  Attitudes envers
                    ou le message              la marque
                         ▲                         ▲
                         │                         │
Exposition              Pensées orientées                          Intention d'achat
à la publicité  ──────► vers la source
                         │                         ▲
                         ▼                         │
                    Pensées orientées          Attitudes envers
                    vers l'exécution  ──────►  la publicité
```

Les pensées orientées vers le produit ou le message

La première catégorie de pensées comprend les pensées orientées vers le produit ou le service ou les affirmations énoncées dans la communication. On a porté beaucoup d'intérêt à deux types de réponses : les contre-arguments et les arguments favorables.

Les **contre-arguments** sont les pensées du destinataire qui s'opposent au point de vue du message (*voir la publicité ci-contre*). Un consommateur pourrait se montrer incrédule ou désapprouver l'affirmation que sous-tend le message. (« Je ne crois pas qu'une si petite quantité de détergent puisse laver autant d'assiettes. ») Chez d'autres consommateurs, cette publicité pourrait faire naître des **arguments favorables**, c'est-à-dire qui soutiennent ou confirment les affirmations du message. (« Dawn semble un détergent à vaisselle vraiment efficace ; je crois que je vais l'essayer. »)

On risque davantage de susciter des contre-arguments lorsque le message affirme une chose contraire aux convictions du récepteur. Le consommateur qui regarde une publicité malmenant sa marque préférée formule à coup sûr des contre-arguments. Ceux-ci ont une influence négative sur l'acceptation du message ; plus le récepteur soulève de contre-arguments, moins il est susceptible d'accepter la position défendue dans le message[19]. Par contre, les arguments favorables exercent une influence positive sur l'acceptation du message. C'est pourquoi les publicités et les messages promotionnels doivent susciter le moins de contre-arguments possible et plutôt encourager les arguments favorables.

Les consommateurs formulent souvent des arguments favorables en réaction aux publicités de produits de qualité.

Contre-argument
Pensée du destinataire qui s'oppose au point de vue du message.

Argument favorable
Pensée du destinataire qui soutient ou confirme les affirmations du message.

Les pensées orientées vers la source

Une deuxième catégorie de réponses cognitives est dirigée vers la source de la communication. Les **interrogations envers la source**, ou pensées négatives, à propos du porte-parole ou de l'entreprise visée constituent l'un des plus importants types de réponses de cette catégorie. En général, ce genre de pensées restreint le degré d'acceptation du message. Lorsqu'il est d'avis que tel porte-parole est ennuyeux ou peu crédible, le consommateur est moins susceptible d'accepter ses affirmations.

Bien sûr, les pensées relatives à une source sont parfois positives. Les récepteurs réagissant de façon favorable à une source formulent des pensées favorables, ou **appuis à la source**. À l'évidence, les publicitaires s'efforcent d'embaucher des porte-parole ayant la cote auprès du public cible afin que cette affection favorise l'acceptation du message. Nous verrons au chapitre 7 les éléments dont il faut tenir compte au moment de choisir un porte-parole ou une source.

Les pensées orientées vers l'exécution d'une publicité

La troisième catégorie de réponses cognitives représentées à la figure 5.7 concerne les pensées de l'individu par rapport à la publicité même. Nombre de pensées du récepteur, lorsqu'il regarde ou lit un message publicitaire, ne touchent pas directement le produit ou le message. Il s'agit plutôt de réactions affectives reflétant les sentiments du consommateur par rapport à la publicité. Ces pensées se traduisent par des réactions à certains facteurs tenant de l'exécution de la publicité tels que la créativité, la qualité des effets visuels, les couleurs et les intonations de la voix hors champ. Les **pensées orientées vers l'exécution d'une publicité** se révèlent favorables ou défavorables ; elles sont importantes en raison de leur incidence sur les attitudes envers la publicité ou la marque.

Ces dernières années, on a apporté beaucoup d'attention aux réactions affectives du consommateur envers les publicités, en particulier celles qui sont diffusées à la télévision[20]. Les publicitaires s'intéressent aux réactions que suscitent les publicités chez le consommateur et à son **attitude envers la publicité**. À leur avis, les réactions affectives sont d'importants déterminants de l'efficacité d'une publicité, car elles peuvent être transférées à la marque même ou avoir une incidence directe sur les intentions d'achat. Une étude révèle que l'individu enthousiaste devant une publicité est deux fois plus susceptible d'être convaincu de la qualité supérieure d'une marque que celui qui s'y montre indifférent[21].

Les sentiments qu'éprouve le consommateur devant une publicité importent peut-être autant que son attitude envers la marque, voire davantage, quand il s'agit de déterminer l'efficacité de cette publicité[22]. L'importance des sentiments et des réactions affectives que suscite la publicité repose sur plusieurs facteurs, notamment la nature de la publicité et le type de traitement de l'information auquel procède le récepteur[23]. De nombreux publicitaires conçoivent désormais leurs publicités de manière à faire naître des réactions affectives et des sentiments chez le récepteur. La réussite d'une telle stratégie tient en partie au rapport qu'entretient le consommateur avec la marque ainsi qu'aux probabilités qu'il puisse prêter attention au message et le traiter.

Notre analyse du récepteur se termine sur l'étude d'un modèle qui intègre quelques-uns des facteurs qui peuvent constituer différents types de traitement d'un message.

Interrogation envers la source

Pensée négative formulée à propos de la source d'une communication.

Appui à la source

Pensée favorable à l'endroit de la source d'un message.

Pensée orientée vers l'exécution d'une publicité

Pensée du destinataire d'un message se traduisant par des réactions à certains facteurs tenant de l'exécution de la publicité tels que la créativité, les effets visuels, les couleurs et les intonations de la voix hors champ.

Attitude envers la publicité

Sentiment favorable ou défavorable qu'éprouve le récepteur d'une annonce.

Modèle de probabilité d'élaboration

Modèle tentant d'expliquer pourquoi les communications persuasives, telles que les publicités, finissent par persuader en jouant sur les attitudes.

Le modèle de probabilité d'élaboration

Le **modèle de probabilité d'élaboration**, présenté à la figure 5.8, s'intéresse aux différentes manières dont le consommateur traite les messages persuasifs et y réagit[24]. Mis au point par Richard Petty et John Cacioppo, ce modèle tente d'expliquer pourquoi les communications persuasives, telles que les publicités, finissent par persuader en jouant sur les *attitudes*.

FIGURE 5.8 **Le modèle de probabilité d'élaboration**

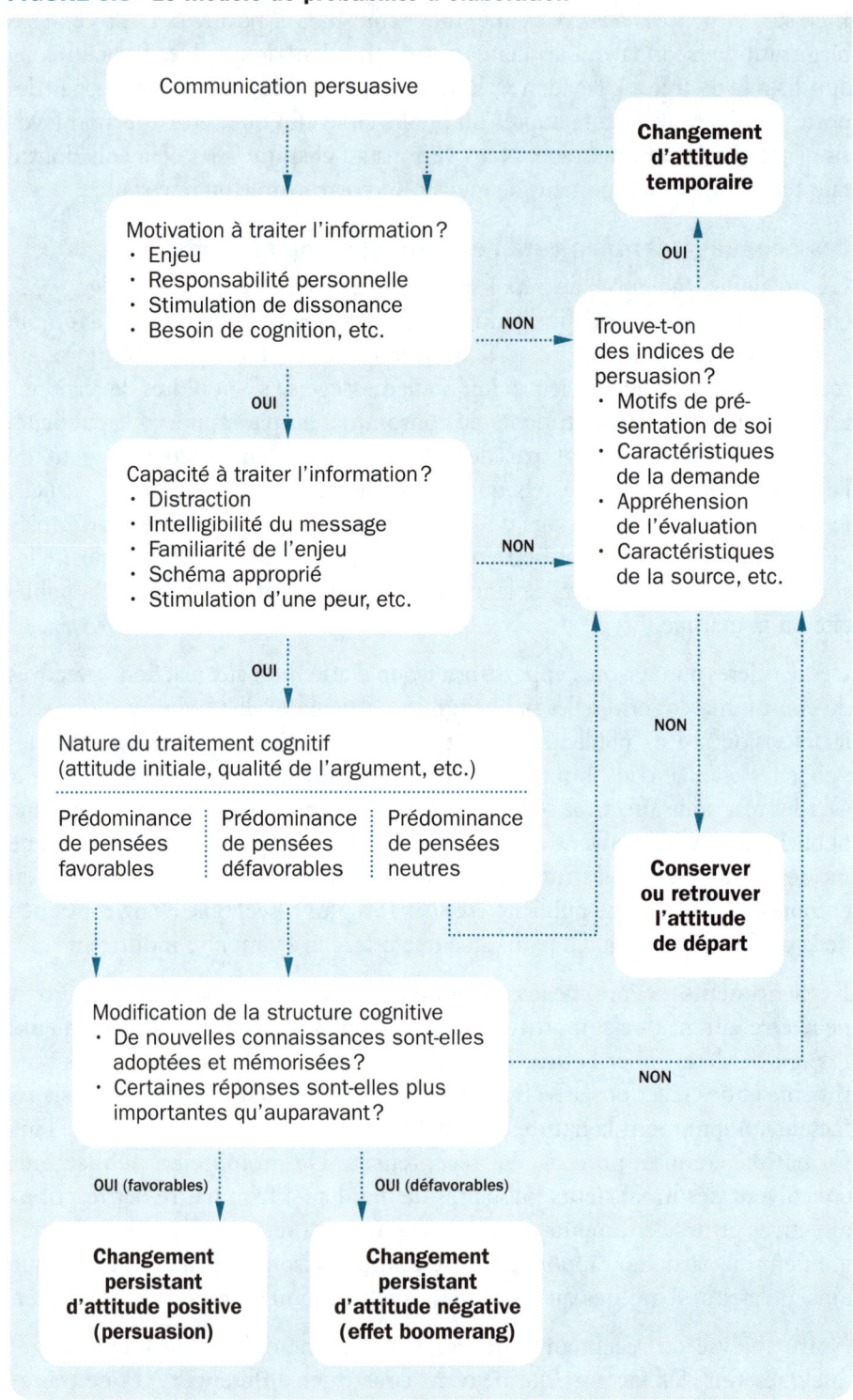

Communication persuasive

Motivation à traiter l'information ?
- Enjeu
- Responsabilité personnelle
- Stimulation de dissonance
- Besoin de cognition, etc.

→ NON → Trouve-t-on des indices de persuasion ?
- Motifs de présentation de soi
- Caractéristiques de la demande
- Appréhension de l'évaluation
- Caractéristiques de la source, etc.

OUI

Capacité à traiter l'information ?
- Distraction
- Intelligibilité du message
- Familiarité de l'enjeu
- Schéma approprié
- Stimulation d'une peur, etc.

→ NON →

OUI

Nature du traitement cognitif
(attitude initiale, qualité de l'argument, etc.)

| Prédominance de pensées favorables | Prédominance de pensées défavorables | Prédominance de pensées neutres |

OUI → **Changement d'attitude temporaire**

NON → **Conserver ou retrouver l'attitude de départ**

Modification de la structure cognitive
- De nouvelles connaissances sont-elles adoptées et mémorisées ?
- Certaines réponses sont-elles plus importantes qu'auparavant ?

OUI (favorables) → **Changement persistant d'attitude positive (persuasion)**

OUI (défavorables) → **Changement persistant d'attitude négative (effet boomerang)**

NON →

PARTIE 2 Le consommateur : au cœur des communications marketing intégrées

L'adoption ou le changement d'une attitude repose ici sur la nature et le degré de l'*élaboration* (ou du traitement) de l'information pertinente présente dans le message persuasif. Un degré élevé d'élaboration sous-entend que le récepteur se livre à une réflexion et à une évaluation poussées de l'information ou des arguments véhiculés dans le message. On note un faible degré d'élaboration lorsque le récepteur ne s'engage pas dans un traitement actif ou dans une réflexion approfondie du message. Le récepteur fait plutôt alors des inférences sur la position défendue dans le message à l'aide d'indices positifs ou négatifs.

Le modèle de probabilité d'élaboration est fonction de deux éléments : la motivation et la capacité à traiter le message. La *motivation* à traiter le message tient à des facteurs tels que le degré d'implication, la pertinence pour la personne visée, les besoins individuels et le degré de stimulation.

La *capacité* à traiter l'information communiquée tient aux connaissances et aux facultés intellectuelles de l'individu, et à la possibilité de traiter le message. Ainsi, l'individu qui regarde une publicité humoristique ou une annonce mettant en vedette un mannequin séduisant voit peut-être son attention détournée du traitement de l'information propre au produit.

Selon le modèle de probabilité d'élaboration, deux grandes routes conduisent à la persuasion ou à la modification de l'attitude. Lorsqu'il emprunte la **route centrale de persuasion**, le récepteur participe activement au processus de communication. Motivé, il est en mesure de recevoir, de comprendre et d'évaluer les messages. Lorsque s'opère le traitement central des messages publicitaires, le consommateur prête attention au contenu et examine en profondeur les arguments présentés. Il s'ensuit alors une forte activité cognitive, et la capacité de la publicité à convaincre le récepteur repose principalement sur l'évaluation de la qualité des arguments. Les réactions positives principalement favorables (arguments favorables et appuis de la source) ont pour effet de modifier la structure cognitive et de favoriser un changement d'attitude positif.

> **Route centrale de persuasion**
>
> L'une des deux routes menant à la persuasion autour desquelles s'articule le modèle de probabilité d'élaboration ; le récepteur participe activement au processus de communication ; motivé, il est en mesure de recevoir, de comprendre et d'évaluer les messages.

À l'inverse, lorsque le traitement cognitif est surtout négatif et qu'il se traduit en arguments défavorables ou en interrogations envers la source, les modifications apportées à la structure cognitive sont défavorables, et entraînent un *effet boomerang* ou se traduisent par un changement d'attitude négatif. Un tel changement d'attitude survenant au moment du traitement central d'un message se révèle relativement durable. Il devrait aussi résister aux tentatives engagées par la suite afin de le modifier.

Lorsqu'il enclenche le traitement d'information par la **route périphérique de persuasion**, présentée à la figure 5.8, le récepteur est peu motivé ou sa capacité à traiter l'information s'avère plutôt déficiente. Il est alors peu susceptible de s'engager dans un processus de traitement cognitif détaillé. Plutôt que d'évaluer l'information présentée dans le message, le récepteur se fie à des indices périphériques pouvant être accessoires par rapport aux arguments principaux.

> **Route périphérique de persuasion**
>
> L'une des deux routes menant à la persuasion où le récepteur est peu motivé, ou sa capacité à traiter l'information s'avère plutôt déficiente. Il est alors peu susceptible de s'engager dans un processus de traitement cognitif détaillé.

Le consommateur peut recourir à différents types d'indices périphériques ou à des raccourcis cognitifs plutôt que d'évaluer avec soin les arguments du message[25]. Le porte-parole spécialiste, séduisant ou aimable pourrait engendrer des attitudes favorables. Il en serait de même lorsque le consommateur apprécie certaines facettes de l'exécution de la publicité, par exemple la production, la musique ou les images. Les indices périphériques peuvent aider le consommateur à adopter une attitude positive envers la marque, bien qu'il ne traite pas le message de cette publicité.

Les indices périphériques peuvent aussi entraîner le rejet d'un message. La publicité qui défend une position extrême, qui fait appel à un porte-parole peu apprécié du public ou présentant un problème de crédibilité ou qui est mal réalisée (par exemple une publicité à faible budget d'un détaillant local) peut être rejetée sans égard à l'information ou aux arguments qu'elle véhicule. Comme l'illustre la figure 5.8, à la page 152, à la lumière du modèle de probabilité d'élaboration, les attitudes découlant d'un traitement périphérique sont temporaires. On doit conserver les attitudes favorables en misant sur une exposition continue aux indices périphériques, notamment des publicités de rappel.

Les enjeux du modèle de probabilité d'élaboration

Le modèle de probabilité d'élaboration joue un rôle prépondérant dans les communications marketing – pensons au degré d'implication. Quand le degré d'implication des consommateurs cibles est élevé, par exemple, une publicité ou une argumentation devrait comporter de solides arguments que le destinataire peut difficilement réfuter. Lorsque le degré d'implication du public cible est faible, les indices périphériques pourraient s'avérer plus importants que les arguments du message.

Selon une étude, l'efficacité de l'endossement d'une célébrité dans une publicité repose sur le degré d'implication du récepteur[26]. Lorsque le degré d'implication était faible, la célébrité avait une incidence importante sur les attitudes. Toutefois, lorsque le degré d'implication du récepteur était élevé, la présence de la célébrité n'avait aucune incidence sur les attitudes vis-à-vis de la marque ; la qualité des arguments présentés se révélait alors plus importante.

L'explication avancée pour justifier ces conclusions voulait qu'une célébrité serve d'indice périphérique lorsque le degré d'implication du récepteur était faible. Le récepteur adoptait donc des attitudes favorables en se basant sur son sentiment envers la source plutôt que de traiter le message en détail. En revanche, le consommateur au degré d'implication élevé s'engageait dans un traitement central plus détaillé du message. La qualité des affirmations véhiculées s'avère alors plus importante que l'identité du porte-parole.

Selon le modèle de probabilité d'élaboration, les messages les plus efficaces relèvent de la route que suit le consommateur pour être persuadé. Plusieurs spécialistes du marketing savent que le degré d'implication envers leurs catégories de produits se révèle peu élevé et que les consommateurs sont peu motivés à traiter les messages publicitaires en détail. Voilà pourquoi les publicitaires de produits d'implication réduite misent souvent sur des indices périphériques et font appel à la publicité répétitive pour que le consommateur adopte et maintienne des attitudes favorables envers leurs marques.

Le processus de réponse et les effets de la publicité en bref

Comme nous l'avons vu lors de notre analyse du récepteur, les réactions du consommateur aux communications marketing sont considérées sous plusieurs angles. Récemment, Vakratsas et Ambler ont examiné plus de 250 ouvrages et articles de journaux afin de mieux comprendre les rouages de la publicité et ses effets sur le consommateur[27]. Ils en ont conclu que, bien que la hiérarchie des effets soit employée depuis près d'un siècle, peu de preuves appuient l'idée d'une telle hiérarchie selon une séquence temporelle. À leur avis, lorsqu'on tente de comprendre le processus de réponse et les effets de la publicité, on décèle trois grands effets intermédiaires entre la publicité et l'achat (*voir la figure 5.9*) : a) la *cognition*, c'est-à-dire la dimension réflexion propre à la réponse de l'individu ; b) l'*affect*, sa dimension émotive ; c) l'*expérience*, soit la rétroaction obtenue à la suite de l'achat et de l'utilisation du produit. Vakratsas et Ambler ont statué que les réponses que suscite la publicité sont filtrées par des facteurs tels que la motivation et la capacité de traiter l'information. Ces facteurs peuvent aussi modifier du tout au tout la réponse de l'individu à la publicité. Les deux auteurs proposent donc d'évaluer les effets de la publicité à l'aide de ces trois facteurs, considérant que certaines variables intermédiaires importent plus que d'autres, et au moyen de facteurs tels que la catégorie de produits, le cycle de vie du produit, le public cible, la concurrence et les effets des autres éléments du marketing mix.

Le spécialiste du marketing doit se concentrer sur la connaissance, la sympathie et l'essai comme sur autant de variables importantes sur lesquelles la publicité peut avoir une incidence. Toutefois, il devrait éviter de considérer une séquence particulière de réponses, et réaliser une recherche et une analyse des communications afin de saisir en quoi la publicité et d'autres

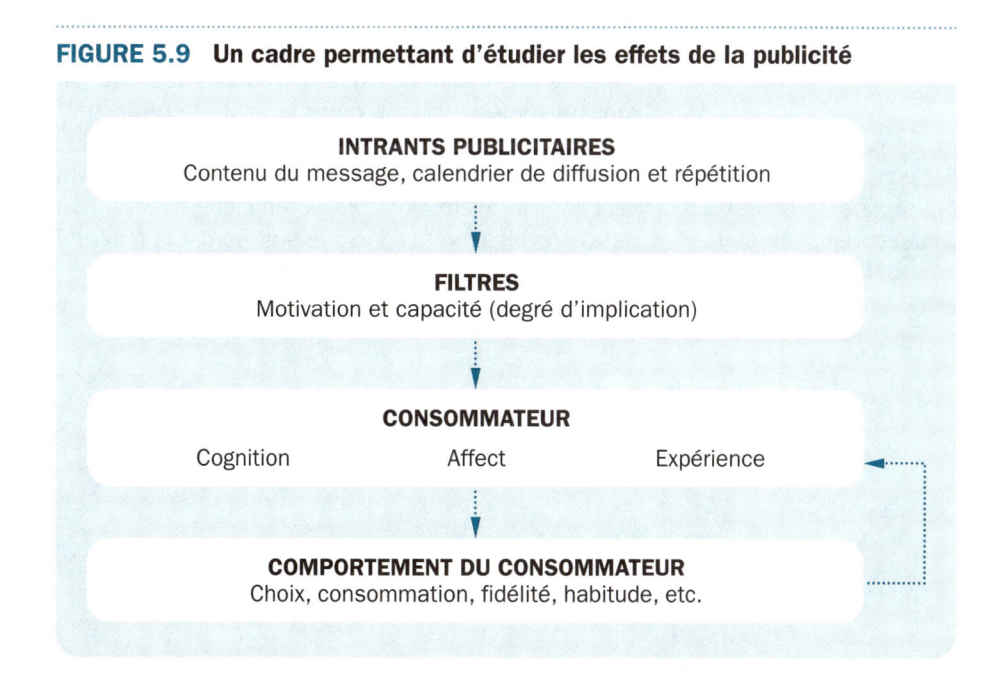

FIGURE 5.9 Un cadre permettant d'étudier les effets de la publicité

INTRANTS PUBLICITAIRES
Contenu du message, calendrier de diffusion et répétition

↓

FILTRES
Motivation et capacité (degré d'implication)

↓

CONSOMMATEUR
Cognition   Affect   Expérience

↓

COMPORTEMENT DU CONSOMMATEUR
Choix, consommation, fidélité, habitude, etc.

formes de promotion peuvent influer sur ces variables intermédiaires dans différentes situations. Le responsable de la planification d'un programme de CMI doit connaître le mieux possible son marché cible et les réponses éventuelles par rapport à la publicité et aux autres formes de communications marketing. Les modèles de communication présentés dans ce chapitre offrent quelques pistes de réflexion quant aux façons dont le consommateur peut traiter les messages persuasifs avant d'y réagir. Avec un peu de chance, ces pistes de réflexion permettront au gestionnaire du marketing de prendre des décisions plus éclairées lors de la planification et de la mise en œuvre d'un programme de promotion.

RÉSUMÉ

Tous les éléments du mix promotionnel ont pour fonction de communiquer quelque chose ; aussi le responsable de la promotion doit-il comprendre le processus de communication, qui peut s'avérer fort complexe. Le succès des communications marketing repose sur plusieurs facteurs, dont la nature et l'interprétation du message, et le cadre dans lequel il s'inscrit. La communication s'avère efficace dans la mesure où l'émetteur doit coder son message afin que le récepteur puisse le décoder de la manière souhaitée. La rétroaction du récepteur permet à l'émetteur de déterminer si le message a été décodé comme il le voulait ou si du bruit a entravé le processus de communication.

La planification d'une promotion commence par le récepteur ou public cible. Le spécialiste du marketing doit appréhender les réponses probables de l'audience envers les sources de communication et les messages. Les modèles traditionnels de la hiérarchie des effets proposent plusieurs séquences, dont le modèle d'apprentissage standard, de dissonance-attribution et de faible implication.

Les réponses cognitives ont trait aux pensées que fait naître le message dans l'esprit du consommateur et contribuent à déterminer l'acceptation ou le rejet de la communication. Le modèle de probabilité d'élaboration tient compte de deux types de traitement de l'information, soit la route centrale de persuasion et la route périphérique de persuasion, qui sont fonction de deux éléments : la motivation et la capacité à traiter le message. On compte trois grandes catégories de réponses intermédiaires entre la publicité et l'achat : la cognition, l'affect et l'expérience. Le responsable de la planification d'un programme de CMI devra connaître le mieux possible son marché cible. Il doit aussi prévoir les réactions que susciteront la publicité et les autres formes de communications marketing.

MOTS CLÉS

- appui à la source
- argument favorable
- attitude envers la publicité
- bruit
- canal
- champ d'expérience
- codage
- communication
- contre-argument
- décodage
- hiérarchie de la faible implication
- interrogation envers la source
- média de masse
- message
- modèle AIDA
- modèle d'apprentissage standard
- modèle de diffusion des innovations
- modèle de dissonance-attribution
- modèle de la hiérarchie des effets
- modèle de probabilité d'élaboration
- modèle de traitement de l'information
- pensée orientée vers l'exécution d'une publicité
- récepteur
- réponse
- réponse cognitive
- rétroaction
- route centrale de persuasion
- route périphérique de persuasion
- sémiotique
- source

QUESTIONS DE DISCUSSION

1 Discutez des éléments du processus de communication. Choisissez et analysez une campagne publicitaire à l'aide de ces éléments.

2 En quoi la sémiotique peut-elle s'avérer utile aux CMI ? Effectuez une analyse sémiotique d'une publicité, d'un conditionnement ou d'un symbole pertinent. Inspirez-vous de l'analyse présentée à la page 136.

3 Discutez des formes de rétroaction selon les situations suivantes.
a) La diffusion d'une infopublicité vantant les mérites d'un nouvel exerciseur au cours d'une émission de fin de soirée.
b) Une lectrice passionnée visite le site Internet d'une entreprise telle qu'Archambault.com ou Amazon.com.
c) La diffusion d'une publicité du cellulaire fido au cours de l'émission *La Facture*.

4 Comment une entreprise telle que Rona pourrait-elle se servir des quatre modèles de processus de réponse présentés à la figure 5.3, à la page 141, pour annoncer ses produits ?

5 Comment le gestionnaire du marketing détermine-t-il le degré d'implication du consommateur au regard du produit ou du service qu'il utilise ?

6 Choisissez une publicité qui, à votre avis, serait traitée selon la route centrale de persuasion et une autre, selon la route périphérique de persuasion. Présentez les deux publicités à plusieurs personnes. Invitez-les à écrire leurs pensées à propos de ces annonces et analysez-les à l'aide des catégories de réponse cognitive vues dans ce chapitre.

CHAPITRE 6
Les objectifs de la démarche de communication marketing intégrée

OBJECTIFS D'APPRENTISSAGE

- Reconnaître l'utilité de déterminer des objectifs précis lors de la planification d'une campagne publicitaire ou promotionnelle.

- Distinguer les objectifs publicitaires des objectifs commerciaux, et cerner les enjeux relatifs à chacun.

- Se familiariser avec les processus et les méthodes permettant de déterminer les objectifs de communication marketing.

- Présenter un plan d'ensemble qui permettra de déterminer les objectifs de communication propres à chaque volet de la démarche de communication marketing intégrée (CMI).

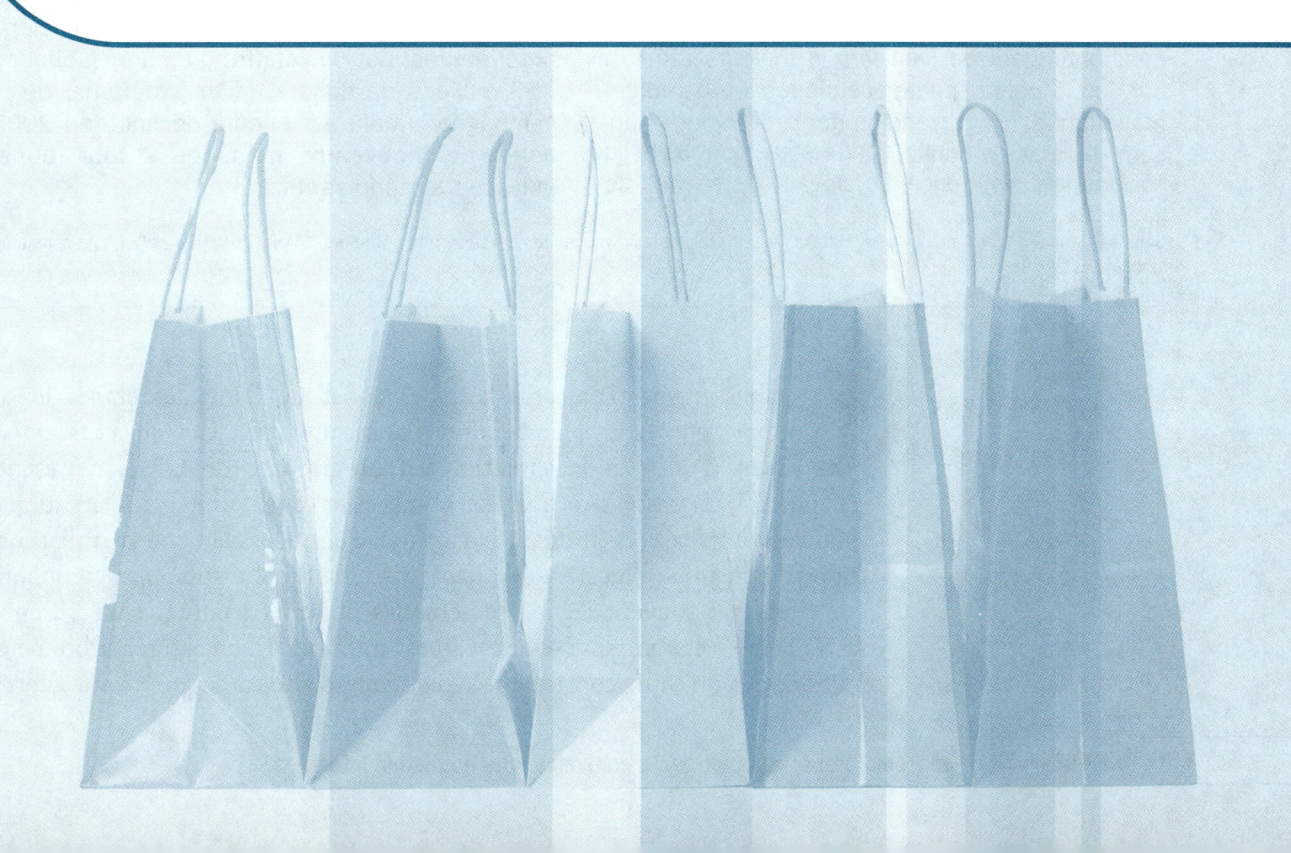

> **MISE EN SITUATION**
>
> **Familiprix : des objectifs précis et une campagne gagnante**
>
> En 2002, le groupe Familiprix, c'était environ 250 pharmaciens propriétaires et un chiffre d'affaires annuel de 390 millions de dollars. Il n'occupait donc pas une position dominante dans le secteur pharmaceutique au détail, au Québec, à l'inverse de Jean Coutu et de Pharmaprix, par exemple. Familiprix avait cependant de grandes ambitions de croissance. Le regroupement désirait ainsi s'adjoindre une vingtaine de nouvelles succursales dans un avenir rapproché. L'atteinte de cet objectif d'affaires se heurtait toutefois à une réalité de marché difficile. Jean Coutu et Pharmaprix, omniprésents sur le territoire québécois, bénéficient en effet de taux de notoriété de 90 % et de 60 % respectivement. Wal-Mart, Costco et Loblaws, de leur côté, constituent des joueurs de plus en plus importants dans ce secteur. Notons à cet égard que le positionnement de Familiprix a toujours été axé sur les produits pharmaceutiques et parapharmaceutiques, qui représentent 70 % de l'ensemble de ses produits, contre seulement 30 % du côté de la concurrence. Le slogan « Au service de votre santé » résume fort bien le positionnement distinctif du regroupement. Dans ce contexte, la campagne initialement conçue avait pour cible les familles comptant de jeunes enfants, c'est-à-dire les personnes les plus susceptibles de se procurer des produits pharmaceutiques sans ordonnance. L'objectif de communication était de relever le taux de notoriété du regroupement, qui était de 19 % avant la campagne, et de renforcer le pouvoir d'attraction du réseau auprès des consommateurs et des pharmaciens. Pour ce faire, le groupe Familiprix tablait sur un budget publicitaire inférieur aux budgets des chaînes Jean Coutu et Pharmaprix. Miser sur une campagne originale qui, espérait-on, aurait un impact considérable, était donc un choix obligé.
>
> Le pari a été gagné et nous avons tous été séduits par ces publicités audacieuses et originales, tant et si bien que la désormais célèbre campagne « Ah ! Ha ! » remportait un *Best of Show* aux Marketing Awards et un Lion d'argent au 50e Festival international de publicité, qui a eu lieu à Cannes, au mois de juin 2003. En outre, Familiprix a mérité la plus haute distinction du concours des Cassies pour l'ensemble du Canada la même année. Le taux de notoriété de la bannière est passé de 19 % à 52 %, et une vingtaine de pharmaciens propriétaires se sont joints au groupe. Grâce à cette offensive de premier plan, Familiprix a démontré que créativité et marketing font bon ménage lorsque la stratégie publicitaire est clairement établie. Le groupe compte aujourd'hui 270 pharmaciens propriétaires, pour un chiffre d'affaires global de 750 millions de dollars, et la plateforme de la campagne initiale est encore déclinée en 2008 dans de nouveaux messages, tout aussi efficaces et séduisants.
>
> **Source :** Cassies, « Familiprix », *Cassies 2003 Cases,* [en ligne], <www.cassies.ca/caselibrary/winners/FAMILIPRIX2003.pdf> (page consultée le 10 mars 2008).

L'établissement d'objectifs réalistes constitue l'une des étapes les plus importantes de la planification d'une campagne. Ces objectifs, qui serviront d'assise à l'élaboration du programme de CMI, représentent néanmoins un casse-tête pour de nombreuses entreprises. Les situations de marché complexes, les difficultés d'arrimage entre les éléments du mix promotionnel, ainsi que l'incertitude quant aux ressources disponibles compliquent en effet trop souvent l'établissement des objectifs commerciaux[1]. Bien que cette tâche soit complexe et ardue, il est important d'en assurer la bonne exécution. Ces objectifs constituent la pierre angulaire sur laquelle vont s'appuyer toutes les décisions ultérieures. Le budget de la campagne dépend d'eux, tout comme les tactiques de création et les stratégies médias. C'est aussi sur la base de ces objectifs que, ultimement, seront considérés le succès ou l'échec de la campagne. Ne s'appuyer que sur des objectifs commerciaux généraux, relatifs aux ventes, par exemple, afin de déterminer si des plans de publicité et de promotion ont atteint leurs buts est une façon de faire trop commune. Pourtant, nous savons tous que la publicité et la promotion ne constituent pas les seules activités qui influent sur le succès des ventes de l'entreprise.

Si la détermination d'objectifs précis fait partie intégrante du processus de planification, lors de la mise en œuvre de leur plan de communication, de nombreuses entreprises ne s'appuient toutefois sur aucun objectif de communication particulier ou se contentent d'objectifs inadaptés; elles font de même au moment d'évaluer ce plan. Souvent, le gestionnaire du marketing n'a donc qu'une idée imprécise de la façon dont la CMI est susceptible de contribuer au succès du programme de marketing dans son ensemble. Eu égard au large éventail d'outils de communication disponibles et à la multiplicité des clientèles cibles, il est en outre difficile de déterminer la contribution relative de chaque élément au sein d'un plan de CMI. Il en est de même pour établir les objectifs propres à chaque outil et évaluer leur efficacité respective.

Dans le présent chapitre, nous traiterons de la nature et de la raison d'être des objectifs commerciaux ainsi que de leur rôle dans l'élaboration, la mise en œuvre et l'évaluation d'un programme de CMI. D'emblée, nous nous concentrerons sur la définition des objectifs de communication, puis nous décrirons les démarches qu'implique la formulation d'objectifs publicitaires fondés sur les modèles de réactions de marché vus au chapitre précédent. Les démarches proposées doivent permettre de fixer des objectifs de communication qui tiennent compte des caractéristiques particulières de chaque élément du plan de CMI, tout en respectant les exigences liées à la cohérence de l'ensemble.

La détermination des objectifs

L'utilité des objectifs

Si tant d'entreprises renoncent à déterminer des objectifs en amont de leurs programmes de CMI, c'est sans doute parce qu'elles les considèrent comme inutiles. Il est pourtant nécessaire d'établir ces objectifs avec soin. Ceux-ci sont en effet essentiels à la planification, à la mise en œuvre et à l'évaluation d'un programme de communication.

Sur le plan de la gestion du travail des équipes dédiées

Des objectifs de communication marketing précis permettent de faciliter le travail des différentes équipes souvent affectées à une même campagne. Dans la plupart des cas, la mise en place d'un programme de CMI requiert en effet la mobilisation de nombreuses ressources, tant du côté de l'annonceur, de l'agence de publicité et des médias que de certaines entreprises spécialisées (comme les firmes de publipostage ou les cabinets de relations publiques). La réalisation du programme de publicité et de promotion devant être assurée par ces différents partenaires, le maintien d'un lien étroit entre ces parties est, bien entendu, déterminant.

Chaque partie se doit donc de connaître les visées de l'entreprise et de nombreux problèmes pourront être évités si elles disposent d'objectifs clairement établis et approuvés. Enfin, n'oublions pas que ces objectifs, en plus de guider leurs actions, servent également de fondements au moment d'évaluer les résultats obtenus.

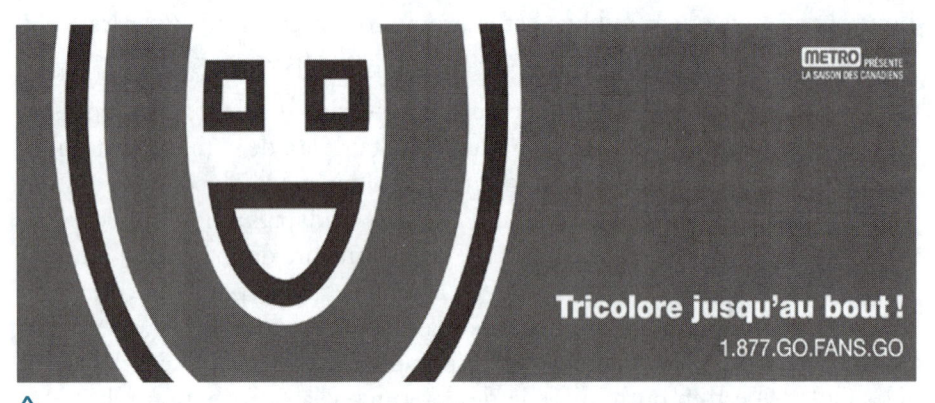

Voici un panneau publicitaire dont l'impact ne se mesure pas qu'à court terme.

Sur le plan de la planification et de la prise de décision

La détermination d'objectifs de communication précis est indispensable à l'élaboration du plan de CMI. Toute l'élaboration de la stratégie de communication et de promotion de l'entreprise repose sur ces objectifs. Les objectifs retenus exercent aussi une grande influence sur la qualité du processus décisionnel. Le planificateur d'une campagne se trouve souvent, en effet, devant de nombreuses possibilités stratégiques et tactiques au moment de choisir le positionnement d'un produit, les avenues créatives ou les médias à privilégier, ainsi que le budget à allouer aux divers éléments du mix de communication. Ses choix devraient le conduire à adopter la stratégie qui offre les meilleures chances d'atteindre les objectifs de communication de l'entreprise.

Sur le plan de l'évaluation des résultats

L'une des raisons pour lesquelles il importe de déterminer des objectifs précis tient à ce qu'ils serviront d'étalons au moment d'apprécier la réussite ou l'échec d'une campagne. Faute d'objectifs précis, il devient en effet très difficile de juger les retombées des activités publicitaires et promotionnelles de l'entreprise. De bons objectifs se caractérisent, en outre, par leur caractère mesurable. Précis, pertinents et pouvant faire l'objet de certaines mesures, ces objectifs permettront donc d'évaluer adéquatement l'efficacité d'un programme de CMI. La plupart des entreprises se préoccupent du taux de rendement de leur investissement en matière de communications ; pouvoir comparer les résultats obtenus avec de tels objectifs constitue encore le meilleur moyen de déterminer si les frais engagés sont justifiés ou non.

Les types d'objectifs

Le choix d'objectifs opportuns par rapport à la tâche à accomplir représente l'une des difficultés de la définition d'un programme de CMI. Comme le programme de CMI soutient l'ensemble du programme marketing, la détermination d'objectifs clairs est nécessaire pour que le gestionnaire du marketing puisse apporter les mesures correctives qui s'imposent lorsque certaines actions stratégiques n'aboutissent pas aux résultats escomptés. Intéressons-nous de plus près aux objectifs commerciaux et aux objectifs de communication, et voyons en quoi ils sont liés.

Les objectifs commerciaux

En général, les **objectifs commerciaux** sont énoncés dans le plan marketing de l'entreprise. Ils dictent ce qu'est censé accomplir ce plan dans son ensemble, au cours d'une période donnée. Ces objectifs sont fréquemment établis en fonction de retombées précises et mesurables, telles que le volume des ventes, la part de marché, les profits ou le rendement. Quantifiables, ils présentent, dans le meilleur des cas, une cohérence avec le marché cible et se réfèrent au calendrier d'exécution à l'intérieur duquel l'objectif doit être atteint. Un fabricant de photocopieuses, par exemple, pourrait avoir comme objectif de «hausser de 10 % les ventes d'un modèle dans le secteur des petites entreprises québécoises au cours des 12 prochains mois». Pour être valables, les objectifs doivent bien sûr être réalistes, c'est-à-dire atteignables dans le laps de temps fixé.

> **Objectif commercial**
> Objectif renvoyant à ce qui doit être accompli dans l'ensemble du programme marketing. Il est souvent énoncé sous l'angle des ventes, de la part de marché ou de la rentabilité.

Le choix du type d'objectif marketing est surtout fonction des conditions du marché. L'entreprise détenant une grande part du marché peut, par exemple, vouloir augmenter son volume des ventes en favorisant la croissance de la catégorie de produits où elle se trouve en position de leader. Elle peut y parvenir en accroissant la consommation des usagers actuels ou en incitant ceux qui n'en achètent pas à se procurer le produit. La publicité de Nissan Versa présentée ci-dessous conjugue, quant à elle, à la fois des objectifs de notoriété et de positionnement.

^
Le lancement sur le marché d'un nouveau modèle d'automobile oblige souvent à concilier de multiples objectifs.

L'entreprise présente sur un marché en pleine croissance peut, *a contrario*, faire de l'augmentation de sa part de marché un objectif commercial prioritaire. Sur un marché parvenu à maturité, où la perspective de croissance est limitée, la même entreprise se fixera plutôt, sans doute, des objectifs de profit ou de rentabilité. Enfin, l'entreprise qui dessert une clientèle aux préférences très distinctes ou appartenant à différents marchés géographiques peut, pour sa part, avoir des objectifs commerciaux particuliers pour chaque segment ou chaque région.

Le responsable de la communication marketing se doit de comprendre ces objectifs marketing généraux afin de cerner le rôle spécifique que sont susceptibles de jouer les outils de publicité et de promotion, s'il souhaite les atteindre. Les objectifs commerciaux définis en fonction de l'accroissement des ventes, des profits ou de la part de marché ne constituent pas des objectifs de communication. Leur réalisation relève en effet de la bonne coordination et de la mise en œuvre de tous les éléments du marketing mix, pas seulement de ceux relevant du programme de CMI.

En règle générale, les éléments du mix de communication ont pour rôle de communiquer de l'information ou de faire entendre un message à propos d'un produit ou d'un service. Certains gestionnaires estiment toutefois que l'augmentation des ventes représente le seul objectif d'un programme de communication digne de ce nom. À leurs yeux, l'entreprise consacre de l'argent à la publicité et à la promotion, uniquement dans le but de vendre un produit ou un service. Les frais liés à ces activités constituent donc pour eux un investissement de ressources toujours trop limitées, exigeant une justification économique à court terme. Dans cette perspective, les frais de publicité ou les frais engagés sous d'autres formes promotionnelles doivent se concrétiser rapidement sous la forme de résultats mesurables, tels qu'une hausse du volume des ventes ou une plus grande part de marché. De telles convictions traduisent bien la pression actuelle qui s'exerce sur les gestionnaires du marketing ou les chefs de marque dans maintes organisations, afin qu'ils atteignent des objectifs d'affaires quasi immédiats. Ces spécialistes en viennent ainsi à évaluer leurs programmes de publicité et de promotion avec un horizon très rapproché, cherchant trop souvent une solution miracle pour contrer un ralentissement des ventes ou un recul de la part de marché.

Or, il s'avère risqué de fixer des objectifs de vente ou de profit dans le cadre d'un programme de CMI. De piètres recettes peuvent, en effet, être attribuables à de nombreuses autres variables du marketing mix, notamment la conception ou la qualité du produit, la distribution ou le prix. La publicité peut faire connaître une marque et inciter les consommateurs à s'y intéresser. Elle ne peut toutefois les obliger à l'acheter, en particulier lorsque celle-ci est difficilement disponible ou qu'elle se détaille plus cher que la marque concurrente. Comme le montre la figure 6.1, les ventes sont fonction de plusieurs facteurs, pas seulement de la publicité et de la promotion.

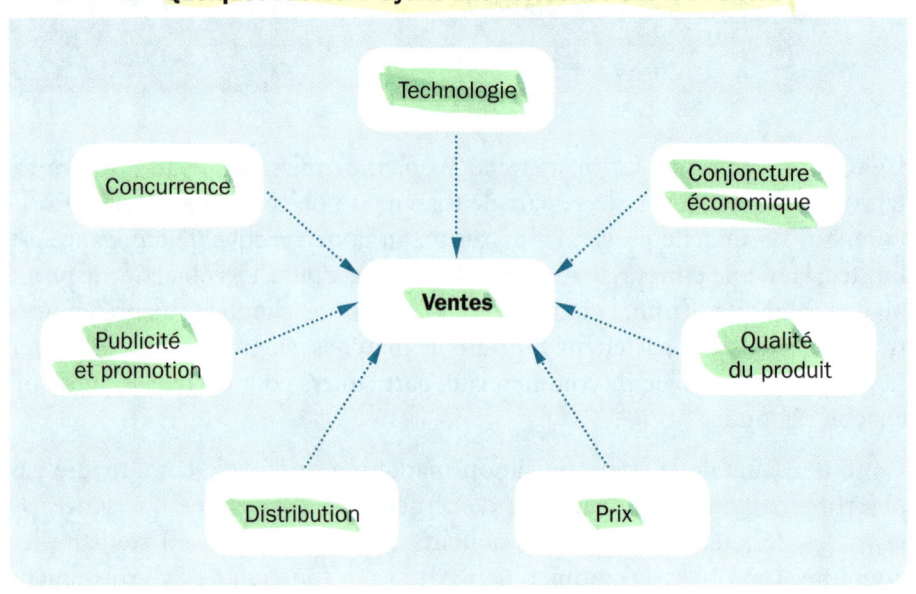

FIGURE 6.1 Quelques facteurs ayant une incidence sur les ventes

Se fixer exclusivement l'atteinte d'objectifs de vente pose un autre problème, les effets d'une campagne publicitaire étant rarement immédiats. Bien que le marché puisse réagir à court terme, les effets de la campagne se poursuivent souvent sur une période prolongée. Nombre de spécialistes s'accordent ainsi sur l'importance de l'**effet de rémanence** de la publicité. L'argent qui lui est consacré ne se répercute donc pas forcément aussitôt sur les ventes[2]. La campagne publicitaire peut entraîner une prise de conscience chez le consommateur, soulever son intérêt ou faire naître une impression favorable à l'égard d'une marque – une préférence – sans que ces sentiments se traduisent par un achat immédiat. Des études économétriques portant sur les effets de la publicité révèlent que les répercussions d'une campagne de communication peuvent s'échelonner sur une période de neuf mois[3] pour des produits parvenus à maturité, vendus à bon prix et que l'on achète souvent. Différents modèles ont été proposés afin de représenter l'effet de rémanence de la publicité et de déterminer les effets à long terme de celle-ci[4]. Il s'agit là d'une question importante, cet effet ajoutant à la difficulté de la mesure de l'impact de la publicité sur les ventes.

Effet de rémanence
Effet d'un effort de communication dont l'incidence sur les ventes peut, par exemple, se faire sentir sur une période prolongée.

Un autre problème relatif à la prépondérance d'objectifs de vente est qu'ils offrent, dans la plupart des cas, une piètre orientation aux responsables de la planification du programme de communication. L'équipe de création, comme les conseillers en planification média, doivent avant tout recevoir une bonne information sur la nature du message publicitaire que l'entreprise souhaite communiquer, de la clientèle cible, ainsi que des effets ou des réactions attendues. Comme nous le verrons par la suite, de bons objectifs de communication permettent de fournir des paramètres précis aux intervenants quant à la planification, à l'élaboration et à la mise en œuvre du programme de publicité et de promotion.

Si un gestionnaire est assuré qu'aucun autre facteur relatif au marketing ou au marché n'a d'incidence sur les ventes, qu'aucun effet de rémanence ne se produira et que l'équipe publicitaire concernée n'a besoin d'aucune orientation supplémentaire quant à la nature du message ou aux caractéristiques de la cible, se fier au seul objectif de vente se justifie. La probabilité de voir ces conditions réunies se révèle toutefois assez faible, sinon nulle.

Pour éclairer notre propos, nous ferons appel à deux exemples : la publicité directe et les pratiques commerciales de certains fabricants de produits de grande consommation.

La publicité directe est un type de publicité dont on évalue d'ordinaire l'efficacité en fonction des ventes obtenues. Elle s'adresse personnellement au consommateur, que ce soit par la poste, dans les journaux et les magazines ou à la télévision. Le consommateur commande la marchandise par la poste, en composant un numéro sans frais ou par Internet. Il est ainsi possible de mesurer assez rapidement l'efficacité de la campagne. On peut, par exemple, se fonder sur le nombre d'appels reçus. Comme la publicité constitue la seule forme de communication et de promotion sur laquelle l'entreprise mise en pareille situation, et que la réaction est généralement immédiate, il semble alors opportun de déterminer les objectifs à partir de données de ventes.

Bien que la réaction attendue soit de courte durée, on peut toutefois enregistrer, là aussi, certains effets de rémanence. Les consommateurs ont beau voir, entendre ou lire une publicité à plusieurs reprises, ils peuvent décider de ne pas se procurer le produit immédiatement. Ces consommateurs conservent peut-être des souvenirs de la campagne ou ont été exposés à une forme ou une autre de bouche à oreille. L'incidence cumulative de cet ensemble complexe est susceptible d'influencer tardivement le consommateur, lorsque commencera, par exemple, son processus décisionnel. Passons à présent à notre deuxième exemple. De nombreuses entreprises proposant des produits de grande consommation se concurrencent sur des marchés parvenus à maturité, fortes de circuits de distribution bien en place, de budgets promotionnels comparables, de prix relativement stables et de produits de qualité semblable. Dans ce contexte, les gestionnaires considèrent souvent que la publicité et la promotion constituent les principaux déterminants des ventes ou de la part de marché d'une marque, de sorte qu'il est possible d'isoler les effets de ces variables du mix de communication[5]. Grâce à leur longue histoire et à leur grande expérience du marché, plusieurs entreprises ont, en outre, accumulé assez de connaissances pour être en mesure de prédire l'effet de leurs activités de communication sur leurs niveaux de vente. Elles estiment ainsi raisonnable d'établir des objectifs et d'évaluer la réussite de leurs activités de communication sous l'angle de la performance de vente.

Une fois de plus, une telle position peut sembler tout à fait justifiable. Pourtant, même pour ces catégories de produits parvenus à maturité, on enregistre l'arrivée de nouveaux consommateurs, sensibles aux efforts de communication d'anciennes campagnes publicitaires. Les efforts faits quant aux messages et au mix promotionnel peuvent donc entraîner, là aussi, un effet différé non négligeable sur les ventes, peu importe l'état du marché. Une compréhension approfondie des réactions psychologiques du consommateur (son attitude, par exemple) permet, en outre, d'élaborer des stratégies plus efficaces à court ou à moyen terme.

Les objectifs de communication

Les objectifs de communication énoncent ce que l'on veut accomplir. En général, ils se fondent sur un ou plusieurs modèles de réactions du marché dont il a été question au chapitre 5. Par ailleurs, on distingue différents niveaux d'objectifs de communication selon le contexte de décision. Il y a des objectifs relevant du plan de CMI dans son ensemble, comme il y en a pour chaque élément du mix de communication, par exemple la publicité de masse, les relations publiques ou la force de vente. Indépendamment du fait qu'il s'agit d'objectifs établis dans le cadre de l'élaboration d'un plan de CMI, relativement à un élément particulier du mix de communication ou à une publicité donnée, les objectifs de communication devraient toujours s'appuyer sur les tâches communicationnelles requises pour pouvoir livrer des messages pertinents à la clientèle cible, au moment opportun de son processus décisionnel ou selon son expérience de consommation.

Le gestionnaire du marketing doit être en mesure de traduire des objectifs commerciaux généraux en objectifs de communication précis. Pour cela, il peut faire appel à l'analyse de situation du plan marketing, qui comporte les éléments suivants :

- les segments de marché que la firme veut cibler (le statut des clients, les données démographiques et psychographiques, ainsi que le mobile d'achat);
- les principaux attributs, bénéfices, avantages, usages et applications du produit;
- les marques de l'entreprise et les marques concurrentes (ventes et part du marché pour divers segments, positionnement, stratégies concurrentielles, fréquence et formes de promotion, stratégies et tactiques de création).

Une fois cette information considérée, le planificateur de la campagne publicitaire devrait être à même de déterminer comment les CMI s'arriment au programme marketing et ce que l'entreprise souhaite accomplir par le biais de la publicité et des autres éléments du mix de communication. La murale présentée ci-contre fait partie d'une vaste campagne multimédia lancée par la Fédération des producteurs de lait du Québec à l'automne 2007. Cette offensive montre combien il importe de déterminer avec soin les objectifs de communication d'une campagne, particulièrement lorsque celle-ci fait appel à de multiples moyens et supports: messages télévisés, affiches, annonces imprimées, présences en magasin et sur le Web. La clarté de la définition de ces objectifs est une condition nécessaire à une bonne intégration de l'ensemble, laquelle, seule, permet d'obtenir les résultats escomptés.

Sur le thème « Plein de gens d'ici. Plein de fromages d'ici », cette campagne a pour objectif de mettre en évidence le lien étroit qui unit les fromages d'ici aux Québécois qui les consomment.

Dans certains cas, le gestionnaire peut aussi se tourner vers la recherche menée dans son secteur d'activité afin de mieux cerner le rapport entre ses objectifs de communication et les objectifs globaux de l'entreprise. Evalucom Inc. a procédé à une étude sur les publicités entourant la sortie de nouveaux produits. Les résultats de cette étude démontrent que certaines publicités réussissent à bien soutenir le lancement de leur produit, alors que d'autres échouent. Le tableau 6.1 présente les quatre facteurs relevés dans cette étude qui influent sur le succès d'une campagne vantant les mérites d'un nouveau produit. La détermination d'objectifs de communication clairement énoncés constitue le dénominateur commun de chacun de ces facteurs.

TABLEAU 6.1   Les facteurs de réussite d'une campagne vantant les mérites de nouveaux produits

Communiquer quelque chose de différent à propos du produit	Les publicités de lancement ayant remporté du succès communiquent quelque chose de différent à propos du nouveau produit.
Positionner la marque au cœur d'une catégorie de produits	Les publicités qui semblent porter des fruits adoptent un positionnement clair et misent sur la différenciation de la marque à l'intérieur d'une catégorie de produits. Par exemple, un nouveau produit pour le déjeuner peut être positionné comme « la plus croustillante des céréales », et une nouvelle boisson comme « la plus veloutée des boissons gazeuses ».
Faire de la différenciation du produit un bénéfice pour le consommateur	Presque toutes les publicités qui ont connu du succès établissent un lien direct entre la différenciation du produit et l'avantage qu'en tire le consommateur.
Appuyer l'idée que le produit a quelque chose de différent ou d'avantageux pour le consommateur	Toutes les publicités qui ont atteint leurs objectifs insistent sur la différenciation du produit ou sur sa pertinence aux yeux du consommateur. Cet appui prend la forme d'une démonstration de son rendement, d'une valorisation du caractère unique du produit ou de l'un de ses attributs, de l'intervention d'un porte-parole ou de témoignages.

Cette campagne de lancement a été une réussite grâce à une bonne mise en valeur du bénéfice distinctif du produit.

Modèle DAGMAR

Modèle mis au point par Russell Colley permettant d'établir des objectifs publicitaires et de mesurer le résultat d'une campagne de publicité.

Lorsqu'il fixe des objectifs de communication précis, le spécialiste du marketing hésite souvent à définir ce qui peut constituer un seuil convenable de notoriété, de connaissance, de sympathie, de préférence ou de conviction. Aucune formule ne permet de calculer précisément de tels seuils. Le responsable d'une campagne doit alors compter sur son expérience et sur celle des chefs de marque ou de produit, ainsi que sur les antécédents commerciaux de la marque en cause ou de marques comparables. Voyons à présent différentes démarches qui permettent de déterminer les objectifs de communication.

Des modèles de communication aux objectifs de communication

Au fil des ans, plusieurs méthodes ont été mises au point afin de décider des objectifs de communication propres à la publicité et aux outils de CMI. Nous aborderons chaque méthode selon une perspective historique, à commencer par le **modèle DAGMAR**, puis nous nous intéresserons au modèle de Lavidge et Steiner vu au chapitre 5. Enfin, nous explorerons de nouvelles méthodes qui tentent de repousser les limites de ces modèles traditionnels.

La détermination d'objectifs publicitaires en vue de l'atteinte de résultats mesurables

En 1961, Russell Colley a rédigé un rapport pour l'Association of National Advertisers (ANA), intitulé *Defining Advertising Goals for Measured Advertising Results* (DAGMAR)[6]. Dans ce rapport, l'auteur présente un modèle permettant d'établir des objectifs publicitaires et de mesurer le résultat d'une campagne de publicité. Le principal apport du modèle DAGMAR tient à ce qu'il reconnaît les réactions des consommateurs exposés aux efforts de communication marketing comme un fondement logique des objectifs publicitaires à partir desquels on peut mesurer la réussite ou l'échec de la campagne de publicité.

Le raisonnement de Colley se résume comme suit:

> La fonction première de la publicité est de communiquer à une clientèle cible des informations, un état d'esprit ou une attitude qui incitent à l'action. Une campagne publicitaire connaît la réussite ou l'échec selon qu'elle ait bien ou mal communiqué l'information et les attitudes voulues auprès de la clientèle cible, au bon moment et au moindre coût[7].

Selon le modèle DAGMAR, l'objectif publicitaire repose sur une tâche de communication précise et mesurable. Une tâche de communication, par opposition à une tâche de marketing, peut être accomplie par la publicité ou attribuée à cette dernière, plutôt que par la combinaison d'autres facteurs commerciaux. Colley propose que la définition de cette tâche se fonde sur un modèle hiérarchique du processus de communication comportant quatre étapes:

- la prise de conscience – révéler au consommateur l'existence de la marque ou de l'entreprise;
- la compréhension – faire comprendre la nature du produit et les avantages que le consommateur peut en tirer;

- la conviction – faire en sorte que le consommateur soit disposé à acheter le produit;
- l'action – amener le consommateur à effectivement acheter le produit.

Colley s'est aussi intéressé à d'autres tâches que la publicité peut accomplir afin d'atteindre l'objectif ultime qu'est la conclusion d'une vente. Il a ainsi dressé une liste de contrôle de 52 tâches publicitaires susceptibles de servir de point de départ à la détermination d'objectifs permettant ultérieurement de caractériser l'apport de la publicité.

Les caractéristiques des objectifs

La deuxième contribution principale du modèle DAGMAR, en ce qui a trait au processus de planification d'une publicité, réside dans la définition de ce qui constitue un objectif valable. Colley allègue que les objectifs publicitaires doivent préciser de façon explicite la nature de la clientèle cible, être exprimés sous forme de tâches de communication concrètes et mesurables, indiquer des étalons de mesure et le degré de changement souhaité, et préciser un délai d'action.

La clientèle cible

Un objectif valable compte comme caractéristique importante une définition précise de la clientèle cible. Cette clientèle cible du produit ou du service est ordinairement décrite dans le plan marketing. Sa description peut se fonder sur des variables telles que la zone géographique, des données démographiques et psychographiques (sur lesquelles reposent aussi les décisions relatives au choix des médias publicitaires), ou sur des variables comportementales telles que le statut du client (par exemple, les clients fidèles ou non à une marque), le taux d'utilisation ou les bénéfices recherchés. Cette étape revêt une grande importance, car la clientèle cible formera par la suite le groupe de référence dont les réactions permettront d'évaluer le succès ou l'échec de la campagne publicitaire.

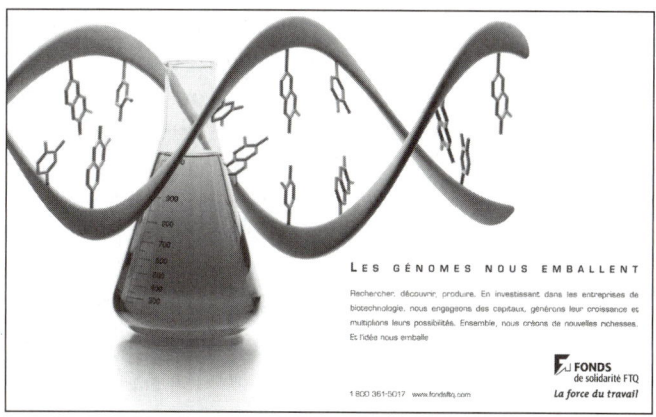

Une campagne qui positionne un service en valorisant sa différence.

Des tâches de communication concrètes et mesurables

Les tâches de communication énoncées dans les objectifs doivent préciser le bénéfice ou le message que le publicitaire veut communiquer à la clientèle cible. En général, le publicitaire décrit son message de départ dans un résumé de campagne. L'énoncé de l'objectif doit être assez clair pour orienter les spécialistes de la création qui ont pour mission de donner une forme au message. Selon le modèle DAGMAR, l'objectif doit aussi être mesurable. Il reste alors à l'entreprise à trouver les moyens de s'assurer que le message sera transmis correctement.

Les étalons de mesure et le degré de changement souhaité

Encore une fois, afin d'arrêter des objectifs, on doit d'abord connaître certaines caractéristiques de la clientèle cible. Cette clientèle répond-elle bien aux efforts de communication? Qu'en est-il du degré de changement

> **Étalon de mesure**
>
> Mesure permettant de connaître la position de la clientèle cible selon les étapes du modèle de hiérarchie des effets : la prise de conscience, la connaissance, la compréhension, la préférence, la conviction, l'intention et le comportement (achat ou adoption); on établit l'étalon de mesure au début de la campagne afin de déterminer le degré de changement de perception que l'on doit atteindre chez les consommateurs.

de perception que la campagne publicitaire veut atteindre ? Pour déterminer la position de la clientèle cible, des **étalons de mesure** s'avèrent nécessaires. Souvent, on doit procéder au préalable à une analyse de marché détaillée afin de mieux connaître les attitudes et les réactions de la clientèle cible. C'est notamment le cas quand il s'agit d'un nouveau produit ou service.

En établissant ainsi des étalons de mesure, le responsable de la campagne peut déterminer les tâches de communication à accomplir avec plus de facilité et préciser les objectifs à atteindre. Une étude préliminaire portant sur une nouvelle marque pourrait révéler, par exemple, que la notoriété est élevée, mais que les perceptions et les attitudes des consommateurs à son endroit sont négatives. L'objectif de la campagne consistera alors, avant toute chose, à modifier les perceptions et les attitudes de la clientèle cible envers la marque.

Les étalons de mesure ne sont pas seulement utiles lors de l'établissement des objectifs de communication; ils s'avèrent aussi essentiels au moment de déterminer le degré de réussite de la campagne. Les objectifs sont autant de normes à partir desquelles on mesure la réussite ou l'échec d'une campagne. *A priori*, on ne peut pas dire d'une campagne publicitaire aboutissant à un taux de notoriété de 90 % auprès d'une clientèle cible donnée qu'elle a atteint son but, à moins de pouvoir chiffrer le pourcentage de consommateurs qui connaissaient la marque avant le début de la campagne. L'interprétation des données sera différente selon que le taux de notoriété avant la campagne était au départ de 70 % ou de 30 % !

Le délai d'action

Le dernier élément à considérer lorsqu'on fixe des objectifs publicitaires tient au délai à l'intérieur duquel ils devront être atteints. Ce délai s'avère très changeant, variant entre quelques semaines et un an, voire davantage. La plupart des campagnes publicitaires s'échelonnent sur des périodes oscillant entre quelques mois et un an, en fonction de la situation de l'annonceur et de la tâche de communication à accomplir. Par exemple, on peut rapidement augmenter le taux de notoriété d'une marque en s'appuyant sur un plan média dynamique, axé sur une réalisation créative forte auprès de la clientèle cible. La campagne Familiprix, dont il a été question au début de ce chapitre, constitue un exemple probant du succès d'une telle formule. En revanche, le repositionnement d'un produit nécessite, en règle générale, plus de temps. En effet, on ne modifie pas du jour au lendemain des perceptions parfois bien ancrées.

Une évaluation du modèle DAGMAR

Le modèle DAGMAR a exercé une influence considérable sur le processus de planification publicitaire. Des planificateurs stratégiques ont longtemps fait appel à ce modèle afin de fixer leurs objectifs et d'évaluer l'efficacité de leurs campagnes de communication. Le modèle DAGMAR a aussi démontré aux publicitaires que, pour mesurer notamment l'efficacité de la publicité, il est préférable de se fixer des objectifs qui ne soient pas fondés sur les ventes seules. Les travaux de Colley ont enfin permis d'améliorer le processus de planification d'une campagne, en cernant mieux les objectifs sur lesquels les planificateurs doivent concentrer leurs efforts. L'application de ce modèle se traduit, en définitive, par une subjectivité moindre tout au long du processus, par une meilleure communication et par des liens plus étroits entre le client et l'agence.

Si le modèle DAGMAR a contribué largement à l'établissement de processus de planification publicitaires, la plupart des spécialistes ne l'appliquent pas à la lettre pour autant. Au fil des ans, de nombreuses questions ont, en outre, été soulevées quant à son bien-fondé en tant qu'outil de planification publicitaire[8] :

- *Des problèmes quant à la hiérarchie des effets* La principale critique formulée contre le modèle DAGMAR tient à sa dépendance à l'égard du modèle de hiérarchie des effets. Or, on sait à présent que les consommateurs ne franchissent pas toujours successivement les différentes étapes qui composent ce modèle hiérarchique avant d'effectuer un achat, notamment en raison de niveaux d'implication variables à l'égard du produit ou du service. D'autres modèles ont ainsi été mis au point afin de mieux tenir compte des particularités de différentes situations[9].

- *La faisabilité et les coûts afférents* Une autre critique à l'endroit du modèle DAGMAR touche les difficultés liées à sa mise en œuvre. Pour appliquer ce modèle, il est en effet nécessaire de réaliser des investissements en recherche non négligeables. Ces recherches permettent d'établir des étalons fiables et de mesurer avec précision les effets de la campagne. Cette démarche exige cependant temps et argent. Elle peut en outre mener à de longs débats en ce qui concerne le choix des méthodes, des critères, des mesures, etc. Plusieurs spécialistes sont ainsi d'avis que le modèle DAGMAR convient seulement aux grandes sociétés disposant d'imposants budgets en matière de recherche et de communication ; nombre d'entreprises de taille plus modeste se trouvent dans l'impossibilité d'y faire appel, faute de moyens et de compétences.

- *Une entrave à la créativité* Selon la dernière critique formulée, le modèle DAGMAR constitue une entrave à la créativité, imposant une trop lourde structure aux membres chargés de l'élaboration de la campagne.

De manière générale, certains experts estiment que le modèle DAGMAR insiste trop sur l'évaluation quantitative des effets à court terme de la campagne, en négligeant les effets à long terme liés à la notoriété ou à la construction d'une image de marque. On risque ainsi de consacrer davantage de temps à une « bataille de chiffres » plutôt que de concevoir un message contribuant réellement à la consolidation d'un capital de marque.

Quelques applications du modèle

Le modèle DAGMAR a donné l'impulsion à l'élaboration de nombreux autres modèles globaux. Ces modèles peuvent s'avérer utiles pour déterminer des objectifs de communication. Avec le temps, toutefois, la plupart des théoriciens des communications marketing ont adopté le modèle de hiérarchie des effets de Lavidge et Steiner, qui s'avère plus précis et qui permet une meilleure appréciation des résultats, malgré les critiques à son endroit évoquées plus haut[10].

Le tableau 6.2 présente les diverses étapes du modèle de hiérarchie des effets de Lavidge et Steiner, ainsi que des exemples de promotion et de publicité pour chaque étape. Nous avons vu au chapitre 5 que le consommateur passe par trois étapes successives : l'étape cognitive, l'étape affective et l'étape comportementale (ou conative). À mesure que le consommateur franchit ces étapes, il se rapproche de l'achat ou de l'adoption – lorsqu'il s'agit d'une innovation ou d'une idée. En général, le consommateur ne réagit pas sur-le-champ aux stimuli de communication. Le publicitaire est donc conscient qu'il a pour mission de valoriser avant tout certains renseignements et de créer certaines prédispositions favorables, parfois bien avant que le consommateur se décide à acheter le produit en question.

TABLEAU 6.2 Les effets de la publicité sur les consommateurs : de la prise de conscience à l'achat

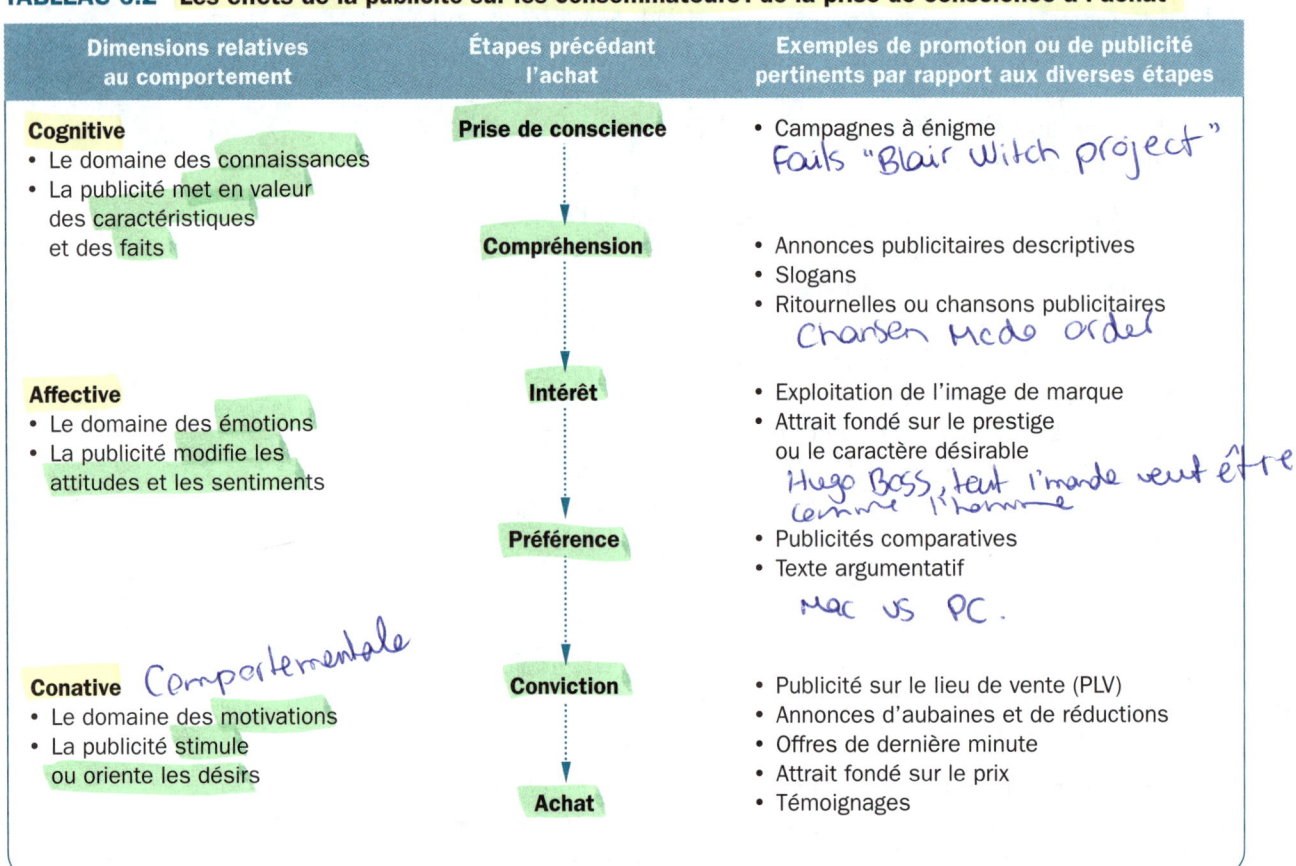

Dimensions relatives au comportement	Étapes précédant l'achat	Exemples de promotion ou de publicité pertinents par rapport aux diverses étapes
Cognitive • Le domaine des connaissances • La publicité met en valeur des caractéristiques et des faits	Prise de conscience ↓ Compréhension	• Campagnes à énigme *(Faits "Blair Witch project")* • Annonces publicitaires descriptives • Slogans • Ritournelles ou chansons publicitaires *(Chanson McDo order)*
Affective • Le domaine des émotions • La publicité modifie les attitudes et les sentiments	↓ Intérêt ↓ Préférence	• Exploitation de l'image de marque • Attrait fondé sur le prestige ou le caractère désirable *(Hugo Boss, tout l'monde veut être comme l'homme)* • Publicités comparatives • Texte argumentatif *(Mac vs PC)*
Conative *Comportementale* • Le domaine des motivations • La publicité stimule ou oriente les désirs	↓ Conviction ↓ Achat	• Publicité sur le lieu de vente (PLV) • Annonces d'aubaines et de réductions • Offres de dernière minute • Attrait fondé sur le prix • Témoignages

Si elle n'incite pas à passer à l'action sur-le-champ, la publicité peut faire naître, néanmoins, une impression favorable à l'égard d'une marque, d'un produit ou d'une catégorie.

On établit des objectifs de communication comme on construit une pyramide, c'est-à-dire en commençant par les objectifs de niveau inférieur, tels que la prise de conscience, la connaissance ou la compréhension (*voir la figure 6.2*)[11]. Les tâches subséquentes consistent à amener le consommateur à gravir les différents degrés de la pyramide. Le franchissement des premières étapes, celles qui se trouvent à la base de la pyramide, s'avère plus aisé que le franchissement de celles qui se situent à son sommet, telles que l'essai, le rachat ou l'usage courant. Ainsi, le pourcentage de clients potentiels diminue à mesure que l'on gravit la pyramide. Le tableau 6.3 montre comment une entreprise qui lance une nouvelle marque de shampooing ciblant les femmes âgées de 18 à 34 ans peut déterminer ses objectifs de communication à l'aide du modèle de hiérarchie des effets et de la pyramide illustrée ci-dessous.

FIGURE 6.2 La hiérarchie des effets présentée sous forme de pyramide

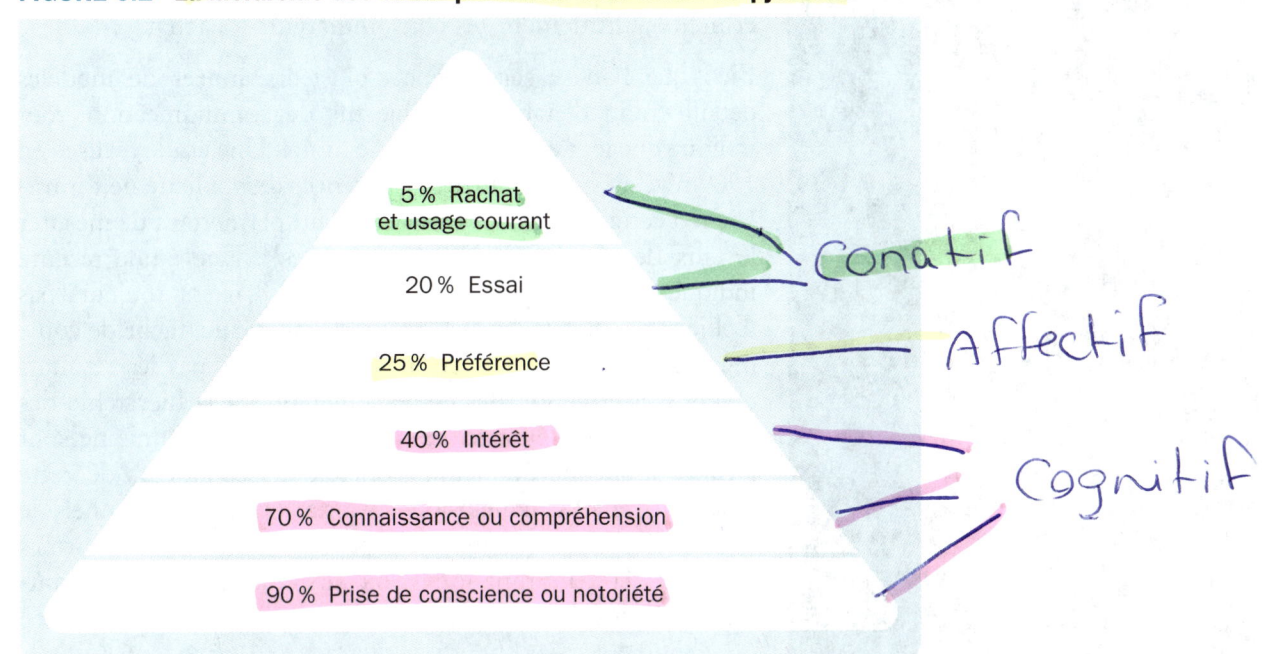

- 5 % Rachat et usage courant — Conatif
- 20 % Essai
- 25 % Préférence — Affectif
- 40 % Intérêt
- 70 % Connaissance ou compréhension — Cognitif
- 90 % Prise de conscience ou notoriété

TABLEAU 6.3 La détermination d'objectifs à partir de la vision pyramidale du modèle de hiérarchie des effets

Produit	Shampooing Ariane
Délai d'exécution	Six mois
Premier objectif : atteindre une notoriété de 90 % auprès de la clientèle cible	Diffuser la campagne de façon soutenue dans les journaux, les magazines, à la télévision et à la radio. Le message doit être simple.
Deuxième objectif : susciter l'intérêt pour la marque auprès de 70 % de la clientèle cible	Communiquer de l'information à propos des caractéristiques et des bénéfices du produit – par exemple qu'il ne contient aucun agent détergent et qu'il améliore sensiblement la texture du cuir chevelu.
Troisième objectif : faire naître des sentiments positifs à l'égard de la marque auprès de 40 % de la clientèle cible et assurer une préférence pour cette marque auprès de 25 % de celle-ci	Susciter des attitudes favorables en véhiculant de l'information positive et crédible sur le produit.
Quatrième objectif : que 20 % de la clientèle cible fasse l'essai du produit	S'appuyer sur la distribution d'échantillons et de coupons de réduction, combinée à une valorisation de la marque sur les lieux de vente.
Cinquième objectif : faire en sorte qu'en fin de période 5 % de la clientèle cible emploie couramment le shampooing Ariane	S'appuyer sur une publicité de soutien continue, ainsi que sur des coupons de réduction apposés sur le produit.

Les objectifs de la démarche de communication marketing intégrée CHAPITRE 6

Le modèle de hiérarchie des effets peut aussi servir à déterminer les objectifs de communication d'une marque établie. Il revient alors au planificateur de la campagne de déterminer qui forme sa clientèle cible par rapport aux blocs de la pyramide. Lorsque la notoriété ou la connaissance des caractéristiques ou des bénéfices de la marque sont insuffisants, la future campagne publicitaire doit être en mesure de les accroître. Quand la notoriété et la compréhension sont déjà assurées, mais que l'intérêt ou la préférence paraissent encore faibles, la campagne doit alors viser à modifier l'image que le segment ciblé a de la marque et inciter ultimement les consommateurs à l'achat.

Bien que l'on se serve depuis plusieurs années de modèles détaillés afin d'établir des objectifs de communication, tout indique que leur emploi est encore limité. Une étude réalisée en 1969 révélait que la plupart des agences de publicité ne formulaient à cette époque aucun objectif leur permettant de mesurer le taux de réussite de leurs campagnes[12]. Une étude récente indique que la plupart des agences ne se fixent toujours pas d'objectifs concrets, qu'elles ne précisent aucune tâche de communication objective et qu'elles ne mesurent pas les résultats obtenus en fonction des étapes inhérentes à la hiérarchie des effets. En règle générale, ces objectifs à peine définis ne sont arrimés à aucune évaluation concrète[13]. Les auteurs de cette étude arrivent à la conclusion suivante : « Les professionnels de la publicité n'ont adopté qu'en partie les idées et les normes relatives à la détermination d'objectifs et à l'évaluation formulées voilà plus de 25 ans[14]. »

Les conséquences de cette situation sont inquiétantes. Une étude très récente, réalisée auprès de 427 spécialistes du marketing, démontre que plus de 50 % d'entre eux se montrent incapables de préciser le pourcentage de réussite de leurs campagnes publicitaires. Pourtant, moins de 10 % des responsables interrogés estiment que les résultats obtenus sont satisfaisants[15].

Atteindre un objectif doit parfois se faire avec beaucoup de délicatesse... Ce qui n'exclut pas l'efficacité.

Une nouvelle démarche de CMI

Si, malgré tout, de plus en plus d'entreprises accordent autant d'intérêt à la définition de leurs objectifs publicitaires, c'est notamment parce qu'elles considèrent que le message publicitaire constitue un moyen privilégié par lequel elles communiquent avec le consommateur. L'autre raison se trouve dans le caractère profondément ancré des démarches traditionnelles de la communication marketing, fondées sur la publicité de masse. Ces démarches s'appuient sur un modèle hiérarchique en fonction duquel le gestionnaire du marketing tente de concevoir et de diffuser des messages publicitaires qui engagent le consommateur sur une trajectoire qui le mène à l'achat. Selon Schultz, cette démarche, illustrée à la figure 6.3, correspond à une forme de planification définie de l'interne vers l'externe. Pour cet auteur, cette façon de faire insiste sur ce que le gestionnaire du marketing veut dire et sur le moment où il souhaite le dire à l'aide du véhicule médiatique qu'il estime approprié[16].

FIGURE 6.3 **La démarche traditionnelle de la communication marketing fondée sur la publicité de masse**

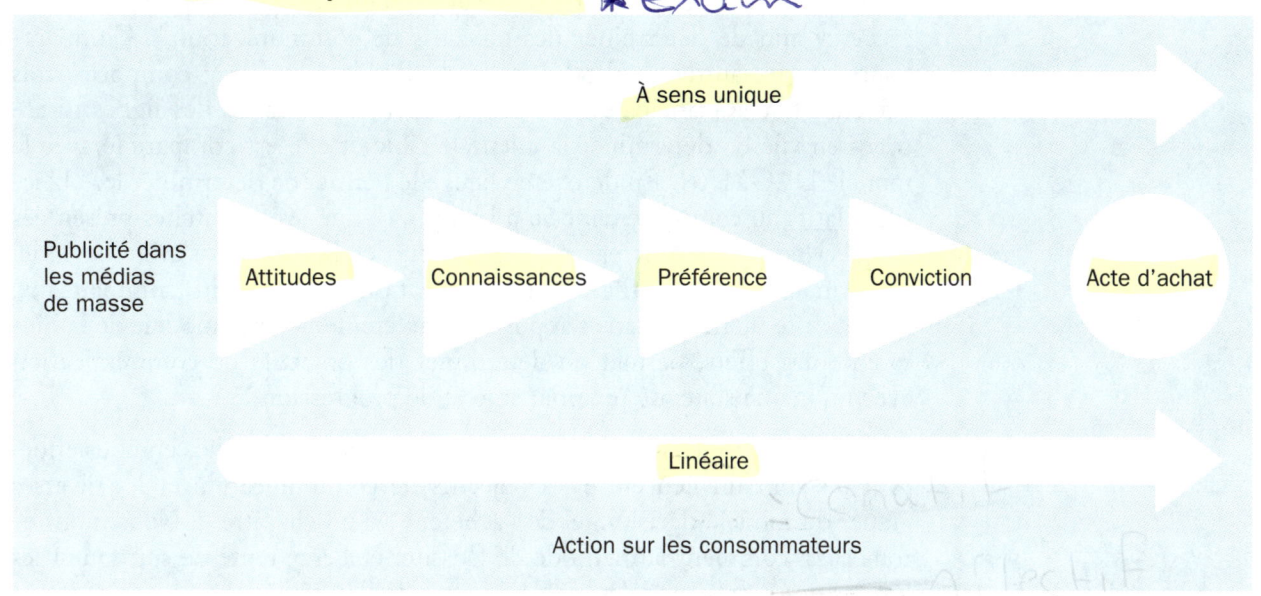

À sens unique

Publicité dans les médias de masse → Attitudes → Connaissances → Préférence → Conviction → Acte d'achat

Linéaire

Action sur les consommateurs

Sur la base de ce constat, Schultz préconise plutôt l'adoption d'un processus de planification partant de l'externe vers l'interne. Un tel processus débute par le consommateur et remonte vers la marque. Pour ce faire, le gestionnaire doit s'intéresser aux divers médias privilégiés par les consommateurs existants et les consommateurs potentiels. Il doit aussi décider des moments où la campagne est susceptible d'avoir le plus de pertinence et d'impact pour ces consommateurs. Tom Duncan propose une démarche assez semblable. Cet auteur est d'avis que la CMI devrait s'appuyer sur une planification de la communication faisant toujours table rase des acquis supposés. Cette démarche consiste à déterminer les types de communications commerciales à employer, strictement en fonction des tâches à accomplir[17]. Tout s'articule donc autour des tâches à réaliser, après quoi on décide des meilleures idées et des meilleurs médias pour y parvenir. Duncan souligne que les campagnes publicitaires traditionnelles reposent trop souvent sur des idées préconçues, explicites ou implicites, par exemple un préjugé favorable à l'égard des relations publiques, de la publicité directe ou de la promotion des ventes. Il est d'avis qu'un programme de CMI efficace devrait toujours opter pour le type de communication commerciale qui s'attaque le plus efficacement au principal problème de l'entreprise ou qui lui permet d'atteindre le mieux son objectif. Le gestionnaire du marketing est ainsi invité à puiser largement dans les nombreuses possibilités du mix de communication, selon les particularités de sa situation de marché.

La vision de Schultz et de Duncan illustre la façon dont on doit aujourd'hui aborder la définition des objectifs de communication dans un nouveau contexte de CMI. La prochaine section présente une structure détaillée en vue de prendre des décisions à trois niveaux : le plan de CMI, les outils de CMI et les différents éléments correspondant à ces outils. Cette structure, qui préserve les principales idées du modèle DAGMAR, prend appui sur cette vision nouvelle, tout en tenant compte des limites de ce type de modèle hiérarchique.

La détermination des objectifs de CMI

Nous nous concentrons à présent sur la méthode proposée par Rossiter et Percy afin de déterminer des objectifs de communication[18]. Comparativement aux autres méthodes, celle de Rossiter et Percy comporte trois caractéristiques principales. En premier lieu, elle énonce des lignes directrices en vue de déterminer la clientèle cible et elle est compatible avec le modèle DAGMAR. En deuxième lieu, elle permet de déterminer les objectifs relatifs au comportement ou à l'action, ce que les démarches présentées jusqu'ici ne permettent pas de préciser en détail. Or, cela s'avère essentiel à l'arrimage des objectifs de communication aux objectifs commerciaux. Enfin, cette méthode, sans s'appuyer complètement sur le modèle de la hiérarchie des effets, permet de déterminer des objectifs de communication avec un même souci de pragmatisme et de progression.

Dans la section suivante, nous aborderons chacun de ces sujets en nous efforçant d'établir un lien entre les objectifs de communication et les diverses étapes du modèle décisionnel de l'acheteur, vu au chapitre 4. Nous montrerons aussi comment la méthode de Rossiter et Percy tente de surmonter les limites des autres modèles ou démarches de détermination des objectifs de communication. De plus, cette méthode annonce les grandes lignes des tactiques de création que nous verrons au chapitre 8.

La clientèle cible

Rossiter et Percy affirment que le comportement des consommateurs est le premier facteur à partir duquel il est possible de déterminer une clientèle cible. Ce facteur revêt une grande importance, car le succès ou l'insuccès de la marque dépend, en définitive, de la décision de chaque acheteur. Lorsqu'il détermine l'orientation du plan de CMI ou de l'un de ses volets, le chef de produit ou de marque doit ainsi avoir une idée précise du rapport que la clientèle cible entretient avec la marque. Pour l'essentiel, le choix de cette orientation repose sur la question suivante : la communication est-elle dirigée vers les clients acquis ou vers les non-clients ?

Un responsable du marketing a souvent tendance à diriger les communications vers les consommateurs fidèles à la marque, c'est-à-dire vers ceux ayant déjà acquis une certaine habitude d'achat et certaines convictions à l'égard de la marque. Les stratégies marketing et de communication contemporaines misent souvent sur les clients fidèles afin de s'assurer qu'ils le demeurent. Comme nous l'avons souligné au chapitre 1, il est en général très rentable de préserver un noyau stable de consommateurs fidèles.

Selon Rossiter et Percy, les consommateurs changeant fréquemment de marque constituent le deuxième groupe à privilégier. Comme nous l'avons vu au chapitre 4, plusieurs raisons expliquent ce type de comportement. Le consommateur se trouve souvent placé dans des situations d'achat différentes – par exemple acheter pour soi ou acheter un cadeau. Son humeur et son goût de la variété le conduisent parfois à favoriser une marque plutôt qu'une autre. Le gestionnaire d'une marque souhaite bien sûr que tous les consommateurs lui soient fidèles. Il sait aussi que les consommateurs changeant de marque représentent une importante source d'achats et qu'ils sont loyaux dans une certaine mesure. C'est pourquoi il est important d'élaborer des programmes de CMI en fonction de ces consommateurs également.

Les communications dirigées vers les non-clients ne doivent pas être négligées pour autant. À cet égard, Rossiter et Percy distinguent trois grands groupes : les nouveaux utilisateurs d'une catégorie, les consommateurs changeant de marque et les consommateurs fidèles à une autre marque. Comme leur nom l'indique, les nouveaux utilisateurs d'une catégorie sont les consommateurs qui, d'ordinaire, n'achètent rien à l'intérieur d'une catégorie de produits. Par exemple, nombre de nouveaux diplômés universitaires commencent à s'intéresser à certaines catégories de produits pour la première fois de leur vie, non seulement parce qu'ils touchent désormais un revenu conséquent et régulier, mais aussi parce qu'ils se trouvent à une étape de leur vie où ils éprouvent de nouveaux besoins – assurance-vie, vêtements de prestige, voitures, etc. De nombreux publicitaires tentent de séduire cette clientèle et estiment qu'une communication régulière et précoce peut attirer ces consommateurs quand ils passeront à l'action, c'est-à-dire à l'achat.

Les consommateurs changeant de marque achètent, pour leur part, quelques marques différentes à l'intérieur d'une même catégorie de produits. Du point de vue d'un gestionnaire du marketing, ils se distinguent en cela : parmi toutes les marques qu'ils consomment, ils ne se procurent jamais (ou que trop rarement) la marque dont il est responsable. Cette clientèle cible représente un enjeu important, car il s'agit d'intégrer une marque dans son ensemble de considération (ou évoqué). C'est une tâche difficile sur laquelle se concentrent de nombreuses annonces et promotions.

Le dernier groupe que Rossiter et Percy définissent comme une clientèle cible est constitué des consommateurs fidèles à une autre marque. Ces consommateurs fidèles n'achètent souvent qu'une seule autre marque. Il est difficile d'estimer avec précision les budgets de publicité et de promotion consacrés à ces consommateurs. Logiquement, il est très ardu de modifier le comportement solidement ancré de ces acheteurs. Sur certains marchés saturés, ils peuvent néanmoins constituer une cible potentielle intéressante.

Lorsque la priorité est établie entre les consommateurs constituant la clientèle cible, Rossiter et Percy font valoir que l'on doit compléter l'analyse par la considération d'autres facteurs, tels que le style de vie ou certaines données démographiques. En d'autres termes, pour atteindre la clientèle cible, il est souvent utile de combiner les variables de comportement à l'égard de la marque à d'autres variables plus générales. Par exemple, une publicité imprimée pour le détergent Tide présente un enfant assis sur une chaise haute qui vient de manger des spaghettis. L'enfant est bien sûr barbouillé de sauce tomate, et le slogan qui coiffe l'annonce se lit comme suit : « Le jour où j'ai adopté Tide. » En misant sur un style de vie axé sur les valeurs familiales, le message s'adresse plus particulièrement aux non-consommateurs de Tide, susceptibles de changer de marque, ou à ceux qui sont fidèles à une autre marque.

Pour que le message trouve un écho parmi la clientèle cible, il est enfin souvent nécessaire de se montrer opportuniste, d'agir en fonction du moment, que le consommateur achète ou non la marque.

La clientèle cible, c'est-à-dire le groupe vers lequel est dirigée une campagne de publicité ou de promotion, se différencie du marché cible, celui-ci étant le segment vers lequel sont orientés les éléments du marketing mix. Cette différence est évidente dans la récente campagne publicitaire d'un remède contre la diarrhée, les comprimés Imodium à dissolution rapide. Cette campagne visait les Canadiens en villégiature à l'extérieur du pays désirant s'épargner ce désagrément. Elle visait en second lieu les personnes qui se déplacent souvent pour affaires et qui ne peuvent rater les rencontres prévues à leur agenda. En ciblant ces deux groupes, il semble que cette stratégie publicitaire vise à attirer de nouveaux utilisateurs du produit. Le message repose sur l'humour et énonce avec une franche ironie : « Visitez le pays, pas seulement les toilettes », tout en présentant des cabinets d'aisances de différents pays. Bien sûr, les consommateurs du produit ne se limitent pas à ces deux clientèles et aux situations illustrées. Pour cette campagne, Imodium a pourtant choisi de ne s'adresser qu'à deux clientèles cibles, sous-ensembles d'un marché cible beaucoup plus vaste[19].

Les objectifs en matière de comportement

Le deuxième volet de la démarche de Rossiter et Percy s'articule autour de la définition d'objectifs précis liés au comportement de chaque clientèle cible. Gardons à l'esprit que la somme de tous les achats individuels réalisés par les clients correspond globalement au chiffre d'affaires de l'entreprise. Bien qu'ils soient distincts, il existe ainsi un rapport étroit entre les objectifs strictement commerciaux, par exemple les ventes, et les objectifs de communication plus généraux, comme ceux relatifs à la notoriété ou à l'attitude envers la marque. La publicité et la promotion peuvent aussi chercher à influencer directement certaines formes de comportement, selon la nature du message et les outils de CMI employés.

L'essai

L'essai de la marque en vue de son achat correspond, dans les faits, souvent au premier acte d'achat d'une marque. Pour de nombreux produits d'usage quotidien, cet achat est survenu voilà plusieurs années ; vous auriez sans doute du mal à vous souvenir du jour où vous avez acheté votre premier sac de croustilles ou votre première boisson gazeuse. Les fabricants de ces produits se fixent sans cesse des objectifs liés à l'essai de leurs marques, car il y aura toujours des consommateurs qui les achèteront pour la première fois lorsqu'ils atteindront, par exemple, un certain âge, qu'ils disposeront d'un revenu suffisant ou qu'ils vivront certains événements importants (par exemple la naissance d'un enfant). En fait, pour la plupart des entreprises, encourager l'essai d'une marque est un objectif omniprésent. Il ne s'agit toutefois pas du principal objectif lié au comportement.

Considérons maintenant la situation d'achat d'un téléphone cellulaire. Possédez-vous un tel appareil ? Quelle marque avez-vous choisie ? Pourquoi ? En quoi la publicité et la promotion ont-elles exercé une influence sur votre décision ? Le téléphone cellulaire demeure un produit de haute technologie. L'achat de cet appareil et le choix du forfait sont encore quelque peu complexes pour beaucoup de gens. Les fabricants et les fournisseurs de services se fixent, en règle générale, des objectifs précis quant au niveau de vente de leurs appareils. Ces ventes seront constituées par l'acte de personnes procédant à un **achat lié à l'essai d'une marque**. Le responsable de tels produits doit donc relever le défi d'atteindre des objectifs liés au premier achat à l'intérieur d'une catégorie de produits.

Reprenons l'exemple des boissons gazeuses. Il est peu probable que vous ayez toujours acheté jusqu'à présent la marque de boisson gazeuse qui a fait l'objet de votre premier achat. En fait, beaucoup de gens consomment plus d'une marque de boisson gazeuse. Les gestionnaires de marque font souvent face à ce problème. Pour une raison quelconque, certains consommateurs cessent d'acheter pendant quelque temps une marque qu'ils préféraient autrefois. Bien entendu, un fabricant de boissons gazeuses confronté à ce problème voudrait que ces consommateurs fassent de nouveau l'essai de sa marque. L'achat d'une marque survenant après un arrêt de quelque temps est désigné sous le nom de nouvel essai d'une marque. La durée de cet arrêt est fonction de la fréquence d'achat du produit et d'autres facteurs qu'une analyse de situation peut permettre de relever; il peut s'agir de l'introduction d'une offre concurrentielle alléchante, de l'efficacité des promotions des concurrents ou d'une simple recherche de variété de la part du consommateur.

Le gestionnaire du marketing peut aussi se fixer comme objectif d'encourager le premier essai ou le nouvel essai d'une marque par des consommateurs fidèles à une autre marque. On parle alors d'un achat lié à un changement de marque. L'achat lié à un changement de marque est une décision d'achat consistant à opter pour une autre marque que la marque habituelle.

L'achat répété

La problématique liée à la répétition de l'achat revêt une importance manifeste à l'époque du marketing relationnel et de la place prépondérante que l'on accorde au maintien de la clientèle. On parle d'achat répété lorsqu'un consommateur achète de façon continue une marque donnée à l'intérieur d'une certaine période. Ici encore, le facteur temps est laissé à la discrétion du gestionnaire, et il est subordonné à la fréquence des achats du produit en question, ainsi qu'à d'autres facteurs dérivés de l'analyse de situation (par exemple, la pression concurrentielle ou la recherche de variété).

S'il peut se fixer des objectifs liés à la répétition d'achats dans plusieurs situations, un gestionnaire du marketing souhaite sans doute, dans tous les cas, qu'un noyau stable de consommateurs demeure fidèle à ses marques. De nombreuses entreprises communiquent ainsi avec leurs consommateurs fidèles afin qu'ils conservent une attitude positive envers leurs marques. Par exemple, certains sont d'avis que la majorité des publicités et des promotions de Coca-Cola cherchent avant tout à préserver sa clientèle acquise. Pour la même catégorie de produits, les consommateurs achètent régulièrement deux ou trois marques. Sur un total de 15 achats, la marque préférée peut ainsi faire l'objet de plus de 10 achats, les autres marques se répartissant les 5 autres achats. Voici une situation où le gestionnaire a intérêt à intégrer à son plan de communication un objectif lié à la répétition des achats. Même s'il n'achète pas la marque à chaque occasion, ce type de consommateur contribue de façon continue au chiffre d'affaires et, à ce titre, le responsable du marketing doit communiquer avec lui régulièrement afin d'assurer les ventes futures de l'entreprise.

> **Achat lié à l'essai d'une marque**
>
> Premier achat à l'intérieur d'une catégorie de produits où le consommateur ne s'est jamais aventuré.

Cette publicité de **MADD** (Les mères contre l'alcool au volant, *Mothers Against Drunk Driving*) sensibilise les consommateurs d'alcool aux risques associés à la conduite en état d'ébriété.

Il est possible de distinguer trois éléments à partir desquels le gestionnaire est en mesure d'établir des objectifs de communication liés au comportement : la fréquence des achats, la quantité achetée et le moment de l'achat.

Le premier élément se rapporte au rythme ou à la fréquence des achats. Sauf exception, le gestionnaire du marketing a pour objectif d'augmenter le rythme d'achat sur une période donnée ou, au minimum, de maintenir le rythme de consommation actuel. Dans un environnement où la concurrence est acharnée, ce dernier objectif, minimal et plus prudent, peut se justifier. Dans certaines situations, le gestionnaire peut même souhaiter diminuer le rythme d'achat. Ce type d'objectif est privilégié lorsque la demande se révèle trop forte considérant la capacité de production, ou encore lorsque la consommation excessive d'un produit est susceptible d'entraîner des conséquences négatives. Pensons, par exemple, au cas des produits alcoolisés ou de loterie.

Le deuxième élément se rapporte à la quantité de produits achetés à chaque occasion. Cet objectif de croissance s'applique à l'achat d'un même produit, d'autres produits ou de services connexes. On parle alors de croissance du portefeuille ou du volume d'affaires pour un seul et même client.

Le dernier élément concerne le moment de l'achat. Certains produits sont saisonniers et enregistrent une crête de ventes à un moment précis. Les restaurants Wendy's, par exemple, diffusent des publicités télévisées en soirée afin de signifier que leur service à l'auto est ouvert jusque tard dans la nuit ; on incite donc le consommateur à passer au restaurant à un moment particulier de la journée, lorsque les clients se font plus rares. Une réduction est alors souvent offerte comme incitatif supplémentaire.

Le comportement d'achat

La communication marketing facilite, dans certains cas, la prise de décision du consommateur ou permet d'aplanir les obstacles qui la gênent. Par exemple, la plupart des consommateurs estiment nécessaire de passer chez un concessionnaire avant d'acheter un véhicule automobile. L'objectif d'une campagne pourrait donc être de les inciter à effectuer une telle visite.

Un comportement lié à l'achat correspond à ce geste du consommateur qui a pour effet d'accroître la probabilité d'achat d'une marque donnée. Ce geste peut coïncider avec l'achat lui-même ou se traduire par une recherche d'information (visite d'un concessionnaire ou d'un site Web, par exemple) ou par un essai limité (comme une démonstration ou un échantillon). Il est important pour un gestionnaire d'être en mesure de fixer des objectifs comportementaux liés à l'achat selon les différentes phases du processus décisionnel du consommateur. Pour mesurer l'atteinte de ses objectifs, il est possible pour l'entreprise de recourir à des moyens aussi simples que de comptabiliser le nombre de demandes de renseignements, d'échantillons distribués ou de démonstrations réalisées.

La consommation régulière

Jusqu'à présent, nous avons considéré la répétition d'achats comme objet possible de la définition d'un objectif lié au comportement. La consommation régulière ou continue constitue un autre élément associé à un objectif comportemental lié à la répétition des achats. Ce type d'objectif vise surtout les clients acquis et relativement fidèles à une marque. Une campagne publicitaire peut ainsi chercher à modifier la fréquence de consommation du produit, la quantité consommée et le moment de consommation. Les publicités de produits alimentaires et de boissons présentent souvent des consommateurs employant un produit différemment ou dans un contexte bien particulier. On tente de nous convaincre, par exemple, de consommer du lait plus fréquemment, en tout temps et en tout lieu.

Les types de comportements de consommation que les entreprises tentent de promouvoir sont en fait assez variés. Pour atteindre plusieurs clientèles cibles, l'entreprise doit donc préciser avec soin le type de comportement à valoriser pour chaque clientèle. Cette démarche lui permet de diffuser le message qui convient le mieux à chacune et de choisir les outils de CMI les plus pertinents. Comme nous l'avons souligné auparavant, il importe dans ce cadre de déterminer des objectifs de communication précis.

PERSPECTIVE 6.1

Le sans-fil, d'un océan à l'autre

À la fin de 2001, près du tiers de la population canadienne, soit 10 millions de consommateurs, possédait un cellulaire, dont 2 millions de nouveaux usagers qui se sont inscrits au cours de cette même année. Une part du chiffre d'affaires des entreprises provenait des nouveaux abonnés, et une autre part, de ceux qui avaient décidé, pour une raison ou pour une autre, de changer de fournisseur. La fin de 2001 a été un moment décisif, toutes les marques étant offertes désormais d'un océan à l'autre. Telus s'est implantée dans l'Est grâce à l'achat de Clearnet, alors que Fido, Rogers et Bell Mobilité commercialisaient leurs services dans l'Ouest. Bell s'est trouvée dans une situation inhabituelle : alors qu'elle avait pu jouir pendant plusieurs années d'un quasi-monopole dans l'est du pays, elle a dû se présenter comme une nouvelle marque dans l'Ouest. La campagne « GO », lancée à l'échelle nationale, avec certaines adaptations régionales, a facilité cette transition.

Cet exemple met en évidence plusieurs des idées présentées précédemment. Elle montre combien il importe de bien définir au départ la clientèle cible et d'adapter ses communications marketing en fonction de cette clientèle dans une perspective comportementale. Il est ainsi plus facile pour Bell d'entrer sur un nouveau marché et d'attirer de nouveaux abonnés que de tenter de convertir les utilisateurs de marques concurrentes à ses produits. Cela montre l'importance d'une bonne définition des objectifs, alors que Bell relève le défi de s'adresser à au moins deux clientèles cibles à l'aide de messages et d'outils de communication distincts[20].

Les objectifs de communication

Nous avons vu en quoi les modèles inspirés de la hiérarchie des effets peuvent s'avérer utiles pour formuler des objectifs de communication pertinents. La démarche de Rossiter et Percy, hiérarchique, mais moins limitative, présente certains points communs avec ces modèles. Rossiter et Percy distinguent cinq effets qu'une campagne publicitaire ou un plan de CMI sont susceptibles d'avoir sur les consommateurs. Il s'agit d'effets en lien avec :

- le besoin lié à une catégorie de produits – c'est-à-dire les perceptions et les attitudes de la clientèle cible désirant se procurer un produit afin de répondre à un besoin précis ;
- la notoriété de la marque – c'est-à-dire la capacité de la clientèle cible à reconnaître ou à se souvenir d'une marque avec suffisamment de détails ;
- l'attitude envers la marque – c'est-à-dire l'évaluation générale que fait la clientèle cible de la marque quant à sa capacité à répondre à un besoin donné, peu importe la nature de celui-ci ;
- l'intention d'achat d'une marque – c'est-à-dire les achats, les gestes ou les comportements associés à l'adoption de la marque ;
- la facilitation de l'achat – c'est-à-dire la perception et la valorisation d'un élément commercial pouvant avoir une incidence sur l'achat ou l'utilisation d'une marque.

Les réactions découlant d'un message publicitaire renvoient à l'impression durable créée auprès de la clientèle cible, après que celle-ci a été exposée au message. Le modèle de Rossiter et Percy permet de mettre en évidence le lien existant entre les campagnes réalisées autour d'une marque et l'intention d'achat de cette marque. Dans ce contexte, l'attitude envers la marque se trouve au moins en partie modelée par les réactions des consommateurs aux communications marketing qui leur sont adressées. Le modèle de Rossiter et Percy comporte, sur ce plan, quelques caractéristiques qui le distinguent des modèles hiérarchiques vus précédemment. Les modèles présentés au chapitre 4 considèrent le processus dans son ensemble (étapes cognitive, affective et conative), selon un mode séquentiel essentiellement tributaire de la situation d'achat. Or, l'attitude envers la marque correspond aussi à des éléments cognitifs et affectifs stables et non contingents, c'est-à-dire indépendants de la situation d'achat. Le modèle de Rossiter et Percy reconnaît cet état de fait.

La deuxième caractéristique du modèle de Rossiter et Percy tient à ce qu'il différencie, à la suite d'une campagne, les réactions à l'égard de celle-ci des réactions à l'égard de la marque. Il existe, en effet, un hiatus possible entre le traitement du message, c'est-à-dire les réactions du consommateur à ce message (le consommateur aime ou non le message lui-même), et le comportement associé, par exemple l'essai ou l'achat (à la suite du message, le consommateur a envie ou non d'acheter la marque).

En conclusion, notons que ce modèle ne limite pas les nombreuses possibilités de communication correspondant aux cinq objectifs énoncés précédemment.

Ces mêmes objectifs peuvent servir de cadre, tant pour l'élaboration d'une publicité imprimée ou télévisée, que d'une campagne publicitaire restreinte ou d'un programme complet de CMI. De bons objectifs obéissent toujours aux règles énoncées précédemment, par exemple, déterminer un étalon de mesure précis indiquant le degré de changement recherché dans un délai donné. Résumons à présent les diverses possibilités associées à chaque objectif de communication.

Le besoin lié à une catégorie

La clientèle cible éprouve-t-elle le besoin d'acheter un produit à l'intérieur d'une catégorie ? Les téléphones cellulaires sont, à titre d'exemple, des produits qui, bien que de plus en plus populaires, offrent encore un bon potentiel de croissance. Un fabricant de téléphones cellulaires pourrait avoir pour objectif de faire croître la demande pour ce type d'appareils en en faisant la promotion auprès des non-consommateurs. La campagne publicitaire qui en découlerait serait alors différente d'une campagne qui s'efforcerait de convaincre l'usager de changer de marque de cellulaire (en soulignant par exemple que la technologie adoptée par l'entreprise permet à présent d'offrir des fonctions que la concurrence n'offre pas). Ici, la question est, bien sûr, de savoir si la clientèle cible estime que cette nouveauté associée au produit justifie ou non un achat.

Le domaine du transport nous offre un autre exemple de l'exploitation possible d'un besoin lié à une catégorie. Supposons que vous songiez à acheter un nouveau véhicule après avoir obtenu votre diplôme. Vous pourriez alors hésiter entre une berline et un véhicule utilitaire sport (VUS). Pourtant, les deux types de véhicules répondent au même besoin de base – le transport de personnes. En revanche, il est probable que ces deux véhicules ne soient pas en mesure de combler de la même manière des besoins de nature affective ; ce pourrait être, par exemple, un besoin d'intégration à un groupe ou un besoin lié à l'expression du statut social de la personne. Le gestionnaire chargé de commercialiser un VUS s'efforcera en conséquence de communiquer avec la clientèle cible de façon que les consommateurs potentiels éprouvent davantage l'envie de se procurer ce type de véhicule.

^
Mettre en évidence les avantages d'un choix de consommation permet de mieux atteindre les consommateurs potentiels.

Quelle que soit la situation, ce gestionnaire a alors trois possibilités:

- *Faire fi du besoin lié à la catégorie* Quand le besoin est plutôt évident, il n'est pas nécessaire d'en faire l'élément sur lequel repose la campagne ou le message.

- *Rappeler le besoin lié à la catégorie* La publicité de rappel, dont il sera question au chapitre 8, insiste sur la marque et le besoin associé au produit. Souvent, le rappel du besoin lié à la catégorie forme la pierre angulaire des campagnes publicitaires destinées aux consommateurs qui n'achètent plus le produit depuis un certain temps.

- *Insister sur le besoin lié à la catégorie* De nombreuses annonces dans le domaine de la téléphonie cellulaire et des véhicules automobiles présentent des situations où l'on tente activement de renforcer l'envie de la clientèle cible.

La notoriété de la marque

La notoriété de la marque constitue un objectif de communication universel. Chaque élément de communication marketing devrait donc contribuer à faire comprendre et à faire connaître la marque chez la clientèle cible. Cette compréhension et cette connaissance doivent cependant être poussées assez loin pour que la clientèle cible saisisse bien le positionnement de la marque, comme sa promesse, et qu'elle la considère comme un achat possible.

Pour l'essentiel, il existe deux types de notoriété de la marque:

- *La notoriété de la marque associée à une reconnaissance* Quand la clientèle cible effectue un choix sur le lieu de vente, alors la simple reconnaissance ou le souvenir des anciens messages de la marque peut suffire à ce qu'on la prenne en considération et qu'on l'achète.

PERSPECTIVE 6.2

ITI mise sur la clarté

Les objectifs de communication semblent parfois évidents et faciles à atteindre; cependant, faute d'une planification soignée, les entreprises peuvent se heurter à de nombreuses difficultés. ITI est spécialisée dans la formation en technologie de l'information. Ses communications marketing lui ont posé quelques problèmes, alors que son chiffre d'affaires est passé de 2 millions de dollars en 1995 à 50 millions de dollars en 2000. Parce que les 10 établissements de l'entreprise produisaient eux-mêmes leurs publicités, les consommateurs avaient en effet du mal à déterminer l'identité d'ITI et à la comparer aux autres entreprises offrant une formation semblable. En d'autres termes, les consommateurs avaient de la difficulté à établir le rapport entre la marque et la catégorie, ou à déterminer le positionnement de la marque dans cette catégorie. Malgré une croissance remarquable, ITI avait donc du mal à assurer la notoriété de sa marque et à mettre ses qualités distinctives en évidence.

Après une étude approfondie, ITI a élaboré une campagne de CMI structurée avec soin; le message qu'elle tente de communiquer est désormais très clair. Pour ce faire, elle a fait appel à la télévision, à la radio, aux journaux et au Web. La première campagne publicitaire s'est traduite par 35 000 demandes de renseignements reçues en 2000, comparativement à 12 000 l'année précédente. ITI a ainsi réussi à se positionner dans le haut de gamme des services privés de formation en technologie de l'information destinés aux titulaires d'un diplôme universitaire ou collégial. Elle constitue dorénavant un point de référence incontournable dans son secteur en ce qui a trait à l'utilisation adéquate des communications intégrées dans le cadre d'une stratégie de marque[21].

- *La notoriété de la marque associée à un rappel* Quand la clientèle cible éprouve l'envie de se procurer un produit, mais qu'elle doit se rappeler les marques entre lesquelles choisir, lorsqu'elle ne les a pas sous les yeux, la présence de la marque au sein de son ensemble évoqué ou de considération devient essentielle.

On associe souvent le rappel d'une marque à la notoriété spontanée de celle-ci. Après son lancement de 2001 dans l'Ouest canadien, la notoriété spontanée de Bell n'était que de 10 %. C'est dire qu'une seule personne sur 10 songeait à Bell au moment de considérer l'achat d'un téléphone cellulaire. Bien entendu, cela avait pour effet de réduire considérablement l'achalandage des téléboutiques Bell, comme le nombre de demandes de renseignements au sujet de ses produits et services.

L'attitude envers la marque

L'attitude envers la marque constitue un autre objectif de communication omniprésent. Comme pour la notoriété de la marque, chaque volet du programme de CMI ou n'importe quel élément qui le compose, par exemple une publicité télévisée, devrait contribuer à une évaluation générale positive de la marque. Chaque campagne publicitaire devrait ainsi avoir une incidence sur la notoriété de la marque et sur certaines des facettes de l'attitude envers celle-ci.

Pour prendre de bonnes décisions, il est important de comprendre l'attitude présente des consommateurs envers la marque avant de soupeser chacune des possibilités suivantes :

- *L'attitude envers la marque est établie* La nouvelle clientèle cible qui ne connaît pas la marque et qui, en conséquence, n'a encore aucune attitude bien ancrée à son égard fera sans doute l'objet de communications plus intenses que si cette attitude est déjà solidement établie.

- *Le maintien de l'attitude envers la marque* Souvent, l'objectif de la campagne est de rappeler inlassablement les caractéristiques de la marque et de conforter l'attitude présente envers celle-ci. Des communications marketing moins fortes risquent en effet de provoquer un recul des ventes. Les grands annonceurs tels que Coca-Cola y prennent garde.

- *Le renforcement de l'attitude envers la marque* Le renforcement de l'attitude envers la marque est un objectif pertinent, notamment lorsque l'on s'adresse à une clientèle cible qui connaît la marque, mais qui ne lui est que modérément favorable. Par exemple, on peut tenter de renforcer positivement l'attitude envers une marque en détaillant et en expliquant ses qualités ou ses bénéfices.

- *La modification de l'attitude envers la marque* Supposons que, comme dans le cas précédent, la clientèle cible soit modérément favorable à la marque. On peut tenter, dans cette situation, de modifier l'attitude des consommateurs en présentant des éléments nouveaux. Le gestionnaire du marketing gagne alors souvent à s'appuyer sur des éléments de différenciation peu connus de la marque afin de mettre en valeur ses avantages d'une manière inédite.

- *Le changement d'attitude envers la marque* Une attitude négative envers la marque s'avère souvent difficile à corriger. Dans certaines situations, toutefois, le gestionnaire n'a d'autre choix que de s'efforcer de provoquer un tel changement.

L'intention d'achat d'une marque

Il existe ici deux possibilités plutôt simples:

- *L'intention d'achat de la marque est tenue pour acquise* Dans certaines situations, par exemple des achats d'implication très réduite, où l'intention se confond avec l'attitude envers la marque, le gestionnaire n'est pas tenu de considérer cet objectif.

- *L'intention d'achat de la marque n'est pas acquise* Contrairement à la situation précédente, le gestionnaire du marketing doit, dans ce cas, inciter la clientèle cible à considérer le positionnement de la marque pour en communiquer toute la pertinence ou l'intérêt.

La facilitation de l'achat

Lorsqu'une facette du marketing mix pose un problème, par exemple la disponibilité dans certains commerces, le gestionnaire doit en tenir compte au moment de concevoir ses campagnes publicitaires et offrir certains renseignements, garanties ou explications spécifiques.

Les objectifs de communication et les étapes du processus décisionnel

Au chapitre 4, nous avons présenté un modèle du processus décisionnel du consommateur intégrant les étapes franchies d'ordinaire lors d'un achat. Nous y avons distingué plusieurs étapes: la reconnaissance d'un besoin, la recherche d'information, l'évaluation, la décision d'achat et l'évaluation après l'achat. L'un des rôles importants de la communication marketing est d'accompagner la clientèle cible, alors qu'elle franchit ces étapes. Le gestionnaire du marketing a ainsi besoin de différents outils de communication qui sont en phase avec chaque clientèle cible au fil de ces étapes, comme l'illustre le tableau 6.4.

La première chose dont l'entreprise doit s'assurer, c'est de bien comprendre les besoins de la clientèle cible et de tenir compte des objectifs de communication à atteindre. La première question (qui?) porte sur les principaux participants à la décision et sur leurs rôles respectifs. Il a été question de ces rôles au chapitre 4. Les questions suivantes portent sur le lieu d'achat, le moment de l'achat et la manière dont ce comportement s'inscrit dans un contexte précis. Que les réponses à ces questions impliquent une étude de marché, l'expérience des gestionnaires ou leur intuition, on doit toujours s'assurer de bien comprendre la nature du comportement que l'on tente d'influencer.

La prochaine étape consiste à déterminer les objectifs de communication par rapport aux différentes étapes du processus décisionnel. Par exemple, à quel aspect de l'attitude envers la marque doit-on s'intéresser à l'étape de la reconnaissance du besoin, par rapport à l'étape d'évaluation? Un haut niveau de rappel, lié à la notoriété de la marque, est-il un objectif qu'il est nécessaire d'atteindre dès l'étape de la reconnaissance du besoin?

TABLEAU 6.4 Une évaluation du processus décisionnel du consommateur

Analyse et conclusions	Reconnaissance d'un besoin	Recherche d'information	Évaluation des variables	Décision d'achat	Évaluation après l'achat
Qui ? (rôles)					
Où ? (lieu)					
Quand ? (moment, occasion)					
Comment ? (comportement d'achat et contexte d'achat)					
Pourquoi ? (principale motivation ou bénéfice recherché)					
Objectifs de communication					
Messages possibles					
Outils de communication possibles					

PERSPECTIVE 6.3

Les bénéfices de l'intégration

La campagne publicitaire de Rogers@Home intitulée « Téléchargez Rigor Mortis » illustre bien les concepts précédents. Au printemps et à l'automne 2000, Rogers a conçu une campagne en vue d'attirer de nouveaux clients pour son service de branchement à Internet haute vitesse. Humoristique, la campagne présentait des consommateurs ayant besoin de soins médicaux après avoir souffert de rigidité cadavérique en attendant le téléchargement de fichiers et de programmes via une simple ligne téléphonique. La campagne, qui alliait télévision, publicités imprimées, radio, panneaux-réclames, Web et publicité directe, a permis de recruter 100 000 nouveaux abonnés. Comme l'affirme un dirigeant de Rogers : « À mon avis, aucun des éléments n'aurait aussi bien fonctionné isolément. Voilà un des avantages d'une campagne de CMI ; chaque élément contribue à l'édification de l'ensemble. »

Nous pouvons maintenant faire quelques déductions quant au rôle et à la pertinence des outils de communication en fonction de chaque étape du processus décisionnel. Les annonces télévisées ont bien rempli leur rôle à l'étape de reconnaissance du besoin, car elles ont sensibilisé les consommateurs aux avantages de ce nouveau type de service Internet et de la haute vitesse. Les publicités imprimées et le Web ont renforcé la conviction selon laquelle Rogers pouvait fournir un service complet à ce titre. Ces médias mettaient à la disposition des consommateurs plus de renseignements qu'ils n'en auraient sans doute espéré à l'étape de recherche d'information. Les publicités à la radio et les panneaux-réclames invitaient les consommateurs à obtenir de l'information personnalisée. Pour ce faire, ils devaient téléphoner au Service à la clientèle ou visiter le site Web de la société, consolidant du même coup leur intention d'achat. Enfin, la publicité directe invitait les consommateurs à passer immédiatement à l'action, grâce à certaines offres tarifaires alléchantes[22].

Lorsqu'il a procédé à cette évaluation, le gestionnaire du marketing peut détailler quelques possibilités quant aux types de messages et aux outils de communication les plus utiles. Il pourrait décider de diffuser une publicité télévisée pleine d'humour mettant en relief le rapport émotif entre le consommateur et la marque. Il pourrait aussi opter pour une autre forme de message. Notons qu'à ce stade, lorsque le gestionnaire cerne ces différentes possibilités, sa décision n'est pas encore prise. Il s'agit pour lui d'aboutir à une grille d'analyse plus ou moins formelle à partir de laquelle il formulera sa décision.

Le reste du manuel portera sur les stratégies de communication à adopter en fonction des besoins de la clientèle cible, sur la base de l'établissement d'objectifs précis et mesurables par rapport au comportement de cette clientèle à l'égard de la marque. Les chapitres 7 et 8 traiteront de la formulation du message publicitaire, alors que les chapitres 9 à 16 exploreront les outils de communication à proprement parler. Les entreprises ne disposent certes pas toutes des ressources qui leur permettraient de mener des études fouillées en vue d'évaluer les retombées de leurs plans de communication. C'est là une raison de plus de privilégier une démarche bien établie avant de consacrer des sommes précieuses à des activités de communication.

RÉSUMÉ

Ce chapitre traite du rôle des objectifs de communication dans la planification et l'évaluation des CMI. Il est nécessaire de déterminer des objectifs précis afin de guider l'élaboration du programme de promotion et de fournir des étalons de mesure à partir desquels on peut évaluer le rendement obtenu. Ces objectifs sont donc essentiels à la planification du programme de CMI.

Les objectifs de communication sont issus du plan marketing et dépendent des différents éléments du mix promotionnel. Plusieurs gestionnaires déterminent leurs objectifs de communication à partir du chiffre d'affaires, des ventes ou de la part de marché. Toutefois, nombre de spécialistes estiment que le rôle de la CMI, beaucoup plus vaste, s'accommode mal d'une telle contrainte. L'impact de la CMI et sa contribution à la croissance de l'entreprise sont ainsi souvent à définir de façon plus globale. Dans ce contexte, les modèles s'inspirant d'une hiérarchie des effets peuvent s'avérer fort utiles afin de fixer des objectifs cohérents et pertinents. Le modèle DAGMAR distingue, par exemple, quatre éléments importants pour déterminer des objectifs : une clientèle cible nettement définie, des tâches concrètes et mesurables, un étalon de mesure indiquant le degré de changement souhaité et un délai d'exécution bien arrêté.

Notons que, lorsqu'il est question de définir des objectifs, plusieurs gestionnaires privilégient un mode de planification des communications faisant table rase des *a priori* et des habitudes ancrées.

Nous avons présenté une structure détaillée servant à fixer des objectifs de communication, tant en ce qui concerne le plan d'ensemble que les différents outils de communication. Cette structure est cohérente avec le modèle DAGMAR, qu'elle prolonge, et dont elle corrige certaines faiblesses. Le modèle DAGMAR prend appui sur l'attitude et le comportement de l'acheteur, combinés à des données démographiques et relatives au style de vie. La structure proposée va plus loin en ce qu'elle permet d'établir des objectifs de communication directement liés au comportement. La structure de référence servant à guider les activités de communication suit alors le modèle décisionnel de l'acheteur. C'est à cette condition que l'on peut exploiter ou mobiliser un comportement afin d'atteindre les objectifs définis pour la marque.

MOTS CLÉS

- achat lié à l'essai d'une marque
- achat lié à un changement de marque
- achat répété
- attitude envers la marque
- besoin lié à une catégorie de produits
- comportement d'achat
- consommateur changeant fréquemment de marque
- consommateur fidèle à la marque
- consommation régulière ou continue
- effet de rémanence
- étalon de mesure
- facilitation de l'achat
- fidélité à la marque
- intention d'achat d'une marque
- modèle DAGMAR
- notoriété de la marque
- nouvel essai d'une marque
- nouvel utilisateur d'une catégorie
- objectif commercial
- objectif lié à l'essai d'une marque
- objectif lié à la répétition d'achats
- objectif lié au changement de marque
- objectif lié au premier achat
- tâche de communication

QUESTIONS DE DISCUSSION

1 Discutez du bien-fondé de la détermination d'objectifs propres à un programme de communication marketing. Quels rôles ces objectifs jouent-ils ?

2 Votre nouveau patron vous affirme que la publicité et la promotion ont pour seul rôle d'augmenter les recettes. Présentez-lui vos arguments en faveur de la définition d'objectifs de communication plus larges.

3 Énumérez quelques problèmes survenant au cours de l'évaluation du rendement d'une publicité à partir des seuls objectifs de vente. Selon vous, existe-t-il une situation où le recours à ce seul critère serait pleinement justifié ?

4 Quels sont les atouts et les faiblesses des modèles traditionnels de hiérarchie des effets en ce qui concerne la détermination d'objectifs de communication ?

5 Lors de la détermination de la clientèle cible d'une communication, pourquoi vaut-il mieux se fonder sur le comportement du consommateur par rapport à la marque comme première variable avant de faire appel à d'autres variables telles que les données démographiques ou le style de vie ?

6 Supposons qu'une entreprise n'ait pas les moyens de mener à bien des études qui lui permettraient d'évaluer de façon quantitative l'atteinte de ses objectifs de communication. Pourquoi devrait-elle alors se donner la peine d'établir des objectifs de communication précis et mesurables ?

7 En quoi la structure dont il est question dans la dernière section de ce chapitre est-elle semblable à celle concernant la détermination des objectifs de communication fondés sur les modèles traditionnels de hiérarchie des effets ? En quoi est-elle différente ?

8 Dans quel contexte serait-il légitime que la notoriété de la marque soit le seul objectif d'une campagne publicitaire ?

9 Une entreprise orchestre une campagne alliant publicité de masse, promotion des ventes et relations publiques. Pourquoi établirait-elle des objectifs de communication différents pour chacun de ces outils ?

10 Expliquez les objectifs de communication d'une publicité imprimée que vous aurez choisie. Consultez le site Web de l'entreprise et déterminez si les objectifs de communication de ce site sont semblables à ceux de la publicité que vous aurez sélectionnée, ou s'ils en diffèrent.

PARTIE 3
La construction du message

Chapitre 7 Les fondements stratégiques de la création — 193

Chapitre 8 Les tactiques de création — 237

CHAPITRE 7
Les fondements stratégiques de la création

OBJECTIFS D'APPRENTISSAGE

- Discuter de l'importance de la créativité dans le domaine des communications marketing intégrées (CMI).

- Comprendre le processus de planification d'une stratégie de création.

- Cerner les grandes décisions à la base d'une stratégie de création, c'est-à-dire l'idée ou le thème, l'axe et la source du message.

- Présenter quelques démarches permettant de déterminer l'idée ou le thème d'une campagne publicitaire.

- Résumer les accroches auxquelles peut faire appel un publicitaire en vue de convaincre son public cible.

- Décrire les possibilités qui s'offrent au publicitaire lors du choix de la source du message.

PARTIE 3

➡ MISE EN SITUATION

TELUS et… Le futur est simple^MD

Lorsque la société de télécommunications TELUS a acquis Clearnet Communications, en octobre 2000, des décisions difficiles l'attendaient. Qu'allait-elle faire des animaux, des insectes et des fleurs qui peuplaient les publicités de Clearnet? Et du slogan « Le futur est simple^MD » qu'arborait chacune de ses campagnes?

Clearnet s'est développée dans le corridor Windsor-Québec dans les années 1990. Sa campagne publicitaire, qui a alors connu beaucoup de succès, associait scènes de la nature et avantages de la marque. Qui, par exemple, ne se souvient pas de la grenouille multicolore de Clearnet quittant un vase et savourant sa nouvelle liberté? Par ce concept créatif, la future acquisition de TELUS communiquait certains avantages et caractéristiques de ses produits, complexes pour quiconque connaissait peu, voire pas du tout, cet univers fait de technologie avancée.

L'environnement visuel très particulier des publicités avait, en outre, permis d'établir clairement le positionnement de la marque et de la faire connaître rapidement. Il était donc question, bien sûr, de gains précieux qu'il s'agissait de préserver.

L'acquisition de Clearnet par TELUS, une société ayant pignon sur rue dans l'Ouest canadien, allait faire beaucoup jaser. Comment le changement de dénomination sociale allait-il s'opérer? Personne, dans l'est du pays, ne connaissait TELUS. La réponse tant attendue est enfin arrivée avec la campagne nationale du désormais célèbre « Disco Duck », lancée au moment de la télédiffusion du Super Bowl, en janvier 2001. Le message mettait en vedette deux canards qui, sur une musique entraînante, jouaient avec un œuf. Tout à coup, l'œuf se brisait et laissait sortir deux grenouilles, rappelant les publicités précédentes de Clearnet. Le service annoncé était celui d'une messagerie par boîte aux lettres sans fil, désormais offerte à tous les clients. La fleur caractérisant la signature habituelle de Clearnet était visible à la fin du message, accompagnée cette fois-ci du nom TELUS.

Voilà bien un exemple de transition réussie grâce à une stratégie de création de haute voltige. En fait, cette publicité télévisée, qui a été suivie d'annonces imprimées, d'affiches grand format et d'une campagne de publipostage destinée aux anciens clients de Clearnet, ne pouvait tomber mieux. TELUS a misé gros, mais a gagné son pari. La société de télécommunications a, par la suite, adopté les anciennes couleurs de sa nouvelle acquisition, le mauve et le vert, et son slogan « Le futur est simple^MD ». Enfin, TELUS a poursuivi ces changements et assuré leur cohérence en modifiant le design de ses produits et en réaménageant ses boutiques et son site Internet.

Sources: inspiré d'Eve Lazarus, « One Voice », *Marketing Magazine,* 17 décembre 2001; Lesley Young, « Turning Over a New Leaf », *Marketing Magazine,* 26 février 2001; Lesley Young, « TELUS Mobility Spares Dancing Duck », *Marketing Magazine,* 5 février 2001; et Lesley Young, « Merger Means End of Clearnet Name », *Marketing Magazine,* 28 août 2000.

Remarque: TELUS, Clearnet et « Le futur est simple » sont des marques de commerce utilisées avec la permission de TELUS Corporation.

La réalisation d'un message publicitaire constitue l'un des éléments les plus importants d'un programme de CMI. Si le rôle essentiel du message publicitaire est de communiquer de l'information, celui-ci a, dans les faits, beaucoup plus d'envergure. Les publicités télévisées, radiophoniques et imprimées apparaissent ainsi fréquemment comme des objets de divertissement, de motivation, de fantaisie et parfois d'irritation. Les annonces et les publicités façonnent les désirs, les attentes, voire les frustrations des consommateurs. Le message publicitaire leur démontre en quoi tel produit ou service peut aider à résoudre un problème, à satisfaire un désir ou à répondre à un besoin. La publicité crée aussi des images. Elle fait naître des associations, positionne une marque dans l'esprit du consommateur et exerce une certaine influence sur l'expérience d'achat et l'utilisation du produit ou du service. Nombreux sont ceux qui n'ont jamais pris place à bord d'un véhicule de marque BMW, ce qui ne les empêche pourtant pas de percevoir cette marque comme le *nec plus ultra* de la conduite automobile. Une conviction qui se fonde sur les arguments présentés dans de multiples publicités auxquelles ces personnes ont été exposées.

On ne compte plus les manières de véhiculer un message publicitaire ; les publicités télévisées et imprimées nous le démontrent chaque jour. Derrière tous ces messages se profilent une stratégie de création et une tactique de création. La stratégie de création consiste à déterminer le contenu du message publicitaire ; la tactique de création, de son côté, définit la mise en œuvre de la stratégie publicitaire. Dans le présent chapitre, nous nous concentrerons sur les stratégies de création publicitaire, alors que nous aborderons les tactiques de création au chapitre 8. Nous verrons en quoi consiste la créativité publicitaire et nous analyserons les aspects principaux de la planification d'une stratégie de création. Nous examinerons ensuite certaines décisions essentielles pour la définition de cette stratégie. En premier lieu, nous décrirons les démarches permettant d'aboutir à la formulation de l'idée maîtresse, qui servira de thème principal à la campagne publicitaire, et que l'on traduira sous forme de messages accrocheurs, originaux et facilement mémorisables. En deuxième lieu, nous passerons en revue les éléments ou axes qu'il est possible d'employer afin de séduire ou de convaincre le consommateur. Enfin, nous étudierons les caractéristiques de la source du message qui, d'ordinaire, permettent de mieux capter l'attention du consommateur et de modifier ses attitudes.

Même si, dans le cadre de vos fonctions futures, vous ne participerez pas directement à la conception et à la création de messages publicitaires, il n'en demeure pas moins que le succès de vos campagnes reposera, en partie du

Les annonces d'une marque de prestige portent parfois aussi sur des préoccupations plus concrètes, pour que le plaisir de conduire demeure en toute saison.

moins, sur la stratégie de création. Les personnes prenant part de près ou de loin à l'élaboration de cette stratégie, même indirectement, doivent bien en comprendre la nature, tout comme les contraintes qui s'y rattachent. L'équipe de création doit ainsi pouvoir compter sur la collaboration du client et des ressources de l'agence. Le gestionnaire du marketing, le chef de produit, le chef de marque, les analystes ou la personne responsable des médias doivent donc tous entretenir des liens étroits avec les membres de l'équipe de création.

La créativité publicitaire

L'importance de la créativité publicitaire

Pour de nombreux étudiants et professionnels du marketing, la création constitue le volet le plus intéressant de la démarche publicitaire. Nous avons tous été intrigués un jour par une publicité et nous avons tous tiré notre chapeau au talent de son concepteur. Une publicité formidable se laisse regarder avec plaisir. Sa réalisation peut, elle, se transformer en un véritable cauchemar. Les frais de production d'une publicité télévisée excèdent facilement un million de dollars de nos jours. Aux yeux d'une majorité d'entreprises, cette somme constitue un investissement considérable. Le succès d'une campagne de communication, succès ayant une incidence sur l'ensemble du programme marketing de l'entreprise, se révèle souvent tributaire de la conception, de la réalisation et de la diffusion des messages publicitaires. Procter & Gamble, Levi Strauss, Nissan, Coke, Pepsi, Nike, McDonald's, HSBC et plusieurs autres grandes sociétés consacrent chaque année beaucoup d'argent à la production de messages publicitaires, et davantage encore à l'achat d'espaces publicitaires et de temps d'antenne. Bien qu'elles fabriquent d'excellents produits ou proposent d'excellents services, ces sociétés savent qu'une communication créative et pertinente est susceptible de contribuer puissamment à l'atteinte de leurs objectifs commerciaux.

La définition d'une stratégie et de tactiques de création intelligentes s'avère souvent essentielle à la réussite commerciale d'un produit ou d'un service. Dans cette perspective, la cohérence de l'idée ou du thème créatif constitue un facteur de réussite important. Les réussites canadiennes sur ce plan sont légion. Depuis plus de 16 ans, la campagne publicitaire de Pepsi-Cola au Québec met ainsi en vedette le comédien Claude Meunier et mise sur une stratégie unique par rapport aux campagnes internationales habituelles du fabricant de boissons gazeuses. Il s'agit de la plus ancienne association entre un produit et une personnalité connue dans l'histoire de cette marque. Leurs liens sont si étroits que M. Meunier rédige lui-même de nombreux messages et crée les personnages qu'il joue. Par ailleurs, vous souvenez-vous de l'ange qui, perché sur un nuage, se gave de fromage à la crème Philadelphia ? Cette campagne fait les délices des Canadiens depuis 1994[1]. Elle a gagné les États-Unis et l'Europe en 2000.

À l'inverse, une campagne publicitaire mal conçue ou mal exécutée peut représenter un sérieux handicap. De nombreuses sociétés élaborent de solides plans de promotion et de marketing, consacrent des sommes considérables à l'action publicitaire et éprouvent néanmoins du mal à concevoir une stratégie qui les démarquera. Au cours des 25 dernières années, par exemple, Burger King a changé son thème publicitaire à près de 20 reprises et a fait appel à plus de 7 agences de publicité dans l'espoir d'aboutir à une campagne qui lui permettrait de retrouver la position escomptée sur le marché de la restauration rapide. Or, à la suite de plusieurs de ces campagnes, la part de marché du restaurateur a plutôt chuté, au vif mécontentement des franchisés[2]. Il y a quelques années, Burger King a repris son thème d'origine «*Have it your way*», mais cherche depuis 1999 à aller au-delà du produit en mettant l'accent sur le service à la clientèle et en exploitant le nouveau slogan «*Going the distance*» dans ses campagnes en langue anglaise.

L'inventivité d'une publicité ne peut garantir à elle seule l'efficacité du message. Nombre de messages publicitaires ont remporté des prix prestigieux soulignant la créativité de leurs concepteurs, mais n'ont eu aucun effet sur le chiffre des ventes de l'annonceur. De l'avis de nombreux publicitaires, les annonces d'Alka Seltzer d'il y a quelques années demeurent les meilleures jamais réalisées à ce jour. Les «Mamma mia! Voilà une boulette de viande épicée!» ou «Je n'arrive pas à croire que j'ai tout mangé» nous rappellent en effet de bons souvenirs. Alors que les publicités de l'antiacide ont remporté de nombreux prix, les ventes du produit, elles, ont continué de chuter, si bien que l'agence a perdu ce client[3]. Par ailleurs, tandis que les ventes de ses véhicules étaient en chute libre, le constructeur Nissan a demandé à son agence de remplacer son amusante campagne «*Enjoy the ride*» par des publicités plus sobres, mettant en évidence les caractéristiques de ses modèles et établissant, parfois, des comparaisons avec les véhicules concurrents[4]. Cette stratégie, sans doute moins créative, s'est avérée payante.

Les publicités de Nissan mettent à nouveau à l'avant-plan les caractéristiques des véhicules.

De nombreux publicitaires et gestionnaires du marketing se montrent perplexes, voire critiques, à l'égard des prix remis lors des concours de création publicitaire[5]. À leur avis, l'équipe de création se montre parfois plus intéressée à concevoir des publicités qui lui vaudront un prix qu'à stimuler les ventes de ses clients. Ces prix constituent pourtant un bon moyen de reconnaître la créativité. Une créativité qui, souvent, se traduit par une publicité qui atteint sa cible et les objectifs fixés. Certains concours soulignent à la fois les efforts de création, ainsi que la pertinence et l'efficacité du message; c'est le cas des Cassies qui, chaque année, récompensent les campagnes les plus méritoires au Canada. Trouver le juste équilibre entre une publicité inventive et une publicité efficace n'est pas une mince tâche. En quoi consiste la créativité publicitaire? Quel rôle joue-t-elle dans la publicité? Nous chercherons à répondre à ces deux questions dans la prochaine section.

Qu'est-ce que la créativité publicitaire ?

Le mot *créativité* est sans doute l'un des termes les plus utilisés dans le milieu de la publicité. Ainsi, on dit souvent d'une annonce qu'elle est *créative*. Les *créatifs*, de leur côté, se spécialisent dans les tâches de création et de conception. Ces ressources travaillent au sein d'une agence de publicité ou pour des clients qui évitent de recourir aux services d'une telle firme. Dans les deux cas, leur défi est le même : ==élaborer un concept créatif qui prendra la forme d'un message publicitaire, tout en tenant compte des caractéristiques et des avantages du produit, du plan marketing, du comportement des acheteurs et des objectifs de communication.==

En quoi la créativité publicitaire consiste-t-elle ? Tous ne s'entendent pas sur la réponse à cette question. Pour les uns, la publicité peut se révéler inventive, à condition qu'elle fasse vendre le produit. À leurs yeux, les retombées de la campagne ou du message publicitaire sur les ventes comptent plus que l'aspect novateur de la publicité ou le prix remporté. Pour les autres, la créativité du message est d'abord fonction de son originalité et de sa valeur artistique ou esthétique. Selon eux, une publicité inventive se démarque du lot, retient l'attention du consommateur et, à long terme, génère plus de retombées, y compris sur le plan commercial.

Le point de vue dépend souvent du rôle de chacun. En 1989, Elizabeth Hirschman réalisait une étude sur les perceptions des personnes affectées à la création et à la production de publicités télévisées, dont des gestionnaires (chefs de marque et chargés de compte) et des membres de l'équipe de création (directeur artistique, rédacteur, directeur commercial et producteur)[6]. Selon cette étude, les chefs de marque et les chargés de compte considèrent la publicité comme un outil promotionnel dont le premier objectif est de susciter des impressions favorables auprès du consommateur. Pour eux, la publicité doit donc être évaluée sur la base de l'atteinte des objectifs de communication et commerciaux du client. Le point de vue des membres de l'équipe de création est différent, comme l'écrit l'auteure :

> Au contraire de l'orientation de leur client, le directeur artistique et le rédacteur perçoivent la publicité comme un véhicule de communication capable de promouvoir leurs propres points de vue esthétiques et de servir leurs intérêts professionnels. Le rédacteur et le directeur artistique ont exprimé cette idée en toutes lettres, soulignant qu'une bonne publicité devait avant tout mettre en évidence leurs talents créatifs et, en conséquence, leur permettre d'obtenir des emplois mieux rémunérés[7].

L'étude révèle que les chefs de marque se montrent souvent plus prudents par rapport aux risques et souhaitent une publicité plus sobre que les créatifs qui, à l'inverse, misent d'abord sur l'impact du message.

Une définition juste du rôle de la créativité publicitaire se situe sans doute entre ces deux pôles. Pour se démarquer du lot et interpeller favorablement le public cible, la publicité doit s'avérer unique et divertissante. Selon une étude récente, la réaction générale du public ciblé constitue l'un des principaux déterminants permettant de juger si une publicité est en mesure ou non de modifier ses préférences à l'égard d'une marque[8]. Les publicités télévisées et imprimées bien conçues et bien réalisées suscitent ainsi des réactions émotives positives pouvant faire naître des sentiments favorables à l'égard du produit ou du service. La production de ce type de publicité est possible, à condition que les créatifs disposent d'une grande marge de manœuvre. Dans la plupart des cas, une publicité inventive pour le seul plaisir de l'être échoue toutefois à faire passer un message pertinent qui, autrement, aurait pu inciter le consommateur à se procurer un produit ou un service.

Toute personne qui participe à la planification et à l'élaboration d'une campagne publicitaire doit saisir l'importance de l'équilibre à maintenir entre l'originalité à tout prix et le conservatisme plat de qui veut vendre avant tout. Gestionnaire du marketing, chef de marque et chargé de compte devraient ainsi reconnaître qu'imposer aux créatifs des objectifs de communication obscurs ne peut que déboucher sur une campagne médiocre, souvent inefficace dans l'environnement médiatique surchargé que nous connaissons aujourd'hui. De leur côté, les créatifs gagneraient à admettre que le rôle de la publicité est fréquemment de stimuler les ventes d'un produit ou d'un service, et qu'elle doit donc être aussi définie en vue de l'atteinte d'objectifs de marketing précis.

La **créativité publicitaire** consiste en cette faculté qui permet de trouver des idées novatrices, uniques et pertinentes qui sont autant de solutions aux problèmes de communication de l'annonceur. Afin d'être *opportune* et *efficace*, l'idée inventive ne peut se suffire à elle-même et doit aussi être pertinente aux yeux de la clientèle cible. S'il importe de concevoir une publicité inventive et différente, celle-ci doit donc transmettre dans le même temps une information pertinente à cette clientèle. Le tableau 7.1, à la page suivante, présente les normes de l'agence D'Arcy Masius Benton & Bowles en ce qui a trait à la création. Cette agence estime qu'un message publicitaire inventif repose nécessairement sur une idée forte, et que la conception comme la réalisation de ce même message doivent être d'excellente facture pour être en mesure de communiquer une information adéquate. « Nos normes de création ne sont pas un artifice, souligne un gestionnaire de l'agence. Elles ne sont même pas révolutionnaires. Elles sont plutôt le prolongement explicite de la seule raison d'être de notre agence. Nos normes publicitaires constituent le trait d'union entre notre vision d'aujourd'hui et celle de demain. »

> **Créativité publicitaire**
>
> Faculté de trouver des idées novatrices, uniques et pertinentes qui seront autant de solutions aux problèmes de communication de l'annonceur.

Gardons par ailleurs à l'esprit que la créativité publicitaire n'est pas la chasse gardée des seuls créatifs. La logique même des CMI exige que tous les intervenants du processus de planification communicationnelle fassent preuve d'une pensée originale.

Les employés d'une agence, comme les chargés de compte, les responsables du plan médias, les analystes et les planificateurs stratégiques, de même que les représentants du client, tels que les gestionnaires du marketing et les chefs de marque, se doivent de trouver ensemble des solutions créatives aux problèmes découlant de la planification, de l'élaboration et de la réalisation d'une campagne publicitaire. La gestion du dossier de la vodka Absolut par l'agence TBWA/Chiat/Day illustre à merveille une bonne synergie entre le Service de création publicitaire, le Service de relations

TABLEAU 7.1 Les normes publicitaires de l'agence D'Arcy Masius Benton & Bowles

1. La publicité positionne-t-elle le produit de façon claire et précise ?	Le public cible doit pouvoir déterminer sur-le-champ *le* produit ou *le* service annoncé, à *qui* il est destiné et *pourquoi* il devrait s'y intéresser. La première tâche du publicitaire consiste à transmettre au public cible les raisons d'être et les avantages du produit. Sans un positionnement simple, clair et bien ciblé, on ne peut espérer aucun résultat positif du travail de création.
2. Cette publicité arrime-t-elle la marque à un avantage convaincant ?	La publicité doit se concentrer sur un avantage irréfutable aux yeux du consommateur, non pas sur une caractéristique unique, mais périphérique. Avant de se préoccuper du choix des mots, on doit savoir quelle est la bonne chose à dire. On doit ainsi déterminer d'abord l'avantage le plus significatif conduisant à l'achat.
3. La publicité se fonde-t-elle sur une idée forte ?	Une idée forte facilite la traduction de la stratégie en un concept de communication inventif et dynamique. C'est l'idée prédominante qui ouvre la voie à des réalisations percutantes. L'idée forte devrait : • pouvoir être décrite en un mot, en une expression ou en une phrase simple, sans se référer à une réalisation particulière ; • retenir l'attention du consommateur potentiel ; • s'articuler autour d'un avantage convaincant ; • renforcer le positionnement de la marque ; • faciliter la compréhension des avantages ou des bénéfices du produit ou du service pour le consommateur potentiel.
4. La publicité établit-elle la personnalité de la marque ?	Les grandes marques ont souvent quelque chose en commun : une personnalité qui leur confère un avantage par rapport aux marques concurrentes, lequel va au-delà des bénéfices que peut en tirer le consommateur ; les marques font toutes quelque chose, mais les grandes marques sont aussi quelque chose. La marque peut devenir tout ce que ses concepteurs ont en tête, dès le premier jour.
5. La publicité est-elle inattendue ?	Pourquoi nos clients nous paient-ils grassement pour une publicité semblable aux autres ? Ils ne le devraient pas. Nous devons oser nous démarquer, car ici, être similaire, c'est suicidaire. Nous serons remarquables à condition que nous nous fassions remarquer. Il ne s'agit pas d'imiter nos concurrents, mais de les écarter.
6. La publicité est-elle directe ?	Quand nous aurons déterminé et bien formulé le contenu, pourquoi chercher à dire autre chose ? Pour que les gens retiennent l'idée à la base de notre campagne, évitons de les embrouiller, le monde étant déjà saturé de communications. La publicité doit se concentrer sur une, et une seule chose.
7. La publicité gratifie-t-elle le consommateur potentiel ?	Faisons en sorte que le public cible éprouve du plaisir, voire de la joie, en voyant notre message : une larme, un sourire, un éclat de rire. Le public cible souhaitera alors voir notre publicité encore et encore.
8. La publicité est-elle accrocheuse sur le plan visuel ?	Toute bonne publicité dont on se souvient et que l'on repasse dans sa tête a quelque chose d'inhabituel sur le plan visuel. Elle est une caresse pour l'œil. Vous cherchez une raison pour exécuter un travail saisissant ? Dans ce cas, consultez un dictionnaire et lisez la définition du terme *saisissant*. « Saisissant : qui surprend (en parlant d'une sensation, d'une émotion). […] Sentiment brusque, soudain ; émotion vive qui saisit. »
9. La publicité relève-t-elle d'un travail minutieux ?	Le texte doit être bien rédigé, les éléments visuels, bien dessinés, la musique, bien exécutée. L'éclairage, la répartition des rôles, les costumes, la direction d'acteurs, tous les éléments de l'art publicitaire ont autant d'importance que la logique commerciale qui le sous-tend. Ce serait un crime d'exploiter à rabais une bonne idée publicitaire pour en faire concrètement de la camelote. Pourquoi se satisfaire d'une bonne publicité, alors qu'elle pourrait être géniale ? Nous devons viser l'excellence en tout : l'idée de base, la conception et la réalisation. Il s'agit d'un art, et nous nous devons de bien le servir.

avec les médias et le client. La stratégie de création conçue pour cette marque repose sur la forme distincte de la bouteille, qu'elle coiffe de calembours et de mots d'esprit, jouant sur le nom Absolut. L'agence et le client ont vite compris qu'ils pouvaient renforcer leur campagne publicitaire à l'aide de publicités imprimées personnalisées selon le magazine ou la région. Le plan médias de la célèbre vodka compte ainsi plus de 100 magazines, des publications destinées aux consommateurs comme aux entreprises. Les services de création publicitaire et de relations avec les médias choisissent ensemble les magazines dans lesquels ils placent les publicités du produit. Ils décident aussi des publicités les plus susceptibles d'intéresser chaque lectorat.

La planification de la stratégie de création

Les défis de la création

Les créatifs doivent relever un véritable défi: agir en tenant compte de nombreuses études de marché, de données et d'énoncés stratégiques, d'objectifs de communication et de tout autre élément pertinent pouvant influer sur l'élaboration du message publicitaire. Leur tâche ne consiste donc pas à rédiger simplement un texte, à concevoir une mise en pages ou des illustrations. Les créatifs ont aussi à communiquer le thème principal de la campagne avec efficacité. Plutôt que d'énoncer simplement les caractéristiques ou les avantages du produit ou du service, ils ont pour mission de formuler leur message de manière à susciter l'intérêt du public cible[9].

Encore une fois, le travail de l'équipe de création tient du défi, car en marketing, chaque situation est différente, et chaque campagne ou annonce publicitaire exige une démarche créative unique. On ne compte plus les listes de directives publiées dans le but de guider le travail des créatifs[10]; il n'existe toutefois aucune formule magique en la matière. Comme l'écrit le rédacteur Hank Sneiden dans son ouvrage intitulé *Advertising Pure and Simple*:

> Les règles établies donnent lieu à des publicités ennuyeuses et stéréotypées; elles répriment la créativité, l'initiative et le progrès. La seule règle immuable que je connaisse en publicité est celle voulant qu'il n'en existe aucune. Il n'existe en effet aucune formule magique, aucun moyen infaillible. Une douzaine de créatifs résoudraient le même problème de 12 manières différentes. S'il existait une formule infaillible pour créer une publicité efficace, tous y feraient appel. On pourrait alors se passer des services des créatifs. Nous disposerions de robots programmés servant à concevoir des annonces et des publicités télévisées qui vendraient des tonnes de produits à… d'autres robots[11].

Un grand nombre de créatifs conçoivent toutefois leurs publicités en se servant de formules éprouvées, car ils savent que leurs propositions seront alors d'emblée acceptées. Les clients, en effet, hésitent souvent devant des publicités qui se démarquent trop. Bill Tragos, ancien président de l'agence TBWA, s'est fait remarquer pour l'excellence de son travail de création concernant la vodka Absolut, l'eau Evian, et plusieurs autres marques.

« Beaucoup de clients ignorent pourquoi leur campagne est médiocre. Or, cette médiocrité s'explique dans bien des cas par leurs propres interventions et par l'orientation qu'ils ont voulu imposer à la création. Au moins 50 % de la qualité du travail d'une agence tient à un bon apport du client[12]. » De l'avis de plusieurs créatifs, le client doit accepter de prendre certains risques pour profiter des effets positifs d'une publicité remarquable. Certaines agences peuvent compter sur cette témérité. Rethink et Taxi, par exemple, ont remporté plusieurs prix au Canada grâce à leur audace et à un partenariat étroit avec leurs clients.

Tous ne s'entendent cependant pas pour affirmer que *risque* et *efficacité* riment nécessairement avec *publicité*. De nombreux gestionnaires du marketing préfèrent, en effet, des publicités communiquant simplement les caractéristiques ou les avantages du produit ou du service et fournissant au moins une bonne raison de se le procurer. L'objectif premier d'une campagne publicitaire de plusieurs millions de dollars, à leurs yeux, est de vendre un produit, plutôt que de financer les caprices de créatifs. Ces gestionnaires font aussi valoir que les créatifs ont perdu de vue la raison d'être de la publicité, c'est-à-dire la vente d'un produit ou d'un service.

Les créatifs

Au sein d'une agence de publicité, la planification de la stratégie de création est l'affaire de deux groupes. Les créatifs ont pour tâche de traduire les objectifs de communication en campagnes publicitaires efficaces. Les employés du Service à la clientèle et du Service de la planification stratégique se chargent quant à eux de la planification et veillent à ce que les défis de communication du client soient bien relevés. Une interaction étroite entre l'agence et le client favorise le maintien de l'équilibre entre le risque de création et une saine gestion de la marque à long terme.

On pourrait discuter longuement de l'équilibre à trouver entre, d'une part, la préservation d'une marge de manœuvre nécessaire au travail créatif et, d'autre part, le risque que le gestionnaire du marketing est prêt à courir. Toutefois, chacun s'entend en général pour reconnaître que l'aptitude à formuler des idées créatrices et pertinentes, afin de mieux communiquer avec le consommateur, confère une plus-value réelle à la campagne.

La plupart des agences prospèrent grâce à leurs idées créatives, qui sont au cœur même de leur offre de service. Tout doit donc y être mis en œuvre afin de favoriser l'élaboration d'une véritable pensée novatrice. Le client doit ici considérer les inévitables différences de vues avec le personnel de création comme une possible source de richesse. Si l'approbation d'une campagne revient en dernier lieu au client, celui-ci doit néanmoins respecter la vision souvent féconde des créatifs lorsqu'il évalue leurs idées et les contenus proposés.

Dans l'agence, les chargés de compte gèrent les relations entre les créatifs et les gestionnaires du marketing de l'annonceur. Jon Steel, vice-président et directeur de la planification de l'agence Goodby, Silverstein & Partners, à San Franscico, a publié en 1998 un excellent ouvrage intitulé *Truth, Lies & Advertising: The Art of Account Planning*[13]. Selon lui, le planificateur doit fournir aux principaux décideurs toute l'information nécessaire à la prise de décisions éclairées. « Le planificateur déploie beaucoup d'efforts afin d'influer sur le cours de la campagne et d'élaborer avec soin la stratégie publicitaire du client. Il partage des bribes d'information avec les créatifs lorsque, à son avis, elles peuvent avoir une incidence significative. Enfin, le planificateur commente les idées proposées et, avec un peu de chance, apporte ses propres idées. »

La **planification** tient donc un rôle clé, car elle permet de préciser les objectifs et les stratégies à suivre selon les demandes du client. Le planificateur collabore, tant avec l'annonceur que les employés de l'agence, tels que l'équipe de création et les spécialistes des médias. Il anime les discussions portant sur l'information recueillie lorsque celle-ci est susceptible d'être utile à l'élaboration de la stratégie de création ou à d'autres volets de la campagne. D'ordinaire, le planificateur est enfin responsable de la recherche qualitative et quantitative menée au cours de l'élaboration de cette stratégie ou lors des choix tactiques.

> **Planification**
> Phase au cours de laquelle l'agence de publicité définit les objectifs et les stratégies de la campagne selon les demandes du client.

Annonceur = Client d'un support publicitaire ou d'une agence.

Le processus de création

De l'avis de certains publicitaires, la créativité doit être considérée comme un processus. Pour eux, une démarche structurée permet d'obtenir de meilleurs résultats. Il n'existe pas pour autant de plan infaillible pour créer une campagne efficace. Comme nous l'avons déjà précisé, de nombreux publicitaires se refusent à l'idée d'uniformiser la créativité et d'édicter des règles. La plupart, cependant, observent un protocole au moment de concevoir une publicité.

L'une des démarches les plus populaires porte la signature de James Webb Young, ancien vice-président à la création de l'agence J. Walter Thompson. « La production d'idées est l'aboutissement d'un processus aussi structuré que la fabrication de véhicules ; la production d'idées obéit, elle aussi, aux principes d'une chaîne de montage. En cours de production, l'esprit expérimente une exploration qu'il est possible d'apprendre et de contrôler. On apprend à maîtriser cette technique par la pratique, comme on apprend à maîtriser l'usage de n'importe quel outil[14]. »

Le processus de création, selon Young, s'apparente à la démarche en **quatre volets** présentée plus tôt par le sociologue anglais Graham **Wallas** : *Exam*

1. *La préparation* Réunir l'information documentaire nécessaire à la résolution du problème par le biais de la recherche et de l'étude. → Réunir et traiter l'information nécessaire

2. *L'incubation* S'éloigner du dossier et laisser aux idées le temps de prendre forme. → Développer l'idée

3. *L'illumination* Trouver l'idée de base ou la solution. → Traduire l'idée en termes de communication

4. *La vérification* Peaufiner l'idée et déterminer si elle constitue une solution viable. → Raffiner la solution et l'améliorer.

Puisqu'ils présentent une démarche structurée et permettent de circonscrire un problème, ces modèles de processus de création peuvent s'avérer utiles aux personnes travaillant dans ce domaine. Ils révèlent toutefois peu de choses sur la façon dont le créatif synthétise et emploie l'information dans les faits.

La préparation, l'incubation et l'illumination

Seul le plus insensé des créatifs aborderait un dossier sans d'abord se renseigner le plus possible sur le produit ou le service à annoncer, le public cible ou la concurrence. Le client fournit une bonne part de ces renseignements. Le créatif a alors une idée de l'orientation de la stratégie de marque et est à même de recueillir l'information complémentaire dont il estime avoir besoin. Sandra Moriarty propose d'organiser ce travail de collecte d'information comme suit :

- lire tout ce qui est possible au sujet du produit ou du marché concerné ;
- parler au plus grand nombre de personnes possible (gestionnaires du marketing, concepteurs, ingénieurs, vendeurs et consommateurs) ;
- visiter les boutiques et les centres commerciaux ;
- employer le produit ou le service afin de se familiariser avec lui ;
- comprendre les rouages décisionnels de l'entreprise cliente[15].

Comme bien d'autres, le fabricant de croustilles Humpty Dumpty s'est rendu compte que la recherche de marché peut se révéler utile à la prise de décisions en matière de publicité et de promotion. Les communications de sa marque ayant peu changé depuis longtemps, ce fabricant de croustilles a analysé la situation à l'aide de spécialistes de la recherche commerciale et de son agence de publicité. Bien que son image fût en effet vieillie et démodée, son public cible, c'est-à-dire les adolescents, se sont toutefois montrés encore réceptifs à la marque. Le plus grand défi a alors consisté à formuler un message qui puisse modifier l'attitude de ces jeunes envers la marque. Des publicités télévisées ont amorcé cette campagne de CMI. Les deux premières annonces insistaient sur le goût et la saveur, et présentaient le personnage emblématique de la marque sous un nouveau jour : Humpty Dumpty était désormais fort et confiant. Par ce biais, les consommateurs visés se sont de nouveau identifiés à la marque, et les ventes ont commencé à grimper[16]. L'encadré, à la page suivante, porte sur la célèbre campagne publicitaire de Monsieur B. Cette offensive publicitaire constitue un autre exemple probant d'un apport positif possible de la recherche en marketing.

Dans un but de recherche, le créatif fait souvent appel à des données préliminaires disponibles (ou données secondaires). Il peut trouver cette information dans des bases de données, des ouvrages, périodiques ou journaux, et des publications spécialisées ou érudites. Parmi les données préliminaires utiles, on compte celles relatives aux dernières tendances, aux innovations et aux lancements récents. On peut également obtenir une information précieuse auprès des différents paliers de gouvernement, de fournisseurs de données secondaires, d'associations professionnelles, d'organismes spécialisés dans la publication de rapports de recherche et de bulletins contenant des renseignements sur les dernières tendances du marché, les percées actuelles et leurs incidences potentielles sur les consommateurs.

> **PERSPECTIVE 7.1**
>
> ### La campagne de monsieur B : de 4 à 112...
>
> François Descarie est aujourd'hui premier vice-président de la firme spécialisée en recherche et consultation en communication et marketing Ipsos Descarie. Il a aussi été enseignant au sein du programme d'études supérieures spécialisées (DESS) en communication marketing de HEC Montréal. Dans un article paru dans le magazine *Infopresse* en 2003, il traite de l'importance d'une recherche qui a permis de donner vie au désormais célèbre personnage de monsieur B.
>
> #### L'appel personnalisé, la téléréponse, l'appel en attente et l'afficheur
>
> En 1992, le Groupe Cossette Communication procède au lancement de la campagne de monsieur B. Pour l'occasion, l'agence produit ses quatre premiers messages publicitaires mettant en vedette Benoît Brière : *L'appel personnalisé, La téléréponse, L'appel en attente* et *L'afficheur*. Hélas ! les publicités ne sont pas à la hauteur. C'est du moins ce que constatent deux études, l'une quantitative, l'autre qualitative. L'approche est trop semblable d'une publicité à une autre, monsieur B se montre quelque peu condescendant envers un outil de communication que tout le monde utilise (le téléphone) et les messages s'avèrent trop « corporatifs » ; bref, la campagne ne se révèle pas assez originale au goût des Québécois. Les créatifs obtiennent enfin carte blanche et les messages subséquents tablent sur un humour résolument décalé, avec le succès que l'on connaît. Comme le souligne François Descarie : « La campagne de monsieur B est un bon exemple d'une utilisation non conventionnelle de la recherche publicitaire. [...] Il est assez cocasse de penser que la recherche a aidé monsieur B à devenir une légende vivante. Autrement, le nombre d'exécutions aurait facilement pu passer de 112 à... 4. »
>
> **Sources :** www.aapq.qc.ca et *Infopresse*.

En outre, le créatif a accès à des données non disponibles et recueillies spécialement (ou données primaires) présentées, en général, sous forme d'études de marché. Ces études portent tant sur le produit ou le service concerné et sa position concurrentielle que sur le public cible. De telles études, de nature qualitative ou quantitative, peuvent révéler bien des choses sur les attitudes et les perceptions, la structure du marché, le positionnement ou le profil démographique ou psychographique des utilisateurs probables, par exemple.

Notre intention ici n'est pas d'explorer toutes les formes d'études de marché. Nous examinerons les principales caractéristiques de ces études au chapitre 17. Néanmoins, puisque ces deux types d'analyse contribuent largement au processus de création, nous préciserons dès à présent le rôle tenu par les **groupes de discussion** et la constitution de profils psychographiques.

Les groupes de discussion constituent une mine de renseignements, surtout au début du processus de création. Ces groupes, en général constitués d'une dizaine de personnes représentatives du public cible, permettent de cerner les opinions, les besoins et les attentes envers un produit ou un service. De tels groupes peuvent aussi être appelés à discuter des différents axes possibles d'une publicité et à évaluer quelques annonces.

Les entrevues de groupe permettent souvent aux créatifs, et à tous ceux qui élaborent la stratégie de création, d'entrer en contact avec le consommateur. Rédacteurs, directeurs artistiques et autres spécialistes de la création sont ainsi à même de se faire une meilleure idée du public cible et de ses préférences.

Groupe de discussion

Groupe d'une dizaine de personnes, représentatif d'un public cible, permettant de cerner les opinions, les besoins et les attentes envers un produit ou un service.

On fait aussi parfois appel aux groupes de discussion afin d'évaluer la viabilité commerciale des démarches de création et de décider de la meilleure orientation à prendre[17].

Selon une optique plus quantitative, des agences ou des firmes spécialisées mènent chaque année des études psychographiques à partir desquelles elles établissent le profil détaillé des utilisateurs d'un produit ou d'un service selon leur style de vie et leur exposition aux médias. Chaque année, DDB Needham dirige ainsi une étude psychographique sur la base d'un échantillon de 4 000 adultes. L'étude, portant sur le style de vie de ces personnes, fournit à l'équipe de création un portrait plus complet des publics cibles pour qui elle conçoit des publicités.

Le Service de création de l'agence DDB Needham a fait appel, par exemple, à cette étude sur les styles de vie pour concevoir la campagne publicitaire des hôtels Westin. L'étude démontrait que les jeunes professionnels ciblés étaient très sûrs d'eux, intelligents et dynamiques. Plutôt que d'employer les images habituelles d'immeubles et de terrains de golf, l'équipe de création a décidé de « marquer l'utilisateur » en flattant son *ego* et en renforçant l'image qu'il avait de lui. La campagne était coiffée du slogan suivant: « Avec qui couche-t-il ou couche-t-elle ce soir? Réponse: Westin. Choisissez donc votre compagnon de voyage avec soin. »

La vérification et la révision

La vérification et la révision constituent deux étapes qui permettent une évaluation des idées générées au cours du processus de création. On écarte alors les idées inappropriées, on peaufine celles qui restent et on leur donne leur forme finale. Ici, des groupes de discussion peuvent permettre d'évaluer les principaux choix créatifs et de mieux prévoir les réactions possibles du public cible. Des études portant sur la compréhension et l'efficacité du message se révèlent aussi souvent utiles.

À cette étape du processus de création, des membres du groupe cible sont sans doute à même d'évaluer des esquisses, de faire état de leur perception de telle ou telle annonce et de partager leurs opinions sur un slogan ou un thème particulier. L'équipe de création peut, par exemple, avoir recours à ces groupes afin de se faire une idée plus précise de la compréhension d'un message télévisé, sur la base de la présentation d'un simple scénario. Le scénario du message est constitué d'une série de vignettes ou de photos illustrant les scènes d'un projet d'annonce. Il regroupe les principales séquences ou scènes accompagnées du texte ou de la bande sonore de chacune.

^
Le Service de création de l'agence DDB Needham a fait appel à une étude sur les styles de vie pour concevoir la campagne publicitaire des hôtels Westin.

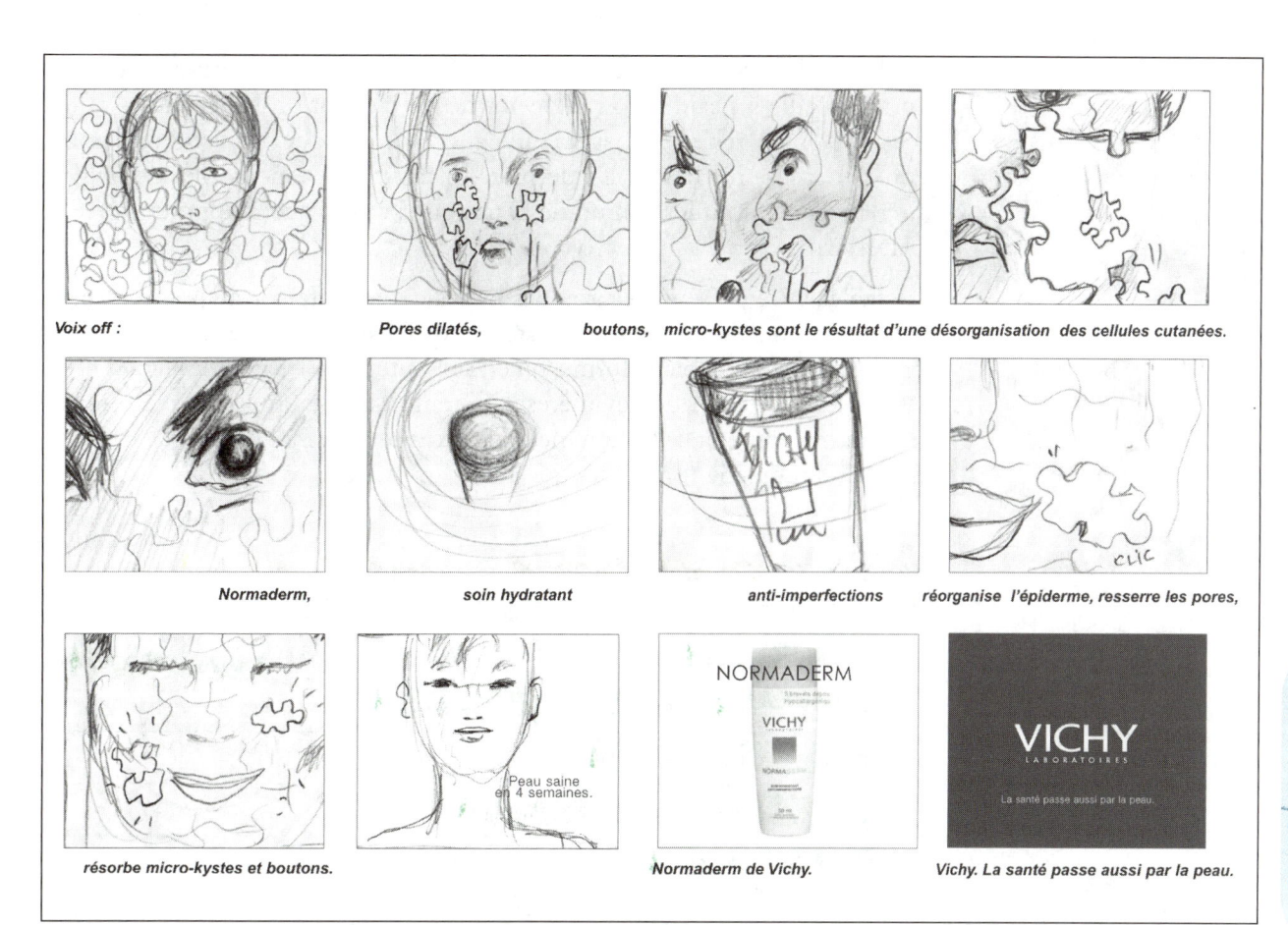

Voix off : — *Pores dilatés,* — *boutons,* — *micro-kystes sont le résultat d'une désorganisation des cellules cutanées.* — *Normaderm,* — *soin hydratant* — *anti-imperfections* — *réorganise l'épiderme, resserre les pores,* — *résorbe micro-kystes et boutons.* — *Peau saine en 4 semaines.* — *Normaderm de Vichy.* — *Vichy. La santé passe aussi par la peau.*

> Un exemple de scénario pour la campagne Normaderm, déjà évoquée au chapitre 2. La dramatisation met en évidence le problème (besoin) et la solution que propose le produit.

Tester une publicité sous forme de scénario n'est toutefois pas une mince affaire. Afin que la présentation soit réaliste et facile à évaluer, l'agence est souvent contrainte de produire une version animée ou préliminaire du scénario, doublée d'une bande sonore. Heureusement, les scénarios du message publicitaire et les versions animées de celui-ci se révèlent aussi utiles lors de la présentation de l'idée de création à d'autres employés de l'agence ou au client. À cette étape du processus, l'équipe de création s'efforce en définitive de trouver la meilleure stratégie avant de passer à la production comme telle de l'annonce. Outre le recours à des groupes de discussion et à des scénarios ou esquisses, la vérification et la révision peuvent aussi correspondre à un prétest plus rigoureux et structuré du message publicitaire, avant qu'une décision finale soit prise. Nous verrons en quoi consistent ces prétests au chapitre 17.

La plate-forme de création

Le processus de création aboutit habituellement à la constitution d'un document appelé **plate-forme de création**, ou **guide de rédaction**. Ce document comprend les principaux éléments de la stratégie de création, ainsi que les renseignements pertinents auxquels les créatifs ont fait appel. Selon l'agence, la plate-forme de création est parfois désignée par les termes « directives », « guide de campagne » ou « programme ». Pour l'essentiel, la plate-forme de création consiste en un plan résumant l'ensemble de la démarche sur laquelle se sont entendus l'équipe de création et les représentants de l'annonceur.

> **Plate-forme de création ou guide de rédaction**
>
> Document comprenant les principaux éléments de la stratégie de création et les renseignements pertinents auxquels les créatifs ont fait appel.

Dans la plupart des agences, le chargé de compte ou le responsable du compte veille à peaufiner la plate-forme de création. Les personnes affectées à la recherche ou à la planification stratégique peuvent également contribuer à sa rédaction. En dernière instance, les responsables du marketing, de la communication ou de la marque pour le client approuvent cette plate-forme.

Le tableau 7.2 présente les grandes lignes d'une plate-forme pouvant servir à l'orientation du processus de création. S'il existe plusieurs appellations pour désigner cette plate-forme, on en présente aussi les grandes lignes et on la structure de bien des manières différentes. Par exemple, la plate-forme peut parfois faire état de certaines exigences relatives à l'historique de communication du client ou à des questions juridiques.

TABLEAU 7.2   Les grandes lignes d'une plate-forme de création

1. Principal problème (ou enjeu que la campagne doit aborder) *Communication*
2. Audience ciblée et objectifs liés au comportement
3. Objectifs de communication
4. Énoncé du positionnement de la marque
5. Stratégie de création (idée ou thème de départ, axe du message et caractéristiques de la source)
6. Information d'appoint et contraintes (*exigences*)

Les trois premières sections sont habituellement tirées du plan marketing du client, ainsi que des échanges entre le client et l'agence. Nous avons déjà détaillé leur contenu dans les chapitres précédents. Par exemple, nous avons vu au chapitre 6 en quoi la détermination des objectifs de communication exige la rédaction préalable d'un énoncé des tâches de communication.

Dans une campagne conçue pour Polaroid il y a quelques années, l'agence Goodby, Silverstein & Partners devait redéfinir la pertinence de la photographie instantanée et faire en sorte que les appareils Polaroid redeviennent un incontournable du quotidien des photographes amateurs. Le public cible était constitué d'anciens utilisateurs d'appareils photo de cette marque et peut-être de nouveaux. Le travail devait donc mener à un changement d'attitude, tâche difficile s'il en est. Travaillant de concert avec les gestionnaires du Service du marketing de Polaroid, l'agence a eu l'idée de présenter la photo instantanée comme une solution à un problème, un outil de l'instantanéité ou le catalyseur d'une expérience de groupe. Fruit de cette vision, le message publicitaire avait pour objectif de fournir des idées quant à l'utilisation de l'appareil photo instantané. Cette campagne énonçait ainsi clairement le positionnement de la marque en cernant différentes utilisations possibles de l'appareil.

Les trois grands éléments à la base de la stratégie de création sont d'ordinaire explicitement formulés dans la plate-forme de création : le thème ou

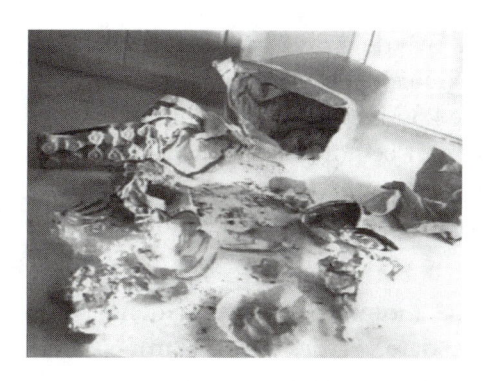

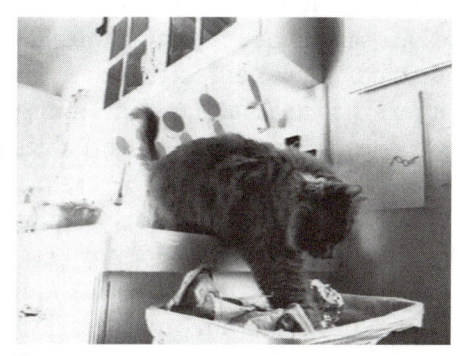

L'idée principale sous-tendant cette publicité de Polaroid est qu'une photo instantanée constitue souvent le commencement d'une belle histoire.

l'idée créative, l'axe du message ainsi que la prise en compte des caractéristiques de la source. Ces éléments correspondent à des décisions qui relèvent souvent de l'équipe de création et constituent le fondement même de la conception de la campagne publicitaire. Dans le cas de Polaroid, l'idée de départ énonçait que la photo « n'était que le début », et la campagne était axée sur le thème « Voyons ce qui en sortira ». Chaque annonce racontait une anecdote sur les réactions qui accompagnent l'emploi d'un appareil Polaroid. L'une des publicités télévisées, par exemple, mettait en scène un architecte soucieux qui, au cours d'une réunion, téléphonait à sa femme pour lui annoncer qu'il ne rentrerait pas dîner. D'une voix sensuelle, celle-ci lui conseillait de regarder dans sa mallette en lui disant : « Je t'ai préparé quelque chose ce matin. » L'homme retirait alors une photo Polaroid, les yeux écarquillés, pour répondre : « Je serai là dans 15 minutes. » Une autre publicité, aussi teintée d'humour, montrait un chien réprimandé à tort pour avoir fouillé dans une poubelle pendant qu'un chat souriait d'un air méprisant à l'autre extrémité de la cuisine. Au moment où leur maîtresse sortait de la pièce, le chat retournait fouiller dans la poubelle. Cette fois, le chien prenait le coupable en photo à l'aide d'un appareil Polaroid, un os de poulet dans la gueule, et attendait patiemment, l'instantané entre les dents, que sa maîtresse revienne.

Les entreprises font parfois appel à une stratégie de création différente afin de séduire un nouveau public cible. La brasserie Sleeman a bâti son positionnement en misant sur la qualité de ses produits et en communiquant l'image d'une microbrasserie. Une bonne part de la réussite récente de Sleeman est attribuable au fait qu'elle a su joindre un noyau de consommateurs fidèles de 35 ans et plus, qui apprécient ses ingrédients et ses procédés de brassage. Dans une perspective de croissance, Sleeman a aussi tenté d'attirer les consommateurs désireux de changer de marque alors qu'ils avancent en âge, soit ceux âgés de 25 à 35 ans. Bien entendu, la stratégie de communication de la marque pour ce nouveau public devait éviter de déplaire aux consommateurs plus âgés et déjà fidèles. Il s'agit là d'un défi de taille et, à ce titre, il semble que la stratégie de création ait porté ses fruits.

En 2001, la brasserie décidait ainsi de moins mettre en évidence John Sleeman, son porte-parole de longue date, et de miser plutôt sur des expériences de consommation en lien avec les attributs distinctifs de la bouteille. La bouteille transparente, presque sans étiquette, est en effet un bon symbole pour un produit sans artifice. Reprenant cette idée, les annonces réalisées ont joué sur des contextes sociaux où les consommateurs n'avaient rien à cacher. Nous ne dissimulons pas nos véritables opinions et nos sentiments, au cours d'une rencontre entre amis, par exemple. Sleeman a repris ce thème en 2002, insistant une fois de plus sur l'absence d'étiquette. Des calembours portaient alors sur le mot « étiquette ». On présentait aussi de nouveaux groupes de musiciens qui n'étaient pas encore « étiquetés ». Dans les deux cas, les messages joignaient les buveurs plus jeunes[18]. Au Québec, les annonces de John Sleeman, dont l'accent et l'humour sont inimitables, sont parvenues avec le temps à conquérir un large public en exploitant des axes différents.

Le thème ou l'idée de départ

Jusqu'ici, nous nous sommes concentrés sur la créativité publicitaire en général, ainsi que sur les activités de planification dans le contexte d'une campagne publicitaire. Nous porterons maintenant notre attention sur le contenu même de la stratégie de création. Dans les trois prochaines sections, nous examinerons les principaux éléments nécessaires à l'élaboration d'une stratégie de création complète : le thème, ou l'idée de départ, l'axe du message et la source.

La plupart des campagnes publicitaires comprennent plusieurs annonces. Ces campagnes consistent en fait en un ensemble d'actions de communication coordonnées et programmées dans une période déterminée. Ces actions ou gestes s'articulent autour d'un thème publicitaire, ou d'une idée de départ, qui sera diffusé de diverses façons, par différents médias. Parce qu'il donne le ton à l'ensemble, le thème unificateur de la campagne se révèle donc un élément crucial du processus de création, qui doit reposer sur une idée forte. Le thème ou l'idée de départ peut toutefois avoir une durée de vie limitée et, à l'image des plans de marketing et de CMI, il est utile de le reconsidérer fréquemment. Certains gestionnaires du marketing optent facilement pour de nouveaux thèmes, en raison de l'insuccès de leurs campagnes ou par simple souci de variété. Ils peuvent cependant exploiter également un thème qui remporte du succès pendant plusieurs années. Le tableau 7.3 propose une liste de thèmes ayant résisté au temps.

Deux exemples récents ont, à ce titre, retenu l'attention au Canada. Il est fréquent que des annonceurs, après avoir éprouvé de la difficulté à imposer de nouveaux slogans, se rabattent sur les anciens[19]. Afin d'attirer les consommateurs qui n'achetaient plus ses produits, Poulet Frit Kentucky est ainsi revenu

TABLEAU 7.3 Quelques thèmes de campagnes publicitaires dont le succès n'a d'égal que leur durée

Société ou marque	Slogan
Nike	« Just do it »
TELUS (Clearnet)	« Le futur est simple »
Poulet Frit Kentucky	« Bon à s'en lécher les doigts »
Loto-Québec	« Ça change pas le monde, sauf que… »
Volkswagen	« Êtes-vous fait pour Volkswagen ? »
L'Oréal Paris	« Parce que je le vaux bien »

à son ancien slogan « Bon à s'en lécher les doigts ». En 2001, pour la première fois, la firme McDonald's lançait quant à elle son propre slogan, « There's a little McDonald's in every one » (« Il y a en chacun de nous un petit peu de McDonald's »), plutôt que d'employer celui privilégié aux États-Unis, « We'd love to see you smile » (« Nous aimerions vous voir sourire »). Une petite feuille d'érable rouge apparaît dans la version canadienne afin de souligner encore la différence avec son pendant américain.

Ces deux exemples démontrent que la conception d'une campagne publicitaire adaptée au Canada n'est pas sans embûches. Les gestionnaires de marques internationales subissent souvent d'énormes pressions afin que leurs annonces soient assez uniformes pour être diffusées, sans trop d'altérations, sur l'ensemble des marchés.

Cette pratique permet, de toute évidence, d'économiser les frais de production. Le jeu n'en vaut cependant pas la chandelle si les annonces, trouvant peu d'écho auprès des Canadiens, ont peu d'impact. Il n'est pas rare, toutefois, que nos entreprises soient contraintes de mener une étude de marché afin de démontrer la nécessité de concevoir un message publicitaire adapté à notre réalité. Au Canada, Lever Pond's jugeait ainsi que la publicité américaine de son déodorant Degree, mettant en scène des pdg et des pilotes de course, se révélait peu attrayante pour les consommateurs canadiens. Une étude a permis de confirmer cette opinion. De concert avec les responsables américains de la marque, une campagne pleine d'humour destinée au marché canadien a par la suite été conçue. Cette campagne cherche plutôt à démontrer les avantages de rester au sec, surtout dans les moments stressants. Ironiquement, le taux de rappel de la campagne canadienne s'est avéré supérieur à la moyenne nationale habituelle, et très supérieur à celui de la campagne américaine[20].

Les idées créatives reposent sur de multiples éléments ou matériaux – habitudes ou travers des consommateurs, personnages de fiction ou bien animaux. Dans sa campagne « Origami », la Commission canadienne du tourisme (CCT) fait par exemple appel à un élément plutôt inhabituel, mais pertinent dans son cas : une carte géographique. Cette carte qui, dans les publicités télévisées, se plie et se déplie comme un origami présente un éventail de choses à voir et à faire au Canada, en été comme en hiver. Pour assurer la cohérence de l'ensemble, cette carte apparaît aussi sur d'autres outils de communication, notamment des annonces imprimées dans des magazines[21].

Une campagne publicitaire efficace doit véhiculer une idée qui captera l'attention du consommateur et suscitera une réaction de sa part, en démarquant le produit ou le service des offres de la concurrence. Le publicitaire renommé John O'Toole décrit l'*idée-force* comme « un éclair de l'esprit qui synthétise la raison d'être de la stratégie, qui arrime l'avantage du produit au désir du consommateur de manière nouvelle et convaincante, qui anime l'objet annoncé ; c'est pourquoi le lecteur ou le public cible s'arrête, regarde et écoute[22] ».

Bien sûr, le véritable défi que doit relever l'équipe de création a trait à la formulation de cette idée-force ou idée maîtresse. Quantité de produits et de services n'offrent presque rien d'exclusif et sont difficiles à présenter sous un jour attrayant. David Ogilvy, sans aucun doute le plus original des rédacteurs publicitaires, affirme :

> Je ne saurais dire si plus d'une campagne sur cent véhicule une idée. Je suis censé être le plus fécond des inventeurs mais, au cours de ma longue carrière de rédacteur, je n'en ai pas trouvé plus de vingt, et encore[23].

Il est en effet difficile de trouver des idées géniales dans le domaine de la publicité. Plusieurs bonnes idées ont cependant servi de point de départ à des campagnes de publicité très réussies. La « génération Pepsi », « le goût d'une nouvelle génération » et « GenerationNext » en constituent trois exemples classiques. Des campagnes telles que « Intel Inside » de la société Intel, dont les microprocesseurs entrent dans la fabrication d'ordinateurs personnels, et le fameux « Ah! Ha! » de la chaîne de pharmacies Familiprix se sont révélées fort efficaces. On peut aussi évoquer la campagne du fabricant de piles Energizer et son célèbre lapin rose ou, au Québec, la campagne à saveur rétro de la Fédération des producteurs de lait du Québec.

Trouver une telle idée n'est jamais une tâche facile. Toutefois, plusieurs règles peuvent orienter le travail de l'équipe de création à la recherche d'un thème ou d'une idée maîtresse et fournissent quelques solutions à quiconque veut élaborer une publicité efficace. Les meilleurs créatifs font ainsi souvent appel aux principes suivants :

- s'appuyer sur un avantage unique et distinctif ;
- trouver l'axe dramatique inhérent au produit ;
- renforcer le positionnement de celui-ci ;
- créer une image de marque durable.

L'argument publicitaire unique

Argument ou proposition publicitaire unique
Stratégie axée sur un attribut distinctif du produit ou du service, et procurant un avantage au consommateur.

Le concept d'**argument publicitaire unique** est le fruit du travail de Rosser Reeves, ancien président de l'agence Ted Bates. Dans son ouvrage intitulé *Reality in Advertising*, l'auteur relève trois caractéristiques d'un tel argument :

1. Chaque publicité doit présenter une proposition concrète au consommateur, non pas uniquement de beaux mots ou de la poudre aux yeux. Elle doit interpeller le consommateur et lui dire : « Achetez ce produit, vous en tirerez tel avantage. »

2. Cette proposition doit être unique et distincte de ce que peut offrir la concurrence. Elle doit être exclusive à la marque ou bien correspondre à la promesse faite par celle-ci.

3. La proposition doit se révéler assez forte pour faire bouger des millions de personnes, c'est-à-dire attirer de nouveaux consommateurs vers une marque donnée[24].

De l'avis de M. Reeves, la valorisation de l'attribut ou de l'avantage du produit constituant le fondement de la proposition doit avoir préséance sur tout le reste et être répétée à chaque annonce. La campagne de la gomme à mâcher Trident table sur un argument unique de ce type en mettant constamment en évidence le fait qu'il s'agit de la seule gomme à mâcher approuvée par l'Association dentaire canadienne (ADC).

Cette annonce fait appel à un argument publicitaire unique.

La démarche s'avère fructueuse dans la mesure où le produit ou le service offre véritablement un attribut ou un avantage unique qui est susceptible de servir de base à la formulation de la promesse. Une recherche approfondie sur le produit et les consommateurs se révèle ici sans doute nécessaire, non seulement afin de déterminer l'argument publicitaire sur lequel s'appuyer, mais aussi pour étayer la promesse véhiculée par l'annonce.

L'image de marque

Pour plusieurs catégories de produits et de services, les marques concurrentes se ressemblent à un point tel qu'il est difficile de communiquer un attribut ou un avantage qui soit propre à une seule. Il est en fait souvent complexe de différencier, sur le seul critère de leur rendement ou de leur fonctionnalité, la plupart des produits d'usage courant. La stratégie de création peut alors miser sur l'établissement d'une identité ou d'une image distinctive et clairement reconnue.

David Ogilvy a popularisé l'idée d'image de marque dans son célèbre ouvrage intitulé *Confessions of an Advertising Man*[25]. « Chaque publicité devrait être considérée comme une contribution à ce symbole complexe qu'est l'image de marque. » L'auteur fait valoir que l'image ou la personnalité de la marque importent en particulier lorsque les marques présentes sur un marché s'avèrent assez semblables :

Plus les marques se ressemblent, moins la raison intervient dans le choix d'une marque. On ne note pas vraiment de différence significative entre deux marques de whisky, de cigarettes ou de bière. Elles se ressemblent, pour ainsi dire, toutes. Il en va de même des mélanges à gâteau, des détergents à lessive et des margarines. Dans ce contexte, le fabricant qui s'emploie à donner une personnalité à sa marque augmente ses chances de s'approprier la plus grande part de marché et de s'assurer les bénéfices les plus élevés. Les fabricants qui se retrouvent dans le pétrin sont des opportunistes à courte vue qui négligent leurs budgets de publicité et qui ne misent que sur la promotion[26].

La publicité d'image a gagné en popularité et s'applique aujourd'hui à une foule de produits et de services, notamment les boissons gazeuses, les boissons alcoolisées, les cigarettes, les véhicules automobiles, les compagnies aériennes, les services financiers, les parfums et les vêtements. Plusieurs individus consomment certaines de ces marques principalement en raison de l'image qu'elles projettent. Le fabricant de vêtements de sport No Fear, par exemple, fait appel à ce type de publicité afin de créer une identité unique pour sa marque, en présentant les extrêmes du comportement humain.

La publicité de No Fear crée une image exclusive de la marque en présentant les extrêmes du comportement humain.

Trouver l'axe dramatique inhérent au produit

On peut aussi déterminer le thème ou l'idée de départ d'une campagne à partir de l'axe dramatique inhérent au produit, c'est-à-dire la caractéristique qui est la plus susceptible de convaincre le consommateur de se procurer le produit. Cette démarche est conforme à la philosophie du publicitaire Leo Burnett. De l'avis de Burnett, l'axe dramatique «[…] est souvent difficile à déterminer, mais toujours présent. Et, lorsqu'on l'a trouvé, il s'agit de l'axe publicitaire le plus intéressant et le plus crédible entre tous[27]».

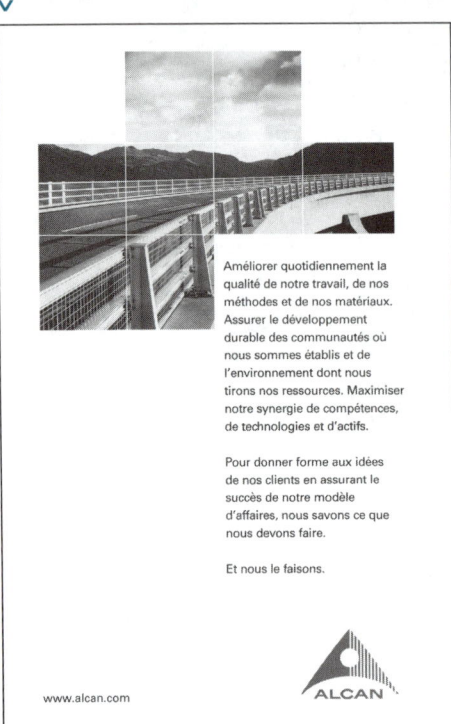

Tout au long de sa carrière, Burnett a privilégié des messages à la fois chaleureux et réalistes. Certains des plus célèbres s'articulent autour d'un axe dramatique inhérent au produit; pensons notamment aux campagnes de McDonald's, de Maytag, de Kellogg's et de Hallmark.

Cette publicité d'Alcan met de l'avant sa capacité d'innovation et la polyvalence de l'aluminium.

Le positionnement du produit

Un positionnement clair se révèle toujours essentiel. La publicité présentée ci-contre renforce ainsi la position d'Alcan à titre de société innovatrice. Le positionnement sert également souvent d'appui à la stratégie de création lorsque plusieurs marques d'une même entreprise se livrent concurrence entre elles. Par exemple, Procter & Gamble, qui commercialise plusieurs marques de détergents à lessive, prend garde de bien positionner chacune d'entre elles sous un angle différent.

Au dire de Trout et Ries, le positionnement se résume à l'image que les consommateurs se font de la marque par rapport aux marques concurrentes d'une même catégorie de produits ou de services. Ce concept va toutefois au-delà du simple positionnement concurrentiel direct[28]. Comme nous l'avons vu au chapitre 2, le positionnement d'un produit se définit aussi par rapport à ses attributs, à son rapport qualité-prix, à ses usages ou applications, ainsi qu'à ses utilisateurs ou à sa catégorie. Chaque élément peut faire jaillir une idée ou un thème susceptible de servir de fondement à la stratégie de création. En outre, le positionnement du produit pouvant être établi par rapport à un attribut particulier, positionnement et argument publicitaire peuvent parfois se chevaucher.

Dans les dernières années, Molson Export a su renouveler une stratégie de positionnement en exploitant d'une façon originale le thème de la tradition et de l'authenticité. Le résultat : les consommateurs, jeunes et moins jeunes, semblent toujours associer la marque à ses 100 années d'existence et aux grands moments où il convient de savourer une bière, malgré des publicités sporadiques et un faible soutien marketing. Le slogan de la campagne résume l'essence même d'un positionnement réaffirmé : « Molson Export, jeune depuis 1903. » Les premiers messages diffusés dépeignaient l'évolution et les particularités de la bière Molson depuis son lancement. Le message télévisé initial, intitulé « Évolution », mariait ainsi plaisirs, amis et bière selon différentes époques, un logiciel de transformation d'images ayant servi à illustrer l'évolution des étiquettes au fil du temps[29]. Une campagne d'affichage a, par la suite, permis d'exploiter pleinement cette longue histoire.

Faire d'une histoire centenaire l'argument même du positionnement de la marque.

L'axe du message

L'**axe publicitaire**, ou axe du message, fait référence à l'élément ou à l'ensemble d'éléments permettant d'attirer l'attention du consommateur et d'influencer ses attitudes envers un produit, un service ou une cause. Cet axe peut aussi « émouvoir, s'adresser à certains désirs ou besoins, et susciter ainsi l'intérêt[30] ». La **mise en forme**, ou concept créatif, correspond à la voie qu'emprunte le message publicitaire pour être présenté au consommateur. Selon William Weilbacher :

> On pourrait décrire l'axe d'une publicité comme son contenu sous-jacent, alors que le concept créatif fait référence à la présentation de ce contenu. En général, l'axe publicitaire et la réalisation sont indépendants l'un de l'autre, c'est-à-dire qu'un axe peut être réalisé de différentes manières et qu'un même moyen de réalisation est susceptible de servir à la mise en forme de différents axes. Les axes publicitaires se plient souvent assez aisément à tous les médias, tandis que certains dispositifs de création s'adaptent mieux à certains médias qu'à d'autres[31].

Axe publicitaire
Élément ou ensemble d'éléments qui serviront à attirer l'attention du consommateur et à influencer ses attitudes envers un produit, un service ou une cause humanitaire.

Mise en forme
Voie qu'emprunte le message publicitaire pour être présenté au consommateur.

La détermination de l'axe du message correspond donc à une décision relevant de la stratégie de création, alors que la réalisation ou mise en forme relève plutôt d'une tactique propre à cette même stratégie. (Nous aborderons en détail les tactiques relatives à la stratégie de création au prochain chapitre.) Le choix d'un axe publicitaire opportun constitue l'une des décisions parmi les plus importantes en matière de stratégie. De multiples types d'axes peuvent servir à la conception de messages publicitaires. Nous en retiendrons ici quatre : le rationalisme, l'émotion, la peur et l'humour. Comment employer ces axes dans le cadre d'une stratégie de création ? Comment les associer lors de l'élaboration du message publicitaire ? Nous répondrons à ces deux questions dans la prochaine section.

L'axe rationnel

L'**axe rationnel** se concentre sur l'aspect pratique, fonctionnel ou utilitaire d'un produit ou d'un service, tel que le perçoit le consommateur. Il met en évidence les caractéristiques du produit ou les raisons qui devraient convaincre le consommateur de se procurer une marque plutôt qu'une autre. Le contenu des messages de ce type privilégie les faits, l'apprentissage et une certaine logique de persuasion[32]. En général, l'axe rationnel est d'ordre informatif. Le publicitaire qui s'en inspire tente de convaincre le consommateur que son produit ou son service offre un ou plusieurs attributs particuliers ou qu'il lui procure un avantage précis qui saura répondre à son besoin. Le publicitaire peut aussi chercher à persuader le public cible d'acheter la marque qu'il annonce en raison de sa supériorité ou de sa capacité à mieux satisfaire ses besoins.

Plusieurs motifs rationnels peuvent servir de fondement à la définition d'un axe publicitaire, notamment le confort, l'utilité, l'économie, la santé et certains avantages sensoriels tels que le toucher, le goût ou l'odorat. Parmi les autres motifs rationnels ou critères d'achat auxquels fait souvent appel la publicité, soulignons la qualité, la fiabilité, la durabilité, l'efficacité et le rendement. Les caractéristiques, les avantages ou les critères d'évaluation qui importent aux consommateurs et qui peuvent servir de fondement à un axe rationnel varient bien entendu selon les catégories de produits et les segments de marché.

Weilbacher a déterminé plusieurs types d'axes publicitaires qui entrent tous dans la catégorie des axes rationnels, notamment ceux misant sur une caractéristique, une comparaison, un prix avantageux, la nouveauté, la popularité et le rappel.

La caractéristique La publicité axée sur une caractéristique insiste sur certains traits dominants du produit ou du service. Elle est, en général, informative et présente au consommateur quelques attributs distinctifs du produit pouvant favoriser l'adoption d'une attitude positive à son endroit. Cet axe sert souvent à annoncer des produits techniques ou de faible implication. On peut aussi l'employer pour la commercialisation d'un service.

La comparaison L'axe comparatif consiste à désigner directement ou indirectement les concurrents d'un produit et à procéder à une comparaison sur la base d'un ou de plusieurs attributs[33]. Au Québec, Subway privilégie souvent cet axe. Les entreprises spécialisées dans la vente de téléphones cellulaires y trouvent aussi leur compte. Selon certaines études, le consommateur se souvient davantage de la publicité comparative. Cette forme de publicité ne se révèle cependant pas plus efficace en ce qui a trait au changement d'attitude envers une marque ou à l'intention d'achat[34]. Le publicitaire doit aussi être conscient des incidences de la publicité comparative sur la crédibilité de sa campagne. Gardons à l'esprit que le consommateur de la marque comparée peut se montrer fort sceptique devant ces affirmations.

Axe rationnel

Axe se concentrant sur l'aspect pratique, fonctionnel ou utilitaire du produit ou du service, tel que le perçoit le consommateur.

L'axe comparatif peut, en revanche, s'avérer très utile à la commercialisation de nouvelles marques, car il permet à la nouvelle venue de se positionner directement par rapport aux marques établies et de promouvoir ses attributs distinctifs. Les comparaisons directes servent ainsi à inscrire la nouvelle marque dans l'ensemble de considération (ou ensemble évoqué) du consommateur.

Enfin, l'axe comparatif se révèle souvent utile à la promotion des marques dont la part de marché est restreinte. Comparée au leader du marché, une marque marginale est susceptible de se positionner comme un choix dans l'esprit du consommateur et de gagner ainsi des parts de marché à ses dépens. Le leader hésite souvent, quant à lui, à recourir à des publicités comparatives, estimant avoir peu à gagner à présenter les produits concurrents dans ses publicités.

Le prix La publicité axée sur des prix avantageux fait du prix le principal argument du message. Ce type de publicité convient souvent aux détaillants souhaitant annoncer des soldes, des offres spéciales ou des bas prix de tous les jours. La publicité axée sur des prix avantageux est aussi souvent diffusée à l'échelle nationale en période de ralentissement économique. Plusieurs chaînes de restauration rapide font également de leurs prix un élément important de leur stratégie marketing par le biais de réductions promotionnelles, de menus abordables ou de prix aussi bas que possible ; leur stratégie publicitaire est en conséquence conçue afin de communiquer ce positionnement. Nombreux sont les annonceurs, même parmi les plus prestigieux, qui axent enfin leurs publicités sur les prix, du moins pour un temps limité. La publicité de BMW, à la page 195, en constitue un exemple.

La nouveauté La publicité fondée sur la nouveauté met en valeur une caractéristique inédite du produit, du service ou de l'entreprise. On peut aussi avoir recours à cet axe pour l'annonce d'un tout nouveau produit ou pour informer le consommateur lorsque d'importantes modifications ou améliorations y ont été apportées.

La popularité La publicité axée sur la popularité insiste, quant à elle, sur le nombre de consommateurs employant une marque ou ayant changé de marque au profit de celle annoncée, sur le nombre de spécialistes qui la recommandent ou sur sa position de leadership. L'hypothèse implicite est alors que l'usage répandu d'une marque est garant de sa qualité ou de son bon rapport qualité-prix, ce qui peut inciter d'autres consommateurs à l'essayer.

Le rappel La publicité misant sur le rappel cherche enfin à consolider la notoriété de la marque ou à faire en sorte que celle-ci reste présente dans l'esprit des consommateurs. Les leaders, les marques réputées ainsi que les produits et les services dont la consommation varie selon la saison peuvent avoir avantage à miser sur cette forme de publicité. Un responsable de la commercialisation de bonbons et de sucreries, par exemple, veillera à rappeler l'existence de sa marque à l'approche de l'Halloween, de Noël, de la Saint-Valentin ou des fêtes de Pâques.

L'axe émotionnel

L'**axe émotionnel** joue sur les besoins d'appartenance à un groupe ou les besoins psychologiques du consommateur. Même si ce dernier considère les caractéristiques et les attributs du produit lors de son choix, une décision

> **Axe émotionnel**
> Élément ou ensemble d'éléments ayant trait aux besoins d'appartenance à un groupe ou aux besoins psychologiques du consommateur.

d'achat est souvent fondée sur des motifs émotionnels ou sur un rapport affectif envers une marque. Aux yeux de plusieurs annonceurs, l'axe rationnel, fondé sur l'information, est peu susceptible de donner naissance à des campagnes dont l'impact est considérable. Ainsi, nombreux sont ceux qui croient que l'axe émotionnel, en sollicitant les sentiments du consommateur, réussit mieux aux marques qui se différencient peu de leurs concurrentes sur le plan objectif[35].

Comme le montre le tableau 7.4, les axes publicitaires influençant le consommateur sur le plan émotif sollicitent plusieurs sentiments ou besoins. Ces axes jouent sur l'exploitation d'états psychologiques ou de sentiments propres à la personne, par exemple le plaisir ou l'enthousiasme, de même que sur des sentiments liés à l'appartenance sociale.

TABLEAU 7.4 Les fondements des axes émotionnels

États ou sentiments du consommateur	Besoins d'appartenance à un groupe
Sécurité	Reconnaissance
Peur	Prestige
Amour	Respect
Affection	Engagement (implication)
Bonheur	Embarras
Joie	Affiliation et appartenance
Nostalgie	Rejet
Enthousiasme	Acceptation
Excitation et stimulation	Approbation
Peine	
Fierté	
Réalisation ou accomplissement de soi	
Estime de soi	
Actualisation	
Plaisir	
Ambition	
Réconfort	

Les publicitaires font appel aux axes émotionnels de différentes manières pour élaborer leurs stratégies de création. Selon Kamp et Macinnis, les publicités reposent en fait souvent sur l'idée d'intégration émotionnelle. Ainsi, les personnages d'une publicité éprouvent, dans la plupart des cas, des émotions positives lorsqu'ils emploient un produit ou bénéficient d'un service particulier[36]. Le pari alors réalisé est que la publicité misant sur l'humour, la sexualité et sur d'autres axes divertissants, stimulants ou optimistes est susceptible d'avoir une incidence sur les émotions du consommateur. On suppose qu'une disposition d'esprit favorable envers le message publicitaire est transférée à la marque ou au produit annoncé (une grande marque de détergent à lessive, par exemple). On ne compte plus les publicités télévisées émouvantes. Hallmark, AT&T et Kodak diffusent souvent des publicités qui font appel à la chaleur humaine, à la nostalgie et aux sentiments.

La recherche montre, en effet, que les humeurs et les sentiments positifs issus d'une publicité peuvent avoir une incidence favorable sur l'évaluation de la marque[37]. Des études indiquent aussi que l'on se souvient davantage des publicités axées sur les émotions[38].

McDonald's a modifié sa stratégie de création afin d'intégrer davantage d'émotions à ses publicités et d'engendrer un sentiment de bien-être chez le consommateur. Le premier vice-président marketing de la société a expliqué ce changement comme suit : « Au cours des deux ou trois dernières années, nous avons beaucoup misé sur l'humour, mais nous avons peu fait pour émouvoir les gens, pour les toucher droit au cœur[39]. » L'une de ses publicités les plus touchantes, intitulée « Mathématiques nouvelles », montre une sœur aînée qui apprend à compter à son frère cadet. En se servant de frites pour illustrer son propos, alors que leur mère détourne le regard, elle compte avec méthode une grosse portion de frites pour elle-même et une petite portion pour son frère, qui semble de plus en plus affligé. La direction de McDonald's et les agences à son service sont d'avis que ces nouvelles publicités permettent de tirer profit du lien particulier existant entre la chaîne et ses consommateurs, ce qui constitue un important élément de différenciation dans l'environnement hautement compétitif de la restauration rapide.

La publicité axée sur la peur

La peur est une réaction émotive à une menace qui exprime ou qui laisse supposer une forme de danger. La **publicité axée sur la peur** a pour objectif de déclencher cette réaction émotive et d'inciter l'individu à écarter la menace. Quelques publicités contre la cigarette, par exemple, soulignent les dangers physiques qui guettent ceux qui ne modifient pas leur comportement à risque. D'autres, telles que des publicités vantant des déodorants, des rince-bouche ou des shampooings antipelliculaires, insistent sur le risque de rejet ou de réprobation sociale pour qui n'a pas une hygiène personnelle irréprochable.

Publicité axée sur la peur
Forme de publicité dont l'objectif est de déclencher la peur et d'inciter l'individu à écarter la menace.

Le mécanisme de la peur Avant de déployer une stratégie axée sur la peur, le publicitaire doit considérer les réactions possibles des différents publics auxquels il s'adresse. Selon certaines études scientifiques, l'intensité de la peur véhiculée dans le message et le degré d'acceptation ou de persuasion de celui-ci présentent un rapport curviligne, tel qu'indiqué à la figure 7.1[40]. Le degré d'acceptation des recommandations du message s'accentue avec l'intensité de la peur, jusqu'à un certain point. Au-delà, le degré d'acceptation diminue, bien que l'intensité de la peur augmente.

FIGURE 7.1 Le rapport entre l'intensité de la peur et l'acceptation du message

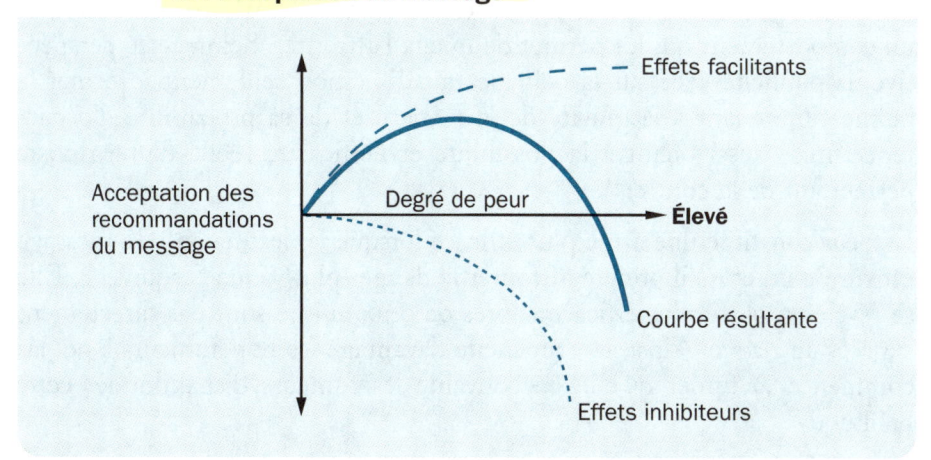

On peut expliquer le rapport entre la peur et la persuasion par le fait que la première est à la fois un moteur d'action et d'inhibition[41]. Une peur de faible intensité attire l'attention et suscite l'intérêt de la personne à qui s'adresse le message, ce qui peut la motiver à agir afin d'écarter la menace. En conséquence, une intensification de la peur présente dans le message devrait conférer à l'annonce un pouvoir de persuasion encore plus grand.

De nos jours, les campagnes de sensibilisation au sida misent ainsi sur un renforcement de la perception de la menace. Une peur trop intense, toutefois, peut avoir une incidence inhibitrice. La personne qui reçoit le message opère alors un blocage émotif; elle contre le message en le percevant de façon biaisée ou en déniant ses arguments. La figure 7.1 illustre l'interaction entre ces deux effets contraires et le rapport curviligne entre la peur et la persuasion.

Une étude récente d'Anand Keller et Block confirme ce lien particulier entre peur et persuasion[42]. Selon cette étude, la communication fondée sur un trop faible degré de peur s'avère inefficace, car elle fait naître une motivation insuffisante pour envisager les conséquences dangereuses d'un comportement destructeur, en l'occurrence le tabagisme. Un degré trop élevé de peur se révèle cependant tout aussi inefficace en provoquant des réactions défensives.

On peut ainsi expliquer le rapport curviligne entre la peur et la persuasion par ces réactions défensives[43]. Quatre processus d'évaluation cognitive sont à l'origine de la réaction à la menace : 1) l'évaluation de l'information à propos de la gravité de la menace perçue ; 2) la probabilité apparente que cette menace se réalise ; 3) la possibilité objective d'adopter un comportement en vue d'écarter la menace ; 4) la capacité telle que la perçoit l'individu d'agir afin d'affronter cette menace.

Cette publicité du ministère de la Santé et des Services sociaux (MSSS) s'efforce de rappeler, par le biais d'une annonce choc, que le sida est encore et toujours une menace.

L'évaluation cognitive de l'information véhiculée dans le message axé sur la peur de même que la réaction émotionnelle qui y est liée constituent des facteurs intermédiaires de l'effet de persuasion. Le public cible, rendu attentif par une émotion ressentie, est davantage susceptible de traiter l'information portant sur la menace, accroissant ainsi la possibilité d'adopter un comportement qui lui permet de mieux l'affronter. Selon cette perspective, la publicité axée sur la peur devrait donc non seulement informer le public cible quant à la gravité de la menace et de sa probabilité d'occurrence, mais aussi quant à la possibilité et l'efficacité réelle d'une riposte permettant de la contrer[44].

La peur constitue une arme plus efficace lorsque le destinataire du message est sûr de lui et qu'il préfère affronter le danger plutôt que l'esquiver[45]. Elle se révèle en outre plus efficace auprès de ceux qui ne sont pas directement exposés au risque. Ainsi, la peur incite davantage les non-fumeurs à ne pas commencer à fumer qu'elle ne convainc les fumeurs d'abandonner cette habitude.

Herbert Rotfeld a dressé un bilan de plusieurs études portant sur la peur en tant qu'axe publicitaire. À son avis, il existe souvent une confusion entre les différents types de menaces et le degré de risque potentiel présenté dans le message[46]. Rotfeld en a conclu que le rapport entre les réactions émotionnelles et la peur n'est pas curviligne, mais plutôt linéaire et positif. Le degré de persuasion serait donc simplement fonction du degré de peur. Rotfeld souligne que, si les messages axés sur la peur n'ont pas tous la même efficacité, c'est avant tout parce que les sources de la crainte varient pour chacun. Par conséquent, la même menace peut provoquer des réactions différentes selon les individus, et les menaces les plus graves ne s'avèrent pas nécessairement toujours les plus convaincantes, non seulement en raison de leur intensité, mais de leur nature même. Une chose demeure certaine, le publicitaire souhaitant axer la réalisation de sa campagne sur la peur doit demeurer prudent en ce qui concerne les réactions émotionnelles pouvant être provoquées par les messages diffusés.

L'axe humoristique

Les publicités teintées d'humour sont souvent les plus appréciées et celles dont on se souvient le mieux. En général, on privilégie l'axe humoristique dans les publicités radiophoniques et télévisées, car ces médias s'y prêtent bien, ce qui n'empêche pas l'humour d'être parfois présent dans les publicités imprimées.

Un publicitaire mise sur l'humour pour plusieurs raisons. Tout d'abord, un message humoristique capte et retient plus facilement l'attention. L'humour peut ensuite améliorer l'efficacité d'un message en accroissant l'appréciation de la publicité elle-même, ce qui peut avoir une incidence positive sur le sentiment envers le produit ou le service annoncé. L'humour, enfin, permet de distraire le récepteur du message, qui est alors plus susceptible d'en accepter les arguments ou, pour le moins, de les considérer de façon moins critique[47].

D'autres voix s'élèvent pour dire que la publicité humoristique attire avant tout l'attention sur une situation cocasse et relègue ainsi la marque et ses attributs à l'arrière-plan. De plus, la production de publicités à la fois drôles, intelligentes et pertinentes demeure chose difficile.

Manifestement, l'humour en publicité suscite des avis contraires. L'efficacité de l'humour, selon plusieurs études, tient en fait à plusieurs facteurs, notamment le type de produits et les caractéristiques du public cible[48]. L'humour est ainsi plus présent et plus efficace dans la publicité des produits à faible implication, qui s'adresse aux sentiments, que dans celle des produits à forte implication, qui s'adresse davantage à la raison[49]. Dans le cadre d'une étude, on a sondé les directeurs de la recherche et de la création publicitaire de 150 des plus grandes agences de publicité[50] en leur demandant d'énumérer les objectifs de communication trouvant avantage à être présentés sous un jour humoristique en fonction de facteurs relatifs aux médias, au produit et au public cible. Voici les grandes conclusions de cette étude:

- L'humour facilite la prise de conscience et provoque l'attention. S'il peut nuire au rappel et à la compréhension du message en général, il peut cependant permettre de retenir le nom d'un produit et d'un texte simple, et contribuer ainsi positivement à la mémorisation du message.

- L'humour n'apporte rien à la persuasion en tant que telle, mais en revanche, en instaurant une ambiance positive, il favorise celle-ci.
- L'humour n'ajoute pas à la crédibilité de la source.
- L'humour n'incite pas, en général, le consommateur à l'action, pas plus qu'il ne stimule les ventes.
- Les créatifs sont plus enclins que les responsables du marketing à miser sur l'humour.
- La radio et la télévision sont les médias qui se prêtent le mieux à l'humour ; la publicité directe et les journaux s'y prêtent moins bien.
- La publicité des biens non durables et des services aux entreprises se prête bien à l'humour ; la publicité des grandes entreprises et des produits industriels s'y prête moins bien.
- Les publics cibles les plus réceptifs à l'humour sont composés de jeunes hommes instruits, professionnels, appartenant à la strate sociale supérieure ; les groupes plus âgés, moins instruits et appartenant à une strate sociale inférieure sont, à l'inverse, les moins réceptifs.

Allier les axes rationnel et émotionnel

Très souvent, un créatif publicitaire n'a pas à choisir entre un axe rationnel ou émotionnel, mais plutôt à déterminer la part de l'un et de l'autre dans la campagne à réaliser. Comme l'ont écrit David Ogilvy et Joel Raphaelson, deux rédacteurs chevronnés :

> On effectue peu d'achats pour des motifs uniquement rationnels. Même un produit strictement fonctionnel, tel qu'un détergent à lessive, peut offrir ce que l'on appelle à présent un « avantage émotif », par exemple la satisfaction de voir ses enfants porter des vêtements propres. Qui n'a pas connu l'explosion de joie qui accompagne l'achat d'une nouvelle automobile[51] ?

La publicité ci-contre s'appuie avec subtilité sur des éléments qui mettent en valeur les raisons émotionnelles et rationnelles de se procurer un coupé sport Lexus SC 400.

Scientifiques et publicitaires ont beaucoup réfléchi au rapport entre les mobiles rationnels et émotionnels qui guident le processus décisionnel et à la manière dont la publicité agit sur le consommateur. L'agence McCann-Erickson Worldwide, de concert avec le professeur Michael Ray, a ainsi mis au point une technique favorisant une meilleure compréhension de la *formation des liens affectifs*. Cette technique permet d'évaluer les sentiments du consommateur à l'égard de la marque ou du produit et la nature de tout lien affectif qu'il pourrait entretenir à leur égard, comparativement au rapport affectif habituel qu'il associe à la catégorie de produits[52].

Cette publicité s'appuie à la fois sur l'axe rationnel et l'axe émotionnel.

L'idée de départ de cette technique est que le consommateur entretient trois types de rapports avec les marques, comme le montre la figure 7.2. Le rapport de premier niveau correspond à ce que *pense* le consommateur des avantages du produit.

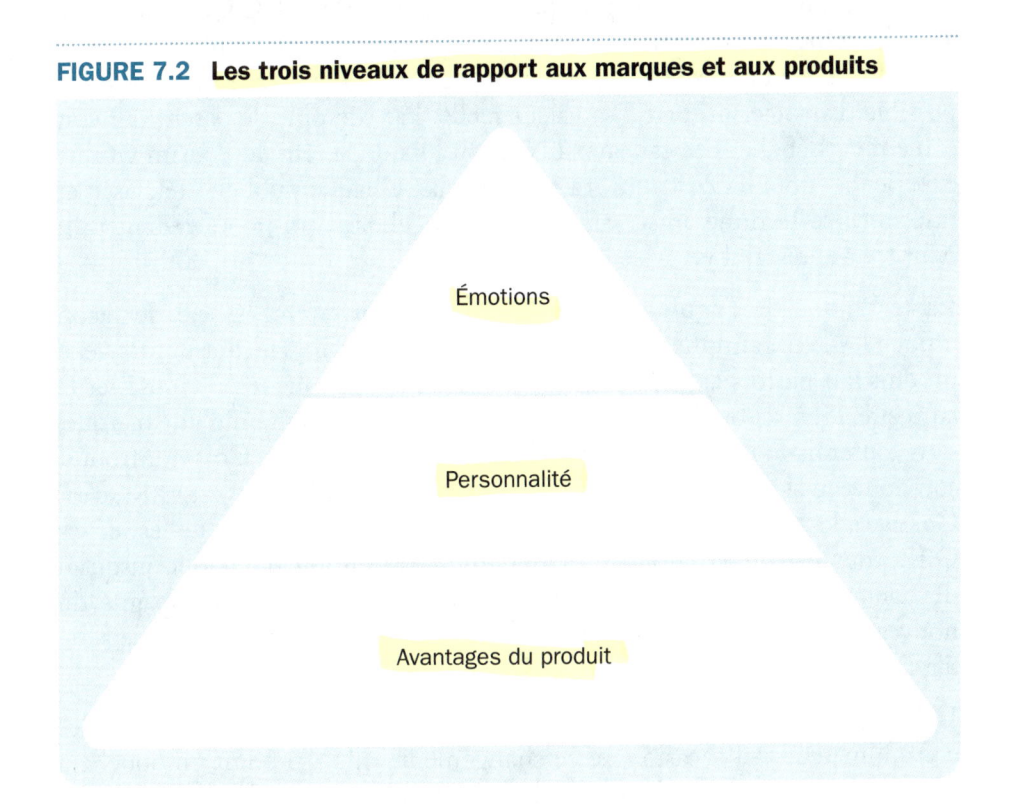

FIGURE 7.2 Les trois niveaux de rapport aux marques et aux produits

Pyramide à trois niveaux, de haut en bas : Émotions, Personnalité, Avantages du produit.

Ces avantages sont associés, pour une bonne part, au processus d'apprentissage rationnel et permettent d'évaluer dans quelle mesure la publicité communique la bonne information sur le produit. À cette étape, le consommateur n'est pas encore très fidèle à la marque elle-même.

À l'étape suivante, le consommateur attribue une personnalité à la marque. Il peut, par exemple, percevoir une marque comme étant sûre d'elle, agressive ou aventurière par rapport à une autre qui lui semble plus docile et timide. Le jugement du consommateur envers une marque va au-delà de ses attributs ou des avantages relatifs du produit ou du service. Dans la plupart des cas, le consommateur juge de la personnalité d'une marque à partir d'indices explicites ou implicites présents, entre autres, dans les publicités de celle-ci.

Au dire des chercheurs au service de McCann-Erickson, le rapport le plus fort qui est susceptible de s'établir entre une marque et ses consommateurs s'appuie sur des sentiments ou des liens affectifs. Les consommateurs peuvent ainsi en venir à tisser des liens émotifs avec certaines marques, qui se traduisent par un attachement psychologique positif en leur faveur. Dans ce contexte, l'un des objectifs d'un gestionnaire du marketing peut être de renforcer le maillage émotionnel présent entre la marque et le consommateur. McCann-Erickson est d'avis que la publicité peut contribuer à la formation et à l'enrichissement de ce lien affectif et se fonde sur cette conviction afin d'alimenter son processus de création. Par exemple, l'agence s'est appuyée sur cette conviction afin d'élaborer la campagne de publicité «Ça n'a pas de prix » pour MasterCard International, une campagne qui lui a valu plusieurs récompenses. Jusqu'alors, on percevait la carte MasterCard comme une carte de crédit pareille aux autres, une de plus à ranger dans son portefeuille. Le défi consistait à créer un lien affectif entre MasterCard et le consommateur, sans pour autant oublier l'aspect pratique de la carte. McCann-Erickson a alors imaginé une campagne sentimentale autour de publicités qui font le total du prix d'une expérience, tout en mettant en évidence qu'il n'est pas possible d'associer un prix à sa valeur réelle. Par exemple, le parent qui voit son enfant déballer des cadeaux à Noël ou lors de la fête de Pourim vit une expérience inoubliable... qui n'a pas de prix ! Chaque publicité télévisée et imprimée se termine ainsi : « Il y a certaines choses qui ne s'achètent pas ; pour tout le reste, il y a MasterCard. »

> **Aguichage ou annonce mystère**
>
> Forme de publicité conçue pour susciter la curiosité, l'intérêt ou l'enthousiasme à propos d'un produit ou d'une marque, sans toutefois le montrer.

La technique de l'**aguichage** ou de l'**annonce mystère** associe de façon unique les axes rationnel et émotionnel. Le publicitaire lançant un nouveau produit fait parfois appel à cette forme de publicité conçue pour susciter la curiosité, l'intérêt ou l'enthousiasme à propos d'un produit ou d'une marque, sans toutefois le montrer. Lorsque la multinationale Coca-Cola a introduit son nouveau slogan destiné au marché québécois – « Quand c'est O.K., c'est Coke » –, les premières affiches de sa campagne n'arboraient que les lettres O.K. pour exciter la curiosité et maintenir l'attention du public jusqu'au dévoilement complet du message. Le nom de la marque accompagné du nouveau slogan n'ont été visibles que lors de la diffusion de la seconde série d'affiches.

L'objectif de cette campagne à énigme était de renforcer l'attention des consommateurs à l'occasion de ce changement. Elle a produit un bouche à oreille favorable et a ainsi contribué à mieux faire accepter la transition.

L'aguichage semble aussi avoir la cote auprès des publicitaires chargés du lancement de nouveaux modèles automobiles ou de l'annonce d'importantes modifications apportées à un véhicule. Chrysler, par exemple, a diffusé des films mystères pour lancer sa sous-compacte Neon et les nouveaux modèles de la Jeep Grand Cherokee. Si une campagne à énigme peut susciter de la curiosité envers un nouveau produit, on doit cependant éviter de trop étirer celle-ci dans le temps, à défaut de quoi l'intérêt finit par s'émousser[53]. Par exemple, plusieurs spécialistes sont d'avis que la campagne diffusée en 1989 par Infiniti lors de l'introduction de ses nouveaux modèles a été trop longue et qu'elle a ainsi semé la confusion chez les consommateurs[54]. Contrairement à ce que certains gestionnaires du marketing semblent croire, les consommateurs ne participent pas en effet chaque jour à des séminaires sur leurs nouveaux produits... Il est donc important de leur fournir assez d'information sur le produit et de les convaincre que l'annonceur est là pour répondre à leurs besoins et non pour se jouer d'eux[55].

Les caractéristiques de la source

> **Source**
>
> Personne chargée de communiquer directement ou indirectement le message commercial.

La troisième décision à prendre en matière de stratégie de création est relative à la source du message. La **source** désigne la personne chargée de communiquer directement ou indirectement le message commercial. On parle de source directe lorsqu'un porte-parole communique le message ou réalise la démonstration d'un produit ou d'un service. Le joueur de tennis Andre Agassi, qui recommande les raquettes de tennis de marque Head, en constitue un exemple. La source indirecte peut aussi être un mannequin ou une célébrité, mais elle ne communique alors pas vraiment le message. Elle attire plutôt l'attention ou améliore l'aspect d'une publicité. La publicité n'emploie parfois aucune source directe ou indirecte ; sa source est alors l'entreprise même. Comme la plupart des études portent sur une source de nature humaine, nous aborderons les facteurs liés à la source sous cet angle.

Un annonceur se doit de choisir avec soin les individus qui communiquent ses messages. En général, il consacre des sommes considérables à l'embauche d'un porte-parole qui recommande ses produits ou ses services, reconnaissant ainsi que les caractéristiques de la source ont une incidence sur les ventes et le processus de persuasion publicitaire. À cet égard, on s'efforce de sélectionner des individus dont les particularités sont susceptibles de maximiser l'influence du message. La source peut être une personne érudite, populaire ou séduisante ; elle peut aussi être simplement représentative du public cible. Herbert Kelman a défini trois grandes catégories d'attributs propres à la source : la crédibilité, l'attrait physique et le pouvoir[56]. Chacune exerce à sa manière une incidence sur l'attitude ou le comportement de la personne exposée à l'annonce, comme le montre le tableau 7.5.

TABLEAU 7.5 Les attributs de la source associés au traitement fait par le public cible

Attribut de la source	Traitement
Crédibilité	Intériorisation
Attrait	Reconnaissance
Pouvoir	Conformité

La crédibilité de la source

La **crédibilité** correspond à l'aptitude d'une personne ou d'une chose à être acceptée comme vraisemblable. Pour être crédible, la source doit posséder, aux yeux de la personne qui reçoit le message, les connaissances, les aptitudes ou l'expérience pertinentes. Elle doit aussi jouir de la confiance du récepteur qui escompte obtenir une information impartiale et objective. La compétence et la confiance constituent en fait les deux pôles principaux de la crédibilité.

Un porte-parole jugé bien renseigné, aux compétences particulières, sera plus persuasif qu'une personne moins bien informée. La source doit aussi être digne de confiance et honnête, et afficher une conduite appropriée. L'influence d'une source, même reconnue et compétente, s'avère en outre moindre si le public cible juge qu'elle est partiale ou qu'elle a des mobiles personnels de défendre une position.

L'information en provenance d'une source digne de foi influe sur les convictions, les opinions, les attitudes et le comportement par le biais de l'**intériorisation**[57]. L'intériorisation est le processus par lequel le récepteur

Crédibilité

Aptitude d'une personne ou d'une chose à être acceptée comme vraisemblable.

Intériorisation

Processus par lequel le récepteur fait sienne l'opinion d'un communicateur crédible, estimant que l'information provenant de cette source est véridique.

PERSPECTIVE 7.2

Associer personnalité et produit

En 2002, DaimlerChrysler et la chanteuse de jazz canadienne Diana Krall nouaient un partenariat, mettant en vedette l'artiste et son album *The Look of Love*, pour la commercialisation des modèles Sebring et 300M. Pour la seconde étape de la campagne « Voici ma voiture », le constructeur avait misé sur des messages télévisés, des publicités imprimées et des annonces diffusées dans les cinémas. Selon Pearl Davies, directrice principale de la marque Chrysler/Jeep chez DaimlerChrysler Canada, Diana Krall véhicule l'essence même de la marque. L'étoile canadienne allie l'expressivité du style, le raffinement, la puissance et le romantisme ; l'expressivité faisant ici référence à la beauté des véhicules. Mme Davies ajoute : « Un parallèle existe entre le raffinement de nos modèles, la qualité de leur construction et la prestation de l'artiste. La puissance, de son côté, se définit à travers la performance et la grâce. Là encore, l'adéquation avec la porte-parole choisie est idéale. Pour ce qui est du romantisme, celui-ci rime avec passion. L'objectif de DaimlerChrysler est précisément de construire des voitures dont on tombe amoureux ! Là encore, qui pourrait faire mieux que Diana Krall ? »

Sources : inspiré d'un article de David Hayes, « The Boys in the Band », *National Post Business Magazine*, mars 2002, p. 46 ; « The Artist as a Young Brand », *Marketing Magazine*, 4 mars 2002 ; et « Krall Has the Look of Chrysler », *Marketing Magazine*, 25 février 2002.

---

fait sienne l'opinion d'un communicateur crédible, estimant que l'information provenant de cette source est véridique. Lorsque le récepteur a intériorisé une opinion ou une attitude, celle-ci s'intègre à son propre schème de convictions et peut être préservée, même après l'oubli de la source du message.

Il importe donc de faire appel à un communicateur crédible, en particulier lorsque les destinataires du message se montrent négatifs à l'endroit d'un produit, d'un service, d'une entreprise ou d'un enjeu. Une source crédible est en effet plus susceptible de contrer certains arguments contradictoires.

Miser sur des compétences particulières

On choisit souvent des porte-parole en fonction de leurs connaissances, de leur expérience ou de leurs compétences particulières à l'égard d'un produit ou d'un service. Dans la plupart des cas, les individus ou les groupes d'individus ciblés sont hautement qualifiés, par exemple des médecins ou des dentistes. L'importance de ces spécialistes a été démontrée dans une étude de Roobina Ohanian. L'étude révèle que les compétences d'un porte-parole agissent davantage sur les intentions d'achat que ses attraits personnels ou la confiance qu'il inspire. Les porte-parole les plus efficaces connaissent bien leur sujet, possèdent de l'expérience dans le domaine et apparaissent donc tout à fait qualifiés pour recommander tel ou tel produit[58].

Miser sur la confiance qu'inspire le porte-parole

Si les compétences particulières du porte-parole ont leur importance, le public cible doit aussi le trouver digne de confiance. On éprouve souvent du mal à trouver une personnalité connue, inspirant confiance. De nombreuses personnalités se montrent également hésitantes à recommander des produits en raison des incidences qu'un tel engagement commercial peut avoir sur leur réputation et leur image.

Diverses techniques existent pour ajouter à la confiance qu'inspire la source du message. On peut, par exemple, dissimuler des caméras pour prouver qu'un consommateur n'est pas rémunéré et qu'il évalue bien le produit de manière objective, ou procéder à la comparaison de marques en aveugle (bien sûr, la marque du commanditaire est toujours la meilleure, et le consommateur en est toujours étonné). La plupart des consommateurs font toutefois montre de scepticisme à l'égard de ces techniques.

Le dirigeant de l'entreprise et le rôle de porte-parole

En recourant au président d'une entreprise à titre de porte-parole dans une publicité, on mise aussi sur la crédibilité de la source. De l'avis de nombreuses sociétés, faire appel au président témoigne parfaitement de l'engagement de l'entreprise à l'égard de la qualité et du service à la clientèle.

Certaines recherches semblent confirmer cette opinion et donnent à penser que faire appel au numéro un de l'entreprise peut avoir un effet bénéfique sur les attitudes et accroît donc les chances que les consommateurs se renseignent ultérieurement sur les produits et les services de la société[59]. Un nombre croissant de propriétaires de commerces de détail régionaux font ainsi leur propre réclame, avec un succès inégal, cependant. Il est permis de croire que les entreprises continueront de mettre en scène leurs dirigeants dans certaines de leurs publicités, surtout lorsque ceux-ci sont renommés.

Cette stratégie n'est pas sans inconvénient. Un dirigeant fort populaire peut, en premier lieu, retenir l'attention plus que le produit ou le service. En second lieu, quand l'image d'une entreprise est trop étroitement associée à un dirigeant populaire, des problèmes sont à prévoir le jour où cette personne ne sera plus au service de l'organisation.

Les limites des sources crédibles

Plusieurs études démontrent qu'une source crédible ne constitue pas toujours un atout. Des sources peu ou très crédibles peuvent ainsi se révéler tout aussi efficaces les unes que les autres, à la condition qu'elles défendent une position à l'encontre de leurs intérêts[60]. Une source crédible semble, en outre, avoir davantage d'impact lorsque les destinataires du message se montrent *a priori* défavorables à la position défendue dans le message[61]. À l'inverse, il se peut même qu'une source très crédible s'avère moins efficace qu'une autre modérément crédible, lorsque l'attitude du récepteur est favorable au départ[62].

Comment expliquer qu'une source peu crédible est susceptible de se montrer aussi efficace qu'une source très crédible ? Tout simplement par l'**effet de rémanence**, qui correspond à l'effet à retardement de l'effort promotionnel. Le caractère persuasif du message est susceptible de s'accroître ou de

Effet de rémanence

Effet d'un effort de communication dont l'incidence sur les ventes peut se faire sentir sur une période prolongée.

perdurer au fil du temps. Sur le coup, les répercussions du message persuasif peuvent être inhibées en raison de la présence d'une source peu crédible. Cependant, avec le temps, l'association entre le message et la source perd en importance, et l'attention du récepteur se porte davantage vers l'information favorable véhiculée dans le message, oubliant d'autant plus facilement la source que celle-ci est peu connue. Notons que nombre de publicitaires hésitent d'autant plus à miser sur l'effet de rémanence que l'exposition à une source crédible fait, *a priori*, figure de stratégie plus fiable[63]. Par ailleurs, plusieurs études ne sont pas parvenues à démontrer la présence d'un tel effet[64].

Les attraits de la source

> **Attrait**
> Caractéristique de la source correspondant à la proximité, à la familiarité ou à la sympathie témoignée par le public cible à son égard.

On mise souvent sur les **attraits** de la source, lesquels correspondent à la proximité, à la familiarité et à la sympathie qu'inspire cette source[65]. La proximité renvoie à la ressemblance entre la source et le récepteur du message, alors que la familiarité fait référence à la reconnaissance de la source par le récepteur. La sympathie, de son côté, désigne l'affection que l'on éprouve envers la source en raison de son apparence physique, de son comportement ou d'autres particularités. Même pour des sources qui ne sont pas célèbres, les consommateurs se montrent ainsi sensibles à l'apparence physique, au talent ou à la personnalité.

> **Identification**
> Processus par lequel le récepteur a envie de nouer un rapport quelconque avec la source pour ensuite adopter des convictions, des attitudes, des préférences ou un comportement semblables aux siens.

C'est souvent un processus d'**identification** qui explique le caractère persuasif de la source. On désigne par identification le processus par lequel le récepteur a envie de nouer un rapport quelconque avec la source pour ensuite adopter des convictions, des attitudes, des préférences ou un comportement semblables aux siens. Le récepteur conserve ces attitudes ou ces comportements aussi longtemps qu'ils sont réaffirmés par la source ou que cette dernière maintient son pouvoir d'attraction. En retour, tout changement d'attitude de la source est susceptible d'exercer une influence sur le comportement du récepteur.

De nos jours, quiconque désire lancer une campagne nationale semble se faire un devoir de trouver un porte-parole sympathique, à qui les gens s'identifient, et qui maîtrise les deux langues officielles du pays. Danone a ainsi fait appel à la comédienne Sophie Lorain. Mme Lorain fait certainement la preuve que Danone convient aux femmes actives désirant consommer du yogourt parce que cet aliment est bon pour la santé et au goût. Sophie Lorain annonçait la marque Danone depuis deux ans au Québec lorsqu'on a décidé de faire appel à elle dans une publicité en anglais. Le résultat s'est révélé positif. Les dirigeants de Danone étaient ainsi d'avis que le personnage de Mme Lorain, alliant sympathie et proximité, communique de façon efficace les avantages de la marque. On ne peut que leur donner raison[66].

Miser sur la similitude

L'affirmation ou la position de la source est mieux comprise lorsque le communicateur et le récepteur partagent les mêmes besoins, objectifs, intérêts ou styles de vie. En bref, les gens sont en général plus influencés par une source qui leur ressemble[67].

On joue souvent sur cette similitude ou cette proximité afin de mettre en scène une situation où le consommateur éprouve de la sympathie pour la personne au centre de l'annonce. De l'avis de plusieurs entreprises, par exemple, le meilleur moyen d'atteindre les consommateurs est de faire appel à des comédiens ressemblant à monsieur Tout-le-monde, à qui le consommateur moyen peut donc s'identifier sans difficulté.

Miser sur la sympathie et la célébrité

Un publicitaire sait aussi qu'il peut être payant de faire appel à des porte-parole suscitant l'admiration générale, qu'il s'agisse de vedettes du petit ou du grand écran, d'athlètes, de musiciens ou de personnalités populaires. Le basketteur Michael Jordan a été pendant longtemps la personnalité la mieux rémunérée pour ce genre de pratiques. Il a touché environ 40 millions de dollars américains par année pour être associé à des entreprises telles que Nike, Bijan, Rayovac, Oakley, General Mills et Quaker Oats (fabricant de Gatorade)[68]. Le golfeur Tiger Woods est lui aussi très populaire. Des contrats publicitaires excédant 100 millions de dollars américains le lient à Nike, American Express, General Mills et Buick. Au Canada, presque tous s'entendent pour affirmer que P&G a joué gagnant en retenant les services de Jamie Sale et de David Pelletier pour annoncer le système de blanchiment des dents de Crest, au lendemain de l'épreuve de patinage artistique qui leur a valu la médaille d'or aux Jeux olympiques de Salt Lake City, en 2002. Les deux patineurs affichent un sourire radieux qui souligne les principaux avantages du produit. Sans compter que leur victoire et la dignité dont ils ont fait montre en dépit de la controverse qui a éclaboussé le jury ajoutent certainement aux bénéfices que retire la marque de cette association[69].

Chris Dollard figure dans de nombreuses publicités, sa principale qualité à ce titre étant de ressembler à monsieur Tout-le-monde.

En bref, pourquoi les entreprises investissent-elles autant d'argent pour que des personnalités connues recommandent leurs produits? L'hypothèse est que la célébrité retient l'attention des gens dans un environnement médiatique surchargé. Les gestionnaires du marketing sont souvent persuadés qu'une personnalité populaire a une incidence favorable sur les sentiments, les attitudes et le comportement d'achat des consommateurs. En outre, ils croient que les personnalités connues peuvent améliorer la perception du public cible sur le plan de l'image ou du rendement du produit. Un athlète célèbre, par exemple, est à même de convaincre un acheteur éventuel que le produit de sport annoncé améliorera ses performances sportives.

Avant de faire appel à un porte-parole célèbre, l'entreprise considère plusieurs facteurs, entre autres le risque que ce dernier éclipse le produit et ne soit surexposé, en plus, bien entendu, de la réceptivité du public cible.

Éclipser le produit? Quelle est l'influence de la personnalité connue sur le traitement que le public cible réserve à l'information sur le produit? L'attention des consommateurs peut se porter sur la personnalité ou un modèle de présentation qui porte ainsi ombrage à la marque. Il s'agit de choisir une personnalité qui retient l'attention, sans pour autant éclipser le produit.

Le risque de surexposition Le consommateur se montre souvent sceptique devant une personnalité qui annonce un produit, sachant qu'elle est payée pour le faire[70]. Ce problème s'accentue lorsque la personnalité annonce plusieurs produits à la fois et devient ainsi surexposée. Il est possible de parer à cette situation en prévoyant une clause d'exclusivité qui limite le nombre de produits qu'une personnalité peut endosser. Toutefois, ce genre de clause implique des coûts élevés et la plupart des personnalités consentent, de toute manière, à ne pas annoncer de produits semblables. En outre, elles aussi doivent prendre garde à ne pas nuire à leur crédibilité en agissant de la sorte.

Par exemple, Wayne Gretzky s'est attiré des critiques défavorables lorsqu'il est devenu porte-parole de très nombreuses marques peu après avoir accroché ses patins.

La réceptivité du public cible Un consommateur bien renseigné sur une marque, ou dont les attitudes sont solidement ancrées, est sans doute moins influencé par une personnalité connue que celui qui connaît peu cette marque ou dont les attitudes à l'égard de celle-ci sont neutres. L'âge peut également jouer un rôle. Ainsi, les jeunes se montrent en général réceptifs aux recommandations publicitaires des personnalités connues, comme le démontre la myriade de publicités faisant appel à des artistes ou à des athlètes pour vanter des produits tels que les vêtements, les produits de beauté et les boissons de toutes sortes[71]. Cependant, nombre de spécialistes notent que les jeunes se montrent eux aussi de plus en plus sceptiques ou cyniques à l'égard de ce type de recommandation publicitaire et qu'ils réagissent désormais souvent mieux aux publicités axées sur l'humour, l'ironie et même la présentation honnête, simple et sobre des caractéristiques du produit[72].

Des études laissent croire que les recommandations publicitaires des personnalités connues influent en fait de moins en moins sur les décisions d'achat[73]. Une enquête de l'Athletic Footwear Association, menée auprès de 30 000 personnes âgées de 13 à 75 ans, révèle par exemple que ce type de recommandation publicitaire constitue le facteur le moins important aux yeux des consommateurs désireux d'acheter une marque de chaussures. Un fabricant de chaussures sport est certainement d'avis que la recommandation publicitaire de personnalités connues s'avère inutile; il s'agit de New Balance. Le président de cette entreprise affirme notamment: «Lorsqu'elle désire des chaussures qui lui conviennent, une personne se soucie peu de celles que porte Michael Jordan. C'est pourquoi nous préférons investir dans nos usines de fabrication plutôt que dans la renommée d'un porte-parole[74].»

On tente parfois d'apparier l'image du produit ou de l'entreprise, les caractéristiques du public cible et la personnalité de la vedette[75]. L'image que projette la personnalité connue importe alors autant que sa notoriété. Grant McCracken a un point de vue intéressant sur ce phénomène publicitaire[76]. À son avis, la crédibilité et l'attrait n'expliquent pas entièrement les raisons du succès des recommandations publicitaires de personnalités connues. Il propose plutôt un modèle fondé sur le report ou le transfert de significations, comme l'illustre la figure 7.3. L'efficacité de la recommandation d'une personnalité connue repose ici sur certaines significations socioculturelles que celle-ci introduit dans le processus de recommandation. Chaque personnalité connue véhicule plusieurs significations de cet ordre (prestige, classe sociale, genre, âge, personnalité et mode de vie).

FIGURE 7.3 Les flux de significations et le processus de recommandation publicitaire

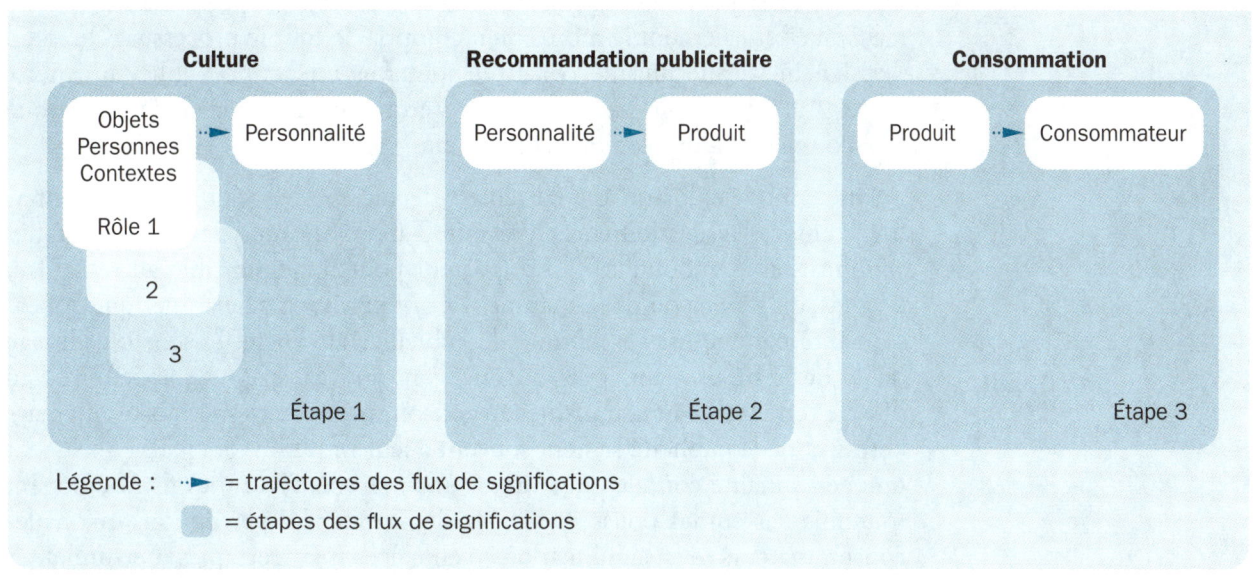

Culture	Recommandation publicitaire	Consommation
Objets Personnes Contextes → Personnalité ; Rôle 1, 2, 3	Personnalité → Produit	Produit → Consommateur
Étape 1	Étape 2	Étape 3

Légende : ··▸ = trajectoires des flux de significations
▨ = étapes des flux de significations

Afin de décrire la première étape de ce processus de report de significations, McCracken écrit :

> Les personnes connues tirent leurs significations socioculturelles des nombreux rôles qu'elles tiennent à la télévision, au cinéma, dans leurs carrières militaires, sportives et autres. Chaque nouveau rôle dramatique met une personnalité en contact avec une gamme d'objets, de personnes et de contextes. Ces objets, personnes et contextes acquièrent des significations qui sont reportées sur la personnalité et qui l'habitent par la suite[77].

Parmi les personnalités chez qui s'est opéré un tel report de significations, notons Andre Agassi, devenu à son époque l'icône du joueur de tennis rebelle, en raison de ses bouffonneries sur les courts et dans sa vie privée, ou le comédien Jerry Seinfeld, à l'humour décalé, typique de ses rôles dans des comédies de situation.

McCracken pense que les personnalités connues véhiculent leurs propres significations dans les publicités où elles figurent et qu'elles les transfèrent sur les produits qu'elles vantent ; il s'agit de la deuxième étape illustrée à la figure 7.3. En faisant appel à l'acteur australien Paul Hogan, par exemple, le constructeur Subaru a tiré profit de l'image virile qu'il a projetée dans les films qu'il a tournés, notamment dans la série des *Crocodile Dundee*. Subaru a très bien employé Hogan dans les publicités de son modèle Outback, véhicule qu'elle positionne comme un utilitaire sport.

À la dernière étape du modèle de McCracken, les significations que la personnalité a données à un produit sont reportées sur le consommateur. Subaru vend son modèle Outback comme un véhicule alliant la robustesse d'un tout-terrain au confort et à la douceur de roulement d'une voiture de tourisme. La présence de Paul Hogan sert à renforcer cette image. Le vice-président du marketing de Subaru déclare ainsi : « Plusieurs consommateurs à la recherche d'un utilitaire sport sont sensibles à une image de robustesse et de virilité. Paul Hogan nous permet un calembour avec le nom Outback[78] et contribue à viriliser l'image du véhicule[79]. » De l'avis de McCracken, cette dernière étape s'avère la plus difficile à accomplir. La manière dont le consommateur reporte sur le produit les significations que projette la personnalité connue reste en effet l'élément le moins bien compris de tout le processus. Quand il s'enclenche, le mécanisme constitue toutefois une arme publicitaire puissante. Au Québec, le partenariat de Véronique Cloutier et de la marque Suzuki relevait d'une logique comparable.

Selon ce modèle, lorsqu'une entreprise décide de s'associer à une personnalité connue, les gestionnaires doivent d'abord décider de l'image ou des significations symboliques qui importent pour le public cible au regard du produit, du service ou de la marque. Ils ont ensuite à déterminer quelle personnalité connue est susceptible de véhiculer au mieux le sens ou l'image qu'ils désirent projeter, puis à concevoir une campagne publicitaire qui illustre cette image et la transmet au consommateur. Les spécialistes du marketing et de la publicité se fient souvent à leur intuition lorsqu'ils choisissent une personnalité connue pour vanter une marque. Certaines firmes mènent toutefois des études poussées afin de déterminer les perceptions qu'ont les consommateurs des significations véhiculées par certaines personnalités connues. C'est une prudence qui se justifie.

Dans tous les cas, les gestionnaires ont intérêt à prétester leurs annonces et vérifier qu'elles opèrent bien le transfert de significations voulues. On se doit également de suivre de près l'efficacité de la campagne. La personnalité communique-t-elle avec efficacité la signification espérée au public cible ? Sur ce plan, une personnalité qui ne se trouve plus sous les feux de la rampe est susceptible de perdre rapidement de son influence.

Miser sur la sympathie qu'inspire une personne séduisante

On fait souvent appel à des personnes physiquement attrayantes afin d'attirer l'attention sur un produit. La prestation de ces personnes est alors souvent passive.

Les études réalisées donnent à penser que le recours à un modèle séduisant a une incidence positive et qu'il suscite plus d'évaluations favorables des produits ou des services associés qu'un individu physiquement moins attrayant[80]. On doit toutefois considérer avec soin le choix du mannequin, notamment quant à sa pertinence eu égard au produit annoncé[81]. Nonobstant le charme que chacun est libre de leur trouver, Benoît Brière et Claude Meunier ne se distinguent pas en raison de leur physique d'Apollon. Ils constituent pourtant tous deux d'excellents porte-parole. Les produits de beauté et les vêtements de collection gagnent en revanche à être associés à une personne physiquement séduisante, puisque la beauté plastique est dans ce cas un critère pertinent. Lancôme, par exemple, a misé sur l'actrice Uma Thurman pour incarner son parfum Miracle.

Parfois, un mannequin attire l'attention sur une publicité, mais pas sur le produit ou le message. Des études montrent qu'une personne séduisante peut ainsi faciliter la reconnaissance de la publicité, mais qu'elle n'améliore pas nécessairement le taux de rappel du message[82]. Par conséquent, il convient en complément de s'assurer que l'attention se porte bien, au-delà de la personnalité présentée, sur le message publicitaire et, ultimement, sur le produit.

Le pouvoir de la source

Une source est dotée de pouvoir lorsqu'elle est en mesure de décerner des récompenses et d'administrer des punitions (sur un plan symbolique le plus souvent).

Lorsque le récepteur considère que la source est investie de pouvoir, l'influence de cette dernière agit par le biais d'un processus dit de **conformité**. Le récepteur accepte alors l'influence persuasive de la source et acquiesce à son point de vue dans l'espoir d'obtenir une réaction favorable ou d'éviter une sanction. Il peut d'ailleurs manifester publiquement son accord avec le point de vue de la source sans nécessairement y adhérer.

Miser sur le pouvoir particulier de la source, dans une situation où l'influence est non directe, comme en publicité, constitue une entreprise difficile. On se situe alors sur un plan le plus souvent symbolique. En général, la personnalité choisie n'est en effet pas en mesure d'édicter des sanctions à l'intention du récepteur ou de déterminer si ce dernier se conforme à ce qu'elle préconise. On mise cependant indirectement sur le **pouvoir de la source** lorsque l'on retient les services d'un porte-parole jouissant d'une certaine autorité.

> **Conformité**
> Moment où le récepteur accepte l'influence persuasive de la source et acquiesce à son point de vue dans l'espoir d'obtenir une réaction favorable ou d'éviter une sanction.
>
> **Pouvoir de la source**
> Dernière caractéristique du classement de Kelman; la source est dotée de pouvoir lorsqu'elle peut décerner des récompenses et administrer des punitions (sur un plan symbolique le plus souvent) au récepteur.

RÉSUMÉ

La conception et la réalisation d'un message publicitaire constituent des volets décisifs d'un programme de CMI. Il incombe en effet à l'équipe de création de déterminer la manière de communiquer efficacement le message publicitaire aux consommateurs avec le soutien des gestionnaires du marketing et des personnes qui, dans l'agence, se concentrent sur la planification stratégique.

Le défi qui attend les rédacteurs, les concepteurs, les directeurs artistiques et les autres ressources chargées de l'élaboration de campagnes publicitaires consiste à faire preuve de créativité. Il s'agit pour eux de proposer des idées nouvelles et originales pouvant apporter de vraies solutions aux problèmes de communication de l'annonceur. Dans un contexte publicitaire, la créativité est un processus comportant plusieurs étapes, dont la préparation, l'incubation, l'illumination, la vérification et la révision. Par ailleurs, ces personnes ne travaillent jamais *ex nihilo* et disposent de plusieurs sources d'information afin de déterminer quelle peut être la meilleure stratégie à suivre.

Les objectifs commerciaux orientent la stratégie de création, qui se fonde sur plusieurs éléments, notamment le problème central que la publicité doit aborder, le public cible, les objectifs comportementaux, les objectifs de communication que le message tente d'atteindre et, finalement, les principaux avantages que l'annonceur veut communiquer, tels qu'inspirés par la stratégie de positionnement de la marque. On détaille souvent les décisions relatives à la stratégie dans le document présentant la plate-forme de création, qui constitue en fait un plan de travail servant à orienter l'élaboration de la campagne publicitaire.

En général, la stratégie de création s'articule autour de trois grandes décisions. Il est d'abord important de déterminer l'idée ou le thème de la campagne. Plusieurs démarches contribuent à cette détermination : formuler une proposition qui s'appuie sur un avantage unique, exploiter l'image de la marque, trouver l'axe dramatique inhérent au produit et bien positionner celui-ci. En général, l'idée ou le thème choisi détermine en grande partie la nature de la campagne publicitaire.

La deuxième décision relative à la stratégie de création touche l'axe du message, sur lequel on s'appuie pour obtenir des réactions cognitives, émotives ou comportementales de la part du public cible. On peut regrouper ces axes en deux grandes catégories, selon qu'ils sont rationnels ou émotionnels. L'axe rationnel mise sur l'aspect pratique, fonctionnel ou utilitaire du produit aux yeux du consommateur; l'axe émotionnel table sur les besoins d'appartenance à un groupe ou sur les besoins psychologiques. Dans les faits, les publicitaires combinent souvent ces deux axes afin de mieux atteindre leurs objectifs.

La troisième décision tient au choix de la source ou du communicateur opportun. On peut accroître l'efficacité du message en faisant appel à des porte-parole qui sont des spécialistes ou qui projettent une image de confiance. On a ainsi de plus en plus recours à des personnalités connues pour communiquer des messages publicitaires; ce faisant, les annonceurs espèrent capter l'attention du public et influencer leurs attitudes et leurs comportements, par le biais d'un processus d'identification. À ce titre, nous avons parlé des significations qu'une personnalité connue peut apporter à une recommandation publicitaire et vu combien il importe d'arrimer l'image de la personnalité à celle de l'entreprise ou de la marque.

MOTS CLÉS

- aguichage ou annonce mystère
- argument ou proposition publicitaire unique
- attrait
- axe dramatique inhérent au produit
- axe émotionnel
- axe humoristique
- axe rationnel
- conformité
- créativité publicitaire

- crédibilité
- données préliminaires disponibles (ou données secondaires)
- données non disponibles et recueillies spécialement (ou données primaires)
- effet de rémanence
- groupe de discussion
- identification
- intériorisation
- mise en forme

- planification
- plate-forme de création ou guide de rédaction
- pouvoir de la source
- publicité axée sur la peur
- recherche
- scénario du message publicitaire
- source
- stratégie de création
- tactique de création
- thème publicitaire

QUESTIONS DE DISCUSSION

1 Le Festival international de la publicité de Cannes et le Concours de création publicitaire Créa soulignent, chaque année, l'excellence de la création publicitaire. Ces prix sont remis uniquement sur la base de la créativité. Ce critère pèserait-il dans la balance si vous deviez retenir les services d'une agence ?

2 Trouvez une annonce imprimée que vous jugez inventive et une autre, terne et ennuyeuse. Évaluez chacune sous l'angle de la création. Pourquoi l'une est-elle créative, et l'autre, terne ?

3 Supposons que vous soyez chargé de la conception d'une campagne publicitaire vantant les mérites d'une nouvelle boisson énergétique. Décrivez les divers types de données préliminaires d'ordre général et les données propres au produit que vous pourriez remettre à l'équipe de création afin de l'aider dans son travail.

4 Trouvez une publicité ou une campagne qui, selon vous, illustre bien une des démarches servant à développer une idée ou un thème – par exemple miser sur un avantage unique, exploiter l'image de marque, déterminer l'axe dramatique inhérent au produit ou positionner le produit. Discutez de la manière dont l'idée ou le thème est exploité.

5 Discutez des avantages et des inconvénients de la publicité comparative pour ce qui est des produits ou des services suivants : marques de bière, téléphones cellulaires, ameublement et compagnies aériennes.

6 Une agence gouvernementale retient vos services. Pour sa prochaine campagne publicitaire, elle souhaite miser sur la peur afin d'inciter les étudiants universitaires à ne pas prendre le volant après avoir consommé de l'alcool. Expliquez comment la peur peut constituer un facteur de persuasion. Indiquez les éléments à soupeser avant de concevoir une telle campagne.

7 Choisissez une personnalité connue qui se prêterait bien à la publicité d'une entreprise ou d'une marque. Analysez l'emploi possible de ce porte-parole à l'aide du modèle de report de significations que propose McCracken, à la page 231.

CHAPITRE 8
Les tactiques de création

OBJECTIFS D'APPRENTISSAGE

- Décrire les principaux points de décision relatifs aux tactiques de création, soit le mode de réalisation ou d'exécution, la structure du message ainsi que les éléments de communication visuelle et sonore.

- Analyser les modes de réalisation possibles et les situations auxquelles ils conviennent le mieux.

- Exposer différents éléments de communication visuelle pouvant servir de support à la création de publicités imprimées et télévisées.

- Présenter un modèle de planification permettant d'orienter les principales décisions relatives aux tactiques de création.

- Discuter des principes sous-tendant le processus d'évaluation et d'approbation d'un projet de campagne, y compris l'appréciation du travail de création par l'annonceur.

PARTIE 3

MISE EN SITUATION

« Vas-y, fais-le pour toi ! »

En novembre 2004, le gouvernement du Québec lançait un vaste programme de promotion de saines habitudes de vie. Le message est simple : « Bougez plus, mangez plus de fruits et de légumes et ayez plus de plaisir dans vos vies ! » Le porteur du message, Vasy, est un personnage nouveau et surprenant, présent dans les annonces publicitaires, mais aussi au cours d'événements et d'activités sur le terrain. Le gouvernement souhaitait, en lançant ce programme, inciter les Québécois à sortir de la maison pour participer aux activités qu'organisent de nombreux partenaires. Le programme s'adresse aux personnes âgées de 24 à 54 ans et veut joindre prioritairement les jeunes familles. C'est donc une invitation personnalisée et collective à la santé et au plaisir.

Bougez plus, mangez mieux.

Québec

www.vasy.gouv.qc.ca

L'attitude et l'intervention de Vasy irritaient parfois par leur hyperactivité ainsi que par leur manque de pertinence et de crédibilité. Une équipe, composée de représentants du ministère de l'Éducation, du Loisir et du Sport ainsi que de l'agence bleublancrouge, s'est penchée sur la personnalité du personnage de façon à modifier celle-ci pour répondre aux critiques. Au fil du programme et pour répondre aux premiers commentaires négatifs qu'a suscités Vasy, tout particulièrement lorsqu'il était vu *en chair et en os* à la télévision, celui-ci est devenu un aidant plutôt qu'un motivateur. Le personnage a également été modifié, tant sur le plan physique qu'en ce qui concerne sa personnalité. Par exemple, ses formes ont été adoucies afin de le rendre plus sympathique et plus humain.

Son message a aussi été peaufiné de façon qu'il donne des trucs concrets et utiles aux personnes qu'il rencontre. Sur le terrain, un représentant de l'équipe du MELS s'assurait que le message véhiculé était efficace et conforme aux axes de communication du programme, en plus de coordonner les activités de Vasy durant la journée.

D'autres ajustements ont été envisagés et rapidement intégrés dans la campagne. Les communications se sont ainsi enrichies d'un contenu plus pratique qui fournit des outils aux gens pour les appuyer dans l'adoption de saines habitudes de vie. Elles mettent de l'avant le plaisir qui est associé à l'adoption de comportements sains, sans parler des retombées sur la santé. Le message est donc devenu moins technique et beaucoup plus axé sur le plaisir, un argument plus convaincant.

Au début de 2005, une collaboration s'est établie entre le gouvernement et Quebecor Media pour l'opération Défi 5-30. Mené conjointement avec Acti-Menu, ce défi comprenait différentes activités de promotion. Dans le cadre de cette opération, l'émission grand public *Courir la pomme* a été diffusée sur le réseau TVA durant les mois de février, de mars et d'avril 2005. L'émission a été appuyée par le site Internet *defisanté.canoe.com* et plusieurs capsules dans les émissions *Salut, bonjour !* et *Le TVA 18 heures*. Parallèlement à ces initiatives dans les grands médias, se déroulait une panoplie d'activités sur le terrain, où Vasy se montrait présent et actif. Un site Internet était également accessible, qui présentait de l'information compréhensible et distrayante sur l'activité physique et l'alimentation ; son adresse était communiquée à l'occasion de toutes les activités. Ce site s'est également transformé au gré des saisons et a adopté un style de plus en plus attrayant.

Au cours de la deuxième année du Programme de promotion de saines habitudes de vie, des capsules télévisées et d'autres actions médiatiques ont été élaborées par bleublancrouge, en étroite collaboration avec le gouvernement du Québec et les diffuseurs. Cette fois-ci, on misait sur une présence dans le cadre d'activités ou d'événements existants, lorsque ceux-ci favorisaient l'adoption de saines habitudes de vie, bien sûr. Des capsules *Vers un Québec plus en santé,* diffusées sur les réseaux TQS et RDS, mettaient de l'avant le travail des intervenants et des bénévoles sur le terrain. Enfin, des publicités à la télévision et à la radio ont aussi été diffusées pour souligner des événements spéciaux comme la Journée nationale du sport et de l'activité physique et l'opération Fruits et légumes en vedette.

Le Programme de promotion de saines habitudes de vie a suivi son cours depuis novembre 2004. Des changements majeurs ont été apportés au début du programme et des ajustements ont été faits en fonction des réactions de la population. S'il s'agissait d'un programme axé sur la communication à ses débuts, celui-ci s'est concentré de plus en plus sur le changement de comportement et la mobilisation des partenaires. Le déroulement de ce programme soulève plusieurs questions quant à la manière la plus efficace de faire en sorte que les gens modifient leurs habitudes de vie. Qu'en pensez-vous ?

Source : Pierre Balloffet et Andréanne Charbonneau, *Le Programme de promotion des saines habitudes de vie : « Vas-y, fais-le pour toi ! »*, Montréal, HEC, Centre de cas, 2008, 11 p.

Au chapitre 7, nous avons discuté de l'importance de la créativité publicitaire, analysé les étapes du processus de création et examiné trois éléments principaux de décision relatifs à la stratégie de création. Dans le présent chapitre, nous nous intéresserons aux décisions relatives aux tactiques de création. Nous débuterons en examinant quelques modes de réalisation ou d'exécution à la base de l'élaboration d'une annonce, en évoquant notamment les enjeux de conception et de production de messages publicitaires efficaces. Nous présenterons aussi un modèle pouvant servir à orienter la prise de décisions en la matière. Enfin, nous proposerons quelques critères à partir desquels un client ou un annonceur est à même de bien évaluer le travail de création réalisé par son agence de publicité.

Les tactiques de création

Le mode de réalisation d'une création publicitaire

Après avoir déterminé l'axe du message publicitaire, l'équipe de création doit décider des tactiques à employer pour bien le communiquer. Le **mode de réalisation** ou mode d'exécution, soit la manière dont l'axe publicitaire est présenté, constitue une décision essentielle. S'il importe qu'une publicité soit dotée d'un axe ou d'un message signifiant, la manière dont on présente cet axe ou ce message compte en effet tout autant.

> **Mode de réalisation**
> Manière dont l'axe publicitaire est présenté.

William Bernbach, fondateur de l'agence Doyle Dane Bernbach, était un ardent défenseur de l'importance des tactiques de création publicitaire. Dans son célèbre ouvrage sur la publicité, intitulé *Madison Avenue*, Martin Meyer cite la réplique de Bernbach à la règle de David Ogilvy, à l'intention des rédacteurs : « En publicité, ce que l'on dit importe plus que la manière dont on le dit. » Ce à quoi Bernbach a répondu : « Le mode de réalisation peut se transformer en contenu. Il peut s'avérer aussi important que le propos. Le type qui a mauvaise mine peut balbutier quelques mots qui n'auront aucune importance, alors que le type qui a une mine radieuse les prononcera, et plus rien ne sera comme avant[1]. » Bernbach a été l'un des meilleurs artisans de son époque. Sa vision a transformé le rapport entre les directeurs artistiques et les rédacteurs et, plus précisément, la créativité publicitaire, en permettant de redéfinir la dynamique entre les titres et les éléments visuels, mais aussi la manière dont la publicité peut provoquer des sentiments et des émotions.

PERSPECTIVE 8.1

La créativité est à tout le monde…

Dans un article intitulé *La créativité est à tout le monde, comme l'eau,* paru dans la revue *Infopresse* au mois de mars 2003, Michel Mergaerts invitait le lecteur à réaliser un exercice auquel il a été soumis alors que, jeune publicitaire, il venait de se joindre à la grande agence londonienne BMP.

Le produit-service est une compagnie de livraison à domicile de produits laitiers, Unigate Milk, et l'exercice consistait à trouver un axe ou une promesse susceptible d'intéresser le consommateur. Les réponses qui se présentent spontanément à l'esprit sont « la facilité que représentent la distribution de porte à porte et la fraîcheur des produits ». Or, ces réponses ne résistent pas à l'analyse. Les produits déposés à la porte ? Qu'importe, puisque, de toute façon, le consommateur se rend régulièrement à l'épicerie pour acheter d'autres denrées. La fraîcheur des produits ? Selon la perception de la plupart des consommateurs, la rotation des produits en magasin constitue la meilleure des garanties sur ce plan. L'agence s'est rendu compte que ce qui plaisait avant tout aux personnes ayant recours à ce genre de service, souvent des femmes âgées, était de recevoir une visite chaque jour. L'équipe de création a pris la décision d'exploiter délibérément cet axe, celui du contact humain, avec un réel succès. La campagne est devenue un cas d'espèce en Angleterre. La création, ici, reposait d'abord sur la compréhension des besoins et des attentes du consommateur. En approfondissant le raisonnement, on peut affirmer qu'aucun métier lié aux communications, que ce soit dans les domaines de la recherche, de la planification, des médias, de la promotion, des relations publiques ou de la production, n'échappe à cet impératif de créativité. Le titre de l'article l'indique : « La créativité est à tout le monde, comme l'eau. » Avez-vous soif ?

Source : www.aapq.qc.ca

Cette publicité de l'Administration canadienne de la sûreté du transport aérien (ACSTA) repose sur un message factuel, le tout rehaussé d'une pointe d'humour.
▽

Il est possible de présenter et de réaliser un message publicitaire en faisant appel à :

- une proposition directe ou factuelle ;
- une preuve scientifique ou technique ;
- une démonstration ;
- une comparaison ;
- un témoignage ;
- une tranche de vie ;
- une animation ;
- un personnage ou un symbole ;
- un fantasme ;
- une dramatisation ;
- l'humour ;
- ou plusieurs de ces éléments combinés.

Voyons de plus près chacun des éléments cités et les principaux facteurs à considérer avant d'y avoir recours.

La proposition directe ou factuelle

La proposition directe ou factuelle constitue l'un des modes fréquents de réalisation d'un message publicitaire. Ce type de publicité mise sur une présentation directe de l'information relative au produit ou au service. Il s'articule souvent autour d'axes rationnels et met l'accent sur le produit ou le service, ses attributs ou ses avantages.

La publicité imprimée met souvent en scène des messages factuels. La photo du produit ou du service occupe alors une large place dans l'annonce, accompagnée d'un texte portant sur les faits. Le mode factuel peut aussi être à la base de la réalisation de publicités télévisées dans lesquelles l'annonceur communique sobrement le message de vente, pendant que le produit ou le service est visible à l'écran. En général, les publicités vantant des produits de consommation à forte implication ou des produits industriels et destinés aux entreprises empruntent cette voie.

La preuve scientifique ou technique

Variante de la proposition directe, la preuve scientifique ou technique est parfois susceptible de renforcer utilement le propos du message publicitaire. La présentation de renseignements techniques, de résultats d'études scientifiques et de recommandations d'organismes scientifiques sert aux mêmes fins. La publicité du gel-crème hydratant Aquapower a été conçue selon ce mode de réalisation, insistant sur les constituants du produit.

La démonstration

La démonstration consiste à montrer les principaux bénéfices associés au produit ou au service annoncé. Le consommateur a ainsi une meilleure idée de son utilité, de sa qualité, de ses avantages et de son contexte d'utilisation. Comme il est souvent plus facile de présenter ces bénéfices au petit écran, la télévision convient en général très bien à la démonstration.

Si elle se révèle sans doute plus impressionnante à la télévision que sur papier, la démonstration peut néanmoins aussi donner lieu à d'excellentes publicités imprimées. La campagne pour les pains de savon Dove offre ainsi un bon exemple d'une campagne publicitaire intégrée, inspirée d'une démonstration. Le principal attribut de la marque Dove, sa douceur, a été communiqué de façon cohérente par de nombreux médias, des annonces imprimées et télévisées, de même que par la valorisation du produit sur les lieux de vente. On incite alors le consommateur à employer du papier de tournesol afin de tester le degré d'alcalinité de diverses marques de savon[2].

Cette publicité met en évidence les caractéristiques du produit Aquapower.

La comparaison

La comparaison de produits gagne en popularité auprès des publicitaires. Elle permet en effet de communiquer sans détour les avantages d'une marque ou de la positionner directement par rapport aux leaders du marché, lorsque celle-ci ne bénéficie que d'une faible notoriété.

Le témoignage

La réalisation de messages publicitaires faisant appel à un témoignage crédible exerce un grand attrait auprès de nombreux publicitaires. En général, le témoignage met en scène un individu vantant les mérites d'un produit ou d'un service sur la base de son expérience personnelle. Cette technique s'avère très efficace lorsque le public cible s'identifie à la personne ou qu'une anecdote intéressante est racontée. Le témoignage doit toutefois reposer sur un emploi crédible du produit ou du service afin d'éviter tout ennui d'ordre juridique, et le porte-parole doit se révéler digne de confiance.

La recommandation publicitaire s'apparente au témoignage. Dans ce cas, toutefois, on fait appel à une personnalité connue ou respectée, telle qu'une vedette ou un spécialiste du produit ou du service, qui parle au nom de l'entreprise ou de la marque. Le message, ici, ne repose pas nécessairement sur l'expérience personnelle du porte-parole. La recommandation publicitaire peut aussi provenir d'une association professionnelle. Ainsi, Crest s'est appuyée sur une recommandation de l'Association dentaire canadienne (ADC) pour élaborer une campagne publicitaire qui en a fait la marque de dentifrice la plus vendue au pays.

Cette annonce fait un bon usage du témoignage.

La tranche de vie

La tranche de vie est une forme de publicité très employée, en particulier lorsque l'argument de vente est fondé sur la présentation d'un problème et de sa solution. En général, ce type de publicité met en scène un problème ou une difficulté pouvant survenir au quotidien. Le message s'emploie ensuite à démontrer en quoi le produit ou le service annoncé est susceptible de le résoudre.

De l'avis de plusieurs, ces tranches de vie s'avèrent trop souvent irréalistes et agaçantes, rappelant sans cesse au consommateur des problèmes qui le touchent personnellement, tels que les pellicules, la mauvaise haleine, la transpiration ou la souscription d'une assurance-vie. Ces publicités manquent fréquemment de naturel; c'est pourquoi on les juge communément forcées, factices, voire insultantes. De nombreux publicitaires favorisent néanmoins ce genre parce qu'ils l'estiment efficace. Puisque la plupart des consommateurs peuvent s'identifier à la situation, la mémorisation des caractéristiques et des avantages de la marque s'en trouve en effet facilitée.

Pendant plusieurs années, Procter & Gamble a privilégié cette tactique. En 1980, les deux tiers de ses publicités se présentaient sous cette forme ou sous celle d'un témoignage. Depuis, la multinationale américaine a fait appel à l'humour, à l'animation et à d'autres modes de réalisation moins traditionnels. Désormais, seulement 25 % de ses messages reposent sur une tranche de vie ou un témoignage[3].

Certaines entreprises spécialisées dans le domaine du marketing industriel font appel à une *variante négative de cette forme*[4]. Combiné à la peur, ce mode de réalisation met en évidence les répercussions négatives d'un mauvais choix de fournisseur. FedEx, par exemple, a tablé sur ce genre de publicité pendant près de trois décennies. Ces annonces teintées d'humour allaient droit au but et montraient les conséquences d'un retard de livraison.

L'animation

L'animation a gagné en popularité au cours des dernières années. Elle est le fruit du travail d'artistes produisant des dessins animés, des films d'animation, des marionnettes et d'autres types de personnages fictifs. Même s'il n'y a pas là de caractère d'exclusivité (pensons par exemple à la récente campagne Dove), les dessins animés apparaissent souvent dans des publicités destinées aux enfants. L'agence Leo Burnett a ainsi fait appel à des personnages animés pour annoncer les légumes en conserve de marque Géant Vert. La campagne publicitaire du California Raisin Advisory Board, une réussite, a aussi été conçue à l'aide de personnages animés. Dans ce cas, on s'est servi de l'animation de pâte à modeler pour faire danser les raisins. Considérant les possibilités offertes par de multiples innovations technologiques, l'animation semble promise à un bel avenir publicitaire[5].

Le personnage principal et le personnage symbolique

Le message publicitaire auquel on associe le produit ou le service peut être conçu autour d'un personnage principal ou symbolique. Grippe-sou ou le réparateur d'électroménagers de la marque Maytag constituent de bons exemples de cette tactique. Le premier symbolise l'argent que le consommateur peut épargner en effectuant ses achats chez Canadian Tire ; le second fait écho à la fiabilité légendaire des électroménagers de la marque, le technicien se morfondant en attendant en vain des appels de dépannage.

Frank et Louie, les lézards parlants des publicités de la bière Budweiser, constituent un autre exemple de personnages symboliques populaires. Dans ce cas, le brasseur Anheuser-Busch a toutefois été la cible de critiques de la part de groupes de consommateurs. De l'avis de ceux-ci, les personnages animés sont aimés des enfants et la campagne pourrait ainsi favoriser la consommation d'alcool chez les jeunes. La multinationale américaine nie qu'elle cible les mineurs et affirme que ses publicités n'ont aucune influence sur les enfants et qu'elle ne les incite donc d'aucune façon à la consommation d'alcool[6].

Le fantasme

Le fantasme fait appel aux émotions et mise avant tout sur des images. La télévision convient particulièrement bien aux productions axées sur l'exploitation d'un fantasme. En l'espace de 20 ou 30 secondes, par ce média, il est en effet possible au téléspectateur d'accéder à un monde fort éloigné du sien. Les publicités de produits de beauté tablent souvent sur cette tactique, afin de créer des images et des symboles forts, intimement associés à la marque.

La dramatisation

La dramatisation se prête bien, elle aussi, à des réalisations télévisuelles. Centrée sur une brève histoire dans laquelle le produit tient la vedette, la

Le réparateur Maytag est un personnage symbolique qui n'a plus besoin de présentation.

Les tactiques de création CHAPITRE 8 243

dramatisation s'apparente à la tranche de vie en ce qu'elle est souvent axée sur la présentation et la résolution d'un problème. L'histoire y est cependant racontée avec plus d'enthousiasme et de suspense. On fait notamment appel à cette tactique afin de renforcer l'implication de la cible à l'égard du message. De l'avis de ses défenseurs, une dramatisation réussie doit en effet faire en sorte que le téléspectateur éprouve les sentiments et les inquiétudes des personnages mis en scène[7].

Selon Sandra Moriarty, une publicité dramatique est habituellement construite autour de cinq étapes principales. On assiste d'abord à l'exposition, étape au cours de laquelle on plante le décor pour l'action qui suivra. Survient ensuite le conflit ou l'introduction du problème. Par la suite, alors que l'histoire se déroule, le conflit s'intensifie, le suspense croît. La quatrième étape correspond à celle du point culminant, où le problème est en voie d'être résolu. La dernière étape, celle de la dramatisation, coïncide avec la résolution elle-même, alors que l'on présente la conclusion de l'aventure. En publicité, cette conclusion doit permettre une bonne identification de la marque et inviter au passage à l'action (en général, l'achat)[8].

L'humour → Slush

Comme nous l'avons vu au chapitre 7, l'humour peut servir d'axe publicitaire principal, mais il peut aussi donner plus de force à des messages jouant sur un autre axe. Notons ici que les pour et les contre du recours à l'humour, à titre de technique publicitaire, s'apparentent à ceux qu'on lui attribue en tant qu'axe publicitaire.

La structure du message

L'efficacité d'une annonce publicitaire est en grande partie tributaire de la conception même du message qui en constitue le fondement. À ce titre, le responsable d'une campagne doit à la fois tenir compte du contenu et de la structure de ses messages. La présente section porte sur la structure des messages, le choix de cette structure constituant une décision de grande importance dans le cadre de la définition d'une tactique de création.

D'ordinaire, une campagne publicitaire repose sur quelques arguments que l'on souhaite transmettre au public, afin d'atteindre aussi efficacement que possible des objectifs commerciaux bien définis. Or, des recherches approfondies démontrent que la structure et l'efficacité du message sont intimement liées. Ces études ont notamment porté sur les effets induits par l'ordre de présentation des éléments constitutifs de l'annonce, la compréhension du message sur la base de ces éléments, la déduction d'une conclusion favorable à la marque, ainsi que la réfutation possible des arguments invoqués. Les rapports entre l'image et le texte composant le message ont également fait l'objet d'études.

L'ordre de présentation

La persuasion se trouve au cœur de tout message publicitaire. C'est pourquoi il est si important de réfléchir à l'ordre de présentation de ses arguments. Doit-on présenter les arguments les plus importants au début, au milieu ou à la fin du message? La recherche sur l'apprentissage et la mémoire révèle que l'on mémorise mieux les éléments présentés au début et à la fin que ceux présentés au milieu du message (*voir la figure 8.1*)⁹. Tout communicateur devrait donc présenter ses arguments convaincants au début ou à la fin de son message, jamais au milieu. On mise sur l'**effet de primauté** lorsqu'on présente les arguments les plus convaincants en premier. On table sur l'**effet de récence** quand on présente les meilleurs arguments en dernier.

Effet de primauté
Tendance à se souvenir davantage de l'information présentée au début d'un message.

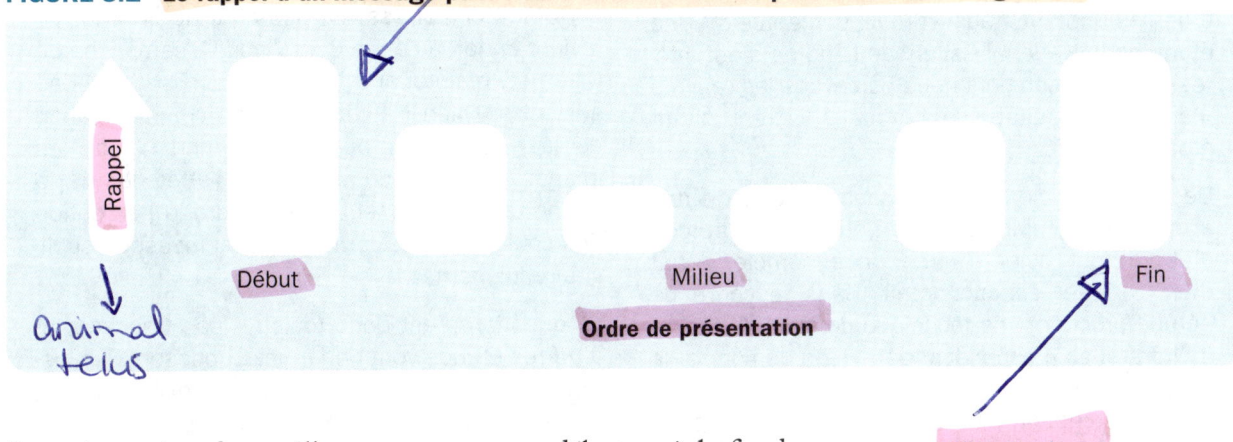

FIGURE 8.1 Le rappel d'un message publicitaire selon l'ordre de présentation des arguments

Rappel — Début — Milieu — Fin
Ordre de présentation

Effet de récence
Tendance à se souvenir davantage de l'information présentée à la fin d'un message.

La présentation des meilleurs arguments au début ou à la fin du message dépend de plusieurs facteurs. Lorsque le public cible s'oppose *a priori* au point de vue du communicateur, présenter les arguments les plus convaincants en premier lieu permet plus facilement de contrer des vues contraires. L'introduction d'arguments plus faibles en premier lieu est en effet susceptible d'entraîner une réaction initiale si négative que tout argument solide présenté par la suite perd de sa force. Présenter les arguments les plus persuasifs au début du message est aussi recommandé lorsque l'audience est peu impliquée.

Lorsque le public cible se montre ouvert au point de vue du communicateur ou intéressé à l'enjeu ou au produit, la présentation des arguments les plus solides à la fin du message constitue à l'inverse une stratégie habile. On peut en effet espérer alors une meilleure mémorisation de l'information.

L'ordre de présentation se révèle d'autant plus important que le message est composé de plusieurs arguments. Il a moins d'importance quand le message est peu détaillé et de courte durée – une publicité radiophonique ou télévisée de 15 ou 30 secondes, par exemple. Dans les faits, quantité de messages publicitaires sont reçus avec peu d'intérêt par le consommateur. C'est pourquoi on tend souvent à présenter la marque et ses principaux arguments de vente au début du message, puis à les répéter en fin d'annonce, l'objectif étant de favoriser le rappel et la mémorisation.

Tirer une conclusion

Le message induit-il une conclusion ou laisse-t-il le consommateur libre de procéder à ses propres déductions? Selon certaines recherches, un message dont la conclusion est explicite est compris plus facilement et influe davantage sur les attitudes à l'égard du produit annoncé. D'autres études démontrent

PERSPECTIVE 8.2

Comment vos yeux perçoivent-ils une annonce imprimée ?

L'un des objectifs poursuivis par les créatifs est de faciliter le traitement de la publicité imprimée, qu'il s'agisse du niveau d'attention ou des réponses obtenues, tant cognitives qu'émotionnelles. Pour s'assurer du succès de son message, le concepteur doit ainsi prêter une attention de tous les instants aux stimuli perceptuels. Une étude de la National Gallery de Londres s'est intéressée à la façon dont nous percevons les œuvres d'art. Les résultats de l'étude s'avèrent plutôt étonnants.

Des opinions bien ancrées dans le domaine des arts visuels établissent que l'œil humain perçoit d'abord tout objet comme un ensemble, avant d'en analyser chaque détail. Dans le cadre de l'étude précitée, une technique de suivi du regard à l'infrarouge a cependant permis de démontrer le contraire. Ce serait, en effet, à partir des détails que la perception de l'ensemble d'un objet pourrait se concrétiser.

Certains publicitaires se montrent très sceptiques à ce sujet. De l'avis de Hans Kleefeld, directeur de la création chez Watt Design Group, le cerveau humain est structuré et programmé de façon à traiter les informations visuelles par ordre d'importance, depuis l'ensemble jusqu'aux détails. Selon Kleefeld, ce principe s'avère essentiel à la conception d'annonces qui retiennent l'attention et qui sont bien comprises. La paternité de ce principe revient en fait à Léonard de Vinci. La campagne de Clearnet, maintenant propriété de TELUS, repose sur cette vision traditionnelle. La communication de la marque fait appel à un fond blanc ; les images colorées, d'une grande netteté et de la bonne taille, favorisent dans l'ordre la perception des couleurs, de la forme, puis du message publicitaire lui-même.

La question n'est donc toujours pas tranchée, et d'autres études vont bon train. Supposons, un instant, que l'étude de la National Gallery dise la vérité. Pouvez-vous imaginer à quel point l'univers de la publicité s'en trouverait transformé ?

Source : inspiré d'un article d'Anita Lahey, « What the Eye Sees », *Marketing Magazine*, 12 mars 2001.

---

que le travail créatif sur ce plan gagne à prendre en considération la nature du public cible, de l'enjeu ou du sujet, ainsi que le type de situation[10].

Toujours selon ces recherches, une personne plus scolarisée préfère en général tirer ses propres conclusions et n'apprécie guère qu'on lui explique l'évidence. D'un autre côté, une conclusion explicite peut s'avérer nécessaire lorsque le message s'adresse à un public moins scolarisé qui, après avoir pris connaissance du message, est susceptible de faire des déductions erronées. Le degré d'implication du public cible envers le sujet abordé joue également un rôle important. Un enjeu très personnel ou s'adressant à l'*ego* amène sans doute plus facilement le destinataire du message à tirer sa propre conclusion. À la condition que le niveau d'implication de la cible soit élevé, la publicité ouverte, c'est-à-dire sans conclusion explicite, peut donc se montrer plus efficace que celle qui propose une conclusion précise[11].

Un autre facteur à considérer a trait à la complexité du sujet abordé. Même un public très scolarisé a parfois besoin d'un coup de pouce lorsqu'il connaît peu le sujet. Une question se pose en outre ici : le but du message est-il d'enclencher une action immédiate ou de produire des retombées à long terme ? Dans le premier cas, le message devrait habituellement inclure une conclusion explicite. Cette stratégie est courante pour des annonces politiques, en particulier à l'approche d'une élection. Dans le second cas, il est possible d'opter pour un message plus ouvert, de façon à laisser la chance au public cible de tirer ses propres conclusions.

Une conclusion claire, proposée à l'intérieur du message, permet de s'assurer que le public cible comprend bien l'essence de celui-ci. Selon plusieurs publicitaires, toutefois, permettre au consommateur de formuler ses propres conclusions a pour effet de donner plus de poids aux arguments présentés. L'annonce présentée ci-dessous offre un bon exemple de publicité ouverte. Les questions qui y figurent nous invitent à soupeser les avantages d'un ordinateur de marque réputée, telle que Hewlett-Packard, plutôt que de nous procurer, pour un meilleur prix, un produit peut-être moins fiable, d'une marque obscure.

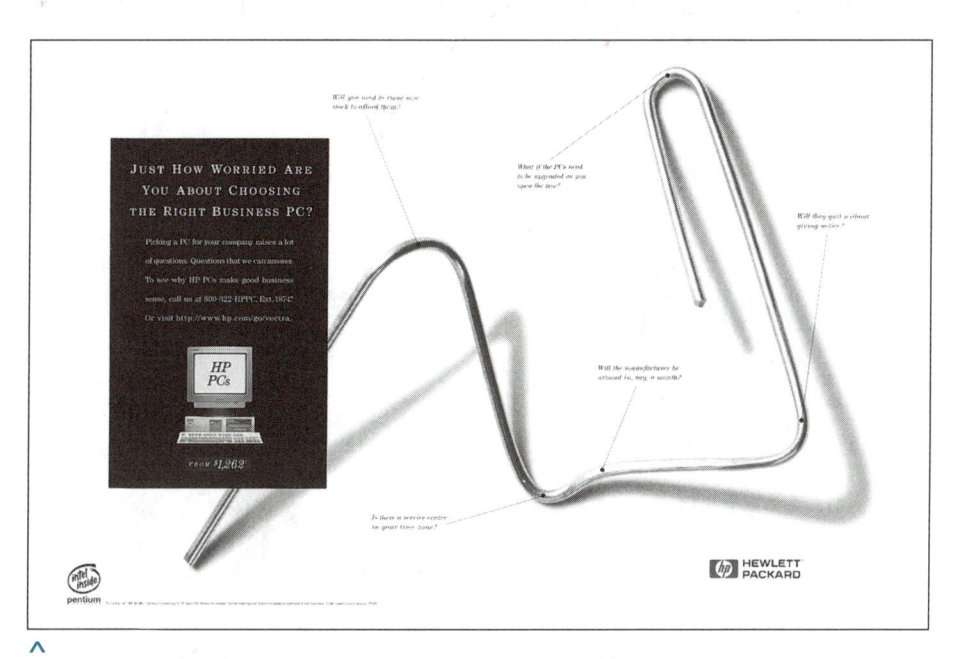

Hewlett-Packard fait ici bon usage du message ouvert.

Le message univoque et le message non univoque

Un **message univoque** fait uniquement état des attributs positifs ou des avantages d'un produit ou d'un service. Un **message non univoque**, pour sa part, évoque à la fois les caractéristiques positives et négatives du produit. Le message univoque convient davantage à un public cible moins scolarisé et se révèle plus efficace lorsque l'opinion de ce public est déjà favorable[12].

Le message non univoque peut, en revanche, être plus efficace lorsque le public cible a une opinion initiale plutôt hostile à l'égard de la marque ou qu'il est très scolarisé. Cette forme de message permet aussi d'accroître la crédibilité de la source[13]. En outre, une audience plus scolarisée sait d'ordinaire qu'il existe des arguments en défaveur de l'annonceur; aussi juge-t-on qu'un communicateur est moins partial et plus objectif s'il présente l'envers et l'endroit d'une offre commerciale.

Soucieux des contrecoups possibles de la reconnaissance de certaines faiblesses du produit, la plupart des publicitaires optent pour un message univoque. En règle générale, ils évitent aussi d'évoquer les avantages des marques concurrentes. Il existe cependant des exceptions. Afin de renforcer la crédibilité de leur message, certains comparent ainsi parfois différentes marques sur la base de plusieurs attributs (sans prétendre de façon explicite que leur produit est le meilleur).

Message univoque

Message faisant uniquement état des attributs positifs ou des avantages d'un produit ou d'un service.

Message non univoque

Message faisant état à la fois des particularités positives et négatives d'un produit ou d'un service.

Il peut arriver que l'on prenne la décision de se concentrer sur un attribut négatif afin d'améliorer la perception générale d'un produit. W.K. Buckley, par exemple, a été l'un des premiers fabricants de sirop contre la toux à faire appel à un slogan non univoque. Les publicités de la marque jouent, en effet, sur le goût exécrable du liquide. Le slogan « Ça goûte mauvais et ça marche » donne à penser que le mauvais goût du sirop constitue la raison de son efficacité. Buckley privilégie ce slogan depuis plus de 16 ans, et sa part de marché, toujours en croissance, est passée, dans ce laps de temps, de 2 % à 16 %. Les consommateurs semblent donc apprécier la part de vérité sur laquelle joue cette publicité[14].

Le message à double sens du sirop contre la toux Buckley permet de promouvoir de manière indirecte l'efficacité du produit.

Réfutation

Partie du discours dans laquelle on présente les différentes facettes d'un enjeu et on répond aux objections.

Recourir à un message non univoque peut enfin être utile lorsque l'on choisit d'adopter une tactique fondée sur la **réfutation**. La réfutation est une forme de discours construit autour d'une réponse aux objections. Accompagnée d'un message non univoque, cette technique publicitaire se révèle plus efficace afin de rendre les consommateurs réfractaires aux arguments de la concurrence[15]. La réfutation s'avère en outre très utile pour parer toute critique provenant de cette concurrence. De l'avis de nombreux chefs de file, souvent

248 PARTIE 3 La construction du message

la cible de messages comparatifs, faire état des commentaires des concurrents pour ensuite les réfuter permet de fidéliser la clientèle, en plus de contrer des attitudes défavorables.

Le texte par opposition au contenu visuel

Jusqu'ici, nous nous sommes concentrés sur le volet informatif – ou textuel – du message publicitaire. Examinons maintenant les éléments visuels – ou non verbaux – qui se révèlent tout aussi importants pour véhiculer de l'information et étayer le message. Nombre de publicités comprennent peu de texte et reposent ainsi principalement sur des éléments visuels ; c'est le cas de l'annonce de la marque Cadillac ci-dessous.

Cette publicité d'un produit de forte implication et de haute technologie mise avant tout sur l'image.

Texte et image exercent une grande influence sur le traitement du message publicitaire[16]. L'illustration d'une annonce imprimée ou les scènes d'une publicité télévisée permettent au consommateur d'associer certaines impressions ou émotions à la marque. En revanche, l'attrait visuel de l'annonce publicitaire peut aussi atténuer son pouvoir de persuasion, notamment lorsque les perceptions induites par l'image sont trop distrayantes ou moins favorables que celles engendrées par les mots[17]. Il s'agit donc d'atteindre l'équilibre, selon les situations.

Des images accompagnant un texte ont certainement une incidence sur le traitement du message. Selon une étude récente, lorsque le texte ne permet pas de visualiser le produit ou ses avantages, l'image d'accompagnement améliore de façon significative le taux de rappel des attributs du produit[18].

On peut aussi emprunter une voie tout à fait différente. C'est le cas lorsque la partie visuelle choisie ne cadre pas avec le texte, allant même, dans certains cas, jusqu'à le contredire. L'image ou la photo inattendue a alors pour effet de capter l'attention du récepteur et de susciter la réflexion[19]. Cela peut sembler curieux; pourtant, plusieurs études confirment que la présence d'un élément visuel ne cadrant pas avec le texte entraîne un taux de rappel supérieur et stimule le traitement de l'information présentée[20].

Les éléments de communication graphique

Après avoir déterminé la stratégie de création et procédé, sur un plan général, aux principaux choix d'ordre tactique, on est en mesure de s'atteler à la conception même de l'annonce. La réalisation d'un message publicitaire comprend plusieurs étapes, dont la rédaction du texte, la sélection ou la réalisation des illustrations et autres éléments visuels, ainsi que la mise en forme de l'ensemble. Dans cette section, nous discuterons des considérations d'ordre tactique, propres à la production de publicités imprimées et télévisées. La plupart des renseignements présentés valent également pour les publicités radiophoniques et l'affichage extérieur.

Les tactiques de création et la publicité imprimée

Le titre principal, le corps de l'annonce, les illustrations ou éléments visuels ainsi que la mise en pages constituent les principaux éléments matériels constitutifs d'une annonce imprimée. Le gros titre et le corps de l'annonce sont l'affaire du concepteur-rédacteur; le directeur artistique est, quant à lui, responsable de la réalisation visuelle. Il collabore avec le rédacteur afin d'élaborer la mise en pages (ou composition de l'ensemble). Celle-ci consiste en l'assemblage des différents éléments, soit le gros titre, le sous-titre, le corps de l'annonce, les illustrations, les légendes, les logos et le reste s'il y a lieu.

La ligne ou le titre principal

La **ligne** ou **titre principal** correspond aux mots qui figurent en tête d'une annonce. Il s'agit des mots qu'on lit en premier ou qui sont positionnés de manière à attirer principalement l'attention[21]. En général, de façon à être mis en évidence, le titre est écrit en lettres majuscules, en caractères gras, et est séparé du corps de l'annonce. Aux yeux de la majorité des publicitaires, le choix d'un gros titre accrocheur et pertinent constitue un élément crucial pour la réalisation d'une publicité imprimée.

Le rôle fondamental de la ligne principale est d'attirer suffisamment l'attention du lecteur pour qu'il soit incité à prendre connaissance du reste du message. C'est dans le corps du message que se trouve, après tout, l'essentiel des arguments de vente. Si la partie visuelle de la publicité occupe aussi sur ce plan une fonction importante, celle-ci est secondaire. Selon certaines recherches, le titre principal est en effet le premier élément vu par le lecteur, bien avant l'illustration. En fait, seuls 20 % des lecteurs vont au-delà du gros titre et s'intéressent en tout ou en partie au corps de l'annonce[22]. Un titre bien conçu énonce en quelques mots accrocheurs le thème, l'axe ou la proposition de l'annonce. Certaines publicités imprimées contiennent peu de texte, voire aucun; dans ce cas, une seule ligne doit, en synergie avec l'illustration, communiquer l'ensemble du message publicitaire.

La formulation d'un gros titre dépend également des choix de segmentation. En effet, il doit avant tout retenir l'attention et l'intérêt d'un consommateur susceptible de se procurer un produit ou un service, en misant sur ses besoins,

---

Ligne ou titre principal

Partie de la promesse figurant en tête d'une annonce publicitaire et conçue pour attirer l'attention.

ses désirs ou ses centres d'intérêt. On respecte aussi cet impératif de segmentation en faisant paraître les annonces dans certains magazines qui joignent le segment visé de façon pertinente, par exemple un magazine touristique, d'intérêt général ou de mode. Le titre principal de l'annonce de la débarbouillette démaquillante Bioré, par exemple, retient sans doute l'attention de la consommatrice soucieuse de se procurer des produits efficaces et conviviaux.

Les types de lignes principales Les types de lignes ou de titres sont légion. Leur choix dépend de plusieurs facteurs, dont la stratégie de création, la nature du produit, le support publicitaire et d'autres éléments, tels que l'illustration ou le corps de l'annonce. Il est possible de les classer en deux grandes catégories selon qu'ils sont directs ou indirects. Le **titre direct** va droit au but, afin d'informer et d'introduire le message ; il s'adresse directement au public cible. En général, un titre direct fait usage d'un avantage précis, formule une promesse ou énonce une raison justifiant l'intérêt à l'égard du produit ou du service.

Le **titre indirect** identifie le produit ou le service de manière implicite ; d'emblée, son but se révèle plutôt ambigu. Sollicitant l'attention, l'intérêt et la curiosité, le titre indirect incite le lecteur à prendre connaissance du corps de l'annonce, seul moyen d'obtenir une réponse ou une explication à son interrogation de départ. Un titre indirect peut prendre la forme d'une question, d'une provocation ou encore d'un jeu de mots.

Le titre indirect mise sur la curiosité pour inciter le lecteur à s'intéresser au corps de l'annonce et l'amener à comprendre la raison d'être du message. Cette tactique peut se révéler plutôt risquée si le gros titre n'est pas assez accrocheur pour soulever l'intérêt. Recourir à une illustration retenant l'attention permet souvent de contrer cette difficulté.

Le sous-titre Un grand nombre de publicités sont uniquement coiffées d'un titre principal, mais il en existe d'autres qui comprennent aussi un ou plusieurs titres secondaires ou **sous-titres**. En général, la taille du sous-titre est inférieure à celle du titre principal, mais supérieure à celle du corps de l'annonce. Le sous-titre précède ou suit le titre principal ou est inséré dans le corps de l'annonce.

Le sous-titre facilite la lecture, découpant les parties du corps de l'annonce et mettant en évidence les principaux arguments de vente. Il accentue enfin le caractère persuasif du gros titre, du thème ou du slogan publicitaire.

Le corps de l'annonce

Le **corps d'une annonce** comprend un certain nombre de phrases, groupées ou non en paragraphes. Bien qu'il soit au cœur de la publicité imprimée, le corps d'une annonce est souvent ignoré du public cible. Le rédacteur se trouve alors devant un dilemme : le corps de l'annonce doit être à la fois assez long pour communiquer le message et assez court pour maintenir l'intérêt.

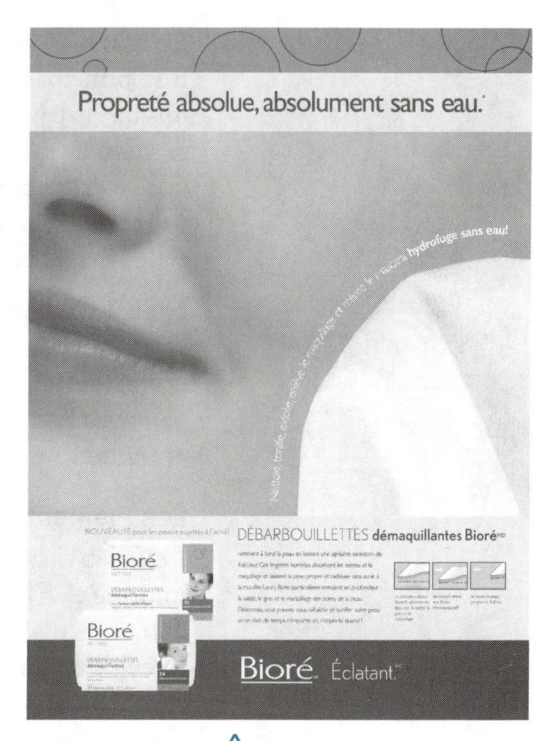

Le gros titre attire l'œil et résume la fonction, comme l'avantage du produit.

Titre direct
Titre allant droit au but, servant à introduire le message et à informer clairement le public cible.

Titre indirect
Titre introduisant l'annonce d'un produit ou d'un service de manière implicite ou ambiguë.

Sous-titre
Titre secondaire d'une publicité imprimée.

Corps d'une annonce
Texte comprenant un certain nombre de phrases, groupées ou non en paragraphes.

Le corps d'une annonce exploite souvent des arguments formulés dans le titre principal et les sous-titres. La définition de son contenu dépend toutefois de l'axe publicitaire ou du mode de réalisation. Ainsi, un texte contenant des données factuelles et des renseignements pratiques est souvent associé à un axe de communication rationnel. Un axe émotionnel, à l'inverse, s'accompagne en général d'une histoire ou d'une situation dans laquelle le produit est en évidence.

Nous l'avons dit, le corps d'une annonce est fonction de l'axe publicitaire et du mode de réalisation retenus – comparaison, démonstration, humour, dramatisation, etc. C'est au rédacteur de décider du style d'écriture allant de pair avec l'axe. Ce style doit, bien sûr, s'accorder avec la stratégie de création et se montrer d'une grande efficacité.

Les éléments visuels

Le volet visuel constitue le troisième élément d'importance de la publicité imprimée. Élément dominant de cette dernière, l'illustration joue un rôle déterminant quant à l'efficacité de l'annonce. Les aspects visuels doivent ainsi retenir l'attention, communiquer une idée ou une image, et agir en synergie avec le titre principal et le corps de l'annonce. Dans certains cas, l'élément visuel constitue l'essence même du message, véhiculant une image qui en dira long. La publicité ci-dessous fait ainsi appel à une illustration puissante. Dans une scène rappelant le Printemps de Pékin, alors qu'un étudiant a tenté de bloquer un convoi de chars d'assaut venus réprimer une manifestation sur la place Tiananmen, on voit ici un planchiste interrompant le passage de machines à damer les pistes de ski (des machines qui tassent la neige, au grand dam des surfeurs des neiges). La seule ligne du message, « Dans un courageux acte de solidarité, un planchiste s'élève pour défendre la liberté », a pour but de renforcer l'effet produit par la photo et de lever toute équivoque possible.

Cette publicité des planches à neige Sims fait appel à une illustration puissante qui s'apparente à une photographie tirée d'un journal.

La partie visuelle d'une annonce implique plusieurs décisions. Quels éléments d'identification doit-on privilégier : la marque qui signe le produit, la dénomination sociale de l'entreprise ou ses logos ? Faut-il faire appel à des photos ou à des illustrations ? Quelles couleurs employer : le noir et blanc ou le sépia ? Quel doit être le point de mire de l'élément visuel ?

La mise en pages

Si chaque élément composant une publicité imprimée a son importance, c'est l'agencement de ces éléments qui est primordial. La **mise en pages** correspond à la composition d'une publicité, c'est-à-dire au positionnement du titre principal, des sous-titres, du corps de l'annonce, des illustrations et de tout autre élément. Conformément aux indications fournies par la maquette, la mise en pages précise la position de chaque élément et guide, dans une certaine mesure, les responsables du projet. Elle permet, par exemple, au rédacteur de déterminer la longueur du texte à rédiger. De même, elle peut

Mise en pages
Disposition physique des éléments d'une publicité, entre autres le titre principal, les sous-titres, le corps de l'annonce, les illustrations et tout élément associé à l'identité visuelle.

orienter le directeur artistique quant au type et au format de photos à privilégier. Pour plus de réalisme, la mise en pages de la publicité des planches à neige Sims est conçue de telle manière que l'on a l'impression d'avoir sous les yeux une photographie tirée d'un journal. Voyez comment le texte joue sur ce thème. À peine visible, il se lit comme une légende et se termine par les mots « Suite à la page 2C ». La plupart du temps, l'agence présente la mise en pages sous forme de projet pour que le client puisse exprimer son avis.

Les tactiques de création télévisuelles

À titre de consommateurs, nous regardons tant de publicités télévisées que nous ne songeons même plus au temps, au travail et à l'argent que leur conception exige. Or, la création et la réalisation de messages qui se démarquent du lot, tout en étant efficaces, ne sont pas aisées et comportent de nombreux risques.

La télévision constitue un support publicitaire puissant. Grâce à la combinaison possible d'images, de son et de mouvements, ce médium est en mesure de bien servir une grande variété d'axes publicitaires et de modes de réalisation. Le téléspectateur ne maîtrise pas toutefois le rythme de présentation du message télévisé, comme il le ferait avec un message imprimé. Ainsi, il lui est impossible de revoir les éléments dignes d'intérêt ou de relire des passages obscurs à première vue. Comme pour toute forme de publicité, l'un des premiers objectifs du créateur d'une publicité télévisée est de capter et de conserver l'attention de la cible. C'est là une entreprise très ambitieuse, considérant l'encombrement des écrans et le faible niveau d'attention qui lui est associé (les gens regardent souvent les annonces télévisées alors qu'ils lisent un livre ou un magazine, qu'ils mangent ou qu'ils parlent à une autre personne).

Comme la publicité imprimée, l'annonce télévisée mise sur l'intégration de plusieurs éléments. L'image doit notamment s'arrimer au son pour créer l'impact désiré et communiquer le message de l'annonceur comme il se doit.

L'image

Les éléments visuels d'une publicité télévisée correspondent ni plus ni moins au contenu qu'observe le téléspectateur. Son succès repose sur l'heureux mariage de ceux-ci. En général, la partie visuelle occupe donc une place prépondérante dans ce type de publicité; c'est en effet à elle que revient la charge d'attirer l'attention et de communiquer une idée ou un message. La présentation du produit, la séquence des actions, le décor, les acteurs ou les personnages qui figurent dans la publicité font tous l'objet de choix mûrement réfléchis. C'est aussi le cas de l'éclairage, des éléments graphiques, des couleurs et des symboles d'identification. Faire en sorte que le produit et les acteurs apparaissent sous leur meilleur jour peut engendrer des frais de production faramineux. Afin d'attirer de nouveaux consommateurs plus jeunes, le fabricant de la margarine Becel a, pour sa part, fait appel à une approche privilégiant l'authenticité, peu coûteuse, mais très efficace. Le tournage s'est fait à l'aide d'une pellicule de 35 mm, sans éclairage, sans décor, à l'extérieur, avec bruits de fond, sans acteurs professionnels, sans costume ni maquillage. Pour renforcer le positionnement de la marque, on a eu la bonne idée de placer des contenants de margarine Becel à plusieurs endroits rappelant que le produit favorise un mode de vie plus sain. L'un des contenants, par exemple, a été placé entre les portes d'un ascenseur pour forcer ses occupants à emprunter l'escalier. Les dirigeants du siège social situé à Amsterdam ont été si impressionnés par cette approche et par le résultat obtenu qu'ils songent à présent à diffuser ces publicités dans le monde entier[23].

Le son

La partie son de la publicité télévisée regroupe les voix, la musique et les effets sonores. La voix peut être celle d'un porte-parole ou être le fruit d'une conversation entre plusieurs personnages. Parfois, la partie son se limite à une **voix hors champ**; la voix hors champ est la voix d'un narrateur ou d'une autre personne qui n'apparaît pas à l'écran. Les grands annonceurs font souvent appel à des personnalités connues dont la voix est distinctive[24].

Voix hors champ
Voix d'un narrateur ou d'une autre personne qui n'apparaît pas à l'écran.

La musique se trouve au cœur de nombreuses publicités télévisées, où elle est susceptible de tenir une grande variété de rôles[25]. Elle peut, tout d'abord, servir à créer un fond sonore ou une ambiance agréable. Les annonceurs recourent ainsi souvent à de la **musique préenregistrée**, que Linda Scott décrit comme suit :

Musique préenregistrée
Musique préfabriquée, à usages multiples, composée dans un style qui laisse indifférent.

> La musique préenregistrée est une musique préfabriquée, à usages multiples, composée dans un style qui laisse indifférent. Elle est, en quelque sorte, l'équivalent musical des archives photographiques, des images prédessinées [...]. La musique préenregistrée constitue un substitut bon marché à la musique originale; on l'insère dans une publicité ou un film pour créer une ambiance favorable à la communication du message[26].

Dans certaines publicités, la musique se trouve, à l'inverse, au cœur du message pour capter l'attention, se démarquer du lot, communiquer un argument de vente ou des émotions, créer une image ou positionner un produit[27]. Une musique bien choisie peut, par exemple, faire naître des émotions agréables que l'on associe au produit ou au service annoncé. Elle peut aussi contribuer à créer une ambiance qui flatte les sens, si bien que le consommateur se montre plus réceptif au message publicitaire[28].

De nombreuses entreprises sont disposées à verser de fortes sommes pour racheter les droits de certaines chansons populaires. La campagne publicitaire de la Fédération des producteurs de lait du Québec (FPLQ), rappelons-le, a ainsi longtemps été bercée par des succès de la chanson française. Contre toute attente, le public s'est mis à réclamer ces vieux succès qui leur rappelaient un passé pas si lointain, de sorte que l'annonceur a lancé deux albums regroupant les chansons de sa campagne publicitaire, au grand plaisir des consommateurs québécois. Microsoft, de son côté, a versé quatre millions de dollars américains aux Rolling Stones pour utiliser leur succès *Start Me Up* lors du lancement de Windows 95[29]. Nortel, quant à elle, a acquis les droits d'utilisation de la chanson des Beatles *Come Together* (chantée cependant par un autre groupe) pour le lancement d'une campagne de communication globale[30]. Les percées technologiques offrent sans conteste de nouvelles possibilités pour exploiter encore mieux ces associations musicales[31]. Le consommateur peut ainsi télécharger la musique des dernières publicités de Coca-Cola et de Bell Canada à partir de leur site Internet.

Ritournelle ou refrain publicitaire
Musique accrocheuse associée au thème d'une campagne et à un message simple.

- La **ritournelle**, ou **refrain publicitaire**, constitue un autre élément important pour la réalisation de publicités radiophoniques ou télévisées. En général, cette musique accrocheuse est associée au thème de la campagne et à un message simple. Depuis de nombreuses années, le fabricant de la gomme à mâcher Doublemint, par exemple, nous fait entendre la ritournelle «*Double your pleasure, double your fun with Doublemint, Doublemint gum*». La mélodie est facile à mémoriser et rappelle la saveur de menthe du produit.

La ritournelle publicitaire peut aussi servir de fondement à une publicité musicale. Coke Diète a ainsi récupéré son ancien slogan «*Just for the taste of it*» et l'a réenregistré sur une trame sonore forte dans le cadre d'une campagne publicitaire de plusieurs millions de dollars. Dans la plupart des annonces, toutefois, la ritournelle est entendue à la fin du message et vise à favoriser la reconnaissance de la marque. Cette pièce musicale est souvent le fruit du travail d'un musicien spécialisé dans la composition de musique commerciale. C'est à ce musicien, de concert avec l'équipe de création et l'annonceur, qu'il revient de déterminer le rôle de la musique au sein du message.

La planification et la production de publicités télévisées

Tout publicitaire reconnaît aujourd'hui qu'il doit faire plus que parler du produit, le montrer ou le comparer à d'autres produits ou services. La publicité télévisée doit se démarquer et retenir l'attention du téléspectateur.

La télévision constitue avant tout un média de divertissement. Une publicité y remporte d'autant plus de succès lorsqu'elle séduit. Les campagnes publicitaires les plus populaires se révèlent ainsi souvent très amusantes. Songeons, par exemple, aux messages de la bière Budweiser, mettant en scène des lézards bavards ou, plus proches de nous, aux campagnes du lait et de monsieur B. Quelques publicités récentes, parmi les plus appréciées, ont été conçues pour la campagne «Êtes-vous fait pour Volkswagen?». Cette campagne se concentre sur les expériences des amateurs de Volkswagen au volant de leur véhicule[32]. Lorsqu'on songe au caractère divertissant de ces publicités télévisées, on ne s'étonne pas d'apprendre que leur tournage s'apparente à celui d'un film!

Les publicités du constructeur Volkswagen, lauréates de plusieurs prix, comptent parmi les plus populaires des dernières années.

La planification d'une publicité télévisée

Les éléments qui composent une publicité télévisée sont d'ordinaire présentés sous la forme d'un **synopsis**. Le synopsis consiste en un résumé écrit du contenu visuel de la publicité. Il en détaille aussi les éléments sonores – voix, musique et effets. La partie visuelle du synopsis précise les plans photo, soit les mouvements et les angles des caméras, le découpage des scènes, les transitions et tout autre élément visuel important. Enfin, le synopsis précise l'arrimage de la partie visuelle et de la partie sonore.

> **Synopsis**
> Résumé écrit des éléments de contenu visuel et sonore d'une publicité.

Une fois le synopsis de base conçu, le réalisateur et le directeur artistique travaillent au scénarimage. Le scénarimage consiste en une série d'esquisses des diverses scènes assorties de descriptions des effets sonores qui accompagnent chacune d'elles. Il donne ainsi une bonne idée de la publicité sous sa forme définitive. Dans certains cas, une animatique sera requise en vue d'une présentation au client ou d'un prétest. L'animatique est une vidéo du scénarimage, accompagnée d'une bande sonore.

La production d'une publicité télévisée Lorsque le client a approuvé le scénarimage, l'agence se consacre à la production du message publicitaire, qui compte trois étapes.

1. *La préproduction* Ensemble des activités précédant l'enregistrement du message publicitaire.
2. *La production* Période de tournage du message.
3. *La postproduction* Ensemble des activités faisant suite au tournage.

La figure 8.2 présente les activités propres à chaque étape. Il est ici crucial de souligner l'importance, pour le client, de revoir et d'approuver, au préalable, la stratégie de création et certains choix techniques concernant la production du message.

FIGURE 8.2 Les trois étapes de la production d'une publicité télévisée

Préproduction
- Choix du réalisateur
- Choix de la maison de production
- Invitation à soumissionner
- Devis et calendrier de réalisation
- Calendrier de production
  - Construction du plateau
  - Lieu de tournage
  - Approbations du client et de l'agence
  - Distribution des rôles
  - Costumes
- Réunion de préproduction

Production
- Tournage en extérieurs ou en studio
- Tournage en soirée ou la fin de semaine
- Dispositions concernant les artistes

Postproduction
- Montage
- Traitement
- Enregistrement des effets sonores
- Mixage
- Trucages visuels
- Approbation du client ou de l'agence
- Duplication
- Sortie et expédition

Quelques tactiques utiles à la création

Les deux modèles proposés dans la présente section peuvent servir de guide quant au choix d'une tactique de création opportune. Chaque modèle repose sur les processus de réaction du consommateur vus au chapitre 5. Nous aborderons ces modèles par ordre chronologique et nous verrons en quoi le second est une amélioration du premier.

Le modèle de planification de Foote, Cone & Belding

Les travaux de Richard Vaughn, au service de l'agence de publicité Foote, Cone & Belding (FCB), ont servi à l'élaboration d'une démarche digne d'intérêt. Vaughn et ses collaborateurs ont mis au point un modèle de planification publicitaire, qui repose sur certaines théories traditionnelles permettant d'expliquer les réactions du consommateur, dont celles de la hiérarchie des effets et de l'influence du degré d'implication[33]. Se fondant sur certaines théories du cerveau, les chercheurs ont ainsi proposé un nouveau point de vue en distinguant le traitement rationnel du traitement émotif de l'information, selon le degré d'implication du consommateur. D'après certaines études sur les hémisphères cérébraux, l'hémisphère gauche est en effet le siège de la pensée rationnelle et cognitive, alors que le droit est le siège d'une pensée plus visuelle, plus émotive et plus proche des fonctions affectives (les sentiments). Comme le montre le tableau 8.1, le modèle de Vaughn et de ses collaborateurs, désigné sous le nom de « grille d'analyse de FCB », distingue quatre stratégies de planification publicitaire fondées sur l'information, l'affect, les habitudes et la satisfaction.

TABLEAU 8.1 La grille d'analyse de Foote, Cone & Belding (FCB)

	Rationnel	Émotionnel
Forte implication	**1. Stratégie informative (fondée sur la réflexion)** Automobile, maison, ameublement et nouveaux produits *Modèle* : apprendre-éprouver-agir **Répercussions possibles** *Médias* : texte étoffé, supports crédibles *Tactique de création* : information précise, démonstration	**2. Stratégie affective (fondée sur les sentiments)** Bijoux, produits de beauté, vêtements mode et motocyclettes *Modèle* : éprouver-apprendre-agir **Répercussions possibles** *Médias* : annonce grand format, images puissantes *Tactique de création* : réalisation puissante, impact
Faible implication	**3. Stratégie d'habituation (fondée sur l'action)** Aliments et articles pour la maison *Modèle* : agir-apprendre-éprouver **Répercussions possibles** *Médias* : annonce petit format, court film publicitaire, radio et publicité sur le lieu de vente (PLV) *Tactique de création* : rappel	**4. Stratégie de satisfaction de soi (fondée sur la réaction)** Boissons alcoolisées et friandises *Modèle* : agir-éprouver-apprendre **Répercussions possibles** *Médias* : panneaux-réclames, journaux, PLV *Tactique de création* : attention avant tout

Selon Vaughn, la *stratégie informative* doit être réservée aux produits et aux services associés à une forte implication, la pensée rationnelle et les considérations d'ordre économique étant alors prédominantes. La *stratégie affective,* de son côté, est plus adaptée aux achats d'ordre affectif de forte implication. Une publicité vantant ce genre de produits devrait alors insister sur des mobiles d'ordre émotionnel et psychologique, par exemple le renforcement de l'estime ou de l'image de soi, et la valorisation de l'*ego.*

La *stratégie d'habituation* est plus adaptée aux produits rationnels de faible implication qui vont de pair avec des schèmes de comportement si routiniers que l'apprentissage survient presque toujours après un essai. Quant à la *stratégie de satisfaction de soi,* faisant appel aux plaisirs des sens et à des mobiles d'achat ou de consommation d'ordre social, on la réserve plutôt à des produits émotifs de faible implication. Reconnaissant ici que l'essai du produit constitue un élément important du processus d'apprentissage, le modèle de Vaughn privilégie la séquence agir → éprouver ou agir → apprendre. De l'avis du chercheur, un faible seuil de conscience (apprentissage passif) peut ainsi précéder l'achat de produits de faible implication.

La grille d'analyse FCB s'avère utile à quiconque prend part au processus de planification publicitaire, dont les créatifs qui doivent analyser les rapports entre les consommateurs et le produit et orchestrer les stratégies promotionnelles appropriées. Certaines études permettent de déterminer comment les consommateurs perçoivent les produits ou les marques, sur la base de l'implication et de l'axe rationnel-émotionnel[34]. Cette information contribue par la suite à définir des stratégies de création et à déterminer, par exemple, s'il est préférable d'opter pour un axe rationnel ou émotionnel, d'augmenter le degré d'implication, voire de valoriser un produit de type rationnel en jouant plutôt sur les sentiments. La publicité de la Chambre de commerce régionale de Sainte-Foy relève de cette dernière stratégie. Ici, la beauté de l'image sollicite les émotions. D'ordinaire, on annonce plutôt ce type d'événement du monde des affaires à l'aide de mobiles rationnels et fonctionnels.

Le modèle de planification de Rossiter et Percy

Nous avons évoqué le modèle de Rossiter et Percy au chapitre 6, alors qu'il était question des règles de détermination des objectifs du plan de communications marketing intégrées (CMI). Un volet de ce modèle se rapporte également aux tactiques de création. En apparence, les modèles de Rossiter et Percy et de FCB se ressemblent, tous deux considérant les attitudes des consommateurs et tentant de montrer en quoi les tactiques de création sont susceptibles d'influer sur ces attitudes.

L'agence Amalgame de Québec annonce un événement de type rationnel tout en sollicitant certaines émotions.

La tactique axée sur la notoriété de la marque

Selon le modèle de Rossiter et Percy, la notoriété de la marque est un précurseur nécessaire à la consolidation d'une réelle attitude envers celle-ci, et constitue donc un objectif de communication universel pour tout plan de CMI. Ainsi, les communications devraient viser avant tout la notoriété au sein d'une catégorie, pour s'attaquer par la suite à l'attitude à l'égard de la marque. Rossiter et Percy formulent les trois suggestions suivantes afin de favoriser la notoriété :

- arrimer les stimuli de la marque aux réactions attendues de l'audience, pour que la compréhension de la marque au sein d'une catégorie soit juste ;
- retenir un mode de réalisation exclusif à la marque afin d'établir clairement le lien entre cette marque et la catégorie ;
- maximiser le temps de contact avec la marque afin de renforcer le lien entre le nom et la catégorie.

La marque acquiert une notoriété dans la mesure où le public cible comprend bien son contexte d'utilisation. Le public cible a du mal à se souvenir de la marque au moment de l'achat si le contexte d'utilisation est ambigu. À ce titre, le choix d'un mode de réalisation unique permet souvent de se démarquer. Par ailleurs, afin de s'assurer que le message soit retenu, la marque doit être clairement positionnée au sein de la catégorie, et la durée d'exposition, se révéler plutôt longue. Certaines publicités télévisées, par exemple, exposent un conditionnement ou un nom de marque pendant un temps si bref que l'audience ne peut correctement le percevoir.

De l'avis de Rossiter et Percy, on doit juger de la notoriété sur la base de la reconnaissance ou du rappel. Les chercheurs ont formulé les deux suggestions suivantes à ce sujet :

- le conditionnement et le nom de marque doivent jouir d'une exposition suffisante ;
- le positionnement de la marque au sein de la catégorie doit être clairement établi.

Le rappel sous-entend une fréquence d'exposition supérieure, le consommateur devant être en mesure de se souvenir de la marque avant même de se rendre sur le lieu d'achat. Atteindre un haut niveau de rappel étant une tâche ardue, Rossiter et Percy ont formulé les six suggestions suivantes en vue de le favoriser :

- la promesse publicitaire doit établir un rapport entre la marque et le besoin du consommateur ;
- elle doit être concise et facile à comprendre ;
- on doit la répéter souvent dans le contexte d'une même exposition ;
- le message doit comporter ou suggérer une référence personnelle claire ;
- on peut faire appel à un mode de réalisation inhabituel, dans la mesure où ce mode cadre avec l'attitude envers la marque ;
- la campagne publicitaire devrait comprendre une ritournelle ou un autre moyen permettant de mémoriser l'essentiel du message.

Les tactiques relatives à l'établissement d'attitudes

Selon Rossiter et Percy, l'attitude du consommateur envers la marque est structurée autour de deux axes: l'implication et la motivation. Pour chacun de ces deux axes, les auteurs font valoir que leur modèle est supérieur à celui de FCB (*voir la figure 8.3*).

FIGURE 8.3 L'attitude du consommateur envers une marque

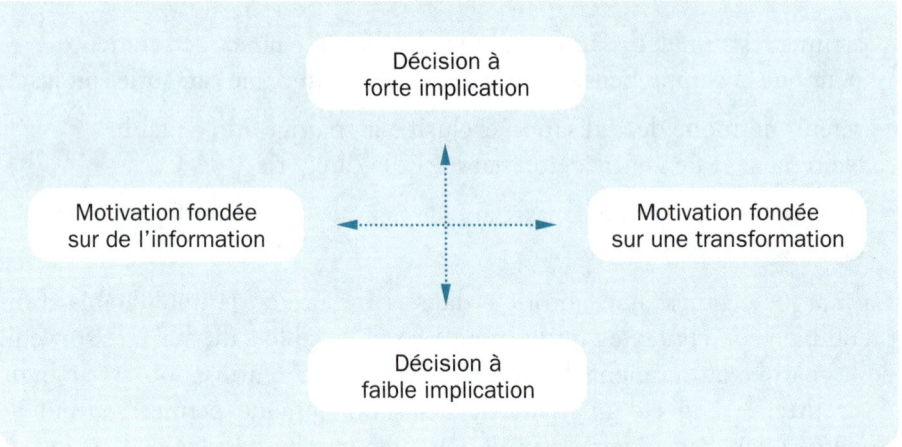

- Décision à forte implication
- Motivation fondée sur de l'information
- Motivation fondée sur une transformation
- Décision à faible implication

La dimension du degré d'implication ressemble à celle du modèle de FCB. Rossiter et Percy prétendent toutefois que leur définition de l'implication tient compte davantage de l'influence de la situation ou du contexte de décision. Cet argument est cohérent avec la nouvelle façon de concevoir l'implication vue au chapitre 5. De façon plus précise, Rossiter et Percy voient l'implication comme le degré de risque que perçoit le public cible lorsqu'il choisit une marque en prévision de son prochain achat. On peut élargir la portée de cette idée et l'appliquer au comportement d'achat vu au chapitre 6. Prenons, par exemple, l'achat d'un premier véhicule. Quel risque l'acheteur court-il lors de sa prise de décision?

La dimension de la motivation correspond à un continuum qui va du mobile négatif (attitude fondée sur de l'information) au mobile positif (attitude fondée sur une transformation). L'attitude fondée sur de l'information implique un raisonnement prudent, résultat de réactions cognitives suscitées par l'exposition à certains messages publicitaires. Cette orientation strictement cognitive correspond à la dimension rationnelle du modèle FCB. Au dire de Rossiter et Percy, cette vision s'avère en fait trop limitative, l'attitude étant fondée autant sur la cognition que sur l'affect. En retour, ils suggèrent que les tactiques de création devraient miser à la fois sur la promesse de l'annonce, c'est-à-dire la cognition, et sur la représentation émotionnelle du mobile, soit l'affect.

La publicité transformationnelle « associe l'expérience tirée de la consommation d'une marque à un ensemble unique de caractéristiques psychologiques que l'on n'associerait d'ordinaire pas à cette marque selon le même degré, s'il n'y avait pas eu exposition à la publicité[35] ». Cette forme de publicité favorise la naissance de sentiments, d'images et de convictions qui modifient la perception du consommateur au fil du temps.

Si la formation d'une attitude autour d'éléments d'information n'est pas strictement cognitive, une transformation d'attitude, pour sa part, ne se limite pas uniquement aux émotions, mais implique aussi des éléments cognitifs. Sur le plan intuitif, cela tombe sous le sens. Certaines publicités, fortement axées sur la peur, nous font ainsi souvent réfléchir. L'annonce publicitaire réalisée dans le cadre d'une campagne de prévention du sida, présentée au chapitre 7, en constitue un exemple éloquent.

Le modèle de Rossiter et Percy permet donc de fixer des balises relatives aux tactiques de création qui facilitent le dosage des éléments composant une annonce en fonction des réactions cognitives et émotionnelles attendues, et de modeler en définitive l'attitude envers la marque. Du côté des émotions, on doit prendre garde à la manière dont l'argument, ou mobile, est présenté ou véhiculé. Pour examiner cette question, nous tiendrons compte de l'authenticité du mobile aux yeux du public cible et de l'appréciation de l'annonce. Enfin, nous analyserons la réaction du public cible confronté à l'axe de réalisation choisi. Sur le plan de l'information, nous soulignerons enfin l'importance de la cohérence entre le positionnement de la marque et ses avantages.

En général, l'authenticité et la réceptivité du public cible à l'égard de la publicité sont tributaires de la conception même de l'annonce. Il existe donc un rapport direct entre le mode de réalisation de l'annonce et les décisions tactiques de création dont il est question dans ce chapitre. La promesse de l'annonce est surtout fonction de la structure du message, celle-ci permettant de l'expliquer en détail. Nous nous concentrerons à présent sur les tactiques de création.

Les tactiques de création informationnelles en situation de faible implication La promesse publicitaire visant à influer sur l'attitude du public cible, sur la base d'un mode de persuasion informationnel en situation de faible implication, doit énoncer clairement les avantages ou les bénéfices de la marque, tout en s'appuyant sur un mode de réalisation inhabituel (*voir le tableau 8.2*). L'intention première est de convaincre le public cible et d'établir un lien entre la marque, ses avantages et la catégorie de produits. L'émotion que tente de susciter la publicité importe peu.

TABLEAU 8.2 Les tactiques informationnelles en situation de faible implication

Représentation émotionnelle du mobile d'achat	
Authenticité	Facultative
Appréciation de la réalisation	Facultative
Mode de réalisation	Inhabituel, du type problème et solution
Promesse publicitaire de la marque	
Nombre d'avantages	Un ou deux, ou un ensemble cohérent et pertinent
Intensité de la promesse	Énonciation emphatique
Répétition de la promesse	Quelques-unes suffisantes pour le rappel

Les tactiques de création transformationnelles en situation de faible implication Trois principes encadrent la représentation émotionnelle et tous trois sont cohérents avec les publicités transformationnelles décrites précédemment. L'annonce est agréable à regarder, dans la mesure où la situation de consommation de la marque semble réaliste aux yeux du public cible. Dans une situation de faible implication, on se fonde toujours sur la mise en évidence de quelques avantages (*voir le tableau 8.3*). On peut toutefois les communiquer indirectement par le biais de l'anecdote ou de l'émotion.

TABLEAU 8.3 Les tactiques transformationnelles en situation de faible implication

Représentation émotionnelle du mobile d'achat	
Authenticité	Principal élément et seul avantage
Appréciation de la réalisation	Nécessaire
Mode de réalisation	Exclusif à la marque
Promesse publicitaire de la marque	
Nombre d'avantages	Un ou deux, ou un bloc distinct
Intensité de la promesse	Très implicite par association
Répétition de la promesse	Nombreuses expositions avant l'essai ; utiles pour renforcer l'attitude par la suite

Les tactiques de création informationnelles en situation de forte implication Les tactiques de création informationnelles associées à une forte implication démontrent toute l'importance de l'information communiquée par le biais de la promesse publicitaire (*voir le tableau 8.4*). De nombreux avantages ou bénéfices peuvent être mis en évidence, dans la mesure où leur présentation est bien structurée et cohérente. L'attitude du consommateur étant fondée avant tout sur de l'information, si une présentation émotive de la marque peut s'avérer utile, elle ne doit pas forcément être privilégiée. Ici, seule l'acceptation de la promesse publicitaire importe. Son rejet, toutefois, ne se traduit pas obligatoirement par un changement d'attitude négatif, dans la mesure où la présentation ne contredit pas les convictions déjà acquises par l'audience visée.

TABLEAU 8.4 Les tactiques informationnelles en situation de forte implication

Représentation émotionnelle du mobile d'achat	
Authenticité	Principal élément au cours des premiers stades du cycle de vie du produit ; diminution de son importance par la suite
Appréciation de la réalisation	Facultative
Mode de réalisation	Inhabituel
Promesse publicitaire de la marque	
Nombre d'avantages	Ensemble de la promesse résumant plusieurs avantages (pas plus de sept)
Intensité de la promesse	Attitude initiale constituant le principal point de référence. Promesse très précise, sans excès. Messages comparatifs ou réfutations envisageables
Répétition de la promesse	Possibilité de plusieurs promesses au cours d'une même annonce

Les tactiques de création transformationnelles en situation de forte implication Les tactiques de création transformationnelles associées à une forte implication accordent une grande place à l'émotion (*voir le tableau 8.5*). Une attitude positive à l'égard de la publicité, rappelons-le, se traduit souvent par une attitude positive envers la marque. Dans la même veine, le mode d'exécution doit faire sentir au public cible que l'annonce cadre bien avec son style de vie.

La transmission d'une importante somme d'éléments d'information s'avère ici nécessaire, comme dans le cas des tactiques de création informationnelles en situation de forte implication. Une fois de plus, cela sous-entend que les affirmations relatives aux avantages du produit sont acceptées.

TABLEAU 8.5 Les tactiques transformationnelles en situation de forte implication

Représentation émotionnelle du mobile d'achat	
Authenticité	De la plus haute importance ; reflet du style de vie du public cible
Appréciation de la réalisation	Nécessaire
Mode de réalisation	Exclusif à la marque ; identification du public cible au produit, aux personnages ou à la situation présentée
Promesse publicitaire de la marque	
Nombre d'avantages	Suffisant pour fournir l'information essentielle
Intensité de la promesse	Promesse très précise
Répétition de la promesse	Plusieurs expositions nécessaires afin de soutenir le message informatif

Le processus d'évaluation

L'évaluation du concept

Les créatifs sont en grande partie responsables du choix de l'axe publicitaire et du mode de réalisation de la campagne. Le client, de son côté, évalue et approuve l'approche de création avant que la publicité entre dans sa phase de production. En ce qui concerne le client ou l'annonceur, plusieurs personnes sont susceptibles de participer à l'évaluation du travail de l'agence, dont le responsable de la publicité ou des communications, le chef de produit ou de marque, le directeur ou le vice-président du marketing, les représentants du Service juridique et, dans certains cas, le président ou le chef de la direction, ainsi que le conseil d'administration. Le rôle de chacun dépend des règles de l'organisation, de l'importance du produit, du rôle de la publicité dans le programme de marketing et de la démarche publicitaire recommandée.

Plus tôt, nous avons vu que Procter & Gamble a aujourd'hui délaissé les témoignages et les tranches de vie au profit de publicités plus risquées et plus accrocheuses. L'entreprise demeure cependant prudente et hésite encore à adopter un type de publicité très avant-gardiste, au contraire de certains concurrents. De l'avis des agences chargées de la publicité de nombreux produits de cette multinationale, les réalisations excentriques susceptibles d'ébranler la ligne prudente qui lui a si bien réussi jusqu'ici risquent ainsi fort de ne pas être approuvées[36].

Très souvent, la haute direction participe au choix de l'agence de publicité et se réserve le droit d'approuver le thème et la stratégie publicitaires définis. Dans le cadre plus usuel du déroulement d'une campagne, le chargé de compte et un membre de l'équipe de création présentent en général le concept aux responsables de la publicité et du marketing de l'annonceur, qui doivent l'approuver avant qu'il entre en production. Une évaluation méticuleuse du concept s'impose avant de passer à la production. Cette étape implique en effet un engagement financier important et un grand nombre de sous-traitants. Une fois le processus enclenché, il devient très difficile de faire marche arrière.

L'évaluation d'une proposition de mise en pages ou d'un scénarimage de la part du client n'est pas une mince tâche, car le responsable de la publicité ou de la marque est rarement un spécialiste de la création. Ainsi, il doit éviter de rejeter une idée ingénieuse et d'approuver un concept médiocre. Un annonceur peut faire appel aux principes qui suivent afin de juger de l'efficacité des travaux proposés par une agence.

Les principes de l'évaluation d'un projet de campagne

L'évaluation des projets présentés par les agences de publicité repose sur plusieurs critères. Parfois, le client souhaite prétester une ébauche de mise en pages ou un scénarimage afin d'obtenir des données qualitatives et quantitatives supplémentaires, dans le but de bien asseoir son évaluation. Toutefois, le processus d'évaluation s'avère souvent subjectif, et le responsable de la publicité ou le chef de marque se fonde alors sur des considérations plus intuitives. Voici les principaux critères à partir desquels il est possible d'évaluer un projet de campagne.

- *La démarche proposée cadre-t-elle avec les objectifs de marketing et de communication de la marque ?* Le client doit d'abord s'assurer que la stratégie de création et les tactiques recommandées par l'agence cadrent avec la stratégie marketing de la marque ainsi qu'avec le rôle de la publicité et de la promotion dans l'ensemble du programme marketing. La démarche doit donc être compatible avec l'image et le positionnement de la marque ou, mieux, contribuer à consolider ces deux éléments.

- *La démarche proposée cadre-t-elle avec les objectifs de communication ?* La stratégie et les tactiques doivent répondre aux objectifs de communication déterminés au préalable. Des créatifs trop inspirés peuvent perdre de vue le message publicitaire souhaité et imaginer une démarche de communication qui ne correspond pas à la stratégie publicitaire retenue. Les responsables chargés de l'approbation de la publicité devraient toujours demander aux créatifs en quoi leurs stratégies et leurs tactiques satisfont aux objectifs de création et de communication définis au départ.

- *La démarche proposée convient-elle au public cible ?* En général, on consacre beaucoup de temps à définir, à situer et à tenter de comprendre les besoins du public cible. On doit ensuite s'assurer que la stratégie et les tactiques de création recommandées sauront l'intéresser, qu'il les comprendra et qu'elles lui seront communiquées avec efficacité. Pour ce faire, on tente d'établir l'impact relatif de chaque élément de la publicité sur le public cible. D'ordinaire, personne ne souhaite approuver une publicité qui suscite une réaction négative ou de l'indifférence au sein du public cible.

- *La démarche proposée communique-t-elle un message clair et convaincant au consommateur ?* La plupart des publicités sont censées véhiculer un message qui contribue à promouvoir une marque. Nombreuses, toutefois, sont celles qui ne communiquent pas un message clair et convaincant, susceptible d'inciter le consommateur à préférer la marque. La créativité occupe une place importante dans le domaine publicitaire. Malgré tout, l'annonce doit véhiculer de l'information sur les attributs, les caractéristiques et les avantages du produit. Il en est de même quant à la communication des images et des associations favorables à la marque qui fournissent au consommateur une raison de la choisir parmi d'autres.

- *La démarche éclipse-t-elle le message ?* On critique souvent la publicité en général, et la publicité télévisée en particulier, parce qu'elle accorde tant d'importance à la démarche de création que celle-ci finit par éclipser le message qu'elle est censée servir. Un trop grand nombre de publicités inventives et divertissantes ont en effet échoué dans leur objectif d'accroître la notoriété d'une marque ou de présenter les bons arguments de vente. Devant la quantité croissante d'annonces qui envahissent la plupart des médias publicitaires, il est souvent judicieux de faire appel à une démarche novatrice afin de capter l'attention du téléspectateur ou du lecteur. La démarche doit cependant éviter de retenir l'attention au détriment du message lui-même. La marge de l'annonceur est mince : s'assurer que le message est entendu sans toutefois réprimer les efforts des créatifs et les contraindre à concevoir des publicités banales et ennuyeuses.

- *La démarche convient-elle à l'environnement médiatique dans lequel elle sera diffusée ?* Chaque véhicule médiatique est singulier en raison des particularités de son contenu éditorial, du type de lecteurs ou de spectateurs qu'il attire et de la nature des annonces qu'il diffuse. On doit ainsi réfléchir au contexte de l'annonce et considérer l'environnement médiatique global au sein duquel elle s'insère.

- *La publicité est-elle conforme à la vérité et aux règles du bon goût ?* Le gestionnaire du marketing doit veiller à ce que ses annonces soient conformes à la vérité et qu'elles n'offensent pas indûment les consommateurs. En dernier lieu, l'annonceur doit ainsi déterminer si le message publicitaire dupe ou offense le public cible. Dans certains cas, les responsables juridiques du client peuvent étudier la campagne afin de déterminer si son axe, son contenu ou sa réalisation sont susceptibles d'attirer des ennuis à l'entreprise. Il est bien sûr préférable de circonscrire ces problèmes d'ordre juridique avant la diffusion de la publicité auprès du grand public.

Les représentants du client peuvent se fonder sur ces quelques principes afin d'étudier, d'évaluer et d'approuver les idées que leur soumettent l'équipe de création et les services de l'agence. La situation de l'entreprise peut toutefois présenter maintes particularités dont on doit aussi tenir compte. Dans certaines situations, il peut ainsi s'avérer acceptable de contourner les normes à partir desquelles l'entreprise juge d'ordinaire les propositions qui lui sont faites. Comme nous le verrons au chapitre 18, afin de déterminer l'efficacité de la démarche proposée par un créatif ou son équipe, le client souhaite enfin parfois aller plus loin que ces critères subjectifs et recourir à des techniques de prétest beaucoup plus pointues.

RÉSUMÉ

Dans ce chapitre, nous avons vu comment concevoir et mettre en œuvre un message publicitaire. Dès que la stratégie de création qui oriente la campagne publicitaire est définie, il est important de s'attarder aux tactiques qui permettent d'améliorer le traitement cognitif et émotionnel du message. Dans cette perspective, nous avons notamment résumé les décisions d'importance qui s'imposent avant l'élaboration de la tactique de création : le choix du mode de réalisation et de la structure du message, ainsi que des éléments de communication visuels et sonores.

Le mode de réalisation fait référence à la manière dont l'axe publicitaire est présenté dans le message. Nous nous sommes attardés à plusieurs modes de réalisation répandus, ainsi qu'aux facteurs à considérer lorsqu'on y fait appel. Le mode de réalisation choisi doit parvenir à concilier un positionnement distinctif de la marque avec l'atteinte des objectifs de communication.

La conception du message publicitaire constitue un important volet du processus de communication. Il existe de nombreuses possibilités quant à la structuration du message. On peut notamment jouer sur l'ordre de présentation des arguments, la conclusion, le sens du message, la réfutation ou les éléments verbaux et visuels.

Nous nous sommes aussi intéressés aux enjeux tactiques que doit cerner un concepteur de publicités imprimées et télévisées. La publicité imprimée comporte notamment un titre principal, un corps d'annonce et des illustrations, le tout présenté selon une mise en pages précise. Nous avons également évoqué les éléments visuels et sonores propres à la publicité télévisée, ainsi que divers éléments à considérer au moment de sa planification et de sa production. Les choix faits pour l'ensemble de ces éléments dépendent de décisions plus globales, prises lors de la définition de la démarche de création et de communication.

Nous avons enfin présenté une structure permettant aux créatifs et aux gestionnaires du marketing d'arrêter des décisions opportunes en fonction des tactiques de création. La considération de l'attitude du public cible tient une place prépondérante au moment de décider du mode de réalisation, de la structure du message et de sa conception.

Les créatifs déterminent la stratégie et les tactiques de création à partir de données principalement fournies par l'annonceur. Celui-ci doit également revoir, évaluer et approuver la démarche proposée avant que la publicité entre en production. Dans ce cadre, l'ensemble des intervenants peuvent se fonder sur plusieurs critères solides et éprouvés afin d'évaluer les messages publicitaires et d'en approuver la réalisation.

MOTS CLÉS

- corps d'une annonce
- effet de primauté
- effet de récence
- ligne ou titre principal
- message non univoque
- message univoque
- mise en pages
- mode de réalisation
- musique préenregistrée
- réfutation
- ritournelle ou refrain publicitaire
- sous-titre
- synopsis
- titre direct
- titre indirect
- voix hors champ

QUESTIONS DE DISCUSSION

1 Discutez de la différence entre un axe publicitaire et un mode de réalisation créatif. Pourquoi importe-t-il d'établir cette distinction ?

2 Expliquez en quoi la technique de dramatisation publicitaire pourrait servir à annoncer les produits suivants : une bière, un téléphone cellulaire, des meubles, une compagnie aérienne.

3 Pourquoi les publicitaires chargés de vanter les mérites de produits de grande consommation offerts en épicerie s'appuient-ils souvent sur la représentation d'une tranche de vie ?

4 Déterminez les mobiles pouvant servir de fondement à un axe publicitaire rationnel et à un axe émotionnel. Existe-t-il un ou plusieurs objectifs que l'on peut articuler à la fois autour d'un axe émotionnel et d'un axe rationnel ?

5 Qu'entend-on par *message univoque* et *message non univoque* ? Pourquoi un gestionnaire du marketing recourrait-il à un message non univoque ?

6 Discutez du rôle de la musique dans la publicité. Pourquoi des sociétés telles que Microsoft et Nortel versent-elles de fortes sommes pour détenir les droits des chansons à succès que l'on entend dans leurs publicités ?

7 En quoi les tactiques de création se ressemblent-elles et diffèrent-elles selon les quatre cellules de la matrice ou schéma de Rossiter et Percy ?

PARTIE 4
La communication du message

Chapitre 9	Les décisions relatives aux tactiques et à la stratégie médias	271
Chapitre 10	La télévision et la radio	319
Chapitre 11	Les médias imprimés	351
Chapitre 12	Les médias hors domicile et les médias d'appoint	381

CHAPITRE 9
Les décisions relatives aux tactiques et à la stratégie médias

OBJECTIFS D'APPRENTISSAGE

- Comprendre la terminologie relative au plan médias.
- Apprendre à élaborer un plan médias.
- Connaître le processus de décision et de mise en œuvre des tactiques et des stratégies médias.
- Préparer un budget pour les médias à l'aide des méthodes relevant de la théorie et de la gestion.

MISE EN SITUATION

Votez pour le Parti Bleue !

Voici un candidat qui sait comment s'adresser aux électeurs. Au printemps 2004, lors des élections fédérales, François Maranda, alias Jonathan Bleue, multiplie les promesses électorales afin de s'attirer la faveur des électeurs. Il propose d'allonger les fins de semaine afin qu'elles durent trois jours, d'éliminer la dette nationale en retournant massivement les bouteilles consignées et de repousser d'une heure la fermeture des bars, dans le but de profiter d'un peu plus de temps pour séduire. S'il est élu, promet-il, les tournées générales seront déductibles d'impôts et les produits essentiels, tels que les jeux vidéo, les voyages dans le Sud, les jujubes rouges et les chemises hawaïennes, exempts de taxes. La raison derrière ces alléchantes promesses ? La nécessité d'augmenter le FNB, l'indice de Fun National Brut.

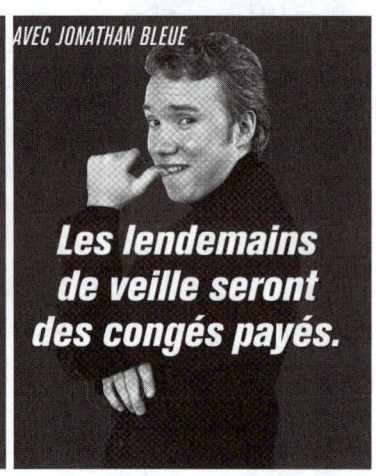

Afin de véhiculer son message, Jonathan Bleue s'inspire de stratégies médias qui ont fait leurs preuves. Quelques semaines avant le début de la campagne, des affiches invitent les électeurs à consulter le site Internet Fautquecachange.com. Tout au long de la campagne, des messages télévisés sont diffusés sur les grands réseaux, et des capsules adaptées à l'actualité sont présentées sur les ondes de TVA et de MusiquePlus.

Sur le plan radiophonique, des entrevues à l'émission *Les Grandes Gueules* sont diffusées trois fois par semaine, alors que les affiches s'inspirent des partis politiques ; on en trouve sur les balcons des résidences, et des panneaux sont installés sur des terrains publics. À bord de la caravane aux couleurs du parti, Jonathan sillonne le Québec : les entrevues avec les médias locaux, la tournée des bars et des universités, et les visites de résidences pour personnes âgées sont autant d'occasions pour distribuer macarons et poignées de main. Enfin, le jour du scrutin, les électeurs sont conviés à une fête qui clôture la campagne et à laquelle participent plusieurs artistes.

Malgré tous ces efforts, Jonathan Bleue n'a pas remporté les élections. Pour cause, son parti ne figurait pas sur les bulletins de vote du 28 juin. Il s'agissait plutôt d'une campagne publicitaire pour la bière Labatt Bleue, parodiant de manière irrévérencieuse la campagne électorale fédérale de 2004. La campagne publicitaire a, quant à elle, su séduire ses *électeurs,* puisqu'elle a décroché plusieurs prix, dont le Prix média 2005, qui récompense les meilleures stratégies médias réalisées par des entreprises québécoises, et le Prix 2005 de l'Association canadienne du marketing, pour le succès remporté par la campagne.

Traditionnellement, le média était conçu comme un canal de transmission pour le message publicitaire. La tâche du responsable médias consistait alors à déterminer les canaux de transmission permettant de joindre le groupe cible le plus efficacement possible. Or, de plus en plus, le média ne se limite plus uniquement à la transmission d'un message, mais fait plutôt partie intégrante de la stratégie de marque. En ce sens, la campagne de Labatt Bleue témoigne de l'évolution du rôle de la stratégie médias.

Cette campagne a toutefois suscité des critiques auprès du public. En effet, certains y ont vu une façon de ridiculiser le vote démocratique. Claude Cossette a, pour sa part, exprimé ses craintes en regard du fait qu'une telle campagne, destinée aux jeunes électeurs, pourrait inciter ceux-ci à se désintéresser davantage de la politique. Par extension, il est également possible de s'interroger sur l'impact de la campagne de Labatt Bleue sur la perception qu'entretiennent les électeurs à l'égard des partis politiques. En outre, en voulant imiter les stratégies d'affichage des partis, la compagnie s'est retrouvée dans une situation d'illégalité. De fait, les panneaux installés dans les lieux publics sont considérés comme étant de l'affichage commercial et sont tenus, à ce titre, de respecter la réglementation en vigueur.

La campagne du Parti Bleue a été réalisée par l'agence BBDO de Montréal. Cette agence est également responsable de la campagne des libéraux au Québec.

Sources: Olivier Schmouker, « Le Parti Bleue divertit des aînés », *Infopresse,* 23 juin 2004, [en ligne], <www2.infopresse.com/blogs/actualites/archive/2004/06/23/article-8977.aspx> (page consultée le 8 janvier 2008); Judith Gadbois-St-Cyr, « Les panneaux publicitaires de Labatt sont illégaux », *Le téléjournal Québec,* 28 mai 2004, Radio-Canada [reportage disponible en ligne], <www.radio-canada.ca/regions/quebec/Tele/Chroniques/index_784_5_04.shtml> (page consultée le 23 janvier 2008); François Perreault, « Redéfinition de tâches », *Infopresse,* mai 2005, p. 8-9; « Brasserie Labatt: Parti Bleue », *Infopresse,* mai 2005, p. 10-11, 32.

Le gestionnaire du marketing doit avoir une parfaite connaissance des possibilités médiatiques qui s'offrent à lui. Les nouveaux médias, en constante évolution, compliquent l'élaboration du plan médias. La recherche d'une combinaison optimale des médias et des supports, qui répond aux impératifs de la stratégie de communication, n'est pas simple. Le premier objectif du plan médias est de joindre le public cible de la manière la plus efficace et la plus rentable qui soit.

Dans le présent chapitre, nous examinerons les tenants et les aboutissants du plan médias, les enjeux du budget médias et les décisions relatives aux tactiques et à la stratégie médias. Les prochains chapitres seront pour nous l'occasion d'examiner et de passer en revue les attraits et les faiblesses des différents médias.

Le plan médias

L'établissement d'un plan médias n'est pas une mince tâche. Quels médias choisir? Des médias de masse tels que la télévision, la radio, les journaux et les magazines (et les choix possibles au sein de chaque catégorie)? Doit-on envisager des médias hors domicile tels que l'affichage urbain et routier, la publicité sur les véhicules de transport et les babillards électroniques (*voir le tableau 9.1, à la page suivante*)? Est-il pertinent de faire appel à des médias d'appoint tels que la publicité directe, les médias interactifs, la publicité de produits promotionnels et la publicité sur le lieu de vente?

Si, de prime abord, les possibilités semblent plutôt simples, il en est rarement ainsi. La complexité de la tâche de la personne chargée d'élaborer un plan médias tient en partie à la nature même des médias. La télévision allie le son à l'image, ce que ne peuvent offrir les autres médias. Les magazines, de leur côté, véhiculent davantage d'informations et présentent un message beaucoup plus durable au consommateur potentiel. Les journaux, la publicité extérieure, les médias directs et tous les autres médias offrent des avantages

TABLEAU 9.1 Des données sur le marché canadien : revenu net provenant de la publicité

Média		1997	1998	1999	2000	2001	2002	2003	2004	2005	2006
Télévision	Total	2 104	2 330	2 370	2 450	2 553	2 593	2 826	2 963	3 013	3 240
	Sélective nationale	1 224	1 224	1 199	1 200	1 209	1 201	1 312	1 308	1 300	1 310
	Sélective locale	395	430	433	428	418	386	389	384	385	392
	Réseau	390	424	419	425	469	480	503	546	541	633
	Spécialisée	184	241	304	381	438	509	607	708	768	882
	Publireportage	12	12	16	17	20	18	17	18	19	24
Quotidiens*	Total	1 546	1 596	1 629	1 731	1 678	1 684	1 697	1 752	1 784	1 803
Radio	Total	848	920	953	1 001	1 049	1 080	1 171	1 209	1 299	1 388
Magazines grand public	Total	347	451	460	514	541	558	610	647	665	682
Hors domicile	Total	177	219	243	263	281	273	284	303	344	370
Catalogue/ Publipostage	Total	1 168	1 251	1 190	1 255	1 264	1 295	1 399	1 499	1 547	1 604
Internet	Total	10	25	56	110	97	176	237	364	519	1 010
Pages jaunes	Total	899	935	975	1 029	1 046	1 060	1 121	1 168	1 206	1 264
Divers	Total	934	1 090	1 119	1 165	1 177	1 192	1 261	1 314	1 356	1 422
Total publicité	Total	8 033	8 817	8 995	9 519	9 685	9 911	10 607	11 218	11 733	12 784

* Excluant petites annonces.

Remarque : Certaines des estimations proviennent de l'industrie. Des révisions aux estimations des années antérieures du répertoire du CMDC ont été faites.

Sources : Télévision : CRTC, estimations du TVB ; Quotidiens : ACJ ; Radio : CRTC ; Hors domicile : NMR ; Publipostage : Postes Canada et estimations du TVB ; Internet : IAB Canada ; Pages jaunes : Télé-Direct ; Divers : comprend les estimations pour hebdomadaires, publications professionnelles et autres imprimés (données tirées du *CMDC Media Digest 07-08*).

---

qui leur sont propres. Quant au réseau Internet, il possède plusieurs atouts, à l'image des autres médias, mais ses possibilités se révèlent plutôt limitées. Le gestionnaire du marketing doit analyser les caractéristiques de chaque avenue et une multitude d'autres facteurs. Le processus se complexifie lorsqu'il doit choisir entre diverses possibilités au sein d'un même média.

Le **plan médias** permet de communiquer un message à l'acheteur potentiel ou à l'utilisateur d'un produit ou d'une marque. On perçoit le plan médias comme un processus, c'est-à-dire que les décisions prises à un certain stade peuvent être modifiées ou abandonnées au fil du temps. Le plan médias guide la sélection des médias ; il comprend des **objectifs médias**, des **stratégies médias** et des tactiques médias (plan d'action).

Le **média** fait référence à une catégorie de supports de communication dont les médias de diffusion (télévision et radio), les imprimés (journaux et magazines), la publicité directe, la publicité extérieure et d'autres médias d'appoint qui permettent de joindre un public cible. Le **support publicitaire** est un véhicule précis au sein d'une catégorie de médias. Le magazine *L'Actualité* et l'émission *Le Banquier*, par exemple, consistent respectivement en un support imprimé et en un support de télédiffusion. Comme nous le verrons dans les prochains chapitres, chaque support possède des caractéristiques, des forces et des faiblesses relatives.

Plan médias
Document comprenant des objectifs médias, ainsi que des stratégies et des tactiques médias.

Objectif médias
Objectif que fixe l'annonceur en fonction des médias retenus dans le contexte d'une campagne publicitaire.

Stratégie médias
Plan d'action en vue d'atteindre les objectifs médias énoncés, par exemple les médias qui permettront de joindre un public cible, les critères du budget consacré aux médias et le calendrier de publicité.

Notre présentation sur les médias portera sur trois grands concepts : la portée, la couverture et la fréquence. La **portée** consiste en le total des membres d'une audience exposés au moins une fois à un support publicitaire pour une durée de référence donnée. La **couverture** fait référence au public susceptible de recevoir le message par le biais d'un support. On parle de couverture par rapport à une audience potentielle, alors que la portée renvoie au public joint. (Cette distinction vous semblera plus évidente dans les pages qui suivent.) Enfin, la **fréquence** a trait au nombre d'expositions d'un récepteur à un support pour une durée de référence donnée.

Le plan médias

Le plan médias permet de déterminer les meilleurs moyens de communiquer le message de l'annonceur au consommateur. Au sens le plus élémentaire, ce plan sert à rechercher la combinaison optimale des médias et des supports, qui permet au gestionnaire du marketing de communiquer son message au plus grand nombre de consommateurs potentiels, de la manière la plus efficace possible et au meilleur coût qui soit. La figure 9.1, à la page suivante, énumère les activités nécessaires à l'élaboration du plan médias et les raisons d'être de chacune.

L'élaboration du plan médias motive une démarche similaire à celle du processus de planification des CMI présenté au chapitre 1, sauf qu'il s'agit ici de déterminer le meilleur moyen de communiquer le message. En général, le plan médias se compose d'un court volet énonçant les objectifs médias, et d'une explication justifiant la stratégie et les tactiques médias adoptées.

La majorité des plans médias sont rédigés sur une base annuelle. Les publicitaires, toutefois, estiment nécessaire de modifier leurs objectifs et leurs stratégies au besoin, en raison de l'environnement externe, en constante mutation. Tout bon plan médias requiert une part de souplesse. Autrement, l'entreprise pourrait passer à côté de certaines occasions ou être incapable de riposter à de nouvelles menaces du marché. Une dose de souplesse se révèle donc indispensable dans les situations suivantes.

- *Les occasions* Le publicitaire désire parfois tirer profit de nouvelles occasions. Il peut décider, par exemple, de réaffecter une partie du budget de publicité d'un média à une émission de télévision populaire.

- *Les menaces du marché* Des facteurs externes peuvent menacer une entreprise et l'obliger à revoir sa stratégie médias. Un concurrent, par exemple, modifiera sa stratégie médias afin de profiter d'un avantage concurrentiel. À défaut de réagir à cette nouvelle situation, l'entreprise pourrait éprouver des ennuis.

- *La disponibilité d'un média* Un média ou un support publicitaire peut ne pas être disponible ou capable de joindre un public cible. On trouve des zones géographiques que certains médias n'atteignent toujours pas. Dans ce cas, l'entreprise doit envisager d'autres médias.

- *Les changements des supports* Toute modification touchant un support publicitaire peut exiger un changement de cap du côté de la stratégie médias. Toute baisse de cote d'écoute ou tout changement de contenu éditorial contraint le publicitaire à faire appel à d'autres émissions ou imprimés.

Média

Catégorie de supports publicitaires comprenant les médias de diffusion (télévision et radio), les imprimés (journaux et magazines), la publicité directe, la publicité extérieure et autres médias d'appoint permettant de joindre un public cible.

Support publicitaire

Support promotionnel servant à véhiculer un message publicitaire.

Portée

Nombre total de membres d'une audience exposés au moins une fois à un support publicitaire pour une durée de référence donnée.

Couverture

Public susceptible de recevoir un message par le biais d'un support.

Fréquence

Nombre d'expositions d'un récepteur à un support pour une durée de référence donnée.

FIGURE 9.1 Les étapes du plan médias

L'ANALYSE DE SITUATION
Objectif: comprendre la problématique marketing. On analysera l'entreprise et ses concurrentes en se fondant sur:
1) la taille et la part du marché global;
2) l'historique des ventes, des dépenses et des bénéfices;
3) les méthodes de distribution;
4) les méthodes de vente;
5) la publicité;
6) la détermination des clients potentiels;
7) la nature du produit.

LA PLANIFICATION DE LA STRATÉGIE MARKETING
Objectif: planifier les activités qui résoudront une ou plusieurs problématiques marketing. Pour y parvenir, on déterminera:
1) les objectifs commerciaux;
2) la stratégie de produit et la stratégie d'investissement;
3) la stratégie de distribution;
4) les éléments du marketing mix;
5) les segments de marché les plus favorables.

LA PLANIFICATION DE LA STRATÉGIE DE CRÉATION
Objectif: déterminer le contenu des publicités. Pour y parvenir, on déterminera:
1) en quoi le produit répondra aux besoins du consommateur;
2) le positionnement du produit dans les publicités;
3) les thèmes publicitaires;
4) les objectifs de chaque publicité;
5) le nombre et le format des publicités.

LES OBJECTIFS MÉDIAS
Objectif: présenter les stratégies marketing et les objectifs commerciaux sous forme de buts que les médias pourront atteindre.

LA STRATÉGIE MÉDIAS
Objectif: présenter les objectifs médias sous forme de directives générales qui guideront le choix et l'utilisation des médias du planificateur. On devra opter pour les meilleures stratégies de rechange.

LES CATÉGORIES DE MÉDIAS
Objectif: déterminer les médias répondant le mieux aux critères. On comparera et choisira des médias tels que les journaux, les magazines, la radio, la télévision et autres, la taille du public cible étant l'un des principaux critères de comparaison.

LA SÉLECTION D'UN SUPPORT PARMI LES CATÉGORIES DE MÉDIAS
Objectif: comparer et choisir les meilleurs supports au sein de chaque média, à l'aide de critères prédéterminés.

On prendra des décisions concernant les questions suivantes:
1. Quels magazines seraient recommandés?
2. Si la télévision était recommandée:
   a) s'agirait-il de la télévision grand public ou d'une chaîne câblée?
   b) s'agirait-il de la télévision réseau ou d'une chaîne locale?
   c) quelles émissions seraient retenues pour la télévision réseau?
   d) quels marchés seraient desservis par une chaîne locale?
3. Si la radio ou les journaux étaient recommandés:
   a) quels marchés seraient retenus?
   b) sur quels critères l'acheteur devrait-il réserver du temps d'antenne ou de l'espace dans les médias locaux?

DÉCISIONS CONCERNANT LE RECOURS À LA RADIO ET À LA TÉLÉVISION
1. Quel type de commandite retenir (unique, partagée ou autre)?
2. Quelle portée et quelle fréquence adopter?
3. Calendrier d'insertion: quels jours et quels mois les publicités seront-elles diffusées?
4. Programmation des messages publicitaires: dans l'émission ou entre les émissions?

DÉCISIONS CONCERNANT LE RECOURS AUX IMPRIMÉS
1. Nombre d'annonces à faire paraître: quels jours et quels mois?
2. Emplacement des annonces: quel serait l'emplacement souhaité à l'intérieur d'un support?
3. Particularités: encart à volets, annonce à fond perdu, couleur, etc.
4. Quelle portée et quelle fréquence adopter?

DÉCISIONS CONCERNANT LE RECOURS AUX AUTRES MÉDIAS
1. Panneaux-affiches
   a) Emplacement des marchés et plan de distribution.
   b) Types de panneaux extérieurs.
2. Publipostage ou autres médias. Décisions propres à ces médias.

PARTIE 4 La communication du message

Les objectifs médias

L'analyse de situation doit servir à déterminer les objectifs commerciaux, les objectifs de communication et les objectifs médias. Les objectifs médias ne constituent toutefois pas une fin en soi. Ils découlent plutôt des objectifs commerciaux et des objectifs de communication, et sont établis pour atteindre ces derniers. Les objectifs médias sont la raison d'être du plan médias et se limitent à ceux que l'on peut atteindre par le biais de stratégies médias, comme l'illustre l'exemple ci-dessous.

Accroître la notoriété auprès du public cible à l'aide des trois démarches suivantes :

- Recourir aux médias de diffusion afin de joindre 80 % du public cible au cours d'une période de six mois.
- Joindre 60 % du public cible à au moins trois reprises au cours d'une période de six mois.
- Concentrer les efforts publicitaires au cours de l'hiver et du printemps, et les réduire durant l'été et l'automne.

Les objectifs médias guident la stratégie médias et les décisions tactiques. Le gestionnaire du marketing doit déterminer si elles ont porté des fruits, lors de la mise en œuvre, et évaluer leur efficacité en fonction de deux facteurs. Dans quelle mesure les stratégies ont-elles atteint les objectifs médias ? À quel point le plan médias a-t-il contribué à la réalisation des objectifs de communication et des objectifs commerciaux ? On intègre les stratégies qui ont porté des fruits dans les futurs plans médias ; autrement, on en analyse les failles.

Les défis de la stratégie médias

Malheureusement, la stratégie médias n'est pas encore une tâche standardisée. Plusieurs problèmes compliquent l'élaboration du plan médias et réduisent son efficacité. Parmi eux, notons le manque d'information, des terminologies différentes et la difficulté de mesurer l'efficacité des supports.

Le manque d'information

Bien qu'il existe une quantité impressionnante de données sur les marchés et les médias, souvent, le planificateur médias ne dispose pas de tous les renseignements nécessaires à l'élaboration de son plan médias. Certaines données ne sont pas mesurées, soit parce qu'elles ne peuvent l'être, soit parce que leur évaluation se révèle trop coûteuse. Des mesures continues des audiences des stations de radio, par exemple, ont beau exister, seules les mesures périodiques sont publiées en raison de contraintes découlant de la taille de l'échantillon et des coûts.

La période des mesures de l'audience pose aussi un problème, certaines n'étant possibles qu'à des moments précis de l'année. Les informations obtenues pendant les **périodes de grands sondages** de février-mars, juin-juillet et octobre-novembre, par exemple, seront tenues pour acquises au cours des mois suivants, de sorte que les décisions entourant la planification médias seront prises en fonction de données antérieures qui ne refléteront pas nécessairement les comportements actuels. Songeons à la planification

*Aucune formule sur l'examen

Période de grand sondage

Période de programmation correspondant aux périodes intensives d'évaluation des sociétés de sondage servant à mesurer les audiences et à fixer les tarifs publicitaires.

de la publicité télévisée à l'automne. Aucune donnée sur les cotes d'écoute n'existe quant aux nouvelles émissions. L'information provenant des émissions diffusées pendant la période estivale ne révèle sans doute rien de leurs cotes d'écoute automnales, car les téléspectateurs sont d'ordinaire moins nombreux en été. Bien qu'ils puissent regarder ces émissions avant leur diffusion, les publicitaires ne disposent d'aucune donnée concernant leurs cotes d'écoute.

Le manque d'information pose un problème encore plus grand au petit annonceur, car il n'a pas toujours les moyens d'acheter l'information dont il a besoin. En conséquence, ses décisions sont souvent fondées sur des données périmées ou sur celles que lui fournissent les médias.

Des terminologies différentes

Des problèmes surviennent du fait que les bases de coût varient selon le média, et que les critères d'évaluation servant à les établir sont parfois différents. Les médias imprimés, par exemple, fournissent à certains moments des données relatives à leur efficacité par rapport à ce qu'il en coûte pour joindre 1 000 individus (coût par mille), alors que les médias de diffusion et les médias extérieurs font appel au coût par point d'exposition brute. De plus, l'information relative aux cotes d'écoute ou au public cible servant à établir ces coûts a été recueillie à l'aide de méthodes différentes. Enfin, des mots qui n'ont pas la même signification, par exemple les termes *portée* et *couverture*, sont employés indifféremment, ce qui ajoute à la confusion et rend plus complexes les comparaisons entre les médias.

Des difficultés à mesurer l'efficacité

En général, l'efficacité de la publicité et de la promotion s'avère très difficile à mesurer, tout comme l'efficacité relative des médias et des supports publicitaires. Alors que l'on enregistre des progrès à cet égard, en particulier en ce qui touche la publicité directe, le responsable du plan médias doit souvent essayer de prévoir les retombées des différentes options.

En raison de ces problèmes, on ne peut déterminer toutes les décisions médias de façon quantitative. Le gestionnaire du marketing doit parfois considérer l'image d'un média sur un marché qu'il connaît peu, prévoir l'impact de certains événements récents ou souscrire à des jugements sans connaître toutes les options.

Alors qu'ils compliquent le processus décisionnel, ces problèmes ne rendent pas l'exercice subjectif à tous égards. Le reste de ce chapitre portera sur l'élaboration des stratégies médias et sur les moyens d'en accroître l'efficacité.

Le budget médias

Nous l'avons dit, le plan médias doit contribuer à la réalisation des objectifs de communication, notamment en ce qui concerne la notoriété de la marque et l'attitude envers celle-ci. Les objectifs de communication et les objectifs médias constituent un important volet du processus de planification. Les chances de succès sont fonction du budget médias ou des sommes que l'entreprise consent à investir en publicité. Aucune société ne dispose d'un budget illimité ; c'est pourquoi les objectifs doivent être réalistes.

PRISE DE POSITION 9.1

Hurler ou chuchoter ?

« Mille messages, 2 000 messages, 5 000 messages… Peu importe le nombre exact de messages que reçoit chaque jour le consommateur moyen, on sait que c'est un chiffre imposant, qui reflète l'omniprésence des supports de communication : de la télévision au support à vélo, en passant par la bannière Web et l'encart dans un quotidien. *Tout* est prétexte. *Tout* communique. Plus que jamais, *"The medium is the message"*, et une multitude de nouveaux médias n'existent que pour et par la pub. Principale source de revenus des médias de contenu tels que quotidiens, radio et télévision, la pub est aussi la seule raison d'être de l'affichage.

« Tout est prétexte à la pub, car les modes de vie et de pensée des consommateurs ont changé : de sédentaire à mobile, de prévisible à imprévisible, d'homogène à hétéroclites. Par conséquent, la solution média unique, qui répondait à une vaste gamme de problèmes de marketing, n'existe plus.

« Il n'y a donc plus un seul plan médias, encore moins un plan médias idéal. Et aucun plan ne peut désormais reposer uniquement sur l'utilisation traditionnelle et éprouvée des médias de masse conventionnels.

« Il n'y a pas, non plus, une seule solution média, mais plusieurs solutions qui répondent toutes à la problématique. Un problème, plusieurs solutions : laquelle choisir ?

« Plus que jamais, tout est question de choix. Élaborer les meilleures stratégies, c'est faire des choix. Souvent difficiles, parfois appuyés par de la recherche, mais tout aussi souvent par l'instinct, le jugement et l'expérience du stratège.

« Il n'est pas de mauvais médias, seulement des médias mal utilisés, et dans un univers d'abondance média, le stratège devra choisir entre trop de bons médias. C'est la rançon de la fragmentation. Pour en profiter, il faut sortir des sentiers battus.

« Ainsi, pour lancer sa collection City, plutôt que de se contenter d'un déploiement traditionnel, Mexx a préféré le beau risque d'une vitrine mobile qui traversait les lieux et les centres d'intérêt de ses consommateurs, sans parler des points de vente. La marque à nu, le produit sans détours, et sans le tremplin d'une campagne en bonne et due forme. On aime ou pas. La vitrine, elle, existe et devient même prétexte à d'autres actions d'exploitation marketing !

« Bien sûr, la solution Mexx ne sera pas celle d'un autre annonceur. Chaque cas est différent, mais la rigueur qui mène aux meilleurs choix est la même. Plus que jamais, un bon plan médias fait appel à toute la connaissance de l'architecte qui en conçoit et en structure l'assemblage. Maximiser chaque outil pour optimiser l'ensemble. Comme dans un orchestre, chaque instrument doit claironner, mais c'est l'ensemble qui doit rayonner.

« Mal conçu et mal assemblé, le dispositif média ne résistera pas à la pression média des concurrents ni à l'indifférence des consommateurs. Concurrents directs, concurrents indirects. Toutes les campagnes hurlent en même temps. Faut-il, nous aussi, crier plus fort ou crier mieux ? Est-ce ce qui fait dire à une grande agence créative américaine dans sa philosophie de création : *"A sharper nail is often more valuable than a heavier hammer"* ?

« Dominer le bruit publicitaire n'est plus simplement une question de poids média. Le poids est une composante importante, voire nécessaire. Mais il n'est plus seul garant du succès. Encore faut-il optimiser l'utilisation de ce poids. Deux visions se confrontent : concentration versus dispersion.

« Avant même l'invention de la publicité, un certain Ebbinghaus, psychologue de l'apprentissage, établissait dès 1885 la nécessité de la répétition. Pas d'apprentissage sans mémorisation, pas de mémorisation sans répétition. La fréquence est donc née avant la portée. Cent dix ans plus tard, en 1995, le concept même du seuil critique de répétition est remis en question par Jones. « Une seule exposition est suffisante. » Contradictoires ou complémentaires, ces deux visions ?

« Maximiser le rendement, c'est savoir faire les meilleurs choix dans l'éventail des médias et des moyens disponibles. C'est aussi savoir comment faire appel aux théories sur l'impact et ajuster le volume pour se faire remarquer dans l'univers des 5 000 messages. C'est finalement laisser son expérience conjuguer rigueur et créativité. »

Source : Pierre Arthur, « Hurler ou chuchoter ? », *Association des agences de publicité du Québec*, [en ligne], <http://www.aapq.ca/default.asp?id=28&mnu=28> (page consultée le 14 février 2008). Texte reproduit avec l'autorisation de l'auteur.
Pierre Arthur est directeur marketing et recherche au quotidien *La Presse* et chargé de cours médias au programme de D.E.S.S. en communication marketing à HEC Montréal.

Nous traitons du budget médias dans ce chapitre en raison du rapport existant entre les objectifs de communication et les ressources financières. Nous n'aborderons pas en détail les enjeux budgétaires ayant trait aux autres outils de CMI pour deux raisons. En premier lieu, les autres outils de CMI dépendent très souvent des dépenses médias; par exemple, certains volets de campagnes de relations publiques font appel aux médias. Les annonceurs se servent de la publicité médias pour diriger les visiteurs vers leur site Internet. En second lieu, le processus de planification de toutes les communications marketing s'apparente au processus de planification établi pour la publicité. Par conséquent, les concepts de budgétisation peuvent être reportés sur les autres outils de CMI.

Le budget des communications marketing oscille entre quelques milliers et plusieurs millions de dollars. Lorsqu'elles consacrent annuellement des millions de dollars à la promotion de leurs produits, des grandes sociétés telles que Procter & Gamble et General Motors sont en droit de s'attendre à ce que ces sommes leur permettent d'atteindre les objectifs établis. La question budgétaire n'importe pas moins à l'entreprise ne disposant que de quelques milliers de dollars; la réussite ou l'échec d'une campagne peut dépendre des sommes investies. L'une des plus importantes décisions du gestionnaire du marketing est de déterminer la somme à consacrer aux activités promotionnelles.

Nombre de gestionnaires ignorent la valeur de la publicité et de la promotion, percevant les sommes allouées aux communications comme des dépenses plutôt qu'un investissement. À leurs yeux, les dépenses budgétaires contribuent à rogner la marge bénéficiaire plutôt qu'à accroître le chiffre d'affaires et la part de marché de l'entreprise. En conséquence, le budget de publicité et de promotion est le premier à faire les frais de la morosité économique, même lorsque tout le contraire devrait se produire. De plus, il ne s'agit pas d'une décision qui est prise une fois pour toutes. On dresse un nouveau budget chaque année, chaque fois qu'on lance un nouveau produit ou que des facteurs internes ou externes appellent un changement afin de maintenir le degré de compétitivité.

Nous consacrerons le reste de cette section à la théorie sous-jacente à la détermination du budget. Nous verrons aussi comment les entreprises budgétisent leurs activités promotionnelles, et nous démontrerons les forces et les faiblesses de ces démarches théoriques et celles qui reposent sur l'expérience des gestionnaires du marketing.

Les méthodes théoriques de détermination du budget

La plupart des méthodes de détermination des budgets de publicité s'appuient sur l'**analyse marginale** ou les modèles de réponse des ventes.

Analyse marginale

Analyse qui consiste à comparer l'augmentation ou la diminution des revenus et des coûts.

L'analyse marginale

La figure 9.2 est une représentation graphique de l'analyse marginale. Alors que les dépenses de publicité et de promotion augmentent, les ventes et les marges brutes connaissent une croissance dans une certaine mesure, puis finissent par se stabiliser. On détermine les bénéfices en soustrayant les dépenses publicitaires de la marge brute. L'entreprise qui établit son budget à l'aide de cette théorie continue de dépenser des sommes en publicité et en promotion, aussi longtemps que le revenu marginal produit par ces dépenses excède le coût marginal lié à la publicité et à la promotion. Comme l'illustre la figure 9.2, le niveau de dépenses optimal est le point où les coûts marginaux équivalent aux revenus marginaux qu'ils produisent (le point A).

FIGURE 9.2 Une analyse marginale

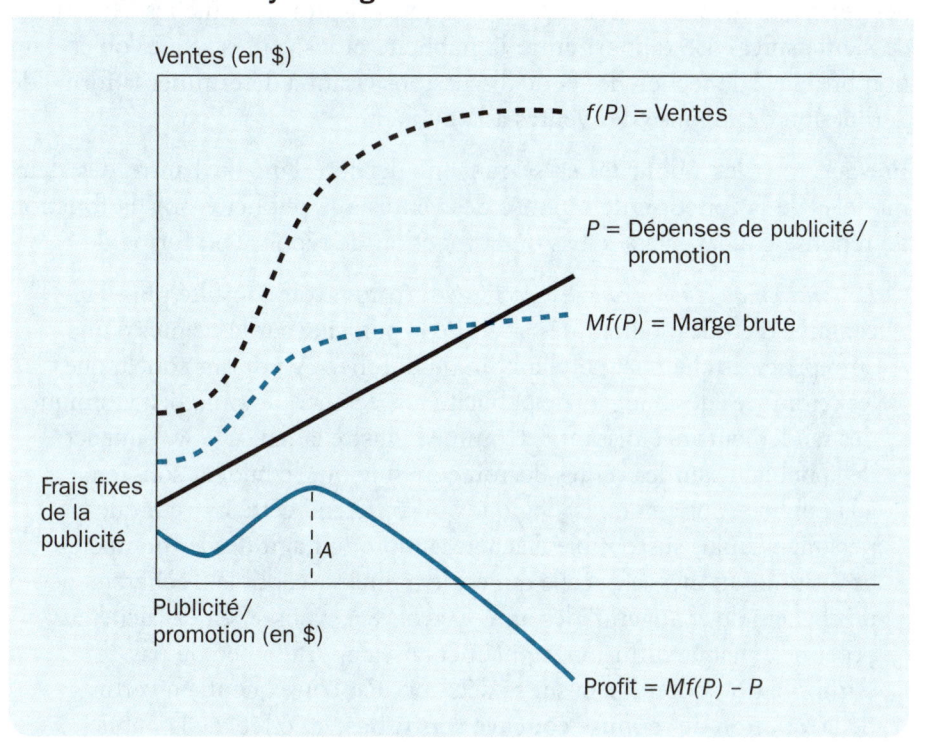

[Graphique: axe vertical « Ventes (en $) », axe horizontal « Publicité/promotion (en $) ». Courbes : $f(P)$ = Ventes ; P = Dépenses de publicité/promotion ; $Mf(P)$ = Marge brute ; Profit = $Mf(P) - P$. Point A indiqué. « Frais fixes de la publicité » sur l'axe vertical.]

L'analyse marginale semble logique sur le plan intuitif; quelques faiblesses limitent cependant son utilité. Croire que les ventes enregistrées découlent directement des sommes consacrées à la publicité et à la promotion, et que leurs retombées peuvent être mesurées, constitue l'une de ces faiblesses; penser que seules la publicité et la promotion sont à l'origine des ventes enregistrées en est une autre. Étudions de plus près chacune de ces croyances.

1. *Les ventes enregistrées découlent directement des sommes consacrées à la publicité et à la promotion.* Nous l'avons dit, le publicitaire doit fixer des objectifs de communication susceptibles de contribuer à la réalisation des objectifs commerciaux dans leur ensemble, bien qu'ils puissent être différents. Cette stratégie s'explique en partie parce qu'il est souvent ardu, voire impossible, de déterminer les retombées de la publicité et de la promotion sur les ventes. Lors d'études qui se fondaient sur les ventes comme mesure directe, il s'est avéré presque impossible d'établir l'apport de la publicité et de la promotion[1]. Par conséquent, il serait tendancieux de tenter de démontrer que la taille du budget a une incidence directe sur les ventes d'un produit. Il serait plus logique d'étudier les effets des budgets alloués à chaque outil de communication sur l'atteinte des objectifs de communication de chacun.

2. *Seules la publicité et la promotion sont à l'origine des ventes.* Cette croyance fait fi des autres éléments du marketing mix, soit le prix, le produit et le circuit de distribution, qui contribuent à la prospérité de l'entreprise. Des facteurs environnementaux ont aussi une incidence sur le programme de

promotion, laissant croire que la publicité était ou n'était pas efficace, alors que d'autres facteurs ont contribué ou nui à l'atteinte des objectifs.

Les fonctions de réponse des ventes

Pourquoi la courbe des ventes de la figure 9.2 affiche-t-elle une saturation des ventes, alors que les activités publicitaires et promotionnelles continuent de s'intensifier ? Le rapport entre la publicité et les ventes a fait l'objet d'un nombre élevé de recherches et de discussions visant à déterminer la forme de la fonction de réponse des ventes à la publicité.

Presque tous les publicitaires se rangent derrière l'un ou l'autre des deux modèles de la fonction de réponse des ventes à la publicité, soit la fonction de réponse concave vers le bas ou la fonction de réponse en forme de S.

- *La fonction de réponse concave vers le bas* Après avoir consulté plus d'une centaine d'études traitant des effets de la publicité sur les ventes d'une entreprise, les chercheurs Julian Simon et Johan Arndt ont conclu que les retombées des budgets de publicité respectent la loi microéconomique des rendements décroissants[2]. Comme l'illustre la figure 9.3a, l'impact de la publicité sur les ventes décroît à mesure que le budget consacré à la publicité augmente. La logique qui sous-tend cette loi veut que la personne la plus susceptible d'acheter un produit agit dès les premières expositions au message ; celle qui est le moins susceptible d'acheter a peu de chances de changer d'idée après y avoir été exposée. Chez l'acheteur potentiel, chaque diffusion supplémentaire apportera peu ou pas d'information qui influera sur sa décision. Par conséquent, en vertu de la **fonction de réponse concave vers le bas**, les effets de la publicité s'atténueront rapidement.

- *La fonction de réponse en forme de S* De nombreux responsables de la publicité font appel à la **fonction de réponse en forme de S** pour déterminer leur budget publicitaire, comme l'illustre la figure 9.3b. Selon ce modèle, les dépenses initiales du budget de publicité ont peu d'incidence, comme l'indique la courbe plutôt plate de la plage A. Après qu'un certain niveau budgétaire a été atteint (le début de la plage B), les activités publicitaires et promotionnelles commencent à porter des fruits, à mesure que l'accroissement des dépenses se traduit par une hausse des ventes. Ce gain supplémentaire est toutefois de courte durée, car au début de la plage C, les dépenses supplémentaires génèrent peu de ventes supplémentaires, voire aucune. En vertu de ce modèle, le budget de publicité modeste a peu d'effet sur les ventes. À l'opposé, une hausse budgétaire n'est pas garante de ventes supérieures. Les sommes que l'on ajoute au-delà de la plage B ont très peu d'effet sur les ventes et, pour une bonne part, peuvent être considérées comme un gaspillage. Comme nous pouvons le constater, on obtient le rendement maximal de l'argent investi en publicité lorsque le budget se situe dans la plage B de la figure 9.3b. Bien que le gestionnaire du marketing puisse difficilement mettre en pratique l'analyse marginale et les courbes de fonction de réponse des ventes, ces modèles lui fourniront des bases théoriques quant à la nature et à la raison d'être du processus budgétaire. Des études empiriques permettent en effet de croire que ces modèles sont valables[3]. Mentionnons toutefois que plusieurs autres éléments doivent être considérés.

Fonction de réponse concave vers le bas

Modèle selon lequel l'impact de la publicité sur les ventes décroît à mesure que le budget consacré à la publicité augmente.

Fonction de réponse en forme de S

Modèle selon lequel les dépenses initiales d'un budget de publicité ont peu d'incidence sur les ventes.

FIGURE 9.3 Les fonctions de réponse des ventes à l'effort publicitaire

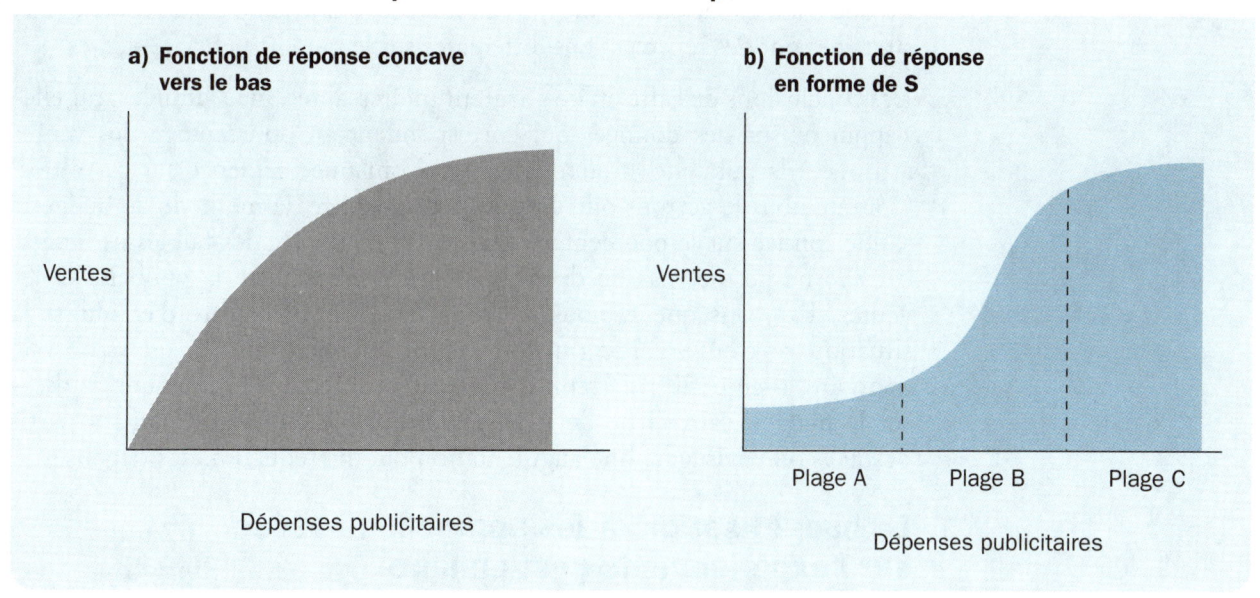

a) Fonction de réponse concave vers le bas

Ventes / Dépenses publicitaires

b) Fonction de réponse en forme de S

Ventes / Plage A — Plage B — Plage C / Dépenses publicitaires

Lorsqu'on fait appel aux ventes comme mesure *directe* de la publicité, on oublie souvent que plusieurs facteurs conjoncturels entrent en jeu. Selon une étude exhaustive, 20 variables ont une incidence sur la relation entre la publicité et les ventes. Le tableau 9.2 contient une liste de ces facteurs et de leurs effets sur le rapport publicité-ventes[4]. La publicité a une grande incidence sur les ventes lorsque les motivations d'achat sont d'ordre émotionnel, que les caractéristiques du produit sont cachées et que le produit s'avère fortement différencié. Elle a une faible incidence sur les ventes lorsque le prix d'achat est élevé et que le cycle

TABLEAU 9.2 Les facteurs ayant une incidence sur les budgets de publicité

Facteurs	Rapport publicité-ventes	Facteurs	Rapport publicité-ventes
Facteurs liés au produit		**Facteurs liés à la clientèle**	
Source de différenciation	+	Utilisateurs de biens industriels	–
Qualités cachées	+	Concentration des utilisateurs	+
Motivations d'achat de nature émotionnelle	+	**Facteurs liés à la stratégie**	
Durabilité	–	Marchés régionaux	–
Achat de grande valeur	–	Première étape du cycle de vie de la marque	+
Fréquence d'achat	Curvilinéaire	Marges élevées des canaux de distribution	–
Facteurs liés au marché		Longs canaux de distribution	+
Étape du cycle de vie du produit		Prix élevés	+
Introduction	+	Haut de gamme	+
Croissance	+		
Maturité	–	**Facteur lié aux coûts**	
Déclin	–	Marges bénéficiaires élevées	+
Demande inélastique	+		
Part du marché	–		
Concurrence			
Intensive	+		
Concentrée	+		
Pionnier sur le marché	–		

Remarque : Le signe + signifie que le facteur conduit à une relation positive entre la publicité et les ventes ; le signe – signifie que la publicité a peu ou pas d'effet sur les ventes.

de vie a atteint la phase de maturité ou de déclin. Cette étude a aussi démontré que d'autres facteurs ayant trait au marché, à la clientèle, aux coûts et aux stratégies ont des répercussions différentes sur le rapport publicité-ventes.

Les conclusions de cette étude s'avèrent intéressantes, mais limitées, car elles s'appuient sur des données qui correspondent au pourcentage des ventes attribué à la publicité et aux facteurs qui ont une incidence sur ces ratios. Comme nous le verrons plus loin dans ce chapitre, la méthode de budgétisation fondée sur le pourcentage des ventes comporte des faiblesses innées, car elle ne permet pas de déterminer la causalité entre la publicité et les ventes. Par conséquent, nous sommes dans l'impossibilité d'établir si la situation se trouve à l'origine du rapport publicité-ventes ou si c'est le contraire. Bien qu'il faille tenir compte de ces facteurs au moment de dresser le budget, ceux-ci ne devront pas être les seuls déterminants à partir desquels on envisagera une augmentation ou une réduction des dépenses.

La budgétisation et les approches basées sur l'expérience du gestionnaire

On emploie rarement les méthodes théoriques afin d'établir un budget de communications marketing; qui plus est, les petites entreprises ne s'en servent peut-être jamais. On table plutôt sur des méthodes élaborées en fonction de la pratique courante et de l'expérience des gestionnaires. La présente section passera en revue quelques-unes des méthodes classiques servant à la détermination d'un budget, ainsi que les avantages et les désavantages relatifs de chacune. Précisons que nombre de firmes font appel à plusieurs méthodes, et que la méthode de détermination du budget varie selon la taille et la complexité de l'entreprise. Avant d'aborder ces démarches, nous examinerons quelques facteurs liés à la budgétisation.

Les facteurs ayant une incidence sur le budget

La taille du marché Le budget de promotion dépend de la taille du marché. Il est plus facile et moins coûteux de joindre le public cible d'un petit marché. À trop dépenser en promotion sur ce type de marché, on provoque une saturation et on perd en efficacité. Le public cible des marchés plus importants peut être dispersé; on doit alors investir davantage afin de le joindre. Nous analyserons les enjeux financiers à la section portant sur les tactiques médias.

Le potentiel du marché Pour différentes raisons, le potentiel de certains marchés se révèle supérieur à d'autres. Dans ce cas, le gestionnaire du marketing leur consacre davantage d'argent. On évite d'ignorer un marché sous prétexte que les ventes n'y sont pas élevées. Tout est affaire de potentiel; un marché aux ventes faibles, mais au potentiel prometteur, devrait être l'objet d'un effort budgétaire supplémentaire.

Les objectifs de part de marché Deux études récentes, publiées dans le *Harvard Business Review*, analysent les dépenses de publicité qui servent à conserver et à accroître la part de marché[5]. John Jones a comparé la part de marché d'une marque à sa part de voix publicitaire (ou part de bruit publicitaire), soit les dépenses publicitaires d'une marque donnée, divisées par les dépenses publicitaires de l'ensemble des marques de la même catégorie de produits. Son analyse portait sur 666 marques et 117 marchés. À mesure que la part de marché des marques augmentait, la part de voix publicitaire de près de 60 % d'entre elles diminuait de façon proportionnelle.

Selon Jones, trois facteurs expliquent ce changement. En premier lieu, les nouvelles marques profitent en général d'un soutien publicitaire supérieur à la moyenne. En deuxième lieu, lorsqu'une marque bien établie parvient à maturité, on réduit souvent son soutien publicitaire. Enfin, il existe une économie d'échelle publicitaire en vertu de laquelle la publicité profite davantage aux marques établies, de sorte que l'on peut leur consacrer moins d'argent. Jones conclut qu'il est possible de réduire les dépenses publicitaires des marques les plus importantes, tout en conservant leur part de marché. Par contre, pour maintenir la part de marché de marques moins importantes, on accroîtra les dépenses publicitaires de façon que leur part de voix publicitaire soit proportionnellement plus élevée que leur part de marché.

James Schroer a examiné les dépenses publicitaires en vue d'accroître la part de marché. Son analyse suggère ce qui suit :

- Segmenter les marchés en s'intéressant surtout à ceux où la concurrence se révèle faible ou éviter de faire appel à une formule unique à l'échelle nationale au moment de répartir le budget de publicité.
- Déterminer la position des concurrents par rapport aux coûts (quand on ne dispose d'aucun avantage en ce qui concerne les coûts, il est peu probable que l'on puisse maintenir des dépenses publicitaires élevées assez longtemps pour se permettre d'accroître la part de marché de la marque).
- Résister à l'appât des bénéfices à court terme découlant de compressions du budget de publicité.
- Envisager des stratégies de créneau plutôt que de s'engager dans des guerres à long terme pour obtenir une position de leader sur l'ensemble du marché.

La figure 9.4 illustre les suggestions de Schroer en vue d'établir les priorités budgétaires sur divers marchés.

FIGURE 9.4 L'incidence de la part de voix publicitaire sur les sommes consacrées à la publicité

	Petite (Part de marché)	Grande (Part de marché)
Grande (Part de voix des concurrents)	Diminution – déterminer un créneau valable	Hausser afin de faire face aux concurrents
Petite (Part de voix des concurrents)	Passer à l'attaque à l'aide d'une part de voix très supérieure à la moyenne	Conserver des dépenses légèrement supérieures à la moyenne

Les économies d'échelle en publicité Selon quelques études, l'entreprise et la marque qui disposent d'une grande part de marché jouissent d'un avantage par rapport à leurs concurrents moins importants. Par conséquent, l'entreprise est en mesure d'investir moins en publicité et profite d'un rendement plus avantageux[6]. L'entreprise qui mise beaucoup sur la publicité est susceptible de conserver une part de voix publicitaire moindre par rapport à sa part de marché, car elle obtient de meilleurs tarifs publicitaires. En outre, ses coûts de production moyens décroissent, et elle peut souvent profiter d'avantages découlant de la publicité conjointe. Enfin, il est probable que l'entreprise puisse profiter de meilleurs temps d'antenne et de meilleurs espaces publicitaires, et compter sur la collaboration des intermédiaires et sur une publicité rédactionnelle favorable. Ce sont là des **économies d'échelle**.

> **Économie d'échelle**
>
> Réduction des coûts découlant d'une meilleure organisation de la production ; en publicité, les économies d'échelle résulteront souvent de meilleurs temps d'antenne et de meilleurs espaces publicitaires, leurs coûts relatifs pouvant décroître à mesure que la taille de l'enveloppe publicitaire augmente.

Après avoir examiné les études favorables à cette position et en avoir mené d'autres pour une variété de produits de grande consommation, Kent Lancaster établit que cette position ne tient pas et qu'en réalité les produits dont les parts de marché sont plus grandes pourraient au contraire être désavantagés[7]. Son étude révèle que les principales marques consacrent à la publicité en moyenne 2,5 points de pourcentage de plus que leur part de marché. Les résultats de cette étude et d'autres semblables laissent à penser qu'il n'y a aucune économie d'échelle à tirer de la taille d'une entreprise ou de la part de marché d'une marque[8].

Les outils de CMI Le marketing direct, le marketing interactif et d'autres outils de promotion reçoivent davantage d'attention et exigent un budget de communications marketing accru. Plus les outils promotionnels servant à atteindre ses objectifs de communication sont nombreux, plus le budget de communications marketing doit être élevé. Cette stratégie exerce une influence sur l'orientation des investissements de l'entreprise en matière de communications marketing.

Dans une étude sur les décisions entourant la répartition des sommes entre la publicité et la promotion des ventes, George Low et Jakki Mohr concluent que les facteurs organisationnels tiennent un rôle important dans l'allocation des sommes consacrées à la publicité[9]. Au dire des auteurs, les facteurs suivants ont une incidence sur les décisions relatives à une telle allocation. Ces facteurs varient selon l'entreprise et ont un effet sur les sommes consacrées à la publicité et à la promotion des ventes :

- la structure de l'entreprise – qu'elle soit centralisée ou décentralisée –, son degré de formalisation et sa complexité ;
- le pouvoir et la politique au sein de la hiérarchie de l'entreprise ;
- le recours à l'opinion d'experts, par exemple des consultants ;
- les caractéristiques du décideur (ses préférences et son expérience) ;
- les circuits d'approbation et de négociation ;
- la pression exercée sur les hauts dirigeants pour qu'ils établissent un budget optimal.

Il est possible de voir comment ces facteurs peuvent jouer sur l'affectation budgétaire en s'intéressant au degré d'interaction entre le Service du marketing et les autres services fonctionnels, par exemple la comptabilité et la production. Les auteurs soulignent que l'importance relative de la publicité par rapport à la promotion des ventes varie selon le service. Les comptables, qui se préoccupent avant tout de l'aspect financier, insistent sur l'impact positif de la promotion des ventes sur le chiffre d'affaires ; les responsables de la production, de leur côté, plaident contre la promotion des ventes à cause de l'afflux soudain de la demande qui pourrait bouleverser les calendriers de production. Quant au Service du marketing, il abonde dans un sens ou dans l'autre au moment d'arrêter sa décision.

Les méthodes de haut en bas

Les démarches dont il sera question dans cette section sont dites méthodes de haut en bas parce que le budget publicitaire est en général déterminé par la direction avant que les sommes soient acheminées vers les divers services qui relèvent d'elle, comme l'illustre la figure 9.5. Pour la plupart, ces budgets sont prédéterminés et n'ont aucun fondement théorique véritable. Parmi les méthodes de haut en bas, on trouve les méthodes du montant disponible, du montant arbitraire, du pourcentage du chiffre d'affaires, de l'ajustement concurrentiel et du rendement du capital investi.

FIGURE 9.5 Une comparaison entre une méthode de budgétisation de haut en bas et une méthode de bas en haut

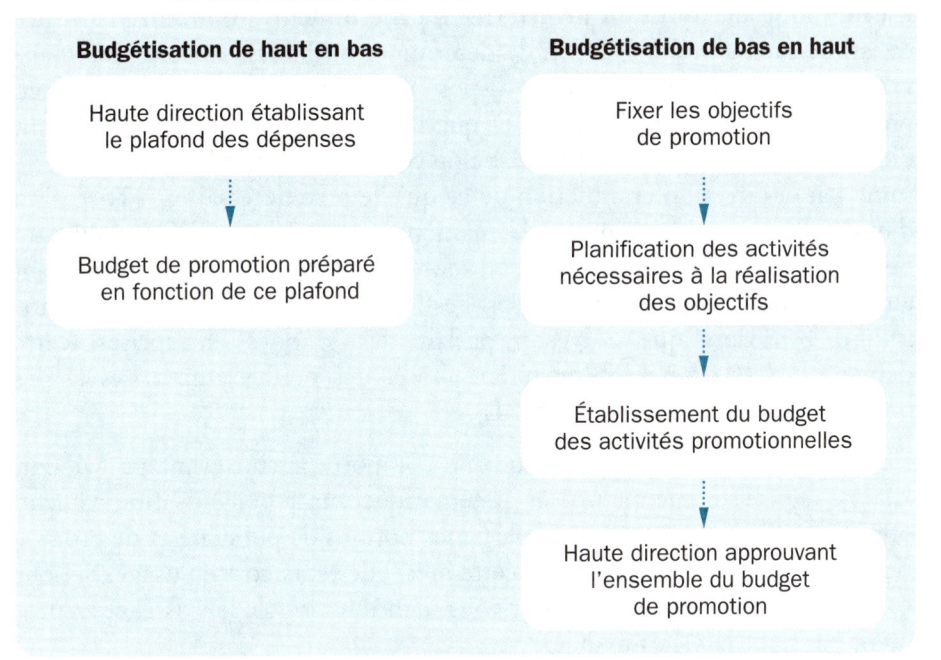

Budgétisation de haut en bas
- Haute direction établissant le plafond des dépenses
- Budget de promotion préparé en fonction de ce plafond

Budgétisation de bas en haut
- Fixer les objectifs de promotion
- Planification des activités nécessaires à la réalisation des objectifs
- Établissement du budget des activités promotionnelles
- Haute direction approuvant l'ensemble du budget de promotion

La méthode du montant disponible Selon la **méthode du montant disponible**, l'entreprise détermine d'abord les sommes qu'elle consacrera à ses principales activités telles que la production et l'exploitation. Elle alloue ensuite le reste à la publicité et à la promotion, considérant ce montant comme celui qu'elle peut se permettre de dépenser à ces postes. Cette méthode ne tient pas compte de la tâche que doivent accomplir la publicité et la promotion. De plus, comme aucune directive n'est formulée en vue d'évaluer les effets de la publicité, la probabilité d'investir trop ou pas assez en publicité ou en promotion est grande.

Aussi étrange que cela puisse paraître, cette méthode est fort répandue dans les petites entreprises. Malheureusement, les grandes sociétés y recourent également, en particulier celles dont les activités ne sont pas dictées par le marketing et qui ne comprennent pas le rôle de la publicité

Méthode du montant disponible

Méthode de budgétisation selon laquelle l'entreprise détermine d'abord les sommes qu'elle consacrera à ses principales activités, puis à la publicité et à la promotion.

et de la promotion. Plusieurs sociétés de haute technologie, par exemple, s'intéressent avant tout au développement et à l'ingénierie de nouveaux produits et considèrent qu'un produit se vend lorsqu'il est assez bon. Dans ces entreprises, il reste souvent peu d'argent à consacrer à la publicité et à la promotion.

La logique derrière cette démarche repose sur l'absence de risque qu'on lui associe. On sait quelle somme dépenser et, pour peu qu'on ne l'excède pas, on n'encourt aucun ennui financier. Si le principe se défend sur le plan comptable, il ne traduit pas un processus décisionnel sensé du point de vue marketing. Souvent, cette méthode ne prévoit pas assez d'argent pour faire connaître un produit. Si l'on se reporte à la fonction de réponse en forme de S présentée à la figure 9.3b, à la page 283, l'entreprise se trouve en phase A. Ou encore l'entreprise dépense plus qu'il ne faut et se trouve en phase C. Lorsque le marché est déprimé et que les ventes ou les profits commencent à fondre, cette méthode risque d'entraîner des réductions budgétaires à un moment où l'on devrait augmenter les dépenses publicitaires.

> **Méthode du montant arbitraire**
>
> Méthode de budgétisation ne reposant sur à peu près aucun fondement théorique ; l'enveloppe budgétaire est souvent dictée par une décision autoritaire.

La méthode du montant arbitraire La **méthode du montant arbitraire** constitue sans doute une façon de déterminer un budget encore plus mauvaise que la méthode du montant disponible, parce qu'elle s'appuie sur à peu près aucun fondement théorique et que l'enveloppe budgétaire est souvent dictée par une décision autoritaire. Selon cette méthode, le budget est déterminé par la direction en fonction de ce qu'elle juge nécessaire. À l'occasion d'une présentation portant sur la manière dont le gestionnaire établit un budget publicitaire, Melvin Salveson soutenait que ces décisions « traduisent autant le profil psychologique des gestionnaires que les critères économiques[10] ». Alors que Salveson parlait des grandes entreprises, cette démarche n'est pas moins répandue auprès des petites entreprises et des organismes sans but lucratif (OSBL).

La méthode du montant arbitraire ne comporte aucun avantage évident. Elle ne repose sur aucune pensée systématique, sur la budgétisation d'aucun objectif et elle ignore en grande partie les notions de publicité et de promotion. On s'explique mal pourquoi cette méthode est encore en usage. Si nous en parlons, c'est uniquement pour vous mentionner qu'elle existe, et assurément pas pour la recommander.

> **Méthode du pourcentage du chiffre d'affaires**
>
> Méthode de budgétisation selon laquelle la direction de l'entreprise détermine le budget de publicité à partir d'un pourcentage du chiffre d'affaires ou en affectant à la publicité un montant fixe du coût unitaire d'un produit et en multipliant ce montant par le nombre d'unités vendues.

La méthode du pourcentage du chiffre d'affaires La **méthode du pourcentage du chiffre d'affaires** est sans doute la méthode qui sert le plus à établir des budgets, en particulier dans les grandes entreprises. En vertu de cette méthode, la direction détermine le budget de publicité à partir d'un pourcentage du chiffre d'affaires ou en affectant à la publicité un montant fixe du coût unitaire d'un produit et en multipliant ce montant par le nombre d'unités vendues. Ces deux méthodes sont présentées au tableau 9.3.

Les défenseurs de la méthode du pourcentage du chiffre d'affaires font valoir plusieurs de ses avantages. Elle est sûre du point de vue financier et encadre les dépenses de façon raisonnable, car les dépenses sont fonction du chiffre d'affaires de l'exercice précédent ou des prévisions des ventes de l'exercice à venir. Par conséquent, elle dispose de suffisamment d'argent pour alimenter ce budget, car une augmentation des revenus entraîne une hausse du budget, et un ralentissement, une diminution de l'enveloppe

TABLEAU 9.3 Différentes méthodes de calcul du pourcentage des ventes

Méthode du pourcentage du chiffre d'affaires		
2007	Chiffre d'affaires	1 000 000 $
	10 % du chiffre d'affaires	100 000 $
2008	Budget de publicité	100 000 $

Pourcentage du coût unitaire		
2007	Coût par unité imputé au fabricant	4,00 $
	Coût unitaire consacré à la publicité	1,00 $
2008	Ventes prévues, 100 000 unités	
2008	Budget de publicité (100 000 × 1 $)	100 000 $

publicitaire. La méthode du pourcentage du chiffre d'affaires est simple, directe et facile à mettre en œuvre. Quelle que soit sa base (le chiffre d'affaires de l'exercice écoulé ou de l'exercice à venir), le calcul est simple. Enfin, cette méthode de budgétisation offre une certaine stabilité. Alors que le budget varie en fonction des hausses et des baisses du chiffre d'affaires, tant que ces fluctuations ne se révèlent pas draconiennes, le gestionnaire peut se faire une idée raisonnable des paramètres de son budget.

La méthode du pourcentage du chiffre d'affaires présente aussi d'énormes désavantages, dont la prémisse sur laquelle le budget de publicité est déterminé en fonction des ventes. En s'appuyant sur le volume des ventes afin de déterminer l'enveloppe budgétaire consacrée à la publicité et à la promotion, on inverse le lien de cause à effet entre la publicité et les ventes. On considère alors la publicité comme une dépense résultant de la conclusion d'une vente, plutôt qu'un investissement.

Un autre désavantage de cette méthode a précédemment été présenté comme un avantage : la stabilité. Ses défenseurs prétendent que, si toutes les entreprises fondaient leurs budgets publicitaires sur un même pourcentage de leurs chiffres d'affaires, la stabilité régnerait sur le marché. Cependant, que se passerait-il si quelqu'un dérogeait du pourcentage normatif ? L'inconvénient de cette méthode tient à ce qu'elle ne laisse aucune place aux changements de stratégie, ni à l'interne ni à l'externe. Une entreprise dynamique pourrait décider de consacrer davantage d'argent à sa publicité et à sa promotion. Cependant, on ne pourrait envisager une telle stratégie par rapport à la méthode du pourcentage du chiffre d'affaires, à moins de consentir à s'éloigner des normes de son secteur industriel.

La méthode du pourcentage du chiffre d'affaires peut être à l'origine d'un grave détournement de fonds. Si la publicité et la promotion ont un rôle à jouer dans la commercialisation d'un produit, le fait de consacrer plus d'argent à la publicité entraîne, comme le démontre la fonction de réponse en forme de S (*voir la figure 9.3b, à la page 283*), des ventes supplémentaires jusqu'à un certain point. En arrimant un budget de promotion moindre à un produit qui se vend peu, on fait obstacle à la croissance de ses ventes. À l'autre extrémité, on consacre parfois trop d'argent à des produits-vedettes, de l'argent qui pourrait être mieux utilisé ailleurs.

Il est difficile d'appliquer la méthode du pourcentage du chiffre d'affaires lors du lancement de nouveaux produits. À défaut d'un historique des ventes, on ne dispose d'aucun point d'appui sur lequel fonder un budget. On éprouve du mal à effectuer les prévisions des ventes, en particulier lorsqu'il s'agit d'un produit novateur ou que les ventes fluctuent beaucoup.

Quand le budget dépend du chiffre d'affaires, un ralentissement des ventes peut entraîner une diminution du budget de publicité et de promotion, au moment où l'entreprise devrait le hausser. Cette réduction peut accélérer la tendance à la baisse du chiffre d'affaires, comme l'illustre la figure 9.6. Par contre, certaines entreprises des plus prospères ont consacré des sommes supplémentaires à leurs budgets de publicité pendant les périodes creuses ou les phases descendantes de leurs cycles de vente. Or, les entreprises conservant ou augmentant leurs dépenses publicitaires en période de ralentissement économique ont obtenu davantage de visibilité et ont vu leurs ventes et leurs parts de marché augmenter, en comparaison de celles qui les avaient réduites. Par exemple, on attribue en partie la force de l'image de Sunkist au fait qu'elle a maintenu, malgré les récessions, un même niveau de dépenses publicitaires au cours des 80 dernières années[11].

FIGURE 9.6 La rentabilité des investissements au cours des exercices subséquents

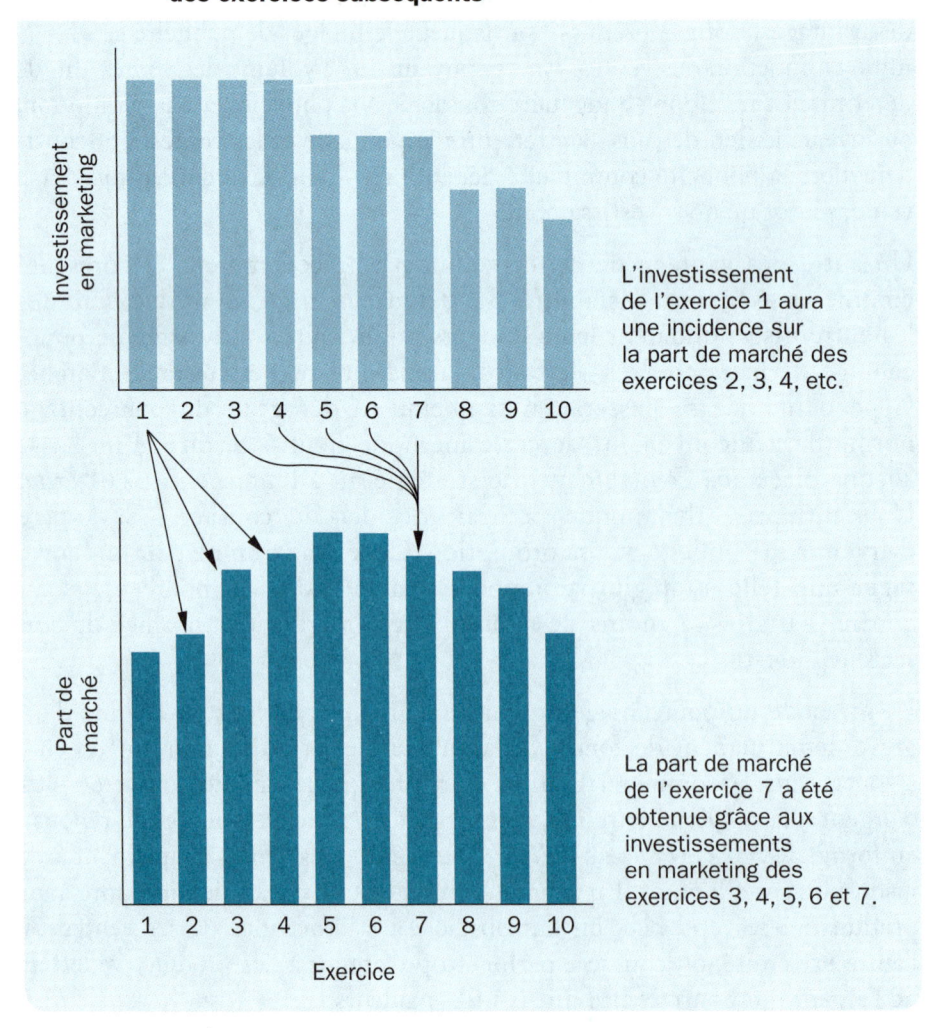

L'investissement de l'exercice 1 aura une incidence sur la part de marché des exercices 2, 3, 4, etc.

La part de marché de l'exercice 7 a été obtenue grâce aux investissements en marketing des exercices 3, 4, 5, 6 et 7.

Une variante de la méthode du pourcentage du chiffre d'affaires repose sur un pourcentage des ventes prévues. Elle s'appuie soit sur un pourcentage défini des ventes prévues, soit sur un coût unitaire prévu. L'un des avantages de cette méthode tient à ce que l'on ne se fie pas au chiffre d'affaires de l'exercice précédent. À mesure que le marché évolue, la direction tient compte de l'incidence des changements sur les ventes pour les prévisions de l'exercice à venir, plutôt que de se fier aux chiffres de l'exercice précédent. Le budget qui en découle colle davantage à la réalité. Si cela semble apporter une solution à quelques problèmes dont nous avons fait état, en réalité, ceux qui sont liés aux prévisions, à la croissance cyclique et aux facteurs incontrôlables limitent son efficacité.

La méthode de l'ajustement concurrentiel Supposons que vous demandiez à des gestionnaires du marketing s'ils établissent leurs budgets de publicité et de promotion en fonction de ceux de leurs concurrents. Il y a gros à parier qu'ils le nieraient. Pourtant, si vous analysiez les dépenses publicitaires de ces entreprises, tant sous l'angle du pourcentage des ventes consacré à la publicité que sous celui des médias où elles sont réparties, vous constateriez peu de différence entre les firmes présentes dans un même secteur industriel. Une telle similitude n'est pas uniquement le fruit du hasard. Les entreprises fournissant des renseignements publicitaires sur la concurrence, les regroupements professionnels et les périodiques spécialisés en publicité constituent autant de sources qui divulguent les dépenses publicitaires d'entreprises concurrentes. Les grandes entreprises font souvent appel aux services de firmes spécialisées dans l'observation des médias et des dépenses relatives aux communications. Ainsi, des services de magnétoscopie révèlent de l'information concernant des sociétés concurrentes. Grâce à une nouvelle technologie dont nous parlerons au chapitre 10, la firme Nielsen est en mesure de signaler toutes les publicités télévisées. Les entreprises plus modestes s'abonnent souvent à un **service de coupures de presse**. L'entreprise est ainsi en mesure de déterminer le cumul des frais des annonces publiées.

Selon la **méthode de l'ajustement concurrentiel**, le gestionnaire détermine les postes budgétaires en fonction des dépenses publicitaires des entreprises concurrentes. On justifie l'emploi de cette méthode en disant que l'on profite ainsi de la sagesse d'un secteur d'activité. La méthode tient compte aussi de la concurrence, favorise la stabilité du marché et minimise les guerres commerciales. Sachant que ses concurrents hausseront sans doute leurs dépenses promotionnelles afin d'égaler les siennes, l'entreprise a moins de chances de lancer une campagne énergique afin de s'approprier une part de marché. Elle réduit ainsi ses dépenses publicitaires inhabituelles ou irréalistes.

La méthode de l'ajustement concurrentiel présente cependant plusieurs désavantages. D'abord, elle passe outre le fait que la publicité et la promotion cherchent à atteindre des objectifs précis. Ensuite, elle suppose que les programmes publicitaires et promotionnels des entreprises disposant d'un budget semblable ont une même efficacité. Cette supposition fait fi de l'apport du volet créatif et de la répartition de l'enveloppe budgétaire entre les médias, de même que de la réussite ou de l'échec des diverses promotions. De plus, elle ne tient pas compte des avantages réels d'une entreprise. En effet, certaines offrent de meilleurs produits ou services que d'autres.

Service de coupures de presse
Service chargé de découper les annonces de la concurrence dans les imprimés locaux.

Méthode de l'ajustement concurrentiel
Méthode selon laquelle les postes budgétaires sont déterminés en fonction des dépenses publicitaires des entreprises concurrentes.

Qui plus est, rien ne garantit que les concurrents poursuivront leurs stratégies du moment. Comme on détermine le budget de communication à partir des dépenses promotionnelles des concurrents de l'exercice précédent, on s'expose à ne pas discerner à temps les changements de cap ou de poste de dépense, de sorte que les concurrents puissent déjà profiter d'un véritable avantage. De plus, rien ne garantit qu'un concurrent ne haussera pas ni ne diminuera pas ses propres dépenses, en dépit de ce que font les autres. Enfin, la méthode de l'ajustement concurrentiel ne permet pas toujours d'éviter les guerres promotionnelles.

En résumé, peu d'entreprises se servent de la méthode de l'ajustement concurrentiel comme seul moyen d'établir leur budget de promotion. En général, on l'emploie conjointement avec la méthode du pourcentage du chiffre d'affaires ou d'autres méthodes. Il n'est jamais judicieux d'ignorer ses concurrents; c'est pourquoi le gestionnaire du marketing doit toujours être au fait de leurs activités. Il doit toutefois éviter de se contenter de les imiter au moment d'établir des objectifs et des stratégies.

La méthode du rendement du capital investi (RCI) La **méthode du rendement du capital investi (RCI)** considère la publicité et la promotion comme un investissement, au même titre que les sommes dépensées dans la construction d'une usine ou dans l'achat de machinerie. Par conséquent, comme pour les autres actifs de l'entreprise, on s'attend à ce qu'elles produisent toutes deux un rendement.

> **Méthode du rendement du capital investi (RCI)**
>
> Méthode considérant la publicité et la promotion comme un investissement, au même titre que les sommes dépensées dans la construction d'une usine ou dans l'achat de machinerie.

En principe, la méthode du rendement du capital investi semble judicieuse. En réalité, toutefois, on peut rarement évaluer le rendement d'une activité promotionnelle, étant donné le grand nombre de facteurs qui influent sur la rentabilité de l'entreprise. Bien que tout gestionnaire souhaite connaître le rendement des dépenses en communications marketing, la question reste sans réponse, de sorte que presque aucune entreprise ne se sert de cette méthode de budgétisation.

Un résumé des méthodes de budgétisation de haut en bas Malgré leurs nombreuses limites, les méthodes vues précédemment sont souvent employées aux États-Unis, au Canada et en Europe, comme l'illustre le tableau 9.4. La difficulté liée à la mise en œuvre de méthodes reposant sur une démarche plus rigoureuse explique sans doute pourquoi les méthodes de budgétisation de haut en bas s'avèrent encore populaires. Il est possible de constater, au tableau 9.4, que les méthodes du pourcentage du chiffre d'affaires, de l'ajustement concurrentiel et du montant disponible sont encore très utilisées. Intéressons-nous à présent à deux méthodes de budgétisation structurées selon une approche de bas en haut.

Les méthodes de bas en haut

La principale faiblesse des méthodes de haut en bas tient à ce qu'elles sont fondées sur le jugement des personnes qui les utilisent, ce qui entraîne des allocations budgétaires sans rapport avec les objectifs et les stratégies établis. La stratégie se révélerait plus efficace si le budget publicitaire était déterminé en fonction du montant jugé nécessaire pour atteindre les objectifs de communication de l'entreprise. Nous l'avons dit plus tôt, selon le modèle de planification des CMI, la décision relative au budget repose sur un

TABLEAU 9.4 Une comparaison de différentes méthodes de budgétisation (les données sont en pourcentage)

Étude	San Augustine et Foley (1975)	Patti et Blasko (1981)	Lancaster et Stern (1983)	Blasko et Patti (1984)	Hung et West (1991)	Cestre, Laroche et Desjardins (1992)
Population	Grands annonceurs Produits de consommation / Produits industriels	Grands annonceurs Produits de consommation et services	Grands annonceurs Produits de consommation	Grands annonceurs Produits industriels	Grands et moyens annonceurs du Royaume-Uni, des États-Unis et du Canada	Grands, moyens et petits annonceurs du Canada
Échantillon	50/50	54	60	64	100	123
Méthode						
Modèle quantitatif	2/0	51	20	3	s. o.	4
Objectifs et tâches	6/10	63	80	74	61	40
Pourcentage de ventes prévu	50/28	53	53	16	32	33
Ventes unitaires prévues	8/10	22	28	s. o.	9	11
Pourcentage de ventes de l'exercice précédent	14/16	20	20	23	10	20
Ventes unitaires de l'exercice précédent	6/4	s. o.	15	2	s. o.	10
Montant disponible	30/26	20	13	33	41	20
Montant arbitraire	12/34	4	s. o.	13	s. o.	10
Ajustement concurrentiel	s. o.	24	33	21	25	3
Budget précédent	s. o.	s. o.	3	s. o.	s. o.	25
Part de voix	s. o.	s. o.	5	s. o.	s. o.	10
Autres	26/10	s. o.	12	s. o.	s. o.	s. o.

Remarque : La somme de ces nombres excède 100 % en raison des réponses multiples. Notez que s. o. signifie « sans objet ».

processus interactif, avec les objectifs de communication d'un côté et les éléments du mix promotionnel de l'autre. Il s'agit ensuite d'établir un budget pour que les stratégies ayant trait au mix promotionnel soient mises en œuvre et atteignent les objectifs énoncés.

La méthode des objectifs et des tâches La **méthode des objectifs et des tâches** consiste à arrimer le budget de publicité et de promotion aux objectifs de communication, plutôt que de procéder à l'un, puis à l'autre. On éprouve du mal à dresser un budget, faute d'objectifs précis, et il serait insensé de fixer des objectifs sans considérer les sommes dont on dispose. Une entreprise peut vouloir sensibiliser tel pourcentage de son marché cible à un produit. Dans ce cas, elle constitue une enveloppe budgétaire minimale afin d'atteindre ce but et consent à dépenser cet argent.

La méthode des objectifs et des tâches comprend trois étapes: l'établissement des objectifs de communication, l'élaboration des stratégies et des tâches, et l'évaluation des coûts liés à la mise en œuvre de ces stratégies et de ces tâches. L'ensemble du budget se fonde sur l'addition de ces coûts.

Méthode des objectifs et des tâches

Méthode comprenant trois étapes : l'établissement des objectifs de communication, l'élaboration des stratégies et des tâches, et l'évaluation des coûts liés à la mise en œuvre de ces stratégies et de ces tâches.

La mise en œuvre de la méthode des objectifs et l'accomplissement des tâches s'avèrent un peu plus complexes. Le gestionnaire doit suivre de près ce processus du début à la fin et modifier les stratégies en fonction des objectifs à atteindre. Ainsi qu'on le voit à la figure 9.7, ce processus comporte plusieurs étapes.

FIGURE 9.7   La méthode des objectifs et des tâches

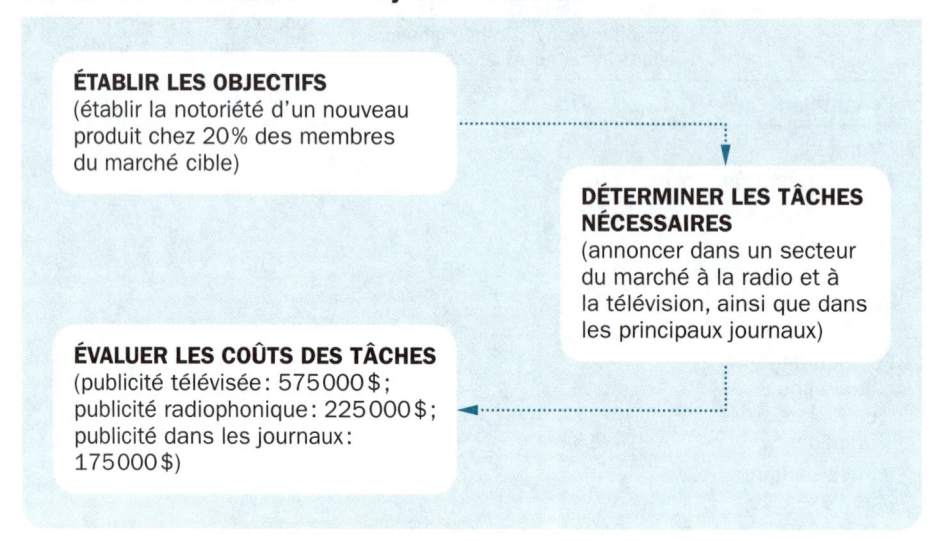

ÉTABLIR LES OBJECTIFS
(établir la notoriété d'un nouveau produit chez 20% des membres du marché cible)

DÉTERMINER LES TÂCHES NÉCESSAIRES
(annoncer dans un secteur du marché à la radio et à la télévision, ainsi que dans les principaux journaux)

ÉVALUER LES COÛTS DES TÂCHES
(publicité télévisée : 575 000 $;
publicité radiophonique : 225 000 $;
publicité dans les journaux : 175 000 $)

1. *Isoler les objectifs* Lors de l'élaboration de son plan de promotion, l'entreprise détermine deux séries d'objectifs à atteindre : les objectifs marketing et les objectifs de communication. Après avoir établi les premiers, elle doit déterminer avec précision les objectifs de communication qui permettent de les réaliser. Les objectifs de communication doivent être précis, réalisables, mesurables et limités dans le temps.

2. *Déterminer les tâches nécessaires* Plusieurs éléments se rattachent au plan stratégique conçu afin d'atteindre les objectifs énoncés. (Ces stratégies feront l'objet des prochains chapitres de cet ouvrage.) Parmi ces tâches, on trouve la publicité dans divers médias, la promotion des ventes et d'autres éléments du mix promotionnel, chacun ayant un rôle à jouer.

3. *Évaluer les coûts nécessaires* Pour préparer cette analyse, on détermine les coûts liés aux tâches élaborées à l'étape précédente. On estime, par exemple, les coûts liés à l'établissement de la notoriété par le biais de la publicité ou à l'essai du produit par la distribution d'échantillons.

4. *Surveiller de près l'évolution de la situation* Comme vous le verrez au chapitre 17, alors qu'il sera question de la mesure de l'efficacité, il existe des moyens de déterminer à quel point on atteindra ses objectifs. On suit le rendement de près et on l'évaluera à la lumière du budget prévu.

5. *Réévaluer les objectifs* Lorsqu'on a atteint des objectifs précis, on songe parfois à dépenser l'argent autrement. Ainsi, si l'on parvient au degré de notoriété voulu, on modifie le budget en vue d'un objectif supérieur, par exemple améliorer l'attitude envers la marque ou inciter le public cible à l'essai d'un produit.

Le principal avantage de la méthode des objectifs et des tâches tient à ce que les objectifs fixés déterminent l'enveloppe budgétaire. Le gestionnaire intéressé aux activités marketing participe à la préparation du budget, en y mettant son grain de sel et en proposant des stratégies.

Le principal désavantage de cette méthode réside dans la difficulté de décider des tâches nécessaires et des coûts propres à chacune. Quelles tâches précises, par exemple, doit-on accomplir afin d'établir la notoriété auprès de 50 % d'un marché cible ? Combien en coûte-t-il pour accomplir ces tâches ? Alors qu'il est plus facile de prendre ce genre de décision pour certains objectifs, par exemple évaluer le coût d'une distribution d'échantillons en vue de favoriser l'essai auprès d'un secteur du marché, on ne peut pas toujours savoir ce qu'il faut ou combien il en coûte pour exécuter une tâche.

On enclenche ce processus plus facilement lorsqu'on peut s'appuyer sur une expérience antérieure, que ce soit avec le produit en question ou un autre, similaire, appartenant à la même catégorie. Il est toutefois très difficile d'engager le processus dans le cas de nouveaux produits. En conséquence, il n'est pas facile d'établir un budget à l'aide de cette méthode, d'autant plus qu'elle n'est pas aussi stable que certaines, vues précédemment. Étant donné ce désavantage, de nombreux gestionnaires du marketing s'en tiennent aux méthodes de budgétisation de haut en bas pour établir leurs dépenses totales.

La méthode des objectifs et des tâches compte des avantages par rapport aux méthodes vues précédemment. La section qui suit aborde le problème relatif à la budgétisation préalable au lancement de nouveaux produits.

La planification selon le délai de récupération En général, dans les premiers mois suivant le lancement d'un nouveau produit, on doit affecter des sommes plus importantes que d'ordinaire à la publicité et à la promotion afin d'établir un degré élevé de notoriété et d'inciter les consommateurs à essayer le produit. Après avoir étudié les données recueillies par Nielsen pendant plus de 40 années, James O. Peckham a évalué qu'en moyenne le ratio de la part de voix sur la part de marché nécessaire au lancement réussi d'un nouveau produit oscillait entre 1,5 et 2[12]. En ce qui concerne un nouveau produit, cela signifie qu'on doit dépenser de manière que la part de voix publicitaire du produit en question soit environ deux fois supérieure à la part de marché voulue, comme il est possible de le constater à la lecture du tableau 9.5, à la page suivante. Dans le secteur agroalimentaire, par exemple, la marque 101 a obtenu une part de marché de 12,6 % en consacrant à la publicité un montant correspondant à 34 % de l'ensemble des dépenses publicitaires de la catégorie de produits. De même, dans le secteur des articles de toilette, la marque 401 a dépensé un montant correspondant à 30 % de l'ensemble des dépenses publicitaires de la catégorie de produits, ce qui lui a permis d'obtenir une part de marché de 19,5 %.

Afin de déterminer les sommes à consacrer à la publicité et à la promotion, le gestionnaire du marketing dresse souvent un **plan de délai de récupération** dans lequel il projette les recettes qu'un produit devrait engranger, et les frais qu'il encourra au cours des deux ou trois exercices suivants. Le tableau 9.6, à la page suivante, présente un plan de délai de récupération échelonné sur trois ans. L'entreprise devrait perdre de l'argent au cours du premier exercice, faire à peu près ses frais au cours du deuxième et commencer à engranger d'imposants bénéfices vers la fin du troisième.

Plan de délai de récupération

Plan servant à déterminer les sommes à investir en publicité et en promotion pour que le rendement prévu se concrétise.

TABLEAU 9.5 Le rapport entre la part de voix et la part de marché

Nouvelles marques de produits agroalimentaires

Marque	Part de voix moyenne sur deux ans	Part de marché obtenue après deux ans	Ratio de la part de voix sur la part de marché
101	34 %	12,6 %	2,7
102	16 %	10,0 %	1,6
103	8 %	7,6 %	1,1
104	4 %	2,6 %	1,5
105	3 %	2,1 %	1,4

Nouvelles marques de produits de toilette

Marque	Part de voix moyenne	Part de marché obtenue	Ratio de la part de voix sur la part de marché
401	30 %	19,5 %	1,5
402	25 %	16,5 %	1,5
403	20 %	16,2 %	1,2
404	12 %	9,4 %	1,3
405	16 %	8,7 %	1,8
406	19 %	7,3 %	2,6
407	14 %	7,2 %	1,9
408	10 %	6 %	1,7
409	7 %	6 %	1,2
410	6 %	5,9 %	1
411	10 %	5,9 %	1,7
412	6 %	5,2 %	1,2

TABLEAU 9.6 Un plan de délai de récupération sur trois ans (en millions de dollars)

	1re année	2e année	3e année
Ventes de produits	15	35,50	60,75
Contribution au bénéfice (à 0,50 $ la caisse)	7,5	17,75	30,38
Publicité et promotion	15	10,50	8,50
Bénéfice (perte)	(7,5)	7,25	21,88
Bénéfice cumulé (perte)	(7,5)	(0,25)	21,63

Les sommes consacrées à la publicité et à la promotion s'avèrent plus élevées au cours du premier exercice qu'au cours des deuxième et troisième. Cette répartition cadre avec les conclusions de Peckham et rend compte des sorties d'argent nécessaires pour produire des retombées le plus vite possible. (Gardez à l'esprit que l'espace disponible pour présenter la marchandise est limité et que les commerçants sont peu disposés à attendre longtemps qu'un produit enregistre un grand succès.) Le budget reflète aussi les directives de la haute direction concernant les dépenses propres à un nouveau produit, car en général, les entreprises fixent une date limite avant laquelle un produit doit générer des bénéfices. Enfin, rappelez-vous qu'il est souvent plus difficile d'obtenir une part du marché que de la conserver, ce qui explique la baisse importante des dépenses publicitaires au cours des exercices subséquents.

Bien qu'il comporte quelques lacunes, un plan de délai de récupération sert à orienter la préparation du budget. Combinée à la méthode des objectifs et des tâches, cette démarche s'avère beaucoup plus logique que les méthodes de haut en bas dont nous avons discuté. Pourtant, si l'on se fie aux études auxquelles renvoie le tableau 9.4, à la page 293, la planification selon le plan de délai de récupération ne semble pas très courante.

Un résumé des méthodes de budgétisation

Aucune méthode de budgétisation n'est unanimement reconnue. On juge qu'elles sont irréalisables ou inopportunes en raison de leurs lacunes respectives. Comme l'illustre le tableau 9.4, la méthode des objectifs et des tâches gagne en popularité, alors que les méthodes plus simplistes perdent la faveur des gestionnaires.

Lors d'une étude récente, George Low et Jakki Mohr ont interrogé 21 gestionnaires au service de 8 fabricants de produits de consommation. Leur recherche portait sur les processus et les procédures de décision servant à établir le niveau de dépenses en publicité et en promotion des ventes et à déterminer les facteurs ayant une incidence sur l'attribution des sommes en question.

S'appuyant sur les résultats de leur recherche, les auteurs ont conclu que la budgétisation demeure un processus compliqué pour nombre de gestionnaires, et que, par suite de pressions institutionnelles, on consacre désormais beaucoup plus d'argent à la promotion des ventes que le gestionnaire ne le souhaiterait. En outre, les auteurs jugent que, afin de préparer et de mettre en œuvre un budget efficace, le gestionnaire doit: 1) déployer une stratégie globale qui orientera le processus de budgétisation et s'éloigner de l'approche fragmentée trop souvent employée; 2) adopter un cadre d'analyse stratégique qui repose sur une philosophie intégrant les communications marketing; 3) prévoir des plans d'urgence; 4) mettre l'accent sur des objectifs à long terme; 5) évaluer souvent l'efficacité des programmes[13].

Les décisions relatives à la stratégie médias

Après avoir déterminé les tâches à accomplir, le responsable du plan médias cherche à atteindre ses objectifs, tout en respectant l'enveloppe budgétaire établie. Il élabore et met alors en œuvre des stratégies médias qui comprennent cinq volets: la couverture du public cible, la combinaison des médias, la couverture géographique, le calendrier de publicité, la portée et la fréquence.

La couverture du public cible

Le responsable du plan médias détermine les publics cibles sur lesquels se concentrer davantage. La stratégie médias consiste en grande partie à miser sur les médias et les supports publicitaires qui permettent le mieux de communiquer le message aux acheteurs potentiels. Il est ici question d'exposer le public au message, comme l'illustre la figure 9.8, à la page suivante. L'objectif optimal consiste à exposer l'ensemble du public cible, comme le montre le deuxième graphique circulaire. Il s'agit cependant d'un scénario très optimiste. De façon plus réaliste, on se trouve davantage dans la situation correspondant aux troisième et quatrième graphiques. Selon le troisième graphique, la couverture médias ne joint pas l'ensemble du public

FIGURE 9.8 Les possibilités de couverture du public

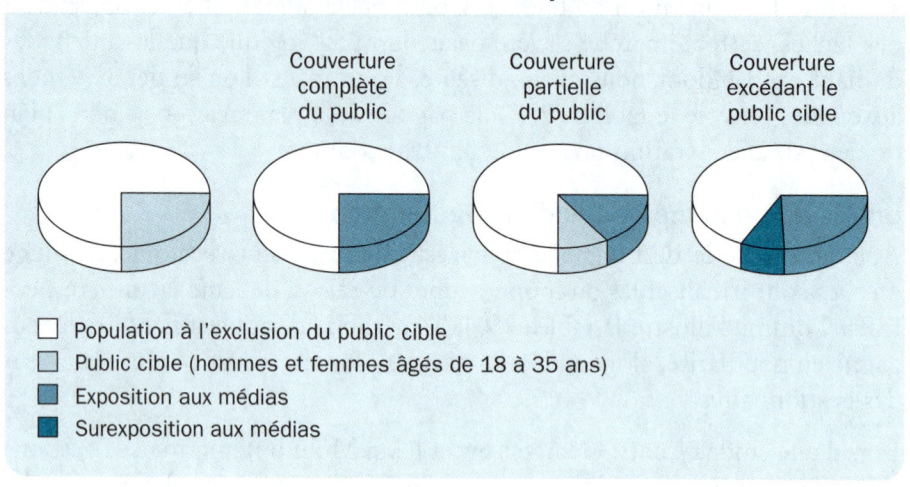

Couverture complète du public
Couverture partielle du public
Couverture excédant le public cible

☐ Population à l'exclusion du public cible
☐ Public cible (hommes et femmes âgés de 18 à 35 ans)
☐ Exposition aux médias
☐ Surexposition aux médias

cible et laisse quelques consommateurs potentiels sans exposition au message. Dans la situation représentée par le quatrième graphique circulaire, le gestionnaire du marketing se trouve devant une surexposition, dite aussi **couverture inutile**. Lorsqu'elle joint des gens ne correspondant pas à la clientèle visée et n'étant pas susceptibles de se procurer un produit ou un service, la couverture médias est alors inutile.

Le responsable du plan médias doit tenter d'atteindre le plus de membres du public cible possible, tout en minimisant la surexposition. Pour y parvenir, il doit généralement accepter des compromis et joindre moins de gens qu'il ne le souhaite. À l'occasion, aussi, le média le plus efficace joindra des gens qui ne font pas partie de la clientèle. Dans ce cas, la surexposition s'avère justifiée, parce que les médias retenus sont censés constituer le canal de diffusion le plus efficace et que l'on gagne plus qu'il n'en coûte de surexposer le produit.

Plusieurs données aident le responsable du plan médias à prendre des décisions concernant la couverture du public cible. Certains s'appuient sur des renseignements obtenus de source directe; d'autres, sur des renseignements obtenus de source indirecte (les publications). Ces renseignements fournissent le nombre de consommateurs d'une catégorie de produits particulière en fonction de plusieurs variables démographiques. Nous traiterons des données sur l'audience aux chapitres 10, 11 et 12, chaque média disposant d'une méthode qui lui est propre.

Lorsqu'il analyse ces données, le responsable du plan médias s'intéresse souvent plus aux pourcentages et aux indices qu'aux chiffres bruts. Cela s'explique en bonne partie parce que les indices et les pourcentages présentent un tableau comparatif du marché. Par exemple, il pourra utiliser un **indice** comme indicateur du potentiel d'un marché, calculé à l'aide de la formule suivante:

$$\text{Indice} = \frac{\text{Pourcentage d'utilisateurs dans un segment démographique}}{\text{Pourcentage de population dans le même segment}} \times 100$$

Couverture inutile
Se dit d'une couverture médias qui s'étend au-delà du public cible.

Indice
Nombre exprimant le rapport entre deux éléments dont l'un est choisi comme base et exprimé par le nombre 100.

Un indice supérieur à 100 indique que l'utilisation du produit dans ce segment est proportionnellement supérieure à la moyenne du marché. Le gestionnaire du marketing se fonde souvent sur ce type d'indice afin de déterminer et de cibler les groupes employant un produit ou pour cerner un groupe utilisant moins le produit et tenter d'exploiter ce segment. Prenons l'exemple d'un fabricant de produits cosmétiques et référons-nous au tableau 9.7. En examinant les indices du tableau, le fabricant pourrait conclure que sa campagne de promotion devrait cibler les personnes de 12 à 24 ans. Si l'indice est utile, on ne peut se fier à lui seul. On consulte aussi les pourcentages et les données chiffrées relatifs à l'utilisation d'un produit pour brosser un tableau précis du marché. Un segment de population ayant un indice très élevé ne signifie pas toujours qu'il est le seul segment à cibler. Un tel indice peut découler d'un dénominateur faible, c'est-à-dire que ce segment correspond à une infime proportion de la population.

TABLEAU 9.7 Le calcul d'un indice selon le groupe d'âge

Groupe d'âge	Population (en milliers)	Population (en %)	Utilisateurs de la catégorie de produits (en milliers)	Utilisateurs de la catégorie de produits (en %)	Indice
12-17 ans	470	9	126	14	155
18-24 ans	580	11	137	16	145
25-34 ans	840	16	138	16	100
35-49 ans	1 590	31	269	31	100
50-64 ans	1 010	19	120	14	74
65 ans et plus	750	14	80	9	64
TOTAL	**5 240**	**100**	**870**	**100**	

La combinaison des médias

Le publicitaire dispose d'une large sélection de médias et de supports publicitaires. Alors que l'on ne peut retenir qu'un seul média ou support publicitaire, en général, on en utilise plusieurs. On détermine la combinaison des médias et des supports publicitaires en fonction des objectifs recherchés, des caractéristiques du produit ou du service, du budget et des préférences de chacun, pour n'énumérer que quelques-uns des facteurs à considérer.

Envisageons, par exemple, une situation où il conviendrait de faire une démonstration visuelle efficace d'un produit. Dans ce cas, la télévision pourrait être le média le plus approprié. Si la stratégie publicitaire reposait sur des coupons de réduction afin d'inciter le consommateur à essayer le produit, alors les médias imprimés s'imposeraient. Pour des informations plus détaillées, on pourrait faire appel à Internet.

En combinant différents médias, le gestionnaire du marketing élargit la couverture, la portée et la fréquence, tout en augmentant ses chances d'atteindre ses objectifs commerciaux et ses objectifs de communication. Vous verrez, aux chapitres 10, 11 et 12, que chaque média a ses propres caractéristiques. Ces particularités l'aident à atteindre les objectifs de communication énoncés ou l'en éloignent. Le tableau 9.8, à la page suivante, présente une comparaison des médias et énumère certaines caractéristiques à l'aide desquelles on les évalue. Il s'agit de généralités, car il est nécessaire d'analyser chaque média selon la situation du moment.

TABLEAU 9.8 Les caractéristiques des médias

Média	Avantages	Inconvénients
Télévision	• Couverture de masse • Grande portée • Impact du son, de l'image et du mouvement • Prestige • Coût par exposition peu élevé • Capte l'attention • Image favorable	• Faible sélectivité • Message de courte durée • Coût absolu élevé • Frais de production élevés • Encombrement publicitaire
Radio	• Couverture locale • Faible coût • Fréquence élevée • Souplesse • Frais de production peu élevés • Audiences très segmentées	• Son seulement • Encombrement publicitaire • Capte peu l'attention • Message fugace
Magazines	• Potentiel de segmentation • Reproduction de qualité • Contenu très informatif • Longévité • Lecteurs multiples	• Long délai de mise en œuvre pour faire passer une annonce • Image seulement • Manque de souplesse
Journaux	• Grande couverture • Coût peu élevé • Court délai de mise en œuvre pour faire passer les annonces • Possibilité de faire passer les annonces dans différentes sections • Information d'actualité (publicités actuelles) • Lecteur contrôlant son exposition • Permet de distribuer des coupons de réduction	• Courte durée • Encombrement publicitaire • Capte peu l'attention • Reproduction de mauvaise qualité • Lecteur choisissant ce à quoi il veut être exposé
Publicité extérieure	• Emplacement précis • Fréquence élevée • Se remarque facilement	• Temps d'exposition bref nécessitant une annonce brève • Image négative • Contraintes locales
Publicité directe	• Grande sélectivité • Lecteur contrôlant son exposition • Contenu très informatif • Exposition répétée envisageable	• Frais élevés par contact • Image négative (publicité importune) • Encombrement publicitaire
Internet et médias interactifs	• Utilisateur choisissant d'être exposé à l'information sur le produit • Attention et participation de l'utilisateur • Relation interactive • Vente directe envisageable • Plate-forme de messages souple	• Possibilités limitées au chapitre de la création • Congestion sur le Web (réseau encombré) • Limites technologiques • Peu de techniques d'évaluation valides • Portée limitée

La couverture géographique

La question géographique renvoie aux endroits où il convient de promouvoir un produit. Où l'enveloppe budgétaire est-t-elle dépensée le plus judicieusement? Doit-on consacrer davantage d'argent à promouvoir un produit sur les marchés où la marque est un chef de file afin de conserver sa part de marché ou investir là où l'entreprise éprouve des difficultés et où il existe une possibilité de croissance? On répondrait bien à cette question en affirmant que l'entreprise doit investir en publicité et en promotion là où c'est le plus efficace, c'est-à-dire sur les marchés où l'on atteint les objectifs fixés. Deux équations nous aident à prendre cette décision : l'indice de développement d'une marque et l'indice de développement d'une catégorie.

L'**indice de développement d'une marque** (IDM) permet de déterminer le taux d'utilisation d'une marque selon la région géographique.

$$\text{IDM} = \frac{\text{Pourcentage des ventes globales de la marque dans la région}}{\text{Pourcentage de la population habitant la région}} \times 100$$

> **Indice de développement d'une marque**
>
> Indice permettant de déterminer le taux d'utilisation d'une marque selon la région géographique, en tenant compte du pourcentage des ventes globales et de celui de la population d'une région donnée.

L'indice de développement d'une marque permet aussi de comparer le pourcentage des ventes globales d'une marque dans une région avec le pourcentage de la population habitant cette même région. En d'autres termes, l'indice permet de déterminer le potentiel de ventes de cette marque dans cette région. Le tableau 9.9 présente un exemple de ce calcul. Ainsi, plus l'indice est élevé, plus le potentiel de ventes l'est aussi. Ici, l'indice indique que le potentiel de développement de la marque est proportionnellement plus élevé dans la région de Québec que dans les autres régions considérées.

TABLEAU 9.9 Le potentiel d'un marché selon l'indice de développement d'une marque et celui du développement d'une catégorie

Région	Taille (en milliers)	Taille (en %)	Catégorie de produits Ventes (en milliers)	Catégorie de produits Ventes (en %)	IDC	Marque Ventes (en milliers)	Marque Ventes (en %)	IDM
Montréal	4 300	66	8 600	57	86	1 500	60	91
Québec	1 020	16	3 900	26	162	600	24	150
Sherbrooke	535	8	1 000	7	87	200	8	100
Chicoutimi/Jonquière	316	5	1 000	7	140	100	4	80
Trois-Rivières	298	5	500	3	60	100	4	80
TOTAL	**6 469**	**100**	**15 000**	**100**		**2 500**	**100**	

On calcule l'**indice de développement d'une catégorie** (IDC) de la même manière, sauf que le numérateur fera appel à des données concernant la catégorie de produits, au lieu de la marque :

$$\text{IDC} = \frac{\text{Pourcentage des ventes globales de la catégorie de produits dans la région}}{\text{Pourcentage de la population habitant la région}} \times 100$$

> **Indice de développement d'une catégorie**
>
> Indice calculé en fonction du pourcentage des ventes globales qu'une catégorie de produits enregistre sur un marché par rapport au pourcentage de la population totale à l'intérieur de ce marché.

L'indice de développement d'une catégorie fournit de l'information sur le potentiel de développement de l'ensemble d'une catégorie de produits, plutôt que sur celui de marques particulières. En combinant cette information avec l'indice de développement de la marque, on peut élaborer une stratégie publicitaire dont les chances de succès s'avèrent plus élevées. Le gestionnaire du marketing examine d'abord la performance de la catégorie de produits dans une région donnée. Comme il est possible de le constater à la lecture du tableau 9.9, la catégorie de produits a un potentiel plus élevé dans les régions de Québec et de Chicoutimi/Jonquière. Ensuite, le gestionnaire tente de déterminer comment la marque se comporte selon la région. Pour ce faire, il utilise l'indice de développement d'une marque (*voir le tableau 9.9*). Selon cet indice, la marque obtient proportionnellement de meilleurs résultats dans la région de Québec que partout ailleurs. Le gestionnaire peut donc utiliser l'indice de développement d'une catégorie et celui d'une marque pour déterminer le potentiel d'une catégorie de produits particulière et d'une marque particulière dans une région donnée, et décider de la quantité de publicité nécessaire afin d'augmenter sa part de marché dans la région en question, tel qu'on le constate à la lecture du tableau 9.10.

TABLEAU 9.10 L'emploi de l'indice de développement d'une marque et de l'indice de développement d'une catégorie

	Indice de développement d'une marque élevé	Indice de développement d'une marque faible
Indice de développement d'une catégorie élevé	Grande part du marché Potentiel de marché intéressant	Petite part du marché Potentiel de marché intéressant
Indice de développement d'une catégorie faible	Grande part du marché – À suivre en cas de ralentissement des ventes	Petite part du marché Faible potentiel de marché

Indice de développement d'une marque et indice de développement d'une catégorie élevés
En général, ce marché représente un potentiel de ventes intéressant pour la catégorie de produits et la marque.

Indice de développement d'une marque élevé et faible indice de développement d'une catégorie
Les ventes sont faibles dans cette catégorie, mais la marque se vend bien ; il s'agit sans doute d'un bon marché sur lequel annoncer, mais on devrait suivre de près le ralentissement des ventes, le cas échéant.

Faible indice de développement d'une marque et indice de développement d'une catégorie élevé
La catégorie de produits a un potentiel élevé, mais la marque enregistre de piètres résultats ; on devra en déterminer les raisons.

Faible indice de développement d'une marque et faible indice de développement d'une catégorie
La catégorie de produits et la marque enregistrent de piètres résultats ; il s'agit sans doute d'un mauvais endroit où annoncer.

L'élaboration du calendrier de publicité

Les entreprises souhaitent toutes que les consommateurs voient leurs publicités à toute heure afin de leur rappeler sans cesse les noms de leurs produits ou de leurs marques. En réalité, une telle chose s'avère impossible pour plusieurs raisons (dont le budget n'est pas la moindre) et n'est pas nécessaire non plus. L'objectif premier du calendrier de publicité consiste à choisir le moment des activités promotionnelles de manière qu'elles coïncident avec les périodes où le potentiel d'achat est le plus élevé. Pour certains produits, on éprouve du mal à déterminer ce moment, alors qu'il est évident pour d'autres. Le responsable du plan médias dispose de trois stratégies de calendriers de publicité : continu, sporadique et par vagues (*voir la figure 9.9*).

Publicité continue
Stratégie consistant à déployer l'effort publicitaire de façon régulière dans le temps, sur une base quotidienne, hebdomadaire ou mensuelle.

La **publicité continue** permet d'établir un calendrier dans lequel la diffusion du message est constante et où il n'y a aucune interruption de la diffusion. On emploie ce genre de stratégie pour annoncer des produits alimentaires, des détersifs et d'autres produits de consommation courante et pour lesquels il n'y a aucune variation saisonnière.

Publicité sporadique
Stratégie publicitaire reposant sur un calendrier moins régulier où la diffusion des publicités est prévue par intermittence.

La deuxième méthode, la **publicité sporadique**, investit davantage en promotion à certaines périodes, alors qu'à d'autres on ne diffuse aucune publicité.

FIGURE 9.9 Trois stratégies de calendriers de publicité

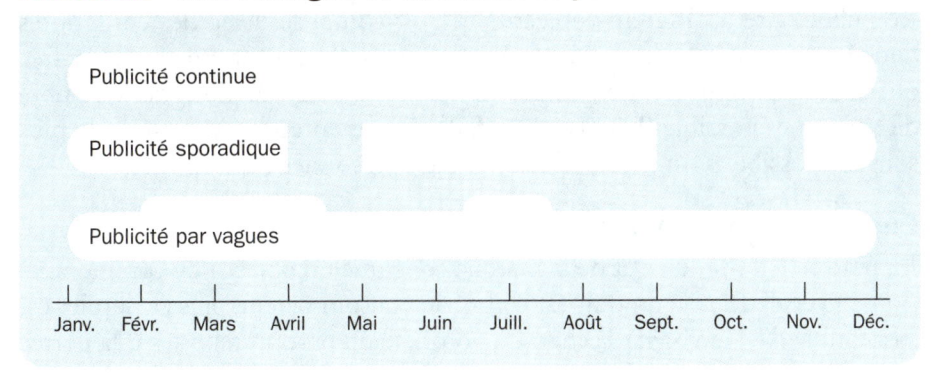

Publicité continue

Publicité sporadique

Publicité par vagues

Janv. Févr. Mars Avril Mai Juin Juill. Août Sept. Oct. Nov. Déc.

Plusieurs banques, par exemple, ne consacrent aucune enveloppe à la publicité estivale, alors qu'elles maintiennent le rythme de diffusion pendant les autres saisons. On annonce beaucoup les skis entre octobre et avril, moins en mai, en août et en septembre, et pas du tout en juin et en juillet.

La **publicité par vagues** combine les deux méthodes précédentes. Dans l'industrie automobile, on diffuse la publicité l'année durant. On assiste toutefois à des pointes en avril, lorsque les remboursements d'impôt parviennent aux contribuables, et en septembre, lors de la présentation des nouveaux modèles.

La stratégie de calendriers de publicité repose, entre autres facteurs, sur les objectifs, les cycles d'achat et le budget. Chaque stratégie de calendriers de publicité comporte des avantages et des inconvénients, comme le montre le tableau 9.11. L'étude la plus approfondie qui soit sur les stratégies de calendriers de publicité, selon les chercheurs du secteur télévisuel, indique que la publicité continue permet d'obtenir de meilleurs résultats que la publicité sporadique. S'appuyant sur l'idée qu'il importe d'exposer le consommateur au message le plus près du moment où il s'apprête à effectuer un achat, l'étude conclut que les annonceurs devraient prévoir des diffusions hebdomadaires le plus longtemps possible[14]. À l'évidence, l'entreprise qui dispose d'un budget publicitaire colossal envisage davantage la continuité que l'entreprise dont le budget est moins important.

Publicité par vagues

Stratégie consistant à déployer l'effort publicitaire de façon régulière dans le temps, mais qui s'intensifie à certains moments.

TABLEAU 9.11 Les caractéristiques des stratégies de calendriers de publicité

	Avantages	Inconvénients
Publicité continue	• Rappelle sans cesse le produit au consommateur • Couvre un cycle d'achat complet • Tient compte des priorités des médias (remises quantitatives, emplacements préférés, etc.)	• Frais plus élevés • Risque de surexposition • Utilisation d'un nombre limité de médias
Publicité sporadique	• Publicité rentable seulement au cours des cycles d'achat • Peut permettre l'inclusion de plusieurs médias ou supports publicitaires lorsque le budget est limité	• Possibilité d'usure accrue • Absence de notoriété, d'intérêt et de rétention du message promotionnel pendant les périodes où le message n'est pas diffusé • Vulnérable aux activités concurrentielles pendant les périodes où le message n'est pas diffusé
Publicité par vagues	• Les mêmes que ceux des deux formes de publicité précédentes	• Inapproprié pour les produits saisonniers et les autres produits cycliques

La portée et la fréquence

Le publicitaire a différents objectifs et doit composer avec des contraintes budgétaires; c'est pourquoi il doit souvent jouer avec la portée et la fréquence. Que décider: faire voir et entendre le message au plus grand nombre de personnes possible (la portée) ou faire voir et entendre le message le plus souvent possible à un plus petit nombre de personnes (la fréquence)?

Quelle est la portée nécessaire?

La notoriété du produit et de la marque constitue un objectif de communication universel. Plus le produit est connu du consommateur, plus ce dernier est susceptible d'en envisager l'achat. La notoriété du produit repose sur la portée du message publicitaire. Les messages d'une nouvelle marque et d'un nouveau produit doivent avoir une grande portée pour que tous les acheteurs potentiels connaissent leur existence. La publicité doit avoir aussi une portée maximale au cours des dernières phases du processus décisionnel. La distribution de coupons de réduction ou d'échantillons favorise l'essai du produit. Ainsi, les échantillons distribués à un grand nombre de consommateurs potentiels permettent non seulement de faire l'essai du produit, mais aussi d'en apprécier les qualités et les particularités, et d'adopter des attitudes favorables envers celui-ci. À leur tour, ces attitudes peuvent conduire à l'achat du produit.

Il n'existe malheureusement aucun moyen de déterminer la portée avec précision afin de s'assurer tel degré de notoriété, tel changement d'attitude ou de modifier des intentions d'achat, pas plus que l'on ne peut être assuré qu'une annonce joindra le public cible désiré. (Quelques recherches ont été menées sur le premier problème; nous en parlerons dans la prochaine section lorsqu'il sera question de la portée efficace.)

Supposons que vous réserviez du temps publicitaire pendant un journal télévisé de grande écoute. L'ensemble des téléspectateurs voit-il votre annonce? Non. Nombre d'entre eux quittent la pièce et sont distraits pendant les pauses publicitaires, comme l'illustre la figure 9.10, qui fournit aussi un bon exemple de la différence entre la portée et la couverture. Si l'on présentait un message publicitaire à une reprise à tous les membres d'un public cible, cela suffirait-il pour atteindre un niveau de notoriété de 100%? Une fois de plus, la réponse est négative, d'où la question suivante: quelle est la fréquence d'exposition nécessaire pour qu'une publicité soit vue et qu'elle remplisse son rôle avec efficacité?

Quelle sera la fréquence nécessaire?

En ce qui a trait au plan médias, la fréquence a une signification quelque peu différente. (Rappelez-vous qu'une des difficultés entourant le plan médias naissait de la polysémie des mots.) Ici, la fréquence fait référence au nombre de fois où une personne est exposée à un support publicitaire, mais pas nécessairement à la publicité comme telle. Alors que les auteurs d'une étude estiment que la taille réelle du public regardant les publicités est de 30% inférieure à celle du public regardant l'émission où elles sont diffusées, les chercheurs ne s'entendent pas tous sur cette question[15]. La figure 9.10 montre que ce nombre oscille entre 12% et 40% selon l'émission.

La majorité des annonceurs sont d'accord pour affirmer qu'il n'existe aucun ratio d'exposition de 1:1. On peut avoir passé une publicité dans un support, mais le fait qu'un consommateur ait été exposé à ce dernier ne garantit pas

FIGURE 9.10 Qui regarde les publicités ?

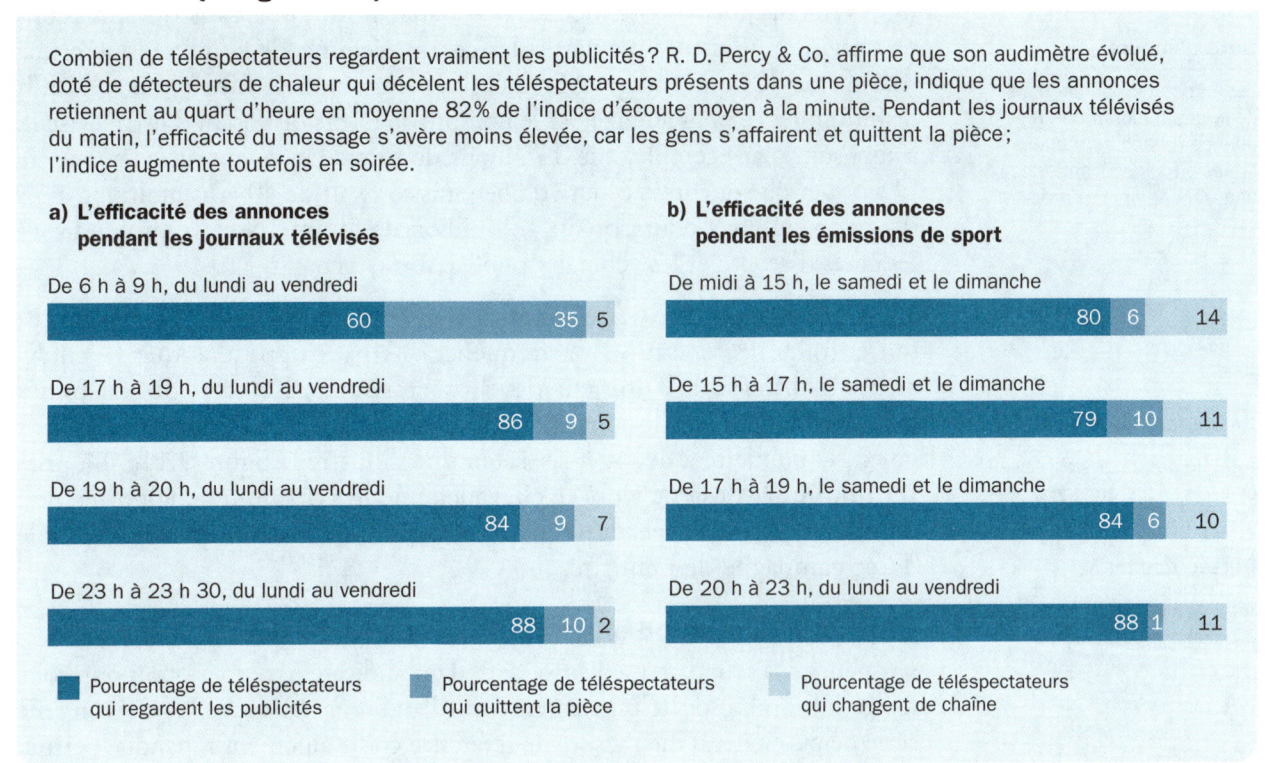

Combien de téléspectateurs regardent vraiment les publicités ? R. D. Percy & Co. affirme que son audimètre évolué, doté de détecteurs de chaleur qui décèlent les téléspectateurs présents dans une pièce, indique que les annonces retiennent au quart d'heure en moyenne 82 % de l'indice d'écoute moyen à la minute. Pendant les journaux télévisés du matin, l'efficacité du message s'avère moins élevée, car les gens s'affairent et quittent la pièce ; l'indice augmente toutefois en soirée.

a) L'efficacité des annonces pendant les journaux télévisés

Plage horaire	Regardent	Quittent	Changent
De 6 h à 9 h, du lundi au vendredi	60	35	5
De 17 h à 19 h, du lundi au vendredi	86	9	5
De 19 h à 20 h, du lundi au vendredi	84	9	7
De 23 h à 23 h 30, du lundi au vendredi	88	10	2

b) L'efficacité des annonces pendant les émissions de sport

Plage horaire	Regardent	Quittent	Changent
De midi à 15 h, le samedi et le dimanche	80	6	14
De 15 h à 17 h, le samedi et le dimanche	79	10	11
De 17 h à 19 h, le samedi et le dimanche	84	6	10
De 20 h à 23 h, du lundi au vendredi	88	1	11

■ Pourcentage de téléspectateurs qui regardent les publicités
■ Pourcentage de téléspectateurs qui quittent la pièce
■ Pourcentage de téléspectateurs qui changent de chaîne

qu'il ait vu la publicité en question. En conséquence, le degré de fréquence inscrit au plan médias surévalue le degré réel d'exposition à la publicité. C'est pourquoi certains acheteurs-médias préfèrent parler, pour désigner la portée du support publicitaire, d'une *occasion de voir* une annonce plutôt que d'une exposition comme telle.

Le publicitaire ne dispose d'aucun moyen éprouvé pour savoir si l'exposition à un support peut entraîner l'exposition à une publicité. C'est pourquoi les médias et les publicitaires ont adopté un compromis : une exposition à un support publicitaire constitue la portée, pour peu que le récepteur ait la possibilité de voir l'annonce. Par conséquent, on part des données chiffrées concernant l'exposition pour calculer les degrés de portée et de fréquence. Ce compromis ne permet toutefois pas de déterminer la fréquence nécessaire afin de créer un impact. La créativité de l'annonce, le niveau d'implication du récepteur, le bruit et tous les autres facteurs en jeu rendent à peu près impossible la détermination avec précision de la fréquence d'exposition nécessaire pour obtenir l'effet escompté.

À cette étape, on serait en droit de se demander si quelqu'un sait sur quels critères se fondent ces décisions. Voilà une question pertinente et, à vrai dire, les décisions ne s'appuient pas toujours sur des données précises. Voyons ce qu'en dit Joseph Ostrow, vice-président exécutif et directeur des communications chez Young & Rubicam : « La détermination d'objectifs de fréquence pour une campagne de publicité repose sur un mariage entre l'art et la science, doublé d'un préjugé favorable à l'art[16]. » Voyons à présent le processus qui permet d'établir des objectifs liés à la portée et à la fréquence, et intéressons-nous à la logique qui sous-tendra chacun.

Cote d'écoute

Estimation du pourcentage de la population d'une région donnée à l'écoute d'une émission s'inscrivant dans une tranche horaire précise.

Portée non dupliquée

Total de personnes exposées une fois à une annonce.

Portée dupliquée

Total de personnes exposées à un message plus d'une fois.

Point d'exposition brute (PEB)

Mesure de référence communément répandue permettant de combiner la portée d'un calendrier publicitaire et le nombre de fois où un foyer sera joint au cours de la même période.

Déterminer la portée et le niveau de fréquence

On évalue la portée potentielle d'une publicité diffusée dans des émissions de télévision ou de radio à partir des **cotes d'écoute**. Ce nombre est exprimé sous forme de pourcentage. Afin d'évaluer le nombre de foyers joints, il suffit de multiplier ce pourcentage par le nombre de foyers disposant d'un téléviseur. Supposons, par exemple, que 3 millions de foyers possèdent un téléviseur au Québec et que la cote d'écoute d'une émission soit de 40. On multiplie alors 0,4 par 3 millions pour obtenir 1,2 million de foyers. (Nous approfondirons les cotes d'écoute et les véhicules publicitaires au chapitre 10.)

Il est possible de diffuser un message au cours de plusieurs émissions, ce qui entraîne la répétition (la fréquence). Ainsi, supposons que la publicité soit diffusée à l'intérieur de deux émissions. Le total de personnes exposées une fois à l'annonce constitue la **portée non dupliquée**. Certains voient la publicité à deux reprises, comme l'illustre la figure 9.11c. La **portée dupliquée** désigne alors ce chevauchement. On combine la portée non dupliquée et la portée dupliquée nette pour estimer la portée générale d'une campagne de publicité.

Le point d'exposition brute

En général, l'acheteur-médias se sert d'un indicateur numérique pour connaître le nombre de téléspectateurs ou d'auditeurs susceptibles de voir une série de publicités. Une mesure de référence communément répandue permet de combiner la cote d'écoute d'une émission et le nombre de fois où un foyer est joint au cours de la même période ; il s'agit du **point d'exposition brute (PEB)**[17], que l'on calcule à l'aide de la formule suivante :

$$PEB = Portée \times Fréquence$$

FIGURE 9.11 Une représentation de la portée et de la fréquence

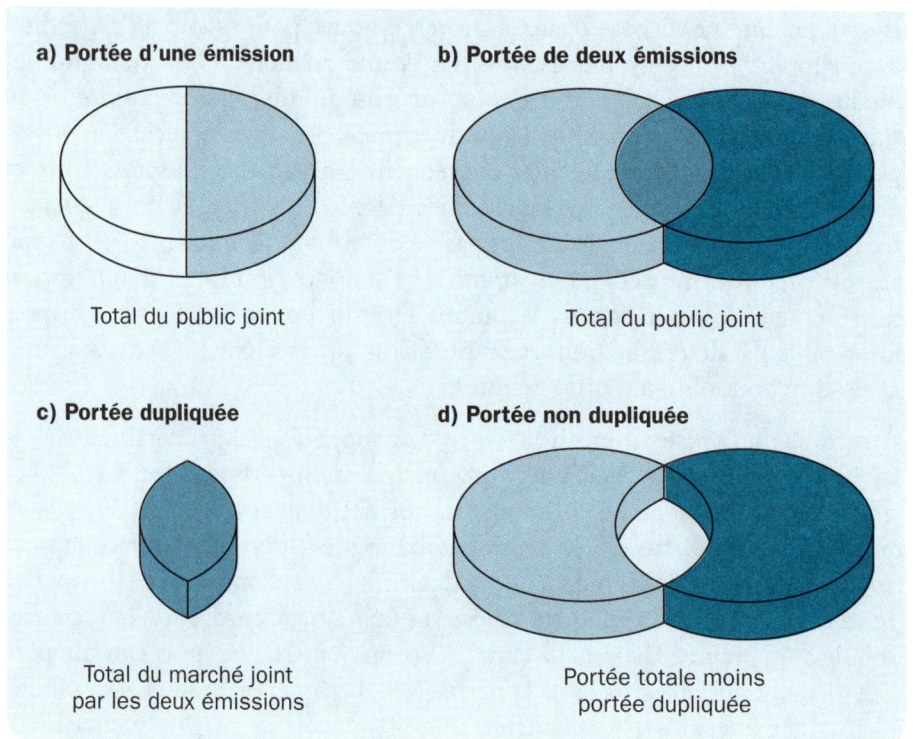

a) Portée d'une émission — Total du public joint

b) Portée de deux émissions — Total du public joint

c) Portée dupliquée — Total du marché joint par les deux émissions

d) Portée non dupliquée — Portée totale moins portée dupliquée

On peut calculer les PEB pour l'ensemble de la population âgée de 2 ans et plus, les adultes de 18 ans et plus, entre 18 et 34 ans et entre 18 et 49 ans, ainsi que pour tout autre groupe démographique.

Ainsi, l'achat de 100 PEB pourrait signifier que l'ensemble du marché a été exposé une fois au message publicitaire, que 50 % du marché a été exposé en moyenne 2 fois au message, ou encore que 25 % du marché a été exposé en moyenne 4 fois au message, et ainsi de suite.

Pour établir le nombre de PEB requis et la portée désirée, le gestionnaire doit connaître le nombre de membres du public cible que le calendrier publicitaire permet de joindre. La figure 9.12 permet de le déterminer.

FIGURE 9.12 **Une augmentation de la portée selon le nombre de PEB et de réseaux utilisés**

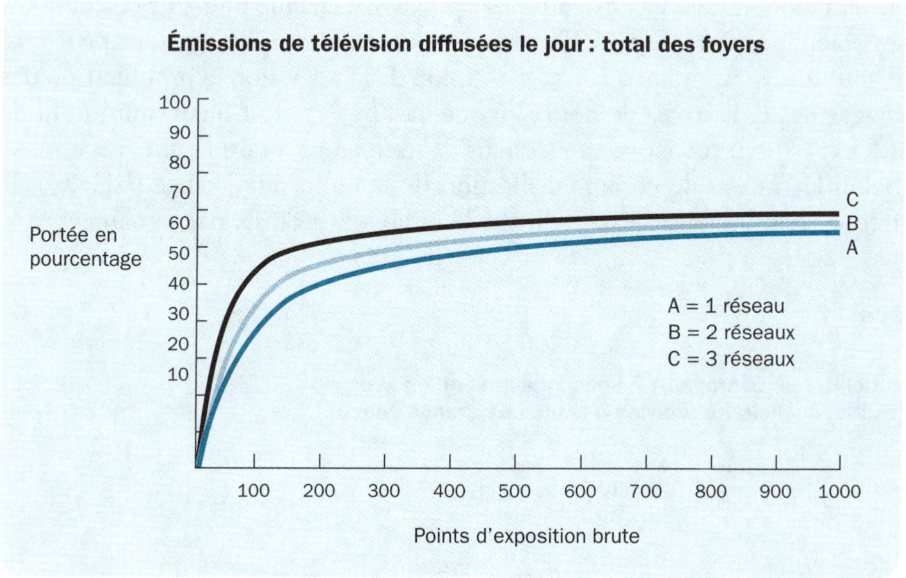

Émissions de télévision diffusées le jour : total des foyers

Portée en pourcentage (axe vertical, de 10 à 100)
Points d'exposition brute (axe horizontal, de 100 à 1000)

A = 1 réseau
B = 2 réseaux
C = 3 réseaux

Selon la figure 9.12, l'achat de 100 PEB sur un réseau se traduirait par une portée évaluée à 32 % de l'ensemble des foyers du public cible. Ce chiffre grimperait à 37,2 % si l'on faisait appel à deux réseaux et à 44,5 % si trois réseaux étaient concernés. En inversant la formule servant à calculer les PEB, il est possible d'estimer que la fréquence d'exposition serait respectivement de 3,1, de 2,7 et de 2,2. Cette décision arbitraire soulève une autre question : quel niveau de fréquence choisir ?

Comment déterminer une portée efficace

Étant donné les contraintes budgétaires qui lui sont imposées, le gestionnaire du marketing doit trancher : augmenter la portée au détriment de la fréquence ou accroître la fréquence de l'exposition et joindre une audience plus restreinte ? Plusieurs facteurs influent sur cette décision. Lors du lancement d'un nouveau produit, par exemple, on tente de maximiser la portée, en particulier la portée non dupliquée, afin d'établir la notoriété du produit chez le plus grand nombre de consommateurs. En même temps, s'il s'agit d'un produit à forte implication ou dont les avantages ne sont pas évidents, on doit prévoir un niveau de fréquence plus élevé pour joindre le public cible avec efficacité.

Portée efficace

Pourcentage du public cible qu'un support permet de joindre à un niveau de fréquence efficace.

La **portée efficace** (ou portée effective) fait référence au pourcentage du public cible qu'un support permet de joindre à un niveau de fréquence efficace. Cette idée se fonde sur la prémisse selon laquelle une seule exposition à une publicité ne suffit pas pour communiquer le message voulu. Comme nous l'avons vu, nul ne connaît le nombre exact d'expositions nécessaires pour qu'une publicité ait un impact, bien que plusieurs publicitaires croient qu'il en faut un minimum de trois. À la figure 9.13, la portée efficace est représentée par la zone située entre la troisième et la dixième exposition. En deçà de 3 expositions, on parle de portée insuffisante, et de surexposition, donc d'exposition inefficace, quand leur nombre dépasse 10. Ce degré d'exposition n'assure aucunement l'efficacité d'une communication; des messages différents nécessitent un nombre différent d'expositions. Par exemple, Jack Myers, président de la firme Myers Report, soutient que la théorie des trois expositions était valable dans les années 1970; les consommateurs étaient alors exposés à environ 1 000 publicités chaque jour. À présent qu'ils en voient entre 3 000 et 5 000 chaque jour, trois expositions sont peut-être insuffisantes. Ajoutant à la fragmentation de la télévision la prolifération des magazines et l'arrivée de nouveaux médias, Myers croit qu'un minimum de 12 expositions constitue désormais la fréquence quotidienne nécessaire. Selon le Bureau de commercialisation de la radio du Québec (BCRQ), la fréquence minimale d'expositions à la radio serait de six par semaine[18].

FIGURE 9.13 La portée efficace

L'exposition totale par rapport à une exposition efficace pour un calendrier publicitaire télévisé à heures de grande écoute

Exposition totale = 400 PEB
Exposition efficace = 221 PEE

PEB = Points d'exposition brute
PEE = Points d'exposition efficace

Portée (%)

- Aucune exposition
- Exposition inefficace
- Seuil d'efficacité
- Renforcement de l'efficacité
- Exposition efficace
- Exposition excessive
- Exposition négative

Nombre d'expositions

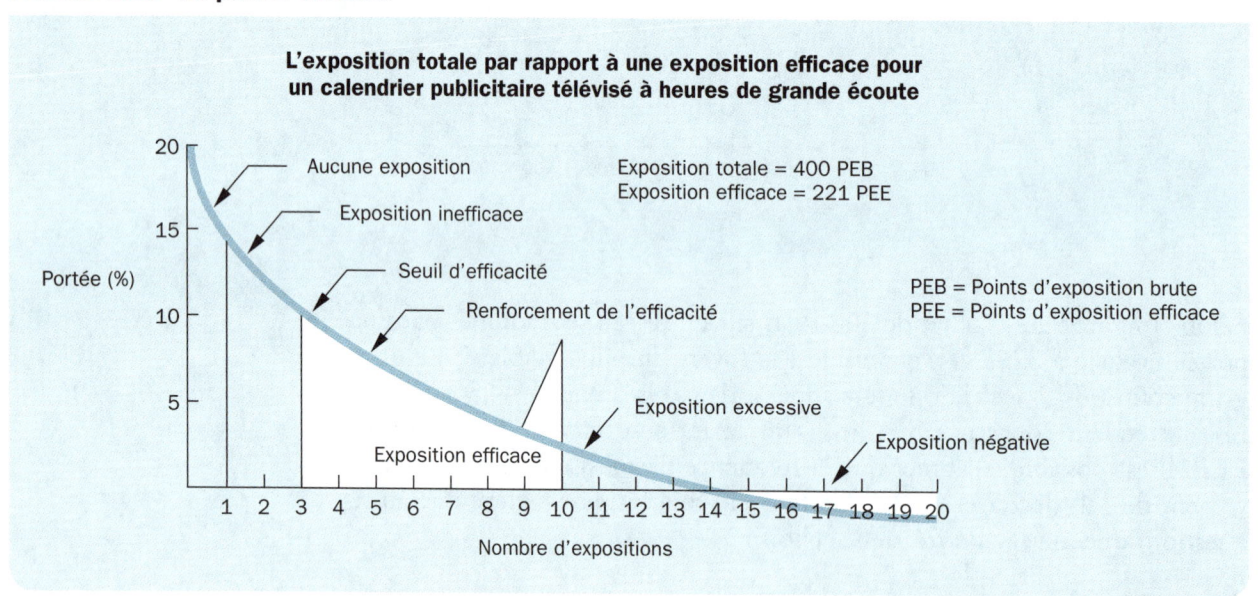

Comme il ignore le nombre de fois que le téléspectateur est exposé à un message, en général, le publicitaire achète des PEB qui lui assurent plus de trois expositions afin d'accroître la portée et la fréquence efficaces.

La tâche de déterminer une portée efficace se complique davantage du fait que les PEB sont calculés à partir de la **fréquence moyenne**. Celle-ci fait référence au nombre de fois qu'une audience jointe par un calendrier publicitaire est exposée au support pendant une période précise. Ce nombre se révèle parfois problématique, comme il est possible de le constater en considérant la situation suivante.

Fréquence moyenne

Moyenne du nombre de fois qu'une audience jointe par un calendrier publicitaire est exposée au support pendant une période précise.

Prenons l'exemple d'un achat média comportant la distribution de fréquence :

- 50 % du public serait joint à une reprise ;
- 30 % du public serait joint à 5 reprises ;
- 20 % du public serait joint à 10 reprises ;

pour une fréquence moyenne de quatre reprises.

Dans ce cas, la fréquence moyenne est de quatre reprises, ce qui excède quelque peu le nombre d'expositions jugé efficace, soit trois. Pourtant, 50 % du public n'est exposé qu'une seule fois au message. Par conséquent, si l'on tient compte uniquement de la fréquence moyenne, on risque de sous-exposer le public au message. Il est donc préférable pour le responsable du plan médias d'examiner l'ensemble de la distribution de fréquences d'exposition.

À propos de l'achat de PEB, Ostrow recommande les stratégies suivantes[19] :

1. Plutôt que de s'appuyer sur la fréquence moyenne, le gestionnaire du marketing devrait fixer un objectif de fréquence minimal permettant d'atteindre efficacement les objectifs publicitaires, puis maximiser la portée selon ce niveau de fréquence.

2. Afin de déterminer la fréquence efficace, on soupèsera les facteurs liés au marketing, au message et aux médias (*voir le tableau 9.12, à la page suivante*).

En résumé, la décision reposant sur la dualité entre la portée et la fréquence, dont l'importance est indiscutable, s'avère très difficile à prendre. Plusieurs facteurs interviennent, et les règles concrètes se révèlent parfois inutiles. Cette décision relève souvent plus de l'art que de la science et de l'expérience du responsable médias.

Les décisions relatives aux tactiques médias

Après avoir élaboré la stratégie médias de départ, le gestionnaire du marketing doit choisir les médias et les supports publicitaires, effectuer une analyse des coûts et établir le calendrier d'utilisation des médias.

Le média et le support publicitaires

Le média publicitaire privilégié a une incidence sur les perceptions du public. Tel type de stratégie de création peut exiger tel média. La télévision, qui allie le son à l'image, s'avère plus efficace pour susciter des émotions ; de leur côté, les magazines font naître des perceptions différentes des journaux. Le gestionnaire du marketing responsable de la stratégie médias tient compte de facteurs relevant de la créativité et de l'humeur de l'audience. Examinons-les de plus près.

Le média qui met en valeur l'approche créative a pour effet d'accroître l'efficacité de la campagne de publicité et de promotion. La dernière campagne du Mouvement Desjardins – « C'est plus qu'une banque, c'est Desjardins » – en constitue un exemple probant. Desjardins a misé sur la personnalité de la marque et sur sa nature coopérative pour se distinguer des institutions concurrentes. En tablant sur des personnes et des situations auxquelles tous peuvent s'identifier par le biais de la télévision, les messages inspirent la sérénité et le bien-être.

TABLEAU 9.12 Quelques facteurs à considérer au moment de choisir le niveau de fréquence

Facteurs liés au marketing

- *Histoire de la marque* S'agit-il d'une nouvelle marque ou d'une marque établie ? En général, on augmente la fréquence pour promouvoir une nouvelle marque.
- *Part de marché de la marque* Il existe un rapport inverse entre la part de marché d'une marque et la fréquence. Plus la part de marché est grande, moins la fréquence est élevée.
- *Fidélité à la marque* Il existe un rapport inverse entre la fidélité à la marque et la fréquence. Plus le degré de fidélité est élevé, moins la fréquence est grande.
- *Cycles d'achat* On augmente la fréquence lorsque les cycles d'achat se montrent plus brefs pour maintenir la notoriété du produit auprès du consommateur.
- *Cycles d'utilisation* On remplace rapidement les produits d'usage courant ou quotidien ; en conséquence, on augmente la fréquence d'exposition.
- *Part de voix concurrentielle* On augmente la fréquence lorsque les concurrents sont très présents dans les médias.
- *Public cible* Les aptitudes du public cible à apprendre ou à retenir les messages jouent directement sur la fréquence.

Facteurs liés au message et à la création publicitaire

- *Complexité du message* Plus le message est simple, moins on le répète souvent.
- *Unicité du message* Plus le message est unique, moins on le répète souvent.
- *Nouvelle campagne par opposition à une campagne continue* La fréquence de la nouvelle campagne est plus élevée afin que le public retienne les messages.
- *Vendre une image ou un produit* La création d'une image nécessite une fréquence plus élevée, en comparaison de la simple vente d'un produit.
- *Versions du message* Un seul message exige une fréquence moins élevée, au contraire de plusieurs versions du même message.
- *Usure* Une fréquence très élevée peut entraîner l'usure du message. On surveille cette possibilité de près et on s'y rapporte afin d'évaluer les niveaux de fréquence.
- *Formats publicitaires* Plus le format publicitaire est grand, moins il est nécessaire d'élever la fréquence.

Facteurs liés aux médias

- *Encombrement* Plus le média retenu diffuse de la publicité, plus on accroît la fréquence afin de se démarquer.
- *Contenu rédactionnel* Plus la publicité est en harmonie avec le contenu rédactionnel, moins il s'avère nécessaire d'en élever la fréquence.
- *Attention* Plus le support publicitaire se montre en mesure de retenir l'attention, moins il est nécessaire d'élever la fréquence. On augmente les répétitions dans les médias qui retiennent peu l'attention.
- *Calendrier publicitaire* La fréquence peut être moindre dans le contexte d'un calendrier publicitaire continu que pour une publicité sporadique ou d'une publicité par vagues.
- *Nombre de médias retenus* Le niveau de fréquence est proportionnel au nombre de médias retenus.
- *Expositions répétées* Le niveau de fréquence nécessaire s'avère moins élevé dans les médias qui favorisent des expositions répétées, par exemple les magazines mensuels.

Certains médias et supports publicitaires peuvent créer une atmosphère dont profite la communication. Ainsi, songez aux désirs que font naître les magazines *Cellier*, *Ski Presse* et *Les idées de ma maison*. Chaque support particulier suscite des émotions et des envies différentes chez le lecteur.

La promotion de grands vins, de bottes de ski et de produits pour la maison profite de ces émotions et envies. Supposons que vous faites insérer une annonce dans les médias suivants. Quelles images du produit pourriez-vous y créer?

- *Le Devoir* par rapport au *Journal de Montréal*.
- *Elle Québec* par rapport au *TV Hebdo*.
- Une émission de télévision de grande écoute par rapport à la rediffusion d'une ancienne télésérie.

Pour atteindre ses objectifs, le message doit parfois être diffusé dans un média ou un support publicitaire particulier. De même, certains médias et supports publicitaires ont une image qui peut profiter aux perceptions des messages qu'ils diffusent.

Une analyse des coûts

L'analyse des coûts constitue l'une des plus importantes décisions entourant l'élaboration d'une stratégie médias. On juge la stratégie en fonction de son efficacité à communiquer le message au public cible, au moindre coût et en encourant le moins de perte. Comme nous l'avons vu, plusieurs facteurs influent sur cette décision, dont la portée, la fréquence et la disponibilité. Le gestionnaire du marketing privilégie la combinaison optimale en répartissant équitablement les coûts de chaque facteur. Comme nous le verrons, il est parfois difficile de se retrouver dans ces chiffres.

On classe les frais de publicité et de promotion de deux façons. Le coût absolu du média ou du support publicitaire représente le coût de diffusion de l'annonce. Le coût d'une annonce pleine page en quadrichromie dans le magazine *Clin d'œil*, par exemple, s'élève à environ 8 105 $. Le coût relatif, lui, fait référence au rapport entre le prix déboursé pour réserver l'espace ou le temps d'antenne, et la taille du public joint ; il sert à comparer différents supports publicitaires. Il importe de connaître les coûts relatifs, car le gestionnaire doit s'efforcer d'optimiser ses dépenses publicitaires. Comme il dispose de plusieurs avenues, le publicitaire évalue les coûts de chacune. Cette évaluation s'avère souvent ardue, en raison de la méthode servant à déterminer les coûts et des difficultés qui naissent de leur comparaison entre différents médias.

Comment déterminer les coûts relatifs de différents médias

Afin d'évaluer les différentes avenues, le publicitaire compare les coûts relatifs des médias et des divers supports. Malheureusement, la ventilation des coûts des médias de diffusion, imprimés et extérieurs, est parfois différente, comme la ventilation des supports à l'intérieur des médias imprimés. Voici les bases de coûts utilisées.

Le coût par mille (CPM)

Pendant longtemps, le secteur des magazines a ventilé ses coûts en fonction du **coût par mille** lecteurs joints. On effectue ce calcul à l'aide de la formule suivante :

$$\text{CPM} = \frac{\text{Coût de l'espace publicitaire (coût absolu)}}{\text{Tirage}} \times 1000$$

Coût par mille (CPM)

Coût d'achat d'un espace publicitaire reposant sur une base de 1 000 lecteurs.

Le tableau 9.13 présente ce calcul pour deux supports appartenant au même média, soit *Clin d'œil* et *Châtelaine*. Ainsi, l'achat dans la revue *Châtelaine* s'avère plus rentable, malgré son coût absolu plus élevé (toutes choses égales par ailleurs). Nous reviendrons sur ce dernier point un peu plus loin.

TABLEAU 9.13 Le calcul du CPM des magazines *Clin d'œil* et *Châtelaine*

	Clin d'œil	*Châtelaine*
Coût par page	8 105 $	15 800 $
Tirage	75 059	204 912
Calcul	$\dfrac{8\,105\,\$ \times 1\,000}{75\,059}$	$\dfrac{15\,800\,\$ \times 1\,000}{204\,912}$
CPM	107,98 $	77,11 $

Le coût par PEB (CPP)

Coût par PEB
Évaluation du coût d'une publicité reposant sur la cote d'écoute du média ou du support publicitaire au moment de la diffusion.

Le média de diffusion fait appel à un coût comparatif basé sur le **coût par PEB** (CCP), qu'il calcule à l'aide de la formule suivante :

$$\text{CPP} = \frac{\text{Coût du temps publicitaire}}{\text{Cote d'écoute de l'émission}}$$

Le tableau 9.14 présente le calcul du CPP d'une publicité diffusée durant *Le Banquier* et *Le négociateur*. La première émission offre un potentiel de rentabilité légèrement plus grand que la seconde.

TABLEAU 9.14 Une comparaison du CPP des émissions *Le Banquier* et *Le négociateur* (18 ans et plus)

	Le Banquier	*Le négociateur*
Coût d'une occasion	22 440 $	14 900 $
Cote d'écoute	28	18
Nombre de téléspectateurs	1 700 000	1 050 000
Calcul	22 440 $ / 28	14 900 $ / 18
CPP	801	828

Le tarif quotidien à la ligne

Tarif quotidien à la ligne
Tarif des périodiques calculé en fonction du nombre de lignes agate, soit une surface d'une colonne de large sur un quatorzième de pouce de haut.

À l'exemple des magazines, les journaux s'appuient désormais sur la formule du CPM afin de déterminer le coût relatif du **tarif quotidien à la ligne**. Comme l'illustre le tableau 9.15, le CPM de *La Presse* se montre beaucoup plus élevé que celui du *Journal de Montréal* – toutes choses égales par ailleurs ici aussi.

TABLEAU 9.15 Une comparaison des coûts dans les quotidiens

	La Presse	Journal de Montréal
Coût par page	29 400 $	17 135 $
Tirage	271 647	304 454
Calcul	$\dfrac{29\,400\,\$ \times 1\,000}{271\,647}$	$\dfrac{17\,135\,\$ \times 1\,000}{304\,454}$
CPM	108,23 $	56,28 $

Comme vous le voyez, il est difficile d'établir des comparaisons entre différents médias. Quel est l'équivalent en télédiffusion du CPM? Exprimant leur volonté d'uniformiser les méthodes de calcul du coût relatif, les médias de diffusion et les journaux chiffrent à présent des CPM à l'aide d'une des formules suivantes:

Télévision: $\dfrac{\text{Coût d'une unité de temps} \times 1\,000}{\text{Nombre de téléspectateurs}}$

Journaux: $\dfrac{\text{Coût de l'espace publicitaire} \times 1\,000}{\text{Tirage}}$

Alors que la comparaison entre les médias en fonction du CPM a son importance, les comparaisons entre médias peuvent être trompeuses. La force de la télévision, qui allie le son et l'image, la longévité des magazines et les autres caractéristiques de chaque média compliquent les comparaisons directes. Le responsable du plan médias table sur le CPM, mais il doit aussi considérer les caractéristiques de chaque média et de chaque support publicitaires, avant de prendre sa décision.

La formule du CPM peut surévaluer ou sous-évaluer le rapport coût-efficacité. Songez à une situation où une couverture inutile est inévitable, parce que le tirage est supérieur au public cible. Si le message joint des gens qui ne sont pas des acheteurs potentiels du produit annoncé, alors l'argent versé pour les joindre se traduit par un CPM trop faible, comme l'illustre le premier scénario présenté au tableau 9.16, à la page suivante. On se sert de la portée potentielle du public cible plutôt que du nombre représentant l'ensemble du tirage. Ainsi, on aurait peut-être intérêt à choisir un média dont le CPM s'avère beaucoup plus élevé lorsqu'il permet de joindre davantage d'acheteurs potentiels. En fait, la plupart des acheteurs médias s'appuient sur le CPM fondé sur le public cible et non sur l'ensemble du public.

Le CPM peut aussi sous-estimer le rapport coût-efficacité. Le représentant chargé de vendre de l'espace publicitaire dans les magazines prétend depuis plusieurs années que la véritable portée d'une publication peut être sous-évaluée parce que plusieurs personnes liront un même numéro. Il souhaiterait que le **nombre de lecteurs par exemplaire** soit considéré dans l'estimation du CPM. Cette donnée comprendrait les **lecteurs occasionnels**. Le second scénario du tableau 9.16 montre en quoi ce lectorat a pour effet de sous-évaluer le rapport coût-efficacité. Le nombre de lecteurs de la revue *7 Jours* s'avère beaucoup plus élevé que le tirage puisque, en moyenne,

Nombre de lecteurs par exemplaire

Donnée représentant le nombre de personnes touchées par un exemplaire d'une publication.

Lecteur occasionnel

Lecteur d'un magazine sans l'avoir acheté.

TABLEAU 9.16 Une estimation du CPM

*Premier scénario: surévaluation de l'efficacité
(public cible composé de femmes de 12 ans et plus)*

	Châtelaine	7 Jours
Coût par page	15 800 $	12 420 $
Tirage	204 912	102 626
Pourcentage de lectrices	72 %	68 %
CPM (base du tirage)	77,11 $	121,02 $
CPM (base de lectrices)	107,09 $	177,97 $

Second scénario: sous-évaluation de l'efficacité

	Châtelaine	7 Jours
Coût par page	15 800 $	12 420 $
Tirage	204 912	102 626
Nombre de lecteurs	902 000	1 022 000
CPM (base du tirage)	77,11 $	121,02 $
CPM (base de lecteurs)	17,52 $	12,15 $

10,6 personnes lisent la revue. Alors que le CPM de la revue *7 Jours* est plus élevé que celui de la revue *Châtelaine*, si l'on considère le tirage des magazines, il devient plus avantageux lorsqu'on tient compte du total des lecteurs.

S'il tombe sous le sens de tenir compte du nombre de lecteurs par exemplaire, cette donnée peut s'avérer plus qu'imprécise. Il est difficile de déterminer combien de fois un magazine change de main. Malgré la recherche effectuée à ce sujet, les évaluations des lecteurs secondaires demeurent très subjectives, et s'en servir pour mesurer la portée d'une annonce relève de la spéculation. Les médias présentent régulièrement ces chiffres, mais le gestionnaire du marketing se montre sélectif dans leur utilisation.

En plus des risques de surévaluation ou de sous-évaluation du rapport coût-efficacité qu'ils représentent, les CPM sont limités, car ils ne fournissent qu'une évaluation *quantitative* de la valeur des médias. S'ils s'avèrent utiles pour comparer des supports semblables, ils le sont moins en ce qui concerne les médias. Nous avons déjà souligné quelques différences entre les médias qui excluent les comparaisons directes.

Le calendrier d'utilisation des médias

En général, la préparation du plan médias se termine par l'élaboration d'un **calendrier d'utilisation des médias**. Il est souvent conçu sur une base hebdomadaire; l'entreprise disposant de peu de moyens de communication peut en concevoir un sur une base mensuelle. Par contre, l'entreprise profitant d'imposants moyens de communication peut dresser des calendriers quotidiens pour l'ensemble des volets de son plan médias annuel ou, du moins, pour les plus importants. Ainsi, lorsqu'une entreprise lance un nouveau produit, les communications quotidiennes au cours des premières semaines se révèlent déterminantes. C'est pourquoi elle planifie les expositions à des médias particuliers dans les moindres détails.

Calendrier d'utilisation des médias
Calendrier résumant plusieurs décisions relatives aux stratégies et aux tactiques médias arrêtées jusqu'alors, et contenant aussi des détails sur la mise en œuvre qui orientent les acheteurs médias désireux d'atteindre les objectifs fixés.

Le calendrier d'utilisation des médias peut aussi compter un sommaire des décisions relatives au choix des médias, notamment la télévision, les imprimés et la publicité extérieure. Depuis l'avènement des CMI, cette forme de calendrier peut également contenir des éléments d'autres outils de communication tels que les événements marketing, les relations publiques ou les outils de marketing direct. Selon toute éventualité, le calendrier d'utilisation des médias répartit les choix médias selon les différents supports et marchés géographiques.

Le calendrier d'utilisation des médias illustre aussi le poids relatif des investissements médias. Par exemple, il pourrait afficher le nombre de PEB par semaine dans chaque ville, ainsi que la portée et la fréquence de chaque média retenu.

Puisque le calendrier d'utilisation des médias conclut la préparation du plan médias, on doit noter l'investissement médias sous forme résumée ou l'adjoindre au tableau même. Cette information permet au gestionnaire du marketing de jauger la qualité du plan médias et de déterminer s'il convient d'apporter quelques modifications au cours du processus de planification.

Nous avons parlé ici d'un calendrier d'utilisation des médias, mais il pourrait aussi s'agir de plusieurs. Supposons qu'une entreprise fasse appel à de nombreux médias pendant plusieurs mois et sur différents marchés géographiques. Dans ce cas, elle peut dresser un calendrier résumé et en préparer plusieurs connexes, afin de détailler l'information en sous-sections axées sur les mesures à mettre en œuvre. Gardez à l'esprit qu'un calendrier d'utilisation des médias constitue un outil de communication que l'on doit structurer et présenter, de sorte que tous les intervenants connaissent toutes les décisions.

RÉSUMÉ

La stratégie médias doit être élaborée dans le but d'atteindre les objectifs commerciaux et les objectifs de communication. Les objectifs médias favorisent la diffusion du message que le programme de CMI vise à communiquer. Les méthodes théoriques servant à déterminer le budget consacré aux médias posent d'importants problèmes. Les modèles économiques sont limités, tentent souvent de démontrer le lien entre la publicité et les ventes et font fi d'autres éléments du marketing mix. Certaines méthodes dont nous avons parlé n'ont aucun fondement théorique et ne tiennent pas compte des rôles que sont censés tenir la publicité et la promotion.

On pourrait améliorer les affectations budgétaires en arrimant les mesures d'efficacité aux objectifs de communication plutôt qu'aux objectifs commerciaux, dont les assises sont beaucoup plus larges. La méthode des objectifs et des tâches n'est peut-être pas la solution idéale pour déterminer le budget de publicité et de promotion, mais il s'agit d'une amélioration par rapport aux méthodes de haut en bas. Le gestionnaire du marketing trouve souvent avantage à utiliser différentes méthodes.

La principale tâche entourant l'élaboration d'une stratégie médias consiste à déterminer le média qui joint le mieux le public cible, compte tenu des contraintes budgétaires. Le responsable du plan médias tente d'équilibrer la portée et la fréquence du message et de communiquer ce dernier en minimisant toute exposition inutile. Plusieurs autres facteurs ont une incidence sur la décision relative aux médias. La stratégie médias relève davantage de l'art que de la science, car malgré les nombreuses données quantitatives dont il dispose, le responsable du plan médias doit faire preuve de créativité et s'appuyer sur des facteurs non quantifiables.

Nous avons traité de plusieurs décisions relatives à la stratégie médias, dont la combinaison des médias, la détermination du public cible, la couverture géographique, le calendrier de publicité et l'équilibre à atteindre entre la portée et la fréquence.

Nous avons dressé un tableau récapitulatif des avantages et des inconvénients de différents médias. Nous avons aussi parlé des principales décisions entourant les tactiques médias, avant de mettre la dernière main à la stratégie médias.

MOTS CLÉS

- analyse marginale
- calendrier d'utilisation des médias
- cote d'écoute
- coût absolu
- coût par mille (CPM)
- coût par PEB
- coût relatif
- couverture
- couverture inutile
- économie d'échelle
- fonction de réponse concave vers le bas
- fonction de réponse en forme de S
- fréquence
- fréquence moyenne
- indice
- indice de développement d'une catégorie
- indice de développement d'une marque
- lecteur occasionnel
- média
- méthode de l'ajustement concurrentiel
- méthode des objectifs et des tâches
- méthode du montant arbitraire
- méthode du montant disponible
- méthode du pourcentage du chiffre d'affaires
- méthode du rendement du capital investi (RCI)
- nombre de lecteurs par exemplaire
- objectif médias
- période de grand sondage
- plan de délai de récupération
- plan médias
- point d'exposition brute (PEB)
- portée
- portée dupliquée
- portée efficace
- portée non dupliquée
- publicité continue
- publicité par vagues
- publicité sporadique
- service de coupures de presse
- stratégie médias
- support publicitaire
- tactique médias
- tarif quotidien à la ligne

QUESTIONS DE DISCUSSION

1 Quelle serait la situation la moins attrayante pour un gestionnaire du marketing? La plus attrayante? Illustrez votre réponse à l'aide de l'indice de développement de la marque et de l'indice de développement de la catégorie.

2 La préparation d'un plan médias suppose que l'on troque la portée contre la fréquence. Expliquez ce que cela sous-entend. Fournissez des exemples illustrant une situation où la portée devrait primer sur la fréquence, et inversement.

3 Qu'entend-on par l'expression *nombre de lecteurs par exemplaire*? Expliquez les avantages et les inconvénients de cette notion.

4 Au dire d'un dirigeant d'une agence de publicité, la stratégie médias relève autant de l'art que de la science, mais sans doute davantage de l'art. Expliquez le sens de cet énoncé et fournissez quelques exemples.

5 Discutez de quelques facteurs importants au moment de déterminer les niveaux de fréquence. Fournissez des exemples pour chaque facteur.

6 Quels sont les avantages et les inconvénients des CPM?

7 La méthode du pourcentage des ventes se heurte à plusieurs critiques. Selon celles-ci, la méthode a pour effet d'inverser le rapport entre la publicité et les ventes en ce qu'elle considère la publicité comme une dépense plutôt que comme un investissement. Expliquez ce raisonnement et discutez du mérite de ces arguments.

8 Pourquoi le gestionnaire du marketing prépare-t-il encore ses budgets à l'aide de méthodes de haut en bas ?

9 En quoi un investissement publicitaire et une dépense publicitaire se distinguent-ils ? Fournissez quelques exemples d'entreprises dont les investissements publicitaires se sont avérés fructueux.

10 Expliquez au propriétaire d'une petite entreprise pourquoi il devrait consacrer des sommes plus importantes à la publicité et à la promotion. Fondez votre argument sur la fonction de réponse en forme de S.

11 De l'avis de certains publicitaires, les économies d'échelle s'accumulent au fil du processus publicitaire. Discutez du bien-fondé de cette opinion. Existe-t-il des recherches appuyant cette position ?

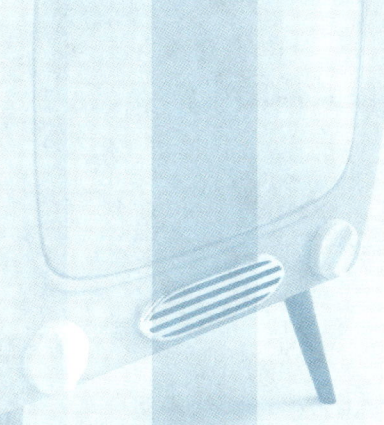

CHAPITRE 10
La télévision et la radio

OBJECTIFS D'APPRENTISSAGE

- Étudier la structure de l'industrie de la télévision et de l'industrie de la radio, et le rôle de chacune au sein d'un programme de publicité.

- Évaluer les forces et les faiblesses de la télévision et de la radio à titre de médias publicitaires.

- Expliquer en quoi consistent le temps publicitaire, la mesure de l'audience et les tarifs de publicité.

MISE EN SITUATION

La publicité sans limites

Le Conseil de la radiodiffusion et des télécommunications canadiennes (CRTC) rendait publique le 17 mai 2007 une décision très attendue. Selon cette décision, la limite de 12 minutes de publicité par heure a été augmentée à 14 durant les heures de grande écoute, et ce, depuis le 1er septembre 2007. Elle sera ensuite portée à 15 minutes pour l'ensemble des heures de diffusion, à compter du 1er septembre 2008. Si l'expérience s'avère concluante, dès le 1er septembre 2009, les limites de publicité par heure disparaîtront complètement. Cette annonce déçoit les télédiffuseurs en direct, alors qu'elle est accueillie avec soulagement du côté des entreprises de distribution de radiodiffusion. Pour bien comprendre l'importance de cette décision du CRTC, un retour sur cet enjeu important pour le secteur de la télévision au Canada s'avère nécessaire.

Le paysage télévisuel canadien a beaucoup évolué depuis l'apparition des chaînes spécialisées à la fin des années 1980. Au Québec, en 1991, par exemple, la part d'écoute cumulée des chaînes spécialisées atteint à peine 5,8 %. Rien de très menaçant pour les quatre principales chaînes généralistes, TVA, Radio-Canada, TQS et Télé-Québec, qui accaparent alors 81,7 % de l'écoute. Depuis, le nombre de chaînes spécialisées a considérablement augmenté, et il est désormais impossible de les ignorer. En 2007, la part d'écoute cumulée des chaînes spécialisées est de 38,7 %, alors que celle des chaînes généralistes ne se chiffre plus qu'à 55,1 %. La part d'écoute de TVA à elle seule passe durant cette période de 39,1 % à 27,1 %.

Les télédiffuseurs sont ainsi confrontés à une baisse des revenus publicitaires découlant de la réduction de leur part de marché et à un coût plus élevé en raison de la conversion au mode numérique/HD. En ce sens, le CRTC craint que les télédiffuseurs en direct soient forcés de limiter leur contribution à la programmation de contenu canadien, au moment même où il est vital pour la télévision d'investir dans des émissions canadiennes HD de qualité. En effet, la conversion au numérique est beaucoup plus rapide aux États-Unis, et tout retard dans la conversion au mode numérique/HD peut inciter nombre de téléspectateurs canadiens à se tourner vers les stations américaines qui diffusent des émissions en mode HD.

Deux principales possibilités sont donc examinées par le CRTC pour assurer des revenus suffisants aux télédiffuseurs en direct, afin qu'ils puissent faire face à leurs obligations : imposer un tarif d'abonnement pour la diffusion des stations en direct, d'une part, et d'autre part, assouplir la réglementation actuelle concernant la limite de publicité par heure. La première possibilité n'est pas retenue. Elle aurait eu pour effet d'augmenter la facture mensuelle des abonnés des services par câble et par satellite, et il aurait été possible que ceux-ci réduisent le nombre de services de programmation qu'ils achètent. Cela aurait également nui à la santé financière des services spécialisés, en plus de limiter leur capacité de respecter leurs obligations réglementaires. Le CRTC opte plutôt pour la deuxième possibilité, soit assouplir sa réglementation sur la limite publicitaire pendant les émissions.

Cette décision est mal accueillie par les chaînes généralistes. Celles-ci sont d'avis que le problème d'iniquité demeure entier. Comme le souligne Luc Lavoie, porte-parole de Quebecor (TVA), les chaînes spécialisées investissent très peu dans la programmation canadienne, alors qu'elles ont accès à une source de financement dont les chaînes généralistes sont privées. Par ailleurs, la solution retenue par le CRTC n'est pas la panacée. Radio-Canada a déjà indiqué qu'elle ne comptait pas accroître le nombre de minutes de publicité à l'heure. Comme le souligne Sylvain Lafrance, « [...] cela n'est pas dans l'esprit d'un service public, et cela pourrait heurter la tolérance du téléspectateur[1] ». Pour TVA, tout au plus, cela permettrait de mieux gérer l'inventaire publicitaire.

L'impact de cette décision demeure difficile à prévoir. Mais si l'on s'appuie sur les principes économiques, une augmentation de l'offre peut se traduire par une réduction des prix : donc, plus de messages publicitaires. Sortez vos télécommandes et préparez-vous à zapper !

Sources : CRTC (2007), Avis public de radiodiffusion CRTC 2007-53 ; « Pub sans limites », *Guide annuel médias 2008*, Montréal, Éditions Infopresse, 2008, p. 36 ; Paul Cauchon, « Fin des limites de publicité à la télé dès 2009 », *Le Devoir*, 18 mai 2007.

L'appareil de télévision est présent dans presque tous les foyers canadiens, où il fait partie du mobilier. Le temps passé à écouter la télévision chaque jour est d'environ six heures par foyer, toute personne, âgée de deux ans et plus, y consacrant en moyenne près de trois heures et demie[2]. Il importe aux réseaux de télévision et aux stations qu'un nombre élevé de téléspectateurs regarde les émissions, car on y vend du temps d'antenne aux annonceurs souhaitant joindre diverses audiences. De plus, les qualités qui font de la télévision un excellent média d'information et de divertissement favorisent la création publicitaire et la diffusion de publicités qui ont un fort impact sur le consommateur.

La radio fait depuis longtemps partie de notre quotidien. La plupart d'entre nous se réveillent en musique, puis continuent d'écouter la radio pour s'informer et se divertir en se rendant à l'école ou au bureau. La radio accompagne un grand nombre de personnes dans leur véhicule, à la maison et sur leur lieu de travail. Le Canadien moyen écoute la radio environ trois heures chaque jour[3]. L'audience de la radio est très importante aux yeux du gestionnaire du marketing, tout comme les téléspectateurs.

Dans le présent chapitre, nous analyserons les caractéristiques générales de la télévision et de la radio, ainsi que les forces et les faiblesses de chacun de ces moyens de diffusion. Nous verrons en quoi consistent les stratégies médias télévisées et radiophoniques, le temps publicitaire, la mesure de l'audience et les tarifs de publicité. Nous traiterons aussi des facteurs qui transforment le rôle de la télévision et de la radio en tant que médias publicitaires.

La télévision

On a souvent dit de la télévision qu'elle constitue le média publicitaire idéal. Alliant image, son, mouvement et couleur, elle permet au publicitaire de faire appel à son imagination et à sa créativité. La télévision comporte néanmoins quelques caractéristiques qui limitent, voire freinent, son utilisation.

Les forces de la télévision

La créativité, l'impact, le rayonnement, un excellent rapport efficacité-coût, la clientèle captive qu'elle permet de conquérir, l'attention, le degré de sélectivité et la souplesse constituent autant de forces de la télévision en comparaison des autres médias.

La créativité et l'impact

La télévision, en tant que support audiovisuel, offre d'innombrables possibilités de création. On peut ainsi y présenter un produit ou un service dans un cadre dramatique ou réaliste, véhiculer une image de marque, susciter une émotion précise, divertir, contribuer à rendre un produit terne intéressant ou faire la démonstration d'un produit ou d'un service. L'annonce imprimée est parfaite pour illustrer les qualités esthétiques et les caractéristiques d'une automobile. Cependant, seule une publicité télévisée peut

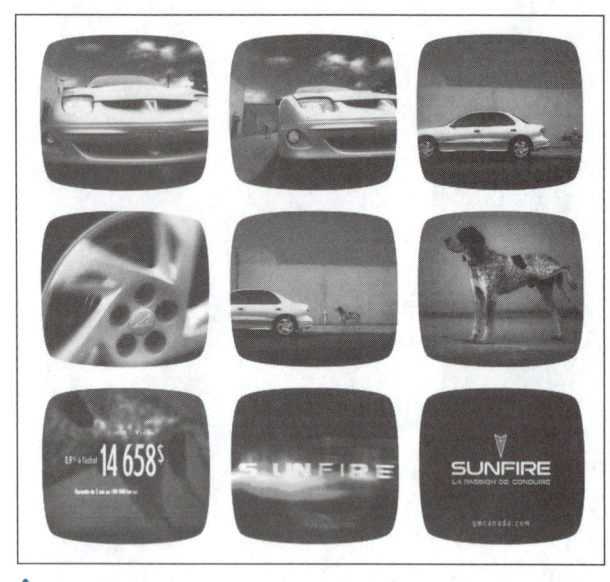

Cette publicité télévisée tente de démontrer la sensation de performance éprouvée au volant d'une Sunfire de Pontiac.

communiquer la sensation de performance d'un véhicule, comme l'illustre la publicité de la Sunfire de Pontiac.

La couverture et le rapport efficacité-coût

La publicité télévisée permet de joindre de vastes audiences. Presque tous, indépendamment de l'âge, du sexe, du revenu ou du niveau d'instruction, regardent la télévision. Aux heures de grande écoute, soit entre 19 h et 23 h, environ 40 % de la population canadienne d'âge adulte se trouve devant son téléviseur. La plupart agissent ainsi régulièrement, car 99 % des foyers canadiens possèdent un téléviseur et 65 %, plus d'un. Pour les produits et les services qui intéressent de vastes publics cibles, la télévision permet de joindre les marchés de masse selon un rapport coût-efficacité souvent favorable. Par exemple, il en coûtera environ 13 $ pour joindre 1 000 personnes lors des émissions *Le Banquier*, diffusées à TVA. Comme elle se révèle rentable en ce qu'elle joint une vaste audience, la télévision a la cote auprès des gestionnaires de produits de consommation de masse. La télévision s'avère fort utile à l'entreprise dont le réseau de distribution est étendu et dont les produits et les services sont facilement accessibles. Pourquoi? Parce qu'elle lui permet de joindre le marché de masse et de diffuser des messages publicitaires à un coût par mille peu élevé. Les grands fabricants de produits de grande consommation, les constructeurs d'automobiles et les grands détaillants ne peuvent plus se priver de la télévision. Procter & Gamble, General Motors, et Brault & Martineau-Tanguay, par exemple, consacrent à la télévision entre 40 % et 79 % de leur budget publicitaire destiné au marché québécois. Le tableau 10.1 contient la liste des 10 principaux annonceurs à la télévision au Québec en 2006.

TABLEAU 10.1 Les 10 plus importants annonceurs à la télévision au Québec en 2006

Rang	Annonceur	Dépenses publicitaires (en $)	Part de marché (en %)
1	Procter & Gamble	24 883 126	3,3
2	Quebecor	17 452 372	2,3
3	General Motors	16 235 143	2,1
4	Gouvernement du Québec	15 198 082	2
5	Ford	14 173 322	1,9
6	Johnson & Johnson	13 329 880	1,8
7	Groupe Brault & Martineau-Tanguay	12 379 211	1,6
8	Toyota	10 039 987	1,3
9	InBev (Interbrew AmBev)	9 639 376	1,3
10	Honda	9 375 493	1,2

Source : Nielsen Recherche Média, *Guide annuel médias 2008*, Montréal, Éditions Infopresse, 2008, p. 16.

L'audience captive et l'attention

La télévision s'avère importune en ce qu'elle impose des publicités aux téléspectateurs, alors qu'ils sont en train de regarder leurs émissions préférées. À moins d'efforts particuliers en vue de les éviter, ces personnes s'exposent à des milliers de messages publicitaires chaque année. La multiplication des chaînes, l'arrivée de la télécommande et d'autres gadgets électroniques permettent cependant aux téléspectateurs de les éviter. Des études sur les habitudes de consommation révèlent qu'au moins 33 % des téléspectateurs ne regardent pas les pauses publicitaires[4], alors que l'audience restante est susceptible d'être exposée à de très nombreux messages. Les ritournelles publicitaires et les slogans accrocheurs influenceraient le comportement du consommateur, uniquement parce qu'on les répéterait à outrance. Du moins, comme nous l'avons vu au chapitre 5, c'est ce que tendrait à démontrer le faible niveau d'implication lié au processus d'apprentissage et au processus de réponse.

La sélectivité et la souplesse

On a souvent critiqué la télévision, sous prétexte qu'elle n'est pas sélective et que la publicité télévisée a du mal à joindre un public cible avec précision. Elle procure tout de même une certaine marge de manœuvre en raison de la variété des audiences tributaires du contenu des émissions, de la période horaire et de la couverture géographique. Les émissions du samedi avant-midi, par exemple, s'adressent aux enfants ; les émissions du samedi et du dimanche après-midi visent les amateurs de sport de sexe masculin ; et celles diffusées en après-midi durant la semaine ciblent les personnes au foyer.

Puisque la télévision par câble gagne en popularité, l'annonceur raffine davantage sa couverture. Pour ce faire, il cible des groupes aux intérêts particuliers, tels que les sports, les nouvelles, l'histoire, les arts et la musique. La publicité de la chaîne Télétoon, ci-contre, qui diffuse exclusivement des dessins animés s'adressant aux enfants et aux adultes, constitue un bon exemple de cette forme de ciblage. Les stratégies médias peuvent aussi être définies selon les marchés géographiques et des régions précises. Enfin, les annonces passent en ondes à plusieurs reprises ou en fonction d'événements particuliers.

Télétoon est une chaîne spécialisée diffusant exclusivement des dessins animés.

Les faiblesses de la télévision

La télévision constitue un média sans pareil sur le plan de la création. Certains annonceurs, toutefois, n'y recourent pas ou limitent son rôle, compte tenu de ses inconvénients. Entre autres, notons son coût élevé, son manque de sélectivité, la fugacité des messages télévisés et la méfiance qu'ils engendrent, l'encombrement publicitaire et un faible niveau d'attention de l'audience.

Un coût élevé

Bien qu'elle joigne de vastes audiences, la télévision demeure fort coûteuse. Pourquoi ? En raison, notamment, du temps d'antenne et des frais de production d'un message publicitaire de qualité. Les frais de production d'une annonce de 30 secondes d'une marque nationale se chiffrent en moyenne à environ 300 000 $ et excèdent 1 million de dollars lors d'une superproduction[5]. De toute évidence, les approches créatives exigeant la production de plusieurs annonces ont pour effet d'augmenter les frais. Pour sa campagne de lutte contre le tabagisme en 2003, par exemple, Santé Canada a misé sur quatre annonces télévisées (deux en anglais et deux en français). La production de publicités locales, de son côté, peut aussi coûter cher, sans que la qualité soit au rendez-vous. Les frais élevés de production et de diffusion limitent l'accès à des annonceurs qui ne disposent pas de budgets importants.

Un manque de sélectivité

La télévision procure une certaine sélectivité grâce, notamment, à la variété des émissions et à la télévision par câble. L'annonceur qui désire joindre un public cible précis, souvent restreint, sait cependant que ce média ratisse au-delà de son marché. Le rapport coût-efficacité, dont nous avons parlé au chapitre 9, se révèle donc moins intéressant dans ce cas. La sélectivité géographique peut poser un problème aux annonceurs régionaux tels que les détaillants, car les tarifs publicitaires de la station de télévision sont fonction du marché qu'elle dessert globalement. Les stations de télévision établies à Montréal, par exemple, joignent des téléspectateurs de Saint-Jérôme, de Beauharnois et de Belœil. La petite entreprise dont le marché se limite à quelques arrondissements de la ville de Montréal évitera d'annoncer ses produits ou ses services à la télévision, puisque la région géographique jointe dépassera largement le secteur où elle est présente.

Le ciblage de certains groupes de consommateurs, selon le genre d'émission, le jour ou l'heure de diffusion des publicités, a pour effet d'améliorer la sélectivité de l'audience. La télévision, toutefois, n'offre pas autant de sélectivité que la radio, les magazines, les journaux et la publicité directe, qui joignent des segments de marché précis.

La fugacité du message

En général, les publicités télévisées durent 15 ou 30 secondes et ne laissent rien de concret au téléspectateur. On a dû les écourter en raison de la demande croissante des annonceurs pour un temps d'antenne plus court et du fait qu'ils ont voulu davantage tirer profit de leurs budgets médias.

L'escalade des coûts liés aux médias des 20 dernières années explique pour une bonne part pourquoi les publicités sont de plus en plus brèves. Pour de nombreux annonceurs, les publicités plus courtes constituent le seul moyen de contrôler leurs frais liés aux médias. Le message publicitaire de 15 secondes représente, en général, les deux tiers du coût du message de 30 secondes. De l'avis de plusieurs annonceurs, un plus grand nombre de publicités de 15 secondes a pour effet de renforcer leur présence ou d'atteindre une audience plus large. Aux yeux de certains publicitaires, la publicité plus brève communique aussi bien un message que la publicité plus longue, à une fraction du coût.

L'encombrement publicitaire

Les problèmes liés à la fugacité du message et à l'encombrement publicitaire s'avèrent d'autant plus grands que la publicité n'est qu'une des nombreuses annonces et autre contenu hors programmation qui défile à l'écran pendant une pause; le téléspectateur peut donc ne pas la remarquer. L'encombrement, qui peut nuire à l'efficacité du message publicitaire, préoccupe au plus haut point nombre d'annonceurs.

Pour le plaisir, comptez les messages annonçant les bulletins de nouvelles, les émissions de télévision et les communiqués d'intérêt public diffusés pendant une pause-indicatif. Vous comprendrez dès lors pourquoi l'encombrement publicitaire suscite une si grande inquiétude. Selon une étude de l'Association canadienne des annonceurs (ACA), le contenu hors-programmation par heure, à Radio-Canada en 2001, était en moyenne de 12,6 minutes, de 13,9 minutes à TQS et de 14,3 minutes à TVA. L'espace publicitaire au cours de l'émission *La Vie la vie*, diffusée à Radio-Canada, s'établissait à 16,8 minutes par heure. Aux États-Unis, près du tiers du temps d'antenne est occupé par du contenu autre que la programmation[6]. Or, comme nous l'avons vu au début du présent chapitre, les nouvelles règles adoptées par le CRTC risquent de modifier la situation au Canada. Devant tous ces messages conçus pour capter notre attention, on comprend pourquoi les téléspectateurs sont souvent confus ou ennuyés, voire incapables de se rappeler ou de reconnaître comme il se doit les produits et les services annoncés.

Une partie de cet encombrement découle de l'apparition des publicités plus brèves et des **messages dos-à-dos**. L'encombrement est aussi le fait des réseaux et des stations de télévision faisant la promotion de leurs émissions.

L'attention limitée du téléspectateur

L'espace pour la publicité n'est pas garant d'un nombre de téléspectateurs précis, mais il offre la possibilité de communiquer un message à une audience nombreuse. Tout porte à croire, cependant, que l'audience diminue pendant les pauses publicitaires, puisque le téléspectateur se rend à la salle de bains ou à la cuisine, par exemple.

Depuis quelques années, l'attention des téléspectateurs, pendant les pauses publicitaires, s'est révélée de plus en plus difficile à capter. Le magnétoscope et la télécommande se trouvent à l'origine du **visionnement accéléré** (*zipping*) et du **zappage**. Une étude de la maison Nielsen révèle que 80 % des émissions ainsi enregistrées sont regardées par la suite et que les téléspectateurs passent en accéléré plus de la moitié des publicités[7]. Une autre étude démontre que la majorité des téléspectateurs regardent, en tout ou en partie, les publicités en accéléré d'un enregistrement vidéo[8].

Une étude révèle que le tiers des téléspectateurs peut recourir au zappage pendant la diffusion des publicités[9]. Selon une autre étude, le téléspectateur s'adonne au zappage surtout au début et, dans une moindre mesure, à la fin d'une émission, car les publicités sont alors nombreuses et prévisibles. Le zappage s'avère de plus en plus populaire depuis l'arrivée des chaînes diffusant en continu, 24 heures sur 24. Le téléspectateur peut s'intéresser à quelques grands titres, aux résultats sportifs ou à un vidéoclip pour ensuite revenir à l'émission qu'il regarde. Les jeunes adultes zappent plus que les plus âgés; il en est de même des hommes par rapport aux femmes[10].

Que faire pour empêcher cette pratique? Les réseaux de télévision tentent de retenir l'attention du téléspectateur en montrant, par exemple, des scènes du prochain épisode ou une courte scène à la fin d'une émission. Certaines émissions débutent par des séquences d'action avant le générique et le premier bloc de publicités. De l'avis de certains publicitaires, il serait possible

Message dos-à-dos
Message publicitaire comprenant deux produits d'un même annonceur.

Visionnement accéléré
Visionnement permettant de faire passer à l'accéléré les publicités d'un enregistrement vidéo.

Zappage
Habitude consistant à faire des sauts de chaîne pour éviter de regarder les publicités à la télé.

de conserver l'attention des téléspectateurs à l'aide de plusieurs variations d'un même thème publicitaire. D'autres, enfin, croient que des messages attrayants réussiraient à capter et à retenir l'attention du téléspectateur. Cependant, il y a loin de la coupe aux lèvres, car un trop grand nombre de téléspectateurs se refusent à l'idée de regarder toute forme de publicité. Le zappage gagne en popularité parce qu'un nombre accru de téléspectateurs utilisent une télécommande et que de nouvelles chaînes inondent les ondes.

Selon une étude sur le zappage réalisée auprès des téléspectateurs des cinq grandes chaînes commerciales des Pays-Bas, 29% des téléspectateurs interrompent leur écoute ou regardent une autre chaîne pendant les pauses publicitaires[11]. Cette diminution est compensée en partie par une hausse moyenne de 7% de nouveaux téléspectateurs qui effectuent un saut depuis une autre chaîne. Les téléspectateurs changent souvent de poste pendant les pauses publicitaires parce qu'ils ont un motif en ce sens ou qu'ils sont curieux de regarder les émissions des autres chaînes. Le nombre de zappeurs est indépendant du genre de produits annoncés ou des caractéristiques des publicités diffusées.

La méfiance et une évaluation négative

Plusieurs critiquent les publicités télévisées en raison de leur omniprésence et du caractère importun du média. À leur avis, le téléspectateur se trouve sans défense devant un torrent de publicités télévisées, d'autant plus qu'il ne peut contrôler la transmission et le contenu du message. La publicité télévisée déplaît au téléspectateur lorsqu'elle ne lui apprend rien, qu'elle est diffusée trop souvent ou que son contenu ne lui convient pas[12]. Selon plusieurs études, la méfiance se révèle beaucoup plus grande envers la publicité télévisée qu'à l'égard de toute autre forme de publicité[13]. Sans compter que plusieurs se préoccupent des conséquences de la publicité télévisée sur certaines tranches de la population, par exemple les enfants ou les personnes âgées[14].

L'achat de temps publicitaire à la télévision

Les publicitaires qui intègrent la télévision à leur mix média disposent de plusieurs avenues. Ils peuvent acheter du temps d'antenne au cours d'émissions diffusées sur un réseau national, local ou encore dans quelques villes sélectionnées. Ils peuvent commanditer une émission ou retenir du temps d'antenne lors de la diffusion de plusieurs émissions s'adressant à des audiences différentes. Devant la croissance des nouveaux services de télévision, le publicitaire doit décider du degré selon lequel il désire annoncer sur les chaînes spécialisées.

L'achat de temps publicitaire à la télévision est une activité très spécialisée, en particulier dans les grandes entreprises qui y consacrent des sommes considérables. Les grands annonceurs qui diffusent quantité de publicités télévisées font appel aux services de spécialistes des médias ou à un service d'achat de médias qui déterminent leurs calendriers d'insertions et leur réservent du temps publicitaire. Nous terminerons la présente section par une discussion sur l'évaluation des audiences, puisqu'il s'agit d'un élément essentiel de la planification médias.

L'achat de publicité réseau, l'achat sélectif et la commandite

Tout annonceur doit d'abord décider de la répartition de l'enveloppe publicitaire destinée à la télévision, soit entre la publicité de réseau et la publicité sélective. D'emblée, la majorité des annonceurs nationaux se fondent sur la grille de programmation des grands réseaux afin de profiter d'une exposition à l'échelle du pays. Ils privilégient ensuite la publicité locale afin d'accroître leur couverture de certains marchés, le cas échéant.

L'achat de publicité réseau

En règle générale, les messages des grands annonceurs sont diffusés sur un **réseau de télévision**. Les **stations affiliées** sont, pour la plupart, privées. Les réseaux et les stations affiliées partagent les recettes publicitaires enregistrées au cours de ces plages horaires. Les stations affiliées peuvent aussi vendre du temps publicitaire à des annonceurs locaux et nationaux pendant les périodes hors réseau et les pauses d'identification de station.

Le secteur canadien de la télévision compte quatre réseaux nationaux. Le réseau français de la Société Radio-Canada compte 13 stations, dont 5 stations affiliées. Le réseau anglais de Radio-Canada, la Canadian Broadcasting Corporation (CBC), regroupe 27 stations, dont 9 stations affiliées. Le Canadian Television Network (CTV) est exploité à l'échelle nationale comme un service d'expression anglaise et possède 24 stations, dont 3 stations affiliées. Enfin, TVA est un réseau national de langue française comprenant 10 stations, dont 4 affiliées[15].

Le Canada compte aussi plusieurs réseaux régionaux. La CBC, par exemple, comprend cinq réseaux régionaux, soit le réseau atlantique, le réseau central (l'Ontario et Montréal anglophone), le réseau pacifique (la Colombie-Britannique), le réseau de l'Ouest et le réseau nordique (les Territoires du Nord-Ouest). CTV, de son côté, compte trois réseaux régionaux : l'Ontario, les provinces de l'Atlantique et la Saskatchewan. Global Television Network émet son signal depuis Toronto à 14 transmetteurs, qui joignent 97 % de la population ontarienne. Global Atlantic s'est inspiré d'un même type d'exploitation pour joindre la majorité des habitants du Nouveau-Brunswick, de l'Île-du-Prince-Édouard et de la Nouvelle-Écosse.

Au Québec, on trouve quatre réseaux régionaux de langue française. TVA et la Société Radio-Canada joignent 99 % de la population québécoise par l'entremise de leurs stations. Télévision Quatre Saisons (TQS) compte neuf stations et joint 94 % de la population québécoise. Télé-Québec diffuse sa programmation depuis Montréal à plus de 92 % de la population québécoise par l'entremise de 17 transmetteurs.

Les réseaux disposent de stations affiliées partout au Canada, qui desservent presque l'ensemble du territoire. L'achat de temps publicitaire à l'un des quatre réseaux nationaux permet la diffusion de la publicité partout au pays par l'entremise des stations affiliées au réseau. La publicité de réseau constitue un véritable média de masse, car la diffusion du message se fait à la grandeur du pays.

> **Réseau de télévision**
> Entreprise regroupant plusieurs stations régionales affiliées et qui leur fournit des programmes télévisés et divers services.

> **Station affiliée**
> Station de télévision généralement privée qui, en vertu d'une convention conclue avec un réseau, peut retransmettre en tout ou en partie le programme de ce réseau.

L'un des principaux avantages de la publicité de réseau tient à la simplification du processus d'achat. L'annonceur traite avec un seul interlocuteur pour la diffusion d'une publicité à l'échelle du pays. En outre, le réseau diffuse les émissions les plus populaires et exerce un contrôle sur la programmation aux heures de grande écoute. D'ordinaire, l'annonceur qui souhaite joindre une vaste audience à l'échelle nationale achète du temps publicitaire aux heures de grande écoute, soit de 20 h à 23 h, heure normale de l'Est (HNE).

Le principal inconvénient de la publicité de réseau tient au coût élevé du temps publicitaire. Le tableau 10.2 présente une évaluation des coûts d'une annonce de 30 secondes diffusée durant les heures de grande écoute sur plusieurs réseaux nationaux et régionaux en 2002-2003. Le coût d'une des émissions les plus populaires ou d'une émission spéciale présentée à CBC est de 52 000 $ et de 25 000 $ à Radio-Canada. En coût absolu, il s'agit de deux fortes sommes.

La disponibilité du temps publicitaire peut aussi poser un problème en raison du nombre croissant d'annonceurs qui font appel à la publicité de réseau pour joindre des marchés de masse. Traditionnellement, la plupart des occasions aux heures de grande écoute (en particulier dans le cadre des émissions les plus populaires) sont vendues durant les mois de mai, juin et juillet, avant le début de la nouvelle saison de télévision. L'annonceur qui désire diffuser de la publicité de réseau aux heures de grande écoute établit ses plans médias et achète du temps publicitaire parfois plus de six mois à l'avance. L'achat de publicité réseau est le fruit d'intenses négociations entre l'agence de publicité, l'annonceur et les représentants du réseau.

La publicité sélective

Publicité sélective
Publicité diffusée par les stations de télévision locales.

Diffusée par les stations de télévision locales, la **publicité sélective** est négociée avec la direction de ces stations ou leurs représentants nationaux. Le représentant d'une station de télévision fait office d'agent de vente pour plusieurs stations locales qui traitent avec les annonceurs nationaux.

La publicité sélective offre une grande latitude aux annonceurs nationaux, de sorte qu'ils peuvent s'ajuster aux conditions particulières du marché. L'annonceur peut concentrer ses publicités dans les marchés ou les régions où le potentiel commercial se révèle plus élevé ou lorsqu'un soutien publicitaire accru s'impose. Cette souplesse s'avère fort utile lorsque le circuit de distribution ne couvre qu'en partie l'ensemble d'une région, lorsque le budget de publicité est limité, et lors d'un test de marché ou d'un lancement dans une zone d'influence commerciale limitée. Pour appuyer certains concessionnaires d'une région, les annonceurs nationaux recourent aussi à la publicité sélective et à la publicité à frais partagés.

La publicité de commandite

Commandite d'émission
Entente en vertu de laquelle un annonceur assume la responsabilité de la production, du contenu de l'émission et de la diffusion de la publicité à cette occasion.

Aux débuts de la télévision, la plupart des émissions étaient produites et commanditées par de grandes entreprises. Il s'agissait de **commandites d'émissions**. *La famille Plouffe* et le hockey du samedi soir, par exemple, étaient respectivement commandités par le cigarettier Player's et la pétrolière Esso Impérial. Bien que la commandite existe encore de nos jours, la plupart des émissions sont produites par les grands réseaux ou par des maisons de production indépendantes qui les vendent à un réseau.

TABLEAU 10.2 Une évaluation des coûts des publicités de réseau au cours de la saison 2002-2003*

Réseau	Nombre de stations	Coût (en $)	Réseau	Nombre de stations	Coût (en $)
National			**Chaînes spécialisées**		
CBC	34	100 – 52 000	ARTV	1	20 – 115
CTV	22	2 500 – 80 000	ATN	1	300 – 500
Radio-Canada	13	200 – 25 000	Bravo!	1	150 – 15 500
TVA	10	Variable	CablePulse 24	1	50 – 500
			Canal D	1	75 – 1 365
Régional			Canal Vie	1	50 – 1 785
ASN	1	30 – 640	CBC Newsworld	1	250 – 1 000
ATV	3	450 – 3 300	CMT	1	30 – 1 000
CBC (par régions)			Comedy	1	40 – 1 600
• Atlantique	6	100 – 2 800	CTV Newsnet	1	66 – 250
• Centrale	12	100 – 21 000	Discovery	1	500 – 5 000
• Ouest	12	100 – 7 500	Fairchild (chinois)	3	240 – 690
• Pacifique	6	100 – 4 200	Food Network	1	100 – 3 500
CTV Ontario	5	1 700 – 33 000	HGTV Canada	1	100 – 3 500
CTV Sakatchewan	4	120 – 2 500	Historia	1	40 – 310
Global	1	150 – 48 000	History	1	100 – 2 800
MITV		255 – 3 400	LCN	1	Variable
Télé-Québec	10	200 – 2 500	Life Network	1	100 – 3 700
TQS	10	315 – 12 000	MétéoMédia	1	50 – 100
			MuchMoreMusic	1	125 – 650
			MuchMusic	1	1 050 – 3 000
			MusiMax	1	10 – 250
			MusiquePlus	1	480 – 600
			OLN	1	15 – 1 300
			Prime	1	10 – 1 500
			RDI	1	50 – 550
			RDS	1	250 – 18 000
			ROB TV	1	—
			Score, The	1	60 – 5 000
			Séries +	1	40 – 1 140
			Showcase	1	100 – 4 700
			Space	1	50 – 3 200
			Sportsnet (national)	4	100 – 7 500
			Star!	1	120 – 360
			Talentvision	2	120 – 288
			Telelatino	1	100 – 500
			Teletoon (anglais)	1	75 – 1 400
			Télétoon (français)	1	70 – 250
			TSN	1	500 – 20 000
			Vision TV	1	400 – 1 000
			Weather Network	1	90 – 3 001
			W Network	1	25 – 1 475
			YTV	1	150 – 4 500
			Ztélé	1	40 – 960

* Sondage réalisé durant les heures de grande écoute (tarif pour 30 secondes).
Source: *The Canadian Media Directors' Council Media Digest 2003-2004.*

Plusieurs grandes entreprises commanditent des émissions pendant de nombreuses années; pensons au cinéma Kraft, aux feuilletons du *Hallmark Hall of Fame* et à *La petite vie* (Vachon). Songeons aussi au constructeur Ford, commanditaire des émissions *Lance et compte, Scoop, Jalna, Les grands procès* et *Jasmine*. En 1996, l'émission *Urgence,* diffusée à Radio-Canada, s'associe à General Motors (GM) et à La Métropolitaine. En échange, les deux commanditaires ont droit à des mentions en début d'émission, à du temps publicitaire, à l'apparition de leur logo avant les pauses commerciales et à un tirage annoncé dans divers journaux et stations de radio. De plus, des véhicules GM sont mis en évidence pendant l'émission. Ainsi, Christian Richard (David La Haye) conduit un Blazer LT de couleur noire, Michèle Imbeault (Marina Orsini), une Saab 9000, et Geneviève Perrault (Monique Spaziani), une Chevrolet Cavalier.

Les émissions et les tranches horaires

Quiconque décide d'acheter du temps publicitaire à la télévision doit choisir les **tranches horaires** et les émissions qui conviennent aux messages de l'annonceur. Le coût dépend du moment de la journée et de l'émission retenue, car la cote d'écoute est fonction de ces deux facteurs.

Les tranches qui forment une journée de programmation varient selon la station. Le tableau 10.3 présente le classement caractéristique des tranches d'un jour de semaine. Les tranches attirent des audiences différentes par leur taille et leur nature, de sorte que les tarifs publicitaires varient. Les heures de grande écoute attirent les audiences les plus nombreuses. Ainsi, la tranche de 20 h 30 à 21 h intéresse le plus grand nombre de téléspectateurs, alors que la soirée du dimanche est la plus populaire. Les entreprises qui diffusent des publicités aux heures de grande écoute paient des tarifs majorés; c'est pourquoi ce segment est dominé par les grands annonceurs nationaux.

Les différents segments de journée retiennent l'attention de divers groupes démographiques. Les émissions diffusées le jour, par exemple, attirent en général une audience féminine; les émissions diffusées tôt en matinée intéressent surtout les femmes et les enfants. Le segment de fin de soirée a la cote auprès des annonceurs désireux de joindre les jeunes adultes. La taille de l'audience et la composition démographique varient aussi selon l'émission

Tranche horaire
Période qui divise la journée de diffusion.

TABLEAU 10.3 Les tranches horaires d'une journée de diffusion

Période	Heures correspondantes
Période du déjeuner	De 7 h à 9 h, du lundi au vendredi
Période de jour	De 9 h à 16 h 30, du lundi au vendredi
Avant-pointe	De 16 h 30 à 17 h 30, du lundi au vendredi
Période avant-pointe	De 17 h 30 à 20 h, du dimanche au samedi
Période de pointe	De 20 h à 23 h, du lundi au samedi, et de 19 h à 23 h, le dimanche
Nouvelles de fin de soirée	De 23 h à 23 h 30, du lundi au vendredi
Périodes périphériques après-pointe	De 23 h 30 à 1 h, du lundi au vendredi

diffusée. Les téléromans attirent les audiences les plus nombreuses aux heures de grande écoute, les femmes de 18 à 34 ans constituant le principal segment de l'audience. Les longs métrages se classent au deuxième rang, suivis des émissions dramatiques que regardent en majorité les femmes de 55 ans et plus. Le moment de l'année constitue un autre facteur à considérer. La figure 10.1 montre que l'indice d'écoute des émissions de télévision chute de façon considérable au cours de la période estivale.

FIGURE 10.1 L'indice d'écoute par mois des chaînes généralistes et spécialisées (2 ans et plus)

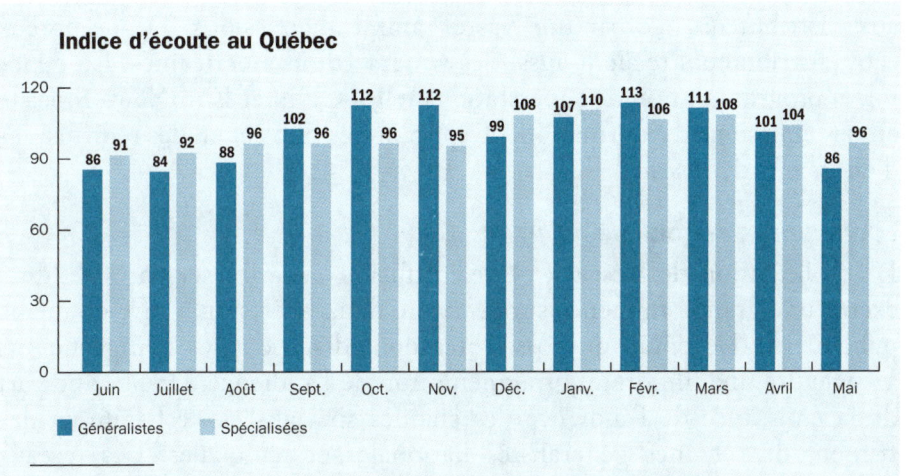

Indice d'écoute au Québec

Mois	Généralistes	Spécialisées
Juin	86	91
Juillet	84	92
Août	88	96
Sept.	102	96
Oct.	112	96
Nov.	112	95
Déc.	99	108
Janv.	107	110
Févr.	113	106
Mars	111	108
Avril	101	104
Mai	86	96

Source : Sondages BBM, Service audimétrique PPM (juin 2006 à mai 2007), dans *Guide annuel médias 2008*, Montréal, Éditions Infopresse, 2008, p. 38.

La publicité et les chaînes spécialisées

La télévision par câble et la télévision directe par satellite comptent de nombreuses chaînes spécialisées grâce auxquelles les annonceurs joignent des publics cibles plus pointus. Nous présenterons d'abord brièvement ces deux technologies, et nous examinerons ensuite la publicité diffusée sur ces chaînes.

La télévision par câble et la télévision par satellite

La croissance de la **télévision par câble** constitue sans doute le principal événement qui a marqué les médias. On l'a mise au point afin d'atteindre les régions éloignées où les signaux de diffusion ne pouvaient être acheminés. Les Québécois ont vite adopté la télévision par câble dans les années 1970. En 2006, la télévision par câble joignait 63 % des foyers québécois.

La **télévision directe par satellite (TDS)**, pour sa part, remonte aux années 1990. Au Québec, en 2006, le taux de pénétration de la TDS était de 22,6 %, et ce sont surtout les câblodistributeurs qui en ont souffert. Les fournisseurs de TDS ont commercialisé leurs services avec dynamisme, vantant le nombre impressionnant de chaînes offertes, jusqu'à 200, la qualité supérieure des images à haute définition, et la qualité du son, digne des meilleures enceintes acoustiques. Un revirement pourrait cependant se dessiner, car les câblodistributeurs proposent désormais la diffusion numérique par câble, qui leur permet d'offrir le même nombre de chaînes que la TDS.

Télévision par câble

Forme de télédistribution acheminant les signaux par câble coaxial plutôt que par la voie des airs.

Télévision directe par satellite (TDS)

Système de diffusion par satellite d'émissions de radio et de télévision qui numérise les signaux et les achemine directement vers l'antenne parabolique de l'utilisateur.

L'abonné à la télévision par câble et par satellite paie des frais mensuels fixes pour capter de nombreuses chaînes, dont des stations indépendantes et des stations affiliées aux réseaux canadiens et américains, diverses chaînes spécialisées, des superstations américaines et des réseaux locaux de télévision par câble. Les deux distributeurs offrent aussi d'autres chaînes – Indigo, par exemple – qui ne sont pas financées à même les revenus publicitaires. Ces chaînes sont offertes uniquement à l'abonné qui consent à payer un supplément. Les chaînes spécialisées, dont la programmation est destinée à un groupe ethnique ou axée sur un domaine d'intérêt précis tel que l'information continue, la musique pop, la musique country, les sports, la météo, l'éducation et la culture, permettent aux distributeurs d'offrir une vaste gamme d'émissions. De nombreux câblodistributeurs relaient aussi des **superstations** américaines. En général, la programmation de superstations telles CNN et EuroNews consiste en des émissions d'information, de sport et des films et en des rediffusions d'émissions de réseau.

> **Superstation**
> Station locale indépendante qui, par câble ou par satellite, relaie son signal à la grandeur du pays.

Les réseaux spécialisés

La prolifération des réseaux de télédiffusion par câble et par satellite a exercé une grande influence sur la nature de la télévision à titre de média publicitaire. L'éventail de possibilités dont disposent les téléspectateurs a engendré une importante fragmentation de l'audience. Une bonne part de la croissance de l'audience des chaînes spécialisées s'est faite au détriment des chaînes généralistes nationales et régionales. Les réseaux spécialisés accaparent désormais 39 % de l'audience francophone au Québec. Plusieurs de ces réseaux ont la cote auprès des téléspectateurs, ce qui incite les annonceurs à réévaluer leurs plans médias et les tarifs qu'ils consentent à payer pour la diffusion de leurs publicités sur les stations affiliées aux grands réseaux. Au Canada, la publicité sur les réseaux spécialisés a généré des revenus de 882 millions de dollars en 2006, comparativement à 381 millions de dollars en 2000. En comparaison, les revenus publicitaires de l'ensemble des autres secteurs de la télévision sont passés de 2,069 milliards de dollars en 2000 à 2,358 milliards de dollars en 2006 (*voir le tableau 9.1, à la page 274*).

Cette hausse des revenus tirés de la publicité indique que les annonceurs font de plus en plus appel aux réseaux spécialisés pour atteindre des audiences précises. Les annonceurs s'intéressent aussi aux réseaux spécialisés en raison de leur souplesse et de leurs tarifs publicitaires avantageux. Comme l'illustre le tableau 10.2, à la page 329, les tarifs de publicité des émissions diffusées par câble s'avèrent de beaucoup inférieurs à ceux des émissions présentées sur les grands réseaux. Ainsi, la télévision constitue un média beaucoup plus viable pour le petit annonceur dont le budget est plutôt restreint, et pour quiconque désire cibler une audience définie avec rigueur. De plus, la publicité sur les réseaux spécialisés n'exige généralement pas d'engagements aussi importants que ceux des grands réseaux – parfois une année à l'avance.

Les réseaux spécialisés offrent aussi une plus grande souplesse quant au genre de publicité à diffuser. Alors que la durée de la plupart des messages diffusés sur les réseaux commerciaux est de 15 ou 30 secondes, l'annonce diffusée sur le réseau spécialisé peut largement excéder cette limite. La durée d'un **publireportage**, par exemple, peut osciller entre 3 et 30 minutes. L'entreprise qui s'adresse directement au consommateur produit souvent des publicités plus longues afin de décrire ses produits ou ses services et d'inciter le consommateur à passer sa commande par téléphone au moment de la diffusion du message. Nous reparlerons des publireportages au chapitre 15. Enfin, l'achat de publicité sur les réseaux spécialisés s'effectue sur une base régionale ou nationale. Plusieurs grands annonceurs font de la publicité sur les réseaux spécialisés afin de joindre un nombre important de consommateurs partout au pays, à l'aide d'un seul achat de média. On peut diffuser de la publicité régionale sur les réseaux spécialisés, mais cette possibilité se révèle plutôt limitée.

Bien qu'ils aient gagné en popularité auprès des annonceurs nationaux, régionaux et locaux, les réseaux spécialisés demeurent néanmoins limités à certains égards. Au cours d'une semaine, par exemple, un téléspectateur regarde en moyenne plus d'émissions des stations affiliées à Radio-Canada et au réseau TVA que d'émissions diffusées sur un réseau spécialisé, bien que la situation soit en train de changer. TVA, par exemple, séduit 27 % de l'audience au Québec, comparativement à moins de 6 % pour RDS. Bien que les réseaux spécialisés comptent plus de téléspectateurs, ceux-ci sont répartis entre les nombreuses chaînes proposées. Réunies, les chaînes spécialisées contribuent à une plus grande fragmentation de l'audience, car le nombre de téléspectateurs regardant l'une d'elles se révèle d'ordinaire peu élevé. En fait, les réseaux généralistes sont de vrais médias de masse, alors que les chaînes spécialisées ne le sont pas.

La mesure de l'audience de la télévision

L'une des principales considérations de la publicité télévisée touche la taille et la composition de l'audience. Il importe donc aux annonceurs, aux réseaux et à leurs stations affiliées d'en déterminer la taille. La taille et les caractéristiques de l'audience, par exemple, sont importantes aux yeux de l'annonceur au moment d'acheter du temps publicitaire. Comme les tarifs publicitaires sont fonction de la taille de l'audience, l'annonceur s'assure que cette évaluation est précise et digne de foi.

La taille et la composition de l'audience importent aussi aux réseaux de télévision et aux stations affiliées, puisqu'elles déterminent les tarifs qu'ils peuvent exiger en échange du temps publicitaire. On retire souvent des émissions des ondes parce qu'elles attirent un nombre insuffisant de téléspectateurs et qu'elles suscitent un intérêt mitigé auprès des annonceurs éventuels. La détermination de la taille d'une audience n'est pas une science exacte ; d'ailleurs, elle fait l'objet d'une vive controverse depuis nombre d'années. Comment mesure-t-on la taille d'une audience ? En quoi cette information s'avère-t-elle utile à la conception du plan médias de l'annonceur ? Nous aborderons ces deux questions dans la prochaine section.

Les organismes de mesure de l'audience

La taille et la composition d'une audience importent au responsable du plan médias, dont le rôle est d'estimer la valeur du temps publicitaire au cours d'une émission. Au Canada, les mesures de l'audience des émissions sont assurées par Sondages BBM et par la firme Nielsen Recherche

Publireportage
Message publicitaire télévisé permettant à l'annonceur de fournir au consommateur des informations plus détaillées sur un produit ou un service, et dont la durée varie entre 3 et 30 minutes.

PERSPECTIVE 10.1

Un nouveau souffle pour la radio

L'acquisition de Standard Radio Broadcasting par Astral Media en avril 2007 montre l'importance accordée à la radio, et la conviction qu'un tel média est toujours une façon de joindre les consommateurs. En effet, ce sont surtout les médias télévisuels et imprimés qui ont souffert de l'arrivée d'Internet, alors qu'en ce qui a trait à la radio les habitudes des consommateurs sont demeurées sensiblement les mêmes. Tel que l'affirme le CRTC, les profits bruts des stations de radio ont augmenté de 20,2 % entre 1996 et 2005, alors que le marché de la radio est demeuré en croissance dans tout le pays. Non seulement la radio a su résister à l'arrivée d'Internet, mais elle continue d'offrir des avantages qui lui sont spécifiques et qui sont le gage de son succès. La radio est un média omniprésent au quotidien; elle se trouve ainsi dans des endroits où Internet et la télévision sont inaccessibles – pour le moment du moins. Certains entament leur journée en écoutant la radio grâce à leur réveille-matin, d'autres y recourent pour obtenir des informations routières dans leur véhicule; approximativement 96 % des gens, selon le président de Canadian Broadcast Sales, Pat Grierson, écoutent la radio à un moment ou à un autre durant une journée. De plus, ce média permet d'être en contact avec un marché plus spécifique, en offrant la possibilité de cibler des individus en fonction de critères géographiques.

La prospérité de ce média explique sans doute l'intérêt que lui portent divers annonceurs. De fait, de plus en plus, ces derniers se tournent vers une signature audio qui leur permet de s'introduire dans différents types de médias et d'unifier, par le fait même, l'ensemble de leurs communications. Une signature audio, qui prend souvent la forme d'une courte chanson ou d'une mélodie, a pour avantage de marquer facilement la mémoire du consommateur et, dès lors, d'assurer un plus haut taux de reconnaissance pour une marque spécifique. De plus, utilisée conjointement avec un logo visuel, la signature audio permet d'avoir un meilleur impact. Toutefois, il n'est pas toujours aisé de composer une signature audio. Celle-ci se doit de véhiculer, en quelques secondes, un message cohérent avec l'image d'une marque.

Sources: Scott Gardiner, « Radio Days », *Marketing Magazine*, 22 mai 2007, p. 17-18; Vanessa Quintal, « Le géant de la radio », *Infopresse*, juin 2007, p. 36-37; Michelle Warren, « Flight of the Stinger », *Marketing Magazine*, 1er mai 2006, p. 20.

Média (Canada). Un troisième organisme, le Bureau de la télévision du Canada (TVB), publie d'autres renseignements sur la composition des audiences.

Les sondages BBM Sondages BBM est un organisme de recherche sans but lucratif, qui travaille en coopération avec l'Association canadienne des radiodiffuseurs (ACR), l'Association canadienne des annonceurs (ACA) et les agences de publicité canadiennes. Il a pour mandat de mesurer les audiences des stations de radio et des stations de télévision membres. Ce rapport privilégié entre les membres a permis à Sondages BBM d'être promu au titre d'organisme chargé de mesurer les cotes d'écoute au pays.

À l'aide du cahier d'écoute, Sondages BBM recueille de l'information sur les habitudes télévisuelles de 33 petits marchés locaux, à l'automne et au printemps, et de 9 grands marchés locaux à l'automne, au printemps et à l'été. Pour ce faire, l'organisme expédie à un échantillon de foyers représentatifs un cahier d'écoute par poste de télévision existant. Il recueille des renseignements sur les habitudes d'écoute à l'aide de cet échantillon et effectue ensuite des projections en fonction de la zone de télédiffusion.

La méthode du cahier d'écoute exige de chaque personne qu'elle consigne dans ce carnet toutes les émissions qu'elle regarde au cours d'une semaine. Les parents doivent en outre noter les émissions que regardent leurs enfants âgés de plus de deux ans. Les inscriptions sont fondées sur des blocs de 15 minutes, entre 6 h et 2 h du matin. Chaque participant touche une petite somme en échange de ses efforts. Parmi tous les cahiers envoyés, 40 % sont retournés, bien que ce pourcentage varie selon la région et d'autres facteurs. Les volets de cette recherche sont conformes aux pratiques régissant les études de marché pour s'assurer de recueillir des données valides et fiables. Il y a cependant un hic : les cahiers d'écoute ne sont pas tous correctement remplis.

Afin de profiter des progrès technologiques et de combler cette lacune méthodologique, Sondages BBM a recours, depuis 2002, à des **audimètres** portables (PPM) pour évaluer l'écoute télévisuelle du marché francophone de Montréal. Il s'agit d'un petit appareil de la taille d'un téléavertisseur qui détecte à la fois les signaux de la télévision, ceux de la radio et ceux d'Internet, et qui capte automatiquement des codes inaudibles que les radiodiffuseurs intègrent dans la portion audio de leurs émissions. Les participants doivent porter l'appareil sur eux tout au long de la journée. Celui-ci est muni d'un détecteur de mouvement qui permet de déceler si les participants le portent ou non. À la fin de chaque journée, ils doivent déposer l'appareil dans un chargeur afin de le recharger et de transmettre les codes à Sondages BBM, où ils seront compilés. Avec ce système d'audimétrie portable, il est possible de connaître les habitudes d'écoute de la télévision des gens, non seulement à l'intérieur du foyer, mais également à l'extérieur. En 2004, Sondages BBM a étendu l'utilisation de son système d'audimétrie portable aux autres marchés québécois.

Audimètre
Appareil qui permet de mesurer les comportements de consommation des programmes télévisés au sein d'un foyer.

Afin que ses clients comprennent mieux les données, Sondages BBM propose un large éventail de produits. Les rapports de marché, par exemple, présentent des données à jour de cote et de part d'audience de tous les marchés, selon plusieurs groupes sociodémographiques, les stations de télévision, les tranches horaires, les émissions et les heures de diffusion. Des données sur le rayonnement des stations du marché d'origine y sont également présentées. Sondages BBM publie aussi des guides de référence contenant des cartes détaillées des provinces selon le marché et des estimations de la population pour chaque marché. Enfin, les membres de l'organisme disposent de logiciels servant à l'analyse des données des sondages.

Un audimètre portable (PPM) n'est pas plus grand qu'un téléavertisseur.

Nielsen Recherche Média Filiale de la société américaine ACNielsen, Nielsen Recherche Média recueille des données sur l'écoute d'émissions de télévision à l'aide d'un échantillon représentatif de foyers appartenant à une zone de diffusion précise. Elle projette ensuite ces données sur une zone complète de diffusion. Première à fournir des services d'audimétrie au Canada, la société recueille des données sur l'écoute de la télévision à l'aide de ses audimètres Mark II. Branché sur un récepteur de télévision, l'appareil comprend huit boutons, dont sept sont destinés aux membres de la famille et un aux invités. La télécommande permet de saisir des données, peu importe où se trouve le membre dans la pièce. Chaque membre a son propre bouton qui enregistre sa présence devant le téléviseur. L'audimètre enregistre la station syntonisée, le nombre de téléspectateurs et les émissions écoutées.

Les données que recueille l'audimètre sont archivées dans une unité de stockage, puis acheminées par ligne téléphonique à un ordinateur central situé au siège social de Nielsen Recherche Média. Elles indiquent les moments où le téléviseur est en marche, l'indicatif de la station, les changements de chaîne et le nom des répondants. Nielsen Recherche Média traite chaque jour les données recueillies pour ensuite les mettre à la disposition des diffuseurs et des annonceurs.

Les données obtenues sont connues sous le nom d'indice Nielsen d'écoute de la télévision. Cet indice s'appuie sur un échantillon de foyers répartis à la grandeur du Canada et mesure les audiences à l'échelle locale, régionale et nationale, de même que les audiences des chaînes spécialisées.

Nielsen Recherche Média fournit de l'information sur les habitudes d'écoute selon certaines caractéristiques, par exemple le revenu, la langue, l'abonnement au câble, la télévision payante, le nombre d'enfants, le nombre de personnes habitant la même maison, l'âge du chef de famille, le nombre de téléviseurs, le fait que le résidant soit locataire ou propriétaire, le type d'habitation, la possession d'un magnétoscope et d'autres biens durables, la personne habituellement responsable des achats ainsi que la fréquentation des restaurants et des cinémas. À l'image de Sondages BBM, Nielsen Recherche Média propose plusieurs services et outils de gestion afin d'aider ses clients à mieux comprendre les données.

Durant plusieurs années, Sondages BBM et Nielsen Recherche Média ont offert des services similaires aux annonceurs canadiens. Cette réalité a parfois abouti à de surprenantes disparités. Ainsi, selon Sondages BBM, l'émission *Caméra café*, diffusée sur le réseau TVA, a attiré en moyenne 706 000 téléspectateurs entre le 16 septembre et le 20 octobre 2002; selon Nielsen Recherche Média, ce nombre s'établirait plutôt à 845 000. L'écart s'avère encore plus marqué en ce qui concerne l'émission *Sexy Cam*, diffusée à TQS. Au cours de la même période, d'après Sondages BBM, l'émission attirait 362 000 téléspectateurs, plutôt que 683 000, comme l'a estimé Nielsen Recherche Média[16]. Cette divergence, on s'en doute, a compliqué la tâche du responsable du plan média et a suscité de nombreux débats dans l'industrie[17].

Afin de répondre aux demandes de l'industrie, qui souhaitait un fournisseur unique de données d'écoute de la télévision, Sondages BBM et Nielsen Recherche Média ont créé en 2006 une coentreprise, BBM Nielsen Recherche Média, dont le mandat est de recueillir et de gérer les données d'écoute de la télévision pour l'ensemble du Canada. Selon l'entente, pour les trois années suivantes, Sondages BBM utilisera le système d'audimétrie

PPM pour mesurer l'écoute au Québec et BBM Nielsen Recherche Média utilisera le système d'audimétrie Mark II pour mesurer l'écoute à l'échelle nationale et pour les marchés de Toronto, de Vancouver, de Calgary et de l'Ontario. À partir de 2009, le système d'audimétrie Mark II sera délaissé et seul le système d'audimétrie portable sera utilisé pour l'ensemble du Canada.

Le Bureau de la télévision du Canada (TVB)

Le TVB regroupe les réseaux de télévision, les stations de télévision et leurs équipes de vente. L'association publie des données sur l'industrie de la télévision dans le but de promouvoir les avantages, l'efficacité et l'importance de ce média auprès des annonceurs et des agences de publicité. Ces données sont fournies, pour la plupart, par Sondages BBM et Nielsen Recherche Média.

Les recherches du TVB révèlent que la télévision surpasse sans cesse les autres médias par rapport à plusieurs variables. Ainsi, chaque jour, la télévision joint 88 % des adultes québécois et constitue la principale source d'information. De plus, on juge qu'elle est un média digne de foi dans une proportion de 43 % et qu'elle exerce une influence sur les auditeurs dans une proportion de 71 %, comparativement à la radio, à Internet, aux quotidiens et aux magazines.

La mesure de l'audience

Nous aborderons ici quelques concepts liés à la mesure des audiences qui sont au cœur des rapports publiés par les trois organismes.

Les foyers avec télévision On parle parfois d'estimation de l'univers, c'est-à-dire l'ensemble de la population que l'échantillon est censé représenter, pour désigner le nombre de foyers possédant un téléviseur. Comme 99 % des domiciles familiaux au Canada possèdent un téléviseur, l'expression **foyers avec télévision** correspond d'ordinaire au nombre de foyers d'un marché particulier.

Foyer avec télévision
Domicile familial possédant un ou plusieurs téléviseurs.

La cote d'écoute d'une émission La **cote d'écoute d'une émission** constitue sans doute la mesure de l'audience la plus connue. On calcule cet indice en divisant le nombre de personnes regardant une même émission par la population de cette région. Supposons, par exemple, que 1,2 million de Québécois aient regardé une émission. On calculerait la cote d'écoute à l'échelle provinciale comme suit :

Cote d'écoute d'une émission
Estimation du pourcentage de la population d'une région donnée à l'écoute d'une émission s'inscrivant dans une tranche horaire précise.

$$\text{Cote d'écoute} = \frac{\text{Audience de l'émission}}{\text{Population totale}} = \frac{1\,200\,000}{7\,400\,000} = 16,2$$

Un **point de part** équivaut à 1 % de l'ensemble des foyers possédant un téléviseur à l'intérieur d'une région géographique et regardant une même émission[18]. À l'échelle provinciale, un point de part représente 30 000 foyers. Par conséquent, une émission en tête de classement recueillant en moyenne 19 points joindra chaque semaine 570 000 foyers (19 × 30 000).

Point de part
Mesure servant à calculer la cote d'écoute d'une émission télévisée, où chaque point équivaut à 1 % de l'ensemble des ménages (ou autre groupe spécifique) possédant un téléviseur à l'intérieur d'une zone géographique et regardant une même émission.

La cote d'écoute est d'une importance capitale pour les stations de télévision et les annonceurs, car la détermination des tarifs de publicité en sont fonction. Les points de part, aux yeux des réseaux et de chaque station, se révèlent tout aussi importants. Un seul point de part au cours d'une saison pourrait se traduire par des millions de dollars en gains ou en pertes de revenus publicitaires.

Les foyers regardant la télévision On nomme **foyers regardant la télévision** (FT) le pourcentage de foyers d'une région donnée regardant la télévision à l'intérieur d'un créneau horaire précis.

Cet élément, qui traduit le nombre de postes en usage, est toujours exprimé sous forme de pourcentage. Supposons, par exemple, que 1,5 million de foyers québécois aient mis leurs postes en marche le jeudi soir à 22 h. On affirme alors que le nombre de foyers regardant la télévision est de 50 %, soit 1,5 million de téléspectateurs sur une possibilité de 3 millions. L'utilisation de la télévision varie beaucoup en fonction de l'heure et de la saison.

La part d'audience La **part d'audience** constitue elle aussi une mesure importante. Elle consiste en la proportion des foyers où la télévision est en marche et qui regardent une station ou une émission à une heure précise[19]. Cette proportion tient compte des variations du nombre de postes en marche et de la taille de l'audience potentielle, étant donné que le pourcentage se fonde uniquement sur les foyers dont le poste est en fonction. On calcule la part d'audience en divisant le nombre de foyers (F) regardant une émission par le nombre de foyers regardant la télévision (FT). Ainsi, supposons qu'un téléviseur soit en marche dans 1,5 million de foyers québécois dans le créneau de 22 h. Dans ce cas, on calculerait la part de l'audience comme suit :

$$\text{Part d'audience} = \frac{F \text{ regardant l'émission}}{F \text{ regardant la télévision}} = \frac{0,5}{1,5} = 30$$

La part d'audience s'avère toujours plus élevée que la cote d'écoute d'une émission, à moins que le téléviseur ne soit allumé dans tous les foyers qui en possèdent un ; dans ce cas, les deux s'équivalent. Cette mesure est d'autant plus importante qu'elle permet de confirmer ou d'infirmer le succès d'une émission auprès de l'audience potentielle. En fin de soirée, par exemple, la cote d'écoute chute de façon considérable ; aussi, le meilleur moyen d'évaluer la popularité d'une émission diffusée au cours de cette tranche horaire consiste à comparer sa part d'audience et la part d'audience des émissions concurrentes.

Les fournisseurs de services d'audimétrie télévisuelle produisent aussi des statistiques sur l'**audience totale**. On entend par audience totale le nombre de foyers qui regardent un bloc de cinq minutes d'une émission. La décomposition de cette donnée permet de déterminer la composition de l'audience selon des groupes démographiques.

Voici quelques données sur les cotes d'écoute des émissions télévisées. La figure 10.2 illustre la répartition de l'écoute selon le type de chaîne de télévision ; la figure 10.3 présente l'audience moyenne par tranche d'heure ; la figure 10.4 (*voir la page 340*) illustre les habitudes d'écoute selon les groupes d'âge ; enfin, la figure 10.5 (*voir la page 340*) montre l'évolution rapide des parts de marché des chaînes spécialisées canadiennes et américaines et de la télévision payante.

Foyer regardant la télévision

Pourcentage de foyers d'une zone géographique donnée regardant la télévision à l'intérieur d'un créneau horaire précis.

Part d'audience

Proportion des foyers où la télévision est en marche et qui regardent une station ou une émission à une heure précise.

Audience totale

Nombre de foyers qui regardent un bloc de cinq minutes d'une émission.

FIGURE 10.2 Les parts d'écoute de la télévision au Québec

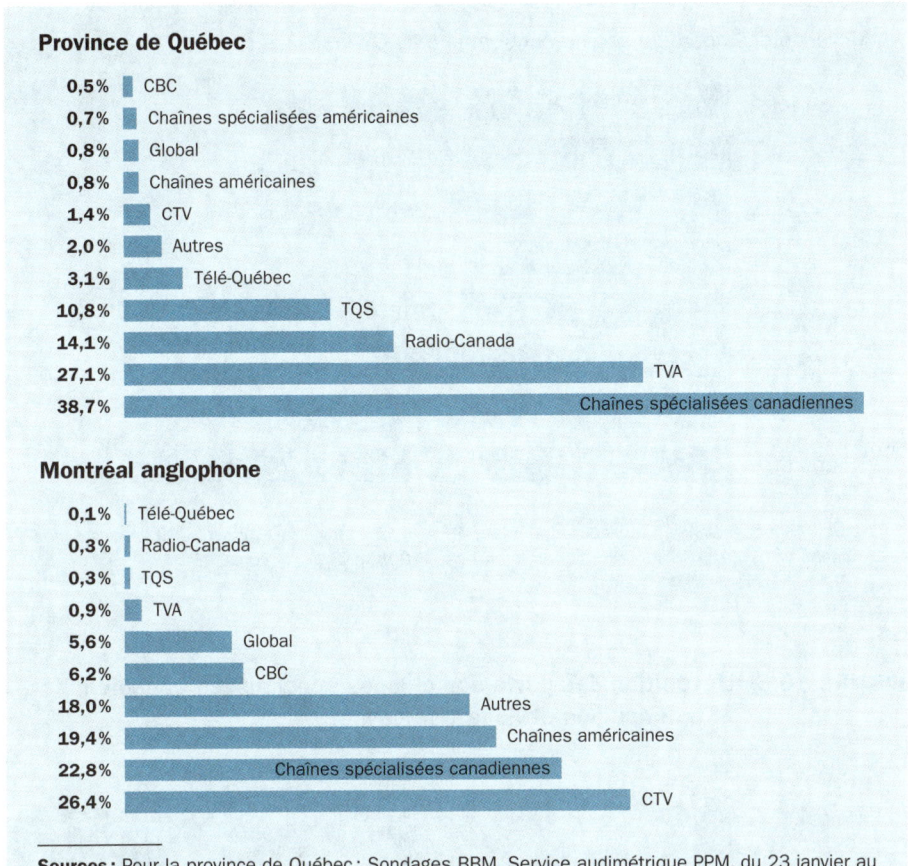

Province de Québec

Part	Chaîne
0,5 %	CBC
0,7 %	Chaînes spécialisées américaines
0,8 %	Global
0,8 %	Chaînes américaines
1,4 %	CTV
2,0 %	Autres
3,1 %	Télé-Québec
10,8 %	TQS
14,1 %	Radio-Canada
27,1 %	TVA
38,7 %	Chaînes spécialisées canadiennes

Montréal anglophone

Part	Chaîne
0,1 %	Télé-Québec
0,3 %	Radio-Canada
0,3 %	TQS
0,9 %	TVA
5,6 %	Global
6,2 %	CBC
18,0 %	Autres
19,4 %	Chaînes américaines
22,8 %	Chaînes spécialisées canadiennes
26,4 %	CTV

Sources : Pour la province de Québec : Sondages BBM, Service audimétrique PPM, du 23 janvier au 23 avril 2007, dans *Guide annuel médias 2008*, Montréal, Éditions Infopresse, 2008, p. 40 ; pour Montréal anglophone : Sondages BBM, printemps 2007, dans *Guide annuel médias 2008*, Montréal, Éditions Infopresse, 2008, p. 40.

FIGURE 10.3 Le pourcentage de la population à l'écoute de la télévision par tranche d'heure, du lundi au vendredi

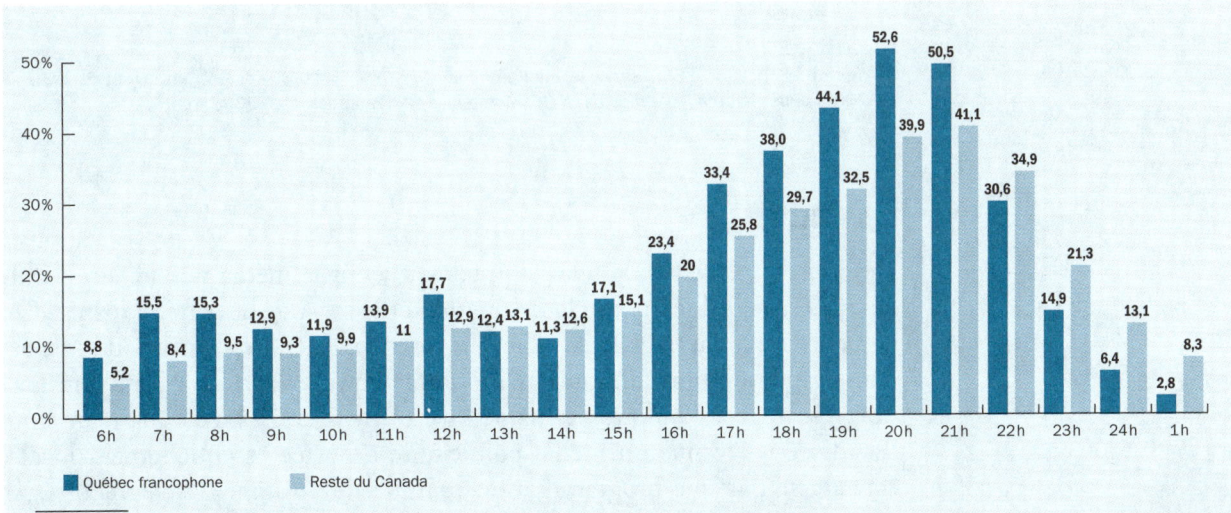

Heure	Québec francophone	Reste du Canada
6h	8,8	5,2
7h	15,5	8,4
8h	15,3	9,5
9h	12,9	9,3
10h	11,9	9,9
11h	13,9	11
12h	17,7	12,9
13h	12,4	13,1
14h	11,3	12,6
15h	17,1	15,1
16h	23,4	20
17h	33,4	25,8
18h	38,0	29,7
19h	44,1	32,5
20h	52,6	39,9
21h	50,5	41,1
22h	30,6	34,9
23h	14,9	21,3
24h	6,4	13,1
1h	2,8	8,3

Sources : Sondages BBM, Service audimétrique PPM (Québec francophone), du 22 janvier au 22 avril 2007, dans *Guide annuel médias 2008*, Montréal, Éditions Infopresse, 2008, p. 64 ; Sondages BBM, Service audimétrique BBM-NMR (reste du Canada), du 22 janvier au 22 avril 2007, dans *Guide annuel médias 2008*, Montréal, Éditions Infopresse, 2008, p. 39.

FIGURE 10.4 L'écoute de la télévision selon le groupe d'âge

Moyenne des heures d'écoute par semaine au Québec

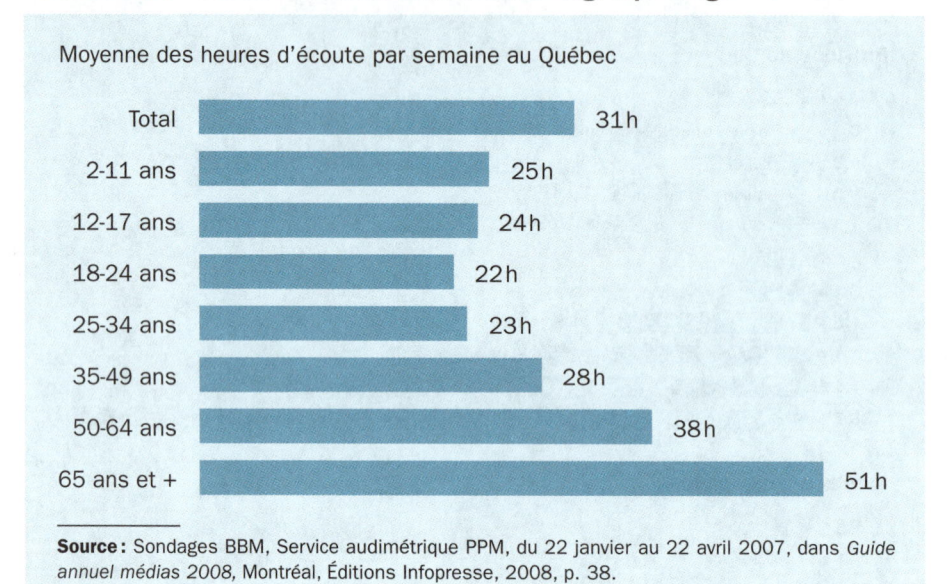

Total	31 h
2-11 ans	25 h
12-17 ans	24 h
18-24 ans	22 h
25-34 ans	23 h
35-49 ans	28 h
50-64 ans	38 h
65 ans et +	51 h

Source : Sondages BBM, Service audimétrique PPM, du 22 janvier au 22 avril 2007, dans *Guide annuel médias 2008*, Montréal, Éditions Infopresse, 2008, p. 38.

FIGURE 10.5 L'évolution des parts des chaînes spécialisées canadiennes et américaines et de la télé payante

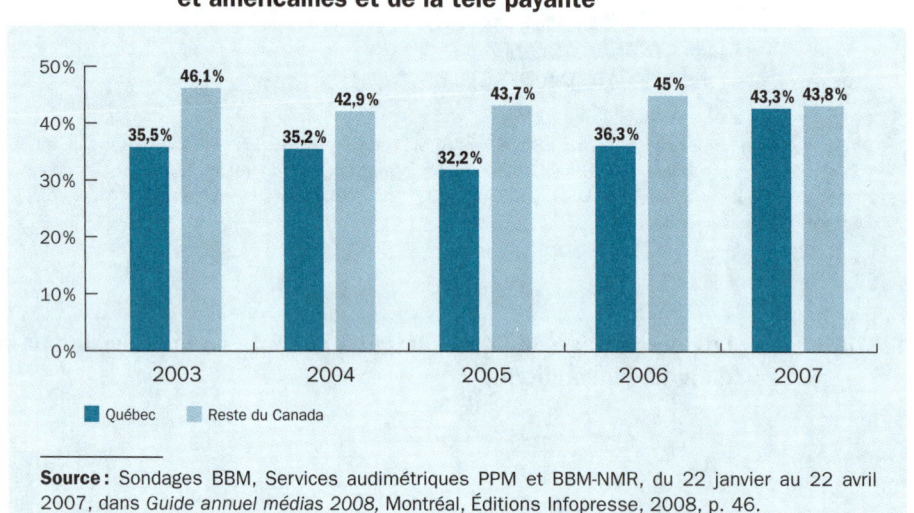

Année	Québec	Reste du Canada
2003	35,5 %	46,1 %
2004	35,2 %	42,9 %
2005	32,2 %	43,7 %
2006	36,3 %	45 %
2007	43,3 %	43,8 %

Source : Sondages BBM, Services audimétriques PPM et BBM-NMR, du 22 janvier au 22 avril 2007, dans *Guide annuel médias 2008*, Montréal, Éditions Infopresse, 2008, p. 46.

La radio

De l'avis de plusieurs, la télévision constituerait le média publicitaire idéal ; qui plus est, elle incarnerait la fascination et le prestige de cette industrie. On ne peut en dire autant de la radio qui, dans les faits, ne jouit pas du respect d'un grand nombre d'annonceurs. Dominée qu'elle était par la programmation réseau et les annonceurs nationaux avant la croissance de la télévision, la radio est devenue un média publicitaire à portée essentiellement locale, caractérisé par une programmation pointue, intéressant des segments très étroits de la population.

On comprend mieux l'importance de la radio à l'aide de certaines données. Le Canada compte 1 238 stations de radio, dont 919 stations anglophones et 286 stations francophones[20]. La radio joint chaque semaine 91% de la population canadienne de plus de 12 ans. Elle sert de toile de fond à plusieurs activités, notamment la lecture, la conduite automobile, le jogging, le travail et les relations sociales. En moyenne, un Canadien écoute la radio pendant 20,4 heures par semaine. L'omniprésence du média n'est pas passée inaperçue aux yeux des annonceurs. En effet, les revenus publicitaires de la radio sont passés de 953 millions de dollars, en 1999, à plus de 1,388 milliard de dollars en 2006.

Le Québec compte 28 stations AM et 144 stations FM, dont la plupart appartiennent à Astral et à Corus. Astral est propriétaire de 15 stations, dont 9 composent le réseau Énergie, et 6, le réseau RockDétente; de son côté, Corus possède 12 stations. À eux seuls, les deux radiodiffuseurs accaparent 74% des revenus de stations de radio francophones.

La radio a survécu et prospéré en tant que média publicitaire en raison de ses atouts. Ces avantages permettent aux annonceurs de communiquer efficacement avec les clients potentiels. Les faiblesses de la radio ont cependant certaines répercussions sur son rôle dans les stratégies médias.

Les forces de la radio

Comparativement aux autres médias, la radio présente plusieurs atouts, dont un rapport coût-efficacité avantageux, la sélectivité, la souplesse, l'imagerie mentale, sans compter ses nombreuses possibilités en matière de marketing intégré.

Le rapport coût-efficacité

La publicité radiophonique coûte très peu à produire; seul un script ou la copie d'un message suffit. Le temps d'antenne radio est aussi bon marché. Les coûts peu élevés de la radio en font l'un des médias publicitaires les plus efficaces. Le budget d'une campagne radiophonique s'avère donc souvent inférieur à celui des autres médias.

Ces coûts peu élevés permettent à l'annonceur d'augmenter la portée et la fréquence de ses messages, tout en respectant certaines contraintes budgétaires, peu importe le nombre de stations auquel il recourra. On conçoit une publicité radiophonique beaucoup plus rapidement qu'une publicité télévisée. La première s'avérant beaucoup plus abordable que la seconde, la diffusion du message est donc plus fréquente[21]. Le rapport coût-efficacité de ce média ne pose plus aucun doute; c'est pourquoi de nombreux annonceurs nationaux l'intègrent avantageusement à leurs stratégies médias.

La sélectivité

Les divers formats d'émission et la couverture géographique des stations confèrent un autre avantage indéniable à la radio: un degré élevé de sélectivité ou de ciblage de l'audience. La radio permet à l'entreprise de concentrer ses publicités sur des audiences spécialisées, par exemple en fonction du profil démographique ou du style de vie de certains groupes. La quasi-totalité des régions comprennent une variété de stations de radio qui, par exemple, diffusent de la musique contemporaine pour adultes, de la musique populaire, de la musique classique, de la musique country, des nouvelles et des émissions débats, du jazz et des nouvelles en continu. Les émissions les plus populaires auprès des auditeurs âgés de 18 à 24 ans présentent les chansons occupant les 40 premières places du palmarès. Les personnes âgées de 45 à 54 ans préfèrent, de leur côté, les nouvelles et les débats. La radio, plus qu'aucun autre média, permet d'atteindre les consommateurs difficiles à joindre tels que les adolescents, les universitaires et les travailleurs.

La radio peut joindre aussi le consommateur qui échappe aux autres médias. La personne qui regarde peu la télévision consacre beaucoup plus de temps à la radio. En général, elle appartient à la strate supérieure pour ce qui est du revenu et de la scolarité. La personne qui lit peu les magazines et les journaux consacre elle aussi plus de temps à la radio. À mesure que le marketing de masse entraîne la segmentation du marché et favorise le marketing régional, la radio continue de gagner en importance.

La souplesse

La radio demeure sans doute le plus souple de tous les médias publicitaires, car elle permet de produire des annonces dans un court laps de temps. Ainsi, l'annonceur peut reformuler son message quasiment jusqu'au moment d'entrer en ondes. En général, la réalisation de la publicité s'effectue en très peu de temps, tout comme son insertion. Enfin, l'annonceur peut modifier son message en fonction du marché local et de la situation.

L'imagerie mentale

On fait souvent fi du fait que la radio permet à l'auditeur de faire trotter son imagination. Bien que les possibilités de la radio soient limitées sur le plan de la création, de nombreux annonceurs profitent de l'absence d'éléments visuels pour laisser le consommateur se faire ses propres images.

Transfert d'imagerie
Technique publicitaire employée par les radiodiffuseurs consistant à transposer les images d'une publicité télévisée dans une annonce radiophonique.

La radio peut aussi renforcer la publicité télévisée par le biais du **transfert d'imagerie**[22]. Le gestionnaire du marketing détermine d'abord l'image de la publicité télévisée, puis utilise une bande audio similaire, voire la même (texte ou ritournelle) pour la réalisation de son pendant radiophonique. Au moment où le consommateur entend la publicité à la radio, il établit un lien avec la publicité télévisée, ce qui renforce les images qu'il a retenues. Le transfert d'imagerie permet à l'annonceur de conjuguer les deux formes de publicité pour créer une synergie.

Les possibilités du marketing intégré

La radio offre de nombreuses possibilités au chapitre du marketing intégré. Les stations de radio font de plus en plus partie intégrante de nos collectivités. C'est pourquoi certains animateurs et journalistes accèdent souvent au vedettariat; pensons à José Gaudet et à Mario Tessier, qui étaient animateurs des *Grandes Gueules* au réseau Énergie, et au journaliste Paul Arcand, animateur-vedette à CKAC 730, qui a quitté son poste en 2004 pour se joindre à la station 98,5 FM. L'annonceur fait souvent appel à une station de radio et à une personnalité connue pour la promotion de ses activités locales et jouit d'une influence accrue auprès des détaillants de sa région. Combinée à une promotion sur le lieu de vente (PLV), la radio se révèle un média très efficace. Dans le but d'attirer des clients, le détaillant profite souvent d'une promotion ou d'un solde pour inviter un animateur à venir diffuser son émission en direct de son établissement. On peut aussi jumeler une activité promotionnelle à une émission diffusée en direct.

PERSPECTIVE INTERNATIONALE 10.1

Une campagne réalité

En 1996, General Motors introduit la technologie OnStar dans certains de ses modèles Cadillac. Aujourd'hui, cette technologie est disponible dans plus de 22 modèles, et GM envisage même d'en faire une composante standard pour l'ensemble de ses véhicules dès 2010. Actuellement, plus de 4 millions de conducteurs acceptent de payer 16,95 $ ou plus par mois pour profiter des bénéfices de ce service. De quoi s'agit-il? Le système OnStar est en fait un service d'urgence et d'assistance routière qui repose sur la technologie des communications sans fil et le système de positionnement global par satellite (GPS). L'interface est très simple d'utilisation. Elle comprend trois boutons : le bouton rouge, pour signaler une urgence, le bouton bleu, pour demander une assistance routière, et le bouton blanc, pour accéder à un téléphone actionné par la voix. Chaque mois, le centre d'appel répond à plus de 380 000 demandes de renseignements, 23 000 demandes d'assistance routière et 5 000 appels d'urgence. Lors d'un accident, un dispositif de sécurité est automatiquement déclenché lorsque les sacs gonflables se déploient.

Pour faire connaître les bénéfices de son système, GM a développé une campagne publicitaire télévisée qui présentait des cas réels. On montrait, par exemple, comment une conductrice pouvait facilement joindre un employé du centre d'aide OnStar pour obtenir des renseignements. Dans un autre message, on présentait un conducteur utilisant le système de téléphone activé par la voix pour entrer en contact avec un ami. La compagnie était toutefois hésitante à montrer un cas réel d'accident pour promouvoir les bénéfices du dispositif de sécurité. Elle a donc eu recours au personnage de Batman. Un message montrait comment, après avoir percuté un mur au volant de la Batmobile, le dispositif de sécurité était automatiquement déclenché au déploiement du sac gonflable.

Afin de renforcer son message de sécurité, GM a eu recours, en 2002, à une campagne radio. Les publicités présentaient des enregistrements de conversations réelles entre les conducteurs victimes d'un accident et un employé de centre d'aide d'OnStar. La campagne a eu un très grand succès, son taux de notoriété ayant dépassé 90 %. Comme le souligne Andrew Young, directeur du marketing du Centre OnStar de Troy, au Michigan, le recours à la radio s'est imposé. En effet, la radio permet aux gens d'imaginer une situation d'accident dans laquelle ils auraient pu être impliqués. Cela offre donc la possibilité de communiquer un message de manière beaucoup plus personnelle, même si la personne n'a pas vécu un tel événement par le passé.

Source : Dale Buss, « OnStar : Frst Aid », *Brandchannel.com*, [en ligne], <www.brandchannel.com/features_profile.asp?pr_id=218> (page consultée le 2 septembre 2007).

Les faiblesses de la radio

À titre de média publicitaire, la radio s'avère moins efficace en raison de certaines contraintes sur les plans de la création, de la fragmentation de l'audience, du peu de résultats de la recherche sur les habitudes d'écoute, de l'attention limitée de l'auditeur et de l'encombrement publicitaire. Le responsable du plan médias doit analyser tous ces facteurs afin de déterminer le rôle du média dans le plan de campagne publicitaire.

Les faiblesses de la radio sur le plan de la création

À l'évidence, aucun produit ne peut être montré à la radio, pas plus qu'il ne peut être l'objet d'une démonstration ou faire appel à un support visuel, un inconvénient de taille pour le média publicitaire. La publicité radiophonique est, au même titre que la publicité télévisée, brève et fugace. À cause de ces faiblesses, de nombreuses entreprises s'abstiennent d'annoncer leurs produits à la radio, et les agences chargent souvent leurs recrues de leurs publicités radiophoniques.

La fragmentation de l'audience

Le grand nombre de stations a pour effet de fragmenter l'audience ; c'est là un autre inconvénient propre à la radio. En règle générale, le pourcentage d'auditeurs cibles syntonisant une station s'avère peu élevé. Comptant plusieurs stations AM et FM, les stations les plus écoutées de la région métropolitaine attirent moins de 10 % de l'audience totale. Pour joindre une grande partie de l'audience potentielle d'un marché local, l'annonceur doit acheter du temps publicitaire auprès de plusieurs stations.

Des résultats de recherche limités

Les résultats de la recherche sur les audiences radiophoniques s'avèrent plutôt limités, en comparaison de ceux de la télévision, des magazines et des journaux. Les recherches sur l'audience de Sondages BBM se concentrent, la plupart du temps, sur des données démographiques et sur quelques facteurs liés aux styles de vie. Ce sont surtout des entreprises locales qui font appel à la radio. Or, celles-ci n'ont pas les moyens de financer la recherche sur l'audience de la radio dans leur marché. Par conséquent, le responsable du plan médias ne dispose pas d'une quantité suffisante d'informations pour orienter ses achats de temps publicitaire à la radio, au contraire des autres médias.

L'attention limitée de l'auditeur

Le degré d'attention des auditeurs, en particulier pendant les pauses commerciales, constitue lui aussi un inconvénient de la radio. Les émissions de radio, surtout lorsqu'elles sont essentiellement musicales, servent souvent de toile de fond à d'autres activités et sont rarement l'objet de toute l'attention de l'auditeur. La totalité des publicités, du moins la plupart, risquent donc de manquer leurs cibles. L'audience est davantage captive lorsque ses membres se trouvent au volant. Retenir l'attention de l'auditeur pendant les pauses publicitaires demeure une entreprise difficile, parce que la plupart des automobilistes ont programmé leur radio d'auto et changent fréquemment de station. Une étude d'Avery Abernethy, professeur de marketing à la Auburn University, en Alabama, révèle d'importantes différences entre l'écoute des émissions radiophoniques et celle des pauses publicitaires lorsqu'on est au volant. Les automobilistes ont été exposés à 50 % moins de publicités et ont fréquemment changé de station pour éviter de les entendre[23]. L'invasion des téléphones cellulaires a eu pour effet de détourner l'attention des automobilistes de la radio. Selon une étude récente, la moitié des personnes possédant un téléphone cellulaire et faisant la navette entre leur domicile et leur lieu de travail chaque jour ont affirmé avoir moins écouté la radio que l'année précédente[24].

L'encombrement publicitaire

L'encombrement comporte autant d'inconvénients à la radio que dans les autres médias publicitaires. La plupart des stations diffusent une dizaine de minutes de publicité par heure. Au cours des émissions populaires diffusées aux grandes heures d'écoute du matin et de la fin de l'après-midi, la quantité de publicité peut excéder 12 minutes par heure. Pour joindre les auditeurs, les publicités doivent alors se démarquer du lot ou être diffusées à répétition. Selon une étude de la firme Edison Research, l'encombrement publicitaire est l'un des motifs qui a incité les répondants à s'éloigner de la radio[25].

L'achat de temps publicitaire à la radio

L'achat de temps publicitaire à la radio s'avère similaire à l'achat de temps publicitaire à la télévision, l'annonceur recourant à l'achat réseau et à l'achat sélectif. Comme nous avons examiné les tenants et les aboutissants de ces formes d'achat dans la section portant sur la télévision, nous n'en discuterons que brièvement.

L'achat de publicité réseau

L'achat de temps publicitaire sur l'ensemble d'un réseau est maintenant possible depuis peu, que ce soit auprès du réseau Énergie, du réseau RockDétente et de quelques autres. L'achat de publicité réseau minimise la somme de négociations et de travail administratif nécessaires à l'obtention d'une couverture nationale ou régionale. Les coûts qui y sont rattachés se révèlent moins élevés que ceux des stations indépendantes. Toutefois, le nombre de stations affiliées et les types d'audiences varient. Aussi l'achat de publicité réseau prive-t-il l'annonceur d'une certaine souplesse quant au choix des stations.

Cité RockDétente diffuse une émission en direct du Complexe Desjardins, à Montréal.

L'achat sélectif

L'annonceur national peut acheter, sous forme d'achat sélectif, du temps publicitaire auprès de stations indépendantes présentes sur divers marchés. L'achat sélectif offre davantage de souplesse quant au choix des marchés, des stations de radio, des créneaux de diffusion et du côté de la publicité conçue en fonction du marché local. L'annonceur local est de loin celui qui profite le plus de la radio, achetant la plus grande partie du temps publicitaire des stations indépendantes. Les concessionnaires d'automobiles, les détaillants, les restaurateurs et les institutions financières comptent parmi les principaux annonceurs des radios locales.

Les grilles horaires

La journée de diffusion radiophonique se divise en plusieurs segments (*voir le tableau 10.4, à la page suivante*). Les tarifs publicitaires sont établis en fonction de la taille de l'audience et des segments de la journée. La radio enregistre ses plus fortes cotes d'écoute tôt le matin et en fin d'après-midi, lorsque les travailleurs rentrent à la maison ; les tarifs sont alors plus élevés. Ces derniers varient aussi selon le nombre d'annonces, le type de plan de publicité, l'offre et la demande de temps publicitaire sur le marché local et les cotes d'écoute de la station. On obtient des renseignements sur les tarifs directement auprès des stations et dans le répertoire *Canadian Advertising Rates and Data* (CARD). Certaines stations publient des cartes de tarifs selon la grille. Plusieurs stations ne s'en tiennent pas aux tarifs publiés, leurs tarifs étant négociables et tenant à des facteurs tels que la disponibilité des occasions, la tranche horaire, et le nombre d'annonces achetées ou le volume d'achat.

TABLEAU 10.4 **Les segments d'une journée de radiodiffusion**

Segment	Heures correspondantes
Heure de grande écoute le matin	De 6 h à 10 h
Pendant le jour	De 10 h à 15 h
Après-midi / heure de grande écoute en fin d'après-midi	De 15 h à 19 h
Soirée	De 19 h à 0 h
Nuit	De 0 h à 6 h

Comment mesurer l'audience de la radio

Au Canada, seule la firme Sondages BBM publie des renseignements sur les audiences radiophoniques à l'aide de la méthode du cahier d'écoute. Des sondages sont effectués jusqu'à 3 reprises au cours d'une année, sur plus de 130 marchés. Sondages BBM publie de nombreux rapports descriptifs des marchés résumant l'audience de chaque station, selon l'occupation et la langue maternelle des auditeurs, et d'autres caractéristiques jugées importantes. D'autres rapports font davantage état de regroupements entre les régions. Comme pour la télévision, Sondages BBM remet à ses membres plusieurs documents d'appoint qui les aident à employer la radio comme outil de communication. L'organisme propose aussi aux annonceurs plusieurs applications logicielles visant à améliorer l'efficacité et l'efficience de leurs achats de temps publicitaire. Les rapports que publie Sondages BBM comptent trois grands volets :

- des évaluations de l'audience, soit le nombre d'auditeurs estimé ;
- les cotes d'écoute, soit le pourcentage de la population d'une région donnée à l'écoute ;
- la part d'audience, soit le pourcentage de l'audience accaparée par une station à un moment donné.

On établit ces estimations à l'aide de l'**audience moyenne au quart d'heure** et de l'audience cumulative. L'audience moyenne au quart d'heure exprime le nombre moyen d'auditeurs qui écoutent une station de radio pendant au moins cinq minutes au cours de n'importe quel quart d'heure d'un bloc horaire donné. Cette information permet à son tour de déterminer la taille de l'audience et le coût d'une série de messages à l'intérieur d'une période de référence précise.

L'**audience cumulative** exprime le nombre d'auditeurs qui écoutent une station de radio pendant au moins cinq minutes au cours d'un quart d'heure donné et à l'intérieur d'un segment de journée de radiodiffusion. Elle permet de déterminer la portée potentielle d'une station de radio.

La **cote d'écoute moyenne au quart d'heure** consiste en une estimation de l'audience moyenne au quart d'heure, permettant d'établir le pourcentage de l'audience totale qui écoute chaque station. La part d'écoute moyenne au quart d'heure correspond à la proportion de l'audience qui écoute une station à une heure précise. Les trois figures suivantes

---

Audience moyenne au quart d'heure

Mesure servant à établir le nombre moyen d'auditeurs qui écoutent une station de radio pendant au moins cinq minutes au cours de n'importe quel quart d'heure d'un bloc horaire donné.

Audience cumulative

Mesure permettant d'établir le nombre d'auditeurs qui écoutent une station de radio pendant au moins cinq minutes au cours d'un quart d'heure donné et à l'intérieur d'un segment de journée recensé.

Cote d'écoute moyenne au quart d'heure

Estimation de l'audience moyenne au quart d'heure, permettant d'établir le pourcentage de l'audience totale qui écoute chaque station.

présentent une synthèse des habitudes d'écoute de la radio des Québécois et des Canadiens.

Le rôle du Bureau de commercialisation de la radio du Québec (BCRQ) s'apparente à celui du TVB. La mission de l'organisme est de promouvoir l'efficacité de la publicité radiophonique et de valoriser son impact auprès des agences de publicité et des annonceurs. Le BCRQ se consacre aussi à des études et à des recherches pour la mise sur pied d'outils et de mesures qui permettent aux annonceurs de tirer le maximum de leurs placements publicitaires.

FIGURE 10.6   La répartition de l'écoute radio selon les lieux

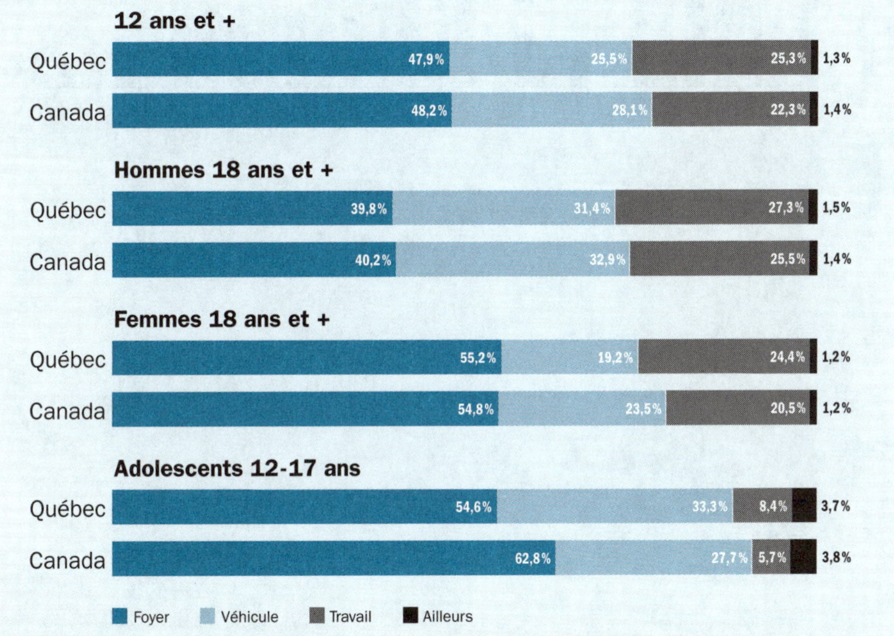

12 ans et +

	Foyer	Véhicule	Travail	Ailleurs
Québec	47,9%	25,5%	25,3%	1,3%
Canada	48,2%	28,1%	22,3%	1,4%

Hommes 18 ans et +

	Foyer	Véhicule	Travail	Ailleurs
Québec	39,8%	31,4%	27,3%	1,5%
Canada	40,2%	32,9%	25,5%	1,4%

Femmes 18 ans et +

	Foyer	Véhicule	Travail	Ailleurs
Québec	55,2%	19,2%	24,4%	1,2%
Canada	54,8%	23,5%	20,5%	1,2%

Adolescents 12-17 ans

	Foyer	Véhicule	Travail	Ailleurs
Québec	54,6%	33,3%	8,4%	3,7%
Canada	62,8%	27,7%	5,7%	3,8%

Source: Sondages BBM, printemps 2006, dans *Guide annuel médias 2008*, Montréal, Éditions Infopresse, 2008, p. 62.

FIGURE 10.7   L'écoute de la radio par groupe d'âge (heures moyennes par semaine)

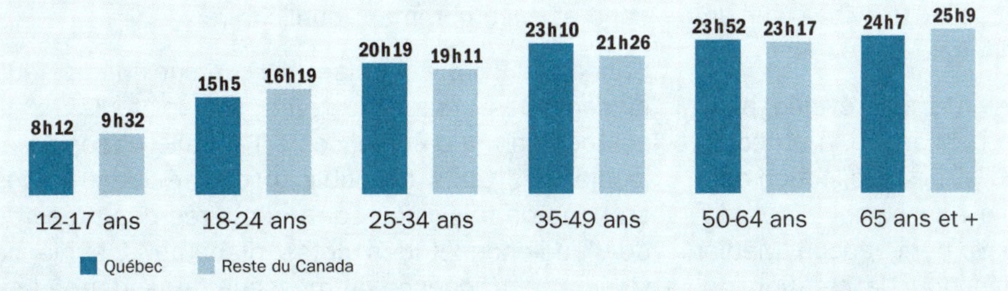

Groupe d'âge	Québec	Reste du Canada
12-17 ans	8h12	9h32
18-24 ans	15h5	16h19
25-34 ans	20h19	19h11
35-49 ans	23h10	21h26
50-64 ans	23h52	23h17
65 ans et +	24h7	25h9

Source: Sondages BBM, printemps 2007, dans *Guide annuel médias 2008*, Montréal, Éditions Infopresse, 2008, p. 58.

FIGURE 10.8 **L'écoute de la radio par tranche horaire (semaine)**

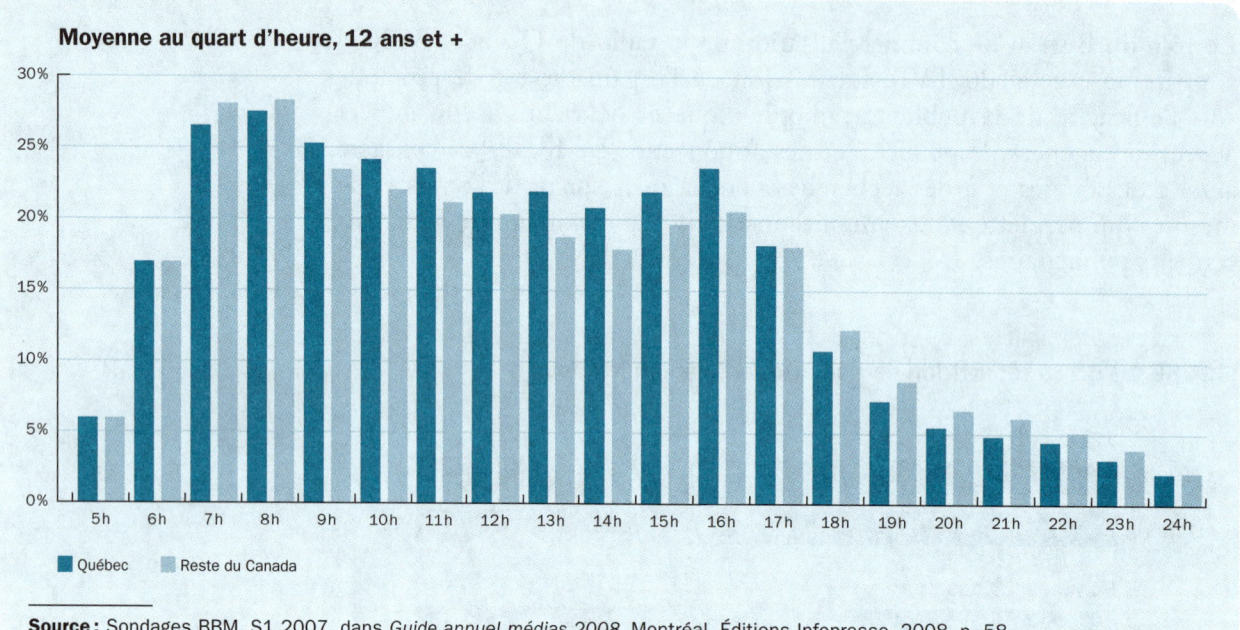

Moyenne au quart d'heure, 12 ans et +

[Graphique à barres comparant le Québec et le Reste du Canada, pour les tranches horaires de 5h à 24h, avec des pourcentages d'écoute variant de 0 % à 30 %.]

■ Québec   ■ Reste du Canada

Source : Sondages BBM, S1 2007, dans *Guide annuel médias 2008*, Montréal, Éditions Infopresse, 2008, p. 58.

RÉSUMÉ

La télévision et la radio sont les médias les plus présents dans la vie du consommateur, et tous deux offrent à l'annonceur la possibilité de joindre de vastes audiences. Les deux médias se concentrent sur le temps d'antenne plutôt que sur l'espace. Leurs structures sont similaires en ce qu'ils se servent de stations affiliées à un réseau et de stations indépendantes, afin de diffuser leurs émissions et leurs messages publicitaires. On diffuse la publicité radiophonique et télévisée sur un réseau régional, local ou national.

La croissance de la télévision s'est révélée plus rapide que tout autre média publicitaire, à un point tel qu'elle est devenue le média de prédilection des annonceurs nationaux. Grâce à la combinaison du son, de l'image et du mouvement, aucun média n'offre autant de possibilités pour la création de messages publicitaires efficaces. La télévision assure une couverture de masse à un coût relativement peu élevé. Les caractéristiques de l'audience, la variété de la programmation et la croissance de la télévision par câble sont autant d'éléments qui permettent une plus grande sélectivité. Considérée comme le *nec plus ultra* des médias par plusieurs, la télévision compte néanmoins certaines faiblesses : coûts absolus de production et de diffusion élevés, manque de sélectivité par rapport à d'autres médias, nature fugace du message et encombrement publicitaire.

Sondages BBM et Nielsen Recherche Média fournissent des renseignements sur la taille et la composition des audiences à l'échelle nationale et locale. Les tarifs de publicité des réseaux et des stations de télévision sont tributaires des mesures de l'audience et des cotes d'écoute. L'audience visée et la fréquence du message dépendent à leur tour des émissions au cours desquelles la publicité est diffusée.

La croissance rapide de la télévision a eu pour effet de faire évoluer la radio à titre de média de divertissement et de publicité. Au fil du temps, la radio est devenue un média publicitaire local diffusant des émissions très spécialisées et attirant des segments du marché bien précis. La radio constitue un média de grande diffusion et permet de joindre des audiences sélectives selon un rapport efficacité-coût fort avantageux. La radio convient aussi fort bien au programme de marketing intégré tel que la PLV et la commandite d'événements.

La radio n'offre aucune latitude sur le plan visuel, un faiblesse majeure. La courte durée et la fugacité du message, le caractère très fragmenté de l'audience et l'encombrement publicitaire constituent autant d'inconvénients.

Les tarifs de publicité à la radio sont établis en fonction de la taille de l'audience et des segments de la journée. Enfin, Sondages BBM constitue la principale source de renseignements quant à la taille et à la composition des audiences à l'échelle nationale et locale.

MOTS CLÉS

- audimètre
- audience cumulative
- audience moyenne au quart d'heure
- audience totale
- commandite d'émission
- cote d'écoute d'une émission
- cote d'écoute moyenne au quart d'heure
- foyer avec télévision
- foyer regardant la télévision
- message dos-à-dos
- part d'audience
- part d'écoute moyenne au quart d'heure
- point de part
- publicité sélective
- publireportage
- représentant d'une station de télévision
- réseau de télévision
- station affiliée
- superstation
- télévision directe par satellite (TDS)
- télévision par câble
- tranche horaire
- transfert d'imagerie
- visionnement accéléré
- zappage

QUESTIONS DE DISCUSSION

1 À titre de média publicitaire, la télévision offre plusieurs avantages aux principaux annonceurs, par exemple les constructeurs d'automobiles et les fabricants de produits de grande consommation. Discutez de ces avantages.

2 À titre de média de masse, la télévision offrirait peu de sélectivité aux annonceurs. Êtes-vous d'accord avec cet énoncé ? Comment une publicité télévisée pourrait-elle être sélective ?

3 Choisissez une période de la journée autre que les heures de grande écoute télévisuelle et remarquez les produits et les services annoncés au cours de cette période. Selon vous, pourquoi ces entreprises ont-elles choisi de diffuser leurs publicités à ces heures ?

4 Dans un proche avenir, comment le développement technologique influera-t-il sur la manière dont le téléspectateur regardera la télévision ? Quelles seront ses répercussions sur la publicité télévisée ?

5 Discutez des forces et des faiblesses de la publicité diffusée à la télévision par câble. Comment les grands annonceurs nationaux et les petites entreprises locales pourront-ils intégrer la télévision par câble à leurs plans médias ?

6 Discutez des méthodes servant à mesurer les audiences de la télévision locale et de la télévision réseau. Ces méthodes permettent-elles d'obtenir des résultats fiables et valables ? Comment pourrait-on les améliorer ?

7 Quels sont les avantages et les inconvénients de la publicité radiophonique ? Quels genres d'annonceurs seraient susceptibles de se tourner vers la radio ?

8 En matière de publicité radiophonique, qu'entend-on par *transfert d'imagerie* ? Donnez un exemple d'une campagne radiophonique faisant appel à ce concept et évaluez-le.

9 Quels facteurs l'acheteur de médias devrait-il considérer lors de l'achat de temps de publicité radiodiffusé ?

CHAPITRE 11
Les médias imprimés

OBJECTIFS D'APPRENTISSAGE

- Analyser la structure du secteur des médias imprimés, notamment les magazines et les journaux, et le rôle de chacun au sein d'un programme publicitaire.

- Analyser les forces et les faiblesses des magazines et des journaux à titre de médias publicitaires.

- Examiner les types de magazines et de journaux, et la valeur de chacun à titre de média publicitaire.

- Comprendre l'achat d'espace publicitaire dans les magazines et les journaux, l'évaluation d'un lectorat et l'établissement des tarifs de publicité.

- Analyser l'évolution qui marque le secteur des journaux et des magazines et voir en quoi les nouvelles tendances les transforment à titre de médias publicitaires.

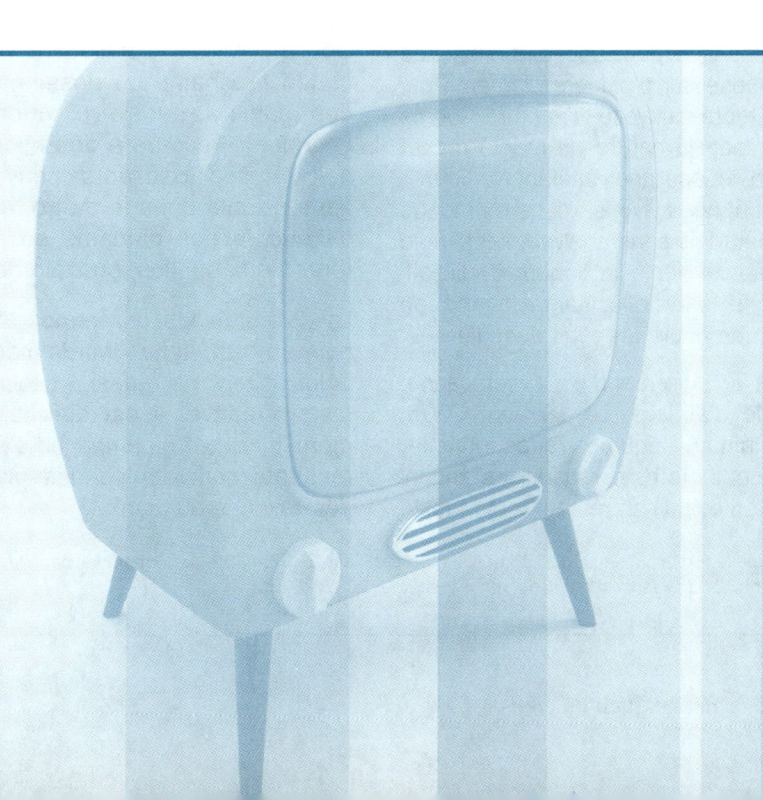

PARTIE 4

MISE EN SITUATION

Le poids des mots

La campagne « Words matter » du quotidien *The Gazette* a été couronnée de succès : elle s'est méritée cinq prix au concours Créa 2007, deux au concours Prix Média 2007 et quatre au Marketing Awards 2007. Pourquoi une campagne qui joue sur les mots a-t-elle été si honorée ?

Paris Hilton Show bombs

Paris Hilton drops

Bomb drops on Paris Hilton

Bomb drops on Hilton in Paris

The Gazette — Words matter

Le succès de la campagne, développée par l'agence bleublancrouge, repose sur plusieurs éléments originaux, dont une toute nouvelle signature, *Words matter*, qui traduit bien la nature du média qu'est le journal. Comme le souligne Gaëtan Namouric, directeur de création, nous vivons « dans un monde bombardé d'images. Mais sans analyse, sans mise en contexte, ça ne vaut rien ». Et il ajoute : « La différence de contenu est hallucinante quand on compare le bulletin de nouvelles à un quotidien. »

Pour bien marquer le lancement de la campagne, *The Gazette* a joué d'audace. Le 18 août 2006, après avoir convaincu l'équipe rédactionnelle, rassuré ses représentants et persuadé les annonceurs, elle publie son édition en retirant tout le texte de la première page ; seules les images sont conservées, alors que la seconde page affiche la nouvelle signature. L'impression de vide ainsi créée permet de bien communiquer l'importance des mots et d'asseoir la campagne auprès des lecteurs du journal. Cette première initiative est suivie d'une série de publicités pleine page dans les différents cahiers.

À la fin septembre, des publicités à la télévision et à la radio font leur apparition. Le message télé « Paris » se voit d'ailleurs décerner le grand prix Créa 2007. Le message se distingue par sa simplicité : en guise de musique de fond, on a choisi un air de piano rétro. On aperçoit une phrase sous forme de titre de journal qui évolue selon l'agencement des mots. On peut ainsi lire successivement : *Paris Hilton Show bombs* ; *Paris Hilton drops* ; *Bomb drops on Paris Hilton* ; *Bomb drops on Hilton in Paris*. Le message se termine avec *Ah. Paris*, et la signature *Words matter*.

La décision de l'agence d'opter pour une plate-forme créative très épurée permet à celle-ci de s'ajuster rapidement aux besoins du client. Ainsi, en moins de 8 mois, plus de 15 messages télé, 15 messages radiophoniques et 140 messages imprimés sont réalisés par l'agence.

La campagne se distingue également lors de la promotion des cahiers spéciaux. Par exemple, pour la promotion d'un cahier portant sur la présence des femmes dans différents secteurs universitaires, l'agence appose des inscriptions écrites avec du rouge à lèvres sur les miroirs de restaurants, de bars et de centres sportifs situés dans l'ouest de l'île de Montréal, qui se lisent comme suit : *« Don't call me, I'm studying. »* Des affichettes explicatives annoncent la publication prochaine du dossier. Pour la promotion des cahiers sur la nutrition et le sommeil, l'agence a recours à des escouades promotionnelles. Des passants peuvent observer des gens à table dans le métro, en train de manger, ou encore des quidams en pyjama dans différents lieux publics, en train de s'endormir.

La diversité des prix remportés par *The Gazette* pour sa campagne « Words matter » montre à quel point l'agence a réussi à décliner son concept de façon créative. Il est difficile d'affirmer, pour le moment, si cette campagne s'est traduite par des résultats concrets sur les plans des ventes et des revenus du journal.

Sources : Sophie Lachapelle, « Une jeunesse de 228 ans », *Infopresse*, juin 2007, p. 38-40 ; Sophie Lachapelle, « Les mots pour le dire », *Infopresse*, avril 2007, p. 32-33 ; « Jouer d'audace », *Infopresse*, mai 2007, p. 48.

Les magazines et les journaux jouent le rôle de médias publicitaires depuis plus de deux siècles; longtemps, ils ont été les deux seuls médias dont disposait l'annonceur. En raison de la croissance des autres médias, en particulier la télévision, la lecture a perdu du terrain. Un nombre croissant de consommateurs s'est mis à regarder la télévision afin de se divertir et de s'informer. Malgré la concurrence des autres médias, les journaux et les magazines demeurent d'importants véhicules médiatiques pour le consommateur et l'annonceur.

Des milliers de magazines sont publiés au Canada et ailleurs dans le monde. Tous les intérêts et les habitudes du consommateur y sont traités, et des milliers d'entreprises et de professions y trouvent leur compte. L'industrie des périodiques a prospéré grâce à l'avènement des magazines spécialisés qui s'adressent à des publics cibles particuliers. Les journaux demeurent encore aujourd'hui le média publicitaire qui affiche le plus grand nombre d'annonceurs. Des milliers de détaillants et d'annonceurs nationaux y font continuellement appel.

Les magazines et les journaux occupent une grande partie de nos vies. Pour un grand nombre, les journaux constituent la principale source de renseignements sur les produits. Ces personnes n'achètent rien sans s'être d'abord assurées de profiter d'un solde, sans avoir découpé les bons de réduction dans les encarts publicitaires ou consulté la section « Alimentation » de leur journal. Nombre de gens lisent chaque semaine ou chaque mois plusieurs magazines pour se renseigner et se divertir. Les professionnels parcourent des magazines spécialisés pour s'informer sur les dernières tendances de leur secteur d'activité.

Le rôle des magazines et des journaux dans le plan médias se distingue de celui des médias de diffusion en ce que le lecteur enregistre des informations détaillées à son propre rythme. Les médias imprimés ne se révèlent pas importuns comme la radio et la télévision. En général, ils exigent un effort de la part du lecteur pour que le message publicitaire ait un impact. C'est pourquoi, aux yeux de plusieurs, les journaux et les magazines constituent des *médias à forte implication*[1]. Dans le présent chapitre, nous examinerons les atouts et les faiblesses des journaux et des périodiques. En outre, nous analyserons les éléments qui permettront de déterminer quand et comment faire appel aux journaux et aux magazines au moment d'établir un plan médias.

L'évaluation des magazines

Comment expliquer la croissance rapide des magazines au cours des dernières décennies? Cette croissance est attribuable à l'élargissement du lectorat et aux exigences de plus en plus pressantes du marché de consommation et du marché de l'entreprise en matière d'éducation, d'information et de divertissement. De tous les médias publicitaires, les magazines sont les plus spécialisés. Alors que certains sont d'intérêt général – par exemple le *Sélection du Reader's Digest*, *L'actualité* et le *TV Hebdo* –, la plupart ciblent des lectorats très précis. Tout consommateur trouve un magazine qui répond à ses préoccupations ou à un domaine de prédilection. Nombre de magazines s'adressent à des secteurs d'activité et à des types d'entreprises particuliers, de même qu'aux membres de différentes professions.

Les périodiques présentent beaucoup d'attrait pour les grands fabricants de produits de consommation tels que Procter & Gamble et General Motors. Ils séduisent tout autant la petite entreprise qui annonce ses articles de jardinage dans un magazine tel que *Fleurs, Plantes et Jardins*.

La classification des magazines

Pour avoir une idée des catégories de magazines et des annonceurs qui y font appel, reportons-nous à leur classification. Le répertoire *Canadian Advertising Rates and Data* (CARD), principale source de référence du responsable du plan médias, divise les magazines en trois grandes catégories selon le lectorat ciblé: les publications d'intérêt général, la presse agricole et les périodiques professionnels. Chaque catégorie est ensuite classée en fonction de son contenu éditorial et de son attrait pour les lecteurs.

Les publications d'intérêt général

Les publications d'intérêt général obtiennent la faveur du grand public parce qu'elles informent et qu'elles divertissent. Le répertoire CARD compte 893 magazines d'intérêt général divisés en 46 catégories. On y trouve notamment des publications d'intérêt général, des magazines sportifs, des périodiques sur les voyages et le tourisme, et des revues s'adressant uniquement aux femmes. On classe aussi les magazines d'intérêt général selon qu'ils sont vendus par abonnement, dans certains commerces ou distribués gratuitement à un lectorat particulier. Les tableaux 11.1 et 11.2 présentent les principaux magazines canadiens selon leur tirage. On classe également les périodiques selon qu'ils paraissent sur une base hebdomadaire, mensuelle, bimensuelle, et ainsi de suite. Le tableau 11.3 contient une liste des principaux magazines américains vendus au Canada.

Les magazines d'intérêt général occupent la plus grande part de ce secteur d'activité, et comptent pour près des deux tiers des enveloppes publicitaires consacrées aux magazines. La distribution des recettes publicitaires dévolues aux magazines d'intérêt général reste très concentrée; les 10 principaux périodiques se partagent plus de 60 % du budget publicitaire destiné à l'ensemble

TABLEAU 11.1 Les principaux magazines de langue anglaise selon le tirage et le lectorat

Publications	Tirage moyen	Tarif une page 4 couleurs (en $)	Nombre de lecteurs par exemplaire	Nombre de lecteurs (12 ans et plus)
Reader's Digest	986 000	38 425	7,2	7 085 000
Canadian Geographic	230 000	16 210	19,1	4 400 000
Canadian Living	535 000	36 565	8	4 268 000
Châtelaine	658 000	47 900	6,4	4 220 000
People	179 000	26 250	20,9	3 740 000
What's Cooking	1 383 000	48 960	2,5	3 500 000
Maclean's	394 000	34 590	7	2 753 000
Time	240 000	31 500	10,7	2 572 000
Food & Drink	259 000	18 623	9,4	2 426 000
Canadian House & Home	523 000	18 598	4,2	2 199 000
Canadian Gardening	160 000	12 400	13,7	2 189 000

Sources: PMB 2007 et CARD, juin 2007.

TABLEAU 11.2 Les principaux magazines de langue française selon le tirage et le lectorat

Publications	Tirage moyen	Tarif une page 4 couleurs (en $)	Nombre de lecteurs par exemplaire	Nombre de lecteurs (12 ans et plus)
Coup de pouce	227 000	12 885	5,7	1 302 000
7 Jours	113 000	12 420	10,6	1 198 000
Sélection du Reader's Digest	255 000	12 470	4,5	1 160 000
Châtelaine	210 000	15 800	5,4	1 125 000
Touring (bilingue)	621 000	12 890	1,7	1 048 000
L'actualité	192 000	17 500	5,4	1 034 000
Les Idées de ma maison	71 000	6 170	12,6	898 000
Décoration chez-soi	77 000	6 170	10,8	829 000
TV 7 Jours / TV Hebdo	244 000	9 575	3,6	887 000
Clin d'œil	73 000	8 105	10,9	797 000
Elle Québec	91 000	9 640	8,2	744 000
Bel Âge magazine	148 000	7 400	4,8	703 000
La Semaine	87 000	10 265	7,7	669 000
Décormag	91 000	5 230	7	640 000

Sources : PMB 2007 et CARD, juin 2007.

TABLEAU 11.3 Les principaux magazines américains ayant un tirage canadien

Publications	Tirage moyen	Publications	Tirage moyen
National Geographic	378 816	*Star*	116 590
Cosmopolitan	262 342	*For Women First*	115 539
Prevention	191 789	*Maxim*	108 708
People	182 594	*Teen People*	107 669
Martha Stewart Living	148 792	*Endless Vacation*	105 002
Woman's World	144 255	*Sports Illustrated*	103 821
O, The Oprah Magazine	138 408	*National Enquirer*	100 263
In Style	126 335	*YM*	99 940
Men's Health	117 982	*In Touch Weekly*	97 507

Source : Audit Bureau of Circulations 2006, dans *The Canadian Media Directors' Council Media Digest 2007-2008*, Toronto, Marketing, 2007, p. 51.

des magazines d'intérêt général. Ces revues intéressent principalement le gestionnaire du marketing désireux d'atteindre le consommateur de produits et de services, et l'entreprise tentant de joindre un marché cible particulier. Accessoires automobiles, articles de toilette, produits de beauté, ordinateurs, matériel de bureau, articles de papeterie, services aux entreprises et services de consommation sont autant d'exemples où les gestionnaires privilégient surtout les magazines d'intérêt général.

Bien qu'ils dominent la publicité dans les magazines d'intérêt général au chapitre des dépenses, les grands annonceurs nationaux jouent aussi un rôle important auprès des entreprises plus modestes dont les produits sont destinés aux marchés spécialisés. Les magazines spécialisés joignent et attirent les consommateurs dont les habitudes ou les centres d'intérêt sont semblables, tout en limitant l'exposition ou le tirage inutile. De l'avis de Nordica, Rossignol ou Salomon, par exemple, le magazine *Ski Presse* pourrait constituer

Tous les producteurs de porcs reçoivent le magazine *Porc Québec* et plusieurs intervenants de la production y sont abonnés.

le meilleur véhicule publicitaire pour joindre les amateurs de ski québécois. Les magazines spécialisés permettent d'atteindre un segment de marché précis et leur contenu éditorial propose aussi un cadre publicitaire très favorable aux produits et aux services pertinents.

Les publications agricoles

La deuxième catégorie d'importance inscrite au répertoire CARD touche les magazines destinés aux agriculteurs et à leur famille. On compte 98 publications s'adressant à presque tous les types de culture et d'élevage, dont *Grandes Cultures* et *Le producteur de lait québécois*. Plusieurs d'entre elles sont destinées aux agriculteurs de régions ou de provinces précises, par exemple *Porc Québec*. Les publications agricoles ne font pas partie des magazines destinés aux entreprises parce que les fermes n'ont pas toujours été considérées comme telles.

Les périodiques professionnels

Les périodiques professionnels ciblent précisément certaines entreprises, un secteur industriel ou un type de profession. Le répertoire CARD divise les 864 revues et magazines spécialisés en 109 catégories, dont voici les principales :

1. les magazines qui s'adressent à des professions précises, par exemple *Le Monde Juridique* et *Le Médecin Vétérinaire du Québec* ;

2. les magazines spécialisés dans les secteurs de la fabrication et de la production, par exemple *Les Papetières du Québec* et *Québec Habitation* ;

3. les magazines professionnels destinés aux grossistes, aux concessionnaires, aux distributeurs et aux détaillants, par exemple *Salon Magazine* ;

4. les magazines d'intérêt général et économique destinés aux dirigeants du secteur des affaires, par exemple *Magazine PME*.

Les nombreux périodiques professionnels joignent toutes sortes de professionnels aux intérêts particuliers. Quiconque désire obtenir de l'information sur son secteur d'activité, sa profession et sa carrière s'intéresse à ce type de magazines. Les annonceurs privilégient ces périodiques, car ils leur permettent de s'adresser directement aux membres de leur marché cible.

Les forces des magazines

Les magazines constituent un média publicitaire performant en raison de leur degré de sélectivité, de leur excellente qualité de reproduction, de leur souplesse sur le plan de la création, de leur durée de vie, de leur prestige et du degré élevé de réceptivité et d'implication du lecteur.

La sélectivité

Sélectivité
Capacité d'un média publicitaire à joindre un public cible avec précision.

À titre de média publicitaire, le magazine a pour principal avantage d'offrir un degré élevé de **sélectivité** ou de ciblage. De tous les médias, les magazines sont les plus sélectifs, à l'exception de la publicité directe. La plupart sont destinés à des groupes d'intérêt particulier.

Les milliers de magazines publiés au Canada joignent tous les types de consommateurs et de gestionnaires et permettent à l'annonceur de cibler ses publicités en fonction des segments de la population qui s'intéressent à ses produits. Les magazines *Photo Sélection*, *En Primeur* et *Summum*, par exemple, s'adressent respectivement aux amateurs de photographie, aux cinéphiles et aux célibataires. Plusieurs nouveaux périodiques visant les nouvelles tendances et les intérêts à la mode sont lancés chaque année.

La *sélectivité démographique* et la sélectivité géographique permettent à l'annonceur de cibler des segments plutôt bien définis. Les revues *Coup de Pouce* et *Châtelaine*, par exemple, sont surtout lues par des femmes, au contraire du périodique *Les Affaires*. On s'adresse aux consommateurs plus âgés par le biais de publications telles que *Bel Âge* et *Virage*.

La *sélectivité géographique*, de son côté, permet de joindre des groupes cibles appartenant à des régions précises. L'annonceur concentre alors ses publicités dans certaines villes ou régions par l'entremise d'un magazine publié dans une zone particulière. La venue des magazines urbains tels qu'*Influence*, *Toronto Life* et *Vancouver Magazine* constitue l'un des principaux développements médiatiques des dernières années. Les publications s'adressent aux personnes qui résident dans ces agglomérations et en périphérie ; elles proposent notamment des articles sur leurs habitudes de vie et sur la vie culturelle. L'achat d'espace publicitaire dans les éditions régionales et nationales de magazines aussi prestigieux que *Maclean's* et *Châtelaine* permet alors à l'annonceur de concentrer ses publicités.

Le répertoire CARD dresse une liste des magazines qui publient des éditions sur une base géographique ou démographique. L'annonceur régional achète de l'espace dans les éditions joignant uniquement les régions où ses produits sont distribués. Il jouit néanmoins du prestige de la publicité parue dans un grand magazine diffusé à l'échelle nationale. L'annonceur national, de son côté, fait appel aux éditions géographiques pour cibler ses publicités dans les territoires où le potentiel se montre le plus prometteur ou dans ceux où le soutien promotionnel fait défaut. Il se sert aussi des éditions régionales pour expérimenter la commercialisation de ses produits ou pour mener d'autres campagnes promotionnelles dans diverses régions du pays.

Les magazines urbains tels qu'*Influence* offrent aux annonceurs un degré élevé de sélectivité géographique.

La qualité de la reproduction

La qualité de reproduction des annonces constitue l'un des attributs les plus prisés de la publicité dans les magazines, la partie visuelle étant souvent prédominante. En général, les périodiques sont imprimés sur du papier de première qualité à l'aide de techniques d'impression assurant une excellente qualité de reproduction en noir et blanc ou en couleurs. La qualité de reproduction de la plupart des magazines se révèle nettement supérieure à celle des autres médias imprimés et des journaux, en particulier lorsque la couleur est nécessaire. L'utilisation de la couleur est presque devenue une nécessité pour la plupart des catégories de produits. C'est pourquoi plus de deux tiers des publicités dans les magazines sont désormais en couleurs.

La souplesse sur le plan de la création

Les magazines offrent une grande latitude aux créatifs pour ce qui est du genre, du format et du placement de matériel publicitaire.

Quelques magazines offrent, moyennant un supplément, un éventail de possibilités destinées à accroître l'attrait d'une annonce et le nombre de lecteurs, dont l'encart à volets, la page à marge perdue, l'encart et l'espace hors norme.

Encart à volets
Feuillet qui excède dans l'une ou l'autre de ses dimensions le format du magazine auquel il est relié et qui se replie sur lui-même aux dimensions du périodique.

L'**encart à volets**, la plupart du temps, se trouve sous la couverture ou au centre d'un magazine d'intérêt général. Il permet de créer une forte impression, en particulier lors du lancement d'un produit ou d'une marque – les nouveaux modèles d'automobiles, par exemple. Seuls certains magazines offrent cette possibilité. L'annonceur réserve longtemps à l'avance son encart à volets et doit s'attendre à payer un prix élevé.

Page à marge perdue
Procédé permettant de présenter la publicité sur toute la page d'un magazine, sans marge ni espace blanc.

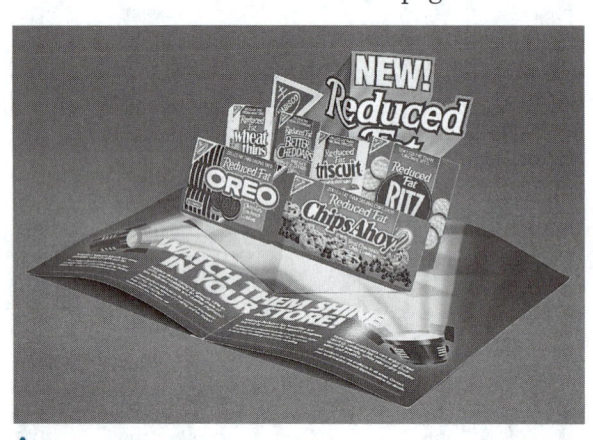

La **page à marge perdue** permet de faire paraître l'annonce plus volumineuse et plus spectaculaire. Certains magazines facturent de 10% à 20% de plus pour ce genre de publicité.

Certains magazines offrent la possibilité de jouer avec le format et la forme des pages. Des annonceurs, par exemple, ont capté l'attention en élaborant des structures tridimensionnelles qui prenaient forme au moment où la page est tournée. Comme l'illustre la publicité ci-contre, Nabisco a fait appel à ce procédé dans plusieurs publications professionnelles, afin de promouvoir ses biscuits et craquelins faibles en matières grasses.

Nabisco a imaginé une structure tridimensionnelle pour capter l'attention du lectorat d'une publication professionnelle.

La carte-réponse, la fiche de recettes, le coupon et l'échantillon sont d'autres formes d'*encarts*, populaires auprès des annonceurs. Le fabricant de parfums, par exemple, fait insérer des cartons parfumés dans certains magazines lors du lancement de nouvelles fragrances ; d'autres emploient ce type de cartons afin de promouvoir des désodorisants, des détersifs et d'autres produits dont l'odeur est importante. Certaines stratégies de promotion des ventes font aussi appel conjointement à l'encart et à la publicité directe.

L'annonce parfumée, la structure tridimensionnelle, l'annonce chantée et autres techniques sont autant de moyens de se démarquer du lot de publicités dans les magazines et de capter l'attention du consommateur. Cependant, depuis peu, les *publicités spectaculaires* suscitent des réactions défavorables. Les critiques font valoir qu'elles dégradent l'image du magazine et le rapport du lecteur avec celui-ci. Les annonceurs désirent éviter à tout prix de diffuser régulièrement des publicités qui doivent se mesurer à des encarts extravagants, à des structures tridimensionnelles, à des annonces chantées et à d'autres distractions. Certains exigent même du rédacteur en chef d'être prévenus du passage de publicités spectaculaires afin de pouvoir retirer leurs publicités de ces numéros[2].

L'espace publicitaire hors norme permet d'optimiser l'impact du budget publicitaire de l'annonceur. Les publicités de Crest Whitestrips, par exemple, apparaissent sur des pages consécutives, chacune faisant état du témoignage d'un consommateur du produit. Cette stratégie a pour effet de créer un plus grand impact auprès du consommateur.

Le caractère permanent des magazines

Les magazines se distinguent aussi par leur caractère permanent, au contraire de la radio et la télévision, qui se caractérisent par la fugacité et la courte durée de leurs messages, et des journaux, mis au rebut aussitôt qu'on les a lus. En général, toutefois, on lit un périodique sur plusieurs jours et, souvent, on le conserve afin de le consulter plus tard. Le magazine séjourne à la maison plus longtemps qu'aucun autre média et, en général, on le consulte à plusieurs reprises. Selon une étude, on consacre en moyenne près d'une heure à la lecture d'un magazine, sur une période de deux ou trois jours[3]. D'autres études font aussi valoir que près de 75 % des lecteurs conservent leurs magazines pour les consulter plus tard[4]. On lit un périodique plus lentement, ce qui permet de regarder les publicités dans leurs moindres détails. Le texte publicitaire pourra alors être plus long et plus fouillé. Ce détail revêt une grande importance pour le produit ou le service à forte implication. En raison du caractère permanent du magazine, le lecteur peut être exposé à une publicité à plusieurs reprises et peut prêter le périodique à d'autres personnes.

Procter & Gamble a réservé cinq pages consécutives dans la revue *Châtelaine* pour assurer la promotion de son nouveau produit Crest Whitestrips.

Les médias imprimés **CHAPITRE 11** 359

Le prestige

Le produit ou le service peut gagner en prestige grâce à une publicité parue dans un périodique bien en vue. La société dont les produits misent sur une image de marque, une réputation enviable ou une qualité qui ne se dément pas réserve un espace publicitaire dans les publications prestigieuses, au contenu éditorial recherché, et dont les lecteurs s'intéressent aux pages publicitaires. Le magazine *Elle Québec*, par exemple, traite de la mode féminine dans un cadre très favorable. Ainsi, un fabricant de vêtements peut y annoncer ses collections afin d'en accroître le prestige. Des revues telles que *Géo* et *Canadian Geographic* proposent un cadre éditorial impressionnant, doublé de photos de grande qualité. Ses lecteurs, qui appartiennent à la strate supérieure, ont une image favorable de la publication, qu'ils peuvent reporter sur les produits annoncés dans ses pages.

Alors que la plupart des responsables du plan médias soulignent l'importance du cadre de la publication, l'image du magazine se révèle souvent difficile à déterminer. Des évaluations subjectives, fondées sur l'expérience du responsable du plan médias, servent à évaluer le prestige d'un périodique, tout comme des mesures objectives telles que les sondages d'opinions auprès des lecteurs.

La réceptivité et la participation du consommateur

Le consommateur se montre plus réceptif à la publicité dans les magazines que dans tout autre média, à l'exception des journaux. En général, l'achat d'un magazine est d'abord et avant tout une question d'intérêt. Les publicités qui y paraissent constituent une excellente source d'information pour quiconque désire prendre une décision d'achat.

La publicité d'un magazine, au-delà de sa pertinence, est sans doute reçue favorablement par le consommateur car, au contraire de la publicité radiophonique ou télévisuelle, elle ne se montre pas importune et peut être facilement ignorée. Selon certaines études, la majorité des lecteurs apprécie les publicités dans les magazines; seul un faible pourcentage nourrit une attitude négative vis-à-vis de cette forme de publicité[5]. Cela est d'autant plus vrai que l'on se procure certains magazines, par exemple les publications destinées aux futures mariées ou les revues de mode, autant pour leur contenu éditorial que pour les publicités qu'ils contiennent. Selon d'autres études, le lecteur de magazines est davantage susceptible de prêter attention aux publicités des périodiques et de se les rappeler, beaucoup plus, en fait, que le téléspectateur.

Les faiblesses des magazines

Les magazines présentent de nombreux atouts, certes, mais aussi quelques inconvénients. Les frais élevés, la portée et la fréquence limitées de la publicité, de longs délais de réservation, la forte concurrence et l'encombrement publicitaire en constituent des exemples probants.

Les frais de publicité

Les frais des annonces publicitaires de revue dépendent de la taille du lectorat et de son degré de sélectivité.

La publicité dans un magazine à grand tirage coûte très cher. Ainsi, le prix d'une annonce pleine page en quadrichromie paraissant dans le magazine *L'actualité*, dont le tirage est de 192 000 exemplaires, s'élève à 17 500 $. Les emplacements préférés, tels que la quatrième de couverture, coûtent davantage.

À l'image de tout média, on considère le magazine en fonction de son coût absolu et de son coût relatif. La plupart des périodiques mettent de l'avant leur efficacité pour joindre des lectorats précis à un coût par mille (CPM) avantageux. En général, le responsable du plan médias se concentre sur le coût relatif qui permet d'atteindre un lectorat cible. Cependant, ce spécialiste recommande un magazine dont le CPM s'avère plus élevé lorsqu'il peut joindre un segment de marché restreint, mais spécialisé. À l'évidence, l'annonceur au budget de publicité limité s'intéresse au coût absolu de l'espace publicitaire et au coût de production d'une annonce de qualité.

Une portée et une fréquence limitées

En général, la portée et la fréquence des magazines se montrent limitées, en comparaison des autres médias. Alors que les Québécois d'âge adulte lisent plus d'un magazine d'intérêt général chaque mois, le pourcentage d'adultes lisant une publication individuelle tend à être inférieur. C'est pourquoi le taux de pénétration des magazines s'avère peu important. Le tirage du magazine *L'actualité*, par exemple, a beau être élevé, il représente seulement 6,3 % des 3 millions de foyers québécois.

Par conséquent, l'annonceur soucieux d'accroître la portée de ses publicités réserve de l'espace publicitaire dans plusieurs magazines, d'où de nombreuses négociations et transactions. La plupart des périodiques étant des mensuels ou, au mieux, des hebdomadaires, on peut difficilement obtenir une fréquence élevée en privilégiant un seul magazine. L'insertion de plusieurs annonces dans un même numéro s'avérerait inutile, du moins pour en accroître la fréquence. La majorité des annonceurs ajoutent plutôt à leurs plans médias d'autres magazines se partageant des lectorats similaires. Les magazines génèrent leur impact plus lentement que les quotidiens, la télévision ou la radio en raison de ce manque de fréquence.

De longs délais

La parution d'une annonce publicitaire nécessite malheureusement de longs délais. La date de tombée de la plupart des publications renommées varie entre 30 et 90 jours. Par conséquent, l'annonceur réserve l'espace et conçoit la publicité longtemps avant la date de parution. En outre, il ne peut apporter aucune modification au texte ou à la présentation graphique après cette date. Les magazines ne se montrent pas aussi souples que la radio et la télévision en réponse aux événements en cours et aux fluctuations du marché.

L'encombrement et la concurrence

S'il est d'ordinaire question d'encombrement publicitaire lorsqu'on parle de la radio et de la télévision, les magazines n'en sont pas épargnés. L'encombrement se révèle moins important dans les médias imprimés qu'à la radio et à la télévision, le consommateur étant en général plus réceptif et plus tolérant à l'égard de la publicité imprimée. Le lecteur peut aussi contrôler son degré d'exposition à cette forme de publicité en tournant simplement la page. Le problème de l'encombrement publicitaire dans les magazines crée un paradoxe: plus le périodique connaît du succès, plus le nombre de pages de publicité augmente, et plus l'encombrement s'amplifie. En fait, on juge d'ordinaire du succès d'un magazine au nombre de pages de publicité qu'il vend.

Le rédacteur en chef s'efforce de résoudre la question de l'encombrement en assurant un équilibre entre les pages éditoriales et les pages de publicité. Toutefois, nombreux sont les magazines qui publient des annonces sur plus de la moitié de leurs pages. Un tel encombrement nuit à l'annonceur qui tente de retenir l'attention des lecteurs et de les intéresser à sa publicité. L'annonceur essaie aussi de susciter l'intérêt des lecteurs à l'aide d'images choc, de titres accrocheurs ou d'une des techniques hors normes dont nous avons parlé précédemment. Certains annonceurs créent leur propre périodique afin de contourner un tel encombrement, d'exercer un contrôle sur le contenu éditorial ou d'établir un contact avec leurs clients. Par exemple, Kraft publie *Qu'est-ce qui mijote*, Procter & Gamble, *La vie simplifiée*, et le groupe Unilever, *Pour tout vous dire*.

Une tendance récente au sein de certaines sociétés est de former une coentreprise avec une maison d'édition traditionnelle. Le but? Créer leurs propres magazines pour le vendre à leurs clients. Par exemple, pour publier son magazine *Space*, IKEA s'est associé à John Brown Contract Publishing[6]. La revue sert bien sûr de vitrine au fabricant suédois et propose des articles informatifs sur l'ameublement, le design et les dernières tendances. Le magazine *Space* est vendu chez IKEA et dans tous les kiosques à journaux de l'Amérique du Nord. Les magazines *sur mesure* ont aussi la cote auprès des cigarettiers tels que Philip Morris, qui les acheminent par courrier direct à leurs clients[7].

Le magazine *Qu'est-ce qui mijote* est conçu expressément pour promouvoir les produits Kraft.

L'achat d'espace publicitaire dans les magazines

L'annonceur tient compte des forces et des faiblesses du magazine avant d'y faire appel. Il s'interroge sur la composition du public lecteur du périodique et détermine si ce dernier correspond au lectorat du plan de communication. Dans la présente section, nous examinerons quelques enjeux propres au tirage et au lectorat, à la mesure du lectorat et aux tarifs de publicité des magazines.

Le tirage et le lectorat des magazines

La taille et les caractéristiques du lectorat comptent parmi les facteurs les plus importants à considérer au moment d'intégrer la publicité dans les magazines à un plan médias. L'acheteur de médias évalue le magazine à partir de sa capacité à communiquer un message publicitaire au plus grand nombre possible parmi le public cible. Pour ce faire, il tient compte du tirage et du nombre de lecteurs de la publication et apparie ces données au nombre de personnes qu'il cherche à atteindre.

Le tirage

Le tirage consiste en le nombre d'exemplaires d'une publication mis à la disposition du public, que ce soit par un abonnement, un achat en kiosque ou une distribution gratuite. Comme le placement publicitaire et les tarifs de publicité sont tributaires du tirage, la crédibilité des chiffres avancés revêt une grande importance. Au Canada, la certification du tirage de la plupart des publications renommées est assurée par l'Audit Bureau of Circulations (ABC), un organisme fondé en 1914 et financé par les agences de publicité, les maisons d'édition, le Canadian Circulation Audit Bureau (CCAB) et le Business Publications Audit (BPA) of Circulation. L'ABC recueille et évalue de l'information concernant les abonnements et les ventes des magazines et des journaux afin d'en vérifier les tirages. Seules les publications dont le tirage est payé à 70 % et plus (c'est-à-dire que l'acheteur a déboursé au moins la moitié du prix de base établi par le magazine) sont vérifiées par l'ABC. Le CCAB, quant à lui, vérifie le tirage des publications dont la distribution est vendue, contrôlée (c'est-à-dire les exemplaires expédiés gratuitement) ou mixte. Certaines publications professionnelles sont vérifiées par le BPA.

À l'aide de ces données sur le tirage et la distribution, le responsable du plan médias établit la valeur du magazine à titre de véhicule publicitaire. Les rapports de ces organismes contiennent aussi des renseignements détaillés sur le tirage, qui permettent d'établir la qualité du public cible. Ces rapports, par exemple, décrivent la façon dont l'abonnement a été vendu, et indiquent le pourcentage du tirage vendu à un prix inférieur à sa valeur, le pourcentage du tirage vendu moyennant une légère prime et le pourcentage d'abonnements gratuits. De l'avis de nombreux annonceurs, la personne est plus susceptible de lire le magazine auquel elle s'est abonnée que la personne qui l'a obtenu à rabais ou gratuitement. En général, l'acheteur de médias se montre sceptique vis-à-vis de la publication dont le tirage ne fait l'objet d'aucune vérification externe et il évite d'y faire insérer une annonce. L'annonceur obtient des renseignements sur le tirage et le nom du vérificateur dans le répertoire CARD ou auprès de la publication recherchée.

Le lectorat

Souvent, l'annonceur cherche à obtenir des renseignements quant au nombre de **lecteurs secondaires** du magazine.

Aux yeux de l'annonceur, le lecteur primaire se révèle d'ordinaire plus important que le lecteur secondaire, car il consacre un plus grand nombre d'heures à la lecture de la publication, la consulte plus souvent et en tire une plus grande satisfaction. Il prête aussi plus d'attention aux annonces

Lectorat secondaire

Ensemble de personnes lisant l'exemplaire d'un périodique acheté par une personne de leur entourage ou chez le dentiste, le coiffeur, à bord d'un avion, etc.

et y réagit, en général, de façon favorable. L'annonceur évite cependant de négliger la valeur des lecteurs secondaires, qui peuvent accroître le lectorat de manière considérable.

La mesure du lectorat d'un magazine selon le PMB

Le PMB est un organisme canadien sans but lucratif (OSBL). Il regroupe près de 500 membres dont la plupart sont des annonceurs, des éditeurs de magazines et des agences de publicité. L'organisme a pour principal mandat de recueillir des renseignements concernant les lecteurs pour le compte de magazines imprimés et d'éclairer ses membres en matière de décisions publicitaires. On désigne les résultats de sa principale étude sous le nom d'**étude PMB**.

Étude PMB
Étude du Print Measurement Bureau.

En 1973, le PMB a mené sa première étude à l'échelle canadienne, qui portait alors uniquement sur les magazines imprimés. L'étude s'est diversifiée depuis pour devenir la principale étude multiintérêt sur l'exposition aux médias imprimés et non imprimés au Canada. L'étude en cours a permis l'élaboration d'une base de données réunissant 30 000 répondants interrogés sur plus de 2 500 produits et 3 500 marques.

La méthodologie de recherche consiste en un entretien mené à domicile au cours de l'année. On demande si, au cours des 12 derniers mois, le répondant a lu une des publications dont le titre figure sur une liste; on le sélectionne dans la mesure où il a lu l'une d'elles récemment, selon la fréquence de parution – chaque semaine, chaque mois, etc. Les questions portent sur les lectures, la fréquence des séances de lecture, le temps consacré à la lecture, la source du texte lu, l'endroit de la lecture et les champs d'intérêt.

Le profil démographique, le mode de vie, les habitudes médias, l'utilisation des produits, les comportements d'achat et le profil psychographique du répondant font l'objet d'une autre série de questions. La vingtaine de questions touchant le profil démographique sont très détaillées. Le participant doit aussi répondre à des questions touchant les styles de vie – événements marquants, loisirs, scolarité, activités sportives et participation aux manifestations sportives. D'autres questions concernant les habitudes médias du répondant sont très élaborées. Ces questions touchent l'écoute de la télévision et de la radio, la lecture des journaux communautaires et des quotidiens, les moyens de transport, la distance parcourue, les visites dans les centres commerciaux et la consultation des pages jaunes. Les données concernant l'utilisation de produits s'inscrivent sous 18 grandes catégories: soins personnels, épicerie, finances, commerce et autre. On pose également des questions sur les achats que le répondant peut effectuer dans une trentaine de commerces de détail. Enfin, plusieurs questions visent à déterminer le profil du répondant dans le but de procéder à une segmentation psychographique pour diverses catégories de produits.

Les données recueillies aux fins d'analyse constituent une véritable mine d'information. Pour déterminer un public cible avec précision, par exemple, des liens pourront être établis entre le comportement et les caractéristiques démographiques et psychographiques de ce public. Enfin, grâce à la base de données et à des logiciels spécialisés, le planificateur médias est en mesure de prendre des décisions éclairées.

L'étude PMB permet à la firme participante qui le désire de communiquer avec les répondants dans le respect de la confidentialité, de leur poser ses propres questions concernant une marque précise et d'établir des liens entre l'attitude, le style de vie, les habitudes médias et le comportement d'achat des répondants.

Les tarifs de publicité des magazines

Nous l'avons dit : les tarifs publicitaires dans les magazines reposent avant tout sur le tirage. En effet, plus le tirage est important, plus le coût de l'annonce est élevé. Le format, l'emplacement, l'édition retenue (géographique ou démographique), les exigences liées à la production, le nombre et la fréquence des insertions de même que le mode de distribution du magazine sont autant de facteurs jouant sur les tarifs publicitaires.

En général, la vente d'espace publicitaire correspond à une pleine page, à une demi-page et à un quart de page, bien que certains tarifs soient établis en fonction des pouces-colonnes. Plus le format de l'annonce est imposant, plus le coût est élevé. Nombre d'annonceurs recourent à une annonce pleine page, car elle attire davantage l'attention. Selon certaines études, l'annonce pleine page intéresse 36 % plus de lecteurs que l'annonce publiée sur une demi-page[8].

L'annonce paraît en noir et blanc, en noir et blanc et une couleur ou en quatre couleurs, c'est-à-dire en quadrichromie. Les frais d'impression dépendent du nombre de couleurs employées. Une annonce en quadrichromie coûte en moyenne 30 % de plus qu'une annonce en noir et blanc. En général, l'annonceur préfère l'annonce en couleurs, car elle a plus d'impact sur le plan visuel et retient davantage l'attention[9]. Selon Starch INRA Hooper, le pourcentage de lecteurs se rappelant avoir vu une annonce dans une publication qu'ils avaient lue était 45 % plus élevé dans le cas d'une annonce pleine page en quadrichromie que dans le cas d'une annonce en noir et blanc. Une double page en quadrichromie supplante une double page en noir et blanc dans une proportion de 53 %[10].

Les tarifs de publicité des magazines varient aussi selon le nombre de parutions et les sommes allouées à l'annonce à l'intérieur d'une période précise. Plus les parutions sont nombreuses, plus le coût de parution s'avère raisonnable. Les tarifs dégressifs sur le volume seront fonction de l'importance de l'espace publicitaire sur une base annuelle ; on les mesure en dollars ou en nombre d'insertions.

L'avenir des magazines

De 660 qu'il était en 1960, le nombre de publications canadiennes est passé à 1 500 en 1990 et dépasse maintenant le seuil des 2 000[11]. La croissance observée au cours des 30 dernières années est un reflet de l'éclatement des champs d'intérêt dans la société. Cette croissance est appuyée en partie par le soutien du gouvernement fédéral. L'industrie des magazines traverse actuellement une période difficile. Elle est aux prises notamment avec les éditeurs de magazines américains qui tentent d'accaparer une plus grande part du marché canadien, grâce à des coûts de production et de distribution relativement peu élevés et à des revenus publicitaires assez stables. Les éditeurs canadiens envisagent plusieurs scénarios afin d'améliorer leur position et de rendre la publicité dans les magazines plus attrayante. Ils recourent entre autres à de meilleures politiques rédactionnelles, à une gestion du tirage plus saine, au marketing de créneaux, à la technologie et aux modes de livraison électroniques.

De meilleures politiques rédactionnelles

Les magazines qui touchent les champs d'intérêt et les habitudes des consommateurs et des gens d'affaires, et tenant compte des changements démographiques et des styles de vie, sont les mieux placés pour attirer lecteurs et annonceurs.

La gestion du tirage

Les exemplaires destinés à la vente représentent la deuxième source de revenu de la plupart des publications. Le rédacteur en chef analyse les dépenses requises pour conserver le lectorat de son magazine et attirer de nouveaux abonnés.

Le marketing de créneaux

Un nombre croissant d'annonceurs joignent des groupes spécialisés par l'entremise de magazines. Plus le marché est segmenté, plus le gestionnaire fait appel au marketing de créneaux et au marketing régional. Il recourt aussi davantage aux magazines en raison de leur degré élevé de ciblage, évitant ainsi tout tirage ou toute couverture inutile.

Les progrès technologiques

Grâce à deux innovations technologiques, la **reliure sélective** et l'**imagerie au jet d'encre**, l'annonceur est désormais en mesure de communiquer des messages personnalisés à des publics cibles très précis. Grâce au procédé de reliure sélective, il est possible de publier dans un même numéro des messages éditoriaux ou publicitaires destinés à des membres précis du lectorat. L'imagerie au jet d'encre, pour sa part, s'avère utile à quiconque veut personnaliser un message publicitaire. De l'avis de nombreux éditeurs, la reliure sélective et l'imagerie au jet d'encre permettent de cibler les messages avec plus de justesse et de concurrencer davantage la publicité directe et les véhicules de marketing direct.

Les éditeurs développent aussi d'autres technologies qui offrent de nouvelles possibilités sur le plan de la création publicitaire. L'annonceur fait appel à une variété de techniques d'impression afin de capter l'attention des lecteurs, dont le son, les odeurs, les images animées et les structures en trois dimensions. L'impression d'anaglyphes (matériaux tridimensionnels que l'on regarde à l'aide de lunettes de couleur), l'impression lenticulaire de cartes finement ondulées qui se mettent en mouvement lorsqu'elles sont manipulées et les encres qui changent de couleur au contact d'une pression ou de la chaleur seront bientôt possibles. Ces nouvelles techniques d'impression permettront à l'annonceur de se démarquer de la concurrence, mais elles seront très coûteuses. En outre, plusieurs annonceurs et agences craignent que ces nouveaux procédés n'éclipsent les autres ; c'est pourquoi ils exerceront sans doute des pressions sur les éditeurs pour en limiter l'usage. Quelques créatifs sont aussi préoccupés par ces techniques de pointe, craignant qu'elles ne supplantent les idées et l'inventivité caractérisant leur spécialité[12].

Reliure sélective
Procédé informatique permettant la création de centaines d'exemplaires d'un magazine en une séquence continue.

Imagerie au jet d'encre
Technique d'impression sans plaques projetant des gouttelettes d'encre sur le papier selon le message à reproduire.

Les modes de livraison électroniques

La plupart des magazines suivent le rythme de la révolution numérique et offrent une édition électronique de leurs publications. Les annonceurs ont ainsi la possibilité de commanditer la version électronique de leurs magazines, d'y afficher des bandeaux annonces et d'y diffuser des promotions.

Nul ne peut cependant encore confirmer si les consommateurs préfèrent lire les magazines à l'écran. Plus les périodiques se font nombreux dans le cyberespace, plus on doit trouver d'autres moyens de mesurer le lectorat et d'évaluer le degré d'exposition et d'interaction des consommateurs par rapport à la publicité interactive. Nous parlerons de la publicité en ligne au chapitre 16.

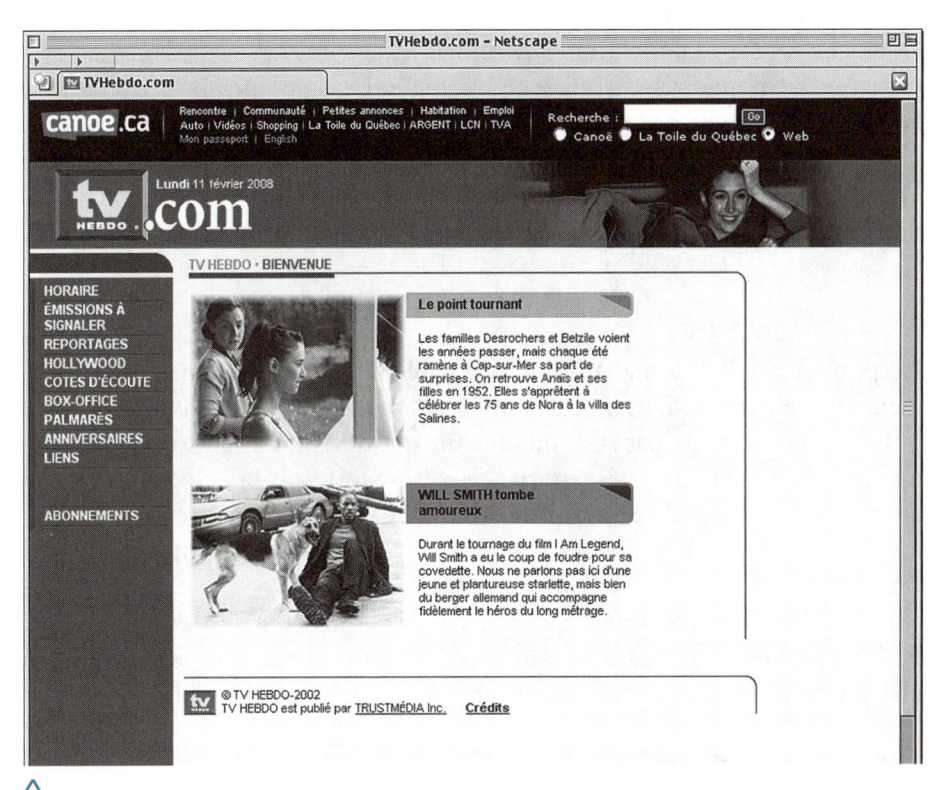

Divers magazines tels que *TV Hebdo* sont désormais accessibles en ligne.

L'évaluation des journaux

Les journaux constituent le deuxième média publicitaire le plus important sur le plan de la valeur en dollars. En 2006, plus de 1,8 milliard de dollars (excluant les annonces classées) ont été investis en publicité dans les quotidiens seulement, soit 14 % de l'ensemble des dépenses publicitaires au Canada. Les journaux sont des médias publicitaires inestimables pour les annonceurs locaux, en particulier les détaillants. Une bonne part du budget publicitaire des détaillants locaux provient en fait des annonceurs nationaux par le biais de programmes de publicité conjoints, dont nous parlerons au chapitre 13. Les journaux se distinguent des autres médias en raison de leurs caractéristiques et de leur rôle à titre de média publicitaire.

Les types de journaux

Traditionnellement, le rôle des journaux consistait à assurer une couverture détaillée des événements et à communiquer de l'information susceptible d'intéresser le lecteur. La majorité d'entre eux sont des quotidiens qui desservent une collectivité. Qu'il s'agisse d'un hebdomadaire, d'un journal publié à l'échelle nationale ou d'un journal destiné à un lectorat spécialisé, chacun présente des caractéristiques attrayantes aux yeux des annonceurs.

Les quotidiens

Les quotidiens, comme leur nom l'indique, paraissent chaque jour. Ils sont publiés dans les villes et les grandes municipalités partout au pays. De nombreuses régions comptent sur plusieurs quotidiens. Près de 60 % de la population adulte lit un quotidien chaque jour de la semaine. Ces journaux publient des comptes rendus détaillés sur les actualités, les événements et les enjeux chers à la population environnante, le commerce et les finances, les sports et le monde du divertissement. Les quotidiens paraissent le matin, le soir ou le dimanche. En 2006, on comptait 100 quotidiens au Canada; de ce nombre, 11 étaient de langue française, et 89, de langue anglaise[13]. Le Québec compte neuf quotidiens de langue française: *Le Journal de Montréal, La Presse, Le Devoir, Le Journal de Québec, Le Soleil, Le Nouvelliste, La Tribune, Le Quotidien* et *La Voix de l'Est*.

Les hebdomadaires

La plupart des hebdomadaires sont publiés une fois par semaine. Ils proviennent de petites villes ou de banlieues dont le volume de nouvelles et de publicité ne suffirait pas à alimenter un quotidien. Ces journaux traitent surtout de l'actualité, des sports et des manifestations locaux et font abstraction de l'actualité, des sports, des finances et du commerce nationaux et internationaux. Les hebdomadaires attirent principalement les annonceurs de la région pour des raisons tenant de la géographie et de leur coût absolu inférieur à celui des grands journaux. La majorité des annonceurs nationaux évitent de faire appel aux hebdomadaires, car leur diffusion chevauche celle des quotidiens des grandes régions métropolitaines.

Les journaux nationaux

Au Canada, parmi les journaux nationaux, on trouve *The National Post* et *The Globe and Mail*. Leur contenu éditorial s'adresse à tous les lecteurs du pays. En semaine, le tirage du *National Post* est d'environ 250 000 exemplaires; l'édition dominicale a un tirage de 228 000 exemplaires. De son côté, *The Globe and Mail* a un tirage de 320 000 exemplaires en semaine et de 410 000 exemplaires le samedi. Ces journaux attirent surtout les grands annonceurs nationaux et les annonceurs régionaux désireux de publier dans des éditions régionales.

Les journaux spécialisés

Le contenu rédactionnel de plusieurs journaux s'adresse à des lectorats particuliers, dont certains syndicats, associations professionnelles, secteurs d'activité et personnes s'adonnant à une activité en dilettante. Ainsi, de nombreux lecteurs de la revue *Marketing Magazine* sont liés de près ou de loin aux secteurs de la publicité et du marketing. Des journaux spécialisés sont aussi publiés dans les régions à forte concentration ethnique et dont les membres sont assez nombreux pour lire un journal dans leur langue. Les journaux ciblant divers groupes religieux entrent dans la catégorie des journaux spécialisés, tout comme le journal de votre université.

Les suppléments

Bien qu'il ne s'agisse pas d'un journal à proprement parler, certains journaux offrent un supplément, qui s'apparente à un magazine. Quatre fois par année, par exemple, le journal *Les Affaires* publie un magazine sur papier glacé intitulé *Les Affaires hors série*.

Les types de publicités dans les journaux

On divise les annonces publiées dans les journaux en deux grandes catégories : l'annonce générale et la petite annonce.

La publicité générale

La **publicité générale** représente près de 70 % des revenus publicitaires du journal moyen. Cette forme de publicité se subdivise selon qu'elle est de nature locale ou nationale.

La *publicité locale* regroupe les annonces des organismes, des entreprises et des particuliers d'une localité désirant communiquer avec les consommateurs de la région desservie par le journal. Les supermarchés et les grands magasins comptent parmi les principaux annonceurs locaux, tout comme les autres détaillants et fournisseurs de services tels que les agences de voyages et les banques. On considère parfois la publicité locale comme de la publicité de détaillants, car ces derniers comptent pour 85 % des annonceurs locaux.

La *publicité nationale* renvoie à la publicité que fait paraître le gestionnaire chargé de la commercialisation des produits et des services vendus à l'échelle nationale ou régionale. Le rôle de cette forme de publicité consiste à créer ou à maintenir la demande pour des produits ou des services, et à encourager les détaillants locaux qui en assurent la promotion. Les grandes chaînes de commerce au détail, les constructeurs d'automobiles et les transporteurs aériens font publier un très grand nombre de publicités dans les journaux.

Les petites annonces

Classées selon le type de produit, de service ou d'offre, les **petites annonces** constituent une importante source de revenus. Les sections « Offres d'emploi », « Immobilier » et « Automobiles » coiffent les principales catégories des petites annonces. La plupart comprennent du texte en petits caractères, alors que d'autres paraissent sous forme de publicités générales. Ces annonces comportent des illustrations, des caractères plus gros, du blanc, des cadres et des couleurs dans certains cas.

Les annonces particulières et les encarts

Parmi les annonces particulières paraissant dans les journaux, on trouve les appels d'offres, les avis publiés par les paliers de gouvernement et les entreprises, et les avis publics concernant certains changements d'adresse.

> **Publicité générale**
> Publicité paraissant dans les journaux et les magazines, qui fait appel à des illustrations, à des photos, à des gros titres et à d'autres éléments visuels, en plus du texte.

> **Petite annonce**
> Publicité publiée dans les journaux et les magazines ne présentant en général que du texte et que l'on classe selon le type de produit, de service ou d'offre.

Encart préimprimé
Document déjà imprimé par l'annonceur pour être inséré dans un journal.

La publicité dans les journaux est aussi de nature politique et vise à promouvoir, par exemple, la candidature d'une personne, d'un enjeu ou d'une cause humanitaire. L'**encart préimprimé** constitue une autre forme de publicité distribuée dans les journaux.

À l'aide d'encarts tels que les circulaires, les catalogues et les dépliants, de nombreux détaillants joindront les consommateurs d'un secteur commercial précis.

Les forces des journaux

Les annonceurs locaux et nationaux tablent sur les journaux, notamment en raison de leur degré de pénétration des marchés locaux, de leur souplesse, de leur sélectivité géographique, de l'engagement de leur lectorat et de certains de leurs services.

Un taux de pénétration élevé

Les journaux offrent un taux élevé de pénétration. Dans la plupart des régions, 60 % des ménages, voire plus, lisent un quotidien. En ce qui concerne les ménages plus instruits disposant d'un revenu supérieur, cette proportion peut atteindre et même excéder 70 %. La plupart des régions sont desservies par un ou deux quotidiens.

Grâce à leur taux élevé de pénétration, les journaux joignent tous les segments de la population. De plus, plusieurs journaux étant publiés et lus chaque jour, l'annonceur peut compter sur une fréquence élevée et un impact rapide.

La souplesse

Les journaux offrent aussi une grande souplesse en ce qui concerne les exigences relatives à la production et à la parution des annonces. L'annonce peut être rédigée, mise en page et préparée en seulement quelques heures. L'heure de tombée de la plupart des quotidiens doit précéder la date de parution de 48 heures ; la date de tombée de certaines annonces en couleurs et de certains suppléments, par exemple, peut être plus éloignée. Les courts délais de production et les dates de tombée rapprochées font des journaux un média capable de réagir rapidement à l'actualité ou de présenter de l'information en temps opportun. Loto-Québec, par exemple, profite de la souplesse des journaux pour publier les résultats de ses tirages.

Les journaux offrent aussi une grande souplesse sur le plan de la création. Les annonces peuvent, en effet, être présentées sous forme d'encarts, sous plusieurs formes et formats et faire appel à la couleur. Enfin, l'annonceur peut établir le calendrier d'insertions selon ses besoins.

Loto-Québec modifie ses messages en fonction du montant de ses tirages.

La sélectivité géographique

En général, le ciblage géographique ou territorial des journaux se révèle supérieur à celui de tout autre média, à l'exception de la publicité directe. La couverture repose sur un journal ou une combinaison de journaux qui joindront les régions au potentiel de vente le plus élevé. Les annonceurs nationaux exploitent la sélectivité géographique des journaux en concentrant leurs publicités dans les régions qu'ils ne peuvent atteindre autrement ou en profitant du potentiel de vente d'une région particulière. Les publicités des fabricants de voitures haut de gamme, par exemple, paraissent dans les journaux de la région de Montréal et de sa périphérie.

Plusieurs entreprises intégreront les journaux à leurs stratégies de marketing régionales pour annoncer leurs produits en fonction de marchés précis, adapter leurs campagnes aux marchés locaux, s'arrimer davantage aux promotions des détaillants et ainsi accroître le soutien de ces derniers.

Les annonceurs locaux sont, au même titre que les détaillants, intéressés à la sélectivité géographique. C'est pourquoi leurs publicités paraissent dans les régions où vivent la plupart de leurs clients.

Le degré d'implication et la réceptivité des lecteurs

Les journaux et les annonces sont aussi caractérisés par le degré d'implication et la réceptivité des lecteurs.

Le lecteur de journaux type consacre beaucoup de temps à la lecture chaque jour. La plupart des gens lisent les journaux pour s'informer, se divertir et devenir de meilleurs consommateurs. Nombre de consommateurs se procurent un journal en fonction des annonces qu'il contient. Les publicités faites par les détaillants leur permettront de déterminer les prix et la disponibilité des produits, et d'être à l'affût des articles en solde.

Plusieurs études démontrent l'utilité de la publicité dans les journaux à titre de source d'information. L'une d'elles révèle que les consommateurs se réjouissent de trouver des annonces dans les journaux plus que dans tout autre média. Selon une autre étude, 80 % des répondants considèrent comme utile la publicité dans les journaux lors de leurs achats hebdomadaires. Enfin, de nombreuses études confirment aussi la crédibilité de cette forme de publicité.

Les services proposés

Les services spécialisés des journaux se révèlent souvent utiles aux annonceurs. Un grand nombre d'entre eux, par exemple, offrent des services promotionnels aux fabricants pour faire savoir aux membres de la profession les efforts publicitaires qu'ils ont fournis pour la promotion de leurs produits et ainsi convaincre les détaillants locaux de stocker, de montrer et de promouvoir certains articles. Les journaux sont aussi profitables aux petites entreprises en ce qu'ils leur fournissent gratuitement des services de rédaction et de graphisme. L'entreprise ne disposant d'aucun service de publicité ou ne faisant pas appel à une agence de publicité compte souvent sur la rédaction d'un journal pour rédiger et produire ses annonces.

Les faiblesses des journaux

Les journaux ont beau présenter plusieurs atouts, à l'exemple de tous les médias, ils montrent néanmoins certaines faiblesses que doit analyser le responsable du plan médias. Parmi ces limites, notons les problèmes liés aux techniques de reproduction, une durée de vie plutôt courte, le manque de sélectivité des journaux et l'encombrement publicitaire.

Une piètre reproduction

Les journaux offrent une qualité de reproduction inférieure à celle des magazines. Le papier grossier et le peu de couleurs disponibles ont pour effet de limiter la qualité de la plupart des annonces publiées dans ce média. La qualité de reproduction a cependant été rehaussée ces dernières années, et la palette de couleurs s'avère plus variée qu'auparavant. L'annonceur désireux d'obtenir une annonce de qualité supérieure se tourne vers l'encart volant ou le supplément, deux solutions plus coûteuses qu'écartent d'emblée nombre d'annonceurs. En règle générale, l'annonceur évite les journaux lorsque l'apparence de son produit importe, et table plutôt sur un magazine. C'est pourquoi les publicités des produits alimentaires et des collections de vêtements y seront légion.

Une courte durée de vie

Au contraire du magazine, qui peut être plusieurs semaines dans la maison, le quotidien s'y trouve d'ordinaire moins d'une journée. Ainsi, une annonce a peu de chances d'avoir un impact au-delà du jour de sa parution, et une exposition répétée se révèle plutôt improbable. De nombreux consommateurs consacrent peu de temps à la lecture d'un journal.

En outre, il y a gros à parier qu'ils ne s'intéressent pas à certaines de ses sections. Le responsable du plan médias évitera ces problèmes en augmentant la fréquence de parution et en insérant l'annonce dans une section qui intéresse le consommateur.

Un manque de sélectivité

Les journaux offrent peu de sélectivité du côté démographique et des styles de vie. La plupart joignent, en effet, des groupes de consommateurs aussi nombreux que divers, ce qui complique la tâche du gestionnaire du marketing désireux de cibler des segments de marché très étroits. Les fabricants de cannes à pêche et d'hameçons, par exemple, évitent d'annoncer leurs produits dans les journaux qui joindront un grand nombre de personnes qui ne pêchent pas, et privilégient plutôt des magazines spécialisés tels que *Sentier chasse-pêche* et *Aventure chasse & pêche*.

L'encombrement publicitaire

Les journaux, à l'image des autres médias, n'échappent pas à l'encombrement publicitaire. Une grande partie des quotidiens publiés au Canada est consacrée à la publicité. Tout message en concurrence donc de nombreux autres. Sur le plan de la création, les journaux offrent peu de possibilités, du fait que la plupart des annonces sont en noir et blanc. Il est donc difficile de se démarquer du lot sans recourir à un grand format ou à la couleur, tous deux très coûteux. Quelques annonceurs font appel à un *îlot publicitaire*, qui consiste à encadrer une annonce de texte. Des îlots publicitaires se trouvent parmi les indices boursiers de la section financière de nombreux journaux. L'exemple ci-contre montre l'îlot publicitaire d'une firme spécialisée dans les services de comptabilité aux entreprises.

L'îlot publicitaire est un bon moyen de se démarquer du lot d'annonces paraissant dans les journaux.

L'achat d'espace publicitaire dans un journal

L'annonceur doit déterminer les forces et les faiblesses des journaux avant d'y recourir. Il doit aussi bien cerner le lectorat des journaux retenus et juger de la possibilité d'un arrimage entre les quotidiens et le public cible figurant dans le plan de communications marketing. Dans la présente section, nous aborderons quelques enjeux propres au tirage et au lectorat, à la mesure du nombre de lecteurs et aux tarifs publicitaires dans les journaux.

Le tirage et le lectorat des journaux

Comme il le fait avec tout autre média, le responsable du plan médias détermine la nature, la taille et la valeur du lectorat du journal. Le quotidien type permet à l'annonceur de joindre la plupart des ménages présents sur un marché. L'annonceur local désire couvrir un marché précis. De son côté, l'annonceur national tente de joindre de grandes régions, voire l'ensemble du pays, en faisant insérer des publicités dans plusieurs journaux.

Le tirage

Les données sur les tirages figurent dans le répertoire CARD, dont nous avons parlé précédemment. Divers organismes vérifient les données sur les tirages des journaux et des hebdomadaires. Comme nous l'avons vu dans la section portant sur les magazines, l'ABC et le CCAB vérifient les données sur les tirages de nombreux journaux. De leur côté, la Canadian Community Newspapers Association (CCNA) et l'Office de la distribution certifiée (ODC) vérifient respectivement le tirage des hebdomadaires canadiens de langue anglaise et de langue française.

La CCNA regroupe sept associations régionales de journaux: l'Atlantic Community Newspaper Association (ACNA), l'Association des journaux régionaux du Québec (AJRQ), l'Association des journaux communautaires de l'Ontario (OCNA), la Manitoba Community Newspapers Association (MCNA), la Saskatchewan Weekly Newspapers Association (SWNA), l'Alberta Weekly Newspapers Association (AWNA) et la British Columbia & Yukon Community Newspapers Association (BCYCNA). L'adhésion d'un journal à une association régionale lui permet d'être inscrit d'office à l'association canadienne. La CCNA représente plus de 700 journaux régionaux de langue anglaise dont le tirage hebdomadaire dépasse 7,7 millions d'exemplaires.

La CCNA a mis sur pied, pour l'ensemble de ses membres, un programme autogéré de vérification du tirage des journaux communautaires. Le programme comprend un manuel d'instructions et des formulaires. Le journal membre recueille des données sur son propre tirage selon les règles du manuel, qu'il achemine par la suite à la CCNA. Une fois par année, la firme de comptables agréés de l'organisme ou une firme de l'extérieur vérifie les données recueillies.

En général, on divise les données sur le tirage d'un journal selon la **région urbaine**, le **secteur commercial** et l'ensemble des autres régions. La région urbaine comprend la ville où le journal est publié et les régions contiguës similaires à celle-ci. Le secteur commercial fait référence au marché extérieur à la région urbaine dont les résidants commercent régulièrement avec les marchands de la ville. La troisième catégorie regroupe les journaux vendus à l'extérieur de ces deux zones.

Région urbaine
Région comprenant la ville où le journal est publié et les régions contiguës similaires à celle-ci.

Secteur commercial
Marché extérieur à la région urbaine dont les résidants commercent régulièrement avec les marchands de la ville.

Parfois, les données sur le tirage concernent uniquement le marché primaire, qui se compose de la région urbaine et du secteur commercial, et l'ensemble des autres régions. Les annonceurs locaux et nationaux évaluent les journaux à l'aide de ces données.

La mission de la CCNA consiste notamment à consolider les assises des hebdomadaires, à jouer un rôle prépondérant dans la coordination du placement des annonces à travers le réseau, à fournir un système de facturation unique, un système d'information géographique (SIG) et des encarts préimprimés, et à assurer la transmission numérique des annonces. Depuis 2002, la CCNA réalise des enquêtes visant à mesurer le lectorat des journaux communautaires.

Le lectorat

Le responsable du plan médias tient compte des données sur le tirage pour évaluer les journaux susceptibles d'atteindre différents marchés et désire faire correspondre les caractéristiques du lectorat d'un journal avec celles de l'audience que vise l'annonceur. Le responsable du plan médias obtient de l'information sur le nombre de lecteurs d'un journal et leurs caractéristiques auprès du Newspaper Audience Measurement (NADbank). Des données sur le lectorat des hebdomadaires sont disponibles auprès de ComBase et du Bureau de commercialisation des hebdos du Québec.

NADbank

NADbank regroupe des représentants des journaux, des agences de publicité et des annonceurs. La mission de l'organisme consiste à publier des renseignements sur les lecteurs des quotidiens publiés au Canada. Son principal objectif est de fournir de l'information fiable, facilitant l'achat et la vente d'espace publicitaire dans les journaux.

NADbank dirige des entrevues téléphoniques de 15 minutes. Les questions portent sur plusieurs sujets, dont la lecture des journaux locaux et autres, le temps consacré à la lecture, la fréquence des séances de lecture, le mode de livraison du journal, la lecture des magazines, le lectorat des journaux électroniques, l'écoute de la radio et de la télévision, les données démographiques et la confiance de l'audience envers les médias. L'organisme recueille les données sur l'utilisation des produits à l'aide d'un questionnaire qu'il fait parvenir aux répondants après l'entrevue téléphonique. Les questions portent sur 28 catégories de produits et 19 catégories de commerces au détail.

L'étude NADbank 2006 s'étend à 55 marchés urbains du Canada et à 81 journaux[14]. Par exemple, en 2006, 19 marchés ont fait l'objet du sondage sur l'utilisation des produits et du sondage sur les médias, alors que 15 autres ont uniquement fait l'objet du second. Les autres marchés, ceux-là plus petits, se prêtent au sondage sur les médias tous les trois ans. En vue de minimiser l'effet saisonnier, l'organisme recueille les données pendant 17 semaines, entre janvier et juin, et pendant 16 semaines, entre septembre et décembre.

Selon le sondage portant sur le nombre de lecteurs, les adultes lisent un journal en moyenne 47 minutes chaque jour de la semaine et pendant plus de 88 minutes le week-end.

La portée du journal demeure très étendue malgré l'éventail de médias et le fait que la lecture exige plus de temps que les autres médias. Dans l'ensemble des marchés, par exemple, 51% des adultes de plus de 18 ans ont lu un journal la veille et 53%, le week-end dernier; et 77% des adultes ont lu un quotidien au cours des 7 derniers jours. Au Québec, 12% des lecteurs consultent la version électronique du quotidien. Les trois figures suivantes présentent des renseignements sur les lecteurs de journaux québécois et canadiens.

On consulte les données de NADbank à l'aide d'un logiciel spécialisé offert chez deux fournisseurs autorisés – IMS et Harris/Telmar. On peut aussi ajouter des questions à un sondage lorsque l'annonceur ou le gestionnaire du marketing désire établir une relation entre les données propres à une marque et les données sur les médias et l'utilisation d'un produit.

FIGURE 11.1 La portée totale hebdomadaire des quotidiens, versions imprimées et versions en ligne, province de Québec

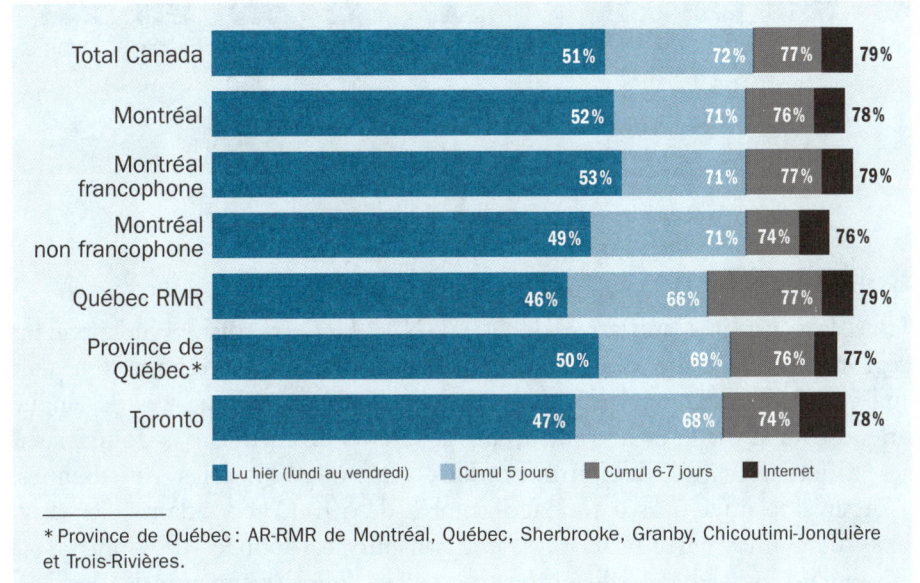

Marché	Lu hier (lundi au vendredi)	Cumul 5 jours	Cumul 6-7 jours	Internet
Total Canada	51%	72%	77%	79%
Montréal	52%	71%	76%	78%
Montréal francophone	53%	71%	77%	79%
Montréal non francophone	49%	71%	74%	76%
Québec RMR	46%	66%	77%	79%
Province de Québec*	50%	69%	76%	77%
Toronto	47%	68%	74%	78%

* Province de Québec : AR-RMR de Montréal, Québec, Sherbrooke, Granby, Chicoutimi-Jonquière et Trois-Rivières.

Source : NADbank 2006, dans *Guide annuel médias 2008*, Montréal, Éditions Infopresse, 2008, p. 125.

FIGURE 11.2 La lecture des quotidiens selon l'âge, ensemble du Canada

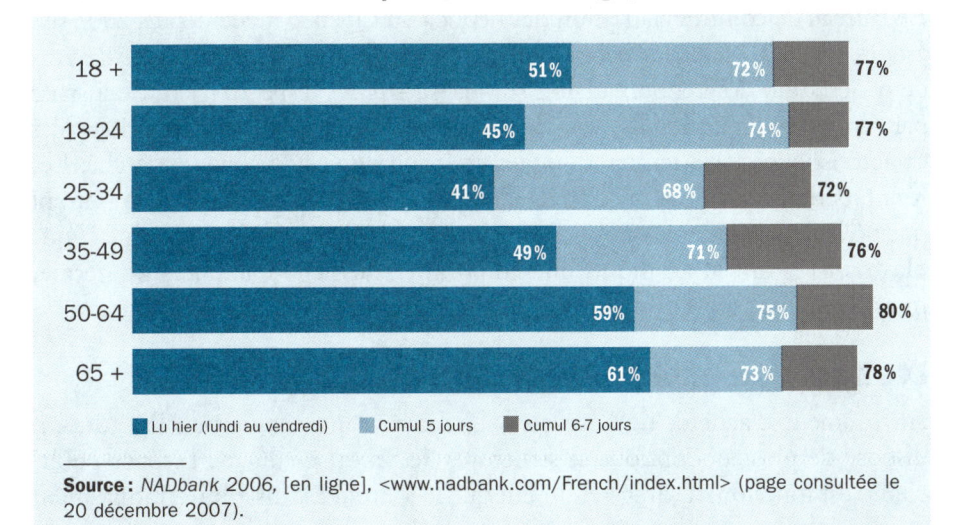

Âge	Lu hier (lundi au vendredi)	Cumul 5 jours	Cumul 6-7 jours
18 +	51%	72%	77%
18-24	45%	74%	77%
25-34	41%	68%	72%
35-49	49%	71%	76%
50-64	59%	75%	80%
65 +	61%	73%	78%

Source : *NADbank 2006*, [en ligne], <www.nadbank.com/French/index.html> (page consultée le 20 décembre 2007).

Les médias imprimés **CHAPITRE 11**

FIGURE 11.3 Le lectorat des quotidiens gratuits (portée)

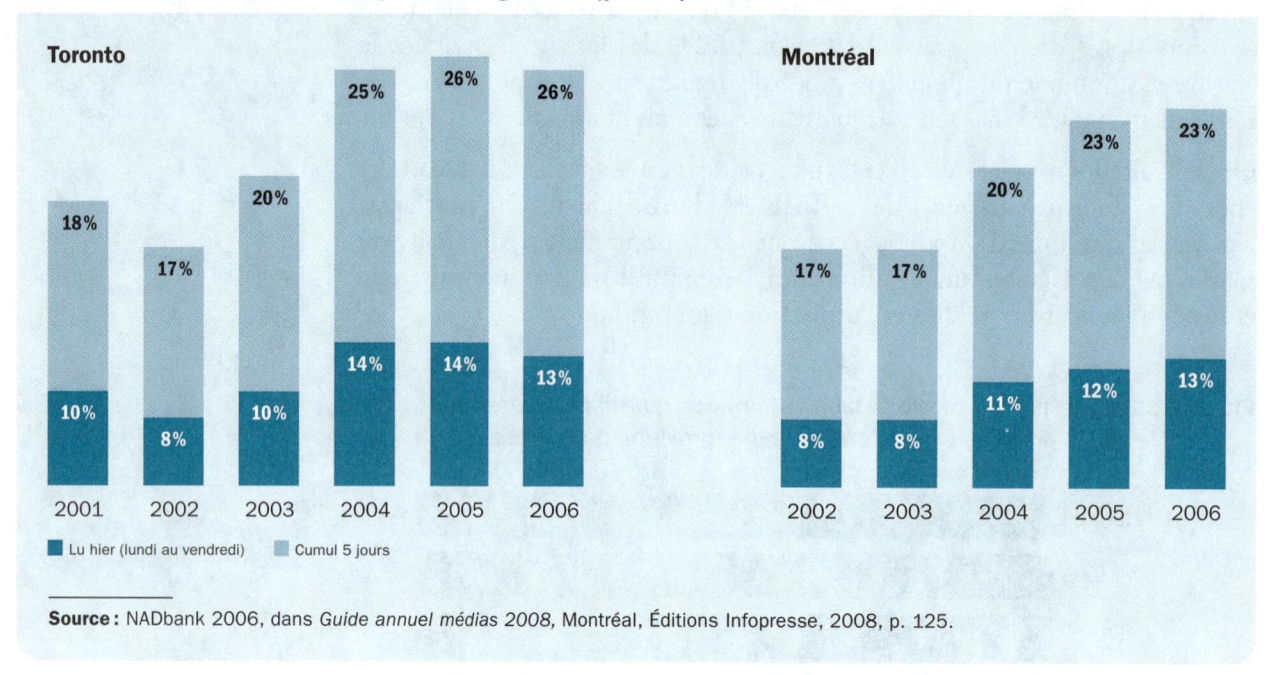

Toronto

Année	Lu hier (lundi au vendredi)	Cumul 5 jours
2001	10%	18%
2002	8%	17%
2003	10%	20%
2004	14%	25%
2005	14%	26%
2006	13%	26%

Montréal

Année	Lu hier (lundi au vendredi)	Cumul 5 jours
2002	8%	17%
2003	8%	17%
2004	11%	20%
2005	12%	23%
2006	13%	23%

Source : NADbank 2006, dans *Guide annuel médias 2008*, Montréal, Éditions Infopresse, 2008, p. 125.

ComBase

ComBase est une initiative de la CCNA. Cet organisme indépendant regroupe des éditeurs, des annonceurs et des agences de publicité. Il a pour mission de déterminer le lectorat des journaux communautaires de langue anglaise au Canada et de fournir aux acheteurs de médias des données sur les différents types de journaux dans plus de 400 villes canadiennes. L'organisme effectue ses sondages auprès de 50 000 répondants, sur deux ans, disséminés partout au pays. On consulte les données de ComBase à l'aide d'un logiciel spécialisé offert chez deux fournisseurs autorisés – IMS et Harris/Telmar.

Une étude du lectorat de la presse hebdomadaire québécoise

Le Bureau de commercialisation des hebdos du Québec mène depuis 2003 des études sur le lectorat des hebdomadaires pour déterminer notamment le taux de pénétration des hebdomadaires sur leurs marchés respectifs, leur exclusivité par rapport aux quotidiens, le taux de lecture des quotidiens et les principales caractéristiques sociodémographiques et économiques de chaque marché. Les résultats de l'étude, réalisée en 2007 auprès de 30 200 répondants, montrent que 66% des Québécois ont lu un hebdo au cours de la dernière semaine et que plus de 81% ont lu au moins une édition de leur hebdo au cours du dernier mois. De plus, ceux-ci consacrent 23 minutes à la lecture de leur hebdo.

Les tarifs de publicité des journaux

Au moment d'acheter de l'espace publicitaire dans un journal, l'annonceur dispose de plusieurs options et structures de prix. Le coût de l'espace publicitaire est fonction du tirage et du fait que le journal est distribué gratuitement ou vendu. Il tient aussi à des facteurs tels que les frais supplémentaires découlant de l'emploi de la couleur et des remises consenties pour différentes raisons. Les tarifs nationaux, qui comprennent la commission versée à l'agence, peuvent excéder de 15 % ceux en vigueur à l'échelle locale.

La vente d'espace à l'intérieur d'un journal est fonction du nombre de **lignes agates** et de la **largeur de la colonne**. L'inconvénient de cette mesure, c'est que la largeur de la colonne diffère selon le journal. Ainsi, elle varie entre 6 et 10 colonnes par page et se répercute sur le format, la forme et le coût d'une annonce, ce qui complique la tâche de l'annonceur national qui réserve de l'espace publicitaire dans plusieurs journaux.

Pour calculer le coût de sa publicité, l'annonceur doit connaître le nombre de lignes et de colonnes dans une page de journal. Le calcul ci-après, par exemple, permet de déterminer le coût quotidien d'une annonce pleine page paraissant dans *Le Journal de Montréal*. La page compte 176 lignes sur 8 colonnes, et le coût sans contrat d'une ligne est de 10,57 $.

8 colonnes × 176 lignes × 10,57 $/ligne par colonne = 14 883 $

Les tarifs que facturent les journaux aux annonceurs locaux sont calculés en fonction du nombre de lignes agates, soit une surface d'une colonne de large sur le nombre de lignes agates. Le responsable du plan médias calcule les coûts globaux de l'espace réservé en multipliant le nombre de lignes d'une annonce par le coût à la ligne.

La plupart des journaux offrent des **tarifs de base**, de sorte que divers rabais sont souvent consentis. En général, les rabais dépendent de la fréquence de parution, du nombre d'achats en bloc et du nombre de lignes agates que l'annonceur réserve au cours d'une année.

Les tarifs publicitaires des journaux varient aussi selon les exigences de l'annonceur, qu'il s'agisse d'un emplacement privilégié ou d'une impression en couleurs. Moyennant le tarif de base, l'annonceur a généralement droit à un **emplacement aléatoire**. La plupart des journaux s'efforcent de faire paraître les annonces à l'emplacement demandé. Pour sélectionner l'emplacement ou la section de son choix, l'annonceur opte pour un **emplacement privilégié**. Enfin, plusieurs journaux proposent de reproduire une annonce en couleurs avec emplacement indéterminé ou par le biais d'un encart ou d'un supplément préimprimé.

L'avenir des journaux

La grande force des journaux tient à ce qu'ils permettent aux détaillants locaux d'annoncer leurs produits et leurs services sur une base continue. Il semble peu probable que cette réalité change dans un proche avenir. Les journaux devront toutefois aborder un certain nombre de problèmes et enjeux pour conserver leur position dominante parmi les médias publicitaires locaux et se tailler une plus grande place à l'échelle nationale. Ils devront notamment s'attaquer aux autres médias publicitaires et freiner la diminution du nombre de lecteurs.

La bataille des journaux en vue d'augmenter leur part de publicité nationale n'a pas été de tout repos. En plus des problèmes découlant de la piètre qualité de reproduction et du différentiel tarifaire, les journaux doivent affronter la concurrence des médias locaux et nationaux. L'industrie de la presse écrite se montre très préoccupée par le *désistement anticipé* des annonceurs au profit du marketing direct et du télémarketing.

Ligne agate

Unité de mesure permettant de déterminer la longueur d'un texte imprimé et comprenant 14 lignes au pouce-colonne.

Largeur de la colonne

Unité de mesure servant à calculer le tarif de publicité dans les journaux.

Tarif de base

Tarif à partir duquel se calculent les rabais ; les rabais dépendront de la fréquence de parution, du nombre d'achats en bloc et du nombre de lignes agates qu'un annonceur réservera au cours d'une année.

Emplacement aléatoire

Dans un magazine ou un journal, position d'une annonce disposée au gré de l'éditeur.

Emplacement privilégié

Dans un magazine ou un journal, emplacement sélectionné par l'annonceur.

PERSPECTIVE 11.1

Pourquoi *Le Devoir* n'ira pas voir The Police

« *"You don't have to put on the red light / Those days are over"*, chantait Sting dans *Roxanne*. C'était il y a plus de 20 ans. Mais pour être désormais bien en phase avec l'univers des marchands de produits qui contrôlent de plus en plus le monde de la musique, il faudrait semble-t-il que les médias acceptent eux-mêmes de se transformer en maisons de passes, d'allumer la lumière rouge et de signifier ainsi, comme dans les bordels de jadis, que tout est à prendre, puisque tout est forcément à vendre.

« *Le Devoir* n'assistera pas ce soir au spectacle que donne à Montréal la formation The Police. On nous en a tout simplement refusé l'accès. Motif ? "Il n'y a pas assez de billets pour tous les médias", nous a affirmé Groupe Spectacles Gillett vendredi dernier. Précision importante à noter au passage : il y a eu des billets pour tous les quotidiens de Montréal, sauf pour le seul qui soit indépendant…

« Imaginez : il n'y avait tellement pas de billets que même le photographe du *Devoir*, qui n'en a pourtant pas besoin pour faire son travail debout l'espace de trois chansons, s'est vu refuser l'accès au spectacle… Bien sûr, qu'il soit un des photographes de presse les plus applaudis au Canada n'y change rien : c'est *Le Devoir* lui-même qui est en cause dans cette affaire. Et pourquoi donc ? "Le tirage du Devoir n'est pas assez élevé", nous a-t-on d'abord dit ! Ah oui ? La bonne vieille blague, tant de fois répétée ! Quelqu'un va-t-il finir par remarquer pour de bon que le tirage du quotidien fondé en 1910 par Henri Bourassa n'a jamais été aussi élevé depuis des décennies ? Oui, les lecteurs du *Devoir* n'ont jamais été aussi nombreux ! Faut-il le crier partout ? Entre 293 000 et 353 000 lecteurs, selon les périodes, un lectorat d'ailleurs largement plus intéressé à l'univers de la culture que la moyenne de la population, comme le montrent sans cesse divers sondages. Le motif de ce refus au *Devoir* est en vérité plus profond. Et, de fait, bien plus grave. Au téléphone, la directrice des "relations avec les médias" du Groupe Spectacles Gillett sort facilement le chat du sac. Elle ne se contente pas de s'en tenir à l'explication laconique qui veut que, "à cause du nombre très limité de billets, *Le Devoir* ne pourra couvrir l'événement". Elle révèle en plus, et sans gêne aucune, la vraie nature du rapport que l'on souhaite désormais établir avec les médias ou, pour dire plus juste, avec *Le Devoir*. Quel est-il ?

« On signale en un mot au *Devoir* que plusieurs médias annoncent volontiers la mise en vente des spectacles du groupe mais que notre journal, lui, s'entête depuis trop longtemps à ne pas vouloir confondre publicité et information. "Il est plus facile de faire des affaires avec d'autres journaux. Pourquoi est-ce que vous, vous n'annoncez pas la mise en vente des billets de nos différents spectacles ?" On nous demande au passage d'expliquer comment il se fait qu'on tient à couvrir un spectacle de Barbra Streisand, par exemple, mais qu'on ne fait rien lorsqu'il s'agit de Disney on Ice, comme si le lien de l'un à l'autre allait de soi ! "Quand c'est possible, on vous accommode. Mais là, ce ne sera pas possible." Point final. Le message est clair : cela s'appelle du chantage.

« Ce refus d'accès est d'abord et avant tout un signe des temps, de notre temps : l'univers du spectacle change au point où on finit par y confondre de plus en plus l'"industrie" avec la musique elle-même ou, si l'on préfère, l'argent avec le droit à une véritable information culturelle. Les rockeurs ont modelé l'histoire contemporaine à partir des années 1960 en nous suggérant un nouveau regard sur le monde. Ils ont créé de nouveaux modes d'expression qui nous ont permis d'envisager notre réalité autrement. Tout porte à croire que, le temps passant, cette capacité que le monde du rock avait de mobiliser notre imaginaire en faveur de la liberté a peu à peu été rattrapée par l'énorme pouvoir du monde marchand. La musique populaire est ainsi devenue une banque à pistons où, hélas, bien de ses artisans ne se comportent plus autrement que comme les pires des banquiers assoiffés de profits.

« Devant pareil spectacle parfaitement navrant, nous croyons toujours que l'indépendance éditoriale doit être défendue comme un gage de liberté plus que jamais nécessaire à une meilleure compréhension de notre époque. »

Source : Jean-François Nadeau, « Pourquoi *Le Devoir* n'ira pas voir The Police », *Le Devoir*, 25 juillet 2007, p. A8. Jean-François Nadeau est directeur des pages culturelles du *Devoir*.

La concurrence entre les médias, au centre de laquelle se trouvent les journaux, ne se limite plus à la publicité nationale. De nombreuses sociétés perçoivent désormais le réseau Internet comme un outil de marketing dans lequel elles investissent des sommes considérables, jadis réservées aux journaux. Et que dire des stations de radio et de télévision locales et des pages jaunes qui courtisent de plus en plus les annonceurs locaux? Les journaux devront redoubler d'ardeur afin de conserver ces annonceurs. Plusieurs d'entre eux, d'ailleurs, ont concentré leurs énergies sur le plan du marketing et s'efforcent d'établir des relations plus étroites avec leurs annonceurs.

La croissance du réseau Internet et des services en ligne contribuera-t-elle aussi à l'érosion du lectorat des journaux? Plus Internet sera présent dans les foyers, plus il menacera les journaux et les magazines. Selon un sondage du magazine *Advertising Age*, le consommateur disposant d'une connexion Internet à la maison consulte moins les journaux et les magazines lorsqu'il désire obtenir des renseignements sur un véhicule automobile, des services financiers, des destinations voyage ou des vêtements dernier cri. Le sondage révèle aussi que les consommateurs de tous les âges se montrent favorables à l'idée de lire des livres, des journaux et des magazines par le truchement d'Internet[15]. Les éditeurs des grands journaux réagissent à cette menace en affichant des versions électroniques de leurs publications. De fait, presque tous les grands journaux sont désormais publiés en version électronique.

RÉSUMÉ

Les magazines et les journaux, qui constituent les deux principaux types de médias imprimés, jouent un rôle important dans les plans médias et les stratégies de nombreux annonceurs. Les magazines offrent un degré de sélectivité très élevé et sont en mesure de joindre des consommateurs et des segments de marché très précis. On divise les magazines en trois grandes catégories: les magazines d'intérêt général, la presse agricole et les périodiques professionnels. On peut subdiviser chaque catégorie selon le contenu rédactionnel et l'attrait du magazine pour ses lecteurs.

Les magazines offrent une excellente qualité de reproduction et une grande souplesse sur le plan de la création. Leur durée de vie respectable, leur prestige, le degré élevé de réceptivité des lecteurs envers les publicités qui s'y trouvent et les services qu'ils offrent aux annonceurs en font un média de choix. Au nombre des limites des magazines, on note leur coût élevé, la limite de leur portée et de leur fréquence, leurs longs délais de production et l'encombrement publicitaire.

Les tarifs de publicité des magazines varient notamment selon le format, l'emplacement, l'édition, l'utilisation de la couleur, ainsi que le nombre et la fréquence des insertions. Ces tarifs sont comparés selon leur CPM, bien que d'autres facteurs entrent en jeu, notamment le contenu rédactionnel de la publication et le lectorat ciblé.

Les journaux accaparent une importante part du volume total de l'enveloppe publicitaire des annonceurs. Ils tiennent aussi une place importante auprès des annonceurs locaux, en particulier les détaillants. Les journaux joignent un fort pourcentage des ménages d'une région donnée. Ils offrent aussi une grande souplesse, une sélectivité géographique appréciable et un fort taux de participation des lecteurs, tout comme des services spéciaux. Au nombre des inconvénients des journaux, mentionnons la piètre qualité de leur reproduction, leur courte durée, leur manque de sélectivité et l'encombrement publicitaire.

Les nouvelles tendances en faveur de la segmentation du marché et du marketing régional inciteront de nombreux annonceurs à recourir davantage aux journaux et aux magazines, qui devront faire face, cependant, à la concurrence croissante d'autres médias tels que le marketing direct et Internet. Tous deux s'efforceront d'améliorer la qualité de leur lectorat.

MOTS CLÉS

- emplacement aléatoire
- emplacement privilégié
- encart à volets
- encart préimprimé
- étude PMB
- imagerie au jet d'encre
- largeur de la colonne
- lectorat
- lectorat secondaire
- ligne agate
- page à marge perdue
- petite annonce
- publicité générale
- région urbaine
- reliure sélective
- secteur commercial
- sélectivité
- tarif de base

QUESTIONS DE DISCUSSION

1. Discutez des forces et des limites des magazines à titre de médias publicitaires. Sur ce plan, en quoi les magazines se distinguent-ils de la télévision et de la radio ?

2. Qu'entend-on par le terme *sélectivité* pour ce qui est de l'achat de médias publicitaires ? Par quels moyens les magazines offrent-ils un degré de sélectivité aux annonceurs ?

3. Pourquoi des fabricants de cosmétiques ou de vêtements pour femmes choisiraient-ils de faire paraître leurs publicités dans des magazines tels que *Flare, Elle Québec* ou *Châtelaine* ?

4. Discutez de l'importance accordée au tirage au moment d'évaluer les magazines et les journaux, d'élaborer un plan médias et d'établir des tarifs de publicité.

5. Si vous deviez acheter de l'espace publicitaire pour un fabricant de planches à neige, quels facteurs considéreriez-vous ? Votre choix de magazines se limiterait-il aux surfeurs des neiges ? Justifiez votre réponse.

6. Discutez des forces et des faiblesses des journaux à titre de médias publicitaires. En quoi la décision d'intégrer des journaux à un plan médias serait-elle différente selon qu'il s'agirait d'un annonceur local ou national ?

7. Discutez des défis et des possibilités qui attendent les journaux et les magazines par rapport à la croissance du réseau Internet.

8. D'ordinaire, les publicitaires chargés d'annoncer des céréales pour le petit déjeuner privilégieraient des magazines. Certains, cependant, ont récemment fait appel aux journaux. Pourquoi envisageraient-ils cette nouvelle avenue ? Expliquez comment les médias pourraient atteindre les objectifs de communication des annonceurs.

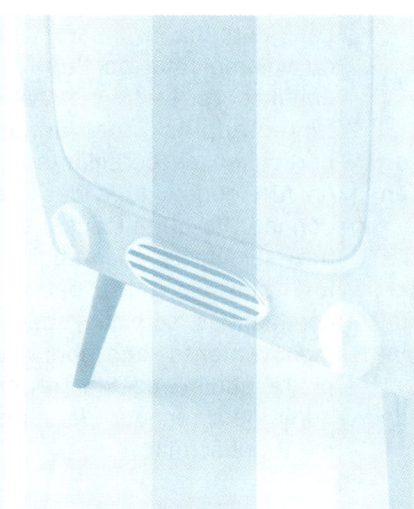

CHAPITRE 12
Les médias hors domicile et les médias d'appoint

OBJECTIFS D'APPRENTISSAGE

- Connaître les médias hors domicile et les médias d'appoint servant à l'élaboration d'un programme de CMI.

- Comprendre les forces et les faiblesses des médias hors domicile et des médias d'appoint.

- Mesurer l'audience des médias hors domicile et des médias d'appoint.

PARTIE 4

MISE EN SITUATION

De l'importance de la mesure de l'affichage

Le taux de croissance de l'industrie de l'affichage a été soutenu au cours des dernières années. Cette progression est le résultat de nombreuses innovations dans le domaine de l'affichage et d'une plus grande diversité des supports. Comme le souligne Jean-Luc Decaux, président-directeur général adjoint de JCDecaux Amérique du Nord : « Il est clair que c'est un média en ébullition, mais la mesure d'audience fait toujours défaut. Et si nous voulons augmenter de façon significative la part des investissements publicitaires en affichage, qui n'est présentement que de 3 %, c'est essentiel. » Ian Greenberg, président et chef de la direction, Astral Média, abonde dans le même sens. Selon ce dernier, l'imputabilité « est le principal défi » auquel les compagnies d'affichage font face. L'industrie semble en voie de relever ce défi.

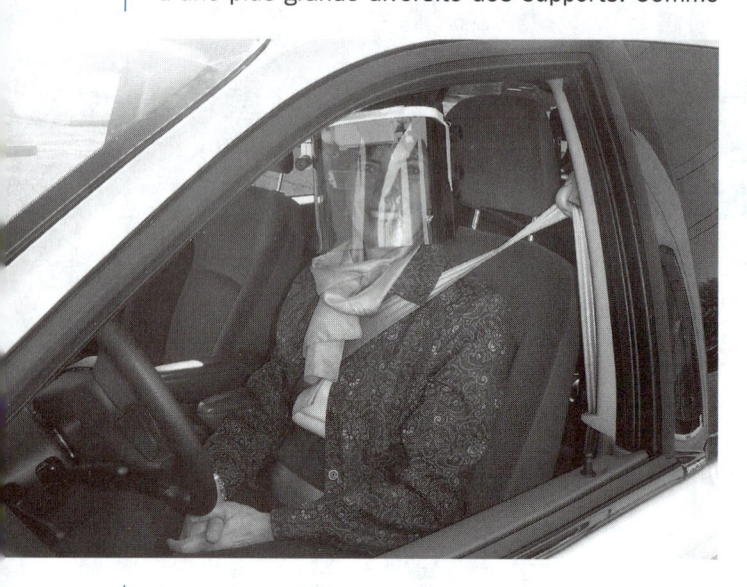

Actuellement, les gens du milieu de l'affichage déploient des efforts notoires afin de concevoir de nouveaux outils de mesure. À titre d'exemple, après plus de cinq ans d'effort, NewAd a lancé Traffik, une nouvelle technologie permettant de calculer le nombre de personnes qui circulent dans leur zone d'exposition. L'entreprise s'est d'ailleurs vu décerner le grand prix Avancement de la science média lors du concours Prix média 2006 pour cette innovation. D'autres initiatives sont prises à l'heure actuelle. Zoom et NewAd préparent un outil de placement dans Internet, permettant de mesurer la portée et la fréquence des campagnes d'affichage. Toutefois, ce qui suscite véritablement l'intérêt concerne les récents développements de la firme torontoise VisionTrack.

En septembre 2006, VisionTrack s'est inspirée d'une technologie déjà existante, l'oculométrie, afin de mettre sur pied un dispositif permettant de mesurer l'efficacité de l'affichage dans un environnement réel. Ce dispositif, qui capte les mouvements oculaires, permet d'enregistrer ce qui est vu par un individu et d'être au fait de ce qui attire plus spécifiquement son attention. Ainsi, dans le cadre d'une étude s'effectuant à bord d'un véhicule, 27 conducteurs et passagers ont circulé, munis du dispositif, dans les villes de Montréal et d'Ottawa. Ce déplacement s'effectuait selon un trajet préétabli ; différents types de secteurs (centre-ville, autoroute) étaient parcourus à des périodes de circulation variable (heures normales ou heures de pointe). Cette étude permettait donc de tester un outil de mesure capable de donner des résultats plus probants. En effet, de cette manière, il devient possible de dépasser le seuil de mesure de l'exposition d'un individu à une publicité et de connaître, avec plus de certitude, sur quelles publicités celui-ci pose plus particulièrement son regard.

L'utilisation de cet outil de mesure pourrait mener, selon Nicole Gervais, directrice de la recherche de CBS Affichage, à une meilleure compréhension de l'affichage publicitaire et de ses supports. À cet égard, il serait notamment possible de mesurer plus spécifiquement certains types de supports (colonnes, superpanneaux, abribus, etc.) et de connaître leurs influences propres.

Sources : Sophie Lachapelle, « Le 3ᵉ œil », *Infopresse,* mars 2007, p. 22-24 ; Louise-Hélène Paquette, « Ruée vers la mesure », *Infopresse,* mars 2007, p. 25 ; David Chilton, « The Great (Well, Pretty Good) Outdoors », *Marketing Magazine,* 16 mai 2005, p. 15-18 ; David Chilton, « Eyeing Outdoor », *Marketing Magazine,* 23 octobre 2006, p. 22.

Dès que nous posons le pied hors de chez nous, des messages publicitaires provenant de divers médias nous sollicitent. Les publicités nous envahissent même au cours de nos déplacements. La plupart des endroits que nous fréquentons sont ornés de publicités sous une forme ou l'autre. Lorsque nous faisons nos emplettes, nous sommes encore bombardés d'annonces. Les **médias hors domicile** se révèlent très importuns, car ils communiquent leurs messages publicitaires au fil de nos déplacements dans les rues d'une ville et lorsque nous vaquons à nos activités quotidiennes. Certains de ces médias sont apparus depuis peu; d'autres existent depuis quelque temps. Dans le présent chapitre, nous passerons en revue les médias hors domicile selon quatre grandes catégories : la publicité extérieure, la publicité dans les transports en commun, la publicité sur le lieu de vente et la publicité sur les lieux d'affluence. Nous aborderons les forces et les faiblesses de chacun, ainsi que les manières d'en déterminer les coûts et d'en mesurer l'audience.

Média hors domicile

Média allant au-delà du genre traditionnel (télévision, radio et imprimés) et pouvant nous joindre à l'extérieur de nos domiciles.

On parle souvent de médias extérieurs même si, comme nous le verrons, certains ne sont pas extérieurs.

On peut expliquer le succès des médias hors domicile par leur caractère innovateur. Tel que le montre la publicité ci-dessous, les panneaux-affiches ne se limitent plus à leurs formats standards et à deux dimensions. On emploie désormais des formes tridimensionnelles et des allonges pour attirer l'attention. D'ailleurs, qui n'a pas aperçu des panneaux d'affichage électronique dans les stades, les supermarchés, à la librairie de son campus, à la cafétéria, dans les centres commerciaux et sur le bord des autoroutes, ou encore des enseignes au néon suspendues aux grands immeubles des principales villes canadiennes ?

La publicité extérieure ne se limite plus à deux dimensions.

Des médias non traditionnels diffusent aussi des publicités. Nous terminerons ce chapitre en résumant les trois grandes catégories de **médias d'appoint**, soit la publicité par objet, les pages jaunes et le placement de produit.

Média d'appoint

Média servant à joindre les membres du public cible que les médias primaires n'ont pas pu atteindre ou à renforcer le message que ces médias véhiculent.

La publicité extérieure

Les médias extérieurs sont importuns. Quiconque s'efforcerait de comptabiliser le nombre d'expositions auquel il est soumis se rendrait vite compte qu'il est entouré de médias. Au Canada, les dépenses publicitaires hors domicile se chiffraient à 370 millions de dollars en 2006, somme qui peut sembler modeste en comparaison des dépenses publicitaires consacrées aux annonces télévisées et imprimées. La présence des médias hors domicile a plus que doublé au cours des 10 dernières années, alors que la croissance oscillait entre 54 % et 17 % pour la télévision et les journaux. La figure 12.1 montre la décomposition de cette catégorie sur le marché américain. Intéressons-nous aux médias extérieurs proposés à un annonceur.

FIGURE 12.1 La répartition des revenus publicitaires selon les principales catégories de médias hors domicile aux États-Unis

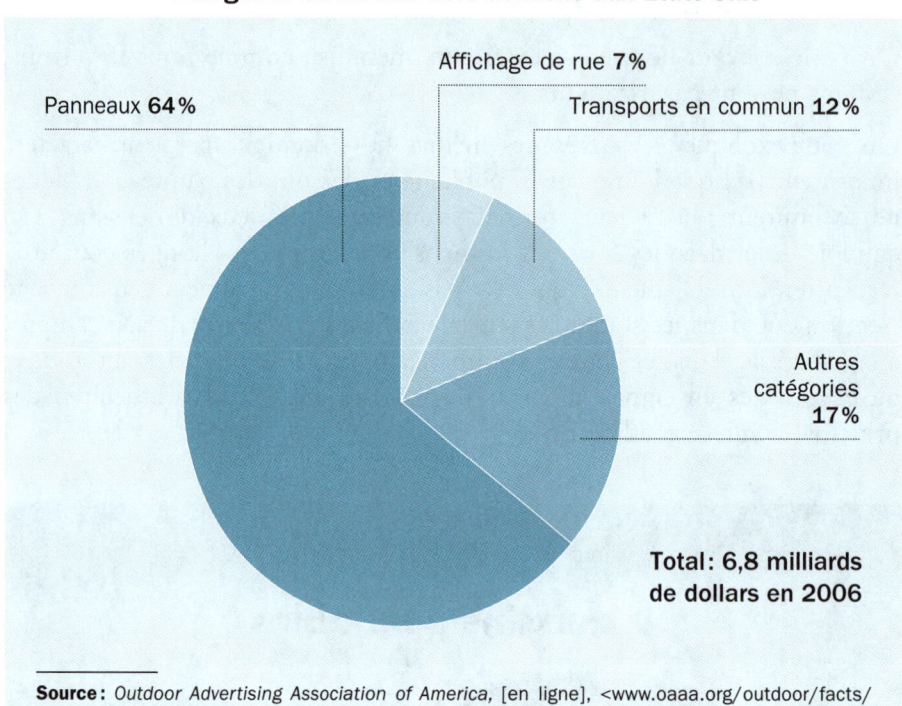

- Panneaux **64 %**
- Affichage de rue **7 %**
- Transports en commun **12 %**
- Autres catégories **17 %**

Total : 6,8 milliards de dollars en 2006

Source : Outdoor Advertising Association of America, [en ligne], <www.oaaa.org/outdoor/facts/categories.asp> (page consultée le 12 mars 2008).

Panneau-affiche
Panneau standard mesurant 10 pieds de hauteur sur 20 pieds de largeur en format horizontal et 16 pieds de hauteur sur 12 pieds de largeur en format vertical.

Panneau lumineux
Panneau à affichage illuminé par l'intérieur généralement de la même taille qu'un panneau-affiche.

Panneau géant spécial ou superpanneau
Affiche extérieure proposée en différents formats selon la société qui l'exploite et louée à la pièce en raison de sa taille et de son nombre restreint sur les principaux marchés canadiens.

Les diverses formes de publicité extérieure

Le **panneau-affiche** constitue la forme d'affichage extérieur la plus répandue. Il s'agit d'un panneau dont le devant est éclairé pour assurer sa visibilité dans l'obscurité. On le trouve dans les zones à forte densité de circulation telles que Montréal et Toronto, et dans les villes moins populeuses telles que Québec et Sherbrooke. Les **panneaux lumineux**, pour leur part, sont installés aux principales intersections des zones à forte densité de circulation, aux abords et à l'intérieur des grandes villes du Canada.

Le **panneau géant spécial**, ou **superpanneau**, est beaucoup plus imposant que les panneaux précédents (entre deux et trois fois le nombre de pieds carrés). Ils sont toutefois en nombre restreint. Ils sont situés dans des endroits stratégiques aux abords des voies à haute circulation des grandes villes.

L'**affiche de rue** et l'**affichage-abribus** sont des panneaux de plus petite taille que le panneau-affiche. Ils sont visibles à la grandeur du pays.

En général, on réserve les médias indiqués précédemment par cycle de quatre semaines. Ils assureront entre 25 et 150 PEB par jour, selon le nombre de panneaux ou de présentations retenus sur un marché. Nous avons vu au chapitre 9 qu'un point d'exposition brut représente 1% du marché qui voit une annonce à une reprise. La réservation de 50 PEB signifie donc que le gestionnaire du marketing tente de joindre chaque jour l'équivalent de 50% du marché. Le tableau 12.1 contient une liste de tarifs de publicité extérieure décomposés selon trois échelons de points d'exposition bruts.

Affiche de rue

Panneau lumineux de petite taille situé dans les endroits les plus animés d'une ville.

Affichage-abribus

Panneau lumineux de petite taille muni de deux faces publicitaires mesurant environ six pieds sur quatre pieds.

TABLEAU 12.1 Les tarifs de publicité extérieure en fonction du nombre de points d'exposition bruts quotidien

	25 PEB quotidiens		50 PEB quotidiens		75 PEB quotidiens	
	Nombre de panneaux	Tarif 4 semaines (en $)	Nombre de panneaux	Tarif 4 semaines (en $)	Nombre de panneaux	Tarif 4 semaines (en $)
Panneaux horizontaux						
Toronto et environs	62	118 580	156	235 620	234	354 200
Montréal	34	56 780	68	113 560	100	170 340
Québec	8	12 950	15	25 900	22	38 850
Sherbrooke	5	3 840	8	6 720	11	9 600
Affichage sur la rue						
Toronto et environs	109	74 200	206	148 400	322	222 600
Montréal	56	34 100	112	68 820	167	102 920
Québec	26	16 250	51	31 850	ND*	ND
Sherbrooke	3	1 444	6	2 750	ND	ND
Panneaux lumineux						
Toronto et environs	9	17 600	17	35 200	24	50 600
Montréal et environs	4	7 200	7	12 600	10	18 000

* ND : non disponible

Source : CARD, juin 2007 (données provenant de divers afficheurs).

Comment mesurer l'audience des médias hors domicile

Le Bureau canadien d'évaluation de l'affichage extérieur (COMB[1]) se charge de mesurer l'audience afin de déterminer la portée et la fréquence des publicités extérieures. Cet organisme indépendant regroupe des annonceurs, des agences de publicité et des médias exploitants de publicité extérieure – les afficheurs. Le COMB tient à jour une base nationale de données de tous les produits des afficheurs afin de mesurer les audiences quotidiennes ou hebdomadaires moyennes de chaque média dans l'ensemble des marchés. Il fait aussi office de vérificateur, veille à l'authenticité des données relatives aux achats médias et prépare des rapports. Le COMB effectue chaque année plus de 6 000 vérifications touchant des emplacements sélectionnés au hasard. Il publie, deux fois par an, des rapports de rendement sur les emplacements d'affichage.

La majorité des afficheurs sont en mesure de fournir des exemples de campagnes de publicité extérieure qui ont fait connaître le nom d'un produit ou d'un service au sein de la population et eu d'autres retombées. Ces exemples valent autant pour une catégorie de produits que pour une campagne isolée. L'afficheur fournit aussi des cartes marquant les emplacements des panneaux d'affichage et d'autres renseignements pertinents, tels que des données démographiques.

Plusieurs outils novateurs à l'avantage de la publicité extérieure sont apparus au Canada. Quelques firmes mettent en place d'imposants modules d'affichage vidéo qui diffusent des images animées en couleurs. Les babillards électroniques permettent la diffusion de brèves annonces (par exemple pendant 10 secondes) selon une rotation de deux ou trois minutes. Comme on pouvait le prévoir, ces systèmes se trouvent dans des zones à forte densité de circulation de quelques marchés urbains. On les propose selon diverses formules et en autant de formats.

Murale
Affiche apposée sur le mur d'un édifice.

Publicité mobile
Publicité affichée à l'extérieur des camions et de différents types de véhicules.

Les **murales** et les bannières murales sont offertes dans quelques-uns des principaux marchés canadiens, par exemple Montréal, Toronto et Vancouver, en différents formats. Plusieurs firmes proposent aussi de la **publicité mobile**. Ici, les tarifs sont établis en fonction du nombre de véhicules et du nombre de jours ou d'heures pendant lesquels ils seront en circulation.

Conçu à Montréal, le PixMan est un exemple de panneau d'affichage mobile innovateur.

Ce véhicule de transport est conçu expressément pour l'affichage mobile.

Enfin, on trouve des médias extérieurs dans des lieux plutôt inhabituels. On peut ainsi réserver de l'espace d'affichage dans certains parcs de stationnement, sur des supports à vélo, dans le ciel, à la remorque d'un avion ou sur l'enveloppe d'une montgolfière. Peu importe l'endroit où nous regardons, une forme de publicité ne manque pas d'attirer notre attention.

Devant l'omniprésence de la publicité extérieure, certains se montrent inquiets. Selon une enquête de Maritz AmeriPoll, 62 % des répondants ont dit ne pas souhaiter la disparition des panneaux-réclames, alors que 52 % se disaient favorables à un resserrement de la réglementation. À la question visant à déterminer si elles considéraient les panneaux-réclames divertissants 80 % des personnes sondées ont répondu par la négative. Lorsqu'on leur a demandé si ceux-ci pouvaient embellir l'espace urbain, seules 27 % ont répondu oui[2]. Les acheteurs de médias ne sont pas toujours enclins à recourir à la publicité extérieure, en partie à cause des problèmes liés à leur image et de la brièveté des messages qu'elle peut communiquer. Voyons de plus près les forces et les faiblesses de ce média.

Les forces de la publicité extérieure

Une large couverture sur les marchés locaux Pour peu que le choix des emplacements soit pertinent, la publicité extérieure assure une large couverture sur les marchés locaux, jour et nuit. Une exposition de 100 PEB (le pourcentage de l'audience exposée quotidiennement à un panneau d'affichage extérieur multiplié par la fréquence moyenne d'exposition) peut conduire à une exposition quotidienne équivalant à 100 % du marché, ou 3 000 PEB par mois. Une telle couverture présente une très grande portée.

La fréquence Comme les cycles d'achat couvrent d'ordinaire des périodes de quatre semaines, le consommateur subit plusieurs expositions, qui se traduiront par une fréquence très élevée.

Une grande souplesse sur le plan géographique On peut afficher une publicité extérieure aux abords d'une autoroute, à proximité d'un commerce ou sur un panneau d'affichage mobile, presque partout où la loi le permet. On peut ainsi couvrir les marchés locaux, régionaux, voire le marché national.

La créativité La publicité extérieure peut s'avérer très attrayante. Le format de l'affiche, les couleurs et divers éléments ont ainsi la capacité d'attirer l'attention.

La capacité d'accroître la notoriété du produit ou du service En raison de l'impact et de la simplicité du message que la publicité véhicule, la publicité extérieure peut accroître la notoriété du produit ou du service.

Le coût Le coût par mille (CPM) de la publicité extérieure est très concurrentiel par rapport aux autres médias. Le CPM moyen de la publicité extérieure s'avère inférieur à celui de la radio, de la télévision, des magazines et des journaux.

L'efficacité La publicité extérieure peut entraîner des ventes. Selon une étude du groupe BBDO, 35 % des répondants ont avoué avoir composé le numéro de téléphone qu'ils avaient aperçu dans une publicité hors domicile[3]. Une étude à laquelle renvoient Mukesh Bhargava et Naveen Donthu montre que la publicité extérieure peut avoir d'importantes incidences sur les ventes, en particulier lorsqu'on la jumelle à la promotion[4].

La capacité de production La technologie moderne a permis de réduire le temps de fabrication des modules d'affichage extérieur.

Les faiblesses de la publicité extérieure

Une couverture inutile Alors qu'il est possible de joindre des audiences très précises, la publicité extérieure aboutit souvent à un degré élevé de couverture inutile. Il est peu probable que tous les automobilistes apercevant un panneau-réclame appartiennent au public cible.

Des possibilités limitées quant au message En raison de la vitesse à laquelle les automobilistes aperçoivent les publicités extérieures, l'exposition au message est brève ; le message doit donc être limité à quelques mots ou à une illustration.

L'usure La publicité extérieure peut vite lasser les passants en raison de la fréquence élevée des expositions. Voir une même publicité plusieurs fois par jour suscite un sentiment de lassitude.

Le coût La publicité extérieure peut devenir onéreuse en chiffres absolus en raison de la quantité de panneaux à prévoir afin d'obtenir l'impact voulu. En coût par mille, la publicité extérieure se révèle onéreuse à cause du prix élevé des superpanneaux.

Des problèmes d'image La publicité extérieure se bute à des problèmes d'image et à l'indifférence des consommateurs.

La publicité dans les moyens de transport

> **Publicité dans les moyens de transport**
> Forme de publicité hors domicile semblable à la publicité extérieure en ce qu'elle fait appel à des panneaux d'affichage et à des babillards électroniques.

La **publicité dans les moyens de transport** vise les millions d'usagers du transport en commun, du transport ferroviaire et du transport aérien. Nous traiterons des deux premiers modes de transport sous l'angle local, puis nous aborderons la publicité dans les avions. La publicité dans les transports en commun existe depuis fort longtemps. On assiste, depuis quelques années, à un regain d'intérêt pour ce média en raison, notamment, du nombre accru de femmes sur le marché du travail (on peut les atteindre plus facilement lorsqu'elles se rendent au travail que lorsqu'elles sont à la maison), de la segmentation du marché et du coût croissant de la publicité télévisée.

Les autobus font souvent office de panneaux d'affichage ambulants.

Les diverses formes d'affichage dans les transports en commun

> **Affiche intérieure d'autobus**
> Affiche éclairée par l'arrière et se situant au-dessus des fenêtres et sur les parois internes des autobus, des tramways, des wagons de métro et des trains légers.

Vous avez sans doute déjà vu des **affiches intérieures d'autobus** annonçant des restaurants, des chaînes de télévision, des stations de radio et une pléthore d'autres produits et services. On trouve aussi des affiches posées sur les deux côtés des portes des wagons de métro et des trains de banlieue dans les principaux centres urbains.

> **Affiche extérieure d'autobus**
> Affiche reposant sur les côtés ou à l'arrière d'un autobus, proposée en trois formats.

Alors que vous attendez l'autobus, vous n'avez d'autre choix que d'apercevoir les publicités affichées sur les côtés ou à l'arrière de l'autobus allant en direction opposée ou desservant un autre trajet. Ces **affiches extérieures d'autobus** sont proposées en trois formats : celles posées sur les côtés et à l'arrière du véhicule font 70 pouces sur 21 pouces ; les panneaux extérieurs géants peuvent mesurer 139 pouces sur 30 pouces ou encore 190 pouces sur

30 pouces. Quiconque raterait son autobus aurait du mal à ne pas apercevoir ces publicités !

Parmi les dernières innovations touchant les transports en commun, notons l'arrivée du superbus, appartenant en quelque sorte à l'annonceur, qui peut couvrir toute la surface du véhicule d'une affiche de vinyle. Ainsi, au cours des dernières années, des passagers sont montés à bord d'autobus aux couleurs de marques telles que Smarties, Oh Henry ! et TELUS. Cette technique publicitaire suppose, en général, un contrat d'une durée plus longue, soit six mois ou un an, en raison du travail nécessaire à une telle installation. On réalise aussi, à une moindre échelle et sur quelques marchés choisis, des murales sur les côtés ou à l'arrière des autobus en prévision de périodes plus brèves.

Affichage ambulant
Publicité se présentant en différents formats afin de capter l'attention des passagers en attente dans les stations de métro et les terminus d'autobus.

L'**affichage ambulant**, dont le plus répandu fait quatre pieds sur six pieds, peut être accrocheur. Les abribus permettent une couverture plus large dans les endroits où les panneaux d'affichage extérieurs sont interdits.

La publicité dans les transports en commun se vend sur des marchés choisis pour des périodes de quatre semaines en fonction d'un nombre de PEB prédéterminé. L'éventail de PEB est assez large, oscillant entre 5 et 100. Le tableau 12.2 présente les tarifs de publicité de divers produits selon le nombre de points d'exposition bruts quotidiens.

Afin d'attirer l'attention des utilisateurs du métro, des annonceurs n'hésitent pas à occuper tous les espaces publicitaires d'une station. Nike, par exemple, avait fait suspendre une immense affiche de 20 pieds sur 60 pieds dans une station de métro de Montréal et fait poser des éléments graphiques sur les murs et à même le sol. Bien malin aurait été celui qui, au passage, n'aurait pas remarqué la publicité de la multinationale américaine !

Afin de faire connaître une caractéristique intrinsèque du produit, la Fédération des producteurs de porcs du Québec a maquillé des abribus aux couleurs de sa campagne *Ose le rose*.

TABLEAU 12.2 Les tarifs de publicité dans les transports en commun en fonction d'emplacements choisis

	Taille du parc	50 PEB quotidiens Nombre de panneaux	50 PEB quotidiens Tarif 4 semaines (en $)	75 PEB quotidiens Nombre de panneaux	75 PEB quotidiens Tarif 4 semaines (en $)	100 PEB quotidiens Nombre de panneaux	100 PEB quotidiens Tarif 4 semaines (en $)
Panneaux (arrière d'autobus)							
Montréal	2 487	292	70 664	437	99 636	583	125 928
Québec	548	71	15 399	108	22 444	142	28 220
Sherbrooke	69	12	3 191	17	4 520	23	5 900
Panneaux (côté d'autobus)							
Montréal	2 487	225	85 775	391	122 774	521	156 300
Québec	548	60	19 207	91	27 556	121	35 464
Sherbrooke	69	10	2 969	14	4 123	19	5 415

Source : CARD, juin 2007 (données provenant de divers afficheurs).

Les forces de la publicité dans les transports en commun

L'exposition La longue exposition constitue l'un des principaux atouts de l'affichage intérieur. Le parcours moyen dans les transports en commun dure de 30 à 44 minutes, ce qui laisse beaucoup de temps d'exposition[5]. L'audience est captive en général, n'ayant rien d'autre à faire ni à voir. En conséquence, les passagers sont susceptibles de lire les annonces à plus d'une reprise. La publicité dans les transports en commun offre aussi une excellente exposition en fait de nombre absolu de personnes qui y sont exposées. Des millions d'usagers empruntent chaque semaine les transports en commun, ce qui représente un nombre élevé de lecteurs potentiels.

La fréquence Les trajets quotidiens étant identiques, les usagers du transport en commun sont souvent exposés aux mêmes annonces. L'aller-retour en métro chaque jour, au cours d'un mois, représente la possibilité de voir une même annonce entre 20 et 40 fois. La fréquence est aussi fonction des emplacements à l'intérieur des stations de métro et des abribus.

La proximité du lieu d'achat De nombreux consommateurs empruntent les transports en commun pour effectuer leurs achats. Il pourrait donc être opportun d'afficher une annonce vantant un produit ou un service aux abords d'un centre commercial.

La sélectivité géographique La publicité dans les transports en commun offre, en particulier aux annonceurs locaux, la possibilité de joindre un segment très étroit de la population. L'emplacement dans tel quartier expose des gens en fonction de leurs origines ethniques, de leurs caractéristiques démographiques, etc.

Le coût La publicité dans les transports en commun figure parmi les médias les moins coûteux sur les plans du coût absolu et du coût relatif. On peut placarder une annonce sur le côté d'un autobus moyennant un CPM très raisonnable.

Les faiblesses de la publicité dans les transports en commun

Les facteurs relatifs à l'image La publicité dans les transports en commun ne véhicule pas l'image que souhaiteraient de nombreux annonceurs pour leurs produits ou leurs services. De l'avis de certains, placarder le nom d'une entreprise sur les côtés d'un autobus ou sur un abribus convient mal à l'image que celle-ci veut diffuser.

La portée Un des avantages de la publicité dans les transports en commun est qu'elle est exposée à un grand nombre de personnes. Cette audience, cependant, peut avoir certaines habitudes ou caractéristiques comportementales qui ne sont pas celles du marché cible. De plus, les transports en commun sont limités ou inexistants en région rurale ou suburbaine ; aussi ce média n'atteint-il pas les habitants de ces régions.

Une couverture inutile La sélectivité géographique présente certains avantages, comme nous l'avons vu. Cependant, les usagers du transport en commun, comme les personnes exposées à la publicité à l'intérieur d'un réseau de transport, ne constituent pas tous des clients potentiels. Pour les produits qui n'ont aucun segment géographique particulier, cette forme de publicité ratisse trop large et couvre un territoire trop vaste.

Une création publicitaire limitée On peut éprouver beaucoup de mal à élaborer une annonce attrayante et colorée, adaptée à l'affichage dans un autobus. Les affiches placardées à l'intérieur des autobus peuvent recevoir quantité de texte, au contraire des messages imprimés à l'extérieur des autobus et des taxis.

La publicité dans les avions

La publicité dans les transports en commun urbains a une proche parente, soit la publicité lorsqu'on circule entre les villes. Le nombre de passagers qui empruntent l'avion allant croissant, la publicité dans les appareils et les aérogares devient plus attrayante. Les compagnies aériennes publient et distribuent gratuitement des magazines à leurs clients. La diffusion de vidéos à bord des vols internationaux existe depuis longtemps, mais depuis peu à bord des vols intérieurs. Dans leurs versions originales, ces vidéos ne comportaient aucune pause publicitaire. À présent, Air Canada propose différents forfaits selon le genre de représentation (actualités, film, etc.). Certains messages publicitaires durent trois minutes. Écouter la radio à bord d'un avion est une façon agréable de passer le temps, sans compter que ce média offre une autre possibilité aux annonceurs de diffuser un message s'éloignant des critères de la radio commerciale. Enfin, on trouve dans les aérogares différents genres de panneaux d'affichage: des affiches lumineuses à l'intérieur des installations aéroportuaires, des superpanneaux aux alentours et d'autres formes d'affichage qui varient selon la société média et l'aérogare.

La plupart des transporteurs aériens produisent des magazines qu'ils distribuent gratuitement à bord de leurs appareils.

Les forces de la publicité dans les avions

Une audience recherchée Les gens d'affaires et les touristes qui voyagent en avion appartiennent souvent à la classe supérieure, ce qui en fait une audience attrayante pour nombre d'entreprises qui ciblent ces groupes. Le magazine *Atmosphere*, que publie Air Transat, par exemple, joint plus de 700 000 lecteurs. Près de 60 % de son lectorat partant vers des destinations américaines (Caraïbes, Amérique latine et États-Unis) est constitué de voyageurs dont les revenus familiaux sont supérieurs à 70 000 $[6].

Une audience captive Les passagers sont captifs à bord d'un avion. Ils sont donc désireux, voire ravis, en particulier à bord des vols à grande distance, de pouvoir lire un magazine distribué gratuitement, d'écouter les actualités ou de regarder des messages publicitaires.

Le coût Le coût de diffusion d'une publicité dans un avion est inférieur à celui d'une publication professionnelle. Il en coûtera environ 10 000 $ pour une publicité de 30 secondes diffusée pendant un vol d'Air Canada. Le coût d'une publicité en quadrichromie publiée à l'échelle nationale dans la revue *Maclean's* s'élève à environ 30 440 $.

Une segmentation plus pointue Grâce à la publicité dans les avions, l'annonceur peut joindre des groupes démographiques précis, comme les passagers en direction d'une destination particulière.

Les faiblesses de la publicité dans les avions

L'agacement Nombre de consommateurs se montrent agacés devant la publicité en général, croyant qu'elle est déjà trop envahissante. À leurs yeux, les publicités n'ont pas leur place dans les avions.

Une disponibilité limitée Plusieurs transporteurs aériens limitent le temps de diffusion de la publicité à bord de leurs appareils. Ainsi, Japan Airlines n'autorise que 220 secondes de diffusion par vol.

Une piètre attention De nombreux passagers baissent le volume pendant la diffusion des publicités, ne se procurent pas le casque d'écoute ou ignorent simplement les messages publicitaires.

L'usure Des projections prévoient une hausse importante du nombre de publicités à bord des avions; les passagers se retrouvent donc submergés.

La publicité sur le lieu de vente

Nombre d'outils médiatiques servent à la promotion des produits dans les supermarchés et autres magasins. Nous parlons ici d'*outils*, plusieurs d'entre eux n'étant pas des médias à proprement parler.

Toutefois, nous employons l'épithète *médiatique*, car nous parlons du mode de transmission du message publicitaire. Certains outils médiatiques se rapprochent de la promotion des ventes, véhiculant des messages de cet ordre – un rabais, par exemple. Ces outils requièrent parfois la collaboration des détaillants et des fournisseurs qui, en retour, exigent une rétribution. En général, les annonceurs inscrivent les versements sous le poste *Frais promotionnels*.

L'attrait de la publicité sur le lieu de vente provient en grande partie des données de l'organisme américain Point-of-Purchase Institute (POPAI). Ainsi, 67% des décisions d'achat sont prises sur le lieu de vente, ce pourcentage augmentant à 80% pour les achats impulsifs[7]. C'est pourquoi de nombreux annonceurs investissent désormais davantage sur les lieux de vente et fournissent plus de renseignements sur leurs produits.

Les diverses formes de publicité sur le lieu de vente

Parmi les médias sur le lieu de vente, on compte les affiches murales, les présentoirs, les banderoles, les gondoles, les chariots d'épicerie munis d'un écran à affichage, les stands de distribution de recettes et de conseils beauté, les bons de réduction remis aux comptoirs et à la caisse, les panneaux à diodes électroluminescentes et les publicités diffusées sur des écrans.

Les forces des médias sur le lieu de vente

Le public cible La principale raison d'être des médias sur le lieu de vente est de joindre le public cible avant l'acte d'achat.

Le coût En général, le coût absolu et le CPM se révèlent raisonnables en comparaison des autres médias.

Le message Les principaux arguments de vente peuvent être communiqués juste avant la prise de décision. Cette stratégie se révèle d'autant plus pertinente lorsque la décision d'achat est arrêtée sur le lieu de vente.

Les faiblesses des médias sur le lieu de vente

L'humeur du consommateur Le consommateur se montre mécontent lorsqu'il est trop sollicité par des publicités au moment où il effectue ses emplettes.

La mise en œuvre Le gestionnaire du marketing doit se fier à un fournisseur qui pourrait ne pas installer l'outil médiatique de la bonne manière.

L'encombrement Vous souhaitez vous trouver dans un lieu particulier ? Vos concurrents le souhaitent aussi. L'encombrement publicitaire ennuie le consommateur lorsqu'il regarde la télévision ou qu'il feuillette un magazine. Un tel encombrement pourrait aussi se produire à cause du trop grand nombre de publicités sur un lieu de vente.

L'évaluation de l'audience Nous ne disposons d'aucune méthode d'évaluation objective de l'audience sur le lieu de vente.

La publicité sur les lieux d'affluence

Nous l'avons dit, le nombre de médias hors domicile ne cesse de croître, mais nous ne pouvons ni n'avons l'intention de les aborder tous ici. Le principe de la publicité sur les lieux d'affluence consiste à placer des messages dans des endroits où se trouve un public cible. Les consommateurs sont de plus en plus actifs, pressés par le temps et mobiles. Ces nouveaux médias cherchent donc à les joindre dans des lieux et à des moments qui leur conviennent, et qui sont adaptés à leur mode de vie. Voici quelques exemples montrant les nombreuses possibilités à cet égard.

Les diverses formes de publicité sur les lieux d'affluence

La signalisation et les modules d'affichage des centres commerciaux constituent un exemple original de publicité sur les lieux d'affluence. En général, tout comme les panneaux des abribus et des stations de métro, ces modules d'affichage sont lumineux. La principale caractéristique du module d'affichage tient à son emplacement, soit sur le lieu d'achat. On réserve un espace comme on le fait pour l'affichage extérieur, selon le nombre d'affiches et de PEB désirés. Des firmes spécialisées proposent aussi des banderoles de toutes dimensions qu'elles installent dans les centres commerciaux pour annoncer des marques.

Plusieurs médias sur les lieux d'affluence sont en fait des médias extérieurs implantés dans un cadre particulier. Les panneaux d'affichage lumineux, les superpanneaux, les babillards électroniques et les écrans vidéo se trouvent en autant d'emplacements que les centres de congrès, les cinémas, les hôtels, les stades et les arénas, enfin, là où se trouvent un nombre suffisant d'individus. On procède à la vente du temps de diffusion et de l'espace comme on le fait pour les autres médias.

De nouvelles formes de médias à proximité des points de vente sont apparues, toujours avec l'intention de communiquer un message au public cible à l'endroit où il se trouve. Des firmes tentent de joindre les jeunes consommateurs sur les campus de plusieurs universités grâce à des modules d'affichage intérieurs. Elles essaient aussi, par le truchement de la télévision en circuit fermé, de joindre les voyageurs dans les aéroports et les hôtels, et les patients dans les salles d'attente. Enfin, pour atteindre presque tout le monde, on placarde des affichettes dans les ascenseurs et les toilettes publiques.

Les forces de la publicité sur les lieux d'affluence

Le public cible La principale raison d'être de la publicité sur les lieux d'affluence est de joindre le public cible à l'étape de la décision d'achat.

Le coût En général, le coût absolu et le CPM se révèlent raisonnables en comparaison des autres médias.

Le traitement Comme le message est communiqué au public cible tout près du lieu d'achat, celui-ci est plus disposé à traiter le message.

Les faiblesses de la publicité sur les lieux d'affluence

L'humeur du consommateur Le consommateur est souvent exposé à la publicité sur les lieux d'affluence alors qu'il ne s'y attend pas, ce qui peut faire naître une forme d'agacement.

L'encombrement Un encombrement publicitaire peut se produire à cause du trop grand nombre de publicités sur les lieux d'affluence.

La publicité sur les lieux d'affluence et le cinéma

Intéressons-nous maintenant à un média sur les lieux d'affluence bien particulier : la salle de cinéma. Coca-Cola a été l'une des premières entreprises à diffuser de la publicité sur les écrans de cinéma pour ses boissons Coke Classique et Fruitopia. Certains des premiers annonceurs ont dû affronter des foules hostiles qui huaient et lançaient du maïs soufflé sur l'écran. Vu la durée de ces messages, qui oscille entre 60 et 90 secondes, l'annonceur bénéficie d'une rare occasion de communiquer plus longtemps qu'à la télévision, où les messages sont de 30 secondes. En fait, 95 % des messages publicitaires présentés dans les salles de cinéma sont aussi diffusés à la télévision dans une version abrégée. Cette forme de publicité vante les mérites de nombreux produits, entre autres des véhicules automobiles, des services gouvernementaux, des firmes de télécommunications, des sociétés agroalimentaires, des jeux vidéo, des produits de beauté, dont les marques sont aussi connues que Toyota, Nissan, TELUS, Bell Mobilité, Santé Canada, le ministère de la Défense nationale et Pepsi-Cola.

Ce média se raffine au fur et à mesure qu'il prend de l'expansion ; à preuve, on peut désormais en établir l'audience. Selon une étude, le taux de rappel global (assisté et spontané) atteignait 74 % en comparaison de 37 % pour la radio et de 32 % pour la télévision. Malgré une incidence positive au chapitre de la communication et un coût jugé raisonnable, le revenu global de ce média représente peu, soit 1 % du revenu publicitaire de la télévision au cours d'une année. Un élément du problème tient à sa portée limitée. Cineplex Odeon, par exemple, joint seulement 7,3 millions de personnes par mois[8].

Les forces de la salle de cinéma en tant que média sur les lieux d'affluence

L'exposition Les cinéphiles constituent une audience captive et regardent moins la télévision que la moyenne[9].

L'humeur des spectateurs Lorsque les spectateurs aiment un film, les produits annoncés peuvent en profiter.

Le coût Le coût de la publicité au cinéma varie selon l'endroit. Il est toutefois peu élevé au chapitre du coût absolu et du coût relatif par exposition.

Le rappel Selon la recherche, au lendemain de la projection, près de 74 % des spectateurs se souviennent des publicités vues au cinéma. En comparaison, le taux de rappel des publicités télévisées est de 32 % seulement[10].

L'encombrement Les écrans ne souffrant d'aucun encombrement, la publicité constitue un autre avantage, le nombre de messages étant d'ordinaire limité.

La proximité Comme les salles de cinéma sont établies à l'intérieur ou à proximité d'un centre commercial, les consommateurs n'en sont jamais bien loin.

Les faiblesses de la salle de cinéma en tant que média sur les lieux d'affluence

L'agacement Le principal désavantage de la salle de cinéma tient peut-être au fait que la plupart des consommateurs ne veulent pas voir de publicité lorsqu'ils vont voir un film. Plusieurs études montrent que les messages publicitaires diffusés dans ce contexte font naître un profond agacement chez les spectateurs[11]. Cette insatisfaction se reporte sur les produits, les films ou les exploitants de la salle. Selon Mike Stimler, président de Water Bearer Films : « Les spectateurs huent les publicités qu'on leur présente au cinéma[12]. » Anne-Marie Marcus, vice-présidente des ventes chez Screenvision, prétend de son côté que « la colère s'est apaisée[13] ». Une étude récente, réalisée par la firme Arbitron, tend à donner raison à cette dernière. En effet, plus de 63 % des cinéphiles affirment ne pas être dérangés par ce type de publicité[14].

Le coût Le coût de la publicité dans les cinémas locaux figure parmi les forces parce qu'il est peu élevé. La publicité diffusée à l'échelle nationale, par contre, s'avère onéreuse, lorsqu'on compare son CPM à celui des autres médias.

La portée et la fréquence Bien qu'un nombre élevé de personnes fréquentent les salles de cinéma, ce média permet difficilement de joindre une clientèle donnée avec une fréquence élevée. C'est pourquoi plusieurs annonceurs utilisent ce média en complément aux autres médias.

La souplesse Des délais de huit semaines sont souvent exigés pour le placement des annonces. De plus, des ententes d'exclusivité dans des catégories peuvent limiter l'accès à ce média pour certains annonceurs.

La publicité par objet en tant que média

Selon l'Association de la publicité par objet du Canada (APOCanada), tout produit promotionnel consiste en de la publicité faite à partir d'objets.

On peut donc considérer la **publicité par objet** comme un média publicitaire et un outil de promotion des ventes. En ce qui nous concerne, nous y voyons un média publicitaire qui vient appuyer le programme de CMI.

> **Publicité par objet**
>
> Publicité faite à partir d'objets ; l'objet pourra être une prime, qui n'exigera aucune obligation de la part du consommateur, un cadeau d'entreprise, une récompense, un prix ou un objet commémorant un personnage ou un événement.

Les diverses catégories d'objets publicitaires

On dénombre plus de 15 000 *objets publicitaires différents*, dont des stylos à bille, des tasses de café, des porte-clés, des calendriers, des t-shirts et des pochettes d'allumettes. On en trouve aussi qui sont moins courants, par exemple des pinces à plant, des plaques murales, des gants, des verres, des trophées, des prix et des articles en vinyle. En fait, selon une étude de l'organisme APOCanada, les annonceurs ont consacré plus de 2,1 milliards de dollars à la distribution d'objets publicitaires en 2002. La popularité grandissante de ce média en fait, parmi les médias publicitaires et les médias de promotion des ventes, celui dont l'essor est le plus important[15].

Arrêtez-vous quelques instants et regardez autour de vous : vous apercevrez sans doute quelques objets publicitaires. Ce pourrait être votre stylo, une pochette d'allumettes ou la couverture d'un livre portant le nom de la librairie de votre université. La figure 12.2 montre les pourcentages de ventes selon les catégories de produits. Les objets publicitaires servent plusieurs objectifs : remercier une personne de sa clientèle, ramener le nom d'une entreprise sous les yeux des consommateurs, et lancer de nouveaux produits ou renforcer le nom d'une société, d'un produit ou d'un service existant. On fait souvent appel aux objets publicitaires afin de soutenir d'autres formes de promotion.

Les produits promotionnels peuvent entrer pour une bonne part dans la conception d'un programme de CMI.

Attirez l'attention avec l'objet promotionnel
www.promocan.com

FIGURE 12.2 Les ventes de produits promotionnels par catégorie

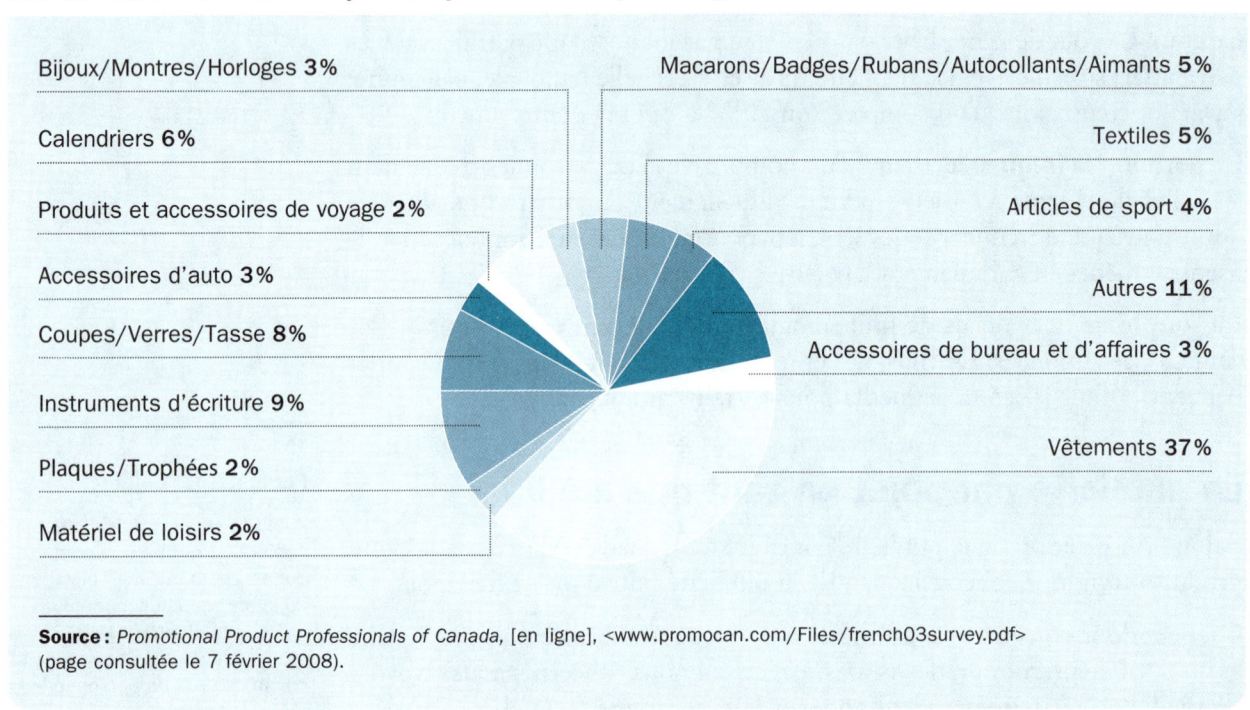

- Bijoux/Montres/Horloges **3 %**
- Calendriers **6 %**
- Produits et accessoires de voyage **2 %**
- Accessoires d'auto **3 %**
- Coupes/Verres/Tasse **8 %**
- Instruments d'écriture **9 %**
- Plaques/Trophées **2 %**
- Matériel de loisirs **2 %**
- Macarons/Badges/Rubans/Autocollants/Aimants **5 %**
- Textiles **5 %**
- Articles de sport **4 %**
- Autres **11 %**
- Accessoires de bureau et d'affaires **3 %**
- Vêtements **37 %**

Source : Promotional Product Professionals of Canada, [en ligne], <www.promocan.com/Files/french03survey.pdf> (page consultée le 7 février 2008).

PERSPECTIVE 12.1

Les universités se tournent vers la vente de produits promotionnels

Les universités américaines font largement usage de la vente d'articles promotionnels afin de soutenir leur établissement et de s'assurer d'un revenu supplémentaire. Au cours des dernières années, cette source de financement s'est étendue aux universités et aux collèges universitaires canadiens. Le phénomène devrait s'accélérer dans un avenir rapproché.

L'étude de Marie-Claire Reid portant sur les pratiques de gestion et de commercialisation des produits promotionnels dans les universités et les collèges universitaires du Canada s'avère digne d'intérêt à plusieurs égards. Ainsi, pour 46 % des institutions pressenties, la commercialisation des produits promotionnels constitue une activité jugée importante ou très importante, privilégiée davantage, il est vrai, au sein des universités anglophones et des universités comptant plus de 10 000 étudiants. La vente d'articles promotionnels devrait être plus ou beaucoup plus importante au cours des cinq prochaines années pour 59 % des répondants.

De l'avis de Marie-Claire Reid, les universités et les collèges universitaires recourent à la vente d'articles promotionnels pour augmenter leur visibilité et leur notoriété ainsi que pour accroître le sentiment d'appartenance des étudiants envers leur institution d'enseignement. Or, l'intégration de cette activité à la stratégie marketing semble plutôt mitigée puisque à peine 25 % des universités et des collèges sondés l'insèrent dans leur plan marketing. De plus, selon Marie-Claire Reid, les budgets publicitaires laissent à désirer, le nombre de points de vente est faible, et une bonne partie des efforts marketing sont déployés dans le but d'atteindre une clientèle traditionnelle (étudiants et personnel enseignant). Il y a gros à parier que, afin d'encourager la vente d'articles promotionnels, les universités et les collèges universitaires canadiens devront se doter d'une gestion différente qui leur permettra de générer des gains plus importants.

Source : inspiré de Marie-Claire Reid, *Étude sur les pratiques de gestion et de commercialisation des produits promotionnels dans les universités et collèges universitaires du Canada*, Thèse de maîtrise, Université de Sherbrooke, 2002, 207 p.

Les forces de la publicité par objet en tant que média

La sélectivité Comme l'objet publicitaire est en général remis directement à un client ciblé, le média offre un degré élevé de sélectivité. On adresse la communication au récepteur désiré, réduisant d'autant la couverture inutile.

La souplesse Comme en fait foi la variété d'objets publicitaires énumérés à la figure 12.2, ce média offre une grande souplesse. On distribue par toutes sortes de moyens un message aussi simple qu'un logo ou aussi long qu'on le souhaite. Petites et grandes entreprises emploient ce média qui n'a d'autres limites que celles de leur imagination.

La fréquence La majorité des formes de publicité par objet sont conçues pour être mémorisées. Le porte-clés, le calendrier et le stylo demeurent longtemps la propriété du consommateur potentiel ; ainsi, le message publicitaire est l'objet d'une exposition répétée et ne génère aucuns frais supplémentaires.

Le coût Certains objets publicitaires tels que les articles de cuir sont quelque peu coûteux. La plupart, cependant, sont abordables, quelle que soit la taille de l'entreprise. Leur CPM se révèle plus élevé que celui d'autres médias, mais le nombre élevé d'expositions répétées réduit le coût relatif de chacune.

La cote d'estime Le produit promotionnel est peut-être le seul média qui a pour effet de faire augmenter la cote d'estime chez le récepteur. Comme tous aiment recevoir des cadeaux et que de nombreux produits s'avèrent utiles (porte-clés, calendriers, etc.), le consommateur est heureux de s'en voir offrir. Une étude récente réalisée auprès d'utilisateurs de produits promotionnels désignait la cote d'estime comme la première raison de recourir à ce média.

Le complément d'autres médias La publicité par objet a le grand avantage de se rallier à d'autres médias. En raison de son faible coût et du nombre d'expositions répétées, le message le plus simple peut renforcer l'information véhiculée ou l'attrait exercé par d'autres formes. Lors d'un tournoi de golf, Microcell Solutions, propriétaire de la marque de commerce des services numériques sans fil Fido, a remis à chaque participant une bouteille d'eau aux couleurs de Fido et une autre, 40% plus petite, représentant la concurrence. Quel était le but de l'opération ? Recruter de nouveaux clients et annoncer que l'entreprise offrait 40% plus de temps d'antenne que la concurrence. Pour mieux se faire connaître des clients avec lesquels les échanges se déroulaient essentiellement au téléphone, des représentants d'une division de Bell leur ont offert un tapis de souris sur lequel se trouvaient leur photo, leur nom et leurs coordonnées[16].

Les faiblesses de la publicité par objet en tant que média

L'image La plupart des objets publicitaires sont considérés comme de gentils rappels du nom d'un magasin ou d'une entreprise. On doit cependant choisir avec soin l'article offert ainsi en promotion, car un article moche ou mal conçu nuira à l'image de l'entreprise.

La saturation En raison du nombre d'entreprises faisant appel à ce média publicitaire, une saturation du marché est à prévoir. Bien sûr, on a toujours besoin d'un autre stylo ou d'une pochette d'allumettes, mais aux yeux du récepteur, la valeur d'un cadeau diminue lorsqu'il peut être remplacé trop facilement. Le récepteur a alors moins de chances de le conserver, voire de remarquer son message, et accorde ainsi davantage de valeur à un objet publicitaire inhabituel.

Le délai d'exécution Le délai nécessaire à la fabrication de produits promotionnels s'avère beaucoup plus long que celui de presque tous les autres médias.

Comment mesurer l'audience de la publicité par objet

En raison de sa nature même, la publicité par objet ne dispose d'aucun mode d'évaluation de l'audience dûment établi. Des recherches ont toutefois été menées afin de déterminer l'incidence de ce média ; voici les conclusions de quelques études.

Selon une étude de Schreiber & Associates, 39% des gens recevant un objet publicitaire parviennent à se rappeler le nom de l'entreprise qui le leur a offert six mois plus tard. Une étude de A.C. Nielsen révèle que 31% des répondants utilisent encore, un an plus tard, au moins un objet publicitaire qu'ils ont reçu[17].

D'après une étude réalisée à la Gould/Pace University, l'addition d'un objet publicitaire à une publicité directe produisait un taux de réponse supérieur et une hausse des achats de l'ordre de 321% (en dollars) par rapport aux envois qui n'en contenaient aucun[18]. D'autres études, menées à la Baylor University, révèlent que l'ajout d'un objet publicitaire à une lettre de remerciement améliore l'attitude des consommateurs envers les représentants d'une entreprise dans une proportion de 34% et envers l'entreprise même dans une proportion de 52%[19]. Enfin, selon la firme de recherche Richard Manville, le ménage moyen dispose de quatre calendriers ; s'ils ne les avaient pas obtenus gratuitement, les deux tiers des répondants en auraient acheté un, ce qui démontre bien l'intérêt pour cet article[20]. Le tableau 12.3 illustre en quoi les produits promotionnels peuvent s'intégrer efficacement à un programme de CMI.

TABLEAU 12.3 La publicité par objet et le programme de CMI

Objet promotionnel	Effet
Publicité	L'ajout d'un objet publicitaire à un publipostage a pour effet d'accroître le taux de réponse à une annonce de 4,2%, par rapport à 2,3% pour le publipostage seulement et à 0,7% pour l'annonce uniquement.
Vente personnelle	Les clients ayant reçu un objet publicitaire montraient plus d'estime envers l'entreprise que ceux qui avaient reçu seulement une lettre. Ils ont accordé à l'entreprise une cote plus positive dans 52% des cas, et ont jugé que ses représentants étaient plus compétents dans une proportion de 34% et plus talentueux dans une proportion de 16%. Les clients interentreprises ayant reçu un objet publicitaire étaient en mesure de fournir 14% plus de renseignements aux représentants des ventes de l'entreprise ; les représentants ayant offert des cadeaux à leurs clients ont reçu 22% plus de renseignements que ceux qui n'en avaient pas offert.
Foires commerciales	Plus de gens se sont présentés à un stand lorsque l'invitation était assortie d'un objet publicitaire.
Publicité directe	Le taux de réponse à une publicité directe se chiffrait à 1,9% par suite de la réception d'une lettre seulement et à 3,3% lorsqu'un objet publicitaire y était jumelé, soit une hausse de 75%. D'autres études ont avancé des hausses variant entre 50% et 66%.

APOCanada[21] est l'association de l'objet promotionnel au Canada. Elle aide le gestionnaire du marketing à mettre au point et à employer les différentes formes de publicité par objet. Elle apporte aussi une contribution dans les secteurs de la promotion et des relations publiques, et diffuse des renseignements statistiques et éducatifs.

Les pages jaunes

Lorsqu'il est question de médias publicitaires, trop de gens oublient les **pages jaunes**, qui en constituent pourtant une forme très populaire. La plupart des gens consultent les pages jaunes pour se renseigner sur les endroits

Pages jaunes

Forme de publicité paraissant dans les annuaires téléphoniques qui répertorient les commerces et les entreprises.

Média directionnel

Média publicitaire dont la fonction n'est pas de favoriser la notoriété ou la demande des produits ou des services, mais plutôt de renseigner le consommateur sur les endroits où effectuer ses achats.

où effectuer leurs achats. Il s'agit en fait d'un **média directionnel**[22]. L'influence des pages jaunes est d'autant plus grande qu'elle se produit à l'étape finale du processus de décision d'achat du consommateur.

Les forces des pages jaunes

Une large disponibilité Les annuaires sont d'ordinaire livrés à chaque domicile et à chaque entreprise à l'intérieur d'une zone géographique, ce qui leur assure une large disponibilité.

Une orientation axée sur l'action Les consommateurs consultent les pages jaunes lorsqu'ils envisagent ou qu'ils ont décidé de passer à l'action.

Le coût Les frais de production et de réservation se révèlent relativement modestes en comparaison des autres médias.

La fréquence Le consommateur feuillette les pages jaunes à plusieurs reprises, en raison de leur durée de vie – on les publie, rappelons-le, chaque année. L'adulte moyen consulte les pages jaunes environ deux fois par semaine[23].

L'absence d'intrusion Comme il choisit volontairement de consulter les pages jaunes, le consommateur ne considère pas la publicité qui s'y trouve comme une intrusion. Selon certaines études, le consommateur se fait une idée très favorable de cet annuaire[24].

Les faiblesses des pages jaunes

La fragmentation du marché Les pages jaunes constituent avant tout un média local; les publicités y sont donc très localisées. Si on ajoute à cela le nombre croissant d'annuaires spécialisés, il en résulte une offre très pointue.

La présentation de l'information en temps opportun Étant imprimées une fois l'an, les pages jaunes deviennent désuètes. Certaines entreprises pourront, en effet, déménager, faire faillite ou changer leurs numéros de téléphone dans l'intervalle.

L'absence de créativité Les pages jaunes offrent une certaine souplesse; elles s'avèrent cependant limitées sur le plan de la création.

Le délai d'exécution On doit remettre les annonces longtemps avant la publication à cause des calendriers d'impression. Ainsi, la parution d'une annonce est impossible après la date de tombée, et l'annonceur doit patienter un long moment avant l'édition suivante.

L'encombrement Une étude récente d'Avery Abernethy révèle que les pages jaunes, à l'exemple d'autres médias, font face à un problème d'encombrement.

Le placement de produit

Placement de produit

Publicité servant à promouvoir la vente d'un produit auprès du grand public en le présentant par exemple dans un film ou dans une émission de télévision.

Un nombre croissant de fabricants tablent sur le **placement de produit**. Cette forme de publicité ne constitue pas un important segment du secteur des communications marketing. Il s'est cependant avéré efficace pour plusieurs entreprises. À l'exemple de la publicité par objet, on considère parfois le placement de produit comme appartenant au domaine de la promotion plutôt qu'à celui de la publicité. Cette distinction n'est pas cruciale; c'est pourquoi nous avons choisi de présenter le placement de produit comme une forme de publicité.

Plusieurs entreprises versent des sommes astronomiques pour que leurs produits paraissent dans les films et les vidéoclips. Les sociétés Avis, Ericsson et BMW ont toutes participé au film de James Bond intitulé *Demain ne meurt jamais* (*Tomorrow Never Dies*). Le film dispose d'un site Internet dont les hyperliens permettent d'accéder aux sites des entreprises qui y ont placé des produits, et inversement. La firme BMW aurait déboursé plus de 75 millions de dollars pour être présente dans trois films de James Bond[25]. Le placement de produit peut avoir d'importantes incidences. Qui ne se souvient pas des lunettes de soleil Ray-Ban Wayfarer et Ray-Ban Aviator que portait Tom Cruise dans *Risky Business* et *Top Gun*? Dans le premier cas, les ventes ont triplé; dans le second, elles ont bondi de 40 %[26].

Les diverses formes de placement de produit

L'usage du placement de produit ne se limite pas uniquement aux films. On voit aussi du placement de produit dans des téléromans, des téléséries, des jeux vidéo, des annonces publicitaires et même sur Internet, comme en témoigne l'exemple ci-contre d'un placement de produit effectué par les Industries Lassonde pour la marque Fruité dans le cadre d'une capsule des Têtes à claques.

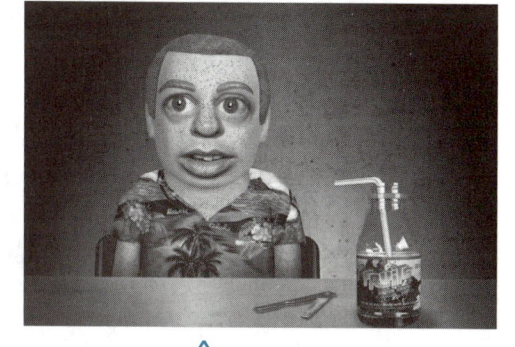

Plusieurs entreprises se servent du placement de produit pour promouvoir leurs marques.

Les forces du placement de produit

L'exposition Un nombre considérable de gens vont au cinéma chaque année. On évalue en moyenne à trois ans et demi la durée de vie d'un film et les amateurs de cinéma sont très attentifs. Si l'on ajoute à ces chiffres la location de films reportés sur vidéocassette et DVD et l'apparition de chaînes spécialisées, le potentiel d'exposition d'un produit placé dans un film s'avère énorme. Sans compter que cette forme d'exposition ne sera pas soumise au zappage, du moins pas au cinéma.

La fréquence Selon la manière dont on emploie le produit à l'intérieur d'un film ou d'une émission de télévision, celui-ci profite de nombreuses expositions répétées (parmi ceux qui aiment regarder un film ou une émission plus d'une fois).

Le soutien d'autres médias Le placement de produit peut s'arrimer à d'autres outils promotionnels. L'industrie du cinéma, par exemple, compte de plus en plus d'annonceurs faisant la promotion à la fois d'un produit et d'un film, à l'aide d'autres outils de communication. Songeons à la chaîne de restaurant Subway qui, il y a quelque temps, faisait à la fois la promotion de ses produits et du film *Les Boys*.

L'identification à la source Nous avons parlé des avantages de l'identification à la source. Lorsque le consommateur aperçoit son étoile de cinéma préférée portant une montre Swatch, buvant une boisson Gatorade ou conduisant une Mercedes, une telle association peut faire naître une image favorable de ces produits.

Le coût Le coût du placement de produit oscille entre la distribution d'échantillons gratuits et plusieurs milliers de dollars. Le CPM de cette forme de publicité peut s'avérer très faible à cause du volume élevé d'exposition qu'il produit. Le film *Les Dangereux*, mettant en vedette Véronique Cloutier et Stéphane Rousseau, était soutenu par de très nombreux publicitaires, dont la Maison Beauté Star Bédard inc. Plutôt que de payer son placement de produit en espèces, le spécialiste du domaine de la coiffure et de l'esthétique a choisi une autre solution : il fournissait gratuitement l'équipement du salon de beauté que l'on voit dans le film en retour d'une visibilité. Ainsi, le logo et l'équipement du salon de beauté portent le nom de « Star Bédard », tout comme le salon. Certaines répliques faisaient même allusion à la dénomination sociale de l'entreprise[27].

Le rappel Une étude de Pola Gupta et de Kenneth Lord révèle que les produits bien en évidence à l'écran profitent d'un taux de rappel élevé[28].

Le contournement des règlements Certains produits sont frappés d'une interdiction de publicité à la télévision et dans des segments de marché particuliers. Grâce au placement de produit, les fabricants d'alcool et de cigarettes peuvent montrer leurs produits, et ainsi contourner ce genre de restriction.

L'acceptation Une étude de Pola Gupta et de Stephen Gould indique que les spectateurs acceptent bien les placements de produit et qu'en général ils leur accordent une cote positive, bien que quelques-uns (l'alcool, les armes à feu et les cigarettes) leur semblent moins acceptables[29].

Les faiblesses du placement de produit

Un coût absolu élevé Le CPM du placement de produit peut se révéler abordable ; son coût absolu, par contre, peut s'avérer très élevé et exclure certains annonceurs de cette sphère d'activité. Dans le film *Monsieur Destinée* (*Mr. Destiny*) produit par Disney, par exemple, il en coûtait 20 000 $ pour voir un produit à l'écran, 40 000 $ pour qu'un acteur y fasse allusion et 60 000 $ pour qu'il l'utilise[30].

Le moment de l'exposition Alors que la manière dont un produit est présenté à une audience a une incidence, rien ne garantit que les spectateurs le remarquent. Certains produits sont plus visibles que d'autres. Lorsqu'un produit n'est pas mis en évidence, le spectateur a peu de chances de le remarquer, bien que ce risque soit le même pour tous les médias publicitaires.

Un attrait limité Le placement de produit jouit d'un attrait plutôt limité. Il n'y aura pas lieu, en effet, de parler des avantages d'un produit ou de fournir de l'information détaillée le concernant. L'attrait exercé se limite à l'identification à la source, à l'utilisation et au plaisir que le produit procure. La promotion du produit est indirecte, et la marge de manœuvre pour en démontrer l'usage est tributaire du scénario.

^
Des publicités apparaissent souvent là où on ne s'y attend pas.

L'absence de contrôle Dans plusieurs cas, l'annonceur ne peut rien exiger quant au moment et au nombre de fois que le produit paraîtra à l'écran. Par suite du placement de son eau de Cologne Brut dans un film censé sortir en salles à Noël, Fabergé a élaboré une campagne publicitaire pour constater que la sortie de celui-ci avait été reportée en février.

La réaction du public De nombreux téléspectateurs et amateurs de cinéma s'indignent de voir des publicités intégrées aux émissions de télévision et aux films. Ils souhaitent le maintien d'une barrière entre le contenu des œuvres et les publicités. Si le placement d'un produit leur semblait trop importun, ils pourraient nourrir une attitude négative envers la marque.

La concurrence L'attrait du placement de produit a entraîné une forte concurrence en vue d'obtenir une apparition sur les écrans. Au départ, les modèles de BMW devaient paraître dans le film *La Firme* (*The Firm*), pour finalement se faire évincer par Mercedes, qui a offert une somme plus élevée. Dans *Wall Street*, Michael Douglas désigne le magazine *Fortune* comme la bible en matière d'information financière plutôt que *Forbes*, car le premier a offert plus d'argent[31]. Une telle concurrence fait grimper les prix, sans garantir que les produits seront placés.

Des placements négatifs Des produits apparaîtront parfois dans des films qui n'auront pas la faveur populaire ou que l'audience détestera. Dans le film *Porté disparu* (*Missing*), par exemple, un père loyal se réconforte en buvant une bouteille de Coke, alors qu'une distributrice de Pepsi apparaît dans un stade où l'on torture et tue des gens. Il ne s'agissait pas d'un bon placement pour Pepsi !

Comment mesurer l'audience du placement de produit

À ce jour, le placement de produit ne dispose d'aucun mode d'évaluation de l'audience dûment établi, sauf des données en provenance des fournisseurs. La décision de l'annonceur éventuel repose sur ses instincts créateurs ou sur la crédibilité de la source. Cependant, au moins deux études ont démontré l'efficacité potentielle du placement de produit. Une recherche d'Eva Steortz révèle qu'en ce cas le taux de rappel moyen des spectateurs est de 38 %[32]. David Darlin, de son côté, a fourni la preuve qu'une aura de prestige entoure les produits associés à des célébrités[33].

RÉSUMÉ

Nous avons traité de plusieurs médias hors domicile et de médias d'appoint. Parmi les médias hors domicile, on trouve la publicité extérieure, la publicité dans les transports en commun, la publicité sur les lieux d'affluence et la publicité sur le lieu de vente. Au nombre des médias d'appoint, nous avons parlé de la publicité par objet, des pages jaunes et du placement de produit. Alors qu'il s'agit de quelques exemples et avenues qui s'offrent aux gestionnaires du marketing, il semble que les possibilités soient parfois illimitées.

Ces médias présentent, dans leur ensemble, différents atouts. Le coût, la possibilité de joindre le public cible et la souplesse ne sont que quelques forces dont nous avons parlé dans ce chapitre. De plus, plusieurs des médias abordés ont fait la preuve de leur efficacité au chapitre de l'obtention de résultats positifs.

Chaque média, cependant, aura ses faiblesses. La principale faiblesse de la plupart tient sans doute à l'absence de méthode pour mesurer et vérifier l'audience. L'annonceur est contraint de prendre ses décisions sans information précise ou en se fondant sur des renseignements fournis par les médias. À mesure que se poursuivra l'expansion des médias, on peut prévoir que leurs principales faiblesses seront contrées.

MOTS CLÉS

- affichage-abribus
- affichage ambulant
- affiche de rue
- affiche extérieure d'autobus
- affiche intérieure d'autobus
- média d'appoint
- média directionnel
- média hors domicile
- murale
- pages jaunes
- panneau-affiche
- panneau géant spécial ou superpanneau
- panneau lumineux
- placement de produit
- publicité dans les moyens de transport
- publicité mobile
- publicité par objet

QUESTIONS DE DISCUSSION

1 En quoi consiste la publicité par objet ? Énumérez quelques avantages et inconvénients de ce média, et fournissez quelques exemples où il serait indiqué d'y faire appel.

2 Discutez de quelques avantages de la publicité dans les avions. Quels genres de produits pourraient profiter de ce média ?

3 Montrez comment on pourrait incorporer divers médias d'appoint à un programme de CMI. Choisissez trois des médias dont il a été question dans ce chapitre. Expliquez comment on pourrait les incorporer à un programme de CMI vantant un constructeur d'automobiles, un fabricant de téléphones cellulaires et un fournisseur de services Internet.

4 Une stratégie est répandue parmi les annonceurs. Elle consiste à faire figurer leurs produits dans des émissions de télévision et dans des films. Discutez des avantages et des inconvénients pouvant naître de ce genre d'exposition.

5 Les pages jaunes constituent un média publicitaire très efficace pour quelques entreprises. Expliquez les raisons de leur efficacité. Ce média comporte-t-il des limites ? Le cas échéant, lesquelles ?

6 Discutez des avantages et des inconvénients découlant de la publicité dans les salles de cinéma. Pour quels genres de produits ou de services ce média pourrait-il être le plus efficace ?

7 En quoi les médias sur les lieux d'affluence consistent-ils ? À quel genre d'annonceur pourraient-ils profiter ?

PARTIE 5
Le renforcement du message

Chapitre 13	La promotion des ventes	407
Chapitre 14	Les relations publiques	459
Chapitre 15	Le marketing direct	491
Chapitre 16	La communication virtuelle et les médias interactifs	517

CHAPITRE 13
La promotion des ventes

OBJECTIFS D'APPRENTISSAGE

- Comprendre le rôle de la promotion des ventes dans un programme de communications marketing intégrées (CMI) et les raisons de son importance grandissante.

- Examiner les objectifs, ainsi que les éléments stratégiques et les tactiques d'un plan de promotion des ventes.

- Présenter les principales stratégies promotionnelles mises en œuvre, tant auprès des consommateurs que des intermédiaires, et examiner leur pertinence.

- Décrire les grands enjeux de la promotion des ventes liés aux CMI.

MISE EN SITUATION

Au cœur de la jungle urbaine

Le Centre Eaton de Montréal est un centre commercial situé sur un axe principal où l'on circule beaucoup. À quelques pas, on trouve le quartier des affaires, ainsi que deux des universités de la ville. Le Centre possède également un accès direct à la station de métro McGill, une station très fréquentée. Disposant d'une superficie totale de 268 000 pieds carrés à louer sur 5 étages, le Centre Eaton abrite 175 boutiques qui s'adressent surtout à une clientèle jeune et urbaine. Les ventes reposent ainsi, en majorité, sur de jeunes professionnels, puis sur les touristes et la clientèle de banlieue.

À l'automne 2002, les concurrents situés à proximité, la Place Montréal Trust et le Complexe Les Ailes, mettaient la touche finale aux travaux majeurs qui devaient rehausser leur positionnement sur le marché du centre-ville. Place Montréal Trust rénovait l'ensemble de son rez-de-chaussée pour ses nouveaux grands magasins et y installait une nouvelle aire de repas. Le Complexe Les Ailes, quant à lui, ouvrait, concurremment à son propre magasin de vente au détail, Les Ailes de la Mode, des bureaux et un espace commercial offrant divers services.

Pour rester compétitives sur ce marché en constante évolution, Zeina Barghout, directrice du marketing du Centre Eaton, et son agence de communication, Génération Pub, ont su concevoir une stratégie de marketing innovatrice. Une recherche a tout d'abord permis de préciser qui était la clientèle du Centre Eaton : un groupe jeune, urbain et à la mode – 62 % de la clientèle est féminine et 70 % des clients ont de 15 à 34 ans. Place Montréal Trust, elle, attire une clientèle plus âgée, alors que le Complexe Les Ailes est fréquenté par une clientèle plus aisée.

Sur la base de ces résultats, une nouvelle image « aspirationnelle » a été élaborée grâce à une campagne dont l'axe est bien résumé par le slogan : « Au cœur de la jungle urbaine ». Le Centre Eaton a pu ainsi mieux joindre son principal groupe cible. La stratégie média exploite des supports de communication urbains comme l'affichage et mise essentiellement sur une présence au centre-ville afin d'optimiser le rendement des placements publicitaires. Un matériel à fort impact (habillage de la station de métro McGill, affiche géante sur le Centre lui-même) et plusieurs campagnes promotionnelles ont favorisé la conversion des passants en acheteurs. Cette stratégie a permis d'atteindre les objectifs marketing du Centre Eaton, soit une augmentation de l'achalandage de 25 % et une hausse des ventes marquée pour plusieurs détaillants, alors que le marché lui-même était plutôt stagnant.

Pour stimuler les ventes des différents détaillants, on a imaginé une promotion intitulée « Quel type d'animal êtes-vous ? ». Cette promotion incitait les visiteurs et les clients à magasiner chez plusieurs détaillants dispersés sur les cinq étages du Centre Eaton. Un carnet avec cinq tampons représentant différents animaux (autruche, gazelle, lion, serpent ou singe) était distribué aux clients, qui pouvaient le remplir en visitant les boutiques du Centre Eaton, une façon de favoriser l'engagement des consommateurs, tout en encourageant l'achat, la fidélisation et la découverte du Centre. Un carnet complet permettait de participer à un tirage de 5 000 $ en chèques-cadeaux. En complément, pour souligner le lancement d'une nouvelle section de sa foire alimentaire, la Zone Urbaine de la Resto Zone, une escouade de lutins urbains, accompagnés de leurs chariots de Noël, ont remis à la clientèle du centre-ville des offres spéciales et des primes pour lui faire connaître les nouveaux comptoirs et lui faire redécouvrir les restaurants les plus populaires. Plusieurs dégustations de cuisine locale et internationale ont été prévues, de même qu'un tirage de 5 000 $ en chèques-cadeaux, juste à temps pour la période des fêtes.

Ces deux exemples montrent qu'une promotion bien pensée est en mesure d'inciter les consommateurs à l'achat, tout en les informant et en les intéressant, surtout quand elle est étroitement associée à une campagne cohérente de communications marketing intégrées.

Source : *Génération-Pub,* [en ligne], <www.generation-pub.com> (page consultée le 27 mars 2008).

Les gestionnaires du marketing reconnaissent désormais que la publicité seule ne suffit pas toujours à faire accourir les consommateurs dans les magasins. Souvent, une campagne publicitaire traditionnelle est ainsi doublée d'une promotion des ventes visant les consommateurs, les grossistes ou les détaillants, afin de stimuler la demande. De nos jours, la plupart des programmes de CMI comprennent des activités de promotion destinées aux consommateurs et aux intermédiaires, qui vont de pair avec la communication de masse, le marketing direct, les campagnes de relations publiques et le travail du personnel de vente.

Ce chapitre porte sur le rôle de la promotion des ventes dans un programme de CMI. Nous comprendrons pourquoi le gestionnaire du marketing fait appel à des promotions dans le but d'exercer une influence sur les décisions d'achat du consommateur, du grossiste et du détaillant. Nous examinerons les objectifs des programmes de promotion des ventes et nous analyserons les différents outils de promotion orientés vers les consommateurs et les intermédiaires. En outre, nous verrons comment intégrer la promotion des ventes aux autres éléments du mix promotionnel, et nous examinerons les effets pervers possibles des activités de promotion lorsqu'elles prennent une importance trop grande sur un marché.

La planification de la promotion des ventes

Les caractéristiques et les types de promotions des ventes

En premier lieu, la **promotion des ventes** fait appel à une forme d'incitation dont le rôle est de procurer une motivation supplémentaire et de favoriser l'achat[1]. En général, le stimulant constitue l'élément clé du programme de promotion et se présente sous la forme d'une réduction de prix, d'une participation à un concours, d'un remboursement, d'une quantité supplémentaire d'un produit, d'un échantillon gratuit ou d'une prime. On espère ainsi générer des ventes, mettre en évidence la marque et renforcer parfois son image. Les voitures de course miniatures NASCAR jumelées au détergent à lessive Tide en constituent un exemple. La plupart des promotions des ventes visent à accroître la valeur du produit ou du service, en général de façon limitée dans le temps, et à déclencher l'acte d'achat. La publicité s'adresse d'abord et avant tout à l'esprit et aux émotions pour stimuler l'achat; la promotion des ventes, de son côté, vise d'emblée le portefeuille.

La promotion des ventes fournit aussi une motivation supplémentaire aux intermédiaires, tels que les grossistes et les détaillants, afin qu'ils privilégient une marque. Une remise peut, par exemple, leur être consentie pour qu'ils assurent le stockage et la promotion des produits d'un fabricant. Puis, afin d'inciter les employés de ces détaillants à exécuter certaines tâches ou à atteindre certains objectifs de vente, on les invite à participer à un concours conçu expressément pour eux.

Promotion des ventes

Ensemble des activités marketing fournissant une valeur ou un incitatif, et dont le rôle est de stimuler à court terme les ventes.

Procter & Gamble distribue une prime afin d'inciter les consommateurs à se procurer le détersif Tide et l'assouplissant Downy.

Précisons que la promotion des ventes est avant tout élaborée afin d'*activer* le processus de vente et de maximiser leur volume[2]. En ajoutant un stimulant, les techniques de promotion des ventes sont susceptibles d'inciter le consommateur à acheter de plus grandes quantités d'un produit, à accélérer son cycle d'achat ou à ne plus différer le moment de cet achat.

Les entreprises font souvent appel aux offres d'une durée limitée afin d'accélérer le processus d'achat. Ces offres se présentent, par exemple, sous la forme d'une réduction de prix consentie aux détaillants et de coupons marqués d'une date de péremption[3]. Ce faisant, la promotion des ventes cherche à maximiser le volume des ventes en stimulant le consommateur qui n'aurait pas encore réagi à la publicité. Idéalement, elle génère des ventes qu'aucun autre moyen ne permettrait d'enregistrer. Toutefois, comme nous le verrons plus loin, ce sont les utilisateurs habituels d'une marque qui répondent la plupart du temps à ces offres, plutôt que de nouveaux consommateurs.

Les activités liées à la promotion des ventes sont aussi susceptibles de cibler différents membres du circuit de distribution. Comme il est possible de le constater grâce à la figure 13.1, on divise en général les activités de

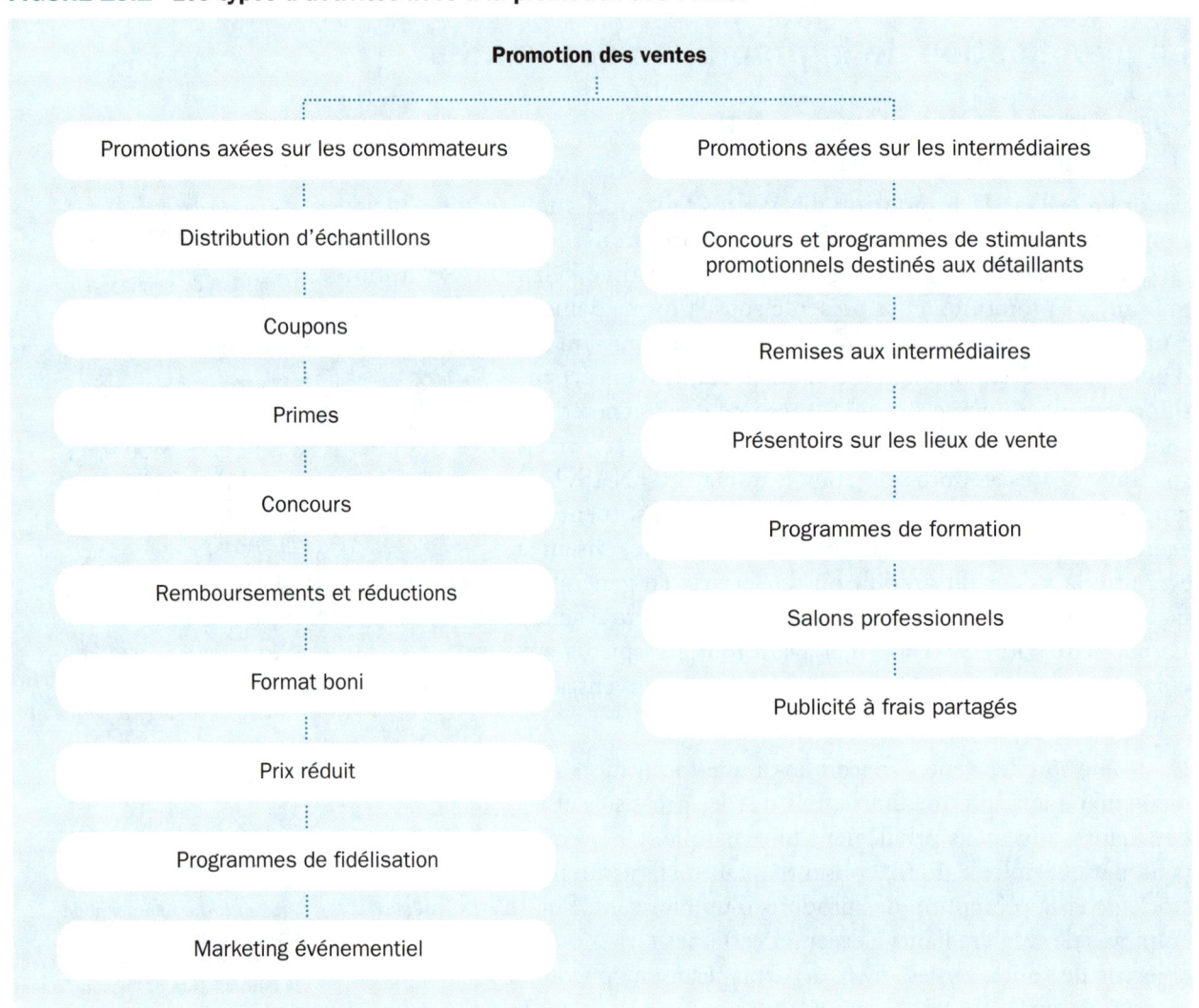

FIGURE 13.1 Les types d'activités liées à la promotion des ventes

Promotion des ventes

Promotions axées sur les consommateurs	Promotions axées sur les intermédiaires
Distribution d'échantillons	Concours et programmes de stimulants promotionnels destinés aux détaillants
Coupons	Remises aux intermédiaires
Primes	Présentoirs sur les lieux de vente
Concours	Programmes de formation
Remboursements et réductions	Salons professionnels
Format boni	Publicité à frais partagés
Prix réduit	
Programmes de fidélisation	
Marketing événementiel	

promotion des ventes en deux grandes catégories : la promotion des ventes axée sur les consommateurs et celle axée sur les intermédiaires. La promotion des ventes axée sur les consommateurs comprend la distribution d'échantillons gratuits, le couponnage, les primes, les concours, les remboursements, les réductions, les formats bonis, les prix réduits et certaines formes de marketing événementiel. Conçues en vue de motiver les consommateurs à se procurer une marque, ces promotions ciblent les consommateurs finaux des produits et des services.

La promotion des ventes axée sur les consommateurs fait partie intégrante de la stratégie d'aspiration ; de concert avec la publicité, elle incite le consommateur à se procurer une marque, créant ainsi une demande. Le détaillant fait aussi appel à la promotion des ventes pour encourager le consommateur à effectuer ses achats dans son établissement. De nombreuses épiceries, par exemple, distribuent des bons de réduction, commanditent des concours ou orchestrent d'autres promotions afin d'accroître l'achalandage de leur commerce.

Dans les faits, un programme de communication marketing comporte souvent un volet promotionnel destiné aux consommateurs ainsi qu'un volet conjoint destiné aux intermédiaires. C'est la **promotion des ventes axée sur les intermédiaires**. L'efficacité du programme de promotion passe en général par la motivation de ces deux groupes.

L'essor de la promotion des ventes

La promotion des ventes fait depuis longtemps partie des activités traditionnelles du marketing. Son rôle au sein des programmes de CMI s'est cependant accru au cours de la dernière décennie.

Sur le plan économique, la forte hausse des dépenses de consommation a contribué à la croissance du secteur de la promotion des ventes. Les fabricants de biens de grande consommation demeurent ceux qui recourent le plus aux programmes de promotion. Ces programmes, cependant, gagnent aussi les secteurs des soins de santé, des logiciels, de l'électronique et des services publics déréglementés[4].

L'enveloppe globale consacrée à la promotion des ventes a ainsi augmenté. Les études annuelles réalisées par la firme Carol Wright Promotions, qui portent sur les dépenses en communications marketing des principaux fabricants de biens de grande consommation, divisent celles-ci en trois catégories : la promotion auprès des intermédiaires, la promotion auprès des consommateurs et la publicité de masse. Les résultats obtenus indiquent que, si le pourcentage du budget de communication attribué à la promotion auprès des consommateurs est demeuré stable au cours de la dernière décennie, le pourcentage alloué à la promotion auprès des intermédiaires a, pour sa part, augmenté de façon considérable.

Cette hausse des dépenses en faveur de la promotion auprès des intermédiaires s'est faite presque exclusivement au détriment de la publicité traditionnelle de masse. Dans un proche avenir, les gestionnaires du marketing prévoient toutefois une légère baisse des dépenses promotionnelles visant les intermédiaires. Cette baisse devrait se traduire par des hausses équivalentes des budgets alloués à la promotion ciblant les consommateurs

Promotion des ventes axée sur les intermédiaires

Programme reposant sur des concours et des stimulants destinés aux détaillants, des remises, des présentoirs sur les lieux de vente, des programmes de formation, des salons, de la publicité collective et d'autres programmes conçus en vue de motiver les distributeurs ou les détaillants à proposer un produit et à le promouvoir auprès de leur clientèle.

et à la publicité de masse. Cette évolution ne constitue pas pour autant un renversement de tendance. Nombre de facteurs expliquent en effet le désinvestissement dans le domaine de la publicité de masse au profit de la promotion des ventes, entre autres le pouvoir croissant des détaillants, le recul de la loyauté envers les marques, la prolifération de celles-ci, la fragmentation des marchés, l'accent mis sur les objectifs opérationnels à court terme et une concurrence exacerbée.

Le pouvoir grandissant des détaillants

L'effritement du pouvoir des fabricants au profit des détaillants constitue l'une des raisons expliquant la popularité grandissante de la promotion des ventes. Pendant nombre d'années, les fabricants de marques nationales jouissaient d'un pouvoir et d'une influence considérables ; les détaillants n'étaient alors que les simples distributeurs de leurs produits. En conséquence, les fabricants de produits de consommation ont stimulé la demande en faveur de leurs marques, en déployant l'artillerie lourde de la communication de masse, jumelée à des promotions auprès des consommateurs, dont la distribution d'échantillons, de coupons et de primes. Ils ont aussi exercé des pressions sur les détaillants afin qu'ils valorisent leurs produits. Ces derniers fondaient alors peu leurs actions sur des recherches ou des analyses des ventes ; ils se fiaient aux données sur le rendement de chaque marque que leur fournissaient les fabricants.

Ces dernières années, de nombreuses innovations ont contribué à déplacer le pouvoir des fabricants au profit des détaillants. Avec l'avènement des lecteurs optiques et des systèmes informatiques perfectionnés, les détaillants sont en mesure de mieux comprendre les déterminants de la vitesse de roulement de leurs stocks et de déterminer précisément les promotions qui portent des fruits ou les produits qui leur permettent d'engranger des bénéfices[5]. Les détaillants se fondent aujourd'hui sur ces renseignements pour analyser leurs ventes et exiger des résultats plus probants de la part des fabricants. De nos jours, les entreprises ne satisfaisant pas à ces nouvelles exigences voient l'espace qui leur est réservé en magasin se réduire, sinon disparaître.

La consolidation du secteur de la grande distribution, avec l'émergence de chaînes plus imposantes, jouissant d'un plus grand pouvoir d'achat, a eu pour effet d'accroître encore le pouvoir des détaillants. Ces grandes chaînes sont, pour la plupart, des habituées des promotions des ventes et sont en mesure d'exercer des pressions sur les fabricants pour qu'ils leur consentent des aubaines, des escomptes et des remises. Notons ici toutefois que certains distributeurs tendent à privilégier une approche inverse de «bas prix de tous les jours». Forts de cette consolidation, les détaillants disposent en outre d'un plus grand nombre de moyens pour promouvoir leurs marques maison déjà bien établies. Les marques maison, que l'on trouve dans plusieurs catégories de produits tels les aliments, les produits pharmaceutiques ou les produits de beauté, livrent une concurrence accrue aux marques nationales en matière d'espace d'étalage et de marketing. En définitive, l'essor des marques maison oblige les grandes marques nationales, autant que celles de second rang, à s'en remettre à des programmes de promotion plus novateurs et à offrir un rapport qualité-prix plus avantageux[6].

Un recul de la loyauté à l'égard de la marque

Les gains de la promotion des ventes s'expliquent aussi par la loyauté de plus en plus faible des consommateurs à l'égard de la marque. On trouve toujours, bien sûr, des consommateurs désireux d'acheter leur marque préférée au prix courant sans le soutien d'aucune offre promotionnelle. De nombreux consommateurs, cependant, font leurs emplettes avec des coupons ou encore recherchent systématiquement les aubaines. Ils se procurent ainsi indifféremment diverses marques pour peu qu'ils les jugent d'égale qualité et satisfaisantes, c'est-à-dire interchangeables. Ils changent alors de marques au profit de celles qui sont en solde ou pour lesquelles ils disposent d'un bon de réduction.

Des promotions qui gagnent en popularité

Si les gestionnaires du marketing intègrent de plus en plus souvent la promotion des ventes à leurs programmes marketing, c'est parce que les consommateurs répondent favorablement à ces actions promotionnelles. Une vaste étude menée en 1999 par Promotion Decisions, Inc. retrace le comportement d'achat de plus de 33 000 consommateurs et analyse leurs réactions aux promotions. En conclusion de cette étude, les auteurs ont constaté que 42 % du volume des ventes globales des 12 produits ayant fait l'objet de l'étude était attribuable à une forme d'incitatif, alors que 58 % se rapportait au prix courant. Les coupons, en particulier, avaient la faveur des consommateurs, 24 % du volume des ventes leur étant attribuable[7].

On explique par l'argent qu'ils économisent la sensibilité accrue que manifestent les consommateurs à l'égard de la promotion des ventes. Cette sensibilité s'explique aussi par le fait que la majorité des décisions d'achat sont prises sur le lieu de vente par des consommateurs de plus en plus sensibles au temps, et qui se trouvent confrontés à un éventail souvent trop large de produits. Selon certaines études, près de 70 % des décisions d'achat se prennent sur les lieux de vente[8]. Devant une relative indifférenciation des produits et des services, acheter une marque en solde permet de simplifier le processus décisionnel et de résoudre le problème posé par un choix trop abondant. Le professeur Leigh McAlister décrit ainsi ce processus :

> Les consommateurs qui passent dans les allées d'un supermarché consacrent de 3 à 10 secondes à chaque catégorie de produits. Ils ignorent souvent le prix courant du produit qu'ils choisissent. Toutefois, ils savent si ce produit est offert en promotion ou pas. Ainsi, alors qu'ils circulent dans les allées, ils tentent de remplir leurs paniers de bons produits sans s'adonner à d'ennuyeux calculs. Ils sautent donc sur une aubaine quand ils en voient une[9].

La prolifération des marques

Depuis une dizaine d'années, la conception de nouveaux produits constitue un volet important de la stratégie de marketing de nombreuses entreprises. En raison de ce parti pris, chaque année, les fabricants de produits de grande consommation lancent davantage de nouveaux produits. Le marché est en conséquence saturé de nouvelles offres qui manquent souvent d'avantages distinctifs pouvant servir d'assise à une campagne publicitaire efficace. Les entreprises s'en remettent donc de plus en plus à la promotion des ventes pour inciter le consommateur à essayer ces nouveaux produits; les gestionnaires multiplient les distributions d'échantillons, de coupons, de réductions et de primes, ou font usage d'autres outils promotionnels novateurs afin de favoriser l'essai de ces nouvelles offres et la répétition des achats.

Les promotions permettent aussi d'obtenir que les détaillants allouent un espace d'étalage supplémentaire précieux à ces nouvelles marques. La concurrence est féroce afin d'obtenir un espace d'étalage suffisant pour de nouveaux produits: les supermarchés proposent aujourd'hui en moyenne 30 000 produits, en comparaison de 13 000 en 1982. Les détaillants donnent souvent la préférence aux nouvelles marques, dont le lancement est appuyé par une promotion des ventes musclée, ce qui a de bonnes chances d'accroître l'achalandage, de stimuler les ventes et de faire augmenter les bénéfices. Plusieurs détaillants exigent en outre des escomptes ou des remises des fabricants lorsqu'ils ajoutent un nouveau produit à leur offre existante. Ces remises, ou coûts de référencement, dont nous parlerons avec plus de précision par la suite, s'ajoutent aux coûts assumés par un fabricant lors du lancement d'un nouveau produit.

La fragmentation des marchés de consommation

À mesure que se fragmentent les marchés de consommation et que la publicité fondée sur les médias de masse devient moins efficace, les gestionnaires du marketing s'en remettent à des démarches plus pointues visant des cibles toujours plus étroites. De nos jours, plusieurs entreprises modèlent ainsi leurs activités de marketing en fonction de la réalité de leurs marchés régionaux. Les outils de promotion des ventes apparaissent comme des moyens privilégiés pour ce faire, avec, par exemple, la mise en place de programmes associés à des thèmes ou à des événements locaux. Ainsi, les chaînes de restauration rapide et les pizzerias à succursales multiples consacrent un fort pourcentage de leur budget de marketing à des promotions conjointes ou à frais partagés, dans le but d'augmenter leur achalandage et de favoriser leurs ventes dans une zone bien déterminée[10].

Afin de renouveler ou de renforcer l'intérêt envers la marque, la promotion des ventes fait souvent appel à des personnages populaires.

À ce qui précède il convient d'ajouter que les gestionnaires se tournent de plus en plus vers le marketing direct, une approche qui comporte souvent le recours à une forme ou une autre de promotion des ventes. De nombreux gestionnaires se servent en outre des renseignements obtenus au cours d'opérations de promotion pour établir des bases de données qui leur permettront par la suite de soutenir leurs stratégies de marketing direct. Si cette tendance se maintient et que les gestionnaires continuent de délaisser la communication de masse au profit du marketing direct, il n'y a aucune raison pour qu'ils cessent de se tourner vers les offres promotionnelles afin de recueillir une information essentielle et d'exploiter pleinement le potentiel d'une approche directe. L'évolution des technologies de l'information permet enfin de communiquer directement avec les consommateurs ciblés et de transformer des outils de promotion systématique en moyens de communication plus personnalisés[11].

Des objectifs à court terme

De nombreux spécialistes sont d'avis que les gains obtenus grâce à la promotion des ventes sont attribuables à des plans marketing favorisant un rendement à court terme et donc un accroissement à brève échéance du volume des ventes. Certains estiment que ce mode de gestion des marques de grande consommation conduit aujourd'hui à une impasse. Force est de constater que les chefs de marque recourent de plus en plus à la promotion des ventes, non seulement afin de lancer de nouveaux produits ou de contrer la concurrence, mais aussi pour atteindre des objectifs de vente trimestriels ou annuels toujours plus importants. De leur côté, les distributeurs exercent des pressions importantes sur ces responsables du marketing afin qu'ils instaurent des programmes de promotion, ce qui peut se révéler contradictoire au développement de la valeur de la marque à plus long terme.

De l'avis de plusieurs gestionnaires, les promotions auprès des intermédiaires et des consommateurs constituent les meilleurs outils pour générer des ventes à court terme, en particulier lorsque la décision des consommateurs se fonde sur le prix. Ce recours fréquent à la promotion des ventes est très présent sur les marchés de produits non différenciés, ainsi que sur les marchés où la croissance est lente et où l'on peut difficilement stimuler la demande des consommateurs par le biais de la publicité. Encore une fois, certains s'inquiètent du fait que les gestionnaires se tournent trop souvent vers les promotions, comme s'il s'agissait de solutions miracles. À leurs yeux, une marque trop souvent soldée perd de sa valeur.

Une responsabilité accrue

En plus de s'assurer que les gestionnaires du marketing et le personnel de vente obtiennent de bons résultats à court terme, de nombreuses entreprises scrutent à la loupe leurs frais promotionnels. Les gestionnaires doivent ainsi souvent répondre de l'efficacité des sommes injectées dans la promotion des ventes. La direction de ces entreprises, dans le contexte de l'atteinte de ses objectifs financiers, se montre très attentive à la corrélation entre les sommes allouées à la promotion, le chiffre d'affaires et la rentabilité.

Les gestionnaires devant répondre de leurs résultats dans un tel cadre se tournent souvent vers des opérations promotionnelles à très court terme. Celles-ci permettent en effet d'enregistrer un bond rapide et facilement quantifiable du chiffre d'affaires. Ces responsables du marketing n'ont plus, ainsi, à espérer les incidences à moyen ou à long terme d'une campagne publicitaire, et ils peuvent compter sur des retombées immédiates et plus faciles à mesurer. Une pression en ce sens est aussi exercée par les intermédiaires, qui exigent un rendement avantageux pour chaque marque. Grâce à des lecteurs optiques permettant d'obtenir des données en temps réel, les détaillants sont en effet en mesure de suivre le déroulement des opérations de promotion et d'observer les résultats obtenus au jour le jour.

La concurrence

La confiance qu'accordent les fabricants aux promotions destinées aux intermédiaires et aux consommateurs afin d'obtenir ou de conserver un avantage concurrentiel explique aussi la popularité de la promotion des ventes. Les marchés de nombreux produits sont parvenus à maturité, et il devient de plus en plus ardu d'accroître les ventes en s'en remettant simplement à la publicité. Il est très difficile de concevoir des idées accrocheuses et inventives, et les consommateurs prêtent de moins en moins attention à la communication de masse. Plutôt que de consacrer des sommes importantes à la diffusion de publicités ennuyeuses, de nombreux gestionnaires ont ainsi privilégié des approches plus directes, dont la promotion des ventes.

Soulignons enfin que, soucieuses de déterminer la nature de leurs promotions en fonction de leurs principaux clients et d'établir des alliances stratégiques avec les détaillants, de nombreuses entreprises se sont tournées, ces dernières années, vers le comarketing. On parle de comarketing lorsqu'un fabricant et un détaillant collaborent en vue de mettre en place une promotion qui sert des objectifs communs.

Comarketing
Ensemble des techniques et des moyens d'action mis en œuvre lorsqu'un fabricant et un détaillant collaborent en vue d'organiser une promotion servant leurs objectifs communs.

Une surcharge promotionnelle

Intégrer une offre promotionnelle à une publicité traditionnelle permet souvent de se démarquer du lot. Une prime ou un concours attirent en général l'attention du consommateur sur une publicité. Selon certaines études, le lectorat s'intéresse davantage aux publicités imprimées accompagnées de coupons qu'à celles qui n'en comportent pas[12]. Toutefois, des études récentes effectuées par Starch INRA Hooper ont infirmé ces résultats. Elles laissent à penser que les publicités jumelées à des coupons paraissant dans les magazines n'attirent en fait pas davantage l'attention des lecteurs[13].

Une définition étroite des publics cibles

La plupart des entreprises dirigent leurs activités de marketing vers des segments de marché précis et sont constamment à la recherche de nouveaux moyens d'atteindre leurs publics cibles. Or, les gestionnaires du marketing savent fort bien que les outils de promotion des ventes que sont les concours, les événements, les coupons et la distribution d'échantillons constituent des moyens très efficaces de joindre des marchés qui se distinguent sur les plans géographique, démographique, psychographique ou ethnique. Les programmes de promotion des ventes sont en outre susceptibles de permettre le ciblage d'acheteurs en fonction de leur consommation. La réaction à l'effort promotionnel des non-utilisateurs, des petits utilisateurs ou des grands utilisateurs n'est ainsi pas la même.

Faire de la promotion, c'est aussi, parfois, créer un événement en animant le lieu de vente. Ici, l'escouade des lutins se prépare à passer à l'action au cours d'une opération promotionnelle au Centre Eaton.

La promotion des ventes et la publicité

Aujourd'hui, certains responsables du marketing et de la publicité se préoccupent des répercussions sur le *capital de marque* de l'importance prise par les activités promotionnelles dans le cadre de l'allocation du budget de communication global. Nous l'avons vu au chapitre 2, le capital de marque est un avoir incorporel. Il se compose de la valeur ajoutée ou de la cote d'estime découlant d'une image favorable ou d'impressions distinctives.

Certains experts font valoir que le recours de plus en plus fréquent à la promotion des ventes se fait au détriment du capital de marque et que les sommes consacrées à la promotion plutôt qu'à la publicité ont pour effet de dévaluer la marque à moyen ou à long terme[14]. À leur avis, la promotion des ventes, en particulier, contribue à la dévaluation d'une marque et de son capital, car elle incite le consommateur à effectuer ses achats principalement en fonction du prix.

De l'avis des défenseurs de formes de publicité plus traditionnelles, il est nécessaire de maintenir un capital de marque fort pour profiter d'un avantage de différenciation et donc, en définitive, de prix. À leurs yeux, la communication de masse demeure encore le meilleur moyen de consolider la valeur d'une marque à long terme, car elle informe le consommateur des caractéristiques et des avantages de la marque. Elle permet en outre de créer une image forte et contribue à la fidélisation. Plusieurs gestionnaires du marketing ne croient toutefois plus aujourd'hui à cette logique d'investissement et privilégient délibérément des promotions de courte durée. Dans la première moitié des années 1990, par exemple, la société H. J. Heinz Co., dont les principaux produits se situent dans la catégorie du ketchup et des condiments, a consacré presque tout son budget de communication marketing à la promotion auprès des intermédiaires, tout en réduisant considérablement son budget de publicité[15]. En 1996, Heinz enregistrait un chiffre d'affaires de 9 milliards de dollars, mais n'en consacrait que 90 millions à la publicité de masse aux États-Unis. De l'avis de certains analystes, l'insuffisance de la somme affectée à la publicité a transformé les marques Heinz en de simples produits de commodité, avec pour conséquence de nuire au maintien de leurs prix. À la fin de cette décennie, Heinz a annoncé son intention de revoir à la hausse le budget de publicité de ses principaux produits. La communication nouvelle autour de marques telles que le ketchup Heinz vise d'abord à reconstruire leur capital et à les soustraire à une trop grande dépendance à l'égard de promotions destinées aux intermédiaires[16].

En général, les spécialistes du marketing s'entendent pour dire que la publicité tient un rôle important dans l'établissement et le maintien de l'image ou du positionnement d'une marque. Plusieurs redoutent que, si la tendance favorable à la promotion des ventes se confirme en défaveur de la publicité, les marques en arrivent à perdre le capital que cette publicité avait contribué à établir. Plusieurs de ces préoccupations sont justifiées. Il est cependant faux d'affirmer que toutes les activités relatives à la promotion des ventes diminuent nécessairement la valeur d'une marque.

La brasserie Coors Canada, par exemple, mise sur la promotion des ventes pour renforcer son capital de marque devant une concurrence féroce. Il y a quelques années, Coors instaurait ainsi une opération de promotion annuelle, sa célèbre campagne Bouteille/Émetteur. Ces dernières années, Coors Canada a en fait consacré 25 % de son budget de marketing à la promotion des ventes, et 25 % de son budget médias de 4,8 millions de dollars au soutien de ces opérations. Un cadre résume la philosophie de l'entreprise de la façon suivante : « Nous escomptons que nos promotions à l'intérieur des caisses contribuent à la construction de notre capital de marque ; nous concevons des promotions dans le but de façonner notre image. » La campagne de la Coors Light au Québec en constitue un bon exemple. Pour l'occasion, on avait dissimulé des émetteurs dans des caisses de 12 et de 24 bières. Un système de localisation (GPS) permettait de localiser ces émetteurs grâce à un signal qui se déclenchait dès qu'une bouteille gagnante était décapsulée. Aussitôt, l'équipe Coors MusiquePlus se lançait à la recherche du gagnant, qui se voyait remettre sur-le-champ une invitation pour une soirée endiablée à Los Angeles[17].

Le plan de promotion des ventes

Dans la présente section, nous nous pencherons sur les divers éléments du plan de promotion des ventes. En premier lieu, nous traiterons de quelques-uns des objectifs d'un tel plan. Ensuite, nous démontrerons en quoi les décisions relatives à la promotion des ventes sont d'ordre stratégique. Pour terminer, nous parlerons des principales tactiques sur lesquelles reposent les promotions. Nous illustrerons ces propos en nous concentrant sur les marchés de grande consommation. Vous pourrez facilement les transposer aux intermédiaires par la suite.

Les objectifs de la promotion des ventes auprès des consommateurs

Devant la constante progression des techniques de promotion, les entreprises doivent prendre soin de bien définir les objectifs qu'elles souhaitent atteindre et la manière dont ces activités entrent en interaction avec d'autres éléments de communication, par exemple la publicité, le marketing direct ou la vente personnelle. Lorsqu'il met en œuvre des programmes de promotion des ventes sans envisager les incidences cumulatives à long terme sur l'image de la marque ou son positionnement, le gestionnaire confond parfois dangereusement les hausses de courte durée de la courbe des ventes avec les tendances à long terme.

Les activités de promotion des ventes ne visent pas toutes les mêmes objectifs. Comme c'est le cas pour tous les éléments du mix de communication, le gestionnaire doit planifier ses activités de promotion après avoir procédé à une analyse détaillée de la situation et déterminé le rôle précis de ces actions lors de l'élaboration du programme de CMI. L'établissement d'objectifs nettement définis et quantifiables oblige le concepteur du programme de promotion des ventes à proposer plus que des solutions de courte durée, bien qu'il puisse aussi s'agir là d'un objectif envisageable.

Alors que l'objectif premier de la plupart des stratégies de promotion des ventes destinées aux consommateurs est de favoriser l'achat d'une marque, le gestionnaire peut enfin poursuivre d'autres objectifs selon qu'il s'agit de produits nouveaux ou de produits établis. À cet égard, nous nous appuierons sur les idées présentées au chapitre 6 pour démontrer en quoi la promotion des ventes peut contribuer à la réalisation d'objectifs liés à l'attitude et au comportement de l'acheteur.

L'achat en vue de l'essai d'un produit

Les techniques de promotion des ventes ont souvent comme raison d'être d'inciter le consommateur à faire l'essai d'un nouveau produit ou service. Alors que des milliers de nouveaux produits font leur apparition chaque année, au moins 90% d'entre eux ne survivront pas plus de 12 mois.

Plusieurs de ces échecs sont attribuables au fait que ces marques ou ces produits nouveaux ne jouissent pas du soutien promotionnel nécessaire pour inciter un nombre suffisant de consommateurs à se les procurer pour les essayer ou pour encourager ceux qui en ont fait l'essai à racheter la marque. Souvent, ces nouveaux produits ne sont pour ainsi dire que des versions à peine différentes de produits existants, dénuées d'avantages propres, de sorte que la publicité seule est inapte à en stimuler la demande. Les outils de promotion comptent désormais parmi les éléments importants des stratégies de lancement de nouvelles marques ou de nouveaux produits. On favorise les premiers essais en faisant appel à des techniques telles que la distribution d'échantillons gratuits, le couponnage et les offres de remboursement.

Il est aussi important de fixer un objectif lié à l'essai d'un produit lorsqu'on conçoit une promotion pour attirer vers une catégorie de produits les consommateurs qui ne l'emploient pas encore. Il peut s'avérer très difficile d'intéresser les non-utilisateurs à une catégorie de produits, car ils n'en voient pas la nécessité. La promotion des ventes est susceptible d'attirer ces personnes en leur fournissant une raison de plus d'acheter le produit. La stratégie la plus répandue, pour accroître le chiffre des ventes d'une marque établie, consiste toutefois à attirer les consommateurs privilégiant une marque concurrente. L'entreprise peut y parvenir en leur fournissant un motif de changement, par exemple un coupon, une prime, un format boni ou une offre à prix spécial. Elle est aussi susceptible de convaincre les consommateurs d'une marque concurrente d'essayer une nouvelle marque en leur remettant des échantillons.

La répétition des achats

Si le succès d'une nouvelle marque repose en grande partie sur les premiers essais, il faut aussi qu'un pourcentage raisonnable de gens rachètent le produit et que ce réflexe s'inscrive dans leurs habitudes pour que le succès soit assuré à plus long terme. À cette fin, on jumelle souvent des programmes de stimulation promotionnelle, tels que des coupons ou des remboursements, à une offre d'échantillon afin de susciter une répétition de l'achat après un essai. Lors du lancement du pain de savon 2000, par exemple, Lever Brothers a distribué des millions d'échantillons gratuits jumelés à un coupon de 0,75 $. Les échantillons ont permis aux consommateurs d'essayer le nouveau pain de savon, alors que les coupons les incitaient à se procurer le produit par la suite.

L'entreprise peut en fait employer les outils de promotion des ventes de plusieurs manières afin de conserver ses clients du moment grâce à la répétition des achats. L'une de ces manières consiste à encourager le stockage. Promotions à rabais, coupons et formats bonis incitent alors le consommateur à faire provision d'un produit. À court et à moyen terme, celui-ci utilisera la même marque et se montrera naturellement beaucoup moins susceptible d'en essayer d'autres. Il s'agit là d'une stratégie très utile, notamment lorsqu'on sait qu'un concurrent lancera bientôt une opération promotionnelle de grande envergure.

L'accroissement de la consommation

En règle générale, les marques établies livrent concurrence à d'autres marques, elles aussi bien établies sur des marchés parvenus à maturité, alors que les habitudes d'achat du consommateur sont fermement ancrées. Ces facteurs constituent un véritable défi pour le responsable d'une marque. Une promotion des ventes bien menée est susceptible d'insuffler un nouvel intérêt pour un produit connu chez les consommateurs ou les distributeurs, et de contribuer à accroître le chiffre des ventes ou à défendre sa part de marché contre les attaques des marques concurrentes.

Dans l'éventail de solutions qui s'offrent à un gestionnaire du marketing désireux d'accroître les ventes d'une marque établie, la promotion des ventes peut donc jouer un rôle important. Il est en outre possible de stimuler la consommation d'un produit en lui prêtant de nouveaux usages. Des outils de promotion tels que des livres de recettes ou des calendriers montrant différents emplois possibles d'un produit sont souvent à même de contribuer au succès d'une telle opération.

Le programme de soutien aux CMI et la consolidation du capital de marque

Un autre objectif des promotions destinées aux consommateurs est d'ajouter de la valeur aux activités de CMI. Jusqu'à récemment, la publicité seule se chargeait d'établir le capital d'image de la marque ou du produit. Toutefois, les techniques de promotion des ventes, telles que les concours et les primes, sont aussi susceptibles d'attirer l'attention sur une publicité, de favoriser l'implication envers le message, le produit ou le service, et de contribuer à créer des liens avec le consommateur.

Par exemple, au cours de sa campagne « *Coolest Car on Campus* », en septembre 2001, DaimlerChrysler a présenté ses nouveaux modèles PT Cruiser et Neon RT sur neuf campus canadiens durant la semaine d'initiation des étudiants de première année. Les étudiants étaient invités à peindre un véhicule PT Cruiser avec de la peinture au latex. Par la suite, les étudiants déguisés étaient pris en photo devant le véhicule peint, ces photos étant par la suite postées à leurs parents, accompagnées du commentaire suivant : « J'obtiendrai mon diplôme sous peu. » L'université gagnante remportait le véhicule en association avec son programme de prévention routière[18].

Les décisions stratégiques relatives à une promotion des ventes auprès des consommateurs

Les décisions stratégiques relatives à une promotion des ventes sont de trois ordres : le choix de l'outil de promotion des ventes, son application à la gamme de produits et son déploiement sur différents marchés.

L'éventail des stratégies de promotion des ventes

Les stratégies présentées à la figure 13.1, à la page 410, sont autant de solutions qui s'offrent au gestionnaire du marketing. Pour l'essentiel, son choix dépend des objectifs de promotion définis en fonction du public cible. Deux caractéristiques orientent le choix d'une stratégie sur ce plan : le degré selon lequel la promotion des ventes valorise la marque et le caractère incitatif immédiat ou différé de cette promotion.

Les caractéristiques d'une promotion visant la valorisation de la marque
La promotion visant à communiquer les attributs d'une marque et contribuant à la création et au renforcement de son identité est dite de « valorisation de marque[19] ». La promotion destinée aux consommateurs ne peut fidéliser ces

derniers à une marque de peu de valeur ou qui ne leur procure pas un avantage précis. Elle peut toutefois ajouter à la notoriété de la marque et, en communiquant ses principaux avantages et caractéristiques, contribuer à l'adoption d'une attitude favorable à son égard. Cette forme de promotion vise à asseoir une préférence à long terme et à atteindre un objectif important: l'achat du produit à prix courant, sans soutien promotionnel particulier.

On a longtemps considéré la valorisation d'une marque comme l'affaire exclusive de la publicité, alors que la promotion des ventes était reléguée à la simple stimulation des ventes à court terme. Aujourd'hui, on reconnaît que la promotion des ventes peut aussi servir à d'autres fins, dont la valorisation de la marque. Selon une étude, 88% des dirigeants de firmes de marketing croient ainsi que les promotions destinées aux consommateurs contribuent à la construction du capital de marque (58% d'entre eux estiment que les promotions destinées aux intermédiaires y contribuent aussi[20]). Voyons ce qu'en dit un spécialiste de la promotion des ventes:

> Le gestionnaire du marketing croyant au potentiel de la promotion des ventes dans le contexte d'une stratégie à long terme visant à valoriser une marque ne se limite pas à de simples tactiques de réduction des prix. Ce professionnel de la promotion dispose d'une variété de solutions afin de convaincre le consommateur, par exemple des concours, des événements particuliers, des primes ou des réductions. Il sait aussi que la campagne de promotion doit être en harmonie avec le positionnement de la marque et ses objectifs à long terme[21].

De nombreuses marques gagnent en popularité grâce à la mise en place de concours.

Les entreprises peuvent aussi faire appel à la promotion des ventes afin de communiquer le positionnement de leurs marques. La promotion orchestrée autour des usages potentiels du lubrifiant WD-40 constitue un bon exemple du positionnement et de la valorisation d'une marque auprès du consommateur. Le fabricant positionne sa marque au premier rang des produits qui nettoient, protègent, pénètrent et lubrifient les surfaces, en plus d'en chasser l'humidité. La stratégie marketing consiste ici à promouvoir la pléthore d'usages possibles du produit. Lors d'un concours lancé au tournant de 2000, on a demandé aux consommateurs de suggérer différents usages de ce lubrifiant afin de courir la chance de gagner des prix, notamment des appareils radio qui ont l'apparence d'une bombe de WD-40, des t-shirts, des casquettes et 10 000 $ en actions de l'entreprise. Ce concours renforçait le positionnement d'un produit dont un avantage important réside dans le fait qu'il est capable de résoudre un grand nombre de problèmes. Les consommateurs ont enfin été incités à se rendre sur le site Web de l'entreprise afin de remplir des bulletins de participation, tout en s'informant des caractéristiques du produit.

Les caractéristiques d'une promotion ne visant pas la valorisation d'une marque La promotion ne visant pas la valorisation d'une marque est souvent conçue afin d'accélérer la décision d'achat et de provoquer une hausse immédiate des ventes. Elle ne communique pas vraiment d'information au sujet des caractéristiques de la marque ou de ses avantages; en ce sens, elle ne contribue pas à créer son identité ou son image. Les prix d'aubaine, les formats bonis, les réductions et les remboursements constituent autant de techniques de promotion ne visant pas à valoriser une marque. La plupart de ces promotions incitent les consommateurs à acheter en fonction du prix plutôt que de la valeur de la marque.

Nombre de spécialistes de la promotion insistent toutefois pour que les gestionnaires du marketing recourent à la promotion des ventes en conservant le souci de valorisation de leurs marques et qu'ils profitent ainsi d'une dynamique favorable à long terme. Alors que les promotions ne visant pas la valorisation d'une marque ne font qu'*emprunter* des clients à d'autres marques, des activités de valorisation bien planifiées transforment des consommateurs indécis en clients fidèles. Les promotions à court terme, qui ne visent pas la valorisation d'une marque, ont bien sûr toujours leur place dans le cadre du mix promotionnel, en particulier lorsque les concurrents font appel à ces stratégies. Il est important, toutefois, d'être conscient de leurs limites au moment d'élaborer une stratégie à long terme.

Les caractéristiques d'un programme de stimulation promotionnelle
La promotion des ventes gratifie le consommateur, dans la mesure où il adopte un comportement donné, lors de l'achat d'une marque, par exemple. Le consommateur est alors récompensé sur-le-champ ou après un certain laps de temps. À l'aide d'une solide analyse de marché, le gestionnaire doit décider de l'équilibre souhaitable entre une stimulation immédiate et une stimulation différée. Sa décision dépend en grande partie de la cible visée et des objectifs comportementaux poursuivis.

Le tableau 13.1 associe les objectifs comportementaux aux outils promotionnels permettant de les atteindre. Il précise aussi si le stimulant remis au consommateur est immédiat ou différé[22].

Précisons que quelques-unes des techniques de promotion énumérées au tableau 13.1 sont citées à plus d'une reprise parce qu'elles servent plus

TABLEAU 13.1 Les outils de promotion des ventes auprès des consommateurs en fonction de divers objectifs

Stimulant offert aux consommateurs	Objectifs liés à la communication et au comportement		
	Offre d'essai	Répétition des achats	Programme de soutien aux CMI et consolidation du capital de marque
Immédiat	• Échantillons • Coupons instantanés • Coupons en magasin • Réductions en magasin	• Prix réduits • Formats bonis • Primes offertes à l'extérieur ou à l'intérieur du conditionnement • Programmes de fidélisation	• Événements • Primes offertes à l'extérieur ou à l'intérieur du conditionnement
Différé	• Coupons distribués dans les médias ou par voie postale • Remboursements et réductions par voie postale • Primes acheminées par voie postale • Coupons acheminés par Internet	• Coupons à l'extérieur et à l'intérieur du conditionnement • Remboursements ou réductions par voie postale • Programmes de fidélisation	• Primes autopayantes • Primes remises par voie postale • Concours • Programmes de fidélisation

d'un objectif, que la stimulation recherchée soit immédiate ou différée. Le consommateur participant à un programme de fidélisation commandité par un supermarché, s'il touche une remise à chaque achat, reçoit une récompense immédiate dont l'objectif est de préserver sa loyauté dans l'immédiat. D'autres programmes de fidélisation, par exemple ceux des transporteurs aériens, des sociétés de location automobile ou des hôtels, offrent pour leur part des récompenses différées à leurs clients assidus. Le consommateur doit alors accumuler un certain nombre de points avant de pouvoir profiter d'une réduction ou d'une gratuité. Le gestionnaire du marketing a aussi la possibilité de mettre en place un programme de fidélisation afin de valoriser la fidélité à une marque à plus long terme. Ainsi, la compagnie aérienne ou la société de location automobile qui permet à ses clients assidus d'accéder à un échelon de service supérieur comportant certains privilèges renforce ses liens avec ses consommateurs et valorise sa marque à leurs yeux.

Les choix promotionnels selon les gammes de produits

Au moment de décider d'une stratégie de promotion des ventes, on doit déterminer dans quelle mesure chaque outil de promotion est susceptible de s'appliquer aux différents formats, modèles ou variétés de produits. On prend ici trois grandes décisions. La première est de savoir si la promotion touche l'ensemble d'une collection ou seulement quelques produits. Si l'on retient cette solution, c'est-à-dire une application sélective, la deuxième décision correspond au choix des produits en cause. Le gestionnaire peut alors décider d'orchestrer une promotion autour des produits les plus populaires ou, à l'inverse, les plus impopulaires. La troisième question stratégique vise à déterminer si la promotion des ventes s'accompagne d'une présentation du produit conforme à son format habituel ou, au contraire, d'une version conçue expressément pour l'occasion. Une promotion est, en effet, parfois associée à un format particulier de présentation du produit, distinctif du format habituel. Au cours d'une récente opération de promotion des ventes, Kellogg's a, par exemple, réuni trois marques de céréales dans un même ensemble.

Les choix promotionnels selon les marchés géographiques

Une opération de promotion des ventes peut avoir lieu à l'échelle du pays ou seulement dans quelques régions. Les conditions économiques locales, en regard de la demande et de l'intensité de la concurrence, dictent en règle générale le degré d'adaptation en fonction de chaque marché géographique. D'instinct, on peut penser qu'orchestrer des promotions particulières dans différents marchés géographiques se traduit par des retombées optimales sur le plan de la communication et en ce qui a trait à l'atteinte des objectifs de vente. On doit toutefois considérer trois facteurs avant de choisir cette voie. En premier lieu, il faut être conscient que toute spécialisation régionale exige davantage d'engagement de l'équipe de gestion en ce qui concerne la planification et la mise en œuvre des activités promotionnelles. En deuxième lieu, atteindre des objectifs particuliers pour chaque région peut se révéler coûteux. On doit donc procéder avec soin à une analyse coûts-avantages. Enfin, il convient de s'assurer que les distributeurs nationaux sont disposés à soutenir des promotions différentes selon la région.

Les tactiques relatives aux promotions des ventes auprès des consommateurs

Chaque consommateur reçoit à de multiples reprises, tout au long de l'année, par de la publicité directe ou par d'autres moyens, un grand nombre de coupons dont la valeur d'échange oscille d'ordinaire entre 0,50 $ et 2,00 $. Plusieurs décisions d'ordre tactique sont à prendre dans le cadre de telles opérations, soit la valeur d'échange du coupon, le moment choisi et le circuit de distribution.

La valeur de l'incitatif promotionnel

Qu'il offre une réduction du prix d'achat grâce à une opération de publipostage ou qu'il orchestre une promotion valorisant un produit sur le lieu de vente, le gestionnaire du marketing doit décider de la juste valeur de son offre promotionnelle. Le coupon, par exemple, doit-il équivaloir à une remise de 10 % ou de 20 %? Cette décision dépend en partie du nombre de participants potentiels. Chaque consommateur participant ajoute bien sûr au coût global de la promotion. On peut aussi jouer sur des primes dont la valeur n'est pas qu'économique. Afin de favoriser les achats spontanés des jeunes consommateurs, les emballages de croustilles Hostess Frito-Lay, par exemple, contiennent parfois des articles à collectionner, dont des autocollants ou des répliques de personnages populaires. Ces promotions offrent, en général, une excellente visibilité sur le lieu de vente, retiennent facilement l'attention et répondent aux attentes des détaillants dont un des buts est d'écouler leurs marchandises le plus rapidement possible. En 2001, Hostess Frito-Lay a ainsi fait appel aux personnages des bandes dessinées de Marvel Comics pour illustrer ses conditionnements et ses présentoirs. L'entreprise a aussi offert des bandes dessinées à l'occasion d'un jeu-questionnaire présenté en collaboration avec la chaîne spécialisée Télétoon[23].

Le choix du moment

Le moment choisi pour orchestrer une promotion des ventes constitue une décision importante. Le gestionnaire du marketing doit décider du nombre de mois, de semaines ou de jours durant lesquels la promotion sera en vigueur. Il oriente son choix sur la base de critères saisonniers ou des habitudes de consommation. En général, le public cible et les objectifs poursuivis déterminent en grande partie la durée de la promotion. Supposons que le gestionnaire opte pour la distribution de coupons lors du lancement d'un nouveau produit. Dans ce cas, il doit déterminer l'intervalle de temps séparant deux opérations successives afin de favoriser, dans un premier temps, l'achat, puis, dans un deuxième temps, le réachat.

La distribution

La plupart des promotions impliquent une gestion logistique serrée. Comment la promotion joint-elle le consommateur? Comment le consommateur se rend-il sur les lieux de la promotion? Des coupons de tous genres peuvent être distribués de bien des façons, par exemple par le recours à une publicité directe ou postale, à la diffusion dans les journaux ou les magazines, etc. Pour d'autres formes promotionnelles, notamment les primes, les possibilités s'avèrent plus restreintes. Dans la prochaine section, nous aborderons quelques-unes des solutions de distribution ou de diffusion possibles pour chaque type de promotion des ventes. Nous les décrirons en détail en mettant en relief les forces et les faiblesses de chacune.

La promotion des ventes auprès des consommateurs

Le gestionnaire du marketing fait appel à diverses techniques de promotion des ventes pour répondre à de nombreux objectifs. La figure 13.2 illustre ces différentes techniques. Voyons-en quelques-unes de plus près.

FIGURE 13.2 Les types de promotions employées par les fabricants de produits de grande consommation

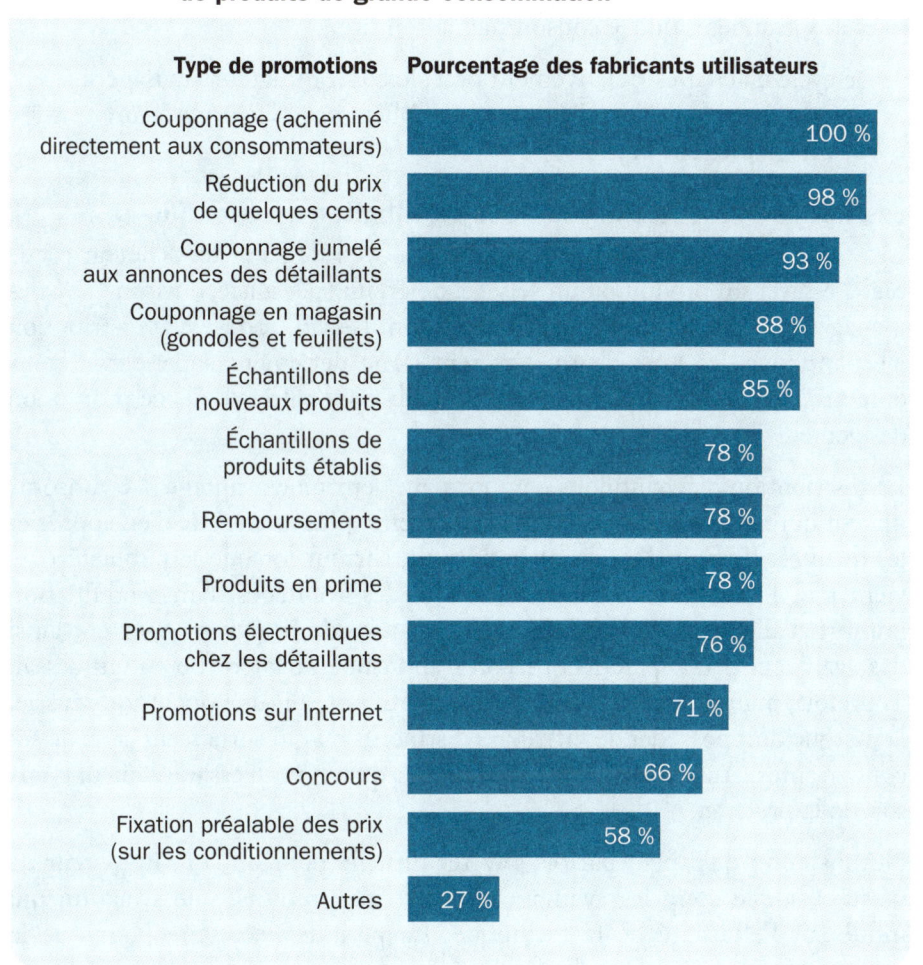

Type de promotions	Pourcentage des fabricants utilisateurs
Couponnage (acheminé directement aux consommateurs)	100 %
Réduction du prix de quelques cents	98 %
Couponnage jumelé aux annonces des détaillants	93 %
Couponnage en magasin (gondoles et feuillets)	88 %
Échantillons de nouveaux produits	85 %
Échantillons de produits établis	78 %
Remboursements	78 %
Produits en prime	78 %
Promotions électroniques chez les détaillants	76 %
Promotions sur Internet	71 %
Concours	66 %
Fixation préalable des prix (sur les conditionnements)	58 %
Autres	27 %

La distribution d'échantillons

En général, on considère que la **distribution d'échantillons** constitue le moyen le plus efficace de favoriser l'essai d'un produit, bien qu'il soit aussi le plus coûteux. Cette technique de promotion des ventes sert souvent à lancer un nouveau produit ou une nouvelle marque. Toutefois, comme on le constate grâce à la figure 13.2, il est aussi possible de distribuer des échantillons pour promouvoir des produits établis. Certaines entreprises évitent ce

Distribution d'échantillons

Procédé visant à remettre gracieusement au consommateur une petite quantité d'un produit dans le but de lui permettre d'en faire l'essai.

type d'opération, estimant qu'elles n'exercent aucun attrait réel pour les consommateurs satisfaits d'une autre marque. Ces échantillons se retrouvent alors entre les mains de leurs clients habituels, qui achèteraient le produit quoi qu'il advienne. Il peut en être autrement lorsqu'un produit subit des transformations importantes.

Les fabricants de produits de grande consommation tels que les aliments, les produits de santé non pharmaceutiques, les cosmétiques et les articles de toilette distribuent souvent des échantillons, ces produits répondant aux trois critères suivants d'un programme d'échantillonnage réussi.

1. La valeur unitaire des produits s'avère relativement peu élevée, de sorte que les échantillons coûtent peu.

2. Les produits sont divisibles, c'est-à-dire qu'on peut les fractionner en formats plus petits sans porter ombrage à leurs caractéristiques et aux avantages que le consommateur en tire.

3. Le cycle d'achat est relativement bref; le consommateur envisagera donc un achat à brève échéance et n'oubliera pas la marque avant ses prochaines emplettes.

Les forces et les faiblesses de la distribution d'échantillons

Les échantillons constituent un excellent moyen d'inciter un acheteur éventuel à essayer un produit ou un service. Selon un spécialiste, environ 75 % des ménages qui reçoivent un échantillon en font l'essai[24]. Grâce à la distribution d'échantillons, les taux d'essai s'avèrent donc nettement supérieurs à ceux obtenus à l'aide de la publicité traditionnelle ou d'autres outils de promotion des ventes.

La distribution d'échantillons comporte un deuxième avantage. Le consommateur qui fait l'essai d'une marque est en effet plus en mesure d'en apprécier les qualités. Il s'agit d'un atout important, surtout lorsque la publicité parvient mal à décrire les caractéristiques ou les avantages d'un produit. Bon nombre d'aliments, de boissons et de produits de beauté comportent ainsi des avantages peu apparents que l'on n'apprécie que lorsqu'on en fait l'essai. Toutefois, pour que la distribution d'échantillons soit une opération réussie, la marque doit posséder des attributs distinctifs ou qui surpassent ceux de ses concurrentes. Autrement, le consommateur qui en fait l'essai n'a aucune raison de la préférer.

Notons enfin qu'il peut parfois s'avérer difficile pour un consommateur de mesurer sur le coup les avantages de certains produits, une situation qui influe sur l'efficacité de la technique. La période nécessaire pour que le consommateur apprécie vraiment les bénéfices d'un produit peut impliquer qu'on lui fournisse une quantité de produit trop importante. On peut penser, par exemple, à une crème antirides qu'il faudrait employer pendant quelque temps avant de constater un véritable résultat.

Les techniques de distribution d'échantillons

Le choix de la méthode de distribution des échantillons constitue une décision d'une grande importance. La méthode retenue importe, non seulement au chapitre des coûts, mais aussi parce qu'elle a une incidence sur le type de consommateurs recevant l'échantillon. Afin d'acheminer l'échantillon vers une cible aussi précise que possible, on fait souvent appel à la distribution sur le lieu de vente et à domicile, au jumelage avec d'autres produits ou à l'envoi postal.

La distribution en porte-à-porte consiste à livrer le produit directement au domicile des consommateurs potentiels. Cette méthode de distribution se révèle très onéreuse pour ce qui est des frais de main-d'œuvre. Elle est cependant rentable lorsque le gestionnaire du marketing dispose de renseignements qui l'aident à bien circonscrire le public cible. On distribue aussi des échantillons aux résidences des consommateurs en les jumelant à des journaux, à des magazines, ou aux enveloppes et aux sacs promotionnels qu'ils reçoivent déjà. Au Canada, il est désormais possible de distribuer des échantillons à des groupes très restreints, et ce, à peu de frais[25].

On recourt souvent à la poste pour expédier des échantillons de produits légers, non périssables et de petite taille. Le principal avantage de cette méthode tient au contrôle qu'exerce le gestionnaire quant aux endroits où le produit est distribué. Bon nombre de gestionnaires s'en remettent à des programmes de localisation géo-démographique tels que Prizm et Microvision, afin de cibler leurs envois d'échantillons avec précision. Les principaux inconvénients de cette méthode sont liés aux restrictions de la Société canadienne des postes et à l'augmentation des tarifs postaux.

Des échantillons de produits acheminés par la poste.

La distribution d'échantillons sur le lieu de vente gagne en popularité, en particulier en ce qui concerne les produits alimentaires. Un gestionnaire du marketing peut, par exemple, retenir temporairement les services de représentants qui dressent une table ou un stand dans une épicerie et préparent de petites quantités de produits qu'ils offrent aux clients. Cette méthode s'avère notamment très efficace pour la promotion des produits alimentaires, car le consommateur est à même de déguster le produit pendant que la personne chargée de la démonstration lui fournit davantage d'information. Le représentant peut aussi remettre des coupons afin de stimuler l'achat immédiat de la marque. Si elle se révèle très efficace, cette méthode de distribution d'échantillons peut en revanche s'avérer onéreuse. En outre, elle exige une planification rigoureuse ainsi que la collaboration des détaillants.

Le jumelage d'un échantillon à un autre produit est une méthode couramment employée. Elle se révèle très rentable, en particulier pour le fabricant jumelant l'échantillon d'un nouveau produit à une marque de grande notoriété. Le désavantage de cette méthode tient à ce que l'échantillon est distribué uniquement au consommateur qui achète l'article auquel il est jumelé. Elle ne permet donc pas de joindre les non-usagers de la marque. Pour contrer ce problème, le gestionnaire du marketing peut élargir l'échantillonnage en jumelant le produit à plusieurs marques porteuses, voire à des produits de plusieurs fabricants.

La distribution d'échantillons au cours d'événements est de plus en plus populaire. Bon nombre de gestionnaires du marketing incluent ainsi la distribution d'échantillons au sein de programmes de CMI qui comprennent des événements ou d'autres activités mettant la marque en scène. Ils sont alors à même de distribuer des échantillons à l'intérieur des commerces, mais aussi pendant des concerts, des manifestations sportives ou autres.

Des échantillons de produits complémentaires sont joints au conditionnement de la cire protectrice Armor All.

La promotion des ventes **CHAPITRE 13** 427

La distribution directe d'échantillons est, quant à elle, facilitée par certains progrès techniques. À titre d'exemple, certaines entreprises envoient aujourd'hui des échantillons aux consommateurs qui les sollicitent en composant un numéro sans frais ou en postant une demande. Comme nous le verrons au chapitre 15, ces méthodes de distribution d'échantillons gagnent en popularité. Elles servent en effet un double objectif en s'avérant aussi utiles au gestionnaire désireux d'élaborer une base de données permettant, par la suite, la mise en œuvre d'opérations de marketing direct.

L'entreprise recourant à la distribution d'échantillons à des emplacements précis cherche souvent à joindre des consommateurs ne faisant pas usage du produit ou ceux employant une marque concurrente. Il existe des firmes spécialisées pour ce type de services. Nombre d'étudiants reçoivent en début de semestre des trousses d'échantillons contenant du dentifrice ainsi que du rince-bouche, des comprimés contre la migraine et un déodorant.

Les entreprises distribuent aussi des échantillons par Internet. Cette méthode permet de cibler étroitement les consommateurs, car elle leur laisse la possibilité de choisir les échantillons de produits qu'ils désirent. À l'automne 2000, Schick Canada mettait en place un site Web à partir duquel le consommateur pouvait commander un échantillon gratuit de son nouveau rasoir unisexe Xtreme III. Sur la page d'accueil, on apercevait des photos épurées du produit, ainsi qu'un homme et une femme pour indiquer clairement son caractère unisexe. Sur une autre page, quelques caractéristiques du rasoir étaient présentées, alors qu'une fenêtre apparaissant lors de la navigation permettait d'en commander un échantillon. Un hyperlien, www.canadianfreestuff.com, dirigeait également les internautes vers ce site. Au cours des trois premiers mois, Schick Canada a reçu près de 9 000 demandes d'échantillons.

D'autres démarches, alliant technologie et créativité, permettent l'élaboration de nouvelles méthodes de distribution d'échantillons ayant l'avantage d'être mieux ciblées. Kendall-Futuro, par exemple, commercialise les pansements adhésifs Curad. Cette entreprise a inséré des échantillons de pansements pour enfants et des coupons dans les emballages de 7,5 millions de Joyeux Festins McDonald's. Cette promotion conjointe a tellement mis en relief la nouvelle marque que les ventes ont dépassé les prévisions de 30 %[26].

Les coupons donnant droit à une réduction

Le coupon donnant droit à une réduction de quelques cents ou dollars à l'achat d'un produit est sans doute le plus ancien et le plus efficace des outils de promotion. Son origine remonte à 1895, alors que la C. W. Post Co. a décidé de joindre des coupons de un cent à ses boîtes de céréales aux raisins et aux noix. Ces dernières années, ce type de promotion a gagné en popularité auprès des consommateurs, ce qui peut expliquer pourquoi les fabricants et les détaillants y recourent fortement de nouveau afin de stimuler leurs ventes. Comme le démontre la figure 13.2, à la page 425, les coupons constituent l'outil de promotion des ventes le plus apprécié. Presque tous les fabricants de produits de grande consommation qui ont participé à l'enquête de Carol Wright y font appel.

Le nombre de coupons distribués aux consommateurs a grimpé à 2,67 milliards en 2001. Après avoir atteint un sommet de 3,3 milliards en 1996, la distribution de coupons a chuté pour atteindre 2,5 milliards en 1999 et en 2000. Selon la firme NCH Promotional Services, spécialisée dans ce domaine, plus de 80 % des consommateurs au Canada et aux États-Unis se servent occasionnellement de ces coupons, et près de 25 % affirment toujours faire leurs achats munis de coupons. En moyenne, la valeur nominale des coupons échangés en 1998 était de 1,25 $[27].

Les forces et les faiblesses des coupons

Les coupons présentent de nombreux atouts qui en font un outil de promotion des ventes populaire tant pour les nouveaux produits que pour les marques établies. Grâce à cet outil, on est tout d'abord en mesure de consentir une réduction aux seuls consommateurs qui accordent de l'importance au prix d'achat. En général, ces consommateurs achètent un produit parce qu'ils détiennent un coupon; ceux qui ne se préoccupent pas du prix se le procurent à prix courant. Le coupon permet aussi de réduire le prix de détail d'un produit sans compter sur la collaboration des détaillants, qui peut parfois s'avérer problématique.

Le coupon se classe au deuxième rang, derrière la distribution d'échantillons, des techniques promotionnelles favorisant l'essai d'un produit. Un coupon peut aussi favoriser le rachat après un premier essai. Plusieurs nouveaux produits sont par exemple accompagnés d'un coupon de quelques cents ou de quelques dollars, applicable lors d'un prochain achat.

Le coupon se révèle aussi utile à la promotion de marques établies. Il peut inciter le consommateur qui n'utilise pas une marque à en faire l'essai, à stimuler la répétition de l'achat chez l'usager habituel ou à obtenir de celui-ci qu'il essaie une version améliorée du produit. Un coupon est également susceptible de convaincre le consommateur d'une catégorie de produits d'essayer d'autres marques plus coûteuses. Les catégories de produits enregistrant le plus haut taux de succès en ce qui a trait au couponnage comprennent les couches jetables, dont 43 % des achats s'effectuent moyennant un coupon, les céréales pour le petit déjeuner (35 %), les détergents à lessive (29 %) et les déodorants (25 %). En ce qui concerne les catégories de produits pour lesquelles le couponnage remporte peu de succès, on compte les boissons gazeuses (8 %), les friandises (7 %) et la gomme à mâcher (2 %).

Le coupon présente toutefois quelques inconvénients. En premier lieu, il est souvent difficile d'évaluer correctement le nombre de consommateurs qui en feront usage et le moment où ils s'en serviront. On compte en général entre deux et six mois avant qu'un coupon soit échangé. Selon une étude sur l'échange des coupons d'Inman et McAlister, bon nombre de coupons sont en fait échangés peu avant leur date limite de validité[28]. Les gestionnaires du marketing tentent donc d'accélérer l'échange des coupons en écourtant la période de validité. En 2001, la durée moyenne de validité était de 234 jours.

Les coupons servant à attirer de nouveaux consommateurs posent un autre problème. Il est en effet malaisé d'empêcher les consommateurs habituels de la marque de s'en servir, eux aussi. General Foods, par exemple, a décidé de diminuer le nombre de coupons de son café Maxwell House après qu'une étude a démontré que ceux-ci étaient principalement échangés par les consommateurs habituels. Plutôt que d'attirer de nouveaux consommateurs, les coupons peuvent ainsi réduire la marge bénéficiaire de l'entreprise, les consommateurs qui les utilisent étant tout aussi susceptibles d'acheter le produit sans incitatif particulier.

Le couponnage implique en règle générale des coûts élevés pour un faible taux d'échange. Les frais d'un programme de couponnage comprennent la valeur nominale du coupon échangé ainsi que les frais de production, de distribution et de manutention. Le tableau 13.2 présente certains calculs relatifs à la détermination des coûts de programmes de couponnage – dans ce cas, un encart volant inséré dans le journal du dimanche correspondant à un coupon dont la valeur nominale moyenne est de 0,75 $. Un gestionnaire du marketing se doit de garder l'œil rivé sur ces coûts afin d'assurer la rentabilité de l'opération.

TABLEAU 13.2 Le calcul des coûts d'un programme de couponnage

Coût unitaire d'un coupon échangé	
1. Coût de distribution (tirage de 5 000 000 × 15 $/M)	75 000 $
2. Taux d'échange de 2 %	100 000
3. Coût d'échange (100 000 échanges × valeur nominale de 0,75 $)	75 000 $
4. Frais de manutention du détaillant et frais du fabricant (100 000 échanges × 0,10 $)	10 000 $
5. Coût global du programme (rubriques 1 + 3 + 4)	160 000 $
6. Coût de chaque coupon échangé (coût divisé par le nombre d'échanges)	1,60 $
7. Nombre de produits vendus moyennant échange (taux de remboursement frauduleux ou erroné évalué à 20 %) (100 000 × 80 %)	80 000
8. Coût pour chaque produit vendu (coût du programme divisé par le nombre de produits vendus)	2 $

La promotion fondée sur des réductions présentées sous forme de coupons s'expose aussi aux risques d'un remboursement frauduleux ou erroné de ceux-ci sans qu'ils soient compensés par l'achat du produit en promotion. Ce genre de problème survient notamment lorsque :

- le consommateur est remboursé à l'achat d'un produit ou d'un format auquel le coupon ne donne pas droit ;
- les commis échangent des coupons contre de l'argent comptant ;
- le directeur ou le propriétaire du commerce accepte et échange des coupons sans vendre le produit en cause ;
- des fraudeurs impriment des coupons et les vendent à des marchands malhonnêtes qui les échangent à leur tour.

Bon nombre de fabricants ont pour politique de ne rembourser aux détaillants aucune somme ou aucun coupon qui leur semblent suspects.

Toutefois, certaines entreprises se montrent moins pointilleuses, ce qui a pour conséquence de réduire leurs marges bénéficiaires. Les gestionnaires en viennent ainsi à prévoir un pourcentage de remboursements frauduleux ou erronés lorsqu'ils estiment les coûts d'un programme de couponnage. On est aujourd'hui en quête de techniques pour mieux contrôler l'échange des coupons, mais les problèmes précédemment évoqués persistent toujours.

La distribution des coupons

On distribue les coupons aux consommateurs de plusieurs façons, entre autres en les encartant dans les journaux de fin de semaine, en les expédiant par la poste ou en les insérant dans les magazines et les conditionnements de produits.

La méthode de distribution la plus répandue est sans doute l'encart dans les journaux, une méthode qui représentait plus de 55 % des coupons distribués en 2001. Plusieurs raisons expliquent cette popularité, notamment la grande qualité de l'impression, des frais de diffusion concurrentiels, une distribution quotidienne à l'échelle nationale et une bonne atteinte potentielle des marchés ciblés. Les coupons distribués de cette façon constituent aussi un bon argument de vente auprès des détaillants, en raison de l'appréciation dont ils jouissent chez les consommateurs et de leur distribution prévisible. Par contre, ces encarts volants correspondent à un taux de rachat ou d'échange qui ne dépasse pas 1 % en moyenne (*voir la figure 13.3*).

FIGURE 13.3 Les taux de rachat ou d'échange de coupons selon différents médias

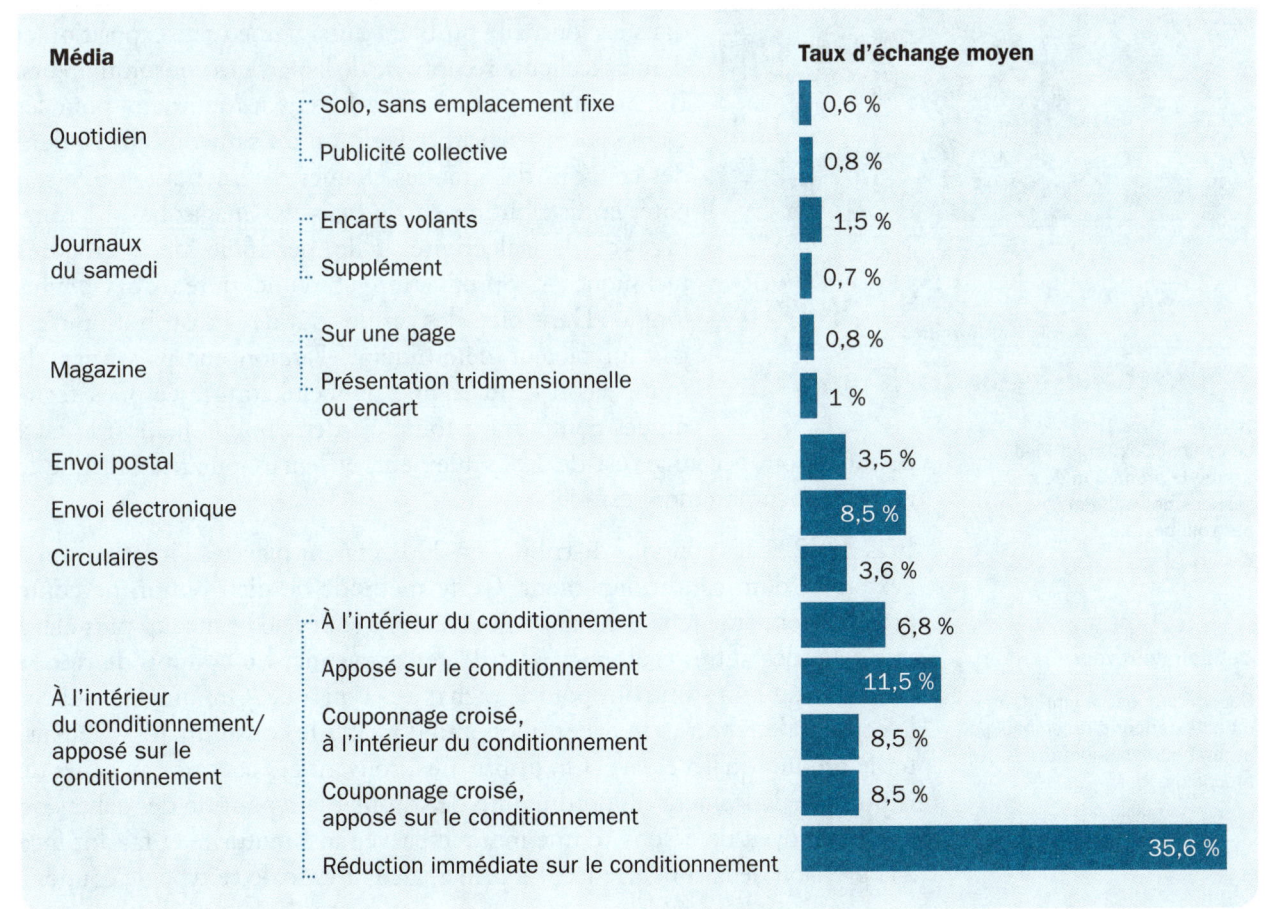

Média		Taux d'échange moyen
Quotidien	Solo, sans emplacement fixe	0,6 %
	Publicité collective	0,8 %
Journaux du samedi	Encarts volants	1,5 %
	Supplément	0,7 %
Magazine	Sur une page	0,8 %
	Présentation tridimensionnelle ou encart	1 %
Envoi postal		3,5 %
Envoi électronique		8,5 %
Circulaires		3,6 %
À l'intérieur du conditionnement/ apposé sur le conditionnement	À l'intérieur du conditionnement	6,8 %
	Apposé sur le conditionnement	11,5 %
	Couponnage croisé, à l'intérieur du conditionnement	8,5 %
	Couponnage croisé, apposé sur le conditionnement	8,5 %
	Réduction immédiate sur le conditionnement	35,6 %

Environ 5 % des coupons sont distribués par voie postale. La majorité provient de détaillants locaux ou est adjointe à des publipostages collectifs (le publi-sac, par exemple). Le couponnage par voie postale comporte plusieurs avantages. En premier lieu, on peut soit adresser l'envoi à une large audience, soit cibler des segments géographiques ou démographiques plus étroits. De plus, le couponnage par voie postale accuse un taux d'échange de près de 4 %, un taux beaucoup plus élevé que celui associé aux encarts volants. Il est en outre possible de jumeler un échantillon à un envoi de coupons par la poste, ce qui ne manque pas de retenir l'attention du consommateur. Le principal désavantage de cette méthode tient à son coût relatif par rapport aux autres modes de distribution. Ainsi, le coût par mille (CPM) de la distribution de coupons par publipostage collectif oscille entre 10 $ et 15 $, alors que les promotions ciblées plus étroitement coûtent entre 20 $ et 25 $, voire davantage. Le taux de rachat ou d'échange plus élevé des coupons acheminés par voie postale s'explique en outre par le fait que les consommateurs habituels de la marque les utilisent fréquemment.

Les résultats du couponnage dans les journaux et les magazines s'apparentent à ceux obtenus par voie postale. Cette méthode correspond à 6 % du nombre de coupons distribués en 2001. Les journaux constituent un bon réseau de distribution, en permettant notamment une meilleure sélectivité. Leurs courts délais d'exécution ou d'impression sont synonymes de souplesse, et les possibilités de publicité collective qu'ils offrent permettent une répartition intelligente des coûts. Les coupons encartés dans les journaux profitent aussi d'une vaste exposition et d'une excellente réceptivité de la part des consommateurs. Bon nombre d'entre eux achètent les journaux pour les coupons, en particulier l'édition du samedi, qui contient des coupons des grandes chaînes d'alimentation. De son côté, la distribution par le biais des magazines a l'avantage de la sélectivité. Elle bénéficie de meilleures techniques de production et d'une durée de vie plus longue. Dans bien des cas, le coût de la distribution n'est pas un facteur déterminant, l'annonceur prévoyant de toute façon diffuser une publicité imprimée. Ces techniques comportent toutefois deux points faibles : le taux de rachat ou d'échange est de 1 % seulement, et leur popularité fait que le risque d'encombrement est réel.

Près de 12 % des coupons distribués en 2001 étaient placés à l'intérieur ou à l'extérieur d'un conditionnement. Cette méthode de distribution ne coûte presque rien, et le taux d'échange des coupons se révèle beaucoup plus élevé que celui des autres méthodes, soit 9 % en moyenne. Le **coupon de retour** constitue un bon stimulant pour le rachat de la marque. On jumelle souvent le coupon de retour à un échantillon afin d'inciter le consommateur à acheter le produit qu'il a essayé. On utilise ainsi souvent ces coupons au cours de la phase de lancement du produit afin de stimuler la répétition des achats ou comme moyen de défense d'une marque parvenue à maturité et faisant face à la pression de la concurrence. La principale faiblesse de ce type de coupons

Le cabinet Cox Target Media assure la promotion de ses services de couponnage par voie postale.

Coupon de retour
Coupon proposé à l'intérieur ou à l'extérieur d'un emballage et remboursable lors d'un prochain achat.

tient à ce qu'ils ne joignent que les acheteurs de la marque et qu'ils attirent peu de nouveaux consommateurs (sauf s'ils sont associés à des échantillons).

Le **couponnage croisé** constitue une variante de ce type de couponnage. Il s'agit d'un coupon offrant une réduction sur un autre produit du même fabricant. Le taux d'échange moyen du couponnage croisé se situe entre 4 % et 5 %. Cette méthode s'avère efficace pour inciter le consommateur à faire l'essai d'autres marques ou produits. Les entreprises disposant de vastes gammes de produits, telles que les fabricants de céréales, recourent fréquemment à cette méthode.

> **Couponnage croisé**
>
> À l'achat d'un produit, remise au client d'un coupon lui permettant d'obtenir un avantage sur l'achat d'un autre produit, en général du même fabricant.

Le **coupon instantané ou immédiat** constitue un autre type de couponnage courant. Le taux d'échange de ce type de coupon est de 36 %. Il possède l'avantage d'inciter le consommateur à effectuer un achat sur le lieu de vente. Le gestionnaire peut en outre choisir sans inconvénient le moment de la promotion et la région commerciale où elle aura lieu. Certaines entreprises préfèrent les coupons instantanés aux promotions à prix réduit, car ces dernières exigent davantage la collaboration des détaillants et s'avèrent souvent plus coûteuses en raison de la forte réduction de prix qui doit être appliquée à chaque article.

> **Coupon instantané ou immédiat**
>
> Coupon apposé sur le conditionnement d'un produit, de façon que le consommateur puisse le détacher et obtenir un remboursement au moment de son achat.

Le **couponnage de type PLV**, qui regroupe tous les programmes de couponnage mis en œuvre dans un commerce de détail, constitue une autre méthode de distribution qui a gagné en popularité au cours des 10 dernières années. Le couponnage de type PLV compte désormais pour 16 % de la distribution globale de coupons. Ces coupons sont distribués dans les commerces de plusieurs manières, que ce soit sous forme de bons à détacher, de feuillets volants (parfois au cours d'une démonstration) ou par le biais de distributeurs placés sur les linéaires. Leur taux d'échange moyen s'élève à 7 %. Le couponnage de type PLV comporte plusieurs avantages : le coupon est remis au consommateur au moment de ses achats, il fait gagner de la notoriété aux marques présentes sur les étalages, favorise les achats impulsifs et stimule l'essai de produits. Grâce au couponnage de type PLV, le consommateur ne peut enfin oublier ses coupons à la maison après les avoir découpés dans les encarts volants et les publicités imprimées.

> **Couponnage de type PLV**
>
> Méthode de distribution de coupons mis en œuvre sur les lieux de vente.

Les innovations dans le domaine du couponnage

Nous indiquions précédemment que la distribution de coupons avait chuté de quelque 20 % ces dernières années. Toutefois, malgré les interrogations croissantes chez de nombreux gestionnaires quant au coût excessif et à l'efficacité douteuse de cette méthode, très peu d'entreprises se risqueraient à y renoncer. Bien que la plupart des coupons en circulation ne soient jamais échangés, les consommateurs les utilisent parfois et s'attendent en effet à en recevoir. Rappelons que plus de 80 % des consommateurs présentent à l'occasion des coupons, et près de 25 % affirment en présenter à la caisse chaque fois qu'ils effectuent leurs emplettes. Devant un nombre aussi élevé de consommateurs qui apprécient cette forme de promotion, un gestionnaire du marketing avisé n'a d'autre choix que d'y recourir.

Les entreprises et les professionnels du secteur sont toujours à la recherche de moyens qui leur permettront d'améliorer l'efficacité de leurs opérations dans ce domaine. General Mills, Kellogg's et Post, par exemple, ont récemment

Une bannière peut aussi faire appel à la promotion, ici un concours, pour regagner ou fidéliser ses clients.

Prime
Article ou service accordé à titre gracieux, ou à un prix très inférieur au prix de détail habituel.

remplacé les coupons propres à une marque par un coupon universel remboursable à l'achat de n'importe quelle marque de céréales du même groupe. Afin d'améliorer la rentabilité de son programme de couponnage, Post a ainsi mis en circulation des coupons universels d'une valeur de 1,50 $ échangeables à l'achat de deux boîtes de ses céréales (ce qui correspond à une remise moyenne de 0,75 $ par boîte), tout en réduisant de moitié sa distribution de coupons. Le taux d'échange des coupons a atteint 6 %, ce qui excède de loin le taux habituel observé pour les coupons des encarts volants, qui n'atteint pas 2 %[29].

Si bon nombre de spécialistes s'intéressent aux promotions sur Internet (coupons.com et save.ca, par exemple), les coupons électroniques représentent moins de 1 % de l'ensemble des coupons en circulation. Le risque de fraude retient les gestionnaires de recourir au couponnage électronique, car il est très facile pour certains consommateurs et détaillants malhonnêtes d'imprimer ou de photocopier les coupons électroniques en grand nombre. Il est possible de résoudre ces problèmes, par exemple, en encodant les coupons et en les vérifiant à la caisse au moment de leur échange. Cette opération exige cependant beaucoup de temps et de collaboration de la part des détaillants.

Les primes

Bon nombre de gestionnaires du marketing font appel aux **primes** au cours d'une opération de promotion des ventes. On élimine aujourd'hui de plus en plus les jouets et les gadgets offerts avec le produit au profit de primes à valeur ajoutée qui reflètent davantage la qualité du produit et qui cadrent mieux avec son image et son positionnement. Deux types de primes sont ainsi distribuées : la prime gratuite et la prime autopayante.

La prime gratuite

En général, la prime gratuite se présente sous la forme d'un petit cadeau ou d'une petite quantité de marchandise inclus dans le conditionnement du produit ou acheminé au consommateur, qui doit alors poster une demande accompagnée d'une preuve d'achat. Parmi les primes gratuites distribuées à l'extérieur ou à l'intérieur des conditionnements, on trouve des jouets, des ballons, des objets de collection et des échantillons d'un autre produit. Selon certaines études, la prime gratuite distribuée à l'intérieur ou à l'extérieur d'un conditionnement est la préférée des consommateurs[30].

Les primes distribuées par le biais du conditionnement lui-même favorisent les achats spontanés, car elles fournissent une raison supplémentaire de se procurer un produit, au moment de l'achat, sur le lieu de vente. Elles présentent toutefois certains défauts, dont leur coût à proprement parler et les frais d'emballage supplémentaires, le cas échéant. Il est ainsi parfois difficile d'offrir des primes attrayantes à prix abordables. Quant à la prime de piètre qualité, elle risque de faire plus de mal que de bien à la marque.

En général, le consommateur doit faire parvenir plus d'une preuve d'achat pour toucher la plupart des primes gratuites acheminées par la poste. Ces primes favorisent donc la répétition des achats et récompensent la fidélité à une marque. Leur principal désavantage provient de ce qu'elles ne renforcent pas l'image de la marque et ne récompensent pas le consommateur sur-le-champ. C'est pourquoi elles ne constituent pas toujours un stimulant suffisant pour assurer un réachat. Dans les faits, peu de consommateurs profitent des primes acheminées par la poste, dont le taux d'échange moyen oscille entre 2% et 4%[31].

Les six jeux électroniques sur cédérom offerts par General Mills à l'intérieur du conditionnement de ses produits constituent sans doute la prime gratuite qui a remporté le plus de succès au Canada en 2001. S'inspirant d'une prime similaire offerte aux États-Unis, la division canadienne de l'entreprise a collaboré avec un seul fournisseur de jouets (Hasbro). Hasbro a été retenue, car cette société représente, autant que General Mills, la qualité et la tradition. Cette prime s'est avérée si populaire que les employés des commerces ont vu des clients fouiller des paquets de céréales afin d'y trouver les jeux électroniques, et d'autres, quitter l'établissement, n'emportant que les jeux et oubliant les céréales ! Les dirigeants de General Mills n'ont divulgué aucun résultat relatif à cette opération pour des raisons de confidentialité. Ils reconnaissent toutefois que les réactions des consommateurs ont dépassé toutes leurs prévisions[32].

Les primes gratuites jouissent donc d'une grande popularité, en particulier auprès des chaînes de restauration attirant les enfants, telles que McDonald's et Burger King[33]. McDonald's est ainsi devenu, sur une base unitaire, le plus important fournisseur de jouets du monde, avec des commandes d'environ 750 millions de jouets par année ! Plusieurs primes des géants de la restauration rapide sont jumelées à des lancements cinématographiques. Ces primes s'avèrent des outils très efficaces. McDonald's a, par exemple, profité d'un avantage concurrentiel non négligeable en 1996, grâce à la signature d'une entente avec Disney lui accordant des droits exclusifs pendant les 10 prochaines années[34]. À la fin de 1999, McDonald's a remporté une autre bataille en signant un contrat de promotion exclusive avec les *Teletubbies*, populaire émission pour enfants qui, jusque-là, avait été associée à Burger King[35]. Les ennuis de Burger King se sont aggravés lorsque sa promotion associée au film d'animation *Pokemon : The First Movie* a été annulée après que plusieurs jeunes enfants ont éprouvé des problèmes avec les balles de plastique remises en cadeau[36].

La multinationale McDonald's jumelle des jouets à ses Joyeux Festins dans l'intention d'attirer davantage les enfants... et les parents qui aiment les voir heureux !

Soulignons enfin que les milles aériens et autres programmes du même type sont presque devenus monnaie courante. Le consommateur peut désormais choisir ses cartes de crédit, ses services téléphoniques, ses hôtels et plusieurs autres produits et services en fonction des primes qu'il est susceptible d'accumuler. Même la Régie des alcools de l'Ontario remet des milles aériens à ses clients...

La prime autopayante

La **prime autopayante** est une offre proposant un produit de qualité à bon prix contre la preuve d'achat d'un autre produit ; en général, les frais de manutention et d'expédition sont en sus. Pour ce faire, l'annonceur achète en grande quantité les articles qu'il offre par la suite à des prix inférieurs aux prix de détail. Il ne s'agit pas dans ce cas d'encaisser un bénéfice sur la prime, mais simplement d'en couvrir le coût et d'offrir une aubaine au consommateur.

> **Prime autopayante**
>
> Offre proposant un produit de qualité à bon prix contre la preuve d'achat d'un autre produit.

En plus de permettre une économie de coûts, la prime autopayante comporte plusieurs avantages. Le produit offert en prime crée souvent de l'intérêt pour la marque et améliore son image. Cette prime favorise aussi le soutien de détaillants qui mettront en valeur la marque et l'offre de prime sur le lieu de vente. La prime autopayante est en outre souvent jumelée à une campagne de publicité plus traditionnelle et contribue à renforcer le message publicitaire. General Mills Canada a mis de l'avant une forme de prime autopayante au cours de la période des fêtes 2001. À l'achat de deux produits de pâte réfrigérés, et moyennant des frais de 2,99 $, le consommateur se voyait remettre un sac représentant le petit bonhomme Pillsbury. Ce personnage associé à la marque était ainsi commercialisé pour la première fois. Le petit bonhomme de pâte est le deuxième personnage publicitaire le plus connu en Amérique du Nord après les ours polaires de Coca-Cola. La participation des détaillants et l'intérêt des consommateurs ont été spectaculaires. La plupart des détaillants du Canada sont entrés dans le jeu, et 200 000 petits bonshommes Pillsbury ont ainsi trouvé un nouveau foyer. Pour assurer le succès de l'opération, on proposait le petit bonhomme en trois modèles : l'un tenant une canne en sucre d'orge, le deuxième, un bas de Noël, et le troisième, des cadeaux[37].

Le taux d'échange de la prime autopayante s'avère toutefois très faible, comme celui de la prime acheminée par la poste. On peut ainsi se retrouver avec, sur les bras, une grande quantité de primes portant un logo ou une autre identification qui en compliquent l'écoulement. Il importe donc de tester au préalable la réaction des consommateurs à une prime et de déterminer s'ils y voient une offre intéressante. On peut aussi opter pour des primes qui ne sont pas identifiées à une marque, mais celles-ci n'ont pas le même effet de valorisation auprès du consommateur.

Les concours et les loteries promotionnelles

Les concours et les loteries promotionnelles gagnent en popularité auprès des consommateurs. Ils semblent exercer un attrait et profiter d'une aura que les réductions de quelques cents n'ont pas. Selon un spécialiste : « Nombre de consommateurs espèrent trouver un veau d'or au bout de leur route et estiment être à même de remporter le grand prix qu'on leur fait miroiter[38]. » Les nombreux tirages qui font des millionnaires chaque semaine depuis quelques années renforcent aussi l'attrait de ce type de loteries promotionnelles. Les concours et les loteries promotionnelles constituent donc des moyens simples d'attirer l'attention et de susciter l'intérêt d'un grand nombre de consommateurs.

Concours
Technique de promotion des ventes offrant des prix par l'intermédiaire d'un jeu mettant à l'épreuve l'habileté, l'intelligence ou l'esprit d'analyse du consommateur.

Distinct du jeu ou de la loterie, le **concours** est une technique de promotion des ventes offrant des prix par l'intermédiaire d'un jeu mettant à l'épreuve l'habileté, l'intelligence et l'esprit d'analyse du consommateur. L'entreprise détermine les gagnants en évaluant les bulletins de participation ou en établissant lequel se rapproche le plus des critères d'admissibilité. En général, le concours s'accompagne de l'envoi d'une preuve d'achat ou d'un bulletin de participation que l'on se procure chez un détaillant ou qui accompagne la publicité du produit. Les règlements de certains concours exigent que le consommateur lise une annonce ou un conditionnement ou qu'il se rende devant un présentoir de produits pour y obtenir de l'information. Le mode de participation à un concours doit toutefois être simple ; autrement, il pourrait émousser l'intérêt des candidats potentiels.

La **loterie promotionnelle** est une technique de promotion des ventes où seul le hasard détermine les gagnants ; aucune preuve d'achat n'est exigée pour y participer. Les participants n'ont qu'à fournir leur nom pour pouvoir prendre part au tirage. Une loterie promotionnelle peut aussi prendre la forme d'un **jeu** dans lequel intervient le hasard. Les billets à gratter faisant des gagnants sur-le-champ constituent un autre outil promotionnel populaire. Certaines loteries se poursuivent pendant une période plus longue et exigent une plus grande participation du consommateur. Les promotions dans le cadre desquelles le consommateur doit collectionner des éléments de jeu ont la faveur des détaillants et de certains prestataires de services, notamment les restaurants à service rapide, car ils favorisent à la fois l'achalandage et la répétition des achats. Ces dernières années, par exemple, McDonald's a souvent mis de l'avant des promotions fondées sur le jeu Monopoly.

Parce qu'il est plus aisé d'y participer, les loteries promotionnelles attirent plus de participants que les concours. Elles sont aussi plus faciles, et coûtent moins cher à administrer, car il n'est pas nécessaire de vérifier ou d'évaluer chaque bulletin de participation. Pour déterminer le bulletin gagnant d'une loterie promotionnelle, il suffit de le choisir au hasard parmi l'ensemble des bulletins reçus ou de générer une combinaison de chiffres identique à celle détenue par un participant. De l'avis des spécialistes, les coûts de mise sur pied d'une loterie promotionnelle sont assez simples à estimer. L'entreprise peut en outre souscrire une assurance et se protéger ainsi des dépenses liées à la remise de prix importants. En général, la loterie promotionnelle est enfin associée à un coût fixe, ce qui constitue un avantage de taille lors de la budgétisation de l'opération.

Les concours et les loteries promotionnelles attirent particulièrement l'attention des consommateurs sur la marque lorsque la promotion suscite une forme d'engagement de leur part. On peut ainsi demander aux consommateurs de suggérer le nom d'un produit ou d'envoyer des recettes qui font appel à une marque particulière. Nabisco a, par exemple, mis au point un concours promotionnel mettant en vedette ses trois principales marques de craquelins : Ritz, Triscuit et Wheat Thins. Les consommateurs devaient faire parvenir leurs recettes préférées, qui étaient affichées sur le site Web du concours et remises à qui composait un numéro sans frais. Les gestionnaires du marketing tablent parfois sur les concours et les loteries promotionnelles pour consolider un capital de marque. Pour ce faire, ils choisissent des prix conformes aux habitudes, aux besoins ou aux sphères d'intérêt du public cible. Procter & Gamble et MuchMusic, par exemple, ont organisé deux concours en vue de promouvoir la marque de maquillage Cover Girl. En janvier 2001, sept heureuses gagnantes se sont ainsi vu offrir, au cours d'une émission retransmise en direct, un changement d'image réalisé par des maquilleurs et des coiffeurs vedettes. À l'occasion d'un autre concours orchestré en 2001 autour de bals des finissants, un gagnant et neuf de ses amis ont eux aussi eu droit à un changement d'image et aux services d'une limousine avec chauffeur[39].

Loterie promotionnelle

Technique de promotion des ventes où seul le hasard détermine les gagnants.

Jeu

Technique de promotion dans laquelle intervient le hasard ; les jeux font souvent appel à des cartes que l'on peut gratter ou collectionner afin de découvrir une combinaison gagnante ou la description d'un prix.

Les faiblesses des concours et des loteries promotionnelles

Les concours et les loteries promotionnelles ont beau se multiplier, ils ne sont pas sans faiblesses et bon nombre d'entre eux contribuent peu à valoriser la marque. En détournant l'attention des consommateurs, la loterie ou le concours risque en effet de devenir le principal centre d'intérêt au détriment du produit. Ces opérations accomplissent dans ce cas peu de choses, sinon de permettre la remise de sommes d'argent ou de prix. Plusieurs spécialistes des promotions s'interrogent de nos jours sur l'efficacité des loteries promotionnelles et des concours. Devant l'incertitude entourant leur efficacité, et par crainte que les consommateurs ne s'y accoutument trop, certaines entreprises ont réduit leur nombre, voire les ont éliminés[40].

De nombreuses questions juridiques touchent ensuite la conception ainsi que la gestion des concours et des loteries promotionnelles[41]. L'entreprise doit faire preuve de prudence lors de la mise sur pied d'un concours ou d'une loterie promotionnelle et de la remise des prix. La plupart retiennent les services de spécialistes des concours publicitaires afin d'éviter ces problèmes d'ordre juridique, mais aucune promotion n'est à l'abri d'ennuis.

Les amateurs avertis, voire les professionnels, qui participent à plusieurs reprises sans avoir l'intention d'acheter le produit ou le service minent enfin la valeur des concours et des loteries promotionnelles. Comme il est illégal d'exiger un achat d'un participant, un consommateur peut, s'il le désire, participer à un concours autant de fois qu'il le désire. Le participant dit « professionnel » s'inscrit à de multiples reprises afin d'augmenter ses chances de succès. Des bulletins mensuels l'informent des différents concours et loteries promotionnelles organisés, des dates d'envoi, des probabilités de gagner en fonction du nombre de bulletins de participation envoyés, du mode de participation et de toute autre information pertinente. En plus de nuire à l'efficacité de la promotion, la présence de ces participants professionnels a pour effet de rebuter les consommateurs qui estiment leurs propres chances de gagner amoindries.

L'offre de remboursement et la réduction différée

Offre de remboursement
Possibilité d'obtenir une certaine somme d'argent en échange d'une preuve d'achat.

En général, le consommateur se montre très réceptif aux **offres de remboursement** ou aux réductions différées, proportionnellement aux économies à réaliser, bien sûr. Ces réductions sont proposées par les fabricants de tous types de produits, qu'il s'agisse de produits de consommation courante, de véhicules automobiles ou de logiciels.

Les responsables de la commercialisation de produits de grande consommation misent souvent sur des réductions différées pour susciter l'essai d'un nouveau produit ou inciter le consommateur d'une marque à en essayer une autre. Le consommateur peut y voir une économie sur le prix de l'article au moment de son achat, bien que celle-ci ne soit réalisée qu'ultérieurement. Les offres de remboursement proposées dans une publicité imprimée et sur le lieu de vente affichent un taux d'échange variant en général de 1 % à 3 %, alors qu'il est de 5 % en ce qui concerne les offres faites à l'intérieur ou à l'extérieur des conditionnements.

L'offre de remboursement a aussi pour effet de favoriser la répétition des achats. Pour en profiter, le consommateur doit souvent poster plusieurs preuves d'achat. Le montant du remboursement peut même s'accroître en fonction du nombre de preuves d'achat remises. Certains fabricants de produits de consommation courante délaissent aujourd'hui les remboursements au profit des coupons ou d'une combinaison de coupons et de remboursements en argent. Cette offre double a pour effet d'augmenter les probabilités d'achat.

Avec le temps, les réductions servent de plus en plus à la promotion de biens durables. Certains articles de sport, les électroménagers, le matériel audio et vidéo, les ordinateurs et les automobiles font ainsi l'objet de diverses offres de remboursement afin d'attirer les consommateurs sensibles au prix. En 1981, la société Chrysler a, par exemple, fait appel à de telles réductions afin de muscler les ventes de ses modèles et engranger des recettes dans une période financière difficile.

Les forces et les faiblesses des remboursements et des réductions différées

Les réductions différées sont susceptibles d'attirer de nouveaux utilisateurs, de favoriser le changement de marque et la répétition des achats, ainsi que de réduire temporairement les prix. Bien qu'ils n'y donnent pas suite, nombre de consommateurs sont tout de même conscients de l'offre qui leur est faite. Comme la perception de l'avantage de prix est à même d'influer sur l'achat, que le consommateur profite ou non de la réduction, cette technique de promotion des ventes profite d'un avantage de coût réel.

Les offres de remboursement et les réductions présentent néanmoins elles aussi certaines faiblesses. Dans nombre de cas, l'offre de remboursement intéresse peu, voire pas du tout le consommateur, en raison du délai et de l'effort exigé pour obtenir une certaine somme d'argent. Certains consommateurs ne sont en effet pas prêts à conserver les reçus de caisse et les preuves d'achat, à remplir les formulaires nécessaires et à poster le tout[42]. Une étude a ainsi établi une corrélation négative entre l'intérêt pour les réductions différées et les difficultés perçues relativement au processus de remboursement[43]. En outre, de l'avis de nombreux consommateurs, les fabricants offrent des réductions pour faire vendre un produit qui s'écoule mal. Ceux qui ne profitent jamais de ces réductions se montrent particulièrement suspicieux quant aux motifs des fabricants. Les fabricants misant sur les réductions ont donc tout intérêt à simplifier le processus de remboursement et à faire appel à des outils promotionnels complémentaires tels que la publicité, afin de préserver la confiance du consommateur envers la marque.

On doit éviter d'abuser des offres de remboursement, qui pourraient semer la confusion quant au prix courant ou à la valeur réelle du produit ou du service. Certains consommateurs peuvent en venir à attendre de telles offres, reportant leurs achats ou n'achetant que les marques offrant une réduction. Le coût et le fardeau que représente la gestion de ces opérations font enfin déchanter de nombreux fabricants et détaillants[44].

Le format boni

Dans l'esprit du consommateur, le **format boni** est synonyme de coût unitaire moins élevé ou d'un rapport quantité-prix plus avantageux. La promotion axée sur le format boni comporte plusieurs avantages. Le format

Format boni

Quantité supplémentaire de produit ajoutée au format habituel sans hausse de prix.

Le format boni s'avère parfois plus avantageux pour le consommateur.

boni représente une valeur ajoutée aux yeux du consommateur et permet d'éliminer la gestion des coupons et des offres de remboursement. En général, le consommateur perçoit rapidement les avantages d'une telle promotion, ce qui peut avoir une grande incidence au moment de l'achat.

Le format boni constitue aussi une bonne manœuvre défensive contre la promotion d'un concurrent ou le lancement d'une nouvelle marque. En fournissant à l'utilisateur une plus grande quantité d'un produit, l'entreprise s'assure qu'il ne rachètera pas ce produit dans l'immédiat, le soustrayant ainsi aux activités promotionnelles de la concurrence. La présence de formats bonis est également susceptible de faire augmenter la quantité de produits commandés et de leur valoir un emplacement privilégié à l'intérieur des commerces, pour peu que les rapports avec les détaillants soient cordiaux. Les produits exigent cependant un espace supplémentaire, sans pour autant accroître la marge bénéficiaire des détaillants. Ce type de promotion est donc, dans les faits, difficile à gérer si les rapports avec les détaillants ne sont pas harmonieux. Enfin, le format boni attire surtout les utilisateurs habituels de la marque, qui l'auraient achetée de toute façon, ou les consommateurs sensibles au prix qui ne seront sans doute pas fidèles à la marque à plus long terme.

La promotion à prix réduit

Promotion à prix réduit
Offre de réduction de prix par rapport au prix habituel.

En général, la **promotion à prix réduit** figure sur le conditionnement du produit. D'ordinaire, la réduction varie entre 10 % et 25 % du prix courant (prise à même la marge bénéficiaire du fabricant et non celle du détaillant). Le fabricant s'assure ainsi du soutien des détaillants en ne rognant pas leur marge bénéficiaire.

Un gestionnaire opte pour ce type de stratégie pour plusieurs raisons. En premier lieu, comme il exerce un contrôle sur les promotions à prix réduit, le fabricant veille à ce que ce soit le consommateur qui en profite, plutôt que les intermédiaires. Comme pour le format boni, la promotion à prix réduit offre un avantage immédiat apparent pour le consommateur, en particulier lorsqu'il connaît le prix de référence du produit et qu'il est en mesure d'établir la valeur de la réduction[45]. La promotion à prix réduit a aussi un impact

Réduire les prix, c'est aussi parfois offrir un financement avantageux.

considérable sur le lieu de vente au moment où le consommateur se livre à des comparaisons de prix.

Malgré tout, les détaillants accueillent parfois la promotion à prix réduit de manière défavorable. Elle peut en effet leur poser des problèmes sur les plans de la fixation des prix et de la gestion des stocks. La plupart refusent d'ailleurs les emballages comportant un prix fixe déterminé; on choisit donc souvent plutôt d'annoncer qu'une somme est déduite du prix courant. Tout comme le format boni, la promotion à prix réduit attire surtout les utilisateurs habituels. Enfin, on doit s'assurer de répondre aux normes légales en vigueur en matière d'étiquetage.

Les programmes de fidélisation

Le but d'un **programme de fidélisation** est d'offrir une récompense aux clients fidèles pour éviter qu'ils soient attirés par la concurrence. Parmi les outils de promotion des ventes, il est celui qui enregistre la plus forte croissance. Les programmes de fidélisation se trouvent dans plusieurs catégories de produits et services, en particulier dans les secteurs du tourisme, du transport et du commerce de détail. Presque tous les transporteurs aériens, les agences de location d'automobiles et les chaînes hôtelières font ainsi appel à de tels programmes, tout comme les épiceries, les grands magasins, les centres de rénovation, les librairies et même les confectionneurs de bagels.

Dans le domaine des produits de grande consommation, Pillsbury, Nestlé et Kraft, par exemple, ont mis sur pied des programmes permettant au consommateur d'accumuler des points en vue d'obtenir des récompenses ou des prix. Le fabricant d'aliments pour bébés Gerber, de son côté, a élaboré un programme de fidélisation récompensant tout achat de 16 produits ou plus. La récompense consiste en une carte à jouer comprenant un numéro d'identification personnel (NIP) et un numéro de téléphone sans frais[46]. Le consommateur compose alors ce numéro, saisit le NIP et accumule des points qui lui permettront de courir la chance de gagner une bourse d'études de 250 000 $.

Plusieurs raisons expliquent la popularité des programmes de fidélisation. D'abord, ils favorisent la consommation continue de certains produits et services, ainsi que leur réachat. Or, nombre d'entreprises accordent une grande importance à la fidélisation et tentent de préserver ou d'étendre leur part du marché, en conservant des liens étroits avec leurs clients les plus loyaux. Les programmes de fidélisation servent aussi à la mise sur pied de bases de données clients. L'information contenue dans ces bases de données permet de mieux cerner les besoins, les intérêts et les caractéristiques des consommateurs. Les bases de données s'avèrent donc utiles à l'élaboration de programmes ou d'offres mieux ciblés permettant de nouer des rapports plus étroits avec la clientèle et de stimuler les ventes. Le programme de fidélisation de Gerber, dont nous avons parlé précédemment, a servi à l'élaboration d'une telle base de données. Les participants à la loterie promotionnelle ont notamment indiqué l'âge de leurs enfants. En conséquence, ces participants peuvent désormais recevoir des réductions par la poste, applicables à l'achat de produits Gerber différents selon la phase de croissance de leur enfant.

Programme de fidélisation

Technique de promotion offrant une forme de récompense aux clients fidèles pour éviter qu'ils soient attirés par la concurrence.

Les programmes de fidélisation se présentent sous de nombreuses formes. Au pays, le programme Aéroplan s'avère l'un des plus appréciés.

Le marketing événementiel

Marketing événementiel
Technique de promotion des ventes permettant d'établir un lien entre un produit ou une marque et l'événement lui-même, ou servant à organiser une manifestation autour d'un thème, d'un produit ou d'un service.

Le **marketing événementiel** constitue une autre technique de promotion des ventes qui a gagné en popularité ces dernières années. Notons que le marketing événementiel et la commandite sont souvent confondus, bien qu'ils désignent des réalités très différentes. Le marketing événementiel établit un lien entre un produit ou une marque et l'événement lui-même, ou permet d'organiser une manifestation autour d'un thème, d'un produit ou d'un service. Le marketing événementiel associe ainsi un produit à une activité populaire, par exemple une manifestation sportive, un concert, une foire, un festival, ou se développe grâce à la mise en place d'événements à des fins strictement promotionnelles.

Par exemple, pour faire connaître ses nouveaux modèles Impreza WRX et Outback H6 aux consommateurs, aux spécialistes des ventes et aux représentants des médias, le constructeur d'automobiles Subaru a mis sur pied son premier programme de marketing événementiel. Dans le cadre de l'événement « Essai routier national Subaru 2001 », des représentants de chacun de ces groupes provenant de Québec, de Montréal, de Toronto, de Calgary, d'Edmonton et de Vancouver ont pu faire l'essai des nouveaux véhicules et discuter avec les employés du constructeur. Plus de 5 000 candidats se sont inscrits à cet essai routier par le biais du site Web de Subaru et de cartes réponses distribuées dans plusieurs salons de l'auto. De ce nombre, 3 000 personnes ont été invitées à prendre part à l'événement, parmi lesquelles 77 % ont répondu à l'invitation, l'objectif initial oscillant entre 50 % et 60 %. L'événement consistait en un séminaire d'information, en une inspection du véhicule, en un essai routier et en une démonstration sur circuit privé en compagnie d'un pilote professionnel. Subaru a été l'objet de commentaires enthousiastes des participants, en particulier lors de la démonstration. On a ensuite fait parvenir un mot de remerciement à chacun d'eux. On les invitait à revisiter le site Web consacré à l'événement et à regarder les photos prises ce jour-là, photos que ces personnes n'ont pas manqué d'échanger avec leur entourage ! L'information ainsi obtenue s'est avérée fort utile. Elle a été acheminée à l'ensemble des concessionnaires, accompagnée d'une description détaillée des faits saillants de l'événement. Ce programme s'est traduit par un taux de conversion des participants de 3 % au cours des six semaines suivantes. Compte tenu de la nature de l'achat d'un véhicule automobile, il s'agit là d'un très bon résultat ; 61 % des participants ont par ailleurs affirmé qu'ils se promettaient de passer chez un concessionnaire Subaru à brève échéance[47].

Commandite d'événement
Activité réalisée dans le cadre d'un plan de CMI consistant en un soutien financier à un événement à condition d'en retirer des avantages publicitaires directs, tels que l'affichage d'une marque, d'un logotype ou d'un message.

La **commandite d'événement** se distingue du marketing événementiel, lequel peut, en revanche, parfois s'inscrire dans le cadre des activités que commandite l'entreprise, par exemple un concert, un festival ou une manifestation sportive.

Ces dernières années, les gestionnaires du marketing ont élaboré des programmes de CMI alliant plusieurs outils de commandite. Le but ? Faire vivre au consommateur des expériences qui associent certaines marques à différents styles de vie ou activités. Ces gestionnaires profitent de telles occasions pour distribuer des échantillons ou transmettre de l'information, et permettre aux consommateurs de faire l'essai de leurs produits.

La promotion des ventes auprès des intermédiaires

Les objectifs de la promotion des ventes auprès des intermédiaires

À l'image de la promotion des ventes auprès des consommateurs, les programmes de promotion auprès des intermédiaires doivent s'appuyer sur des objectifs précis et quantifiables. D'ordinaire, les promotions ciblant les intermédiaires que sont les grossistes et les détaillants ont pour objectif de s'assurer de leur collaboration et de leur soutien, tant en faveur de nouveaux produits que de marques établies. On espère ainsi que ceux-ci les mettront davantage en valeur ou augmenteront leurs stocks.

Favoriser la distribution de nouveaux produits

La promotion auprès de détaillants tend souvent à inciter ceux-ci à accorder davantage d'espace en magasin pour les nouveaux produits. Les fabricants sont conscients du fait que l'espace disponible dans les supermarchés, les pharmacies et les autres points de vente au détail est très limité. En proposant aux détaillants des incitatifs financiers, ils espèrent obtenir de l'espace nécessaire pour leurs nouveaux produits. Lever Brothers, par exemple, ne s'est pas contenté d'avoir recours à une généreuse distribution d'échantillons et de coupons de grande valeur afin de lancer avec succès son pain de savon Lever 2000. L'entreprise a aussi proposé des escomptes aux intermédiaires pour inciter les détaillants à stocker et à promouvoir la nouvelle marque.

Si les remises et les offres à prix spéciaux peuvent inciter les détaillants et les grossistes à faire provision d'une nouvelle marque, le gestionnaire du marketing fait appel à bien d'autres techniques de promotion pour atteindre cet objectif. Des remises liées aux efforts de commercialisation en magasin, ou marchandisage, sont ainsi susceptibles de pousser le détaillant à présenter un nouveau produit dans les zones les plus fréquentées de son établissement, alors que les programmes d'incitation et les concours peuvent motiver l'employé à promouvoir la marque.

Maintenir le soutien aux marques établies

La promotion auprès des intermédiaires sert souvent à maintenir la distribution et le soutien accordé aux marques établies. Cet objectif s'apparente à celui lié à la répétition des achats. La distribution d'un produit parvenu à maturité risque de se restreindre, en particulier quand il s'avère incapable de se différencier de nouveaux produits introduits sur le marché. La promotion auprès des réseaux incite les grossistes et les détaillants à conserver des produits moins vendeurs, car les escomptes accordés ont pour effet d'accroître leurs marges bénéficiaires. Les marques dont la part de marché est moins importante font en outre souvent appel aux promotions auprès des intermédiaires parce qu'elles ne disposent pas d'un budget qui leur permettrait de se distinguer des marques concurrentes par le biais de la publicité de masse.

Même pour une marque solidement implantée sur un marché, il peut être avantageux d'intégrer à sa stratégie de marketing des promotions auprès des intermédiaires. Comme nous l'avons indiqué, la société Heinz s'est fortement appuyée sur ce type de promotion pour préserver la part de marché de plusieurs de ses marques. De nombreux fabricants de produits de grande consommation misent ainsi sur les promotions pour conserver le soutien des détaillants.

Accroître le niveau des stocks des détaillants

Les fabricants font parfois appel à la promotion afin d'accroître le niveau des stocks des détaillants et des autres membres du circuit de distribution. Plusieurs raisons les motivent à surcharger les étalages des détaillants de leurs produits. D'abord, le grossiste et le détaillant sont davantage susceptibles de promouvoir un produit dont ils possèdent de grandes quantités, plutôt que de le stocker dans leurs entrepôts ou leurs arrière-boutiques. En augmentant les stocks des membres du réseau, on s'assure en outre qu'aucune rupture ne viendra interrompre l'écoulement des produits.

Certains fabricants de produits saisonniers consentent d'importantes remises de promotion afin que les détaillants puissent faire ample provision de leurs produits avant la haute saison. Les fabricants peuvent alors niveler les fluctuations saisonnières de leur calendrier de production et transférer une partie des frais de stockage aux détaillants ou aux grossistes. Lorsqu'ils stockent un produit avant le début de la haute saison, les détaillants, de leur côté, offrent souvent des promotions spéciales et accordent des remises aux consommateurs afin de réduire leurs stocks.

Inciter le détaillant à réserver de l'espace aux marques établies

La promotion auprès des intermédiaires a aussi pour objectif d'inciter le détaillant à réserver de l'espace aux marques établies. Le gestionnaire du marketing sait que plusieurs décisions d'achat sont prises sur les lieux de vente et que les étalages ou les présentoirs promotionnels constituent un excellent moyen de générer des ventes. En général, le supermarché type compte une cinquantaine de points propices à la promotion, d'ordinaire au bout d'un îlot ou à proximité des comptoirs de sortie. Un gestionnaire souhaite que ses produits y soient présentés pour que les consommateurs puissent les remarquer davantage. Un seul présentoir en bout d'îlot contribue grandement à promouvoir les ventes d'un produit.

La stratégie de promotion des ventes auprès des intermédiaires

Les fabricants recourent d'ordinaire à une pléthore d'outils de promotion afin de séduire grossistes et détaillants. Intéressons-nous maintenant à quelques-uns de ceux qu'ils emploient le plus souvent et aux facteurs que doit considérer le gestionnaire avant d'y faire appel. Il s'agit pour l'essentiel de concours et de stimulants, de remises consenties aux commerçants, de présentoirs et de matériel de PLV, de programmes de formation, d'offres de participation à des salons professionnels et de publicité à frais partagés.

Les concours et les programmes promotionnels incitatifs

Les fabricants peuvent mettre sur pied des concours et des programmes incitatifs afin d'obtenir un plus grand appui de la part des administrateurs et du personnel du revendeur. Ces concours et ces programmes ciblent autant les administrateurs des grossistes et des distributeurs que les directeurs d'établissement ou les chefs de rayon au service des détaillants. Les fabricants commanditent ainsi souvent des concours à l'intention des revendeurs et offrent des voyages ou d'autres cadeaux de valeur à quiconque atteint des quotas de vente prédéterminés.

Les vendeurs constituent un important maillon de la chaîne de distribution, étant ceux qui entrent le plus souvent en contact avec les clients, qu'il s'agisse d'un revendeur ou d'un consommateur final. C'est pourquoi ces concours et programmes de stimulants promotionnels s'adressent avant tout à eux. Si les fabricants leur offrent certains incitatifs monétaires afin de les encourager à promouvoir et à vendre leurs produits, on parle alors d'une **prime incitative**. Un fabricant d'électroménagers, par exemple, peut verser une prime incitative de 25 $ aux préposés d'un détaillant lorsqu'ils vendent un modèle particulier. Les concours de vente peuvent aussi proposer des voyages et des articles de grande valeur, du moins pour les vendeurs qui auront atteint les objectifs de vente du fabricant. Comme le montre le tableau 13.3, ces incitatifs peuvent être liés à la vente d'un produit, à l'acquisition d'un nouveau client ou à des activités particulières de marchandisage.

> **Prime incitative**
> Paiement en espèces versé aux préposés aux ventes des grossistes ou des détaillants dans le but de les encourager à promouvoir les produits d'un fabricant.

TABLEAU 13.3 Trois formes de promotion ciblant les préposés à la vente des détaillants

Vente de produits ou élaboration de programmes de promotion	Les prix sont fonction de la vente d'un produit, par exemple : • vente d'un nombre précis de caisses ; • vente d'un nombre précis d'unités ; • mise sur pied d'un nombre précis de programmes de promotion.
Nouveaux clients	Les prix sont fonction : • du nombre de nouveaux clients ; • du nombre de nouveaux clients commandant une quantité minimale de caisses ; • des programmes de promotion mis sur pied pour de nouveaux clients.
Marchandisage	Les prix sont fonction de : • la mise sur pied de programmes de promotion en magasin, par exemple des programmes thématiques ; • la mise sur pied de présentoirs, d'animations de comptoir, etc.

S'ils ont un effet bénéfique sur le soutien des revendeurs, les concours et les programmes promotionnels peuvent être aussi une source de conflit entre les employés et la direction d'un commerce de détail, certains détaillants désirant décider eux-mêmes des activités de leurs employés. Ces détaillants ne souhaitent pas non plus les voir déployer trop d'efforts dans le but de remporter un concours ou de recevoir des avantages du fabricant. Ils ne désirent pas davantage que leurs employés fassent la promotion des produits en servant leurs propres intérêts, au détriment du produit ou du modèle qui répondrait le mieux aux attentes du client.

Plusieurs détaillants refusent ainsi que leurs employés participent aux concours des fabricants ou qu'ils touchent des paiements en espèces. Ceux qui permettent ce genre de pratique ont un code de conduite strict en la matière et se réservent le droit d'approuver ou non le programme avant sa mise en œuvre dans leurs établissements.

Remise consentie aux intermédiaires

Réduction offerte aux détaillants ou aux grossistes afin de les inciter à stocker et à promouvoir les produits d'un fabricant.

Les remises consenties aux intermédiaires

La remise consentie aux intermédiaires est peut-être la plus répandue des techniques de promotion des ventes. Parmi les remises consenties aux intermédiaires, on distingue la remise à l'achat, la remise de promotion et les frais d'étalage.

La remise à l'achat La remise à l'achat consiste en un escompte accordé aux revendeurs sous la forme d'une réduction du prix de la marchandise commandée dans une période donnée. Cet escompte se présente souvent sous la forme d'une remise sur facture. Un certain pourcentage ou une somme est alors déduit de chaque facture. La remise à l'achat est aussi parfois offerte sous forme de marchandises gratuites. Le revendeur reçoit alors des caisses supplémentaires d'un produit à l'achat d'une quantité précise – une caisse gratuite pour chaque lot de 10 caisses commandées, par exemple.

La remise à l'achat est populaire pour plusieurs raisons. Avant tout, elle est facile à mettre en place et bien acceptée, parfois même attendue par les intermédiaires. Elle constitue aussi un moyen efficace d'inciter le revendeur à acheter le produit d'un fabricant rapidement afin de profiter de l'escompte accordé durant la période de remise. Bien qu'il n'en soit pas toujours ainsi, le fabricant offre enfin cette remise aux intermédiaires en espérant que le grossiste et le revendeur en feront à leur tour profiter les clients.

La remise de promotion Le fabricant accorde souvent une remise ou un escompte au détaillant qui accomplit certaines activités de promotion ou de marchandisage au profit de ses marques. Ce genre de remise récompense l'installation de présentoirs distincts de ceux servant d'ordinaire à mettre en valeur les produits, la mise sur pied de promotions internes ou l'inclusion d'un produit dans une annonce. En général, pour avoir droit à une remise de promotion, le détaillant doit répondre à des critères précis définis par le fabricant. Sur le plan matériel, la remise de promotion consiste souvent en une somme accordée par caisse commandée ou en un pourcentage déduit du prix courant de la marchandise.

Les frais d'étalage Depuis quelques années, certains détaillants exigent des frais d'étalage (ou frais de stockage ou remise de lancement) des fabricants. Ces sommes permettent d'assurer la présence des nouveaux produits en magasin. Les fabricants participent donc à défrayer une partie des coûts associés au réaménagement des rayons, à la saisie des données, à l'espace de stockage supplémentaire nécessaire et, dans certains cas, à la formation des employés[48]. Rappelons que nombre de ces nouveaux produits sont voués à l'échec, une part de risque qu'assument aussi les distributeurs.

Les frais d'étalage varient de quelques centaines de dollars par établissement à 50 000 $ et plus pour l'ensemble d'une chaîne. Pour assurer la présence de ses produits dans les étalages à l'échelle nationale, un fabricant doit en conséquence débourser parfois plusieurs millions de dollars. Bon nombre de fabricants y voient une forme de chantage et affirment que, dans les faits, environ 70 % des sommes contribuent directement aux bénéfices du détaillant.

Les détaillants continuent pourtant d'imposer des frais d'étalage en raison de leur pouvoir et de l'espace limité dont ils disposent par rapport au nombre élevé de nouveaux produits lancés chaque année. Quelques détaillants imposent même des **pénalités** lorsqu'un nouveau produit n'est pas en mesure d'atteindre un niveau de vente minimal dans une période donnée. Cette somme sert à rembourser les frais liés au stockage et au retrait du produit[49]. Bien entendu, les grands fabricants de marques populaires risquent moins que les petites entreprises de se voir imposer de telles pénalités en raison du rapport de force qui leur est plus favorable.

Les problèmes découlant des remises consenties aux intermédiaires
Nombre d'entreprises se préoccupent aujourd'hui du recours abusif aux remises offertes aux grossistes, aux détaillants et aux distributeurs. Ces remises sont consenties afin que les consommateurs puissent profiter d'une diminution de prix. Des entreprises telles que Procter & Gamble affirment cependant que seulement 30 % des remises versées aux intermédiaires profitent vraiment aux clients, 35 % étant perdues en raison d'un manque d'efficacité, et le reste finissant dans les goussets des grossistes et des détaillants.

Plusieurs détaillants et grossistes effectuent ainsi des **achats d'anticipation**, qui consistent à stocker des produits à prix réduit pour les revendre à prix fort aux consommateurs lorsque la promotion est terminée. Les détaillants peuvent se livrer aussi à une forme de **détournement**.

Les achats d'anticipation et les détournements sont courants. Selon certaines études, près de 40 % des bénéfices des grossistes et des détaillants proviendraient de ces pratiques. En plus de priver les consommateurs d'économies substantielles, ces pratiques occasionnent de grandes distorsions de la demande, des problèmes de production et une gestion par à-coup des activités de promotion. Les gestionnaires du marketing se préoccupent également du fait que ce système aboutit à l'introduction de nombreux prix spéciaux sur le marché, incitant le consommateur à effectuer ses achats en fonction de ce seul critère.

Les problèmes découlant des pratiques abusives des détaillants ont amené Procter & Gamble, une des entreprises les plus puissantes qui soit au chapitre de la commercialisation de produits de grande consommation, à adopter une **politique de bas prix quotidiens**. Cette politique représente une réduction de 10 % à 25 % des prix courants sur plus de 60 % de ses produits, au détriment des remises de promotion consenties aux intermédiaires.

Selon Procter & Gamble, cette politique de bas prix élimine les problèmes issus de la course aux aubaines, assure la stabilité de prix compétitifs à long terme et contribue à fidéliser la clientèle. Cette stratégie de fixation des prix a suscité une vive controverse chez les intermédiaires, qui dépendent beaucoup des promotions pour attirer les consommateurs. Certains détaillants ont retiré les produits de la multinationale américaine de leurs rayons, d'autres ont supprimé la publicité et éliminé les présentoirs valorisant les marques de la société.

Ces détaillants préfèrent garder la possibilité d'opter pour une réduction des prix substantielle et font valoir que cette politique les désavantage par rapport aux magasins entrepôts et aux grandes surfaces, qui pratiquent eux aussi une même politique de bas prix quotidiens. En outre, ils soutiennent que certains produits, notamment ceux achetés de façon

---

Pénalité
Somme d'argent versée aux détaillants lorsqu'un produit n'atteint pas un niveau de vente minimal dans une période donnée.

Achat d'anticipation
Pratique commerciale consistant à stocker un produit à prix réduit et à le revendre aux consommateurs lorsque la promotion est terminée.

Détournement
Pratique commerciale des détaillants et des grossistes profitant d'une offre promotionnelle pour revendre les produits achetés à bas prix à d'autres établissements situés à l'extérieur de leur zone commerciale, ou bien à un intermédiaire qui les revendra par la suite à d'autres commerces.

Politique de bas prix quotidiens
Politique de prix représentant une réduction constante de 10 % à 25 % des prix courants.

spontanée, se vendent mieux lorsqu'ils sont l'objet d'une promotion que lorsque leurs prix sont bas et stables[50].

De l'avis de nombreux experts, la politique des bas prix quotidiens convient fort bien aux chefs de file dont les marques profitent d'une grande notoriété et auxquelles les consommateurs sont très fidèles. Elle se révèle toutefois peu profitable pour les marques en phase de croissance ou de survie. De plus, de nombreux consommateurs réagissent davantage aux promotions et aux aubaines qu'aux publicités des détaillants véhiculant une politique de bas prix quotidiens.

Procter & Gamble prétend néanmoins que la politique des bas prix quotidiens a permis aux marques qui ont opté pour cette voie d'accroître leur volume de vente plus rapidement que les autres, et que la part de marché des deux tiers de ces marques dans leur catégorie a augmenté. Soulignons que Procter & Gamble a récemment étendu sa politique de bas prix quotidiens sur le marché européen, entre autres au Royaume-Uni et en Italie[51].

Les présentoirs et le matériel de publicité sur les lieux de vente

Au cours de votre prochaine visite dans un commerce, examinez les nombreux présentoirs. Ceux sur le lieu de vente constituent un outil de promotion capital, car ils permettent de mettre les produits en valeur. Les entreprises canadiennes consacrent beaucoup d'argent au matériel de présentation et de distribution – présentoirs animés, présentoirs en bout d'îlot, présentoirs de plancher, banderoles, affiches, etc.

Planogramme
Représentation graphique des rangées de produits d'un commerce visant à favoriser un meilleur emploi de l'espace disponible.

À l'aide de **planogrammes**, le fabricant peut en outre aider le détaillant à optimiser la rentabilité par unité de surface de son commerce. À partir des données que les détaillants saisissent à l'aide de lecteurs optiques, certains fabricants élaborent ainsi des programmes informatiques qui permettent de déterminer les configurations les plus judicieuses en fonction des produits ou de la croissance des profits, etc.[52]

Les programmes de formation dans le domaine de la vente

Les programmes de formation du personnel chargé de la vente constituent une forme à part entière de soutien promotionnel. Plusieurs produits vendus au détail exigent la présence de vendeurs compétents qui fourniront des renseignements sur les caractéristiques, l'utilité et les avantages de divers modèles et marques. L'achat d'un produit de beauté, d'un électroménager, d'un ordinateur, de matériel électronique ou d'un article de sport repose ainsi souvent sur les conseils judicieux du vendeur.

La plupart du temps, il s'agit de cours ou de séances de formation visant à mieux faire connaître un produit ou une gamme de produits. Des renseignements et des idées quant à la meilleure manière de vendre le produit sont également proposés. On mise enfin beaucoup sur la motivation des employés. Remarquons ici que ces séances de formation sont souvent commanditées par des fabricants d'articles haut de gamme ou de produits complexes – ordinateurs, véhicules automobiles, équipement de ski, etc.

Les fabricants assurent aussi la formation du personnel de vente des détaillants par l'entremise de leurs représentants commerciaux. Pour l'essentiel, le travail consiste à fournir des renseignements sur les gammes de produits, des arguments de vente et toute autre information pertinente. Les rencontres étant fréquentes, les représentants profitent de ces occasions pour informer le personnel de vente de tout changement dans les gammes de produits, les nouveautés marketing, la concurrence, et ainsi de suite.

Souvent, en complément des actions précédentes, les fabricants remettent aux vendeurs de la documentation, des dépliants, des ouvrages de référence, etc. Nombre d'entreprises fournissent aussi des documents audiovisuels présentant des démonstrations et donnant des idées sur les meilleures façons de vendre leurs produits. Notons que ce matériel d'appoint peut aussi servir à informer les clients.

Le salon professionnel

Le salon professionnel constitue une autre activité promotionnelle efficace pour joindre les revendeurs. Les fabricants profitent de l'occasion pour y présenter leurs produits et leurs services. Selon le Trade Show Bureau, près de 100 millions de personnes assistent aux 5 000 salons professionnels qui se tiennent chaque année au Canada et aux États-Unis, et plus de 1,3 million d'entreprises y prennent part. Dans plusieurs industries, le salon professionnel est l'occasion idéale pour présenter des gammes de produits et rencontrer les clients, les représentants de grands distributeurs et autres revendeurs.

Salon professionnel
Manifestation commerciale au cours de laquelle les fabricants présentent leurs produits et leurs services.

Le salon professionnel s'avère propice à la démonstration de produits, à la recherche de nouveaux clients et à l'enregistrement de commandes. Il constitue aussi une bonne occasion pour obtenir des renseignements sur les consommateurs et la concurrence. Ce type de manifestation commerciale est en fait idéal pour le lancement de nouveaux produits, les revendeurs étant souvent à l'affût des innovations. On y établit de nouvelles relations que l'on confirme par la suite grâce à la visite d'un représentant ou à un contact direct. Le volet social du salon professionnel se révèle enfin important. Nombre d'entreprises profitent de l'occasion pour recevoir leurs principaux clients ainsi que pour nouer ou conserver de bons rapports avec leurs réseaux d'intermédiaires. Selon une étude récente, la participation à un salon professionnel a pour effet de renforcer la notoriété de la marque et l'intérêt du revendeur, en plus d'avoir des retombées économiques directes[53].

La publicité à frais partagés

La publicité à frais partagés constitue la dernière forme de promotion destinée aux intermédiaires à laquelle nous nous intéresserons. On parle de publicité à frais partagés, comme son nom l'indique, lorsque divers annonceurs partagent une partie des frais publicitaires d'une annonce. Il en existe trois sortes, les deux premières n'étant pas expressément destinées aux intermédiaires.

De concert avec Samsung, Bell Mobilité fait appel à une affiche sur le lieu de vente afin d'attirer l'attention du consommateur sur sa marque « Solo ».

Des concessionnaires d'automobiles situés à proximité l'un de l'autre, par exemple, pourraient partager une partie de leur budget publicitaire. Il s'agit de publicité à frais partagés horizontale. Leurs annonces feraient alors la promotion de chaque concession et inciteraient le consommateur envisageant l'achat d'un véhicule à profiter de leur proximité.

La publicité à frais partagés fondée sur les composants de base consiste à faire connaître des composants et des ingrédients qui entrent dans la composition de produits finis. Parmi les entreprises faisant souvent appel à ce type de publicité, on peut citer DuPont, qui fait la promotion du Téflon, du Thinsulate et du Kevlar, composants que l'on trouve dans une grande variété de produits de consommation et de produits industriels. Les annonces de l'édulcorant NutraSweet, qui entre dans la composition de nombreux produits alimentaires et boissons, en est un autre exemple. C'est toutefois la campagne Intel Inside, de la société Intel, qui constitue sans doute le meilleur exemple de publicité à frais partagés.

La publicité à frais partagés verticale constitue la forme de publicité à frais partagés la plus répandue. Il s'agit d'une forme de publicité collective où le fabricant assume une partie des frais de publicité du détaillant pour la promotion de son produit. En général, le fabricant partage ces frais avec le détaillant selon un certain pourcentage, souvent équivalent, jusqu'à concurrence d'une somme prédéterminée. Dans les faits, les sommes consacrées à la publicité à frais partagés verticale sont en général déterminées sur la base du pourcentage des achats réalisés. Supposons qu'un détaillant achète pour 100 000 $ de marchandises auprès d'un fabricant. Dans ce cas, le détaillant pourrait toucher 3 %, soit 3 000 $, sous forme d'allocation de publicité à frais partagés. Les grandes chaînes de commerce au détail investissent des sommes importantes dans ce cadre, renforçant ainsi les efforts de CMI de leurs fournisseurs. Dans ce contexte, un détaillant peut, par exemple, annoncer dans sa circulaire le produit du fabricant accompagné de plusieurs autres produits. Chaque fabricant rembourse alors le détaillant en fonction de la valorisation relative de ses produits. Le fabricant peut aussi concevoir une annonce que le détaillant se charge ensuite de diffuser par l'entremise d'un média local.

Lors de la diffusion d'une publicité à frais partagés, le détaillant demande au fabricant de le rembourser sur la base du pourcentage qu'il s'est engagé à assumer. Bien entendu, la publicité doit répondre en tous points aux critères du fabricant pour être admissible à un tel remboursement. En général, ces critères précisent le format ou le mode de présentation des marques annoncées et les conditions d'acceptabilité de la présence de marques concurrentes. À l'image des autres formes de promotions auprès des intermédiaires, les budgets des fabricants affectés à la publicité à frais partagés ont augmenté ces dernières années. Certaines entreprises ont soustrait des sommes attribuées précédemment à la publicité de masse traditionnelle au profit de la publicité à frais partagés, croyant que celle-ci aurait un plus grand impact sur les marchés locaux. D'ailleurs, un nombre croissant de détaillants mettent sur pied des campagnes de publicité à frais partagés qu'ils présentent ensuite aux fabricants sous forme de catalogues, d'événements promotionnels déjà planifiés ou de programmes de publicité élaborés conjointement avec les médias locaux. Les fabricants souscrivent souvent à de telles actions, notamment lorsqu'elles sont l'œuvre de détaillants bien implantés sur leur marché[54].

L'intégration de la promotion des ventes aux stratégies de CMI

Les techniques de promotion des ventes obtiennent de meilleurs résultats lorsqu'on les arrime à des campagnes publicitaires traditionnelles. L'efficacité d'une campagne de publicité est en retour renforcée par des activités de promotion des ventes. On doit ainsi éviter de considérer la publicité et la promotion des ventes comme deux activités distinctes se disputant le budget de communication d'une entreprise. On devrait plutôt les voir comme des outils complémentaires. Pour peu qu'elles soient bien planifiées et exécutées de concert, la publicité et la promotion des ventes ont un impact beaucoup plus grand, sur les plans de la communication et de la persuasion, que tout autre élément du mix promotionnel considéré individuellement.

Il est donc important de veiller à la coordination entre la publicité et la promotion des ventes afin de profiter des possibilités de chaque outil et de tirer le maximum du budget de communication. Pour réussir cette intégration, on doit décider de l'attribution des sommes à chaque poste, de la coordination des thèmes de l'annonce et de la promotion, de la cadence des activités et du rôle stratégique de chacune.

L'affectation budgétaire

Alors que de nombreuses entreprises consacrent plus d'argent à la promotion des ventes au détriment de la publicité de masse, il demeure difficile de déterminer dans l'absolu le pourcentage du budget de communication qui devrait être consacré à la publicité et celui qui devrait être alloué à la promotion des ventes auprès des consommateurs ou des intermédiaires. Cette affectation budgétaire repose en définitive sur plusieurs facteurs. Parmi ceux-ci, on peut citer les objectifs de campagne, la situation du marché et de la concurrence, ainsi que l'étape du cycle de vie du produit.

Songeons, par exemple, aux décisions d'affectation budgétaire susceptibles d'être prises selon le cycle de vie d'un produit. Pour favoriser l'essai du produit lors de son lancement, une bonne part du budget peut être affectée à la distribution d'échantillons et au couponnage. Aux stades de croissance et de maturité, l'enveloppe promotionnelle devrait sans doute être surtout consacrée à la publicité afin de différencier la marque de ses concurrentes et d'en accroître la notoriété. À maturité, l'entreprise a tendance à faire appel aux techniques de promotion des ventes destinées aux consommateurs, dont les coupons, les promotions à prix réduit, les primes et les formats bonis. Ces démarches lui permettent en effet de fidéliser sa clientèle, d'attirer de nouveaux clients et de se protéger de la concurrence. Pour conserver son espace d'étalage, répondre aux demandes des détaillants en vue d'obtenir des marges bénéficiaires plus élevées et inciter ces derniers à promouvoir les marques de l'entreprise, la société évitera également de négliger les promotions auprès des intermédiaires. Selon une étude récente portant sur la synergie entre publicité et promotion, dans le cas d'une marque parvenue à maturité, 80% des ventes sont attribuables à la promotion des ventes. Notons que, lorsqu'un produit entre en période de déclin, on lui retire presque toute forme de soutien, y compris sur le plan de la promotion des ventes.

Les thèmes de création

Afin d'intégrer avec succès les programmes de communication de masse et de promotion des ventes, les thèmes exploités par chacun devraient se recouper et respecter un même positionnement de marque.

Les outils de promotion des ventes doivent ainsi communiquer les attributs distinctifs de la marque et renforcer le message de vente ou le thème de la campagne publicitaire. À cette condition, les activités de promotion pourront contribuer pleinement à valoriser la marque sur les lieux de vente. Au même moment, la publicité doit attirer l'attention sur les programmes de promotion des ventes mis de l'avant, à l'image de la publicité du lubrifiant WD-40 présentée ci-contre. Voyez comment cette annonce dans les magazines et la promotion du concours intègrent à merveille un seul et même thème de positionnement, soit les mille et un usages possibles du produit.

La publicité du lubrifiant WD-40, qui met l'accent sur les mille et un usages du produit, cadre parfaitement avec le positionnement de la marque.

Le support médiatique

Un bon support médiatique s'avère indispensable à tout programme de promotion, celui-ci devant être coordonné avec l'ensemble du plan médias soutenant les campagnes de CMI. La publicité de masse s'avère utile à la diffusion de certains éléments de promotion, dont les coupons, les billets de loteries, les bulletins de participation aux concours, les offres de primes et les échantillons. Si elles ont souvent pour effet de renforcer l'image et la notoriété de la marque, les annonces au sein de médias traditionnels peuvent donc aussi servir à informer le consommateur des offres promotionnelles en cours.

L'utilisation conjointe de la publicité et des outils de promotion des ventes permet de mieux faire connaître la marque et ses avantages. Les consommateurs sont davantage susceptibles d'échanger un coupon ou de profiter d'une promotion à prix réduit lorsque la marque leur est familière. De plus, les chances d'adoption à long terme d'un produit sont meilleures lorsque l'essai de ce produit est accompagné d'un échantillon ou d'un coupon, et d'une publicité[55].

Les promotions permettent parfois de surmonter certaines réticences. Les coûts associés à la livraison de produits commandés en ligne en constituent un exemple probant.

Orchestrer une promotion sans publicité préalable ou simultanée peut ainsi limiter son efficacité et même nuire à l'image de la marque. Si le consommateur en vient à penser que le succès d'une marque repose essentiellement sur des promotions successives, il est possible qu'il nourrisse une attitude défavorable à son égard, jugeant sans doute sa qualité moindre. À l'inverse, l'efficacité d'une annonce traditionnelle double si on lui adjoint un coupon ou une prime, ou si on offre la possibilité de participer à un concours.

La campagne orchestrée par Lever Brothers lors du lancement de ses pains de savon Lever 2000 illustre bien en quoi consiste une coordination réussie entre la publicité et la promotion des ventes. Comme nous l'avons vu, Lever Brothers a distribué des coupons, posté des échantillons gratuits et offert des remises aux détaillants au cours de la campagne promotionnelle qui a marqué ce lancement. Ces activités étaient accompagnées d'une grande présence publicitaire dans les médias imprimés et à la télévision. La promotion des ventes était nécessaire pour inciter les consommateurs à faire l'essai des pains de savon Lever 2000; elle s'est poursuivie après le lancement, cette fois par le biais du couponnage. C'est toutefois le solide positionnement de la marque, communiqué par une publicité de masse fort efficace, qui a transformé les consommateurs en clients convaincus. Le pourcentage de répétition des achats a atteint près de 40%, même lorsque les généreuses remises se sont avérées choses du passé. Seulement six mois après son lancement, Lever 2000 est devenue la deuxième marque de savon la plus vendue (en dollars), s'appropriant environ 8,4% du marché des pains de savon, un marché qui totalise à lui seul 1,5 milliard de dollars[56].

Afin de mieux coordonner leurs programmes de publicité et de promotion des ventes et d'éviter des promotions à court terme, peu valorisantes pour la marque, de nombreuses entreprises souhaitent engager davantage leurs agences spécialisées dans le processus de planification de leurs campagnes. Le tableau 13.4 montre à quel point le rôle des agences se transforme aujourd'hui sur ce plan.

TABLEAU 13.4 Le rôle changeant des agences de promotion et de publicité

Traditionnel	Porteur d'une vision nouvelle
1. On y recourt surtout pour élaborer des concepts ou des tactiques à court terme.	1. On y recourt pour élaborer des stratégies promotionnelles à court et à long terme, ainsi que des tactiques plus ponctuelles.
2. Embauche ou rétribution en fonction de chaque projet.	2. Embauche moyennant des honoraires annuels.
3. Embauche d'agences de promotion en fonction des tâches ou des spécialités.	3. Une ou deux agences de promotion ayant l'exclusivité de chaque division ou groupe de marques.
4. Une ou deux personnes-ressources rattachées à l'agence.	4. Équipe complète ou groupe chargé d'un client.
5. L'agence spécialisée en promotion n'équivaut jamais à une agence de publicité, car elle ne collabore à aucun moment au processus de planification annuel.	5. L'agence de promotion collabore avec l'agence de publicité; elle prend part à la planification de plein droit.
6. N'est pas directement responsable des résultats.	6. Doit répondre des résultats obtenus et se soumettre à un processus d'évaluation rigoureux.

Une perspective stratégique

L'intégration de la promotion des ventes aux programmes de marketing est bien plus qu'une mode. Il s'agit en fait d'une transformation fondamentale quant aux modes de décisions relatifs à la commercialisation des produits et des services. On peut, en outre, voir là une réponse à la critique de plusieurs spécialistes ayant remis en cause le bien-fondé de l'importance accordée à la promotion des ventes, sans que celle-ci fasse l'objet d'une planification ainsi que d'une gestion serrée et intégrée[57].

Le recours abusif à la promotion des ventes est en effet susceptible de nuire à la marque de plusieurs façons. La marque faisant constamment l'objet de promotions peut voir sa valeur s'émousser. Souvent, le consommateur achète un produit parce qu'il touche une prime ou qu'il dispose d'un coupon ou alors parce que le produit est en solde, plutôt que de fonder sa décision sur l'attitude favorable qu'il a adoptée à son égard. En cas d'absence d'un incitatif promotionnel, le consommateur se procure alors une autre marque. Une étude récente de Priya Raghubir et Kim Corfman cherchait à déterminer si une promotion de lancement fondée sur le prix avait une incidence sur les évaluations que font les consommateurs avant d'essayer la marque[58]. Ces auteurs ont découvert un lien négatif entre l'intensité de la promotion et la valeur perçue de la marque. La promotion fondée sur le prix semble influencer particulièrement les consommateurs non spécialistes. Ces conclusions devraient inciter les gestionnaires à bien réfléchir avant d'orchestrer une promotion fondée sur le prix.

Alan Sawyer et Peter Dickson ont pris appui sur la *théorie de l'attribution* afin d'étudier les effets de la promotion des ventes sur l'attitude du consommateur[59]. Selon cette théorie, les gens adoptent des attitudes en observant leur propre comportement et en se demandant pourquoi ils ont agi de telle manière. Le consommateur qui achète régulièrement une même marque en raison d'un coupon ou d'une promotion à prix réduit peut ainsi en venir à attribuer son comportement à la promotion plutôt qu'à une attitude favorable envers la marque. À l'inverse, lorsque aucun stimulant externe n'est proposé, le consommateur est davantage enclin à attribuer son comportement d'achat à des sentiments favorables envers la marque.

Un autre problème peut surgir lorsqu'un trop grand nombre de concurrents lancent des promotions en même temps; à trop faire de promotions, on s'engage dans une spirale dont on risque de ne plus pouvoir sortir[60]. Souvent, l'entreprise organise, dans un premier temps, une promotion des ventes afin de démarquer son produit ou son service. Par la suite, lorsque la promotion porte ses fruits et qu'elle confère un avantage distinctif à la marque en question (ou semble le faire), les concurrents ont vite tendance à réagir par une stratégie semblable. À long terme, non seulement la marge bénéficiaire de chaque entreprise se trouve réduite, mais il devient presque impossible de sortir de ce qui ressemble beaucoup à un cercle vicieux[61]. Le tableau 13.5 illustre cette situation.

Plusieurs secteurs d'activité semblent pris dans ce piège. Dans le secteur des produits cosmétiques, par exemple, on a coutume d'offrir un cadeau, une prime ou une réduction à l'achat d'un produit. L'objectif premier est d'inciter le client à faire l'essai de nouveaux produits. Cette stratégie finit toutefois

TABLEAU 13.5 Le piège de la promotion des ventes

Autres firmes	Notre firme	
	Réduction des promotions	Maintien des promotions
Réduction des promotions	Bénéfices plus élevés pour tous	Croissance de la part de marché de notre firme
Maintien des promotions	Croissance de la part de marché des autres firmes	Part de marché demeurant constante ; bénéfices faibles

par coûter très cher, car elle contribue peu à atteindre l'objectif de loyauté dont il a été question précédemment. Parce qu'elle est considérée comme un « dû » par un grand nombre de consommateurs, il est toutefois difficile de mettre un frein à cette pratique[62].

Le gestionnaire du marketing doit donc à la fois songer aux effets à court terme d'une promotion sur les ventes et aux effets à long terme sur la marque. La facilité avec laquelle les concurrents peuvent élaborer une promotion en retour et la probabilité qu'ils agissent de la sorte devraient toujours être envisagées. Le gestionnaire doit donc éviter de dévaloriser une marque par une promotion ou de s'engager dans une guerre promotionnelle qui rognera en définitive la marge bénéficiaire de la marque et menacera son existence à long terme. Il est souvent tenté de recourir à la promotion pour freiner une baisse du chiffre d'affaires. Ce n'est pas toujours un bon réflexe. En fait, il importe de conserver à l'esprit la nécessité d'une intégration globale des nombreux volets du programme marketing.

RÉSUMÉ

Au cours de la dernière décennie, les gestionnaires ont affecté une plus grande partie de leurs budgets à la promotion des ventes dans l'espoir d'exercer une influence plus directe sur le comportement d'achat des consommateurs. Le pouvoir croissant des détaillants, la fidélité chancelante des consommateurs, la sensibilité accrue des clients aux promotions, l'augmentation du nombre de nouveaux produits, la fragmentation des marchés, la prévalence d'objectifs à court terme et la moins grande efficacité des annonces traditionnelles sont autant de raisons qui expliquent cette hausse. Bien que la promotion des ventes est parfois susceptible de contribuer à créer et à renforcer l'identité et l'image de la marque à long terme, son objectif premier est souvent d'accélérer le processus d'achat et d'accroître sans tarder les chiffres des ventes.

Les techniques de promotion des ventes s'adressent autant aux intermédiaires qu'aux consommateurs. Nous avons analysé plusieurs techniques de promotion à l'intention des consommateurs, notamment la distribution d'échantillons, le couponnage, les primes, les concours et les loteries, les réductions et les remboursements, les formats bonis, ainsi que le marketing événementiel. Nous nous sommes intéressés aux caractéristiques de ces outils promotionnels, ainsi qu'à leurs forces et à leurs faiblesses. Nous avons évoqué, en outre, plusieurs formes de promotions destinées aux intermédiaires, dont les concours, les remises, les présentoirs et le matériel de PLV, les programmes de formation, les salons professionnels et la publicité à frais partagés.

On devrait éviter de considérer la publicité et la promotion des ventes comme des activités isolées, mais plutôt les voir comme des outils complémentaires. La publicité de masse et la promotion des ventes peuvent en effet bénéficier de puissants effets de synergie, lorsqu'elles sont bien planifiées et exécutées. Pour y parvenir, le gestionnaire du marketing doit arrimer et coordonner les budgets, les thèmes, le calendrier de réalisation et les publics visés par de telles opérations.

Un gestionnaire qui abuse de la promotion des ventes court le risque de tomber dans un piège qui le conduit souvent à sacrifier le positionnement et l'image d'une marque à long terme au profit d'une hausse rapide des ventes, profitable seulement à court terme. Plusieurs secteurs d'activité sont ainsi pris dans une spirale insoutenable qui se traduit par une réduction continue de leurs marges bénéficiaires et par une image de marque dégradée.

MOTS CLÉS

- achat d'anticipation
- comarketing
- commandite d'événement
- concours
- coupon de retour
- coupon instantané ou immédiat
- couponnage croisé
- couponnage de type PLV
- détournement
- distribution d'échantillons
- format boni
- jeu
- loterie promotionnelle
- marketing événementiel
- offre de remboursement
- pénalité
- planogramme
- politique de bas prix quotidiens
- prime
- prime autopayante
- prime gratuite
- prime incitative
- programme de fidélisation
- promotion à prix réduit
- promotion des ventes
- promotion des ventes axée sur les intermédiaires
- promotion des ventes axée sur les consommateurs
- publicité à frais partagés
- publicité à frais partagés horizontale
- publicité à frais partagés verticale
- réduction différée
- remise à l'achat
- remise consentie aux intermédiaires
- remise sur facture
- salon professionnel

QUESTIONS DE DISCUSSION

1 En quoi la promotion des ventes auprès des consommateurs et la promotion auprès des intermédiaires se distinguent-elles ? Discutez du rôle de chacune dans un programme de CMI.

2 En quoi la promotion des ventes permet-elle d'accélérer le processus d'achat et de maximiser le volume des ventes ?

3 Pourquoi les gestionnaires du marketing ont-ils délaissé quelque peu la publicité de masse au profit de la promotion des ventes ? Discutez du pour et du contre de cette réaffectation budgétaire.

4 En quoi une promotion sur le lieu de vente axée sur la valeur de la marque et une promotion non axée sur cette valeur se distinguent-elles ? Donnez l'exemple d'une offre promotionnelle qui, selon vous, contribue au capital de marque. Justifiez votre réponse.

5 En quoi le réseau Internet peut-il être utile à la distribution d'échantillons, de coupons et de primes, ou aux concours et aux loteries promotionnelles ?

6 Qu'entend-on par l'expression « piège de la promotion des ventes » ? Donnez l'exemple d'un secteur d'activité où une guerre de promotions fait actuellement rage. Comment le gestionnaire du marketing peut-il se dégager de cette situation ?

CHAPITRE 14
Les relations publiques

OBJECTIFS D'APPRENTISSAGE

- Reconnaître le rôle des relations publiques dans le mix promotionnel.

- Comprendre la nature des relations publiques et de la publicité institutionnelle, et déterminer leurs forces et leurs faiblesses.

- Présenter les principes de l'élaboration d'un plan de relations publiques.

- Exposer comment il est possible de concilier les relations publiques et les formes plus traditionnelles de la publicité.

MISE EN SITUATION

Comme une traînée de poudre...

Vous êtes-vous déjà demandé pourquoi et comment une chose devient soudainement très populaire, presque incontournable? Ce phénomène de mode, ou de «buzz», est parfois provoqué par les spécialistes du marketing. Ceux-ci déploient alors une stratégie mêlant relations publiques et effets de rumeurs afin d'atteindre rapidement une notoriété et des ventes très élevées. Dans un article intitulé «The Buzz of Buzz», paru en 2000 dans la *Harvard Business Review*, l'auteure Renée Dye écrivait: «La promotion fondée sur le bouche-à-oreille est devenue une force de plus en plus importante, capable de catapulter certains produits de l'ombre à la pleine lumière du succès.» Des gestionnaires innovateurs réussissent en effet aujourd'hui à mobiliser les outils de relations publiques à des fins promotionnelles et de création d'image de marque, faisant ainsi du bon emploi de ces outils un véritable avantage compétitif. Par exemple:

- la marque de lingerie La Senza a organisé des défilés de mode dans les rues de Toronto;
- Hallmark a invité les hommes à assister à une projection marathon du film *Love Story* lors de la fête des pères;
- Tropicana a lancé avec les producteurs du film *Monsters Inc.* une opération qui a fait pousser bien des hurlements dans les cuisines!

Les programmes de relations publiques apparaissent utiles pour tous les types de situations en matière de CMI: développement, lancement, positionnement ou rajeunissement de marques. Peu importe le stade d'évolution de la marque, les relations publiques sont, en effet, en mesure d'instaurer des changements de perception ou d'attitude, et de favoriser une dynamique de marché favorable. Une autre raison pour expliquer le développement rapide des relations publiques, y compris dans Internet, tient à l'efficacité discutable des formes plus traditionnelles de communication de masse.

Le bouche-à-oreille est toujours la forme de communication qui a le plus d'influence sur les consommateurs. Les relations publiques ont un rôle privilégié à jouer dans ce contexte. Favoriser l'émergence d'une attitude positive à l'égard d'une marque grâce aux échanges entre consommateurs est une approche qui comporte de nombreux avantages, ce qui explique, en grande partie, l'intérêt si évident aujourd'hui pour les relations publiques. Si l'on considère, en plus, que ce type de stratégie s'avère, dans la plupart des cas, moins onéreux que beaucoup d'autres initiatives publicitaires, il n'est guère étonnant que certains auteurs (par exemple, Ries ou Zyman) en viennent à déclarer que les formes traditionnelles de la communication de masse sont désormais dépassées.

Source: Judy Lewis, «Building Buzz», *Marketing Magazine*, 28 janvier 2002.

Cette volonté d'alimenter une rumeur favorable, dont il a été question plus haut, n'est qu'un des nombreux objectifs qui conduit les entreprises à intégrer les relations publiques à leurs programmes promotionnels. Ces efforts font désormais partie intégrante des communications marketing intégrées (CMI), tant et si bien que les agences de publicité ont formé, au sein même de leurs services de relations publiques, des personnes dont le travail consiste précisément à gérer ces rumeurs. McCann-Erickson qualifie ce phénomène de «gestion de marque expérientielle», alors que Puris Lintas parle plutôt d'«ingénierie des idées». Quelle que soit l'appellation retenue, cette activité s'avère de plus en plus répandue[1]. En plus de stimuler les ventes, le bouche-à-oreille procure plusieurs autres avantages à long terme.

Les relations publiques, ou RP, doivent être gérées et coordonnées de concert avec les autres éléments du mix promotionnel. Rarement font-elles à elles seules la promotion d'un produit ou d'un service, pas plus qu'elles ne s'appuient nécessairement sur les méthodes avec lesquelles vous vous êtes familiarisé. En général, les relations publiques visent en effet davantage à modifier les opinions envers une entreprise ou une problématique de marché plutôt qu'à promouvoir un produit ou à modifier un comportement. Dans le présent chapitre, nous nous intéresserons au rôle des relations publiques, à l'information publicitaire diffusée dans les médias, à la publicité institutionnelle, aux atouts et aux faiblesses de chacune de ces formes et à leur utilisation. Nous fournirons aussi des exemples de réussites et d'échecs découlant de ces activités.

Les relations publiques

En quoi les relations publiques consistent-elles ? En quoi se démarquent-elles des autres éléments des communications marketing vus jusqu'ici ? Pour le comprendre, commençons par définir les relations publiques au sens traditionnel du terme et examinons ensuite leur nouveau rôle.

Le rôle traditionnel des relations publiques

Bon nombre d'ouvrages proposent une définition des **relations publiques**. La définition suivante, assez complète, est tirée du bulletin hebdomadaire spécialisé *Public Relations News* :

> Fonction de gestion qui évalue les attitudes du public, fait le lien entre les règles et les procédures adoptées par une organisation et l'intérêt public, planifie puis exécute un plan d'action et de communication en vue d'obtenir la compréhension et l'appui du public[2].

Relations publiques

Fonction de gestion qui, sur la base de l'évaluation des attitudes du public, fait le lien entre les règles et les procédures adoptées par un individu ou une organisation et l'intérêt public, planifie puis exécute un plan d'action et de communication en vue d'obtenir la compréhension et l'appui du public.

Les relations publiques sont assurément une fonction de gestion. On doit employer ici le mot « gestion » dans son sens le plus large et l'étendre à différentes formes d'organisation, dont les organismes sans but lucratif (OSBL).

Selon cette définition, l'administration des relations publiques s'appuie entre autres sur les étapes suivantes :

1. la détermination et l'évaluation des attitudes du public ;
2. l'établissement de règles et de procédures de l'organisation en fonction de l'intérêt public ;
3. l'élaboration et la mise en œuvre d'un programme de communications favorisant la compréhension et l'appui du public.

Le rôle des relations publiques déborde du cadre de la simple promotion d'un produit ou d'un service. Un programme de relations publiques peut comprendre aussi certains éléments promotionnels dont nous avons parlé, mais ceux-ci sont alors utilisés d'une façon différente. Au cours d'une campagne de relations publiques, par exemple, un communiqué de presse peut avoir pour objet d'annoncer le lancement de nouveaux produits ou des changements stratégiques de l'organisation ; l'entreprise peut aussi organiser des événements particuliers afin d'acquérir une bonne réputation au sein de la population. Enfin, à l'inverse, n'oublions pas que la publicité traditionnelle peut aussi servir à communiquer le point de vue d'une entreprise à propos d'un enjeu controversé.

Le nouveau rôle des relations publiques

Dans un nombre croissant d'entreprises, on a conféré de nouvelles responsabilités aux relations publiques. Ces entreprises leur accordent davantage d'importance, notamment quand il s'agit de promouvoir des produits et des services précis.

Le tableau 14.1 montre quatre configurations d'influence que le marketing et les relations publiques peuvent assumer au sein de l'entreprise. Ces configurations dépendent du degré de mobilisation de chacune des fonctions.

TABLEAU 14.1 Les quatre usages possibles des relations publiques

Marketing	Relations publiques	
	Faibles	Fortes
Faible	**1** Exemple : petites agences de services	**2** Exemples : hôpitaux et universités
Fort	**3** Exemple : petites sociétés manufacturières	**4** Exemple : entreprises figurant au palmarès de Fortune 500

L'entreprise du premier type se caractérise par une utilisation minimale de chaque fonction. D'ordinaire, le budget affecté au marketing et aux relations publiques est dérisoire, et l'on consacre peu de temps et d'efforts à ces activités. Les petites agences de services et les OSBL relèvent souvent de cette catégorie.

L'entreprise du deuxième type se caractérise par des relations publiques gérées en bonne et due forme, mais par peu d'activités marketing. En général, les universités et les hôpitaux appartiennent à cette catégorie, bien qu'ils fassent de plus en plus appel au marketing. Depuis quelques années, devant une concurrence accrue, ces deux types d'institutions semblent en effet privilégier le quatrième type, même si leurs activités de relations publiques dominent toujours.

Bon nombre de petites sociétés sont associées au troisième type d'entreprises, où le marketing domine, alors que les activités de relations publiques demeurent minimales. Les entreprises privées sans actionnaires et les petits manufacturiers, qui ont peu ou pas de publics à apaiser, tendent souvent à s'appuyer davantage sur le marketing que sur les relations publiques.

Les entreprises du quatrième type misent beaucoup sur les stratégies marketing et les relations publiques, bien que ces deux spécialités soient encore trop souvent exploitées de façon indépendante. Les tâches de communication décrites au début de ce chapitre, par exemple, peuvent incomber au

Service des relations publiques, alors que la promotion des produits relève du Service du marketing. Même si leur intégration n'est pas assurée, la collaboration entre ces deux fonctions est, bien sûr, parfois inévitable. Bon nombre de sociétés figurant au palmarès de Fortune 500 retiennent ainsi les services de plusieurs agences de publicité, mais également, en parallèle ou de manière intégrée, de différentes agences de relations publiques.

On pourrait dire que le nouveau rôle des relations publiques favorise un mode de gestion relevant du quatrième type. Il présuppose toutefois une collaboration étroite avec le domaine des communications marketing. C'est la combinaison de leurs caractéristiques et de leurs forces respectives qui permet, en définitive, de créer une meilleure image de la firme, ainsi que de ses produits et services. Dans les faits, de plus en plus, les relations publiques tendent à prendre de l'importance par rapport aux activités traditionnelles de marketing et de publicité, et se présentent donc comme un élément clé de la définition de programmes de CMI pleinement intégrés.

Dans un article récent paru dans la revue *Advertising Age,* William N. Curry souligne que les organisations doivent user de prudence lorsqu'elles établissent une configuration du quatrième type, car un risque de confusion existe entre les activités de relations publiques et de marketing. Lorsque les unes ou les autres dominent, on rompt l'équilibre nécessaire à une efficience maximale[3]. À long terme, selon cet auteur, il peut être nuisible de perdre de vue les objectifs et le rôle des relations publiques en s'efforçant d'atteindre des buts qui relèvent d'abord du marketing. D'autres sont d'avis que, si les frontières continuent de s'estomper entre les relations publiques et le marketing, les premières perdront leur indépendance et, par le fait même, leur efficacité[4]. Dans ce manuel, nous considérons que les relations publiques doivent jouer un rôle prépondérant dans un programme de CMI. Nous en prendrons acte dans la section suivante, où nous parlerons de stratégie de relations publiques.

L'information publicitaire et l'incidence des relations publiques

L'information publicitaire fait référence aux nouvelles concernant un individu, un produit, un service ou une organisation diffusées par les médias électroniques ou imprimés. Information publicitaire et relations publiques peuvent parfois être synonymes.

La publicité présentée ci-contre fait état de la réaction d'une organisation à une mauvaise presse. Les ennuis de Tree Top ont commencé lorsque les médias ont signalé qu'un produit chimique, le daminozide, commercialisé sous la marque Alar, un régulateur de croissance agissant sur la taille des pommes, pouvait provoquer le cancer chez les enfants. Malgré les déclarations des autorités médicales et scientifiques, dont celles du directeur du Service de santé publique des États-Unis, selon lesquelles le daminozide ne causait pas le cancer, certains groupes d'intérêts sont parvenus à diffuser beaucoup de publicités négatives, provoquant ainsi l'inquiétude des consommateurs et des acheteurs. Quelques commissions scolaires ont retiré les pommes et leurs produits

Tree Top réagit à la menace que représente la diffusion de publicités négatives.

dérivés de leurs menus. En réaction à ces allégations, Tree Top a fait paraître la publicité présentée à la page précédente pour afficher sa position et apaiser les craintes des consommateurs. Elle a aussi fait parvenir un communiqué aux nutritionnistes et aux exploitants de garderie. La campagne s'est avérée fructueuse ; elle a rassuré les consommateurs et a permis de regagner leur confiance.

En d'autres occasions, il semble que l'information publicitaire soit le résultat ou la conséquence des relations publiques. Comme il veut exercer le plus grand contrôle possible sur le moment et le lieu de diffusion de l'information, le gestionnaire du marketing remet souvent du matériel clé aux médias, tentant ainsi d'influer sur la couverture qu'ils feront d'un produit, d'un service ou d'un événement. Il peut ainsi produire un **communiqué de presse vidéo** que les stations de télévision diffuseront au même titre qu'une nouvelle. Rarement précise-t-on que ce type de communiqué est produit par l'entreprise dont il fait la réclame.

> **Communiqué de presse vidéo**
>
> Communiqué de presse sous forme de bande vidéo que produisent les spécialistes des relations publiques et que peuvent diffuser les stations de télévision en tant que nouvelles.

Un autre exemple nous est fourni quand une firme utilise avec efficacité les médias lors du lancement d'un produit. Il y a quelques années, Hill & Knowlton a été chargée par Microsoft Canada de diffuser de l'information publicitaire à l'occasion du lancement de Windows 2000. On s'inquiétait alors du fait que les médias semblaient montrer peu d'intérêt pour ce lancement, que l'on attendait pourtant depuis déjà longtemps. La solution a consisté à mettre en évidence les principaux avantages de la nouvelle version dans toutes les communications destinées aux personnes devant endosser le produit et aux intervenants des médias. On a notamment prévu pour le lancement une apparition à l'émission *Canada AM* (entrevue et démonstration), un petit déjeuner en présence du chef de la direction, un discours du président de Microsoft Canada, des conférences de presse, des entrevues de représentants de Microsoft et une réception où étaient conviés partenaires et clients principaux de l'entreprise. Au cours des six semaines qui ont suivi le lancement, Microsoft est parvenue à redresser la situation et a profité de retombées médiatiques considérables.

Au moins trois complications apparaissent fréquemment dans le cadre de ces campagnes. En premier lieu, si l'effet de la publicité ne se fait sentir, en règle générale, que pendant une brève période, l'incidence d'un article de journal au sujet d'un produit peut, elle, durer plusieurs semaines. Les relations publiques ont des objectifs à long terme, ce qui peut compliquer l'arrimage avec d'autres outils de communication marketing. La deuxième complication vient de ce que, si les relations publiques servent à divulguer de l'information positive à propos d'une entreprise, l'information que diffusent les médias est rarement contrôlable. Cette information, dans certains cas, peut en outre susciter des réactions négatives ou hostiles. Un facteur qui distingue l'information publicitaire des autres éléments du programme de CMI est à la fois son pouvoir à titre de moyen de communication et son caractère très capricieux ; c'est là la source de la dernière complication. Quelques-uns des pires incidents liés à la diffusion d'une information négative, erronée ou inappropriée s'expliquent par ce facteur. L'attention se tourne alors vers les réactions positives ou négatives de l'entreprise, au moment même où celle-ci a perdu le contrôle de la situation.

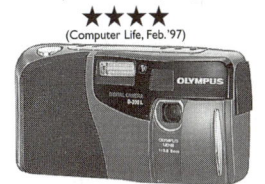

Malgré ces complications, les outils de relations publiques demeurent précieux. Il y a plusieurs années, par exemple, les ventes de comprimés Tylenol ont chuté sérieusement à la suite d'une abondante couverture médiatique rapportant des tentatives d'altération du produit. Les efforts de Johnson & Johnson en vue de regagner la confiance des consommateurs, axés en bonne partie sur les relations publiques, apparaissent toujours aujourd'hui comme un exemple de grand savoir-faire. En janvier 1983, peu de temps après ce moment difficile, la marque avait regagné près de 100 % de sa part de marché initiale.

Les atouts des relations publiques

La crédibilité

On ne perçoit pas les communications diffusées par les relationnistes de la même façon que la publicité, la population ne se rendant pas toujours compte que l'entreprise en défraie directement ou indirectement les coûts. C'est pourquoi on leur prête souvent davantage de crédibilité. Les médias ne sont pas rétribués pour diffuser les nouvelles, de sorte que le public les considèrent comme plus conformes à la vérité, et donc plus crédibles. On accordera, par exemple, plus de crédit à un article portant sur les vertus de l'aspirine qu'à une publicité sur le même produit.

Le gestionnaire du marketing sait ainsi qu'aujourd'hui même des médias de second plan, s'ils sont bien utilisés, peuvent entraîner d'importantes retombées. Par exemple, les prix qu'attribuent les chroniqueurs automobiles dans les magazines spécialisés comme *Auto Hebdo* influencent depuis longtemps les acheteurs de véhicules. Le constructeur d'automobiles General Motors a ainsi tablé sur un prix que *MotorWeek* a décerné à Pontiac, soit celui de la meilleure berline construite au pays, au cours d'une émission de 30 minutes diffusée par environ 300 radiodiffuseurs publics. De même, Chrysler a claironné haut et fort que son modèle Jeep Cherokee s'était vu attribuer un prix par le magazine *4-Wheel & Off Road*[5]. Il est maintenant courant de voir des constructeurs d'automobiles annoncer fièrement les prix qui leur sont décernés, tout comme les producteurs de films mettent en évidence des extraits de critiques positives dans leurs annonces.

Les innovations de produits ou de services peuvent aussi faire l'objet d'une annonce. La publicité ci-contre montre comment Olympus a articulé la promotion de ses appareils photo numériques autour d'une information publicitaire favorable, provenant de différentes sources. Encore une fois, bon nombre de constructeurs d'automobiles appuient aussi leur publicité sur la cote de satisfaction élevée que leur accordent leurs clients. Des données émanant de J. D. Powers & Associates, cabinet indépendant spécialisé dans la recherche automobile, confirment ce fait.

Cette publicité met en évidence de l'information publicitaire positive sur la marque.

Le coût

En termes absolus et relatifs, le coût des relations publiques est peu élevé, en particulier lorsqu'on le compare aux résultats escomptés. Alors qu'une grande entreprise peut retenir les services de plusieurs agences de relations publiques et y consacrer des millions de dollars, une entreprise plus modeste peut aussi faire reposer une bonne partie de ses messages sur cette forme de communication pour une somme raisonnable et obtenir néanmoins d'excellents résultats.

Lors du lancement de la gamme d'ordinateurs personnels Pavilion, de Hewlett-Packard, l'équipe chargée du lancement s'est ainsi vu promettre une enveloppe promotionnelle de 15 millions de dollars, à condition qu'elle fasse d'abord connaître les initiales HP aux consommateurs. Comptant uniquement sur les relations publiques et le matériel de publicité sur le lieu de vente (PLV), l'équipe et l'agence de relations publiques sont parvenues à relever le défi grâce à l'intégration de toutes leurs communications – des conditionnements à la documentation de vente. Les communiqués de presse et la documentation sur le produit ont été largement distribués auprès des médias grand public et spécialisés. Au moment de distribuer l'enveloppe budgétaire, le modèle HP Pavilion (le nom Pavilion n'avait alors jamais été publicisé) était déjà bien présent dans l'esprit du public cible[6].

L'absence d'encombrement

Puisqu'on les perçoit comme relativement nouveaux et porteurs d'information, les messages relevant des relations publiques ne sont pas l'objet du même effet de saturation (certains parleront même de pollution) que les annonces publicitaires traditionnelles. L'information relative au lancement d'un nouveau produit ou d'une innovation est considérée comme inédite et factuelle ; elle est donc plus susceptible de retenir l'attention.

Des pistes sur les clients éventuels

La diffusion de l'information sur les innovations technologiques ou les percées scientifiques, par exemple, donne aussitôt lieu à une multitude de demandes de renseignements. L'entreprise peut ainsi séduire des clients éventuels. Lorsqu'on a vu le golfeur Tiger Woods jouer avec un bâton de golf de marque Cobra, lors du US Open, événement télédiffusé à l'échelle internationale, le fabricant a reçu de multiples demandes d'information en provenance des cinq continents.

La possibilité de joindre des groupes précis

Certains produits intéressent uniquement de petits segments du marché. C'est pourquoi il n'est pas toujours possible de faire appel aux techniques habituelles de la communication de masse afin de les joindre. Lorsque l'entreprise n'a pas les moyens financiers d'engager ces frais promotionnels ou qu'elle les estime inefficaces, le meilleur moyen de communiquer avec ces groupes demeure souvent les relations publiques.

La construction de l'image

Une campagne de relations publiques réussie peut contribuer à créer une image positive. Une image forte constitue une assurance contre d'éventuelles crises. Reprenons l'exemple des comprimés Tylenol. En 1982, sept personnes de la région de Chicago sont décédées après avoir ingéré des Tylenol extra fort. Du cyanure avait été introduit dans les conditionnements présents sur les rayons d'une pharmacie. Au cours de la semaine qui a suivi ces empoisonnements, la part de marché de la marque Tylenol a chuté de 35 % à 6,5 %. Une bonne campagne de relations publiques, associée à un produit solidement implanté et à une image d'entreprise responsable, a contribué au rétablissement de la marque, malgré l'opinion de nombreux spécialistes qui estimaient que celle-ci n'avait aucune chance d'en réchapper. Une marque ou une entreprise dont l'image aurait été moins forte n'aurait peut-être pas réussi à se sortir d'un aussi mauvais pas.

Les faiblesses des relations publiques

Une identification moins soutenue de la marque ou de l'entreprise

Le principal désavantage des relations publiques tient peut-être au risque de voir le processus de communication rester inachevé. Si les messages des relations publiques peuvent se démarquer du lot des messages publicitaires, le risque demeure que le public n'en établisse pas clairement la source. Dans ce cas, le grand public est incapable d'associer le message de relations publiques à son commanditaire.

L'incohérence du message

Les relations publiques peuvent aussi connaître des ratés à la suite d'une mauvaise gestion ou d'un manque de coordination avec le Service du marketing. Lorsque les services du marketing et des relations publiques ne se concertent pas, les messages diffusés risquent ainsi d'être incohérents, ou les efforts de communication, pour le moins redondants.

Le choix du bon moment

Le responsable des relations publiques ne contrôle pas nécessairement le moment de diffusion de l'information publicitaire. À moins que la presse considère que l'information saura capter l'intérêt public dans l'immédiat, le choix du moment de la parution d'un communiqué est l'affaire des médias, quand ils acceptent de le diffuser. Par conséquent, il se peut que l'information soit publiée trop tôt ou trop tard pour produire les retombées escomptées.

La précision

Le communiqué de presse constitue un excellent moyen de diffuser de l'information publicitaire. Malheureusement, l'information n'est pas toujours transmise par la suite comme le souhaiterait l'expéditeur. Un manque de précision, des omissions ou des erreurs lors de la diffusion sont fréquents. Quand on compare le communiqué de presse envoyé par l'entreprise avec celui qui est paru, on se demande parfois s'ils traitent du même sujet !

Le plan de relations publiques

Selon une enquête réalisée auprès de 100 cadres supérieurs et intermédiaires du secteur des communications, plus de 60 % d'entre eux ont déclaré que leurs programmes de relations publiques reposaient en majeure partie sur des communiqués ou des dossiers de presse envoyés à l'occasion du lancement d'un nouveau produit[7]. De plus, ces outils ne s'intégraient pas dans un plan d'ensemble, mais étaient employés lorsque le contexte le commandait.

Conçue par l'agence Bos, cette publicité de Loto-Québec cherche à venir en aide aux joueurs pathologiques.

En d'autres termes, aucun programme structuré n'était en place dans plus de la moitié des entreprises sondées.

Les relations publiques forment un processus continu de communication reposant sur des règles et des procédures plutôt souples, qui permettent de réagir aux crises et aux occasions qui se présentent. Comme on éviterait d'élaborer un programme de publicité et de promotion sans planification préalable, on ne devrait pas improviser une série d'actions de relations publiques. Celles-ci devraient de plus être intégrées au programme de communications marketing. On structure un plan de relations publiques comme on le fait avec tous les outils de CMI vus jusqu'ici.

On procède d'abord à une analyse de situation, puis on arrête les décisions concernant les publics cibles, les objectifs à atteindre, ainsi que la stratégie et les tactiques à adopter afin d'y parvenir. Lorsque le plan est rédigé, le responsable est en mesure de se poser certaines questions afin de s'assurer que celui-ci est complet (*voir le tableau 14.2*). Comme les relations publiques constituent un vaste domaine, chaque élément du plan peut être l'objet de nombreuses décisions stratégiques et tactiques.

TABLEAU 14.2   Dix questions servant à évaluer un plan de relations publiques

1. Le plan traduit-il une compréhension rigoureuse de la situation de l'entreprise ?
2. Le programme de relations publiques fait-il bon usage des sources de documentation et de recherche ?
3. Le plan comporte-t-il une analyse complète des récentes couvertures éditoriales ?
4. Les relationnistes saisissent-ils bien les atouts et les faiblesses des produits ou des services de l'organisation ?
5. Le programme de relations publiques repose-t-il sur plusieurs conclusions convaincantes et pertinentes tirées des recherches les plus récentes ?
6. Les objectifs du programme sont-ils précis et quantifiables ?
7. Le programme décrit-il clairement les activités de relations publiques à mettre en œuvre et détermine-t-il en quoi elles sont profitables pour l'entreprise ?
8. Le programme décrit-il la manière dont on évaluera ses résultats ?
9. La recherche, les objectifs, les activités et les évaluations sont-ils bien arrimés ?
10. Le Service des relations publiques a-t-il communiqué régulièrement avec le Service du marketing au cours de l'élaboration du programme ?

En réponse à la mauvaise presse dont l'industrie des pâtes et papiers est l'objet, Domtar contribue à l'élaboration de programmes d'enseignement sur la forêt.

L'analyse de situation

Ici, le rôle des relations publiques est de reprendre quelques éléments de l'analyse de situation du plan marketing ou du plan de CMI, et d'y ajouter l'évaluation des attitudes du public envers l'entreprise ou des enjeux plus globaux. Pourquoi les entreprises devraient-elles s'intéresser aux attitudes de la population à leur égard ?

D'abord, parce que ces attitudes peuvent avoir une incidence sur les ventes des produits de l'entreprise. Plusieurs sociétés ont vu leurs ventes chuter à la suite d'une campagne de boycottage des consommateurs. Procter & Gamble, Coors, Nike et Texaco ne sont que quelques exemples d'entreprises ayant dû réagir aux moyens de pression des consommateurs. De plus, aucune entreprise ne veut être perçue comme une entreprise non citoyenne. Les entreprises sont implantées dans des collectivités où vivent et travaillent leurs employés. Des attitudes négatives finissent par saper le moral de ces employés et minent le cadre de travail de l'entreprise et de la communauté environnante. Les perceptions du public leur importent donc. C'est pourquoi bon nombre d'entreprises ou d'organisations privées et publiques sondent régulièrement la population pour connaître ses attitudes relativement à différents enjeux. Plusieurs raisons sous-tendent ce type de sondage :

1. Il alimente le processus de planification. Lorsqu'elle a déterminé les attitudes du public, l'entreprise peut concevoir des programmes en vue de conserver des opinions favorables ou de modifier celles qui ne le sont pas.

2. Il sert d'alarme. Il faut souvent beaucoup de temps et d'argent pour remédier à une crise. À l'aide d'un sondage, l'entreprise peut parvenir à cerner les problèmes potentiels et à les résoudre avec efficacité avant qu'ils ne dégénèrent.

3. Il assure un meilleur soutien à l'interne. Quand un sondage révèle un problème, les personnes chargées des relations publiques reçoivent plus facilement l'appui nécessaire pour le résoudre.

4. Il accroît l'efficacité de la communication. Plus l'entreprise comprend un problème, plus elle est susceptible de bien y réagir par le biais de ses communications[8].

Déterminer les publics cibles pertinents

Les activités de relations publiques peuvent viser différentes cibles et atteindre divers objectifs. Il peut s'agir de promouvoir l'entreprise ou les ventes d'un produit, ou encore de rassurer les actionnaires et le législateur. Ces audiences se situent tant à l'intérieur qu'à l'extérieur de l'entreprise.

Employés, actionnaires, investisseurs, membres de la collectivité et clients de l'entreprise constituent chacun un **auditoire interne**, ou **audience interne**. Pourquoi les membres de la collectivité et les clients forment-ils un auditoire interne plutôt qu'externe ? Selon John Marston, c'est parce que ces groupes sont intimement liés à l'entreprise et que cette dernière communique déjà avec eux sur une base régulière dans le cours normal de ses activités[9].

Un **auditoire externe**, ou **audience externe**, se compose d'individus qui ne sont pas étroitement liés à l'entreprise, par exemple le grand public. Il peut s'avérer nécessaire de communiquer avec ces groupes de façon continue pour plusieurs raisons, comme conserver sa part du marché ou présenter de nouvelles politiques ou procédures, voire de nouveaux produits. Voici quelques exemples illustrant ce concept.

Les employés de l'entreprise

Les principaux objectifs d'un programme de relations publiques consistent souvent à préserver le moral des employés et à mettre en valeur le résultat de leurs efforts. L'entreprise communique avec eux par le biais de bulletins, d'avis affichés sur des babillards, de communiqués insérés dans les enveloppes de paie, de publicités directes ou d'un rapport annuel. Les modes de

Auditoire interne ou audience interne

Expression propre aux relations publiques servant à désigner les membres et les groupes d'une entreprise ou ceux qui y sont intimement liés.

Auditoire externe ou audience externe

Expression propre aux relations publiques servant à désigner les individus qui se trouvent à l'extérieur d'une entreprise ou qui n'y sont pas intimement liés, par exemple le grand public.

communication avec les employés peuvent être aussi officiels que le recours à un comité de griefs ou aussi officieux qu'une réception à l'approche de Noël. Pour améliorer sa cote d'estime, l'entreprise peut aussi faire appel à un grand nombre d'activités sociales et culturelles, par exemple un tournoi de golf ou un pique-nique annuel.

Les actionnaires et les investisseurs

On pourrait penser qu'un rapport annuel fait simplement état de renseignements financiers aux actionnaires et aux investisseurs de l'entreprise. C'est l'une de ses raisons d'être, mais le rapport annuel sert aussi à communiquer les causes du succès ou de l'insuccès de l'entreprise, ses projets et d'autres renseignements débordant du domaine financier.

McDonald's, par exemple, a su se servir de ses rapports annuels pour parer à certains problèmes potentiels de relations publiques. L'un d'eux décrivait ses efforts en matière de recyclage afin de répondre aux préoccupations des consommateurs à propos de sa gestion des rebuts ; dans un autre rapport, la multinationale incluait un supplément de 12 pages portant sur l'alimentation et la nutrition.

La présentation et la diffusion du rapport annuel revêtent également une grande importance. Une entreprise exposée à l'attention de la communauté des affaires et du grand public comme Bombardier se doit de présenter de façon soignée l'information contenue dans son rapport annuel et d'en garantir l'accessibilité. De nombreuses entreprises ont tablé sur ce genre de démarche afin de rassurer les investisseurs, d'assurer une meilleure compréhension de leurs activités, y compris à l'échelle locale, et de répondre ainsi à des préoccupations précises.

Les membres de la collectivité

Les gens vivant et travaillant dans la collectivité où une entreprise est implantée constituent souvent l'une des cibles des relations publiques. Il peut s'agir d'annonces en vue d'informer la collectivité des activités auxquelles participe l'entreprise, par exemple la réduction de la pollution atmosphérique, l'assainissement de la nappe phréatique ou la protection des tortues. (Comme vous le voyez, la collectivité peut s'étendre au-delà du périmètre entourant une usine.) L'entreprise peut en outre communiquer avec certains groupes communautaires afin de faire la preuve de son civisme et de montrer qu'elle a leur bien-être à cœur.

Les fournisseurs et les clients

Toute entreprise souhaite conserver la cote d'estime de ses fournisseurs et de sa clientèle. Lorsqu'ils sont d'avis qu'une entreprise n'assume pas pleinement ses

^
Bombardier veille à présenter de façon soignée l'information contenue dans son rapport annuel.

^
La pétrolière Shell affiche ici ses préoccupations environnementales.

470 PARTIE 5 Le renforcement du message

responsabilités sociales, les consommateurs risquent de se tourner vers ses concurrents. Les fournisseurs peuvent vouloir faire de même. Le succès d'une campagne de relations publiques se traduit souvent, en définitive, par de meilleurs rapports entre l'entreprise, ses fournisseurs et ses clients.

Les médias

Les médias constituent sans doute l'auditoire externe le plus critique; en effet, ce sont eux qui déterminent ultimement le contenu des articles ou des reportages diffusés. Toute entreprise devrait informer les médias de ses faits et gestes et, aujourd'hui, les organisations prennent soin de publier régulièrement des communiqués de presse et d'organiser à l'occasion des conférences, des entrevues ou des événements particuliers. Sur la plupart des sites Web institutionnels, une section est réservée aux médias. En général, ceux-ci sont ouverts à ce genre de diffusion pour peu que l'information soit présentée de façon professionnelle. Une bonne histoire intéresse toujours les journalistes.

Les enseignants

Bon nombre d'organisations distribuent aux enseignants des documents concernant leurs activités. Le cas de Domtar, cité précédemment, en constitue un bon exemple. De nombreux groupes et associations professionnels, ainsi que la plupart des grandes entreprises, publient des renseignements d'intérêt public concernant les innovations, la recherche de pointe et d'autres sujets touchant leurs activités. Ces documents sont parfois explicitement destinés au milieu de la formation et de l'enseignement.

Les éducateurs forment un public cible privilégié parce que, à l'instar des médias, ils contrôlent l'accès à l'information auprès des jeunes consommateurs. La direction des magazines *Business Week*, *Fortune*, *Fast Company*, *Gestion* et *L'actualité* incite ainsi les enseignants à user de leurs publications dans leurs salles de cours. En plus de faire vendre davantage d'exemplaires, ce type de référence ajoute à la crédibilité de ces magazines.

Les organismes communautaires et professionnels

Les OSBL présents à l'échelle locale filtrent souvent l'information. Les contributions financières que leur versent les entreprises, les allocutions présentées à l'occasion de leurs activités et les commandites visent à promouvoir leur image auprès de ces groupes. La présence de dirigeants d'entreprise aux conseils d'administration des OSBL s'explique en partie par cette recherche d'image.

Les gouvernements

Souvent, les relations publiques visent à influencer les organismes gouvernementaux à l'échelle locale, provinciale, nationale ou internationale. Le lobbying peut ainsi propulser un produit en tête du palmarès des ventes, alors qu'une réglementation défavorable est susceptible de coûter des millions de dollars à une entreprise.

Les partenaires financiers

Les actionnaires et les investisseurs éventuels peuvent constituer des cibles pertinentes pour les relations publiques. La plupart des sites Web institutionnels contiennent ainsi des rubriques destinées aux investisseurs.

Les conseillers financiers, les institutions de crédit et les autres partenaires doivent être bien informés, car ils constituent de puissantes sources de financement et d'influence. Les communiqués de presse et les rapports financiers sont des sources de renseignements auxquelles ces auditoires sont bien entendu très attentifs.

Les objectifs de comportement

La structure des objectifs de comportement vue au chapitre 6 vaut aussi pour les relations publiques. Rappelons-nous que les objectifs en matière de comportement sont l'achat en vue de l'essai, l'achat lui-même, la répétition de l'achat et la consommation. Peu importe les publics cibles sélectionnés, le gestionnaire du marketing sait qu'il doit prendre en considération le comportement attendu à la suite de ses actions de communication.

La stimulation de l'achat peut sembler éloignée de la mission des relations publiques ; l'acceptation d'une idée ou la création d'une opinion favorable envers une marque et des conditions préalables à l'achat relèvent toutefois aussi en partie de cette mission.

Les objectifs de communication

Les objectifs de communication évoqués au chapitre 6 sont aussi pertinents pour les relations publiques. Parmi ceux-ci, on trouve ceux liés à la stimulation du besoin, à la notoriété de la marque, à l'attitude envers celle-ci, à l'intention et à la facilitation de l'achat. Chacun de ces objectifs peut être à la base d'un plan de relations publiques. Plutôt que de se concentrer sur la marque, cependant, un communiqué de presse est plus souvent axé sur l'entreprise ou un nouveau produit. Il en est de même de l'attitude ou de la facilitation de l'achat. Certains segments de marché sont ainsi de plus en plus sensibles au sens civique des organisations, à leur souci de la collectivité et de l'environnement. Dans ce cas, un message de relations publiques valorisant l'engagement de l'organisation en faveur du développement durable, par exemple, peut favoriser une attitude positive envers les produits et même stimuler l'intention d'achat.

La notoriété s'avère en outre indispensable à la marque et très importante pour l'entreprise. Plusieurs organisations s'associent ainsi à différentes causes sociales ; les retombées médiatiques qu'elles en retirent accroissant leur notoriété et leur reconnaissance.

Nous avons mis en relief l'importance de l'attitude des publics cibles. Quand une organisation désire agir de la sorte, son plan de relations publiques doit comporter un volet détaillant les changements d'attitude souhaités. Il doit aussi présenter les principaux défis en jeu, ainsi que les attributs ou les avantages de l'entreprise ou du produit sur lesquels doit porter le message.

La stratégie

Dans le domaine des relations publiques et en publicité, les décisions d'ordre stratégique touchent à la fois au message et au choix des médias qui le diffuseront. La première décision relative au message a trait à son contenu, commercial ou sociétal, et à son aspect créatif. À l'instar de la publicité, la diffusion du message peut être assurée, entre autres, par des médias généralistes ou spécialisés, les médias publicitaires et des événements particuliers. Nous traiterons de ces enjeux et de ces possibilités en détail dans la prochaine section.

Le fondement du message

Thomas L. Harris décrit les activités de relations publiques liées aux objectifs marketing comme des actions de **relations publiques commerciales**[10]. Parmi les objectifs de marketing dont l'apport des relations publiques peut contribuer à l'atteinte, notons la consolidation de la notoriété, l'information et l'éducation, ainsi que l'atteinte d'un certain niveau de confiance. Les relations publiques peuvent en outre servir à faire comprendre davantage un enjeu, à susciter l'assentiment du consommateur à l'égard de certaines actions, ainsi qu'à lui fournir une raison supplémentaire d'acheter un produit ou un service, ou de demeurer fidèle à une marque. Ces objectifs cadrent fort bien avec les objectifs de communication et de comportement évoqués précédemment. Selon Harris, le problème des relations publiques commerciales vient de ce qu'elles tendent à inféoder les relations publiques au marketing. De nombreux spécialistes ont aussi formulé cette mise en garde. Employées toutefois avec prudence, et en complément avec d'autres méthodes plus traditionnelles dans le cadre d'un programme de CMI, les relations publiques commerciales peuvent se révéler d'une grande efficacité quant à l'atteinte des objectifs suivants :

Relations publiques commerciales

Activité de relations publiques conçue expressément pour appuyer les programmes et les objectifs de marketing.

- Susciter l'intérêt du marché avant la diffusion de la publicité dans les médias de masse. Les opérations entourant la divulgation de l'introduction prochaine d'un nouveau produit favorisent une plus grande attention à l'égard de ce dernier, ce qui a pour effet d'accroître l'efficacité des annonces publicitaires ultérieures et de l'ensemble du plan de CMI.

- Faire d'une campagne publicitaire un événement, alors qu'il n'y a aucune nouvelle à communiquer à propos du produit. Les annonces elles-mêmes peuvent susciter de l'intérêt et générer beaucoup de retombées médiatiques, pour peu qu'elles soient divertissantes ou inusitées.

- Introduire un nouveau produit en recourant peu à la publicité, ou en n'y ayant pas recours.

- Toucher quiconque exerce une influence, c'est-à-dire fournir de l'information aux leaders d'opinion.

- Défendre les produits à risque à l'aide d'un message rassurant.

- Promouvoir un produit de manière positive. La campagne d'information nationale du fabricant de piles Energizer, qui invitait les consommateurs à remplacer la pile de leurs détecteurs de fumée lorsqu'ils changent l'heure au printemps et à l'automne, a permis de créer une image de l'entreprise empreinte de civisme, ce qui a fait augmenter ses ventes.

Le rôle traditionnel des relations publiques consiste à communiquer une image favorable de l'ensemble de l'entreprise. La gestion de cette image, ou de la réputation, touche chaque facette des interactions entre l'entreprise et son environnement social, économique, politique et culturel, et ce, tant à l'échelle locale, nationale qu'internationale.

En raison de la dimension à la fois commerciale et sociétale des messages diffusés, l'organisation doit déterminer l'incidence attendue de ses messages sur un horizon annuel, voire davantage, car les retombées ne se font souvent sentir qu'à long terme. Afin de précipiter l'obtention de résultats, une organisation peut être amenée à trop insister sur une dimension au détriment d'une autre; elle perd alors une occasion de communiquer pleinement. Le tableau 14.3 présente un système servant à évaluer l'efficacité d'un plan de relations publiques.

TABLEAU 14.3 Les critères d'évaluation de l'efficacité des relations publiques

Lotus HAL a mis au point un système servant à mesurer l'efficacité d'un programme de relations publiques. Voici les critères employés dans le cadre de ce processus d'évaluation.

- Nombre d'expositions au cours de la campagne
- Nombre d'expositions auprès du public cible
- Nombre d'expositions auprès de publics cibles particuliers
- Pourcentage de messages d'information positifs diffusés au cours de la campagne
- Pourcentage de messages d'information négatifs diffusés au cours de la campagne
- Ratio entre les messages positifs et les messages négatifs
- Pourcentage de messages d'information positifs et négatifs selon le sujet
- Pourcentage de messages positifs et négatifs selon le support ou le journaliste
- Pourcentage de messages positifs et négatifs selon le public cible

---

L'aspect créatif du message

Au moment de choisir le message à communiquer, le gestionnaire du marketing doit d'abord décider jusqu'à quel point il convient d'arrimer les relations publiques et la stratégie publicitaire ou les autres outils de CMI. D'un côté, il est important de préserver la cohérence de l'ensemble des communications; de l'autre, l'adaptation des relations publiques aux publics à joindre constitue un gage de leur efficacité. Nous discuterons ci-après des nombreux outils dont dispose le relationniste pour ce faire.

Les tactiques

Les tactiques de relations publiques se distinguent surtout par le type d'outils de diffusion retenu. Lorsque l'on privilégie les médias de masse, on doit savoir comment préparer son intervention, à qui s'adresser et comment diffuser son communiqué de presse, et connaître les attentes et les habitudes de chaque média auquel on fait appel, par exemple la télévision, la radio, les journaux ou les magazines. De plus, on doit décider si l'on recourt à des moyens complémentaires – conférence de presse, séminaire, événement particulier ou lettre personnalisée. On peut aussi être contraint de s'adresser à certaines instances gouvernementales. Comme il y a là matière à plus d'un chapitre, nous vous conseillons de consulter les nombreux ouvrages sur le sujet pour en apprendre davantage.

Les options stratégiques de la campagne de relations publiques

Comme nous l'avons déjà précisé, nous avons regroupé ces différentes formes de stratégie sous deux rubriques, selon qu'elles privilégient plutôt les médias traditionnels ou les médias publicitaires.

Les possibilités des médias

Les médias offrent de nombreuses solutions afin de communiquer avec différents publics cibles, dont le communiqué de presse, la conférence de presse, l'entrevue et la diffusion communautaire.

Le communiqué de presse

La presse constitue l'une des cibles les plus importantes des relations publiques. Pour qu'elle lui soit utile, l'information doit être documentée, véridique et susceptible d'intéresser le public. La crédibilité de la source du **communiqué de presse** augmente bien sûr les probabilités de diffusion de l'information.

Attaché à l'agence de relations publiques Ketchum, à New York, Jonathan Schenker propose quatre moyens pour faciliter le travail des journalistes et accroître ainsi la probabilité de diffusion d'un communiqué.

La conférence de presse téléphonique Comme les journalistes sont parfois dans l'impossibilité d'assister à une conférence de presse traditionnelle, leur téléphoner peut constituer un bon moyen d'obtenir leur collaboration.

La rencontre en duplex Grâce aux communications par satellite, le journaliste peut prendre connaissance d'un dossier et mener son entrevue à partir d'un studio de télévision. Cette méthode de travail lui fait épargner temps et argent.

Le communiqué multimédia La presse reçoit parfois une trousse regroupant plusieurs éléments : la version imprimée et audio du communiqué, les coordonnées d'une personne-ressource, un document vidéo mettant en scène un reporter ainsi qu'un film, sans bande son, auquel le journaliste n'aura plus qu'à ajouter sa narration, le cas échéant. Ce matériel fait encore une fois économiser temps et argent à la station de télévision ou de radio.

Les nouvelles ciblées Lorsqu'il cible bien son message de relations publiques, l'expéditeur évite aux journalistes la peine d'éplucher des tonnes d'articles afin de sélectionner ceux susceptibles d'intéresser son audience.

Un communiqué de presse est diffusé à condition d'être digne d'intérêt pour les lecteurs du support auquel il s'adresse. Les institutions financières, par exemple, choisissent en priorité d'adresser leurs communiqués de presse aux supports spécialisés dans le domaine du commerce et des affaires ou aux rédacteurs en chef des pages financières des grands quotidiens. La sortie du nouveau disque d'un groupe rock intéressera, en revanche, davantage l'animateur de radio ou le présentateur d'un bulletin télévisé de grande écoute.

La conférence de presse

Les **conférences de presse** des politiciens nous sont familières. Si les organisations et les entreprises se livrent moins souvent à cette activité, celle-ci n'en demeure pas moins très efficace dans leur cas. La conférence de presse

> **Communiqué de presse**
> Texte d'information remis à la presse en vue d'être publié gratuitement.

> **Conférence de presse**
> Rencontre d'information entre le représentant d'une entreprise ou d'un organisme et des journalistes, permettant de faire le point sur une situation ou d'annoncer des changements.

doit être en mesure d'intéresser un groupe précis afin de profiter d'une bonne couverture. En général, une conférence de presse à l'échelle nationale permet d'annoncer d'importantes réalisations (par exemple, une forte hausse des bénéfices), une percée en matière de recherche (par exemple, un nouveau traitement contre une maladie), ou de faire le point sur une situation d'urgence ou une catastrophe. À l'échelle locale, les événements marquant la communauté et le développement régional profitent d'ordinaire d'une excellente couverture de presse. Les équipes sportives y recourent aussi pour attirer l'attention et maintenir l'intérêt de leurs partisans lorsque, par exemple, elles engagent ou échangent un joueur étoile.

Les exclusivités

En général, le relationniste préfère recourir à plusieurs circuits de diffusion. Il peut cependant offrir l'exclusivité d'un reportage à un support si ce dernier joint un grand nombre de personnes parmi le public cible. Une telle **exclusivité** accroît les chances de collaboration. Lorsque vous regarderez la télévision au cours des prochaines semaines, prêtez attention aux exclusivités diffusées sur les grands réseaux et dans les stations locales. Notez comment les médias s'appuient sur ces exclusivités pour faire leur propre promotion.

> **Exclusivité**
> Tactique de relations publiques par laquelle un média se voit offrir les droits exclusifs de diffusion d'un reportage.

L'entrevue

Lorsque vous regardez la télévision ou que vous lisez un magazine, prêtez attention aux entrevues. En général, l'interviewer ou le journaliste pose des questions, et un porte-parole mandaté y répond. Pierre Karl Péladeau accorde ainsi parfois des entrevues au sujet des nombreuses divisions de l'empire Quebecor. Carlos Ghosn, président-directeur général de Nissan, participe quant à lui à bon nombre d'entrevues afin de présenter le point de vue d'un constructeur d'automobiles qui a connu un redressement spectaculaire.

La diffusion communautaire

Plusieurs entreprises tentent de redorer leur image publique en participant à des activités communautaires qui profitent d'une certaine couverture médiatique.

Une telle participation peut prendre plusieurs formes, telles qu'un soutien à des organisations locales par le biais de contributions financières ou une implication d'employés au cours d'événements communautaires. Des employés du géant des télécommunications Rogers, par exemple, ont arpenté certains quartiers le soir de l'Halloween afin de promouvoir la sécurité des enfants. À la suite du tsunami qui a frappé certaines parties de l'Asie du Sud-Est, il y a quelques années, les gouvernements de plusieurs pays et de nombreuses multinationales ont acheminé de l'aide humanitaire à une population durement éprouvée.

Les forces des médias

1. *La crédibilité* Les messages diffusés dans les médias sont perçus comme très crédibles. Contrairement à la publicité et à la promotion des ventes, le public ne croit pas d'ordinaire que l'information publicitaire est commanditée par une entreprise (ce n'est jamais le cas lorsqu'il s'agit d'une information négative, bien entendu). Les consommateurs pensent donc que cette information est plus objective et ils se montrent plus confiants.

2. *La caution morale* D'une certaine façon, le support diffusant de l'information publicitaire cautionne celle-ci. Supposons que la durabilité des balles de golf soit l'objet d'une amélioration. La portée de cette information publicitaire sera plus grande si elle paraît dans les pages du magazine *Golf*. Autre exemple, le prix du magazine *Car & Driver* décerné à l'automobile de l'année fait bénéficier le modèle récipiendaire de l'image de qualité associée à cette publication.

3. *La fréquence potentielle* L'attrait de l'information publicitaire s'explique aussi par la multiplication des expositions qui sont susceptibles de l'accompagner. En marge de la campagne publicitaire des croustilles Doritos, mettant en vedette le comédien Chevy Chase, diverses chaînes télévisées ont ainsi réalisé 1 734 reportages sur le sujet à l'aide de la bande que leur avait fournie Frito-Lay[11].

PERSPECTIVE 14.1

Nestlé à l'écoute de ses consommateurs

En 2001, la décision de Nestlé de ne plus garantir une fabrication industrielle exempte de toute trace de noix ou d'arachides apparaissait comme une bonne décision d'affaires. Les personnes souffrant d'une allergie à ces aliments sont peu nombreuses et les coûts associés à une exploitation de ce type sont prohibitifs, particulièrement en ce qui a trait à la flexibilité. Les réactions du marché sont pourtant imprévisibles et l'entreprise l'a appris rapidement à ses dépens.

Quand, en avril 2001, Nestlé a annoncé que, dès janvier 2002, elle ne serait plus en mesure de garantir que ses produits Smarties, Aero, Kit Kat, Coffee Crisp et Mirage ne contiendraient pas de traces d'arachides ou de noix, sa décision paraissait irrévocable. La demande des consommateurs pour des produits contenant des noix était en forte progression et l'entreprise voulait se donner la flexibilité nécessaire pour répondre à cette demande. Le problème, lorsque vous utilisez la même machinerie pour produire un produit avec ou sans noix, c'est que vous ne pouvez plus garantir l'absence de toute trace de ces dernières dans des produits qui, pourtant, sont censés ne pas en contenir. De 150 à 200 personnes décèdent chaque année en Amérique du Nord des suites d'une réaction allergique, souvent brutale, dont la cause est l'ingestion de noix ou d'arachides, même en quantité minime.

Après la décision prise en avril 2001, Nestlé s'est engagée dans une vaste opération de relations publiques afin d'informer le public du risque potentiel. C'est une réalité des marchés aujourd'hui : au nom de l'efficacité et de la rentabilité, il arrive que le choix des consommateurs se restreigne. Mais après tout, il ne s'agit là que de barres chocolatées, pas de produits de première nécessité !

Alors que le groupe de personnes touché par une telle allergie ne représente que 2,5 % de la

> **PERSPECTIVE 14.1**

population (soit de 600 000 à 700 000 Canadiens), la compagnie Nestlé a rapidement été inondée par des milliers de coups de téléphone, de lettres et de courriels. Devant cet assaut, elle a compris que, si le nombre de personnes directement affectées est faible, les consommateurs se sentant concernés sont, eux, fort nombreux. Ainsi, tous les lieux publics où se rassemblent des enfants sont soumis à des règles sévères en la matière. C'est le cas, par exemple, des écoles, des garderies, des colonies de vacances ou des clubs de sport. Nestlé s'est aussi rendu compte, grâce à cette vague de protestations, qu'elle était sans doute la dernière entreprise à offrir des produits sûrs pour les personnes souffrant de ce type d'allergie. Une simple décision d'affaires, prise au nom de la flexibilité et de la facilité de gestion, était en train de transformer la société Nestlé en un abominable personnage, privant les enfants allergiques de leurs friandises préférées. Plus encore, certaines personnes ont joint l'entreprise et déclaré avoir ignoré jusqu'à présent que certaines des marques de Nestlé ne contenaient ni arachides ni noix. Apprenant cela, ces consommateurs manifestaient leur intention de devenir de fidèles clients dans l'avenir, du moins si les choses ne changeaient pas à brève échéance, bien entendu. Encore une fois, les conséquences d'une décision d'affaires *a priori* tout à fait rationnelle semblaient démesurées. Ces réactions révélaient toutefois aussi de nouvelles occasions d'affaires et une réalité de marché complexe.

Trois semaines plus tard, Nestlé renonçait à son projet, une décision si soudaine que, pendant un certain temps, on a pu voir tout de même sur les tablettes des commerces les avertissements relatifs au changement initialement prévu. Même si certains groupes de pression ne sont pas restés inactifs, ce sont surtout des individus qui ont réagi de manière isolée à cette annonce, en leur nom, en celui de leur famille ou de leurs amis. Les actions ponctuelles de ces milliers de personnes ont fini par entraîner le renversement de la décision initiale. Une personne de Toronto a même créé, de sa propre initiative, un site Web (www.savethesmarties.com) afin d'organiser un peu mieux l'opposition à la décision de Nestlé.

Graham Lute, vice-président aux communications d'entreprise chez Nestlé, a déclaré ce qui suit dans un communiqué publié le 14 mai 2001 : « Nous avons vraiment été surpris par la corde sensible qu'il semble que nous ayons touchée à la suite de notre première décision. Nous avons écouté nos clients et annulé cette décision. Nous envisageons d'autres options afin de satisfaire le segment des consommateurs de plus en plus nombreux qui désirent acheter des barres chocolatées contenant des noix ou des arachides. » Les réactions des médias à l'égard de l'attitude de Nestlé ont été extrêmement positives. Des articles élogieux ont paru dans la plupart des grands quotidiens du pays et le responsable de l'association canadienne regroupant les personnes atteintes de cette allergie a félicité Nestlé pour sa décision sur les ondes de la chaîne anglaise de Radio-Canada, invitant même les consommateurs à choisir de préférence les marques de cette compagnie.

Nestlé a clairement dû assumer des frais non prévus au départ, comme la construction d'une nouvelle installation afin de produire des barres contenant des noix ou des arachides. En revanche, les gains réalisés en matière de notoriété et d'image de marque ont été considérables. Quand bien même il n'y aurait aucune répercussion, positive ou négative, Nestlé mérite certainement, en la circonstance, les remerciements de tous pour avoir su faire la bonne chose, au bon moment.

Source : Stan Sutter, « Not Just Peanuts », *Marketing Magazine*, 11 juin 2001.

Les possibilités de la publicité institutionnelle

La publicité institutionnelle prête souvent à la controverse. Cette forme de publicité vise à promouvoir l'ensemble d'une entreprise et à valoriser son image. Pour ce faire, elle prend position par rapport à certains enjeux sociaux, environnementaux ou humanitaires, et invite parfois le consommateur à s'associer à la défense d'une cause précise. Pourquoi la publicité institutionnelle soulève-t-elle tant la controverse de nos jours ? Plusieurs raisons semblent expliquer cet état de fait :

1. *Le manque d'intérêt du consommateur* La publicité institutionnelle intéresse peu le consommateur, ou ne l'intéresse pas du tout. Selon une étude de la maison Gallup & Robinson parue dans la revue *Advertising Age*, les consommateurs s'intéressent moins à la publicité institutionnelle qu'à la publicité axée sur les produits dans une proportion de 35 %[12]. Ce peu d'intérêt peut s'expliquer par le fait que les consommateurs remettent plus facilement en cause la pertinence et la légitimité de ce type de campagne.

2. *Une forme d'autopromotion coûteuse* On accuse parfois certaines entreprises de promouvoir leur image de marque, essentiellement afin de flatter l'*ego* de leurs dirigeants. Cela s'explique sans doute en raison de la difficulté de la conception de ce type de publicité. Le message à communiquer n'est en effet pas aussi précis que celui qui servirait à positionner un produit. En conséquence, les dirigeants sont fréquemment amenés à en dicter le contenu et le résultat traduit bien entendu l'image qu'ils se font de leur organisation.

3. *Les situations de crise* Selon certains critiques, seules les entreprises en difficulté font appel à la publicité institutionnelle, par exemple lorsqu'elles se trouvent dans une mauvaise situation financière ou que leur image est malmenée sur la place publique. La publicité institutionnelle constituerait alors une tentative pour remédier au problème.

4. *Un pur gaspillage d'argent* Partant du principe que les publicités institutionnelles ne s'adressent à personne en particulier, qu'elles sont souvent mal comprises et qu'elles ne promeuvent rien de précis, certains experts sont d'avis que l'argent qui leur est consacré serait mieux dépensé à d'autres fins. De nouveau, cet argument n'est pas sans fondement en raison des difficultés de conception d'une bonne campagne publicitaire institutionnelle. En général, ces campagnes n'incitent pas à l'achat, pas plus qu'elles ne s'adressent directement aux investisseurs. En fait, elles tentent simplement de présenter une position ou de promouvoir une image. Avec des objectifs si peu précis, plusieurs spécialistes estiment qu'elles ne représentent pas un bon investissement.

Dans le présent ouvrage, nous employons l'expression « publicité institutionnelle » pour désigner une publicité servant à promouvoir l'entreprise plutôt que ses produits ou ses services. La publicité institutionnelle est susceptible de cibler les audiences tant externes qu'internes, et se consacre à la

PERSPECTIVE 14.2

Les relations publiques et la marque Krispy Kreme

Krispy Kreme est une marque bien connue, à l'origine de multiples légendes urbaines. Vous n'avez jamais entendu parler de cette personne slalomant dans la rue, puis abandonnant son véhicule en plein embouteillage pour se diriger vers ses beignes préférés ? Et que dire de ce commerçant de Toronto ramenant illégalement des produits de cette marque depuis la ville de Buffalo, puis vendant sa précieuse marchandise à des clients gourmands jusqu'à ce que l'entreprise fasse cesser cet honteux trafic ? Une autre légende, très en vogue, veut que Krispy Kreme n'utilise jamais rien d'autre que… des relations publiques dans le cadre de ses campagnes de marketing. Cette légende-ci, toutefois, est en grande partie exacte. Lorsque l'entreprise ouvre de nouveaux magasins, comme cela a été le cas il y a quelques années en Ontario et au Québec, les gestionnaires misent avant tout sur les relations publiques afin d'annoncer l'événement. Les stratégies de communication traditionnelles, qui exploitent les médias de masse, ne jouent alors qu'un rôle secondaire.

Krispy Kreme est l'une de ces rares marques qui peuvent mériter l'épithète de marques-cultes. Dans un article daté du 16 avril 2001, le magazine *Forbes* disait de ces marques qu'elles « s'emparent de l'imaginaire d'un petit groupe de consommateurs convertis qui, en portant la bonne nouvelle autour d'eux, en arrivent à faire d'une marque peu connue une marque ayant une forte notoriété ». L'entité responsable du développement de la marque au Québec, en Ontario et dans les Maritimes est KremeKo. Son défi est de faire de cette marque vieille de 64 ans, très ancrée dans l'imaginaire de nos voisins du Sud, un nom qui puisse aussi joindre les Canadiens, grands consommateurs de beignes (à tel point que certains de nos voisins prétendent parfois que la consommation de beignes fait partie de notre identité nationale !).

Dans ce contexte, les relations publiques prennent bien entendu tout leur sens. De nombreux échos dans les médias, orchestrés quelques mois avant l'arrivée de Krispy Kreme au Canada, ont contribué à ouvrir la porte de ce marché à l'entreprise. Mat Wilcox, de Vancouver, dont la firme éponyme est responsable du lancement partout au pays, s'est ainsi assuré d'une excellente couverture de presse : plus de 500 articles parus. Des distributions massives de beignes ont également eu lieu, permettant à de nombreuses personnes de déguster en sol canadien des beignes de la marque avant même l'ouverture du premier magasin. Les journalistes n'ont pas été oubliés lors de ces distributions, du matériel promotionnel venant alors s'ajouter aux produits eux-mêmes. Dans l'avenir, la compagnie prévoyait ouvrir plus de 50 succursales au Canada, au grand plaisir des gourmands et des spécialistes en relations publiques. Dix-huit seulement ont été ouvertes à ce jour. Le succès n'est décidément jamais acquis.

Source : adapté d'Angela Kryhul, « The Krispy Cult », *Marketing Magazine,* 28 janvier 2002.

---

promotion de l'organisation autant qu'à celle de ses idées. Dans ce contexte, les gestionnaires cherchent à atteindre leurs objectifs à l'aide, entre autres, de publicités d'entreprise, d'annonces à vocation humanitaire ou environnementale, de commandites d'événements ou de la diffusion de nouvelles dans Internet.

Proche de la précédente, la publicité d'entreprise vise, entre autres, à promouvoir l'image de l'entreprise ou de l'organisation, tant à l'interne qu'à l'externe, ainsi qu'à la positionner favorablement en démontrant l'utilisation judicieuse qu'elle fait de ses ressources humaines et financières. Voici comment.

L'image ou le positionnement de l'entreprise

Comme on le constate en considérant la publicité ci-contre, certaines annonces ont pour objectif de créer une image particulière de l'entreprise dans l'esprit du public. La publicité en question montre comment Tyco tente de se fabriquer une image de chef de file et de spécialiste des soins de santé, pas celle d'un fabricant de jouets!

L'entreprise optant pour une nouvelle dénomination sociale fait souvent appel à ce genre de publicité. Voici deux exemples: en 2001, Andersen Consulting devenait Accenture; presque au même moment, la Mutual Life Insurance optait pour un autre nom, soit Clarica. Accenture est née de la restructuration internationale de plus de 178 bureaux, comptant 50 équipes de marketing différentes et un actif de 263 millions de dollars. Pour annoncer ce changement, l'équipe canadienne s'est appuyée sur une campagne de relations publiques, de la publicité directe, des publicités imprimées et des annonces télévisées créées aux États-Unis. « Clarica » est la racine latine du mot « clair », qui est devenu le point central de tous les messages imprimés et télévisés de la firme. Après tout, le consommateur souhaite en premier lieu que les solutions financières qu'on lui propose soient d'une grande clarté. Clarica a forgé cette image en tablant sur une campagne de publicité institutionnelle.

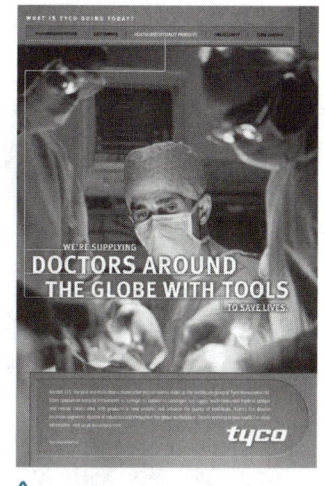

Tyco fait appel à la publicité d'entreprise dans le but d'éviter toute confusion.

Quelques-uns des commanditaires de ce festival sont mis en valeur sur son affiche.

Les commandites d'émissions de télévision

De nombreuses entreprises tentent de promouvoir leur image en s'associant à des émissions de télévision. Les émissions spéciales présentées par Hallmark et IBM, par exemple, permettent de mettre en valeur le comportement responsable de ces entreprises, comme le font certains documentaires diffusés sur les chaînes spécialisées. En s'associant à une programmation de qualité supérieure ou à des émissions éducatives, les entreprises espèrent profiter de retombées positives et ainsi consolider leur image.

Selon John Bennett, la commandite cherche à répondre à des objectifs commerciaux précis, tout en procurant un soutien réel au récipiendaire[13]. La publicité ci-contre, par exemple, met en évidence un certain nombre d'organisations qui commanditent le Festival du cinéma international en Abitibi-Témiscamingue de Rouyn-Noranda.

Le recrutement

Le document promotionnel reproduit à la page suivante offre un bon exemple de publicité d'entreprise visant à attirer des candidats à un emploi (l'annonce a été publiée à l'occasion du Grand Prix de Formule 1 de Montréal). Si vous êtes ingénieur, récemment diplômé d'une université, et que vous envisagez difficilement une carrière dans le secteur des cosmétiques, cette annonce saura peut-être vous intéresser et vous convaincre du contraire.

Ce genre de publicité paraît souvent dans la section des petites annonces de la plupart des grands quotidiens. Regardez les publicités présentées dans ces journaux et songez au genre d'image que souhaitent projeter les entreprises.

Le soutien financier

Certaines publicités institutionnelles visent à faciliter l'obtention d'un meilleur soutien financier. Une image favorable, même indirecte, rend en effet l'entreprise plus attrayante aux yeux des actionnaires et des investisseurs potentiels. Plus d'investissement signifie un meilleur fonds de roulement, plus d'argent destiné à la recherche et au développement, et ainsi de suite. Dans ce cas, la publicité d'entreprise tente presque de conclure une vente, l'entreprise faisant alors figure de produit.

^
Une publicité conçue pour attirer de nouveaux candidats.

Aucune preuve tangible ne démontre que la publicité d'entreprise procure un avantage financier réel. Une étude a néanmoins établi une corrélation entre le cours de l'action et la quantité de publicité institutionnelle diffusée[14]. Le cours des actions des entreprises tablant davantage sur la publicité institutionnelle ou d'entreprise est ainsi souvent plus élevé. Il s'avère toutefois difficile de voir là une relation de cause à effet.

Une image n'est pas unidimensionnelle. Plusieurs facteurs influent sur elle. Le tableau 14.4 présente les conclusions d'une enquête de Harris Interactive et du Reputation Institute portant sur les entreprises ayant la meilleure réputation aux États-Unis. Les plus admirées ne doivent pas uniquement leur excellente réputation à la publicité et au bouche-à-oreille – pas plus, d'ailleurs, que les moins admirées.

Quelques publicités ne suffisent pas, en effet, à créer l'image d'une entreprise. La qualité de ses produits et de ses services, son sens de l'innovation, de saines pratiques de gestion, sa présence sociale et un marketing intelligent sont quelques facteurs qui contribuent aussi à l'image d'ensemble. La catégorie de produits commercialisés et le ton de ses campagnes publicitaires entrent aussi en jeu. L'étude dont il a été question précédemment démontre que les bénéfices financiers obtenus ont peu à voir avec la réputation, mais que, lorsque celle-ci est acquise, son effet est persistant. Selon cette étude, les entreprises se distinguent en matière d'image sur la base de plusieurs critères, dont l'axe publicitaire, la responsabilité sociale, les conditions de travail, la vision et le leadership (parmi 16 autres critères)[15]. Une autre étude, celle-là portant sur les firmes dont la réputation est excellente dans le domaine de la haute technologie, révèle qu'il n'existe pas nécessairement de corrélation entre la réputation et le cours de l'action des sociétés les plus admirées[16].

TABLEAU 14.4 Les sociétés les plus réputées aux États-Unis

Les chefs de file

Les entreprises qui occupent les 30 premiers rangs, en se fondant sur leur quotient de réputation (QR), un instrument normalisé qui permet de juger de la réputation d'une entreprise sur la base de la perception du grand public, évaluée en fonction de 20 attributs.

Rang	Entreprise	QR	Rang	Entreprise	QR	Rang	Entreprise	QR
1	Johnson & Johnson	83,4	11	Dell	78,4	21	FedEx	75,7
2	Coca-Cola	81,6	12	General Electric	78,1	22	Procter & Gamble	71,9
3	Hewlett-Packard	81,2	13	Lucent	78	23	Nike	71,3
4	Intel	81	14	Anheuser-Busch	78	24	McDonald's	71,2
5	Ben & Jerry's	81	15	Microsoft	77,9	25	Southwest Airlines	70,6
6	Wal-Mart	80,5	16	amazon.com	77,8	26	America Online	69,2
7	Xerox	79,9	17	IBM	77,6	27	DaimlerChrysler	69,1
8	Home Depot	79,7	18	Sony	77,4	28	Toyota	68,6
9	Gateway	78,8	19	Yahoo!	76,9	29	Sears	67,6
10	Disney	78,7	20	AT&T	75,7	30	Boeing	67,3

Les composantes de base

Vingt attributs propres aux entreprises sont classés selon six rubriques qui contribuent à la formation de leur réputation globale. Voici les entreprises qui occupent les cinq premiers rangs au sein de chaque catégorie.

Attrait publicitaire[1]
1. Johnson & Johnson
2. Coca-Cola
3. Hewlett-Packard
4. Ben & Jerry's
5. Xerox

1. Mesure selon laquelle une entreprise est aimée, admirée ou respectée.

Responsabilité sociale[2]
1. Ben & Jerry's
2. amazon.com
3. Johnson & Johnson
4. Wal-Mart
5. Xerox

2. Perception que l'on se fait du sens civique d'une entreprise par rapport aux collectivités, à ses employés et à l'environnement.

Produits et services[3]
1. Johnson & Johnson
2. Intel
3. Hewlett-Packard
4. Xerox
5. Ben & Jerry's

3. Perception que l'on se fait de la qualité, du caractère innovateur, du rapport qualité-prix et de la fiabilité de ses produits et services.

Cadre de travail[4]
1. Johnson & Johnson
2. Lucent
3. Ben & Jerry's
4. Hewlett-Packard
5. Intel

4. Perception que l'on se fait de la bonne administration de l'entreprise, des relations de travail et de la qualité de ses employés.

Vision et leadership[5]
1. Microsoft
2. Intel
3. Anheuser-Busch
4. Coca-Cola
5. Dell

5. Dans quelle mesure l'entreprise fait preuve de vision et de leadership.

Rendement financier[6]
1. Microsoft
2. Wal-Mart
3. Coca-Cola
4. Johnson & Johnson
5. Intel

6. Perception que l'on se fait de sa rentabilité, de ses perspectives d'avenir et des risques qu'elle encourt.

Le plaidoyer publicitaire

Le plaidoyer publicitaire est une forme de publicité institutionnelle permettant d'aborder des enjeux sociaux, professionnels et environnementaux. Il a pour objectif de répandre des idées et de présenter, sous un angle favorable, la position de l'entreprise relativement à des sujets controversés[17].

Le plaidoyer publicitaire brosse donc le portrait d'une entreprise ou d'une organisation indirectement en prenant position sur un enjeu particulier plutôt qu'en faisant la promotion de l'entreprise même.

Les annonces de ce type, commanditées par une entreprise ou une association professionnelle, sont destinées à informer le public sur des enjeux liés à l'exploitation de la firme ou sur le point de vue de la direction sur un dossier chaud. On recourt de plus en plus souvent à cette forme de publicité, ces dernières années, malgré de nombreuses critiques.

Cette forme publicitaire se veut parfois une réaction à une publicité négative ou est utilisée lorsqu'il est impossible de faire passer un message par l'entremise des relations publiques. Parfois, l'objectif de l'entreprise est simplement de faire accepter certaines de ses idées ou de partager ses préoccupations.

De nos jours, le plaidoyer publicitaire essuie des critiques de toutes parts. Il ne s'agit pourtant pas d'une technique nouvelle. Déjà, en 1908, AT&T diffusait de la publicité axée sur les enjeux de l'époque, et elle continue de le faire. Les critiques font valoir que les entreprises jouissant d'importantes enveloppes publicitaires occupent trop de temps d'antenne et d'espace publicitaire, et que leurs plaidoyers peuvent être trompeurs. Tout bien considéré, on peut penser la même chose de la publicité en général.

La publicité à vocation humanitaire

Publicité à vocation humanitaire
Publicité permettant à l'entreprise de s'associer à une œuvre de bienfaisance ou à un organisme sans but lucratif (OSBL).

La **publicité à vocation humanitaire**, qui gagne en popularité, permet à l'entreprise de s'associer à une œuvre de bienfaisance ou à un OSBL. L'entreprise profite ici d'une publicité favorable, alors que l'œuvre commanditée touche de l'argent dont elle a grandement besoin. Les défenseurs de la publicité à vocation humanitaire prétendent que l'association à une cause bien choisie peut contribuer à la différenciation d'une marque ou d'une entreprise; qu'elle peut rendre certaines hausses de prix plus acceptables; qu'elle peut valoir à l'entreprise de la publicité favorable et qu'elle peut même convaincre des instances gouvernementales, souvent aussi sceptiques qu'influentes[18].

La publicité à vocation humanitaire prend plusieurs formes. Par exemple, l'entreprise peut verser un don à un OSBL, elle peut faire du bénévolat au nom d'une cause (l'Opération Nez rouge, par exemple), donner du matériel ou de l'équipement, diffuser des messages d'intérêt public et même fournir des rafraîchissements et des repas au cours de certains événements spéciaux.

Les entreprises associées à de nobles causes profitent de retombées positives; 80% des consommateurs affirment qu'ils ont une meilleure opinion d'elles. Elles en tirent aussi parfois des bénéfices commerciaux[19]. Ainsi, la campagne de Visa encourageant la lecture a engendré une hausse des adhésions de l'ordre de 17%; les ventes du constructeur BMW ont crû lorsqu'il a commandité un programme visant l'éradication du cancer du sein, et celles de

Wendy's International à Denver ont augmenté de plus de 33 % lorsque l'entreprise a annoncé qu'elle verserait une part de ses profits au centre médical de cette ville[20].

Les publicités à vocation humanitaire ne connaissent toutefois pas toutes le succès. Cette forme de publicité, pour en tirer tout le potentiel, exige temps et efforts. Certaines entreprises se sont ainsi attiré des ennuis pour avoir dupé les consommateurs quant aux liens qui les unissaient à une œuvre; d'autres encore ont dilapidé des fonds en épousant une cause peu pertinente ou en commanditant des causes trop diverses. Selon une étude, plus de 300 entreprises se sont associées au combat contre le cancer du sein et la plupart sont passées inaperçues, compte tenu de ce trop grand nombre. D'autres se sont rendu compte que leurs clients actuels et potentiels manifestaient peu d'intérêt pour cette cause, ou n'en avaient aucun. Notons enfin que, de façon générale, les résultats de ce genre de publicité s'avèrent souvent difficiles à quantifier.

La commandite d'événements

Les entreprises commanditent souvent des œuvres de bienfaisance et des causes humanitaires dans une optique de relations publiques. Si certaines s'associent à des événements ou à des causes dans cette optique, d'autres formes de commandites, davantage axées sur la publicité et le marketing, voient aussi le jour. La commandite d'événements peut prendre plusieurs formes. Par exemple, un manufacturier peut commanditer un golfeur professionnel (Mossimo commandite David Duval), fournir du matériel de sonorisation pour une série de spectacles (Tommy Hilfiger commandite la tournée Lilith Fair) ou encore voir son nom apposé sur un stade (Corel a versé 20 millions de dollars pour que le Palladium des Sénateurs d'Ottawa devienne le Centre Corel).

Les manifestations sportives touchent la part du lion pour ce qui est des commandites d'entreprise. Parmi les plus populaires, notons la course automobile, les tournois de golf et de tennis, les courses transocéaniques et les marathons. Les équipes professionnelles et les équipes olympiques reçoivent elles aussi d'importantes sommes sous forme de commandite. Les courses de bicyclette, le volley-ball de plage, le ski et plusieurs sports aquatiques ont la faveur des gestionnaires. Les fabricants de cigarettes, avant qu'un cadre légal plus contraignant leur soit imposé, les brasseries et les constructeurs d'automobiles ont longtemps compté parmi les plus grands commanditaires de manifestations sportives. Aujourd'hui, de nombreuses autres entreprises ont recours à cette forme de promotion, notamment les fabricants de boissons gazeuses, les transporteurs aériens, les sociétés de télécommunications, les maisons de services financiers et les firmes de haute technologie.

La commandite d'événements intéresse bon nombre de gestionnaires du marketing, car elle permet d'accroître rapidement la notoriété de l'entreprise ou de ses produits auprès des consommateurs. Pour peu qu'elles commanditent les événements opportuns, les entreprises peuvent en effet profiter d'une bonne visibilité auprès de leurs publics cibles. En 2001, par exemple, Clairol Canada a conclu une entente d'une année, évaluée à plusieurs centaines de milliers de dollars, avec la Ligue canadienne de football (LCF) pour la promotion de sa gamme de produits colorants pour hommes. Selon un dirigeant de l'entreprise: « Nous associons Clairol et la Coupe Grey pour stimuler l'enthousiasme pour la coloration des cheveux gris et pour que les hommes s'y intéressent davantage, notamment ceux qui croient qu'il s'agit là d'une habitude féminine. » L'entente portait sur une promotion à l'échelle canadienne et des opérations publicitaires en magasin et dans les médias. D'autres outils de communication se sont aussi révélés utiles, dont des panneaux de signalisation sur les terrains de football et des pauses publicitaires pendant tous les matchs jusqu'à la grande finale de la Coupe Grey[21].

La majorité des entreprises qui réalisent des commandites d'événements élaborent des programmes de CMI autour de ces opérations et y jumellent des promotions à l'échelle locale, nationale ou internationale. Les entreprises voient dans la commandite un bon outil de relations publiques ainsi qu'une excellente plate-forme pour renforcer leur capital de marque et tisser des liens avec leurs publics cibles.

La plupart des entreprises orientent leurs activités marketing vers des segments de marché précis et sont sans arrêt à la recherche de nouveaux moyens pour les joindre. Au dire de nombreux gestionnaires, les outils de promotion des ventes tels que le marketing événementiel, les concours, les loteries et la distribution d'échantillons constituent des outils très efficaces afin de joindre des marchés différenciés sur le plan géographique, démographique, psychographique ou ethnique.

La commandite d'événements est donc devenue un outil de relations publiques apprécié afin de joindre des publics cibles précis. Les constructeurs d'automobiles de luxe et les fabricants de produits et de services haut de gamme commanditent souvent des tournois de golf. En général, les golfeurs sont en effet plutôt prospères, instruits et passionnés par leur sport préféré. Il s'avère donc possible de tisser des liens affectifs entre les marques associées à ce sport et les consommateurs qui le pratiquent, ceux-ci correspondant bien sûr à la cible des constructeurs ou des fabricants de cette catégorie de produits.

Ski Canada est responsable de l'équipe canadienne de ski alpin. L'organisme a amassé 1,9 million de dollars en commandites au cours de la saison 2000-2001, soit 25 % de son budget annuel, comparativement à 16 % pour les subventions gouvernementales. Ski Canada a notamment conclu des ententes avec Wrigley Canada, General Motors et Fido. La conclusion de certaines de ces ententes a certainement été facilitée par le fait que les épreuves de la Coupe du monde de ski joignent plus de 30 millions de téléspectateurs intéressés par ce sport[22].

La commandite d'événements fait toutefois face à un enjeu de taille. On ne sait toujours pas, en effet, comment mesurer son impact avec précision. Aujourd'hui, nombre de gestionnaires souhaitent donc obtenir davantage de preuves de l'efficacité de cette forme de commandite afin de s'assurer d'obtenir un bon rendement de leur investissement. Nous verrons au chapitre 17 comment évaluer l'efficacité des commandites.

Le réseau Internet

Grâce au réseau Internet, entreprises et organisations peuvent diffuser des annonces institutionnelles, des plaidoyers publicitaires et de la publicité à vocation humanitaire, communiquer avec les médias, les gouvernements, les investisseurs et la collectivité, et même gérer des crises. Les entreprises et les organisations se servent aussi de leur site Web afin de présenter leur position sur des enjeux qui les concernent, de fournir de l'information à propos de leurs produits et de leurs services, de même que des listes d'activités et d'événements, d'archiver des communiqués de presse, d'établir des liens avec d'autres articles ou d'autres sites, etc. Elles font aussi appel à différents cyberoutils, dont le courriel et la lettre d'information.

Shel Holtz souligne que, s'il existe plusieurs similitudes entre les activités de relations publiques diffusées dans les médias traditionnels et celles diffusées dans Internet, trois grands éléments les distinguent :

- Internet offre une possibilité limitée de capter l'attention en raison de la brièveté des expositions;
- Internet fait en sorte d'établir à l'échelle internationale des liens qui permettent un accès immédiat à un plus grand nombre de sources d'information sur un sujet;
- Internet rend possible la diffusion de renseignements beaucoup plus complets. Les communications imprimées et celles diffusées à la radio et à la télévision sont limitées dans le temps et l'espace, alors que les communications dans Internet peuvent fournir des éléments détaillés et nombreux grâce à un simple clic de souris[23].

De l'avis de Holtz, les activités de relations publiques sont en hausse dans Internet, et elles iront croissant. Les relationnistes, toutefois, ne déploient pas toujours les efforts requis pour exploiter pleinement cette nouvelle technologie. À mesure que les spécialistes des médias et des relations publiques apprendront à mieux maîtriser le monde virtuel, gageons que le réseau Internet deviendra une importante source d'activités de relations publiques.

Les atouts de la publicité institutionnelle et d'entreprise

1. C'est un excellent véhicule afin de positionner l'entreprise. Une entreprise, comme un produit, doit établir son image et se positionner sur le marché. Elle peut atteindre cet objectif à l'aide de la publicité institutionnelle. Un produit bien positionné en ce qui concerne l'image est plus susceptible de se vendre qu'un autre dont l'image est mal définie. Le même principe vaut pour une entreprise. Réfléchissez un instant à l'image qui naît dans votre esprit lorsque vous entendez les noms IBM, Apple, Bombardier et Bell. À présent, à quoi pensez-vous lorsque vous entendez les noms Unisys, USX et Navistar? Combien de marques regroupées sous la société parapluie ConAgra pouvez-vous citer? Il ne s'agit pas ici d'affirmer que ces entreprises ne sont pas prospères. Il est certain, toutefois, que leur identité ou leur position n'est pas aussi reconnue que celle des entreprises nommées en premier lieu. L'entreprise dont l'image est positive et forte dispose d'un avantage sur ses concurrentes, avantage distinctif qu'elle peut amplifier au moyen de la publicité d'entreprise.

2. Elle assure en partie la diffusion du message. Les activités de relations publiques se sont multipliées ces dernières années. L'attention des médias s'est cependant émoussée en raison du nombre plus élevé d'événements à couvrir. L'entreprise qui lance une offensive de relations publiques n'a donc aucune garantie d'être l'objet d'une bonne couverture médiatique. La publicité d'entreprise permet de diffuser le message avec une relative indépendance. Bien que le consommateur soit conscient que l'information présentée n'est pas aussi objective, la publicité institutionnelle ou d'entreprise demeure donc un bon outil de communication.

3. Elle permet de joindre des publics cibles précis. La publicité institutionnelle devrait avant tout cibler les investisseurs et les leaders d'opinion, plutôt que le grand public. La population n'apprécie guère cette forme de communication, mais ces publics cibles, eux, y sont réceptifs. Sous cet angle, cette forme de publicité peut permettre d'atteindre des objectifs importants.

Les faiblesses de la publicité institutionnelle et d'entreprise

1. La publicité institutionnelle est d'une efficacité discutable. Aucune preuve convaincante ne permet de croire qu'elle apporte le résultat escompté. Plusieurs remettent en cause, par exemple, les données établissant une corrélation entre le cours des actions et la publicité d'entreprise. Une étude de Bozell & Jacobs Advertising, effectuée sur la base de 16 000 annonces, révèle que la publicité institutionnelle compte pour 4 % de la variation du cours de l'action d'une entreprise, en comparaison d'une incidence de l'ordre de 55 % directement attribuable à des facteurs financiers[24].

2. Elle soulève des questions d'éthique et de déontologie. Au dire de certains, les grandes entreprises, grâce à leurs ressources importantes, sont en mesure de contrôler l'opinion publique par l'entremise de leurs annonces publicitaires. Cet argument s'est souvent retrouvé devant les tribunaux, et la cour a toujours tranché en faveur des annonceurs. Néanmoins, bon nombre de consommateurs continuent d'avoir une vision négative de la publicité. Ils adhèrent encore largement aux clichés ou aux poncifs qui émaillent les discours de différents leaders d'opinion sociaux ou politiques, pour lesquels l'adhésion à une idéologie aura toujours préséance sur la simple prise en compte pragmatique des faits.

RÉSUMÉ

Ce chapitre porte sur le nouveau rôle des relations publiques. D'ordinaire, les relations publiques s'incarnent dans la publicité diffusée par les médias et la publicité institutionnelle. Nous avons vu que les outils de relations publiques ont, en fait, tous une grande importance en ce qui a trait au marketing et aux communications. Leur nature fait qu'ils sont différents des autres outils promotionnels dont il a été question dans les chapitres précédents. Cette spécificité tient notamment au fait qu'habituellement ils ne servent pas à promouvoir un produit ou un service particulier, que leurs objectifs sont moins directs et qu'ils s'inscrivent dans une perspective à plus long terme.

Si un bon arrimage entre les deux fonctions semble essentiel, dans la plupart des entreprises, le Service des relations publiques est encore indépendant du Service du marketing; ailleurs, on le considère comme un simple service de soutien. Bon nombre de grandes entreprises recourent, par ailleurs, aux services d'une agence de relations publiques, au même titre qu'à ceux d'une agence de publicité, sans souci d'intégration.

En ce qui concerne la diffusion des campagnes, un autre facteur entre dans l'équation : l'absence de contrôle sur la communication que le public reçoit. En ce qui touche la publicité institutionnelle et d'entreprise, l'organisation demeure la seule source et conserve donc une bonne part du contrôle. L'information publicitaire, qui se fonde souvent sur une démarche réactive plutôt que proactive, ne permet pas un contrôle aussi serré. Pourtant, dans certaines situations, elle peut s'avérer plus déterminante (ou préjudiciable) quant au succès d'une entreprise ou d'un produit que toutes les autres formes de promotion réunies.

S'il ne peut gérer toute l'information publicitaire, le gestionnaire peut néanmoins parvenir à estimer son incidence potentielle. Les communiqués de presse et la diffusion à temps d'annonces bien conçues sont deux des facteurs que contrôle certainement l'entreprise. Quoi qu'il en soit, devant des événements imprévisibles, il lui incombe de réagir de manière opportune et d'élaborer une stratégie efficace.

Nous avons vu que la publicité institutionnelle peut prêter à la controverse, en grande partie parce que les règles qui valent pour les autres formes de publicité et de promotion sont rarement appliquées dans son cas. Cet outil de communication a certainement sa place à l'intérieur du mix promotionnel. Pour être efficace, il doit cependant être arrimé aux autres éléments du mix promotionnel et répondre à des objectifs de communication bien précis.

Enfin, nous avons tenté de montrer en quoi l'élaboration d'un plan de relations publiques s'apparente, en définitive, à celle d'un plan de publicité et de promotion des ventes.

MOTS CLÉS

- auditoire externe ou audience externe
- auditoire interne ou audience interne
- commandite d'événements
- communiqué de presse
- communiqué de presse vidéo
- conférence de presse
- exclusivité
- information publicitaire
- plaidoyer publicitaire
- publicité à vocation humanitaire
- publicité d'entreprise
- publicité institutionnelle
- relations publiques
- relations publiques commerciales

QUESTIONS DE DISCUSSION

1 Discutez des avantages que procure le réseau Internet à un responsable des relations publiques. Décrivez en quoi ces activités en ligne sont différentes des méthodes traditionnelles de relations publiques.

2 Discutez de quelques avantages des relations publiques commerciales et indiquez quelques-uns de leurs désavantages.

3 Pourquoi un relationniste usant de méthodes traditionnelles pourrait-il être réticent à recourir aux relations publiques commerciales ? Justifiez cette position.

4 Décrivez les avantages et les inconvénients des relations publiques dans le cadre d'un programme de CMI. Fournissez un exemple montrant une utilisation opportune des relations publiques au sein d'un tel programme.

5 Qu'est-ce qu'un communiqué de presse vidéo ? Décrivez une situation où une entreprise pourrait diffuser un tel communiqué. Discutez de quelques répercussions possibles de cet outil sur un plan éthique.

6 Citez des entreprises qui gèrent leurs relations publiques selon un mode traditionnel et d'autres qui misent sur leurs nouveaux rôles.

7 Bon nombre d'entreprises affirment à présent que leurs contributions à des œuvres de bienfaisance doivent leur apporter quelque chose en retour, par exemple une hausse de leur chiffre d'affaires ou une meilleure visibilité. Discutez du pour et du contre de cette position.

8 La plupart des entreprises s'efforcent de profiter d'autant de publicité gratuite qu'elles le peuvent. Donnez quelques exemples et discutez des avantages et des inconvénients d'une telle stratégie.

CHAPITRE 15
Le marketing direct

OBJECTIFS D'APPRENTISSAGE

- Définir le marketing direct comme outil de communication.

- Évaluer les stratégies et les techniques associées au marketing direct.

- Présenter les principaux usages des médias de marketing direct.

- Examiner la portée et l'efficacité du marketing direct.

MISE EN SITUATION

Le marketing direct se numérise

Lorsque vous entendez les mots « marketing direct », combien d'entre vous pensent immédiatement au publipostage ? La plupart, sans doute. Cela s'explique probablement par le fait que le publipostage a été l'outil de communication direct le plus utilisé de toute l'histoire du marketing. En comparaison des autres méthodes de marketing direct, le publipostage est encore bien accepté par les Canadiens, qui y accordent plus d'attention qu'à tout autre média (*voir à ce sujet les statistiques de Postes Canada plus loin dans ce chapitre*).

La plupart d'entre vous seront peut-être surpris d'apprendre que le premier outil de marketing direct a été mis au point par la compagnie Eaton. En effet, c'est cette entreprise qui a publié le premier catalogue, utilisant d'abord les chevaux et les bogheis, puis le train, pour livrer ses catalogues dans de multiples établissements à travers le pays. À une certaine époque, beaucoup estimaient même que la popularité des catalogues sonnerait le glas des magasins de vente au détail. Le même esprit régnait lors de l'arrivée d'Internet. Or, ces sombres prédictions ne se sont jamais matérialisées ; en fait, la télévision, la radio et les journaux ne se sont jamais aussi bien portés que depuis la venue d'Internet. Quant aux magasins de vente au détail, ils tirent toujours bien leur épingle du jeu. Qui plus est, on sait maintenant que les entreprises traditionnelles qui ont su exploiter le domaine virtuel pour accroître leurs ventes (alliant ainsi, selon l'expression consacrée, les « clics » et les « briques ») ont donné naissance à certaines des meilleures entreprises de commerce électronique, c'est-à-dire celles dont la longévité, comme la rentabilité, sont les plus importantes.

Prenons un instant pour mettre notre chapeau de gestionnaire du marketing. Quel est le véritable objectif du marketing direct ? Établir une communication directe entre vous et votre client, donc avec le minimum d'intermédiaires physiques ou technologiques. La vente personnelle est ainsi la forme la plus pure du marketing direct.

Considérons à présent la place du marketing direct par rapport aux autres techniques et aux autres médias. Par exemple, lorsque nous pensons à la poste, nous pensons tout de suite au publipostage (et, peut-être aussi, à la publicité importune). Si nous nous attardons au téléphone, le mot « télémarketing » (et peut-être le mot « agaçant ») nous vient rapidement à l'esprit. Le télémarketing est une sollicitation directe par téléphone : il peut s'agir d'une personne qui vous demande de contribuer à une campagne de financement ou qui vous vante différents produits et services, vous proposant souvent une visite à domicile afin de mieux préciser vos besoins et vos attentes. Qu'en est-il de la télévision ? Les infopublicités sont très populaires de nos jours. Elles ont considérablement évolué depuis les beaux jours des messages publicitaires de 30 secondes où un numéro 800 apparaissait simplement au bas de l'écran. Aujourd'hui, les infopublicités sont parfois des productions de plus d'une heure, et les diverses chaînes de téléachat connaissent un réel succès d'affaires. Il y a aussi les journaux et les magazines. La publicité directe a recours à ces médias pour présenter aux consommateurs des produits et des services, et leur demander de communiquer directement avec l'annonceur ou ses partenaires. Ces publicités, tout comme les publicités télédiffusées mentionnées précédemment, vous proposent de composer un numéro 800 ou de visiter un site Web pour établir un contact avec l'entreprise.

La radio est un autre média susceptible d'être utilisé en marketing direct, même si elle n'est pas aussi populaire. En outre, il est aujourd'hui fréquent d'utiliser le télécopieur ou le courrier électronique pour communiquer avec ses clients. Pensez aux innombrables messages de fournisseurs transmis directement par courrier électronique pour vous informer, vous rappeler ou tenter de vous persuader de faire un geste quelconque.

Bien sûr, Internet n'est pas absent du portrait. L'opération CinéVœux de Bell Mobilité, dont la page d'accueil est présentée à la page précédente, constitue une bonne illustration d'une utilisation de ce médium à des fins de marketing direct. Le chapitre 16 propose un survol de ce média et de son efficacité en tant qu'outil de marketing ; nous nous limiterons pour le moment à examiner le succès d'un homme d'affaires qui, grâce au marketing direct exploitant Internet, a mené sa petite entreprise de commerce électronique basée à Sooke, sur l'île de Vancouver, à un succès international.

En 1995, Keith Waters, un programmeur de sites Web à l'emploi du gouvernement, griffonnait sur un bloc-notes en songeant aux difficultés éprouvées par sa femme, Cathy, propriétaire d'une librairie de livres usagés de Victoria, pour obtenir des livres dont le tirage était épuisé. Il eut alors l'idée de mettre sur pied Advanced Book Exchange Inc., ou AbeBooks.com. Le site, lancé en 1996, permettait à un petit groupe de libraires de mettre en ligne une liste d'environ 5 000 titres. Six ans plus tard, AbeBooks regroupait environ 10 000 libraires situés dans diverses régions du globe et proposait une gigantesque base de données comptant plus de 36 millions de livres usagés. AbeBooks.com était devenu le plus important site d'échanges interentreprises du monde, ainsi que la source de référence la plus réputée pour la recherche de livres rares, de livres épuisés ou d'ouvrages de collection. L'énorme succès du site a pris même ses fondateurs par surprise. Keith Waters le reconnaît explicitement : « Nous espérions, au début, connaître une croissance représentant environ 1 % à 2 % de celle que nous avons réellement connue, explique-t-il. Nous comptons aujourd'hui 10 000 libraires, nous sommes toujours en expansion et nous nous amusons toujours autant. »

En échange de frais d'administration mensuels calculés en fonction du nombre de livres inscrits sur la liste du site, AbeBooks offre aux libraires indépendants le soutien technique et commercial dont ils ont besoin pour vendre en ligne. Grâce à AbeBooks, ces petites entreprises obtiennent un accès sur le marché international et peuvent concurrencer des libraires de plus grande taille. Les efforts de cette entreprise qui emploie 80 personnes ont été récompensés lors du Canadian Information Productivity Award, le plus important concours au pays dans ce domaine. AbeBooks a, en fait, souvent été honoré et son excellence dans les technologies de l'information a maintes fois été soulignée. Lors de la remise de ses prix, le magazine *Forbes* a ainsi attribué sa plus haute mention à AbeBooks.com dans la catégorie des livres rares. Le magazine *Maclean's* a, quant à lui, salué cette entreprise, tandis que le Boston Consulting Group l'a reconnue comme une des rares cyberentreprises lancées dans les années 1990 à parvenir à atteindre un bon niveau de rentabilité. Le site compte des milliers de clients loyaux et reçoit plus de 1,5 million de visites par jour. Il n'y a aucune publicité sur le site d'AbeBooks.com, son atout principal étant un moteur de recherche attrayant et facile à utiliser. Les clients peuvent acheter un livre directement dans Internet, AbeBooks servant alors d'intermédiaire pour conclure la transaction, ou contacter le libraire.

Sources : « The Rare-books Biz Goes Hi-tech », *Vancouver Sun,* 23 mars 2002 ; Postes Canada, *Réalités canadiennes 2000.*

Nous l'avons déjà souligné dans la mise en situation du présent chapitre, Internet est devenu un puissant outil de marketing direct. Il ne s'agit toutefois que d'un outil parmi bien d'autres. Dans les pages qui suivent, nous examinerons le marketing direct et son rôle en tant qu'outil de communication. Le marketing direct est un des outils de promotion dont la croissance est la plus rapide au chapitre des dépenses. Pour de nombreux annonceurs, il s'agit du média de prédilection pour joindre les consommateurs. Auteurs de l'ouvrage *Maximarketing*, Stan Rapp et Thomas Collins suggèrent de faire du marketing direct l'axe central de la stratégie de commercialisation[1]. Ils proposent une démarche en neuf étapes comprenant notamment la création d'une base de données, le contact avec les clients potentiels, ainsi que le développement des ventes et des relations avec la clientèle existante. Dans le présent chapitre, nous effectuerons d'abord un survol des différentes formes du marketing direct, puis nous en examinerons les principales techniques. Enfin, nous évaluerons les forces et les faiblesses de cet outil de marketing.

Le marketing direct

Afin de promouvoir leurs produits et leurs services, la plupart des entreprises adoptent des méthodes traditionnelles de communication en faisant appel à des intermédiaires. Un nombre croissant d'entre elles, toutefois, choisissent plutôt de s'adresser directement aux consommateurs.

Ces entreprises considèrent les outils traditionnels de communication, par exemple la publicité dans les magazines et l'affichage extérieur, comme très efficaces pour créer une image de marque, communiquer de l'information et acquérir une notoriété. Toutefois, elles estiment que greffer l'élément direct à ces outils peut renforcer leur impact de façon très significative, ce qui fait du marketing direct un outil précieux d'un programme de communications marketing intégrées (CMI).

Définir le marketing direct

Marketing direct
Stratégie de marketing permettant de s'adresser directement à la clientèle cible afin de susciter une réaction favorable ou une transaction.

Comme nous l'avons indiqué au chapitre 1, le **marketing direct** permet de s'adresser directement à la clientèle cible afin de susciter une réaction débouchant sur une transaction. Le *Dictionary of Marketing Terms* définit ainsi le marketing direct :

> Ensemble des activités en vertu desquelles un vendeur, dans le contexte d'un échange de biens et de services, concentre ses efforts sur un public cible à l'aide d'un ou de plusieurs moyens (publipostage, télémarketing, infopublicité, catalogue, etc.) dans le but de susciter directement une réaction du client ou du client potentiel[2].

Distinguons d'abord le marketing direct de ses moyens de diffusion. Comme le montre le tableau 15.1, le marketing direct fait appel à diverses

TABLEAU 15.1 Quelques chiffres du marketing direct en 2000

	Dépenses de publicité (en milliers de dollars)	Impact sur les ventes (en milliers de dollars)
Tous les médias	9 369 259	51 192 316
Publipostage	1 872 507	16 050 887
Télémarketing	2 837 118	16 146 281
Journaux	1 109 262	7 182 170
Magazines	487 503	3 048 530
Télévision	1 579 419	4 349 055
Radio	549 256	1 806 043
Autres	934 192	2 609 349

Source : *Canadian Marketing Association 2001 Market Fact Book,* Don Mills, Association canadienne du marketing, 2001.

formes d'**annonce directe**, par le biais notamment du publipostage, du télémarketing, de la télévision, de la publicité imprimée ou du réseau Internet. Ces outils de commercialisation sont mobilisés dans le but de déclencher des réactions à court terme auprès du public cible.

En 2000, l'achat de produits et de services par l'entremise de publicités directes a généré des ventes de 51 milliards de dollars au Canada[3]. Parmi les entreprises qui ont adopté cette méthode de commercialisation, on trouve d'importants détaillants tels que La Senza, des éditeurs, des fabricants d'ordinateurs ou des fournisseurs de services financiers. De plus, les spécialistes de la commercialisation interentreprises ont eux aussi augmenté considérablement leurs efforts de marketing direct.

> **Annonce directe**
> Annonce ou publicité s'adressant au consommateur à l'aide d'un moyen de communication direct, tel que le publipostage, le télémarketing, la télévision, la publicité imprimée et le réseau Internet.

La croissance du marketing direct

Il est peut-être exagéré de prétendre que l'apparition du marketing direct coïncide avec l'invention de l'imprimerie au XVe siècle. Toutefois, on sait qu'au début des années 1700 Benjamin Franklin a utilisé avec succès cette technique. Pendant les années 1880, Warren Sears et Montgomery Ward, des noms qui vous sont peut-être familiers, ont fait de même.

Le développement du service postal, qui a permis une large distribution de catalogues dans les villes et les campagnes, s'est révélé pendant longtemps le principal catalyseur de la croissance du marketing direct. Les catalogues ont révolutionné les habitudes d'achat en Amérique du Nord, les consommateurs pouvant dorénavant acquérir des biens sans quitter leur domicile.

Toutefois, on ne peut attribuer aux seuls catalogues la croissance rapide du marketing direct. D'autres facteurs ont aussi contribué à rendre cette stratégie de commercialisation attrayante, autant pour l'acheteur que pour le vendeur.

- *Le crédit à la consommation* Au Canada, on compte un grand nombre de cartes de crédit en circulation. Elles sont émises par des banques, des sociétés pétrolières et des entreprises de commerce au détail. Grâce à ces cartes, les consommateurs peuvent acheter plus aisément divers biens par l'entremise de canaux de commercialisation directs. De leur côté, les vendeurs ont l'assurance qu'ils seront payés. Bien entendu, les transactions directes ne s'effectuent pas toutes à l'aide de ce mode de paiement, quoiqu'un pourcentage élevé d'achats directs y fasse appel. D'ailleurs, des entreprises comme American Express, MasterCard et Visa figurent parmi les plus importants utilisateurs de publicité directe.

- *Les firmes spécialisées de marketing direct* De nombreuses entreprises se spécialisent dans la constitution de listes, l'envoi d'imprimés publicitaires, les catalogues et les loteries publicitaires, y compris Postes Canada. La plupart des agences de communications marketing ont aussi acquis une expertise dans ce domaine. Le gestionnaire du marketing dispose donc d'un large bassin de ressources spécialisées pour l'appuyer lors de l'élaboration de ses stratégies.

- *L'évolution de la société et des marchés développés* Le phénomène « riche en argent, pauvre en temps[4] » est un des principaux facteurs qui a contribué au succès du marketing direct. Cette réalité s'explique en partie par l'augmentation rapide du nombre de couples à deux revenus. Parallèlement, la popularité croissante de l'activité physique, du bricolage et des activités de loisirs a eu pour effet de réduire le temps consacré au magasinage et d'augmenter d'autant l'attrait des achats directs.

- *Les progrès technologiques* Les progrès technologiques dans les domaines des médias électroniques et de l'informatique ont facilité les achats directs pour les consommateurs et ont permis aux spécialistes du marketing de joindre plus aisément les marchés cibles désirés. Aujourd'hui, la majorité des 11 millions de ménages canadiens regardent parfois des infopublicités.

- *Quelques autres facteurs* Un certain nombre d'autres facteurs ont contribué au développement du marketing direct, notamment l'évolution des valeurs sociales, la sophistication accrue des techniques de marketing et l'amélioration de l'image de cette industrie. Ces facteurs concourront certainement encore au succès futur du marketing direct. Le tableau 15.2 présente un ordre de grandeur de la croissance du marketing direct au Canada[5]. Parmi les méthodes publicitaires présentées dans ce chapitre, on prévoit pour toutes, sauf l'infopublicité et l'affichage de transit, une augmentation nette de la fréquence d'utilisation.

TABLEAU 15.2 La croissance du marketing direct au Canada

	Variation prévue de la fréquence d'utilisation (pourcentage d'annonceurs)			
	Plus	**Moins**	**Environ la même**	**Augmentation nette prévue**
Sites Web	65	4	22	+61
Publipostage	37	7	41	+30
Messagerie et courriel	33	9	30	+24
Journaux	23	12	58	+11
Magazines	25	17	49	+8
Radio	21	14	54	+7
Télévision	17	12	57	+5
Bandeaux publicitaires	18	11	45	+7
Télémarketing	18	14	39	+4
Encarts volants dans les journaux	17	14	50	+3
Affichage ambulant	10	13	49	−3
Infopublicité	5	11	47	−6

Notons que l'usage des sites Web, du publipostage et de la publicité par le courrier électronique enregistre le plus haut taux de croissance.

Certaines organisations se fient principalement au marketing direct pour générer une réaction de la part des consommateurs, alors que d'autres l'intègrent comme simple élément de leur programme de CMI. Certaines font aussi appel au marketing direct pour atteindre des objectifs autres que des objectifs de vente. Nous examinerons d'abord le rôle du marketing direct au sein du programme de CMI, pour nous concentrer par la suite sur ses buts plus particuliers.

Le rôle du marketing direct dans le programme de CMI

Longtemps considéré comme le parent pauvre du mix promotionnel, le marketing direct est aujourd'hui devenu un ingrédient essentiel d'un programme de CMI. Les activités de marketing direct permettent en effet de soutenir très efficacement d'autres éléments du mix promotionnel, et vice versa.

Combiner le marketing direct et la publicité

De toute évidence, le marketing direct constitue une forme de publicité. Que ce soit par l'entremise de la poste, des médias écrits ou de la télévision, les offres directes relèvent manifestement de ce domaine. La publicité traditionnelle et le marketing direct sont bien souvent liés. Réno-Dépôt, par exemple, diffuse des publicités télévisées ou par voie postale pour accroître l'achalandage de ses magasins. Les étalages promotionnels placés dans les magasins font à leur tour référence à des opérations de marketing direct ou à des infopublicités diffusées sur diverses chaînes.

Combiner le marketing direct et les relations publiques

Comme nous le verrons plus loin dans ce chapitre, les techniques de marketing direct sont très prisées au cours d'activités de relations publiques. En général, les publicités et le matériel promotionnel diffusés par de grandes corporations et organisations comprennent des numéros 800 ou des adresses Web, autant d'occasions de contact qui permettront aux personnes les plus intéressées de passer à l'action ou d'en apprendre davantage.

Un exemple de marketing direct qui invite le client, par le biais du publipostage, à se rendre en magasin.

Combiner le marketing direct et la vente personnelle

Le télémarketing s'apparente à la vente personnelle. Les organismes à but non lucratif (OSBL), comme les organismes de bienfaisance, recourent souvent au télémarketing pour solliciter des fonds. Les entreprises à but lucratif sont aussi de grandes utilisatrices du télémarketing pour joindre les clients potentiellement intéressants et réduire leurs coûts de vente. Enfin, les concessionnaires d'automobiles utilisent parfois le publipostage pour inviter les clients potentiels à visiter leur salle de démonstration et à essayer une voiture neuve, un représentant prenant ensuite le relais pour conclure la vente.

Combiner le marketing direct et la promotion des ventes

Combien de fois avez-vous reçu une lettre vous informant d'une promotion ou d'un événement, ou encore vous invitant à participer à un concours ou à une loterie publicitaire ? Les boutiques de ski recourent souvent à des envois postaux pour annoncer leurs ventes de fin de saison. La station de ski et de villégiature Mont Tremblant fait, quant à elle, régulièrement appel aux envois postaux et au courrier électronique pour offrir à sa clientèle des forfaits-vacances ou des tarifs spéciaux pour les chambres et les remonte-pentes. La Baie, Sears et d'autres entreprises de vente au détail entrent enfin fréquemment en contact avec leurs clients par voie postale ou par d'autres moyens directs pour les informer de leurs promotions. Ce ne sont là que quelques exemples d'utilisation d'outils de marketing direct dans le but d'annoncer des promotions à une clientèle précise. À l'inverse, des événements promotionnels peuvent aussi appuyer de futurs efforts de marketing. Les bases de données sont ainsi souvent construites à partir de noms et d'adresses recueillis au cours d'un événement. Ces renseignements permettront par la suite d'effectuer des opérations de publipostage et de télémarketing.

La planification d'un programme de marketing direct

Pour réussir à mettre en application son programme de marketing direct, l'entreprise doit prendre un certain nombre de décisions. Comme pour tout autre programme de marketing, elle doit déterminer: 1) les objectifs à atteindre; 2) les marchés à cibler; 3) les stratégies de marketing direct à employer.

Les objectifs du marketing direct

Le spécialiste du marketing direct cherche à obtenir une réaction rapide de la part du public cible. En général, les programmes mis en place ont pour objectif de susciter des gestes précis, par exemple l'essai d'un produit, l'inscription à un concours, une contribution financière ou une vente. L'objectif est typiquement défini en fonction d'un taux de réponse; ce taux, par exemple, peut être de l'ordre de 2% ou de 3% à la suite d'une opération de publipostage.

Le marketing direct ne vise toutefois pas exclusivement à provoquer une réponse d'ordre comportemental. Un grand nombre d'organisations utilisent aussi le marketing direct pour renforcer une image, maintenir un taux élevé de satisfaction chez la clientèle ou informer certains consommateurs. Tourisme Québec, par exemple, utilise une forme publicitaire traditionnelle, l'affichage, afin d'inciter les Québécois à se renseigner davantage grâce à un simple appel téléphonique.

Tourisme Québec utilise ici l'affichage afin d'inciter les Québécois à composer un numéro à l'aide duquel ils pourront obtenir plus d'information, notamment par la poste.

La mise en place d'une base de données

Comme nous l'avons mentionné, la segmentation du marché et l'établissement d'objectifs clairs sont des éléments essentiels de la définition d'un programme promotionnel. Il en est de même pour un programme de marketing direct, son succès reposant en grande partie sur sa capacité à joindre un public cible bien défini. Pour segmenter et cibler sa clientèle, le gestionnaire exploite une base de données, c'est-à-dire une liste de clients établis ou potentiels. Selon une étude menée par le Service postal des États-Unis, plus des deux tiers des entreprises interrogées utilisent leurs bases de données internes à des fins de marketing[6].

L'exploitation de ces fichiers sert de fondement à des opérations de marketing direct, dans le cadre de ce que l'on nomme le **marketing par bases de données**. Cette forme de marketing consiste à employer les données

Marketing par bases de données

Forme de marketing consistant à mobiliser les données disponibles sur des clients établis ou potentiels en vue de la mise en place d'un programme de communication commerciale plus efficace.

disponibles sur des clients établis ou potentiels pour la mise en place de programmes de communication commerciale efficaces[7].

Si les listes exploitées contiennent au minimum des noms, des adresses et des codes postaux valides, les bases de données plus complexes comprennent aussi des renseignements démographiques et psychographiques, de l'information sur les transactions d'achat ou les paiements, des renseignements personnels, des données sur le voisinage et même certains antécédents en matière de crédit (*voir le tableau 15.3*). De bonnes bases de données peuvent

TABLEAU 15.3 Le contenu d'une base de données

Base de données clients	Base de données interentreprises
Nom	Nom de l'entreprise, de la personne-ressource et du décideur
Adresse et code postal	
Numéro de téléphone	Poste de la personne-ressource
Lieu de résidence	Source de la commande, de la demande de renseignements ou de la réservation
Âge	
Sexe	Antécédents en matière de crédit
Données familiales (nombre d'enfants, etc.)	Taille de l'entreprise
Scolarité	Siège social
Revenu	Succursales
Occupation	Historique des achats
Historique des transactions	Participation à des promotions
Participation à des promotions	Demandes de renseignements passées
Demandes de renseignements passées	

ainsi devenir la pierre d'assise à partir de laquelle on élaborera des programmes de marketing direct efficaces. On se sert des bases de données pour les activités suivantes[8] :

- *Améliorer le ciblage des segments de marché* Certains consommateurs sont plus susceptibles que d'autres de devenir des acheteurs ou des utilisateurs de tels ou tels produits ou services. L'analyse de diverses caractéristiques contenues dans les bases de données permet de déterminer un public cible potentiellement plus réceptif. C'est ainsi que plusieurs entreprises qui faisaient appel à des catalogues ont pu améliorer l'efficacité de leurs actions. En réduisant la taille de leurs listes, Sears et Gap ont, par exemple, réussi à cibler uniquement les consommateurs les plus susceptibles d'acheter leurs produits.

- *Stimuler la répétition des achats* Grâce à certains systèmes d'identification, couplés ou non à des programmes de fidélisation, lors de chaque achat effectué, le nom et l'adresse du client sont inscrits dans une base de données. Ces personnes sont des cibles de choix, car elles offrent un potentiel élevé de rachat. Les magazines, par exemple, utilisent régulièrement des envois postaux ou effectuent des appels téléphoniques pour proposer un renouvellement avant la date d'expiration de l'abonnement. De même, Blockbuster Entertainment propose, à l'aide de techniques de marketing direct, des choix de films adaptés à ses clients ; elle leur indique aussi l'emplacement d'autres succursales lors d'un déménagement. Certaines entreprises, qui vont du service de lavage de fenêtres ou de tapis à la vente d'automobiles, maintiennent des bases de données clients avec lesquelles elles communiqueront le moment venu, c'est-à-dire lors du renouvellement probable de l'achat.

- *Mettre en valeur les ventes croisées* Un client manifestant un intérêt pour un produit particulier peut représenter un client potentiel pour d'autres produits du même type. La National Geographic Society, par exemple, a réussi à vendre des globes terrestres, des cartes, des vidéos et des magazines touristiques, ainsi qu'un assortiment d'autres produits, à des abonnés qui avaient simplement manifesté au départ un intérêt pour la géographie et les voyages. Si l'on examine la publicité de Hertz ci-dessous on constate que, dans ce cas, l'entreprise vous demande la permission de vous envoyer de l'information sur ses autres produits et services (ce qui veut dire transmettre votre nom à sa société mère, Ford, ainsi qu'à d'autres entreprises liées).

Hertz désire ici obtenir la permission du consommateur afin de pouvoir utiliser des renseignements personnels dans le cadre de ses programmes de promotion.

De nombreuses entreprises sont parvenues à établir des bases de données très complètes, contenant des renseignements à la fois sur leur clientèle établie et sur leur clientèle potentielle. Le marketing par bases de données est en fait devenu si omniprésent que plusieurs, dont des spécialistes du marketing, s'interrogent sur son impact sur la vie privée. Des associations professionnelles telles que l'Association canadienne du marketing demandent ainsi à leurs membres d'adhérer à un code de déontologie. Pour ces organismes, l'industrie doit s'autoréglementer avant qu'une intervention gouvernementale massive devienne inévitable.

Les sources de renseignements des bases de données

Pour établir des bases de données, on a recours à de multiples sources de renseignements, dont les suivantes :

- *Statistique Canada et leurs équivalents provinciaux* Les recensements périodiques permettent d'accéder à des données sur la quasi-totalité des ménages canadiens. Ces données comprennent la taille des ménages, des données démographiques et relatives au revenu ainsi que de nombreux autres renseignements.

- *Postes Canada* Grâce à de simples codes postaux, on peut obtenir de multiples renseignements sur les ménages et sur l'emplacement des entreprises.

- *Les fournisseurs de listes* On compte de multiples fournisseurs de listes. L'exactitude et la pertinence de ces listes varient toutefois beaucoup selon le fournisseur.

- *Les sources canadiennes gouvernementales sur les entreprises* Les répertoires d'entreprises fédéraux et provinciaux contiennent parfois des renseignements pertinents pour le déploiement de certaines campagnes de marketing direct interentreprises.

- *Les firmes de recherche en marketing* Les grandes firmes de recherche en marketing réalisent des études annuelles sur les clients qui utilisent la poste, le téléphone ou Internet pour effectuer leurs achats à partir de leur domicile. Elles compilent des renseignements notamment sur le nombre de commandes passées et le type de produits achetés, ainsi que sur le profil et le taux de satisfaction de la clientèle.

- *Les associations professionnelles* Les associations, qui regroupent les professionnels de la promotion et du marketing direct, peuvent être la source de données statistiques utiles, ainsi que d'information sur les meilleures pratiques de l'industrie, les attitudes des consommateurs et la réglementation.

- *Quelques autres sources* L'Association canadienne du marketing, Dunn & Bradstreet, l'index Fortune 500, *The Book of Lists* et diverses autres publications de même nature sont susceptibles de fournir ou de contenir une foule de renseignements intéressants. Les fabricants de biens de consommation, les banques, les agences d'évaluation de crédit, les détaillants, les organismes de bienfaisance et d'autres entreprises ou organisations vendent aussi des listes comportant de nombreux renseignements. Pour créer ses propres bases de données, l'entreprise peut enfin passer par les bons de garantie reçus, des sondages, des opérations promotionnelles ou des programmes de fidélisation.

Déterminer l'efficacité de l'utilisation d'une base de données

Un grand nombre d'entreprises possèdent une base de données, mais beaucoup l'utilisent mal. Recueillir des noms et divers autres renseignements ne suffit pas ; une liste doit aussi être souvent mise à jour et épurée des clients trop anciens ou inactifs. Plus la base de données contient des renseignements fiables sur la clientèle établie ou potentielle, plus elle s'avère efficace. La méthode de pointage RFM permet de déterminer la qualité d'une base de données[9]. L'acronyme RFM fait référence à la récence, à la fréquence ainsi qu'à la nature des transactions financières entre une entreprise et son client (*recency, frequency* et *monetary transactions* en anglais). Pour calculer cet indice, l'entreprise doit assurer la saisie des données de chaque transaction afin de suivre à la trace le moment où les achats ont été effectués, leur fréquence et les sommes dépensées. L'analyse régulière de la base de données permet à l'entreprise ou à l'organisme de dégager certaines tendances de consommation susceptibles de l'aider à établir une meilleure relation avec ses clients en répondant plus précisément et plus ponctuellement à leurs besoins. Une base de données constitue donc à la fois un instrument d'analyse et un moyen d'action, un mariage particulièrement intéressant dans un contexte de ressources limitées, tant sur le plan financier qu'en ce qui concerne le temps.

La stratégie médias et le marketing direct

Comme pour les autres programmes de communication présentés dans cet ouvrage, un spécialiste du marketing direct doit déterminer le message à communiquer, l'importance du budget, et ainsi de suite. La différence sans doute la plus fondamentale entre un programme de marketing direct et d'autres programmes relevant du mix promotionnel a trait à l'utilisation des médias.

Comme le montre le tableau 15.1, à la page 494, le marketing direct emploie un certain nombre de moyens ou « médias » dont le publipostage, le télémarketing, l'infopublicité, Internet, les journaux, les magazines et, parfois, l'affichage. Chaque média doit permettre d'atteindre des objectifs précis. En général, l'approche retenue se distingue selon qu'elle comporte une ou deux étapes.

Approche à une étape
Stratégie de marketing où l'annonce est utilisée directement pour décrocher une commande, par exemple à l'aide d'une infopublicité.

Selon l'**approche à une étape**, un seul média est utilisé pour décrocher la commande. Vous avez sans doute déjà vu des infopublicités dans lesquelles on présente des produits tels que des outils de bricolage ou d'entretien, des accessoires de cuisine, des appareils d'exercice ou des abonnements à un magazine. Le téléspectateur est invité à composer un numéro de téléphone sans frais pour passer sa commande sur-le-champ. En général, ces annonces fournissent une adresse postale et acceptent les cartes de crédit ou l'envoi contre remboursement. Elles visent à générer une vente immédiate dès la diffusion de l'annonce.

Approche à deux étapes
Stratégie de marketing direct où, dans un premier temps, on sélectionne et qualifie les acheteurs potentiels pour, dans un second temps, tenter de convaincre ces personnes d'acquérir un bien ou un produit.

Selon l'**approche à deux étapes**, plusieurs médias sont utilisés de manière coordonnée. Dans un premier temps, on sélectionne, ou qualifie, les acheteurs potentiels. Dans un second temps, on tente d'amener ces personnes à acquérir un bien ou un produit. Un grand nombre d'entreprises font, par exemple, appel au télémarketing pour sélectionner des clients en fonction de leurs intérêts. Elles assurent par la suite un suivi auprès des personnes les plus intéressées en leur offrant un supplément d'information par voie postale. L'entreprise espère ainsi décrocher une commande ou préparer la visite d'un représentant qui pourrait mener à une vente.

Le publipostage

En général, les consommateurs perçoivent le publipostage comme une forme de publicité importune. Dans les faits, il se dépense plus d'argent en publipostage que pour tout autre moyen de marketing direct; en 2000, on a estimé cette somme à 1,9 milliard de dollars[10]. Les ventes par correspondance ont, quant à elles, totalisé plus de 16 milliards de dollars, toujours en 2000, dont 10 milliards sur les marchés de consommation[11]. Selon certaines statistiques, 64 % des Canadiens prennent connaissance des documents envoyés dès leur réception, 23 % les conservant pour les consulter plus tard[12].

Le publipostage ne se limite pas aux petites entreprises qui tentent d'attirer notre attention. De grandes sociétés comme American Express, RBC Groupe Financier ou Air Miles ont sensiblement augmenté leurs dépenses dans ce domaine. Fait intéressant, des chiffres récents indiquent qu'au Canada le taux de satisfaction des entreprises recourant au publipostage est supérieur à celui des entreprises qui utilisent de préférence d'autres médias ou canaux de marketing direct. Les ventes par publipostage dans le domaine industriel ont, pour leur part, atteint 6 milliards de dollars en 2000[13]. La figure 15.1 présente les avantages du publipostage selon Postes Canada.

FIGURE 15.1 **Les avantages du publipostage selon Postes Canada**

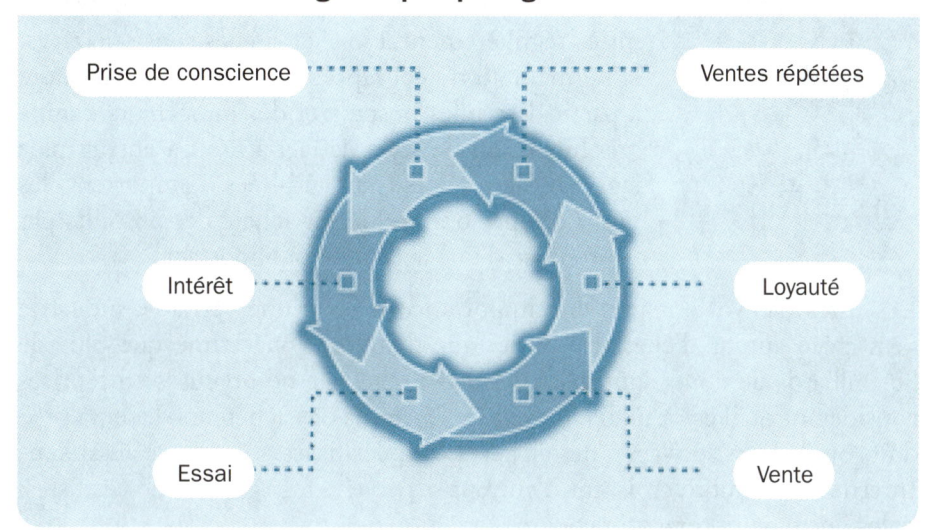

- Prise de conscience
- Ventes répétées
- Intérêt
- Loyauté
- Essai
- Vente

Le constructeur d'automobiles Mercedes-Benz utilise le publipostage pour présenter certains de ses nouveaux modèles.

Dans le passé, plusieurs annonceurs ont négligé cet outil, craignant de nuire à leur image ou croyant que le publipostage n'était adapté qu'aux produits bas de gamme. Or, ce n'est plus le cas aujourd'hui. Mercedes-Benz, par exemple, a utilisé le publipostage pour cibler une clientèle aisée susceptible d'acheter ses nouveaux modèles à quatre roues motrices. Autre exemple, Porsche a expédié de l'information par voie postale à un marché cible bien défini : les médecins dont la spécialité est associée aux revenus les plus élevés. Cette liste a été choisie afin de correspondre aux caractéristiques habituelles des clients de Porsche, puis a été restreinte à certaines régions géographiques. Les documents expédiés présentaient la radiographie d'une Porsche 911 Carrera accompagnée d'un texte rédigé dans un style familier aux professionnels de la santé. Cette campagne originale a généré un taux de réponse parmi les plus élevés jamais obtenus par Porsche au cours des dernières années[14]. Le document présenté ci-contre montre quelques exemples du

Le marketing direct **CHAPITRE 15** 503

L'ASSOCIATION DES AMPUTÉS DE GUERRE

... UN ORGANISME DE BIENFAISANCE « EFFICACE »

Mettant à profit la vaste expérience des amputés de guerre, le Programme LES VAINQUEURS offre un soutien moral ainsi qu'un appui financier pour l'achat de membres artificiels.

Noémie fait partie du Programme pour enfants amputés (LES VAINQUEURS) de l'Association des Amputés de guerre.

Pour plus de renseignements ou pour commander vos plaques porte-clés 2004, communiquez avec l'Association des Amputés de guerre.
TÉL. : 514 398-0759, TÉLÉC. : 514 398-0699 (MONTRÉAL)
« ACCÈSFACILE! » ; TÉL. : 1 800 250-3030, TÉLÉC. : 1 800 219-8988
Ou visitez le site Web www.amputesdeguerre.ca
N° d'enregistrement d'organisme de charité : 13196 9628 RR0001

^
L'Association des amputés de guerre du Canada recourt souvent au publipostage pour joindre une vaste clientèle, les envois postaux étant alors renforcés par des annonces publiées dans les journaux.

matériel utilisé par Mercedes pour présenter ses nouveaux véhicules à une clientèle très exigeante. À l'inverse, l'Association des amputés de guerre du Canada, à l'occasion de vastes campagnes de publipostage, mise pour sa part sur un magazine d'information grand public afin d'inviter les lecteurs à soutenir l'organisme.

Une grande partie du succès des opérations de publipostage repose sur la qualité des listes d'envoi. La liste d'envoi n'est ni plus ni moins qu'une base de données d'où sont extraits les noms et les adresses des personnes ou des entreprises ciblées. Si elles sont mises régulièrement à jour et si elles sont sélectives, la segmentation géographique, effectuée d'ordinaire à partir des codes postaux et des indicateurs démographiques ou de style de vie, accroîtra encore plus leur efficacité. Les plus utilisées comportent les noms des personnes qui ont acheté des produits par l'entremise d'une action de publipostage.

Les listes d'envoi ont pris une importance telle qu'une véritable industrie s'est créée autour d'elles. En Amérique du Nord, on estime que plus de 38 milliards de noms sont inscrits sur ces listes, de nombreuses entreprises considérant qu'il est rentable de vendre les noms des acheteurs de leurs produits ou de leurs services à des entreprises spécialisées. On trouve aussi dans Internet un nombre croissant d'entreprises vouées à la gestion de ces listes, telles que www.interactdirect.com.

S'il est vrai que le publipostage demeure le média de prédilection d'un grand nombre d'annonceurs et que les projections indiquent encore une croissance soutenue de ce secteur au cours des prochaines années, Internet constitue toujours une menace sérieuse. Si, entre 1995 et 2000, les dépenses de publipostage ont augmenté à un rythme de 2,2 % par an, les dépenses dans Internet, pour le même type d'opérations, ont augmenté quant à elles à un taux supérieur à 100 %. Plus inquiétant, l'industrie du publipostage affiche des taux de réponse inférieurs à ceux du passé, et plusieurs annonceurs se sont en conséquence tournés vers Internet[15]. Beaucoup d'entreprises, notamment dans le secteur industriel, sont passées du catalogue imprimé au catalogue en ligne. Des problèmes d'ordre juridique ont aussi nui à l'industrie du publipostage. L'arrivée d'Internet n'a cependant pas eu que des répercussions négatives sur le publipostage, car nombre d'entreprises virtuelles constituent elles-mêmes de fidèles clients de ce mode de communication.

Les catalogues

Les entreprises de vente par catalogue comptent parmi les principaux utilisateurs du publipostage. Le nombre de catalogues expédiés par la poste et le nombre de clients qui achètent par catalogue ont augmenté de manière considérable au cours des dernières années.

En outre, de nombreuses entreprises combinent aujourd'hui les catalogues avec d'autres stratégies de promotion et de vente plus traditionnelles (points de vente au détail, sites transactionnels, etc.). Des entreprises telles que

PERSPECTIVE 15.1

Le Web dans la boîte aux lettres ?

De plus en plus de spécialistes du publipostage tentent de renforcer l'impact de leurs campagnes en mobilisant tout le potentiel du Web. Aujourd'hui, l'information reçue par la poste incite fréquemment les consommateurs intéressés à consulter des pages Web afin d'en apprendre encore plus sur le produit ou le service annoncé. Si chacun est convaincu des avantages d'Internet en matière de communications interactives, une question se pose toujours, cependant : comment accompagner le consommateur depuis sa boîte aux lettres jusqu'à son ordinateur ?

L'une des stratégies les plus efficaces pour parvenir à cet objectif est d'inclure un cédérom dans le courrier promotionnel adressé au groupe cible. Le cédérom est devenu un support à la mode il y a déjà quelques années. Dans les premiers temps de son existence, un cédérom coûtait cher à produire et les avantages de son utilisation par les entreprises à des fins promotionnelles étaient, au mieux, faibles. Au-delà du cédérom lui-même, le réseau Internet encore embryonnaire ne permettait que peu d'interactions. Sur le plan publicitaire, le cédérom n'était alors qu'un support irisé permettant la transmission de certaines images et animations, sympathique pour les adeptes d'informatique, mais un peu effrayant pour les consommateurs redoutant les innombrables problèmes lors de l'installation, et franchement mystérieux pour ceux n'ayant pas encore accès à un ordinateur.

Les choses ont depuis grandement évolué. Tout d'abord, le taux de pénétration de l'outil informatique dans les foyers a crû de façon exponentielle au Canada. Chez les gens d'affaires, ce taux est aujourd'hui proche de 100 % ! Les développements technologiques de l'équipement informatique sont tout aussi impressionnants : puissance et facilité d'utilisation pour un coût non excessif sont maintenant à la portée de tous, ou presque, rendant l'expérience multimédia d'autant plus riche et attrayante.

Pourtant, les spécialistes du publipostage hésitent encore parfois à inclure un cédérom dans leurs envois pour deux raisons principales.

- *Une attention trop grande prêtée aux coûts de production unitaire du support* Parce que le retour potentiel sur l'investissement pour chaque cédérom envoyé est souvent sous-estimé, ce support est perçu comme un ajout peu utile et coûteux à une opération de publipostage. La vérité est que l'inclusion d'un cédérom peut produire un niveau de réponse très supérieur à celui obtenu avec d'autres méthodes. Si l'on veut raisonner sur la base du retour sur investissement, le cédérom est sans doute l'un des moyens les plus rentables afin d'obtenir une réaction maximale du public visé.

- *Les contraintes de temps* Il faut du temps pour concevoir puis réaliser un cédérom de qualité. Même si l'on exploite un matériel déjà existant, la mise au point nécessaire s'avère exigeante.

Le cédérom présente de nombreux avantages qui plaident en sa faveur. Au premier rang de ces avantages, on peut citer ses possibilités d'interactivité, qui permettent aux consommateurs de mieux se repérer dans un catalogue, de faire des recherches selon leurs intérêts spécifiques ou même de réaliser leurs propres calculs quant aux coûts d'acquisition d'un produit ou d'un service. Il s'agit ensuite d'une source d'information facile à utiliser, dont la lecture non linéaire accroît l'implication du public. Enfin, il est assez aisé aujourd'hui d'établir des liens avec une multitude de contenus et de ressources présents sur le Web. Ces connexions permettent à la fois d'enrichir l'expérience multimédia et de mesurer le succès de la campagne presque en temps réel. Sans compter les économies qui seront réalisées par la suite si l'échange d'information se poursuit sur un mode virtuel...

Source : adapté de John Peloza, « The CD-ROM as a Direct Tool », *Marketing Magazine*, 29 avril 2002.

IKEA et Sears utilisent ainsi leur catalogue, non seulement pour vendre directement leurs produits, mais aussi pour informer les consommateurs des produits offerts en magasin. D'autres entreprises misant exclusivement sur la vente par catalogue, par exemple Banana Republic, ont ouvert par la suite des points de vente au détail. Il y a quelques années, L.L. Bean a ouvert un premier magasin à grande surface sur la côte est américaine. Le positionnement de L.L. Bean se résume au slogan « garantie à 100 % », à son site Web et à son catalogue joignant des clients aux quatre coins du monde. Les ordinateurs de l'entreprise prennent note de chaque achat; ainsi, les nouveaux catalogues ne sont expédiés qu'aux consommateurs susceptibles d'acheter certains produits. Le client peut passer une commande en ligne, 24 heures sur 24, ou composer un numéro sans frais quand il a besoin d'assistance. Grâce à son service à la clientèle téléphonique, disponible 24 heures sur 24 et 7 jours sur 7, l'entreprise s'assure de pouvoir régler tout problème sans délai.

Les exemples suivants vous permettront de constater que les produits offerts par catalogue sont très diversifiés.

- Victoria's Secret a offert dans son catalogue de Noël un soutien-gorge d'une valeur de un million de dollars. Créé par le mannequin de renommée internationale Claudia Schiffer, ce soutien-gorge contient plus de 100 carats de vrais diamants et des centaines de pierres semi-précieuses.
- Saks Fifth Avenue, division de Saks Holdings Inc., a proposé dans son catalogue des voitures décapotables dont le prix de départ aux enchères s'élève à 50 000 $.
- Hammacher Schlemmer a, par le passé, offert dans son catalogue de Noël un taxi de 43 000 $ et une rame de train de 34 000 $.

En plus des catalogues offerts sur papier, plusieurs catalogues destinés au grand public et aux entreprises sont accessibles dans Internet, avec une présentation attrayante. Dans certains cas, la marchandise présentée dans les catalogues et destinée au marché de consommation est aussi offerte dans des points de vente au détail. Dans d'autres cas, la filiale supervisant ces points de vente est une entité distincte de la filiale gérant les offres par catalogue. Supposons, par exemple, que vous utilisiez le catalogue Eddie Bauer en vue d'un achat. Vous pourriez échanger ou retourner la marchandise dans l'un des points de vente au détail de cette entreprise. Quant aux produits Victoria's Secret, on doit les retourner au service responsable des ventes par catalogue. Chez Gap, on utilise le catalogue de façon complémentaire; les commandes téléphoniques pour obtenir différentes grandeurs peuvent être effectuées directement du magasin, l'expédition étant gratuite.

Les médias ou canaux électroniques

Le succès du marketing direct par le biais des médias électroniques est en tout point remarquable : plus des trois quarts des Américains déclarent avoir vu récemment une infopublicité. Déjà, en 2000, ces infopublicités avaient généré des ventes d'environ 4,4 milliards de dollars. Quant aux dépenses dans ce domaine, elles ont totalisé 1,6 milliard de dollars la même année[16].

En ce qui a trait aux médias électroniques, le gestionnaire du marketing a le choix entre la radio et la télévision. Si la radio a été utilisée de façon intensive pendant les années 1950, son utilisation et son efficacité ont beaucoup diminué au cours des dernières années. C'est ce qui explique qu'aujourd'hui les opérations de marketing direct s'effectuent principalement par le truchement de la télévision, média qui retiendra plus particulièrement notre attention dans la section suivante.

Le marketing direct par voie de radiodiffusion correspond autant à des infopublicités qu'à des annonces faites en complément d'autres moyens promotionnels. Pour ce qui est des infopublicités radiophoniques, après la présentation d'un produit ou d'un service, une réponse est sollicitée selon une approche à une ou à deux étapes. Notons que l'approche à deux étapes est encore très utilisée à la radio, en particulier par les entreprises locales. En général, on fournit un numéro de téléphone sans frais, permettant ainsi au consommateur de demander plus de renseignements ou de passer une commande sur-le-champ. La publicité de complément, c'est-à-dire une annonce conçue pour soutenir une publicité diffusée au moyen d'autres médias, vise un autre objectif. Les publicités radiophoniques de Publishers Clearing House et de Reader's Digest, par exemple, vous invitent à jeter un coup d'œil dans votre boîte aux lettres et à prendre connaissance de leur nouveau concours publicitaire.

En ce qui a trait au média télédiffusé, on distingue les annonces simples et les infopublicités prenant la forme de reportages ou de documents des émissions spécialisées de téléachat. Plus récemment, s'est ajoutée la télévision par Internet.

L'infopublicité

Le coût moins élevé de la publicité diffusée par câble et par satellite a permis l'essor d'une nouvelle forme de publicité, l'infopublicité. L'**infopublicité** consiste en une annonce télévisée dont la durée varie entre 3 et 60 minutes. (La plupart sont de 30 minutes, même s'il est vrai que le format de 5 minutes gagne aujourd'hui en popularité.) Ces publicités sont en général diffusées entre les émissions habituelles. Pour passer une commande, le consommateur compose un numéro 800 ou 900, ou encore consulte un site Internet. Bien sûr, des infopublicités vantant de manière peu crédible ou caricaturale des produits d'entreprise de mauvaise réputation sont encore monnaie courante. Même si ce type d'émission existe toujours, on a assisté au cours des dernières années à l'arrivée d'entreprises de renom dans ce secteur. Apple, Microsoft, Sony, Volvo, Bell et Philips ne sont que quelques exemples d'organisations qui utilisent aujourd'hui ce moyen de communication.

Infopublicité

Annonce publicitaire télévisée dont la durée varie de quelques minutes à une heure ; elle a pour objectif d'offrir des renseignements détaillés sur un produit ou un service sous un angle persuasif.

Volvo fait parfois appel à des infopublicités pour attirer de nouveaux acheteurs.

Sur le plan de l'efficacité, les études indiquent que les infopublicités sont regardées et qu'elles contribuent à vendre des produits. Le tableau 15.4 présente un portrait du public qui regarde les infopublicités et achète les produits annoncés. L'étude montre que ce véhicule publicitaire est efficace auprès d'un vaste public dont les caractéristiques démographiques sur les plans de l'âge, de l'éducation, du revenu et du sexe diffèrent peu de celles du public qui ne regarde pas les infopublicités[17]. Les points de vente au détail profitent aussi de manière indirecte des infopublicités, la notoriété d'une marque pouvant faire augmenter ses ventes en magasin[18].

TABLEAU 15.4 Qui achète un produit après avoir regardé une infopublicité ?

	Hypothèses quant aux facteurs d'influence	Acheteurs par l'entremise d'infopublicités (n = 84)	Non-acheteurs par l'entremise d'infopublicités (n = 284)	Différence significative au seuil de 0,05 %
H1	Âge[1]	2,6	2,8	NS[5]
H1	Éducation[2]	2,4	2,2	NS
H1	Revenu[3]	2,8	2,7	NS
H1	Sexe[4]	1,4	1,5	NS
H2	Côté pratique	4,2	2,8	S
H3	Importance de la marque	3,5	3	S
H4	Importance du prix	4,1	3,6	S
H5	Propension à rechercher la variété	3,9	3	S
H6	Impulsivité	3,2	2,6	S
H7	Innovation	3,8	3	S
H8	Nombre d'heures par semaine consacrées à la télévision	20	14	S
H9	Aversion pour le risque	2,1	3,5	S
H10	Attitude envers les achats	1,8	3,1	S
H11	Attitude envers le marketing direct	3,1	2,1	S
H12	Attitude envers la publicité	3,5	2,9	S

1. Âge : 1 = < 20 ; 2 = 20-35 ; 3 = 36-50 ; 4 = 51-65 ; 5 = > 65.
2. Éducation 1 = secondaire ; 2 = diplôme secondaire ; 3 = collégial ; 4 = diplôme collégial ; 5 = diplôme universitaire.
3. Revenu : 1 = < 15 000 $; 2 = de 15 000 $ à 30 000 $; 3 = de 31 000 $ à 45 000 $; 4 = de 46 000 $ à 60 000 $; 5 = > 60 000 $.
4. Sexe : 1 = femme ; 2 = homme.
5. NS : « non significatif » ; S : « significatif ».

Publireportage
Message publicitaire télévisé permettant à l'annonceur de fournir au consommateur de l'information plus détaillée sur un produit ou un service, et dont la durée varie entre 3 et 30 minutes.

Le publireportage télévisé

En 1999, le constructeur d'automobiles européen Peugeot a fait une entrée remarquée dans ce domaine en diffusant une série de **publireportages** qui présentaient la gamme complète de ses véhicules. Peugeot est le premier constructeur d'automobiles à avoir utilisé des infopublicités de cette façon. L'entreprise a produit huit films de cinq minutes mettant visuellement en valeur « l'expérience de conduite unique » offerte par ses véhicules, ainsi que leurs spécifications techniques. De plus, l'entreprise a produit des infopublicités pour les diffuser sur son site Web, chacune étant conçue pour joindre un public cible différent[19].

Le téléachat

L'introduction de numéros de téléphone sans frais, conjuguée à l'usage massif de la carte de crédit, a entraîné une augmentation spectaculaire du nombre de téléacheteurs. Les deux principales chaînes de téléachats américaines, QVC et Home Shopping Network (HSN), totalisent des ventes de plusieurs milliards de dollars, quoique certains indices donnent à penser que ce mode de diffusion est parvenu à maturité. En effet, bien que l'activité demeure en général très rentable, les ventes de HSN sont en déclin et celles des autres chaînes progressent à un rythme plus lent que prévu.

Selon plusieurs observateurs, l'arrivée d'Internet et la difficulté à recruter de nouveaux clients en seraient les principales causes[20]. Pour résoudre ce problème, QVC s'est tournée vers les marchés internationaux, notamment la Grande-Bretagne, le Canada et l'Amérique latine, essayant ainsi de répéter ses succès remportés en Allemagne et au Japon. L'entreprise a aussi conclu des alliances, notamment avec le transporteur aérien United, et signé des contrats de commandite, par exemple avec le pilote de la série NASCAR, Geoff Bodine.

PERSPECTIVE 15.2

L'a b c de l'infopublicité télévisée

Les infopublicités télévisées (*Direct Response Television* ou DRTV, en anglais) ont le vent en poupe. De plus en plus de communicateurs et d'entreprises de grand renom ont recours à ce moyen afin de promouvoir leurs produits ou leurs services. Voilà pour les bonnes nouvelles !

La mauvaise nouvelle, c'est que beaucoup de films qu'on qualifie d'infopublicités n'en sont pas du tout. Il s'agit plutôt de films commerciaux usuels avec un numéro de téléphone ajouté dans les dernières secondes. Cette façon de faire peut être acceptable pour ceux qui n'espèrent qu'un faible nombre d'appels après une télédiffusion. Toutefois, pour ceux qui se montrent plus exigeants en matière de retour sur investissement, voici quelques conseils sans détour d'Ian French afin de réaliser des infopublicités dont l'impact et la rentabilité s'avéreront réels.

- *Plus vous en dites et plus vous en vendez.* La chose la plus importante à comprendre est que chaque infopublicité doit constituer un film de présentation publicitaire complet et autosuffisant. Cela signifie qu'à la fin du film le consommateur devrait avoir reçu suffisamment d'information pour pouvoir prendre une décision d'achat en toute confiance. C'est votre travail de lui fournir cette information. Il faut donc présenter autant de caractéristiques et de bénéfices pertinents que possible, répondre à une foule de questions et contrer maintes objections dans un temps limité. La clarté est de mise, mais laisser de côté des arguments de vente potentiellement convaincants, c'est prendre un gros risque.

- *Le produit est roi.* Ne perdez pas une seconde d'un temps précieux à parler d'autre chose que de votre produit ou service. De beaux concepts créatifs qui ne mettent pas directement de l'avant les vertus de ce produit ou service ne sont qu'une perte de temps.

- *Les groupes de discussion tuent vos infopublicités.* Les personnes participant à ces groupes vous diront sans ambages ce qu'elles aiment ou n'aiment pas dans votre film publicitaire. Hélas, ce qu'elles apprécient ou non de ce film n'a pas grand-chose à voir avec le fait qu'elles décrocheront ou non le téléphone afin d'acheter le produit. Ne perdez pas votre temps avec des groupes de discussion !

- *Montrez le produit.* La télévision n'est pas un magasin ou une salle de démonstration. Le téléspectateur ne peut toucher ou sentir votre nouveau produit, ni faire un test routier du dernier modèle d'automobile présenté. Vous devez lui montrer en quoi votre produit est irrésistible et répondra pleinement à ses

> **PERSPECTIVE 15.2**

désirs. Avec un peu d'imagination, on parvient même à rendre tangible ce qui l'est peu, comme un produit d'assurance, un abonnement téléphonique ou des conseils financiers.

- *Démontrez les avantages du produit.* De belles images, c'est bien, mais le consommateur, pour être convaincu, a aussi besoin de voir votre produit en action. Captivez votre public et nourrissez son désir afin de le conduire à l'achat.

- *Utilisez des graphiques afin de renforcer vos arguments les plus forts.* De multiples études ont démontré que les gens comprennent et retiennent mieux une information qu'ils peuvent à la fois entendre et visualiser. En conséquence, assurez-vous que les arguments de vente essentiels apparaissent aussi à l'écran ou sont présentés sous forme graphique en même temps qu'ils sont énoncés par les animateurs.

- *Ajoutez un élément promotionnel.* Il n'est pas absolument essentiel d'ajouter une offre promotionnelle complémentaire, mais rappelez-vous que cet élément peut, dans certains cas, faire toute la différence. L'offre promotionnelle sensibilise le téléspectateur aux coûts associés au fait de ne pas passer à l'acte immédiatement, et personne ne veut passer à côté d'une belle occasion. Meilleure sera l'offre, meilleure sera la réponse.

- *La valeur n'est qu'affaire de perception.* L'efficacité de votre message dépend plus de la perception de la valeur de ce que vous proposez que de la valeur réelle du produit ou du service. Voilà pourquoi de nombreuses infopublicités mettent de l'avant une série de primes promotionnelles peu coûteuses, mais renforçant tout de même, par leur simple présence, la valeur globale de la proposition commerciale.

- *Les témoignages, ça fonctionne.* Les consommateurs réagissent en général positivement lorsque d'autres consommateurs viennent expliquer pourquoi ils sont satisfaits d'un produit ou d'un service, particulièrement s'ils mentionnent combien ils étaient sceptiques avant de l'essayer. Si vous voulez vous convaincre de l'efficacité de ces témoignages, essayez de vous en passer!

- *Tout est dans le script.* La conception du film et de son scénario ou de son script sont des éléments essentiels de la réussite. Rien ne doit être laissé au hasard sur ce plan.

Source : adapté d'Ian French, « Twenty-Four Ways to Dynamic DRTV », *Marketing Magazine*, 11 février 2002.

Les médias imprimés

Il n'est pas toujours facile de faire appel aux magazines ou aux journaux dans le cadre d'opérations de marketing direct. En effet, ce type d'annonces se fond alors dans une masse d'autres annonces publicitaires. L'achat d'espace supplémentaire, qui pourrait régler ce problème, se révèle relativement coûteux. C'est pourquoi les taux de réponse et les profits obtenus avec les médias imprimés sont souvent moindres que ceux engrangés avec d'autres types de médias. Si l'on ne doit pas les exclure pour autant, les spécialistes du marketing direct tendent cependant à privilégier des publications spécialisées dans le domaine des affaires, du sport, du sexe ou des loisirs, comme le montrent des dépenses totales pour ces supports de plus de deux milliards de dollars en 2000[21].

Le télémarketing

Télémarketing
Technique de commercialisation consistant à joindre un client potentiel par téléphone.

Quiconque possède un téléphone a pu constater l'omniprésence du **télémarketing**, ou vente par téléphone. Les entreprises utilisent essentiellement deux formes de télémarketing. Le télémarketing en aval consiste en des appels téléphoniques d'une entreprise ou de son commanditaire à un acheteur potentiel afin de promouvoir la vente d'un produit ou d'un service, de solliciter des dons ou des votes, ou encore de promouvoir une cause. On parle de télémarketing en amont lorsqu'une entreprise publicise un numéro 800 ou une adresse URL et invite le futur client à composer ce numéro, à consulter son site Web ou à visiter son point de vente. En général, l'entreprise offre des primes pour attirer ces personnes – tirage de prix, participation à un concours ou offre de cadeaux. Les organisations à but lucratif et non lucratif ont tiré profit de ces méthodes dans le contexte d'une approche à une ou à deux étapes. Les ventes par télémarketing, au grand public et entre entreprises, ont totalisé plus de 16 milliards de dollars dès 2000, dont 7 milliards uniquement sur le marché grand public[22]. L'industrie du télémarketing employait alors plus de 156 000 personnes[23].

Le développement continu du télémarketing a mené à la création de l'**audiotex**, ou **télémédia**. Tom Eisenhart définit le télémédia comme « […] l'utilisation du téléphone et du commerce électronique commandé par la voix (numéros 800, 900 et 976) pour commercialiser, annoncer, promouvoir, divertir et informer[24] ». Plusieurs programmes de télémédia sont interactifs. Bien qu'un grand nombre de personnes considèrent les numéros 800 et 900 comme des arnaques, de très nombreuses entreprises ont eu recours à ce moyen, notamment Tele-Lawyer, un service d'information juridique, Bally's Health & Tennis, une importante chaîne de centres de conditionnement physique, et NutraSweet. La figure 15.2 montre de façon plus détaillée les types d'utilisation des numéros 800 et 900 à des fins de marketing[25].

Audiotex ou télémédia

Utilisation d'un poste téléphonique ou de services commandés par la voix pour commercialiser, annoncer, promouvoir, divertir et informer.

FIGURE 15.2 L'emploi des numéros 800, 900 et 976 en télémarketing

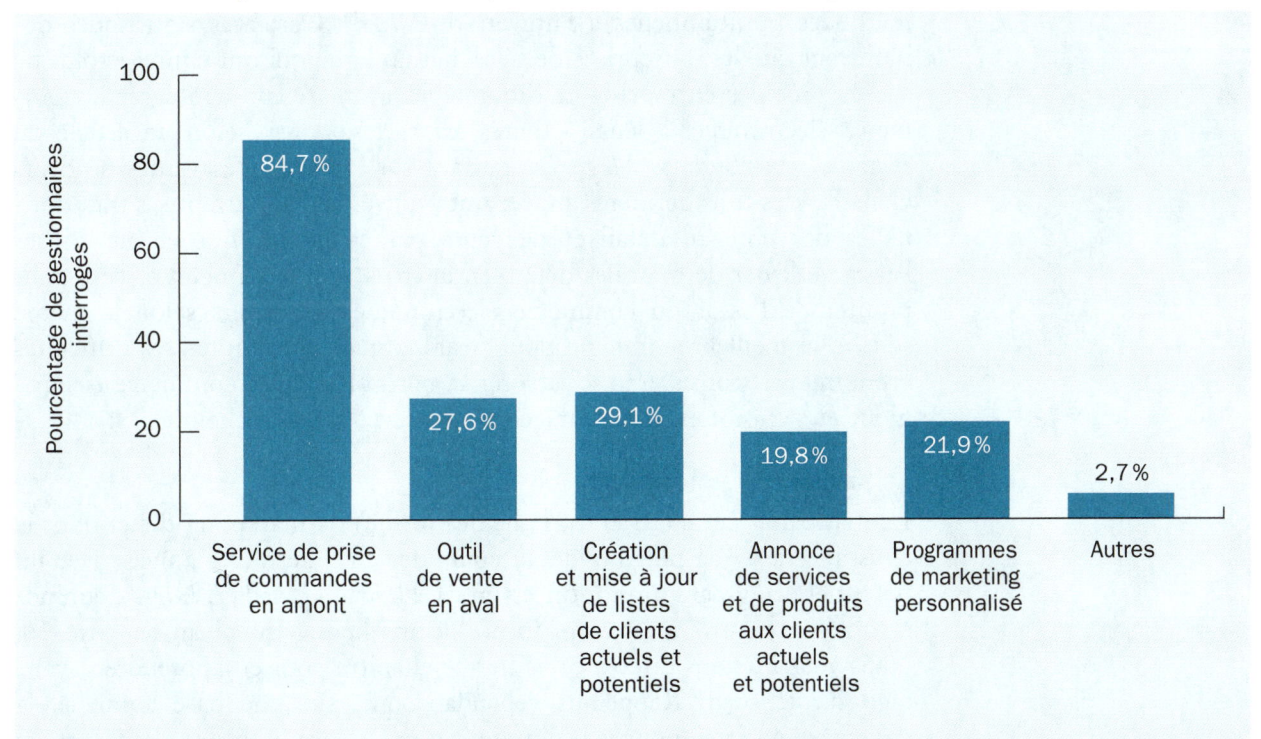

Catégorie	Pourcentage
Service de prise de commandes en amont	84,7 %
Outil de vente en aval	27,6 %
Création et mise à jour de listes de clients actuels et potentiels	29,1 %
Annonce de services et de produits aux clients actuels et potentiels	19,8 %
Programmes de marketing personnalisé	21,9 %
Autres	2,7 %

Remarque : Jacobson Consulting Applications, qui a réalisé cette enquête, a soumis un questionnaire à des gestionnaires de marketing direct et a obtenu 565 réponses.

Parmi les problèmes associés au télémarketing, notons la possibilité de fraude, ainsi que l'agacement que ces techniques suscitent souvent.

L'industrie du télémarketing ne demeure pas passive par rapport aux critiques grandissantes du public. Avec le temps, la nature des produits ou des services annoncés évolue aussi. Ainsi, les services spécialisés dans la pornographie occupent une place de moins en moins importante dans le secteur des numéros 800, 900 et 976. La mise au point de technologies complexes et de moyens de contrôle plus pointus permet enfin d'éliminer petit à petit nombre de problèmes éprouvés par le passé.

Le téléachat électronique

> **Téléachat électronique**
> Service d'achat et d'information en ligne accessible à l'aide d'un ordinateur personnel.

Le téléachat électronique correspond à un service d'achat et de recherche documentaire en ligne accessible à l'aide d'un ordinateur personnel. Nous aborderons plus en détail les questions relatives au commerce électronique au chapitre 16. Gardez toutefois à l'esprit que les services en ligne apparaissent de plus en plus comme des incontournables. La chaîne de téléachat QVC, par exemple, a lancé iQVC, un site accessible par Internet qui sert de complément à sa chaîne télévisée et contribue ainsi à l'augmentation de ses ventes (la chaîne télévisée, présente sur le câble, oriente les clients vers le site Web et vice versa). Cette entreprise a été l'un des premiers « grands magasins en ligne » à réaliser un bénéfice[26].

D'autres entreprises ayant misé sur cette forme de marketing direct ont connu moins de succès et ont constaté à leurs dépens que la vente dans Internet requiert des stratégies précises. L'une d'elles, K-Tel, chef de file dans le domaine du marketing direct à la télévision (par exemple, Top 40 Music ou Veg-o-matic), a éprouvé de réelles difficultés à adapter ses méthodes traditionnelles à l'univers du Web[27]. Certaines statistiques démontrent que les entreprises de téléachat en ligne qui ont connu le plus de succès sont des entreprises traditionnelles ayant réussi à intégrer le commerce électronique à leurs activités existantes. Ainsi, selon un article du *National Post Business Magazine* portant sur la baisse des ventes de Sears Canada, « les trois dernières années ont prouvé que les entreprises traditionnelles de vente au détail et de vente par catalogue, qui savent utiliser l'effet de levier de marques déjà bien ancrées, sont les mieux placées pour profiter de l'essor du commerce électronique ». Toujours selon la même source, la meilleure stratégie pour Sears, afin de surmonter ses difficultés économiques, consisterait « à assurer sa position dans le commerce électronique et à approfondir davantage ses liens avec sa vaste clientèle[28] ».

Le marketing par courriel

Le marketing par courriel est l'une des formes de marketing direct dont la croissance a été la plus rapide au cours des cinq dernières années avec un potentiel d'augmentation futur estimé à 24 % au Canada[29]. Nous examinerons plus attentivement cette forme de marketing direct au chapitre 16. Nous vous invitons donc à consulter ce chapitre pour en apprendre davantage sur le sujet. Rappelons cependant que, sur une base annuelle, la croissance projetée pour les communications électroniques par Internet est très élevée. Dans ce contexte, l'utilisation du courrier électronique à des fins de marketing deviendra sans doute un incontournable pour la planification des programmes de CMI de demain.

Une évaluation du marketing direct

Nous avons déjà souligné plusieurs forces et faiblesses du marketing direct dans ce chapitre ; nous en présentons ici une synthèse en guise de conclusion.

Les forces du marketing direct

Une portée sélective Le marketing direct permet à l'annonceur de joindre un grand nombre de personnes tout en réduisant ou en éliminant le gaspillage. Il est possible d'obtenir une couverture étendue grâce à la publicité radiophonique et télévisée, ou par la poste. Bien que certaines personnes ne voient jamais les panneaux publicitaires le long des autoroutes ou ne regardent pas les annonces publicitaires à la télévision, nous recevons en effet tous du courrier et nous y sommes assez sensibles.

Une liste à jour et précise réduit le gaspillage, car son exploitation permet de joindre seulement les consommateurs dont le potentiel est le plus élevé. Un candidat à une élection peut ainsi s'adresser à un groupe très restreint de personnes, par exemple celles qui vivent dans la zone correspondant à un certain code postal, l'Association des diplômés de l'Université de Montréal ou les membres du club de curling de Sherbrooke. De la même façon, un club de musique peut cibler les acheteurs récents de lecteurs de disques compacts, tout comme un fournisseur de logiciels de comptabilité pourrait cibler les comptables inscrits dans le bottin de leur association professionnelle.

La capacité de segmentation De nos jours, le gestionnaire du marketing est en mesure de se procurer des listes de noms d'acheteurs récents d'un produit, de détenteurs de cartes bancaires, et ainsi de suite. Ces listes permettent de segmenter la clientèle en fonction d'une zone géographique, d'une occupation, de critères démographiques, d'une profession ou d'un statut d'emploi, pour ne donner que quelques exemples. La combinaison de cette information avec les possibilités de géocodage offertes par les méthodes PRIZM et VALS, présentées au chapitre 2, permet de concevoir des stratégies de ciblage très efficaces.

La fréquence Selon le média utilisé, il est possible d'établir différents niveaux de fréquence. Comme les moments ou créneaux horaires de diffusion des annonces publicitaires de marketing direct à la télévision sont d'ordinaire parmi les moins coûteux, un gestionnaire de campagne est habituellement en mesure d'acheter assez de temps d'antenne pour assurer une diffusion répétée. Cette haute fréquence s'avère plus difficile à atteindre avec la poste, car le consommateur peut trouver agaçant de recevoir le même courrier à répétition. Établir un bon niveau de fréquence sur un site Web est aussi peu coûteux, quoique le taux de réponse obtenu avec les publicités interstitielles, les bannières et les courriels reste plus faible qu'avec les techniques utilisées dans les médias traditionnels. Tout indique que la mise au point de méthodes publicitaires plus complexes dans Internet, notamment grâce à une personnalisation plus grande, permettra de corriger cette lacune.

La souplesse Le marketing direct peut prendre de multiples formes. Par exemple, au cours de l'une de ses campagnes, Discovery Network a expédié par la poste un téléviseur de 17 pouces à certains acheteurs-médias. Les seuls messages qui accompagnaient le téléviseur se trouvaient sur le cordon d'alimentation (« Branchez-moi ») et sur une vidéocassette (« Regardez-moi »).

Le destinataire pouvait alors regarder une vidéocassette promotionnelle de sept minutes. Il s'agit là d'une campagne particulièrement spectaculaire. Sans aller jusqu'à cet extrême, soulignons que le publipostage est propice à l'envoi de présentations promotionnelles détaillées. L'expédition ciblée de vidéocassettes d'information sur des produits, des services ou des activités a ainsi augmenté de façon spectaculaire dès que les entreprises ont constaté qu'il s'agissait là d'un moyen efficace de joindre des acheteurs potentiels. Black & Decker, Whistler Ski Resort et divers constructeurs d'automobiles, tels que Mercedes-Benz, ont employé ce type d'envoi avec succès.

Le choix du moment Alors que de nombreux médias requièrent une planification à long terme, les techniques de marketing direct permettent une gestion beaucoup moins contrainte par le temps. L'entreprise peut ainsi lancer une campagne de publipostage dans des délais très courts et destinée à un groupe bien ciblé. Les créneaux horaires de télévision ordinairement utilisés pour les infopublicités sont les plus accessibles. Une stratégie commune consiste même à attendre au dernier moment pour acheter du temps d'antenne et obtenir le plus bas prix possible.

La personnalisation Aucun autre média ne permet de personnaliser davantage un message que le marketing direct. On peut, par exemple, prendre contact avec des parents en utilisant le prénom de leur enfant pour attirer leur attention; le propriétaire d'une voiture recevra pour sa part une lettre le félicitant de sa nouvelle acquisition et se verra offrir divers accessoires; l'acheteur d'un ordinateur, quant à lui, peut recevoir des offres de logiciels adaptés, et le diplômé récent, une offre répondant à des besoins précis, par exemple une carte de crédit or ou platine plutôt qu'une carte ordinaire.

Les coûts Si le coût par mille (CPM) du publipostage peut se révéler très élevé, autant sur une base absolue que relative, le ciblage précis que permet cette technique compense souvent largement ce désavantage. Toutefois, les infopublicités à la télévision s'avèrent souvent peu coûteuses, tandis qu'une vidéo peut être expédiée pour moins de 1 $, y compris les frais de poste. Le coût relatif par achat est donc un facteur à considérer lorsqu'on désire estimer la rentabilité de cette forme de publicité. Étant donné le faible coût du média, chaque vente générée correspond en effet à un coût marginal dérisoire.

Une évaluation directe de l'efficacité Aucune forme promotionnelle ne permet de mesurer avec autant de précision l'efficacité d'une campagne que le marketing direct. La réaction du marché ciblé est souvent rapide et aisément imputable. Il s'avère en outre facile de compter le nombre de visiteurs sur un site Web et le nombre d'appels téléphoniques reçus lors de la diffusion d'une infopublicité, ou de calculer le taux de réponse obtenu après une série d'envois postaux.

Les faiblesses du marketing direct

L'image et la réputation Nous l'avons mentionné, le publipostage est souvent assimilé à de la publicité importune. De nombreuses personnes associent courrier non sollicité et camelote; d'autres affirment détester ce genre de sollicitation. Même les gestionnaires d'entreprises telles que Motorola et GM, qui recourent au publipostage, avouent jeter le courrier importun qu'ils reçoivent. Ce problème est d'autant plus important que la quantité de courrier non sollicité tend à augmenter. Selon une étude, un consommateur reçoit en moyenne 14 courriers de ce type par semaine[30].

Dans la même veine, les infopublicités correspondent souvent à des annonces publicitaires à petit budget vantant des produits bas de gamme, renforçant ainsi l'impression négative que nous éprouvons par rapport à ce type de publicité. (Cette image est cependant compensée par certains produits coûteux proposés sur les chaînes de téléachat.) L'utilisation sans permission de courriers électroniques comme outil de promotion est, enfin, presque unanimement considérée comme une forme de publicité particulièrement importune pouvant nuire à l'image de l'annonceur.

La précision La possibilité de cibler avec précision des clients potentiels constitue l'un des avantages du publipostage et du télémarketing. Or, les gens déménagent souvent, changent d'emploi, et ainsi de suite. Souvent, les listes disponibles ne sont donc pas à jour. La numérisation a amélioré de façon considérable la fiabilité de ces listes et réduit les possibilités d'erreurs; toutefois, cette capacité accrue d'accéder à de bonnes listes est aussi en train de devenir un problème, chaque entreprise pouvant aujourd'hui y avoir accès à peu de frais[31]. L'encombrement guette. Quoi qu'il en soit, on devrait toujours s'assurer que les listes utilisées sont à jour, que les noms inscrits sont valides et correctement épelés et que les titres sont exacts, surtout quand il s'agit de listes commerciales.

Le contexte de lecture Au chapitre 9, dans notre présentation des objectifs d'une stratégie médias, nous avons vu que le contexte de lecture favorable des magazines contribue à renforcer l'efficacité des publicités qui y sont présentées. Pour les opérations de marketing direct, le contexte de lecture se limite au programme ou au contenu rédactionnel. La communication par publipostage, par téléphone ou par d'autres moyens de marketing direct est peu susceptible de bénéficier d'un contexte aussi propice. Pour contrer ce problème, il est nécessaire de faire appel à des professionnels chevronnés dans la conception de contenu de publipostage, de scénarios de télémarketing ou d'infographie pour le Web.

RÉSUMÉ

Ce chapitre nous a permis de mettre en évidence la croissance rapide du marketing direct, bien au-delà du publipostage et du télémarketing. La polyvalence du marketing direct en fait un puissant outil de promotion et de vente pour un grand nombre d'entreprises et d'organisations.

Cette croissance du marketing direct surpasse celle des autres formes de publicité et de promotion. Le marketing par bases de données est, par ailleurs, devenu un élément essentiel au sein de plusieurs programmes de marketing.

Le marketing direct comporte plusieurs avantages: portée sélective, segmentation fine, fréquence potentielle élevée et souplesse. La personnalisation du message, les faibles coûts encourus et la capacité d'évaluer directement l'efficacité d'une opération constituent d'autres avantages de tels programmes.

Le marketing direct comporte toutefois un certain nombre d'inconvénients. Plusieurs gestionnaires hésitent ainsi à y recourir pour diverses raisons: problèmes d'image et de prolifération, bases de données imprécises, lacunes sur le plan du contexte de lecture et perceptions négatives du consommateur. Toutefois, les efforts récents déployés par l'industrie, comme la présence d'entreprises prestigieuses, ont ouvert la voie à d'importantes améliorations. Le marketing direct est toujours en progression, tant sur le plan de la nature des stratégies que sur celui de son importance dans le cadre d'un programme de CMI, et il devrait continuer à l'être dans les années à venir.

MOTS CLÉS

- annonce directe
- approche à deux étapes
- approche à une étape
- audiotex ou télémédia
- base de données
- infopublicité
- liste d'envoi
- marketing direct
- marketing par bases de données
- marketing par courriel
- méthode de pointage RFM
- publicité de complément
- publireportage
- téléachat électronique
- télémarketing

QUESTIONS DE DISCUSSION

1 Nommez quelques facteurs qui ont contribué à la croissance du marketing direct. Selon vous, ces facteurs sont-ils encore pertinents aujourd'hui ? Expliquez pourquoi et indiquez leur impact sur l'avenir du marketing direct.

2 Quelle est l'utilité d'une base de données pour un fabricant de biens de consommation courante ? une entreprise du secteur industriel ? une entreprise de services ?

3 Le catalogue est aujourd'hui une source importante d'information pour un grand nombre de consommateurs. Décrivez différents groupes qui, à votre avis, pourraient être intéressés par un catalogue sur le marché des logiciels. À quoi pourrait ressembler un catalogue susceptible de susciter leur intérêt ?

4 L'un des inconvénients du marketing direct est son coût élevé par personne jointe. Au dire de certains spécialistes, ce coût ne constituerait pas un désavantage aussi important qu'on le prétend. Êtes-vous d'accord avec ce point de vue ? Justifiez votre réponse.

5 Expliquez pourquoi Volvo, Cadillac et General Motors tablent de plus en plus sur les infopublicités. S'agit-il d'une bonne stratégie ?

6 Donnez des exemples d'entreprises qui gagneraient à utiliser le marketing direct dans leur programme de CMI, à la fois sur les marchés de grande consommation et les marchés industriels.

7 Le marketing direct a dû faire face à divers problèmes qui ont terni son image. Donnez quelques exemples de ces problèmes. Suggérez des moyens qui auraient pour effet d'améliorer l'image du marketing direct.

CHAPITRE 16
La communication virtuelle et les médias interactifs

OBJECTIFS D'APPRENTISSAGE

- Examiner les façons de communiquer par Internet.
- Passer en revue les atouts et les faiblesses d'Internet et des médias interactifs.
- Comprendre le rôle d'Internet et des médias interactifs dans un programme de communications marketing intégrées (CMI).
- Évaluer l'efficacité des communications par Internet.

MISE EN SITUATION

« Jeunes Canadiens branchés » : Internet et le XXIe siècle

Il y a près de 40 ans, le 2 septembre 1969, un simple mot était transmis pour la première fois entre deux ordinateurs interreliés, l'un situé à l'Université Stanford, et l'autre, à l'UCLA. Ce mot était « connexion »; Internet venait ainsi de voir le jour. Créé à l'UCLA avec un ordinateur de la taille d'une salle de classe, Internet, surnommé à l'époque ARPANET (*Advanced Research Projects Agency Network*) était un projet financé par le Département de la défense des États-Unis, qui cherchait alors un moyen de relier entre eux les nombreux organismes de recherche disséminés dans le pays. Seules 15 personnes ont été témoins de cette première connexion – un nombre dérisoire en comparaison des millions de personnes branchées aujourd'hui sur le réseau aux États-Unis. Le courrier électronique, qui permet une connexion de personne à personne, plutôt que d'ordinateur à ordinateur, a été lancé en 1972. Internet a alors connu une croissance marquée. En 1991, lorsque le World Wide Web (la toile mondiale) a permis aux entreprises et aux consommateurs de se brancher, la croissance d'Internet est devenue exponentielle. Un essor phénoménal. Nul n'aurait pu prévoir, un matin de septembre 1969, qu'Internet allait prendre une telle importance.

Maintenant que nous sommes au XXIe siècle, la planète tout entière ou presque semble branchée à Internet. Dans les grands pays industrialisés, toutes les entreprises, ou peu s'en faut, possèdent un accès au Web. On aurait aujourd'hui du mal à trouver une entreprise du Fortune 1000 qui n'exploite pas son propre site Web. Au Canada, dans la grande majorité des familles, au moins une personne utilise Internet. Dans le groupe des 15-24 ans, plus de 85 % sont des utilisateurs d'Internet. On estime en fait que, parmi les Canadiens âgés d'au moins 15 ans, plus de la moitié utilisent Internet. Quant aux achats, des familles de plus en plus nombreuses dépensent une somme considérable en ligne au Canada. Malgré la croissance rapide de ce type d'achats, ce montant ne représente cependant toujours qu'une infime portion des dépenses de consommation. Dès 2000, c'est le courrier électronique qui était l'activité en ligne la plus populaire chez les Canadiens âgés de 15 à 19 ans. En 1998, aux États-Unis, il s'était déjà envoyé plus de courriels (9,4 millions par jour) que de lettres par voie postale régulière.

Voici quelques exemples de sites Web.

- *www.jobboom.com* Ce site canadien aide les gens à mieux gérer leur parcours professionnel et à trouver de meilleurs emplois dans leur champ d'activité. En tapant un mot clé ou une catégorie d'emplois, on peut consulter des portraits d'entreprises et découvrir celles qui sont en période d'embauche, repérer des offres de formation, tâter le pouls du marché ou obtenir de l'aide pour rédiger un curriculum vitæ. De nombreuses autres possibilités sont offertes aux individus comme aux entreprises qui se croisent sur ce site d'origine québécoise.

- *www.saq.com* Vous êtes à la recherche d'une bonne bouteille de vin? Aimeriez-vous joindre les rangs d'un club de dégustation? Le site de la Société des alcools du Québec offre des conseils sur la dégustation de vin, propose de l'information sur les régions vinicoles, offre un catalogue commenté des produits disponibles et fournit des renseignements sur les promotions ou les concours de l'heure. Il est aussi possible, pour les plus passionnés des internautes, de recevoir des courriels d'information bien adaptés à leurs intérêts. Remarquez combien cet environnement virtuel ressemble étrangement aux succursales habituelles de la SAQ, sur le plan de la présentation notamment, et comment des liens étroits sont établis sur ce site avec les implantations commerciales non virtuelles de la société.

- *www.barbie.com* Voici le site Web de la compagnie favorite d'un grand nombre de petites filles dans le monde. Ce site Web, où l'univers de la marque est mis en évidence à l'aide des derniers développements technologiques en matière d'effets visuels et d'interactivité, est un bon exemple de site dynamique susceptible d'attirer un public bien ciblé. Les concepteurs ont créé un site non seulement amusant à consulter pour y trouver de l'information et des jeux, mais aussi éducatif. Le site permet également de se procurer certains produits ou de se renseigner sur leur disponibilité.

- *www.ebay.ca* Vous pouvez acheter et vendre à peu près n'importe quoi chez ce partenaire canadien du plus connu des sites d'enchères américains en ligne, sauf votre ouvrage de référence universitaire préféré sur les communications marketing intégrées, bien sûr!

- *www.mamma.com* La «mère de tous les moteurs de recherche» est d'origine montréalaise. Vous connaissez sans doute également www.google.ca, le portail de recherche le plus employé au pays, accessible en français et en anglais.

- *www.lavache.com* Aimez-vous les vaches? Si oui, allez jeter un coup d'œil sur ce site. Il est bizarre, mais intéressant, et traite de tout ce dont il peut être question à propos de ce sympathique animal. Un exemple d'une initiative personnelle visant une audience bien particulière (et un peu excentrique) dans Internet.

Ces sites ne sont que de simples exemples. Internet compte littéralement des millions de sites où l'on peut acheter tous les produits et services imaginables. Les organismes gouvernementaux ont, eux aussi, découvert le Web, et on parle aujourd'hui de «gouvernement en ligne». Si vous ignorez par où commencer avec les sites gouvernementaux, allez sur le site principal du gouvernement du Canada, www.gc.ca. Vous pouvez effectuer une recherche par sujet ou par province. Dans l'index «A à Z», on trouve de tout, des programmes destinés aux autochtones aux sites d'entreprises, en passant par les ressources pour jeunes adultes et les programmes de stages.

Un autre site du gouvernement offre une information complète sur une variété de sujets: le site canadien des entreprises et des consommateurs, www.strategis.ic.gc.ca.

Encore une fois, il ne s'agit là que de quelques exemples. En fait, il y a tant de sites Web qu'on estime que les principaux portails, comme Yahoo! ou Lycos, répertorient moins de 20% du nombre total de sites.

Un effet pervers de cela: Étant donné que beaucoup d'entreprises ont des noms similaires, la confusion et la fraude sont endémiques. Si plusieurs entreprises ont changé de nom pour éviter une telle confusion, d'autres l'ont fait pour mieux refléter la nature de leurs activités. Par exemple, InfoSeek est devenu Go.com et le moteur de recherche Mining Co. est devenu About.com. Des entreprises ont même réussi en se spécialisant dans la vente de noms de domaine. Certains spéculateurs n'hésitent pas, par ailleurs, à acheter des noms de domaine avec l'intention de les vendre au plus offrant, même si cette pratique est de plus en plus restreinte en raison des nouvelles lois qui visent à protéger les noms et les marques de commerces établis. La Société pour l'attribution des noms de domaine dans Internet (ICANN) a joué un rôle important dans ce dossier. La croissance d'Internet connaîtra-t-elle une fin? Pas dans un avenir prévisible, selon les experts. À l'époque du premier festival de Woodstock, personne n'aurait pu prédire l'essor d'Internet, tout comme personne ne peut prédire aujourd'hui son évolution au cours des 30 prochaines années.

Sources: Statistique Canada, «L'utilisation d'Internet à l'aube du XXIe siècle», *Tendances sociales canadiennes,* hiver 2001, [en ligne], <www.statca.ca/francais/kits/pdf/social/use2_f.pdf> (page consultée le 1er mai 2008); «Online Shopping Soars to $1 Billion», *Vancouver Sun,* 24 octobre 2001; «Networks», *Vancouver Sun,* 31 janvier 2001; ICANN Public Forum, 13 mars 2002; Julie Tamaki, «Taxman Is Latest to Jump into Internet Action Craze», *Los Angeles Times,* 7 février 2000, p. A3; Bradley Johnson, «Internet Turns the Big 30», *Advertising Age,* 30 août 1999, p. 28; Laurie Freeman, «Domain-Name Dilemma Worsens», *Advertising Age,* 8 novembre 1999, p. 100.

Vous le savez déjà : Internet propose une incroyable variété de sites qui vendent ou offrent gratuitement de l'information, des conseils, des produits et des services. Comme nous l'avons souligné au début de ce chapitre, le World Wide Web (WWW) est maintenant l'élément le plus populaire d'Internet, et sa croissance ne montre aucun signe d'essoufflement. On estime que 85 % des élèves de niveau collégial font appel à Internet et que la majorité d'entre eux le consultent sur une base quotidienne[1]. Pour beaucoup d'élèves, Internet est ainsi devenu la principale source d'information, que ce soit pour leurs travaux de recherche ou la planification de leurs vacances. Plusieurs entreprises, notamment des entreprises traditionnelles de renom, ne sont toutefois pas encore parvenues à bien exploiter ce marché potentiel. Procter & Gamble, par exemple, a éprouvé des difficultés à établir une notoriété enviable pour ses marques sur le Web ; Levi's, malgré des projets initiaux très ambitieux, a finalement abandonné l'idée de vendre ses vêtements par Internet. Ces entreprises ont appris qu'il ne suffisait pas de créer une page d'accueil pour obtenir du succès et que les stratégies qui se sont avérées efficaces sur les marchés traditionnels s'appliquent parfois difficilement à Internet.

Dans ce chapitre, nous examinerons les particularités du réseau Internet en tant que métamédia. Nous analyserons aussi les objectifs et les stratégies qui s'offrent au spécialiste du marketing qui désire exploiter pleinement les ressources du Web et des communications interactives. Comme vous le constaterez, Internet joue un rôle important dans la mise en œuvre d'un programme de CMI, dans la mesure où son intégration est réussie.

Définir Internet

Avant d'aller plus loin, il serait utile de définir certains termes. Internet nous est tous familier, mais notre connaissance de ce réseau est souvent partielle. Les définitions suivantes vous aideront à mieux comprendre le matériel présenté dans ce chapitre.

Internet est un réseau mondial de communication et d'échange d'information constitué d'une série d'ordinateurs et de serveurs interconnectés. Comme nous l'avons mentionné, Internet était, à l'origine, un projet du Département américain de la défense, aujourd'hui accessible au plus grand nombre, de différentes façons et sur différents supports. L'application la plus populaire dans Internet est le World Wide Web (WWW). Le réseau comprend toutefois d'autres applications, comme le montre le tableau 16.1. Certaines offrent des possibilités intéressantes pour les gestionnaires en marketing, mais seuls le Web et le courriel sont bien exploités sur le plan commercial. C'est pourquoi nous nous concentrerons surtout ici sur ces applications en tant qu'outils de communication et de vente.

Avant d'aller plus loin, examinez le tableau 16.2 afin de vous familiariser avec les termes que nous utiliserons. Au cours des dernières années, la croissance d'Internet a enrichi notre langue de nouveaux termes que nous allons définir afin d'éviter une confusion qui est souvent la règle en ce qui concerne le grand public et beaucoup de gestionnaires. Faute d'espace, nous nous limiterons ici à quelques définitions. Nous avons ainsi exclu tout jargon technique pour nous attarder principalement aux termes liés aux communications marketing. Pour obtenir d'autres explications d'ordre terminologique, vous pouvez consulter le site de l'Office de la langue française (OLF) (www.olf.gouv.qc.ca).

TABLEAU 16.1 Les applications du réseau Internet

Application	Fonction
Courrier électronique (courriel)	Permet à l'utilisateur d'échanger des messages électroniques partout dans le monde.
Usenet	Groupes de discussion et babillards électroniques semblables à ceux des services en ligne.
Telnet	Bases de données en ligne, répertoires et journaux électroniques qu'offrent des centaines de maisons d'enseignement et de bibliothèques.
Protocole de transfert de fichiers (FTP) et protocole de transfert hypertexte (HTTP)	Protocole permettant de transférer des fichiers d'un ordinateur à un autre.
Client serveur	Protocole permettant de transférer des fichiers d'un ordinateur central à un autre.
Gopher	Système permettant la recherche d'information dans Internet.
Système d'information à vaste zone (WAIS)	Système permettant la recherche d'information et de textes intégraux dans des bases de données à partir de mots clés.
World Wide Web (WWW)	Système remplissant les mêmes fonctions que le WAIS et le Gopher, mais combinant le son, l'image, la vidéo et l'hypertexte sur une seule page.

TABLEAU 16.2 La terminologie d'Internet

Terme	Définition
Accès	Visite d'un site Web à partir d'un ordinateur personnel (client possédant une adresse Internet unique). Un site, par exemple, pourrait comptabiliser sur la base d'une semaine 10 000 accès de la part de 2 000 clients seulement; chaque client aurait ainsi eu accès à 5 pages en moyenne.
Appel de fichier	Tout fichier acheminé par un serveur à un internaute; permet de mesurer l'achalandage d'un site Web.
Appel de fichier valide	Nombre total d'appels de fichiers pour lesquels le contenu de la page Web est acheminé en entier à l'utilisateur – excluant les messages d'erreur.
Bandeau	Annonce publicitaire sur laquelle l'internaute est généralement invité à cliquer pour visiter le site Web de l'annonceur.
Bouton	Format publicitaire plus petit que le bandeau traditionnel. Le bouton, en général, se présente sous forme carrée; parfois appelé « pavé ».
Clic publicitaire	Clic effectué sur un élément publicitaire dans une page Web.
Commandite	Commandite d'un annonceur du contenu d'un site Web, ou d'une partie de celui-ci.
Coût par clic (CPC)	Coût d'une publicité en ligne déterminé en fonction du nombre de clics qu'effectue un visiteur unique.
Coût par mille (CPM)	Coût d'achat publicitaire dans un site Web calculé par tranche de 1 000 pages vues.
Impression publicitaire	Nombre de pages demandées par le visiteur d'un site Web; permet de déterminer le nombre de fois qu'une publicité est potentiellement vue (« impression brute »).
Lien	Connexion électronique reliant deux sites Web.
Liste d'inclusion	Liste de diffusion de courrier électronique commercial comprenant les adresses électroniques de personnes qui ont clairement exprimé leur volonté de figurer sur cette liste et de recevoir de la publicité sur différents sujets.
Marketing de permission	Stratégie de mise en relation avec le client consistant à lui demander s'il accepte de recevoir par courrier électronique des messages publicitaires, des nouvelles ou de l'information générale.

TABLEAU 16.2 La terminologie d'Internet (suite)

Terme	Définition
Marketing viral	Approche marketing qui connaît un grand succès et qui n'a rien en commun avec les virus informatiques. Cette expression a été créée par une société de capitaux de risque du nom de Draper Fisher Jurveston, de Redwood, en Californie, après l'augmentation fulgurante de la valeur de son investissement dans le service de messagerie Hotmail. En effet, Hotmail avait décidé d'insérer automatiquement une annonce publicitaire à la fin de chaque courriel, invitant l'utilisateur à adhérer à son service de messagerie gratuit. Dix-huit mois plus tard, Hotmail comptait plus de douze millions d'utilisateurs.
Média enrichi	Technologie de pointe utilisée dans les publicités dans Internet, par exemple des séquences vidéo qui permettent une réelle interactivité et la diffusion d'effets spéciaux.
Nom de domaine	Partie du nom virtuel qui permet de reconnaître expressément le site Internet d'une organisation; plusieurs suffixes de domaine sont largement utilisés au Canada et aux États-Unis : .com (commercial), .edu (éducation), .net (opérations réseaux), .gov (gouvernement) et .org (organisme). Les deux lettres supplémentaires peuvent aussi désigner un pays, par exemple .fr pour la France ou .ca pour le Canada.
Page vue	Mesure de la fréquence de téléchargement d'une page.
Pourriel	Courrier électronique importun constitué essentiellement d'annonces publicitaires non sollicitées.
Publicité interstitielle	Écran publicitaire de transition apparaissant entre deux pages Web.
Taux de clics	Rapport exprimé sous forme de pourcentage entre le nombre de clics publicitaires constatés et le nombre de pages vues enregistrées.
Visite	Ensemble des requêtes d'un utilisateur au cours de la visite d'un site Web.
Visiteur unique	Internaute consultant un même site Web au cours d'une période déterminée.

Les affaires électroniques

Affaires électroniques

Terme englobant toutes les activités industrielles et commerciales effectuées électroniquement.

Les **affaires électroniques** englobent toutes les activités industrielles et commerciales effectuées électroniquement; elles peuvent comprendre l'intégration des technologies Internet, mais aussi divers autres moyens de nature électronique. L'élément central des affaires électroniques consiste en l'utilisation de la technologie dans la gestion quotidienne des processus commerciaux ou administratifs effectués en ligne, par exemple la vente, le marketing, la fabrication, la gestion des stocks, des ressources humaines ainsi que des relations avec les distributeurs, les fournisseurs et les autres partenaires commerciaux. L'objectif premier des affaires électroniques est d'améliorer la communication entre toutes les parties afin de mieux gérer la chaîne de valeur d'une entreprise ou d'une industrie.

Le commerce électronique

Pour beaucoup de personnes, le commerce électronique, ou commerce en ligne, est exclusivement du ressort d'Internet. Or, il n'en est rien. Le commerce électronique est simplement un terme qui désigne toute activité commerciale facilitée par des moyens électroniques. Il désigne donc aussi la réalisation de transactions à l'aide d'un télécopieur, d'un guichet automatique, d'un lecteur de carte de crédit ou d'un système électronique de vente au détail, par exemple. Selon l'Institute for Telecommunication Sciences (ITS), un organisme de normalisation américain, le commerce électronique fait référence aux «[…] transactions commerciales réalisées à l'aide de moyens électroniques autres que le service téléphonique classique».

Le commerce dans Internet

Nous avons établi que le commerce électronique désigne l'*ensemble des transactions commerciales électroniques,* que celles-ci se réalisent d'entreprise à consommateur ou d'entreprise à entreprise. De façon plus limitée, le commerce dans Internet fait référence à l'ensemble des transactions réalisées sur le réseau Internet, même si nombre d'entreprises utilisent l'expression «commerce électronique» pour désigner l'ensemble de leurs activités commerciales par l'entremise de ce réseau. Ce vaste réseau informatique et la terminologie qui lui est propre évoluent chaque jour. Au moment de lire ces lignes, ils auront d'ailleurs sans aucun doute déjà beaucoup évolué!

Le marketing dans Internet

Supposons que toutes les fonctions de marketing de votre entreprise soient effectuées dans Internet. Supposons aussi que vous en soyez le directeur. Vous seriez alors responsable de la conception et de la mise en œuvre d'un plan de marketing virtuel complet.

Ce plan comprendrait une stratégie visant le public cible, des choix quant à l'assortiment de produits ou de services, ainsi que l'établissement de politiques de prix pour différents segments de marché. Il comporterait aussi une stratégie de distribution visant à assurer l'accès de la clientèle à ses produits et services, et, bien entendu, une stratégie de communication permettant d'atteindre des objectifs de vente et de part de marché.

Les communications marketing dans Internet

Comme pour les entreprises traditionnelles non présentes en ligne, l'entreprise qui possède un site Web doit mettre au point un plan de CMI afin d'atteindre des objectifs de communication marketing précis. Ce plan doit inclure une définition du public cible (des internautes), des objectifs et des stratégies à suivre, ainsi que des méthodes d'évaluation de l'efficacité des moyens employés. Pour élaborer une stratégie efficace de communication marketing par Internet, tous les principes de communication présentés jusqu'ici demeurent. Ils doivent cependant être appliqués dans le contexte particulier d'un environnement virtuel.

Les acteurs du Web

À l'image des autres médias, le Web comprend, d'une part, des utilisateurs (les internautes) et, d'autre part, ceux qui essaient de joindre ces derniers (les annonceurs, les commanditaires, etc.). La particularité du Web est que chaque utilisateur est invité à devenir lui-même un constructeur du réseau. En fait, la valeur du réseau dépend en grande partie de la multiplication de ces contributions, qui ne sont pas nécessairement commerciales. Pensez ici aux principes de développement de certains réseaux comme Facebook. Sur le plan commercial, certains sites sont orientés vers les consommateurs, et d'autres, vers les entreprises. Examinons d'abord les internautes visés, c'est-à-dire les marchés de consommateurs.

Les internautes

Nous l'avons mentionné au début de ce chapitre, la croissance d'Internet est phénoménale. Aux États-Unis et dans le monde, en 1998, Internet comptait respectivement 54 millions et 95 millions d'internautes. Chaque année, les projections quant au nombre d'utilisateurs sont en hausse. Comme le montre la figure 16.1, la courbe d'adoption d'Internet se révèle largement supérieure à la courbe de croissance des autres médias – à ce sujet, gardons à l'esprit que, en tant que métamédia, Internet est aussi un outil de diffusion de ces médias. Diverses raisons expliquent cette adoption rapide: période prolongée de prospérité économique, caractère innovateur d'Internet, investissements massifs des entreprises et des gouvernements, et évolution du style de vie des consommateurs («de plus en plus riches, mais disposant de peu de temps»).

On estime que, depuis 2002, le nombre de ménages qui font leurs achats dans Internet continue de croître fortement.

FIGURE 16.1 Les courbes d'adoption de différents médias

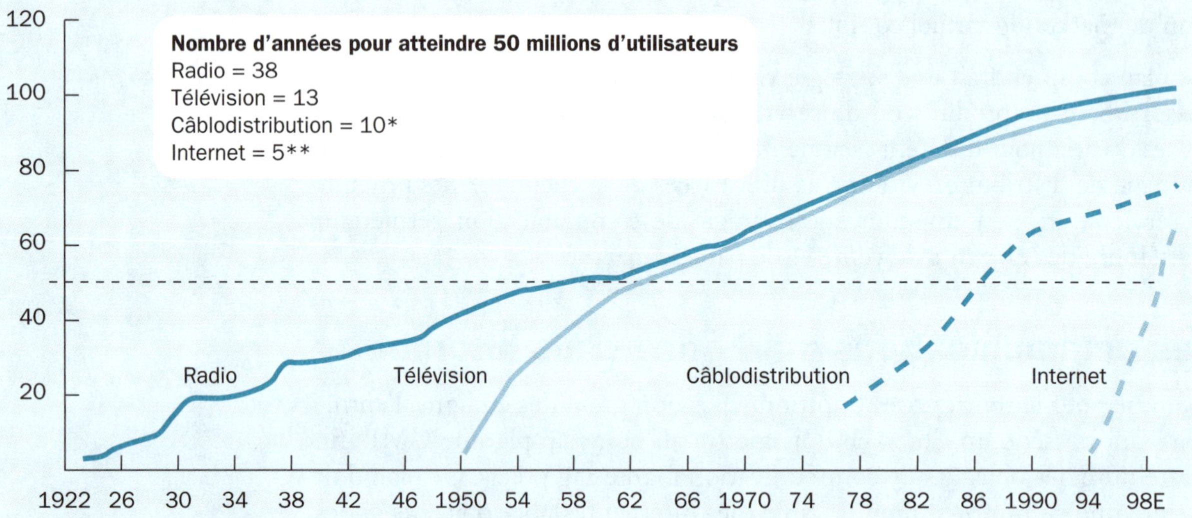

Nombre d'années pour atteindre 50 millions d'utilisateurs
Radio = 38
Télévision = 13
Câblodistribution = 10*
Internet = 5**

* Le lancement de la chaîne HBO en 1976 a servi de point de départ au calcul de la vitesse de la diffusion de la câblodistribution en tant que média de divertissement et média publicitaire. La technologie de la câblodistribution date en fait de la fin des années 1940. Elle avait alors pour objectif d'améliorer la réception dans les régions éloignées. On a dû toutefois attendre l'arrivée de HBO et de son service de télévision payante par satellite, en 1976, pour voir ce média offrir un contenu différent et un véhicule publicitaire se distinguant de ceux de la télévision par ondes hertziennes.

** Estimations de Morgan Stanley Technology Research.

Si le profil sociodémographique des internautes a aussi changé, le statut socio-économique du ménage influe beaucoup sur l'utilisation d'Internet; en d'autres mots, les ménages dont les revenus et la scolarité sont les plus élevés sont plus susceptibles de posséder un ordinateur et d'accéder à Internet[2]. En 2000, au Canada, seulement 30% des individus dont le revenu familial était inférieur à 20 000 $ avaient utilisé Internet, en comparaison de 80% des individus vivant dans des ménages dont le revenu était supérieur à 80 000 $. Seuls 13% des adultes âgés de 20 ans et plus, qui ne possèdent aucun diplôme d'études secondaires, avaient utilisé Internet, comparativement à 79% des titulaires d'un diplôme universitaire. Au cours des dernières années, les gouvernements ont mis en place des stratégies pour réduire cet écart entre ce que l'on nomme les inforiches et les infopauvres. L'âge constitue une autre caractéristique importante. Les jeunes sont des internautes beaucoup plus enthousiastes que leurs aînés âgés de 60 à 70 ans. Le nombre d'internautes parmi la population plus âgée a toutefois décuplé entre 1997 et 2000; le taux d'utilisation s'élève à présent à plus de 77 % au sein des groupes de personnes âgées à revenu élevé.

Les cyberacheteurs

Alors que le tableau 16.3 et la figure 16.2 (*voir la page suivante*) présentent le profil des internautes et leurs principales motivations d'utilisation du réseau, le profil des cyberacheteurs, lui, révèle une réalité quelque peu différente. Selon une étude de Scarborough Research, on peut segmenter les internautes en deux groupes distincts: 1) les cyberacheteurs; 2) les «branchés incertains», c'est-à-dire les personnes qui utilisent Internet sans y faire leurs achats[3]. Les personnes les plus susceptibles de faire des achats font souvent partie de la classe moyenne supérieure et utilisent en général Internet à diverses fins. Selon Bob Cohen, président de Scarborough Research: «Les cyberacheteurs sont de toute évidence des gens aisés et actifs dont les styles de vie sont variés. Ces cyberacheteurs voyagent, assistent à des événements sportifs et affectionnent diverses activités sociales, récréatives ou culturelles. En raison de leurs styles de vie actifs, ils sont attirés par l'aspect pratique du cybercommerce[4].» Les membres du segment «branchés incertains» mènent aussi une vie active. Ils se situent davantage dans la classe sociale moyenne supérieure que les non-utilisateurs. Leurs caractéristiques s'avèrent similaires à celles des cyberacheteurs, sans être toutefois aussi marquées. Ils utilisent Internet de manière moins diversifiée, et leur motivation principale demeure le courrier électronique. Internet est donc un média que l'on ne peut ignorer et qui offre un potentiel commercial considérable.

TABLEAU 16.3 Les activités en ligne des internautes

Que faites-vous lorsque vous êtes en ligne ?	1998	1997
Rechercher des nouvelles ou de l'information	91,2 %	87,8 %
Envoyer des courriers électroniques	88,2 %	83,2 %
Effectuer des recherches	79,2 %	80,5 %
Naviguer sur différents sites	68,5 %	75,3 %
Effectuer des achats	26,8 %	17,8 %
Participer à un babillard électronique	22,7 %	30 %
Jouer à des jeux	21,8 %	33,7 %
Clavarder	18,4 %	30,8 %
Aucune de ces activités	1,2 %	1,9 %

Avez-vous effectué un achat dans Internet l'an dernier ?		
Oui	28,3 %	23,5 %

Avez-vous utilisé une carte de crédit pour un achat ou une réservation en ligne ?		
Oui	29,1 %	s.o.

Remarque: s.o. signifie « sans objet ».

FIGURE 16.2 Les produits ou les services achetés en ligne et la fréquence des achats

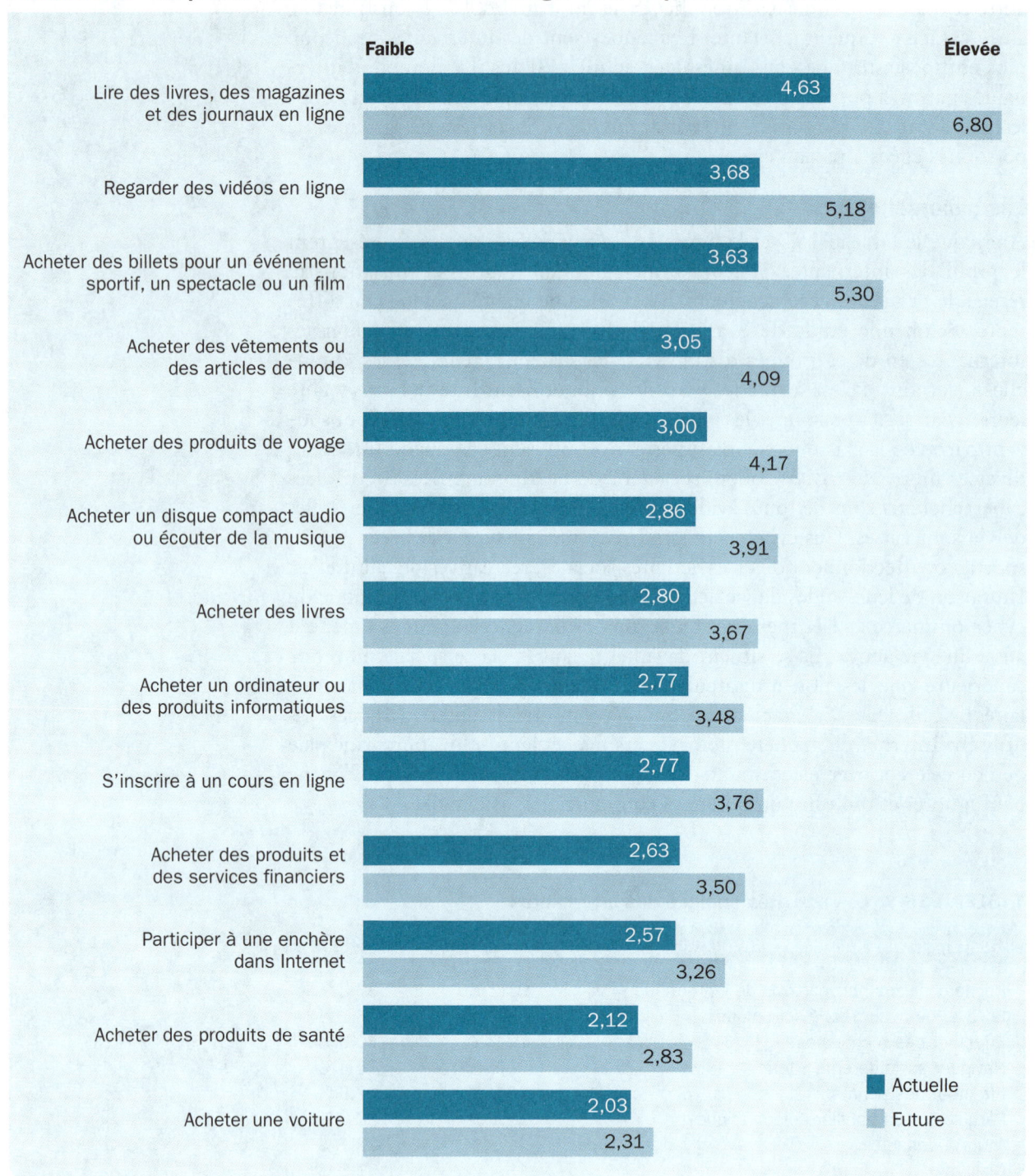

	Faible	Élevée
Lire des livres, des magazines et des journaux en ligne	Actuelle : 4,63	Future : 6,80
Regarder des vidéos en ligne	Actuelle : 3,68	Future : 5,18
Acheter des billets pour un événement sportif, un spectacle ou un film	Actuelle : 3,63	Future : 5,30
Acheter des vêtements ou des articles de mode	Actuelle : 3,05	Future : 4,09
Acheter des produits de voyage	Actuelle : 3,00	Future : 4,17
Acheter un disque compact audio ou écouter de la musique	Actuelle : 2,86	Future : 3,91
Acheter des livres	Actuelle : 2,80	Future : 3,67
Acheter un ordinateur ou des produits informatiques	Actuelle : 2,77	Future : 3,48
S'inscrire à un cours en ligne	Actuelle : 2,77	Future : 3,76
Acheter des produits et des services financiers	Actuelle : 2,63	Future : 3,50
Participer à une enchère dans Internet	Actuelle : 2,57	Future : 3,26
Acheter des produits de santé	Actuelle : 2,12	Future : 2,83
Acheter une voiture	Actuelle : 2,03	Future : 2,31

Les entreprises et Internet

Si elles s'avèrent encourageantes, les données sur le marché de la grande consommation ne sont rien comparativement à la croissance du marché interentreprises. Alors que certaines organisations du domaine de la grande consommation ne voient guère l'utilité d'Internet pour communiquer ou faire des affaires avec leurs clients, la plupart des experts des marchés industriels considèrent aujourd'hui le site Web comme une quasi-nécessité. Selon plusieurs études, le pourcentage d'entreprises industrielles, petites et grandes, qui possèdent ou posséderont bientôt un site Web dépasse 90%. Le nombre d'entreprises en ligne s'élevait déjà à 6,3 millions en 1999. Les revenus que génèrent ces sites commerciaux s'avèrent de beaucoup supérieurs à ceux des marchés de grande consommation. Les entreprises du secteur de l'informatique, de l'électronique et de la logistique, ainsi que les organisations de services publics, prévoient que la plupart de leurs transactions seront réalisées par Internet dans un proche avenir. Pour d'autres industries, telles que l'aérospatiale et la défense, le Web prend également une importance grandissante.

Les gestionnaires des marchés industriels utilisent Internet pour atteindre différents objectifs. Hewlett-Packard, par exemple, a prévu un budget supérieur à 100 millions de dollars pour communiquer de façon interactive avec les utilisateurs industriels de ses produits[5]. Cisco et Dell utilisent quant à elles le Web pour joindre leurs clients potentiels et distribuer leurs produits en temps réel. D'autres entreprises, telles que Scientific International, recourent au Web pour former leurs représentants, tenir leurs réunions d'équipe et vendre directement certains produits[6]. Il y a déjà quelques années, Cisco estimait que les réunions de ses équipes de vente en mode virtuel lui permettaient d'économiser un million de dollars par mois[7]. Le Web, et c'est là un de ses principaux avantages, permet d'obtenir rapidement, et de façon fiable, de l'information sur des produits et des services. De nos jours, grâce à Internet, une entreprise peut ainsi acquérir directement un produit ou un service d'un fournisseur sans passer de coup de fil ou recevoir la visite d'un représentant. Un site Web permet de joindre des milliers de clients potentiels qu'il aurait été impossible d'atteindre autrement, réduisant les coûts de l'entreprise de manière appréciable. Ford et Delta ont peut-être été à l'origine d'une nouvelle tendance quand elles ont annoncé que la totalité de leurs employés, respectivement 350 000 et 72 000, recevraient un ordinateur personnel gratuit. La raison? Leur permettre de se brancher à Internet et faciliter les communications dans l'accomplissement de leur travail et dans leurs relations avec les autres employés[8].

Les objectifs de communication d'un site Web

Lorsqu'elles ont commencé à commercer dans Internet, les grandes sociétés ont tout d'abord créé des sites Web, principalement pour fournir de l'information. Des entreprises telles que United Airlines et Maytag ont ainsi mis en ligne des sites qui n'étaient guère plus que des catalogues conçus pour informer leur clientèle. Toutefois, le rôle des sites Web a rapidement évolué pour laisser de plus en plus de place à la créativité, offrir des promotions et des forums, et, bien sûr, vendre des produits et des services. Grâce à l'introduction du langage Java en 1995 et, maintenant, à la technologie Flash, entre autres, il est possible de créer des éléments visuels, sonores et animés en ligne toujours plus intéressants.

Internet est désormais un média de communication qui permet à l'entreprise d'atteindre efficacement certains objectifs de notoriété, d'information, mais aussi de changement d'attitude. Nous examinerons ici plus particulièrement sept types d'objectifs que poursuivent les entreprises qui font appel à Internet. Intéressons-nous, en premier lieu, aux objectifs de communication qu'elles cherchent à atteindre.

La création d'une image de marque

Pourquoi le géant de l'automobile Honda Motor Co. a-t-il lancé un jeu vidéo interactif destiné à la versatile génération X ? La réponse tient en trois mots : image de marque. Ce jeu, lancé en 2001, constitue un bon exemple d'utilisation d'un jeu en ligne par une grande société dans le but de valoriser l'image de sa marque auprès d'une clientèle branchée. Cette association permet d'atteindre cet objectif d'image en établissant un lien entre la marque et un divertissement. Aujourd'hui, l'un des sites les plus populaires de jeux vidéo associés à une marque est Candystand (www.candystand.com). Ce site, lié à celui de Nabisco, offre une trentaine de jeux vidéo mettant en vedette les bonbons LifeSavers. Au cours du seul mois de juin 2001, plus de 800 000 personnes ont visité Candystand à au moins une reprise[9].

La fidélité à la marque reste encore aujourd'hui un objectif essentiel de toute stratégie de marketing. Songeons au succès remporté par Molson avec sa campagne publicitaire axée sur la fierté *« I AM CANADIAN »* (« Canadian » est le nom d'une bière brassée par Molson). Cette campagne a reçu un taux d'approbation de 70 % pour son volet interactif[10]. Pour développer notoriété et fidélité à la marque, les annonceurs privilégient diverses techniques publicitaires virtuelles qui seront présentées plus loin dans ce chapitre. Consultez n'importe quel site Web d'entreprise bien conçu, et il y a gros à parier que vous repérerez sur-le-champ l'environnement habituel de la marque présentée. Visitez, par exemple, le site de la station Le Massif (www.lemassif.com). C'est un excellent exemple de site Web permettant à l'internaute de vivre de manière cohérente et intégrée l'expérience de la marque.

La diffusion de l'information

L'un des principaux objectifs justifiant l'utilisation d'un site Web est de fournir une information complète sur les produits et les services d'une entreprise.

Sur les marchés industriels, cette présence virtuelle est devenue une nécessité. Un nombre croissant d'acheteurs attend d'une entreprise qu'elle exploite un site fournissant des renseignements détaillés sur ses activités. Les appels d'offres des gouvernements et de certaines grandes entreprises sont également de plus en plus diffusés dans Internet. L'information au sujet des conditions, des spécifications, des échéances, etc., est ainsi communiquée plus rapidement à un plus grand nombre de candidats potentiels et à moindre coût. Quant aux fabricants de produits de consommation courante, leur site Web est aussi un moyen de communiquer davantage de renseignements sur leurs produits et leurs services. Le site de la SAQ, dont nous avons déjà parlé, montre comment un site Web permet d'atteindre cet objectif ; la publicité de Coopsco, quant à elle, suggère aux membres de cette coopérative de consulter son site Web pour obtenir des renseignements supplémentaires.

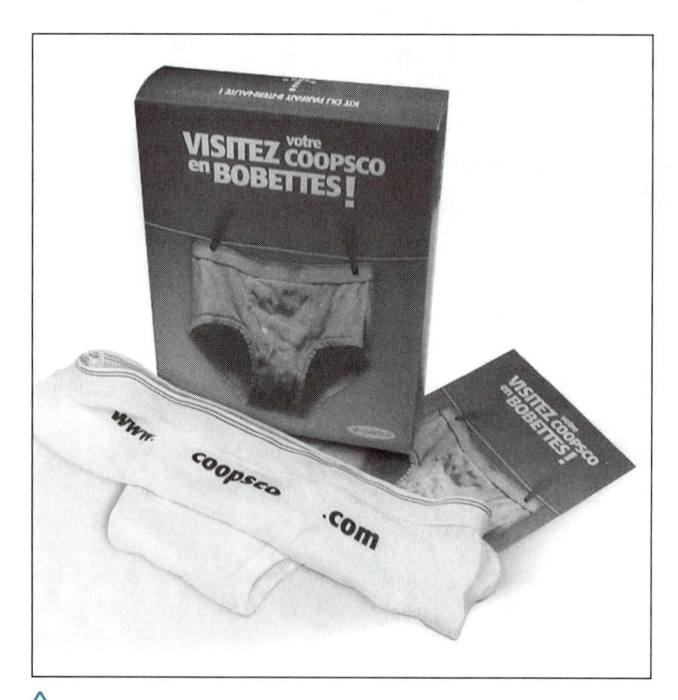

Coopsco recourt à l'affichage pour promouvoir son site Web auprès de sa clientèle.

Assurer une forme de notoriété

La publicité sur le Web s'avère utile afin d'obtenir une certaine notoriété, autant pour l'organisation que pour certains de ses produits et services. Dans certains cas, le Web est susceptible de permettre à une petite entreprise, disposant d'un budget limité, d'acquérir une notoriété qui va au-delà de ce qu'il serait possible d'accomplir à l'aide de moyens plus traditionnels. Ainsi, une entreprise de Los Angeles, qui distribuait de la papeterie aux entreprises locales, réalise maintenant 80 % de ses ventes sur le marché international grâce à sa présence sur le Web. Rappelez-vous le modèle AIDA présenté au chapitre 5 ; on peut appliquer la même stratégie à un site Web bien conçu. En voici un exemple :

- Utiliser un logo dont l'impact visuel sera grand sur la page d'accueil ; cette stratégie permet d'attirer l'attention.

- Insérer un bandeau publicitaire vertical le long d'une page pour susciter l'intérêt de l'utilisateur ; ce pourrait être une annonce, écrite en caractères gras, du type « 9,99 $ – achat en ligne ».

- Inscrire les mots « Ouvrez un compte dès aujourd'hui » pour provoquer le désir et mener à l'action.

La collecte d'information

Le gestionnaire du marketing fait parfois appel au Web pour dresser un profil de ses consommateurs. Le **témoin** ou **mouchard** (en anglais *cookie*), lui, permet de conserver des renseignements personnalisés que lui fournit l'utilisateur. L'entreprise peut ensuite exploiter ces renseignements pour établir et maintenir un lien avec ses clients, ainsi que pour mieux comprendre ses marchés et les actions de la concurrence. Le sondage en ligne constitue une autre forme de collecte d'information permettant de conserver des données qui seront utilisées ultérieurement. La quantité de renseignements recueillis sur les personnes, souvent à leur insu, préoccupe nombre de consommateurs et de groupes. Nous aborderons cette question plus loin. Toute information recueillie sur le Web équivaut à un renseignement fourni, selon un mode plus traditionnel, par un consommateur adhérant à un programme de fidélisation ou demandant une carte de crédit. Le consommateur doit donc être conscient que, chaque fois que des renseignements à son sujet sont saisis et conservés dans une base de données, peu importe les moyens employés, ceux-ci sont susceptibles d'être utilisés plus tard à des fins promotionnelles.

Témoin ou mouchard

Élément d'information permettant à l'entreprise de conserver et d'entreposer des renseignements personnalisés que lui fournit l'utilisateur.

Stimuler les essais et les réachats

Certains sites Web offrent des coupons électroniques afin d'encourager l'essai des produits qui y sont annoncés. D'autres misent tout simplement sur la fréquence de diffusion de leur publicité pour attirer les visiteurs sur leur site ; amazon.ca, qui apparaît sur nombre de sites, en est un exemple probant. La facilité avec laquelle on peut visiter un site en cliquant sur un lien constitue un atout pour le client pressé ; ainsi, les disques compacts et les livres se vendent bien grâce à cette technique. Pour un quotidien tel que *La Presse*, c'est le contenu

Le quotidien *La Presse* offre sur le Web un accès complet à son contenu informationnel, peu importe l'endroit, pourvu que l'ordinateur dont vous disposez ait accès à Internet.

La communication virtuelle et les médias interactifs **CHAPITRE 16** 529 même du journal qui peut être mis à la disposition des personnes intéressées, moyennant ou non paiement.

L'amélioration du service à la clientèle

De nombreuses entreprises font appel à leur site Web pour améliorer leur service à la clientèle et renforcer leurs liens d'affaires. Pour ce faire, elles fournissent de l'information sur leurs produits et leurs services, répondent aux demandes de renseignements et offrent la possibilité de déposer une plainte. Certaines entreprises de haute technologie se servent maintenant de leur site Web pour communiquer des renseignements qui, auparavant, étaient consignés dans des manuels d'entretien ou fournis par un technicien que l'on pouvait joindre à l'aide d'un numéro sans frais, par exemple. Les foires aux questions (ou FAQ), ces fichiers contenant les réponses aux questions les plus fréquemment posées par les internautes, les réponses par courriel (plusieurs institutions bancaires y font appel pour répondre aux demandes de renseignements sur les taux hypothécaires, les soldes des comptes, les taux d'intérêt et les régimes enregistrés d'épargne-retraite [REÉR]), ainsi que les forums de discussion contribuent tous à l'amélioration du service à la clientèle.

Une distribution élargie

Tandis que certaines entreprises se servent de leur site Web pour le commerce électronique, d'autres y font appel simplement pour distribuer des coupons et des échantillons. Sur un autre plan, grâce à des **affiliations**, des entreprises ont pu augmenter leur présence sur le Web en reliant leur site à d'autres ; c'est une excellente façon d'accroître leur notoriété et d'améliorer l'accessibilité à leurs produits. On parle d'affiliation lorsque des liens sont créés entre différents sites Web, permettant à plusieurs entreprises d'effectuer une publicité croisée ou non croisée de leurs produits. L'entreprise est par la suite créditée pour les ventes réalisées par l'entremise de son site. Certains sites connaissent ainsi du succès en vendant les produits d'autres entreprises sans jamais prendre possession physiquement des biens vendus.

Affiliation
Entreprise dont le site est relié à d'autres sites selon un principe de publicité croisée ; l'entreprise reçoit alors un certain crédit pour chaque vente réalisée par l'entremise de son site.

La création et l'entretien d'un site Web

Un site Web est un espace au sein duquel on communique notamment de l'information aux internautes. La création et l'entretien d'un site Web efficace exigent beaucoup de temps et d'efforts. Attirer des visiteurs sur son site et les inciter à y revenir requièrent de plus de la créativité, un marketing efficace et des mises à jour fréquentes. Compte tenu du nombre croissant de sites, la demande pour certains professionnels tels que les concepteurs de sites Web et les webmestres se révèle de plus en plus forte.

Toutefois, créer un site et s'assurer de son efficacité sont deux choses distinctes. L'efficacité du site s'avère aussi tributaire des objectifs que l'entreprise souhaite atteindre par ce moyen. Comme nous l'avons mentionné, certains sites assument uniquement une fonction d'information – plus, sans doute, pour les sites s'adressant aux entreprises qu'aux consommateurs ; d'autres tentent de

La page d'accueil du site d'Omer DeSerres.

percer le marché de façon plus dynamique. La page d'accueil de la société Omer DeSerres (www.deserres.ca), entreprise québécoise spécialisée dans la distribution de matériel artistique, par exemple, offre plus que de l'information et des conseils. Ce site poursuit d'autres objectifs, notamment la création d'un lien plus étroit avec les clients, la consolidation d'une image de marque et le soutien des ventes, en facilitant l'accès au vaste catalogue de produits du détaillant et à ses principales offres promotionnelles. Certaines campagnes ont pour but de créer un certain achalandage sur le site. Kimberley-Clark, par exemple, fabricant des couches Huggies, offrait récemment un échantillon gratuit à toute personne qui lui envoyait ses nom, adresse et adresse électronique. Des milliers d'internautes ont répondu à cette offre, assurant ainsi à Kimberley-Clark une base de données dont elle pourra se servir plus tard. Au cours de la même campagne, une autre opération ciblait les parents visitant des sites Web tels que CTW.org (Children's Television Workshop, producteur de *Sesame Street*). De plus, tous ceux qui saisissaient les mots clés «couche» ou «soins des enfants» sur les portails Lycos et Excite pouvaient apercevoir un bandeau publicitaire faisant la promotion des couches Huggies. Pour fidéliser les visiteurs à son site, Huggies y propose des forums de discussion entre parents, des liens avec d'autres sites liés à l'enfance et un complément d'information sur ses propres produits. Enfin, pour appuyer les ventes du fabricant, le site possède un outil de recherche permettant d'indiquer aux visiteurs le point de vente au détail le plus proche, commercialisant des produits de marque Huggies.

Comme le montrent les exemples d'Omer DeSerres et de Huggies, un gestionnaire du marketing avisé peut tirer un grand profit d'un site Web efficace. Compte tenu de la nature de l'entreprise et de ses objectifs marketing, le site Web peut ne jouer qu'un rôle d'information. Il peut cependant aussi devenir un outil performant en vue de la consolidation d'une image de marque, du soutien aux campagnes promotionnelles ou du développement des ventes. Ce ne sont là que quelques exemples d'objectifs qu'est susceptible de poursuivre un gestionnaire du marketing à l'aide d'Internet.

Les communications marketing dans Internet et l'approche de CMI

«Les rumeurs au sujet de mon décès sont exagérées.» Cette célèbre citation de Mark Twain peut servir à décrire le point de vue de nombreux analystes sur l'avenir des médias traditionnels à la suite de l'explosion d'Internet. Plusieurs ont en effet prédit la «fin des médias traditionnels» ou le «baiser de la mort aux annonceurs»; selon eux, le déplacement des budgets de marketing vers Internet devait s'avérer massif et se faire au détriment des médias traditionnels. Certains ont même proposé un moratoire sur la construction de magasins et de centres commerciaux, prédisant que le cybercommerce se substituerait aux achats effectués dans ces lieux. En fait, la croissance d'Internet constitue sans doute l'un des arguments militant le plus en faveur de l'adoption d'un programme de CMI. Plutôt que de nuire aux médias traditionnels et de réduire les dépenses dans ce secteur, Internet apparaît en effet comme un complément utile aux autres médias quand le Web, à titre de métamédia, ne vient pas les englober.

PERSPECTIVE 16.1

Le nirvana du marketing

Fatigué de recevoir des messages non sollicités, que ce soit au milieu de votre émission de télévision favorite, dans votre boîte aux lettres, au téléphone, dans vos courriels et, bientôt, sur votre cellulaire à messagerie texte ? Prenez votre mal en patience, il y a maintenant pire.

Si vous, ou quelqu'un de votre entourage, avez récemment téléchargé sur votre ordinateur un logiciel gratuit, comme l'un de ces logiciels qui permettent d'obtenir de la musique, vous avez probablement installé, à votre insu, un logiciel communément appelé logiciel espion (*spyware*). Ces petits logiciels, pratiquement indétectables, espionnent le contenu de votre ordinateur et ce que vous y faites. L'information est par la suite revendue à des entreprises qui, vous l'aurez deviné, envahissent votre ordinateur afin de vous bombarder de publicité. De tels logiciels espions sont souvent introduits dans votre ordinateur à votre insu. Ce sont des programmes actifs (contrairement aux mouchards électroniques ou témoins [*cookies*]). Ils enregistrent tous vos déplacements sur le Web et peuvent, en principe, récupérer tout ce que vous saisissez sur le clavier : noms, adresses, mots de passe, etc. Ce sont les distributeurs de logiciels gratuits, tels que le très populaire Kazaa, qui introduisent ces logiciels espions dans votre ordinateur. Si vous vous demandiez encore comment Kazaa, ce logiciel qui vous permet de partager des fichiers gratuitement, se finance, vous avez la réponse.

D'un strict point de vue marketing, cette approche pourrait être qualifiée de géniale puisqu'elle permet, grâce au suivi des agissements des consommateurs, de leur proposer, en temps réel, exactement ce qu'ils recherchent. En principe, un publicitaire pourrait ainsi désormais s'adresser à un internaute d'une façon très personnalisée : « Cher monsieur Tremblay, depuis 42 minutes et 18 secondes, vous avez parcouru 27 sites à la recherche d'information sur les terrains de golf en Arizona. Ne cherchez plus, nous avons une offre imbattable à vous proposer. » Cette approche, qui constitue en quelque sorte le nirvana du marketing, n'est pas sans soulever quelques inquiétudes.

En premier lieu, se pose la question d'éthique découlant de l'envahissement de la vie privée des consommateurs. Puisqu'une telle approche publicitaire revient, à titre d'exemple, à voir apparaître dans votre cuisine un vendeur d'épices fines, au moment où vous feuilletez une recette de poulet au cari, il y a tout lieu de se demander jusqu'à quel point les consommateurs se sentiront à l'aise devant une telle invasion de leur intimité, aussi bien adaptée et intentionnée soit-elle.

En second lieu, se pose la question de la nature même des stratégies de marketing de l'avenir. Jusqu'à la fin des années 1970, le marketing et la publicité de masse dominaient. Puis, est apparu le marketing direct, ou marketing relationnel. L'objectif de cette forme de marketing est de cibler de manière plus précise les clients qui nous intéressent. Des fichiers clients sont alors utilisés afin de parfaire des stratégies commerciales qui prennent souvent la forme de campagne de télémarketing ou de courriels. Dans tous les cas, les consommateurs sont vus comme des cibles passives que l'on cherche à atteindre, à stimuler, à provoquer.

Avec le Web, les rôles sont inversés. Soudain, le consommateur devient actif ; il peut aisément naviguer afin de trouver le produit ou le service qui lui convient. Conscients que, désormais, le contrôle revient aux consommateurs, certains publicitaires se sont adaptés en insérant, entre autres, des publicités sur les moteurs de recherche. Cette approche offre le mérite de proposer une publicité adaptée au processus de décision des clients plutôt que de la leur imposer de manière plus ou moins opportune. Cependant, alors que, sur de tels moteurs de recherche, le consommateur qui donne de l'information sur ce qu'il recherche le fait en connaissance de cause et sur un site précis, les logiciels espions, pour leur part, capturent davantage de renseignements et le font à l'insu des internautes. Ces logiciels espions représentent une occasion intéressante pour un grand nombre d'annonceurs, qui voient en ce type d'application une bonne façon de suivre leurs clientèles actuelles ou potentielles à la trace, donc une meilleure façon de les influencer. Plusieurs grands noms figurent parmi les sociétés qui utilisent ou ont utilisé de tels logiciels, tels que Dell, eBay, AmericanExpress ou encore Hotel.com.

Si l'on se place du point de vue des professionnels du marketing, l'avènement des logiciels espions est une bénédiction. En effet, cette approche permet désormais de ne cibler que les consommateurs les plus intéressants et, potentiellement, les plus payants. Si, par contre, on se place du point de vue du consommateur, le phénomène peut être vu de façon différente. Voilà que, désormais, sur le Web, chacun de nos gestes peut être épié; les sites que l'on visite, les mots, les noms et les adresses que l'on écrit peuvent être interceptés, et ce, en toute impunité. Si, en principe, cette violation de leur intimité peut être profitable aux internautes en les amenant plus rapidement là où ils souhaitent aller, elle n'en demeure pas moins consternante puisqu'en fin de compte ces mêmes internautes perdent pratiquement tout contrôle sur une information qui les concerne pourtant directement. À terme, faute d'une prise de conscience majeure de la part des internautes, le nirvana du marketing pourrait bien devenir leur enfer.

Source: Abdel Mekki Berrada et Jacques Nantel, *Le nirvana du marketing,* Cahier de recherche de la Chaire RBC en commerce électronique, HEC Montréal.

Il est aussi important de tenir compte du nombre croissant de nouveaux outils offerts sur le marché, facilitant l'accès à Internet, dont l'assistant numérique personnel et le téléphone cellulaire. On estime parfois que le nombre d'assistants électroniques ou numériques branchés à Internet en viendra à surpasser le nombre d'ordinateurs personnels connectés à ce réseau. On prédit même que, d'ici quelques années, presque tous les appareils de votre domicile pourront être dotés d'un accès Internet. Imaginez: non seulement votre réveil vous réveillera, mais il vous proposera aussi les cotes de la Bourse, la liste des courriels arrivés dans la nuit ou les premières nouvelles du jour. Votre réfrigérateur inscrira automatiquement sur votre liste d'épicerie les produits à remplacer. Vous pourrez consulter cette liste à partir de votre voiture à l'aide de votre téléphone mains libres et faire ainsi un saut au supermarché alors que vous serez en route vers la maison. Trop beau pour être vrai? Un jour, ce rêve deviendra peut-être réalité. Une chose est certaine: tout est en place sur le plan technologique pour de nouveaux développements du réseau, et les possibilités offertes se multiplieront sans aucun doute.

Examinons maintenant comment Internet et les autres éléments d'un programme de CMI peuvent s'arrimer afin de parvenir à un niveau d'efficacité maximale.

La publicité

La publicité interactive a connu une croissance spectaculaire au cours des dernières années. En 1996, environ 200 millions de dollars ont été dépensés pour de la publicité en ligne. En 2001, ce chiffre a grimpé à 9 milliards de dollars! En 2006, ce montant dépassait le milliard au Canada seulement. Toutefois, ce montant ne représente toujours qu'une part congrue du total des sommes dépensées en publicité. Les médias imprimés, la télévision et la radio demeurent les véhicules publicitaires les plus importants. Cela dit, Internet constitue à la fois un nouveau véhicule publicitaire et une source de revenus appréciable pour l'industrie. Au cours de la télédiffusion du Super Bowl en janvier 2000, 50% des publicités provenaient ainsi de cyberentreprises qui ont payé jusqu'à 2 millions de dollars l'annonce pour se faire connaître[11].

La publicité dans Internet

Comme la radio, la télévision et les médias imprimés, Internet représente un véhicule publicitaire à part entière. Les entreprises et les organisations cherchant à promouvoir leurs produits et leurs services doivent donc tenir compte de ce média au même titre que la télévision, les magazines, la publicité extérieure, etc. La publicité dans Internet se présente sous de nombreuses formes, par un affichage sur des pages virtuelles, l'exploitation de moteurs de recherche ou des modes plus participatifs (commandites de forum, etc.) Nous n'en citerons ici que quelques-unes.

Le bandeau publicitaire Presque tous les sites Web dont le placement publicitaire constitue une source de revenus offrent des bandeaux publicitaires. Ces bandeaux constituent la forme la plus courante de publicité sur le Web. Au quatrième trimestre 2000, au Canada, on a dénombré 172 milliards d'impressions de publicités interactives. En 2005, on estimait qu'un internaute était susceptible d'être exposé à plusieurs centaines de bandeaux publicitaires par jour[12]. On peut faire appel au bandeau publicitaire au cours d'une campagne de notoriété ou de promotion ou encore à des fins de marketing direct. Le bandeau publicitaire vertical, généralement placé sur la partie gauche de la page Web, porte le nom de «gratte-ciel». Alors qu'il peut s'avérer utile pour augmenter l'achalandage d'un site Web, le bandeau publicitaire l'est davantage encore afin d'accroître l'exposition des internautes à une marque ou de mieux la positionner dans leur esprit.

La commandite La commandite constitue la deuxième forme de publicité pour ce qui est de l'investissement sur le Web. Pour certains marchés, elle compte pour environ le tiers du total des dépenses promotionnelles. Il existe deux types de commandites. La commandite habituelle consiste en l'achat d'une section d'un site. Clairol, par exemple, pourrait commanditer une page du site GirlsOn.com, et HEC Montréal, une page dans la section financière de *Cyberpresse*. Quant à la commandite de contenu, ce type d'entente exige une participation accrue de l'annonceur, celui-ci versant non seulement un montant pour associer son nom à un site, mais aussi à son contenu. Dans certains cas, le site est responsable du contenu et le fait approuver par le commanditaire; dans d'autres cas, le commanditaire fournit une partie ou la totalité du contenu. Au cours des dernières années, l'efficacité inégale des bandeaux publicitaires et la recherche d'une exposition accrue ont eu pour effet d'augmenter la popularité des commandites.

La publicité texte La publicité texte est un court message auquel on a intégré des liens. Cette forme de publicité ne contient aucune image, mais uniquement des caractères alphanumériques. Cette caractéristique s'avère très importante lorsque le client potentiel ne dispose pas de la dernière technologie en matière d'animation audio-visuelle. La publicité texte est alors sans doute le seul type de publicité qu'il pourra voir sur son ordinateur.

La fenêtre publicitaire Lorsque vous accédez à Internet, vous est-il déjà arrivé d'apercevoir une petite fenêtre contenant, par exemple, la mention «message instantané d'AOL»? Cette fenêtre est une fenêtre publicitaire; elle s'affiche souvent au moment d'accéder à certains sites. En général, la fenêtre publicitaire est plus grande que le bandeau publicitaire, mais plus petite que le message plein écran.

La publicité interstitielle La publicité interstitielle est un écran publicitaire de transition qui s'affiche entre deux pages Web, pendant que l'internaute attend le chargement de la page Web demandée. Certains

---

Bandeau publicitaire
Annonce publicitaire placée sur une page Web et pouvant être liée au site de l'annonceur.

Commandite de contenu
Commanditaire qui verse une somme d'argent non seulement pour associer son nom à un site, mais aussi à son contenu.

Publicité texte
Court message auquel on a intégré des liens.

Publicité interstitielle
Écran publicitaire de transition qui s'affiche entre deux pages, pendant que l'internaute attend le chargement de la page Web demandée.

annonceurs considèrent cette forme de publicité comme un irritant plus nuisible qu'utile. Selon une étude de Grey Advertising, 15% des répondants perçoivent en effet la publicité interstitielle d'un mauvais œil, en comparaison de 9% pour le bandeau publicitaire; 47% des personnes sondées apprécient toutefois cette forme de publicité, contre 38% pour les bandeaux. De plus, le pourcentage des répondants affirmant se rappeler avoir vu un bandeau publicitaire s'établit à 51%, en comparaison de 76% pour les publicités interstitielles[13].

La technologie de diffusion personnalisée La **technologie de diffusion personnalisée**, ou **technologie de diffusion Web**, permet à l'entreprise de « pousser » un message vers le consommateur au lieu d'attendre que celui-ci le découvre par lui-même. Cette technologie permet d'acheminer des pages Web et des bulletins d'actualité, accompagnés de son et d'images, à des cibles précises, y compris sur une base individuelle. Un gestionnaire responsable des finances peut ainsi, en allumant son ordinateur, recevoir automatiquement les dernières nouvelles économiques, les cours de la Bourse ou le dernier discours de Stephen Harper. Des entreprises telles que Pointcast offrent des économiseurs d'écran qui amènent automatiquement l'utilisateur aux sites désirés: sport, nouvelles, météo ou tout autre type d'information. Grâce aux techniques de personnalisation, l'utilisateur est en mesure d'adapter son site et de recevoir l'information de son choix. Les frais de ce type de service sont généralement assumés par les annonceurs dont les messages apparaissent à l'écran.

Technologie de diffusion personnalisée ou technologie de diffusion Web

Technologie qui permet à l'entreprise de « pousser » un message vers le consommateur au lieu d'attendre que celui-ci le découvre par lui-même.

Le lien publicitaire Bien que certains estiment qu'il ne s'agit pas d'une annonce à proprement parler, le lien publicitaire permet d'atteindre dans l'ensemble les mêmes objectifs que les autres types de publicité présentés précédemment. On distingue deux types de liens publicitaires: le texte et le logo. Le lien publicitaire convient bien à une promotion misant sur la sobriété. Un internaute peut cliquer ainsi sur un texte ou un logo qui le renvoie à un autre site, et y trouver des renseignements supplémentaires ou du matériel connexe.

La publicité des cyberentreprises dans d'autres médias

De nos jours, il est presque impossible d'allumer un téléviseur, d'écouter la radio ou de lire un magazine sans être exposé à une annonce publicitaire d'une cyberentreprise. Alors que de plus en plus d'annonceurs font appel à Internet pour promouvoir leurs produits et leurs services, les sites Web, les portails et les moteurs de recherche consacrent, pour leur part, de plus en plus d'argent aux médias traditionnels. Les journaux, les magazines et la publicité extérieure ont particulièrement bénéficié de ces investissements. De plus, un certain nombre de revues spécialisées portant sur Internet ont vu le jour, dont *EBIZ Business Week* et *Wired News*.

La promotion des ventes dans Internet

La prochaine fois que vous consulterez un site Web, examinez les efforts déployés afin de vous inciter à y revenir. La promotion des ventes est devenue la méthode la plus utilisée pour encourager les visites à répétition. La fréquence des visites étant un des éléments de mesure servant à déterminer les tarifs exigés des annonceurs et des commanditaires, nombre de sites ont

Les loteries publicitaires et les concours sont fréquents dans Internet.

donc intérêt à vous inciter à les visiter sur une base régulière. Plusieurs sites misent sur des opérations de promotion consistant ainsi en la remise de prix. Ces offres varient selon le site et vont de services gratuits à des droits de participation à certaines loteries publicitaires pour les internautes les plus fidèles. Par exemple, Richard Branson, chef de la direction de Virgin Atlantic Airways, a déjà convié les visiteurs du site de l'entreprise à participer à une loterie publicitaire; BMW.com a organisé, pour sa part, un concours dont le premier prix était un véhicule; une visite du site de l'entreprise Brita pouvait, quant à elle, rapporter une somme de 500 000 $.

Nous l'avons mentionné au chapitre 13, la promotion des ventes dans Internet mise de plus en plus sur le couponnage. Excite et e-centives.com (une entreprise spécialisée dans les promotions virtuelles) ont déjà conclu une entente de marketing qui accordait à l'utilisateur d'Excite l'accès à un système de coupons en ligne très similaire à un système de coupons traditionnel. IGA.net propose, en plus des coupons de la circulaire aussi offerts sur le Web, des coupons à imprimer et à utiliser en magasin et dans son cybermarché. Sur Coolsavings.com, de multiples entreprises profitent d'un accès direct au site pour mettre à jour leurs promotions et promouvoir différents produits et services. En outre, en échange de ces coupons gratuits, le consommateur doit souvent répondre à un bref sondage et fournir ainsi de précieux renseignements. Chaque coupon possède un numéro et un code à barres uniques; sur la base des coupons échangés, le gestionnaire est à même d'évaluer l'efficacité de l'opération de promotion. D'autres entreprises, telles que Hotcoupons.com, offrent aussi un service de distribution de coupons. Selon une étude de NPD Online Research, la notoriété de ces coupons auprès des internautes atteint presque 80 %[14]. Webstakes.com, pour sa part, propose des loteries publicitaires en ligne au Japon, en Grande-Bretagne, en Irlande, en Australie et en Nouvelle-Zélande[15].

Un coupon électronique à imprimer, conçu expressément pour l'internaute.

La vente personnelle dans Internet

Internet a été à la fois un avantage et un inconvénient pour beaucoup de professionnels du domaine de la vente personnelle, en particulier lorsque leur clientèle était constituée d'entreprises. Pour certains, Internet est apparu comme une menace directe pour leur emploi. D'autres entreprises, quant à elles, ont découvert qu'elles pouvaient rester efficaces et même accroître leur productivité en s'assurant d'une plus grande présence sur le Web. Elles contraient ainsi quelques désavantages associés à la vente personnelle, notamment ses coûts élevés et sa portée limitée. Le Web a permis à ces entreprises de réaliser des économies substantielles, réduisant leur effectif de vente.

Ce bilan comporte en fait nombre d'aspects positifs pour les professionnels du secteur. En effet, l'utilisation des nouvelles technologies de l'information, dont le Web, a souvent permis d'appuyer et de renforcer les efforts de vente, sans pour autant s'y substituer. Comme nous l'avons mentionné, le Web est devenu une source d'information de première main pour des millions de consommateurs, autant sur les marchés de consommation que sur les marchés industriels. Les visiteurs de ces sites représentent autant de clients potentiels, désormais inscrits dans les bases de données que pourront exploiter par la suite les représentants. Non seulement les internautes peuvent-ils en apprendre davantage sur ce que les entreprises ont à offrir, mais les entreprises vendeuses peuvent aussi, à leur tour, grâce à l'information qu'ils leur fournissent, filtrer et servir ces clients éventuels de manière plus adaptée et plus rentable.

De nombreuses entreprises font appel à Internet pour améliorer leurs relations avec leurs clients. En offrant davantage d'information fiable au moment opportun, l'entreprise leur permet de mieux apprécier ses produits et ses services, accroissant ainsi les possibilités de vente et de fidélisation. En exploitant un site Web, l'entreprise peut en outre réagir plus rapidement aux demandes de renseignements et aux plaintes, améliorant ainsi son service à la clientèle. Internet permet de multiples actions, par exemple organiser des réunions de vente. Pour ce faire, des entreprises telles que Cisco et Scientific American font appel à la visioconférence dans Internet, faisant économiser un temps précieux au personnel de vente et des millions de dollars à l'entreprise. Au sein d'un programme de CMI bien conçu, Internet et vente personnelle constituent des outils complémentaires qui concourent à l'augmentation des ventes. De plus en plus d'entreprises en viennent tout naturellement à cette conclusion.

Les relations publiques et Internet

Comme les autres médias, Internet s'avère fort utile pour mener des opérations de relations publiques. De nombreux sites réservent une partie de leur contenu à ces activités, ce qui comprend la présentation d'information sur l'entreprise, les activités philanthropiques, les rapports annuels, et ainsi de suite. Bombardier.com fait, par exemple, bon usage des outils de diffusion par le Web, notamment dans ses relations avec les investisseurs. Dans son livre *Public Relations on the Internet* (*Les relations publiques dans Internet*), Shel Holtz note que l'industrie des relations publiques a été lente à adopter Internet. Certaines firmes plus traditionnelles ne l'utilisent d'ailleurs toujours pas; d'autres y recourent uniquement pour diffuser de l'information. Holtz observe que le Web offre pourtant de nombreuses possibilités aux professionnels des relations publiques, notamment 1) la création de sites de relations avec les médias; 2) la possibilité de personnaliser la diffusion de l'information; 3) l'établissement d'une correspondance électronique suivie.

Plusieurs organisations philanthropiques ou à but non lucratif ont vu dans Internet un moyen efficace d'amasser des fonds. De nombreux sites ont ainsi été créés en remplacement des programmes classiques de campagnes de financement ou en complément de ceux-ci. Le site fondation-sainte-justine.org en constitue un bon exemple. À l'échelle internationale, le recours à de tels sites est fréquent pour assurer les relations publiques d'organismes de bienfaisance, pour offrir de l'information sur les causes qu'ils appuient, pour recueillir des contributions, etc.

Le marketing direct dans Internet

Notre analyse du marketing direct et d'Internet empruntera deux avenues : l'utilisation d'outils de marketing direct en vue d'atteindre des objectifs de communication (comme nous l'avons vu au chapitre 15) et le commerce électronique. Nous l'avons mentionné, plusieurs outils de marketing tels que le publipostage direct, les infopublicités et autres méthodes du même type ont été adaptés à Internet.

En même temps, le commerce électronique, c'est-à-dire la vente directe au consommateur par l'entremise du réseau Internet, est devenue une véritable industrie.

Le publipostage direct

Le publipostage direct dans Internet correspond essentiellement à la version électronique du service postal traditionnel. Tout comme le publipostage traditionnel, il permet un ciblage précis et repose en grande partie sur l'exploitation de listes de clients existants ou potentiels. Comme nous le soulignions précédemment, l'internaute peut accepter de recevoir différents types de courriels et en refuser d'autres. Après avoir obtenu votre autorisation, par exemple, des firmes de relations publiques ou des portails sont en mesure de vous envoyer de l'information sur différents sujets : promotions, publication d'articles ou de livres, biens à vendre, etc.

De nos jours, l'internaute reçoit aussi fréquemment des courriels moins ciblés et non sollicités. Équivalent électronique de la publicité importune, ce type de messages porte le nom de pourriel.

Si de nombreux consommateurs ont une piètre opinion du pourriel, certaines études ont tout de même prouvé son efficacité. Par exemple, selon un sondage d'E-Buyersguide.com réalisé auprès de 667 internautes, 63 % des répondants ont découvert des cybercommerçants grâce à un courriel promotionnel de ce type[16].

Les entreprises qui, comme Sears, vendent par catalogue, utilisent de plus en plus les médias électroniques. Pour vanter la convivialité et l'efficacité de leur catalogue en ligne, ces entreprises diffusent ainsi des annonces publicitaires télévisées et privilégient les publipostages directs (électroniques ou non) destinés aux clients figurant dans leurs bases de données.

Le marketing par base de données

Les bases de données sont légion dans Internet. Le système EDGAR (Electronic Data Gathering, Analysis, and Retrieval), par exemple, contient tous les rapports que les entreprises doivent remplir électroniquement auprès de la Securities and Exchange Commission (SEC). Cette

PERSPECTIVE 16.2

La révolution.ca

Les professionnels du marketing intègrent de plus en plus l'utilisation du Web dans l'élaboration de leurs programmes de communications marketing intégrées. De ce fait, le choix du nom d'un site est une décision toujours importante. Ce nom doit être facilement mémorisable et pertinent par rapport à la mission de l'organisation. Jusqu'à la fin des années 1990, le choix d'un nom de domaine du type .com apparaissait souvent comme un choix obligé. Aujourd'hui, les entreprises canadiennes, grâce à l'Autorité canadienne pour les enregistrements Internet (ACEI), ont une autre solution à leur disposition. L'ACEI est l'organisme chargé de gérer les noms de domaines de premier niveau .ca, tant sur le plan des enregistrements de sites que sur celui des politiques de gestion de leur dénomination. Le 31 mars 2008, le compte à rebours a débuté pour l'enregistrement du millionième nom de domaine au Canada.

Auparavant, les sites du type .ca étaient enregistrés sur une base volontaire auprès de l'UBC (University of British Columbia). Avec la croissance du réseau et son exploitation commerciale grandissante, les acteurs du milieu ont estimé nécessaire de se doter d'une structure administrative plus formelle. Un comité a ainsi recommandé la création d'une instance sans but lucratif, bien que privée. C'est de là qu'est née l'ACEI en décembre 1998. Dès la fin de 2001, l'ACEI révélait les résultats d'une étude démontrant que les internautes canadiens :

- savaient ce que .ca signifiait ;
- préféraient visiter des sites ayant une extension .ca ;
- préféraient (à 77 %) magasiner sur des sites .ca s'ils en avaient la possibilité ;
- associaient le .com à des entreprises américaines ou internationales ;
- ressentaient une certaine fierté en voyant se multiplier les .ca sur le Web.

Une analyse réalisée par Jupiter Media Metrix pour le compte de l'ACEI a confirmé ces résultats. La fréquentation de 10 sites populaires, avec une double extension .com et .ca, a été étudiée au cours de cette recherche entre janvier 2001 et avril 2002. Il s'agissait de AOL, eBay, FoodTV, Ford, Google, MSN, Netscape, Sears, Yahoo! et TicketMaster. Dans le cas de huit de ces sites, il s'est avéré que la fréquentation était plus importante au Canada sur leur « version » .ca que sur leur « version » .com.

En mai 2002, une autre étude de l'ACEI, menée de concert avec Impact Recherche (du Groupe Cossette Communication), en arrivait à la conclusion que les sociétés canadiennes avaient la conviction que les sites de type .ca étaient mieux perçus par les consommateurs et les entreprises au pays que les sites de type .com, notamment sur les plans de la confiance et de l'honnêteté.

Dans une autre optique, les gestionnaires enregistrant un nom de site dans le cadre de leurs campagnes de promotion doivent aussi réfléchir à la façon de gérer le retrait de leur site après la campagne. Notons, à ce titre, que l'enregistrement d'un nom de site peut se faire pour une période allant de 1 an à 10 ans, et que beaucoup d'entrepreneurs attendent que l'enregistrement de certains noms ne soit pas renouvelé afin de le reprendre et de s'assurer ainsi d'un meilleur achalandage.

base de données comprend aussi les coordonnées du personnel clé de ces entreprises dans le domaine de la gestion des ressources humaines, des finances, de la direction générale, etc. En fait, on compte aujourd'hui des centaines de bases de données sur les entreprises et les consommateurs. Diverses entreprises ont, en outre, réussi à rentabiliser leurs propres bases de données. C'est le cas de Freelotto. Cette base de données, à la disposition des spécialistes du marketing, regroupe plus de 10 millions de membres, dont des possesseurs de cartes de crédit, des amateurs de jardinage et des utilisateurs d'ordinateur. L'entreprise offre un système intégré qui recueille des noms et des adresses, filtre les clients potentiels et achemine les messages du vendeur par courrier électronique. Au fil du temps, beaucoup d'entreprises ont conçu des bases de données semblables à celles que nous avons décrites au chapitre 15.

L'infopublicité

Les infopublicités ont aujourd'hui envahi le réseau Internet. Les concepteurs des infopublicités *Amazing Discoveries* produisent maintenant des films destinés à Internet – et ils ne sont pas les seuls. L'entreprise iMall, située à Provo, en Utah, a par exemple produit une infopublicité vantant des séminaires de marketing sur les moyens de faire de l'argent avec Internet.

La vente directe

La vente directe dans Internet a réellement pris son envol, et tout indique que les chiffres des ventes sur le Web continueront de croître. Si les disques compacts, les livres et les voyages constituent une bonne part des achats en ligne, d'autres articles sont aussi de plus en plus vendus de cette façon. On achète dorénavant régulièrement par Internet des vêtements, des automobiles ou des valeurs mobilières. La société amazon.ca, connue principalement pour ses ventes de livres, offre à présent une grande variété de produits, dont des logiciels.

Rappelons que, alors qu'un nombre croissant de consommateurs achète en ligne, ces ventes ne comptent que pour une fraction seulement des ventes réalisées sur le marché industriel. À elles seules, les ventes en ligne de Cisco Systems ont totalisé 9,5 milliards de dollars dès 1999, soit 75 % du total des ventes de cette entreprise[17]. D'autres acteurs du marché interentreprises tels que Applied Industrial Technologies, National Semiconductor et Xerox sont aussi parvenus à réaliser de belles percées dans Internet.

^
La page d'accueil d'amazon.ca.

Une évaluation du marketing dans Internet

Les forces du marketing dans Internet

1. *Le marketing ciblé* Un grand avantage du Web consiste en la possibilité de cibler des groupes de manière précise avec, pour ce qui est de la couverture, un minimum de gaspillage. Pour une entreprise industrielle, Internet s'apparente à une combinaison de publications spécialisées et de foires commerciales ; en effet, seules les personnes les plus intéressées par les produits ou les services affichés sur un site le visiteront – les autres ayant peu de raisons de le faire. Sur les marchés de grande consommation, grâce à la personnalisation et aux autres techniques de ciblage, les sites sont également mieux en mesure de répondre précisément aux besoins et aux désirs de la clientèle grâce à leur adaptabilité.

2. *La personnalisation du message* Encore une fois, grâce à un ciblage précis, le message est susceptible d'être taillé sur mesure pour répondre aux besoins et aux attentes du public cible. Au-delà, l'interactivité du réseau Internet permet d'élaborer avec une efficacité accrue un marketing misant sur des relations personnalisées, c'est-à-dire s'apparentant à un dialogue, à la fois sur les marchés interentreprises et les marchés de grande consommation.

3. *L'interactivité* Internet, en raison de son grand potentiel de réactivité, peut contribuer à une participation et à une satisfaction accrues du consommateur. Une étude menée auprès d'internautes révèle que 24 % d'entre eux ont regardé le Super Bowl 2000 tout en effectuant certaines tâches en ligne[18]. Avec le développement d'un mode d'utilisation combiné des médias, de l'interactivité et de la richesse d'Internet comme métamédia, le Web devient encore plus attrayant.

4. *L'accès à l'information* Le plus grand avantage d'Internet demeure sans doute sa facilité d'utilisation en tant que source de renseignements. L'internaute peut ainsi avoir accès à une information abondante sur presque tous les sujets, grâce à l'utilisation relativement simple des moteurs de recherche. En visitant un site, le client potentiel est également en mesure de recueillir une foule de renseignements sur les spécifications des produits, les coûts, les conditions d'achat, etc. Au besoin, on peut intégrer des liens au site afin de permettre l'accès à des sources extérieures et complémentaires.

5. *Le potentiel de vente* Les données fournies dans ce chapitre montrent les chiffres de ventes astronomiques susceptibles d'être atteints, à la fois sur les marchés industriels et les marchés de grande consommation. Selon certaines prévisions, cette croissance ne peut être qu'exponentielle, ou presque.

6. *La créativité* La créativité dont fait preuve un site peut contribuer à rehausser l'image de l'entreprise, mener à des visites répétées et positionner favorablement l'organisation dans l'esprit des consommateurs.

7. *L'exposition* Pour beaucoup de petites entreprises aux budgets limités, le Web permet d'obtenir une exposition accrue auprès des clients potentiels, ce qui aurait été impossible autrement. Pour une fraction de l'investissement requis avec les médias traditionnels, l'entreprise peut par exemple obtenir, au moment opportun, une exposition d'envergure nationale et même internationale.

8. *La vitesse* Pour quiconque désire obtenir des renseignements sur une entreprise, ses produits ou ses services, Internet constitue sans doute le moyen le plus rapide d'obtenir une information à jour.

Les faiblesses du marketing dans Internet

1. *Des problèmes de mesure* Un des plus grands désavantages d'Internet est le manque de fiabilité des résultats de mesure obtenus pour ce média. Un survol rapide des prévisions récentes quant aux profils des internautes et aux augmentations des ventes montre qu'elles varient beaucoup, ce qui reflète de sérieuses lacunes tant sur le plan de la validité que sur

PERSPECTIVE 16.3

IBM prend la vague virtuelle

Pendant longtemps, il a été difficile de manquer la campagne d'IBM diffusée internationalement, notamment dans les médias télévisés et imprimés. Bien entendu, cette vague publicitaire mobilisait aussi le Web, surtout dans une perspective d'information. Cette campagne date de 1997, alors que l'entreprise renouvelait sa façon de communiquer. Par le passé, des publicités différentes étaient diffusées grâce à une multitude de supports, sans beaucoup de coordination ni même de cohérence entre elles. Lorsque IBM a lancé sa campagne pour promouvoir ses solutions d'affaires électroniques, les gestionnaires ont reconnu le besoin d'une approche plus intégrée. De multiples médias sont toujours utilisés, mais la synergie entre eux est désormais un souci primordial, tout comme l'unité de positionnement. Chacun de ces médias a, dans le cadre de cette campagne, un rôle bien défini. La télévision et l'imprimé sont employés afin d'obtenir une grande portée, tout en suscitant curiosité et intérêt au détriment, peut-être, d'un ciblage très précis. Le but est d'amener les personnes intéressées à s'informer pour en apprendre plus. Le Web pourra alors jouer tout son rôle. IBM met clairement l'accent sur ses solutions en ligne globales, préférant, en matière d'identité de marque, le « e » au traditionnel « @ ». Le logo choisi est présent dans chaque élément de communication de l'entreprise. Des bandeaux ont été placés sur divers sites, dont certains portails. En cliquant sur le bandeau, l'internaute est projeté sur un mini-site d'une grande richesse média, mettant en évidence des cas concrets d'interventions d'IBM pour différents clients.

En 1998, IBM a dépensé 45 millions de dollars pour sa campagne sur le Web, soit 7 % d'un budget total de communication estimé à 600 millions. En 1999, 10 %, soit 60 millions, ont été alloués aux publicités sur le Web. Cela faisait d'IBM le premier annonceur dans Internet. Ces chiffres sont impressionnants ; une question demeure toutefois : était-ce un bon choix ?

En 1994, le *Financial Times* cotait IBM à la toute fin de sa liste quant à la valeur de ses marques, lui assignant une valeur négative (sic) de 50 millions en raison de la confusion induite par des communications multiples, mais sans cohérence. Les nouvelles campagnes de CMI d'IBM ont aujourd'hui pour fondement trois objectifs principaux : 1) informer le public qu'IBM fait désormais des affaires électroniques… son affaire ; 2) établir une forte association entre la marque IBM et le domaine du cybercommerce sous toutes ses formes ; 3) convaincre les 300 000 employés de l'entreprise, répartis dans 160 pays, que ce virage est bien le bon. L'entreprise et son agence, Ogilvy & Mather, sont convaincues qu'une approche plus cohérente et intégrée est aujourd'hui une condition nécessaire au succès. On ne leur donnera certainement pas tort dans cet ouvrage.

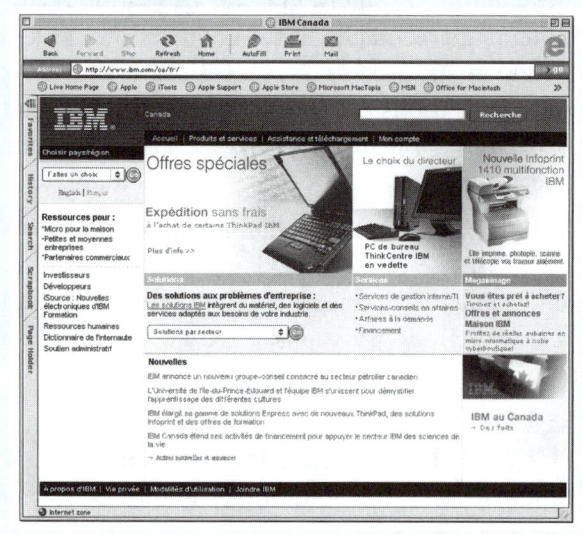

Sources : Peter T. Leach, « The Blue Period », *Critical Mass*, automne 1999, p. 86-92 ; « IBM E-Business », *1999 Effie Awards*, New York, American Marketing Association, 1999, p. 24.

celui de la fiabilité. Une entreprise, eMarketer, a tenté de concilier et d'expliquer de telles divergences à partir des différences entre les méthodologies employées, mais le problème subsiste. Une publication spécialisée des plus respectées dans l'industrie a qualifié d'« effarantes » les données produites par une société de recherche Internet dont les résultats sont pourtant abondamment utilisés[19]. D'autres ont exprimé leur scepticisme quant aux chiffres non vérifiés que présentent la plupart des sites et qui ouvrent la porte à une manipulation systématique des données[20].

2. *Les caractéristiques ou le profil changeants des internautes* En raison notamment de la croissance accélérée d'Internet, les caractéristiques de la population des internautes sont susceptibles de changer rapidement. Les chiffres présentés deviennent désuets en un rien de temps et varient souvent selon le fournisseur.

3. *La lenteur* Le téléchargement d'information à partir d'Internet occasionne parfois de longs délais. Lorsqu'il y a beaucoup d'utilisateurs, ces délais s'allongent, et certains sites peuvent même devenir inaccessibles en raison d'un trop grand nombre de visiteurs. Pour nombre d'internautes qui souhaitent obtenir un accès rapide à l'information recherchée, il s'agit là d'un inconvénient majeur.

4. *L'encombrement* La capacité d'une publicité de se démarquer diminue en proportion de la prolifération du nombre d'annonces publicitaires. De nombreuses publicités peuvent donc passer inaperçues, sans compter que cet encombrement peut en venir à irriter les consommateurs. Selon certaines études, ce phénomène réduit l'efficacité des bandeaux publicitaires de façon significative.

5. *Le potentiel de manipulation* Le Center for Media Education a déjà qualifié le Web de « toile de la tromperie », dénonçant notamment les efforts des annonceurs pour cibler les enfants à l'aide de subtils messages publicitaires. Divers organismes ont d'ailleurs demandé au gouvernement canadien de réglementer davantage le réseau Internet. La collecte de données à l'insu des consommateurs ou sans leur consentement préalable, le piratage informatique, la diffusion répétée de virus, les usurpations d'identité et les fraudes de carte de crédit sont autant de problèmes qui risquent en outre de ralentir la progression du réseau.

6. *Les coûts* Les coûts associés au commerce dans Internet continuent d'augmenter. Bien qu'il demeure possible de concevoir un site à peu de frais, la création et la mise à jour d'un bon site exigent un investissement de plus en plus important. Levi's en est ainsi arrivée à la conclusion que le coût associé au maintien d'un site de « calibre international » était prohibitif et que ce facteur à lui seul justifiait l'abandon des efforts de l'entreprise dans le domaine du commerce électronique. En effet, comme le montre le tableau 16.4, à la page suivante, le CPM dans Internet est souvent plus élevé que dans un média traditionnel.

7. *Une qualité moindre* La publicité dans Internet n'offre pas les mêmes possibilités que dans les médias traditionnels sur le plan de la production, même si l'on note certaines améliorations. Bien que l'introduction de nouvelles technologies ait permis de réduire cet écart, Internet se trouve encore loin derrière certains médias traditionnels en ce qui concerne la qualité.

TABLEAU 16.4 Des comparaisons entre les tarifs de publicité de différents médias

Média	Véhicule	Coût	Portée	CPM
Télévision	30 s ; heure de grande écoute	120 000 $	10 millions de foyers	12 $
Magazine d'intérêt général	Page en quadrichromie dans la revue *Cosmopolitan*	86 155 $	2,5 millions d'acheteurs de la revue	35 $
Cyberservice	Bandeau sur CompuServe, page thématique principale	10 000 $ par mois	750 000 visiteurs	13 $
Site Web	Bandeau sur Infoseek	10 000 $ par mois	500 000 pages visitées par mois	20 $

8. *Une portée limitée* Alors que le bassin d'internautes augmente régulièrement, la portée de ce média reste largement inférieure à celle de la télévision. Par conséquent, comme nous l'avons mentionné, les cyberentreprises sont contraintes de se tourner encore vers les médias traditionnels pour atteindre leurs objectifs de portée et de notoriété. Les statistiques montrent que seul un faible pourcentage de sites est repéré par les moteurs de recherche et que les 50 premiers sites sur une liste de résultats comptent pour 95 % des sites visités[21].

Dans l'ensemble, il est possible d'affirmer qu'Internet offre au spécialiste des communications marketing certains avantages par rapport aux médias traditionnels. Parallèlement, en raison de ses inconvénients et de ses faiblesses, ce média ne peut constituer une solution unique au moment d'élaborer un programme de CMI. Il n'en reste pas moins qu'il représente un précieux outil de communication lorsqu'il est combiné adroitement avec d'autres moyens.

Les autres médias interactifs

Internet a accaparé le gros de l'attention des gestionnaires en marketing. Il existe néanmoins d'autres médias interactifs qui peuvent contribuer avantageusement à la définition d'un programme de CMI. On peut ainsi recourir aux cédéroms, aux terminaux et aux téléphones interactifs pour communiquer de l'information aux consommateurs.

Quant à la publicité interactive à la télévision, elle est apparue il y a quelques années aux États-Unis et en 2001 au Canada. Aux États-Unis, la télévision interactive donnant accès au Web, ou WebTV, constitue l'un des nouveaux médias interactifs les plus prometteurs et les plus dynamiques. Filiale à part entière de la société Microsoft, WebTV, aussi appelé MSN TV, comptait plus d'un million d'abonnés en 2000[22]. OpenTV, autre entreprise de télévision interactive, comptait alors déjà plus de 300 000 abonnés[23]. Grâce à des fonctions multitâches, le téléspectateur peut regarder un événement, par exemple un match de football, tout en obtenant sur le même écran des renseignements sur les joueurs, les confrontations passées entre les deux équipes et d'autres statistiques. Le service « télévision personnalisée » de WebTV permet en fait d'exercer un contrôle complet sur le contenu et le moment où le téléspectateur le regarde. De plus, il est en mesure de faire une pause au cours d'une émission diffusée en direct, de réaliser des enregistrements numériques et de visionner des reprises instantanées. Le service permet aussi l'avance rapide, le rembobinage, les sauts et la recherche des scènes favorites. Aujourd'hui, plusieurs autres solutions ou technologies sont offertes.

L'arrivée de la télévision interactive au Canada remonte à octobre 2001, moment où Rogers Cable a lancé Enhanced Television pour ses 27 000 abonnés munis d'un décodeur numérique. Cette technologie, mise au point par l'entreprise californienne Wink Communications, est semblable à WebTV. Avec ce système, les téléspectateurs canadiens peuvent interagir avec des émissions et des messages publicitaires en appuyant sur le bouton « Sélectionner » de leur télécommande lorsqu'un « i » clignotant apparaît à l'écran. Si les résultats obtenus aux États-Unis se répètent au Canada, on peut s'attendre à ce que les annonceurs investissent massivement dans ce média. Les gestionnaires de Wink citent en exemple une firme de services financiers qui est parvenue à recruter la moitié de sa clientèle grâce à une publicité interactive offrant une trousse pour l'ouverture d'un compte[24].

La technologie derrière la télévision interactive repose sur trois caractéristiques importantes. Au premier rang figure la capacité d'adressage : chaque décodeur, tout comme les ordinateurs reliés à Internet, possède sa propre adresse IP. On sait ainsi à quel moment et à quel endroit une publicité a été regardée, ce qui permet de déterminer avec précision la nature de l'audience exposée au message. Les logiciels de personnalisation et la télévision à la carte permettent ensuite à l'annonceur de communiquer un message taillé sur mesure pour un public cible bien défini. Un annonceur de produits pour bambins peut ainsi cibler les ménages avec enfants et diffuser son message uniquement auprès de ce groupe. Enfin, le consommateur peut interagir avec l'annonceur en demandant des coupons, des échantillons ou de l'information sur les produits présentés – par exemple les endroits où les trouver[25].

Alors que la télévision interactive a effectué une percée en Amérique du Nord au cours des dernières années, ce type de campagne s'avère déjà florissant en Europe et en Asie. Procter & Gamble, par exemple, a intégré cette technologie dans le mix promotionnel de certaines de ses marques au Royaume-Uni et à Hong-Kong. En France, Honda a exploité chaque demande faite pour obtenir de l'information ou participer à un essai routier en s'efforçant d'accompagner étroitement le consommateur à travers ce média jusqu'au moment de l'achat[26].

Les spécialistes de l'industrie des médias, tout en reconnaissant les attraits de la télévision interactive, se montrent toutefois prudents quant aux achats de temps publicitaire. Il faudra encore un peu de temps avant que cette technologie devienne un élément incontournable dans la panoplie de moyens composant le mix promotionnel[27].

RÉSUMÉ

Ce chapitre nous a permis de présenter un survol du réseau Internet et des principaux médias interactifs. Nous y avons expliqué les objectifs et les stratégies poursuivis à travers ces médias. Nous avons aussi traité du rôle d'Internet dans un programme de CMI. Les avantages d'Internet, dont la possibilité de mieux cibler certains marchés, ses capacités d'interaction et d'établissement de liens, ont été présentés. Il en a été de même quant aux désavantages de l'utilisation du réseau à des fins de communication, ce qui s'explique par ses coûts relatifs parfois élevés, la fiabilité douteuse des instruments de mesure de l'efficacité des campagnes en ligne, et sa portée relativement faible (en comparaison des médias traditionnels). Nous avons présenté également les principales sources d'information nécessaires à une bonne évaluation des campagnes mises en œuvre.

Internet a été le média le plus rapidement adopté de notre époque. Son potentiel est immense pour les marchés de consommation et les marchés industriels. Toutefois, contrairement à la croyance populaire, Internet n'est pas un média ou un métamédia qui fonctionne en vase clos. Inclus dans un programme de communications marketing intégrées, il renforce celui-ci et accroît par le fait même sa propre efficacité.

Soulignons enfin que les médias interactifs ne semblent pas encore avoir rempli toutes leurs promesses. Force est de reconnaître que, dans bien des cas, ces outils ne permettent pas d'atteindre les objectifs fixés. De nombreuses études indiquent que des progrès sont encore nécessaires, en particulier sur le plan du contenu, avant que l'utilisation du Web dans un contexte de CMI puisse justifier pleinement les investissements réalisés.

MOTS CLÉS

- affaires électroniques
- affiliation
- bandeau publicitaire
- commandite
- commandite de contenu
- commerce dans Internet
- commerce électronique
- fenêtre publicitaire
- Internet
- lien publicitaire
- personnalisation
- pourriel
- publicité interstitielle
- publicité texte
- site Web
- technologie de diffusion personnalisée ou technologie de diffusion Web
- témoin ou mouchard
- World Wide Web (WWW)

QUESTIONS DE DISCUSSION

1 Alors que certains observateurs estiment qu'Internet représente une menace pour les médias traditionnels, d'autres croient que, pour un gestionnaire du marketing, il n'est qu'un média parmi d'autres. Présentez quelques arguments appuyant chaque point de vue. Quelle conclusion tirez-vous ?

2 Discutez des principaux objectifs qu'un gestionnaire du marketing est susceptible d'atteindre à l'aide d'Internet. Lesquels sont sans doute les plus susceptibles d'être atteints dans le secteur de l'automobile ? dans le secteur du tourisme ?

3 Présentez les moyens offerts aux annonceurs pour faire de la publicité dans Internet. Indiquez les avantages et les inconvénients de chacun.

4 Qu'entend-on par « personnalisation » ? Quel usage pourrait en faire une entreprise s'adressant à un large public ? Donnez un exemple.

5 Plusieurs entreprises ont été accusées de se livrer à des pratiques contraires à l'éthique dans Internet. Donnez des exemples de ces pratiques. Comment peut-on espérer les éliminer ?

6 Indiquez les méthodes employées pour mesurer l'efficacité des programmes de communication dans Internet. Quel lien existe-t-il entre ces méthodes et les méthodes d'évaluation plus traditionnelles ? Décrivez les avantages et les inconvénients des méthodes traditionnelles en comparaison des méthodes privilégiées sur le Web.

7 Présentez certains avantages associés à l'utilisation d'Internet. Pour quels types d'entreprises Internet constitue-t-il le média le plus approprié ? Pourquoi ?

8 Qu'est-ce que la télévision interactive ? En quoi diffère-t-elle de la télévision traditionnelle ? Comment une entreprise peut-elle faire appel à cette nouvelle technologie ? Donnez un exemple.

9 Aux yeux de plusieurs spécialistes, Internet dispose d'un potentiel beaucoup plus grand pour les marchés industriels (entre entreprises) que pour les marchés de grande consommation. Exposez en détail les arguments souvent invoqués pour justifier ce point de vue. Que concluez-vous quant au bien-fondé de ces arguments ?

PARTIE 6
L'implantation, le contrôle et le suivi du programme de communication

Chapitre 17	Mesurer l'efficacité des communications marketing intégrées	551
Chapitre 18	La réglementation et les enjeux déontologiques, sociaux et économiques de la publicité	597

CHAPITRE 17
Mesurer l'efficacité des communications marketing intégrées

OBJECTIFS D'APPRENTISSAGE

- Comprendre pourquoi il est important de mesurer l'efficacité des programmes de communications marketing intégrées (CMI).

- Connaître les méthodes servant à évaluer l'efficacité des programmes de CMI.

- Évaluer les méthodes servant à mesurer l'efficacité des programmes de CMI.

- Voir en quoi une mesure de l'efficacité est appropriée.

MISE EN SITUATION

Quel est le rendement du capital investi ?

Les avantages à établir des relations d'affaires à long terme avec des partenaires ont été largement reconnus. Force est de constater que, dans le secteur des communications marketing, la durée des relations d'affaires est plutôt courte. Les exemples d'entreprises qui ont décidé d'abandonner leur agence de publicité et de relations publiques au profit d'une autre abondent, et ce, particulièrement dans les dernières années. Les entreprises changeant d'agence ne sont pas un phénomène nouveau en soi. Néanmoins, le fait que le pourcentage demeure aussi élevé – selon une étude récente réalisée par CMO Council, 54 % des entreprises aux États-Unis envisagent de changer l'une de leurs agences de communication au cours de l'année, le pourcentage le plus élevé, 35 %, étant lié aux agences de relations publiques – traduit un certain malaise. Cela peut sans doute s'expliquer en partie par le taux très élevé de roulement chez les responsables du marketing dans les entreprises. En effet, il n'est pas rare qu'une agence soit remerciée de ses services lorsqu'un nouveau directeur du marketing est nommé, soit parce que celui-ci n'apprécie pas le travail réalisé par l'agence ou tout simplement parce qu'il accorde moins d'importance aux communications marketing.

D'aucuns avancent que l'incapacité des agences à démontrer l'impact des dépenses en communications marketing sur la rentabilité de l'entreprise contribue grandement à cette situation. Les agences de publicité ont souvent tenu pour acquis que, si elles créaient de bons concepts publicitaires, leur mandat serait renouvelé. Or, les entreprises exigent de plus en plus que leurs agences démontrent la rentabilité des investissements consentis en communication marketing. C'est pourquoi, depuis plusieurs années, les agences tentent de concevoir des outils capables de mesurer l'efficacité des communications marketing. Cossette, par exemple, vient de concevoir le SponsorScope, un outil visant à mesurer l'efficacité de la commandite d'événements. Pour sa part, la Société canadienne des relations publiques propose d'adopter un standard pour mesurer la couverture médiatique et le rendement de l'investissement dans les relations publiques.

Cette recherche, en faveur d'une plus grande imputabilité des dépenses en communication marketing, ne doit pas se faire au détriment de l'intuition. Comme le souligne Rod Buboff, l'auteur de *ROI for Marketing : Balancing Accountability with Long-term Needs*, une trop grande fascination pour les éléments du marketing mix pouvant facilement être mesurés – la promotion et le marketing direct, par exemple – peut inciter les entreprises à mettre de côté des outils de communication qui requièrent davantage d'intuition, tels que la publicité, les relations publiques et la commandite d'événements. Cela peut avoir pour conséquence d'engendrer la prise de décisions inappropriées en ce qui a trait à l'investissement en marketing.

La conception d'outils de mesure de l'impact des communications marketing sur la rentabilité de l'entreprise n'est pas aisée. En effet, 69 % des gestionnaires affirment ne pas mesurer le rendement de l'investissement dans le travail effectué par leur agence parce que cela est tout simplement trop complexe.

Si elles souhaitent occuper un rôle stratégique au sein des entreprises, les agences de communication n'ont d'autre choix que de s'engager dans une telle démarche.

Sources : Deborah L. Vence, « Proving Ground : Greater Need for ROI Calls Agencies' Role into Question », *Marketing News*, 15 mai 2007, p. 12-15 ; Michael Krauss, « Balance Attention to Metrics with Intuition », *Marketing News*, 1er juin 2007, p. 8 ; Chris Daniels, « ROI or Else », *Marketing Magazine*, 26 mars 2007, p. 6 ; Paul-Mark Rendon, « Publicity Points : The PR Industry Introduces a Standard Way to Measure its ROI », *Marketing Magazine*, 8 mai 2006, p. 10.

À mesure que les gestionnaires du marketing dépensent leurs budgets de communication dans divers secteurs, la nécessité d'établir l'efficacité de ces dépenses s'impose de plus en plus. Les annonceurs et les agences cherchent sans cesse à déterminer si leurs programmes de communication sont appropriés et dans quelle mesure ils s'avèrent efficaces en comparaison des autres options disponibles. Mesurer l'efficacité du programme de CMI constitue un élément essentiel du processus de planification promotionnel. La recherche permet au spécialiste du marketing d'évaluer les résultats des éléments du programme de CMI. Elle lui permet aussi de recueillir des renseignements qui se révéleront très utiles à l'analyse de la situation lors de l'élaboration des plans promotionnels subséquents. Si elle est un ingrédient essentiel d'un processus de planification continu, la recherche demeure néanmoins souvent négligée.

Dans le présent chapitre, nous verrons les raisons qui devraient inciter les entreprises à mesurer l'efficacité de leurs programmes de CMI et pourquoi plusieurs d'entre elles s'y refusent. Nous examinerons comment, quand et où de telles mesures sont prises. Nous nous concentrerons en particulier sur l'impact de la publicité, car plus de temps et d'efforts ont été consacrés à la mise au point de mesures d'évaluation en publicité que dans tout autre programme de promotion. D'ailleurs, étant donné que le message véhiculé par la majorité des outils promotionnels est de type publicitaire, la plupart de ces techniques de recherche peuvent s'appliquer. Nous mentionnerons néanmoins quelques techniques servant à mesurer l'efficacité de ces autres outils.

Nous nous intéresserons uniquement à la recherche dont le rôle est de mesurer l'efficacité de la publicité et de la promotion ou d'évaluer les stratégies avant leur mise en œuvre. On doit éviter de confondre cette recherche avec celle présentée dans les chapitres précédents et qui sert à la mise sur pied d'un programme de promotion, même si ces deux types de recherche peuvent (et devraient) être utilisés de concert. La recherche évaluative peut être menée à diverses étapes du processus promotionnel, y compris à l'étape de l'élaboration. Elle sert toutefois avant tout à mesurer l'impact des différentes stratégies. Nous nous attarderons d'abord aux raisons qui justifient cette mesure de l'efficacité; nous verrons aussi pourquoi certaines entreprises n'y recourent pas.

Mesurer l'efficacité de la publicité : oui ou non ?

Chaque fois, ou presque, qu'une personne entreprend un projet ou une activité, que ce soit pour le travail ou les loisirs, les résultats sont mesurés d'une façon quelconque. Au golf, on compare le pointage avec la normale du parcours; en ski, on compare les temps de descente des concurrents. Au travail, les employés ont habituellement des objectifs à atteindre, et l'évaluation de leur travail est basée sur leur capacité à y parvenir. Les communications marketing ne font pas exception à la règle. Il importe donc d'établir si le programme de communications s'avère efficace et de mesurer les résultats obtenus selon des points de repère.

Les avantages de mesurer l'efficacité de la publicité

Évaluer l'efficacité d'une publicité avant sa diffusion, mais aussi une fois la campagne en ondes, comporte certains avantages.

La prévention des erreurs coûteuses

En 2006, les dépenses de publicité au Canada se sont élevées à environ 12,7 milliards de dollars. On ne peut dépenser une somme aussi considérable sans savoir si l'argent a été utilisé à bon escient. Quand le programme n'a pas atteint ses objectifs, le responsable du marketing doit déterminer s'il doit cesser d'engager des dépenses publicitaires.

Une mauvaise stratégie de communication entraîne des pertes financières; elle est aussi synonyme d'occasions d'affaires perdues. En effet, à l'argent dilapidé dans un programme de communications marketing qui n'a pas atteint ses objectifs s'ajoute le gain potentiel qui aurait résulté d'un programme efficace. Par conséquent, mesurer l'impact de la publicité permet à l'entreprise d'économiser de l'argent et de maximiser son investissement. Par exemple, grâce au modèle Build-Up, la firme Léger Marketing a déterminé qu'aucun des trois noms initialement retenus pour la nouvelle marque de bière de la microbrasserie Unibroue, soit Frisson, Don de Dieu et Ice Man, n'avait obtenu de bons résultats auprès des consommateurs. À la suite d'un autre pré-test, Unibroue a retenu le nom U qui a connu beaucoup de succès, notamment grâce à l'originalité de la campagne publicitaire lors du lancement du produit[1].

C'est à la suite d'un pré-test qu'Unibroue a retenu le nom U pour sa marque de bière.

L'évaluation des stratégies de rechange

En général, l'entreprise examine diverses stratégies, par exemple lorsqu'elle hésite quant au choix du média ou du message à retenir. Elle pourrait devoir trancher entre deux éléments du programme de promotion. Devrait-elle, par exemple, consacrer davantage d'argent aux commandites ou à la publicité? La recherche peut aider le responsable du marketing à déterminer la stratégie la plus efficace.

L'amélioration de l'efficacité de la publicité

Connaissez-vous l'expression «l'arbre cache la forêt»? L'annonceur est parfois si absorbé par un projet qu'il finit par perdre de vue son objectif de départ. Comme le message à communiquer est évident à ses yeux, il suppose qu'il en sera de même pour le public. Sans compter que l'annonceur peut aussi utiliser un jargon technique peu familier au public. Le Service de la création, de son côté, peut faire preuve d'une créativité ou d'un raffinement trop grand et faire perdre le sens du message. Combien de fois une annonce publicitaire vous a-t-elle laissé perplexe? Combien de fois vous est-il arrivé de ne pas vous rappeler le nom du produit annoncé dans une publicité qui vous plaisait pourtant beaucoup? Vous vous souvenez sans doute de cette publicité télévisée où l'on voyait un petit garçon qui amortissait les chutes de son chiot à l'aide de rouleaux de papier hygiénique. Selon un sondage de la firme Ipsos Descarie, 97% des répondants disaient aimer le message publicitaire, alors que seulement 9 % d'entre eux se souvenaient du nom de la marque Majesta. La recherche aide les entreprises à mettre au point des communications plus percutantes et plus efficaces.

Les inconvénients de mesurer l'efficacité de la publicité

Les entreprises invoquent diverses raisons pour éviter de mesurer l'efficacité des stratégies de communications marketing.

Le coût

La raison sans doute la plus souvent citée pour renoncer à la recherche, en particulier au sein des petites entreprises, demeure le coût. Une bonne recherche peut être coûteuse en temps et en argent. Pour beaucoup de gestionnaires du marketing, le temps constitue un élément clé. C'est pourquoi ils doivent mettre en œuvre leur programme, dès que le lancement semble propice. Nombreux sont ceux qui estiment que les budgets consacrés à la recherche peuvent être utilisés à meilleur escient pour l'amélioration de la production d'une publicité, pour l'achat de temps d'antenne ou d'espace supplémentaire.

Le premier argument a un certain mérite, au contraire du second. Imaginez ce qui se produirait si une campagne de piètre qualité était lancée ou si le programme de promotion des ventes laissait le public cible indifférent! Non seulement dépenserait-on de l'argent sans obtenir les résultats souhaités, mais les efforts causeraient plus de tort que de bien.

L'achat de temps d'antenne ou d'espace supplémentaire ne corrigerait pas un message mal conçu ni ne remplacerait un marketing mix inapproprié. Prenons comme exemple le lancement d'une nouvelle marque de bière dans un marché-test, dont les ventes seraient bien en deçà des attentes. L'entreprise décide alors d'acheter tout le temps d'antenne disponible s'adressant à son public cible. Après deux mois, comme les ventes ne s'améliorent pas, elle retire son produit du marché-test. Des analyses effectuées par la suite montrent que le problème ne résidait pas dans la couverture médiatique, mais plutôt dans le message, qui ne communiquait aucune raison d'acheter le produit. La recherche aurait permis de cerner ce problème, peut-être même de sauver la marque et d'économiser des millions de dollars. Quelle est la morale de cette histoire? Dépenser l'argent destiné à la recherche afin d'augmenter la couverture médiatique constitue une mauvaise décision.

Les problèmes liés à la recherche

En deuxième lieu, certaines entreprises refusent de mesurer l'efficacité des communications marketing parce qu'il leur est difficile d'isoler son impact des autres éléments du marketing. Chaque variable du marketing mix a une incidence sur le succès d'un produit ou d'un service. Compte tenu de la difficulté de mesurer la contribution directe de chaque élément du marketing, la frustration pousse certains gestionnaires du marketing à éliminer complètement la recherche. Ils se disent: « Si je ne peux mesurer les effets de manière précise, pourquoi dépenser de l'argent? »

La logique de cet argument laisse à désirer. S'il est vrai qu'il est parfois impossible de quantifier les ventes que génère la promotion, la recherche permet néanmoins d'obtenir des résultats utiles.

Un désaccord sur l'objet de la recherche

Les objectifs du programme de communications marketing peuvent différer selon l'industrie, l'étape du cycle de vie du produit et les employés de l'entreprise. Le directeur des ventes peut ainsi chercher à connaître l'impact des promotions sur les ventes; la haute direction peut chercher à connaître les effets de ces promotions sur l'image de l'entreprise; et les employés participant au processus de création peuvent désirer connaître l'impact de la publicité sur la notoriété du produit. Cette absence de consensus quant à l'objet de la recherche peut mener à son abandon.

Encore une fois, un tel argument manque de cohérence. Une recherche bien menée permet d'atteindre la plupart, sinon tous les objectifs précités. Comme chaque élément du plan de communications marketing est conçu pour atteindre ses propres objectifs, la recherche peut servir à mesurer son efficacité à y parvenir.

Les réticences de la création

Nombre de personnes ont prétendu – et d'autres ont nié – que le Service de la création refuse de voir son travail soumis à des tests, et plusieurs agences sont hésitantes à faire de même. C'est en partie vrai. Aux yeux du Service de la création de l'agence, les tests ne permettent pas de mesurer réellement la créativité et l'efficacité des annonces publicitaires; en outre, ils freinent sa créativité. Plus l'annonce publicitaire est originale, plus elle est susceptible d'être efficace. En fait, tout service de création désire mettre à profit sa créativité sans se voir imposer de lignes directrices restrictives de la part du marketing.

D'un autre côté, c'est au gestionnaire du marketing qu'incombe la responsabilité ultime du succès du produit ou de la marque. Compte tenu des sommes substantielles consacrées aux communications marketing, il doit avoir pour prérogative et responsabilité de s'assurer que le programme ou l'annonce publicitaire joigne efficacement un marché.

Mesurer l'efficacité de la publicité

Nous examinerons maintenant les principaux enjeux relatifs à la mesure des effets de la publicité, c'est-à-dire les éléments qui seront évalués, ainsi que le moment et l'endroit où ces évaluations devraient avoir lieu. Nous aborderons les méthodes de mesure dans la section suivante.

Que doit-on mesurer?

La recherche met principalement l'accent sur les décisions clés de l'annonceur au moment de la mise sur pied de la campagne publicitaire. Nous examinerons les décisions relatives à la création, au choix des médias et au budget de communications marketing.

Les décisions relatives à la création

On peut mettre à l'essai un certain nombre de décisions relatives à la stratégie de création et aux moyens utilisés.

PERSPECTIVE 17.1

Les créatifs en colère – La publicité à l'ère de la raison

« Les créatifs sont frustrés. Leurs bonnes idées passent de moins en moins la rampe au sein des agences et auprès des clients. Par contre, les idées ordinaires marchent. Tout se déroule comme si les idées pâles, celles qui ne dérangent pas, celles qui lavent plus beige, comme si celles-là avaient meilleure cote. Les créatifs ont le sentiment de ne plus être écoutés. Pire : lorsque la création n'est pas la risée du service à la clientèle dans certaines agences, ce sont les annonceurs qui lui dictent quoi faire. Or, lorsque la création se sent ainsi coincée et malmenée, c'est toute l'industrie qui étouffe, les annonceurs en premier.

« La publicité est une communication commerciale. Elle est le résultat d'une relation toujours tendue entre la création (communication), le service à la clientèle (commerciale) et l'annonceur. Une relation tendue à cause des visions qui cherchent passionnément à se rencontrer ou des accusations d'incompétence qui fusent de part et d'autre. Mais la création est la dernière étape avant d'aborder le public, le pivot de la communication.

« Depuis plusieurs années, les publicitaires n'ont plus de plaisir. La décennie 90 est à l'image de la raison, des rationalisations, des resserrements budgétaires et de la montée de l'inquiétude. Les clients ont progressivement pris les choses en mains au détriment de leurs agences. Les budgets ont diminué, les salaires et les sourires aussi. Mais le pire, ce sont les délais de fous auxquels sont astreintes les agences. À force de comprimer le temps, on ne réfléchit plus ; les premières idées auxquelles on pense sont les premières que l'on présente. Et lorsqu'on obtient enfin un accord, on produit à toute vapeur. Résultat : on voit des annonces ponctuelles pour résoudre des problématiques immédiates sans souci de perspective. C'est le règne de l'*ici et maintenant*.

« De plus en plus, les annonceurs dictent leurs volontés à leurs équipes qui les exécutent. Conséquences : l'agence ne remplit plus efficacement son rôle de conseillère en communication ; le service à la clientèle prend les commandes et les impose à la création, qui ressemble de plus en plus à un bureau de fonctionnaires. L'ambiance est acide, alors que le client n'est pas plus heureux parce qu'il fait un travail hors de sa compétence.

« À quoi servent les agences si les annonceurs ne leur font plus confiance ? À placer du média ? En muselant leur création, les annonceurs se torpillent eux-mêmes parce qu'ils limitent leur pouvoir de séduction.

« Les créatifs ne sont pas au bout de leurs peines. Il leur arrive en effet de plus en plus souvent de voir leurs maquettes prendre le chemin de la recherche. La recherche pourrait être un outil terriblement efficace pour les annonceurs si elle vérifiait les intuitions et les grandes lignes stratégiques ou dévoilait les grandes tendances. Mais de nos jours, la recherche sert de paravent pour prendre les décisions à la place des décideurs. Lorsque la recherche sert à changer la couleur d'un décor sur une maquette ou à déplacer des virgules, elle ne fait que canaliser les angoisses des clients et les transformer en obligations. Le problème n'est pas l'outil, mais l'utilisateur qui ne sait pas s'en servir.

« Le lien de confiance de plus en plus effrité éloigne les intervenants. Je soupçonne les annonceurs de ne pas être plus heureux que les créatifs. Dans ce contexte, comment voulez-vous que les consommateurs aient du plaisir à voir les pubs ? Avez-vous déjà séduit une fille avec un air d'enterrement ?

« Un jour, un client travaillant pour GM nous a dit : "Ma spécialité, ce sont les voitures ; la vôtre, c'est la communication." Un annonceur ne peut donner de meilleur mandat à son agence. Pour cela, il doit commencer à respirer lui-même par le nez, et laisser respirer son agence.

« Le plaisir est aussi contagieux que l'angoisse ; heureusement, il fait vivre plus longtemps.

« À quoi servent les agences si les annonceurs ne leur font plus confiance ? »

Source : Luc Panneton, « Les créatifs en colère – La publicité à l'ère de la raison », *Infopresse*, mars 2000, p. 65.
Luc Panneton est concepteur-rédacteur pigiste.

La principale décision relative à la stratégie de création, soit l'idée ou le concept publicitaire, peut être soumise à un test. Lorsqu'elle compte modifier le thème de sa campagne ou faire appel à un concept publicitaire non conventionnel, d'ordinaire l'entreprise désire connaître les réactions du public cible avant d'investir dans l'achat d'espaces médias. Dans le même ordre d'idées, on peut ainsi vérifier différents angles d'approche, rationnel par opposition à émotif, par exemple, ou plusieurs versions du même angle. Une autre question importante consiste à déterminer l'efficacité du porte-parole et la réaction du public cible à son endroit. Le porte-parole peut, au début, représenter un excellent choix pour annoncer un produit. Cependant, avec le temps, il peut perdre de son lustre, et son impact, s'amoindrir.

La recherche peut aussi porter sur divers éléments du concept, par exemple la musique lorsqu'il s'agit d'une publicité télévisée, ou le titre d'une annonce dans le cas d'une publicité imprimée. Dans l'ensemble, les annonceurs font appel à une variété de méthodes de recherche essentiellement pour tester une stratégie de création qui les fait hésiter ou qui requiert une confirmation.

Plusieurs outils du présent ouvrage font appel à un message créatif. De nombreuses promotions des ventes se fondent sur un message visuel et un message de type publicitaire qui ont pour effet de renforcer le positionnement de la marque dans l'esprit du public cible. De la même façon, l'entreprise privilégie une stratégie de création pour attirer l'attention des médias et augmenter les chances de voir son message bénéficier d'une couverture médiatique. Par conséquent, bien que cet ouvrage examine la création dans un contexte de publicité, toutes ces décisions sont pertinentes eu égard aux autres outils promotionnels. Ainsi, lorsque l'annonceur le juge nécessaire, le même type de recherche est aussi applicable aux autres outils de communication.

Les décisions relatives aux médias

La recherche peut servir à déterminer la catégorie de médias (par exemple les médias électroniques par opposition aux médias imprimés), la sous-catégorie de médias (les journaux par opposition aux magazines) et le support (des journaux ou des magazines particuliers) qui permettront d'obtenir les résultats les plus probants. L'emplacement à l'intérieur du média (la page de couverture par opposition à la dernière page), le format de l'annonce ou la longueur de la publicité sont aussi des éléments à considérer. La recherche a ainsi démontré que le lecteur accorde davantage d'attention à l'annonce de grandes dimensions[2]. L'annonce en double page attire 30 % de plus l'attention que l'annonce sur une page ; la publicité télévisée de 60 secondes, de son côté, attire 20 % de plus l'attention que la publicité de 30 secondes[3].

Impact du support
Effet de l'exposition à une publicité sur une même audience selon le support utilisé.

L'**impact du support**[4] constitue un autre facteur. Les gens perçoivent les publicités de façon différente selon le contexte[5]. La même personne, par exemple, est susceptible de percevoir différemment une publicité de dentifrice selon qu'elle paraît dans *Sélection du Reader's Digest* ou *Elle Québec*.

L'établissement d'un calendrier publicitaire constitue le dernier facteur relatif aux décisions médias. L'évaluation de la publicité sporadique par opposition à la publicité continue est importante, en particulier lorsque le coût du temps d'antenne est à la hausse. Nous l'avons mentionné au chapitre 9, des signes tendent à confirmer que la publicité continue peut mener à l'établissement d'un calendrier publicitaire plus efficace que la publicité sporadique. De même, l'accroissement du poids publicitaire peut créer des occasions d'affaires lorsque les cycles de vente sont en décroissance ou qu'une récession économique se manifeste. Le responsable du marketing qui expérimente l'un ou l'autre calendrier ou qui veille aux dépenses publicitaires devrait tenter d'en mesurer l'impact[6].

Les décisions budgétaires

Un certain nombre d'études ont porté sur les effets de la taille d'un budget sur l'efficacité de la publicité et les effets des diverses dépenses publicitaires sur les ventes. Nombre d'entreprises ont aussi cherché à déterminer si une augmentation de leur budget avait pour conséquence d'entraîner une hausse de leurs ventes. Ce lien de cause à effet s'avère souvent difficile à établir, peut-être parce que l'utilisation des ventes en tant qu'indicateur d'efficacité fait fi de l'impact des autres éléments du marketing mix. Il est possible d'arriver à des conclusions plus définitives lorsque d'autres variables dépendantes, telles que les objectifs de communication dont il a été question au chapitre 6, sont utilisées.

À quel moment doit-on effectuer des tests ?

Presque toutes les mesures d'évaluation peuvent être classées selon le moment où elles sont réalisées. Le gestionnaire du marketing dispose de divers **pré-tests** et **post-tests**, chacun proposant une méthodologie servant à mesurer certains aspects du programme de publicité. Le tableau 17.1 présente un classement de ces tests.

Pré-test
Mesure prise avant la mise en œuvre d'une campagne publicitaire.

Post-test
Mesure prise après la mise en œuvre d'une campagne publicitaire.

TABLEAU 17.1 Une classification des mesures d'évaluation

Pré-tests

Méthodes en laboratoire
- Groupes témoins de consommateurs
- Tests de reliure
- Tests physiologiques
- Tests d'annonces en salle de cinéma
- Tests d'esquisse
- Tests de concept
- Tests de lisibilité
- Tests de compréhension et de réaction

Méthodes sur le terrain
- Tests de reliure
- Tests en ondes

Post-tests

Méthodes sur le terrain
- Tests de mémorisation
- Tests d'association
- Systèmes de source unique
- Tests de demandes de renseignements
- Tests de reconnaissance
- Tests de suivi en continu

Le pré-test

Le pré-test a lieu à diverses étapes, de la genèse d'une idée jusqu'à la création d'une esquisse et à la mise au point de la version finale appelée à être diffusée. On compte plusieurs types de pré-tests. Par exemple, le test de concept publicitaire, examiné plus loin dans ce chapitre, peut être mis en œuvre au début du processus de création du message publicitaire, c'est-à-dire dès qu'une idée, un concept de base ou une stratégie de positionnement est à l'étude.

Molson recourt souvent à des groupes de discussion pour tester les concepts qui serviront à promouvoir ses marques de bière. Dans d'autres cas, on fait appel à des maquettes de la campagne avec titres, textes descriptifs et croquis. Pour les annonces publicitaires télévisées, on peut tester des scénarimages et des animations. Lors de l'élaboration de la dernière campagne publicitaire de la bière Black Label, par exemple, Molson a réalisé trois animations afin de tester différents concepts pour des annonces publicitaires télévisées. Ces tests ont permis de déterminer le concept publicitaire le plus apprécié du public cible.

Les méthodologies servant au pré-test varient. Ainsi, les membres d'un groupe de discussion expriment librement leurs opinions quant aux messages que véhicule la publicité, examinent les avantages relatifs de plusieurs versions et suggèrent même des améliorations ou d'autres thèmes. Dans un autre contexte, les consommateurs sont appelés à juger l'annonce publicitaire selon une échelle d'évaluation. (Les mesures diffèrent selon l'agence.) On recueille des données à l'aide d'interviews à domicile, de tests dans un lieu public et de méthodes en laboratoire.

À cette étape du processus de création, le pré-test a pour avantages de fournir des rétroactions à un coût relativement faible et de cerner tout problème lié au concept ou à l'approche créative, avant que l'annonceur investisse d'importantes sommes dans son développement. On évalue parfois plusieurs versions d'une même publicité pour tenter de déterminer celle qui sera la plus efficace.

Conçue pour fournir des données normatives, une étude de McCollum Speilman Worldwide révèle que seulement 19 % des 4 637 publicités évaluées étaient exceptionnelles ou très bonnes, alors que près de 34 % d'entre elles ont été considérées comme un échec. En revanche, lorsque les annonces étaient soumises à un pré-test avant diffusion, le pourcentage des publicités jugées bonnes et exceptionnelles grimpait à 37 %, tandis que le taux d'échec chutait à 9 %[7]. Cela constitue sans doute un argument en faveur des pré-tests.

Les maquettes, les scénarimages et les animations ont cependant pour désavantage de ne pas communiquer de manière aussi efficace que le produit final. Il s'avère en effet difficile de susciter des réactions affectives et des émotions chez les participants à l'aide de ces outils. Les délais constituent un autre désavantage. Pour de nombreux gestionnaires du marketing, être les premiers à accéder à un marché procure un avantage sur la concurrence. Ils préfèrent faire fi de l'étape de la recherche pour gagner du temps et ainsi assurer leur position sur le marché.

Le post-test

Le post-test est très prisé des annonceurs et des agences de publicité. Le tableau 17.2 présente les résultats d'une étude sur les méthodes de recherche des agences de publicité et des annonceurs. Un fort pourcentage d'entre eux évalue d'ailleurs la forme définitive des annonces publicitaires et des campagnes télévisées. Le post-test permet de déterminer si la campagne atteint les objectifs escomptés et sert de point de départ à l'analyse de la situation au moment d'élaborer le prochain plan de communication.

Au printemps 2002, Desjardins Sécurité financière, compagnie d'assurance-vie, a fait appel à ce type de recherche pour orienter ses futures stratégies publicitaires. Pour tester son produit Accirance, Assurance accident de personnes, la compagnie disposait de 27 versions différentes de sa brochure, une version étant adaptée à chaque groupe. Chacune comprenait un argumentaire, des accroches et des slogans particuliers. Bien que la compagnie d'assurance-vie ait fait parvenir 30 000 brochures, les résultats n'ont pas été concluants en comparaison des campagnes précédentes, alors qu'elle avait eu recours à des brochures plus sobres et moins coûteuses. Notons par contre que, parmi les 27 groupes, les coûts supplémentaires associés à la personnalisation du message ont été compensés par des rendements supérieurs.

Diverses mesures de post-tests sont disponibles, et la plupart comportent des méthodes de recherche par sondage.

TABLEAU 17.2 Quelques données sur l'utilisation des tests publicitaires

	Total Nombre	Total %	Agences Nombre	Agences %	Annonceurs Nombre	Annonceurs %
Nombre total de répondants	112	100	39	100	73	100
Réalisation de recherches préliminaires, de recherches de données et de recherches stratégiques en guise de préparation des campagnes publicitaires	104	92,9	39	100	65	89
Évaluation du texte descriptif, du scénarimage et de tout autre matériel avant la réalisation d'une esquisse	85	75,9	34	87,2	51	69,9
Évaluation de l'esquisse avant la forme définitive de la publicité	102	91,1	38	97,4	64	87,7
Évaluation de la publicité dans sa forme définitive	105	93,8	35	89,7	70	95,9
Évaluation des campagnes télévisées	98	87,5	37	94,9	61	83,6
Test des publicités concurrentes	73	65,2	27	69,2	46	63
Test d'usure des messages	29	25,9	9	23,1	20	27,4

Où tester ?

En plus du moment, on doit déterminer l'endroit des tests. Ces tests ont lieu en laboratoire ou sur le terrain.

Le test en laboratoire

Le **test en laboratoire** permet de rassembler des gens dans un environnement contrôlé. L'exercice consiste à leur présenter des annonces publicitaires télévisées et imprimées. Les responsables interrogent ensuite les participants au sujet de ces annonces et évaluent leurs réactions à l'aide de diverses méthodes, dont la dilatation des pupilles, le suivi du regard ou le réflexe psychogalvanique.

Test en laboratoire

Test qui se déroule dans un environnement contrôlé et qui permet d'évaluer les réactions à une publicité.

Le principal avantage de l'environnement en laboratoire est le contrôle qu'il procure au chercheur. Différentes versions du texte, de l'illustration, des formats, des couleurs et des autres éléments du message sont manipulées à peu de frais, permettant ainsi d'évaluer les effets de chacune. Cette démarche facilite la tâche du chercheur, qui peut isoler la contribution de chaque facteur.

Le manque de *réalisme* constitue le principal inconvénient de cette méthode. La conséquence la plus importante de ce manque demeure sans doute le **biais du test**. Les personnes réunies dans un laboratoire, bien que celui-ci ait parfois toutes les apparences d'un salon, sont portées à scruter les annonces publicitaires d'un œil beaucoup plus critique qu'elles ne l'auraient fait, par exemple, à la maison. En outre, il est difficile de recréer une situation normale d'écoute avec ses distractions et les douceurs du foyer. Regarder une publicité dans un laboratoire n'est pas la même chose que la regarder confortablement installé dans son fauteuil en présence de son conjoint, de ses enfants, de son chien, de son chat ou de sa perruche qui pépie. (Nous verrons plus loin que certaines méthodes permettent maintenant de corriger cette lacune, sans aller toutefois jusqu'à prévoir la présence d'un chien ou d'un perroquet!) Dans l'ensemble, le contrôle que permet cette méthode compense en grande partie ses désavantages, d'où la popularité des méthodes en laboratoire. Selon une étude récente de l'Advertising Research Foundation (ARF), la validité prédictive des tests en laboratoire des messages publicitaires télévisés était aussi bonne, sinon supérieure à celle des tests réalisés en ondes[8].

Le test sur le terrain

Le **test sur le terrain** permet de présenter une annonce dans un environnement naturel. Il est possible de tenir compte des effets de la répétition, du contenu du programme et même de la présence d'annonces publicitaires concurrentes.

Le principal désavantage du test sur le terrain est son manque de contrôle. Il peut s'avérer impossible d'isoler les éléments qui ont motivé les évaluations des lecteurs ou des téléspectateurs. Un événement imprévu au cours du test peut fausser les résultats. Les concurrents peuvent aussi chercher à saboter la recherche. En général, les tests sur le terrain exigent plus de temps et d'argent. De plus, la lenteur à produire les résultats empêche souvent un suivi rapide. Le gain en réalisme se fait alors au détriment d'autres facteurs importants. C'est au chercheur de trouver le meilleur équilibre possible.

Les méthodes de mesure de l'efficacité en publicité

Notre présentation des éléments à tester, du moment et de l'endroit était de nature générale. Elle visait à faire comprendre l'ensemble du processus et certains termes clés. Dans la section suivante, nous examinerons les méthodes propres à chaque étape. Il importe d'abord d'établir certains critères qui nous permettront d'évaluer les publicités des médias imprimés et électroniques.

Biais du test
Biais qui survient dans la mesure de l'efficacité d'une publicité parce que les répondants savent qu'ils sont soumis à un test, ce qui influe sur leurs réponses.

Test sur le terrain
Test qui permet de présenter ou de diffuser une annonce publicitaire dans un environnement naturel et réaliste avec les bruits, les distractions et les douceurs du foyer.

Une recherche évaluative n'est pas une tâche aisée. En 1982, 21 agences de publicité américaines parmi les plus importantes ont souscrit à un ensemble de principes visant à « améliorer la recherche utilisée dans la préparation et l'évaluation des publicités, à fournir du matériel publicitaire plus créatif aux clients et à contrôler le coût des messages télévisés[9] ». Ces neuf principes sont regroupés sous le **Positioning Advertising Copy Testing (PACT)**. Ils sont présentés dans le tableau 17.3.

Positioning Advertising Copy Testing (PACT)

Ensemble de principes adoptés par 21 agences de publicité américaines parmi les plus importantes visant à améliorer la recherche utilisée dans la préparation et l'évaluation des publicités, à fournir du matériel publicitaire plus créatif aux clients et à contrôler le coût des messages publicitaires.

TABLEAU 17.3 Le PACT

1. Offrir des mesures ayant un lien clair et direct avec les objectifs de la publicité.
2. Préciser au préalable l'utilisation des résultats de chaque test.
3. Faire appel à plusieurs mesures – une seule mesure ne suffit pas pour évaluer l'efficacité d'une publicité.
4. Sélectionner des mesures fondées sur le modèle de réponses des récepteurs aux communications : réception d'un stimulus, compréhension du stimulus et réaction au stimulus.
5. Prévoir que le stimulus publicitaire puisse être répété à plusieurs reprises.
6. Reconnaître que plus le projet publicitaire est près du produit final, plus les résultats de son évaluation sont pertinents, et exiger qu'au minimum chaque exécution testée présente le même degré de finition.
7. Prévoir des contrôles pour éviter les biais liés au contexte de diffusion.
8. Tenir compte des facteurs fondamentaux au moment de définir l'échantillon.
9. Démontrer la fiabilité et la validité.

La mise au point de méthodes *appropriées* préoccupe annonceurs et clients. L'adhésion à ces principes ne garantit pas les tests sans faille, mais elle contribue beaucoup à l'amélioration de la recherche et allège à tout le moins certains problèmes liés aux tests mentionnés précédemment. On peut réaliser les tests à diverses étapes du processus de mise au point de la publicité et de la campagne publicitaire, soit au cours 1) de la recherche du concept ; 2) de la vérification de l'esquisse, du texte ou de la publicité ; 3) du pré-test du produit fini ; 4) de l'analyse des réactions du marché à la publicité (post-test).

La création et la vérification du concept

Le tableau 17.4 décrit le processus servant aux **tests de concept publicitaire** réalisés au tout début du processus de création de la campagne publicitaire.

Test de concept publicitaire

Test visant à explorer les réactions du public cible à un projet de publicité ou de campagne publicitaire.

TABLEAU 17.4 Le test de concept publicitaire

Objectif	Analyser les réactions des consommateurs à divers concepts publicitaires exprimés sous forme de mots, d'images et de symboles.
Méthode	Plusieurs concepts sont présentés à des consommateurs qui répondent aux caractéristiques du public cible. Les réactions et les évaluations de chacun sont recueillies grâce à diverses méthodes : groupes de discussion, entrevues et sondages. La taille de l'échantillon varie selon le nombre de concepts présentés et le consensus qui se dégage des réponses.
Résultat	Données qualitatives ou quantitatives permettant d'évaluer et de comparer différents concepts.

On peut tester les énoncés de positionnement, les textes, les titres et les illustrations. Le matériel à évaluer peut être aussi simplement un titre ou une esquisse de la publicité. On peut aussi évaluer les couleurs, le type de caractères, l'emballage et même le matériel destiné aux points de vente.

Le test de concept publicitaire se fait souvent à l'aide d'un groupe de discussion. En général, ce groupe compte de 8 à 10 membres représentant le marché cible du produit. Il a pour rôle d'évaluer les concepts des nouveaux produits et les concepts publicitaires. Pour la plupart des entreprises, le groupe de discussion représente la première étape du processus de recherche. Le nombre de groupes de discussion utilisés varie selon le consensus qui se dégage de ces groupes, de la conviction des réponses, ou du degré d'adhésion ou de rejet des concepts. En général, de 6 à 10 groupes environ sont requis pour bien tester un concept.

Les groupes de discussion demeurent l'instrument de prédilection des spécialistes du marketing; on les utilise cependant souvent à outrance. En effet, cette méthodologie s'avère attrayante en ce que les résultats sont faciles à obtenir, directement observables et immédiats. Quantité d'éléments peuvent être examinés, et les consommateurs sont libres de s'exprimer ouvertement sur les aspects qu'ils considèrent comme importants. De plus, le groupe de discussion ne requiert aucune analyse quantitative. Malheureusement, nombre de gestionnaires sont peu habitués aux méthodes de recherche qui comportent des statistiques. Le groupe de discussion, qui est de nature qualitative, n'exige aucune compétence particulière en matière d'interprétation. Le tableau 17.5 fait état des faiblesses du groupe de discussion. De toute évidence, cette méthode n'est pas toujours la plus appropriée.

TABLEAU 17.5 Les faiblesses du groupe de discussion

- Les résultats ne sont pas quantifiables.
- Les échantillons s'avèrent trop restreints pour pouvoir appliquer les résultats à l'ensemble de la population ou du groupe cible.
- Les influences au sein du groupe peuvent fausser les réponses des participants.
- Un ou deux membres du groupe peuvent diriger ou dominer la discussion.
- Les consommateurs se transforment instantanément en *experts*.
- Les membres peuvent être non représentatifs du marché cible. (Les participants du groupe de discussion représentent-ils un certain groupe de personnes ?)
- Les résultats peuvent sembler plus représentatifs et définitifs qu'ils ne le sont en réalité.

Le test dans un lieu public constitue un autre moyen pour sonder l'opinion des consommateurs sur des concepts et leur demander d'évaluer sommairement une publicité ou un texte. Au lieu de se livrer à une évaluation au sein d'un groupe de discussion, on procède au moyen de questionnaires ainsi que d'échelles d'évaluation ou de classement. Grâce aux nouvelles technologies, il est possible de réaliser des tests de concept publicitaire par Internet. L'annonceur peut ainsi présenter ses concepts simultanément partout au Canada, recueillir des réactions et analyser tous les résultats presque en même temps.

L'esquisse, le texte descriptif et le test de marché

Compte tenu du coût élevé associé à la production d'une publicité (quantité de messages publicitaires diffusés sur les grands réseaux de télévision coûtent des centaines de milliers de dollars à produire), les annonceurs investissent de plus en plus d'argent pour tester une ébauche de leur publicité dès les premières étapes du processus.

À cette étape, des diapositives des illustrations, des animations ou des photographies sont projetées sur un écran. (*Consulter le tableau 17.6 pour comprendre la terminologie.*) Le coût de ces tests se situant entre 3 000 $ et 5 000 $, la recherche à cette étape se révèle de plus en plus populaire.

TABLEAU 17.6 La terminologie des tests d'esquisse

L'esquisse consiste en une version préliminaire de la publicité et se classe dans une des catégories suivantes.

Animatique
- Succession de dessins et de dessins animés
- Rendu de l'illustration
- Image fixe
- Simulation de mouvement : effet panoramique, agrandissement d'une image et séquence rapide

Ébauche sur bande vidéo
- Film
- Remplaçants et acteurs non syndiqués
- Équipe technique non syndiquée
- Accessoires limités et effets optiques minimaux
- Repérage des lieux de tournage

Scénarimage électronique
- Succession de photographies
- Vraies personnes et paysages
- Images fixes
- Simulation de mouvement : effet panoramique, agrandissement d'une image et séquence rapide

Prêt pour un usage commercial
- Films et dessins animés
- Acteurs syndiqués aux tarifs élevés
- Équipe technique complète
- Accessoires exotiques, décors de studio et effets spéciaux

Le coût n'est cependant qu'un facteur parmi d'autres. Un test n'a de valeur que s'il fournit des données précises et pertinentes. Le test d'une ébauche doit indiquer dans quelle mesure le produit final permet d'obtenir les résultats escomptés. Certaines études ont montré que ces tests sont fiables et qu'il existe une corrélation étroite entre leurs résultats et ceux obtenus par la publicité dans sa forme finale[10].

Nombre de tests réalisés à l'étape de l'ébauche sont effectués en laboratoire, bien que certains tests sur le terrain soient aussi disponibles. Parmi les tests les plus populaires, on trouve les tests de compréhension, les tests de réaction et les groupes témoins de consommateurs. Encore une fois, Internet permet l'utilisation de tests sur le terrain.

Les tests de compréhension et de réaction

L'une des grandes préoccupations de l'annonceur est de s'assurer que la publicité véhicule le message voulu, tout comme la réaction qu'elle suscite. Aucun annonceur ne souhaite provoquer une réaction négative ou offenser quiconque avec sa publicité. Les publicités des céréales Les p'tits bonjours des Biscuits Leclerc, par exemple, ont semé la controverse il y a quelques années. Les annonces, qui mettaient en vedette des enfants peu respectueux de leurs parents, ont dû être retirées des ondes en raison du mécontentement qu'elles ont suscité au sein du public. Les **tests de compréhension et de réaction** ont été conçus pour répondre à ces questions (bien qu'il y ait parfois lieu de se demander comment certaines publicités réussissent néanmoins à se frayer un chemin jusqu'à nous).

Test de compréhension et de réaction

Test permettant de déterminer si la publicité véhicule le message désiré et ne suscite aucune réaction négative.

Il n'existe aucune méthode normalisée pour les tests de compréhension et de réaction. Les entrevues individuelles, les entrevues collectives et les groupes de discussion sont quelques-unes des méthodes servant à cette fin. La taille des échantillons varie selon les besoins du client; en général, ceux-ci comptent entre 50 et 200 participants.

Le groupe témoin de consommateurs

Groupe témoin de consommateurs

Échantillon représentatif du marché cible chargé d'évaluer l'impact d'une publicité.

Le **groupe témoin de consommateurs** peut être appelé à évaluer une sélection de maquettes ou de textes descriptifs présentés sur des feuilles séparées. Le tableau 17.7 présente les objectifs poursuivis et les méthodes employées au sein d'un tel groupe[11]. Le tableau 17.8 présente des exemples de questions posées aux consommateurs.

TABLEAU 17.7   Le groupe témoin de consommateurs

Objectif	On demande au public cible (consommateurs) d'évaluer des publicités et de faire part de ses réactions. Lorsque plusieurs publicités sont testées, les participants sont invités à les classer par ordre de préférence.
Méthode	On demande aux répondants de regarder les publicités et de les évaluer selon l'ordre du mérite ou la comparaison par paires. Dans le premier cas, les répondants regardent les publicités et les classent une à une selon le mérite qu'ils leur accordent. Dans le second cas, les participants sont invités à comparer les publicités par paires. Chaque publicité est comparée avec les autres publicités du groupe, et la publicité gagnante est inscrite sur une liste. La meilleure publicité est celle qui remporte le plus grand nombre de votes. Le groupe témoin de consommateurs compte entre 50 et 100 participants.
Résultat	La réaction d'ensemble à chaque publicité en cours de création et le classement des publicités sont basés sur les perceptions des participants.

TABLEAU 17.8   Des questions posées lors du test de groupe témoin de consommateurs

1. Parmi les publicités suivantes, laquelle attirerait le plus votre attention dans un magazine ?
2. Parmi les titres suivants, lequel vous inciterait le plus à examiner de plus près la publicité ?
3. Quelle publicité vous semble la plus convaincante quant à la qualité ou à la supériorité du produit ?
4. Quelle maquette vous inciterait le plus à acheter le produit ?
5. Quelle publicité préférez-vous ?
6. Quelle publicité vous semble la plus intéressante ?

Le groupe témoin de consommateurs offre des avantages quant au contrôle et au rapport coût-efficacité, mais il présente sur le plan de la méthodologie de sérieuses lacunes qui limitent son utilité.

Les lacunes du groupe témoin

- *Le consommateur peut s'autodésigner expert.* Le groupe témoin de consommateurs a pour avantage d'être objectif. En outre, l'expérience du produit du consommateur cible peut apporter beaucoup au processus d'évaluation. Or, parfois, le simple fait d'être invité à critiquer des publicités incite un participant à se montrer plus expert dans son évaluation, à être plus attentif et à faire preuve d'un esprit plus critique qu'à l'habitude. Il peut en résulter une évaluation moins objective ou une évaluation portant sur des éléments autres que ceux prévus au départ.

- *Le nombre de publicités que l'on peut évaluer est limité.* Que l'on utilise les méthodes d'évaluation par ordre du mérite ou de la comparaison par paires, la méthode de classement utilisée devient plus fastidieuse à mesure que le nombre de possibilités augmente.

Par exemple, avec la comparaison par paires, on calcule le nombre d'évaluations requis à l'aide de la formule suivante :

$$\frac{n(n-1)}{2}$$

S'il y a 6 options à l'étude, 15 évaluations doivent être faites. Si le nombre de publicités augmente, la tâche peut devenir de plus en plus difficile à gérer.

- *Il est possible que se crée un effet de halo.* Un participant peut parfois accorder une bonne note à toutes les caractéristiques d'une publicité, car les quelques aspects qui lui plaisent occultent ses faiblesses. Cette tendance est appelée **effet de halo**. (Bien entendu, l'inverse peut aussi se produire, soit accorder une mauvaise note à une publicité en raison de quelques aspects négatifs.)

- *Les préférences pour certains types de publicités peuvent nuire à l'objectivité.* Les publicités qui font appel aux émotions ou à des images peuvent se voir attribuer une note plus élevée que celles qui n'utilisent que du texte, des faits ou des critères plus rationnels. Bien que ces derniers éléments puissent avoir un impact considérable sur le marché cible, les publicités peuvent être jugées moins efficaces par un groupe témoin de consommateurs préférant davantage une approche qui mise sur les émotions.

Effet de halo
Biais qui influe sur notre perception d'une publicité et qui s'observe lorsqu'une caractéristique jugée positive (ou négative) d'une publicité a tendance à rendre plus positives (ou négatives) les autres caractéristiques de celle-ci.

Bien que les groupes témoins de consommateurs soient privilégiés depuis des années, les biais liés à cette méthode ont amené les chercheurs à douter de sa validité. C'est pourquoi diverses autres méthodes sont d'ordinaire utilisées ; nous les présenterons plus loin dans ce chapitre.

Le pré-test du produit final

Le tableau 17.2, à la page 561, montre que le pré-test de la publicité achevée est celui qui intéresse le plus les chercheurs en marketing et les agences. À cette étape, on fait appel à la version définitive de la publicité ; comme on ne l'a pas encore diffusée, on peut y apporter quelques changements.

Pour beaucoup de chercheurs, tester une publicité définitive permet d'en apprendre davantage. Plusieurs tests peuvent être utilisés pour la publicité imprimée, radiophonique et télévisée, dont les méthodes en laboratoire et les méthodes sur le terrain.

Pour la publicité imprimée, il y a le test de reliure, le test de lisibilité et le support publicitaire factice. Quant aux méthodes pour la publicité radiophonique et télévisée, citons le test d'annonces en salle de cinéma et le test en ondes. Les méthodes utilisées dans les trois cas peuvent comporter des tests physiologiques.

Le pré-test de la version finale d'une publicité imprimée

On compte un certain nombre de méthodes pour pré-tester la version finale d'une publicité imprimée. Les plus utilisées sont le test de reliure, le test de lisibilité et le support publicitaire factice.

Le test de reliure Le test de reliure est une méthode en laboratoire. Il consiste à présenter un recueil de publicités à un groupe de répondants et à leur demander d'indiquer les éléments de la publicité dont ils se souviennent. Les publicités que les participants se *rappellent le plus* sont alors considérées comme les plus efficaces.

Les tests de reliure permettent de comparer directement différentes publicités; ils comportent néanmoins certaines lacunes qui en limitent l'applicabilité.

1. Des facteurs autres que la créativité ou la présentation peuvent influer sur la capacité de se rappeler une publicité. L'intérêt envers le produit ou la catégorie de produit, le fait que les répondants savent qu'ils participent à un test et les instructions de l'interviewer peuvent davantage expliquer les écarts que la publicité elle-même.

2. Le degré de rappel d'une publicité n'est pas toujours la meilleure mesure de mémorisation. En ce qui concerne les produits à faible implication, des chercheurs prétendent que la reconnaissance d'une publicité au moment de sa diffusion peut constituer un meilleur indicateur que le rappel.

Le test de lisibilité On peut déterminer l'efficacité du texte descriptif d'une publicité sur le plan de la communication sans interroger les lecteurs, notamment grâce à la formule de Flesch, nommée ainsi en l'honneur de son concepteur, Rudolph Flesch. Ce test permet d'évaluer le niveau de difficulté d'un texte publicitaire. On compare les résultats du test avec des normes établies au préalable pour ces différents publics. Le test montre qu'un texte s'avère plus facile à comprendre lorsque les phrases sont courtes, que les mots utilisés sont concrets et familiers et que des références personnelles sont fournies.

Le test de lisibilité élimine un grand nombre de biais associés aux autres méthodes et évite les erreurs grossières d'interprétation. Les normes offrent aussi un outil de référence pratique aux fins de comparaison.

Le test de lisibilité comporte néanmoins certains désavantages. Le texte descriptif peut devenir trop mécanique, et on ne dispose d'aucune réaction directe du destinataire. Sans cette réaction, on ne peut évaluer des éléments tels que la créativité. Pour être efficace, le test doit être utilisé avec d'autres méthodes de pré-test.

Test de reliure
Méthode de laboratoire consistant à présenter à un groupe de répondants un recueil contenant des prototypes de publicité et des publicités de contrôle.

Formule de Flesch
Test permettant d'évaluer les niveaux de difficulté des textes selon le nombre moyen de mots par phrase et le nombre moyen de syllabes par groupe de 100 mots.

Les supports publicitaires factices

Pour renforcer le test de reliure, on fait paraître les publicités dans des magazines factices créés par une agence de publicité ou une firme spécialisée dans la recherche. Les magazines contiennent une variété d'articles susceptibles d'intéresser le lecteur et des prototypes de publicité. On le distribue ensuite à un *échantillon aléatoire* de résidences situées dans des zones géographiques prédéterminées. On explique aux lecteurs que l'éditeur du magazine souhaite en évaluer le contenu rédactionnel et qu'ils doivent le parcourir comme s'il s'agissait de leur revue habituelle. On cherche par la suite à obtenir les réactions des interviewés sur le contenu rédactionnel et les publicités. Enfin, on évalue la mémorisation, la lisibilité et la capacité de la publicité à susciter l'intérêt.

La méthode a pour avantage de fournir un environnement plus naturel que le test de reliure. Le participant fait la lecture à son domicile. C'est pourquoi le test permet de recréer une situation de lecture près de la réalité, si bien que le lecteur peut lire et relire le magazine comme le ferait un lecteur normal.

Le magazine factice comporte toutefois certains désavantages semblables à ceux du test de reliure. L'effet du test reste toujours présent, et l'intérêt pour le produit peut fausser les résultats. Par conséquent, bien qu'il offre certains avantages en comparaison du test de reliure, ce test ne constitue pas une mesure infaillible de l'impact d'une publicité.

Les pré-tests de la version finale d'une publicité radiophonique et télévisée

Diverses méthodes permettent de pré-tester la version finale d'une publicité radiophonique et télévisée. Les plus populaires sont les tests d'annonces en salle de cinéma, les tests en ondes et les tests physiologiques.

Les tests d'annonces en salle de cinéma Dans le passé, le **test d'annonces en salle de cinéma** était l'une des méthodes les plus populaires pour pré-tester la version finale d'une publicité. Les participants étaient sollicités au téléphone, dans des endroits publics et par la poste pour regarder des émissions pilotes télévisées. Si, dans certains cas, l'émission elle-même est l'objet d'un test, on utilise d'ordinaire une émission déjà diffusée afin de comparer les réactions des téléspectateurs avec celles déjà observées chez d'autres. La taille de l'échantillon varie entre 250 et 600 participants.

Dès leur entrée dans la salle de cinéma, on informe les spectateurs que des cadeaux leur seront remis. On leur demande ensuite de remplir un questionnaire sur leurs préférences à titre de consommateurs et d'indiquer les produits qu'ils aimeraient gagner. Ce questionnaire demande aussi certains renseignements démographiques. Les participants peuvent être invités à s'asseoir dans des endroits précis de la salle, rendant ainsi possibles les observations selon l'âge, le sexe, etc. Ils regardent l'émission ou la publicité, puis on leur remet un questionnaire d'évaluation. On invite ensuite les participants à remplir un second questionnaire pour un tirage; le document sert à noter les changements de préférences en matière de produit. Outre les préférences pour un produit ou une marque, le questionnaire peut demander les renseignements suivants :

> **Test d'annonces en salle de cinéma**
>
> Pré-test se déroulant dans une salle de cinéma et servant à évaluer la version finale d'une publicité.

1. l'intérêt et les réactions envers la publicité ;
2. la réaction globale à l'égard de la publicité à partir d'une liste d'adjectifs ;
3. la mémorisation des différents éléments de la publicité ;
4. l'intérêt pour la marque ;
5. les réactions en continu (image par image) tout au long de la diffusion de la publicité.

Les méthodes servant aux tests d'annonces en salle de cinéma varient, mais chacune permet de mesurer les changements de préférence de marque. De plus, nombre de firmes offrant ces services utilisent maintenant des enregistrements de messages publicitaires sur vidéocassette que le participant peut regarder dans son bureau plutôt que dans une salle de cinéma. D'autres font installer des salles de visionnement dans des centres commerciaux ou des hôtels. Certaines firmes ne prennent cependant pas toutes les mesures énumérées précédemment ; d'autres encore demandent aux consommateurs de tourner des cadrans ou d'appuyer sur les touches d'un clavier numérique de manière à répondre de façon continue. Le tableau 17.9 présente un exemple de cette méthodologie.

TABLEAU 17.9 La méthodologie de test en salle de cinéma ACT

Conçue par McCollum Spielman Worldwide, l'Advertising Control of Television (ACT) est une méthode en laboratoire qui fait appel à environ 400 répondants représentant 4 villes. Pour mesurer la préférence de marque au départ, les participants indiquent leur achat le plus récent. Chaque groupe de 25 personnes est invité à regarder une émission de 30 minutes contenant 7 messages publicitaires insérés à mi-chemin. Parmi ces sept publicités, quatre sont mises à l'essai ; les trois autres sont des publicités de contrôle conformes aux normes établies. Une fois la séance terminée, on soumet les répondants à un test de mémorisation des publicités. On présente ensuite une seconde émission de 30 minutes contenant les 4 publicités mises à l'essai. On prend alors une seconde mesure de préférence de marque. Une mesure de persuasion indique le pourcentage d'auditeurs qui ont changé de préférence de marque, passant de la marque la plus récemment achetée à la marque présentée dans la publicité à l'essai.

Les opposants aux tests d'annonces en salle de cinéma invoquent un certain nombre de désavantages. L'environnement se révèle trop artificiel à leurs yeux. Un décor de laboratoire constitue déjà une contrainte importante. C'est pourquoi le fait de demander aux répondants de tourner un cadran pendant le visionnement d'une publicité ou de placer sur eux des électrodes pour enregistrer leurs réactions physiologiques, comme peut l'exiger une firme, les éloigne davantage d'une séance de visionnement normale.

De plus, la mesure indiquant une préférence de marque peut sembler trop peu vraisemblable pour être crédible. Selon les critiques, les participants finissent par deviner le stratagème et indiquent un changement de préférence uniquement parce qu'ils croient que c'est ce que l'on attend d'eux. Enfin, il y a l'effet de groupe où la seule présence de personnes réagissant de manière excessive peut influencer les participants qui ne manifestent aucune réaction.

Les défenseurs des tests d'annonces en salle de cinéma croient, au contraire, que la méthode comporte plusieurs avantages, dont un meilleur contrôle. En outre, les normes établies (la performance moyenne du message publicitaire) permettent de déterminer la performance de l'annonce par rapport aux publicités de produits similaires déjà testés. De l'avis des partisans de cette méthode, l'analyse des résultats des ventes confirme le bien-fondé de la mesure de préférence de marque.

Malgré les lacunes des tests d'annonces en salle de cinéma, plusieurs grands fabricants de produits de consommation les ont utilisés pour évaluer leurs messages publicitaires. Cette méthode a des limites, mais elle permet de distinguer les publicités efficaces de celles qui le sont moins et de les comparer avec les autres annonces.

Les tests en ondes Plusieurs firmes réalisant des tests d'annonces en salle de cinéma offrent aussi la possibilité de tester des messages publicitaires pendant la diffusion d'émissions de télévision dans certains marchés cibles. En général, il s'agit de la version finale d'une publicité, mais il est de plus en plus fréquent de tester des ébauches de publicité. Cette méthode, appelée **test en ondes**, comporte souvent une analyse reposant sur le système source unique, dont nous parlerons plus loin dans ce chapitre.

Les tests en ondes offrent tous les avantages et les inconvénients des méthodes sur le terrain. Les mesures prises lors de ce type de test comportent des aspects négatifs. L'une des principales critiques de cette technique est liée à l'utilisation du **test du lendemain**, principale mesure des tests en ondes. Selon Lymand Ostlund, l'environnement naturel des tests en ondes peut provoquer des erreurs de mesure importantes; par exemple, le score de mémorisation varie selon la position de l'annonce diffusée à l'intérieur d'une séquence de publicités, le type d'émission ou le nombre de messages publicitaires présentés[12]. Les agences qui effectuent ces tests estiment que leurs méthodes permettent d'éliminer ces obstacles; toutes font encore appel au test du lendemain comme principale mesure d'efficacité. Si le test du lendemain est celui qui reflète le mieux le degré d'attention et d'intérêt envers une publicité, il est peut-être téméraire de prétendre qu'il permet de prévoir l'impact d'une publicité sur les ventes. (Dans les 28 études examinées par Jack Haskins, seulement 2 indiquent un lien de cause à effet entre les ventes et la mémorisation d'une publicité[13].) Selon une recherche de Joel Dubow, le test du lendemain constitue une mesure nécessaire, mais insuffisante. La recherche de Jones et Blair se révèle encore plus catégorique : « Il est imprudent de voir dans le test du lendemain une évaluation précise de l'impact d'une publicité sur les ventes[14]. »

Quant aux avantages, la plupart des firmes offrant ce service sont en mesure de démontrer la validité et la fiabilité des pré-tests en ondes. Certaines prétendent même obtenir, 9 fois sur 10, des résultats de pré-tests et de post-tests identiques sur le plan de la mémorisation, ce qui prouve leur fiabilité et indique l'effet probable d'une publicité lors de sa diffusion dans les médias de masse.

En résumé, les pré-tests en ondes de publicités dans leur version finale ou en cours d'élaboration offrent certains avantages distincts en comparaison des méthodes en laboratoire et peuvent indiquer si la publicité connaîtra du succès. Ces mesures s'avèrent-elles aussi fiables que le prétendent les fournisseurs de telles données ? Cela reste à voir.

Test en ondes

Test de messages publicitaires diffusés pendant certaines émissions de télévision sur certains marchés cibles.

Test du lendemain

Mesure utilisée par différentes maisons de recherche en marketing pour tester des publicités télévisées ; ce test indique le pourcentage de téléspectateurs interrogés qui se rappellent avoir vu une publicité donnée.

Les mesures physiologiques Une méthode moins utilisée pour pré-tester des publicités achevées consiste à mesurer les réactions physiologiques en laboratoire. Ces mesures indiquent les réactions *involontaires* provoquées par la publicité chez le destinataire, éliminant ainsi, en théorie, le biais associé aux mesures volontaires examinées jusqu'à présent. (Les réactions involontaires sont celles sur lesquelles nous n'avons aucun contrôle, comme le rythme cardiaque et les réflexes.) Parmi les mesures physiologiques utilisées à la fois pour les publicités imprimées ainsi que pour les publicités radiodiffusées et télédiffusées, on compte la dilatation de la pupille, le réflexe psychogalvanique, le mouvement oculaire et l'activité cérébrale.

- *La dilatation de la pupille* Certains annonceurs ont fait appel à la **pupillométrie** pour évaluer des produits et des emballages, ainsi que pour tester des publicités. La dilatation de la pupille suggère un intérêt prononcé (ou une préférence) envers une publicité, ou indique un éveil de l'intérêt ou un effet d'attraction. D'autres tentatives visant à déterminer les réactions affectives (les préférences et les aversions) suscitées par une publicité ont cependant connu moins de succès.

   Compte tenu de son coût élevé et de certains problèmes de nature méthodologique, l'utilisation de la pupillométrie a diminué au cours des dernières années. Cette méthode peut néanmoins s'avérer utile à l'évaluation de certains aspects d'une publicité.

> **Pupillométrie**
> Mesure de la dilatation et de la constriction des pupilles en réaction à un stimulus.

- *Le réflexe psychogalvanique* Appelé aussi *réaction électrodermale*, le **réflexe psychogalvanique** permet de mesurer la résistance ou la conductance de la peau en contact avec un faible courant électrique qui passe entre deux électrodes. La réaction à ce stimulus active les glandes sudoripares, lesquelles à leur tour augmentent la conductance du courant électrique. Par conséquent, l'activité du réflexe psychogalvanique peut indiquer une réaction à la publicité. Dans leur revue des recherches dans ce domaine, Paul Watson et Robert Gatchel ont conclu que le réflexe psychogalvanique : 1) se montre sensible aux stimuli de nature affective ; 2) peut être un indicateur d'attention ; 3) peut s'avérer utile pour mesurer la mémorisation à long terme d'une publicité ; 4) peut servir à évaluer l'efficacité d'une publicité[15]. Après avoir interrogé des praticiens et passé en revue des études de cas, Priscilla LaBarbera et Joel Tucciarone ont aussi conclu que le réflexe psychogalvanique constitue une mesure efficace et utile pour mesurer l'impact et l'attrait d'une publicité[16]. Bien que plusieurs entreprises offrent un service de mesure du réflexe psychogalvanique, cette méthode de recherche reste peu utilisée. LaBarbera et Tucciarone la jugent même sous-utilisée compte tenu de son grand potentiel.

> **Réflexe psychogalvanique**
> Mesure de la résistance ou de la conductance de la peau en contact avec un faible courant électrique qui passe entre deux électrodes ; l'activité du réflexe psychogalvanique peut indiquer une réaction à la publicité.

- *Le mouvement oculaire* Plus souvent utilisé, le **mouvement oculaire** (*voir le tableau 17.10*) permet de suivre le mouvement des yeux du téléspectateur au moment où il regarde une publicité, alors qu'un capteur y projette un faisceau infrarouge. Le faisceau indique l'endroit exact où le téléspectateur concentre son attention. La lecture en continu des réactions permet de déterminer les aspects de la publicité qui attirent le plus l'attention, la durée de cette attention et l'ordre de la séquence.

> **Mouvement oculaire**
> Méthode permettant de suivre le mouvement des yeux du téléspectateur au moment où il regarde une publicité.

TABLEAU 17.10 La recherche sur le mouvement oculaire

Objectif	Suivre les mouvements de l'œil pour déterminer ce que le sujet lit ou voit dans une publicité imprimée et établir où son attention se concentre lorsqu'il regarde une publicité télévisée ou un panneau publicitaire.
Méthode	On observe les mouvements oculaires du téléspectateur ou du lecteur pendant qu'il regarde une publicité à l'aide de fibre optique, de méthodes de traitement de données numériques et de techniques perfectionnées.
Résultat	Établir un lien entre ce que le lecteur voit, mémorise et comprend. Examiner la séquence dans laquelle les publicités imprimées, les panneaux publicitaires, les annonces publicitaires et tout autre document écrit sont regardés. Cette façon de faire sert aussi à l'évaluation des emballages.

Le mouvement oculaire peut révéler les forces et les faiblesses d'une publicité. Des éléments accrocheurs ou l'action en arrière-plan, par exemple, pourraient détourner l'attention du téléspectateur de la marque ou du produit annoncé, ce qui permet à l'annonceur de corriger la situation avant de lancer sa campagne publicitaire. Dans d'autres cas, les couleurs ou les illustrations peuvent capter l'attention du téléspectateur et susciter un intérêt pour la publicité.

- *L'activité cérébrale* Les **mesures électro-encéphalographiques (EEG)** permettent de déterminer les fréquences électriques du cerveau. Ces impulsions électriques sont utilisées dans deux domaines de recherche : les ondes alpha et la latéralisation hémisphérique.

    – L'**activité alpha** indique le degré d'activité cérébrale. Un individu immobile, au repos ou endormi est dans un état alpha. En théorie, une personne dans l'état alpha éprouve plus de mal à traiter de l'information (il existe une corrélation négative entre la mémorisation et les niveaux alpha); l'état alpha doit cesser pour que la personne puisse recouvrer son degré d'attention et sa capacité de traiter l'information. En mesurant le niveau alpha d'un sujet qui regarde une publicité, les chercheurs peuvent évaluer le degré d'attention et de traitement de l'information susceptible de se produire.

    – La **latéralisation hémisphérique** fait la distinction entre l'activité alpha du côté droit du cerveau et celle du côté gauche. L'hémisphère droit réagirait davantage aux stimuli émotionnels; l'hémisphère gauche réagirait à la logique. Le côté droit actionne le mécanisme de la reconnaissance; le gauche, celui de la mémorisation[17]. Si ces hypothèses étaient fondées, les annonceurs pourraient concevoir des publicités qui augmenteraient les capacités d'apprentissage et de mémorisation à l'aide de stimuli destinés à chaque hémisphère.

Certains chercheurs estiment toutefois que le cerveau ne fonctionne pas selon un schéma latéral; une publicité ne peut être conçue pour s'adresser à un hémisphère particulier.

Mesure électro-encéphalographique (EEG)

Mesure permettant de déterminer les fréquences électriques du cerveau.

Activité alpha

Mesure du degré d'activité cérébrale.

Latéralisation hémisphérique

Concept selon lequel le cerveau possède deux hémisphères (ou moitiés) distincts et responsables d'un type précis de fonctions. Le côté droit du cerveau traite les stimulus visuels; le gauche, les stimulus verbaux.

Si la recherche sur les EEG a attiré l'attention des chercheurs, l'intérêt suscité chez les praticiens s'est révélé beaucoup moindre.

Les tests de marché des publicités

Le fait qu'une publicité ou une campagne publicitaire ait déjà été lancée ne signifie pas qu'il faille renoncer à la tester. Comme les pré-tests ont été réalisés à l'aide d'échantillons plus restreints et que les résultats peuvent être douteux dans certains cas, le gestionnaire du marketing doit déterminer l'efficacité d'une publicité diffusée sur un marché. Dans la section qui suit, nous examinerons les méthodes servant à tester une publicité *a posteriori*. Certains tests s'apparentent aux pré-tests présentés à la section précédente et sont réalisés par le même type de firmes.

Le post-test de la publicité imprimée

Divers post-tests peuvent servir à l'évaluation des publicités imprimées, dont le test de demandes de renseignements, le test de reconnaissance et le test de mémorisation.

Test de demandes de renseignements
Test permettant de mesurer l'efficacité d'une publicité en fonction des demandes de renseignements générées à partir des publicités figurant dans divers médias imprimés.

Le test de demandes de renseignements Le test de demandes de renseignements est utilisé à la fois pour les tests de marché de consommation et les tests de marché interentreprises. Le tableau 17.11 montre que la fiche-réponse reste le moyen le plus courant pour répondre à une publicité commerciale. Supposons, par exemple, que vous ayez composé un numéro de téléphone en réponse à une publicité parue récemment dans un média local. On vous a peut-être demandé comment vous avez découvert l'entreprise ou le produit, et à quel endroit vous avez vu la publicité. Il s'agit d'une méthode simple pour mesurer l'efficacité de la publicité ou du média.

TABLEAU 17.11 Les méthodes de réponse aux publicités

En dépit de la popularité croissante des dispositifs de réponse électroniques, les fiches-réponses demeurent le moyen par excellence pour répondre aux publicités des revues spécialisées.

Méthodes de réponse souvent ou très souvent utilisées*	%
Méthodes indirectes	
• Fiches-réponses à retourner	41
• Conserver la publicité et la consulter plus tard	35
• Discuter avec d'autres personnes des produits présentés dans la publicité	30
• Montrer la publicité à d'autres personnes pour qu'elles achètent le produit annoncé	26
Méthodes directes	
• Renvoyer des coupons-réponses	31
• Consulter le site Internet du vendeur	28
• Téléphoner aux fabricants	23
• Téléphoner aux représentants et aux distributeurs locaux	22
• Consulter le site Internet des magazines	21
• Visiter les stands des vendeurs dans des foires commerciales	20
• Discuter des produits avec les représentants des ventes	20
• Envoyer des télécopies aux vendeurs	17
• Consulter le site Internet des distributeurs	15
• Envoyer des courriels	10
• Envoyer des notes aux vendeurs par la poste	6

* Les 2 705 répondants pouvaient indiquer plusieurs méthodes.

Parmi les méthodes plus complexes servant à mesurer l'efficacité à l'aide de demandes de renseignements, on trouve: 1) le placement d'une publicité dans plusieurs parutions successives du même média; 2) le **test de tirage partagé**; 3) le placement de la même publicité dans différents médias.

Chaque méthode permet de recueillir des données sur différents aspects de la stratégie. La première mesure les effets cumulatifs de la campagne; la seconde évalue des éléments précis de la publicité ou de ses variantes. La dernière méthode mesure l'efficacité du média plutôt que celle de la publicité elle-même.

Bien que les tests de demandes de renseignements permettent d'obtenir des renseignements utiles, leurs faiblesses en limitent l'efficacité. Les demandes de renseignements, par exemple, ne constituent pas toujours une indication exacte du caractère accrocheur ou informatif de la publicité. Le lecteur peut être attiré par une publicité, la lire et même la conserver sans pour autant être porté à demander des renseignements. Les contraintes de temps, l'absence de besoin pour un produit ou un service au moment de la parution de la publicité ainsi que d'autres facteurs peuvent limiter le nombre de demandes de renseignements. Par conséquent, recevoir un nombre limité de demandes de renseignements ne signifie pas que la publicité s'est avérée inefficace; elle peut malgré tout avoir attiré l'attention, provoqué un changement d'attitude ou une prise de conscience, ou favorisé la mémorisation de ses éléments clés. À l'inverse, une personne ayant un besoin particulier à combler peut réagir à n'importe quelle publicité qui correspond à son besoin, peu importe les qualités intrinsèques de celle-ci.

Les tests de renseignements ont comme principaux avantages d'être peu coûteux et de fournir une rétroaction quant à l'efficacité générale d'une publicité ou du matériel utilisé. Toutefois, ils sont en général peu efficaces lorsqu'il s'agit de comparer différentes versions d'une même publicité ou encore certains aspects précis d'un message publicitaire.

Le test de reconnaissance La méthode peut-être la plus utilisée pour évaluer *a posteriori* des publicités imprimées est le **test de reconnaissance**, méthode étroitement associée à Roper Starch Worldwide, maintenant RoperASW. Le Starch Readership Report permet à l'annonceur d'évaluer l'impact d'une publicité publiée dans un seul numéro de magazine, par rapport à une certaine période ou à différents magazines (*voir le tableau 17.12, à la page suivante*). Starch évalue plus de 75 000 messages publicitaires par an. Ceux-ci sont publiés dans plus de 1 000 numéros, représentant une centaine de magazines et de journaux dans les domaines de la consommation, de l'agriculture et de l'économie. Starch fournit aussi des données sur l'efficacité d'une publicité.

Starch allègue que sa méthode: 1) offre un contrôle qui permet d'évaluer le pouvoir d'attraction des divers aspects d'une publicité; 2) propose des normes qui offrent la possibilité d'établir des comparaisons sur le plan de l'efficacité avec les publicités concurrentes; 3) permet de tester différentes versions d'une même publicité; 4) offre des grilles d'évaluation qui constituent une indication utile du degré d'adhésion des consommateurs à la publicité ou à la campagne. (En théorie, une publicité ne communique un message que dans la mesure où le lecteur la lit et y adhère. Le degré de lecture et d'adhésion est une indication directe de l'efficacité.)

Test de tirage partagé

Publication de plusieurs versions d'une même publicité dans différents exemplaires du même journal ou du même magazine.

Test de reconnaissance

Test permettant à l'annonceur d'évaluer l'impact d'une publicité publiée dans un seul numéro de magazine.

TABLEAU 17.12 Le Starch Readership Report

Objectif	Déterminer le degré de reconnaissance des publicités imprimées et les comparer à d'autres du même type ou publiées dans le même magazine.
Méthode	Des échantillons sont prélevés dans 20 à 30 zones urbaines qui reflètent la distribution géographique du magazine. Des interviewers évaluent les lecteurs selon le type recherché et déterminent l'exposition et le lectorat. Les échantillons comptent un minimum de 200 hommes et femmes et, au besoin, des publics particuliers. Les participants sont invités à parcourir les magazines, à examiner les publicités et à répondre à des questions précises.
Résultat	Le Starch Readership Report fournit trois mesures de reconnaissance : • *Le lecteur qui a observé* Pourcentage de lecteurs qui se rappellent avoir vu la publicité. • *Le lecteur qui a fait une association* Pourcentage de lecteurs qui se rappellent ou qui ont lu la publicité et qui l'associent à un produit ou à une marque. • *Le lecteur qui a presque tout lu* Pourcentage de lecteurs qui indiquent avoir lu au moins la moitié du texte publicitaire.

Parmi ces éléments, la capacité d'évaluer certains aspects précis d'une publicité est peut-être le plus valable. Nombre de chercheurs se sont montrés critiques envers les autres éléments du test de reconnaissance de Starch – et envers tous les autres tests de reconnaissance. Selon eux, ces méthodes comportent trois problèmes, soit des allégations fausses, la partialité des interviewers et le manque de fiabilité des scores de reconnaissance.

- *Les fausses allégations* Les recherches montrent que, au cours d'un test de reconnaissance, le répondant peut prétendre avoir vu une publicité, bien que ce soit faux. Diverses raisons expliquent ces fausses allégations : le répondant peut avoir vu une publicité semblable ailleurs, s'attendre à voir ce genre d'annonce dans le média utilisé ou désirer plaire à l'interviewer. Son intérêt pour la catégorie de produits peut aussi lui donner l'impression d'avoir déjà vu la publicité. Qu'elles soient délibérées ou non, ces allégations fallacieuses causent une surévaluation de l'efficacité. À l'inverse, la fatigue du répondant, par exemple, peut mener à une sous-évaluation. Le répondant affirme alors ne pas avoir vu la publicité qu'il a pourtant regardée.

- *La partialité de l'interviewer* La présence d'un interviewer au cours d'une recherche peut entraîner un biais. Le répondant peut alors chercher à l'impressionner ou craindre de paraître inintéressant à ses yeux s'il répond sans cesse ne pas avoir vu telle publicité. Les résultats peuvent aussi être différents en raison de la scolarité de l'interviewer, du fait que les entrevues sont enregistrées, et ainsi de suite, peu importe le degré de formation de l'interviewer.

- *La fiabilité du test de reconnaissance* Starch reconnaît que la fiabilité et la validité des tests de lectorat augmentent avec le nombre d'insertions testées. Tester une publicité diffusée une seule fois peut donc mener à des résultats qui ne sont ni valides ni fiables.

En dépit des critiques, les études de lectorat de Starch restent encore la principale méthode d'évaluation *a posteriori* des publicités imprimées. La valeur fournie par les normes ainsi que le fait que des expositions multiples peuvent améliorer la fiabilité et la validité risquent d'encourager l'emploi de cette méthode.

Le test de mémorisation Plusieurs tests permettent de mesurer la mémorisation d'une publicité imprimée. Les méthodes les plus connues sont le Next*Print Test d'Ipsos-ASI et le Magazine Impact Research Service (MIRS) de Gallup & Robinson, lequel est décrit au tableau 17.13. Ces **tests de mémorisation** sont semblables à ceux utilisés pour le pré-test de publicités radiodiffusées et télédiffusées, en ce qu'ils tentent de mesurer le degré de mémorisation d'une annonce publicitaire.

Test de mémorisation

Test permettant de mesurer le degré de mémorisation d'une publicité.

TABLEAU 17.13 Le Magazine Impact Research Service (MIRS) de Gallup & Robinson

Objectif	Déterminer la mémorisation de la publicité (et des publicités du client) publiée dans les magazines pour évaluer son efficacité.
Méthode	Le participant doit lire le magazine à la maison la journée qu'il le reçoit. Une entrevue téléphonique est réalisée le lendemain. L'entretien permet d'évaluer la mémorisation des publicités et des principaux points présentés dans les textes descriptifs, et d'obtenir les impressions du participant quant aux annonces publicitaires. L'échantillon compte 150 personnes.
Résultat	Trois mesures sont obtenues : • *Un rappel prouvé* Pourcentage de répondants qui se remémorent la publicité avec précision. • *Un rappel des arguments* Nombre d'arguments de vente que se rappellent les répondants. • *Une attitude favorable d'achat* Degré de réaction favorable envers l'achat d'une marque ou envers une entreprise.

En plus de souffrir du même problème lié à l'utilisation d'interviewers que le test de reconnaissance, le test de mémorisation comporte d'autres désavantages. Le degré d'implication du lecteur envers le produit ou le degré d'originalité de l'approche créative ou du visuel peuvent générer des scores prouvés supérieurs à la réalité bien que, en général, la méthode engendre des scores plus faibles que ceux qui existent réellement. De l'avis de ses détracteurs, comme le test n'est pas assez fiable pour refléter avec précision la mémorisation, un grand nombre de publicités obtiennent un résultat inférieur à leur performance réelle, incitant ainsi les annonceurs à les modifier ou à les abandonner inutilement.

Du côté des avantages, le test de mémorisation permet d'évaluer l'impact d'une publicité sur la mémoire. Selon ses défenseurs, il faut accorder plus d'importance à l'interprétation des résultats qu'aux résultats eux-mêmes. Dans une étude très intéressante traitant de l'effet du caractère suggestif d'un nom de marque sur la mémorisation, Kevin Staller, Susan Heckler et Michael Houston ont découvert que les noms de marque qui font référence aux caractéristiques ou aux avantages du produit facilitent la mémorisation initiale des avantages d'une marque tout en inhibant la mémorisation des allégations publicitaires subséquentes. Ainsi, le nom de marque suggestif faciliterait le positionnement de départ de celle-ci, mais compliquerait l'introduction de nouvelles caractéristiques plus tard. Au dire des auteurs, ces résultats pourraient expliquer les difficultés des marques telles que Jack in the Box à établir une image plus adulte, et le succès mitigé des marques comme Old Spice et Oldsmobile auprès des consommateurs plus jeunes[18].

Le post-test des publicités radiodiffusées et télédiffusées

Diverses méthodes permettent de tester *a posteriori* les publicités radiodiffusées et télévisées. La méthode la plus courante consiste en une combinaison du test du lendemain, de mesures de persuasion et de mesures de diagnostic. Les tests de marché et les études de suivi, dont les méthodes reposant sur le système source unique, sont aussi utilisés.

Le test du lendemain Pendant des décennies, le test du lendemain de Burke a été la méthode la plus populaire dans l'industrie de la radiodiffusion et de la télédiffusion. Alors que plusieurs entreprises proposaient différents tests du lendemain, le *test de Burke* est devenu le nom générique associé à ces tests pour toutes les situations. Malgré leur popularité, les tests du lendemain avaient leur lot de problèmes : échantillons limités, coûts élevés et problèmes de confidentialité – les concurrents pouvaient voir les publicités diffusées sur les marchés cibles. Les tests du lendemain présentaient aussi les désavantages suivants :

- *Le test du lendemain peut favoriser le message faisant appel à une approche créative rationnelle, car le répondant est invité à le verbaliser.* Comme le message rationnel peut s'avérer plus facile à mémoriser que le message faisant appel aux émotions, les scores de rappel des publicités plus émotives peuvent se révéler plus faibles[19]. Selon d'autres études, le message publicitaire s'adressant aux émotions peut être perçu différemment du message plus rationnel. Certaines agences publicitaires, dont Leo Burnett et BBDO, ont même créé leur propre méthode pour déterminer la réaction émotionnelle en réponse aux publicités[20].

- *Le contenu du programme peut influer sur la mémorisation.* Une même publicité peut aboutir à des scores de rappel différents selon l'endroit où elle est diffusée. Les scores de rappel qui en résultent ainsi que les normes utilisées pour établir des comparaisons peuvent donc s'avérer imprécis[21].

- *Un échantillon recruté à l'avance peut accorder davantage d'attention au programme et aux publicités qu'il contient, car les répondants sont conscients du test du lendemain auquel ils se soumettront.* Cet effet entraîne un taux de mémorisation artificiellement élevé.

Le test du lendemain a pour principal avantage d'être un test sur le terrain. En théorie, un environnement naturel confère un contexte de réponses plus réaliste. Ce type de tests est aussi populaire, car ses normes permettent à l'annonceur de comparer l'efficacité relative de ses publicités. En plus de la mémorisation, différentes mesures d'efficacité d'une publicité sont maintenant offertes, dont les mesures de persuasion et les mesures de diagnostic.

Des mesures exhaustives

Comme nous l'avons mentionné dans notre présentation des pré-tests des publicités radiodiffusées et télédiffusées, l'une des façons de mesurer l'efficacité d'une publicité sur le plan de la persuasion consiste à demander au consommateur de choisir la marque qu'il aimerait gagner à un tirage, puis de lui présenter une annonce publicitaire et de lui poser de nouveau la question.

Dans un environnement de type cinéma, on annonce une série de tirages, et les spectateurs indiquent les marques qu'ils choisiront s'ils gagnent. Dans un environnement de type terrain, on prend note de la préférence de marque au moment de la livraison de la vidéocassette, puis on repose la question le lendemain. Certains services offrent des mesures de persuasion supplémentaires, y compris l'intention d'achat et la fréquence des achats.

En plus de mesurer la mémorisation et la persuasion, les firmes qui réalisent des tests d'efficacité publicitaire offrent aussi des mesures de diagnostic. Ces mesures permettent de recueillir les évaluations des téléspectateurs. Elles visent aussi à déterminer si l'idée créatrice est comprise et si la proposition est bien communiquée. On examine aussi les réactions rationnelles et émotives que suscitent les publicités. Alors que chaque mesure décrite fournit des données précises sur l'efficacité d'une publicité, beaucoup d'annonceurs refusent de se limiter à un seul type de données. Par conséquent, certaines entreprises adoptent des approches plus exhaustives qui comprennent à la fois des mesures de mémorisation, de persuasion et de diagnostic. Le tableau 17.14 présente le test Next*TV mis au point par Ipsos-ASI. L'exemple de la page suivante présente les résultats d'un test de mesure d'efficacité de la publicité (*Performance*) de la firme de recherche Ipsos Descarie.

TABLEAU 17.14   Le test Next*TV d'Ipsos-ASI

Objectif	Aider les annonceurs à évaluer l'efficacité de leur publicité à l'aide de différentes mesures servant à déterminer : 1) l'impact potentiel du message publicitaire sur les ventes ; 2) la contribution du message publicitaire sur le capital de marque ; 3) la conformité du message avec les stratégies et les objectifs publicitaires déjà établis ; 4) l'optimisation de son efficacité.
Méthode	Recruter des consommateurs pour évaluer une émission télévisée dans laquelle sont insérées des publicités, comme s'il s'agissait d'une émission habituelle. Les consommateurs regardent l'émission sur une vidéocassette à la maison, afin de recréer des conditions normales d'écoute. Il est aussi possible d'insérer des publicités dans les émissions locales que diffusent les câblodistributeurs.
Résultat	Le score prouvé (test du lendemain) ; le score de persuasion, y compris les changements de préférence de marque, les intentions d'achat et la fréquence d'achat, la différenciation du capital de marque, la pertinence et la communicabilité ; des mesures des réactions des téléspectateurs permettant de poser un diagnostic sur ce qu'ils ont retenu de la publicité et sur les éléments créatifs qui ont contribué à cette rétention ou qui étaient des sources de distraction.

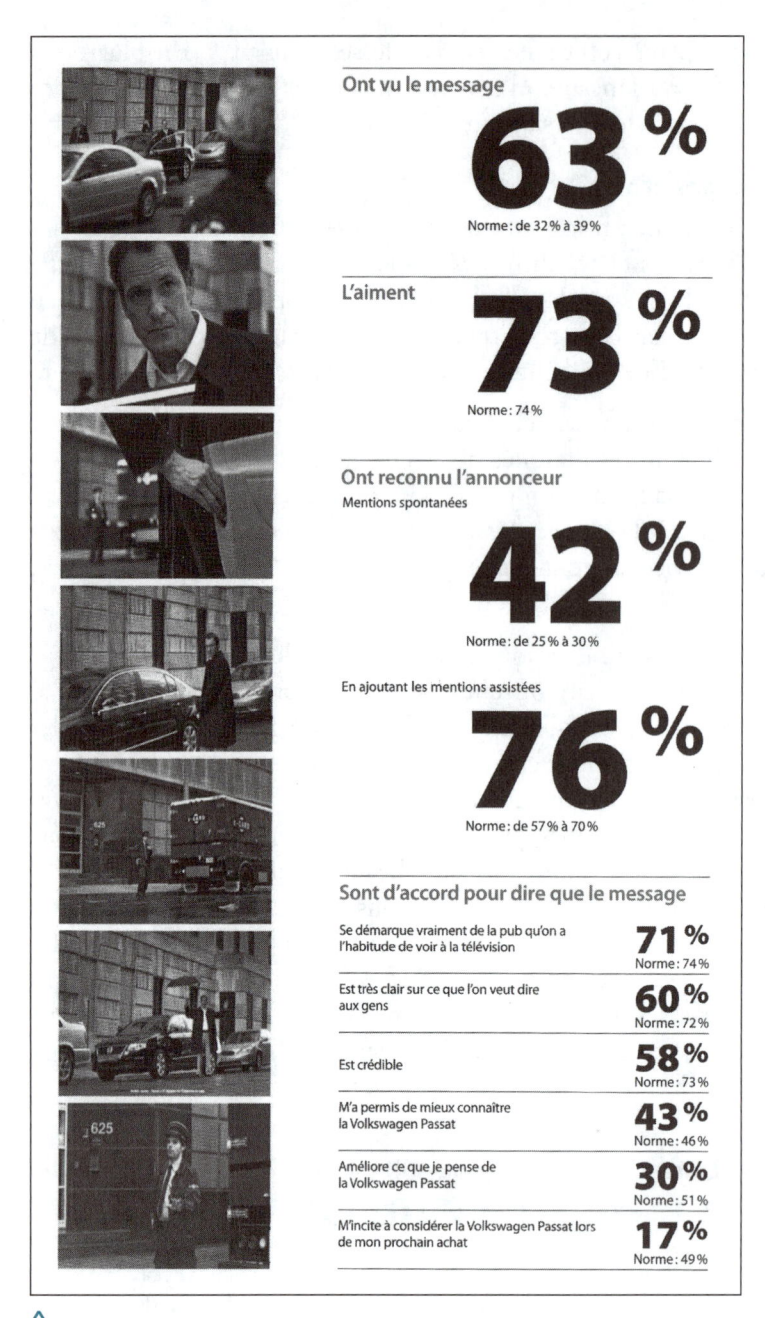

Ont vu le message	**63%** Norme : de 32 % à 39 %
L'aiment	**73%** Norme : 74 %
Ont reconnu l'annonceur Mentions spontanées	**42%** Norme : de 25 % à 30 %
En ajoutant les mentions assistées	**76%** Norme : de 57 % à 70 %

Sont d'accord pour dire que le message

Se démarque vraiment de la pub qu'on a l'habitude de voir à la télévision	**71%** Norme : 74 %
Est très clair sur ce que l'on veut dire aux gens	**60%** Norme : 72 %
Est crédible	**58%** Norme : 73 %
M'a permis de mieux connaître la Volkswagen Passat	**43%** Norme : 46 %
Améliore ce que je pense de la Volkswagen Passat	**30%** Norme : 51 %
M'incite à considérer la Volkswagen Passat lors de mon prochain achat	**17%** Norme : 49 %

Un exemple de sondage *Performance* d'Ipsos Descarie pour la Volkswagen Passat.

Le test de marché De nombreuses entreprises mènent des tests conçus pour mesurer l'impact de la publicité auprès de certains marchés cibles avant de lancer leurs campagnes nationales. Les marchés retenus sont représentatifs du marché cible. Une entreprise peut tester ses publicités à Winnipeg et à Sherbrooke, par exemple, si les profils démographiques et socioéconomiques de ces villes correspondent au marché cible du produit. On peut tester divers facteurs : réactions aux messages publicitaires (par exemple à différents textes descriptifs), impact du budget alloué ou offres spéciales. Les versions finales des publicités sont diffusées dans les médias où les annonces de ce type apparaissent habituellement, et leur efficacité est mesurée après la diffusion.

Le test de marché de messages publicitaires a pour avantage d'être réaliste. Les publicités sont diffusées dans leur environnement naturel, et l'interférence est minimale. Bien conçus, ces tests offrent un contrôle élevé. Les sociétés Seagram et Time Inc., par exemple, ont réalisé un test de marché de trois ans. Le test avait pour but de mesurer les effets de la fréquence d'une publicité sur les habitudes d'achat des consommateurs. Cette étude montre qu'il était possible de recueillir une grande quantité d'information à partir d'une recherche menée sur le terrain, tout en incluant certaines mesures de contrôle expérimental. Elle montre aussi qu'une recherche correctement menée peut procurer de précieux renseignements quant à l'impact des campagnes publicitaires. Aux yeux de nombreux chercheurs en publicité, cette étude serait l'une des plus concluantes jamais réalisées en ce qui concerne l'impact de la publicité sur les ventes dans le domaine des magazines[22].

L'étude de Seagram fait aussi état de certains désavantages associés aux tests de marché, notamment le coût et le temps. En effet, peu d'entreprises peuvent s'offrir le luxe de consacrer trois ans et de dépenser des centaines de milliers de dollars pour un tel test. De plus, l'intervention de concurrents dans le processus de recherche est une crainte toujours présente. Le test de marché peut donner un aperçu substantiel de l'efficacité d'une publicité si l'on se donne la peine de minimiser ses aspects négatifs.

Le panel à source unique

Depuis les années 1980, beaucoup de recherches se sont concentrées sur les **tests de suivi à source unique**. Les abonnés à un service de câblodistribution de la région cible qui acceptent de participer à l'étude reçoivent une carte plastifiée semblable à une carte de crédit. La carte précise leur domicile et fournit leur profil démographique à la firme responsable de la recherche. On divise ensuite les ménages en groupes appariés ; un groupe reçoit une publicité, l'autre non, ou l'on envoie des publicités différentes à chaque groupe. On enregistre par la suite leurs achats à partir des codes à barres des produits achetés. On établit alors une corrélation entre l'exposition au message publicitaire et les comportements d'achat.

Test de suivi à source unique

Méthode de recherche scrutant le comportement des consommateurs, de leur téléviseur à la caisse des supermarchés.

Nous avons parlé de l'utilisation de tests de suivi à source unique au cours des pré-tests de messages publicitaires. Selon une étude, on peut aussi faire appel à cette méthode de manière efficace pour les post-tests de publicités. Grâce à l'utilisation d'une variété de mesures dépendantes, il est possible de suivre en continu l'impact de l'augmentation des budgets publicitaires et de l'utilisation de différentes versions d'annonces et même de mesurer l'effet de la publicité sur les ventes[23].

Dans une étude réalisée sur des données obtenues sur une période de 6 ans, Leonard Lodish et quelques collègues ont examiné les résultats de 389 tests de marché effectués par la firme Information Resources Inc. (IRI), qui utilise le système à source unique Behavior Scan. Leur analyse avait pour but d'évaluer l'impact de différentes versions d'annonces, du poids média et des promotions sur les ventes. Les auteurs ont conclu qu'un budget publicitaire majoré avait peu d'effets, voire aucun, sur les ventes, au contraire du type de messages et de la stratégie médias. En outre, il est peu probable que les résultats des tests de mémorisation et de persuasion puissent prévoir les ventes avec précision[24].

De nombreux annonceurs croient que les mesures reposant sur le système à source unique révolutionneront la recherche en raison de leurs avantages sur le plan du contrôle et de la capacité à mesurer directement l'effet des publicités sur les ventes. Plusieurs grandes entreprises et agences de publicité emploient maintenant cette méthode, dont Campbell Soup, Colgate-Palmolive, Nestlé, General Foods, P&G, Pepsi-Cola, Leo Burnett et J. Walter Thompson. Après avoir utilisé les données recueillies à l'aide d'un scanner pour examiner la relation entre la publicité et les ventes de 78 marques, John Jones a conclu que les données à source unique commençaient à remplir leurs promesses grâce aux mesures maintenant disponibles[25].

Les tests de suivi à source unique sont des outils valables, mais présentent certains problèmes. « Les données provenant d'un scanner mesurent surtout les effets à court terme sur les ventes. C'est pourquoi le résultat ne porte que sur 10% à 30% des effets de la publicité[26]. » D'autres se sont plaints de la complexité des données à traiter en raison de la surabondance d'information disponible. Le coût élevé associé à la collecte de données à source unique constitue un autre désavantage. Alors que la complexité des données à source unique a freiné son implantation, cette méthode de suivi en continu de l'efficacité d'une publicité a été largement adoptée pendant les années 1990.

Les tests de suivi des publicités imprimées, radiodiffusées et télédiffusées
La prise de mesures à intervalles réguliers pour suivre les effets d'une campagne publicitaire est une des méthodes les plus utiles et les plus souples pour réaliser des post-tests. On fait appel aux **suivis publicitaires** pour évaluer les effets de la publicité sur la notoriété, la mémorisation, l'intérêt et les attitudes envers la publicité et les intentions d'achat. (Le suivi s'applique aux publicités imprimées, de même qu'aux publicités radiodiffusées ou télédiffusées, mais il est plus fréquent dans le second cas.) Les entrevues, les sondages téléphoniques, les tests dans un lieu public et même les sondages par la poste sont tous des moyens auxquels on a recours. En général, la taille des échantillons se situe entre 250 et 500 cas par trimestre ou par semestre. Le suivi publicitaire constitue sans doute la source d'information la plus précieuse pour le gestionnaire du marketing qui cherche à évaluer ses programmes établis et à planifier ses activités.

Le principal avantage du suivi publicitaire est qu'il peut être conçu en fonction de chaque campagne ou de chaque situation. Un ensemble uniforme de questions permet d'évaluer les effets de la campagne sur une période donnée. Il est aussi possible de déterminer les effets des médias, mais avec moins d'efficacité. On fait aussi appel à des suivis publicitaires pour évaluer l'impact différentiel des budgets de différentes tailles, les effets de la publicité sporadique, l'image d'une marque ou d'une entreprise, et la mémorisation de certains éléments d'un texte publicitaire. Enfin, le suivi publicitaire bien conçu, comme l'illustre le tableau 17.15, offre un degré élevé de fiabilité et de validité[27].

En résumé, chaque test examiné dans ce chapitre possède ses forces et ses faiblesses. Par conséquent, peut-on tester une publicité avec efficacité ? Que faire pour obtenir un test fiable et valide ? La prochaine section propose quelques réponses.

Suivi publicitaire

Technique permettant d'évaluer à intervalles réguliers les effets de la publicité sur la notoriété, la mémorisation, l'intérêt et les attitudes envers la publicité et les intentions d'achat.

TABLEAU 17.15 Les facteurs de succès du suivi publicitaire

1. Les objectifs sont clairement définis.
2. Il est possible d'établir un lien avec les objectifs de vente.
3. Les instruments de mesure sont appropriés – taille de l'échantillon, contrôle maximal sur le processus d'entrevue et délais suffisants entre les périodes de suivi.
4. La méthode d'échantillonnage fait preuve de constance.
5. Les échantillons sont aléatoires.
6. Les entrevues sont continues – non saisonnières.
7. Il est possible d'adopter des mesures liées au comportement (les attitudes correspondent à ce critère, et non la mémorisation des publicités).
8. Il est possible, au début de l'entrevue, de poser les questions les plus importantes afin d'éliminer les biais.
9. Il est possible d'évaluer la performance des concurrents.
10. On note du scepticisme quant aux questions qui portent sur l'endroit où la publicité a été vue ou entendue, la télévision l'emportant toujours.
11. Il faut faire en sorte que les résultats de l'étude soient perçus comme une nouvelle.
12. Il est possible de faire appel à des moyennes mobiles pour déceler les tendances à long terme et éliminer l'effet saisonnier.
13. L'interprétation des données s'effectue en fonction de leurs interrelations et non comme des éléments isolés.
14. Il est possible d'intégrer les résultats de l'étude de suivi aux événements du marché – les dépenses de publicité de l'annonceur et des concurrents, les activités promotionnelles associées aux variations de coût des campagnes publicitaires, le lancement d'une nouvelle marque, la publicité gouvernementale et les changements d'ordre économique, par exemple.

Établir un programme pour mesurer l'efficacité d'une publicité

Il n'existe aucun moyen sûr de tester une publicité. Toutefois, pour répondre aux pressions entourant la contribution des publicités à l'effort marketing global, des actions ont été entreprises pour améliorer cet aspect. Énumérons d'abord les principaux problèmes associés aux méthodes existantes, puis examinons les améliorations possibles à apporter.

Les problèmes associés aux méthodes de recherche actuelles

Lorsqu'on compare les méthodes de test actuelles avec les critères du PACT (*voir le tableau 17.3, à la page 563*), il est clair que, si certains principes importants dans l'évaluation des annonces publicitaires peuvent être rapidement appliqués, d'autres demandent un effort accru. Par exemple, le sixième principe (utilisation de tests équivalents) requiert un minimum d'efforts, car le chercheur peut facilement contrôler le degré d'achèvement des messages publicitaires testés. Les premier et deuxième principes posent aussi peu de difficultés (offrir des mesures ayant un lien clair et direct avec les objectifs de la publicité et préciser au préalable l'utilisation des résultats de chaque test).

Tout au long de ce chapitre, nous avons vu que chaque média promotionnel, chaque message et chaque budget tiennent compte des objectifs marketing et des objectifs de communication poursuivis. Le modèle de planification des CMI définit les rôles de ces éléments. Au moment d'arriver à l'étape de mesure, les critères d'évaluation de ces programmes s'imposent d'eux-mêmes.

Si les troisième, cinquième et huitième principes s'avèrent plus difficiles à appliquer, le chercheur exerce néanmoins un contrôle sur ces facteurs. Le troisième principe (faire appel à plusieurs mesures) requiert souvent plus d'un effort de budgétisation pour s'assurer que plusieurs tests sont réalisés. Il peut cependant être nécessaire de faire appel à deux mesures similaires pour assurer la fiabilité des tests. De même, le cinquième principe (prévoir que le stimulus publicitaire puisse être répété) peut être appliqué avec succès à l'aide d'une recherche bien conçue. Enfin, le huitième principe (tenir compte des facteurs fondamentaux au moment de définir l'échantillon) n'exige guère plus qu'une solide méthode de recherche : tout test devrait utiliser un public cible pour évaluer l'efficacité d'une publicité. Qui imaginerait tester une publicité de boisson alcoolisée auprès d'un public non buveur ?

Les facteurs les plus difficiles à contrôler et qui permettent de séparer les bonnes méthodes d'évaluation des mauvaises sont les quatrième, septième et neuvième principes.

Le quatrième principe constitue un excellent point de départ, car il stipule que c'est le modèle de réponse des récepteurs aux communications qui doit guider la recherche : réception d'un stimulus, compréhension du stimulus et réaction au stimulus. À notre avis, il s'agit du meilleur point de départ, même si c'est le principe le plus souvent oublié par les chercheurs. Au chapitre 5, on proposait d'ailleurs divers modèles aptes à répondre aux exigences du quatrième principe. Bien que ces modèles existent depuis un certain temps, très peu de méthodes de recherche, sinon aucune, ne les intègrent dans leur méthodologie. La plupart des méthodes actuelles ne proposent rien de plus que des scores de rappel, même si un grand nombre de chercheurs ont démontré que la mémorisation est inappropriée pour mesurer l'efficacité. Les modèles prétendant mesurer des éléments tels que le changement d'attitude ou la préférence envers telle marque se heurtent souvent à des problèmes qui entachent leur fiabilité de façon considérable. Une mesure efficace doit avoir un lien avec le processus de communication.

À première vue, il semblerait que le septième principe (prévoir des contrôles pour éviter les biais liés au contexte de diffusion) ne pose aucune difficulté. Toutefois, les mesures prises en laboratoire, tout en offrant un contrôle, restent artificielles et vulnérables à l'effet *test*. Si elles se révèlent plus réalistes, les mesures sur le terrain offrent moins de contrôle. L'étude de Seagram et du Time Inc. propose sans doute le meilleur de deux mondes, mais une recherche de cette ampleur reste hors de portée pour la plupart des annonceurs. Certaines améliorations associées aux systèmes à source unique contribuent néanmoins à résoudre ce problème. De plus, les suivis publicitaires bien conçus permettent de camper un portrait plus exact de l'impact des communications. Grâce aux nouvelles technologies et à l'attention accrue accordée à ce principe, des améliorations seront bientôt apportées à ces méthodologies.

Le dernier, et non le moindre, est le neuvième principe, qui porte sur la fiabilité et la validité. La plupart des mesures examinées jusqu'à présent ne satisfont pas à au moins un de ces deux critères ; pourtant, ceux-ci sont les éléments clés qui permettent de distinguer une bonne recherche d'une mauvaise. La recherche bien conçue qui respecte tous les principes du PACT sera fiable et valide.

Les éléments essentiels d'un test efficace

Pour être valides, les tests mesurant l'efficacité d'une publicité doivent respecter les neuf principes du PACT. L'une des façons d'y parvenir avec facilité est d'élaborer un plan de promotion comme suit.

- *Établir les objectifs de communication* Il est presque impossible d'établir un lien direct entre la publicité et les ventes. Les objectifs marketing énoncés dans le programme de promotion ne permettent pas de mesurer l'efficacité sur le plan des communications. Par ailleurs, on peut évaluer l'atteinte des objectifs de communication permettant d'accomplir les objectifs marketing.

- *Utiliser un modèle de réponses des consommateurs à la publicité* Plus tôt, nous avons examiné des modèles de la hiérarchie des effets et des modèles de réponses cognitives, ce qui nous a permis de mieux comprendre l'impact des communications et de reconnaître les objectifs de communication. En outre, nous avons présenté le modèle de Rossiter et Percy. Ce modèle permet d'énoncer des objectifs de communication et peut aussi servir de base d'évaluation.

- *Utiliser des pré-tests et des post-tests* Sur le plan du coût – les dépenses et le coût d'opportunité –, les pré-tests restent un choix sensé. Ils peuvent représenter la différence entre le succès ou l'échec d'une campagne ou d'un produit. On devrait les combiner à des post-tests, car ceux-ci n'ont pas les limites des pré-tests, font appel à des échantillons beaucoup plus importants et se déroulent dans des environnements plus naturels. Le recours aux post-tests peut s'avérer nécessaire pour déterminer l'efficacité réelle de la publicité ou de la campagne publicitaire.

- *Utiliser des mesures multiples* Un grand nombre de tentatives visant à mesurer l'efficacité d'une publicité se concentrent sur une seule variable dépendante principale, par exemple les ventes, la mémorisation ou la reconnaissance. Nous l'avons mentionné dans ce chapitre, la publicité peut avoir divers effets sur le consommateur ; certains sont mesurés à l'aide de méthodes traditionnelles, d'autres exigent une approche plus novatrice – pensons, par exemple, aux réactions physiologiques. Pour bien évaluer l'efficacité d'une publicité, plusieurs mesures peuvent être requises.

- *Comprendre et mener une recherche bien conçue* Il est primordial de comprendre la méthodologie utilisée. Qu'est-ce qu'une recherche bien conçue ? Est-elle valide et fiable ? Mesure-t-elle les éléments désirés ? Il n'existe aucun raccourci pour ce critère, et on ne peut l'éviter si l'on désire mesurer les effets réels de la publicité.

Mesurer l'efficacité des autres outils de CMI

Toutes les méthodes présentées dans la section précédente, qui servent à mesurer l'efficacité de la publicité, comportent des forces et des faiblesses. Au début du chapitre, nous avons mentionné que ces méthodes servaient aussi à mesurer l'efficacité des autres outils promotionnels. Comme tous les outils promotionnels doivent comporter à la fois des objectifs de communication et

PERSPECTIVE 17.2

La mesure d'un succès

Une vague de disparitions remue le Québec en 2005. Des animaux en chocolat sont mystérieusement enlevés et torturés pour ensuite disparaître sans laisser de trace. Le Québec est placardé de photographies d'animaux perdus et d'affiches offrant une récompense à toute personne pouvant aider à retrouver un chien, un chat ou un lapin en chocolat. Les jeunes sont invités à consulter le site Internet *mechantchoco.com*. On y découvre que l'objectif n'est pas de sauver ces pauvres petits animaux, mais de participer à cette macabre opération. On propose aux internautes de créer leur propre lait au chocolat en utilisant différentes techniques de « torture » : ils peuvent découper, écraser, faire fondre ou mettre au four micro-ondes des animaux en chocolat.

Cette vaste opération n'est rien d'autre, en fait, qu'une campagne des producteurs de lait du Québec pour promouvoir le lait au chocolat. Lancée au début du mois de juin (juste avant la fin des classes), la campagne vise à accroître la consommation de lait au chocolat chez les jeunes âgés de 12 à 17 ans. Une première série d'affiches (1 500) annonçant la disparition des précieux animaux est posée aux abords des écoles. Au même moment, quatre escouades de deux personnes se promènent dans les principales villes du Québec sur des scooters *choco*. Ces escouades placardent plus de 30 000 affiches sur des poteaux de téléphone et distribuent plus de 80 000 photographies des disparus. La campagne est soutenue par un microsite Internet et deux messages publicitaires pouvant être téléchargés à partir de celui-ci. Dans l'un de ces messages, on aperçoit un « méchant » papa en train de faire fondre des animaux en chocolat pour faire du lait au chocolat et, en guise de musique de fond, on entend la chanson *Fais dodo*. Les messages sont également diffusés lors d'émissions s'adressant aux jeunes (par exemple, sur les ondes de MusiquePlus et de Télétoon fr.). Les jeunes qui consultent le site Internet ont la possibilité de participer à un concours et de remporter un scooter *choco*.

Le budget total de la campagne est seulement de 200 000 $. Les retombées sont énormes sur le plan des ventes. La campagne permet d'accroître les ventes de plus de 2,5 millions de dollars. Plus de 30 000 petits animaux ont été « torturés » sur le site Internet. La campagne a également permis de modifier positivement les perceptions des jeunes envers le produit. Il n'est pas étonnant que cette campagne ait mérité plusieurs honneurs, dont le grand prix lors du concours des Cassies 2006. Ce concours vise expressément à récompenser les campagnes dont les effets sur les ventes ont été démontrés.

---

de comportement, la mesure de leur efficacité peut s'étendre à l'ensemble des outils de communication. Toutefois, chacun possède des caractéristiques uniques qui requièrent des mesures spécialisées afin d'évaluer globalement leur efficacité. Nous survolerons certaines de ces mesures.

L'efficacité de la promotion des ventes

Elizabeth Gardener et Minakshi Trivedi offrent un cadre qui permet aux gestionnaires d'évaluer leurs stratégies de promotion des ventes selon des critères précis. En empruntant des applications propres au domaine de la publicité et en privilégiant quatre objectifs de communication – attention, compréhension, persuasion et achat –, ces chercheurs montrent l'impact de quatre outils promotionnels et d'une politique de bas prix quotidiens (*voir la figure 17.1*) sur chaque objectif. L'article traite aussi de l'impact d'une politique de bas prix quotidiens, stratégie que préconise Procter & Gamble en remplacement de la promotion des ventes[28].

FIGURE 17.1 Une analyse du cadre théorique

		Facteurs de communication			
		Attention et impression	Communication et compréhension	Persuasion	Achat
Promotions des ventes	• Coupons insérés dans un encart volant	√√	√√√	√√	√√
	• Coupons présents sur les rayons	√√√	√√√	√√√	√√√
	• Promotions figurant sur l'emballage	√	√	√√	√
	• Formats bonis	√√√	√√	√√	√√
	• Politique de bas prix quotidiens	√	√√	√√	√

Degré d'atteinte : fort √√√ ; modéré √√ ; faible √.

Cette étude confirme qu'il est possible de faire appel à un cadre similaire à celui présenté au chapitre 6 pour évaluer les promotions des ventes. On peut adopter la plupart des méthodologies et des mesures examinées jusqu'à présent dans un contexte de promotion des ventes. Par exemple, les sondages avant et après la promotion des ventes permettent de déterminer son impact sur la notoriété de la marque ou l'attitude envers la marque associées à la promotion des ventes. De plus, l'évaluation de l'attention, du comportement et des émotions dans le contexte d'une offre promotionnelle peut aussi être assurée à l'aide de la méthode appropriée.

Sur le plan comportemental, on évalue un changement de préférence ou de loyauté grâce à des données recueillies à l'aide d'un scanner. On peut mesurer les autres aspects du comportement en comptant le nombre de demandes de renseignements ainsi qu'en déterminant le taux de retour des coupons et le nombre de participants à un concours.

L'efficacité des relations publiques

Comme pour les autres éléments du programme de promotion, il est important d'évaluer l'efficacité des efforts du côté des relations publiques. En plus de déterminer leur contribution à l'atteinte des objectifs de communication, cette évaluation indique plusieurs éléments à la direction de l'entreprise :

1. comment évaluer les progrès accomplis grâce aux activités de relations publiques ;

2. comment mesurer de manière quantitative les réalisations des relations publiques ;

3. comment juger de la qualité des réalisations et des activités de relations publiques.

Nous l'avons mentionné au chapitre 14, plusieurs critères permettent de mesurer les effets des relations publiques au sein des médias d'information. Pour ce faire, Raymond Simon suggère diverses approches de gestion et méthodes de recherche supplémentaires, dont les suivantes[29] :

- *Privilégier une gestion par objectifs* Les cadres et les gestionnaires définissent ensemble les objectifs de communication et les responsabilités des gestionnaires. Ces objectifs servent ensuite de normes pour mesurer les progrès accomplis.

- *Établir des liens entre les objectifs et les résultats* Les objectifs de communication devraient être fixés en fonction des actions, des activités et de la couverture médiatique.

- *Privilégier les observations et les réactions personnelles* Les supérieurs hiérarchiques devraient présenter leurs observations et leurs évaluations personnelles à tous les niveaux de l'organisation.

- *Tenir compte de l'opinion publique et privilégier les sondages* La recherche sous forme de sondages d'opinion publique permettrait de recueillir des données destinées à évaluer l'atteinte des objectifs.

- *Assurer des vérifications internes et externes* Les vérifications internes comprennent les évaluations effectuées par les supérieurs hiérarchiques ou les pairs à l'intérieur de l'entreprise; elles permettent de déterminer le rendement de l'employé ou de ses programmes. Les vérifications externes, de leur côté, relèvent des consultants ou de tout autre tiers à l'extérieur de l'organisation.

D'autres suggèrent des approches plus exhaustives semblables à celles utilisées en publicité. Selon Walter Lindenmann, on compte trois niveaux de mesure: 1) le niveau de base, qui mesure les activités entreprises en relations publiques; 2) le niveau intermédiaire, qui mesure la réception de l'audience et la compréhension du message; 3) le niveau avancé, qui mesure la perception et les changements de comportement qui en résultent[30].

La figure 17.2 présente une approche similaire. Il s'agit d'un modèle mis au point par la firme Ketchum Public Relations pour mesurer l'impact des relations publiques. Certaines organisations peuvent utiliser une combinaison de mesures adaptées à leurs besoins. Hewlett-Packard, par exemple, fait appel au nombre d'impressions, à des études de notoriété et de préférence, à des évaluations internes, à des coupures de presse et aux études de suivi[31].

On peut mesurer l'efficacité de la publicité institutionnelle à l'aide des méthodes servant à la publicité d'un produit. Voici les méthodes les plus populaires:

- *Les groupes de discussion* On a fait appel à des groupes de discussion pour déterminer les attentes des actionnaires envers les publicités et pour cerner leurs réactions aux messages publicitaires mis au point.

- *Les enquêtes d'attitudes* On mesure souvent l'efficacité de la publicité institutionnelle à l'aide d'enquêtes d'attitudes pour comprendre les réactions du public et des investisseurs aux publicités.

La croissance des dépenses en commandite a favorisé la création d'outils d'évaluation en la matière. Pour l'essentiel, ces mesures d'efficacité se divisent en deux catégories: les méthodes fondées sur la couverture médiatique et les études de suivi[32].

FIGURE 17.2 La règle d'efficacité de Ketchum : une approche stratégique servant à mesurer les résultats des relations publiques

Chez Ketchum, nous avons la ferme conviction qu'il est possible de mesurer l'efficacité des relations publiques. Nous sommes aussi persuadés que la mesure des résultats obtenus peut s'effectuer en temps opportun et à moindre coût.

Une approche stratégique d'évaluation des relations publiques comporte un processus en deux étapes :

1. Établir au préalable des objectifs de relations publiques précis et clairement définis.

2. Indiquer avec précision les niveaux de mesure cruciaux pour l'organisation afin que celle-ci puisse déterminer l'atteinte des objectifs de relations publiques précis.

Le modèle compte trois mesures d'efficacité des relations publiques :

- *1er niveau* Le premier niveau permet de mesurer les RETOMBÉES des relations publiques, c'est-à-dire l'ampleur de la couverture médiatique dont a bénéficié l'organisation, le nombre total de placements médias et d'impressions ou la probabilité d'avoir joint les publics cibles. Les outils de recherche souvent utilisés ici comprennent les analyses de contenu, les suivis publicitaires, les analyses secondaires, les analyses par segmentation et les sondages d'opinion.

- *2e niveau* Le niveau intermédiaire permet de mesurer les EFFETS PRODUITS par les résultats. Les effets produits permettent de déterminer si les publics cibles ont reçu les messages, si ces messages ont retenu leur attention, s'ils les ont compris et s'ils les ont mémorisés sous une forme ou sous une autre. Les outils de recherche souvent utilisés ici comprennent les groupes de discussion, les entrevues en profondeur, les sondages téléphoniques, les sondages par la poste, les sondages en face à face et dans des endroits publics, et les tests de mémorisation.

- *3e niveau* Le niveau avancé permet de mesurer les RÉSULTATS des relations publiques. Ce niveau évalue l'opinion, l'attitude ou le changement de comportement afin de déterminer s'il y a eu un changement d'idée ou de comportement eu égard aux produits ou aux services de l'organisation, ou à l'organisation elle-même. Les outils de recherche souvent utilisés ici comprennent des études avant-après, des recherches expérimentales et quasi expérimentales, des études ethnographiques, des audits de communications et des analyses de données multivariées.

- On peut inscrire par ordre hiérarchique sur une règle les différents niveaux servant à mesurer l'impact des relations publiques. Voici une représentation graphique de la règle d'efficacité de Ketchum, qui présente de gauche à droite les niveaux de mesure des relations publiques.

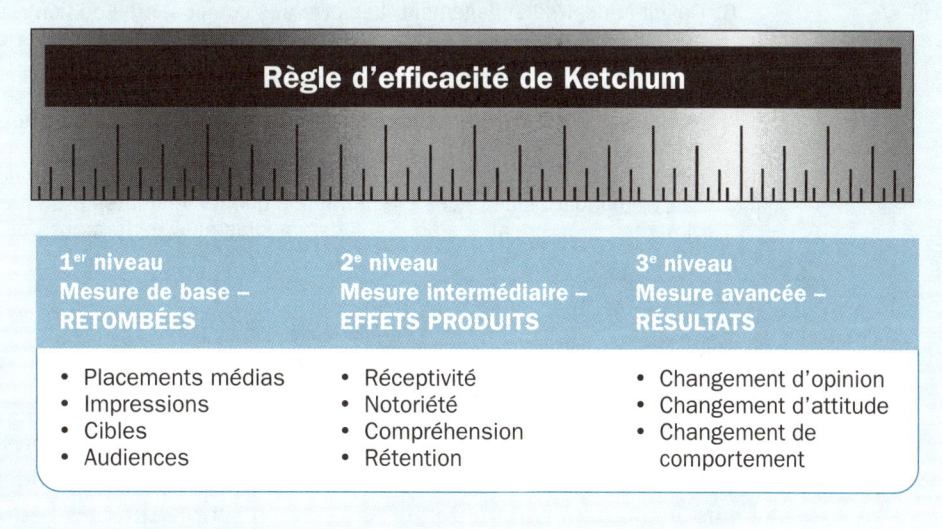

Règle d'efficacité de Ketchum

1er niveau Mesure de base – RETOMBÉES	2e niveau Mesure intermédiaire – EFFETS PRODUITS	3e niveau Mesure avancée – RÉSULTATS
• Placements médias • Impressions • Cibles • Audiences	• Réceptivité • Notoriété • Compréhension • Rétention	• Changement d'opinion • Changement d'attitude • Changement de comportement

- *Les méthodes de couverture médiatique* On peut classer les méthodes fondées sur la couverture médiatique comme suit : les méthodes qui quantifient et qui indiquent la nature de la couverture médiatique de l'événement commandité et les méthodes d'estimation des audiences directes et indirectes. Les entreprises y font appel couramment, mais les chercheurs universitaires les ont sévèrement critiquées. Selon Pham, la couverture médiatique ne constitue pas un objectif de la commandite.

En outre, on ne devrait pas y recourir pour en mesurer l'efficacité, car ces mesures ne fournissent aucune indication des perceptions, des changements d'attitude ou de comportement[33].

- *Les études de suivi* Les études de suivi font appel à des sondages pour évaluer la notoriété, la familiarité et les préférences découlant de la commandite. Plusieurs études empiriques ont permis de mesurer la mémorisation des messages publicitaires du commanditaire, ainsi que sa notoriété. Elles ont aussi permis d'analyser les attitudes envers le commanditaire et ses produits, ainsi que l'impact sur l'image, dont l'image de marque et l'image d'entreprise.

Chaque mesure compte un certain nombre d'avantages et de désavantages. C'est pourquoi nous suggérons d'utiliser plusieurs méthodes pour évaluer l'impact des commandites. Mis à part les mesures présentées dans le présent ouvrage, le processus en huit étapes présenté au tableau 17.16 permet de guider ces évaluations.

TABLEAU 17.16 Les huit étapes servant à mesurer la commandite d'un événement

1. Définir des objectifs précis de manière détaillée.
2. Établir de solides stratégies pour effectuer un étalonnage de la programmation et évaluer sa programmation et son efficacité en fonction de cet étalonnage.
3. Établir un ensemble d'objectifs réalistes et mesurables ; agir en fonction de ces objectifs.
4. Renforcer, et non simplement changer, les autres variables de marketing.
5. Éviter de faire appel à un modèle standard de marketing. La programmation doit refléter les caractéristiques de l'entreprise et de ses publics cibles.
6. Définir le degré d'engagement. Les diverses composantes de l'entreprise devront-elles participer ? Qui, à l'interne et à l'externe, sera invité à joindre les rangs de l'équipe ?
7. Adopter une vision à long terme. Bâtir une image de marque demande du temps. La programmation doit exercer un effet de levier sur la commandite, avant et après l'événement.
8. Inclure l'évaluation et le budget correspondant dans le programme général de commandite. Inclure des éléments tels que les enquêtes d'attitudes avant et après l'événement, les analyses des médias et la performance de vente.

L'efficacité du marketing direct

Pour les programmes de marketing direct qui n'ont pas pour objectif de générer une réaction comportementale immédiate, l'entreprise peut faire appel aux moyens traditionnels afin d'évaluer l'efficacité de la publicité. Dans les situations qui requièrent une réaction directe, cette mesure de l'efficacité devrait comprendre certaines mesures comportementales et des mesures liées à la communication. Grâce au coût par commande, l'annonceur peut évaluer l'efficacité relative d'une publicité en seulement quelques minutes selon le nombre d'appels générés. En diffusant une même publicité au sein de différentes stations, le gestionnaire du marketing est en mesure de déterminer l'efficacité relative du média.

Supposons, par exemple, qu'un annonceur vise un coût par commande de 5 $ et que le message publicitaire radiodiffusé ou télévisé coûte 2 500 $ (production et impression). On considère la publicité comme efficace dans la mesure où elle génère 500 commandes. Des mesures semblables ont été mises au point pour les publicités imprimées et les publicités directes.

L'efficacité du marketing dans Internet

Plusieurs méthodes permettent de mesurer l'efficacité d'Internet, la plupart de manière électronique. Les données sur l'audience, par exemple d'ordre démographique et psychologique, et les outils permettant de mesurer l'exposition ont constitué les premières mesures d'efficacité ; depuis, la pleine mesure des effets sur le plan de la communication a pris de l'ampleur.

Les mesures d'exposition

En général, on privilégie les mesures suivantes pour évaluer le degré d'exposition sur le Web en fonction de l'interaction. Ces mesures s'avèrent importantes, mais ne tiennent compte d'aucun processus ou effet lié à la communication sur le plan de la notoriété ou de l'attitude.

- *Les appels de fichier* Il s'agit du nombre de fois qu'un élément précis est demandé sur un site. Les appels de fichier peuvent représenter 100 personnes ayant formulé une demande ou 100 demandes formulées par la même personne. C'est pourquoi on a critiqué les appels de fichier. Leur principale utilité est d'indiquer les éléments les plus populaires et les moins populaires d'un site Internet.

- *Les visiteurs* Il s'agit du nombre de personnes qui consultent un site.

- *Les visiteurs uniques* Il s'agit du nombre de visiteurs différents qui consultent un site au cours d'une période donnée.

- *Les clics* Il s'agit du nombre de visiteurs qui consultent un site et qui cliquent sur un bandeau publicitaire pour obtenir des renseignements supplémentaires. Certaines entreprises facturent leurs clients en fonction du nombre de clics générés par leur publicité, car cette donnée constitue, selon elles, l'indicateur le plus efficace de la rentabilité de leur investissement. D'autres entreprises telles que Procter & Gamble ont jugé cette mesure trop imprécise et y ont accordé moins d'importance.

- *Les clics publicitaires* Il s'agit d'un procédé qui consiste à cliquer sur une publicité d'une page de l'annonceur. Une annonce est rentable, par exemple, quand elle parvient à attirer 2 % des visiteurs qui ont vu la publicité et qui ont cliqué pour obtenir des renseignements supplémentaires.

- *Impressions/Visite d'une page Web* Il s'agit du nombre de fois qu'une page Web est visitée.

En général, cette information est recueillie à l'aide d'un témoin (en anglais *cookie*). Le témoin consiste en un dispositif électronique rattaché à un fichier (habituellement à l'insu de l'utilisateur) qui indique les sites visités, le nombre de visites et de pages vues, et ainsi de suite. Une nouvelle technologie destinée à remplacer les témoins répertorie les sites Internet et note qui les visite. Cette technologie permet de recueillir des données sur les activités Web de tout utilisateur qui l'adopte et de mesurer le nombre de visites d'un site, ainsi que les sites visités par la suite. Les limites de ces mesures (elles indiquent uniquement l'exposition) et le besoin des annonceurs d'en savoir davantage ont accéléré les recherches pour la mise au point de mesures plus complètes.

Les mesures du processus et des effets liés à la communication

Le mouvement en faveur de mesures plus complètes des effets liés à la communication révèle qu'Internet possède son propre ensemble de mesures d'efficacité et recourt à des mesures plus traditionnelles – par exemple, la mémorisation d'une marque est devenue un élément majeur[34]. Beaucoup d'entreprises qui recueillent de l'information sur les médias traditionnels étendent maintenant leurs recherches à Internet. Les universitaires commencent aussi à s'intéresser à la mesure de l'efficacité dans Internet. Les études portant sur les attitudes des consommateurs envers un site, sur la variance de réponse à un sondage par courrier électronique et sur les similitudes entre les commerces traditionnels et les cybercommerces ne sont que quelques exemples d'articles publiés dans les revues spécialisées, destinés à faire progresser la mesure de l'efficacité d'Internet[35]. Voici un résumé de ces nouvelles mesures.

Les mesures en ligne Les agences ont conçu des enquêtes semblables à celles utilisées dans d'autres médias (par exemple l'enquête PMB) pour mesurer les caractéristiques démographiques et psychographiques des utilisateurs d'Internet, les caractéristiques des fournisseurs de service Internet (FSI), l'utilisation des médias et les habitudes d'achat.

Le client est en mesure de déterminer qui a vu les publicités, à quels publics cibles les visiteurs appartenaient et si les publics cibles ont été joints. L'annonceur peut vérifier l'impact de ses messages, recevoir un rapport détaillé sur le nombre d'impressions et de clics, à tout moment de la journée ou de la semaine.

La mémorisation Les entrevues traditionnelles avec les usagers d'Internet permettent de déterminer le degré de mémorisation et la capacité des visiteurs à se rappeler les publicités qu'ils ont vues.

La non-réponse On est à mettre au point des mesures visant à déterminer où vont les consommateurs après avoir été exposés à une publicité sans avoir cliqué sur le bandeau.

Les sondages On réalise les sondages à l'aide de méthodes traditionnelles et dans Internet. On y fait appel à de multiples fins, par exemple pour mesurer l'utilisation d'un site Web ou l'attitude envers celui-ci.

Les groupes témoins Certaines firmes concentrent leurs efforts sur les groupes témoins traditionnels. Ces groupes leur permettent de fournir des données sur le profil démographique des utilisateurs, sur les utilisateurs uniques, la fréquence des visites, les pages consultées et la durée de chaque visite sur le site.

Les ventes Pour les spécialistes du commerce électronique, le nombre de ventes générées reste l'un des principaux indicateurs d'efficacité. L'ajout de données sur le profil démographique et le comportement des utilisateurs, notamment, peut accroître l'efficacité de cette mesure.

Les études de suivi Certaines entreprises fournissent dorénavant des renseignements sur la performance d'un site (temps de téléchargement, vitesse, etc.). Elles offrent aussi une analyse de la fréquence des appels de fichier, du nombre de visiteurs uniques, etc., pour une période donnée. Cette information permet à l'annonceur de créer des messages mieux ciblés et plus efficaces, et peut aussi servir à mesurer l'efficacité du contenu du site en déterminant le nombre de visiteurs qui ont accédé à son contenu, la durée de leur visite sur le site et le nombre de pages lues.

Les sources de données d'évaluation

Le nombre de sources d'information portant sur Internet est énorme. Voici un aperçu du type d'information disponible. La plupart des entreprises de la liste, non exhaustive il est vrai, sont les sources les plus importantes ou les plus citées.

- *Arbitron* Arbitron fournit des données démographiques. Elle dispose aussi de données sur l'utilisation des médias, des médias interactifs et sur les habitudes de vie des internautes.

- *MRI et SMRB* MRI et SMRB offrent de l'information sur le profil des internautes et les autres médias interactifs. La firme Nielsen fournit des données similaires.

- *L'Audit Bureau of Circulation (ABC)* Cet organisme du secteur des imprimés a mis au point un produit conçu pour certifier le nombre de visiteurs.

- *L'Internet Advertising Bureau (IAB)* L'IAB est une association dont le rôle consiste à optimiser l'utilisation et l'efficacité de la publicité dans Internet. L'organisation fournit de l'information sur les statistiques et l'utilisation d'Internet, et sur les stratégies liées à ce média. Au Canada, un rôle similaire est tenu par l'Interactive Advertising Bureau of Canada.

- *Media Metrix* Media Metrix est un service de comptage. Il mesure le temps passé par l'utilisateur à l'ordinateur et dans Internet, et détermine les logiciels et les services qu'il utilise.

- *eMarketer* eMarketer publie des données comparatives sur diverses sources de recherche et explique les différentes méthodes menant aux projections. L'entreprise publie aussi ses propres projections.

- *eAdvertiser* eAdvertiser est une coentreprise entre eMarketer et Advertising Age. Elle publie des rapports s'inspirant des projections de la firme eMarketer, mais qui s'adressent plus particulièrement à l'industrie de la publicité.

- *DoubleClick* DoubleClik se spécialise dans la vente d'espace publicitaire sur le Web ; elle fournit aussi des données sur les annonceurs. Pour offrir un ensemble plus complet de services aux annonceurs, l'entreprise a acquis un fournisseur de logiciels du nom de NetGravity. En 2007, la firme a été acquise par Google.

- *24/7* L'agence 24/7 fournit un grand nombre de services qu'offre DoubleClick, dont le placement publicitaire dans une variété de sites ciblés ou non.

- *Jupiter, Forrester et MediaMetrics* Voici trois des plus importants fournisseurs de statistiques et d'information sur le Web. Ils fournissent notamment des données sur les utilisateurs, les projections et les tendances.

- *Business 2.0, The Industry Standard et Fast Company* Ces publications interentreprises s'adressent avant tout à quiconque voue un intérêt à Internet, en particulier sur le plan commercial, puis technologique.

- *Internet Advertising Report et Individual.com* Le bulletin en ligne de ces deux organisations contient de l'information sur les tendances, les statistiques et autres sujets d'intérêt pour les internautes du monde des affaires.

RÉSUMÉ

Ce chapitre nous a permis d'aborder les enjeux entourant la mesure des effets de la publicité et de la promotion. Nous avons passé en revue les raisons invoquées pour effectuer des tests, pour refuser d'en faire, et nous avons évalué les diverses méthodes de recherche. Nous en sommes arrivés aux conclusions suivantes : 1) la recherche qui permet de mesurer l'efficacité de la publicité constitue un élément important du programme de promotion ; 2) trop peu d'entreprises y recourent ; 3) les méthodes existantes comportent un certain nombre de lacunes. De plus, nous avons déterminé les critères d'une recherche crédible et suggéré divers moyens pour mener des recherches efficaces.

Les gestionnaires du marketing veulent tous savoir si leur programme de promotion s'avère efficace. Cette information constitue un élément essentiel de leur planification future, car les modifications de programme ou les mises à jour sont basées sur l'évaluation des stratégies actuelles. Des problèmes se présentent souvent lorsque les mesures prises pour déterminer de tels effets sont imprécises ou mal utilisées.

Ce chapitre montre que les tests, pour être efficaces, doivent répondre à un certain nombre de critères du PACT. Les évaluations doivent avoir lieu avant et après la mise en œuvre de toute campagne publicitaire.

Nous avons présenté diverses méthodes de recherche, et force est de constater que des firmes telles qu'Ipsos-ASI, MSW, Arbitron, A.C. Nielsen, Ipsos Descarie, Impact Recherche et Léger Marketing entreprennent un très grand nombre de recherches. De nombreuses entreprises ont aussi mis au point leurs propres méthodes de test.

Les recherches reposant sur un système à source unique comme BehaviorScan permettent de mesurer les effets de la publicité. Ces systèmes offrent un fort potentiel pour améliorer l'efficacité des mesures de publicité, et il est possible d'établir une corrélation entre les réactions que suscitent les annonces et les habitudes d'achat.

Différentes mesures de l'efficacité peuvent produire différents résultats. Selon le critère retenu, une mesure peut indiquer qu'une publicité ou une promotion s'avère efficace, tandis qu'une autre pourrait indiquer le contraire. L'établissement d'objectifs clairs et l'utilisation de multiples mesures s'avèrent essentiels pour déterminer les effets véritables d'un programme de CMI.

MOTS CLÉS

- activité alpha
- biais du test
- effet de halo
- formule de Flesch
- groupe témoin de consommateurs
- idée ou concept publicitaire
- impact du support
- latéralisation hémisphérique
- mesure électro-encéphalographique (EEG)
- mouvement oculaire
- Positioning Advertising Copy Testing (PACT)
- post-test
- pré-test
- pupillométrie
- réflexe psychogalvanique
- suivi publicitaire
- test d'annonces en salle de cinéma
- test de compréhension et de réaction
- test de concept publicitaire
- test de demandes de renseignements
- test de mémorisation
- test de reconnaissance
- test de reliure
- test de suivi à source unique
- test de tirage partagé
- test du lendemain
- test en laboratoire
- test en ondes
- test sur le terrain

QUESTIONS DE DISCUSSION

1 Pourquoi certaines entreprises refusent-elles de mesurer l'efficacité de leurs programmes de promotion ? Cette stratégie est-elle avisée ? Justifiez votre réponse.

2 En quoi un pré-test et un post-test sont-ils différents ? Donnez des exemples pour chacun.

3 En quoi un test en laboratoire et un test sur le terrain sont-ils différents ? À quel moment doit-on employer l'un et l'autre ?

4 Donnez des exemples de tests d'évaluation pour différentes ébauches. Pourquoi une entreprise ressentirait-elle le besoin d'effectuer des tests à cette étape du processus ? À quel moment limiterait-elle les tests à la version achevée ?

5 On a modifié la façon dont les tests d'annonces en salle de cinéma sont menés ainsi que la méthode de test. Décrivez certains de ces changements.

6 Dites pourquoi les concepteurs-rédacteurs et les responsables de la recherche diffèrent d'opinion quant aux aspects créatifs d'une campagne publicitaire.

7 Des sommes importantes sont consacrées à la commandite. Pourquoi les organisations ont-elles augmenté leurs dépenses dans ce domaine ? Comment mesurent-elles leur efficacité ?

8 Ce que recherchent les annonceurs au minimum, c'est de provoquer un certain comportement, par exemple l'achat d'un produit. Pourquoi est-il difficile d'utiliser les ventes pour mesurer l'efficacité d'une publicité ?

9 Décrivez quelques méthodes qui permettent de tester les autres éléments du mix promotionnel.

CHAPITRE 18
La réglementation et les enjeux déontologiques, sociaux et économiques de la publicité

OBJECTIFS D'APPRENTISSAGE

- Se familiariser avec la réglementation canadienne sur la publicité.

- Évoquer les enjeux d'ordre éthique de la communication marketing.

- Comprendre l'impact social de la publicité.

- Examiner le rôle économique de la publicité et ses effets sur les choix du consommateur, la concurrence, le coût des produits et les prix.

PARTIE 6

MISE EN SITUATION

Une campagne sur ses rails !

Qu'obtenez-vous si vous mélangez un train de VIA Rail, une bonne dose de joie enfantine et les couleurs vives de Kool-Aid ? La dernière boisson à la mode ? Non. Plutôt une campagne canadienne innovatrice dont l'impact et le succès ont été reconnus internationalement.

En 1998, Kraft Canada a lancé une première campagne d'envergure dont la force résidait en bonne partie dans une exploitation créative des médias. On a ainsi vu le grand sourire de Kool-Aid apparaître sur des traversiers à Toronto ou dans le fond de certaines piscines. Le succès de ces premières publicités a constitué un défi pour l'équipe de médias qui avait pour tâche de reproduire ce « Wow ! » au cours de la deuxième phase de la campagne, au printemps 2000. L'idée centrale de la nouvelle vague publicitaire se devait d'être rafraîchissante et inspirante pour les enfants. On se devait également de jouer à fond la carte de la créativité, sans pour autant heurter les parents, qui tiennent encore les cordons de la bourse.

Un train de 10 wagons aux couleurs éclatées de la marque, le « Kool-Train », a été la réponse choisie afin de relever ce défi. Le « Kool-Train » était en fait le point central de la campagne sur lequel se sont arrimés de nombreux autres éléments. *Kidsworld Magazine, TV Guide* et YTV sont autant de partenaires qui ont accepté de monter à bord du train de VIA Rail Canada. Kool-Aid et ses partenaires sont ainsi parvenus à définir une campagne parfaitement intégrée, pertinente tant pour les enfants que pour leurs parents, leur permettant de vivre pleinement l'expérience de la marque de manière socialement responsable et éthique.

Le magazine *Kidsworld* a, par exemple, conçu des outils pédagogiques autour du thème du « Kool-Train ». Ces outils constituaient une formule originale et amusante pour aborder des thématiques liées à l'histoire du pays. La chaîne de télévision YTV, pour sa part, a misé sur un concours où les enfants étaient invités à mobiliser leurs talents artistiques afin d'illustrer le rôle du train dans l'expansion du Canada. Ce concours était annoncé par Sam et Aaron, deux animateurs très populaires auprès des enfants. Durant quatre semaines, *TV Guide* a également proposé un concours ; intitulé « *Spot the Kool-Train* », celui-ci était doté de nombreux prix offerts par VIA Rail et la chaîne hôtelière Holiday Inn, ce qui permettait d'élargir la cible.

Du point de vue de Kool-Aid, la campagne a été un succès, avec une augmentation de la notoriété de la marque et des records de ventes malgré un été froid et pluvieux. Du point de vue des enfants et de leurs familles, le succès a été total également. Malheureusement pour les enfants du Québec, le « Kool-Train » n'a fait que traverser la province. La législation québécoise ne permet pas, en effet, à ce genre de campagne de se dérouler sur son territoire.

Source : Helen Kang, « A Kool Way to Target Kids/Moms », *Marketing Magazine*, 30 juillet 2001.

> Si je devais pointer du doigt la force la plus fatalement subversive au sein du capitalisme, la source même de sa déchéance morale, j'affirmerais sans la moindre hésitation : la publicité. Qui pourrait nommer une autre force capable de travestir le langage, d'embrouiller le cerveau et de rabaisser ainsi la dignité[1] ?

Le principal objectif de ce manuel est d'explorer le rôle de la publicité et des autres variables promotionnelles en tant qu'activités de marketing visant à communiquer de l'information aux consommateurs et à exercer une influence sur leurs comportements. Nous avons cherché à mieux comprendre l'apport de la publicité et du marketing dans un cadre commercial, en supposant que ces activités étaient socialement acceptables. Toutefois, comme vous avez pu le constater à la lecture de la citation de l'économiste Robert Heilbroner, présentée ci-dessus, ce point de vue ne fait pas l'unanimité. Il est vrai que la publicité et la promotion constituent le sommet de l'iceberg, c'est-à-dire la part la plus visible de nombreuses activités commerciales; elles attirent en conséquence davantage l'attention des personnes préoccupées par les méthodes des professionnels du marketing.

Pour ses défenseurs, la publicité constitue le pivot d'une économie libérale moderne, car elle fournit aux consommateurs de l'information sur les produits et les services offerts, contribue à un environnement commercial stimulant et les encourage à améliorer leur niveau de vie. La publicité crée des emplois, déclarent-ils, et aide les entreprises à se tailler une place sur les marchés. Celles-ci embauchent du personnel pour fabriquer des produits et fournir des services dont la demande serait inexistante sans la publicité, en raison de leur faible notoriété. Les économies de marché se fondent sur la concurrence qui, à son tour, repose sur la disponibilité de l'information; et le meilleur moyen de communiquer de l'information à moindre coût reste la publicité.

Pour ses détracteurs, la publicité prise globalement s'apparente davantage à de la propagande qu'à de l'information; elle exacerbe artificiellement certains besoins ou propose des solutions matérialistes qui ne font qu'augmenter la frustration du consommateur. La publicité, par exemple, laisse entendre que la réussite scolaire des enfants est liée à l'achat d'un ordinateur, que notre corps doit être plus svelte pour être socialement accepté, que notre visage doit paraître plus jeune, que nos maisons doivent être plus propres. Des annonces présentent des corps sculpturaux à peine vêtus pour vendre de nombreux produits : parfums, bière, outils, etc. La publicité serait donc surtout un instrument au service de la promotion du matérialisme et de l'égocentrisme.

Si la publicité et les autres formes de communications marketing intégrées sont l'objet d'autant de critiques, c'est surtout en raison de leur omniprésence. Le nombre d'annonces dans les magazines et les journaux, dans Internet, à la radio ou à la télévision n'a jamais été aussi élevé. Qui plus est, les espaces publics sont eux aussi de plus en plus envahis par ces annonces – en bordure des routes, dans les rues, près des chantiers, dans le métro, les taxis, etc. Selon David Helms, professeur de publicité : « Entre la publicité collée sur les bananes, la publicité installée au-dessus des urinoirs et celle incrustée dans les planchers des centres commerciaux, nous sommes exposés à plus de 3 000 messages publicitaires chaque jour. En supposant que nous dormions 8 heures par jour, nous voyons donc une publicité toutes les 15 secondes. D'ailleurs, j'imagine bien que quelqu'un, quelque part, cherche un moyen de nous joindre quand nous avons les yeux fermés[2]. »

La publicité est depuis toujours l'objet de controverses et de critiques, en raison de son caractère envahissant et de sa force persuasive. D'innombrables livres ont dénoncé les méthodes et les techniques publicitaires, ainsi que leur impact sur la société. Divers spécialistes, dont des universitaires, des économistes, des politiciens, des sociologues, des activistes sociaux, des consommateurs, mais également des organismes gouvernementaux et des groupes d'intérêt, prennent la publicité à partie pour mille et une raisons, notamment à cause de son caractère excessif, de son influence néfaste sur la société, des méthodes peu respectueuses de la personne qu'elle utilise ou de son exploitation éhontée des désirs des consommateurs.

Ce manuel serait incomplet s'il passait sous silence les critiques au sujet de l'impact de la publicité sur les plans déontologique, éthique, social et économique. À la lecture de ce chapitre, on doit toutefois garder à l'esprit que les perspectives présentées reflètent les opinions de personnes dont les valeurs, les intérêts et les contextes diffèrent. La publicité suggestive servant à vendre des cigarettes ou de la bière peut vous apparaître inoffensive. D'autres personnes peuvent pourtant s'y opposer avec férocité pour des motifs d'ordre éthique ou déontologique. Nous nous sommes efforcés de présenter le pour et le contre de ces questions controversées; vous devrez tirer vos propres conclusions quant à ce qui est acceptable et ce qui ne l'est pas. Avant d'entreprendre ce débat, nous examinerons la réglementation entourant la publicité au Canada.

La réglementation de la publicité au Canada

On compte deux types de réglementation de la publicité au Canada: la réglementation gouvernementale et celle de l'industrie (l'autoréglementation). Dans un premier temps, nous nous intéresserons à trois acteurs importants de la réglementation gouvernementale. Le Conseil de la radiodiffusion et des télécommunications canadiennes (CRTC), premier de ces acteurs, est chargé de réglementer les réseaux de radiodiffusion et de télécommunications du Canada. Il joue un rôle crucial dans la réglementation de la publicité.

Le deuxième acteur qui retiendra notre attention est Santé Canada, organisme qui a notamment adopté des lois rigoureuses sur la promotion du tabac. Enfin, nous examinerons le rôle du gouvernement du Québec, surtout en ce qui a trait à la publicité destinée aux enfants.

Du côté de l'autoréglementation, nous nous attarderons principalement au rôle d'un organisme agissant au nom de l'industrie publicitaire, Les normes canadiennes de la publicité (NCP). À la demande du gouvernement fédéral, l'application de nombreuses lois régissant le contenu des messages publicitaires au Canada a en effet été confiée à NCP.

Le CRTC

Le CRTC a pour mandat de veiller à l'application de la *Loi sur la radiodiffusion* et de la *Loi sur les télécommunications* pour l'ensemble du territoire canadien. L'objectif général de ces deux lois est de s'assurer que tous les Canadiens ont accès à des services de qualité en matière de radiodiffusion et de télécommunications. Pour s'acquitter de son mandat, le CRTC doit maintenir un équilibre entre les besoins de la population, ceux de l'industrie et les demandes de divers groupes d'intérêt en matière de programmation. Pour les besoins de ce manuel, nous nous concentrerons sur les questions touchant à la radiodiffusion des annonces publicitaires.

Le CRTC réglemente plus de 5 900 entreprises. Il s'agit d'organisations aussi diverses que des stations de télévision, de radio AM et FM, des câblodistributeurs, des chaînes spécialisées et des services de télévision à la carte ou par satellite. Le CRTC accorde des licences et veille au respect de la *Loi sur la radiodiffusion*, notamment en ce qui a trait au contenu, à la concurrence et à la technologie. Bien entendu, la publicité constitue l'un des secteurs où le CRTC a un rôle important à jouer. Voici certains aspects liés à la publicité, assujettis au pouvoir réglementaire du CRTC :

- *Le nombre de minutes réservé à la publicité* Le CRTC impose aux stations de télévision et aux chaînes spécialisées une limite de 12 minutes de publicité par heure de diffusion. Il s'agit d'une question qui fait actuellement l'objet de débats (*voir la mise en situation du chapitre 10, à la page 320*). Les messages d'intérêt public et le temps d'antenne imparti à la promotion des émissions canadiennes ne sont pas inclus dans ce total.

- *L'infopublicité* La durée d'une infopublicité doit être supérieure à 12 minutes. Cette publicité se présente sous la forme d'un mélange d'information et de divertissement, combiné à la vente ou à la promotion d'un produit ou d'un service. Le CRTC réglemente les infopublicités que diffusent les stations de télévision, les réseaux et les chaînes spécialisées.

- *Le service 900* Le CRTC établit des lignes directrices quant aux publicités destinées à une clientèle adulte utilisant un numéro 900 comme moyen de contact ou de vente ; son rôle est de contrôler la fréquence et les heures de diffusion de ces messages publicitaires. Le Bureau de la télévision du Canada veille, pour sa part, à l'application de ces lignes directrices.

- *Les boissons alcoolisées et les drogues* La publicité des boissons alcoolisées et des drogues est permise à la condition de s'en tenir à la réglementation du CRTC. Ce dernier a toutefois renoncé à l'examen préalable des messages de ce type. C'est NCP qui assume dorénavant cette responsabilité.

Il existe deux autres secteurs qui, logiquement, devraient relever du CRTC, mais qui ne sont pas du ressort de cet organisme.

- *La publicité trompeuse ou mensongère* Le CRTC ne réglemente pas la publicité trompeuse ou mensongère. C'est plutôt le Bureau de la concurrence, organisme du gouvernement fédéral, et NCP qui traitent les plaintes relatives à la publicité trompeuse ou mensongère.
- *Internet* Jusqu'à présent, le CRTC n'a adopté aucune réglementation sur les contenus du réseau Internet, bien que le gouvernement fédéral ait publié des brochures détaillées sur le sujet.

La réglementation sur les produits du tabac

Depuis quelques années, Santé Canada interdit toute forme de publicité des produits du tabac à la radio et à la télévision. Pour esquiver ces restrictions, les sociétés productrices de tabac se sont rapidement tournées vers la commandite d'événements artistiques, culturels et sportifs. Jusqu'en 2003, les publicités imprimées faisant la promotion de ces commandites étaient permises. Toutefois, depuis 2003, ces pratiques leur sont aussi interdites. L'élimination de ces commandites rend ainsi les restrictions sur la publicité des produits du tabac encore plus sévères. L'industrie du tabac doit, de plus, se plier à des contraintes strictes quant à l'emballage de ses produits. Des mises en garde illustrées sur les dangers du tabagisme, la divulgation des niveaux d'émission de certains produits chimiques toxiques ainsi que la diffusion de messages d'information sur la santé sont également obligatoires. Pour contourner ces restrictions, attirer de nouveaux clients et conserver leurs clientèles établies, les fabricants de tabac ont dû faire preuve d'une très grande créativité dans le choix de leurs véhicules promotionnels. Songeons que, depuis le 31 mai 2008, les produits du tabac ne sont plus visibles sur les lieux de vente au Québec.

Certaines sociétés productrices de tabac ont commencé à faire appel à Internet. L'emploi de ce média se limite toutefois jusqu'à présent à l'annonce d'ententes de commandite. Actuellement, les fabricants de tabac affirment que ces techniques de CMI sont conformes à la loi. Le temps nous dira si les gouvernements fédéral et provinciaux seront encore longtemps dupes de l'industrie du tabac et de son marketing innovateur[3]. Notons que le Québec, qui accusait, il y a quelques années, un certain retard sur ce plan, a depuis renforcé son arsenal législatif et réglementaire.

La loi québécoise sur la publicité destinée aux enfants

Au Québec, la *Loi sur la protection du consommateur* interdit la publicité télévisée destinée à des enfants de moins de 13 ans. Diverses dispositions permettent de déterminer si une publicité s'adresse aux enfants. Elles portent sur le produit, le contexte de présentation de la publicité, ainsi que sur le moment et l'endroit où l'annonce est présentée. La loi prévoit une exception pour les magazines en vente libre publiés régulièrement. Ces magazines doivent toutefois se conformer à 16 directives portant sur le message véhiculé, les types de produits, les comportements, les motivations ou les attitudes dépeints dans la publicité, ainsi que sur la source du message (un individu ou un personnage).

Pour appliquer cette loi, le gouvernement du Québec propose un résumé des lignes directrices auxquelles doivent se soumettre les annonceurs. Il offre aussi un service de préapprobation des publicités qui permet de vérifier si celles-ci sont conformes à la loi. Ces balises visent à s'assurer que les annonceurs comprennent la loi et l'interprètent correctement. Elles décrivent aussi avec précision le type d'attrait publicitaire prohibé, définissent ce qu'est une émission pour enfants et précisent même le pourcentage d'enfants nécessaires dans l'audience pour qu'une émission soit considérée comme leur étant expressément destinée. Ces lignes directrices indiquent aussi dans quelle mesure un message s'adresse aux enfants lorsque le produit leur est exclusivement destiné (bonbons), en partie destiné (céréales) ou destiné à un autre public. Il existe également des lignes directrices pour les messages d'intérêt public destinés aux enfants, bien qu'ils ne véhiculent aucune information de nature commerciale.

Les normes canadiennes de la publicité

Les normes canadiennes de la publicité (NCP) est un organisme d'autoréglementation à but non lucratif dont le mandat est d'établir et de maintenir la confiance du public envers la publicité. Ses membres comprennent des représentants des annonceurs, des médias, des agences et d'autres partenaires de l'industrie de la publicité. NCP administre le *Code canadien des normes de la publicité*, principal outil d'autoréglementation de cette industrie. NCP traite aussi les plaintes en matière de publicité et règle les différends entre annonceurs. Le service d'approbation de NCP examine les publicités selon différentes catégories afin de s'assurer que les annonceurs et les agences se conforment aux lois, aux codes et aux normes en vigueur.

Le *Code canadien des normes de la publicité*

Le *Code canadien des normes de la publicité* définit les critères établissant ce qu'est une publicité acceptable. Selon NCP, la «publicité se définit comme tout message (dont le contenu est contrôlé directement ou indirectement par l'annonceur) qui s'exprime dans quelque langue que ce soit, diffusé par quelque média que ce soit dans le but de rejoindre les Canadiens afin d'influencer leurs choix, leurs opinions ou leurs comportements». La publicité politique et la politique électorale ne relèvent pas de ce code.

Le Code porte uniquement sur le contenu des publicités. Il n'impose aucune contrainte quant à la promotion de produits légaux et à la présentation dans des circonstances d'usage normal. Le Code a donc pour objectif d'offrir des normes qui permettent de garantir des campagnes publicitaires à la fois efficaces et responsables, sans entraver le droit des entreprises d'annoncer leur produit ou leur service. Il n'annule aucune autre loi ou règlement.

Le Code sert de critère pour évaluer la légitimité d'une plainte, selon les considérations suivantes : «Le contexte et le contenu d'une publicité, l'auditoire rejoint ou apte à être rejoint, ou encore visé par elle, ainsi que le média ou les médias qui en assurent la diffusion, sont autant de facteurs pertinents à considérer lorsqu'il s'agit de déterminer si une publicité est conforme ou non au Code.»

Les membres de NCP endossent tous le Code. Celui-ci a pour but d'établir et d'aider à maintenir des normes strictes d'honnêteté, de véracité, d'équité et de respect de la propriété. Les membres sont tenus de respecter à la fois l'esprit et la lettre du code et doivent justifier, sur demande, le bien-fondé de toute affirmation de nature publicitaire. Les articles du Code portent sur les 14 points suivants :

1. véracité, clarté, exactitude ;
2. techniques publicitaires déguisées ;
3. indications de prix ;
4. appât et substitution ;
5. garanties ;
6. publicité comparative ;
7. témoignages ;
8. déclarations de professionnels ou de scientifiques ;
9. imitation ;
10. sécurité ;
11. superstitions et frayeurs ;
12. publicité destinée aux enfants ;
13. publicité destinée aux mineurs ;
14. descriptions et représentations inacceptables.

Les *Lignes directrices sur la représentation des femmes et des hommes dans la publicité*

Les *Lignes directrices sur la représentation des femmes et des hommes dans la publicité* sont issues de la réflexion d'un groupe de travail du CRTC. L'objectif de ces directives est d'assurer la présence d'images positives des hommes et des femmes dans les messages publicitaires. Elles correspondent notamment aux domaines ou aux sujets ayant fait l'objet de plaintes au cours des 30 dernières années. Les lignes directrices fournissent des orientations sur la représentation des hommes et des femmes dans les domaines de l'autorité, des prises de décisions, de la sexualité, de la violence, de la diversité et du langage.

Pour faciliter l'interprétation de ces lignes directrices, NCP propose aux annonceurs certains axes de conduite. D'abord, l'impression générale qui se dégage d'une publicité doit respecter la notion d'égalité entre les sexes. Ensuite, sur la base de l'hypothèse que les hommes sont moins susceptibles d'être présentés de manière négative que les femmes, une attention plus particulière devrait être prêtée à la représentation de ces dernières. L'utilisation d'œuvres d'art et les mises en situation de nature historique ne devraient, par exemple, pas servir d'excuse à la transgression de ce principe. Enfin, certaines catégories de produits doivent être annoncées dans les véhicules publicitaires appropriés.

Le traitement des plaintes

NCP regroupe les plaintes reçues dans trois catégories. La **plainte d'un consommateur** provient d'un citoyen ordinaire qui juge une publicité inacceptable. NCP reçoit ces plaintes directement ou lorsqu'elles lui sont acheminées par divers ministères et organismes gouvernementaux comme le Bureau d'éthique commerciale du Canada (BEC), le CRTC ou le Conseil canadien des normes de la radiotélévision (CCNR). La **plainte d'un groupe d'intérêt particulier** provient pour sa part d'un groupe bien identifié, représentant plus d'une personne ou plus d'un organisme, et qui exprime une opinion commune. Cette catégorie a été reconnue au printemps 2002. Enfin, la **plainte intra-industrie** est formulée par des annonceurs concurrents. NCP

Plainte d'un consommateur
Plainte déposée auprès de NCP par un citoyen ordinaire qui juge une publicité inacceptable.

Plainte d'un groupe d'intérêt particulier
Plainte au sujet d'une publicité déposée auprès de NCP par un organisme reconnu qui représente un point de vue commun.

Plainte intra-industrie
Plainte déposée auprès de NCP par des annonceurs concurrents au sujet d'une publicité.

publie un rapport annuel contenant un résumé de toutes les plaintes déposées. Il existe un processus de traitement distinct pour les plaintes provenant des consommateurs, des groupes d'intérêt et des annonceurs. Ces procédures présentent néanmoins certaines similitudes auxquelles nous nous limiterons ici.

NCP examine d'abord chaque plainte afin de la classer dans la bonne catégorie : s'agit-il d'une plainte d'un consommateur, d'un groupe d'intérêt ou d'un annonceur ? On évalue ensuite la plainte pour déterminer si elle contrevient ou non à un article du Code. La première évaluation se fait au niveau national ou provincial par le Consumer Response Council pour les plaintes en langue anglaise et le Conseil des normes pour les plaintes en langue française. Quand on juge la plainte valable, l'organisation à l'origine de l'annonce en est avisée et peut présenter une argumentation avant que le Conseil formule un avis officiel. L'annonceur peut alors prendre des mesures pour remédier à la situation et éviter ainsi que son nom apparaisse dans le rapport de NCP. Bien sûr, un annonceur répondant à une plainte sans toutefois remédier à la situation est susceptible de voir son nom apparaître dans le rapport si NCP reconnaît le bien-fondé de la plainte.

Le rapport des plaintes contre la publicité

NCP publie un rapport annuel détaillé depuis 1997. Ce rapport contient à présent les noms des annonceurs concernés et une présentation détaillée de toutes les plaintes reçues. Dans le passé, le rapport annuel ne présentait que des statistiques globales. Le tableau 18.1 présente un résumé des plaintes déposées en 1999, en 2000 et en 2001, période au cours de laquelle le nombre de plaintes incriminées est demeuré stable. En 2007, 1 445 plaintes ont été reçues (dont 723 portant sur des annonces), parmi lesquelles 1 069 ont été examinées, 241 évaluées et 193 retenues (dont 56 annonces). Historiquement, la proportion entre le nombre de plaintes et le nombre de publicités

TABLEAU 18.1 Un résumé des plaintes provenant du rapport annuel de NCP et de leurs caractéristiques principales

	1999	2000	2001
Nombre de plaintes (publicités)			
Reçues	1 075 (813)	1 143 (815)	1 164 (815)
Examinées	802 (552)	817 (521)	833 (540)
Évaluées par NCP	248 (123)	289 (139)	321 (155)
Code	203 (106)	255 (123)	285 (133)
Lignes directrices	45 (17)	34 (16)	36 (22)
Retenues par NCP	181 (67)	180 (71)	161 (75)
Code	152 (59)	152 (60)	130 (66)
Lignes directrices	29 (8)	21 (11)	22 (9)
Pourcentage de plaintes retenues	17 %	16 %	14 %
Article du code	Article 14 Article 1	Article 14 Article 1	Article 14 Article 1
Catégorie de produits	Alimentation et épicerie Automobile Santé et soins personnels	Alimentation et épicerie Alcool Vente au détail	Santé et soins personnels Alimentation et épicerie
Média	Télévision Journaux	Télévision Journaux	Télévision Médias hors domicile

indique que le nombre de plaintes formulées par publicité se révèle inférieur à deux. Ce n'est donc pas le nombre de plaintes, mais leur nature qui justifie l'examen d'une publicité. Le pourcentage de plaintes retenues varie de 14 % à 17 %. Fait intéressant, la majorité des plaintes portent sur la représentation des hommes et des femmes, ainsi que sur des publicités jugées effrayantes ou dérangeantes. En règle générale, environ la moitié des plaintes porte sur des annonces télévisées. Aucune tendance ne se dégage enfin quant aux catégories de produits faisant plus particulièrement l'objet de plaintes.

En 2001, quelques plaintes sont ressorties du lot. On a notamment pointé du doigt une publicité du parfum Yves Saint Laurent publiée dans des magazines, qui montrait une femme en pleine extase. La publicité a été l'objet de 12 plaintes, et NCP a jugé qu'elle contrevenait à l'article 14 du Code, ainsi qu'aux lignes directrices de celui-ci. Si un certain degré de sensualité semble acceptable pour une publicité de parfum, certains consommateurs canadiens ont toutefois estimé que cette campagne était allée trop loin.

Dans le même ordre d'idées, une publicité télévisée de Ford montrant une jeune femme kidnappant un commis pour ensuite l'enfermer dans le coffre arrière de sa voiture a suscité neuf plaintes que le Conseil a retenues en vertu de l'article 14, jugeant qu'elle présentait une activité illégale, en l'occurrence un enlèvement. Ford en a appelé de la décision, mais le bureau d'appel a maintenu la décision initiale. Voici la déclaration du constructeur d'automobiles qui a fait suite au verdict :

> Ford du Canada n'a jamais eu l'intention d'offenser qui que ce soit en diffusant cette publicité ; son message cherchait plutôt à souligner les avantages de la Focus. Le Conseil a jugé que la même publicité diffusée au Québec en français et en anglais ne contrevenait pas au Code. Certains détails concernant la plainte ont été communiqués à la presse par un des plaignants, en dépit du fait que ce processus se veut confidentiel. En réaction à la décision d'appel, Margaret Wente, dans un long article du *Globe and Mail* paru le 31 janvier 2002, a appuyé fermement la publicité. Toutefois, à la lumière de la décision d'appel du Conseil, Ford du Canada retirera le message publicitaire diffusé en langue anglaise.

L'image négative des hommes dans nombre d'annonces publicitaires suscite encore aujourd'hui des questions, tout comme le déséquilibre existant sur ce plan lors du traitement des plaintes.

Le processus d'approbation

Sauf au Québec, NCP offre un service d'approbation des publicités pour plusieurs catégories de produits, dont celles destinées aux enfants.

- *L'alcool* NCP adhère au *Code de la publicité radiodiffusée en faveur des boissons alcoolisées* du CRTC. Le CRTC, pour sa part, n'offre plus de service d'approbation depuis 1997. Le Code contient 17 lignes directrices précisant les interdits en matière de publicité de boissons alcoolisées. Certaines ont trait à l'interdiction de s'adresser aux personnes mineures, à celles qui ne consomment pas d'alcool ou qui sont aux prises avec des problèmes de consommation. D'autres portent essentiellement sur les éléments du message publicitaire : les motivations et les occasions liées à la consommation, la source du message et l'attrait. Pour cette catégorie de produits, NCP examine toutes les publicités radiodiffusées et télédiffusées au pays, à l'exception du Québec. En Colombie-Britannique, son mandat s'étend en outre à la publicité imprimée et aux médias hors domicile.

- *Les produits de beauté* En 1992, Santé Canada confiait à NCP le mandat d'approuver les publicités de produits de beauté, bien qu'aucune approbation ne soit obligatoire dans ce cas. Pour ce faire, NCP fait appel à des lignes directrices dont la dernière version a été publiée conjointement en 2000 par NCP, Santé Canada et l'Association canadienne des cosmétiques, produits de toilette et parfums. Ces lignes directrices énumèrent ce qui est acceptable ou non en matière d'arguments publicitaires pour certains produits de soins des cheveux et des ongles, ainsi que pour divers produits de soins de la peau. Un autre ensemble de lignes directrices précise ce qui est acceptable ou non en matière d'arguments publicitaires pour les dentifrices, les déodorants, les rince-bouche, les parfums, les produits solaires, les vitamines et les produits d'aromathérapie. Un même processus d'approbation préalable s'applique aux messages publicitaires contenant les mots « antirides », « santé », « ingrédient », « nutritif », « relaxant », « respiration », « revitalisant », « thérapeutique » et « remodelage ».

- *Les médicaments en vente libre* En 1992, Santé Canada confiait à NCP la mission d'approuver les messages portant sur les caractéristiques non thérapeutiques des médicaments en vente libre. NCP doit s'assurer que les publicités radiodiffusées, télédiffusées et imprimées sont conformes aux *Lignes directrices sur la publicité destinée aux consommateurs des médicaments* et à la *Loi sur les aliments et drogues*. La plupart des lignes directrices portent sur la nécessité pour les annonceurs de fournir des renseignements précis quant aux caractéristiques et aux avantages des produits et de s'assurer de la validité des arguments publicitaires sur le plan scientifique.

- *La publicité destinée aux enfants* NCP fonde ici son intervention sur le *Code de la publicité radiotélévisée destinée aux enfants.* Ce Code, publié par l'Association canadienne des radiodiffuseurs (ACR), permet d'évaluer la pertinence des publicités destinées aux enfants. Compte tenu des particularités de l'audience, les lignes directrices traitent notamment des points suivants : vie saine et active, consommation excessive, présentation véridique, interdiction relative à certains produits, interdiction d'exercer des pressions exagérées, prix et modalités d'achat, comparaison, sécurité et valeurs sociales. Le Code fournit aussi des indications quant au processus d'approbation, par exemple le moment où celle-ci est requise, à quelles conditions les publicités peuvent s'adresser aux enfants et les émissions au cours desquelles ces publicités peuvent être diffusées.

- *Les aliments* NCP évalue les publicités radiodiffusées et télédiffusées sur la base de la *Loi sur les aliments et drogues.* On distingue les annonces publicitaires exemptées de l'obligation d'être approuvées de celles qui doivent l'être dans une des catégories suivantes : publicité de nature générale, publicité à l'occasion de fêtes (Noël, par exemple), publicité promotionnelle et de commandite. De plus, les lignes directrices de NCP portant sur la publicité comparative des aliments présentent différents principes réglementant ce type de message.

L'impact déontologique et éthique de la publicité

Quantité de lois et de règlements encadrent les annonceurs. Certains aspects des communications marketing échappent cependant encore à toute réglementation. En fait, les professionnels du domaine prennent souvent des décisions quant à la nature éthique de leurs promotions en fonction de considérations d'ordre déontologique ou personnel, plutôt qu'en fonction de lois ou de lignes directrices bien précises. L'**éthique** et la déontologie, sa traduction pratique liée à l'exercice d'une profession, correspondent aux valeurs et aux principes moraux qui gouvernent les actions et les décisions d'un individu ou d'un groupe[4].

Éthique

Principes et valeurs d'ordre moral qui gouvernent les actions et les décisions d'un individu ou d'un groupe. La déontologie est la traduction concrète, dans le cadre d'une pratique professionnelle, de ces principes et valeurs.

Les enjeux éthiques se trouvent au cœur de nombreuses décisions relatives aux communications commerciales. Dans le domaine de la publicité et de la promotion, le non-respect des normes éthiques et le manque de jugement peuvent avoir des conséquences très dommageables pour une entreprise et nuire considérablement à son image. Par exemple, nombre d'individus et d'organismes ont accusé des annonceurs, tels que Calvin Klein, de promouvoir par le biais de leurs publicités une trop grande permissivité sexuelle ou une représentation dégradante de la femme. Cette marque a même été l'objet d'un boycott il y a quelques années en raison de publicités controversées montrant des images provocantes d'adolescents dénudés[5].

Une campagne publicitaire de Nike visant à promouvoir les ventes de ses chaussures Air Cross Trainer II a également été vivement dénoncée. L'annonce télévisée incitait les consommateurs à se rendre sur le Web pour voir la fin du message publicitaire[6]. Les publicités mettaient en vedette des célébrités telles que la coureuse Marion Jones ou l'ex-vedette de baseball Mark McGwire. Alors que le film publicitaire se trouvait à son point culminant, les mots « à suivre sur le site nike.com » apparaissaient. Une fois sur ce site, les consommateurs pouvaient choisir entre différentes fins possibles. Dans l'une d'elles, le personnage rendait l'âme. Dans les trois autres, il avait soit un bras coupé, perdait des dents ou subissait une blessure au visage si horrible que l'infirmière sortait de la salle d'urgence en hurlant. Le vice-président du marketing de Nike a expliqué que la fin des messages avait pour objectif de piquer la curiosité et d'inciter les consommateurs à passer plus de temps sur le site. Il a défendu ces publicités ainsi : « La plupart des entreprises jugent que les adolescents sont incapables de lire entre les lignes. Pourtant, leur capacité à faire preuve d'humour et de dérision, tout en prenant le recul nécessaire, est bien réelle. » La campagne s'est en fait révélée l'une des plus réussies de Nike et a permis de faire du Air Cross Trainer II la chaussure la plus vendue du fabricant. La campagne a aussi été reconnue comme un modèle d'utilisation combinée de la publicité télévisée et du Web.

Certaines publicités télévisées de Nike invitaient les téléspectateurs à visiter son site Web pour en choisir la fin.

Au départ, les réseaux CBS et NBC avaient demandé à Nike de supprimer les mots « à suivre », craignant que les téléspectateurs n'éteignent leur téléviseur pour se ruer vers leur ordinateur. NBC est cependant revenu sur sa décision quelques semaines après le lancement de la campagne. Malgré le mariage réussi de la télévision et du Web, l'utilisation de fins de publicité macabres sur le site de Nike peut certainement faire l'objet de critiques[7].

Les controverses entourant nombre de campagnes résultent en grande partie des techniques de persuasion utilisées et de leur impact sur les goûts, les valeurs ou les modes de vie. Certaines techniques utilisées par les annonceurs ont ainsi été dénoncées pour leur caractère trompeur, mensonger, offensant ou de mauvais goût, ou encore pour leur exploitation excessive de certains groupes, dont les enfants. Nous examinerons maintenant chacune de ces accusations et les réponses des annonceurs à celles-ci.

La publicité mensongère ou trompeuse

Les annonces réputées trompeuses ou mensongères abusent de la confiance des consommateurs ; c'est là un des principaux griefs dont la publicité est l'objet. Selon plusieurs spécialistes, les consommateurs font preuve d'une grande méfiance à l'égard de la publicité[8]. D'après une étude de Banwari Mittal, moins de 25 % des publicités télévisées sont considérées comme honnêtes et crédibles[9]. Récemment, Sharon Shavitt et James Haefner ont mené un sondage auprès de plus de 1 000 consommateurs d'âge adulte en vue de cerner les attitudes et la confiance du grand public envers la publicité. Résultat : s'ils se montrent plutôt sceptiques par rapport à la publicité, les Américains accordent cependant une plus grande crédibilité aux arguments publicitaires qui vont dans le sens de leurs propres décisions d'achat[10].

Tout argument vantant la performance d'un produit devrait, en principe, être crédible ; l'annonceur devrait ainsi être en mesure d'offrir des preuves appuyant son argument. Toutefois, la tromperie peut aussi résulter parfois d'une interprétation erronée du consommateur ou de l'impact inattendu d'une annonce sur ses croyances, ses valeurs ou ses attitudes[11]. La difficulté à déterminer en quoi consiste un argument trompeur, ajoutée au fait que les annonceurs privilégient naturellement les réclames louangeuses, contribuent à la complexité de la question. Selon la loi, une réclame racoleuse se définit comme « toute publicité ou autre forme d'argumentation qui vante un article sur la base d'opinions subjectives, d'exagérations ou d'énoncés généraux ne présentant aucun fait précis ou concret[12] ». La réclame racoleuse en publicité est chose courante. L'aspirine Bayer serait ainsi un « médicament miracle qui accomplit des merveilles », au dire du fabricant ; Nestlé affirme « fabriquer le meilleur chocolat » ; et Healthy Choice prétend « offrir ce qu'il y a de mieux ». Les superlatifs tels que « le plus grand », « le meilleur » et « le plus célèbre » se trouvent parmi les arguments racoleurs les plus populaires.

Des annonceurs font, en outre, parfois usage de promesses fallacieuses ou d'arguments trompeurs, ou encore refusent d'accorder les prix promis à l'occasion d'un concours ou d'une loterie publicitaire. Notons qu'il s'agit là souvent du fait de petites entreprises, et que ces fraudes ne représentent qu'une infime portion des milliards de dollars dépensés annuellement en publicité et en promotion. La plupart des annonceurs ne conçoivent pas

La mise en scène d'enfants est toujours délicate, comme en témoigne cette annonce de la Banque Laurentienne.

leurs publicités dans le but de tromper les consommateurs, ni n'organisent de loteries publicitaires sans avoir l'intention de distribuer des prix. Ces pratiques sont non seulement contraires à l'éthique, mais les coupables courent le risque d'entacher pour longtemps leur réputation et de faire l'objet de poursuites. Les annonceurs nationaux, en particulier, investissent d'importantes sommes pour encourager la loyauté envers leurs marques et améliorer leur image. Ces entreprises n'ont aucun avantage à trahir une confiance difficilement acquise auprès des consommateurs.

Le problème de la publicité trompeuse ou frauduleuse est davantage présent sur le plan local et pour certaines formes promotionnelles, telles que le publipostage, le télémarketing et les autres outils de marketing direct. Même de grandes entreprises ont été accusées d'avoir fait usage de publicité trompeuse. Certaines de ces entreprises cherchent en effet à promouvoir leurs marques sur des marchés où la concurrence est féroce et elles en viennent parfois à utiliser des arguments qui sont à la limite de ce qui est permis par les lois et les règlements.

La plupart des détracteurs de la publicité sont certainement prêts à reconnaître que la majorité des annonceurs ne cherchent pas à tromper délibérément le public. Ils demeurent néanmoins préoccupés par le peu d'information dont disposent les consommateurs pour faire un choix éclairé. Selon ces critiques, les annonceurs présentent uniquement l'information qui leur est favorable et ne révèlent pas tout à propos de leurs produits ou services.

Selon certains, la publicité devrait être essentiellement de nature informative, et les réclames louangeuses ou les images flatteuses devraient être proscrites. À l'inverse, d'autres prétendent que les annonceurs ont le droit de présenter leurs produits et leurs services sous un éclairage favorable et qu'ils ne devraient pas se limiter à présenter uniquement une information objective et vérifiable[13]. À leur avis, les consommateurs sont en mesure de se protéger contre une influence indue, et la réglementation peut, à elle seule, contrer la tromperie. Le tableau 18.2 présente les principes énoncés par l'Association canadienne des annonceurs (ACA). Ces principes sont censés guider les annonceurs dans la préparation et l'évaluation de leurs campagnes.

La publicité offensante ou de mauvais goût

Les messages jugés offensants, de mauvais goût, agaçants, ennuyeux, odieux, etc., constituent un autre reproche souvent adressé à la publicité, en particulier de la part des consommateurs. Selon une étude récente de Shavitt et ses collègues, environ 50 % des personnes interrogées ont affirmé s'être senties offensées par des annonces à plus d'une reprise. D'autres études révèlent que les consommateurs voient dans la plupart des messages publicitaires une insulte à leur intelligence et estiment qu'un grand nombre d'entre eux sont de mauvais goût[14]. La publicité peut offenser ou irriter ces consommateurs de diverses façons. Certains s'opposent, par exemple, à toute publicité de produits ou de services liés à la contraception ou à l'hygiène personnelle. Rappelons que les médias ont longtemps hésité à diffuser des publicités de condoms, les ravages du sida les forçant à reconsidérer leur position.

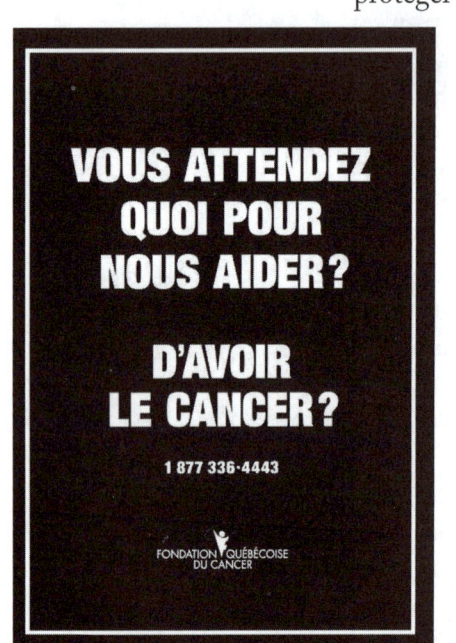

Une publicité percutante peut aussi favoriser une cause.

TABLEAU 18.2 Les principes de l'ACA

1. *Les annonceurs doivent se comporter de manière responsable.*
   - L'autoréglementation est dans l'intérêt véritable de tous les Canadiens. La politique d'autoréglementation reconnaît et protège les droits fondamentaux et les valeurs sociales des Canadiens.
   - Les annonceurs assument déjà leurs responsabilités en adhérant au *Code canadien des normes de la publicité*, principal instrument d'autoréglementation de l'industrie publicitaire canadienne.
   - Le *Code canadien des normes de la publicité* n'est qu'un des nombreux codes de l'industrie. Il existe aussi des lignes directrices particulières quant à l'égalité des sexes, à la publicité destinée aux enfants et à l'étiquetage des produits alimentaires, pour ne donner que quelques exemples.

2. *Les annonceurs jouissent de la liberté d'expression.*
   - L'ACA ne croit pas qu'il soit raisonnable que, sur le plan juridique, les gouvernements permettent aux entreprises de fabriquer et de vendre des produits, et de prélever des taxes, tout en restreignant leur capacité à en faire la promotion.
   - L'ACA demeure vigilante pour assurer la liberté de l'expression commerciale.
   - La publicité, y compris la publicité de produits qui nous déplaisent, est un aspect de la liberté d'expression ; cette liberté d'expression constitue l'une des valeurs les plus précieuses de notre société.

3. *Les annonceurs apportent une contribution importante à l'économie et à la culture canadiennes.*
   - La publicité constitue une activité importante dans la vie économique et culturelle des Canadiens.
   - La publicité sous toutes ses formes représente un investissement annuel de plus de 10 milliards de dollars dans l'économie canadienne.
   - Les revenus publicitaires profitent au système canadien de radiodiffusion. Les annonceurs financent la production et la diffusion d'émissions de divertissement et d'information, de même que d'émissions éducatives destinées aux foyers canadiens. Ils représentent aussi des sources de financement importantes pour les journaux, les magazines, les films et les sites Internet.
   - Les annonces publicitaires sont un reflet de notre mode de vie. Elles constituent de puissants outils de transmission de nos valeurs, de nos traditions et de nos styles de vie pour les nouveaux citoyens et les prochaines générations.
   - Les messages publicitaires produits dans chaque province contribuent à véhiculer notre identité et à promouvoir l'unité nationale.

4. *Les annonceurs favorisent une économie dynamique et concurrentielle.*
   - Une confiance accrue dans les forces du marché ne signifie pas pour autant la disparition des identités locales et d'une identité canadienne forte et féconde.
   - Notre capacité à protéger notre culture en limitant l'accès aux moyens de communication se montre de plus en plus en plus limitée. Internet constitue un exemple éloquent de cette réalité.
   - Dans le monde changeant des communications, ce sont les conditions favorables du marché, et non le protectionnisme, qui devraient prévaloir.

Source : *ACA*, [en ligne], <aca-online.com/Advocacy/> (page consultée le 28 avril 2008).

Selon une analyse des messages publicitaires diffusés aux heures de grande écoute, il existe un lien entre la catégorie de produits annoncée et les messages que les consommateurs perçoivent comme très vulgaires ou agaçants. Les publicités les plus critiquées sont celles faisant la promotion de produits d'hygiène féminine, de sous-vêtements féminins et de produits contre les hémorroïdes[15]. Les publicités annonçant des produits d'hygiène personnelle étant toutefois aujourd'hui plus fréquentes à la télévision et dans les médias imprimés, le public leur réserve un accueil de plus en plus favorable[16]. Quoi qu'il en soit, les annonceurs doivent toujours faire preuve de prudence quant à la façon dont ils présentent ces produits, ainsi qu'au langage et à la terminologie utilisés. Ils doivent aussi tenir compte des nombreux règlements, règles et tabous afin de s'assurer que les grands réseaux de télévision jugent leurs publicités acceptables[17]. Selon une autre étude, les consommateurs auraient plutôt tendance à rejeter les publicités des produits qu'ils n'utilisent pas ou qu'ils n'achèteraient pas[18].

L'attrait publicitaire choisi et la présentation du produit peuvent aussi offenser le grand public. Plusieurs dénoncent ainsi les publicités qui exploitent l'insécurité ou les inquiétudes du consommateur. Les annonces de déodorants, de rince-bouche et de shampoings antipelliculaires, par exemple, sont souvent pointées du doigt parce que leur principal argument de vente repose sur la peur du rejet. On a aussi dénoncé des publicités vantant des ordinateurs en raison du lien qu'elles tentaient d'établir dans l'esprit des parents entre l'échec scolaire et la non-utilisation d'un ordinateur par de jeunes enfants.

Les arguments publicitaires les plus décriés pour leur mauvais goût ont trait à la sexualité et à la nudité. On fait parfois appel à ces moyens afin de capter l'attention du consommateur, bien que ceux-ci n'aient aucun lien avec le produit annoncé. Notons, par ailleurs, qu'un très grand nombre de personnes s'oppose à l'utilisation de la nudité et aux messages à caractère sexuel, qu'ils soient ou non en rapport avec le produit annoncé.

△
On a dénoncé cette publicité des chaussures Airwalk parce qu'elle est sexuellement suggestive et qu'elle symbolise la soumission féminine.

L'utilisation de la sexualité pour valoriser l'image de produits tels que les boissons alcoolisées, ou encore pour suggérer que ces produits donnent un plus grand pouvoir de séduction, préoccupe beaucoup les spécialistes et les groupes de pression. Des groupes de femmes ont ainsi critiqué la publicité d'Airwalk présentée ci-dessus, estimant qu'elle dépeignait une femme soumise et sexuellement disponible. Certains de ces groupes ont estimé que ce message contenait des symboles suggestifs sur le plan sexuel, qui renforçaient l'image de la soumission féminine[19].

On reproche souvent aux publicités à caractère sexuel de faire de la femme ou de l'homme un simple objet sexuel. C'est pourquoi, par exemple, l'ACA a retenu la plainte contre le parfum d'Yves Saint Laurent, dont il a été question à la section précédente.

Certains annonceurs déplorent que les réseaux de télévision aient en la matière deux poids, deux mesures. À leur avis, les publicités, même les plus suggestives, apparaissent fades en comparaison du contenu d'un grand nombre d'émissions de télévision. De leur côté, les réseaux affirment exa-

△
On accuse souvent la publicité de présenter la femme comme un objet sexuel.

miner plus en profondeur les annonces publicitaires sous prétexte qu'elles valorisent ou proposent des modèles de comportement, au contraire des émissions assimilées à de simples divertissements. Les dirigeants de ces réseaux font aussi état des nombreuses plaintes de parents préoccupés par l'exposition de leurs enfants à ces publicités sans qu'il leur soit toujours possible d'éteindre le téléviseur ou de choisir une autre chaîne.

L'environnement publicitaire étant de plus en plus surchargé, il y a gros à parier que les publicités de demain contiendront encore des éléments jugés offensants par un grand nombre de personnes, mais qui permettront néanmoins d'attirer l'attention du public ciblé. Jusqu'où iront les annonceurs ? Tout dépendra sans doute des réactions du public. Si celui-ci en vient à juger que les publicités diffusées dépassent les bornes, il exercera peut-être des pressions sur les annonceurs et sur les médias pour qu'ils renoncent à ce type d'arguments racoleurs. On reconnaît ici toute la pertinence de l'autoréglementation que prônent l'ACA et NCP.

La publicité destinée aux enfants

La publicité destinée aux enfants est l'un des sujets les plus controversés auxquels se heurtent les annonceurs. La télévision leur permet notamment de joindre facilement les enfants. En effet, ceux de 2 à 11 ans passent en moyenne plus de 15 heures par semaine devant leur téléviseur. Selon plusieurs études, la télévision constitue pour les enfants une importante source d'information sur les produits de consommation[20]. Des inquiétudes ont été en outre exprimées quant à l'utilisation de véhicules ou de techniques promotionnels tels que la publicité radiophonique, les présentoirs sur les lieux de vente, les primes à l'intérieur des conditionnements ou les placements commerciaux dans les films.

Selon de nombreux spécialistes, les enfants, particulièrement en bas âge, sont vulnérables à la publicité, car ils ne possèdent ni l'expérience ni les connaissances pour comprendre et évaluer d'un œil critique un message publicitaire dont l'objectif est de les persuader. La recherche montre que les enfants d'âge préscolaire sont, par exemple, incapables de différencier les messages publicitaires des émissions de télévision habituelles, de distinguer la réalité de la fiction ou de percevoir l'intention de vente des messages publicitaires[21]. La recherche démontre aussi l'avantage qu'il y aurait pour les enfants à être sceptiques envers la publicité et à comprendre ses mécanismes[22]. La capacité des enfants à déceler l'intention de vente du message ou à reconnaître celui-ci comme une publicité s'avère, en définitive, plutôt limitée. De l'avis de plusieurs, la publicité destinée aux enfants est donc fondamentalement abusive ; elle devrait en conséquence être bannie ou du moins rigoureusement réglementée.

À l'autre extrême se trouvent ceux qui prétendent que la publicité fait partie de la vie, que les enfants doivent apprendre à y faire face et que cet apprentissage s'inscrit dans leur processus de socialisation en tant que consommateurs, processus qui leur permet d'acquérir les compétences requises pour évoluer dans un univers largement façonné par la consommation[23]. Les ardents défenseurs de la publicité ajoutent que les restrictions en place encadrent suffisamment la publicité destinée aux enfants. Dans une étude récente, Tamara Mangleburg et Terry Bristol en arrivent aussi à cette conclusion. Au dire de ces auteurs, c'est surtout grâce aux interactions avec des agents de socialisation tels que les parents ou les pairs que les enfants ou les adolescents apprennent à poser un regard critique sur la publicité. Une bonne connaissance du domaine de la consommation joue ainsi un rôle important dans le développement de leur esprit critique. Une connaissance plus approfondie de ce domaine semble leur conférer de meilleurs points de repère pour évaluer les publicités et leur permet de mieux reconnaître les techniques de persuasion des annonceurs[24].

Le *Code de la publicité radiotélévisée destinée aux enfants* dont il a été question plus tôt prend acte de ce débat et tente d'établir un équilibre entre les deux points de vue. Rappelons que la loi québécoise, unique au pays, se montre très sévère sur ce plan.

Selon une étude comparative des attitudes des gestionnaires et des consommateurs à l'égard de la publicité destinée aux enfants, les professionnels du marketing voient en général dans cette forme de publicité un bon moyen de leur communiquer une information utile sur de nouveaux produits. En outre, à leurs yeux, cette information n'altère en rien la relation parents-enfant. Le grand public n'a toutefois pas une opinion aussi favorable de ces annonces. Les consommateurs plus âgés et les ménages avec enfants affichent en effet des attitudes très négatives envers la publicité destinée aux plus jeunes[25].

Pour beaucoup d'entreprises, il est important de communiquer directement avec les enfants. Toutefois, seule une reconnaissance explicite de la naïveté et de la fragilité particulières des enfants en tant que consommateurs peut leur permettre d'établir cette communication en respectant des règles éthiques minimales. Ces entreprises évitent ainsi maints conflits avec ceux qui estiment que les enfants doivent être protégés de toute forme de publicité.

L'impact de la publicité sur la société

L'impact de la publicité sur la société, particulièrement sur les valeurs et les styles de vie, est une préoccupation que partagent beaucoup de spécialistes. Même si d'autres facteurs exercent bien sûr une influence sur les valeurs culturelles, les styles de vie et les comportements, la quantité phénoménale de messages publicitaires que diffusent les médias de masse amènent plusieurs de ces spécialistes à conclure que la publicité joue aussi un rôle majeur dans la transmission et l'évolution de ces valeurs ou comportements. L'auteur du livre *Advertising and Social Change,* Ronald Berman, part du constat que les institutions de la famille, de la religion et de l'éducation se sont affaiblies considérablement au cours des trois dernières générations. Le monde lui-même semble s'être complexifié. Avec la disparition de l'autorité, au sens traditionnel du terme, la publicité jouerait alors en quelque sorte le rôle d'un guide social et culturel. Dans un monde de libre choix, elle présente en effet une myriade d'options et propose comme réponse aux besoins ou aux désirs non seulement des produits, mais aussi des idées, des styles, des valeurs morales et des modèles de comportement[26].

Alors qu'il existe un consensus sur l'importance de l'influence sociale qu'exerce la publicité, les discussions sont vives quant à la valeur de cette contribution. On accuse ainsi souvent la publicité d'encourager le matérialisme, de manipuler les consommateurs afin de les inciter à acheter des produits dont ils n'ont pas réellement besoin, de perpétuer des stéréotypes et d'exercer une forme de contrôle insidieux sur les médias.

PERSPECTIVE 18.1

Des stéréotypes qui ont la vie dure !

C'est manifestement une fourchette très sale qui est présentée dans ce film publicitaire. Une saleté qui attire toute l'attention d'une mère et de sa fille : « Je déteste tellement ce genre de saleté sur les couverts », dit la mère. « Beurk ! » répond sa fille. Une voix masculine se fait alors entendre, annonçant qu'avec l'emploi de Dual Action Electrasol ces problèmes féminins pourraient trouver facilement leur solution. Justement, la mère présente avec fierté à sa fille une fourchette impeccable en s'écriant : « Plus de saleté ! » Son sentiment de fierté dans cette cuisine immaculée est plus qu'évident. La femme rayonne.

Voilà un film publicitaire d'il y a quelques années, repris aujourd'hui, dont le moins que l'on puisse dire est qu'il ne fait pas preuve d'une imagination débordante. Il s'agit toutefois d'une réalisation qui montre assez bien ce qui se fait encore parfois en matière de promotion pour ce type de produits d'entretien. L'hypothèse implicite est que les femmes sont obsédées par l'apparence de ce qui se trouve dans leur cuisine ou du moins, que si quelqu'un doit l'être dans une maisonnée, ce sera sûrement une femme. La publicité décrite est d'autant plus remarquable qu'elle ne se limite pas à une génération, mais joue sur la relation entre la mère et la fille. La mère apprend ainsi à sa fille combien il est important et inhérent à la condition féminine de se préoccuper particulièrement de ces problèmes !

Si des publicitaires font de louables efforts pour changer cet état de chose, le fait de voir encore ce genre de publicités diffusées en dit long sur le retard de certains annonceurs quant à l'évolution de notre société. Si la représentation stéréotypée de femmes cantonnées dans des rôles traditionnels a longtemps constitué une cible privilégiée pour différents groupes de pression, Melanie Cishecki de Mediawatch reconnaît qu'aujourd'hui, toutefois, ces groupes pensent qu'il y a des choses plus importantes auxquelles donner la priorité.

« Les publicitaires ont quand même évolué sur ce plan, remarque madame Cishecki. Aujourd'hui, il semble que d'autres questions ont pris plus d'importance aux yeux du public, comme la violence faite aux femmes ou les représentations hypersexualisées du corps féminin. »

Il n'est pas nécessaire de chercher bien loin pour découvrir des campagnes posant problème sur ce plan. Pensez aux dernières publicités de la bière Old Milwaukee ou bien à celles de Dior et d'Yves Saint Laurent pour le parfum Opium, le dernier cri en matière de tendance européenne « porno chic ».

Même s'il y a sans doute des raisons d'efficacité commerciale qui expliquent la diffusion de telles publicités, pour les féministes, la chose est entendue. « Je ne pense pas qu'aucun publicitaire se lève un matin en se disant "aujourd'hui, je vais faire de la vie des femmes un enfer", dit Louise Ripley, mais certains sont si imprégnés de cette façon de voir qu'ils la reproduisent sans même en être vraiment conscients. » Ajoutez à cela que les groupes de pression qui s'intéressent à la condition masculine montent eux aussi au créneau avec des arguments assez similaires.

Le terrain publicitaire semble devenir, avec le temps et grâce à l'action inlassable des apôtres de la rectitude politique, un lieu d'affrontement ou de cristallisation de débats qui dépassent largement les enjeux habituels en ce domaine : il serait risqué pour un gestionnaire d'ignorer cette réalité.

Source : adapté de Kathleen Martin, « How Far Really ? », *Marketing Magazine*, 2 juillet 2001.

La publicité encourage le matérialisme

Pour bon nombre de ses détracteurs, la publicité exerce un effet négatif sur les valeurs du consommateur parce qu'elle encourage le **matérialisme**. Le matérialisme représente l'importance accordée aux biens matériels plutôt qu'aux préoccupations d'ordre intellectuel, moral ou spirituel. Pour ces personnes, la publicité :

- cherche à exacerber les besoins et les désirs, et non simplement à présenter comment un produit ou un service permet de combler ces besoins ;

> **Matérialisme**
> Importance accordée aux biens matériels plutôt qu'aux préoccupations d'ordre intellectuel, moral ou spirituel.

- bombarde le consommateur d'images dépeignant une vie idéale et suggère que la possession de biens mène au contentement et au bonheur ou, à tout le moins, augmente la joie de vivre ;
- présente la possession de biens matériels comme des symboles de statut, de réussite et d'accomplissement qui mènent à une meilleure acceptation sur le plan social, à la popularité, à un plus grand pouvoir de séduction, etc.

La publicité de Jaguar présentée ci-contre (« Transmission intégrale. Domination intégrale. ») constitue un bon exemple de message véhiculant des valeurs matérialistes.

Ces critiques supposent que le matérialisme est une chose indésirable et qu'il se manifeste au détriment d'autres aspirations. Toutefois, aux yeux de nombreuses personnes, le matérialisme a une valeur plus positive, surtout dans le contexte d'une éthique valorisant le travail, l'effort et l'initiative individuelle et considérant l'accumulation de biens matériels comme un symbole de réussite. Cette éthique est, pour certains, le fondement même du capitalisme. D'autres prétendent que l'acquisition de biens matériels a des retombées positives sur l'économie, car elle encourage les individus à consommer, même après avoir satisfait leurs besoins fondamentaux. La croissance économique, pour plusieurs, s'avère essentielle, et le matérialisme est perçu à la fois comme le moteur et la conséquence inévitable de ce progrès.

L'économiste John Kenneth Galbraith, qui a souvent été critique à l'égard de l'industrie de la publicité, décrit ainsi le rôle de la publicité dans les économies industrialisées :

La marque prestigieuse d'automobiles Jaguar propose ici une annonce faisant appel aux valeurs matérialistes du consommateur qui désire afficher sa réussite et son statut.

> La publicité et les techniques qui y sont reliées contribuent à l'éclosion d'un type d'individu apte à répondre aux objectifs de la société industrielle – un individu qui dépense son revenu et qui doit travailler pour combler des besoins qui augmentent sans cesse. Sans la persuasion tout aussi massive qu'habile qui accompagne la gestion de la demande, encore plus d'abondance pourrait perdre de son intérêt et freiner ainsi l'acquisition et l'accumulation de biens. S'il ne ressent pas un besoin pressant pour ces choses, cet individu dépensera moins pour avoir plus. La conséquence, une propension plus faible et plus incertaine à consommer, pourrait mettre en péril la vitalité même de la société industrielle[27].

On a aussi prétendu que l'importance accordée aux biens matériels n'excluait pas un intérêt pour les questions intellectuelles, spirituelles ou culturelles. Pour les défenseurs de la publicité, des consommateurs dont les besoins essentiels sont comblés s'intéresseront davantage à des sujets plus nobles. Selon Raymond Bauer et Stephen Greyser, l'acquisition de biens matériels peut ainsi permettre au consommateur d'atteindre des objectifs d'un ordre non matériel[28]. Par exemple, une personne peut acheter une chaîne stéréophonique coûteuse afin de vivre pleinement sa passion pour la musique de Bach, et non pour impressionner autrui ou acquérir simplement un autre bien matériel de prestige.

Même en supposant que le matérialisme s'avère indésirable, il reste à déterminer dans quelle mesure la publicité le crée ou l'encourage. Pour beaucoup de personnes, la publicité constitue un puissant ferment de valeurs matérialistes; d'autres estiment qu'elle ne façonne pas nos valeurs, mais qu'elle les reflète[29]. Selon eux, les valeurs du consommateur seraient plutôt façonnées par la société dans laquelle il vit, ces valeurs étant alors l'aboutissement d'un long processus de socialisation et d'acculturation.

Dans son livre *The Mirror Makers: A History of American Advertising and Its Creators,* Stephen Fox examine l'argument selon lequel la publicité contribue à créer une société matérialiste et hédoniste. L'auteur conclut que la publicité est devenue le principal bouc émissaire de notre époque, alors qu'elle n'est qu'un reflet de nos sociétés. À propos de l'impact de la publicité sur les valeurs culturelles, Fox déclare:

> Blâmer la publicité pour la plupart des tendances fondamentales qui ont façonné l'Amérique, c'est faire fausse route. Il est trop évident et trop facile de tuer le messager plutôt que de faire front. Les créateurs de la publicité moderne ne sont pas des manipulateurs occultes qui tirent les ficelles pour servir un quelconque sombre dessein. Ils produisent une manifestation particulièrement visible, à la fois positive et négative, du mode de vie américain[30].

Créée par l'American Association of Advertising Agencies (AAAA), l'annonce présentée ci-contre suggère que la publicité est un reflet des goûts et des valeurs de la société, et non l'inverse. Cette annonce faisait partie d'une campagne visant à répondre à certaines critiques dont la publicité fait souvent l'objet.

Globalement, il est possible de conclure que la publicité contribue sans doute en partie au matérialisme ambiant, encourageant la consommation et valorisant des produits et des services qui symbolisent le statut social, la réussite et l'accomplissement. Au dire de Richard Pollock: « La publicité reflète et renforce des valeurs culturelles, mais elle le fait de manière très sélective. Elle se fait souvent l'écho de certaines attitudes, de certains comportements et de certaines valeurs au détriment d'autres[31]. »

La publicité incite le consommateur à acheter des produits dont il n'a pas besoin

Au dire de plusieurs, la publicité manipule le consommateur en l'incitant à acheter des produits dont il n'a pas besoin. Pour certains experts, la publicité devrait uniquement offrir de l'information utile aux décisions d'achat, sans chercher à persuader le consommateur. L'information commerciale, c'est-à-dire la présentation du prix, des caractéristiques du produit et d'autres critères objectifs, est acceptable à leurs yeux, au contraire de la publicité persuasive, qui mise sur les émotions, les inquiétudes, les besoins psychologiques et les aspirations du consommateur liées à son statut social, à son estime de soi ou à son désir de séduction. La publicité persuasive apparaît alors comme une façon d'exacerber l'insatisfaction du consommateur en encourageant l'achat de produits et

Pour l'industrie, la publicité est un reflet de la société.

de services qui ne sont en aucun cas des réponses viables à des problèmes plus profonds. Pour ses détracteurs, la publicité exploite le consommateur, car elle le persuade d'acheter des articles ou des produits dont il n'a pas besoin et qui ne feront qu'accroître encore son malaise existentiel.

Les défenseurs de la publicité opposent plusieurs arguments à ces critiques. En premier lieu, un grand nombre de messages publicitaires est essentiellement de nature informative[32]. En second lieu, il est souvent difficile de distinguer une publicité informative acceptable d'une publicité persuasive qui ne l'est pas. En examinant la *dichotomie information-persuasion*, Shelby Hunt a démontré que même la publicité considérée par la plupart des observateurs comme très informative est souvent de nature persuasive[33]. « Si les adversaires de la publicité croient réellement qu'il faudrait interdire la publicité persuasive, ils proposent en fait l'élimination pure et simple de la publicité, car l'objectif premier de tout message publicitaire est de persuader[34] », conclut l'auteur.

Les défenseurs de la publicité s'inscrivent aussi en faux contre l'argument selon lequel celle-ci doit se limiter à répondre à des besoins fondamentaux. Dans notre société, la plupart des besoins fondamentaux de la hiérarchie de Maslow, dont la nourriture, l'habillement et le logement, sont comblés. Il est donc légitime de passer de ces besoins fondamentaux à des besoins d'un autre ordre – besoin d'estime, besoin d'affiliation et besoin d'accomplissement de soi. L'annonceur avisé associe donc ses produits et ses services à la satisfaction de ces besoins. C'est au consommateur qu'il incombe de déterminer dans quelle mesure et comment il parvient à satisfaire ses désirs.

Les partisans de la publicité opposent deux autres arguments à l'accusation selon laquelle la publicité incite le consommateur à se procurer des choses dont il n'a pas besoin. Ils affirment, en premier lieu, que l'on accorde à la publicité des pouvoirs qu'elle n'a pas, tout en sous-estimant la capacité du consommateur à se protéger. Ils soulignent, en second lieu, que les détracteurs de la publicité ignorent le fait que le consommateur reste libre de ses choix, même après avoir été exposé à de la publicité persuasive. Alors qu'ils reconnaissent volontiers que leur objectif est de persuader, les annonceurs ajoutent en effet du même souffle qu'il est très difficile d'inciter le consommateur à acheter un produit dont il ne veut pas ou pour lequel il ne voit aucun avantage personnel. Par exemple, le mouvement en faveur d'un marketing vert n'a pas réussi à convaincre complètement les consommateurs de renoncer à des produits moins coûteux au profit de produits plus respectueux de l'environnement, mais aussi plus chers. Après avoir mené une vaste étude portant sur 300 messages publicitaires « verts » parus dans des magazines entre 1991 et 1994, Roper Starch Worldwide a conclu que la plupart s'étaient avérés inefficaces. Cet échec s'explique notamment par le trop grand nombre de publicités « vertes » qui n'ont pu établir de lien crédible entre les gestes de l'entreprise respectueuse de l'environnement et l'avantage qu'en aurait tiré chaque consommateur[35]. La tendance actuelle relative au développement durable pourrait toutefois changer la donne.

L'AAAA réfute ici de façon amusante l'accusation selon laquelle la publicité incite le consommateur à acheter des choses dont il n'a pas besoin.

Si la publicité se montrait aussi puissante que le prétendent ses adversaires, nous ne verrions jamais de produits lancés à coup de millions de dollars et qui ne parviennent pas à percer le marché. La réalité, c'est que le consommateur a toujours la possibilité de choisir, et que rien ne le force à acheter. Dans la plupart des cas, le consommateur ignore les publicités de produits et de services dont il n'a pas vraiment besoin ou qui n'attirent pas son attention.

La publicité et les stéréotypes

On accuse souvent la publicité de brosser un portrait des femmes et des minorités ethniques qui crée ou perpétue certains stéréotypes.

Les femmes

L'image des femmes dans la publicité a toujours suscité beaucoup de débats[36]. On a en particulier accusé la publicité de présenter une image stéréotypée des femmes et de ne pas refléter l'évolution de leur rôle dans notre société. Selon ses détracteurs, la publicité dépeint souvent les femmes soit comme des personnes préoccupées uniquement par leur apparence, les tâches domestiques et leurs enfants, soit comme des objets ou des symboles aguichants sur le plan sexuel. Il y a quelques années, diverses études indiquaient que les stéréotypes sexuels que véhicule la publicité avaient encore peu évolué. À la télévision et dans les médias imprimés nord-américains, les femmes adultes étaient souvent présentées comme passives, déférentes, peu intelligentes, peu crédibles et peu disposées à l'effort. À l'inverse, les hommes étaient présentés comme des êtres constructifs, forts, autonomes et performants[37]. Nous avons vu que ce n'est plus toujours le cas de nos jours et que les rôles peuvent aussi être inversés.

Les recherches sur les stéréotypes sexuels présents dans la publicité destinée aux enfants donnent des résultats s'apparentant à ceux obtenus chez les adultes. Une étude récente des stéréotypes sexuels dans les publicités destinées aux enfants diffusées aux États-Unis et en Australie révèle ainsi que les garçons y sont en général dépeints comme mieux informés, plus actifs, plus dynamiques et plus habiles que les filles[38]. Les comportements non verbaux qui dénotent une domination et une forme de contrôle sont aussi plus associés aux garçons qu'aux filles.

D'autres chercheurs ont constaté que la publicité destinée aux enfants comptait un plus grand nombre de garçons et de voix masculines hors champ, et qu'on leur confiait des rôles plus actifs et plus dominants[39].

Des organismes féministes tels que MediaWatch affirment que la publicité qui dépeint les femmes comme des objets sexuels contribue à la violence faite aux femmes. MediaWatch et ses bénévoles interpellent souvent les annonceurs et leurs agences à propos de publicités jugées offensantes envers les femmes et organisent des boycotts contre les annonceurs fautifs. L'organisme dénonce aussi la façon dont plusieurs annonceurs dépeignent les femmes dans certaines publicités de vêtements et de cosmétiques. À son avis, ces messages publicitaires contribuent à l'augmentation des troubles alimentaires et du tabagisme chez les femmes qui cherchent désespérément des moyens de contrôler leur poids[40].

Bien que le sexisme et les stéréotypes persistent, soulignons une fois de plus que l'image de la femme véhiculée dans la publicité s'avère aujourd'hui beaucoup plus positive. Un nombre croissant d'annonceurs reconnaît maintenant l'importance de brosser un portrait plus réaliste des femmes et de leur quotidien. Par exemple, si dans son dernier rapport annuel, MediaWatch a accordé une mauvaise note à Browns Shoes, à Calvin Klein et à Kahlúa Black Russian, elle a, en revanche, donné une bonne note à « *Cam's Breast Exam* », une série de publicités télévisées mettant en vedette des jeunes hommes excités à l'idée de procéder à un examen des seins pour prévenir le cancer, et à Body Shop pour la présentation d'un portrait réaliste des femmes.

Selon les chercheurs Steven Kates et Glenda Shaw-Garlok, la transformation du rôle des femmes dans la société nord-américaine constitue sans doute le développement social le plus marquant du XXe siècle[41]. En effet, les femmes ont depuis longtemps traversé la frontière qui sépare l'univers domestique du monde du travail, et leurs attentes ou représentations ont évolué en conséquence. Des magazines tels que *Elle Québec* et *Working Women* ont explicitement intégré les changements socioculturels survenus dans la vie des femmes. Plusieurs annonceurs présentent ainsi désormais la femme dans une variété de rôles reflétant cette nouvelle réalité. Dans un grand nombre de publicités, les traits de caractère attribués aux femmes ne sont plus la faiblesse et la dépendance, mais bien la force et l'autonomie[42].

Certains annonceurs ont compris qu'une sensibilité accrue envers la clientèle féminine est susceptible d'avoir un impact positif sur l'atteinte de leurs objectifs publicitaires. Nike a, par exemple, vu ses ventes auprès de la clientèle féminine augmenter de 28 % grâce à sa campagne « *Empathy* », qui ciblait directement les femmes et abordait des enjeux qui les intéressaient[43].

Les minorités visibles

Plusieurs études américaines réalisées à la fin des années 1980 et au début des années 1990 ont porté sur la présence des minorités visibles dans la publicité. Une étude réalisée en 1987 aux États-Unis a révélé que seulement 11 % des personnes figurant dans les messages publicitaires étaient alors de race noire[44]. Une étude datant de 1989 indique, pour sa part, que les Afro-Américains apparaissaient dans 26 % des messages publicitaires diffusés par les réseaux de télévision, en comparaison de 6 % pour les Hispano-Américains. Les chercheurs ont aussi noté que les Noirs qui apparaissaient dans les publicités télévisées étaient bien intégrés, mais, dans une majorité de cas, confinés à des rôles secondaires[45]. Toujours aux États-Unis, une étude réalisée en 1995 a révélé que 17 % des publicités diffusées aux heures de grande écoute par les réseaux de télévision présentaient des Afro-Américains dans le rôle principal, mais qu'une majorité d'annonces les reléguaient encore à un rôle secondaire[46]. Selon une étude récente de Corliss L. Green, les publicités qui ciblent les Afro-Américains dans les médias communautaires, surtout pour promouvoir des produits à caractère ethnique, misent *a contrario* sur la présence de modèles dominants afro-américains[47].

IKEA a innové en mettant en scène des couples d'origine ethnique différente.

Sur un autre plan, une étude récente portant sur des publicités diffusées aux heures de grande écoute à la télévision conclut que les personnages masculins et féminins d'origine asiatique, qui apparaissaient dans 8,4 % des messages publicitaires étudiés, étaient surreprésentés par rapport à leur pourcentage réel dans la population américaine (3,6 %). Toutefois, ces personnes étaient plus susceptibles que les membres des autres groupes minoritaires d'apparaître dans des rôles secondaires. Cette étude révèle aussi que les Américains d'origine asiatique semblaient dans ces annonces accorder plus d'importance au travail qu'aux autres aspects de leur vie[48].

Il est difficile de transposer ces conclusions à la situation canadienne ou québécoise. On doit toutefois garder à l'esprit que Québécois et Canadiens sont aussi exposés à ces publicités lorsqu'ils regardent des émissions de télévision américaines ou qu'ils lisent des magazines américains.

Les minorités visibles composent environ 20 % de la population canadienne. De ce nombre, 25 % sont d'origine chinoise, 20 % sont originaires de l'Asie du Sud et 19 % sont de race noire. Les tendances récemment observées au Canada et les observations des praticiens montrent que, même si l'image des minorités visibles dans la publicité canadienne est plus positive depuis quelques années, il y a encore place à l'amélioration. D'après une étude récente, pour 45 % des Canadiens, les publicités qu'ils voient s'adressent davantage aux Blancs, et 48 % de la population canadienne estime que les minorités visibles y sont souvent sous-représentées.

Dans la foulée de la campagne « *Whassup* » de la bière Budweiser, la plupart des brasseurs canadiens ont intégré des représentants des minorités visibles à leurs publicités en 2001. Bien qu'il n'existe aucune ligne directrice à ce sujet, les brasseurs ont insisté pour que les acteurs figurant dans leurs publicités soient représentatifs de la population. Notons que cette problématique s'étend à d'autres médias, dont l'imprimé, Internet et le publipostage[49].

La publicité et les médias

L'importance de la publicité dans le financement des médias soulève souvent des inquiétudes quant à l'influence possible des annonceurs sur le contenu de l'information diffusée. L'existence d'une certaine forme de censure, relevant de considérations économiques, est un phénomène bien documenté. Pour répondre à la demande d'un annonceur, un média pourrait ainsi éviter certains sujets ou présenter des reportages biaisés[50].

En fait, selon Lawrence Soley et Robert Craig : « L'affirmation selon laquelle les annonceurs tentent d'influer sur ce que le public voit, entend et lit dans les médias de masse est peut-être la critique la plus accablante s'adressant à la publicité ; or, cette critique ne trouve aucun écho dans la plupart des manuels qui traitent du sujet[51]. » Pour notre part, nous examinerons en détail cette question importante.

Les arguments démontrant l'influence de la publicité sur les médias

Certains experts estiment que la dépendance des médias à l'égard de la publicité les rend vulnérables à diverses formes d'influence, dont un contrôle sur le contenu éditorial, la diffusion de textes et de reportages favorables à la position de certains annonceurs et une couverture plus limitée de sujets controversés qui pourraient avoir un impact négatif sur l'image de ceux-ci.

La publicité compte pour près de 70 % des revenus des journaux et des magazines ; quant à la télévision et à la radio privées, elles tirent presque toutes leurs revenus de la publicité. Journaux, magazines, stations de radio et de télévision de petite taille ou fragiles sur le plan financier sont bien entendu plus susceptibles de faire l'objet de pressions de la part d'un annonceur, surtout lorsque celui-ci représente une portion importante de leurs revenus publicitaires. Un journal local hésitera à publier un article défavorable sur un concessionnaire d'automobiles ou une chaîne de supermarchés qui est aussi un important annonceur. Il y a quelques années, 40 concessionnaires d'automobiles ont par exemple retiré leurs publicités du *San Jose Mercury News* en réaction à l'article *« A Car Buyer's Guide to Sanity »* (« Guide d'achat pour gens sensés ») paru dans ce même journal. Les concessionnaires s'opposaient au ton de l'article, qui laissait entendre qu'ils jouissaient d'un avantage abusif sur les consommateurs au moment

---

PERSPECTIVE 18.2

Des accusations de publicité trompeuse

Les autorités compétentes aux États-Unis ont décidé de poursuivre trois sociétés proposant des appareils d'exercice pour les abdominaux (AB Energizer, AbTronic et Fast Abs) pour publicité mensongère ou trompeuse.

Valerie MacLean, vice-présidente du Better Business Bureau du Canada, en Colombie-Britannique, affirme, pour sa part, n'avoir reçu aucune plainte au sujet de ces appareils, même si elle ne les recommande pas aux consommateurs.

« Les gens sont toujours à la recherche de la solution facile, dit-elle. Il n'y a pas de solution simple pour obtenir des abdominaux d'acier ; il n'y a pas de recette magique pour se remettre en forme.

« Vous ne pouvez vous remettre en forme rapidement ; cela exige des efforts, du temps et de l'assiduité. Vous n'y parviendrez pas en regardant la télévision, effondré sur votre canapé, en mangeant du maïs soufflé ou des beignets, avec, autour de la taille, un appareillage ridicule. »

Ces appareils, vantés dans le cadre d'infopublicités fréquemment diffusées sur les grands réseaux de télévision, provoquent par de petits chocs élec-

triques une contraction des muscles. L'argument de vente est le suivant : « En appuyant simplement sur un bouton, vous obtiendrez, plutôt qu'un ventre flasque, des abdominaux durs comme la pierre en un rien de temps. » Le président de la commission fédérale américaine dont relève ce genre de questions, Timothy Muris, a déclaré, au cours d'une conférence de presse où il était entouré d'emballages de ces produits portant tous la mention « Vu à la télé », que, « malheureusement, ces gadgets ne peuvent transformer une bedaine de bière en un mince ventre musclé et parfaitement dessiné ».

Ces ceintures ont pourtant été achetées par plus de 3 millions de personnes pour un montant de ventes de plus de 100 millions de dollars, selon les estimations du gouvernement. Leur prix unitaire se situe entre 40 et 120 dollars. Toujours selon le gouvernement américain, ces infopublicités se sont classées parmi les 10 infopublicités les plus diffusées à la télévision en 2001.

Santé Canada, de son côté, s'intéresse également à cette question. L'accent est mis toutefois sur l'aspect sécuritaire de ces appareillages, certains consommateurs s'étant plaints de brûlures consécutives à l'utilisation de telles ceintures.

Sources : Gillian Shaw, « Regulator Clamp Down on Ab-Machine Ads », *Vancouver Sun*, 10 mai 2002 ; Cheri Hanson, « Health Canada Weighs in with Product Safety Probe », *Calgary Herald*, 16 mai 2002 ; « It's Grunt and Sweat to a Longer Life », *Cape Breton Post*, 17 mai 2002 ; « Health Canada Investigates Stomach "Exercise" Belts after U.S. Lawsuits », *Canadian Press*, 15 mai 2002.

de négocier[52]. Un sondage réalisé auprès de 147 journaux a révélé que plus de 90 % des éditeurs avaient déjà subi des pressions de la part d'annonceurs et que plus de 33 % d'entre eux avaient parfois cédé à des pressions visant à exercer une influence sur le contenu rédactionnel de leurs publications[53].

Les annonceurs peuvent aussi influencer de manière indirecte les stations de télévision et parfois même les grands réseaux. En effet, les décisions relatives à la programmation sont prises principalement en fonction des cotes d'écoute. Pour certains critiques, il en résulte une télévision de moins bonne qualité, les émissions éducatives, culturelles et d'information étant souvent sacrifiées au profit d'émissions susceptibles d'attirer de plus larges audiences. L'explication en est simple: plus la cote d'écoute d'une émission est grande, plus les annonceurs la recherchent et plus les tarifs de placement publicitaire sont élevés.

Les arguments démontrant la non-influence de la publicité sur les médias

Une dépendance envers la publicité signifierait que, sur certaines questions, l'annonceur est à même d'exercer une influence sur le ton, le contenu et la couverture médiatique. Or, selon certains gestionnaires du monde des médias, l'annonceur n'exerce aucune pression indue sur ce plan.

Selon ces gestionnaires, les médias n'ont pas intérêt à se laisser trop influencer par les annonceurs. Pour jouir de la confiance du public, ils doivent couvrir l'actualité de manière équitable et complète sans afficher de parti pris ou éviter les questions controversées. Le vaste éventail de sujets que couvrent les médias et l'évolution du journalisme d'enquête constituent des preuves de leur objectivité. Le responsable d'un journal, d'une station de radio ou d'une station de télévision désire attirer un lectorat ou une audience importante afin d'être en mesure d'exiger des tarifs publicitaires plus élevés auprès des annonceurs. On retrouve ici un argument négatif évoqué auparavant, mais sous un autre angle.

Nombre de spécialistes des médias sont d'avis que les annonceurs ont davantage besoin des médias que l'inverse, ceux-ci permettant de joindre des segments de marché bien précis. Par ailleurs, les médias établis et à l'aise sur le plan financier jouissent d'une importante assiette publicitaire et peuvent se permettre de perdre un annonceur qui tenterait de trop les influencer.

La plupart des entreprises commercialisant des produits de grande consommation éprouveraient de la difficulté à atteindre leurs clientèles cibles sans l'appui d'un réseau de télévision. Elles ne pourraient non plus boycotter longtemps un réseau si un désaccord survenait quant à sa politique éditoriale ou au contenu de ses émissions. Même un annonceur d'une petite collectivité peut dépendre du journal local, car ce support présente sans doute pour lui le meilleur rapport coût-rendement en matière de communication.

Au Canada, les médias se financent essentiellement grâce à la publicité. Nous pouvons donc profiter de ces médias gratuitement ou pour une fraction du prix qu'il en coûterait faute d'annonces publicitaires. La solution de

Ce message publicitaire souligne le fait que la publicité permet de réduire le coût des journaux pour le consommateur.

rechange à un système de radiodiffusion financé par la publicité serait un système financé par l'utilisateur, soit par les frais d'abonnement ou d'achat pour ce qui est des médias imprimés et de la télévision. Le financement public, que privilégient plusieurs pays, constitue une autre possibilité. Ce mode de financement pose toutefois un problème : le contrôle de l'État sur la liberté de presse. En résumé, malgré leurs imperfections, des médias financés en partie par la publicité représentent sans doute la meilleure option pour assurer une réelle qualité d'information et de divertissement.

Un résumé de l'impact de la publicité sur la société

Nous avons examiné différents enjeux et tenté d'analyser le pour et le contre de la publicité, et nous avons constaté que de nombreuses personnes expriment de sévères critiques quant à l'impact de la publicité et de la promotion sur nos sociétés. Les règles, les règlements, les lois et les lignes directrices auxquels doivent se conformer les professionnels du domaine ne pourront jamais couvrir toutes les formes de publicité et de promotion. De plus, ce qui semble de mauvais goût ou contraire à l'éthique pour certains peut sembler acceptable pour d'autres.

Depuis leurs débuts, la publicité et les autres formes de promotion ont suscité des réactions négatives, et il est peu probable que cela cesse un jour. Il n'en demeure pas moins que l'industrie doit répondre aux diverses préoccupations exprimées quant à l'impact de la publicité et des autres formes de promotion sur la société. L'industrie de la publicité est puissante, et elle le demeurera tant que les consommateurs feront confiance aux annonces qu'ils voient et entendent chaque jour. Bon nombre de problèmes présentés dans ce manuel pourraient être évités si les décideurs faisaient de l'éthique ou de la déontologie un critère de décision important lors de la définition de leur programme de CMI. Au Québec, la création récente du Conseil de l'industrie des communications du Québec (CICQ), qui regroupe la plupart des associations du domaine des communications marketing, ne peut que favoriser une telle prise de conscience.

Ce survol de l'impact de la publicité sur la société s'est concentré sur les moyens habituels de la communication de masse déployés afin de faire la promotion de produits de consommation. Notons que la publicité et les autres outils de CMI, dont le marketing direct et les relations publiques, servent aussi à promouvoir de bonnes causes et à sensibiliser la population à certains problèmes sociaux – alcool au volant, tabagisme, toxicomanie, sida, etc. Les agences de publicité s'investissent ainsi souvent gratuitement dans des campagnes pour des organisations à but non lucratif, alors que les médias leur offrent gracieusement du temps d'antenne et de l'espace publicitaire.

Ce message publicitaire fait la promotion du port du casque à vélo.

PARTIE 6 L'implantation, le contrôle et le suivi du programme de communication

L'impact économique de la publicité

La publicité joue un rôle important dans une économie de marché comme la nôtre. Elle présente aux consommateurs des produits et des services, et fournit de l'information utile à leur prise de décision. Le rôle économique de la publicité ne se limite cependant pas à ce seul aspect.

La publicité peut également encourager la consommation et favoriser ainsi la croissance économique. En effet, pour certains, la publicité et les communications marketing, en renseignant le consommateur sur les produits et les services récents, facilitent l'accès au marché de nouveaux produits, marques ou entreprises. En outre, elles stimulent la demande et permettent des économies d'échelle du côté de la production, du marketing et de la distribution, ce qui fait baisser les prix. En règle générale, elles motivent enfin l'acceptation de nouveaux produits de qualité et le rejet de produits de qualité médiocre.

Pour ses détracteurs, la publicité est, au contraire, nuisible puisqu'elle est incapable de remplir son rôle premier, qui est d'informer. Elle alourdit le coût des produits et des services, décourage la concurrence et bloque l'accès au marché, ce qui favorise la concentration industrielle et l'augmentation des prix.

Pour analyser la publicité, les économistes adoptent, en règle générale, une perspective macroéconomique et s'intéressent davantage à son impact sur une industrie ou sur l'ensemble de l'économie, plutôt qu'à ses effets sur une entreprise ou une marque donnée. Notre examen de l'impact économique de la publicité portera sur ces questions macroéconomiques plus larges. Nous examinerons ainsi ses effets sur les choix des consommateurs, la concurrence, les coûts et les prix des produits.

Les effets de la publicité sur les choix des consommateurs

Aux yeux de nombreux économistes, la publicité entrave le libre choix du consommateur, car les grands annonceurs utilisent leur pouvoir pour limiter ses options à quelques marques bien publicisées. Selon ces économistes, la publicité est utilisée pour atteindre des objectifs: 1) de différenciation, en ce sens que les produits et les services des grands annonceurs seront perçus comme uniques ou supérieurs à ceux des compétiteurs; 2) de loyauté envers la marque, ce qui permet aux grands annonceurs nationaux de contrôler le marché, en général au détriment des marques de moindre envergure.

Les grandes entreprises sont ainsi en mesure d'exiger des prix plus élevés grâce à leur domination du marché, écartant les sociétés de moindre importance incapables de rivaliser avec leurs énormes budgets publicitaires. Dans ce contexte, la publicité limite les choix à quelques marques connues et très publicisées et se substitue ainsi à une concurrence fondée sur les prix et l'innovation.

Pour certaines catégories de produits telles que les boissons gazeuses, les bières et les céréales, ce sont en effet les marques très publicisées qui dominent le marché[54]. Ce n'est toutefois pas la publicité qui, en règle générale, favorise des monopoles de marque et freine l'introduction de

Richard Branson, président de Virgin Atlantic Airways, souligne ici l'importance de la publicité.

Barrière à l'entrée

Obstacle qui, dans un secteur d'activité donné, empêche les nouveaux concurrents de s'établir sur le marché.

Économie d'échelle

Réduction des coûts découlant d'une meilleure organisation de la production; en publicité, les économies d'échelle résulteront souvent de meilleurs temps d'antenne et de meilleurs espaces publicitaires, leurs coûts relatifs pouvant décroître à mesure que la taille de l'enveloppe publicitaire augmente.

nouveaux produits. La plupart des entreprises proposent plusieurs marques sur les rayons et des milliers de nouveaux produits sont introduits chaque année. Les possibilités qu'offre la publicité incitent plutôt les entreprises à mettre au point de nouvelles marques ou à améliorer les marques existantes. Lorsqu'un nouveau produit, un nouvel ordinateur personnel par exemple, s'impose sur un marché, la concurrence emboîte le pas rapidement. La publicité permet alors de présenter ces marques ou produits aux consommateurs et de tenter de les convaincre de leurs avantages respectifs.

Des entreprises telles que Virgin Atlantic Airways reconnaissent, par exemple, que la publicité a constitué un élément important de leur réussite.

Les effets de la publicité sur la concurrence

Les économistes critiquent souvent la publicité en raison de ses effets possibles sur la concurrence. Ils estiment que le pouvoir des grandes entreprises jouissant d'énormes budgets publicitaires peut créer une **barrière à l'entrée**, empêchant les nouveaux concurrents de s'établir sur le marché. Il en résulte une concurrence moindre et des prix plus élevés. Au dire de ces économistes, les entreprises plus petites déjà implantées sur le marché ont ainsi du mal à concurrencer les imposants budgets publicitaires des chefs de file de l'industrie et sont souvent contraintes de fermer leurs portes. Au Canada, par exemple, l'industrie brassicole est dominée par deux grands brasseurs, Molson et Labatt, qui accaparent 90% du marché. S'ils disposent de gros budgets de publicité et de promotion, ces deux joueurs dépensent cependant moins d'argent dans ce domaine par produit que les entreprises de moindre envergure.

Les grands annonceurs profitent également de plusieurs avantages concurrentiels, notamment de substantielles **économies d'échelle** en ce qui a trait aux achats médias. Des entreprises telles que Procter & Gamble, qui dépensent chaque année des millions de dollars en publicité et en promotion, sont en mesure d'effectuer d'importants achats médias à un taux avantageux et de répartir ces coûts entre leurs produits.

En général, comme ils vendent plus de produits et de services, et bénéficient d'un avantage de coûts, les grands annonceurs sont en mesure de consacrer encore plus d'argent à la publicité et de faire appel à des médias plus coûteux, mais plus efficaces en fait de notoriété, comme les réseaux de télévision. Ces dépenses publicitaires leur permettent de différencier davantage leurs produits et de favoriser la loyauté à l'égard de leurs marques. Devant une telle combinaison d'éléments, les concurrents plus petits se trouvent dans une position désavantageuse et ont beaucoup plus de difficulté à accéder au marché ou à s'y maintenir.

La publicité peut donc avoir un effet anticompétitif sur un marché. Aucune preuve concluante ne permet toutefois d'affirmer qu'elle parvient à elle seule à réduire la concurrence, à créer une barrière à l'entrée et à accroître la concentration du marché. Selon Lester Telser, les investissements publicitaires les plus importants ne se trouvent pas toujours dans les industries où l'on observe la plus grande concentration de parts de marché. Cet auteur insiste plutôt sur la relation inverse qui existe entre, d'une part, l'intensité de la publicité pour une classe de produits et, d'autre part, la stabilité des parts de marché des grandes marques de cette classe[55]. Ces conclusions infirment la croyance d'un grand nombre d'économistes quant à l'existence d'un lien entre le contrôle d'une industrie par un petit nombre d'entreprises et le niveau élevé de leurs dépenses en publicité – ce qui devrait assurer des parts de marché stables aux marques dominantes.

La publicité peut aussi servir à faire connaître de petits annonceurs grâce à des réalisations de qualité.

Pour les défenseurs des communications marketing, il est irréaliste d'attribuer à la publicité la domination d'une entreprise sur un marché et l'émergence de barrières à l'entrée. D'autres facteurs entrent en ligne de compte: le prix, la qualité du produit, la distribution, l'amélioration des techniques de production et les stratégies concurrentielles. Pendant plusieurs années, les tablettes de chocolat Hershey ont dominé le marché malgré de modestes dépenses publicitaires. En fait, avant 1970, Hershey ne faisait aucune publicité. Pendant 66 ans, l'entreprise a assuré le succès de la commercialisation de ses marques en misant sur la qualité de ses produits, sa réputation auprès des consommateurs et sur un réseau de distribution étendu. Les chefs de file d'une industrie dominent ainsi souvent un marché en raison de la qualité supérieure de leurs produits, de l'excellence de leur gestion ou de l'à-propos de leurs stratégies concurrentielles, et non en raison de leurs imposants budgets publicitaires[56].

Les effets de la publicité sur le coût et le prix des produits

Les effets de la publicité sur le coût et le prix des produits constituent un enjeu majeur pour les économistes, les annonceurs, les défenseurs des droits des consommateurs et les législateurs.

Pour certains spécialistes, la publicité contribue à l'augmentation des prix des produits et des services. Les importantes sommes consacrées à la publicité d'une marque représenteraient des dépenses que le consommateur doit assumer sous la forme de prix plus élevés. Les défenseurs des droits des consommateurs critiquent souvent la publicité sur ce plan. Selon plusieurs études, les entreprises dont le prix des produits et des services est relativement élevé consacrent en effet plus d'argent à la publicité que les entreprises dont les prix sont plus bas[57].

La publicité est aussi susceptible d'entraîner une hausse de prix en raison de la différenciation accrue du produit et de l'effet de cette différenciation sur la valeur perçue. Selon Mark Albion et Paul Farris, la différenciation du produit se trouve au cœur des théories sur les effets économiques de la publicité[58]. La prémisse fondamentale veut que la publicité augmente les différences perçues entre des produits objectivement assez semblables et permet de vendre les marques publicisées à des prix supérieurs sans devoir en améliorer la qualité.

Pour les détracteurs de la publicité, les différences de prix observées entre les marques nationales et les marques maison similaires, par exemple dans le secteur des analgésiques ou de l'alimentation, confirment la valeur ajoutée créée par la publicité. À leurs yeux, la propension des consommateurs à payer plus pour des marques nationales très publicisées, plutôt que de payer moins pour des marques moins coûteuses, mais non publicisées, est irrationnelle. Or, les consommateurs ne se fondent pas toujours sur des raisons pratiques ou rationnelles pour réaliser leurs achats. Les avantages émotionnels, psychologiques, symboliques et sociaux qui découlent de l'achat d'une marque s'avèrent importants pour beaucoup de personnes. Comme l'affirment Albion et Farris :

> Il n'existe aucun moyen unique de mesurer la différenciation entre les produits, et encore moins de déterminer si elle est excessive ou attribuable directement aux effets de la publicité... Différents facteurs, par exemple un produit de qualité supérieure, un meilleur emballage, une expérience d'utilisation favorable ou une position exclusive sur le marché, peuvent favoriser à la fois une insensibilité quant au prix et une grande loyauté envers la marque. Ces facteurs sont étroitement liés. La différenciation n'est donc pas le fruit unique de la publicité[59].

Les défenseurs de la publicité réfutent la thèse selon laquelle celle-ci contribue à l'augmentation des prix, bien qu'ils reconnaissent que les consommateurs paient une partie des coûts liés à la publicité. À leurs yeux, la publicité contribue à réduire suffisamment le coût total d'un produit pour compenser cet effet. Pour les marchés de masse, par exemple, la publicité peut aider les entreprises à réaliser des économies d'échelle sur les plans de la production et de la distribution en stimulant la demande. Ces économies contribuent à leur tour à la réduction des coûts de production et de commercialisation d'un produit, ce qui résulte en des prix plus bas.

La publicité peut aussi contribuer à faire baisser les prix en rendant un marché plus fluide ou concurrentiel. En général, un nombre accru de concurrents sur un marché s'accompagne ainsi d'une baisse des prix. Selon une étude de Lee Benham, le prix des lunettes a par exemple augmenté de 25 % à 30 % dans les États américains qui interdisaient la publicité de ce type de produits par rapport aux États qui la permettaient[60]. Une étude de l'industrie du jouet réalisée par Robert Steiner confirme aussi que la publicité entraîne des baisses de prix. Certains affirment même que les restrictions sur la publicité télévisée provoqueraient une hausse substantielle des prix exigés des consommateurs[61]. En définitive, la publicité apparaît plus comme un moyen d'accéder à un marché que comme un frein. En stimulant la demande, elle encourage l'innovation, ce qui augmente la compétitivité et contribue à garder les prix bas.

La publicité permet souvent de communiquer de l'information sur les qualités d'un produit ou d'une marque.

Dans l'ensemble, il est difficile d'en arriver à des conclusions définitives quant à la relation entre la publicité et les prix. Albion et Farris, après un examen approfondi de cette relation, en arrivent à la conclusion suivante : « La preuve qui établit un lien entre la publicité d'un fabricant et le prix de ses produits ou services n'est ni complète ni définitive... Par conséquent, il nous est actuellement impossible d'affirmer si la publicité est un outil qui contribue à l'efficience du marché ou, à l'inverse, qui renforce sa concentration[62]. »

Selon l'économiste James Ferguson, la publicité ne peut augmenter le coût unitaire de la qualité pour les consommateurs car, le cas échéant, les consommateurs réagiraient mal à la publicité[63]. Il estime au contraire que la publicité diminue le prix moyen par unité de qualité en permettant la diffusion d'une meilleure information sur les caractéristiques de la marque, ce qui, en retour, donne à cette marque les moyens financiers de consolider son leadership.

Un résumé des effets économiques de la publicité

Comme on peut le voir au tableau 18.3, les hypothèses des économistes concernant l'influence de la publicité sur l'économie se divisent en deux écoles de pensée[64]. Ce tableau résume le point de vue d'Albion et Farris et présente les principaux arguments des deux perspectives opposées.

TABLEAU 18.3 Deux écoles de pensée quant au rôle économique de la publicité

Publicité = Concentration de marché		Publicité = Information (meilleure concurrence de marché)
La publicité exerce une influence sur les préférences et les goûts du consommateur, valorise les attributs d'un produit et le différencie des produits concurrents.	Publicité	La publicité informe le consommateur sur les attributs des produits, mais elle n'a pas vraiment d'incidence sur la valeur accordée à ces attributs.
Le consommateur est fidèle à une marque, accorde moins d'importance au prix et moins d'attention aux autres produits.	Habitudes d'achat des consommateurs	En général, le consommateur opte pour le meilleur rapport qualité-prix ; seule la relation entre le prix et la qualité peut influer sur l'élasticité de la demande d'un produit.
L'entreprise qui veut accéder à un marché doit contrer la loyauté envers les marques établies et consacrer plus d'argent à la publicité.	Barrière à l'entrée	La publicité ouvre les portes du marché aux nouvelles marques, car elle permet de faire connaître les attributs distinctifs de ces marques aux consommateurs.
L'entreprise est protégée de la concurrence et des rivaux potentiels ; la concentration augmente, accroissant ainsi le pouvoir discrétionnaire des entreprises.	Structure de l'industrie et concentration de marché	Le consommateur peut comparer facilement les produits offerts, ce qui accroît la concurrence ; l'entreprise efficace obtient du succès, l'entreprise inefficace disparaît, et de nouvelles entreprises voient le jour ; l'effet sur la concentration de marché est ainsi ambigu.
L'entreprise doit augmenter le prix de ses produits et se révèle donc moins compétitive quant à la qualité ou au prix ; l'innovation s'en trouve réduite.	Comportement de marché	Le consommateur avisé exerce des pressions sur les entreprises pour obtenir une baisse des prix et une amélioration de la qualité ; l'arrivée de nouveaux joueurs sur le marché facilite l'innovation.
Les prix élevés et les profits excessifs des annonceurs incitent ces derniers à publiciser davantage leurs produits ; la production s'avère plus restreinte en comparaison des conditions de concurrence idéales.	Performance de marché	Les prix diminuent ; l'effet sur les profits d'une concurrence et d'une efficacité accrues est incertain.

La publicité, facteur de concentration de marché

La perspective selon laquelle la publicité contribue à la concentration de marché reflète la pensée économique traditionnelle, qui considère la publicité comme un outil permettant de modifier les goûts des consommateurs, d'accroître leur insensibilité au prix et de favoriser la loyauté envers la marque. Il en résulte des bénéfices et une emprise sur le marché plus élevés pour les grands annonceurs, une diminution de la concurrence, des choix plus restreints et, en définitive, des prix plus élevés pour les consommateurs. En général, ceux qui partagent ce point de vue ont une perception négative de l'impact économique de la publicité.

La publicité, facteur d'une meilleure concurrence de marché

La perspective selon laquelle la publicité contribue à une meilleure concurrence de marché reflète une perception plus positive des effets économiques de la publicité. Selon ce modèle, la publicité permet de véhiculer une information utile au consommateur, de le sensibiliser davantage aux prix (ce qui le conduit à choisir des produits dont le rapport qualité-prix est supérieur) et d'accroître la concurrence. La publicité est alors considérée comme un bon moyen de communiquer avec les consommateurs, fournissant des renseignements sur les produits, leurs caractéristiques et leurs attributs. Un consommateur mieux informé force les entreprises à offrir des produits de meilleure qualité à plus bas prix. L'entreprise efficace obtient du succès, l'entreprise inefficace disparaît, et de nouvelles entreprises voient le jour. Pour les adeptes de ce modèle, la publicité a donc des effets économiques favorables et contribue à rendre les marchés plus efficaces, plus fluides et plus concurrentiels.

Il est peu probable que le débat sur l'impact économique et la valeur de la publicité connaisse bientôt un dénouement. Des économistes continueront d'avoir une opinion négative sur la publicité et ses effets sur le fonctionnement des marchés, tandis que les annonceurs la verront toujours comme un moyen efficace de communiquer avec leurs clients et comme un élément essentiel de notre système économique. L'Association internationale de publicité (AIP) a ainsi lancé une campagne publicitaire mondiale sur la valeur économique de la publicité. Ces annonces sont diffusées notamment en Chine et en Russie, où le concept de publicité est encore peu familier pour les consommateurs. Cette campagne a pour objectif d'amener les consommateurs de ces pays à reconnaître le rôle de la publicité dans la croissance économique[65].

Le tableau 18.4 présente des extraits d'un discours du fameux publicitaire Leo Burnett. M. Burnett résume l'opinion d'un grand nombre d'artisans de la publicité sur les effets économiques des communications marketing. La plupart des experts en publicité et en marketing s'entendent en effet sur l'importance du rôle de la publicité et de la promotion dans la stimulation de la demande pour les produits ou les services.

Cette annonce publicitaire fait partie d'une campagne mondiale de l'AIP visant à sensibiliser les consommateurs à la valeur économique de la publicité.

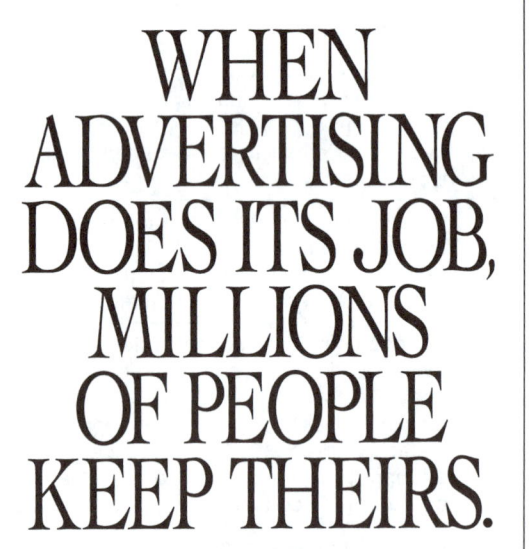

TABLEAU 18.4 Un message décrivant les effets positifs de la publicité sur l'économie

À mon avis, pour ceux qui croient un tant soit peu au système économique dans lequel nous vivons, avec son niveau de vie élevé et son taux de chômage bas, la publicité constitue vraiment le moyen le plus efficace pour accélérer la circulation des biens dans presque toutes les catégories de produits.

La preuve en est ces millions de gens d'affaires qui intègrent encore et encore la publicité dans l'exploitation de leur entreprise. Certes, ils ont parfois pris de mauvaises décisions, mais ils devaient alors être persuadés du contraire, sinon ils auraient évité de tomber plusieurs fois de suite dans le même piège.

Il y a gros à parier que, dans 10 ans, beaucoup d'Américains utiliseront des produits et des appareils dont personne dans cette pièce n'a jamais entendu parler. L'histoire nous enseigne que ce sera à la publicité d'en faire la promotion et de les faire accepter au plus bas prix possible.

Bien entendu, la publicité rend aussi possible la publication d'un nombre sans précédent de magazines, de journaux, de publications économiques, et la survie de nombreuses stations de radio et de télévision.

Nous devons reconnaître que, sans la publicité, nous vivrions dans une société passablement différente, une société plus pauvre non seulement sur le plan matériel, mais aussi sur le plan spirituel.

Leo Burnett

Source : extraits tirés d'un discours prononcé le 20 avril 1967 par Leo Burnett, à l'occasion du 50ᵉ anniversaire de l'AAAA.

RÉSUMÉ

Les différents paliers de gouvernement réglementent de nombreuses facettes de la publicité canadienne, même si l'autoréglementation de l'industrie demeure un élément central au Canada. Jugeant l'industrie de la publicité suffisamment responsable, le gouvernement fédéral s'est en effet retiré en partie de ce secteur et a confié certaines responsabilités à NCP. NCP, organisme à but non lucratif regroupant les membres de l'industrie, répond à de multiples plaintes au sujet de la publicité ; son rapport annuel contient un résumé de celles-ci. L'organisme offre aussi un service d'approbation des publicités de divers produits. Si l'encadrement de la publicité semble rigoureux, celle-ci n'en demeure pas moins une force puissante qui a été et continue d'être la cible d'un nombre considérable de critiques quant à son impact sur les plans culturel, social et économique. Les détracteurs de la publicité dénoncent autant les méthodes et les techniques utilisées que leur impact sur les valeurs, les goûts, les styles de vie et les comportements. Ils la jugent souvent offensante, irritante ou de mauvais goût et lui reprochent d'exploiter certains groupes. Nombre de personnes estiment que la publicité devrait se limiter à informer ; les annonceurs devraient ainsi éviter de faire appel à des arguments subjectifs et à des techniques de persuasion les conduisant à jeter de la poudre aux yeux ou à embellir la réalité de manière exagérée.

La publicité froisse en outre souvent les consommateurs en raison de certains choix de création. Les publicités suggestives sur le plan sexuel et l'utilisation de la nudité, surtout féminine, constituent les principales sources de mécontentement. Les annonceurs rétorquent que leurs publicités sont le reflet des valeurs et des styles de vie contemporains et qu'elles sont bien accueillies par les consommateurs qu'ils souhaitent joindre. La publicité destinée aux enfants fait en particulier toujours l'objet d'un vif débat. Au dire de ses adversaires, les enfants ne possèdent ni l'expérience ni les connaissances afin d'évaluer rationnellement les messages publicitaires.

En raison du caractère persuasif de la publicité et de son omniprésence dans les médias de masse, des spécialistes dénoncent ainsi l'influence des communications marketing sur la transmission ou la promotion de certaines valeurs. On accuse la publicité d'encourager le matérialisme et de manipuler les consommateurs afin qu'ils achètent des produits qu'ils ne veulent pas ou dont ils n'ont pas réellement besoin, ainsi que de perpétuer les stéréotypes à l'égard de certains groupes tels que les femmes et les minorités visibles.

Nous avons enfin analysé l'impact économique de la publicité. Le rôle économique fondamental de la publicité est d'informer les consommateurs afin qu'ils puissent prendre de meilleures décisions d'achat. Certaines personnes la considèrent toutefois comme nuisible, en raison de son effet jugé négatif sur la concurrence, le coût des produits et les prix de détail. Selon les économistes, les effets de la publicité peuvent être vus selon deux prismes différents : « publicité égale concentration de marché », d'une part, et « publicité égale information ou meilleure concurrence de marché », d'autre part. Pour être bien compris et mesurés, les arguments plaidant en faveur de ces deux perspectives doivent être examinés dans le contexte d'une analyse générale des effets économiques de la publicité.

MOTS CLÉS

- barrière à l'entrée
- différenciation
- économie d'échelle
- éthique
- matérialisme
- plainte d'un consommateur
- plainte d'un groupe d'intérêt particulier
- plainte intra-industrie
- processus de socialisation
- réclame racoleuse

QUESTIONS DE DISCUSSION

1 Que pensez-vous des décisions de NCP à l'égard de la publicité du parfum d'Yves Saint Laurent et de celle de la Ford Focus ? Justifiez votre réponse.

2 Examinez le rôle de la déontologie et de l'éthique comme critères de décision lors de la définition de campagnes de publicité ou de promotion. En quoi les considérations d'ordre déontologique et éthique diffèrent-elles des considérations d'ordre juridique ?

3 Pesez le pour et le contre de la publicité destinée aux enfants. Doit-on imposer des restrictions sévères à la publicité et aux autres formes de promotion destinées aux enfants comme c'est le cas au Québec ? Justifiez votre réponse.

4 En quoi la publicité véhicule-t-elle des stéréotypes sur les minorités visibles ? Donnez quelques exemples.

5 Lequel des deux énoncés suivants vous semble le plus juste ? « La publicité façonne les goûts et les valeurs du consommateur et favorise le matérialisme au sein de la société » ou « La publicité est le reflet de la société, de ses goûts et de ses valeurs ».

6 Quel impact la publicité peut-elle avoir sur les choix du consommateur ? sur le coût des produits et des services ? sur le prix de détail des produits et des services ?

7 Présentez les deux principales écoles de pensée quant au rôle économique de la publicité : « publicité égale concentration de marché » et « publicité égale information ou meilleure concurrence de marché ».

NOTES

Chapitre 1

1. Helen Jean Newman et al., « Tourism New Brunswick », *Cassies 2001 Cases*, [en ligne], <www.cassies.ca/caselibrary/winners/NB.pdf> (page consultée le 2 septembre 2007).

2. « AMA Board Approves New Marketing Definition », *Marketing News*, 1er mars 1985, p. 1.

3. En 2004, l'American Marketing Association a adopté une nouvelle définition du marketing : « Le marketing est une fonction organisationnelle et un ensemble de processus visant à créer, à communiquer et à fournir une valeur destinée à des clients, de même qu'à gérer les relations avec ceux-ci de façon rentable pour l'entreprise et ses partenaires. »

4. Michael L. Ray, *Advertising and Communication Management*, Englewood Cliffs, New Jersey, Prentice Hall, 1982.

5. Sous la direction de Ralph S. Alexander, *Marketing Definitions*, Chicago, American Marketing Association, 1965, p. 9.

6. Gilles Des Roberts, « La fièvre de la téléréalité », *Les Affaires*, 1er septembre 2003.

7. Richard Lewis, « Absolute Vodka Case History », *A Celebration of Effective Advertising : 30 Years of Winning EFFIE Campaigns*, New York, American Marketing Association, 1999, p. 20-23.

8. Bertrand R. Canfield et H. Frazier Moore, *Public Relations : Principles, Cases, and Problems*, 7e édition, Burr Ridge, Illinois, Irwin, 1977, p. 5.

9. Art Kleiner, « The Public Relations Coup », *Adweek's Marketing Week*, 16 janvier 1989, p. 20-33.

10. Adrienne Ward Fawcett, « Integrated Marketing ? Marketers Convinced : Its Time Has Arrived », *Advertising Age*, 6 novembre 1993, p. S1-2.

11. Don E. Schultz, « Integrated Marketing Communications : Maybe Definition Is in the Point of View », *Marketing News*, 18 janvier 1993, p. 17.

12. C'est le groupe de travail de l'American Association of Advertising Agencies (AAAA) qui a été parmi les premiers à élaborer une des définitions des CMI.

13. Anthony Ramirez, « Do Your Ads Need a Superagency ? », *Fortune*, 27 avril 1987, p. 81-85 ; Faye Rice, « A Cure for What Ails Advertising ? », *Fortune*, 16 décembre 1991, p. 119-122.

14. Mary L. Joyce, David R. Lambert et Harlan E. Spotts, « Marketing Déjà Vu : The Discovery of Integrated Marketing Communications », *Journal of Marketing Education*, vol. 20, n° 3, décembre 1998, p. 210-218.

15. Kate Fitzgerald, « Beyond Advertising », *Advertising Age*, 3 août 1998, p. 1, 14 ; Jane Smith, « Integrated Marketing », *Marketing Tools*, novembre-décembre 1995, p. 63-70 ; Thomas R. Duncan et Stephen E. Everett, « Client Perception of Integrated Marketing Communication », *Journal of Advertising Research*, mai-juin 1993, p. 30-39.

16. Lesley Young, « A Marketing Tale », *Marketing Magazine*, 30 juillet 2001.

17. Anthony J. Tortorici, « Maximising Marketing Communications Through Horizontal and Vertical Orchestration », *Public Relations Quarterly*, vol. 36, n° 1, 1991, p. 20-22.

18. Dennis Dandler, Robert H. Ducoffe et Eugene Secunda, « A Survey of Senior Agency, Advertiser and Media Executives on the Future of Advertising », *Journal of Current Issues and Research in Advertising*, vol. 18, n° 1, printemps 1996.

19. Hillary Chura et Dave Guilford, « BMW Loads Up Bond Push to Precede Film Premiere », *Advertising Age*, 1er novembre 1999, p. 12.

20. Sergio Zyman, *The End of Marketing As We Know It*, New York, Harper Business, 1999 ; Joe Cappo, « Agencies : Change or Die », *Advertising Age*, 7 décembre 1992, p. 26.

21. Don E. Schultz, « Be Careful Picking Database for IMC Efforts », *Marketing News*, 11 mars 1996, p. 14.

22. Leonard L. Berry, « Relationship Marketing of Services ? Growing Interest, Emerging Perspectives », *Journal of the Academy of Marketing Science*, vol. 23, n° 4, 1995, p. 236-245 ; Jonathan R. Capulsky et Michael J. Wolfe, « Relationship Marketing : Positioning for the Future », *Journal of Business Strategy*, juillet-août 1991, p. 16-26.

23. Don Peppers, B. Joseph Pine II et Martha Rogers, « Do You Want to Keep Your Customers Forever ? », *Harvard Business Review*, mars-avril 1995, p. 103-114.

Chapitre 2

1. Spencer L. Hapoinen, « The Rise of Micromarketing », *The Journal of Business Strategy*, novembre-décembre 1990, p. 37-42.

2. Dan Fost, « Growing Older, but Not Up », *American Demographics*, septembre 1998, p. 58-65.

3. Walecia Konrad, Mark Landler, Zachary Schiller et Lois Therrien, « What Happened to Advertising ? », *Business Week*, 23 septembre 1991, p. 66-72.

4. Edward M. Tauber, « Research on Food Consumption Values Finds Four Market Segments : Good Taste Still Tops », *Marketing News*, 15 mai 1981, p. 17 ; Rebecca C. Quarles, « Shopping Centers Use Fashion Lifestyle Research to Make Marketing Decisions », *Marketing News*, 22 janvier 1982, p. 18 ; « Our Auto, Ourselves », *Consumer Reports*, juin 1985, p. 375.

5. Judith Graham, « New VALS 2 Takes Psychological Route », *Advertising Age*, 13 février 1989, p. 24.

6. Norma Ramage, « WestJet Fuels Up Advertising Effort », *Marketing Magazine*, 12 mars 2001 ; Sarah Smith, « Flying Cluttered Skies », *Marketing Magazine*, 9 avril 2001.

7. Jerry C. Olson et J. Paul Peter, *Consumer Behaviour*, Burr Ridge, Illinois, Richard D. Irwin, 1987, p. 505.

8. Michael R. Solomon, « The Role of Products as Social Stimuli : A Symbolic Interactionism Perspective », *Journal of Consumer Research*, décembre 1983, p. 319-329.

9. Robert F. Lauterborn, Don E. Schultz et Stanley I. Tannenbaum, *Integrated Marketing Communications : Putting It Together and Making It Work*, Lincolnwood, Illinois, NTC Publishing Group, p. 72.

10. Thomas Pigeon, « The Message Is in the Bottle », *Marketing Magazine*, 8 octobre 2001.

11. Jerry C. Olson et J. Paul Peter, *Understanding Consumer Behavior*, Homewood, Illinois, Irwin Inc, 1994, p. 571.

12. Paul W. Farris et David J. Reibstein, « How Prices, Ad Expenditures, and Profits Are Linked », *Harvard Business Review*, novembre-décembre 1979, p. 172-184.

13. Eric N. Berkovitz, Roger A. Kerin et William Rudelius, *Marketing*, 6ᵉ édition, Burr Ridge, Illinois, Irwin/McGraw-Hill, 2000.

14. Gary L. Frazier, Ingrid Martin et Davis W. Stewart, « Integrated Channel Management : Merging the Communication and Distribution Functions of the Firm », dans *Integrated Communication : Synergy of Persuasive Voices*, sous la direction de Jeri Moore et Esther Thorson, Mahwah, New Jersey, Lawrence Erlbaum Associates, 1996, p. 185-215.

15. *Ayer's Dictionary of Advertising Terms*, Philadelphia, Ayer Press, 1976.

16. Davis A. Aaker et John G. Myers, *Advertising Management*, 3ᵉ édition, Englewood Cliffs, New Jersey, Prentice Hall, 1987, p. 125.

17. Al Ries et Jack Trout, « Positioning Cuts through Chaos in the Marketplace », *Advertising Age*, 1ᵉʳ mai 1972, p. 51-53.

18. David A. Aaker et J. Gary Shansby, « Positioning Your Product », *Business Horizons*, mai-juin 1982, p. 56-62.

19. Al Ries et Jack Trout, *op. cit.*

20. David A. Aaker, Rajeev Batra et John G. Myers, *Advertising Management*, 4ᵉ édition, Englewood Cliffs, New Jersey, Prentice Hall, 1992.

Chapitre 3

1. Jack Neff, « P&G Redefines the Brand Manager », *Advertising Age*, 13 octobre 1997, p. 1, 18, 20.

2. Thomas J. Cosse et John E. Swan, « Strategic Marketing Planning by Product Managers — Room for Improvement ? », *Journal of Marketing*, vol. 47, nᵒ 3, été 1983, p. 92-102.

3. « Behind the Tumult at P&G », *Fortune*, 7 mars 1994, p. 74-82 ; « Category Management : New Tools Changing Life for Manufacturers, Retailers », *Marketing News*, 25 septembre 1989, p. 2, 19.

4. Thomas J. Cosse et John E. Swan, *op. cit.*

5. Victor P. Buell, *Organizing for Marketing/Advertising Success*, New York, Association of National Advertisers, 1982.

6. M. Louise Ripley, « What Kind of Companies Take Their Advertising In-House ? », *Journal of Advertising Research*, octobre-novembre 1991, p. 73-80.

7. Bruce Horovitz, « Some Companies Say the Best Ad Agency Is No Ad Agency at All », *Los Angeles Times*, 19 juillet 1989, Section IV, p. 5.

8. « Do Your Ads Need a Superagency ? », *Fortune*, 27 avril 1987, p. 81.

9. Sally Goll Beatty, « Global Needs Challenge Midsize Agencies », *The Wall Street Journal*, 14 décembre 1995, p. B9.

10. Gordon Fairclough, « Pace of Ad Mergers Is Expected to Continue », *The Wall Street Journal*, 23 avril 1999, p. B2.

11. Bob Lammons, « A Good Account Exec Makes a Big Difference », *Marketing News*, 3 juin 1996, p. 12.

12. Sally Goll Beatty, « Spike Lee, DDB Join to Create New Ad Agency », *The Wall Street Journal*, 5 décembre 1996, p. B1, 13 ; Robert Frank, « Coca-Cola Disney Venture Mines Creative Artists Agency Talent », *The Wall Street Journal*, 10 novembre 1995, p. B8.

13. Patrick Lejtenyi, « Call in the Specialists », *Marketing Magazine*, 4 juin 2001, p. 19.

14. Patricia Sellers, « Do You Need Your Ad Agency ? », *Fortune*, 15 novembre 1993, p. 47-61.

15. Judann Pollack, « ANA Survey : Under 50 % Pay Agency Commissions », *Advertising Age*, 15 juin 1998.

16. *Ibid.*

17. Prema Nakra, « The Changing Role of Public Relations in Marketing Communications », *Public Relations Quarterly*, nᵒ 1, 1991, p. 42-45.

18. « A Potent New Tool For Selling : Database Marketing », *Business Week*, 5 septembre 1994, p. 56-62.

19. Mark Gleason et Debra Aho Williamson, « The New Interactive Agency », *Advertising Age*, 2 février 1996, p. S1-11.

20. « Ad Firms Falter on One-Stop Shopping », *The Wall Street Journal*, 1ᵉʳ décembre 1988, p. 81 ; « Do Your Ads Need a Superagency ? », *Fortune*, 27 avril 1987, p. 81.

21. Faye Rice, « A Cure for What Ails Advertising ? », *Fortune*, 16 décembre 1991, p. 119-122.

22. Philip J. Kitchen et Don E. Schultz, « A Multi-Country Comparison of the Drive for IMC », *Journal of Advertising Research*, janvier-février 1999, p. 21-38.

23. David N. McArthur et Tom Griffin, « A Marketing Management View of Integrated Marketing Communications », *Journal of Advertising Research*, vol. 37, nᵒ 5, septembre-octobre 1997, p. 19-26 ; Adrienne Ward Fawcett, « Integrated Marketing – Marketers Convinced : Its Time Has Arrived », *Advertising Age*, 6 novembre 1993, p. S1-2.

Chapitre 4

1. Russell W. Belk, « Possessions and the Extended Self », *Journal of Consumer Research*, septembre 1988, p. 139-168.

2. Leon G. Schiffman et Leslie Lazar Kannuk, *Consumer Behavior*, 4ᵉ édition, Englewood Cliffs, New Jersey, Prentice Hall, 1991, p. 192.

3. Eric N. Berkowitz, Roger A. Kerin, Steven W. Hartley et William Rudelius, *Marketing*, 6ᵉ édition, Burr Ridge, Illinois, Irwin/McGraw-Hill, 2000, p. 14.

4. A. H. Maslow, « "Higher" and "Lower" Needs », *Journal of Psychology*, vol. 25, 1948, p. 433-436.

5. Jeffrey Ball, « But How Does It Make You Feel ? », *The Wall Street Journal*, 3 mai 1999, p. B1.

6. Jagdish N. Sheth, « The Role of Motivation Research in Consumer Psychology », *Faculty Working Paper*, Université de l'Illinois, Champaign, 1974 ; Bill Abrams, « Charles of the Ritz Discovers What Women Want », *The Wall Street Journal*, 20 août 1981, p. 29 ; Ernest Dichter, *Getting Motivated*, New York, Pergamon Press, 1979.

7. Ronald Alsop, « Advertisers Put Consumers on the Couch », *The Wall Street Journal*, 13 mai 1988, p. 19.

8. Jeffrey Ball, *op. cit.*

9. Pour une excellente présentation sur la mémoire et le comportement du consommateur, reportez-vous à l'article signé James R. Bettman, « Memory Factors in Consumer Choice : A Review », *Journal of Marketing*, vol. 43, printemps 1979, p. 37-53.

10. Gilbert Harrell, *Consumer Behavior*, San Diego, Harcourt Brace Jovanovich, 1986, p. 66.

11. Raymond A. Bauer et Stephen A. Greyser, *Advertising in America : The Consumer View*, Boston, Harvard International School, 1968.

12. Neal Santelmann, « Color That Yells "Buy Me" », *Forbes*, 2 mai 1988, p. 110.

13. Jerry C. Olson et J. Paul Peter, *Consumer Behavior*, 2e édition, Burr Ridge, Illinois, Irwin/McGraw-Hill, 1990, p. 73.

14. Gordon W. Allport, « Attitudes », dans *Handbook of Social Psychology*, sous la direction de C.M. Murchison, Winchester, Massachusetts, Clark University Press, 1935, p. 810.

15. Robert B. Zajonc et Hazel Markus, « Affective and Cognitive Factors in Preferences », *Journal of Consumer Research*, vol. 9, 1982, p. 123-131.

16. Alvin Achenbaum, « Advertising Doesn't Manipulate Consumers », *Journal of Advertising Research*, 2 avril 1970, p. 3-13 ; William D. Wells, « Attitudes and Behavior : Lessons from the Needham Lifestyle Study », *Journal of Advertising Research*, février-mars 1985, p. 40-44 ; Icek Ajzen et Martin Fishbein, « Attitude-Behavior Relationships : A Theoretical Analysis and Review of Empirical Research », *Psychological Bulletin*, septembre 1977, p. 888-918.

17. Pour revoir les modèles à attributs multiples, reportez-vous à Edgar A. Pessemier et William L. Wilkie, « Issues in Marketing's Use of Multiattribute Models », *Journal of Marketing Research*, vol. 10, novembre 1983, p. 428-441.

18. Joel B. Cohen, Peter R. Dickson et Paul W. Minniard, « Information Integration : An Information Processing Perspective », dans *Advances in Consumer Research*, vol. 7, sous la direction de Jerry C. Olson, Ann Arbor, Michigan, Association for Consumer Research, 1980, p. 161-170.

19. Jerry C. Olson et J. Paul Peter, *op. cit*, p. 182.

20. Fredric Barbour et Peter L. Wright, « The Relevance of Decision Process Models in Structuring Persuasive Messages », *Communications Research*, juillet 1975, p. 246-259.

21. James F. Engel, « The Psychological Consequences of a Major Purchase Decision », dans *Marketing in Transition*, sous la direction de William S. Decker, Chicago, American Marketing Association, 1963, p. 462-475.

22. Richard L. Oliver, *Satisfaction : A Behavioral Perspective on the Consumer*, New York, McGraw-Hill, 1997.

23. John A. Howard et Jagdish N. Sheth, *The Theory of Consumer Behavior*, New York, John Wiley & Sons, 1969.

24. Gerald J. Gorn, « The Effects of Music in Advertising on Choice : A Classical Conditioning Approach », *Journal of Marketing*, vol. 46, hiver 1982, p. 94-101.

25. Anthony D. Cox, Dena Cox et James J. Kellaris, « The Effect of Background Music on Ad Processing : A Contingency Explanation », *Journal of Marketing*, vol. 57, n° 4, automne 1993, p. 114.

26. Brian C. Deslauries et Peter B. Everett, « The Effects of Intermittent and Continuous Token Reinforcement on Bus Ridership », *Journal of Applied Psychology*, vol. 62, août 1977, p. 369-375.

27. William C. Gaidis et Michael L. Rothschild, « Behavioral Learning Theory : Its Relevance to Marketing and Promotions », *Journal of Marketing Research*, vol. 45, n° 2, printemps 1981, p. 70-78.

28. Sylvie Halper, « On n'a plus la classe qu'on avait », *L'actualité*, n° 16, 15 octobre 1995, p. 68-69.

29. Lyman E. Ostlund, *Role Theory and Group Dynamics in Consumer Behavior : Theoretical Sources*, sous la direction de Thomas S. Robertson et Scott Ward, Englewood Cliffs, New Jersey, Prentice Hall, 1973, p. 230-275.

30. Benton Cocanougher et James Stafford, « Reference Group Theory », dans *Perspective in Consumer Behavior*, sous la direction de H.H. Kassarjian et T.S. Robertson, Glenview, Illinois, Scott, Foresman, 1981, p. 329-343.

31. Jagdish N. Sheth, « A Theory of Family Buying Decisions », dans *Models of Buying Behaviour*, sous la direction de Jagdish N. Sheth, New York, Harper & Row, 1974, p. 17-33.

32. Russel Belk, « Situational Variables and Consumer Behavior », *Journal of Consumer Research*, décembre 1975, p. 157-164.

Chapitre 5

1. Wilbur Schram, *The Process and Effects of Mass Communications*, Urbana, University of Illinois Press, 1955.

2. *Ibid.*

3. Joseph Ransdell, « Some Leading Ideas of Peirce's Semiotic », *Semiotica*, vol. 19, 1977, p. 155-178.

4. Nina Munk, « Levi's Ongoing Quest for Street Cred », *Fortune*, 1er février 1999, p. 40.

5. Pour consulter un excellent article sur l'application de la sémiotique à la publicité et au comportement du consommateur, voir David G. Mick, « Consumer Research and Semiotics : Exploring the Morphology of Signs, Symbols, and Significance », *Journal of Consumer Research*, vol. 13, n° 2, septembre 1986, p. 196-213 ; voir également Edward F. McQuarrie et David Glen Mick, « Figures of Rhetoric in Advertising Language », *Journal of Consumer Research*, vol. 22, mars 1996, p. 424-438.

6. Barry L. Bayus, « Word of Mouth : The Indirect Effect of Marketing Efforts », *Journal of Advertising Research*, juin-juillet 1985, p. 31-39.

7. Jocob Jacoby et Wayne D. Hoyer, « Viewer Miscomprehension of Televised Communication : Selected Findings », *Journal of Marketing*, automne 1982, p. 12-26 ; Jocob Jacoby et Wayne D. Hoyer, « The Comprehension and Miscomprehension of Print Communications : An Investigation of Mass Media Magazines », étude de l'Advertising Education Foundation, New York, 1987.

8. E.K. Strong, *The Psychology of Selling*, New York, McGraw-Hill, 1925, p. 9.

9. Robert J. Lavidge et Gary A. Steiner, « A Model for Predictive Measurements of Advertising Effectiveness », *Journal of Marketing*, vol. 24, octobre 1961, p. 59-62.

10. Everett M. Rogers, *Diffusion of Innovations*, New York, Free Press, 1962, p. 79-86.

11. William J. McGuire, « An Information Processing Model of Advertising Effectiveness », dans *Behavioral and Management Science in Marketing*, sous la direction de Harry J. Davis et Alvin J. Silk, New York, Ronald Press, 1978, p. 156-180.

12. Michael L. Ray, « Communication and the Hierarchy of Effects », dans *New Models for Mass Communication Research*, sous la direction de P. Clarke, Beverly Hills, Californie, Sage, 1973, p. 147-175.

13. Herbert E. Krugman, « The Impact of Television Advertising : Learning without Involvement », *Public Opinion Quaterly*, vol. 29, automne 1965, p. 349-356.

14. Scott A. Hawkins and Stephen J. Hoch, « Low-Involvement Learning : Memory without Evaluation », *Journal of Consumer Research*, vol. 19, n° 2, septembre 1992, p. 212-225.

15. Harold H. Kassarjian, « Low Involvement : A Second Look », dans *Advances in Consumer Research*, vol. 8, Ann Arbor, Michigan, Association for Consumer Research, 1981, p. 31-34 ; voir également Anthony G. Greenwald et Clark Levitt, « Audience Involvement in Advertising : Four Levels », *Journal of Consumer Research*, vol. 11, n° 1, juin 1984, p. 581-592.

16. Jusith L. Zaichkowsky, « Conceptualizing Involvement », *Journal of Advertising*, vol. 15, n° 2, 1986, p. 4-14.

17. Philip A. Dover, Jerry C. Olson et Daniel R. Toy « Mediating Effects of Cognitive Responses to Advertising on Cognitive Structure », dans *Advances in Consumer Research*, vol. 5, sous la direction de H. Keith Hunt, Ann Arbor, Michigan, Association for Consumer Research, 1978, p. 72-78.

18. Anthony G. Greenwald, « Cognitive Learning, Cognitive Response to Persuasion and Attitude Change », dans *Psychological Foundations of Attitudes*, sous la direction de T.C. Brock, A.G. Greenwald et T.M. Ostrom, New York, Academic Press, 1968 ; Peter L. Wright, « The Cognitive Processes Mediating Acceptance of Advertising », *Journal of Marketing Research*, vol. 10, février 1973, p. 53-62 ; Rajeev Batra, Michael L. Ray et Brian Wansink, « Increasing Cognitive Response Sensitivity », *Journal of Advertising*, vol. 23, n° 2, juin 1994, p. 65-76.

19. Peter Wright, « Message Evoked Thoughts, Persuasion Research Using Thought Verbalizations », *Journal of Consumer Research*, vol. 7, n° 2, septembre 1980, p. 151-175.

20. George E. Belch, Richard J. Lutz et Scott B. Mackenzie, « The Role of Attitude toward the Ad as a Mediator of Advertising Effectiveness : A Test of Competing Explanations », *Journal of Marketing Research*, vol. 23, mai 1986, p. 130-143 ; Rajeev Batra et Michael L. Ray, « Affective Responses Mediating Acceptance of Advertising », *Journal of Consumer Research*, vol. 13, septembre 1986, p. 234-249.

21. Tim Ambler et Tom Burne, « The Impact of Affect on Memory of Advertising », *Journal of Advertising Research*, vol. 29, n° 3, mars-avril 1999, p. 25-34 ; Ronald Alsop, « TV Ads That Are Likeable Get Plus Rating for Persuasiveness », *The Wall Street Journal*, 20 février 1986, p. 23.

22. William D. Harris et David J. Moore, « Affect Intensity and the Consumer's Attitude toward High Impact Emotional Advertising Appeals », *Journal of Advertising*, vol. 25, n° 2, été 1996, p. 37-50 ; Andrew A. Mitchell et Jerry C. Olson, « Are Product Attribute Beliefs the Only Mediator of Advertising Effects on Brand Attitude ? », *Journal of Marketing Research*, vol. 18, août 1981, p. 318-332.

23. Hong C. Chen, William D. Harris et David J. Moore, « Affect Intensity : An Individual Difference Response to Advertising Appeals », *Journal of Consumer Research*, vol. 22, septembre 1995, p. 154-164 ; Marian C. Burke et Julie Edell, « The Power of Feelings in Understanding Advertising Effects », *Journal of Consumer Research*, vol. 14, décembre 1987, p. 421-433.

24. John T. Cacioppo et Richard E. Petty, « Central and Peripheral Routes to Persuasion : Application to Advertising », dans *Advertising and Consumer Psychology*, sous la direction de Larry Percy et Arch Woodside, Lexington, Massachusetts, Lexington Books, 1983, p. 3-23.

25. David A. Aaker, Jajeev Batra et John G. Myers, *Advertising Management*, 5e édition, Upper Saddle River, New Jersey, Prentice Hall, 1996.

26. John T. Cacioppo, Richard E. Petty et David Schumann, « Central and Peripheral Routes to Advertising Effectiveness : The Moderating Role of Involvement », *Journal of Consumer Research*, vol. 19, septembre 1983, p. 135-146.

27. Tim Ambler et Demetrios Vakratsas, « How Advertising Works : What Do We Really Know ? », *Journal of Marketing*, vol. 63, janvier 1999, p. 26-43.

Chapitre 6

1. Robert A. Kriegel, « How to Choose the Right Communications Objectives », *Business Marketing*, avril 1986, p. 94-106.

2. Donald S. Tull, « The Carry-Over Effect of Advertising », *Journal of Marketing*, avril 1965, p. 46-53.

3. Darral G. Clarke, « Econometric Measurement of the Duration of Advertising Effect on Sales », *Journal of Marketing Research*, vol. 23, novembre 1976, p. 345-357.

4. Philip Kotler, *Marketing Decision Making : A Model Building Approach*, New York, Holt, Rinehart & Winston, 1971, chapitre 5.

5. Pour creuser davantage ce sujet, voir William M. Weilbacher, *Advertising*, 2e édition, New York, Macmillan, 1984, p. 112.

6. Russell H. Colley, *Defining Advertising Goals for Measured Advertising Results*, New York, Association of National Advertisers, 1961.

7. *Ibid.*, p. 21.

8. Michael L. Ray, « Consumer Initial Processing : Definitions, Issues, Applications », dans *Buyer/Consumer Information Processing*, sous la direction de G. David Hughes, Chapel Hill, University of North Carolina Press, 1974 ; David A. Aaker et John G. Myers, *Advertising Management*, 2e édition, Englewood Cliffs, New Jersey, Prentice Hall, 1982, p. 122-123.

9. Sandra Ernst Moriarty, « Beyond the Hierarchy of Effects : A Conceptual Framework », dans *Current Issues and Research in Advertising*, sous la direction de James H. Leigh et Claude R. Martin, Ann Arbor, Michigan, Université du Michigan, 1983, p. 45-55.

10. William Brown, Dennis Martin et Don E. Schultz, *Strategic Advertising Campaigns*, 2e édition, Lincolnwood, Illinois, Crain Books, 1984.

11. William F. Arens et Courtland L. Bovée, *Contemporary Advertising*, 3e édition, Burr Ridge, Illinois, Irwin, 1989.

12. Stewart H. Britt, « Are So-Called Successful Advertising Campaigns Really Successful ? », *Journal of Advertising Research*, vol. 9, no 2, 1969, p. 3-9.

13. Steven W. Hartley et Charles H. Patti, « Evaluating Business-to-Business Advertising : A Comparison of Objectives and Results », *Journal of Advertising Research*, vol. 28, avril-mai 1988, p. 21-27.

14. *Ibid.*, p. 25.

15. Robert F. Lauterborn renvoie à cette étude dans son article intitulé « How to Know If Your Advertising is Working », *Journal of Advertising Research*, vol. 25, février-mars 1985, p. RC 9-11.

16. Don E. Schultz, « Integration Helps You Plan Communications from Outside-in », *Marketing News*, 15 mars 1993, p. 12.

17. Thomas R. Duncan, « To Fathom Integrated Marketing, Dive ! », *Advertising Age*, 11 octobre 1993, p. 18.

18. Larry Percy et John R. Rossiter, *Advertising Communications and Promotion Management*, New York, McGraw-Hill, 1996.

19. Marla Lambert, « One Less Worry for the Trip », *Marketing Magazine*, 18 juin 2001.

20. Eve Lazarus, « Taking on Goliath », *Marketing Magazine*, 4 mars 2002.

21. Mark Higgins, « Smart Marketing », *Marketing Magazine*, 2 avril 2001.

22. Lesley Young, « It Pays to Get Aggressive », *Marketing Magazine*, 12 février 2001.

Chapitre 7

1. Lara Mills, « Campaigns with Legs », *Marketing Magazine*, 15 mai 2000.

2. Jeanne Whalen, « BK Caters to Franchisees with New Review », *Advertising Age*, 25 octobre 1993, p. 3.

3. Joshua Levine, « Fizz, Fizz-Plop, Plop », *Fortune*, 21 juin 1993, p. 139.

4. Alice Z. Cuneo et Jean Halliday, « Nissan Reverses Course to Focus on the Product », *Advertising Age*, 16 février 1998, p. 1, 39.

5. Bill Abrams, « What Do Effie, Clio, Addy, Andy and Ace Have in Common ? », *The Wall Street Journal*, 16 juillet 1983, p. 1 ; Jennifer Pendleton, « Awards-Creatives Defend Pursuit of Prizes », *Advertising Age*, 25 avril 1988, p. 1 ; David Herzbrun, « The Awards Awards », *Advertising Age*, 2 mai 1988, p. 18.

6. Elizabeth C. Hirschman, « Role-Based Models of Advertising Creation and Production », *Journal of Advertising*, vol. 18, no 4, 1989, p. 42-53.

7. *Ibid.*, p. 51.

8. Cyndee Miller, « Study Says "Likability" Surfaces as Measure of TV Ad Success », *Marketing News*, 7 janvier 1991, p. 6, 14 ; Ronald Alsop, « TV Ads That Are Likeable Get Plus Rating for Persuasiveness », *The Wall Street Journal*, 20 février 1986, p. 23.

9. Pour consulter un texte intéressant sur l'embellissement des messages publicitaires, voir William M. Weilbacher, *Advertising*, 2e édition, New York, Macmillan, 1984, p. 180-182.

10. David Ogilvy, *Confessions of an Advertising Man*, New York, Atheneum, 1963 ; Hanley Norins, *The Complete Copywriter*, New York, McGraw-Hill, 1966.

11. Hank Sneiden, *Advertising Pure and Simple*, New York, ANACOM, 1977.

12. Cité dans Valerie H. Free, « Absolut Original », *Marketing Insights*, été 1991, p. 65.

13. Jon Steel, *Truth, Lies & Advertising : The Art of Account Planning*, New York, Wiley, 1998, 320 p.

14. James Webb Young, *A Technique for Producing Ideas*, 3e édition, Chicago, Crain Books, 1975, p. 42.

15. Sandra E. Moriarty, *Creative Advertising : Theory and Practice*, Englewood Cliffs, New Jersey, Prentice Hall, 1986.

16. Brian Mills, « The Egg Man Cometh », *Marketing Magazine*, 26 février 2001.

17. Thomas L. Greenbaum, « Focus Group Can Play a Part in Evaluating Ad Copy », *Marketing News*, 13 septembre 1993, p. 24-25.

18. « Sleeman Brings out the Truth », *Marketing Magazine*, 28 mai 2001 ; « Sleeman Shifts Its Target », *Marketing Magazine*, 16 avril 2001 ; « Sleeman Ads Bow without Brewery Boss », *Marketing Magazine*, 4 avril 2001 ; « Sleeman Touts Label-Free Bands », *Marketing Magazine*, 15 avril 2002.

19. Nancy Vonk, « People Just Love It », *Marketing Magazine*, 15 octobre 2001.

20. Chris Daniels, « Canucks vs. Yanks », *Marketing Magazine*, 22 mai 2000.

21. Danny Kucharsky, « CTC Ads Selling Dreams of Canada », *Marketing Magazine*, 26 février 2001.

22. John O'Toole, *The Trouble with Advertising*, 2e édition, New York, Random House, 1985, p. 131.

23. David Ogilvy, *Ogilvy on Advertising*, New York, Crown, 1983, p. 16.

24. Rosser Reeves, *Reality in Advertising*, New York, Knopf, 1961, p. 47-48.

25. David Ogilvy, *Confessions of an Advertising Man*, New York, Atheneum, 1963, 172 p.

26. David Ogilvy, *Ogilvy on Advertising*, New York, Crown, 1983, 224 p.

27. Martin Mayer, *Madison Avenue, U.S.A.*, New York, Pocket Books, 1958.

28. Al Ries et Jack Trout, « The Positioning Era Cometh », *Advertising Age*, 24 avril 1972, p. 35-38, 1er mai 1972, p. 51-54, 8 mai 1972, p. 114-116.

29. Ingrid Button, « Turning the Export Ship Around », *Marketing Magazine*, 27 août 2001.

30. Sandra E. Moriarty, *Creative Advertising : Theory and Practice*, 2e édition, Englewood Cliffs, New Jersey, Prentice Hall, 1991, p. 76.

31. William M. Weilbacher, *Advertising*, 2e édition, New York, Macmillan, 1984, p. 197.

32. John Burnett, Sandra Moriarty et William Wells, *Advertising*, Englewood Cliffs, New Jersey, Prentice Hall, 1989, p. 330.

33. Paul W. Farris et William L. Wilkie, « Comparative Advertising : Problems and Potential », *Journal of Marketing*, vol. 39, 1975, p. 7-15.

34. Pour revoir quelques études sur la publicité comparative, cf. Cornelia Pechmann et David W. Stewart, « The Psychology of Comparative Advertising », dans *Attention, Attitude and Affect in Response to Advertising,* sous la direction de T. C. Brock, E. M. Clark et D. W. Stewart, Hillsdale, New Jersey, Lawrence Erlbaum, 1994, p. 79-96 ; Thomas S. Barry, « Comparative Advertising : What Have We Learned in Two Decades ? », *Journal of Advertising Research,* vol. 33, n° 2, 1993, p. 19-29.

35. Stuart J. Agres, « Emotion in Advertising : An Agency Point of View », dans *Emotion and Advertising : Theoretical and Practical Explanations,* sous la direction de Stuart J. Agres, Tony M. Dubitsky et Julie A. Edell, Westport, Connecticut, Quorom Books, 1991.

36. Edward Kamp et Deborah J. Macinnis, « Characteristics of Portrayed Emotions in Commercials : When Does What Is Shown in Ads Affect Viewers ? », *Journal of Advertising Research,* novembre-décembre 1995, p. 19-28.

37. Pour revoir la recherche portant sur les conséquences de l'humeur sur le comportement du consommateur, cf. Meryl Paula Gardner, « Mood States and Consumer Behavior : A Critical Review », *Journal of Consumer Research,* vol. 12, n° 3, décembre 1985, p. 281-300.

38. Cathy Madison, « Researchers Work Advertising into an Emotional State », *Adweek,* 5 novembre 1990, p. 30.

39. Louise Kramer, « McDonald's Ad Goal : "Touch People" », *Advertising Age,* 15 novembre 1999, p. 22.

40. Michael L. Ray et William L. Wilkie, « Fear : The Potential of an Appeal Neglected by Marketing », *Journal of Marketing,* vol. 34, janvier 1970, p. 54-62.

41. C. Samuel Craig et Brian Strenthal, « Fear Appeals Revisited and Revised », *Journal of Consumer Research,* vol. 1, décembre 1974, p. 22-34.

42. Lauren Goldberg Block et Punam Anand Keller, « Increasing the Persuasiveness of Fear Appeals : The Effect of Arousal and Elaboration », *Journal of Consumer Research,* vol. 22, n° 4, mars 1996, p. 448-460.

43. James B. Blunt, David R. Eppright et John F. Tanner fils, « The Protection Motivation Model : A Normative Mode of Fear Appeals », *Journal of Marketing,* vol. 55, juillet 1991, p. 36-45.

44. *Ibid.*

45. C. Samuel Craig et Brian Strenthal, « Fear Appeals Revisited and Revised », *Journal of Consumer Research,* vol. 1, décembre 1974, p. 22-34.

46. Herbert Jack Rotfeld, « The Textbook Effect : Conventional Wisdom, Myth and Error in Marketing », *Journal of Marketing,* vol. 64, avril 2000, p. 122-127.

47. Pour une lecture sur le recours à l'humour dans la publicité, cf. C. Samuel Craig et Brian Sternthal, « Humor in Advertising », *Journal of Marketing,* vol. 37, octobre 1973, p. 12-18.

48. Yong Zhang, « Response to Humorous Advertising : The Moderating Effect of Need for Cognition », *Journal of Advertising,* vol. 25, n° 1, printemps 1996, p. 15-32 ; Charles S. Gulas et Marc G. Weinberger, « The Impact of Humor in Advertising : A Review », *Journal of Advertising,* vol. 21, décembre 1992, p. 35-59.

49. Leland Campbell et Marc G. Weinberger, « The Use of Humor in Radio Advertising », *Journal of Advertising Research,* vol. 31, décembre-janvier 1990-1991, p. 44-52.

50. Thomas J. Madden et Marc C. Weinberger, « Humor in Advertising : A Practitioner View », *Journal of Advertising Research,* vol. 24, n° 4, août-septembre 1984, p. 23-26.

51. David Ogilvy et Joel Raphaelson, « Research on Advertising Techniques That Work and Don't Work », *Harvard Business Review,* juillet-août 1982, p. 18.

52. *Topline,* n° 4, septembre 1989, New York, McCann-Erickson.

53. Dottie Enrico, « Teaser Ads Grab Spotlight on Madison Ave. », *USA Today,* 6 juillet 1995, p. 1, 2B.

54. « Infiniti Ads Trigger Auto Debate », *Advertising Age,* 22 janvier 1990, p. 49.

55. Citation de Irwin Warren dans Dottie Enrico, « Teaser Ads Grab Spotlight on Madison Ave. », *USA Today,* 6 juillet 1995, p. 1, 2B.

56. Herbert C. Kelman, « Processes of Opinion Change », *Public Opinion Quaterly,* vol. 25, printemps 1961, p. 57-78.

57. William J. McGuire, « The Nature of Attitudes and Attitude Change », dans *Handbook of Social Psychology,* 2ᵉ édition, sous la direction de E. Aronson et G. Lindzey, Cambridge, Massachusetts, Addison-Wesley, 1969, p. 135-214 ; Daniel J. O'Keefe, « The Persuasive Effect of Delaying Identification of High- and Low-Credibility Communicators : A Meta-Analytic Review », *Central States Speech Journal,* vol. 38, 1987, p. 63-72.

58. Roobina Ohanian, « The Impact of Celebrity Spokespersons' Image on Consumer's Intention to Purchase », *Journal of Advertising Research,* février-mars 1991, p. 46-54.

59. Robert Pitts et Erick Reidenback, « Not All CEOs Are Created Equal as Advertising Spokespersons : Evaluating the Effective CEO Spokesperson », *Journal of Advertising,* vol. 20, n° 3, 1986, p. 35-50 ; Thomas E. Barry et Roger Kerin, « The CEO Spokesperson in Consumer Advertising : An Experimental Investigation », dans *Current Issues in Research in Advertising,* sous la direction de J.H. Leigh et C.R. Martin, Ann Arbor, Michigan, Université du Michigan, 1981, p. 135-148 ; J. Poindexter, « Voices of Authority », *Psychology Today,* août 1983.

60. Shelly Chaiken et Alice H. Eagly, « An Attribution Analysis of the Effect of Communicator Characteristics on Opinion Change », *Journal of Personality and Social Psychology,* vol. 32, 1975, p. 136-144.

61. Afin de consulter ces études, cf. Ruby Dholakia, Lynn Philips et Brian Sternthal, « The Persuasive Effect of Source Credibility : A Situational Analysis », *Public Opinion Quaterly,* vol. 42, automne 1978, p. 286-314.

62. Ruby Dholakia, Clark Leavitt et Brian Sternthal, « The Persuasive Effect of Source Credibility : Tests of Cognitive Response », *Journal of Consumer Research,* vol. 4, n° 4, mars 1978, p. 252-260 ; Kenneth A. Coney et Robert R. Harmon, « The Persuasive Effects of Source Credibility in Buy and Lease Situations », *Journal of Marketing Research,* vol. 19, mai 1982, p. 255-260.

63. Darlene B. Hannah et Brian Sternthal, « Detecting and Explaining the Sleeper Effect », *Journal of Consumer Research,* vol. 11, n° 2, septembre 1984, p. 632-642.

64. Pour revoir ce sujet, cf. Noel Capon et James Hulbert, « The Sleeper Effect : An Awakening », *Public Opinion Quaterly,* vol. 37, 1973, p. 333-358.

65. Harry C. Triandis, *Attitudes and Attitude Change*, New York, Wiley, 1971.

66. Lise Laguerre, « It's Respect in Either Language », *Marketing Magazine*, 6 mai 2002.

67. Jerald M. Jellison et Judson Mills, « Effect on Opinion Change Similarity Between the Communicator and the Audience He Addresses », *Journal of Personality and Social Psychology*, vol. 9, n° 2, 1969, p. 153-156.

68. Sam Walker, « Michael Jordan Isn't Retiring from Hot Deals », *The Wall Street Journal*, 15 février 1999, p. B1, 4.

69. « P&G Smiles with Sale and Pelletier », *Marketing Magazine*, 4 mars 2002.

70. Valerie Folkes, « Recent Attribution Research in Consumer Behavior: A Review and New Directions », *Journal of Consumer Research*, vol. 14, mars 1988, p. 548-565; Stephen W. Brown et John C. Mowen, « On Explaining and Predicting the Effectiveness of Celebrity Endorsers », dans *Advances in Consumer Research*, vol. 8, Ann Arbor, Michigan, Association for Consumer Research, 1981, p. 437-441.

71. Charles Atkin et Martin Block, « Effectiveness of Celebrity Endorsers », *Journal of Advertising Research*, vol. 23, n° 1, février-mars 1983, p. 57-61.

72. Ellen Neuborne, « Generation Y », *Business Week*, 15 février 1999, p. 81-88.

73. Étude de Total Research Corp., citée dans Bruce Horowitz, « Wishing on a Star », *Los Angeles Times*, 7 novembre 1993, p. D1, 7.

74. Jeff Jensen, « Performance, Shoe Tech Take Ad Stage for '98 », *Advertising Age*, 12 janvier 1998, p. 3, 36.

75. Michael A. Kamins, « An Investigation into the "Match-Up" Hypothesis in Celebrity Advertising », *Journal of Advertising*, vol. 19, n° 1, 1990, p. 4-13.

76. Grant McCracken, « Who Is the Celebrity Endorser? Cultural Foundations of the Endorsement Process », *Journal of Consumer Research*, vol. 16, n° 3, décembre 1989, p. 310-321.

77. *Ibid.*, p. 315.

78. En français, *Outback* signifie « intérieur de l'Australie ».

79. Raymond Serafin, « Subaru Outback Taps "Crocodile Dundee" », *Advertising Age*, 15 septembre 1995, p. 38; Steve Geisi, « "Dundee" Returns to Extend Outback into Entry Level », *Brandweek*, 2 septembre 1996, p. 1, 6.

80. Pour consulter une excellente critique de ces études, cf. Betsy D. Gelb, Marilyn Y. Jones et Andrea J.S. Stanaland, « Beefcake and Cheesecake: Insights for Advertisers », *Journal of Advertising*, vol. 27, n° 2, été 1998, p. 32-51; W.B. Joseph, « The Credibility of Physically Attractive Communicators », *Journal of Advertising*, vol. 11, n° 2, 1982, p. 13-23.

81. Richard Ashmore, Laura Longo et Michael Solomon, « The Beauty Match-Up Hypothesis: Congruence Between Types of Beauty and Product Images in Advertising », *Journal of Advertising*, vol. 21, n° 4, p. 23-34; M. J. Baker et Gilbert A. Churchill fils, « The Impact of Physically Attractive Models on Advertising Evaluations », *Journal of Marketing Research*, vol. 14, novembre 1977, p. 538-555.

82. Robert W. Chestnut, Charles C. LaChance et Amy Lubitz, « The Decorative Female Model: Sexual Stimuli and the Recognition of the Advertisements », *Journal of Advertising*, vol. 6, automne 1977, p. 11-14; Leonard N. Reid et Lawrence C. Soley, « Decorative Models and Readership of Magazine Ads », *Journal of Advertising Research*, vol. 23, n° 2, avril-mai 1983, p. 27-32.

Chapitre 8

1. Martin Mayer, *Madison Avenue, U.S.A.*, New York, Pocket Books, 1958, p. 64.

2. « Dove Revives Soap Litmus Test », *Marketing Magazine*, 15 janvier 2001.

3. Sally Beatty, « P&G to Ad Agencies: Please Rewrite Our Old Formulas », *The Wall Street Journal*, 5 novembre 1998, p. B1, 10; Alecia Swasy, « P&G Tries Bolder Ads-With Caution », *The Wall Street Journal*, 7 mai 1990, p. B1, 6.

4. Lynn Coleman, « Advertisers Put Fear into the Hearts of Their Prospects », *Marketing News*, 15 août 1988, p. 1.

5. Kevin Goldman, « Chips Ahoy! Ad Uses Spin on Claymation », *The Wall Street Journal*, 9 février 1994, p. B5.

6. Marla Matzer, « Alcohol Activists Want to Cage Bud's Lizards », *Los Angeles Times*, 5 mai 1998, p. D1, 17.

7. Barbara B. Stern, « Classical and Vignette Television Advertising: Structural Models, Formal Analysis, and Consumer Effects », *Journal of Consumer Research*, vol. 20, n° 4, mars 1994, p. 601-615; John Deighton, Josh McQueen et Daniel Romer, « Using Drama to Persuade », *Journal of Consumer Research*, vol. 15, n° 3, décembre 1989, p. 335-343.

8. Sandra E. Moriarty, *Creative Advertising: Theory and Practice*, 2e édition, Englewood Cliffs, New Jersey, Prentice Hall, 1991, p. 77.

9. Herbert E. Krugman, « On Application of Learning Theory to TV Copy Testing », *Public Opinion Quaterly*, vol. 26, 1962, p. 626-639.

10. C.I. Howland et W. Mandell, « An Experimental Comparison of Conclusion Drawing by the Communicator and by the Audience », *Journal of Abnormal and Social Psychology*, vol. 47, juillet 1952, p. 581-588.

11. Daniel J. Howard et Alan G. Sawyer, « Effects of Omitting Conclusions in Advertisements to Involved and Uninvolved Audiences », *Journal of Marketing Research*, vol. 28, novembre 1991, p. 467-474.

12. George E. Belch, « The Effects of Message Modality on One- and Two-Sided Advertising Messages », dans *Advances in Consumer Research*, vol. 10, sous la direction de Richard P. Bagozzi et Alice M. Tybout, Ann Arbor, Michigan, Association for Consumer Research, 1983, p. 21-26.

13. Linda L. Golden et Robert E. Settle, « Attribution Theory and Advertiser Credibility », *Journal of Marketing Research*, vol. 11, mai 1974, p. 181-185; Edmund J. Faison, « Effectiveness on One-Sided and Two-Sided Mass Communications in Advertising », *Public Opinion Quaterly*, vol. 25, automne 1961, p. 468-469.

14. « Campaigns with Legs », *Marketing Magazine*, 15 mai 2000.

15. Alan G. Sawyer, « The Effects of Repetition of Refutational and Supportive Advertising Appeals », *Journal of Marketing Research*, vol. 10, février 1973, p. 23-37; Richard Heslin et George J. Szybillo, « Resistance to Persuasion: Inoculation Theory in a Marketing Context », *Journal of Marketing Research*, vol. 10, novembre 1973, p. 396-403.

16. Andrew A. Mitchell, « The Effect of Verbal and Visual Components of Advertisements on Brand Attitudes and Attitude toward the Advertisements », *Journal of Consumer Research*, vol. 13, juin 1986, p. 12-24 ; Julie A. Edell et Richard Staelin, « The Information Processing of Pictures in Advertisements », *Journal of Consumer Research*, vol. 10, n° 1, juin 1983, p. 45-60 ; Elizabeth C. Hirschmann, « The Effects of Verbal and Pictorial Advertising Stimuli on Aesthetic, Utilitarian and Familiarity Perceptions », *Journal of Advertising*, vol. 15, n° 2, 1986, p. 27-34.

17. Jolita Kisielius et Brian Sternthal, « Detecting and Explaining Vividness Effects in Attitudinal Judgments », *Journal of Marketing Research*, vol. 21, n° 1, 1984, p. 54-64.

18. Robert E. Burnkrant et H. Rao Unnava, « An Imagery-Processing View of the Role of Pictures in Print Advertisements », *Journal of Marketing Research*, vol. 28, mai 1991, p. 226-231.

19. Terry L. Childers et Susan E. Heckler, « The Role of Expectancy and Relevancy in Memory for Verbal and Visual Information : What Is Incongruency ? », *Journal of Consumer Research*, vol. 18, n° 4, mars 1992, p. 475-492.

20. Terry L. Childers, Susan E. Heckler et Michael J. Houston, « Picture-Word Consistency and the Elaborative Processing of Advertisements », *Journal of Marketing Research*, novembre 1987, p. 359-369.

21. William F. Arens, *Contemporary Advertising*, 6e édition, Burr Ridge, Illinois, Irwin/McGraw-Hill, 1998, p. 284.

22. W. Keith Hafer et Gordon E. White, *Advertising Writing*, 3e édition, St. Paul, Minnesota, West Publishing, 1989, p. 98.

23. Janet Kestin, « Reality Rules », *Marketing Magazine*, 26 février 2001.

24. Carol Marie Cooper, « Who Says Talk Is Cheap », *New York Times*, 22 octobre 1998, p. C1, 5 ; Wendy Brandes, « Star Power Leaves Some Voice-Over Artists Speechless », *The Wall Street Journal*, 2 juin 1995, p. B6.

25. Linda M. Scott, « Understanding Jingles and Needledrop : A Rhetorical Approach to Music in Advertising », *Journal of Consumer Research*, vol. 17, n° 2, septembre 1990, p. 223-236.

26. *Ibid.*, p. 223.

27. Beth Baldwin, Russell I. Haley et Jack Richardson, « The Effects of Nonverbal Communications in Television Advertising », *Journal of Advertising Research*, vol. 24, n° 4, p. 11-18.

28. Gerald J. Gorn, « The Effects of Music in Advertising on Choice Behavior : A Classical Conditioning Approach », *Journal of Marketing*, vol. 46, hiver 1982, p. 94-100.

29. « A Few Rockers Give Ad Makers No Satisfaction », *The Wall Street Journal*, 25 août 1995, p. B1.

30. Stephanie N. Metha, « Northern Telecom Plays Down Phone Roots, Embraces "I Word" », *The Wall Street Journal*, 14 avril 1999, p. B10.

31. « Bud Light Sells Spoof Soundtrack », *Marketing Magazine*, 21 février 2002.

32. Eleftheria Parpis, « Creative : Best Campaign », *Adweek*, 24 janvier 2000, p. 1.

33. William D. Wells et Christopher P. Puto, « Informational and Transformational Advertising : The Different Effects of Time », dans *Advances in Consumer Research*, vol. 11, sous la direction de Thomas C. Kinnear, Ann Arbor, Michigan, Association for Consumer Research, 1984, p. 638.

34. Eric LeBlanc et Kate Tutly, « The Heart of the Matter », *Marketing Magazine*, 16 juillet 2001.

35. Richard Vaughn, « How Advertising Works : A Planning Model », *Journal of Advertising Research*, vol. 20, n° 5, octobre 1980, p. 27-33.

36. Sally Beatty, « P&G to Ad Agencies : Please Rewrite Our Old Formulas », *The Wall Street Journal*, 5 novembre 1998, p. B1, 10.

Chapitre 9

1. Frank M. Bass, « A Simultaneous Equation Regression Study of Advertising and Sales of Cigarettes », *Journal of Marketing Research*, vol. 6, n° 3, août 1969, p. 291 ; David A. Aaker et James M. Carman, « Are You Overadvertising ? », *Journal of Advertising Research*, vol. 22, n° 4, août-septembre 1982, p. 57-70.

2. Johan Arndt et Julian A. Simon, « The Shape of the Advertising Response Function », *Journal of Advertising Research*, vol. 20, n° 4, 1980, p. 11-28.

3. Paul B. Luchsinger, Paul T. Jannuzzo et Vernan S. Mullen, « How Many Advertising Dollars Are Enough ? », *Media Decisions*, vol. 12, 1977, p. 59.

4. Paul W. Farris, *Determinants of Advertising Intensity : A Review of the Marketing Literature*, rapport n° 77-109, Cambridge, Massachusetts, Marketing Science Institute, 1977.

5. John P. Jones, « Ad Spending : Maintaining Market Share », *Harvard Business Review*, janvier-février 1990, p. 38-42 ; James C. Schroer, « Ad Spending : Growing Market Share », *Harvard Business Review*, janvier-février 1990, p. 44-48.

6. Randall S. Brown, « Estimating Advantages to Large-Scale Advertising », *Review of Economics and Statistics*, vol. 60, août 1978, p. 428-437.

7. Kent M. Lancaster, « Are There Scale Economies in Advertising ? », *Journal of Business*, vol. 59, n° 3, 1986, p. 509-526.

8. Johan Arndt et Julian A. Simon, « Advertising and Economics of Scale : Critical Comments on the Evidence », *Journal of Industrial Economics*, vol. 32, n° 2, décembre 1983, p. 229-241 ; David A. Aaker et James M. Carman, « Are You Overadvertising ? », *Journal of Advertising Research*, vol. 22, n° 4, août-septembre 1982, p. 57-70.

9. George S. Low et Jakki J. Mohr, « The Budget Allocation Between Advertising and Sales Promotion : Understanding the Decision Process », *AMA Educators' Proceedings*, été 1991, p. 448-457.

10. Melvin E. Salveson, « Management's Criteria for Advertising Effectiveness », Actes de congrès, 5e conférence annuelle, New York, Advertising Research Foundation, 1959, p. 25.

11. Pamela Alreck et Robert Settle, « Positive Moods for Negative Times », *Marketing Communications*, janvier 1988, p. 19-23.

12. James O. Peckham, « Can We Relate Advertising Dollars to Market Share Objectives ? », *How Much to Spend for Advertising*, sous la direction de M. A. McNiven, New York, Association of National Advertisers, 1969, p. 30.

13. George S. Low et Jakki Mohr, « Setting Advertising and Promotion Budgets in Multi-Brand Companies », *Journal of Advertising Research*, janvier-février 1999, p. 667-678.

14. Chuck Ross, « Study Finds for Continuity vs. Flights », *Advertising Age*, 19 avril 1999, p. 2.

15. Michael J. Naples, *Effective Frequency : The Relationship Between Frequency and Advertising Effectiveness*, New York, Association of National Advertisers, 1979.

16. Joseph W. Ostrow, « Setting Frequency Levels : An Art or a Science ? », *Journal of Advertising Research*, vol. 24, août-septembre 1984, p. 9-11.

17. En ce qui concerne les médias de diffusion, on fera appel à l'expression *point d'écoute brute*.

18. François Descarie, « L'impact de la radio », *Bureau de commercialisation de la radio du Québec*, [en ligne], <www.bcrq.com/fr/recherches_publications/toutes_etudes/impact/default.idigit> (page consultée le 2 septembre 2007).

19. Joseph W. Ostrow, « What Level Frequency ? » *Advertising Age*, vol. 52, 9 novembre 1981, p. S (3 p.).

Chapitre 10

1. Paul Cauchon, « Fin des limites de publicité à la télé dès 2009 », *Le Devoir*, 18 mai 2007.

2. Bureau de la télévision du Canada, *TV Basic 2007-2008*, [en ligne], <www.tvb.ca/TVBasics.pdf> (page consultée le 20 décembre 2007).

3. Sondage réalisé à l'automne 2001, BBM Canada.

4. Lex van Meurs, « Zapp ! A Study on Switching Behavior during Commercial Breaks », *Journal of Advertising Research*, janvier-février 1998, p. 43-53 ; John J. Cronin, « In-Home Observations of Commercial Zapping Behavior », *Journal of Current Issues and Research in Advertising*, vol. 17, n° 2, automne 1995, p. 69-75.

5. Laura Petrecca, « 4A's : Production Costs for TV Spots Up by 6 % », *Advertising Age*, 18 août 1997, p. 30.

6. Stéphanie Bérubé, « Trop de publicité ? », *La Presse*, 15 août 2002, p. C1.

7. Dennis Kneal, « Zapping of TV Ads Appears Pervasive », *The Wall Street Journal*, 25 avril 1988, p. 27.

8. John J. Cronin et Nancy Menelly, « Discrimination vs. Avoidance : "Zipping" of Television Commercials », *Journal of Advertising*, vol. 21, n° 2, juin 1992, p. 1-7.

9. John J. Cronin, « In-Home Observations of Commercial Zapping Behavior », *Journal of Current Issues and Research in Advertising*, vol. 17, n° 2, automne 1995, p. 69-75.

10. Bradley S. Greenberg et Carrie Heeter, « Profiling the Zappers », *Journal of Advertising Research*, avril-mai 1985, p. 9-12 ; James H. Pedrick, Avu Sandaralingham et Fred S. Zufryden, « Zapping and Its Impact on Brand Purchase Behavior », *Journal of Advertising Research*, vol. 33, janvier-février 1993, p. 58-66 ; Patricia Orsini, « Zapping : A Man's World », *Adweek's Marketing Week*, 8 avril 1991, p. 3.

11. Lex van Meurs, « Zapp ! A Study on Switching Behavior during Commercial Breaks », *Journal of Advertising Research*, janvier-février 1998, p. 43-53.

12. Linda F. Alwitt et Parul R. Prabhaker, « Identifying Who Dislikes Television Advertising : Not by Demographics Alone », *Journal of Advertising Research*, vol. 32, n° 5, 1992, p. 30-42.

13. Banwari Mittal, « Public Assessment of TV Advertising : Faint Praise and Harsh Criticism », *Journal of Advertising Research*, vol. 34, n° 1, 1994, p. 35-53 ; Ernest F. Larkin, « Consumer Perceptions of the Media and Their Advertising Content », *Journal of Advertising*, vol. 8, 1979, p. 5-7.

14. Lucy L. Henke, « Young Children's Perceptions of Cigarette Brand Advertising Symbols : Awareness, Affect, and Target Market Identification », *Journal of Advertising*, vol. 24, n° 4, hiver 1995, p. 13-28.

15. *The Canadian Media Directors' Council Media Digest 2007-2008*, Toronto, Marketing.

16. Olivier Schmouker, « Strabisme divergent », *Infopresse*, décembre 2002, p. 48.

17. Bruce Grondin, « No More BBM vs Nielsen : Canada Would Be Far Better off with Only One TV Audience Measurement Service », *Maketing Magazine*, 15 octobre 2001, p. 18 ; Chris Powell, « CanWest Picks BBM over Nielsen », *Marketing Magazine*, 3 juin 2002, p. 4.

18. On peut également calculer le point de part en utilisant comme point de référence le nombre de personnes d'une région au lieu du nombre de foyers d'une région.

19. On peut également calculer la part d'audience en divisant le nombre de personnes regardant une émission par le nombre de personnes regardant la télévision.

20. CRTC, *Rapport de surveillance de la politique sur la radiodiffusion 2007*.

21. Suein L. Hwang, « Old Media Get a Web Windfall », *The Wall Street Journal*, 17 septembre 1999, p. B1.

22. Verne Gay, « Image Transfer : Radio Ads Make Aural History », *Advertising Age*, 24 janvier 1985, p. 1.

23. Avery Abernethy, « Differences Between Advertising and Program Exposure for Car Radio Listening », *Journal of Advertising Research*, vol. 31, n° 2, avril-mai 1991, p. 33-42.

24. Martin Peers, « Radio Produces Both Gains and Skeptics », *The Wall Street Journal*, 1er janvier 1999, p. B6.

25. *Ibid.*

Chapitre 11

1. Herbert E. Krugman, « The Measurement of Advertising Involvement », *Public Opinion Quaterly*, vol. 30, hiver 1966-1967, p. 583-596.

2. *The Magazine Handbook*, New York, Magazine Publishers of America, 1999.

3. *Ibid.*

4. *Ibid.*

5. *A Study of Media Involvement*, vol. 7, New York, Magazine Publishers of America, 1996.

6. Christine Larson, « Made to Order », *Adweek*, 25 octobre 1999, p. 64-70.

7. Sally Goll Beatty, « Philip Morris Starts Lifestyle Magazine », *The Wall Street Journal*, 16 septembre 1996, p. B1 et B8.

8. Étude désignée dans Jim Surmanek, *Media Planning : A Practical Guide*, Lincolnwood, Illinois, Crain Books, 1985.

9. *How Advertising Readership Is Influenced by Ad Size*, rapport n° 110.1, Cahners Advertising Research, Newton, Massachusetts, et *Larger Advertisements Get Higher Readership*, LAP Report n° 3102, New York, McGraw-Hill Research.

10. *Effect of Size, Color and Position on Number of Responses to Recruitment Advertising*, LAP Report nº 3116, New York, McGraw-Hill Research.

11. *Les magazines canadiens : Par des Canadiens, pour les Canadiens, sur le Canada*, Toronto, Association des éditeurs de magazines canadiens, 2002, 28 p.

12. Junu Bryan Kim, « Cracking the Barrier of Two Dimensions », *Advertising Age*, 6 octobre 1991, p. 32, 34.

13. *Données de triage des quotidiens au Canada 2006*, Association canadienne des journaux.

14. L'étude NADbank 2006 mesure également le lectorat de 61 journaux de quartier dans 34 marchés au Canada.

15. Ann Marie Kerwin, « Print's Power Play », *Advertising Age : The Next Century*, édition spéciale, Chicago, 1999.

Chapitre 12

1. Soit le Canadian Outdoor Measurement Bureau.

2. Maritz AmeriPoll, août 1998.

3. *Adweek*, 25 août 1997, p. 3.

4. Mukesh Bhargava et Naveen Donthu, « Sales Response to Outdoor Advertising », *Journal of Advertising Research*, août 1999, p. 7-18.

5. *Advertisers Take the City Bus to Work*, New York, Winston Network, 1988, p. 13.

6. *Relations Media*, [en ligne], <www.atmosphere-magazine.com/francais/media_rates.pdf> (page consultée le 9 mai 2008).

7. David Kalish, « Supermarket Sweepstakes », *Marketing & Media Decisions*, novembre 1988, p. 34.

8. *Cineplex Media*, [en ligne], <media.cineplex.com/Default.aspx> (page consultée le 20 décembre 2007).

9. Betsy Baurer, « New York Flicks : Ads at the Movies », *USA Today*, 13 mars 1986, p. D1.

10. *Ibid.*

11. Michael A. Belch et Don Sciglimpaglia, « Viewer's Evaluations of Cinema Advertising », *Proceedings of the American Institute for Decision Sciences*, mars 1979, p. 39-43.

12. Adam Snyder, « Are Spots on Home Video Badvertising ? », *Brandweek*, 29 janvier 1996, p. 40.

13. Alice Cuneo, « Now Playing : Gap, Target Take Retail to the Movies », *Advertising Age*, 9 juin 1997, p. 14.

14. Bill Rose et Diane Williams, « The Arbitron Cinema Advertising Study 2007 », *Arbitron*, [en ligne], <www.cinemaadcouncil.org/cac_research_arbitron.php> (page consultée le 7 février 2008).

15. *Promotional Product Professionals of Canada*, [en ligne], <www.promocan.com/Dispstpg.htm?ID=125> (page consultée le 20 décembre 2007).

16. François Perreault, « Les articles promotionnels servent les communications externes et internes », *La Presse*, 3 septembre 2003, p. D7.

17. George L. Herpel et Steve Slack, *Specialty Advertising : New Dimensions in Creative Marketing*, Irving, Texas, Specialty Advertising Association, 1983, p. 76, 79-80.

18. *Ibid.*, p. 78.

19. M.J. Caballero et J.B. Hunt, *Smilin' Jack : Measuring Goodwill*, rapport de recherche non publié du Center for Professional Selling de l'université Baylor, 1989 ; M.J. Cooper et J.B. Hunt, *How Specialty Advertising Affects Goodwill*, rapport de recherche publié par Specialty Advertising Association International (à présent appelée PPAI), Irving, Texas, 1992.

20. George L. Herpel et Steve Slack, *op. cit.*, p. 75.

21. *Promotional Product Professionals of Canada*, [en ligne], <www.promocan.com> (page consultée le 7 février 2008).

22. Carol Hall, « Branding the Yellow Pages », *Marketing & Media Decisions*, avril 1989, p. 3.

23. *Ibid.*, p. 5.

24. Yellow Pages Publishers Association, 2000.

25. Benoît Landousy, « Placement de marques et cinéma : les liaisons dangereuses ? », *Chronique Cinéma*, Institut de recherche et d'études en droit de l'information et de la communication, 5 novembre 2005, 4 p.

26. J.D. Reed, « Plugging Away in Hollywood », *Time*, 2 janvier 1998, p. 103.

27. Hugo Dumas, « Le placement de produits explose avec *Les Dangereux* », *La Presse*, 4 décembre 2002, p. C1.

28. Pola Gupta et Kenneth Lord, « Product Placement in Movies : The Effect of Prominence and Mode on Audience Recall », *Journal of Current Issues and Research in Advertising*, vol. 20, nº 1, printemps 1998, p. 1-29.

29. Stephen J. Gould et Pola Gupta, « Consumers' Perceptions of the Ethnics and Acceptability of Product Placements in Movies : Product Category and Individual Differences », *Journal of Current Issues and Research in Advertising*, vol. 19, nº 1, printemps 1997, p. 40-49.

30. Randall Rothenberg, « Is It a Film ? Is It an Ad ? Hard to Tell », *The New York Times*, 13 mars 1990, p. D23.

31. Laurie Mazur, « Screenland's Dirty Little Secret », *E magazine*, mai-juin 1996, p. 38.

32. Ronald Alsop, « Consumer Products Become Movie Stars », *The Wall Street Journal*, 29 février 1988, p. 23.

33. Damon Darlin, « Highbrow Hype », *Forbes*, 12 avril 1993, p. 126-127.

Chapitre 13

1. Louis J. Haugh, « Defining and Redefining », *Advertising Age*, 14 février 1983, p. M44.

2. Caroline Henderson, Scott A. Nielsen et John Quelch, « Consumer Promotions and the Acceleration of Product Purchases », dans *Research on Sales Promotion : Collected Papers*, sous la direction de Katherine E. Jocz, Cambridge, Massachusetts, Marketing Science Institute, 1984.

3. J. Jeffrey Inman et Leigh McAlister, « Do Coupon Expiration Dates Affect Consumer Behavior ? », *Journal of Marketing Research*, 31 août 1994, p. 423-428.

4. « Promotion Trends 2000 », *Promo Magazine*, mai 2000, p. A5.

5. Richard Sale, « Evaluation in Evolution », *Promo Magazine*, septembre 1998, p. 63-68.

6. Richard Sale, « Attack », *Promo Magazine*, septembre 1999, p. 79-84.

7. *The Effects of Promotion Stimuli on Consumer Purchase Behavior*, Glenview, Illinois, FSI Council, 1999.

8. *1996 Trend Report*, Anaheim, Californie, Actmedia, Inc.

9. Leigh McAlister, « A Model of Consumer Behavior », *Marketing Communications*, avril 1987.

10. Betsy Spethmann, « Trading Newsprint for Pepperoni », *Promo Magazine*, août 1999, p. 51-52.

11. Al Urbanski, « Techno Promo », *Promo Magazine*, août 1998, p. 48-52, 146, 147.

12. *NCH Reporter*, n° 1, Nielsen Clearing House, 1983.

13. *The Magazine Handbook*, n° 59, New York, Magazine Publishers of America, 1991.

14. Judann Dagnoli, « Jordan Hits Ad Execs for Damaging Brands », *Advertising Age*, 4 novembre 1991, p. 47.

15. Judann Pollack, « Heinz to Pare Products While It Boosts Ads », *Advertising Age*, 3 mars 1997, p. 3, 37.

16. Judann Pollack, « Charlie Rejoins Frenzied Tuna Wars », *Advertising Age*, 31 mai 1999, p. 32.

17. Jason MacDonald, « Promo's New Prominence », *Marketing Magazine*, 3 septembre 2001.

18. Cherie Delory, « It's Elementary », *Marketing Magazine*, 3 décembre 2001.

19. R. M. Prentice, « How to Split Your Marketing Funds Between Advertising and Promotion Dollars », *Advertising Age*, 10 janvier 1977, p. 41-42, 44.

20. Betsy Spethmann, « Money and Power », *Brandweek*, 15 mars 1993, p. 21.

21. Citation de Vincent Sottosanti, président du Conseil des agences de promotion des ventes, dans « Promotions That Build Brand Image », *Marketing Communications*, avril 1988, p. 54.

22. Adapté d'un texte de Terrence A. Shimp, *Advertising, Promotion, and Supplemental Aspect of Integrated Marketing Communication*, 4e édition, Fort Worth, Texas, Dryden Press, 1997, p. 487.

23. Dale Hooper, « Hostess' Heroes », *Marketing Magazine*, 6 août 2001.

24. Référence citée dans Larry Percy et John R. Rossiter, *Advertising and Promotion Management*, New York, McGraw-Hill, 1987, p. 360.

25. Peter Breen, « Sophisticated Sampling », *Promo Magazine*, septembre 1999, p. 63-68.

26. Glenn Heitsmith, « Something for Nothing », *Promo Magazine*, septembre 1993, p. 30-36.

27. *Worldwide Coupon Distribution & Redemption Trends*, Lincolnshire, Illinois, NCH Promotional Services, 1999.

28. J. Jeffrey Inman et Leigh McAlister, « Do Coupon Expiration Dates Affect Consumer Behavior ? », *Journal of Marketing Research*, 31 août 1994, p. 423-428.

29. Betsy Spethmann, « A Wake-Up Call at Breakfastime », *Promo Magazine*, décembre 1996, p. 27-28.

30. Étude réalisée par Oxtoby-Smith, Inc., citée dans « Many Consumers View Rebates as a Bother », *The Wall Street Journal*, 13 avril 1989, p. B1.

31. William R. Dean, « Irresistible but Not Free of Problems », *Advertising Age*, 6 octobre 1980, p. S1-12.

32. James Careless, « Cereal Killer », *Marketing Magazine*, 14 mai 2001.

33. Eric Schmuckler, « Two Action Figures to Go, Hold the Burger », *Brandweek*, 1[er] avril 1996, p. 38-39.

34. Thomas R. King, « Mickey May Be the Big Winner in Disney–McDonald's Alliance », *The Wall Street Journal*, 24 mai 1996, p. B5.

35. Louise Kramer, « McD's Steals Another Toy from BK », *Advertising Age*, 15 novembre 1999, p. 1, 74.

36. « In Wake of Second Death, CPSC and Burger King Again Urge Consumers to Destroy and Discard Pokemon Balls », communiqué de presse publié par Burger King le 27 janvier 2000.

37. Lesley Young, « Doughboy Promo Pops Off the Shelf », *Marketing Magazine*, 14 janvier 2002.

38. « Sweepstakes Fever », *Forbes*, 3 octobre 1988, p. 164-166.

39. « P&G and MuchMusic Head to the Prom », *Marketing Magazine*, 23 février 2001 ; Astrid Van Den Broek, « Much, P&G Team Up to Target Teens », *Marketing Magazine*, 5 mars 2001.

40. Bob Woods, « Picking a Winner », *Promo Magazine*, août 1998, p. 57-62.

41. Maxine S. Lans, « Legal Hurdles Big Part of Promotions Game », *Marketing News*, 24 octobre 1994, p. 15-16.

42. Étude réalisée par Oxtoby-Smith, Inc., citée dans « Many Consumers View Rebates as a Bother », *The Wall Street Journal*, 13 avril 1989, p. B1.

43. Emin Babakus, William A. Cunningham III et Peter Tat, « Consumer Perceptions of Rebates », *Journal of Advertising Research*, août-septembre 1988, p. 45-50.

44. Martha Graves, « Mail-In Rebates Stirring Shopper, Retailer Backlash », *Los Angeles Times*, 11 janvier 1989, 4[e] partie, p. 1.

45. Edward A. Blair et E. Lair Landon, « The Effects of Reference Prices in Retail Advertisements », *Journal of Marketing*, vol. 45, n° 2, printemps 1981, p. 61-69.

46. Richard Sale, « Not Your Mother's Coupon », *Promo Magazine*, avril 1999, p. 56-61.

47. Baron Manett et Roman Szostak, « Takin' It to the Streets », *Marketing Magazine*, 10 septembre 2001.

48. Frank Green, « Battling for Shelf Control », *San Diego Union*, 19 novembre 1996, p. C1, 6-7.

49. Richard Gibson, « Want Shelf Space at the Supermarket? Ante Up », *Business Week*, 7 août 1989, p. 60-61.

50. Melissa Campanelli, « What's in Store for EDLP ? », *Sales & Marketing Management*, août 1993, p. 56-59 ; « Procter & Gamble Hits Back », *Business Week*, 19 juillet 1993, p. 20-22.

51. Amy Barone et Laurel Wentz, « Artzt Steering Barilla into EDLP Strategy », *Advertising Age*, 26 février 1996, p. 10.

52. Tom Steinhagen, « Space Management Shapes Up with Planograms », *Marketing News*, 12 novembre 1990, p. 7.

53. Srinath Gopalakrishna, Gary L. Lilien, Ian K. Sequeria et Jerome D. Williams, « Do Trade Shows Pay Off ? », *Journal of Marketing*, vol. 59, juillet 1995, p. 75-83.

54. Cynthia Rigg, « Hard Times Means Growth for Co-op Ads », *Advertising Age*, 12 novembre 1990, p. 24.

55. Edwin L. Artzt, « The Lifeblood of Brands », *Advertising Age*, 4 novembre 1991, p. 32.

56. « Everyone Is Bellying Up to This Bar », *Business Week*, 27 janvier 1992, p. 84.

57. Jack Neff, « The New Brand Management », *Advertising Age,* 8 novembre 1999, p. S2, 18 ; Benson P. Shapiro, « Improved Distribution with Your Promotional Mix », *Harvard Business Review,* mars-avril 1977, p. 116 ; Roger A. Strang, « Sales Promotion – Fast Growth, Faulty Management », *Harvard Business Review,* juillet-août 1976, p. 119.

58. Kim Corfman et Priya Raghubir, « When Do Price Promotions Affect Pretrial Brand Evaluations ? », *Journal of Marketing Research,* vol. 36, mai 1999, p. 211-222.

59. Peter H. Dickson et Alan G. Sawyer, « Psychological Perspectives on Consumer Response to Sales Promotion », dans *Research on Sales Promotion : Collected Papers,* sous la direction de Katherine E. Jocz, Cambridge, Massachusetts, Marketing Science Institute, 1984.

60. William E. Myers, « Trying to Get Out of the Discounting Box », *Adweek,* 11 novembre 1985, p. 2.

61. Leigh McAlister, « Managing the Dynamics of Promotional Change », dans *Looking at the Retail Kaleidoscope,* Forum IX, Stamford, Connecticut, Donnelley Marketing, avril 1988.

62. Cara S. Trager, « Promotions Blemish Cosmetic Industry », *Advertising Age,* 10 mai 1984, p. 22-23, 26.

Chapitre 14

1. Judann Pollack, « New Marketing Spin : The PR "Experience" », *Advertising Age,* 5 août 1996, p. 33.

2. Raymond Simon, *Public Relations, Concepts and Practices,* 2e édition, Columbus, Ohio, Grid Publishing, 1980, p. 8.

3. William N. Curry, « PR Isn't Marketing », *Advertising Age,* 18 décembre 1991, p. 18.

4. Martha M. Lauzen, « Imperialism and Encroachment in Public Relations », *Public Relations Review,* vol. 17, n° 3, automne 1991, p. 245-255.

5. Raymond Serafin, « Cars Squeeze Mileage from Awards », *Advertising Age,* 4 juin 1990, p. 36.

6. Jeffrey M. O'Brien, « H-P Heads for Home », *Marketing Computers,* juillet-août 1996, p. 55-58.

7. Bob Donath, « Corporate Communications », *Industrial Marketing,* juillet 1980, p. 53-57.

8. Raymond Simon, *Public Relations, Concepts and Practices,* 2e édition, Columbus, Ohio, Grid Publishing, 1980, p. 164.

9. John E. Marston, *Modern Public Relations,* New York, McGraw-Hill, 1979.

10. Thomas L. Harris, « How MPR Adds Value to Integrated Marketing Communications », *Public Relations Quarterly,* été 1993, p. 13-18.

11. J. Lawrence, « New Doritos Gets the Star Treatment », *Advertising Age,* 29 mars 1993, p. 64.

12. Jaye S. Niefeld, « Corporate Advertising », *Industrial Marketing,* juillet 1980, p. 64-74.

13. John Burnett, « Shopping for Sponsorships ? Integration Is Paramount », *Brandweek,* 14 février 1994, p. 18.

14. Ed Zotti, « An Expert Weighs the Prose and Yawns », *Advertising Age,* 24 janvier 1983, p. M-11.

15. Ronald Alsop, « The Best Corporate Reputations in America », *The Wall Street Journal,* 29 septembre 1999, p. B1.

16. Ronald Alsop, « The Best Reputations in High Tech », *The Wall Street Journal,* 18 novembre 1999, p. B1.

17. Prakash Sethi, *Advertising and Large Corporations,* Lexington, Massachusetts, Lexington Books, 1977, p. 7-8.

18. Harvey Meyer, « When the Cause Is Just », *Journal of Business Strategy,* novembre-décembre 1999, p. 27-31.

19. *Ibid.,* p. 28.

20. *Ibid.,* p. 29.

21. Jason MacDonald, « Clairol Expands CFL Sponsor Roster », *Marketing Magazine,* 30 juillet 2001.

22. Jason MacDonald, « The "Bush Leagues" », *Marketing Magazine,* 14 mai 2001.

23. Shel Holtz, *Public Relations on the Internet,* New York, American Management Association, 1998.

24. Karen Benezra, « Cause and Effects Marketing », *Brandweek,* 22 avril 1996, p. 38.

Chapitre 15

1. Thomas I. Collins et Stan Rapp, *Maximarketing,* New York, McGraw-Hill, 1987.

2. Sous la direction de Peter D. Bennett, *Dictionary of Marketing Terms,* Chicago, American Marketing Association, 1988, p. 58.

3. *Canadian Marketing Association 2001 Fact Book,* Don Mills, Association canadienne du marketing, 2001.

4. Jagdish N. Sheth, « Marketing Megatrends », *Journal of Consumer Marketing,* vol. 1, n° 1, juin 1983, p. 5-13.

5. Postes Canada, « Le publipostage sera la forme de publicité privilégiée à l'avenir ! », *Réalités canadiennes 2000,* [en ligne], <www.canadapost.ca/offerings/direct_mail/can/default-f.asp> (page consultée le 21 avril 2008).

6. United States Postal Service, *Direct Mail by the Numbers,* 1999.

7. Jonathan Berry, « A Potent New Tool for Selling : Database Marketing », *Business Week,* 5 septembre 1994, p. 56-59.

8. Herbert Kanzenstein et William S. Sachs, *Direct Marketing,* 2e édition, New York, Macmillan, 1992.

9. United States Postal Service, *Direct Mail by the Numbers,* 1999.

10. *Canadian Marketing Association 2001 Fact Book,* Don Mills, Association canadienne du marketing, 2001.

11. *Ibid.*

12. Postes Canada, « Le publipostage est efficace ! », *Réalités canadiennes 2000,* [en ligne], <www.canadapost.ca/offerings/direct_mail/can/default-f.asp> (page consultée le 21 avril 2008).

13. Direct Marketing Association, *2000 Economic Impact : U.S. Direct Marketing Today,* 2000.

14. Cleveland Horton, « Porsche 300,000 : The New Elite », *Advertising Age,* 5 février 1990, p. 8.

15. Direct Marketing Association, *2000 Economic Impact : U.S. Direct Marketing Today,* 2000.

16. Elaine Underwood, « Is There a Future for the TV Mall ? », *Brandweek,* 25 mars 1996, p. 24-26.

17. *Canadian Marketing Association 2001 Fact Book,* Don Mills, Association canadienne du marketing, 2001.

18. Étude sur les profils psychologiques réalisée par Naveen Donthu et David Gilliland.
19. « Average Sales Figures for Infomercial Products », *Response Magazine*, septembre 1999.
20. Chad Rubel, « Infomercials Evolve as Major Firms Join Successful Format », *Marketing News*, 2 janvier 1995, p. 1.
21. Anne-Marie Crawford, « Peugeot Develops First TV Advertorials for Cars », *Marketing*, 9 décembre 1999, p. 9.
22. Elaine Underwood, « Is There a Future for the TV Mall ? », *Brandweek*, 25 mars 1996, p. 24-26.
23. *Canadian Marketing Association 2001 Fact Book*, Don Mills, Association canadienne du marketing, 2001.
24. *Ibid.*
25. Direct Marketing Association, *2000 Economic Impact : U.S. Direct Marketing Today*, 2000.
26. Tom Eisenhart, « Tele-media : Marketing's New Dimension », *Business Marketing*, février 1991, p. 50-53.
27. Direct Marketing Association, *2000 Economic Impact : U.S. Direct Marketing Today*, 2000.
28. Dana Blankenhorn, « Infomercial Site iQVC Leverages Its TV Brand », *Advertising Age*, 23 mars 1998, [en ligne], <adage.com> (page consultée le 21 avril 2008).
29. Bob Howard, « Successful K-Tel TV Strategy Doesn't Translate to Net », *Los Angeles Times*, 31 janvier 2000, p. C1.
30. « Case Study Response to Sears Canada », *National Post Business Magazine*, janvier 2002.
31. Postes Canada, *Réalités canadiennes 2000*.

Chapitre 16

1. « Life on Campus : More Than Half of College Students Surf the Internet from Their Room », *Media Center*, 25 août 1999.
2. Pour obtenir plus d'information : Statistique Canada, « General Social Survey : Internet Use, 2000 », *The Daily*, 26 mars 2001, [en ligne], <www.statcan.ca/Daily/English/010326/d010326a.htm> (page consultée le 14 avril 2008).
3. Michael Pastore, « The Lifestyles of Online Shoppers », *The ClickZ Network*, 8 décembre 1999, [en ligne], <www.clickz.com/showPage.html?page=256591> (page consultée le 14 avril 2008).
4. *Ibid.*
5. Laurie Freeman, « HP Gambles $100 M on Securing Its Net Position », *Business Marketing*, juin 1999, p. 1+.
6. Melinda Ligos, « Point, Click, Sell », *Sales and Marketing Management*, mai 1999, p. 51-55.
7. *Ibid.*
8. William Holstein, « Let Them Have PCs », *U.S. News & World Report*, 14 février 2000.
9. Nichola Groom, « U.S. Firms Use Online Games to Build Brands », Reuters News Service, 12 août 2001.
10. Peter Brieger, *The Financial Post*, 23 avril 2001.
11. Kipp Cheng, « Online Ads on Superbowl.com : The Good, the Bad, and the Ugly », *Adweek*, 7 février 2000, p. 52-54.
12. Jupiter Media Metrix.
13. « Online Media Strategies for Advertising », *Internet Advertising Bureau*, printemps 1999.
14. « NPD Online Research Finds More Individuals Are Pointing and Clipping with Online Coupons », *BNET Business Network*, 10 novembre 1999, [en ligne], <findarticles.com/p/articles/mi_m0EIN/is_1999_Nov_10/ai_57466435> (page consultée le 14 avril 2008).
15. Pamela Parker, « Webstakes, TKAI, Partner to Take Online Promotions to Japan », *The ClickZ Network*, 26 janvier 2000, [en ligne], <www.clickz.com/showPage.html?page=295261> (page consultée le 14 avril 2008).
16. Pamela Parker, « Report : Direct E-Mail Promotions Best at Attracting Buyers », *The ClickZ Network*, 22 décembre 1999, [en ligne], <www.clickz.com/showPage.html?page=clickz_print&id=266461> (page consultée le 18 avril 2008).
17. Melinda Ligos, « Point, Click, Sell », *Sales and Marketing Management*, mai 1999, p. 51-55.
18. « NPD Study Finds Internet Users Multi-tasking during the Superbowl », *BNET Business Network*, 7 février 2000, [en ligne], <findarticles.com/p/articles/mi_m0EIN/is_2000_Feb_7/ai_59215090> (page consultée le 14 avril 2008).
19. San Brekke, « Jumpin' Jupiter », *Business 2.0*, octobre 1999, p. 154-161.
20. Joseph Menn, « Web Firms May Vastly Inflate Claims of 'Hits' », *Los Angeles Times*, 17 avril 2000, p. 1-8.
21. Beth Cox, « Top 50 Web Sites Get 95 Percent of All Ad Dollars », *The ClickZ Network*, 17 juin 1999, [en ligne], <www.clickz.com/showPage.html?page=139431> (page consultée le 14 avril 2008).
22. Teresa Buyikan et Angela Dawson, « Dropping RPA, Web TV Puts Account in Play », *Adweek*, 10 mai 1999, [en ligne], <www.adweek.com/aw/esearch/article_display.jsp?vnu_content_id=782030> (page consultée le 14 avril 2008).
23. Patrick Seitz, « Open TV Eyes an Opening in Interactive TV Market », *Investors Business Daily*, 10 février 2000, p. A6.
24. Chris Powell, « The Flashing "i" », *Marketing Magazine*, 10 décembre 2001.
25. Mark Sherman, « TV Gets Personal », *Marketing Magazine*, 7 mai 2001.
26. Carey Toane, « Tune In, Turn On, Buy Lots », *Marketing Magazine*, 16 avril 2001.
27. Chris Powell, « Media Cautious about Enhanced TV », *Marketing Magazine*, 20 mai 2002.

Chapitre 17

1. Jean-Marc Léger, « Le Build-up de Léger & Léger », *Infopresse*, novembre 1999, p. 54.
2. LAP Report n° 3151, New York, McGraw-Hill, 1988 ; Alan D. Fletcher, *Target Marketing through the Yellow Pages*, Troy, Michigan, Yellow Pages Publishers Association, 1991, p. 23.
3. Larry Percy et John R. Rossiter, *Advertising Communications & Promotion Management*, New York, McGraw-Hill, 1987, p. 617-625.
4. David A. Aaker et John G. Myers, *Advertising Management*, 3e édition, Englewood Cliffs, New Jersey, Prentice Hall, 1987, p. 474.

5. Joel N. Axelrod, « Induced Moods and Attitudes toward Products », *Journal of Advertising Research*, vol. 3, juin 1963, p. 19-24 ; Lauren E. Crane, « How Product, Appeal, and Program Affect Attitudes toward Commercials », *Journal of Advertising Research*, 4 mars 1964, p. 15.

6. Robert Settle, « Marketing in Tight Times », *Marketing Communications*, vol. 13, n° 1, janvier 1988, p. 19-23.

7. « What Is Good Creative ? », *Topline*, n° 41, 1994, p. 4.

8. Russell I. Haley et Allan L. Baldinger, « The ARF Copy Research Validity Project », *Journal of Advertising Research*, vol. 31, avril-mai 2000, p. 11-32.

9. « 21 Ad Agencies Endorse Copy-Testing Principles », *Marketing News*, vol. 15, n° 17, 19 février 1982, p. 1.

10. John M. Caffyn, « Telepex Testing of TV Commercials », *Journal of Advertising Research*, vol. 5, n° 2, juin 1965, p. 29-37 ; Charles Gengler et Thomas J. Reynolds, « A Strategic Framework for Assessing Advertising : The Animatic vs. Finished Issue », *Journal of Advertising Research*, octobre-novembre 1991, p. 61-71 ; Nigel A. Brown et Ronald Gatty, « Rough vs. Finished TV Commercials in Telepex Tests », *Journal of Advertising Research*, vol. 7, n° 4, décembre 1967, p. 21.

11. Vernon Fryburger, Kim Rotzoll et Charles H. Sandage, *Advertising Theory and Practice*, 10e édition, Burr Ridge, Illinois, Richard D. Irwin, 1979.

12. Lyman E. Ostlund, « Advertising Copy Testing : A Review of Current Practices, Problems and Prospects », *Current Issues and Research in Advertising*, 1978, p. 87-105.

13. Jack B. Haskins, « Factual Recall as a Measure of Advertising Effectiveness », *Journal of Advertising Research*, vol. 4, n° 1, mars 1964, p. 2-7.

14. Margaret H. Blair et John Philip Jones, « Examining "Conventional Wisdoms" about Advertising Effects with Evidence from Independent Sources », *Journal of Advertising Research*, novembre-décembre 1996, p. 37-52.

15. Robert J. Gatchel et Paul J. Watson, « Autonomic Measures of Advertising », *Journal of Advertising Research*, 19 juin 1979, p. 15-26.

16. Priscilla A. LaBarbera et Joel D. Tucciarone, « GSR Reconsidered : A Behavior-based Approach to Evaluating and Improving the Sales Potency of Advertising », *Journal of Advertising Research*, septembre-octobre 1995, p. 33-40.

17. Flemming Hansen, « Hemispheric Lateralization : Implications for Understanding Consumer Behavior », *Journal of Consumer Research*, vol. 8, 1988, p. 23-36.

18. Susan E. Heckler, Michael J. Houston et Kevin Lane Keller, « The Effects of Brand Name Suggestiveness on Advertising Recall », *Journal of Marketing*, janvier 1998, p. 48-57.

19. Hubert A. Zielske, « Does Day-after Recall Penalize "Feeling Ads" ? », *Journal of Advertising Research*, vol. 22, n° 1, 1982, p. 19-22.

20. Arthur J. Kover, « Why Copywriters Don't Like Advertising Research – and What Kind of Research Might They Accept », *Journal of Advertising Research*, mars-avril 1996, p. RC8-RC10 ; Gary Levin, « Emotion Guides BBDO's Ad Tests », *Advertising Age*, 29 janvier 1990, p. 12.

21. Terry Haller, « Day-after Recall to Persist Despite JWT Study ; Other Criteria Looming », *Marketing News*, 18 mai 1979, p. 4.

22. Joseph E. Seagram & Sons et Time Incorporated, « A Study of the Effectiveness of Advertising Frequency in Magazines », *Magazines Canada*, [en ligne], <www.cmpa.ca/advertising.php?cat=rs_recency&nID=23> (page consultée le 20 décembre 2007).

23. Dave Kruegel, « Television Advertising Effectiveness and Research Innovations », *Journal of Consumer Marketing*, vol. 5, n° 3, été 1988, p. 43-52.

24. Magid Abraham, Stuart Kalmenson, Jeanne Livelsberger, Leonard M. Lodish, Beth Lubetkin, Bruce Richardson et Mary Ellen Stevens, « How T.V. Advertising Works : A Meta-Analysis of 389 Real World Split Cable T.V. Advertising Experiments », *Journal of Marketing Research*, vol. 32, mai 1995, p. 125-139.

25. John Philip Jones, « Single-source Research Begins to Fulfill Its Promise », *Journal of Advertising Research*, mai-juin 1995, p. 9-16.

26. Jeffrey L. Seglin, « The New Era of Ad Measurement », *Adweek's Marketing Week*, 23 janvier 1988, p. 24.

27. James F. Donius, « Marketing Tracking : A Strategic Reassessment and Planning Tool », *Journal of Advertising Research*, vol. 25, n° 1, février-mars 1985, p. 15-19.

28. Elizabeth Gardener et Minakshi Trivedi, « A Communications Framework to Evaluate Sales Promotion Strategies », *Journal of Advertising Research*, mai-juin 1998, p. 67-71.

29. Raymond Simon, *Public Relations, Concepts and Practices*, 3e édition, New York, John Wiley & Sons, 1984, p. 291.

30. Walter K. Lindenmann, « An Effectiveness Yardstick to Measure Public Relations Success », *Public Relations Quarterly*, vol. 38, n° 1, printemps 1993, p. 7-10.

31. Deborah Holloway, « How to Select a Measurement System That's Right for You », *Public Relations Quarterly*, vol. 37, n° 3, automne 1992, p. 15-18.

32. Bettina Cornwell et Isabelle Maignan, « An International Review of Sponsorship Research », *Journal of Advertising*, vol. 27, n° 1, 1998, p. 1-21.

33. Michel Tuan Pham, « The Evaluation of Sponsorship Effectiveness : A Model and Some Methodological Considerations », *Gestion 2000*, vol. 7, n° 4, 1991, p. 47-66.

34. Robert D. Hof et Ellen Neuborne, « Branding on the Net », *Business Week*, 9 novembre 1998, p. 76-86.

35. Alexa Bezjian-Avery, « New Media Interactive Advertising vs. Traditional Advertising », *Journal of Advertising Research*, août 1998, p. 23-32 ; Qimel Chen et William D. Wells, « Attitude toward the Site », *Journal of Advertising Research*, septembre 1999, p. 27-38 ; Sally J. McMillan et Kim Bartel Sheehan, « Response Variation in E-Mail Surveys », *Journal of Advertising Research*, juillet 1999, p. 45-54 ; John Eighmey, « Profiling User Responses to Commercial Websites », *Journal of Advertising Research*, mai 1997, p. 59-66.

Chapitre 18

1. Robert L. Heilbroner, « Demand for the Supply Side », *New York Review of Books*, vol. 28, n° 10, 11 juin 1981, p. 40.
2. David Helm, « Advertising's Overdue Revolution », discours prononcé au cours de la conférence sur la créativité sous les auspices d'*Adweek* le 1er octobre 1999.
3. Sarah Smith, « Fanning the Embers », *Marketing Magazine*, 10 septembre 2001.
4. Eric N. Berkowitz, Steven W. Hartley, Roger A. Kerin, William Rudedius et al., *Marketing*, 5e édition, Burr Ridge, Illinois, Irwin/McGraw-Hill, 1997, p. 102.
5. « Calvin's World », *Newsweek*, 11 septembre 1995, p. 60-66.
6. Louise Lee, « Take Our Swoosh. Please », *Business Week*, 21 février 2000, p. 128.
7. John Walters, « Nike Gets Kinky », *Sports Illustrated*, 7 février 2000, p. 24.
8. Stephanie O'Donohoe, « Attitudes to Advertising : A Review of British and American Research », *International Journal of Advertising*, vol. 14, n° 3, 1995, p. 245-261.
9. Banwari Mittal, « Public Assessment of TV Advertising : Faint Praise and Harsh Criticism », *Journal of Advertising Research*, vol. 34, n° 1, 1994, p. 35-53.
10. James Haefner, Pamela Lowrey et Sharon Shavitt, « Public Attitudes toward Advertising ; More Favorable Than You Might Think », *Journal of Advertising Research*, vol. 38, n° 4, juillet-août 1998, p. 7-22.
11. Gita Venkataramini Johar, « Consumer Involvement and Deception from Implied Advertising Claims », *Journal of Marketing Research*, vol. 32, n° 3, août 1995, p. 267-279 ; Barbara L. Metcalf, J. Edward Russo et Debra Stephens, « Identifying Misleading Advertising », *Journal of Consumer Research*, vol. 8, n° 2, septembre 1981, p. 119-131.
12. Ivan L. Preston, *The Great American Blow-Up : Puffery in Advertising and Selling*, Madison, Wisconsin, University of Wisconsin Press, 1975, p. 3.
13. Shelby D. Hunt, « Informational vs. Persuasive Advertising : An Appraisal », *Journal of Advertising*, été 1976, p. 5-8.
14. Banwari Mittal, « Public Assessment of TV Advertising : Faint Praise and Harsh Criticism », *Journal of Advertising Research*, vol. 34, n° 1, 1994, p. 35-53 ; J. C. Andrews, « The Dimensionality of Beliefs toward Advertising in General », *Journal of Advertising*, vol. 18, n° 1, 1989, p. 26-35 ; Ron Alsop, « Advertisers Find the Climate Less Hostile Outside the U.S. », *The Wall Street Journal*, 10 décembre 1987, p. 29.
15. David A. Aaker et Donald E. Bruzzone, « Causes of Irritation in Advertising », *Journal of Marketing*, vol. 49, n° 2, printemps 1985, p. 47-57.
16. Ron Alsop, « Personal Product Ads Abound as Public Gets More Tolerant », *The Wall Street Journal*, 14 avril 1986, p. 19.
17. Joanne Lipman, « Censored Scenes : Why You Rarely See Some Things in Television Ads », *The Wall Street Journal*, 17 août 1987, p. 17.
18. Stephen A. Greyser, « Irritation in Advertising », *Journal of Advertising Research*, vol. 13, n° 1, février 1973, p. 3-10.
19. Pour lire une analyse fouillée d'une interprétation de cette publicité sous l'angle de la théorie littéraire, cf. Aaron C. Ahuvia, « Social Criticism of Advertising : On the Role of Literary Theory and the Use of Data », *Journal of Advertising*, vol. 27, n° 1, printemps 1998, p. 143-162.
20. Daniel B. Wackman, Scott Ward et Ellen Wartella, *How Children Learn to Buy : The Development of Consumer Information Processing Skills*, Beverly Hills, Californie, Sage, 1979.
21. Thomas S. Robertson et John R. Rossiter, « Children and Commercial Persuasion : An Attribution Theory Analysis », *Journal of Consumer Research*, vol. 1, n° 1, juin 1974, p. 13-20, et Daniel B. Wackman et Scott Ward, « Children's Information Processing of Television Advertising », dans *New Models for Communications Research*, sous la direction de P. Clark et G. Kline, Beverly Hills, Californie, Sage, 1974, p. 81-119.
22. Gary M. Armstrong, Merrie Brucks et Marvin E. Goldberg, « Children's Use of Cognitive Defenses against Television Advertising : A Cognitive Response Approach », *Journal of Consumer Research*, vol. 14, n° 4, mars 1988, p. 471-482.
23. Pour lire davantage sur la socialisation des consommateurs, cf. Scott Ward, « Consumer Socialization », *Journal of Consumer Research*, vol. 1, n° 2, septembre 1974, p. 1-14.
24. Terry Bristol et Tamara F. Mangleburg, « Socialization and Adolescents' Skepticism toward Advertising », *Journal of Advertising*, vol. 27, n° 3, automne 1998, p. 11-21.
25. Randy Eck et Robert E. Hite, « Advertising to Children : Attitudes of Business vs. Consumers », *Journal of Advertising Research*, vol. 27, n° 5, octobre-novembre 1987, p. 40-53 ; Les Carlson, Russell N. Laczniak et Ann D. Walsh, « Mother's Preferences for Regulating Children's Television », *Journal of Advertising*, vol. 27, n° 3, automne 1998, p. 23-36.
26. Ronald Berman, *Advertising and Social Change*, Beverly Hills, Californie, Sage, 1981, p. 13.
27. John K. Galbraith, *The New Industrial State*, Boston, Massachusetts, Houghton Mifflin, 1967, cité dans Richard W. Pollay, « The Distorted Mirror : Reflections on the Unintended Consequences of Advertising », *Journal of Marketing*, vol. 50, n° 2, avril 1986, p. 25.
28. Raymond A. Bauer et Stephen A. Greyser, « The Dialogue That Never Happens », *Harvard Business Review*, janvier-février 1969, p. 122-128.
29. Morris B. Holbrook, « Mirror Mirror on the Wall, What's Unfair in the Reflections on Advertising », *Journal of Marketing*, vol. 51, n° 3, juillet 1987, p. 95-103, et Theodore Levitt, « The Morality of Advertising », *Harvard Business Review*, juillet-août 1970, p. 84-92.
30. Stephen Fox, *The Mirror Makers : A History of American Advertising and Its Creators*, New York, Morrow, 1984, p. 330.
31. Richard W. Pollay, « The Distorted Mirror : Reflections on the Unintended Consequences of Advertising », *Journal of Marketing*, vol. 50, n° 2, avril 1986, p. 33.
32. Jules Backman, « Is Advertising Wasteful? », *Journal of Marketing*, vol. 32, n° 1, janvier 1968, p. 2-8.
33. Shelby D. Hunt, « Informational vs. Persuasive Advertising : An Appraisal », *Journal of Advertising*, été 1976, p. 5-8.
34. *Ibid.*, p. 6.

35. Kevin Goldman, « Survey Asks Which 'Green' Ads Are Read », *The Wall Street Journal,* 11 avril 1994, p. B5.

36. Alice E. Courtney et Thomas W. Whipple, *Sex Stereotyping in Advertising,* Lexington, Massachusetts, Lexington Books, 1984.

37. Daniel J. Brett et Joanne Cantor, « The Portrayal of Men and Women in U.S. Television Commercials : A Recent Content Analysis and Trends of 15 Years », *Sex Roles,* vol. 18, n° 9/10, 1998, p. 595-608 ; John B. Ford et Michael La Tour, « Contemporary Perspectives of Female Role Portrayals in Advertising », *Journal of Current Issues and Research in Advertising,* vol. 28, n° 1, 1996, p. 81-93 ; Sarah Smith, « Body Shop, Zig Ad Lauded by Report », *Marketing Magazine,* 18 mars 2002 ; Kathleen Martin, « How Far Really? », *Marketing Magazine,* 2 juillet 2001.

38. Beverly A. Browne, « Gender Stereotypes in Advertising on Children's Television in the 1990s : A Cross-National Analysis », *Journal of Advertising,* vol. 27, n° 1, printemps 1998, p. 83-96.

39. Richard H. Kolbe, « Gender Roles in Children's Advertising : A Longitudinal Content Analysis », dans *Current Issues and Research in Advertising,* sous la direction de James H. Leigh et Claude R. Martin, fils, Ann Arbor, Michigan, Université du Michigan, 1990, p. 197-206.

40. Sarah Smith, « Body Shop, Zig Ad Lauded by Report », *Marketing Magazine,* 18 mars 2002 ; Kathleen Martin, « How Far Really? », *Marketing Magazine,* 2 juillet 2001.

41. Steven M. Kates et Glenda Shaw-Garlock, « The Ever Entangling Web : A Study of Ideologies and Discourses in Advertising to Women », *Journal of Advertising,* vol. 28, n° 2, été 1999, p. 33-49.

42. Richard Ashmore, Basil Englis et Michael Solomon, « Beauty Before the Eyes of Beholders : The Cultural Encoding of Beauty Types in Magazine Advertising and Music Television », *Journal of Advertising,* vol. 23, n° 2, juin 1994, p. 49-64.

43. Cyndee Miller, « Liberation for Women in Ads », *Marketing News,* 17 août 1992, p. 1 ; Adrienne Ward-Fawcett, « Narrowcast in Past, Women Earn Revised Role in Advertising », *Advertising Age,* 4 octobre 1993, p. S1.

44. Steven G. Luebkeman, James Stearns et Lynette S. Unger, « The Portrayal of Blacks in Magazine and Television Advertising », dans *AMA Educator's Proceedings,* sous la direction de Susan P. Douglas et Michael R. Solomon, Chicago, American Marketing Association, 1987.

45. Humberto Valencia et Robert E. Wilkes, « Hispanics and Blacks in Television Commercials », *Journal of Advertising,* vol. 18, n° 1, 1989, p. 19-26.

46. Julia Bristor, Renee Gravois Lee et Michelle Hunt, « Race and Ideology : African American Images in Television Advertising », *Journal of Public Policy and Marketing,* vol. 14, n° 1, printemps 1995, p. 48-59.

47. Corliss Green, « Ethnic Evaluations of Advertising : Interaction Effects of Strength of Ethnic Identification, Media Placement, and Degree of Racial Composition », *Journal of Advertising,* vol. 28, n° 1, printemps 1999, p. 49-64.

48. Barbara B. Stern et Charles R. Taylor, « Asian-Americans : Television Advertising and the "Model Minority" Stereotype », *Journal of Advertising,* vol. 26, n° 2, été 1997, p. 47-61.

49. Tony Pigott et Michael Sullivan, « Including Visible Minorities », *Marketing Magazine,* 4 juin 2001 ; Jo Marney, « Counting Ethnic Canadians In », *Marketing Magazine,* 4 juin 2001 ; Astrid Van Den Broek, « A Toast to More Colour in Beer Ads », *Marketing Magazine,* 4 juin 2001.

50. John H. Murphy, II, et Jef I. Richards, « Economic Censorship and Free Speech : The Circle of Communication between Advertisers, Media and Consumers », *Journal of Current Issues and Research in Advertising,* vol. 18, n° 1, printemps 1996, p. 21-33.

51. Robert L. Craig et Lawrence C. Soley, « Advertising Pressure on Newspapers : A Survey », *Journal of Advertising,* vol. 21, décembre 1992, p. 1-10.

52. Mark Simon, « Mercury News Ad Dispute Cooling Off : Advertisers Return While Reporters Stew », *San Francisco Business Chronicle,* 15 juillet 1994, p. B1.

53. Robert L. Craig et Lawrence C. Soley, « Advertising Pressure on Newspapers : A Survey », *Journal of Advertising,* vol. 21, décembre 1992, p. 1-10.

54. Pour en savoir davantage sur les monopoles dans le secteur céréalier, cf. Paul N. Bloom, « The Cereal Companies : Monopolists or Super Marketers? », *MSU Business Topics,* été 1978, p. 41-49.

55. Lester G. Telser, « Advertising and Competition », *Journal of Political Economy,* vol. 72, n° 6, décembre 1964, p. 537-562.

56. Robert D. Buzzell, Bradley T. Gale et Ralph G.M. Sultan, « Market Share – A Key to Profitability », *Harvard Business Review,* vol. 53, n° 1, janvier-février 1975, p. 97-106.

57. Robert D. Buzzell et Paul W. Farris, *Advertising Cost in Consumer Goods Industries,* Marketing Science Institute, Rapport n° 76, août 1976, p. 111, et Paul W. Farris et David J. Reibstein, « How Prices, Ad Expenditures, and Profits Are Linked », *Harvard Business Review,* vol. 57, n° 6, novembre-décembre 1979, p. 17-184.

58. Mark S. Albion et Paul W. Farris, « The Impact of Advertising on the Price of Consumer Products », *Journal of Marketing,* vol. 44, n° 3, été 1980, p. 17-35.

59. *Ibid.,* p. 19.

60. Lee Benham, « The Effect of Advertising on the Price of Eyeglasses », *Journal of Law and Economics,* vol. 15, n° 2, octobre 1972, p. 337-352.

61. Robert L. Steiner, « Does Advertising Lower Consumer Price? », *Journal of Marketing,* vol. 37, n° 4, octobre 1973, p. 19-26.

62. Mark S. Albion et Paul W. Farris, « The Impact of Advertising on the Price of Consumer Products », *Journal of Marketing,* vol. 44, n° 3, été 1980, p. 30.

63. James M. Ferguson, « Comments on "The Impact of Advertising on the Price of Consumer Products" », *Journal of Marketing,* vol. 46, n° 1, hiver 1982, p. 102-105.

64. Mark S. Albion et Paul W. Farris, « The Impact of Advertising on the Price of Consumer Products », *Journal of Marketing,* vol. 44, n° 3, été 1980, p. 17-35.

65. Cyndee Miller, « The Marketing of Advertising », *Marketing News,* 7 décembre 1992, p. 1-2.

INDEX

Les numéros de pages en gras renvoient aux définitions des concepts, présentées en marge.

24/7 (agence), 593
4-Wheel & Off Road, 465
4P du marketing, *voir* marketing mix
7 jours, 313-314

A

AB Energizer, 622
AbeBooks.com, 493
abonnement, 125, 363
About.com, 519
Absolut, 7-8, 199-201
AbTronic, 622
Accenture, 481
acceptation du message, 150-151, 219-220
achat(s), 118, *voir aussi* conclusion d'une vente
    à forte implication, 145-146
    comportement d'~, 102, 114, 180-181
    critère d'~, 103
    d'anticipation, **447**
    d'espace publicitaire, 373-379, 357, 362-367
    de PEB, 309
    de publicité réseau, 345, 327-329
    de produits inutilement, 617-619
    de temps publicitaire, 345, 326-340
    décisions d'~, *voir sous* décision
    en ligne, 526
    en vue de l'essai d'un produit, 418-419
    engendrant d'autres achats, 105
    facilitation de l'~, 182, 186
    fréquence des ~, 180
    intention d'~, **117,** 182, 186
    lié à l'essai d'une marque, 178-**179**
    lié à un changement de marque, 179
    moment de l'~, 180
    motivations d', 108
    pouvoir d'~, 102
    répétition des ~, 179-181, 419, 429, 434, 438-439, 499-500, *voir aussi* rachat
    routinier, 120-122
    sélectif, 345
    situation d'~, 40-41, 106, 128, 176
acheteur-médias, 80, 313
Acti-Menu, 238
action marketing, 33-61
actionnaire, 470
activité
    alpha, **573**
    marketing, 68
    promotionnelle, 68-69
Acura, 108
Adidas, 121, 135
Administration canadienne de la sûreté du transport aérien (ACSTA), 240
adolescent, 102, 135

Advanced Book Exchange Inc., 493
Advertising Age, 379, 463, 479, 593
Advertising Control of Television (ACT), 570
Aéroplan, 441
affaires électroniques, **522**
affect, 155
affichage
    abribus, **385,** 389
    ambulant, **389**
    dans les transports en commun, 388-391
    de rue, **385**
    évaluation de l'~, 382
    extérieur, 250
    industrie de l'~, 382
affiche(s)
    extérieure d'autobus, **388**-389
    intérieure d'autobus, **388**
    taille des ~, 384, 388-389
affiliation, **530**
Agassi, Andre, 225, 231
âge, 139, 299
agence(s), *voir aussi* firme, service (organisation)
    à service complet, 78, **79**-82, 84, 95-96
    changement d'~, 89-90, 552
    choix d'une ~, 73-78, 94-95
    de communications marketing, 75-78
    de création, **83**-84
    de marketing direct, 67, 77, **92**
    de placement de produits, 17
    de placement médias, **84**-85
    de planification et d'achat direct, 77
    de promotion, 77, 453
    de promotion des ventes, 67, **91**
    de relations publiques, 67, 77, **91**
    de services marketing intégrés, 94
    évaluation des ~, 88-89
    externe, 69, 74
    gestionnaire d'~, 95
    interaction entre l'annonceur et l'~, 202
    interactive, 67, **92**-93
    maison, 65, **73**-74, 83-84, *voir aussi* service de la publicité
    nombre d'employés d'~, 76-77
    rémunération des ~, 85-90
    spécialisée, 14
agence de publicité, **66**
    au Canada et au Québec, 64, 76, 140
    des entreprises multiproduits, 70
    extérieure, 68-69, 75-78
    gestion et ~, 73-85
    personnel de l'~, 75
    recours à une ~, 14, 25-26, 28
    reddition de comptes des ~, 18
    rémunération des ~, 18, 83
    rôle des ~, 453
    services des ~, 29
    taille des ~, 78
    types d'~, 82-85
aguichage, **224**

AIDA (modèle), **141**-142
Air Canada, 16, 47-48, 55, 64, 391
Air Miles, 124, 503
Air Transat, 391
Airwalk, 612
Alcan, 214
Alfred (agence), 84
Alka Seltzer, 197
allégation fallacieuse, 576
Alliance des cabinets de relations publiques du Québec (ACRPQ), 15
Amalgame, 258
Amazing Discoveries, 540
amazon.ca, 529, 540
American Association of Advertising Agencies (AAAA), 14, 617-618, 626
American Express, 103, 229, 495, 503, 532
Ammirati Puris, 84
Amtrak, 58
analyse
    de l'environnement marketing, 26
    de la concurrence, 26-27, 37-38
    de marché, 35-38, 170
    de situation, 24, 26, 45, 166-167, 276-277, 468-469
    du comportement du consommateur, 26
    externe, 24, **26**-27
    interne, 24, **25**-26
    marginale, **280**-282
Andersen Consulting, 481
Anheuser-Busch, 243
animation, 243
animatique, 256, 565
animaux, 4
annonce(s)
    corps de l'~, 250-252
    directe, 495
    en quadrichromie, 365
    mystère, 224
    particulières, 369-370
    petites ~, **369**
    pleine page, 365
annonceur(s), **65**-66
    critiques des ~, 38
    gain et perte d'~, 89-90
    interaction entre l'agence et l'~, 202
    pression des ~, 623-624
    principaux ~ à la télévision au Québec, 322
    rôle de l'~, 263
anthropologie culturelle, 135
AOL, 16, 142, 534, 539
appartenance à un groupe, 217-218
appel de fichier, 521, 591
Apple, 34, 37-38, 57, 487, 507
Applied Industrial Technologies, 540
apprentissage
    du consommateur, 104, 124
    modèle d'~ standard, **145**
    passif, 147, 258

processus d'~, 123
sélectif, 146
théories béhavioristes de l'~, 122-125
approbation des publicités, 603, 606-607
approche
à une étape, **502**
à deux étapes, **502,** 507
de CMI, 531-540
stimulus-réponse (S-R), 122
appui à la source, **151**
Aquafresh, 45
Aquapower, 241
Arbitron, 593
Ardène, 127
argument(s)
de la concurrence, 248-249
du message, 154, 251-252
favorable, **150**
ordre de présentation des ~, 244-245
publicitaire unique, **212**-213
Arm & Hammer, 57
Armor All, 427, 440
ARPANET, 518
article promotionnel, 12
aspiration, stratégie d'~, **53**-54
association
fréquence de l'~, *voir* répétition
processus d'~, 122-123
Association canadienne des annonceurs (ACA), 15, 86, 325, 334, 610-613
Association canadienne des automobilistes (CAA), 5
Association canadienne des cosmétiques, produits de toilette et parfums, 607
Association canadienne des radiodiffuseurs (ACR), 334, 607
Association canadienne du marketing, 15, 500-501
Association de la publicité par objet du Canada (APOCanada), 395-396, 399
Association dentaire canadienne (ADC), 213, 242
Association des agences de publicité du Québec (AAPQ), 15
Association des amputés de guerre du Canada, 504
Association des producteurs de films et de télévision du Québec (APFTQ), 15
Association du marketing relationnel (AMR), 15
Association internationale de publicité (AIP), 624, 630
Association marketing de Montréal et le PCM (AMM-PCM), 15
Association of National Advertisers (ANA), 168
Astral, 334, 341
AT&T, 218, 484
Athletic Footwear Association, 230
Atmosphere, 391
attentes du consommateur, 119-120
attention
de l'auditeur, 344
du consommateur, 212
du téléspectateur, 323, 325-326
sélective, **111**
attitude(s), 114-117
adoption d'une ~, 153, 260-263
changement d'~, 116-117, 153, 208, 260-261

du consommateur, 146-147, 150, 170
envers la publicité, **151,** 609
envers les entreprises, 468-469
envers un produit, 304
envers une marque, 182, 185-186, 260
fondée sur de l'information, 260-261
modèle d'~ multiattributs, **115**-116
sondages sur les ~, 469
attrait (de la source), **228**-232
attribut(s)
d'un produit ou d'un service, 113-114, 122, 248
de la source, 225
évaluation des ~, 118
important, **57**
audience
cumulative, **346**
dans les avions, 391
de la radio, 334, 342, 344
de la télévision, 323, 332-333, 337, 339, 344
évaluation de l'~, *voir* mesure de l'audience
externe, **469**
fragmentation de l'~, 332-333, 344
interne, **469**
moyenne au quart d'heure, **346**
niveaux d'agrégation de l'~, 137-138
segmentation de l'~, 16-17
totale, **338**
audimètre, **335**-336
Mark II, 336
portable (PPM), 335
audiotex, **511**
Audit Bureau of Circulations (ABC), 363, 373, 593
audit de la qualité, **88**
auditoire, *voir* audience
Auto Hebdo, 465
autopromotion, 479
autoréglementation, 600, 603, 611
Autorité canadienne pour les enregistrements Internet (ACEI), 539
avantage concurrentiel, **37**-38
Aventure chasse & pêche, 372
Avis, 58, 401
Avon, 22, 73
axe
comparatif, 216-217
dramatique, 214
émotionnel, **217**-219, 222-224, 252, 258
humoristique, 221-222
publicitaire, **215**-224, 239-240
rationnel, **216**-217, 222-224, 240, 252, 258

B

babillard électronique, 386
Bally's Health & Tennis, 511
Banana Republic, 505
bandeau publicitaire, 521, 529, **534**-535
Banque Laurentienne, 11, 609
Banque Royale du Canada, 11
barbie.com, 518-519
barrière à l'entrée, **626**
bases de données, 12, 17, 414, 428, 441, 498-502, 539-540

Bayer, 609
BBDO, 273, 387, 578
BCP, 64, 66, 92
Beatles, 254
Becel, 114, 253-254
Beckham, David, 121
Bel Âge, 357
Bell, 4, 19, 114, 117, 185, 254, 398, 487, 507
Bell Mobilité, 181, 394, 449, 492-493
Benetton, 73-74, 135
Bernbach, William, 239
besoin(s)
d'accomplissement de soi, 107, 618
d'appartenance, 106-107, 217-218, 618
d'estime, 107, 618
de sécurité, 106-107
du consommateur, 39, 44, 49, 103, 107
essentiel, 105
fondamentaux, 616, 618
hiérarchie des ~ de Maslow, 106-107
lié à une catégorie de produits, 182-186
nouveaux ~, 105
physiologiques, 106-107
psychologiques, 217-218
reconnaissance du ~, 104-106
stimulé par le marketing, 105-106
biais du test, **562**
bien
durable, 118, 145, 439
non durable, 118
Bijan, 229
Bioré, 251
Biotherm Homme, 241
Biscuits Leclerc, 414, 565
Black & Decker, 57, 514
Black Label, 560
bleublancrouge, 238, 352
Blockbuster Entertainment, 499
BMW, 17, 93, 103, 195, 217, 401, 403, 484, 536
Body Shop, 620
Bombardier, 10, 114, 470, 487, 537
bon de réduction, 8, 124
bouche à oreille, 136, 460
Bounce, 123
BOS, 84, 467
Bouchard, Jacques, 64
Brière, Benoît, 205, 232
Brita, 536
Browns Shoes, 620
bruit, **140**
Buckley, 248
Bud Light, 132
budget(s)
des CMI, 451-452
des outils de CMI, 280, 286-287
détermination du ~, 280-284, 297
médias, 278-297
promotionnel, 17, 23, 27, 68, 177, 280, 284-287
publicitaire, 80, 85, 177, 280, 283, 327, 559, 581
répartition des ~, 23, 72-73, 286-287, 327
budgétisation
CMI et ~, 292-293, 451-452

expérience du gestionnaire et ~, 284-297
    méthodes de ~, 287-297
Budweiser, 243, 255, 536
Buick, 229
Bureau canadien d'évaluation de l'affichage extérieur (COMB), 385
Bureau d'éthique commerciale du Canada (BEC), 604
Bureau de commercialisation de la radio du Québec (BCRQ), 308
Bureau de commercialisation des hebdos du Québec, 376
Bureau de la concurrence, 601
Bureau de la télévision du Canada (TVB), 337, 601
Burger King, 109, 197, 435
Business 2.0, 594
Business Publications Audit (BPA) of Circulations, 363
Business Week, 471

C

C. W. Post Co., 428
câblodistribution, 16, 524
Caboodles, 102
Cadillac, 249, 344
calendrier
    d'utilisation des médias, **314**-315
    publicitaire, 302-303, 310, 558-559
California Raisin Advisory Board, 243
Calvin Klein, 73, 608, 612, 620
Cam's Breast Exam, 620
Caméra café, 336
campagne publicitaire, 170, 196-197, 212
    évaluation d'une ~, 167, 170, 174, 263-265
Campbell, 38, 582
Canada AM, 464
Canadian Advertising Rates and Data (CARD), 345, 354, 357, 363, 373
Canadian Broadcasting Corporation (CBC), 327-328
Canadian Circulation Audit Bureau (CCAB), 363, 373
Canadian Community Newspapers Association (CCNA), 373-374, 376
Canadian Geographic, 360
Canadian Information Productivity Award, 493
Canadian Television Network (CTV), 327
Canadian Tire, 117, 243
Canadiens de Montréal, 162
canal (de communication), **136**-167
Candystand, 528
cannibalisation, 37
Canon, 103
capacité à traiter l'information, 153, 155
capital de marque, **50**, 416-417, 420-421, *voir aussi* image de marque
Car & Driver, 477
Carlsberg, 84
catalogue, 492, 495, 499, 504-506
    en ligne, 504, 538
catégorie, 34, 302
    système de gestion par ~, **71**-72

caution morale, 477
cédérom, 505
célébrité, *voir* personnalité connue, porte-parole célèbre
Cellier, 310
Center for Media Education, 543
Centre d'appels, 12
Centre Eaton, 408, 416
Centre international de publicité sociétale, 64
chaînes non spécialisées, *voir* réseau de télévision
chaînes spécialisées, 329, 331-333
    parts d'écoute des ~, 320, 339-340
Chambre de commerce régionale de Sainte-Foy, 258
champ d'expérience, 133, **138**, 140
Chanel nº 5, 51
changement
    d'agence, 89-90, 552
    de nom, 481, 519
chargé de comptes, **79**, 82, 92, 198, 202, 208, 263
Chase, Chevy, 477
Châtelaine, 312, 314, 357
chef de marque, 70-73, 198
Cheer, 70
Children's Television Workshop (CTW), 531
Chrysler, 44, 108-109, 224, 439, 465, 628, *voir aussi* DaimlerChrysler
ChuChai, 627
CIBC, 11
ciblage
    des consommateurs, 17-18, 35, 39, 44
    des segments, 45-46, 356-357, 499
    des téléspectateurs, 323
    géographique, 334
    Internet et ~, 540
cinéma, 394-395, 401
Cineplex Odeon, 394
circuit de commercialisation, **52**
Cisco Systems, 527, 535, 540
CKAC, 730, 342
Clairol, 534, 485-486
Clarica, 481
classe sociale, **126**-127
Clearnet Communications, 181, 194, 211, 243
clic publicitaire, 521, 591
client (annonceur), *voir* annonceur
client(s), *voir aussi* consommateur
    acquis, 19, 176, 181
    d'une marque concurrente, 419, 422
    fidèle, 422-423, 441, *voir aussi* consommateur fidèle, fidélité
    liens des entreprises avec les ~, 19-21
    nouveaux ~, 19
    potentiel, 173, 176-177, 185, 282, 313, 466, 502
    relations publiques et ~, 470-471
clientèle cible, 84, 169-170, 176-178, 181
Clin d'œil, 311-312
Close-Up, 45
Cloutier, Véronique, 232, 402
CNN, 332
Cobra, 466

Coca-Cola, 38, 46-47, 83-84, 135, 179, 185, 224, 254, 394, 436, *voir aussi* Coke
codage, **134**-135, 140
Code canadien des normes de la publicité, 603-604, 611
Code de la publicité radiodiffusée destinée aux enfants, 607, 614
Code de la publicité radiodiffusée en faveur des boissons alcoolisées, 606
cognition, 155
cohérence, 14-15, 19-21, 34-35, 53, 196, 408, 542
Coke, 119, 196, 255, 403, *voir aussi* Coca-Cola
Colgate, 38, 45, 582
collecte d'information, 204, 529
collectivité, 470
comarketing, **416**
ComBase, 376
combinaison
    des médias, 299-300
    honoraires-commission, **86**
commandite
    dans Internet, 521, 534
    d'émission, **328**-330, 481
    d'événement, **442**, 485-486, 602
    de contenu, **534**
    évaluation de la ~, 588-590
commerce
    dans Internet, 523
    électronique, 93, 492-493, 512, 522-523, 543, 592
commercialisation, circuit de ~, **52**
commission, 85-87
    négociée, **86**-87
    système de ~, **85**-86
Commission canadienne du tourisme (CCT), 211-212
communautés culturelles, 139
communication(s), **133**
    avec le marché, 6
    de bouche à oreille, 136, 460
    de l'information, 199
    de masse, 136-138, 417, *voir aussi* média de masse
    du message, 269-404
    graphique, 51, 250-256
    mix de ~, *voir* mix promotionnel
    modèles de ~, 168-175
    modèle de marketing fondé sur la ~, 21
    objectif de ~, *voir sous* objectif
    outil de ~, 4-6, 10
    persuasive, 152-153
    postérieure à l'achat, 120
    processus de ~, 35, 131-157
    rôle de la ~, 54
    tâche de ~, 168-169, 175
    traitement cognitif des ~, 149-153
    virtuelle, 517-547
communications marketing, 5-6
    dans Internet, 523-540
    dépenses en ~, 552
    évaluation des ~, 24-27
    investissements en ~, 7

marketing direct dans les ~, 12
organisation des ~, 67-73
publicité de masse et ~, 174-175
service spécialisé en ~, 66, **67**, 90-93
spécialité des ~, 29
communications marketing intégrées (CMI), 3-13, **14**-32
    acteurs des ~, 65-67
    action marketing et ~, 33-61
    budgétisation et ~, 292-293, 451-452
    consommateurs et ~, 99-189
    décisions relatives aux ~, 49-60
    démarche de ~, 159-189
    évaluation des ~, 551-595
    évolution des ~, 14-15
    importance des ~, 18-20
    industrie des ~, 65
    organisation des ~, 63-97
    outils, *voir sous* outils de CMI
    perspective élargie des ~, 21
    plan de ~, 24, 27-29, 523
    planification des ~, 16, 22-29
    pour et contre des ~, 94-95
    principes des ~, 1-97
    processus décisionnel et ~, 67
    programme de ~, 24, 27-28
    responsable des ~, 95-96
    services de ~, 93-96
    stratégie de ~, *voir sous* stratégie de CMI
    succès des ~, 15-18
    utilité des ~, 15
communiqué de presse, **475**
    vidéo, **464**
comparaison par paires, 566-567
compétence de la source, 225-226
Complexe Les Ailes, 408
comportement(s)
    complexe, 124-125
    d'achat, 102, 114, 180-181, 413
    du consommateur, 26, 44, **103**-104, 108, 114, 124-129, 141, 145, 151, 176, 225, 413, 618, 628
        modèles du ~, 101-130
    du récepteur, 228
    objectifs relatifs au ~, 176, 178-181
    simple, 125
compréhension sélective, **112**
ConAgra, 487
concentration de marché, 629-630
concept publicitaire, 563-564
    évaluation du ~, 263-264
    test de ~, 559, **563**-564
concepteur-rédacteur, **81**
conclusion, 245-247
    d'une vente, 141-142, *voir aussi* achat
    non explicite, *voir* publicité ouverte
concours, **436**-438, 444-445
    Créa, 352
    de créativité publicitaire, 197
    Soirée de filles, 43
concurrence, 46-47, 291-292
    arguments de la ~, 248-249
    analyse de la ~, 26-27, 37-38

coûts et ~, 285
de marché, 629-630
des marques, 55
détermination de la ~, 58
directe et indirecte, 37
effets de la publicité sur la ~, 626-627
élargie, 37
entre les médias, 379
perception de la ~, 59
pour le placement de produit, 403
positionnement et ~, 57-59
promotion des ventes et ~, 415-416, 419-420
conditionnement, 50-51
    classique, **122**-123
    des produits du tabac, 602
    opérant, **123**-125
conférence de presse, **475**-476
confiance envers la source, 225, 227
conformité, **233**
Conseil canadien des normes de la radiotélévision (CCNR), 604
Conseil de l'industrie des communications du Québec (CICQ), 15, 624
Conseil de la radiodiffusion et des télécommunications canadiennes (CRTC), 320, 325, 334, 600-602, 604, 606
Conseil des directeurs médias du Québec (CDMQ), 15
Conseil des normes, 605
conséquence, 113-114, 115-116
    fonctionnelle, **114**
    psychosociale, **114**
consommateur(s), *voir aussi* client
    apprentissage du ~, 104, 124
    attentes des ~, 119-120
    attention du ~, 212
    attitudes des ~, 146-147, 150, 170
    avantages recherchés par le ~, 44-45
    besoins du ~, 39, 44, 49, 103
    caractéristiques des ~, 40
    changeant de marque, 176-177
    ciblage des ~, 35, 39, 44
    CMI et ~, 99-189
    croyances des ~, 115-116
    effets de la publicité sur les ~, 172, 182
    fidèle, 176, 179, 209-210, *voir aussi* client fidèle, fidélité
    à une autre marque, 177, 179
    motivations du ~, 106-107
    nouveau ~, 429-430
    perception des ~, 49, 170
    point de vue du ~, 18-19
    processus décisionnel du ~, 186-187
    promotion dirigée vers le ~, 8
    proposition au ~, 212-213
    réceptifs à l'humour, 222
    sentiments du ~, 107-108, 114, 119, 123, 144-145, 218-219, 223
    valeur à long terme du ~, 19
consommation
    accroissement de la ~, 419-420
    régulière (continue), 181

construction
    de l'image, 466-467
    du message, 191-267
Consumer Response Council, 605
contenu visuel, 249-250
contre-argument, **150**
conversion au mode numérique/HD, 320
Cool, 102
coolsavings.com, 536
Coopérative funéraire du Plateau, 174
Coopsco, 528
Coors, 417-418, 468
Corel, 485
corps de l'annonce, 250-252
Corus, 341
Cossette Communication Marketing, 58, 552, *voir aussi* Groupe Cossette Communication
Costco, 160
cote(s) d'écoute, **306,** 346
    d'une émission, **337**-338
    de la télévision, 278, 623
    mesure des ~, 334-336
    moyenne au quart d'heure, **346**
cote d'estime, 398
Cottonelle, 148
Coup de Pouce, 357
Coupe Grey, 485-486
coupon(s), 304, 424, 428-434
    CPM des ~, 432
    de retour, **432**-433
    distribution des ~, 431-433
    électronique, 434
    forces et faiblesses des ~, 429-431
    instantané (immédiat), **433**
    notoriété des ~, 536
    popularité des ~, 413, 416
    taux d'échange des ~, 431-434
couponnage, 428-434
    coût du ~, 430
    croisé, **433**
    dans Internet, 536
    de type PLV, **433**
    innovations du ~, 433-434
    produits populaires pour le ~, 429
courbe d'adoption de médias, 524
Courir la pomme, 238
courrier électronique, 518, 521
cours des actions, 482, 488
coût(s), *voir aussi* frais, tarif
    absolu, 311
    base de ~ des médias, 278
    de la publicité, 17, 74
        au cinéma, 395
        dans les avions, 391
        dans les pages jaunes, 400
        dans les transports en commun, 390
        extérieure, 387-388
        imprimée, 311, 361
        par objet, 398
        radiophonique, 341
        rédactionnelle, 10-11
        sur le lieu de vente, 392
        sur les lieux d'affluence, 394

    télévisée, 7, 323-324, 328-329
    de la promotion, 74
    de la recherche évaluative, 555
    de la stratégie médias, 311
    de production publicitaire, 4
    de référencement, 412
    des relations publiques, 466
    des tests d'esquisse, 565
    du commerce électronique, 543
    du couponnage, 430
    du marketing direct, 514
    du modèle DAGMAR, 171
    du placement de produit, 401-402
    par commande, 590-591
    par mille (CPM), 278, **311**-312, 314, 432
    par PEB (CPP), 278, **312**
    réel, 52
    relatif, 311-314, 361
couverture, **275**
    de la publicité dans les transports en commun, 390
    de la publicité extérieure, 387
    de la télévision, 322
    du public cible, 297-299
    évaluation de la ~, 589
    géographique, 300-302
    inutile, **298**, *voir aussi* surexposition
    médias, 297-298
    portée vs ~, 275, 304-305
CoverGirl, 102, 437
Cox Target Media, 432
créatif, 198, 201-203, 258, 263, 557
création
    décisions relatives à la ~, 556-558
    défis de la ~, 201-202
    équipe de ~, 196
    fondements stratégiques de la ~, 193-235
    plate-forme de ~, **207**-210
    processus de ~, 203
    publicitaire, 74, 239-244
    règles et ~, 201
    stratégie de ~, 28, 194-196, 201-215, 276, 558
    tactiques de ~, 195-196, 237-267
    thème de ~, 453
Creative Artists Agency (CAA), 83
créativité
    d'un site Web, 541
    magazines et ~, 358-359
    publicitaire, 196-198, **199**-201
    publicité dans les pages jaunes et ~, 400
    publicité dans les transports en commun et ~, 391
    publicité extérieure et ~, 387
    radio et ~, 343-344
    recherche évaluative de la ~, 556
    relations publiques et ~, 474
    télévision et ~, 321-322
crédibilité, **225**
    de la source, 225-228

    des médias, 476
    des relations publiques, 465
crédit à la consommation, 495
créneau, marché de ~, 138
Crest, 45, 116, 229, 242, 359
critère
    d'achat, 103, 216
    d'évaluation, **113**-114, 122
croyance(s)
    des consommateurs, 115-116
    déterminante, **115**
culture, **126**
cyberacheteur, 522-526
cyberentreprises, publicité des ~, 535
Cyberpresse, 529, 534, *voir aussi* La Presse

D

D'Arcy Masius Benton & Bowles, 199-200
DAGMAR (modèle), **168**-171
DaimlerChrysler, 226, 420, *voir aussi* Chrysler
Danone, 228
Dawn, 150
DDB Needham, 206
débouché commercial, 36
décision(s), *voir aussi* processus décisionnel
    règles de ~, 118-119
    relatives à la création, 556-558
    relatives au budget publicitaire, 559
    relatives au mode de distribution, 52-54
    relatives aux CMI, 49-60
    relatives aux médias, 558-559
    relatives aux prix, 52
    relatives aux produits, 49-51
décision d'achat, 103, 114, 117-119
    à forte implication, 145
    des adolescents, 102
    facteurs de ~, 125
    influence sur la ~, 230
    médias de masse et ~, 146
    renforcement de la ~, 146
    rôle de la famille dans la ~, 127-128
    sur le lieu de vente, 50, 118, 184, 392, 413, 441
décodage, **138**-139
Défi 5-30, 238
degré d'implication, 148-149, 154-155, 246, 257-258, 260, 371
Degree, 211
délai(s)
    d'action, 170
    d'exécution, 398, 400
    de parution, 361, 370
Dell, 37, 527, 532
Delta, 527
demande primaire, 9
démonstration, 241
dénomination sociale, 481
déontologie de la publicité, 608-614
dépenses publicitaires, 554
    au Canada, 367, 554
    dans Internet, 533
    dans les quotidiens, 367

    en infopublicité, 506
    en marketing direct, 494
    en publipostage, 502, 504
    en ventes par correspondance, 502
    en vue d'accroître la part de marché, 285
    hors domicile, 384
    ventes et ~, 559
désir, **105**
Desjardins, 11-12, 64, 116, 139, 309, 561
détaillant(s)
    en tant que porte-parole, 227
    niveau des stocks des ~, 444
    pouvoir des ~, 17, 412
    publicité des ~, *voir* publicité locale
déterminant situationnel, **128**-129
détournement, **447**
dichotomie information-persuasion, 617-618
diffusion
    communautaire, 476
    des innovations, modèle de ~, 141-**142**
Dion, Céline, 114, 122
Dior, 615
directeur
    artistique, 81, 198
    de la publicité, 68-69, 71-73
Discovery Network, 513-514
Disney, 83, 402, 435
dissonance
    -attribution, modèle de ~, **145**-146
    cognitive, **120**
    postérieure à l'achat, 146
distribution, *voir aussi* réseau de distribution
    d'échantillons, **425**-428
    de nouveaux produits, 443
    décisions relatives au mode de ~, 52-54
    des coupons, 431-433
    des promotions, 424-425
    industrie de la ~, 412
    par le conditionnement, 432, 434
    par voie postale, 427, 432, 434-435, 495, 497-498
    site Web et ~, 530
    stratégie de ~, 52-53
Dodge Ram, 146
Dollard, Chris, 229
Domtar, 468, 471
Doritos, 477
DoubleClick, 593
Doublemint, 255
Dove, 241, 243
Downy, 409
dramatisation, 243-244
droit à la propriété intellectuelle, 83
Dunn & Bradstreet, 501
DuPont, 450
Duracell, 51
durée
    d'exposition, 259
    d'une campagne publicitaire, 170
    d'une infopublicité, 507, 601
    d'une promotion, 424
    des publicités au cinéma, 394
    des publicités télévisées, 324, 332-333, 558

E

e-centives.com, 536
eAdvertiser, 593
Eastman Kodak, 44
Easy-Off, 50
Eaton, 492
ébauche sur bande vidéo, 565
eBay, 519, 532, 539
EBIZ Business Week, 535
échantillon (d'un test), 564, 566, 569-570, 576, 577
échantillon(s), 12, 142, 304
    distribution d'~, **425**-428
éclipse
    du message, 265
    du produit, 229
économie, impact de la publicité sur l'~, 611, 625-631
économie d'échelle, 285-**286, 626,** 628
Eddie Bauer (catalogue), 506
EDGAR, 538-539
Edge Creative, 83-84
édition (d'un magazine), 357
effet(s)
    boomerang, 153
    de halo, **557**
    de primauté, **245**
    de récence, **245**
    de rémanence, **165, 227**-228
effet(s) de la publicité, 155-156
    cadre pour l'étude des ~, 155
    dans le temps, 165
    évaluation des ~, 142, 582
    sur la concurrence, 626-637
    sur le coût et le prix des produits, 627-629
    sur les consommateurs, 172, 182, 625-626
    télévisée, 147
efficacité, mesure de l'~, *voir* évaluation
élaboration, modèle de probabilité d'~, **152-154**
éléments
    de communication graphique, 250-256
    visuels, 252, 253, *voir aussi* image
Elle Québec, 311, 360, 558, 620
eMarketer, 543, 593
emballage, *voir* conditionnement
émetteur, *voir* source (personne)
émission de télévision, 330-331, 481
emplacement
    aléatoire, **377**
    privilégié, **377**
employés
    de l'entreprise, 469-470
    nombre d'~ d'agences, 76-77
En Primeur, 357
encart, 358, 369-370, 431
    à volets, **358**
    préimprimé, **370,** 372
encombrement
    des relations publiques, 465
encombrement publicitaire, 140
    à la radio, 344-345
    à la télévision, 324-325
    au cinéma, 395
    dans Internet, 543
    dans les journaux, 372
    dans les magazines, 361-362
    dans les pages jaunes, 400
    fréquence et ~, 310
    sur le lieu de vente, 393
    sur les lieux d'affluence, 394
Energizer, 8, 124, 212, 473, *voir aussi* Eveready
Enhanced Television, 545
enquête d'attitude, 588
enRoute, 391
enseignant, 471
ensemble évoqué, 113, 119, 121, 177
entreprise(s)
    attitudes envers les ~, 468-469
    communications marketing au sein de l'~, 67-73
    de marketing interentreprises, 22
    de produits et services, 22
    distribution et ~, 12, 53-54
    gestionnaire d'~, 95
    image de l'~, 25, 481-482
    Internet et ~, 526-527
    liens des clients avec les ~, 19-21
    multiproduits, 70, 72
    notoriété de l'~, 141, 472
    perception de l'~, 144
    positionnement de l'~, 481, 487
    publicité destinée aux ~, 9
    réputées aux États-Unis, 483
entrevue, 109, 374, 476, 592
environnement
    comportement du consommateur et ~, 125-129
    marketing, 26
    médiatique, 265
envoi postal, *voir* distribution par voie postale
équipe(s)
    de création, 196, 263
    dédiées, 161-162
Ericsson, 401
espace publicitaire, 80
    achat d'~, 85, 357, 362-367, 373-379
    hors norme, 359
esquisse, 565
essai
    d'une marque, 178-179
    d'un produit ou d'un service, 418-419, 425-426, 529-530
Esso Impérial, 328
étalage(s)
    espace sur les, 444
    frais d'~, 446-447
étalon de mesure, 169-**170**
éthique, **608**
    de la publicité, 608-614
    Internet et ~, 532-533
    publicité institutionnelle et ~, 488
étude
    de suivi, 590, 593
    PMB, **364**-365, 592
    psychographique, 206
EuroNews, 332

évaluation
    critère d'~, **113**-114, 122
    d'Internet, 541-543, 592-593
    d'un programme de CMI, 162
    d'une campagne publicitaire, 167, 170, 174, 263-265
    de l'affichage, 382
    de la commandite, 588-591
    de la promotion des ventes, 586-587
    de la publicité, 198, 556-562, 583-585, *voir aussi* recherche évaluative institutionnelle, 588
    de la segmentation, 42-44
    de la stratégie médias, 277-278
    des agences, 88-89
    de l'organisation, 26
    de marketing direct, 92
    des attributs, 118
    des CMI, 551-595
    des communications marketing, 24
    des journaux, 367-372
    des magazines, 353-362
    des modèles traditionnels de la hiérarchie des effets, 144
    des produits ou des services, 26, 142
    des options, 113-114, 121
    des outils de CMI, 585-594
    des relations publiques, 468, 474, 587-590
    du concept publicitaire, 263-264
    du marché, 27
    du marketing
        dans Internet, 540-544, 591-594
        direct, 590-591
    du modèle DAGMAR, 170-171
    du processus décisionnel du consommateur, 187
    du programme promotionnel, 26, 29
    du rendement, 25
    du travail de l'agence, 263
    méthodes d'~, *voir* test
    postérieure à l'achat, 119-120
Evalucom Inc., 167
Eveready, 8, *voir aussi* Energizer
Evian, 201
Excite, 531, 536
exclusivité, **476**
exécution d'une publicité, pensées orientées vers l'~, **151**
expérience, 155
    du gestionnaire, 284-297
Exportation et développement Canada (EDC), 105
exposition
    à la publicité, 111, 308, 600
    au cinéma, 394
    dans les transports en commun, 390
    extérieure, 388
    au placement de produit, 401-402
    durée d'~, 259
    fréquence d'~, 259
    Internet et ~, 541, 591-592
    sélective, **111**

F

Fabergé, 402
Fabrica, 73-74
fabricants, pouvoir des ~, 412
Facebook, 523
facilitation de l'achat, 182, 186
façonnage, **124**-125
facteur d'implication, 149
facturation à honoraires fixes, **87**
familiarité, 228
Familiprix, 84, 114, 160, 170, 212
famille, 127-128
fantasme, 243
Fast Abs, 622
Fast Company, 471, 594
Fédération des producteurs de lait du Québec (FPLQ), 167, 212, 254, 586
Fédération des producteurs de porcs du Québec, 389
FedEx, 243
femme
    dans la publicité, 604, 606, 612, 615, 619-620
    -objet, 132, 612
fenêtre publicitaire, **534**
Festival de cinéma international en Abitibi-Témiscamingue, 481
feuille d'érable, 117, 211
fidélisation, 118, 408
    programme de ~, 423, **441**
fidélité, 19, **118**, 132, 310, 413, 434, 528, *voir aussi* client fidèle, consommateur fidèle
Fido, 4, 181, 398, 486
Filles : Clin d'œil, 102, 127
financement des médias, 621-624
firmes, *voir aussi* agence, service (organisation)
    d'observation des médias, 291
    de marketing, 28, 495, 501
    de relations publiques, 14
Fjord Marketing interactif + Technologie, 92
Fleurs, plantes et jardins, 354
flux de significations, 231
fonction de réponse
    concave vers le bas, **282**
    des ventes, 282-284
    en forme de S, **282**, 289
Fondation québécoise du cancer, 610
fondation-sainte-justine.com, 538
Fonds de solidarité FTQ, 169
Foote, Cone & Belding (FCB), 109, 257-258
FootTV, 539
Forbes, 403, 480, 493
Ford, 47, 84, 322, 330, 500, 527, 539, 604
format boni, **439**-440
formule de Flesch, **568**
Forrester, 594
Fortune, 403, 471
Fortune 500, 462-463, 501
FOX Sports, 132
fournisseur, 470-471
foyer
    avec télévision, **337**
    regardant la télévision (FT), **338**

fragmentation de l'audience
    de la radio, 344
    de la télévision, 332-333
fragmentation des marchés, 400, 414
frais, *voir aussi* coût, tarif
    d'étalage, 446-447
    de la publicité dans les magazines, 360-361
    de production d'une publicité télévisée, 196
    promotionnels, 392, 415
fraude et Internet, 519, 543
Freelotto, 539-540
fréquence, **275**, 304-309
    d'exposition, 259
    de l'information publicitaire, 477
    de la publicité au cinéma, 395
    de la publicité dans les pages jaunes, 400
    de la publicité dans les transports en commun, 390
    de la publicité extérieure, 387
    de la publicité par objet, 397
    des achats, 180, 526
    des magazines, 361
    détermination de la ~, 306, 310
    du marketing direct, 513
    du placement de produit, 401
    moyenne, **308**-309
    représentation de la ~, 306
Frito-Lay, 424, 477
fromages d'ici, 7, 9, 167
Fuel, 102
Full Filles, 102

G

Gadoua, 114
Galaxy de Los Angeles, 121
Gallup & Robinson, 577
Gap, 499, 506
Gatorade, 229
Géant Vert, 243
General Food, 429-430
General Mills, 229, 433-436
General Motors (GM), 280, 322, 330, 343, 354, 465, 486
Génération Pub, 408
Géo, 360
Gerber, 441
Gestion, 471
gestion
    agences de publicité et ~, 73-85
    de la promotion, **22**
    des équipes dédiées, 161-162
    par catégorie, système de ~, **71**-72
    par marque, *voir* système décentralisé
    par objectifs, 588
gestionnaire, *voir aussi* responsable
    d'agence, 95
    d'entreprise, 95
    de catégorie, 71
    de produit, *voir* chef de marque
    du marketing, 73, 95, 188, 415
Gillette, 70
GirlsOn.com, 534

Global, 327
Go.com, 519
Golf, 477
Goodby, Silverstein & Partners, 208
Google, 519, 539
gouvernement, 471
    du Canada, 85, 519
    du Québec, 238-239, 322, 600, 602-603, 624
Grand Pré, 8
Grandes Cultures, 356
Gretzky, Wayne, 230
grille
    d'analyse de Foote, Cone & Belding, 257-258
    horaire de la radio, 345-346
Grip, 4, 74, 84
groupe, 127
    de discussion, 109, **205**-206, 509, 560, 564, 588
    de référence, **127**-128, 169
    témoin de consommateurs, **566**-567, 592
Groupe Brault & Martineau-Tanguay, 322
Groupe Cossette Communication, 4, 75-76, 92-94, 205, 539, *voir aussi* Cossette Communication Marketing
Groupe Spectacles Gillett, 378
Gucci, 49
Guerlain, 112
Guide de l'auto, 110
guide de rédaction, **207**-210

H

habitudes d'écoute
    de la radio, 321, 341, 347-347
    de la télévision, 321, 336, 340
habitudes de lecture
    des hebdomadaires, 376
    des journaux, 371, 374
    des magazines, 359, 361, 363-364
    Internet et ~, 379
habitudes médias, 364
Hallmark, 214, 218, 460, 481
Hammacher Schlemmer, 506
Harley-Davidson, 37
Harris/Telmar, 375-376
Hasbro, 435
HBO, 524
Head, 225
Healthy Choice, 609
hebdomadaire, 368, 376
HEC Montréal, 397, 534
Heinz, 417, 443-444
Hershey, 627
Hertz, 58, 500
heuristique, **118**-119
    fondée sur l'affect, **119**
Hewlett-Packard (HP), 247, 466, 527, 588
hiérarchie
    de dissonance-attribution, 145-146
    de la faible implication, **147**-148
    des besoins de Maslow, 106-107
hiérarchie des effets
    modèles de la ~, 141-**142**, 143-144, 149, 155, 171-174

séquences de la ~, 144-145
Hill & Knowlton, 464
Hogan, Paul, 231
Holiday Inn, 598
Holt Renfrew, 53
Home Shopping Network (HSN), 509
homme dans la publicité, 132, 604, 606, 612, 619
Honda, 37, 322, 528, 545
honoraires, 87-88
Hostess-Frito-Lay, 424
hotcoupons.com, 536
hotel.com, 532
Hotmail, 522
HSBC, 196
Huggies, 531
Hugo Boss, 49
Hummer, 46
humour, 221-222, 244
Humpty Dumpty, 204
Hush Puppies, 112

I

IBM, 37, 481, 487, 542
idée
    de départ, 210-215
    -force, 212
identification, **228**
IGA.net, 536
IKEA, 362, 505, 620
illumination, 203-206
îlot publicitaire, 372
image, 253-254, *voir aussi* éléments visuels
    construction de l'~, 466-467
    de l'entreprise, 25, 398, 481-482
    du marketing direct, 514-515
image de marque, 7, 25, 38, 49, 50, 55, 119, 195, 213-214, 528, *voir aussi* capital de marque, personnalité de la marque
imagerie
    au jet d'encre, **366**
    mentale, 342
iMall, 540
Imodium, 178
impact du support, **558**
implication
    à l'égard du message, 244
    achat à forte ~, 145-146
    degré d'~, 148-149, 154-155, 246, 257-258, 260
    facteurs d'~, 149
    hiérarchie de la faible ~, 145, **147**-148
impression
    techniques d'~, 366
    (visite) d'un site Web, 521, 591
Imputabilité, 552
IMS, 375-376
InBev (Interbrew AmBev), 322
incubation, 203-206
indice, **298**-299
    d'écoute, 331, 336
    de développement d'une catégorie (IDC), **301**-302

de développement d'une marque (IDM), **301**
Nielsen, 336
périphérique, 153-154
Indigo, 332
Individual.com, 594
industrie
    de l'affichage, 382
    de la distribution, 412
    des CMI, 65
    du télémarketing, 511
    publicitaire internationale, 78
    publicité destinée à l'~, 9
Industries Lassonde, 401
Infiniti, 224
Influence, 357
Infopresse, 6
infopublicité(s), 492, 506, **507**-508, 515
    dans Internet, 540
    dépenses publicitaires en ~, 506
    durée d'une ~, 507, 601
    portée des ~, 496
    réglementation des ~, 601
    télévisée, 509-510
    ventes par ~, 506, 508
information, 110-112, *voir aussi* source d'information
    acquise sur une marque, 145
    capacité à traiter l'~, 153, 155
    collecte d'~, 204, 529
    communication de l'~, 199
    pour la stratégie médias, 277-278
    recherche d'~, 110, 121, 147
    traitement de l'~, 148, 153
        modèle d'~, 141, **142**-145
information publicitaire, 463
    fréquence de l'~, 477
    relations publiques et ~, 463-465
Information Resources Inc. (IRI), 581
innovations, modèle de diffusion des ~, 141-**142**
insatisfaction, 105, 120
insécurité, 105-106
Institut des communications et de la publicité (ICA), 89
Institute for Telecommunication Sciences (ITS), 522
Institute of Practitioners in Advertising, 83
intégration, 14, 16, 19, 34, 36, 43, 167, 187, 542
    processus d'~, **119**-120
Intel, 212, 450
intention d'achat, **117**
    d'une marque, 182, 186
interactdirect.com, 504
Interactive Advertising Bureau of Canada, 593
interactivité, 541, 545
intériorisation, **225**-226
internaute, 524-525, 543
Internet, 13, 16, 92-93, 492-493, 518-519
    accès à ~, 533
    acteurs d'~, 523-527
    applications d'~, 521
    commerce dans ~, 523
    communications marketing dans ~, 523-531
    croissance d'~, 18, 379, 518-519, 524, 531
    définition d'~, 520-523

entreprises et ~, 526-527
éthique et ~, 532-533
exposition dans ~, 591
évaluation d'~, 541-543, 592-593
forces et faiblesses d'~, 300
fraude et ~, 519, 543
habitudes de lecture et ~, 379
marketing dans ~, 523, 532-533, 540-544
marketing direct dans ~, 538-540
médias traditionnels et ~, 531
origines d'~, 518
promotion des ventes dans ~, 535-536
publicité dans ~, 533-535, *voir aussi* publicité interactive
publipostage et ~, 504-505
réglementation d'~, 602
relations publiques et ~, 486-487, 537-538
sources d'information portant sur ~, 593
terminologie d'~, 521-522
utilisations d'~, 518-520, 525
vente personnelle dans ~, 536-537
Internet Advertising Bureau (IAB), 593
Internet Advertising Report, 594
interprétation
    d'une publicité, 138
    de l'information, 112
Interpublic Group of Companies, 78
interrogation envers la source, **151**
interviewer, 576
investissements
    en communications marketing, 7
    en marketing, 290
    en promotion des ventes, 411-412
    en publicité institutionnelle, 479
    en relations publiques, 552
    médias, 315
    publicité et promotion en tant qu'~, 292
    relatifs au positionnement, 59-60
investisseur, 470
iPod, 34
Ipsos-ASI, 577, 579
Ipsos Descarie, 580
ITI, 184

J

J. Walter Thompson, 582
Jack in the Box, 578
Jaguar, 616
James Bond, 17, 401
Japan Airlines, 392
Jean Coutu, 114, 160
Jeep, 119
Jeep Cherokee, 224, 465
jeu, **437**
jobboom.com, 518
John Brown Contract Publishing, 362
Johnson & Johnson, 322, 465
Jordan, Michael, 229-230
journaux, 353
    achat d'espace publicitaire dans les ~, 373-379
    associations régionales de ~, 373

avenir des ~, 377-379
évaluation des ~, 367-372
faiblesses des ~, 300, 371-372
forces des ~, 300, 370-371, 377
habitudes de lecture des ~, 371, 374
lectorat des ~, 374-376
portée des ~, 374-375
tarifs publicitaires des ~, 376-377
tirage des ~, 373-374
types de ~, 368-369
Joyeux Festins McDonald's, 428, 435
JTI-Macdonald, 117
jumelage d'un échantillon à un autre produit, 427, 432
Jupiter, 594

K

K-Tel, 512
Kahlúa Black Russian, 620
Kazaa, 532
Kellogg's, 214, 423, 433-434
Kendall-Futuro, 428
Ketchum Public Relations, 588-589
Kidsworld Magazine, 598
Kimberley-Clark, 531
Kodak, 218
Kool-Aid, 598
Kraft, 330, 362, 441, 598
Krall, Diana, 226
KremeKo, 480
Krispy Kreme, 480

L

L.L. Bean, 505-506
L'actualité, 274, 353, 361, 471
L'Oréal, 38, 43, 102
L'Oréal Paris, 43, 211, 482
La Baie, 114, 497-498
La famille Plouffe, 328
La Métropolitaine, 330
La Presse, 58, 312-313, 529-530,
  voir aussi Cyberpresse
La Senza, 460, 495
La vie, la vie, 325
La vie simplifiée, 362
Labatt, 74, 84, 626
Labatt Bleue, 114, 272-273
Lady Schick, 42
Lancôme, 232
langage commun, 138-140
langue, 139
largeur de la colonne, **377**
latéralisation hémisphérique, **573**
Laura Secord, 64
lavache.com, 519
Lay's, 37
Le Banquier, 274, 312, 322
Le choix du président, 50
Le Devoir, 311, 378
Le Journal de Montréal, 311-313, 377
Le Massif, 528
Le Médecin Vétérinaire du Québec, 356

Le Monde Juridique, 356
Le négociateur, 312
Le producteur de lait québécois, 356
leader, 217
lecteur(s)
  degré d'implication des ~, 371
  nombre de ~ par exemplaire, **313**-314
  occasionnel, **313**
  participation du ~, 360
  primaire, 363-364
  réceptivité des ~, 360, 371
lectorat
  des journaux, 374-376
  des hebdomadaires, 376
  des magazines, 354-355, 363-365
  des quotidiens, 368
  secondaire, **363**
Léger Marketing, 4, 7, 554
Leo Burnett (agence), 243, 578, 582
Les 36 cordes sensibles des Québécois, 64
Les Affaires, 357, 369
Les Boys, 401
Les Dangereux, 402
Les Grandes Gueules, 272, 342
Les idées de ma maison, 310
Les Papetières du Québec, 356
Leucan, 19
Lever Brothers, 419, 443, 453
Lever Pond's, 211
Levi's, 135-136, 196, 520, 543
Lexus, 222
lg2, 89
lien(s)
  entreprises-clients, 19-21
  formation de ~, 222, 224
  publicitaire, 535
lieu d'achat, proximité du ~, 390, 395
lieu d'affluence, 393-394
lieu de vente
  couponnage sur le ~, 433
  décision d'achat sur le ~, 50, 118, 184, 392, 413, 441
  distribution d'échantillons sur le ~, 427
  encombrement publicitaire sur le ~, 393
  matériel publicitaire sur le ~, 448
  produits du tabac sur le ~, 602
  public cible sur le ~, 392
  publicité sur le ~, 113, 392, 448
ligne, **250**-251
  agate, **377**
Lignes directrices sur la publicité destinée aux consommateurs des médicaments, 606
Lignes directrices sur la représentation des femmes et des hommes dans la publicité, 604
Ligue canadienne de football (LCF), 485
limite de publicité télévisée, 320, 601
liste d'envoi, 504, 513, 515
livraison électronique, 367
Loblaws, 160
logiciel espion, 532-533
logique marketing, *voir* stratégie marketing
Loi sur la protection du consommateur, 602
Loi sur la radiodiffusion, 601

Loi sur les aliments et drogues, 607
Loi sur les télécommunications, 601
Lorain, Sophie, 228
loterie
  promotionnelle, 436, **437**-438
  publicitaire, 536, 609-610
Loto-Québec, 211, 370, 467
Lotus HAL, 474
Love Story, 460
Lycos, 531

M

M. Net, 50, 148
Maclean's, 357, 391, 493
magazine(s), 353
  achat d'espace publicitaire dans les ~, 357, 362-367
  au Canada, 354-355
  avenir des ~, 365-367
  caractère permanent des ~, 359
  classification des ~, 353-356
  créativité et ~, 358-359
  croissance des ~, 353
  évaluation des ~, 353-362
  faiblesses des ~, 300, 360-362
  forces des ~, 300, 356-360
  habitudes de lecture des ~, 359, 361, 363-364
  lectorat des ~, 354-355, 363-365
  revenus publicitaires des ~, 354-355
  spécialisés, 355-356
  sur mesure, 362
  tarifs publicitaires des ~, 365
  tirage des ~, 363
  urbain, 357
Magazine Impact Research Service (MIRS), 577
Magazine PME, 356
Maison Beauté Star Bédard inc., 402
Majesta, 554-555
Major League Soccer (MLS), 121
mamma.com, 519
Manitoba Telecom, 4
mannequin, 232
maquette, 81, 252
marchandisage, 74, 443
marché(s)
  analyse du ~, 35-38, 170
  canadien et québécois, 117, 211
  cible(s), 38-48, 178
  communication avec le ~, 6
  concentration de ~, 629-630
  concurrence de ~, 629-630
  de créneau, 138
  de grande communication, 526-527
  de masse, 138
  des adolescents, 102, 135
  ethnique, 84
  évaluation du ~, 27
  fragmentation des ~, 400, 414
  interentreprises, 526-527
  menaces du ~, 275
  part de ~, 284-286, 290
  possibilités de ~, 36-37

INDEX 657

potentiel d'un ~, 284, 301
segments de ~, 36-37, 59, 107, 137-138, 144, 466
segmentation du ~, 39-46
stratégie de positionnement sur un ~, **47**-48, 54
taille du ~, 284
typologie des ~, 40-41
marketing, **5**
concentré, **46**
de créneaux, 366
de permission, 521
décisions relatives aux CMI et au ~, 54-60
différencié et indifférencié, **46**
événementiel, **442**
gestionnaire du ~, 73, 95, 188
intégré, 342
interactif, 6, 13, 92-94
investissements en ~, 290
mix, **5**-6, 21, 48
modèles en ~, 21, 35
par bases de données, 17-18, 92, **498**-500, 538-540
par courriel, 512
plan de ~ stratégique, **36**
recherche en ~, 108-109
relationnel, **19**-20
relations publiques et ~, 462-463, 473
rôle du ~, 5
service de ~, 67
vert, 618
viral, 43, 522
marketing dans Internet, 523, 532-533, 538-540
évaluation du ~, 540-544, 591-594
faiblesses du ~, 541-544
forces du ~, 540-541
par bases de données, 538-540
marketing direct, 5-6, **12**, 15, 92, 491-516
croissance du ~, 495-496
dans Internet, 538-540
définition du ~, **494**-495
dépenses publicitaires en ~, 494
évaluation du ~, 513-515, 590-591
faiblesses du ~, 514-515
forces du ~, 513-514
impact sur les ventes du ~, 494-495
médias et ~, 506-507, 510
objectifs du ~, 496, 498
outils de ~, 492, 502
popularité du ~, 414
planification d'un programme de ~, 498-512
publicité et ~, 497
stratégie médias et ~, 502-512
techniques de ~, 17-18
marque(s)
à part de marché restreinte, 217
attitude envers une ~, 182, 185-186, 260
avantage de la ~, 200
-culte, 480
capital de ~, **50**, 416-417, 420, *voir aussi* image de marque
changement de ~, 179, 413
chef de ~, 70-73
concurrence des ~, 55, 213

contexte d'utilisation de la ~, 259
de prestige, 195
essai d'une ~, 178-179
établie, 174, 285, 419-420, 429, 443-444
fidélité à la ~, 118, 413, 434, 528
gestion par ~, *voir* système décentralisé
image de ~, 7, 25, 38, 49, 50, 55, 119, 195, 213-214, 528, *voir aussi* capital de marque, personnalité de la marque
informations acquises sur une ~, 145
intention d'achat d'une ~, 182, 186
maison, 412
mémorisation d'une ~, 568
nom de la ~, 50, 554
notoriété d'une ~, 113, 118, 121, 141, 143-144, 147, 170, 182, 184-185, 217, 259
nouvelle, 122, 285, 413-414, 419
perception d'une ~, 55-56, 60, 258
personnalité de la ~, 200, 213-214, 223, *voir aussi* image de marque
positionnement de la ~, 43, 51, **55**-60, 259
potentiel d'une ~, 301-302
prolifération des ~, 413-414
promotion des ventes et ~, 454-455
publicité de ~, 9
qualité de la ~, 22
rappel d'une ~, 185
rapport aux ~, 222-223
réaction à la ~, 55, 182
relations publiques et ~, 460, 467
valorisation de la ~, 420-422
Marvel Comics, 424
Mary Kay, 22
MasterCard, 224, 495
matérialisme, **615**-617
matériel
promotionnel, 69
publicitaire sur le lieu de vente, 448
Max Factor, 22
Maxwell House, 429-430
Maytag, 214, 243, 527
McCann-Erickson, 73, 109, 222-223
McDonald's, 38, 109, 135, 196, 211, 214, 219, 428, 435, 437, 470
mécanisme de la peur, 219-221
média(s), **66, 274**-**275**
à forte implication, 353
caractéristiques des ~, 300
choix des ~, 273-274, 276, 309-311, 315
combinaison des ~, 299-300
concurrence entre les ~, 379
courbes d'adoption de ~, 524
d'appoint, 273, 381-382, **383**-404
de masse, 6, 14, 17, 146, 273, **136**-137, *voir aussi* communication de masse
décisions relatives aux ~, 558-559
directionnel, **400**
disponibilité d'un ~, 275
électroniques, 137, 506-507
en tant qu'acteur des CMI, 66-67
en tant que canal de transmission, 272
financement des ~, 621-624

forces des ~, 476-477
hors domicile, 273, 381-382, **383**-404
imprimés, 137, 351-380, 510
interactifs, 13, 92-93, 300, 544-545, *voir aussi* nouveaux médias
nouveaux ~, 13, 16-17, *voir aussi* médias interactifs
publicité et ~, 621-624
relations publiques et ~, 471, 475-477, 587-588
sans commission, 86
segmentation de l'audience des ~, 16-17
sélection des ~, 28
traditionnels, 531
Media Metrics, 594
Media Metrix, 593
MediaWatch, 619-620
méfiance, 326, 609
mémoire sélective, **112**
mémorisation, 112, 142, 148, 221, 242, 245, 397, 568, 571, 573, 578, 584, 592
test de ~, **577**-578
menace(s) du marché, 275
réaction à la ~, 220
Mercedes-Benz, 44, 401, 403, 503-504, 514
message, **135**-136
acceptation du ~, 150-151, 219
arguments du ~, 251-252
axe du ~, *voir* axe publicitaire
clarté du ~, 264-265
communication du ~, 269-404
conception du ~, *voir* stratégie de création
construction du ~, 191-267
d'intérêt public, 6, 601
dos-à-dos, **325**
du marketing mix, 21
éclipse du ~, 265
efficacité du ~, 197
faisant appel aux émotions, 578
motivation à traiter le ~, 153
non univoque, **247**-249
pensées orientées vers le ~, 150
perception du ~, 140
personnalisation du ~, 541
ponctuel, 54
publicitaire, 195, 245
publicité d'entreprise et ~, 488
rationnel, 578
réaction à un ~, 149
relations publiques et ~, 467, 473
renforcement du ~, 405-547
source du ~, 21
structure du ~, 244-250
univoque, **247**-249
mesure(s)
de diagnostic, 579
de l'efficacité, *voir* évaluation
des cotes d'écoute, 334-336
du lectorat d'un magazine, 364-365
du tirage, 363
électro-encéphalographiques (EEG), **573**-574
étalon de ~, 169-**170**
physiologiques, 572-574

mesure de l'audience
    de la publicité par objet, 398-399
    de la radio, 277, 346-348
    de la télévision, 333-340
    des médias hors domicile, 385-388
    du placement de produit, 403
    organismes de ~, 333-337
    période de ~, 277

méthode(s)
    d'obtention d'une rétroaction, 140, 143
    de bas en haut, 287, 292-297
    de budgétisation, 287-297
    de haut en bas, 287-292
    de l'ajustement concurrentiel, **291**-292
    de recherche en marketing, 109
    de rémunération au rendement, **88**, 90
    de réponse aux publicités, 574
    de Rossiter et Percy, 176-182
    de segmentation, 39-42, 46
    des objectifs et des tâches, **293**-295
    du cahier d'écoute, 334-335, 346
    du montant arbitraire, **288**
    du montant disponible, **287**-288
    du pourcentage du chiffre d'affaires, **288**-291
    du pourcentage du coût unitaire, 288-289, 291
    du rendement du capital investi (RCI), **292**
    mnémotechnique, **112**
    théoriques de détermination du budget, 280-284
    VALS, 42-44, 46, 515

Meunier, Claude, 114, 196, 232
Mexx, 279
MGM/United Artists, 17
Microcell Solutions, 398
Microsoft, 254, 464, 507, 544
Microvision, 427
milles aériens, 435
Mini Cooper, 93
ministère de l'Éducation, du Loisir et du Sport (MELS), 238
ministère de la Défense nationale, 394
ministère de la Santé et des Services sociaux (MSSS), 220
minorité visible, 620-621

mise
    en forme, **215**
    en marché des produits et des services, 17
    en pages, **252**-253, 264

mix
    de communication, 164
    promotionnel, **6**, 22

mode, 106, 135
    de distribution, 52-54
    de réalisation, **239**-244

modèle(s)
    AIDA, **141**-142, 529
    d'apprentissage
        cognitif du consommateur, 104
        standard, **145**
    d'attitude multiattributs, **115**-116
    DAGMAR, **168**-171
    de communication, 168-175
        élémentaire, 133-140
    de diffusion des innovations, 141-**142**
    de dissonance-attribution, **145**-146
    de la faible implication, *voir* hiérarchie de la faible implication
    de la hiérarchie des effets, 141-**142**, 171-174
    de marketing fondé sur la communication, 21
    de planification
        de Foote, Cone & Belding, 257-258
        de Rossiter et Percy, 258-263
    de probabilité d'élaboration, **152**-154
    de processus
        de communication, 131-157, 168-169
        de création, 203
    de réponse cognitive, 150
    de report de significations, 231-232
    de traitement de l'information, 141,**142**-145
    du comportement du consommateur, 101-130
    du processus
        de décision d'achat, 104
        de marketing et de la communication, 35
        de planification des CMI, 23-24
    traditionnels de la hiérarchie des effets, 141-144, 149, 155

module d'affichage, 393
Molson, 132, 215, 528, 560, 626
moment
    de diffusion, 467
    de la promotion des ventes, 424
    des tests, 559-661, 663
Mondial de la publicité francophone, 64
Monopoly, 437
Monsieur B., 204-205, 255
Monsieur Destinée, 402
Monsters Inc., 460
Mont Tremblant, 497
Montblanc, 21
Mossimo, 485
Mothers Against Drunk Driving (MADD), 180
motif, *voir* critère d'achat
motivation(s), 106-109, 153, 155, 260
    recherche sur les ~, **108**
Motor Week, 465
mouchard, **529**
Mouvement Desjardins, *voir* Desjardins
mouvement oculaire, **572**-573
MRI, 593
MSN, 539, 544
MuchMusic, 437
murale, **386**
musique, 123, 254-255
    préenregistrée, **254**
MusiquePlus, 272, 418
Mutual Life Insurance, 481

N

Nabisco, 358, 437, 528
NASCAR, 121, 409, 509
National Gallery, 246
National Geographic Society, 500
National Semiconductor, 540
Nautica, 49
Navistar, 487
Neon, 224, 420
Nestlé, 70, 441, 477-478, 582, 609
NetGravity, 593
Netscape, 539
New Balance, 230
NewAd, 66-67, 382
Newspaper Audience Measurement (NADbank), 374-376
Nielsen, 291, 295, 325, 593
Nielsen Recherche Média, 333, 335-337
Nike, 21, 49, 85, 121, 135, 196, 211, 229, 389, 468, 608-609, 620
Nissan, 163, 196-197, 394, 476
niveaux
    d'agrégation de l'audience, 137
    des stocks, 444
No Fear, 214
nom
    changement de ~, 481-519
    de domaine, 519, 522, 539
    de la marque, 50, 554, 578
nombre de lecteurs par exemplaire, **313**-314
non-client, *voir* client potentiel
Nordica, 355
Normaderm, 38, 49, 58, 207
Normes canadiennes de la publicité (NCP), 600-607, 613
normes publicitaires de l'agence D'Arcy Masius Benton & Bowles, 199-200
Nortel, 254
notoriété
    d'une entreprise, 141, 472
    d'une marque, 113, 118, 121, 141, 143-144, 147, 170, 182, 184-185, 217, 259
    des coupons, 536
    du produit, 304
    objectifs du plan médias et ~, 277
    seuil de ~, 168
    site Web et ~, 529
    taux de ~, 160, 170
nouveau(x)
    besoins, 105
    clients, 19
    consommateur, 429-430
    médias, 13, 16-17, *voir aussi* médias interactifs
    produits, 106, 125, 142-143, 167, 170, 173, 217, 290, 304, 307, 314, 413-414, 418-419, 429, 443, 446-447, 626
    service, 418-419
    utilisateurs d'une catégorie, 177
nouvelles
    marques, 122, 285, 304, 413-414, 419
    technologies, 16-17, 533
numéros de téléphone (800, 900 et 976), 507, 511-512, 601
NutraSweet, 450, 511
NyQuil, 132

O

Oakley, 229
objectif(s)
    à court terme, 415

INDEX 659

caractéristiques des ~, 169-170
commercial, 160-161, **163**-166
d'une stratégie de création, 558
de communication, **27**
de comportement, 472
de la démarche de CMI, 159-189, 556
de la promotion des ventes, 418-420, 443-444
de la publicité, 625
de part de marché, 284-285
de ventes, 164-166
des relations publiques, 472-473
détermination des ~, 161-168, 173, 176-188
du marketing direct, 496, 498
du plan de communications intégrées, 24, 27
du plan médias, 273, 275
du programme promotionnel, 35
marketing, **24,** 27, 36, 163, 199, 473
médias, **274,** 276-278
publicitaires, 142, 170, 174
relatifs au comportement, 176, 178-181
types d'~, 162-168
utilité des ~, 161-162
objectif(s) de communication, **27,** 39, 161-162, 165-168, 182-183, 259, 264, 585
budget médias et ~, 278, 280, 293-294
d'un site Web, 527-531
étapes du processus décisionnel et ~, 186-188
modèles de communication et ~, 168-175
relations publiques et ~, 472
objet
de la recherche évaluative, 556-559
publicitaire, 396, 398-399
occasion publicitaire, 275
Office de la distribution certifiée (ODC), 373
offre
d'une durée limitée, 410
de remboursement, **438**-439
promotionnelle, 510
Ogilvy & Mather, 542
Oh Henry!, 389
Old Milwaukee, 615
Old Spice, 578
Oldsmobile, 578
Olympus, 465
Omer DeSerres, 530-531
Omnicom Group, 78
OnStar, 344
OpenTV, 544
options, évaluation des ~, 113-114, 121
organisation
caractéristiques de l'~, 41
évaluation de l'~, 26
par fonction, **82**
par groupe, **82**
organisme(s)
à but non lucratif (OSBL), 19, 461-462, 471, 484, 497, 537, 624
communautaire, 471
de mesure de l'audience, 333-337
de mesure du tirage, 363
professionnel, 471
Orléans Express, 183

outil(s)
de communication, 4-6, 10
de marketing direct, 492, 502
de promotion des ventes, 422-423, 425, 486
médiatique, 392-393
outils de CMI
budget des ~, 280, 286-287
évaluation des ~, 585-594

P

page(s)
à marge perdue, **358**
jaunes, **399**-400
PALM, 89
panel à source unique, 581-583
panneau(x)
-affiche, 276, 383-**384,** 385
géant spécial, 384
lumineux, **384**-385
perception des ~, 386-387
part
d'audience, **338,** 346
d'écoute, 320, 339, 340
de marché, 284-286, 290, 295-296, 310
de voix publicitaire, 284-286, 295-296
partenaire financier, 471-472
participant professionnel, 438
Pelletier, David, 229
pénalité, **447**
pensées
du récepteur, 150-151
favorables, voir appui à la source
négatives, voir interrogation envers la source
Pepsi-Cola, 38, 47, 196, 212, 394, 403, 582
Pepto-Bismol, 112
perception(s), **110**-113
d'une marque, 55-56, 60, 258
de l'entreprise, 144
de la concurrence, 59
de la publicité, 198, 360, 610-611, 613, 614
de la source, 134
des consommateurs, 49, 170
des panneaux-réclames, 386-387
des personnalités connues, 232
du message, 140
du produit, 258
sélective, **111**-112
subliminale, **112**-113
visuelle, 246
période de grand sondage, **277**
périodiques professionnels, 356
personnage, 148, 238, 243, 414
personnalisation du marketing direct, 514
personnalité, 103, 238
connue, 196, 229-232, 242, voir aussi porte-parole célèbre
de la marque, 200, 213-214, 223, voir aussi image de marque
personne séduisante, 232
personnel
de l'agence de publicité, 75

du Service de la publicité, 68-69
du Service de marketing, 67
participant au processus décisionnel, 67
persuasion, 244
humour et ~, 222
peur et ~, 220-221
route centrale de ~, **153**
route périphérique de ~, **153**
perte et gain d'annonceurs, 89-90
pertinence personnelle, 148
petites annonces, **369**
Peugeot, 508
peur, 261, 219-221, 243, 261
Pharmaprix, 160
Philadelphia, 196
Philip Morris, 362
Philips, 507
Photo Sélection, 357
Pillsbury, 148, 436, 441
PixMan, 386
Pizza Pizza, 117
Place Montréal Trust, 408
placement de produit, **400**-430
plaidoyer publicitaire, 484
plainte(s)
contre la publicité, 604-606
d'un consommateur, **604**-605
d'un groupe d'intérêt particulier, **604**-605
intra-industrie, **604**-605
Plaisirs gastronomiques, 132
plan
de CMI, 24, 27-29, 523
de délai de récupération, **295**-297
de marketing, **24**-25, 68, 163, 166-167, 523
stratégique, **36**
de promotion, **22**-23, 25, 68, 294, 585
de promotion des ventes, 418-425
de relations publiques, 467-474
médias, 80, 273-**274,** 275-279, 353
planification, **203**
d'un programme de marketing direct, 498-512
de l'externe vers l'interne, 175
de l'interne vers l'externe, 174
de la promotion des ventes, 409-418
de la stratégie de création, 201-215, 276
de la stratégie marketing, 276
de publicités télévisées, 255-256
des CMI, 16, 22-29, 292-293
publicitaire, 170-171, 257
selon le délai de récupération, 295-297
planogramme, **448**
plate-forme de création, **207**-210
Player's, 328
PMB (Print Measurement Bureau), 364
point
d'exposition brute (PEB), **306**-309, 385, 387, 389
de part, **337**-338
Point-of-Purchase Institute (POPAI), 392
Pointcast, 535
Pokemon: The First Movie, 435
Polar Ice, 51
Polaroid, 208-209

politique
    de bas prix quotidiens, 412, **447**-448, 586
        rédactionnelle, 366
Pontiac, 322, 465
Porc Québec, 356
Porsche, 503
porte-parole, 134, 151, 153-154, 224-228, 242, 558
    célèbre, 229-230, 233, *voir aussi* personnalité connue
portée, **275**, 304-309
    couverture vs ~, 275, 304-305
    d'Internet, 544
    d'une campagne publicitaire, 306
    de la publicité au cinéma, 395
    de la publicité dans les transports en commun, 390
    des hebdomadaires, 376
    des infopublicités, 496
    des journaux, 374-375
    des magazines, 361
    détermination de la ~, 306-309
    du marketing direct, 513
    dupliquée, **306**
    efficace, **307**, **308**-309
    non dupliquée, **306**
    représentation de la ~, 306
Positioning Advertising Copy Testing (PACT), **563**, 583-585
positionnement, 21, **55**
    concurrence et ~, 57-59
    de l'entreprise, 481, 487
    de la marque, 43, 51, **55**-60, 259, 421
    du produit ou du service, 200, 214-215
    investissement relatif au ~, 59-60
    réaction au ~, 47
    schéma de ~, 48, 56
    sur un marché, **47**-48, 54
possibilités de marché, 36-37
Post, 433-434
post-test, **559**, 560-561, 585
    d'une publicité imprimée, 574-578
    d'une publicité radiodiffusée, 578-579
    d'une publicité télévisée, 578-579
Postes Canada, 117, 427, 495, 501, 503
postproduction, 256
potentiel, 301-302
Poulet Frit Kentucky, 210-211
Pour tout vous dire, 362
pourriel, 522, 538
pouvoir
    d'achat, 102
    de la source, **233**
    des détaillants, 17, 412
    des fabricants, 412
pratique commerciale novatrice, 17-18
pré-test(s), 80, 138, 207, **559**-560, 585
    d'une publicité imprimée, 568-569
    d'une publicité radiophonique, 569-574
    d'une publicité télévisée, 567-574
    des publicités achevées, 567-574
précision du marketing direct, 515
préparation, 203-206
préproduction, 256

présentoir, 448
pression, stratégie de ~, **53**
prestige, 360
prêt pour un usage commercial, 565
preuve scientifique ou technique, 241
prime, **434**-436
    autopayante, **435**-436
    gratuite, 434-435
    incitative, **445**
principe(s)
    créatif, 212
    publicitaires de l'ACA, 611
prix, 52
Prix Cassies, 160, 197, 586
Prix de l'Association canadienne de marketing, 272
Prix Média, 272, 352, 392
Prizm, 42, 46, 427, 513
probabilité d'élaboration, modèle de ~, **152**-154
probabilité de rachat, 119, 124
processus
    associatif, 122-123
    d'apprentissage, 123
    d'approbation des publicités, 606-607
    d'intégration, **119**-120
    de communication, 35, 131-157
    de contrôle et d'évaluation du rendement, 25
    de création, 203
    de détermination du marché cible, 39
    de marketing et de la communication, 35
    de planification publicitaire, 170-171
    de recommandation publicitaire, 231
    de réponse, 141-149, 155-156
    psychologiques, 104
processus décisionnel, 141, *voir aussi* décision
    budgétisation et ~, 297
    d'achat, 104-125
    du consommateur, 186-187
    en matière d'achat, 104-125, 120-122
    en matière de CMI, 67, 69
    étapes du ~, 186
    objectifs de communication et ~, 162, 186-188
    personnel participant au ~, 67, 81
Procter & Gamble (P&G), 66, 70-73, 196, 214, 229, 242, 263, 280, 322, 354, 362, 409, 437, 447-448, 468, 520, 545, 582, 586, 591, 626
production publicitaire, 74, 255-256
produit(s), **49**
    à forte implication, 221, 241
    accès au ~, 52
    achetés en ligne, 526
    attitude face à un ~, 304
    attribut d'un ~, 113-117, 122, 248
    avantages du ~, 213, 223, 247, 510
    axe dramatique inhérent au ~, 214
    bénéfices d'un ~, 241
    caractéristiques du ~, 216
    d'usage courant, 118, 121, 147-148, 166, 221, 322, 426
    décisions relatives aux ~, 49-51
    degré d'utilisation du ~, 44
    différenciation du ~, 627-628
    éclipse du ~, 229
    évaluation d'un ~, 142

    forces et faiblesses du ~, 25
    industriel, 241
    mise en marché des ~, 17
    notoriété du ~, 304
    nouveau ~, 106, 125, 142-143, 167, 170, 173, 217, 290, 304, 307, 314, 413-414, 418-419, 429, 443, 446-447, 626
    pensées orientées vers le ~, 150
    perception du ~, 258
    positionnement du ~, 57-58, 200, 214-215
    promotionnel, 396-397
    qualité du ~, 34
    quantité de ~ achetés, 180
    rapport aux ~, 222-223
    repositionnement du ~, 58, 170
    symbolisme du ~, **49**
professionnels
    de la promotion et de la publicité, 138-139
    publicité destinée aux ~, 9
Profit Impact of Marketing Strategies (PIMS), 52
programme(s)
    d'évaluation de la publicité, 583-585
    de CMI, 24, 27-28, 162, 399, 420, 497-498
    de communication, 549-632
    de communication marketing, 5, 556
    de fidélisation, 423, **441**
    de formation dans le domaine de la vente, 448-449
    de marketing, 24, 35-36, 48-60, 454-455
    de marketing direct, 498-512
    de mise en œuvre de la stratégie marketing, 24
    de publicité, 28
    de recommandation publicitaire, 231
    de renforcement, **124**
    de stimulation promotionnelle, 422-423
    promotionnel, 26, 29, 35, 444-445
Programme alimentaire mondial, 74
Programme de promotion des saines habitudes de vie, 238-239
progrès technologiques, 366, 496
promesse publicitaire, 213, 259-263
promocan.com, 396
promotion(s), **6**, 10
    à prix réduit, **440**-441, 454
    changement de fonction de la ~, 19
    ciblant les vendeurs, 445
    coûts de la ~, 74
    dirigée vers le consommateur, 8
    dirigée vers le réseau de distribution, 8-10
    distribution des ~, 424-425
    durée de la ~, 424
    en tant qu'investissement, 292
    gestion de la ~, **22**
    industrie de la ~, 65
    popularité des ~, 413
    professionnels de la ~, 138-139
    réaction aux ~, 413
    stratégie de positionnement et ~, 54
    ventes et ~, 281-284, 289-290
    visant (ou pas) la valorisation de la marque, 420-422
promotion des ventes, **8**-10, 18, 70, 74, 125, 407-408, **409**-457
    auprès des consommateurs, 410-411, 418-442

auprès des intermédiaires, 410-**411**, 443-451
cadre théorique de la ~, 587
caractéristiques de la ~, 409-411
concurrence et ~, 415-416, 419-420
dans Internet, 535-536
décisions stratégiques relatives à la ~, 420-423
essor de la ~, 411-416
évaluation de la ~, 586-587
importance accordée à la ~, 22
intégration de la ~ aux programmes de marketing, 454-455
marketing direct et ~, 497-498
marque et ~, 454-455
objectifs de la ~, 418-420, 443-444
outils de ~, 422, 425, 486
piège de la ~, 455
plan de ~, 418-425
planification de la ~, 409-418
public cible et ~, 416
publicité et ~, 416-418, 451-453
responsable de la ~, 71, 73
stratégies de CMI et ~, 451-455
stratégies de ~, 420-423, 444-451
tactiques de ~, 424-425
types de ~, 409-411, 425
proposition
au consommateur, 212-213
directe (factuelle), 240-241
publicitaire unique, *voir* argument publicitaire unique
propriété intellectuelle, 83
Protégez-vous, 110
Provigo, 434
proximité, 228
publi-sac, 421, 432
public cible, 264
constitution du ~, 137
couverture du ~, 297-299
de la publicité institutionnelle, 488
des relations publiques, 469-472, 475
fréquence et ~, 310
promotion des ventes et ~, 416
réceptivité du ~, 230-232
sur le lieu de vente, 392
sur les lieux d'affluence, 392
publication(s)
agricole, 356
d'intérêt général, 354-356
nombre de ~ au Canada, 365
publicité(s), 5, **6**-8, 603
à frais partagés, 449-451
à vocation humanitaire, **484**-485
approbation des ~, 603, 606-607
attitude envers la ~, **151**, 609
au cinéma, 394-395
axée sur des prix avantageux, 217
axée sur la peur, **219**-221
axée sur la popularité, 217
axée sur une caractéristique, 216
comparative, 38, 117, 216
contenu sensoriel de la ~, 111
continue, **302**-303, 558-559
coûts de la ~, 17, 74

critiques de la ~, 599-600, 625
croisée, 530
d'entreprise, 480-488, *voir aussi* publicité des cyberentreprises, publicité institutionnelle
d'image, 214
dans Internet, 533-535, 543, *voir aussi* publicité interactive
dans les avions, 391-392
dans les journaux, 369-370
dans les magazines, 357-361, 365
dans les médias de masse, 14, 17
dans les moyens de transport, **388**-392
dans les pages jaunes, 399-400
dans les transports en commun, 388-391
de commandite, 328-330
de complément, 507
de masse, 174-175, 411-412
de rappel, 143, 154, 184, **113**, 118
des aliments, boissons alcoolisées et drogues, 601, 606-607
des cyberentreprises, 535, *voir aussi* publicité d'entreprise
des médicaments en vente libre, 607
des produits de beauté, 607
destinée au réseau, **53**
destinée aux enfants, 243, 602-603, 607, 613-614, 619
directe, 6, **12**, 165-166, 300, 399, 492, **495**
dramatique, 244
effets de la ~, 142, 155-156, 166, 172, 183, 625-629
en tant qu'investissement, 292
en tant que source d'information, 110, 119
évaluation de la ~, 198, 554-562, 583-585, *voir aussi* recherche évaluative
exposition à la ~, 111, 308, 600
extérieure, 300, 384-388
fondée sur la nouveauté, 217
générale, **369**
hommes et femmes dans la ~, 132, 604, 606, 612, 615, 619-620
humoristique, 221
impact déontologique et éthique de la ~, 608-614
impact économique de la ~, 611, 625-631
impact social de la ~, 614-624
importance accordée à la ~, 22
industrie de la ~, 65
informative, 122, 145
institutionnelle, 10, 470, 479-488, 588, *voir aussi* publicité d'entreprise
interactive, 544, *voir aussi* publicité dans Internet
interprétation d'une ~, 138
interstitielle, 522, **534**-535
inventive, 197-200
locale (des détaillants), 9, 369
marketing direct et ~, 497
médias et ~, 621-624
mensongère (trompeuse), 602, 609-610, 622
misant sur le rappel, 217
mobile, **386**
musique dans la ~, 123

nationale, 9, 369
objectifs de la ~, 8, 625
offensante (de mauvais goût), 610-613
ouverte, 246-247
par objet, **395**-399
par vagues, **303**
pensées orientées vers l'exécution d'une ~, **151**
perception de la ~, 198, 610-611, 613-614
plaintes contre la ~, 604-606
programme de ~, 28
professionnels de la ~, 138-139
promotion des ventes et ~, 416-418, 451-453
québécoise, 64
radiophonique, 250, 569-574, 578-579
réaction à la ~, 17, 151, 168, 182, 198-199
réalisation d'une ~, 250
rédactionnelle, **10**-11, 91
réglementation de la ~ au Canada, 600-607
répétitive, 154
réseau, 327-329, 345
rôle de la ~, 599
sélective, **328**
sociétale, 64
spectaculaire, 358
sporadique, **302**-303, 558-559
stéréotypes et ~, 132, 615, 619-620
stratégie de positionnement et ~, 54
sur le lieu de vente (PLV), 113, 392-393, 448
sur les lieux d'affluence, 393-395
tests de ~, 561-583
texte, **534**
transformationnelle, 260-261
ventes et ~, 281-284, 289-290, 581-582
Publicité Club de Montréal, 64
publicité imprimée, 8, 81, 241, 321
perception visuelle d'une ~, 246
personnalisée, 201
post-test d'une ~, 574-578
prétest d'une ~, 568-569
tactiques de création et ~, 250-253
publicité(s) télévisée(s), 138, 241, 243
chaînes spécialisées et ~, 331-333
coût de la ~, 7, 323-324, 328-329
durée des ~, 324, 332-333, 558
effets de la ~, 147
efficacité de la ~, 305
limite de ~, 320, 601
méfiance envers la ~, 326
post-test d'une ~, 578-579
prétest d'une ~, 569-574
production d'une ~, 196, 255-256
tactiques de création et ~, 253-256
publipostage, 12, 492, 497, 502-504, 514
avantages du ~, 503
collectif, 432
direct, 92, 538
Internet et ~, 504-505, 538
taux de réponse du ~, 498, 504
publireportage, **333**, **508**
télévisé, 508
Publishers Clearing House, 507
Puma, 38
pupillométrie, **572**

Q

Qu'est-ce qui mijote, 362
Quaker Oats, 229
qualité de la reproduction, 357-358, 372
quantité de produits achetés, 180
Québec Habitation, 356
Quebecor, 238, 322, 476
questionnaire d'évaluation, 569-570
quotidien, 367-368
quotient de réputation (QR), 483
QVC, 509, 512

R

rachat, *voir aussi* répétition des achats
    probabilité de ~, 119, 124
    sites Web et ~, 529-530
radio, 340-348
    achat de temps publicitaire à la ~, 345
    audience de la ~, 334, 341, 346-348
    décisions concernant le recours à la ~, 276
    faiblesses de la ~, 300, 343-345
    forces de la ~, 273, 300, 334, 341-342
    grille horaire de la ~, 345-346
    habitudes d'écoute de la ~, 321, 341, 347-347
    marketing intégré et ~, 342
    prospérité de la ~, 334
    revenus publicitaires de la ~, 341
Radio-Canada, 320, 325, 327-328, 330, 333
Rado, 50
rappel
    d'un message publicitaire, 245
    d'une marque, 185
rapport
    annuel, 470
    aux marques, 222-223
    aux produits, 222-223
    coût-efficacité, 17, 19, 313-314, 322, 324, 342
    qualité-prix, 57
Ray-Ban, 401
Rayovac, 229
RBC Groupe Financier, 502
RDS, 333
réaction(s)
    à la marque, 55, 182
    à la menace, 220
    à la publicité, 17, 151, 168, 182, 198-199, 395
    à un message, 149
    à une campagne publicitaire, 212
    au placement de produit, 403
    au positionnement, 47
    aux promotions, 413
    électrodermale, 572
Reader's Digest, 507, *voir aussi* Sélection du Reader's Digest
récepteur, **137**-138, 150-151, 228
réceptivité
    du public cible, 230-232
    des lecteurs, 360, 371
recherche
    d'information, 110, 121, 147
    de nouveauté, 106
    en marketing, 69, 80, 108-109
    évaluative, 553, 555-559, 583-584, *voir aussi* évaluation de la publicité
    externe, **110**
    interne, **110**
    sur les audiences de la radio, 344
    sur les motivations, **108**
recommandation, 146
    publicitaire, 230-231, 242
récompense, 124-125
reconnaissance, 184
recrutement, 481-482
rédacteur, 198
rédaction, guide de ~, **207**-210
reddition de comptes, 18
réduction différée, 438-439
Reebok, 95
réflexe psychogalvanique, **572**
refrain publicitaire, *voir* ritournelle
réfutation, **248**-249
Régie des alcools de l'Ontario, 435
région urbaine, **373**
règle(s)
    création et ~, 201
    d'efficacité de Ketchum, 589
    de décision, 118-119
    des 80-20, **44**
réglementation
    contournement de la ~, 402
    de la publicité au Canada, 600-607
    de la publicité destinée aux enfants, 602-603
    sur les produits du tabac, 602
relation
    agence-client, 89, 552
    d'une entreprise avec son réseau de distribution, 53-54
relations publiques (RP), **10**-11, 459-460, 461-490
    administration des ~, 461
    atouts des ~, 465-467
    commerciales, **473**
    complications des campagnes de ~, 464-465
    évaluation des ~, 587-590
    faiblesses des ~, 467
    information publicitaire et ~, 463-465
    Internet et ~, 486-487, 537-538
    investissements en ~, 552
    marketing direct et ~, 497
    marketing et ~, 462-463, 473
    marque et ~, 460
    médias et ~, 471, 475-477, 587-588
    nouveau rôle des ~, 462-463
    objectifs de communication et ~, 472
    objectifs de comportement et ~, 472
    plan de ~, 467-474
    publics cibles des ~, 469-472, 475
    rôles des ~, 461-462, 473, 497-498
    stratégies de ~, 472-477
    tactiques de ~, 474
    vente personnelle et ~, 497
reliure sélective, **366**
rémanence, effet de ~, **165**, **227**-228
remboursement frauduleux ou erroné, 430-431
Rembrandt, 45
remise
    à l'achat, 446
    consenties aux intermédiaires, **446**-448
    de promotion, 446
    du fabricant, 414, *voir aussi* coût de référencement
rémunération
    au rendement, méthode de ~, **88**, 90
    des agences, 85-90
    de publicité, 18, 83
rencontre en duplex, 475
rendement, méthode de rémunération au ~, **88**, 90
renforcement, **123**-125
    du message, 405-547
    programme de ~, **124**
Réno-Dépôt, 497
répétition, 123, 147-148, 306
    des achats, 179-180, 419, 429, 434, 438-439, 499-500, *voir aussi* rachat
    seuil critique de ~, 279
réponse, **124**, 138, **140**
    cognitive, **149**-151
    processus de ~, 141-149, 155-156
repositionnement, 51, 58, 170
    stratégie de ~, **58**
reproduction, qualité de la ~, 357-358, 372
réputation, 483
réseau de distribution, 8-10, 53-54, *voir aussi* distribution
    publicité destinée au ~, **53**
réseau(x) de télévision, 320, **327**, 329, 331
    spécialisés, *voir* chaînes spécialisées
réseau Énergie, 341-342, 345
réseau RockDétente, 341, 345
responsable(s), *voir aussi* gestionnaire
    de la promotion des ventes, 71
    de la publicité, 68, 263
    des CMI, 95-96
    des communications, 68
    du marketing, 263
    du plan médias, 297-298, 333
rétroaction, **140**, 143
Rethink, 4, 202
revendeur, **52**
revenus des agences, 75-78
revenus publicitaires
    de la radio, 341
    des chaînes spécialisées, 332
    des journaux, 369
    des médias canadiens, 274
    des médias hors domicile, 384
révision, 206-207
Revlon, 22, 73, 102
Rickard's Red, 168
Ricoh, 103
ritournelle, 147, **254**-255
Rogers, 117, 181, 187, 476, 545
Rolling Stones, 254
Rona, 85
Rossignol, 355
route
    centrale de persuasion, **153**

périphérique de persuasion, **153**
Royal Crown Cola, 46-47
rumeur, 460
rupture de stock, 105

S

Saatchi & Saatchi, 109
Safeguard, 50
Saks Fifth Avenue, 506
Sale, Jamie, 229
Salomon, 355
Salon Magazine, 356
salon professionnel, **449**
Samsung, 449
San Jose Mercury News, 622
Santé Canada, 323, 394, 600, 602, 607, 622
SAP, 19-20
saq.com, 518
satisfaction, **119**-120
scénarimage, 81, 256, 264, 565
scénario, 206-207
schéma de positionnement, 48, 56
schème de référence, *voir* champ d'expérience
Schick Canada, 428
Scientific American, 537
Scientific International, 527
Scope, 116
Seagram, 581, 584
Sears, 114, 497-499, 505, 512, 538-539
Secret, 42
secteur commercial, **373**
Securities and Exchange Commission (SEC), 538
segment(s)
    ciblage des ~, 45-46, 356-357, 499
    de marché, 36-37, 59, 107, 137-138, 144, 356-357, 466
    ethnique, 126
segmentation
    choix de ~, 250-251
    comportementale, 44
    de l'audience des médias, 16-17
    démographique, **42**
    du marché, 39-46
    évaluation de la ~, 42-44
    fondements de la ~, 39-41
    géographique, **42**
    marketing direct et ~, 513
    méthodes de ~, 39-41
    par avantages (ou bénéfices), **44**-45
    pertinence de la ~, 59
    psychographique, **42**-44, 109, 364
    variables de ~, 40-41, 44
Seinfeld, Jerry, 231
Sélection du Reader's Digest, 353, 558, *voir aussi* Reader's Digest
sélectivité, **356**
    de la publicité dans les transports en commun, 390
    de la publicité par objet, 397
    de la radio, 341-342
    de la télévision, 323-324
    démographique, 357

des journaux, 370-372
des magazines, 356-357
géographique, 324, 357, 370-371, 390
sémiotique, **135**-136
sensation, **111**
Sentier chasse-pêche, 372
sentiments du consommateur, 107-108, 114, 119, 123, 144-145, 151, 218-219, 223
service (organisation), *voir aussi* agence, firme
    à la clientèle, 202, 530, 537
    artistique, 81
    connexe, **67**
    d'achat de médias, 326
    d'ordonnancement du travail, 81
    de CMI, 93-96
    de coupures de presse, **291**
    de la création, 81-82, 92, 556
    de la planification stratégique, 202
    de la production, 81
    de la publicité, 65, 67-70, *voir aussi* agence maison
    de la recherche en marketing, 69, 80
    de marketing, 67, 70, 80-82, 286-287
    de médias, 69, 80, 81-82, 371
    des comptes clients, 79, 82
    des ventes, 69
    spécialisés en communication marketing, 66, **67**, 90-93
services (produit), 49
    accès au ~, 52
    achetés en ligne, 526
    attribut d'un ~, 113-117, 122
    avantages d'un ~, 241, 247
    degré d'utilisation du ~, 44
    forces et faiblesses du ~, 25-26
    mise en marché des ~, 17
    nouveau ~, 418-419
    positionnement du ~, 200
Sexy Cam, 336
Sharp, 143
Shell, 470
signature audio, 334
significations
    flux de ~, 231
    modèle de report de ~, 231-232
similitude, 228-229
Sims, 252-253
site(s) Web, 13, 43, 92-93
    création et entretien d'un ~, 530-531
    en tant que source d'information, 528, 537, 541
    exemples de ~, 518
    impression (visite) d'un ~, 591
    nom d'un ~, 539
    objectifs de communication d'un ~, 527-531
    service à la clientèle et ~, 530, 537
situation
    analyse de ~, 24, 26, 45, 166-167, 276-277, 468-469
    d'achat, 40-41, 106, 128, 176
    de crise, 479
Ski Bromont, 388
Ski Canada, 486
Ski Presse, 310, 355-356

Sleeman, 209-210
Sloche, 42
slogan, 210-211
Smarties, 389
SMRB, 593
SnakeLight, 57
société
    évolution de la ~, 495-496
    impact de la publicité sur la ~, 614-624
Société canadienne des postes, *voir* Postes Canada
Société canadienne des relations publiques, 552
Société des alcools du Québec (SAQ), 518, 528
Société des communicateurs du Québec (SOCOM), 15
Société des designers graphiques du Québec (SDGQ), 15
Société pour l'attribution des noms de domaine dans Internet (ICANN), 519
Société québécoise des professionnels en relations publiques (SQPRP), 15
soirées de danse, 102
Solo, 449
son, 254-255
sondage, 374, 469, 529, 588, 592
sondage Performance, 580
Sondages BBM, 333-337, 344, 346
Sony, 102, 507
souplesse
    de la publicité au cinéma, 395
    de la publicité extérieure, 387
    de la publicité par objet, 397
    de la radio, 342
    de la télévision, 323
    des journaux, 370
    des magazines, 358-359
    du marketing direct, 513-514
source (personne), **134**, **224**
    appui à la ~, **151**
    attraits de la ~, **228**-232
    caractéristiques de la ~, 224-233
    compétence de la ~, 225-226
    confiance envers la ~, 225, 227
    crédibilité de la ~, 225-228
    directe, 224-225
    indirecte, 225
    interrogation envers la ~, **151**
    pouvoir de la ~, **233**
source(s) d'information, 110, 204-205, *voir aussi* information
    des bases de données, 500-501
    directes et indirectes, 298
    journaux en tant que ~, 371
    magazines en tant que ~, 360
    portant sur Internet, 593-594
    primaires et secondaires, 80
    publicité en tant que ~, 119
    site Web en tant que ~, 528, 537, 541
sous-culture, **126**
sous-titre, **251**
soutien financier, 482
Space, 362
SponsorScope, 552

stade
    affectif, 144, 172
    cognitif, 144, 172
    conatif (comportemental), 144, 172
Standard Radio Broadcasting, 334
Star Académie, 7
Starch INRA Hooper, 365, 416
Starch Readership Report, 575-577
Starcom MediaVest Group, 66
station affiliée, **327**, 333
stations de radio, 340-341
Statistique Canada, 500
STCUM, 64
stéréotype, 619-621
    sexuel, 132, 615, 619-620
stimulant, 409-410
    immédiat et différé, 422
stimulus, 112-113, 122-124
    conditionné, **122**-123
    non conditionné, 122-123
stratégie(s)
    affective, 257-258
    d'aspiration, **53**-54
    d'habituation, 257-258
    d'intégration, 118-119
    de CMI, 451-455
    de commercialisation, 493-494
    de distribution, 52-53
    de planification publicitaire, 257-258
    de positionnement
        de la marque, **55**-60
        sur un marché, **47**-48, 54
    de pression, **53**
    de prix, 52
    de promotion des ventes, 420-423
    de repositionnement, **58**
    de satisfaction de soi, 257-258
    des relations publiques, 472-477
    informative, 257-258
    liées au changement d'attitude, 116-117
    marketing, 4, 24, 35, 264, 276
    Web, 13
stratégie de création, 28, 194-196, 207-208
    éléments de la ~, 208-210
    objectifs d'une ~, 558
    planification de la ~, 201-215, 276
stratégie(s) médias, 28, **274**
    analyse des coûts de la ~, 311
    décisions relatives à la ~, 297-209
    défis de la ~, 277-278
    évaluation de la ~, 277-278
    marketing direct et ~, 502-512
    objectif de la ~, 276, 297
    volets de la ~, 297
structure des agences à service complet, 82, 95-96
style de vie, 42, 103, 206, 364, 525
Subaru, 231, 442
Subway, 38, 216, 401
suivi publicitaire, **582**, 584
Summum, 357
Sunkist, 290
Super Bowl, 4, 194, 533, 541
superagence, **78**

superpanneau, 384
superstation, **332**
supplément, 369, 372
support publicitaire, 274-**275**
    changement de ~, 275
    choix des ~, 276, 309-311, 452-453
    combinaison des ~, 299
    factice, 569
    impact du ~, **558**
surcharge promotionnelle, 416
surexposition, 229-230, 298, 308,
    voir aussi couverture inutile
Suzuki, 232
Swatch, 401
Sybase, 242
symbole, 134-135
symbolisme du produit, **49**
sympathie, 228
    célébrité et ~, 229-232
    personne séduisante et ~, 232
Sympatico, 16
synopsis, **256**
système
    centralisé, **68**-69
    de gestion par catégorie, **71**-72
    décentralisé, **70**-73
    du coût plus marge, **87**-88

T

tâche de communication, 168-169, 175
tactique(s)
    axée sur la notoriété de la marque, 259
    de promotion des ventes, 424-425
    des relations publiques, 474
    médias, 309-315
    relatives à l'établissement d'attitudes, 260-263
tactiques de création, 195-196, 237-267
    informationnelles, 261-262
    publicité imprimée et ~, 250-253
    publicité télévisée et ~, 253-256
    transformationnelles, 261-263
tarif, *voir aussi* coût, frais
    de base, **377**
    quotidien à la ligne, **312**-314
tarif(s) publicitaire(s), 7
    à la radio, 345
    dans les transports en commun, 389
    de la publicité extérieure, 385
    des journaux, 376-377
    des magazines, 365
    des médias, 544
Taxi, 93, 202
taux d'échange
    des coupons, 431-434
    des offres de remboursement, 438
    des primes, 436
taux d'essai des échantillons, 426
taux de notoriété, 160, 170, 304
taux de pénétration
    des journaux, 370
    des magazines, 361

taux de rappel, 123
    d'un bandeau publicitaire, 535
    d'une publicité interstitielle, 535
    de la marque, 259
    de la publicité au cinéma, 394-395
    de la publicité dans les magazines, 365
    de la publicité radiophonique, 394
    de la publicité télévisée, 394-395
    des attributs du produit, 249
    du placement de produit, 402-403
    télévision et ~, 147
taux de réponse
    à la publicité par objet, 399
    du publipostage, 498, 504
TBWA/Chiat/Day, 135, 199-201
technique(s)
    d'impression, 366
    projective, 109
    promotionnelles, 113
    qualitatives, 108-109
technologie(s)
    de diffusion personnalisée (Web), **535**
    nouvelles ~, 16-17, 533
Tele-Lawyer, 511
Télé-Québec, 320, 327
téléachat, 509
    électronique, **512**
télémarketing, 12, 492, 497, **510**-512
    en amont, 511
    en aval, 510-511
télémédia, **511**
téléspectateur(s)
    attention du ~, 323, 325-326
    ciblage des ~, 323
Télétoon, 323, 424
Teletubbies, 435
télévision, 321-326
    achat de temps publicitaire à la ~, 326-240
    attitude du consommateur et ~, 147
    audience de la ~, 323, 332-333, 337, 339, 344
    cotes d'écoute de la ~, 278
    créativité et ~, 321-322
    décisions concernant le recours
        à la ~, 276
    directe par satellite (TDS), **331**-332
    émission de ~, 330-331
    faiblesses de la ~, 253, 300, 323-326
    forces de la ~, 253, 273, 300, 321-323
    habitudes d'écoute de la ~, 321, 334-336, 340
    impact de la ~, 321-322
    interactive, 544-545
    marketing direct et ~, 507
    notoriété de la marque et ~, 147
    numérique par satellite, 16
    par câble, **331**-332
    taux de rappel et ~, 147
    tranche horaire (à la ~), **330**-331
Télévision Quatre Saisons (TQS), 320, 325
TELUS, 4, 106, 117, 181, 194, 211, 246, 389, 394
témoignage, 242, 359, 510
témoin, **529**, 591

temps
	d'antenne, 80, 84
	publicitaire, 328-329
terminologie des coûts, 278
test(s), 559-561
	biais du ~, **562**
	dans un lieu public, 564
	d'annonces en salle de cinéma, **569**-571
	d'association, 109
	d'esquisse, 565
	de compréhension et de réaction, **565**-566
	de concept publicitaire, 559, **563**-564
	de demandes de renseignements, **574**-575
	de lisibilité, 568
	de marché, 574, 580-581
	de mémorisation, **577**-578
	de reconnaissance, **575**-577
	de reliure, **568**-569
	de suivi à source unique, **581**-583
	de tirage partagé, **575**
	du lendemain (de Burke), **571**, 578
	en laboratoire, 559, **561**-562
	en ondes, **571**
	moment des ~, 559-561, 563
	Next*Print, 577, 579
	publicitaires, 561-583
	sur le terrain, 559, **562**
Têtes à claque, 401
Texaco, 468
texte, 249-250
The Book of Lists, 501
The Gazette, 352
The Globe and Mail, 368
The Industry Standard, 594
The Media Company, 66
The National Post, 368
thème, 210-215
	de création, 452
théorie
	behavioriste de l'apprentissage, 122-125
	de l'attribution, 454
	de la motivation, 106
	des lits jumeaux, 64
Thurman, Uma, 232
TicketMaster, 539
Tide, 70, 107, 177, 409
Tim Hortons, 148
Time Inc., 581, 584
tirage
	des journaux, 368, 373-374
	des magazines, 354-355, 363
	gestion du ~, 366
	organismes de mesure du ~, 363
titre
	direct, **251**
	indirect, **251**
	principal, **250**-251
	secondaire, *voir* sous-titre
Tommy Hilfiger, 485
Tony le Tigre, 148

Toronto Life, 357
Tourisme Nouveau-Brunswick, 5
Tourisme Québec, 498
Toyota, 322, 394
Trade Show Bureau, 449
Traffik, 382
trait psychologique, 148
traitement
	cognitif des communications, 149-155
	de l'information, 148, 153, 155
		modèle de ~, 141, **142**-145
tranche
	de vie, 242-243
	horaire, **330**-331
transfert d'imagerie, **342**
Tree Top, 463-464
Trident, 213
Tropicana, 460
TV Guide, 598
TV Hebdo, 311, 353, 367
TVA, 272, 320, 325, 327, 333
Tyco, 481
Tylenol, 51, 465-467
typologie des marchés, 40-41

U

Ultramar, 89
Unibroue, 554
Unigate Milk, 240
Unilever, 362
Unisys, 487
United Airlines, 509, 527
université, 397
Université de Sherbrooke, 397
USX, 487

V

Vachon, 330
valorisation de la marque, 420-422
VALS (méthode), 42-44, 46, 515
Valvoline, 57
Vancouver Magazine, 357
variables de segmentation, 40-41, 44
Vasy, 238
vendeur, 445, 448
vente(s)
	à court terme, 415
	budget publicitaire et ~, 581
	commerce électronique et ~, 592
	conclusion d'une ~, 141-142, *voir aussi* achat
	croisée, 500
	de produits promotionnels, 396
	dépenses publicitaires et ~, 559
	facteurs influant sur les ~, 164
	fonction de réponse des ~, 282-284
	marketing direct et ~, 494-495
	objectifs de ~, 164-166
	par infopublicité, 506, 508
	par Internet, 540-541

	par publipostage, 502-503
	par télémarketing, 511
	pourcentage des ~, 289
	promotion et ~, 281-284, 289-290
	publicité et ~, 281-284, 289-290, 387, 581-582
	service des ~, 69
vente personnelle, 13, 141
	dans Internet, 536-537
	importance accordée à la ~, 22
	marketing direct et ~, 497
	objet publicitaire et ~, 399
vérification, 203, 206-207, 588
	des états financiers, **88**
vérité, 265
Versace, 49
VIA Rail, 598
Viadent, 45
Vichy, 38, 207
Victoria's Secret, 506
Vidéotron, 16
Virage, 357
Virgin Atlantic Airways, 536, 626
Visa, 484, 495
visionnement accéléré, **325**
VisionTrack, 382
visiteur, 591
	unique, 522, 591
voix hors champ, **254**
Volkswagen, 46, 211, 255, 383, 580
Volvo, 495

W

Wal-Mart, 53, 160
W.K. Buckley, 248
WD-40, 421, 452
Webstakes.com, 536
WebTV, 544-545
Wendy's, 180, 485
Westin, 206
WestJet, 47-48, 55
What, 102
Whirlpool, 89
Whistler Ski Resort, 514
Windows, 254, 464
Wired News, 535
Woods, Tiger, 229, 466
Working Women, 620
World Wide Web, *voir* Internet
WPP Group, 78
Wrigley Canada, 486

X, Y, Z

Xerox, 146, 540
Yahoo !, 539
YTV, 598
Yves Saint Laurent, 604, 612, 615
zappage, **325**-326
zipping, 325